Modernes Sanierungsmanagement

Modernes Sanierungsmanagement

Sanierungskonzepte, Finanzinstrumente, Insolvenzverfahren, Haftungsrisiken, Arbeitsrecht und Verhandlungsführung

Herausgegeben von

Prof. Dipl-Kfm. WP/StB Andreas Crone

Prof. Dr. Dipl.-Wirtschaftsing. Henning Werner

5., überarbeitete und erweiterte Auflage

Verlag Franz Vahlen München

Disclaimer:

Diese Publikation gibt die Meinungen und Ansichten der jeweiligen Autoren wieder. Sie kann eine rechtliche Beratung nicht ersetzen und stellt weder seitens der Autoren noch des Verlages eine Rechts-, Steuer- oder sonstige Beratungsdienstleistungen dar. Weder die Autoren noch der Verlag übernehmen eine Haftung für die Richtigkeit der in diesem Buch enthaltenen Informationen und Angaben.

ISBN 978 3 8006 5420 8

© 2017 Verlag Franz Vahlen GmbH, Wilhelmstr. 9, 80801 München
Satz: Fotosatz Buck
Zweikirchener Str. 7, 84036 Kumhausen
Druck und Bindung: BELTZ Bad Langensalza GmbH
Neustädter Straße 1–4, 99947 Bad Langensalza
Umschlaggestaltung: Ralph Zimmermann – Bureau Parapluie
Bildnachweis: © SergeyNivens – depositphotos.com
Gedruckt auf säurefreiem, alterungsbeständigem Papier
(hergestellt aus chlorfrei gebleichtem Zellstoff)

Vorwort zur 5. Auflage

Die anhaltende Staatsschuldenkrise, unvorhergesehene politische Entwicklungen (z. B. „Brexit") sowie militärische Konflikte in Osteuropa und im arabischen Raum führen weltweit zu einer großen Verunsicherung der Märkte.

Doch auch unabhängig von aktuellen Finanz- und Wirtschaftskrisen sind Unternehmen immer stärker gezwungen, sich permanent zu optimieren und zu restrukturieren, um ihre Wettbewerbsfähigkeit dauerhaft zu erhalten. Ursächlich hierfür ist der immer schnellere Wandel der Märkte, unter anderem bedingt durch die anhaltende Globalisierung, die zunehmende Digitalisierung und veränderte Finanzierungsbedingungen.

Die Restrukturierungs- und Sanierungspraxis ist durch zahlreiche aktuelle Entwicklungen und Entscheidungen beeinflusst. Seit dem Erscheinen der letzten Auflage dieses Buches im Jahr 2014 wurde u. a. ein Fragen- und Antwortenkatalog zur Konkretisierung des IDW Standards S 6 zur Erstellung von Sanierungskonzepten veröffentlicht. Zudem liegen erste Erfahrungen mit der Anwendung des ESUG vor, die insbesondere die Sanierung von Unternehmen in Eigenverwaltung betreffen. Diese Neuerungen und Entwicklungen sind in der vorliegenden 5ten Auflage berücksichtigt.

Frühzeitig Krisen erkennen, konsequent Krisenursachen analysieren und Sanierungs- und Restrukturierungsprogramme professionell umsetzen, darin möchten wir die Leser unserer 5ten Auflage unterstützen. Das Buch ist in zwei Teile gegliedert. Der erste Teil umfasst alle grundlegenden betriebswirtschaftlichen und rechtlichen Aspekte, die zur Erstellung von Sanierungskonzepten erforderlich sind. Dieser Teil vermittelt insofern das erforderliche Basiswissen zur Restrukturierung und Sanierung. Es ist empfehlenswert, diesen Teil vollständig zu lesen. Im zweiten Teil des Buches werden Spezialaspekte (z. B. Arbeitsrecht, Insolvenzrecht, Gesellschaftsrecht, Straf- und Haftungsrecht), die im Rahmen von Restrukturierungs- und Sanierungsprojekten von Bedeutung sein können, dargestellt. Dieser Teil kann stärker selektiv nach individueller Interessenlage gelesen werden.

Das vorliegende Buch ist ein Gemeinschaftswerk von Praktikern mit dem Ziel, ein Sanierungsbuch für die Praxis zu schaffen. Entsprechend wendet sich das Buch an Personen, die mit Unternehmen in der Krise befasst sind, insbesondere Geschäftsführer, Gesellschafter, Unternehmensberater, Wirtschaftsprüfer, Steuerberater, Mitarbeiter von Banken sowie Studenten und Teilnehmer der Lehrgänge „Restrukturierungs- und Sanierungsberater" und „Sanierung mittels Insolvenz" am IfUS-Institut für Unternehmenssanierung, Heidelberg, die im Rahmen ihrer Ausbildung das Handwerkszeug des Krisenmanagements erlernen bzw. vertiefen möchten.

Unser ganz besonderer Dank gilt den Autoren, die trotz intensivster Arbeitsbelastung ihre knapp bemessene Zeit der Verfassung ihrer Beiträge gewidmet haben. Auch Herrn Norman Glutsch, akademischer Mitarbeiter an der SRH Hochschule Heidelberg, sowie Herrn Hans-Peter Reissler möchten wir an dieser Stelle für ihre Unterstützung bei der organisatorischen Umsetzung danken.

Heidelberg, Januar 2017

Prof. Andreas Crone
Prof. Dr. Henning Werner

Inhaltsübersicht

Vorwort zur 5. Auflage V
Inhaltsverzeichnis IX
Herausgeber XXIII
Autorenverzeichnis XXV

Teil A
Grundlagen der Sanierung

1	Die Unternehmenskrise	3
2	Krisenfrüherkennung und -ursachenanalyse	15
3	Prüfung der Insolvenztatbestände	31
4	Erstellung von Sanierungskonzepten	65
5	Strategisches Restrukturierungskonzept	109
6	Leistungswirtschaftliche (operative) Sanierung	129
7	Finanzwirtschaftliche Sanierungsmaßnahmen	157
8	Integrierte Finanz- bzw. Sanierungsplanung	209
9	Organisation der Sanierung	239

Teil B
Spezialaspekte im Rahmen von Restrukturierungs- und Sanierungsprojekten

10	Krisenmanagement aus Bankensicht	289
11	Arbeitsrechtliche Sanierungsmaßnahmen	347
12	Gesellschaftsrechtliche Aspekte in der Krise	379
13	Steuerliche Aspekte im Rahmen der Sanierung	421
14	Die Insolvenz als Sanierungsinstrument	455
15	Strafbarkeit und zivilrechtliche Haftung in der Unternehmenskrise .	523
16	Öffentlich-rechtliche Aspekte in der Krise	563
17	Mergers & Acquisitions in Krisen- und Insolvenzsituationen ..	571

Inhaltsübersicht

18 Verhandeln in Krisen- und Sanierungssituationen 597

Literaturverzeichnis 625

Stichwortverzeichnis 631

Inhaltsverzeichnis

Vorwort zur 5. Auflage V
Inhaltsübersicht VII
Herausgeber XXIII
Autorenverzeichnis XXV

Teil A
Grundlagen der Sanierung

1 **Die Unternehmenskrise** (Andreas Crone) 3
  1.1 Krisenstadien und Krisenverlauf 4
    1.1.1 Definition Krise 4
    1.1.2 Krisenstadien 5
      1.1.2.1 Die Stakeholderkrise 5
      1.1.2.2 Die Strategiekrise 6
      1.1.2.3 Die Produkt- und Absatzkrise 7
      1.1.2.4 Die Erfolgskrise 8
      1.1.2.5 Die Liquiditätskrise 8
      1.1.2.6 Die Insolvenzreife 9
    1.1.3 Krisenverlauf 9
  1.2 Krisenursachen und -symptome 11
    1.2.1 Endogene Krisenursachen 11
    1.2.2 Exogene Krisenursachen 11
    1.2.3 Typische Krisensymptome 11

2 **Krisenfrüherkennung und -ursachenanalyse** (Andreas Crone) 15
  2.1 Krisenfrüherkennung aus Unternehmenssicht 15
  2.2 Kennzahlen zur Krisendiagnose 18
    2.2.1 Kennzahlen zur Rentabilitätsanalyse 18
    2.2.2 Kennzahlen zur Net Working Capital-Analyse 20
    2.2.3 Kennzahlen zur Liquiditätsanalyse 23
    2.2.4 Kennzahlen zur Finanzanalyse/Bilanzanalyse 24
    2.2.5 Relevante Kennzahlen für Kriseninvestoren 27

3 **Prüfung der Insolvenztatbestände** (Andreas Crone und Henning Werner) 31
  3.1 Rechtliche Rahmenbedingungen 31
    3.1.1 Wirkungskreis 31
    3.1.2 Insolvenzantragsfrist 32
  3.2 Die Insolvenzgründe im Einzelnen 33

3.2.1	Zahlungsunfähigkeit gemäß § 17 InsO	33
3.2.2	Drohende Zahlungsunfähigkeit gemäß § 18 InsO	44
3.2.3	Überschuldung gemäß § 19 InsO	45

4 Erstellung von Sanierungskonzepten (Andreas Crone) 65
   4.1 Allgemeiner Inhalt und Erstellungsanlässe für Sanierungskonzepte 65
      4.1.1 Allgemeiner Inhalt 65
      4.1.2 Erstellungsanlässe für Sanierungskonzepte 66
   4.2 Inhaltliche Anforderungen an Sanierungskonzepte............. 67
      4.2.1 Rechtliche Anforderungen 67
      4.2.2 Betriebswirtschaftliche Anforderungen.................... 68
          4.2.2.1 Die Aussage zur Sanierungsfähigkeit 68
          4.2.2.2 Kriterien der Sanierungsfähigkeit 69
   4.3 Mindestinhalte und Aufbau von Sanierungskonzepten nach IDW S 6 71
      4.3.1 Kernanforderungen 71
      4.3.2 Das Zwei-Stufenkonzept.............................. 72
      4.3.3 Abhängigkeit des Sanierungskonzepts vom Krisenstadium .. 74
   4.4 Konzeptersteller 75
   4.5 Die Kernanforderungen an Sanierungskonzepte nach IDW S 6 im Detail 76
      4.5.1 Die Beschreibung von Auftragsgegenstand und -umfang 76
      4.5.2 Darstellung und Analyse des Unternehmens (Bestandsaufnahme)................................. 79
          4.5.2.1 Inhalte und Informationsbedarf 79
          4.5.2.2 Anforderungen an die Datenqualität.............. 80
          4.5.2.3 Basisinformationen über die Ausgangslage des Unternehmens 81
          4.5.2.4 Analyse der Unternehmenslage 82
   4.6 Ausrichtung am Leitbild des sanierten Unternehmens 87
   4.7 Stadiengerechte Bewältigung der Unternehmenskrise........... 90
   4.8 Integrierter Unternehmensplan 95
   4.9 Zusammenfassende Einschätzung der Sanierungsfähigkeit...... 99
   4.10 Berichterstattung....................................... 100
   4.11 Umsetzung.. 102
   4.12 Sonderaspekte bei Sanierungskonzepten 103
      4.12.1 Sanierungskonzepte bei kleineren Unternehmen........... 103
      4.12.2 Sanierungskonzepte für Konzerne und Unternehmensgruppen 104
      4.12.3 Sanierungskonzepte bei Projektfinanzierungen und „Single-Asset-Strukturen" 105

5 Strategisches Restrukturierungskonzept (Dr. Ralf Moldenhauer) .. 109
   5.1 Krisenentstehung und Krisenarten 109
   5.2 Restrukturierungsmaßnahmen in Abhängigkeit vom Krisenstadium 109
   5.3 Bedeutung der strategischen Restrukturierungsinhalte 111

5.3.1	Phasen der Restrukturierung	111
5.3.2	Strategisch induzierte Bestimmung des Veränderungsbedarfs	113
5.3.3	Strategische Dimension struktureller und operativer Maßnahmen	114
5.3.4	Strategische Restrukturierungsinhalte	115
5.3.4.1	Strategisches Leitbild	115
5.3.4.2	Restrukturierungsstrategien	117
5.3.4.3	Revitalisierung des Geschäftsmodells	121
5.3.5	Mehrwert durch strategische Restrukturierung	124
5.4	Strategische Erfolgsfaktoren	126

6 Leistungswirtschaftliche (operative) Sanierung (Henning Werner und Harald Balzer) ... 129

6.1	Forschung und Entwicklung (F&E)	130
6.2	Einkauf und Beschaffung	132
6.3	Produktion und Logistik	134
6.4	Vertrieb und Marketing	148
6.5	Finanzen und Controlling	152
6.6	Personalwesen	153
6.7	IT	154

7 Finanzwirtschaftliche Sanierungsmaßnahmen (Andreas Crone und Raoul Kreide) ... 157

7.1	Die Finanzierungsbedürfnisse in den Sanierungsphasen	157
7.2	Fälligkeitsorientierte Sanierungsmaßnahmen	159
7.2.1	Stundung	159
7.2.2	Stillhalten/Moratorium	160
7.2.3	Eliminierung von Kündigungsgründen in Kreditverträgen	161
7.2.4	Rangrücktritt	162
7.3	Liquiditätsorientierte Finanzierungsmaßnahmen	163
7.3.1	Freisetzung bestehender Liquiditätsreserven	163
7.3.2	Verkauf von nicht betriebsnotwendigem Vermögen	164
7.3.3	Working Capital Management	165
7.3.4	Cash Management (Cash-Pooling)	172
7.3.5	Leasing und Mietkauf/Sale-and-lease-back	174
7.3.6	Factoring	175
7.3.7	Gesellschafterdarlehen/Intercompany loans	178
7.3.8	Gehaltsverzicht	179
7.3.9	Überstunden- und Arbeitszeitkonten	179
7.3.10	Kurzarbeit	180
7.3.11	Frühverrentung	180
7.3.12	Probezeitkündigung	181
7.3.13	Gehaltsumwandlung (insb. für das Top-Management)	181
7.3.14	Mitarbeiterdarlehen	181
7.3.15	Erhöhung von Kreditlinien	182
7.3.16	Überbrückungskredit	182
7.3.17	Konsortialkredit	183
7.3.18	Lieferantendarlehen und verlorene Zuschüsse	184

7.3.19	Genussrechte	184
7.3.20	Anleihen	185
7.3.21	Eigenkapitalzuführung	186
7.3.22	Stille Gesellschaft	187
7.3.23	Öffentliche Förderinstrumente	188
7.4	Kapitalstrukturorientierte Finanzierungsmaßnahmen	189
7.4.1	Forderungsverzicht	189
7.4.2	Besserungsschein	190
7.4.3	Rückkauf von Forderungen	190
7.4.4	Debt Equity Swap	191
7.4.5	Debt Mezzanine Swap	192
7.4.6	Verzicht auf Pensionszusagen/betriebliche Altersvorsorge	193
7.4.7	Umstrukturierung im Konzern (Debt-push-down)	194
7.5	Sicherungsorientierte Sanierungsmaßnahmen	195
7.5.1	Sicherungsübereignung	195
7.5.2	(Verlängerter) Eigentumsvorbehalt	196
7.5.3	Forderungsabtretung (Globalzession)	196
7.5.4	Einräumung von Grundpfandrechten (Hypothek, Grundschuld)	197
7.5.5	Verpfändung	197
7.5.6	Bürgschaft	198
7.5.7	Öffentliche Ausfallbürgschaften	198
7.5.8	Schuldbeitritt	199
7.5.9	Garantie	200
7.5.10	Avale	200
7.5.11	Patronatserklärung	201
7.5.12	Freigabe von Sicherheiten	201
7.6	Zusammenwirken der Finanzierungsmaßnahmen im zeitlichen Ablauf der Sanierung	202
7.7	Darstellung der Finanzierungsstruktur in Sanierungskonzepten	203

8 Integrierte Finanz- bzw. Sanierungsplanung (Henning Werner und Arnd Schreitmüller) ... 209

8.1	Allgemeine Bedeutung einer integrierten Finanzplanung im Rahmen ordnungsgemäßer Unternehmensführung	209
8.2	Die integrierte Finanzplanung im Rahmen des Sanierungskonzepts	213
8.3	Bestandteile und Aufbau einer integrierten Finanzplanung	217
8.3.1	Erfolgsplan (GuV)	218
8.3.2	Liquiditätsplan	222
8.3.3	Bilanzplan	225
8.4	Fallbeispiel zum Aufbau einer integrierten Finanzplanung	226
8.5	Plausibilisierung der Planungsrechnung	231
8.6	Rollierende Liquiditätsplanung für 13 Wochen	235
8.7	Einsatz von Standardsoftwarelösungen zur Erstellung der integrierten Finanzplanung	235

Inhaltsverzeichnis

9 Organisation der Sanierung (Henning Werner, Stefan Weniger und Thomas Schulz) 239
- 9.1 Projektmanagement in der Sanierung 239
  - 9.1.1 Projektorganisation 239
  - 9.1.2 Maßnahmenverifizierung, -konkretisierung und -umsetzung 244
  - 9.1.3 Projektcontrolling 245
- 9.2 Der Sanierungsgeschäftsführer 246
  - 9.2.1 Interne Träger der Sanierung 247
  - 9.2.2 Externe Träger der Sanierung 247
  - 9.2.3 Definition des Sanierungsgeschäftsführers und Abgrenzung zu weiteren Rollenmodellen 248
    - 9.2.3.1 Definition und Abgrenzung des Sanierungsgeschäftsführers 248
    - 9.2.3.2 Sanierungsgeschäftsführer vs. Interimsmanager ... 249
    - 9.2.3.3 Sanierungsgeschäftsführer vs. Generalbevollmächtigter ... 249
    - 9.2.3.4 Sanierungsgeschäftsführer vs. „normaler" Geschäftsführer 250
    - 9.2.3.5 Sanierungsgeschäftsführer vs. Unternehmensberater 250
  - 9.2.4 Aufgabenstellung des Sanierungsgeschäftsführers und seine Einbindung 250
    - 9.2.4.1 Aufgabenstellung des Sanierungsgeschäftsführers 250
    - 9.2.4.2 Einbindung des Sanierungsgeschäftsführers 253
    - 9.2.4.3 Der Sanierungsgeschäftsführer als Eigenverwalter im Insolvenzverfahren 254
  - 9.2.5 Anforderungen an den Sanierungsgeschäftsführer 255
    - 9.2.5.1 Fähigkeiten des Sanierungsgeschäftsführers 255
    - 9.2.5.2 Persönlichkeitsprofil des Sanierungsgeschäftsführers ... 256
    - 9.2.5.3 Anforderungen an das Umfeld des Sanierungsgeschäftsführers 257
  - 9.2.6 Idealtypischer Ablauf einer Tätigkeit als Sanierungsgeschäftsführer 257
    - 9.2.6.1 Vertragsanbahnung und Vertragsschluss 257
    - 9.2.6.2 Durchführungsphase 258
    - 9.2.6.3 Beendigung der Tätigkeit 259
  - 9.2.7 Zusammenfassung 260
- 9.3 Kommunikation – Ursache und Lösung vieler Krisen 264
  - 9.3.1 Führungskultur für guten Ruf, hohes Ansehen, berechenbare Firmenpolitik etablieren 264
  - 9.3.2 Die Herausforderungen inhaltlich umfassend durchdringen . 266
  - 9.3.3 Kommunikation objektivieren und strukturieren, Lösungsansätze kanalisieren 269
  - 9.3.4 Kommunikationskonzept entwickeln und plausibilisieren ... 271
  - 9.3.5 Störmanöver, Flurfunk, Gerüchteküche ernst nehmen 274
  - 9.3.6 Zitronenfalter falten Zitronen und Führungskräfte führen?! .. 275
  - 9.3.7 Öffentlichkeitsarbeit zu Hause beginnen 276
  - 9.3.8 Sich der vielfältigen digitalisierten Medienwelt stellen 278
  - 9.3.9 „Das Lokale" bleibt bedeutend 281
  - 9.3.10 Moderne Fachmedien als branchenweite Meinungsführer 282

9.3.11	Massenmedien und Massen an Medien managen	283
9.3.12	Vorbereiten, erklären, nachmachen, üben und Projekte abschließen	284

Teil B
Spezialaspekte im Rahmen von Restrukturierungs- und Sanierungsprojekten

10	**Krisenmanagement aus Bankensicht** (Eva Ringelspacher)	**289**
10.1	Restrukturierung/Sanierung	289
10.1.1	Spezialmanagement	291
10.1.1.1	Rating	291
10.1.1.2	Frühwarnkriterien	291
10.1.2	Handlungsalternativen der Bank	292
10.1.3	„Stillhalten"	292
10.1.3.1	Offenhalten der Linie	292
10.1.3.2	Prolongation in der Krise	293
10.1.3.3	Sicherheitenverstärkung	294
10.1.3.4	Covenants	295
10.1.3.5	Gebühren	298
10.1.4	Begleitung der Sanierung	300
10.1.4.1	Überbrückungs-/Liquiditätshilfekredite	300
10.1.4.2	Sanierungskredit	301
10.1.4.3	Sanierungsbeiträge	311
10.1.4.4	Treuhandlösung: Übertragung von Gesellschaftsanteilen auf einen Treuhänder	313
10.1.5	Handlungsalternativen für Lieferanten, Warenkreditversicherer, Factoring-Unternehmen und Leasinggeber	317
10.1.5.1	Lieferanten	317
10.1.5.2	Warenkreditversicherer	318
10.1.5.3	Factoring	319
10.1.5.4	Leasing	320
10.1.6	Alternative Finanzierungsinstrumente	321
10.1.6.1	Debt Equity Swap	321
10.1.6.2	Wandlung in Genussrechtskapital	323
10.1.6.3	Mezzanine	324
10.1.6.4	Distressed Mergers & Acquisitions	324
10.1.6.5	Anleihe	325
10.1.7	Ziele der Bank in der Sanierungsbegleitung	325
10.1.8	Exitstrategien	326
10.2	Workout	327
10.2.1	Voraussetzungen	327
10.2.2	Insolvenz	331
10.2.2.1	Risiken für die Bank in der Insolvenz	331
10.2.2.2	Banken als Verfahrensbeteiligte	336
10.2.2.3	Gläubigerausschuss	336
10.2.3	Fortführung in der Insolvenz – Finanzierung	339

10.2.3.1	Insolvenzgeldvorfinanzierung	339
10.2.3.2	Massekredit	340
10.2.4	Fortführung in der Insolvenz – ESUG	343
10.3	Schutzschirmverfahren	344
10.3.1	Voraussetzungen	344
10.3.2	Finanzierung des Schutzschirmverfahrens	344
10.3.3	Finanzierung des Insolvenzplans	345

11 Arbeitsrechtliche Sanierungsmaßnahmen (Annette Sättele und Andreas Notz) 347

11.1	Änderung materieller Arbeitsbedingungen	347
11.1.1	Änderungen im Verhältnis Arbeitgeber/Arbeitnehmer	347
11.1.1.1	Vertragsänderung	347
11.1.1.2	Verzicht	348
11.1.1.3	Weisungsrecht des Arbeitgebers	348
11.1.1.4	Änderungskündigung	349
11.1.2	Änderungen im Verhältnis Arbeitgeber/Betriebsrat	351
11.1.2.1	Regelungsbefugnis der Betriebsparteien (Bündnisse für Arbeit)	351
11.1.2.2	Betriebsvereinbarung	353
11.1.2.3	Kurzarbeit	353
11.1.2.4	Abbau von Entgeltbestandteilen	354
11.1.3	Änderungen im Verhältnis Arbeitgeber/Gewerkschaft	355
11.1.3.1	Sanierungstarifvertrag	355
11.1.3.2	Verzicht	356
11.2	Personalabbau	356
11.2.1	Beendigung von Arbeitsverhältnissen	356
11.2.1.1	Aufhebungsvertrag	356
11.2.1.2	Betriebsbedingte Kündigung	357
11.2.2	Betriebsänderung gemäß § 111 BetrVG	359
11.2.3	Massenentlassung	362
11.2.4	Vorruhestandsmodell	363
11.2.5	Involvierung der Bundesagentur für Arbeit (BfA)	363
11.2.5.1	Qualifizierungsmaßnahmen	364
11.2.5.2	Beschäftigungsgesellschaften	364
11.3	Umstrukturierungen	366
11.3.1	Betriebsteilstilllegung	366
11.3.2	Unternehmensverkauf (Share Deal)	367
11.3.3	Verkauf eines Betriebs (Asset Deal), Betriebsübergang	368
11.3.4	Betriebsteilübergang vs. Funktionsnachfolge	369
11.3.5	Umwandlungen nach dem UmwG	371
11.4	Besonderheiten im Insolvenzverfahren	373
11.4.1	Kündigung von Arbeitsverhältnissen in der Insolvenz	373
11.4.2	Betriebsänderungen und Maßnahmen im Rahmen einer übertragenden Sanierung	373
11.4.3	Insolvenzausfallgeld	375

12 Gesellschaftsrechtliche Aspekte in der Krise (Claudia Pleßke und Martin Bürmann) 379

12.1 Gesellschafterdarlehen in der Krise 379
   12.1.1 Voraussetzungen des Rechts der Gesellschafterdarlehen 380
   12.1.2 Persönlicher Anwendungsbereich 380
      12.1.2.1 Direkter Anwendungsbereich – Gesellschafter 380
      12.1.2.2 Gleichgestellte Dritte 382
      12.1.2.3 Nahe Angehörige 382
      12.1.2.4 Wirtschaftlich mit dem Gesellschafter verflochtene Dritte . 382
         12.1.2.4.1 Leistungen innerhalb einer Unternehmensgruppe 382
         12.1.2.4.2 Kreditgewährende Bank 384
         12.1.2.4.3 Weitere Konstellationen 385
   12.1.3 Gewährung eines Darlehens und gleichgestellte Leistungen .. 385
   12.1.4 Privilegierte Leistungen 387
   12.1.5 Rechtsfolgen 388
12.2 Fehler bei Gründung und Kapitalerhöhung – Relevanz in Krise und Sanierung 388
   12.2.1 Vorbelastungshaftung/Unterbilanzhaftung bei der GmbH ... 389
   12.2.2 Verlustdeckungshaftung in der GmbH bzw. der Vorgesellschaft 389
   12.2.3 Fehler bei der Erbringung der Bareinlage 390
   12.2.4 Hin- und Herzahlen – Cashpooling 390
   12.2.5 Verdeckte Sacheinlage 391
12.3 Die Rechtsprechung zur Existenzvernichtungshaftung 392
12.4 Sanieren oder Ausscheiden nach der Rechtsprechung des BGH .. 394
   12.4.1 Die Entscheidungen des BGH vom 19.10.2009, vom 25.01.2011 und vom 09.06.2015 394
   12.4.2 Das Konzept des Sanierens oder Ausscheidens als Standard bei Personengesellschaften? 395
12.5 Gesellschaftsrechtliche Maßnahmen in der Krise 395
   12.5.1 Kapitalerhöhung/Liquiditätsbeschaffung durch Eigenkapital. 395
      12.5.1.1 Finanzierung aus dem Gesellschafterkreis 396
      12.5.1.2 Eigenkapital durch externe Investoren 397
      12.5.1.3 Abbildung des Eigenkapitals in der Bilanz 398
      12.5.1.4 Ermittlung der Beteiligungsquote 400
      12.5.1.5 Rechtliche Grundlagen der Kapitalaufbringung 401
      12.5.1.6 Umsetzungsschritte einer Kapitalerhöhung gegen Bareinlagen 402
   12.5.2 Kapitalherabsetzung 407
   12.5.3 Debt Equity Swap 410
   12.5.4 Mitarbeiterbeteiligung in der Krise 411
12.6 Umstrukturierung und Umwandlungen 413
   12.6.1 Verschmelzung 413
      12.6.1.1 Verschmelzung vor Antragstellung bei Überschuldung ... 415
      12.6.1.2 Verschmelzung nach Antragstellung 416
   12.6.2 Spaltung 416
   12.6.3 Formwechsel 417

12.6.4	Einbringung	418

13 Steuerliche Aspekte im Rahmen der Sanierung (Andreas Crone und Raoul Kreide) 421
13.1 Steuerliche Sondertatbestände 421
    13.1.1 Besteuerung von Sanierungsgewinnen 422
    13.1.2 Mindestbesteuerung gem. des § 10d EStG 427
    13.1.3 Schädlicher Beteiligungserwerb und Sanierungsklausel 428
    13.1.4 Umsatzsteuer in der Sanierung 431
    13.1.5 Grunderwerbsteuer 432
    13.1.6 Erbschaft- und Schenkungssteuer 433
13.2 Einzelne Sanierungsmaßnahmen und ihre steuerlichen Auswirkungen 435
    13.2.1 Maßnahmen im Eigenkapitalbereich 435
    13.2.2 Maßnahmen im Fremdkapitalbereich 436
    13.2.3 Reduzierung bzw. Stundung von Verbindlichkeiten 439
    13.2.4 Maßnahmen im Mezzanine-Kapitalbereich 445
    13.2.5 Veräußerung des Betriebs/von Betriebsteilen an Dritte ... 447
    13.2.6 Steuerfallen bei Umstrukturierungsmaßnahmen 449

14 Das Insolvenzverfahren (Paul Abel) 455
14.1 Die Insolvenz als Sanierungsinstrument 455
    14.1.1 Ziele und Sanierungselemente der Insolvenzordnung 455
    14.1.2 Einflussnahmemöglichkeiten der Gläubiger auf den Sanierungsprozess 456
    14.1.3 Gestaltungsspielraum des Schuldners 457
14.2 Das Regelinsolvenzverfahren 458
    14.2.1 Überblick über den Ablauf 458
    14.2.2 Das Insolvenzeröffnungsverfahren 462
        14.2.2.1 Sicherungsmaßnahmen zur Sicherung der künftigen Insolvenzmasse 462
        14.2.2.2 Insolvenzgeldvorfinanzierung 463
        14.2.2.3 Betriebsfortführung durch den vorläufigen Insolvenzverwalter 464
    14.2.3 Das eröffnete Insolvenzverfahren 465
        14.2.3.1 Die Wirkungen der Insolvenzeröffnung 465
        14.2.3.2 Die unterschiedlichen Gläubigerkategorien 466
        14.2.3.3 Forderungsprüfung und Feststellung 470
        14.2.3.4 Forderungseinzug und prozessuale Durchsetzung .. 473
        14.2.3.5 Durchsetzung von Organhaftungsansprüchen 473
        14.2.3.6 Durchsetzung von Insolvenzanfechtungsansprüchen .. 473
        14.2.3.7 Vermögensverwertung durch übertragende Sanierung 482
        14.2.3.8 Vermögensverwertung durch Liquidation 485
        14.2.3.9 Alternative: Gläubigerbefriedigung durch Insolvenzplan .. 485
        14.2.3.10 Abschlagsverteilung, Schlussverteilung, Schlusstermin und Aufhebung 485
14.3 Die Eigenverwaltung 486
    14.3.1 Allgemeines 486

14.3.1.1	Definition und Entwicklung	486
14.3.1.2	Anwendungsbereiche	487
14.3.1.3	Vorteile aus Sicht des Schuldnerunternehmens	487
14.3.1.4	Prüfung der Eignung eines Verfahrens für die Eigenverwaltung im Einzelfall	488
14.3.1.5	Vorbereitung der Eigenverwaltung	488
14.3.2	Die vorläufige Eigenverwaltung (§ 270a InsO)	489
14.3.2.1	Gesetzliche Voraussetzungen	489
14.3.2.2	Sanierungsexperte als (weiteres) geschäftsführendes Organ	490
14.3.2.3	Begründung von Masseverbindlichkeiten	491
14.3.2.4	Aufgaben des vorläufigen Sachwalters	491
14.3.2.5	Steuerverbindlichkeiten in der vorläufigen Eigenverwaltung	492
14.3.2.6	Sozialversicherungsbeiträge in der vorläufigen Eigenverwaltung	493
14.3.2.7	Kein *Dual Track* der Verwertungsalternativen Insolvenzplan und übertragende Sanierung	494
14.3.2.8	Veröffentlichung	495
14.3.3	Das Schutzschirmverfahren (§ 270b InsO)	496
14.3.3.1	Privilegierungen für den Schuldner	496
14.3.3.2	Gesetzliche Voraussetzungen	497
14.3.3.3	Sanierungsexperte als (weiteres) geschäftsführendes Organ	500
14.3.3.4	Aufgaben des vorläufigen Sachwalters	500
14.3.3.5	Steuerverbindlichkeiten im Schutzschirmverfahren	500
14.3.3.6	Sozialversicherungsbeiträge im Schutzschirmverfahren	501
14.3.3.7	Kein *Dual Track* der Verwertungsalternativen Insolvenzplan und übertragende Sanierung	501
14.3.3.8	Veröffentlichung	502
14.3.4	Die Eigenverwaltung im eröffneten Insolvenzverfahren	502
14.3.4.1	Voraussetzungen für die Anordnung der Eigenverwaltung	502
14.3.4.2	Aufgaben und Rechtstellung des eigenverwaltenden Schuldners	503
14.3.4.3	Aufgaben und Rechtsstellung des Sachwalters	505
14.4 Das Insolvenzplanverfahren		507
14.4.1	Grundlagen	507
14.4.2	Der Ablauf des Planverfahrens	507
14.4.3	Erfolgsaussichten des Insolvenzplans	508
14.4.4	Stärkung des Planverfahrens durch das ESUG	510
14.4.5	Gliederung des Insolvenzplans	511
14.4.6	Das Abstimmungsverfahren	514
14.4.7	Die Planbestätigung durch Beschluss des Insolvenzgerichts	517
14.4.8	Die Aufhebung des Insolvenzverfahrens	517

15 Strafbarkeit und zivilrechtliche Haftung in der Unternehmenskrise (Martin Lambrecht) 523
15.1 Ausgangspunkt Krise 523
15.2 Strafbarkeit in der Unternehmenskrise 525
    15.2.1 Insolvenzverschleppung (§ 15a InsO) 525
    15.2.2 Insolvenzstraftaten (§§ 283 ff. StGB) 528
        15.2.2.1 Bankrott (§ 283 StGB) 529
        15.2.2.2 Besonders schwerer Fall des Bankrotts (§ 283a StGB) 531
        15.2.2.3 Verletzung der Buchführungspflicht (§ 283b StGB) 531
        15.2.2.4 Gläubigerbegünstigung (§ 283c StGB) 533
        15.2.2.5 Schuldnerbegünstigung (§ 283d StGB) 533
    15.2.3 Betrug (§ 263 StGB) 534
    15.2.4 Kreditbetrug (§ 265b StGB) 538
    15.2.5 Untreue (§ 266 StGB) 539
    15.2.6 Vorenthalten und Veruntreuen von Arbeitsentgelt (§ 266a StGB) 543
    15.2.7 Steuerhinterziehung (§ 370 AO) 545
    15.2.8 Vorsatz und Fahrlässigkeit 546
    15.2.9 Täterschaft und Teilnahme (Anstiftung und Beihilfe) .. 547
        15.2.9.1 Täterschaft 547
        15.2.9.2 Anstiftung (§ 26 StGB) 548
        15.2.9.3 Beihilfe (§ 27 StGB) 548
        15.2.9.4 Verantwortlichkeit bei Gremienentscheidungen 549
    15.2.10 Regionale Unterschiede in der Strafverfolgung 549
    15.2.11 Konsequenzen einer strafrechtlichen Verurteilung für die Bestellung zum Geschäftsführer 550
15.3 Zivilrechtliche Haftung in der Unternehmenskrise 551
    15.3.1 Haftung aus § 823 Absatz 2 BGB i. V. m. Schutzgesetz 551
    15.3.2 Haftung aus § 64 GmbHG 552
    15.3.3 Steuerliche Haftung nach § 34 AO 556
15.4 Faktische Geschäftsführung 557
15.5 Beendigung der Pflichtenstellung 558
15.6 Haftung des Beraters aus Vertrag 559

16 Öffentlich-rechtliche Aspekte in der Krise (Hartmut Fischer) 563
16.1 Öffentlich-rechtliche Verpflichtungen 563
    16.1.1 Anlagenbezogene Pflichten 563
    16.1.2 Meldepflichten 564
16.2 Genehmigungsmanagement 565
    16.2.1 Bestandschutz 565
    16.2.2 Bestandsanalyse 566
    16.2.3 Umschreibung und Neugründung in Folge Restrukturierung .. 566
    16.2.4 Folgen fehlender Genehmigung 567
16.3 Die Last mit der Altlast 567
    16.3.1 Die Verantwortlichen 567
    16.3.2 Notwendige Maßnahmen 568
    16.3.3 Die Sanierungsvereinbarung 569

16.3.4 Altlastenklausel und Freistellung in Beratung- und Restrukturierungsverträgen 569
16.4 Exportkontrollrecht 570
16.5 Haftung des Unternehmensberater 570

17 Mergers & Acquisitions in Krisen- und Insolvenzsituationen (Arnd Allert) 571
17.1 Einleitung 571
    17.1.1 Marktteilnehmer 571
    17.1.2 Mergers and Acquisitions in Krisen- und Insolvenzsituationen 576
17.2 Besonderheiten des Verkaufs von Krisenunternehmen 577
    17.2.1 Verkauf außerhalb eines gerichtlichen Rahmens 578
    17.2.2 Gesellschafter als Verkäufer 578
    17.2.3 Treuhänder als Verkäufer 579
    17.2.4 Verkauf im Rahmen eines gerichtlichen Verfahrens 580
        17.2.4.1 Verkauf im Rahmen eines Verfahrens nach § 270a/b InsO . 580
        17.2.4.2 Verkauf im Regelinsolvenzverfahren 582
17.3 Der Prozessablauf beim Verkauf bzw. der Investorensuche 582
    17.3.1 Informationsmemorandum 582
    17.3.2 Longlist 583
    17.3.3 Management Presentation 584
    17.3.4 Due Diligence 585
    17.3.5 Bewertung und Kaufpreisverhandlung 586
17.4 Anforderungen an einen Transaktionsberater 594
17.5 Ausblick 595

18 Verhandeln in Krisen- und Sanierungssituationen (Arnd Allert) .. 597
18.1 Grundsätzliches zum Thema „Verhandlungen in Sanierungs- und Krisensituationen" 597
    18.1.1 Definition des Begriffs Verhandlung 597
    18.1.2 Physiologische und psychologische Aspekte 598
        18.1.2.1 Verhalten bei Stress-Situationen 598
        18.1.2.2 Wahrnehmung und Kommunikation 600
        18.1.2.3 Risikodefinition und Auswirkung auf Verhaltensweisen .. 602
18.2 Art der Verhandlungen 604
    18.2.1 Verhandlungen als „Kampf" 605
    18.2.2 Kooperative Verhandlungen in Form des Harvard-Konzeptes 605
    18.2.3 Mediation 612
18.3 Verlauf einer Verhandlung 613
    18.3.1 Vorbereitung 613
    18.3.2 Eröffnungs- und Rahmenphase 615
    18.3.3 Informationsphase 615
    18.3.4 Argumentations- und Entscheidungsphase 616
18.4 Sondersituationen in Verhandlungen 617
    18.4.1 Emotionen in Verhandlungen 617
    18.4.2 Unfaires Verhalten 618
18.5 Spezielle Verhandlungssituationen 618

18.5.1	Gläubigerverhandlungen und Bankgespräche	619
18.5.2	Insolvenzsituationen	619
18.5.3	Investorengespräche	620
18.5.4	Verhandlungskampagnen	621
18.6	Ausblick	622

Literaturverzeichnis 625

Stichwortverzeichnis 631

Herausgeber

Prof. Andreas Crone

Diplom-Kaufmann, Steuerberater, Wirtschaftsprüfer Prof. Andreas Crone war über 10 Jahre Partner in einer internatonalen Wirtschaftsprüfungsgesellschaft und leitete dort den Bereich Sanierungs- und Restrukturierungsberatung in Stuttgart und Mannheim. Er berät und unterstützt nunmehr in eigener Praxis mittelständische Unternehmen, Insolvenzverwalter, Banken und Investoren in Turnaround- und insolvenznahen Situationen. Prof. Crone ist zudem Gesellschafter der CT Managementpartners GmbH, München, einer Unternehmensberatungsgesellschaft mit Schwerpunkt im Bereich finanzwirtschaftliche und operative Restrukturierung, Refinanzierung sowie Interim Management.

Nach dem Studium der Allgemeinen Betriebswirtschaftslehre an der Universität des Saarlandes in Saarbrücken begann er seine berufliche Laufbahn 1989 im Bereich Wirtschaftsprüfung bei der Arthur Andersen GmbH in Frankfurt. Vor seinem Eintritt bei Ernst & Young im Jahr 2001 war er mehrere Jahre Vorstand einer mittelständischen Wirtschaftsprüfungsgesellschaft in Karlsruhe und Geschäftsführer einer Steuerberatungsgesellschaft.

Prof. Crone ist Mitglied in verschiedenen berufsständischen Organisationen und Fachvereinigungen. Neben vielfachen Vortrags- und Autorentätigkeiten übernahm er einen Lehrauftrag im Fachbereich Wirtschaft an der SRH Hochschule Heidelberg, wofür ihm im Jahre 2012 die Honorarprofessur verliehen wurde. Kontakt: andreas.crone@wp-crone.de.

Prof. Dr. Henning Werner

Prof. Dr. Henning Werner ist Dekan der Fakultät Wirtschaft der SRH Hochschule Heidelberg und Leiter des IfUS-Institus für Unternehmenssanierung und -entwicklung. Vor seiner Berufung an die SRH Hochschule im Juli 2005 war er unter anderem Finanzvorstand eines Technologieunternehmens und Mitglied der Geschäftsleitung und Werkleiter eines First-tier Automobilzulieferers. Seine wissenschaftliche Laufbahn startete der studierte Wirtschaftsingenieur (TU Darmstadt) als wissenschaftlicher Mitarbeiter bei der Fraunhofer-Gesellschaft bevor er an der TU Bergakademie

Freiberg promovierte. Das an der SRH Hochschule ansässige IfUS-Institut bietet Weiterbildung, Fachinformationen und Netzwerkmöglichkeiten für Praktiker, die Unternehmen in Krisen betreuen (Unternehmensberater, Interimmanager, Bankmitarbeiter). Am IfUS-Institut werden u. a. die Lehrgänge „Restrukturierungs- und Sanierungsberater" und „Sanierung mittels Insolvenz" für Praktiker angeboten. Interessenten können sich auf der Homepage (www.ifus-institut.de) über den Lehrgang sowie die Arbeit des Institutes informieren.

Autorenverzeichnis
(in alphabetische Reihenfolge)

Dr. Paul Abel

Dr. Paul Abel ist Rechtsanwalt und hat in den ersten Jahren seiner Tätigkeit in einer Großkanzlei am Standort München insolvenzrechtliche Mandate mit Schwerpunkt in der Beratung in- und ausländischer Gläubiger und Investoren bearbeitet. Anschließend war er in der überregional tätigen Kanzlei Wellensiek Rechtsanwälte an den Standorten Heidelberg und Augsburg in der Insolvenzverwaltung tätig. Dort hat er zunächst als sog. Schattenverwalter größere Unternehmensinsolvenzen der Automotive Branche bearbeitet. Seit 2006 wird Dr. Abel vom Amtsgericht Augsburg – Insolvenzgericht – zum Insolvenzverwalter bestellt. Seit 2011 wird er von den Insolvenzgerichten München und Kempten zum Insolvenzverwalter bestellt. Darüber hinaus verfügt er über praktische Erfahrungen als Sachwalter in Schutzschirm- und Eigenverwaltungsverfahren. Seit 01.01.2014 ist er am Bürostandort Augsburg Partner der überregionalen Kanzlei anchor Rechtsanwälte Partnerschaftsgesellschft mbB, die auf Insolvenzverwaltung und Insolvenzberatung spezalisiert ist.

Zudem ist Dr. Abel Autor verschiedener insolvenzrechtlicher Veröffentlichungen sowie Gastdozent an der SRH Hochschule Heidelberg.

Arnd Allert

Dipl. Betriebswirt (BA), CVA, Arnd Allert ist geschäftsführender Gesellschafter des auf wertorientierte Unternehmenstransaktionen spezialisierten Beratungsunternehmens Allert & Co. GmbH und berät beim Kauf und Verkauf mittelständischer Unternehmen sowie bei Corporate Finance Fragestellungen – insbesondere in Krisensituationen. Arnd Allert übt verschiedene Aufsichts- und Beiratsmandate in mittelständischen Unternehmen aus und ist seit mehr als zehn Jahren Referent an verschiedenen Hochschulen zum Thema „Mergers & Acquisitions" und „Verhandlungsstrategien".

Dr. Harald Balzer

Nach erfolgreichem Studienabschluss begann Dr. Harald Balzer seine Tätigkeit bei der Fraunhofer Gesellschaft Stuttgart am Institut für Automatisierung. Durch seinen Wechsel zur renommierten Unternehmensberatung Krehl & Partner, für die er drei Jahre arbeitete, konnte er sein Expertenwissen ausbauen. Seit 1997 führt er erfolgreich sein eigenes Unternehmen in Stuttgart. Er begleitet national und international bekannte Unternehmen in der Optimierung von Produktions- und Logistikprozessen (Lean). Seine Expertise ist gefragt in der Zusammenarbeit mit Beteiligungsgesellschaften und in der Erstellung von Restrukturierungskonzepten und -gutachten. Dr. Harald Balzer hat zahlreiche Beirats- und Aufsichtsratsmandate und hält regelmäßig bei Finanzinstituten Vorträge zum Thema Operations. Seine große Leidenschaft ist das Schreiben von Büchern, um sein Wissen „aus der Praxis für die Praxis" weiterzugeben.

Dr. Martin Bürmann

Dr. Martin Bürmann ist seit 2000 als Rechtsanwalt – seit 2003 als Partner – für die Sozietät RITTERHAUS Rechtsanwälte Partnerschaftsgesellschaft mbB in Mannheim tätig. Er berät Unternehmen und deren Inhaber bei der Restrukturierung sowie beim Unternehmenskauf und Verkauf. Ein Schwerpunkt seiner Tätigkeit liegt zudem in der Beratung bei Gesellschafterversammlungen, Anfechtungsklagen sowie Sanierungs- und Krisentransaktionen. Er berät daneben Vorstände, Geschäftsführer und Aufsichtsräte in allen Fragen des Gesellschaftsrechts.

Dr. Bürmann ist Referent des Zertifikatslehrgangs Restrukturierungs- und Sanierungsberater des IfUS-Instituts für Unternehmenssanierung und -entwicklung.

Dr. Hartmut Fischer

Dr. Hartmut Fischer ist Partner der Sozietät Rittershaus Rechtsanwälte in Mannheim. Er ist Fachanwalt für Verwaltungsrecht und berät im Wirtschafts-, Verwaltungs-, Umwelt- und Planungsrecht. Dr. Fischer betreut Projekte in Unternehmen, um Verstöße gegen das öffentliche Recht zu vermeiden oder festgestellte Rechtsverstöße auszuräumen. Bei Bedarf koordiniert Dr. Fischer die Mitwirkung von Sachverständigen, Architekten, Planern und sonstigen Beratern, um eine zeitnahe und außergerichtliche Konfliktlösung zu erreichen. Soweit es erforderlich ist, führt er Verfahren vor den Verwaltungs- und Oberverwaltungsgerichten bzw. Verwaltungsgerichtshöfen sowie dem Bundesverwaltungsgericht. Vor seiner anwaltlichen Tätigkeit hat Dr. Fischer ein Studium an einer Fachhochschule für Verwaltung absolviert und bei einer Behörde des Landes Niedersachsen gearbeitet. Er veröffentlicht regelmäßig zu bau- und umweltrechtlichen Themen.

Dr. Raoul Kreide

Diplom-Betriebswirt (BA) Dr. Raoul Kreide ist Rechtsanwalt und Local Partner bei GSK Stockmann + Kollegen. Er berät Familienunternehmen und die Unternehmerfamilie in Strukturierungsfragen zur Bewältigung von und zur Vorsorge gegen Krisensituationen. Aufgrund seiner früheren Tätigkeit im Bereich der Unternehmensnachfolge und der Ausbildung zum Mediator steht Dr. Kreide für einen Beratungsansatz, der die Familie als Ressource einer nachhaltigen Sanierungslösung miteinbezieht. Daneben berät Dr. Kreide im Bereich der Abwehr von Ansprüchen aus Geschäftsführerhaftung und Insolvenzanfechtung, sowie beim Erwerb von Immobilien in insolvenzgefährdetem Umfeld. Branchenschwerpunkte der auch grenzüberschreitenden Restrukturierungsmandate von Dr. Kreide sind mittelständische Familienunternehmen, Automobilzulieferer und junge Technologieunternehmen.

Dr. Kreide ist Autor zahlreicher Veröffentlichungen zum Sanierungsrecht und neben dem IfUS-Institut auch Lehrbeauftragter im LL.M.-Studiengang corporate restructuring der Universität Heidelberg. Daneben leitet er das Institut für Sanierungsbilanzrecht – IfSBR, einer nicht-universitären Einrichtung zum Austausch von Sanierungspraktikern im Bereich des Bilanzrechts. Kontakt: raoul.kreide@gsk.de.

Martin Lambrecht

Rechtsanwalt, Diplom-Kaufmann und -Volkswirt, Fachanwalt für Insolvenzrecht. Martin Lambrecht ist namensgebender Partner der Sozietät LAMBRECHT Partnerschaft von Rechtsanwälten. Lambrecht berät mit seinem Team Unternehmen und Geschäftsführer in Krisensituationen. Tätigkeitsschwerpunkt sind Schutzschirmverfahren, Eigenverwaltungen und Insolvenzpläne. Er wird regelmäßig an Gerichten in NRW und auf Vorschlag bundesweit als Insolvenzverwalter und Sachwalter bestellt. Die Sozietät hat im Jahr 2015 das größte Schutzschirmverfahren nach Köpfen beratend betreut. www.lambrecht.eu.

Dr. Ralf Moldenhauer

Dr. Ralf Moldenhauer ist Senior Partner & Managing Director bei der Boston Consulting Group, einer weltweit führenden Managementberatung auf dem Gebiet Unternehmensstrategie. Nach seinem Studium zum Wirtschaftsingenieur an der TU Darmstadt promovierte er 2003 an der TU Berlin mit einer Arbeit im Bereich Krisenmanagement. Dr. Moldenhauer kam 2010 zur Boston Consulting Group um das Restrukturierungsgeschäft auf- und auszubauen. Zuvor war er bei einer internationalen Unternehmensberatung im Bereich Restrukturierung und Turnaround Management tätig und verfügt über mehr als 20 Jahre Berufserfahrung. Er kann auf umfangreiche Projekterfahrung in der Sanierungs- und Restrukturierungsberatung, im Implementierungs- und Umsetzungsmanagement sowie in der Businessplanung zurückgreifen. Umfangreiche Branchenerfahrungen sammelte er u.a. im Maschinen- und Anlagenbau, im Bereich Konsumgüter, Immobilien und in der Gesundheitsindustrie.

Dr. Andreas Notz

Dr. Andreas Notz ist Fachanwalt für Arbeitsrecht und Mediator und Partner der Sozietät RITTERSHAUS und seit mehr als 20 Jahren ausschließlich im Arbeitsrecht tätig. Der Tätigkeit und Promotion am arbeitsrechtlichen Lehrstuhl der Universität Mannheim bei Prof. Dr. Wiese folgend liegt der Schwerpunkt seiner Tätigkeit im Bereich des kollektiven Arbeitsrechts, hier insbesondere der Vertretung in Interessenausgleichs- und Sozialplanverhandlungen einerseits und Tarifverhandlungen andererseits; aber auch umfangreiche Personalabbaumaßnahmen einschließlich der gerichtlichen Betreuung der Arbeitgebermandate vor allen Arbeitsgerichten in Deutschland gehören zu seinen Aufgaben. Er ist darüber hinaus Lehrbeauftragter der Universität Heidelberg im Bereich des Arbeitsrechts und bei verschiedensten Seminar- und Tagungsanbietern als Referent tätig.

Dr. Claudia Pleßke

Dr. Claudia Pleßke ist Partnerin der Sozietät Rittershaus Rechtsanwälte in Mannheim. Sie ist vornehmlich im gesellschaftsrechtlichen Bereich tätig und betreut große und mittelständische Unternehmen sowie Gesellschafter solcher Unternehmen bei allen anstehenden Fragestellungen. Kernbereiche ihrer Tätigkeit sind neben allgemeinem Gesellschaftsrecht das Transaktionsgeschäft, Mergers & Acquisitions sowie die Begleitung in allen Phasen unternehmerischen Handels von der Gründung bis zur Nachfolgeplanung sowie bei Krisen, Sanierungen und Insolvenz.

Daneben berät sie Privatleute bei der Verwaltung und Strukturierung großer Vermögen.

Eva Ringelspacher

Eva Ringelspacher ist seit September 2015 Senior Managerin bei der hww Unternehmensberater GmbH und verantwortlich für den Bereich Financial Services. Davor war die erfahrene Restrukturierungsexpertin seit 1994 bei der Commerzbank AG im Bereich Restrukturierung und Sanierung tätig. Als Direktorin hat Ringelspacher in den vergangenen zehn Jahren u. a. Restrukturierungen und Sanierungen von so genannten Large Caps, Sanierungen von LBO-Finanzierungen und Cross Border Restrukturierungen federführend betreut. Zuvor war sie Rechtsanwältin in einer insolvenzrechtlich ausgerichteten Kanzlei in Mannheim. Seit 1998 ist Ringelspacher Dozentin an der Frankfurt School of Finance & Management und Mitglied des Prüfungsausschusses für Bankfachwirte an der IHK Mannheim. Die Juristin ist Mitautorin verschiedener Fachbücher und hat diverse Beiträge in Fachzeitschriften veröffentlicht. Sie tritt regelmäßig als Referentin bei Seminaren und Konferenzen auf. Zudem ist Ringelspacher als Gastdozentin an der BA Glauchau und SRH Hochschule Heidelberg tätig.

Dr. Annette Sättele

Rechtsanwältin Dr. Annette Sättele berät überwiegend Arbeitgeber im gesamten Arbeitsrecht, insbesondere im Betriebsverfassungs- und Tarifrecht sowie bei Restrukturierungen und Outsourcing. Ein weiterer Schwerpunkt ihrer Tätigkeit liegt in der Beratung bei dienstvertraglichen Regelungen für Vorstände und Geschäftsführer. Ferner ist Dr. Sättele als Referentin bei Inhouse-Schulungen zu sämtlichen Fragen aus dem Bereich Human Resources tätig.

Arnd Schreitmüller

Arnd Schreitmüller, Jahrgang 1969, ist seit 2014 Partner der Symbio Consult GmbH, Eibelstadt, und verantwortet als Projektleiter Sanierungsmandate, vorwiegend im süddeutschen Raum. Als kaufmännischer Konzernfinanzleiter beziehungsweise kaufmännischer Geschäftsführer konnte er in mittelständischen, eigentümergeführten Unternehmen im Raum Hannover und Dortmund seine Sanierungsfähigkeiten im insolvenznahen Umfeld unter Beweis stellen. Seit Anfang 2004 ist er als CRO, Interimsmanager und Restrukturierungsberater erfolgreich tätig. Im Rahmen dieser Tätigkeit unterstützte er u. a. Insolvenzverwalter bei der Fortführung oder Abwicklung von insolventen Industrieunternehmen, erstellt Sanierungsgutachten nach IDW S6 und verantwortet den Restrukturierungs- und Sanierungsfortschritt seiner oftmals mittelständisch orientierten Mandanten.

Thomas Schulz

Thomas Schulz, Dipl. Päd. (univ.), ist ausgewiesener Spezialist für Turnaround- und Krisenkommunikation in wirtschaftlichen wie politischen Aktionsfeldern.

Er betreute als Kommunikationsfachmann unter anderem namhafte Insolvenzverfahren im Handel, in der Industrie, im Gesundheitswesen. Schulz, Pressestabsoffizier der Reserve, gestaltete entsprechende Mandate beim Desinvestitionsprozess bei der Beteiligungsholding der Gewerkschaften oder bei Unternehmensrestrukturierungen von Finanzdienstleistern, Immobilienunternehmen, Medien, Film und Foto oder auch Logistik in den Bereichen der internen wie der externen Kommunikation.

Seit 2010 ist Thomas Schulz ist als unabhängiger Kommunikations-Coach tätig (tsc.komm, Hospeltstraße 32, 50825 Köln-Ehrenfeld).

Dr. Stefan Weniger

Diplom Betriebswirt (BA) und Rechtsanwalt Dr. Stefan Weniger ist Geschäftsführer der hww Unternehmensberater GmbH und Partner der hww Gruppe (www.hww.eu). Er berät Unternehmen in Turnaround-Situationen und Insolvenzverwalter bei der Sanierung und Verwertung von Unternehmen. Dr. Weniger ist bei verschiedenen Unternehmen als Sanierungsgeschäftsführer bzw. -vorstand sowie als Eigenverwalter in Schutzschirmverfahren tätig. Seine anwaltlichen Schwerpunkte sind Insolvenz- und Sanierungsrecht. Er hält Vorlesungen zu diesem Fachgebiet und ist Verfasser diverser Fachartikel.

Teil A
Grundlagen der Sanierung

Die Unternehmenskrise
von Andreas Crone

Nachdem in 2007/2008 der amerikanische Immobilienmarkt und in Folge durch die Insolvenz mehrerer amerikanischer Investment- und Hypothekenbanken auch das internationale Finanzsystem ins Wanken geraten war, entwickelte sich die Finanzkrise zu einer globalen Wirtschaftskrise, die trotz temporärer Erholungsanzeichen weiterhin nicht nur Unternehmen, sondern auch ganze Volkswirtschaften bedroht. Die seit 2010 zu Tage tretende Staatsschuldenkrise in Griechenland, Spanien, Portugal, Zypern, Irland und anderen europäischen Ländern gefährdet den Zusammenhalt der Europäischen Union, öffentlich geführte Diskussionen über „Bankenpleiten", „Staatsbankrotte" und „Schuldenschnitte" sowie „Austritt" aus dem Euro und/oder aus der europäischen Union, wie aktuell durch Großbritannien nach einem Bürgerreferendum entschieden („Brexit"), führen zu einer weltweiten Verunsicherung von privaten und institutionellen Kapitalanlegern, Konsumenten und Unternehmen. Diese Verunsicherung wird durch die Einführung von Negativzinsen im Bankensektor durch die europäische Zentralbank und durch anhaltende militärische Konflikte in Osteuropa und im arabischen Raum weiter verstärkt.

Trotz des derzeit historisch niedrigen Zinsniveaus und einer robusten Konjunktur sind Nachrichten über Unternehmenskrisen allgegenwärtig. Während die öffentliche Wahrnehmung von Krisen bei Großunternehmen wie Schlecker, Praktiker oder Weltbild noch relativ hoch ist, werden täglich Dutzende mittelständische Unternehmen in ihrer regionalen Anonymität zu Grabe getragen.

Sich rasch ändernde wirtschaftliche Rahmenbedingungen, ein hoher internationaler Wettbewerbsdruck, Verunsicherung der Märkte aufgrund unzähliger militärischer Konflikte und internationalem Terrorismus, politische und wirtschaftliche Instabilität in vielen Abnehmerländern, die Auswirkungen von Basel III auf die Kreditvergabe von Banken, eine immer noch recht unflexible Arbeits-, Beschäftigungs- und Tarifpolitik sowie eine im internationalen Vergleich weiterhin hohe Abgabenquote sind Ursachen für die Krisenanfälligkeit deutscher Unternehmen. Strukturelle Probleme ergeben sich häufig durch die Person des Unternehmers selbst, durch Entscheidungsschwächen und Missmanagement, eine mangelhaft geplante bzw. nicht geregelte Unternehmensnachfolge, durch organisatorische Defizite sowie durch eine im internationalen Vergleich geringe Eigenkapitalausstattung der deutschen Unternehmen, verbunden mit den in den letzten Jahren immer komplexer werdenden Finanzierungsstrukturen.

Ursachen

Die Gründe für die Entstehung von Krisen sind vielschichtig. Daher sind keine allgemeingültigen Aussagen zu den jeweiligen Faktoren bzw. Ursachen einer Krise möglich, wenngleich sich bestimmte Krisenanzeichen bzw. Entwicklungs-

Muster

und Verhaltensmuster in verschiedenen Krisensituationen stets wiederholen und somit identifizieren lassen.

Vor diesem Hintergrund werden in Kapitel 1.1 zunächst die verschiedenen Krisenstadien und Krisenverläufe erläutert. Kapitel 1.2 befasst sich anschließend mit einer beispielhaften Darstellung der relevanten Krisenursachen und ihrer verschiedenen Symptome.

1.1 Krisenstadien und Krisenverlauf

1.1.1 Definition Krise

Betriebswirtschaftliche Definition der Krise

Im Allgemeinen bezeichnet die Krise, abgeleitet aus dem altgriechischen Wort „krisis" „Entscheidung" bzw. „entscheidende Wendung", eine schwierige Sachlage oder Zeit, die den Höhe- und Wendepunkt einer gefährlichen Situation darstellt.

Somit lässt sich die Unternehmenskrise als Notsituation bezeichnen, in der die Existenz und Lebensfähigkeit des Unternehmens bedroht ist. Sie ist das Ergebnis eines ungewollten Prozesses, in dessen Verlauf sich die Erfolgspotenziale, das Reinvermögen und/oder die Liquidität so ungünstig entwickeln, dass eine akute Bedrohung für das Unternehmen besteht.[1]

Schleichender Prozess

Die Krise ist dabei in der Regel ein schleichender Prozess, deren Ursachen häufig lange Zeit im Verborgenen liegen und nicht oder nicht rechtzeitig erkannt werden. Ein plötzliches, unerwartetes Auftreten einer Krisensituation ist in der Praxis eher selten anzutreffen. Vielmehr entwickelt sich die Krise mit ihren Ursachen und Symptomen oftmals über Jahre hinweg, durchläuft dabei verschiedene Krisenstadien, bis sie sichtbar zu Tage tritt und zunehmend die Gefahr einer Insolvenz birgt. „Krisen spitzen sich im Zeitablauf i. d. R. zu".[2]

Krisenstadium

Das (jeweilige) Krisenstadium kennzeichnet dabei den Grad der Bedrohung des Unternehmens.[3]

Grundsätzlich sind die Aussichten zur erfolgreichen Bewältigung einer Krisensituation umso höher, je früher sie erkannt wird und Gegenmaßnahmen ergriffen werden bzw. werden können. Neben dem rechtzeitigen Erkennen ist dabei auch die korrekte Analyse und Zuordnung der Ist-Situation zu einem Krisenstadium zwingende Voraussetzung, um stadienabhängig Ansatzpunkte und Maßnahmen für die Krisenbewältigung und nachhaltige Sanierung zu identifizieren und definieren und um somit (weitere) Fehlentscheidungen zu vermeiden.

Eine eingetretene Krisensituation sollte aber durchaus auch als Chance verstanden werden, nicht zuletzt, um fehlerhafte Strukturen aufzubrechen und zu verändern.[4]

Rechtliche Definition der Krise

Rechtlich lässt sich die Krise als Eintritt der Insolvenzgründe gem. §§ 17 bis 19 InsO (Zahlungsunfähigkeit, drohende Zahlungsunfähigkeit, Überschuldung) definieren. Nach der Rechtsprechung des BGH ist die Krise als Vorstadium der Insolvenz anzusehen. Dabei gilt neben der Insolvenzreife die Kredit- und Überlassungsunwürdigkeit als weiteres Krisenkriterium (vgl. §32a GmbHG a. F.).[5] Kreditunwürdigkeit bedeutet, dass das Krisenunternehmen nicht in der Lage ist, einen Kredit von dritter Seite zu marktüblichen Konditionen zu erhalten und somit der Fortbestand des Unternehmens nicht mehr gewährleistet ist.

1.1.2 Krisenstadien

In Anlehnung an IDW S 6[6] können folgende sechs Krisenstadien unterschieden werden:

Sechs Krisenstadien

- Stakeholderkrise,
- Strategiekrise,
- Produkt- und Absatzkrise,
- Erfolgskrise,
- Liquiditätskrise,
- Insolvenzreife.

Dabei ist die dargestellte Abfolge idealtypisch, d. h. es müssen nicht zwingend alle Stadien der Krise in der vorgegebenen Reihenfolge durchlaufen werden, „sie können auch parallel, singulär oder überlappend auftreten".[7]

Jedes Krisenstadium, insbesondere von der Stakeholderkrise bis zur Produkt- und Absatzkrise, kann Folge einer falschen Personalmanagementstrategie sein. Krisen entstehen häufig durch Schwächen in der Personalführung und Personalentwicklung mit folgenden Erscheinungsbildern:[8]

- Fehlendes oder unzureichend kommuniziertes Leitbild;
- Wissensstand der Belegschaft nicht mehr zeit- und marktgerecht;
- Fehlende Personalentwicklungsstrategie;
- Ungünstiges Arbeitsumfeld für die Belegschaft;
- Niedrige Motivation der Mitarbeiter;
- Geringe Identifikation mit den Produkten und dem Arbeitgeber;
- Schwache Unternehmensbindung und Firmenloyalität.

Die mit Führungs- und Managementschwächen verbundenen Krisen führen zu einem Verfall der Unternehmenskultur und der Schwächung des Mitarbeiterpotenzials. Dies ist umso gravierender, je weiter die Krise fortgeschritten ist, mit der Folge, dass die Handlungsspielräume für eine erfolgreiche Sanierung oft stark eingeschränkt sind.[9]

1.1.2.1 Die Stakeholderkrise

Die Stakeholderkrise ist idealtypisch der Ausgangspunkt einer Unternehmenskrise. Zu Beginn wird die Stakeholderkrise jedoch oftmals weder intern durch Unternehmensangehörige noch extern durch Außenstehende bemerkt, da sie nur sehr schwer wahrnehmbar ist. Der Verlauf der Stakeholderkrise beginnt i. d. R. mit einer Veränderung im Führungsverhalten, welches zunehmend durch Nachlässigkeit geprägt ist. Gründe für ein nachlässiges Führungsverhalten können Konflikte in der Unternehmensleitung selbst, zwischen den Leitungs-

Stakeholderkrise

und Überwachungsorganen, zwischen den verschiedenen Stakeholdergruppen sowie eine missglückte oder ungeregelte Unternehmensnachfolge sein. Häufig werden die Unstimmigkeiten zudem über die gesamte Belegschaft hinweg ausgetragen. Das Unternehmensleitbild ist nicht länger klar und eindeutig erkennbar, die Motivation und Leistungsbereitschaft der Mitarbeiter nimmt ab, die gesamte Unternehmenskultur leidet unter der Situation.[10] Blockaden und Polarisierungen innerhalb des Führungsteams führen zu negativen Veränderungen der Unternehmenskultur und zu einer Abnahme der Leistungsbereitschaft der Mitarbeiter. Diese Entwicklung führt zudem zu einem Glaubwürdigkeitsverlust der handelnden Personen und damit zu einer Vertrauenskrise.[11]

Abb. 1: Beispiele möglicher Stakeholder

Die auftretenden Probleme resultieren oft aus der mangelnden Erkenntnis, Akzeptanz und Kommunikation von notwendigen Veränderungen (Neuausrichtung) des Unternehmens.[12]

Bereits in der Stakeholderkrise kommt auch der Finanzierungsstruktur des Unternehmens und den Kreditgebern eine besondere Bedeutung zu. Unangemessene, komplexe Finanzierungsstrukturen, geprägt von einer Vielzahl von unterschiedlich besicherten Finanzierungspartnern mit entsprechend divergierenden Interessen engen oft die Handlungsspielräume in Krisensituationen massiv ein.[13]

1.1.2.2 Die Strategiekrise

Strategiekrise

In der Strategiekrise (auch „Strukturkrise") sind die Erfolgspotenziale eines Unternehmens ernsthaft gefährdet, bereits aufgebraucht oder es wurden keine neuen, langfristig nutzbaren Erfolgspotenziale geschaffen. Erfolgspotenziale sind jedoch die Voraussetzung zur Erzielung von Vermögenszuwächsen. Hierunter fallen z. B. rentable und verkäufliche Produkte, qualifizierte und engagierte Mitarbeiter, rationelle Fertigungsverfahren, der Markenname, „treue" Kunden und die richtige Standortwahl.

Die strategische Krise ist durch einen Verlust an Wettbewerbsfähigkeit und damit letztendlich von Marktanteilen sowie einer unklaren Markt- und Produktpositionierung gekennzeichnet. Die Defizite liegen meist in verpassten oder falsch eingeschätzten Markt- und Technologieentwicklungen, einem mangelhaften Marketing oder der Einführung neuer Produkte oder Verfahren durch Wettbewerber. Daneben sind aber auch oftmals Fehlentscheidungen der Unternehmensleitung, wie z. B. intensiver personeller und finanzieller Ressourceneinsatz für die Entwicklung neuer, aber letztlich fehlgeschlagener Produkte, ursächlich.[14]

Die Wettbewerbsfähigkeit selbst ist von der jeweiligen Wettbewerbssituation in der betreffenden Branche abhängig. Haupteinflussfaktoren sind dabei die aktuelle und zukünftige Branchenstruktur (alte und neue Akteure, deren Stärken, deren Marktverhalten u. a.), die Interaktion und Kooperation zwischen den Marktakteuren und die jeweilige Marktphase (stagnierender, schrumpfender oder wachsender Markt).[15] *Wettbewerbsfähigkeit*

Somit liegen die Ursachen der Strategiekrise in einer unklaren und fehlenden strategischen Ausrichtung der Unternehmen im Hinblick auf die angestrebte Wettbewerbsposition und realisierbaren Wettbewerbsvorteile sowie auf Fehleinschätzungen des Managements hinsichtlich der Wettbewerbssituation und Marktentwicklung innerhalb der jeweiligen Branche.[16] Schwächen im Personalmanagement können gleichermaßen Ursache wie auch Folge einer Strategiekrise sein.[17] *Fehlende Ausrichtung*

Kennzeichnend für die strategische Krise ist die Störung der für den (zukünftigen) Unternehmenserfolg relevanten wesentlichen Tätigkeiten und Fähigkeiten.

Häufig erzielen Unternehmen in diesem Krisenstadium noch Gewinne, obwohl die Ursachen der Krise bereits vorliegen. In Zeiten, in denen „gute" Erträge erwirtschaftet werden, findet selten eine Auseinandersetzung mit der Frage „warum dies eigentlich der Fall ist" statt. Jedoch ist gerade für ein frühzeitiges Erkennen der Krise die Kenntnis über die den Erfolg bestimmenden Tätigkeiten bzw. Faktoren ausschlaggebend. Somit werden die ohnehin schwer erkennbaren (Ver-)Änderungen, die Auswirkungen auf die Grundlagen des Erfolgs haben, oft nicht wahrgenommen.

Ein weiteres Problem besteht darin, dass zwischen dem Erkennen der strategischen Krise und der Beseitigung der Krisenursachen oftmals lange Zeiträume vergehen. So langsam, wie sich die Krise aufgebaut hat, erfolgt auch die Gegensteuerung.[18]

1.1.2.3 Die Produkt- und Absatzkrise

Das Stadium der Produkt- und Absatzkrise ist im Wesentlichen durch eine zunächst stagnierende, später rückläufige Nachfrage nach den Hauptumsatzträgern eines Unternehmens gekennzeichnet, teilweise zusätzlich begleitet von sinkenden Ergebnis- und Deckungsbeiträgen (sinkende Margen). Das Unternehmen zeigt dabei in der Regel eine mangelnde Fokussierung auf diejenigen Kunden und Produkte, die positive und auskömmliche Deckungsbeiträge liefern. In der Praxis zeigt sich oftmals, dass viele Unternehmen aufgrund fehlen- *Produkt- und Absatzkrise*

Sinkende Margen

der oder fehlerhafter Vor- und Nachkalkulationen, nicht aktueller Stücklisten und Arbeitspläne, fehlender und fehlerhafter Allokation von Gemeinkosten auf Produktebene sowie veralteter Betriebsabrechnungsdaten ihre originären Herstellkosten nicht kennen und somit nicht beurteilen können, mit welchen Produkten und ab welchen Mengen ein noch positiver Deckungbeitrag erwirtschaftet wird.

Weitere Krisenursachen liegen ergänzend in fehlenden oder qualitativ nicht ausreichenden Marketing- und Vertriebskonzepten, in Sortimentsschwächen, in Schwächen im Bereich Produkt- und Servicequalität, in mangelnder Liefertreue, in Fehlern in der Preispolitik sowie einer mangelhaften oder fehlenden Vertriebssteuerung.[19] Als Folge dieser Entwicklungen ergeben sich oft steigende Vorratsbestände und damit eine Erhöhung der Kapitalbindung.

1.1.2.4 Die Erfolgskrise

Erfolgskrise

Eine Erfolgskrise (auch „Ergebnis- oder Ertragskrise") liegt vor, wenn ein Unternehmen bedingt durch Nachfragerückgang, Preisverfall oder Kostensteigerungen, deutliche Gewinnrückgänge oder bereits Verluste zu verzeichnen hat und diese beginnen, sukzessive das Eigenkapital aufzuzehren, mit der Folge einer sinkenden Bonität. Bei einem längeren Anhalten dieser Entwicklung tritt die (bilanzielle) Überschuldung ein.[20]

Auch wenn in dieser Situation noch nicht zwingend eine akute Insolvenzgefährdung vorliegt, weil das Unternehmen noch über ausreichendes Eigenkapital und liquide Mittel verfügt, so ist das Unternehmen jedoch oftmals nicht mehr in der Lage, die zur nachhaltigen Sanierung des Unternehmens notwendigen Finanzmittel, z. B. für Investitionen oder Sozialpläne, selbst zu generieren. Daher ist eine Sanierung ohne die Zufuhr von neuem Kapital durch Dritte nicht mehr möglich.[21] Die Erfolgskrise folgt zwangsläufig der Produkt- und Absatzkrise, sofern in dieser keine entsprechenden Maßnahmen zur Gegensteuerung getroffen wurden.[22]

1.1.2.5 Die Liquiditätskrise

Liquiditätskrise

Besteht die konkrete und akute Gefahr der Zahlungsunfähigkeit, befindet sich das Unternehmen in der Liquiditätskrise.[23] In diesem Stadium sind die ursprünglichen Erfolgsfaktoren des Unternehmens nicht mehr in dem erforderlichen Umfang vorhanden oder nicht mehr wirksam. Häufig wird in der

Finanzierungsstruktur

Liquiditätskrise auch eine krisenverschärfende Finanzierungsstruktur offensichtlich, z. B. aufgrund einer fehlenden Übereinstimmung zwischen Geschäftsmodell und Eigenkapitalsituation, mangelnder Fristenkongruenz zwischen Kapitalbindung und Kapitalbereitstellung, einer unausgewogenen Relation von Eigen- und Fremdkapital, komplexer Finanzierungsstrukturen, Klumpenrisiken in der Fälligkeitsstruktur von Finanzierungen oder eines unzureichenden Working-Capital-Managements.[24]

Der Eintritt einer Liquiditätskrise kann jedoch auch auf externe Begebenheiten, wie z. B. die Insolvenz eines Großkunden mit damit verbundenem Forderungsausfall, zurückgeführt werden.[25]

1.1.2.6 Die Insolvenzreife

Werden in den vorab beschriebenen Krisenstadien keine geeigneten Maßnahmen zur Gegensteuerung ergriffen, droht die Gefahr des Eintritts der Insolvenzreife.

Es ist daher zu klären, zu welchem Zeitpunkt die betriebswirtschaftliche Krise eines Unternehmens in eine insolvenzrechtlich relevante Krise übergeht. Ein Insolvenzverfahren kann erst mit Eintritt eines Insolvenzgrunds gemäß §§ 17 bis 19 InsO beantragt werden (Antragsverfahren). Lediglich das Vorhandensein der bereits beschriebenen Krisenstadien rechtfertigt keine Antragstellung.[26]

Die rechtlichen Grundlagen sowie die Methoden zur Überprüfung des Vorliegens von Insolvenzgründen werden vertiefend in Kapitel 3 dargestellt.

1.1.3 Krisenverlauf

Nach erfolgter Betrachtung der einzelnen Krisenstadien wird nachstehend der typische Verlauf einer Unternehmenskrise beschrieben.

Idealtypisch bauen die einzelnen Krisenstadien aufeinander auf. Ausgangspunkt einer Unternehmenskrise ist daher im Regelfall die Stakeholderkrise, gefolgt von der Strategiekrise. Befindet sich das Unternehmen im Anfangsstadium der Krise, ist dies im Tagesgeschäft noch kaum spürbar, wenngleich gewisse Veränderungen, die u. a. ursächlich für das Entstehen der Krise sein können, erkennbar wären. Häufig werden die ersten, wenn auch noch schwachen Hinweise auf die eintretende strategische Krise jedoch nicht wahrgenommen.

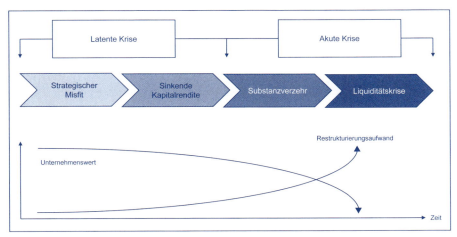

Abb. 2: Verlauf einer Unternehmenskrise[27]

Trotz einer Schwächung der strategischen Ausrichtung und Strukturen, ist die Ertrags- und Absatzlage oftmals noch stabil. Zunächst können noch weiterhin positive Ergebnisse erwirtschaftet werden.[28] Somit ist für die Geschäftsführung

Window Dressing kein unmittelbarer Handlungsbedarf gegeben. Sinkende Erträge werden als temporäre Erscheinung angesehen, sodass keine tatsächliche Auseinandersetzung mit den eigentlichen Ursachen stattfindet. Um Probleme des operativen Geschäfts nach außen zu kaschieren („Window Dressing"), werden in dieser Phase oftmals nicht betriebsnotwendige Vermögensgegenstände veräußert oder andere ertragswirksame Transaktionen vorgenommen (z. B. Auflösung von Rückstellungen) und damit außerordentliche Erträge generiert, um operative Verluste zu decken. Allerdings besteht die Gefahr, dass durch Maßnahmen zur kurzfristigen Ertragssteigerung oder zur Kostensenkung die Erfolgspotenziale (dauerhaft) gefährdet werden.[29]

Objektive Erkennbarkeit Dies bedingt häufig den Eintritt der Produkt- und Absatzkrise sowie darauf folgend der Erfolgskrise. Es werden zunehmend weniger Gewinne oder zunehmend höhere Verluste erwirtschaftet. Als Folge verschlechtern sich in dieser Phase die Unternehmenskennzahlen, sodass die Krisensituation auch objektiv zu Tage tritt. Das Eigenkapital wird durch die Verluste nach und nach aufgezehrt. Zusätzlich führt die rückläufige Absatz- und Ertragslage meist dazu, dass Lagerbestände aufgebaut werden. Mangels realisierter Umsatzerlöse stellt sich eine sinkende Innenfinanzierungskraft ein. Es muss vermehrt auf Fremdfinanzierungsmöglichkeiten zurückgegriffen werden. Dies führt wiederum zu einem Anstieg des Zinsaufwands, der die Liquiditätslage zusätzlich belastet.[30]

Substanzverzehr Mit der Verschlechterung der Ertragslage geht regelmäßig relativ rasch auch ein negativer Cashflow einher, der im Zeitverlauf zu Liquiditätsengpässen führt. Operative Verluste können immer seltener durch Sondermaßnahmen ausgeglichen werden. Die Substanz des Unternehmens wird aufgezehrt und die Eigenkapitaldecke angegriffen. Die Liquiditätskrise ist eingetreten.[31] Kann sie nicht überwunden werden, führt die Liquiditätskrise kurz- bis mittelfristig zur Zahlungsunfähigkeit und Insolvenz.

Generell ist eine Verknüpfung der einzelnen Krisenstadien gegeben. Es ist jedoch auch denkbar, dass die Reihenfolge der Krisenentstehung von dem beschriebenen idealtypischen, sich aufbauenden Krisenverlauf abweicht. Aufgrund einer unzureichenden Liquiditätsplanung, durch die z. B. notwendige Einsparungen für eine positive Entwicklung nicht vorgenommen wurden, kann eine Erfolgskrise entstehen und dann in eine strategische Krise übergehen.[32]

Im Hinblick auf die Überprüfung der bestehenden Handlungsalternativen ist es notwendig, das Krisenstadium, in dem sich das Unternehmen tatsächlich befindet, zeitnah und sachgerecht zu identifizieren.

Wahrnehmungsfolge In der Praxis ist zu beobachten, dass sich die Wahrnehmungsfolge einer Krise entgegengesetzt zur Entstehungsfolge zeigt. Die sich zuspitzende Krise und ihre Wahrnehmung fallen zeitlich auseinander. Ein frühes Krisenstadium wird oft kaum wahrgenommen. Schwache Krisenanzeichen werden selten als solche identifiziert, vielmehr werden allgemeine und zumeist externe Gründe, wie z. B. eine schwache Konjunktur, für auftretende negative Veränderungen verantwortlich gemacht. Erst mit dem Eintritt von finanziellen Schwierigkeiten lässt sich die Krisensituation nicht mehr ignorieren. Sie wird in ihrem vollen Ausmaß ersichtlich. Die Krise wird somit oftmals erst in einem fortgeschrittenen Krisenstadium wahrgenommen, häufig sogar erst mit Eintritt der Liquiditätskrise.[33]

1.2 Krisenursachen und -symptome

Wie vorab dargestellt werden Unternehmenskrisen häufig erst erkannt, wenn die für eine akute Krise typischen Indikatoren, wie z. B. rückläufige Umsatzerlöse oder eine angespannte Liquiditätssituation auftreten. Dabei liegen die Ursachen bereits seit langem im Unternehmen vor und haben sich allmählich verstärkt bis sie letzten Endes offen zu Tage treten werden. Daneben können jedoch auch externe Faktoren und Ausnahmesituationen, wie exogene Schocks, ausgelöst z. B. durch Naturereignisse oder Katastrophen, ursächlich für das Eintreten einer Krise sein. Letztere sind jedoch eher als die selteneren Gründe einzustufen.[34]

Grundsätzlich lassen sich Krisenursachen in unternehmensinterne (endogene) und unternehmensexterne (exogene) Faktoren unterteilen.

1.2.1 Endogene Krisenursachen

Endogene Krisenursachen bzw. -faktoren sind jene Einflussfaktoren, auf die das Unternehmen direkten Einfluss besitzt und die im Unternehmen selbst vorliegen.

Endogene Krisenursachen

Endogene Faktoren sind z. B. Missmanagement, Führungsschwäche, Kostennachteile, nicht wettbewerbsfähige Produkte und Technologien, ineffiziente Strukturen und Prozesse, aber auch verspätete Reaktionen auf eine sich verändernde Umwelt.

Zu einzelnen Beispielen wird auf die Darstellung auf der Website zum Buch verwiesen.

Website: Endogene Krisenursachen

1.2.2 Exogene Krisenursachen

Die exogenen Krisenursachen bzw. -faktoren sind jene Einflussfaktoren, auf die Unternehmen keinen oder lediglich einen geringen Einfluss haben. Hierzu zählen u. a. die gesamtwirtschaftliche Lage, das Markt- und Wettbewerbsumfeld, regulatorische Änderungen oder Naturkatastrophen.

Exogene Krisenursachen

Exogene Krisenursachen lösen einen allgemeinen strategischen Anpassungsdruck für das Unternehmen aus. Reagiert die Unternehmensleitung nicht ausreichend bzw. rechtzeitig, führen diese externen Faktoren in die Unternehmenskrise.

Zu einzelnen Beispielen wird auf die Darstellung auf der Website zum Buch verwiesen.

Website: Exogene Krisenursachen

1.2.3 Typische Krisensymptome

Krisensymptome sind Anzeichen für Krisensituationen, jedoch nicht ursächlich für deren Eintritt. Zu diesen Anzeichen, auf die nachfolgend näher eingegangen

Krisensymptome

wird, zählen z. B. Unterbilanzen, Liquiditätsengpässe oder negative Absatz- und Umsatzentwicklungen. Häufig bleiben die ersten Krisensymptome jedoch unerkannt, nicht zuletzt aufgrund der bestehenden Komplexität, den mannigfaltigen Interpretationen oder dem Zuschreiben externer Faktoren für das Auftreten eines Symptoms. Wesentlich für ein frühzeitiges Erkennen einer Krise ist daher ein gut aufgestelltes Rechnungswesen und Controlling.[35]

Neben der regelmäßigen Überprüfung der relevanten Finanzkennzahlen muss daher ein verantwortungsvolles Management kontinuierlich nach weiteren möglichen (weichen) Krisenanzeichen und Symptomen (siehe hierzu auch Kapitel 2.1) Ausschau halten, um bestandsgefährdende Entwicklungen möglichst frühzeitig erkennen zu können. Entsprechende Signale können sowohl von außen (z. B. von Kunden oder Lieferanten) wie auch von innen (z. B. von Mitarbeitern) gesendet werden.

Anhand der vorliegenden Krisensymptome lassen sich in der Regel Rückschlüsse auf das jeweilige Krisenstadium, in dem sich das Unternehmen befindet, ziehen.[36]

Neben der vorab vorgenommenen Einteilung der Symptome und Anzeichen nach einzelnen Stadien einer Krise[37] können Krisensymptome auch nach den Bereichen Management, Führung, Organisation, Absatzmarkt, Beschaffungsmarkt und Finanzierung untergliedert werden.[38]

Website: Krisensymptome Zu einzelnen Beispielen wird auf die Darstellung auf der Website zum Buch verwiesen.

Anmerkungen

[1] WP Handbuch (2008), Band II, Institut der Wirtschaftsprüfer in Deutschland e.V., Düsseldorf, F Rz. 21.
[2] IDW S 6 (2012), Anforderungen an die Erstellung von Sanierungskonzepten, IDW Fachnachrichten Nr. 12/2012, S. 719 ff.
[3] WP Handbuch (2008), Band II, Institut der Wirtschaftsprüfer in Deutschland e.V., Düsseldorf, F Rz. 32.
[4] Seefelder, G. (2003): Unternehmenssanierung – Zerschlagung vermeiden, Ursachen analysieren, Konzepte finden, Chancen erkennen, Stuttgart, S. 54.
[5] Maus in Schmidt, K./Uhlenbruck, W. (2009): Die GmbH in Krise, Sanierung und Insolvenz, 4. Auflage, Köln, Rz. 1.6.
[6] IDW S 6 (2012), Anforderungen an die Erstellung von Sanierungskonzepten, IDW Fachnachrichten Nr. 12/2012, Rz. 62.
[7] IDW S 6 (2012), Anforderungen an die Erstellung von Sanierungskonzepten, IDW Fachnachrichten Nr. 12/2012, Rz. 62.
[8] IDW S 6 (2012), Anforderungen an die Erstellung von Sanierungskonzepten, IDW Fachnachrichten Nr. 12/2012, Rz. 63.
[9] IDW S 6 (2012), Anforderungen an die Erstellung von Sanierungskonzepten, IDW Fachnachrichten Nr. 12/2012, Rz. 64.
[10] Groß, P.J. (2003): Erkennen und Bewältigen von Unternehmensschieflagen, in: WPg-Sonderheft, 2003, S. 129.
[11] IDW S 6 (2012), Anforderungen an die Erstellung von Sanierungskonzepten, IDW Fachnachrichten Nr. 12/2012, Rz. 68.
[12] IDW S 6 (2012), Anforderungen an die Erstellung von Sanierungskonzepten, IDW Fachnachrichten Nr. 12/2012, Rz. 66.
[13] Beck, M. (2009): Sanierung und Krisenstadium, in: Die Wirtschaftsprüfung (WPg), Nr. 5/09, S. 266.

[14] Keller, R. (1999): Unternehmenssanierung – Außergerichtliche Sanierung und gerichtliche Sanierung, Berlin, S. 88.
[15] IDW S 6 (2012), Anforderungen an die Erstellung von Sanierungskonzepten, IDW Fachnachrichten Nr. 12/2012, Rz. 72.
[16] IDW S 6 (2012), Anforderungen an die Erstellung von Sanierungskonzepten, IDW Fachnachrichten Nr. 12/2012, Rz. 70.
[17] IDW S 6 (2012), Anforderungen an die Erstellung von Sanierungskonzepten, IDW Fachnachrichten Nr. 12/2012, Rz. 69.
[18] Seefelder, G. (2003): Unternehmenssanierung – Zerschlagung vermeiden, Ursachen analysieren, Konzepte finden, Chancen erkennen, Stuttgart, S. 59.
[19] IDW S 6 (2012), Anforderungen an die Erstellung von Sanierungskonzepten, IDW Fachnachrichten Nr. 12/2012, Rz. 73.
[20] Harz, M./Hub, H.-G./Schlarb, E. (2006): Sanierungsmanagement, 3. Auflage, Stuttgart, S. 7.
[21] IDW S 6 (2012), Anforderungen an die Erstellung von Sanierungskonzepten, IDW Fachnachrichten Nr. 12/2012, Rz. 75.
[22] IDW S 6 (2012), Anforderungen an die Erstellung von Sanierungskonzepten, IDW Fachnachrichten Nr. 12/2012, Rz. 74.
[23] Harz, M./Hub, H.-G./Schlarb, E. (2006): Sanierungsmanagement, 3. Auflage, Stuttgart, S. 30.
[24] IDW S 6 (2012), Anforderungen an die Erstellung von Sanierungskonzepten, IDW Fachnachrichten Nr. 12/2012, Rz. 78.
[25] Zöller in Blöse, J./Kihm, A. (2006): Unternehmenskrisen – Ursachen – Sanierungskonzepte – Krisenvorsorge – Steuern, Berlin, S. 26.
[26] Zöller in Blöse, J./Kihm, A. (2006): Unternehmenskrisen – Ursachen – Sanierungskonzepte – Krisenvorsorge – Steuern, Berlin, S. 27.
[27] Brühl in Brühl, V./Göpfert, B. (2004): Unternehmensrestrukturierung – Strategien und Konzepte, Stuttgart, S. 18.
[28] Groß, P.J. (2003): Erkennen und Bewältigen von Unternehmensschieflagen, in: WPg-Sonderheft, 2003, S. 130.
[29] Brühl in Brühl, V./Göpfert, B. (2004): Unternehmensrestrukturierung – Strategien und Konzepte, Stuttgart, S. 18 f.
[30] Keller, R. (1999): Unternehmenssanierung – Außergerichtliche Sanierung und gerichtliche Sanierung, Berlin, S. 9 f.
[31] Brühl in Brühl, V./Göpfert, B. (2004): Unternehmensrestrukturierung – Strategien und Konzepte, Stuttgart, S. 18 f.
[32] Seefelder, G. (2003): Unternehmenssanierung – Zerschlagung vermeiden, Ursachen analysieren, Konzepte finden, Chancen erkennen, Stuttgart, S. 57.
[33] Keller, R. (1999): Unternehmenssanierung – Außergerichtliche Sanierung und gerichtliche Sanierung, Berlin, S. 9.
[34] Brühl in Brühl, V./Göpfert, B. (2004): Unternehmensrestrukturierung – Strategien und Konzepte, Stuttgart, S. 5.
[35] Keller, R. (1999): Unternehmenssanierung – Außergerichtliche Sanierung und gerichtliche Sanierung, Berlin, S. 15 f.
[36] Kihm in Blöse, J./Kihm, A. (2006): Unternehmenskrisen – Ursachen – Sanierungskonzepte – Krisenvorsorge – Steuern, Berlin, S. 35.
[37] Zöller in Blöse, J./Kihm, A. (2006): Unternehmenskrisen – Ursachen – Sanierungskonzepte – Krisenvorsorge – Steuern, Berlin, S. 22 ff.
[38] Perschel, M. (2002): Krisenmanagement in kleinen und mittleren Unternehmen, Renningen, S. 12–17; Harz, M./Hub, H.-G./Schlarb, E. (2006): Sanierungsmanagement, 3. Auflage, Stuttgart, S. 49–50.

Krisenfrüherkennung und -ursachenanalyse
von Andreas Crone

Im Rahmen der Beratung von Krisenunternehmen ist es notwendig, schnell einen Überblick über die Lage des Unternehmens zu gewinnen. Dies hat auch Bedeutung für die Frage, ob bereits Insolvenzantragsgründe und entsprechende Haftungsrisiken für das Management vorliegen. Insoweit ist es wichtig, in möglichst kurzer Zeit aussagefähige Informationen zur Einschätzung der Situation des Unternehmens zu erheben, um das weitere Vorgehen bestimmen zu können.

2.1 Krisenfrüherkennung aus Unternehmenssicht

Zur Krisenfrüherkennung gibt es keine Patentlösungen. Häufig spielen unterschiedliche Faktoren eine Rolle, sodass sich die Krisenentstehung grundsätzlich nicht an einer einzelnen Ursache festmachen lässt. Alarmsignale und Warnhinweise lassen sich allerdings in der Regel in allen Unternehmensbereichen erkennen, auch wenn diese verschiedene Ursachen haben.

Grundsätzlich lassen sich im Rahmen der Krisenfrüherkennung sogenannte „harte" und „weiche" Faktoren unterscheiden. Während unter „harten" Faktoren Kennzahlen und Jahresabschlussinformationen zu verstehen sind, handelt es sich bei den weichen Faktoren um Einflüsse und Informationen aus Management- und Mitarbeiterkreisen. Häufig verfügen insbesondere die Mitarbeiter aufgrund ihrer Nähe zum operativen Geschäft über ein gutes Gespür für erste Krisenanzeichen. Insofern ist die Bereitschaft der Unternehmensleitung zur ernsthaften Auseinandersetzung mit entsprechenden Signalen und Informationen (z. B. Warnungen und Kritik von Mitarbeitern) Grundvoraussetzung jeglicher Krisenprophylaxe. Das Unternehmensmanagement ist gut beraten, sich nicht einem Gefühl der Sicherheit und Überlegenheit hinzugeben, vielmehr schärft ein Gefühl der permanenten Unsicherheit den Blick für ggf. kritische Veränderungen.

Harte und weiche Faktoren

Die „weichen" Faktoren lassen sich allgemein in die Kategorien Unternehmensstrategie, wirtschaftliches Umfeld, Kommunikation sowie Managementqualifikation unterteilen.

Bei der Frage nach der Unternehmensstrategie sollte jeder Unternehmer eine Vision haben, wo er sein Unternehmen in Zukunft sieht und welche Ziele verfolgt werden sollen. Hierbei ist es wichtig, eine plausible Strategie zu entwickeln, die anhand von konkreten Maßnahmen verfolgt wird und vor allem gegenüber relevanten Interessenten wie Finanzierern, Kunden und Mitarbeitern

Prozessmanagement klar kommuniziert wird. Des Weiteren sollte darauf abgezielt werden ein Alleinstellungsmerkmal zu kreieren, das es schafft, Kunden auch über Krisenzeiten hinweg an das Unternehmen zu binden.[1] Gleiches gilt für die Bindung von Finanzierern, Gesellschaftern und Mitarbeitern an das Unternehmen.

Um in seinem wirtschaftlichen Umfeld erfolgreich zu sein, muss ein Unternehmen auf die Zukunftsfähigkeit seiner Produkte achten. Dies ist vor allem in Zeiten sinkender Nachfrage und damit einhergehender Auftragsrückgänge essentiell. Daneben besitzt auch der Aspekt des Prozessmanagements eine hohe Bedeutung. Ein Unternehmen muss stets bestrebt sein, seine Prozessabläufe, Kosten und Ressourcenverwendung zu überprüfen und gegebenenfalls zu optimieren. Zudem gilt es eine (zu große) Abhängigkeit von Zulieferern oder Abnehmern zu vermeiden, um im Krisenfall stets flexibel reagieren zu können.[2]

Kommunikation Mit dem Faktor Kommunikation ist das Verhalten gegenüber den Stakeholdern eines Unternehmens gemeint. Besonders Kreditgeber und Mitarbeiter stehen hierbei im Mittelpunkt. Eine frühzeitige und ehrliche Kommunikation über die Situation und das Vorgehen im Unternehmen ist ein wichtiger Punkt, um Krisen zu vermeiden, aber auch, um sie sichtbar zu machen und gegebenenfalls eine notwendige Restrukturierung zu ermöglichen. Gerät ein Unternehmen in Schieflage, besteht die Gefahr, dass nur das kommuniziert wird, was als nötig erachtet wird und man die tatsächlichen Gegebenheiten verharmlost oder schönt.[3] Gerade aber der offene und transparente Umgang mit der Krise schafft erst das Vertrauen für die notwendige Unterstützung von außen.

Managementqualifikation Der wohl wichtigste Faktor ist die Managementqualifikation. Eine Vielzahl von Krisen ist hausgemacht und auf Fehler im Management zurückzuführen. Potenzielle Ursachen können dabei in unterschiedlichen Bereichen liegen. Ein starres Festhalten an in der Vergangenheit erfolgreichen Konzepten, mangelnde Kommunikation intern und extern, das Verhalten gegenüber Mitarbeitern und Führungskräften sowie Entscheidungsschwäche sind nur einige Beispiele. Weitere typische Fehler sind die Vernachlässigung von Marktanpassungen durch eine falsche Produktvielfalt, eine nicht durchdachte betriebliche Organisation, ein qualitativ ungenügendes Kostenmanagement, fehlendes Controlling oder Ähnliches.[4]

Neben den vorab aufgezeigten Faktoren gibt es aber auch noch andere Signale, welche auf eine sich anbahnende Krise hinweisen können. Hierzu zählen z. B. eine Abnahme der Motivation bei den Mitarbeitern, eine erhöhte Fluktuation oder eine steigende Krankenrate.[5] Auch der Wechsel von langjährigen Geschäftspartnern kann ein zu beachtendes Indiz darstellen.

Bilanzanalyse Eine weitere Möglichkeit zur Krisenfrüherkennung anhand „harter" Faktoren bieten Kennzahlen. Hierbei wird das Hauptaugenmerk auf interne Daten gelegt, die auch aus der Jahresabschlussanalyse zu entnehmen sind. Unter Jahresabschlussanalyse oder auch allgemein Bilanzanalyse „versteht man die methodische Untersuchung von Jahresabschluss und Lagebericht mit dem Ziel, entscheidungsrelevante Informationen über die gegenwärtige wirtschaftliche Lage und die künftige wirtschaftliche Entwicklung eines Unternehmens zu gewinnen."[6] Die aus dem Jahresabschluss zu entnehmenden Kennzahlen sind zwar jahresbezogen, lassen sich allerdings auch auf eine monatliche oder

2.1 Krisenfrüherkennung aus Unternehmenssicht

quartalsweise Betrachtung übertragen, insofern das Rechnungswesen die entsprechenden Zahlen bereitstellen kann.

Es stellt sich die Frage, inwieweit die Kennzahlenanalyse zur Krisendiagnose geeignet ist, um konkrete Aussagen zur wirtschaftlichen Lage von Unternehmen treffen zu können.

Es kann generell festgestellt werden, dass eine Kennzahlenbildung nützlich und notwendig ist.[7] Die Bildung von Verhältniszahlen vereinfacht die Vergleichbarkeit gemessen an absoluten Zahlen. Umfangreiche und unübersichtliche Datenmengen werden auf überschaubare Größenordnungen reduziert. Zu prüfende Tatbestände werden über Kennzahlen miteinander verknüpft und kausale Beziehungen abgebildet. Nach Hauschildt existiert ein „harter Kern" von ungefähr 20 Kennzahlen mit weitgehend identischem Aufbau und einheitlicher Bezeichnung, die die wichtigsten Positionen miteinander in Beziehung setzen.[8]

Mit Kennzahlen wird ein Zeit- oder Betriebsvergleich ermöglicht. Durch den Vergleich mit den besten Unternehmen innerhalb einer Branche können Benchmarks zur Orientierung generiert werden.[9] Für Krisenunternehmen können diese Werte wichtige Anhaltspunkte, vor allem in Bezug auf die meist zu optimierende Kostenseite, sein.

Zur Verbesserung der Aussagefähigkeit der einzelnen Werte sollte der betrachtete Zeitraum mindestens drei Jahre, besser noch fünf Jahre betragen.[10] Im Vergleich zu externen Bilanzadressaten ist der Sanierungsberater in der Regel nicht auf die Daten aus dem Jahresabschluss beschränkt, was einen wesentlichen Kritikpunkt an der klassischen Kennzahlenanalyse darstellt.[11]

Neben den aufgezeigten Vorteilen bestehen aber bei der Kennzahlenbildung auch Nachteile. Gesetzliche Bilanzierungs- und Bewertungswahlrechte können insgesamt zu einer verzerrten Darstellung der wirtschaftlichen Lage des Unternehmens im Jahresabschluss und somit auch in der Kennzahlenanalyse führen. Entsprechend selektiv und vorsichtig ist daher bei der Auswahl der Kennzahlen sowie der Aufbereitung der Datenbasis vorzugehen.

Selektive Auswahl

Durch die Bildung von Kennzahlen kommt es zudem zu einer Komprimierung von Informationen, d.h. es wird ein vereinfachtes Bild der Wirklichkeit wiedergegeben. Vereinfachungen bedeuten aber gleichzeitig einen Verlust an Informationen.[12]

Ein weiterer Effekt, der die erforderliche Aussagekraft der Kennzahlenanalyse beeinträchtigen kann, sind Anpassungsentscheidungen durch die Unternehmensleitung zur Abwendung der Krise.[13] Diese Anpassungen können zudem genutzt werden, die Krise, also die tatsächliche wirtschaftliche Lage des Unternehmens, zu verschleiern, z.B. durch die Neubewertung von Aktiva, die Auflösung von Rückstellungen oder die Generierung liquider Mittel durch den Verkauf von Betriebsvermögen. Entsprechend sensibel ist die Datenbasis in Hinblick auf solche Vorgänge aufzubereiten, was die Ermittlung aussagekräftiger Kennzahlen erschwert. Dies gilt auch für diejenigen Daten aus Vorjahren, in denen das Unternehmen noch erfolgreich war. Auch hier kann es zu bewussten Änderungen der Bilanzierungs- und Bewertungspolitik gekommen sein, um z.B. aus steuerlichen Gründen Ergebnisse zu reduzieren.

Bilanzpolitik

Hinsichtlich der Aktualität der Informationen und Daten ist festzuhalten, dass die Jahresabschlussdaten ex post Daten darstellen, da sich der Jahresabschluss auf das abgelaufene Geschäftsjahr und damit i.d.R. auf den 31. Dezember (Kalenderjahr) bezieht. Zur Beurteilung der jeweils aktuellen Unternehmenssituation ist deshalb auf zeitnahe und aktuelle Informationen, z.B. aus Monatsabschlüssen, vor allem zur Beurteilung der Liquiditätslage, abzustellen. Hierbei ist jedoch zu prüfen, wie aktuell und vollständig (Buchungsstand) die Daten des Monatsabschlusses sind und welche Abgrenzungsbuchungen und kalkulatorischen Buchungen unterjährig bereits vorgenommen werden.

Website: Checkliste Unterlagen für die Kennzahlenanalyse

Zur Auswahl der zur Analyse notwendigen Unterlagen wird auf die Checkliste „Unterlagen für die Kennzahlenanalyse" auf der Website zum Buch verwiesen.

2.2 Kennzahlen zur Krisendiagnose

In der gängigen Literatur zur Bilanzanalyse finden sich rd. 150 Kennzahlen, die häufig nach Art und Umfang unterschiedlich definiert sind.[14] Von einheitlichen Standards, die wissenschaftlich fundiert und empirisch bestätigt sind, ist man weit entfernt.

Nach IDW S 6 (Tz. 146) ist die integrierte Planung um solche Kennzahlen zu ergänzen, die die Aussage der Sanierungsfähigkeit stützen. Hierzu werden verschiedene Liquiditäts-, Ertrags- und Vermögenskennzahlen empfohlen, die im nachfolgenden Kennzahlenkatalog entsprechend gekennzeichnet sind.[15]

Der nachfolgende Kennzahlenkatalog versteht sich als Anregung, der von Praktikern um aus ihrer Sicht besonders präferierte Kennzahlen für die jeweiligen Unternehmensverhältnisse ergänzt werden kann. Praktische Arbeitshilfen „leben" generell von der ständigen Weiterentwicklung. Vor dem Hintergrund der Relevanz für Sanierungskonzepte werden nachstehend die Kennzahlen dargestellt, die eine Aussage zur Sanierungsfähigkeit stärken können.[16]

Website: Fallbeispiel Kennzahlenanalyse

Zur Ermittlung einzelner Kennzahlen wird auf die Beispielrechnungen auf der Website zum Buch verwiesen.

Website: Fallbeispiel Kennzahlenanalyse (Erläuterung)

2.2.1 Kennzahlen zur Rentabilitätsanalyse

a) Eigenkapitalrendite (Empfehlung IDW S 6)

$$EKR = \frac{JÜ}{EK} \times 100$$

- Die Eigenkapitalrendite (EKR) beschreibt die Rentabilität des eingesetzten Eigenkapitals bezogen auf das Jahresergebnis eines Unternehmens.
- Fallende Renditen können auf sich abzeichnende Probleme im Unternehmen hindeuten. Zur Problemidentifikation ist allerdings eine genauere Analyse durch weitere Kennzahlen erforderlich.

- Zur Sicherung des Fortbestands des Unternehmens ist eine angemessene Verzinsung des eingesetzten Eigenkapitals unabdingbar, z. B. zur Finanzierung von Investitionen und zum Einwerben weiterer Eigenkapitalgeber.

b) Gesamtkapitalrendite (Empfehlung IDW S 6)

$$GKR = \frac{JÜ + FK\text{-}Zinsen}{GK} \times 100$$

- Die Gesamtkapitalrendite (GKR) beschreibt die Rentabilität des Unternehmens unabhängig von seiner Finanzierungsstruktur und ermöglicht somit einen finanzierungsneutralen Unternehmensvergleich.
- Die Renditen sind stark branchenspezifisch. Der Unternehmensvergleich ist wichtig zur Analyse der Positionierung des Unternehmens innerhalb seiner Branche.

c) Return on Capital Employed

$$ROCE = \frac{EBIT}{GK - kurzfr.\ Verb. - liqui.\ Mittel}$$

- Der Return on Capital Employed (ROCE) gilt als moderne Variante der Gesamtkapitalrentabilität und misst die Effektivität und Profitabilität des eingesetzten Kapitals (Vorsteuerrendite).
- Im Unterschied zur Gesamtkapitalrentabilität wird als Bezugsgröße im Nenner nur das langfristig gebundene Kapital gewählt, welches sich durch Subtraktion der kurzfristigen Verbindlichkeiten (Restlaufzeit ≤ 1 Jahr) sowie der liquiden Mittel vom Gesamtkapital (GK) ergibt.

d) Umsatzrendite (Empfehlung IDW S 6)

$$UR = \frac{JÜ}{UE} \times 100$$

- Die Umsatzrendite (UR) spiegelt das prozentuale, im Verhältnis zum Umsatz erzielte Jahresergebnis wieder.

e) Materialquote (Empfehlung IDW S 6)

$$MQ = \frac{Materialaufwand}{Gesamtleistung} \times 100$$

- Die Materialquote (MQ) gibt an, wie hoch der Anteil des Materialaufwands an der Gesamtleistung ist. Sie wird häufig für Zeitverlaufs- und Benchmarkanalysen herangezogen.
- Die Gesamtleistung umfasst neben den Umsatzerlösen, positive oder negative Bestandsveränderungen, aktivierte Eigenleistungen sowie sonstige betriebliche Erträge.
- Zentrale Analysehebel für diese Kennzahl sind Preis und Menge.

f) Personalquote (Empfehlung IDW S 6)

$$PQ = \frac{\text{Personalaufwand}}{\text{Gesamtleistung}} \times 100$$

- Die Personalquote (PQ) gibt den prozentualen Anteil des Personalaufwands an der Gesamtleistung an. Sie wird häufig für Zeitverlaufs- und Benchmarkanalysen herangezogen.
- Im direkten Bereich ist der Personalaufwand i.d.R. als eher variabel, im indirekten Bereich als eher fix anzusehen.
- Zentrale Analysehebel für diese Kennzahl sind Preis und Menge.

g) Sonstige betriebliche Aufwandsquote

$$SbAQ = \frac{\text{SbA}}{\text{Gesamtleistung}} \times 100$$

- Die Sonstige betriebliche Aufwandsquote (SbAQ) gibt an, wie viel Prozent der Gesamtleistung für SbA aufgewendet werden. Sie wird häufig als Basis für Zeitverlaufs- und Benchmarkanalysen verwendet.
- Der sonstige betriebliche Aufwand umfasst in der Regel Kosten mit variablem und Kosten mit fixem Charakter.

h) Abschreibungsquote

$$AFAQ = \frac{\text{Abschreibungen}}{\text{Gesamtleistung}} \times 100$$

- Die Abschreibungsquote (AFAQ) gibt den prozentualen Anteil der Abschreibungen an der Gesamtleistung an. Sie wird häufig für Zeitverlaufs- und Benchmarkanalysen herangezogen.

2.2.2 Kennzahlen zur Net Working Capital-Analyse

a) Net Working Capital (Empfehlung IDW S 6)

```
    Vorräte
+   Forderungen LuL
–   Verbindlichkeiten LuL
=   Net Working Capital
```

- Das Net Working Capital (NWC) gibt den Nettofinanzbedarf der kurzfristigen Aktiva an.
- Ein positives Working Capital stellt die Kapitalbindung im Umlaufvermögen dar, die durch das Unternehmen vorfinanziert werden muss.

2.2 Kennzahlen zur Krisendiagnose

- Ein negatives Net Working Capital hingegen bedeutet, dass das Umlaufvermögen durch Lieferantenkredite vorfinanziert wird, was positiv für den Liquiditätsbedarf des betrachteten Unternehmens ist.
- Bei Krisenunternehmen sind die einzelnen Positionen des Umlaufvermögens, wie z. B. Forderungen aus Lieferungen und Leistungen oder Vorräte grundsätzlich kritisch in Bezug auf ihre Werthaltigkeit zu überprüfen. Sollten in diesen Positionen Wertberichtigungen notwendig werden, führt dies i. d. R. dazu, dass sich der Liquiditätsbedarf weiter erhöht.

b) Net Working Capital Effizienzkennzahl

$$NWCE = \frac{NWC}{Gesamtleistung}$$

- Durch die NWC-Effizienzkennzahl (NWCE) lassen sich Aussagen über die Bewirtschaftung des Net Working Capital treffen.
- Erhöht/verringert sich die Kennzahl, lässt dies auf eine entsprechende Liquiditätsbindung/-freisetzung im Umlaufvermögen schließen.

c) Lieferantenziel in Tagen (Empfehlung IDW S 6)

1. Formel:

$$LZT = \frac{Verbindlichkeiten\ LuL}{Materialaufwand} \times 365$$

2. Formel:

$$LZT = \frac{Verbindlichkeiten\ LuL}{Materialaufwand + SbA} \times 365$$

- Das Lieferantenziel (LZT) gibt die Inanspruchnahme von Lieferantenkrediten in Tagen an.
- Verlängert sich dieser Zeitraum, bedeutet dies in der Regel eine Zunahme der kurzfristigen Verbindlichkeiten. Außerdem werden Zahlungsanreize wie Skonti nicht ausgenutzt.
- Eine drastische Zunahme dieser Kennzahl, abhängig von der Lieferanten- und Finanzierungsstruktur, kann ein Indiz für eine drohende oder eingetretene Zahlungsunfähigkeit sein.

d) Kundenziel in Tagen (Empfehlung IDW S 6)

$$KZT = \frac{Forderungen\ LuL}{UE} \times 365$$

- Das Kundenziel (KZT) gibt die durchschnittliche Dauer in Tagen an, die Kunden zum Ausgleich ihrer Rechnungen in Anspruch nehmen.
- Je länger das Kundenziel, desto länger erfolgt eine Kreditgewährung an die Kunden, die vom Unternehmen zu finanzieren ist.
- Das Alter des Forderungsbestands liefert einen möglichen Anhaltspunkt über die Werthaltigkeit der Forderungen.

e) Lagerdauer in Tagen (Empfehlung IDW S 6)

$$LDT = \frac{\text{Vorräte}}{\text{Materialaufwand}} \times 365$$

- Die Lagerdauer (LDT) in Tagen zeigt, wie lange sich die Vorräte bis zur Umsatzrealisation im Unternehmen befinden.
- Die Vorräte setzen sich aus den Positionen der Roh-, Hilfs- und Betriebsstoffe, unfertigen Erzeugnisse, unfertigen Leistungen, fertigen Erzeugnisse und Waren sowie geleisteten Anzahlungen zusammen.
- Je nach Länge der Lagerdauer ergeben sich eventuell Anhaltspunkte zur Werthaltigkeit der einzelnen Positionen und zur Optimierung der Kapitalbindung (Einkaufs- und Bestandsmanagement).

f) Lagerumschlagshäufigkeit[17]

$$LU = \frac{\text{Verbrauch}}{\varnothing \, LB}$$

- Die Lagerumschlagshäufigkeit (LU) gibt Auskunft darüber, wie oft der durchschnittliche Lagerbestand (LB) in einer festgelegten Periode vollständig entnommen und wieder ersetzt wurde.
- Die Betrachtung lässt sich auch für einzelne Materialpositionen durchführen.
- Eine Verringerung der Umschlagshäufigkeit bedeutet eine Erhöhung der Lagerhaltung und folglich eine Erhöhung der Kapitalbindung.

g) Lagerreichweite[17]

$$LR = \frac{\varnothing \, LB}{\varnothing \, \text{Verbrauch}}$$

- Die Lagerreichweite (LR) gibt an, wie lange der durchschnittliche Lagerbestand (LB) bei einem durchschnittlichen Verbrauch je Periode ausreicht.
- Eine Veränderung der Lagerreichweite kann das eigene Lieferverhalten beeinflussen, wenn z. B. ein zu geringer Bestand vorgehalten wird.

h) Kapitalbindungsdauer im Umlaufvermögen

```
−  LZT
+  KZT
+  LDT
─────────────────
=  Kapitalbindungsdauer
```

- Die Kapitalbindungsdauer (KBD) im Umlaufvermögen, auch cash-to-cash-cycle, gibt die durchschnittliche Kapitalbindung des Working Capital in Tagen an.
- Sie umfasst den Zeitraum von der Zahlung der Lieferantenverbindlichkeit (Einkauf Vormaterial) bis zur Zahlung des Kunden.

- Die Dauer der Kapitalbindung ist ein kritischer Faktor bei der Finanzierung von Investitionsvorhaben, da sie die Liquidität maßgeblich beeinflusst.

2.2.3 Kennzahlen zur Liquiditätsanalyse

a) Liquidität 1. Grades (Empfehlung IDW S 6)

$$L1G = \frac{\text{liqui. Mittel}}{\text{kurzfr. FK}} \times 100$$

- Die Liquidität 1. Grades (L1G) beschreibt die Fähigkeit eines Unternehmens seine kurzfristigen Zahlungsverpflichtungen mit flüssigen Mitteln zu erfüllen (Barliquidität).
- Die liquiden Mittel umfassen den Kassenbestand, Bundesbankguthaben, Guthaben bei Kreditinstituten und Schecks.
- Das kurzfristige Fremdkapital setzt sich u. a. aus den nicht langfristigen Rückstellungen, wie z. B. Steuerrückstellungen, den sonstigen kurzfristigen Verbindlichkeiten (Restlaufzeit < 1 Jahr) und den Verbindlichkeiten aus Lieferungen und Leistungen zusammen.

b) Quick Ratio/Liquidität 2. Grades (Empfehlung IDW S 6)

$$QR = \frac{\text{liqui. Mittel + kurzfr. Ford.}}{\text{kurzfr. FK}} \times 100$$

- Im Vergleich zur Liquidität 1. Grades werden beim Quick Ratio (QR) zusätzlich die kurzfristigen Forderungen berücksichtigt, da sich diese auf kurze Sicht liquiditätserhöhend auswirken.
- Die Kennzahl sollte ≥ 50 % erreichen.
- Kurzfristige Forderungen sind im Wesentlichen Forderungen aus Lieferungen und Leistungen.

c) Current Ratio/Liquidität 3. Grades (Empfehlung IDW S 6)

$$CR = \frac{UV}{\text{kurzfr. FK}} \times 100$$

- Beim Current Ratio (CR) wird das gesamte Umlaufvermögen des Unternehmens als „verfügbare Mittel" betrachtet.
- Die Kennzahl sollte ≥ 100 % erreichen.

d) Cashflow I

```
    JÜ
 +  Abschreibungen
 -  Zuschreibungen
 _____
 =  Cashflow I
```

- Der Cashflow I (CF I) beschreibt das Innenfinanzierungspotenzial eines Unternehmens. Die Berechnung erfolgt i. d. R. indirekt (retrograd), ausgehend vom Jahresüberschuss, der um zahlungsunwirksame Effekte korrigiert wird.

e) Cashflow II

	Cashflow I
+	Erhöhung langfr. Rückstellungen
−	Auflösung langfr. Rückstellungen
=	Cashflow II

- Im Vergleich zum Cashflow I wird beim Cashflow II (CF II) zusätzlich die zahlungsunwirksame Veränderung der langfristigen Rückstellungen berücksichtigt.
- Zu den langfristigen Rückstellungen zählt im Wesentlichen die Rückstellung für Pensionen.

f) Cashflow III

	Cashflow II
+	a. o. Aufwendungen
−	a. o. Erträge
=	Cashflow III

- Ausgehend vom Cashflow II wird der Cashflow III (CF III) um außerordentliche, zahlungswirksame Effekte bereinigt, um die Innenfinanzierungskraft des Unternehmens aufzuzeigen.

g) Cashflow-Marge (Empfehlung IDW S 6)

$$CFM = \frac{CF \text{ aus op. Tätigkeit}}{Umsatz} \times 100$$

- Die Cashflow-Marge (CFM) zeigt, wie viel Prozent des Umsatzes für Investitionen, potenzielle Schuldentilgung oder Dividendenzahlungen zur Verfügung stehen.

2.2.4 Kennzahlen zur Finanzanalyse/Bilanzanalyse

a) Eigenkapitalquote

$$EKQ = \frac{EK}{GK} \times 100$$

- Die Eigenkapitalquote (EKQ) zeigt den prozentualen Anteil des Eigenkapitals am Gesamtkapital. Die Kennzahl ist grundsätzlich für die Beurteilung der Bonität eines Unternehmens von hoher Bedeutung.

- Die Höhe des Eigenkapitals hat zudem Signalfunktion vor dem Hintergrund einer potenziellen Überschuldung des Unternehmens und einer damit zu veranlassenden Überschuldungsprüfung.

b) Fremdkapitalquote

$$FKQ = \frac{FK}{GK} \times 100$$

- Die Fremdkapitalquote (FKQ) zeigt den prozentualen Anteil des Fremdkapitals am Gesamtkapital.
- Die Höhe des Fremdkapitals ist abhängig von branchenüblichen Gegebenheiten und kann zudem durch Überlegungen zur Optimierung der Steuerbelastung sowie der Eigenkapitalrendite beeinflusst sein (Leverage-Effekt). *Leverage-Effekt*
- Unabhängig hiervon erhöht sich mit zunehmendem Fremdkapital grundsätzlich die Gefahr einer Überschuldung. Die Fremdkapitalquote kann somit, abhängig von Herkunft und Fristigkeit des Fremdkapitals, ein Krisensignal darstellen.
- Ferner ist nicht nur die absolute Höhe der Verbindlichkeiten, sondern auch deren Zusammensetzung (Fristigkeit) von Bedeutung. Ein hoher Anteil an kurzfristigem Fremdkapital indiziert Risiken in Bezug auf die Zahlungsfähigkeit eines Unternehmens.

c) Verschuldungsgrad (Empfehlung IDW S 6)

$$VG = \frac{FK}{EK} \times 100$$

- Der (statische) Verschuldungsgrad (VG) stellt eine wichtige Kennzahl im Rating-Prozess dar, da sich mit zunehmendem Verschuldungsgrad i. d. R. die Kreditkonditionen verschlechtern.
- Zur Steigerung der Eigenkapitalrentabilität kann ein hoher Verschuldungsgrad jedoch vorteilhaft sein (Leverage-Effekt).
- Der VG zeigt die Relation von Eigenkapital und Fremdkapital und gibt somit Auskunft über die Finanzierungsstruktur. Die Kennzahl sollte nicht > 200 % liegen (Praxisregel).

d) Dynamischer Verschuldungsgrad (Empfehlung IDW S 6)

$$DVG = \frac{FK - \text{liqui. Mittel}}{\text{Cashflow}}$$

- Der dynamische Verschuldungsgrad (DVG) gibt Auskunft darüber, wie viele Jahre ein Unternehmen braucht, um sein Fremdkapital mit dem erzielten Cashflow zurückzuzahlen.
- Generell sollte der Wert kleiner sein als die durchschnittliche Laufzeit des betriebsnotwendigen Anlagevermögens.

e) Vermögensumschlag

$$VU = \frac{UE}{GK}$$

- Der Vermögensumschlag (VU) zeigt, in welcher Zeit das gebundene Vermögen (Gesamtkapital) durch Umsätze wiedergewonnen wird.
- Da die einzelnen Vermögenswerte Kapital binden, können mithilfe der Umschlagshäufigkeit Rückschlüsse auf den Kapitalbedarf gewonnen werden, wobei zwischen der Umschlagshäufigkeit des Anlagevermögens und der des Umlaufvermögens zu differenzieren ist.

f) Anlagendeckung I/Deckungsgrad A (Empfehlung IDW S 6)

$$AD\ I = \frac{EK}{AV} \times 100$$

- Die Anlagendeckung I (AD I) beschreibt die prozentuale Deckung des Anlagevermögens durch Eigenkapital.
- Das Eigenkapital steht dem Unternehmen i. d. R. zeitlich unbefristet zur Verfügung und somit kommt es bezüglich eines Teils des Anlagevermögens zu keinerlei Engpässen in der Finanzierung.
- Als Orientierungsgröße gilt: Anlagendeckung I ≥ 50 %.

g) Anlagendeckung II/Deckungsgrad B (Empfehlung IDW S 6)

$$AD\ II = \frac{EK + \text{langfr. FK}}{AV} \times 100$$

- Die Anlagendeckung II (AD II) setzt das langfristige Vermögen zum langfristigen Kapital ins Verhältnis. Als Orientierungsgröße gilt: Anlagendeckung II ≥ 100 %.
- Die Kennzahl wird auch als „Goldene Bilanzregel" oder „Grundsatz der Fristenkongruenz" bezeichnet.
- Bei inkongruenter Finanzierung können Probleme und Risiken der kurzfristigen Kapitalbeschaffung auftreten.

h) Kapitalrückflussquote

$$KRQ = \frac{CF}{GK} \times 100$$

- Die Kapitalrückflussquote (KRQ) drückt die Ertragskraft eines Unternehmens aus und zeigt welcher Einnahmeüberschuss im Verhältnis zum eingesetzten Kapital erzielt wird.
- Alternativ wird die Kennzahl auch als Quotient aus EBITDA und Bilanzsumme ausgewiesen.

2.2 Kennzahlen zur Krisendiagnose

2.2.5 Relevante Kennzahlen für Kriseninvestoren

a) EBITDA, EBIT und EBT

	Umsatzerlöse
+/–	Bestandsveränderungen
+	andere aktivierte Eigenleistungen
+	sonstige betriebliche Erträge
=	Gesamtleistung
–	Materialaufwand
–	Personalaufwand
–	sonstige betriebliche Aufwendungen
=	**EBITDA** (**E**arnings **B**efore **I**nterest, **T**axes, **D**epreciation and **A**mortization)
–	Abschreibungen
=	**EBIT** (**E**arnings **B**efore **I**nterest and **T**axes)
+/–	Zinsergebnis
=	**EBT** (**E**arnings **B**efore **T**axes)

- Das EBITDA zeigt die operative Ertragskraft (Rentabilität) eines Unternehmens.
- Das EBIT (Gewinn/Verlust vor Zinsen und Steuern) zeigt das operative Ergebnis eines Unternehmens.
- Das EBT zeigt das Ergebnis vor Steuern.
- Die Kennzahlen ermöglichen durch ihre Ausgestaltung einen finanzierungs-, steuerbelastungs- und branchenunabhängigen Unternehmensvergleich.

b) Net Total Leverage

$$NTL = \frac{\text{Finanzverb.} - \text{liqui. Mittel}}{\text{EBITDA}}$$

- Die Kennzahl „Net Total Leverage" (NTL) gibt an, wie viele Jahre ein Unternehmen benötigt, um seine Finanzverbindlichkeiten aus dem EBITDA, d. h. der operativen Innenfinanzierungskraft, zurückzuführen. Die Kennzahl trifft somit eine Aussage zur Schuldentilgungsfähigkeit.
- Die Kennzahl ist von Branche zu Branche verschieden, sollte aber aus Sicht von Kriseninvestoren i. d. R. nicht > 5 sein.

c) Interest Coverage

$$IC = \frac{\text{EBITDA}}{\text{FK-Zins}}$$

- Die Interest Coverage (IC) gibt in Multiplikatorform an, inwieweit ein Unternehmen seine Fremdkapitalkosten (ohne Tilgung) aus der operativen Innenfinanzierungskraft bedienen kann (Zinsdeckung).

d) EBITDA-Marge (Empfehlung IDW S 6)

$$\text{EBITDA-Marge} = \frac{\text{EBITDA}}{\text{UE}} \times 100$$

- Die EBITDA-Marge gibt den prozentualen Anteil des EBITDA am Umsatz an und zeigt somit eine abgewandelte Form der Umsatzrentabilität. Mittels der Kennzahl können Rückschlüsse auf die Ertragskraft eines Unternehmens gezogen werden.

e) Umsatzwachstum

$$UW = \left(\frac{UE_{t_1}}{UE_{t_0}} - 1 \right) \times 100$$

- Das Umsatzwachstum (UW) gibt die prozentuale Entwicklung des Umsatzes im Vergleich zum Vorjahr an.
- Stagnierende oder fallende Umsätze können dabei, abhängig von der allgemeinen Branchen- und Marktentwicklung, ein Anhaltspunkt für eine Krise sein.

f) Auftragslage

$$AL = \left(\frac{\text{Auftragsbestand}_{t_1}}{\text{Auftragsbestand}_{t_0}} - 1 \right) \times 100$$

- Die Auftragslage (AL) beschreibt die prozentuale Veränderung des Auftragsbestands im Vergleich zum Vorjahr.
- Die Kennzahl ist ein wichtiger Indikator für zukünftige Umsätze und den Erfolg oder Misserfolg des aktuellen Produkt- und Leistungsspektrums des Unternehmens.

g) Umsatz pro Mitarbeiter

$$UMA = \frac{UE}{(\varnothing \text{ Anzahl der MA})}$$

- Die Kennzahl zeigt den durchschnittlich erzielten Umsatz pro Mitarbeiter (UMA).
- Eine Analyse der Kennzahl im Branchen- und Zeitvergleich gibt einen Anhaltspunkt über die Entwicklung der Produktivität des Unternehmens und der Mitarbeiter.
- Ferner kann die Kennzahl Hinweise auf Unterauslastungen geben.

h) Durchschnittliche jährliche Wachstumsrate

$$\text{CAGR} = \left(\frac{A(t)}{A(t_o)}\right)^{\frac{1}{N}} - 1$$

- Die durchschnittliche jährliche Wachstumsrate („Compound Annual Growth Rate", CAGR) drückt das durchschnittliche jährliche Wachstum aus, wobei $N = t - t_0$ die Anzahl der Zeiteinheiten zwischen t_0 und t ist und $A(t)$ der betrachtete Endwert zum Zeitpunkt t und $A(t_0)$ der betrachtete Startwert zum Zeitpunkt t_0 ist.

Neben den vorab dargestellten Kennzahlen sind in Sanierungsfällen oftmals branchenspezifische Kennzahlen relevant. Im Handel können dies z. B. „Frequenz", „Abschöpfung", „durchschnittlicher Warenkorb" oder „Umsatz pro Einheit Verkaufsfläche" sein, während in Produktionsunternehmen „Ausschussraten", „Maschinenstunden" oder „Taktfrequenzen" als Kennzahlen dienen können. Je nach Branche sollten daher die allgemeinen Vermögens-, Finanz- und Bilanzkennzahlen um branchenspezifische Kennzahlen ergänzt werden.

Anmerkungen

[1] Vgl. Warmers (2011): Bearbeitungs- und Prüfungsleitfaden Sanierung von Firmenkunden. 1. Auflage, Heidelberg, S. 41.
[2] Vgl. Warmers (2011): Bearbeitungs- und Prüfungsleitfaden Sanierung von Firmenkunden. 1. Auflage, Heidelberg, S. 42 ff.
[3] Vgl. Warmers (2011): Bearbeitungs- und Prüfungsleitfaden Sanierung von Firmenkunden. 1. Auflage, Heidelberg, S. 42 ff.
[4] Vgl. Warmers (2011): Bearbeitungs- und Prüfungsleitfaden Sanierung von Firmenkunden. 1. Auflage, Heidelberg, S. 45 ff.
[5] Vgl. Exler (Hrsg.) (2013): Restrukturierungs- und Turnaround-Management, 1. Auflage, Berlin, S. 276.
[6] Baetge, J./Kirsch, H.-J./Thiele (2004): Bilanzanalyse, Düsseldorf, S. 1.
[7] Hauschildt in Hauschildt, J./Krehl, H./Leker, J. (1996): Erfolgs-, Finanz- und Bilanzanalyse, 3. Auflage, Köln, S. 3.
[8] Hauschildt in Hauschildt, J./Krehl, H./Leker, J. (1996): Erfolgs-, Finanz- und Bilanzanalyse, 3. Auflage, Köln, S. 3.
[9] Littkemann/Krehl in Hauschildt, J./Leker, J. (2000): Krisendiagnose durch Bilanzanalyse, 2. Auflage, Köln, S. 23.
[10] Klein in Blöse, J./Kihm, A. (2006): Unternehmenskrisen, Ursachen, Sanierungskonzepte, Krisenvorsorge, Steuern, Berlin, S. 73.
[11] Baetge, J./Kirsch, H.-J./Thiele (2004): Bilanzanalyse, Düsseldorf, S. 54 f.
[12] Littkemann/Krehl in Hauschildt, J./Leker, J. (2000): Krisendiagnose durch Bilanzanalyse, 2. Auflage, Köln, S. 21.
[13] Drukarczyk/Schöntag in Gottwald, P. (2010): Insolvenzrechtshandbuch, 4. Auflage, München, S. 30.
[14] Littkemann/Krehl in Hauschildt, J./Leker, J. (2000): Krisendiagnose durch Bilanzanalyse, 2. Auflage, Köln, S. 25.
[15] IDW S 6 (2012), Anforderungen an die Erstellung von Sanierungskonzepten, IDW Fachnachrichten Nr. 12/2012, S. 738.
[16] Littkemann/Krehl in Hauschildt, J./Leker, J. (2000): Krisendiagnose durch Bilanzanalyse, 2. Auflage, Köln, S. 23.
[17] Für weitere Lagerkennzahlen und Erläuterungen siehe www.lagerkennzahlen.de.

3 Prüfung der Insolvenztatbestände
von Andreas Crone und Henning Werner

Werden die in Kapitel 1 beschriebenen Krisensymptome nicht oder zu spät durch das Management erkannt und/oder sind alle bisherigen Sanierungsbemühungen letztendlich gescheitert, so tritt das Unternehmen in die letzte Krisenphase, die Insolvenzreife, ein. Selten werden Unternehmen in der Insolvenz noch vollständig gerettet, gleichwohl können überlebensfähige Betriebsteile nach Einleitung erster Sanierungsschritte durch den Insolvenzverwalter auch in dieser Phase erfolgreich veräußert und durch einen Erwerber fortgeführt werden (i.d.R. übertragende Sanierung). Vor diesem Hintergrund stellt sich die Frage, zu welchem Zeitpunkt die betriebswirtschaftliche Krise in eine insolvenzrechtliche Krise übergeht.[1]

Ergänzend zu den nachfolgenden Ausführungen wird auf die korrespondierenden Erläuterungen in Kapitel 14 „Die Insolvenz als Sanierungsinstrument" verwiesen.

3.1 Rechtliche Rahmenbedingungen

Im Zusammenhang mit der Eröffnung eines Insolvenzverfahrens geht es grundsätzlich um die Frage, ob, wann und unter welchen Voraussetzungen ein Krisenunternehmen aus dem Markt auszuscheiden hat, weil das unternehmerische Risiko auf die Gläubiger verlagert wird.[2]

Die Insolvenzordnung sieht drei Insolvenzgründe vor, deren Definition weitgehend an Gläubigerschutzinteressen ausgerichtet ist: *Drei Insolvenzgründe*

- (eingetretene) Zahlungsunfähigkeit gem. § 17 InsO
- drohende Zahlungsunfähigkeit gem. § 18 InsO
- Überschuldung gem. § 19 InsO

> **Merke**
> Die drei Insolvenzeröffnungsgründe sind: Zahlungsunfähigkeit (§ 17 InsO), drohende Zahlungsunfähigkeit (§ 18 InsO) und Überschuldung (§ 19 InsO).

3.1.1 Wirkungskreis

Die Zahlungsunfähigkeit gem. § 17 InsO ist allgemeiner Eröffnungsgrund für ein Insolvenzverfahren und berechtigt sowohl den Schuldner als auch seine Gläubiger gleichermaßen zur Stellung eines Insolvenzantrags. *Zahlungsunfähigkeit*

Die Zahlungsunfähigkeit ist Insolvenzantragsgrund für alle natürlichen Personen, Personengesellschaften, Kapitalgesellschaften sowie Genossenschaften und nicht rechtsfähigen Vereine sowie Nachlässe.

Abhängig von der Rechtsform des Schuldners normieren gesellschaftsrechtliche und haftungsrechtliche Vorschriften für den Schuldner eine Insolvenzantragspflicht bei Eintritt der Zahlungsunfähigkeit, für juristische Personen gilt § 15a InsO.

Drohende Zahlungsunfähigkeit

Die drohende Zahlungsunfähigkeit gem. § 18 InsO begründet hingegen lediglich ein Insolvenzantragsrecht, welches ausschließlich durch den Schuldner geltend gemacht werden kann. Im Falle der drohenden Zahlungsunfähigkeit sind Gläubigeranträge ausgeschlossen, insolvenzrechtlich oder strafrechtlich relevante Antragspflichten bestehen nicht.

Überschuldung

Die Überschuldung gem. § 19 InsO ist Insolvenzgrund für alle juristischen Personen (§ 15a InsO) und für solche Gesellschaften, bei denen der persönlich haftende Gesellschafter keine natürliche Person ist (z. B. GmbH & Co. KG). Antragsberechtigt sind analog § 17 InsO Schuldner und Gläubiger gleichermaßen. Die Überschuldung kann dabei kumulativ zur Zahlungsunfähigkeit oder als alleiniger Insolvenzgrund vorliegen.

Zur Stellung eines Insolvenzantrags sind grundsätzlich die gesetzlichen Vertreter (Geschäftsführer/Vorstände) des Unternehmens berechtigt und verpflichtet.

3.1.2 Insolvenzantragsfrist

Drei-Wochen-Frist

Bei Vorliegen der Antragsvoraussetzungen gem. § 17 InsO (Zahlungsunfähigkeit) und/oder § 19 InsO (Überschuldung) haben die gesetzlichen Vertreter des Schuldners unverzüglich, spätestens jedoch innerhalb von drei Wochen, die Pflicht, einen Antrag auf Eröffnung eines Insolvenzverfahrens über das Schuldnervermögen zu stellen (vgl. § 15a InsO Abs. 1).

Geschäftsführer haben in der Krise eine Insolvenzerkennungspflicht.[3] Dies bedeutet, sie haben die Finanzlage der Gesellschaft stets sorgfältig zu prüfen und zu überwachen, sodass sie das Eintreten eines Insolvenztatbestands frühzeitig erkennen können.

Fristbeginn

Für die Beurteilung des Beginns der sogenannten Drei-Wochen-Frist ist es unerheblich, ob das Vorliegen der Insolvenzgründe durch den Schuldner erkannt wird oder nicht. Entscheidend für die Antragspflicht und den Beginn der gesetzlichen Drei-Wochen-Frist ist der Eintritt der Insolvenzreife, also das objektive Vorliegen der Zahlungsunfähigkeit und/oder Überschuldung.[4] Dabei ist die Drei-Wochen-Frist als Maximalfrist anzusehen. Zwar soll den Vertretungsorganen des Schuldners die Chance eingeräumt werden, Sanierungsmöglichkeiten zu prüfen; ist jedoch erkennbar, dass keine (objektiven) Sanierungschancen bestehen, z. B. weil die finanzierenden Kreditinstitute die Ausreichung von Überbrückungs- und/oder Sanierungskrediten endgültig abgelehnt haben, so hat der Schuldner unverzüglich einen Insolvenzantrag zu stellen.

> **Merke**
> Bei Eintritt eines Insolvenztatbestands ist unverzüglich, spätestens jedoch innerhalb von drei Wochen (Drei-Wochen-Frist), ein Insolvenzantrag zu stellen. Entscheidend für die Antragspflicht und den Beginn der gesetzlichen Drei-Wochen-Frist ist der Eintritt der Insolvenzreife, also das objektive Vorliegen der Zahlungsunfähigkeit und/oder Überschuldung.

> **Beispiel**
> Der Geschäftsführer der X-GmbH hat am 31.05. eines Jahres einen Wirtschaftsprüfer mit der Prüfung, ob ein Insolvenzgrund vorliegt, beauftragt.
> a) Der Wirtschaftsprüfer kommt nach 2 Wochen Prüfung zum Ergebnis, dass die Zahlungsunfähigkeit mit Stichtag 31.05. eingetreten ist. Da die Drei-Wochen-Frist mit Eintritt der objektiven Insolvenzreife beginnt, verbleibt insofern nur noch max. eine Woche zur Beseitigung des Insolvenztatbestands. Gelingt dies nicht, ist spätestens am 21.06. ein Insolvenzantrag zu stellen.
> b) Die Prüfung durch den Wirtschaftsprüfer nimmt vier Wochen in Anspruch. Im Ergebnis stellt der Wirtschaftsprüfer wiederum fest, dass die Zahlungsunfähigkeit mit Stichtag 31.05. eingetreten ist. Die Drei-Wochen-Frist ist somit bereits überschritten, es liegt eine fahrlässige Insolvenzverschleppung vor. Ein Insolvenzantrag ist umgehend, ohne schuldhaftes Zögern, zu stellen.

3.2 Die Insolvenzgründe im Einzelnen

3.2.1 Zahlungsunfähigkeit gemäß § 17 InsO

Nach § 17 Abs. 1 InsO ist der allgemeine Eröffnungsgrund der Zahlungsunfähigkeit gegeben, wenn der betroffene Schuldner nicht in der Lage ist, seine fälligen Zahlungspflichten zu erfüllen. Entsprechend dieser statischen Liquiditätsbetrachtung handelt es sich bei der Zahlungsunfähigkeit grundsätzlich um eine Zeitpunkt-Illiquidität aufgrund eines Mangels an Zahlungsmitteln, bzw. dem Unvermögen, die benötigte Liquidität kurzfristig (innerhalb von maximal drei Wochen) zu beschaffen. Diese in der Insolvenzordnung definierte Zeitpunkt-Illiquidität ist jedoch durch höchstrichterliche Rechtsprechung (vgl. hierzu BGH-Urteil vom 24. Mai 2005)[5] im Hinblick auf die Frage, ob der Insolvenztatbestand Zahlungsunfähigkeit vorliegt, zu einer Zeitraum-Illiquidität weiterentwickelt worden.

Zahlungsunfähigkeit

In § 17 Abs. 2 InsO hat der Gesetzgeber dazu ergänzend die widerlegbare Vermutung aufgestellt, dass Zahlungsunfähigkeit in der Regel dann anzunehmen ist, wenn der Schuldner seine Zahlungen eingestellt hat. Vereinzelte Zahlungen, auch in beachtlicher Höhe, stehen dieser Annahme nicht entgegen, es genügt, dass der Schuldner außerstande ist, den erheblichen Teil seiner Verbindlichkeiten zu erfüllen.[6]

Zahlungseinstellung

Ebenso unbeachtlich ist, ob die Forderungen durch den Gläubiger ausdrücklich eingefordert sind. Zahlungsunfähigkeit setzt nicht voraus, dass alle Gläubiger ständig und rücksichtslos auf die Begleichung ihrer Forderungen drängen.[7]

Eine „stillschweigende" Duldung, bzw. das Stillhalten der Gläubiger ist für die Beurteilung der Zahlungsunfähigkeit nicht relevant, da sich die Fälligkeiten der Verbindlichkeiten nicht verändert haben. Dies muss durch explizite Stundungsvereinbarungen erreicht werden, die zur Abwehr möglicher Haftungsansprüche empfehlenswerter Weise schriftlich einzuholen oder zumindest ausreichend zu dokumentieren sind.

Indizien einer Zahlungseinstellung sind z. B.:

- rückständige Lohn- und Gehaltszahlungen;
- Nichtzahlung von Stromrechnungen;[8]
- rückständige Sozialversicherungsleistungen[9] und Steuern;
- rückständige Kreditraten;
- zurückgegebene Lastschriften;[10]
- nicht ausdrücklich genehmigte Kontoüberziehungen;
- rückständige Miet- und Leasingraten;
- Überziehung von Lieferantenkrediten.

Ferner sind Mahnungen, Reaktionslosigkeit des Schuldners auf Mahnungen, Pfändungen, Vollstreckungsversuche, eine über einen längeren Zeitraum hinweg schleppende Zahlungsweise, die Nichteinhaltung von bestehenden Zahlungsabreden, Stundungsbitten mit zeitlich weit gestreckten Rückzahlungsversprechen, Liefersperren oder deren Androhung durch Lieferanten, Kündigungsandrohungen durch Vermieter u.a. weitere rechtserhebliche Indizien, die im Rahmen einer Gesamtabwägung, ob eine Zahlungseinstellung vorliegt, für die Beurteilung heranzuziehen sind.[11]

Zahlungsunwilligkeit

Es ist dabei zu beachten, dass bereits relativ geringe Zahlungsrückstände als Alarmzeichen zu werten sind. Entsprechend der Gesetzesbegründung zur InsO gilt ein Unternehmen auch dann bereits als (eingetreten) zahlungsunfähig, wenn nur geringe Teile seiner bestehenden und fälligen Verbindlichkeiten nicht bedient werden können.[12] Keine Zahlungseinstellung liegt vor, wenn der Schuldner nur unpünktlich oder auf Drängen der Gläubiger zahlt (Zahlungsunwilligkeit).[13]

In der Literatur und Rechtsprechung herrschte lange Uneinigkeit bei der Festlegung von konkreten Schwellenwerten, bei deren Unterschreiten von Unwesentlichkeit und damit von einer insolvenzrechtlich unbeachtlichen Liquiditätslücke auszugehen ist.

Der BGH hat diese Frage geklärt und hierzu in seinem Urteil vom 24. Mai 2005[14] wie folgt Stellung genommen:

Liquiditätslücke/ BGH-Urteil vom 24. Mai 2005

„Beträgt die Liquiditätslücke des Schuldners 10 % oder mehr, ist regelmäßig von Zahlungsunfähigkeit auszugehen, sofern nicht ausnahmsweise mit an Sicherheit grenzender Wahrscheinlichkeit zu erwarten ist, dass die Liquiditätslücke demnächst vollständig oder fast vollständig beseitigt werden wird und den Gläubigern ein Zuwarten nach den besonderen Umständen des Einzelfalls zuzumuten ist."[15]

Beweislastregel

Nach der Rechtsprechung des BGH wird demnach der Eintritt der Zahlungsunfähigkeit widerlegbar vermutet, wenn der Schuldner innerhalb eines Zeitraums von drei Wochen nicht in der Lage ist, 90 % der fälligen Verbindlichkeiten zu erfüllen. Der BGH hat somit die nachfolgende Beweislastregel entwickelt:[16]

Liegt eine liquiditätsmäßige Unterdeckung von weniger als 10 % vor, kann dennoch Zahlungsunfähigkeit unterstellt werden, wenn besondere Umstände vorliegen, die diesen Standpunkt stützen. Ein solcher Umstand kann insbesondere die auf Tatsachen gegründete Erwartung sein, dass sich der bisherige Niedergang des Schuldnerunternehmens fortsetzen wird.

Beträgt die liquiditätsmäßige Unterdeckung 10 % und mehr, müssen umgekehrt für die Annahme der Zahlungsfähigkeit entsprechende Indizien vorgetragen und diese bewiesen werden. Dazu ist die Benennung konkreter Umstände erforderlich, die mit an Sicherheit grenzender Wahrscheinlichkeit erwarten lassen, dass die bestehende Liquiditätslücke zwar nicht innerhalb eines Zeitraums von zwei bis drei Wochen, jedoch in überschaubarer Zeit beseitigt werden wird.

Von der eingetretenen Zahlungsunfähigkeit ist die sogenannte „Zahlungsstockung", d.h. das Nichtbegleichen fälliger Verbindlichkeiten aufgrund eines kurzfristigen finanziellen Engpasses, zu unterscheiden. Dieser muss jedoch innerhalb eines angemessenen Zeitraums beseitigt werden können. Dies kann dann unterstellt werden, wenn der Schuldner nach Zahlungseinstellung innerhalb von drei Wochen die Zahlungen im Allgemeinen wieder aufnimmt.[17] Die Zahlungseinstellung wird regelmäßig nur dann beseitigt, wenn der Schuldner nicht nur einzelne Zahlungen leistet, sondern seine Zahlungen an die Gesamtheit seiner Gläubiger aufnimmt, d.h. auch die Verbindlichkeiten bedient, die nach Zahlungseinstellung fällig geworden sind.[18] Nur, wenn eine Gläubigergefährdung praktisch ausgeschlossen ist, kann das Vorliegen einer rechtlich relevanten Zahlungsunfähigkeit verneint werden.

Zahlungsstockung

> **Merke**
> „Eine bloße Zahlungsstockung ist anzunehmen, wenn der Zeitraum nicht überschritten wird, den eine kreditwürdige Person benötigt, um sich die benötigten Mittel zu leihen. Dafür erscheinen drei Wochen erforderlich, aber auch ausreichend."[19]

Zahlungsstockungen können in der Praxis durch unerwartete Forderungsausfälle oder zeitlich verzögerte Zahlungseingänge von Kunden verursacht werden.

Die Abgrenzung der Zahlungsstockung zur Illiquidität soll verhindern, dass dem Grunde nach gesunde Schuldner in ein Insolvenzverfahren getrieben werden.

Die Zahlungsunfähigkeitsprüfung basiert grundsätzlich auf dem Urteil des BGH vom 24. Mai 2005, welches jedoch keinerlei Vorgaben zur rechnerischen Ermittlung der Zahlungsunfähigkeit enthält. Aufbauend auf diesem BGH-Urteil hat das Institut der Wirtschaftsprüfer (IDW) mit dem Prüfungsstandard IDW S 11 (Stand: 29.01.2015)[20] Richtlinien zur Prüfung der Beurteilung des Vorliegens von Insolvenzeröffnungsgründen in der Praxis vorgelegt. Die weiteren Ausführungen beziehen sich im Wesentlichen auf diesen Standard.

Zahlungsunfähigkeitsprüfung

3 Prüfung der Insolvenztatbestände

Grundsätzlich ist bei der Prüfung auf Zahlungsunfähigkeit in drei Schritten vorzugehen. Die nachfolgende Abbildung gibt einen Überblick über das Prüfungsschema:

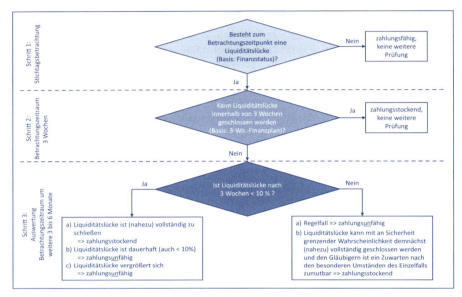

Abb. 3: Schematische Darstellung der Prüfung der Zahlungsunfähigkeit

Die einzelnen Schritte werden nachfolgend anhand eines Beispiels näher erläutert:

Schritt 1: **Stichtagsbezogener Finanzstatus**

Im Rahmen des Finanzstatus (auch Liquiditätsstatus oder Liquiditätsbilanz genannt) wird die stichtagsbezogene Liquiditätsüber-/-unterdeckung ermittelt, indem die verfügbaren liquiden Finanzmittel den fälligen Verbindlichkeiten gegenübergestellt werden.

Liquide Mittel   Als verfügbare Finanzmittel sind die tatsächlich am Stichtag vorhandenen liquiden Mittel (Barkasse, Bankguthaben, Schecks und sofort veräußerbare Wertpapiere) sowie freie und verfügbare Kreditlinien zu berücksichtigen. Kurzfristig, zukünftig verfügbare liquide Mittel (z. B. erwartete Kundenzahlungen) sind nicht an dieser Stelle, sondern erst im Rahmen des zukunftsbezogenen Finanzplans zu erfassen (siehe Prüfschema Schritt 2).

Fällige Verbindlichkeiten   Im Rahmen der Ermittlung der Vergleichsbasis sind nicht alle Verbindlichkeiten des Unternehmens, sondern lediglich alle fälligen Verbindlichkeiten zu erfassen. Fällig bedeutet dabei, dass der Gläubiger die Zahlung rechtlich verlangen kann. Demzufolge sind gestundete Verbindlichkeiten nicht im Finanzstatus aufzunehmen. Da verbindliche Stundungsvereinbarungen auch durch konkludentes Handeln oder Handelsbrauch zustande kommen können, ist eine Dokumentation der getroffenen Abreden empfehlenswert, denn auch in diesen

Fällen obliegt dem Schuldner der Nachweis, dass eine Stundung verbindlich vereinbart wurde.[21]

> **Merke**
> Im Finanzstatus sind nur die am Stichtag tatsächlich vorhandenen und verfügbaren liquiden Mittel zu berücksichtigen. Fällige Forderungen (sofern einbringlich) sind nicht im Liquiditätsstatus, sondern im Finanzplan zu berücksichtigen. Ferner sind alle fälligen Verbindlichkeiten zu berücksichtigen, unabhängig davon, ob diese durch Mahnung eingefordert worden sind. Ausreichend ist, dass der Gläubiger die Zahlung verlangen kann.

In der nachfolgenden Abbildung ist ein Beispiel für einen Finanzstatus dargestellt:

Finanzstatus der XY GmbH zum Stichtag ...

	Variante 1	Variante 2
	Stichtag t_0 in TEUR	Stichtag t_0 in TEUR
I. Liquide Mittel		
1. Kasse	200	200
2. Bankguthaben	200	200
3. Schecks	50	50
4. Sofort veräußerbare Wertpapiere	0	0
5. Nicht ausgeschöpfte Kreditlinien	300	300
Summe liquide Mittel	**750**	**750**
II. Fällige Verbindlichkeiten		
1. Fällige Kreditoren (Verb. aus LuL)	250	350
2. Verbindlichkeiten gegenüber Kreditinstituten	150	150
3. Lohn- und Gehaltsverbindlichkeiten	100	100
4. Umsatzsteuerverbindlichkeiten	50	50
5. Sonstige fällige Verbindlichkeiten	150	250
Summe fällige Verbindlichkeiten	**700**	**900**

Überdeckung (+) / Unterdeckung (-)	50	-150
Überdeckung (+) / Unterdeckung (-) in %	7	-17

Abb. 4: Beispielhafte Darstellung eines Finanzstatus

Variante 1: Zeigt der Finanzstatus, dass eine Liquiditätsüberdeckung besteht und der Schuldner somit seine fälligen Zahlungsverpflichtungen vollständig erfüllen kann, ist eine weitergehende Prüfung nicht notwendig. Die Gesellschaft ist zum Betrachtungszeitpunkt zahlungsfähig.

Variante 2: Zeigt der Finanzstatus, dass eine Liquiditätsunterdeckung, d. h. eine Liquiditätslücke besteht, ist noch nicht zwingend von Zahlungsunfähigkeit auszugehen. Vielmehr ist der Betrachtungszeitraum nun auf drei Wochen zu erweitern und ein Finanzplan aufzustellen, um zu überprüfen, wie sich die Liquiditätssituation in diesem Drei-Wochen-Zeitraum entwickelt.

Im vorstehenden Beispiel beträgt die stichtagsbezogene Liquiditätslücke 17 % der insgesamt fälligen Verbindlichkeiten. Daher ist die Aufstellung eines kurzfristigen Finanzplans notwendig, der den nachfolgenden Drei-Wochen-Zeitraum umfasst.

Schritt 2: **Drei-Wochen-Finanzplan**

Der Finanzplan, d. h. die erwarteten zukünftigen Einzahlungen und Auszahlungen, werden aus der Unternehmensplanung und den darin integrierten Teilplänen (Bilanz, Ergebnis- und Liquiditätsplanung) abgeleitet. Neben der Abbildung der zahlungswirksamen Effekte der zukünftigen Geschäftstätigkeit können auch eingeleitete oder geplante Maßnahmen zur Liquiditätsbeschaffung (z. B. Aufnahme von Darlehen) im Finanzplan bereits berücksichtigt werden, wenn diese Maßnahmen hinreichend konkretisiert sind und ihre Umsetzung überwiegend wahrscheinlich ist.

Die Mittelabflüsse setzen sich aus den bereits bestehenden und entstehenden Verbindlichkeiten zusammen, soweit diese innerhalb des Prognosezeitraums fällig werden. Bezüglich dieser Vorgehensweise, die alle zukünftigen Ein- und Auszahlungen zu ihrem jeweiligen prognostizierten Zu- bzw. Abflusszeitpunkt im Finanzplan berücksichtigt, besteht in der betriebswirtschaftlichen Literatur und Praxis Einigkeit (vgl. auch IDW PS 800 und IDW S 11).

Strittig ist hingegen, ob sich diese Auffassung mit dem Gesetzeswortlaut und der Rechtsprechung deckt. Zum einen könnte der Gesetzeswortlaut in § 17 Abs. 2 InsO so interpretiert werden, dass nur die zum Betrachtungsstichtag fälligen Zahlungsverpflichtungen einzubeziehen sind. Zum anderen äußert der BGH (vgl. BGH, Urteil v. 24.05.2005 – IX ZR 123/04, ZIP 2005, 1426, 1428), dass in der Liquiditätsbilanz die aktuell verfügbaren Zahlungsmittel (Aktiva I) und die kurzfristig verfügbar werdenden Zahlungsmittel (Aktiva II) den am Stichtag fälligen und eingeforderten Verbindlichkeiten (Passiva I) gegenüberzustellen sind.

Demnach vertritt der BGH die Auffassung, dass die innerhalb von 21 Tagen zu beschaffenden und zu realisierenden Zahlungsmittel Berücksichtigung finden, wohingegen die innerhalb dieses Zeitraums neu fällig werdenden Zahlungspflichten (Passiva II) nicht zu berücksichtigen sind.

Bugwellentheorie Diese vom BGH auf Grundlage seiner Entscheidung vom 24. Mai 2005 vertretene Auffassung wird auch als „Bugwellentheorie" bezeichnet und ist Gegenstand umfangreicher Fachdiskussionen.

Aus ökonomischen Überlegungen (symmetrische Darstellung aller Aus- und Einzahlungen einer Planungsperiode im Finanzplan) und vor dem Hintergrund der gesetzgeberischen Intention einer rechtzeitigen Insolvenzantragstellung, wird die in der Urteilsbegründung gewählte Formulierung z. T. auf eine redaktionelle Nachlässigkeit des BGH zurückgeführt. Daher wird in der Literatur empfohlen, der BGH-Rechtsprechung in diesem Punkt nicht zu folgen.[22] Zusätzlich ist die Bugwellentheorie nicht mit der Rechtsprechung des BGH vereinbar. Im Rahmen zweier Urteile zur Vorsatzanfechtung führt der BGH aus: „Zahlungsunfähig i.S. von § 17 InsO ist regelmäßig, wer nicht innerhalb von drei Wochen mehr als 90 % seiner fälligen Gesamtverbindlichkeiten erfüllen kann."[23, 24]

Weiter führt der BGH aus, dass Zahlungsunfähigkeit drohe, „wenn eine solche Liquiditätslücke unter Berücksichtigung der bestehenden, aber erst fällig werdenden Verbindlichkeiten und der im entsprechenden Zeitraum verfügbaren Zahlungsmittel voraussichtlich eintreten wird.[25] In diesen Urteilen geht der BGH von einer Einbeziehung der Passiva II in die Prüfung zur Feststellung der (drohenden) Zahlungsunfähigkeit aus. Unter Berücksichtigung des systematischen Verhältnisses der §§ 17 und 18 InsO entkräftet dieser Ansatz zur drohenden Zahlungsunfähigkeit die Argumente der Bugwellentheorie.[26] Gleichwohl bleibt abzuwarten, ob sich der zuständige Zivilsenat des BGH in naher Zukunft mit dieser Frage auseinandersetzt und zu einer einheitlichen Rechtsauffassung gelangt. Aktuell bleibt festzuhalten, dass die Bugwellentheorie weiterhin für die Beurteilung im Strafprozess relevant ist.

Zeigt sich am Ende des Drei-Wochen-Betrachtungszeitraums, dass die stichtagsbezogene Liquiditätslücke geschlossen werden konnte, so liegt zum Stichtag lediglich eine Zahlungsstockung, aber keine rechtlich relevante Zahlungsunfähigkeit vor. Eine weitere Prüfung ist nicht erforderlich.

Besteht jedoch am Ende des Drei-Wochen-Betrachtungszeitraums weiterhin eine Liquiditätslücke, so ist die Planung grundsätzlich in einem dritten Schritt um drei bis max. sechs Monate fortzuschreiben, um zu überprüfen, ob die Liquiditätslücke innerhalb eines für die Gläubiger vertretbaren Zeitraums geschlossen werden kann. Wesentlich ist dabei die Höhe der Liquiditätslücke am Ende des Drei-Wochen-Betrachtungszeitraums.

Fallkonstellation 1:

Ist die Liquiditätslücke am Ende des Drei-Wochen-Betrachtungszeitraums kleiner als 10 % der fälligen Verbindlichkeiten, so sind bezogen auf den erweiterten Betrachtungszeitraum folgende Szenarien denkbar:

- Die Liquiditätslücke kann (nahezu) vollständig geschlossen werden. Damit liegt zum Betrachtungsstichtag lediglich eine rechtlich unbedenkliche Zahlungsstockung, aber keine Zahlungsunfähigkeit vor.
- Die Liquiditätslücke besteht dauerhaft (auch kleiner als 10 %). Damit liegt zum Betrachtungsstichtag Zahlungsunfähigkeit vor.
- Die Liquiditätslücke vergrößert sich. Damit liegt zum Betrachtungsstichtag Zahlungsunfähigkeit vor.

3 Prüfung der Insolvenztatbestände

Fallkonstellation 2:

Ist die Liquiditätslücke am Ende des Drei-Wochen-Betrachtungszeitraums größer oder gleich 10 % der fälligen Verbindlichkeiten, so ist im Regelfall von Zahlungsunfähigkeit zum Betrachtungsstichtag auszugehen. Nur wenn die Liquiditätslücke mit an Sicherheit grenzender Wahrscheinlichkeit demnächst (nahezu) vollständig geschlossen wird und den Gläubigern ein Zuwarten nach den besonderen Umständen des Einzelfalls zumutbar ist, ist von einer Zahlungsstockung auszugehen.

Der Betrachtungszeitraum, in dem die Liquiditätslücke plangemäß geschlossen sein muss, umfasst drei bis maximal sechs Monate. Dabei ist den Gläubigern ein Abwarten umso eher zuzumuten, je geringer die Liquiditätslücke ist.

Auch wenn der Finanzplan aufzeigt, dass lediglich eine rechtlich unbeachtliche Zahlungsstockung und keine rechtlich relevante Zahlungsunfähigkeit vorliegt, muss durch das Schuldnerunternehmen fortlaufend überprüft werden, ob die dem Finanzplan zugrunde liegenden Annahmen eintreten, d. h. gegebenenfalls ist der Finanzplan regelmäßig fortzuschreiben, um bei einer weiteren Verschlechterung der Liquiditätssituation eine entsprechend andere rechtliche Beurteilung abzuleiten.

Dabei sind im Finanzplan alle einbringlichen Forderungen zu den erwarteten Einzahlungsterminen sowie alle Verbindlichkeiten zu den jeweiligen Fälligkeitsterminen zu erfassen.

In der nachfolgenden Abbildung ist ein Beispiel für einen Finanzplan auf Wochenbasis in Anlehnung an den Prüfungsstandard IDW PS 800 (Stand: 06.03.2009) dargestellt.

Im nachstehenden Beispiel beträgt der Zahlungsmittelbestand am Ende des Drei-Wochen-Zeitraums 55 TEUR, d. h. es besteht weiterhin eine Liquiditätslücke. Die Position „Liquiditätsüberdeckung (+)/-unterdeckung (-) in Prozent" (VI.) (d. h. die Liquiditätsüberdeckung bzw. -lücke in %) wird in jeder Periode ermittelt, indem die Position „Zahlungsmittelbestand am Periodenende unter Berücksichtigung der Ausgleichs- und Anpassungsmaßnahmen" (V.) durch die Summe der fälligen Verbindlichkeiten zum Betrachtungszeitpunkt (t_0) dividiert wird. Im nachstehenden Beispiel beträgt die Summe der fälligen Verbindlichkeiten im Zeitpunkt t_0 900 TEUR (vgl. Abbildung 4, Variante 2).

3.2 Die Insolvenzgründe im Einzelnen

Finanzplan (in Anlehnung an IDW PS 800) Stand: 06.03.2009	Stichtag	Wochen			Summe
		1	2	3	
	t_0	(t_7)	(t_{14})	(t_{21})	
	TEUR	TEUR	TEUR	TEUR	TEUR
I. Einzahlungen					
1. Einzahlungen aus lfd. Geschäftsbetrieb		1.050	890	760	-
• fällige Debitoren		450	260	80	
• aus lfd. Geschäftsbetrieb		600	630	680	
2. Einzahlungen aus Desinvestitionen		0	100	0	-
• Anlagenverkäufe		0	100	0	
• Auflösung von Finanzinvestitionen					
3. Einzahlungen aus Finanzerträgen		5	5	5	
• Zinserträge		5	5	5	
• Beteiligungserträge					
I. Summe Einzahlungen		1.055	995	765	2.815
II. Auszahlungen					
1. Auszahlungen für lfd. Geschäftsbetrieb		-690	-770	-705	
• fällige Kreditoren		-150	-200	-100	
• für lfd. Geschäftsbetrieb (Personal, Material, SbA,…)		-540	-570	-605	
2. Auszahlungen für Investitionen		0	-100	0	
• Sachinvestitionen		0	-100	0	
• Finanzinvestitionen					
3. Auszahlungen im Rahmen des Finanzverkehrs		-385	-35	-35	
• Kredittilgung		-350	0	0	
• Eigenkapitalminderung (z.B. Privatentnahmen)		0	0	0	
• Zinsen		-35	-35	-35	
II. Summe Auszahlungen		-1.075	-905	-740	-2.720
III. Ermittlung der Über- bzw. Unterdeckung					
I. ./. II. (Einzahlungen ./. Auszahlungen)		-20	90	25	
+ Zahlungsmittelbestand im Beurteilungszeitpunkt		-150	-170	-80	
III. Summe Über- bzw. Unterdeckung		-170	-80	-55	
IV. Ausgleichs- und Anpassungsmaßnahmen					
1. Bei Unterdeckung (Einzahlungen)		0	0	0	
• Kreditaufnahme					
• Eigenkapitalerhöhung					
• Rückführung gewährter Darlehen					
• zusätzliche Desinvestitionen					
2. Bei Überdeckung (Auszahlungen)		0	0	0	
• Kreditrückführung					
• Anlage in liquiden Mitteln					
IV. Summe Ausgleichs- und Anpassungsmaßnahmen		0	0	0	
V. Zahlungsmittelbestand am Periodenende unter Berücksichtigung der Ausgleichs- und Anpassungsmaßnahmen (III. + IV.)	-150	-170	-80	-55	
VI. Liquiditätsüberdeckung (+) / -unterdeckung (-) in %	-17	-19	-9	-6	

Abb. 5: Beispielhafte Darstellung eines Drei-Wochen-Finanzplans

3 Prüfung der Insolvenztatbestände

Das gleiche Ergebnis ergibt sich, wenn die Summe aus Ein- und Auszahlungen im Drei-Wochen-Zeitraum zur Liquiditätsüberdeckung oder Liquiditätsunterdeckung in (t_0) addiert und diese Summe in Relation zu den fälligen Verbindlichkeiten in (t_0) gesetzt wird. D.h. die prozentuale Liquiditätsüberdeckung oder Liquiditätsunterdeckung am Ende des Drei-Wochen-Zeitraums kann auch wie folgt ermittelt werden:

$$\text{Liquiditätslücke } (t_{21}) \text{ in \%} = \frac{\text{Liquiditätsüberdeckung/Liquiditätsunterdeckung } (t_0) + \Sigma \text{ Einzahlungen } (t_0 \text{ bis } t_{21}) - \Sigma \text{ Auszahlungen } (t_0 \text{ bis } t_{21})}{\text{Summe fällige Verbindlichkeiten } (t_0)}$$

$$\text{Liquiditätslücke } (t_{21}) = \frac{-150 + 2.815 - 2.720}{900}$$

$$\text{Liquiditätslücke } (t_{21}) = 6\%$$

Abb. 6: Alternative Ermittlung der Liquiditätslücke

Da zum Ende des Drei-Wochen-Zeitraums weiterhin eine Liquiditätslücke besteht, ist die Planung nun um einen Betrachtungszeitraum von weiteren drei bis maximal sechs Monaten auszuweiten.

Schritt 3: **Ausweitung des Betrachtungszeitraums um weitere drei bis max. sechs Monate**

In unserem Beispiel wird ein weiterer Zeitraum von drei Monaten betrachtet. Dieser Zeitraum schließt sich an den in Schritt 2 betrachteten Drei-Wochen-Zeitraum an, d.h. die Planung wird nach den im zweiten Schritt betrachteten drei Wochen um weitere drei Monate fortgeschrieben.

In der nachfolgenden Abbildung ist unser Beispiel in Anlehnung an den Prüfungsstandard IDW PS 800 (Stand: 06.03.2009) fortgeschrieben.

3.2 Die Insolvenzgründe im Einzelnen

Finanzplan (in Anlehnung an IDW PS 800) Stand: 06.03.2009	Stichtag	Wochen			Monate		
		1	2	3	1	2	3
	t_0	(t_7)	(t_{14})	(t_{21})			
	TEUR	TEUR	TEUR	TEUR	TEUR	TEUR	TEUR
I. Einzahlungen							
1. Einzahlungen aus lfd. Geschäftsbetrieb		1.050	890	760	3.250	2.350	2.550
• fällige Debitoren		450	260	80	800	0	0
• aus lfd. Geschäftsbetrieb		600	630	680	2.450	2.350	2.550
2. Einzahlungen aus Desinvestitionen		0	100	0	0	0	0
• Anlagenverkäufe		0	100	0	0	0	0
• Auflösung von Finanzinvestitionen							
3. Einzahlungen aus Finanzerträgen		5	5	5	20	20	20
• Zinserträge		5	5	5	20	20	20
• Beteiligungserträge							
I. Summe Einzahlungen		1.055	995	765	3.270	2.370	2.570
II. Auszahlungen							
1. Auszahlungen für lfd. Geschäftsbetrieb		-690	-770	-705	-2.880	-2.340	-2.280
• fällige Kreditoren		-150	-200	-100	-580	0	0
• für lfd. Geschäftsbetrieb (Personal, Material, SbA, ...)		-540	-570	-605	-2.300	-2.340	-2.280
2. Auszahlungen für Investitionen		0	-100	0	0	0	0
• Sachinvestitionen		0	-100	0	0	0	0
• Finanzinvestitionen							
3. Auszahlungen im Rahmen des Finanzverkehrs		-385	-35	-35	-490	-140	-140
• Kredittilgung		-350	0	0	-350	0	0
• Eigenkapitalminderung (z.B. Privatentnahmen)							
• Zinsen		-35	-35	-35	-140	-140	-140
II. Summe Auszahlungen		-1.075	-905	-740	-3.370	-2.480	-2.420
III. Ermittlung der Über- bzw. Unterdeckung							
I. ./. II. (Einzahlungen ./. Auszahlungen)		-20	90	25	-100	-110	150
+ Zahlungsmittelbestand im Beurteilungszeitpunkt		-150	-170	-80	-55	-105	35
III. Summe Über- bzw. Unterdeckung		-170	-80	-55	-155	-215	185
IV. Ausgleichs- und Anpassungsmaßnahmen							
1. Bei Unterdeckung (Einzahlungen)		0	0	0	50	250	0
• Kreditaufnahme					0	0	0
• Eigenkapitalerhöhung					50	250	0
• Rückführung gewährter Darlehen							
• zusätzliche Desinvestitionen							
2. Bei Überdeckung (Auszahlungen)		0	0	0	0	0	0
• Kreditrückführung							
• Anlage in liquiden Mitteln							
IV. Summe Ausgleichs- und Anpassungsmaßnahmen		0	0	0	50	250	0
V. Zahlungsmittelbestand am Periodenende unter Berücksichtigung der Ausgleichs- und Anpassungsmaßnahmen (III. + IV.)	-150	-170	-80	-55	-105	35	185
VI. Liquiditätsüberdeckung (+) / -unterdeckung (-) in %	-17	-19	-9	-6	-12	4	21

Abb. 7: Beispielhafte Darstellung eines erweiterten Finanzplans

Im vorstehenden Beispiel beträgt der Zahlungsmittelbestand am Ende des um drei Monate erweiterten Betrachtungszeitraums +185 TEUR, d. h. es zeigt sich planerisch eine Liquiditätsüberdeckung. Da die Liquiditätslücke im Betrachtungszeitraum unter den getroffenen Planprämissen vollständig geschlossen werden kann, besteht zum Stichtag (t_0) lediglich eine Zahlungsstockung, aber keine Zahlungsunfähigkeit, die unter Berücksichtigung der in §15a InsO definierten Fristen eine Insolvenzantragspflicht auslösen würde.

> **Praxishinweis**
>
> Ein Unternehmen weist fällige Verbindlichkeiten i. H. v. 100 TEUR und ein Bankguthaben von 95 TEUR aus. Es bestehen keine weiteren freien Kreditlinien. Gemäß der Rechtsprechung des BGH ist das Unternehmen nicht zahlungsunfähig, da lediglich eine Unterdeckung von 5 % besteht. Auf Drängen der Lieferanten entschließt sich das Unternehmen dazu einen Teil seiner Verbindlichkeiten zu begleichen und bezahlt 75 TEUR an die Gläubiger, wodurch sich der Bestand an fälligen Verbindlichkeiten auf 25 TEUR reduziert. Allerdings verfügt die Gesellschaft nun nur noch über 20 TEUR liquide Mittel, wodurch die Unterdeckung von 5 % auf 25 % ansteigt und das Unternehmen damit laut geltender Rechtsprechung eine Zahlungsunfähigkeit aufweist, sofern die Liquiditätslücke nicht innerhalb des Drei-Wochen-Zeitraums geschlossen werden kann.
>
> Das Beispiel verdeutlicht die Berechnungsproblematik der Zahlungsunfähigkeit mittels prozentualer Deckungslücken. Demnach müsste einem Unternehmen, welches sich in der Krise befindet, geraten werden, die Begleichung seiner fälligen Verbindlichkeiten einzustellen und vielmehr seine liquiden Mittel anzusammeln, um nicht Gefahr zu laufen die 10 %-Marke an ungedeckten fälligen Verbindlichkeiten zu überschreiten. *Nickert*[27] kritisiert, der BGH argumentiere fälschlicherweise in „bilanziellen" Kategorien und verkenne, dass prozentuale Verhältnisse zu einem bestimmten Stichtag enormen Schwankungen unterliegen, weshalb allenfalls Durchschnittswerte eines Unternehmens zur Ermittlung der Zahlungsunfähigkeit herangezogen werden können.

3.2.2 Drohende Zahlungsunfähigkeit gemäß § 18 InsO

Drohende Zahlungsunfähigkeit

Drohende Zahlungsunfähigkeit liegt vor, wenn der Schuldner voraussichtlich nicht in der Lage sein wird, die bestehenden Zahlungspflichten im Zeitpunkt der Fälligkeit zu erfüllen (§ 18 Abs. 2 InsO).

Zur Feststellung einer zukünftigen Liquiditätsgefährdung ist ausgehend von der Stichtagsliquidität im Beurteilungszeitraum die gesamte finanzielle Entwicklung des Schuldnerunternehmens für den Planungszeitraum in einem Finanzplan darzustellen.[28]

Liquiditätsplanung

Die Überprüfung, ob eine drohende Zahlungsunfähigkeit vorliegt, erfolgt anhand einer Finanz- bzw. Liquiditätsplanung,[29] die aufgrund ihrer Zukunftsbezogenheit prognostische Elemente beinhaltet. Aufgrund der bei jeder Planung immanenten Unsicherheit sind daher in der Regel zur Bestimmung der Eintrittswahrscheinlichkeit Prognosen erforderlich.[30]

Der vom Gesetzgeber im Rahmen der Definition in § 18 Abs. 2 InsO verwendete Begriff „voraussichtlich" ist für die Beurteilung der drohenden Zahlungsunfähigkeit nach allgemeiner Auffassung im Sinne von „überwiegend wahrscheinlich" zu interpretieren.[31] D.h., die Wahrscheinlichkeit des Eintritts der Zahlungsunfähigkeit muss im Betrachtungszeitpunkt wahrscheinlicher sein, als deren Vermeidung, somit mehr als 50 % betragen.

Der Prognosezeitraum, den der zur Überprüfung der drohenden Zahlungsunfähigkeit aufzustellende Finanzplan zu umfassen hat, wurde vom Gesetzgeber nicht definiert. In der Praxis hat sich ein Zeitrahmen herausgebildet, der in der Regel das laufende Geschäftsjahr und das Folgejahr berücksichtigt.[32]

Der Gesetzgeber wollte mit der Einführung des Insolvenztatbestands der drohenden Zahlungsunfähigkeit ermöglichen, dass Unternehmen mit erkennbaren Zahlungsschwierigkeiten früher auf die Krise reagieren können, um durch Anwendung der insolvenzrechtlichen Instrumentarien die Sanierungschancen nachhaltig zu verbessern. Vor dem Hintergrund der Sanierung im Rahmen eines Insolvenzverfahrens in Eigenverwaltung hat §18 InsO in der Praxis an Bedeutung gewonnen.

Zur Erstellung des Finanzplans wird auf die vorstehenden Ausführungen sowie IDW PS 800 verwiesen.

3.2.3 Überschuldung gemäß § 19 InsO

Durch das Finanzmarktstabilisierungsgesetz (FMStG)[33] hat der Gesetzgeber den Überschuldungsbegriff neu definiert. Die Änderung des §19 InsO war ursprünglich bis zum 31. Dezember 2013 befristet, diese Befristung wurde durch den Deutschen Bundestag am 9. November 2012 aufgehoben.

Überschuldung

Gemäß §19 InsO gilt demnach folgender Überschuldungsbegriff:

Aktueller Überschuldungsbegriff

„Überschuldung liegt vor, wenn das Vermögen des Schuldners die bestehenden Verbindlichkeiten nicht mehr deckt, es sei denn, die Fortführung des Unternehmens ist nach den Umständen überwiegend wahrscheinlich."

Dies bedeutet, eine insolvenzrechtliche Überschuldung liegt nicht vor, wenn das betroffene Unternehmen mit überwiegender Wahrscheinlichkeit von einer positiven Fortbestehensprognose ausgehen kann.

Somit liegt eine insolvenzrechtlich relevante Überschuldung nur dann vor, wenn die Finanzkraft des Unternehmens mittelfristig nicht zur Fortführung ausreicht (negative Fortbestehensprognose) und das Vermögen zu Liquidationswerten nicht die bestehenden Schulden (rechnerische Überschuldung) deckt. Nur wenn beide Prämissen kumulativ erfüllt sind, ist eine insolvenzrechtliche Überschuldung nach aktueller Rechtslage gegeben.

Der neue Wortlaut des §19 InsO führt somit zu einer modifizierten Überschuldungsprüfung, die dadurch gekennzeichnet ist, dass die Reihenfolge der Vorgehensweise (Aufstellung eines Überschuldungsstatus zu Liquidationswerten sowie Erstellung der Fortbestehensprognose) variiert werden kann. Eine Überprüfung der Überschuldung zu Fortführungswerten entfällt.

In der Praxis ist die Feststellung der Fortführungsfähigkeit eines Unternehmens i.d.R. der Ausgangspunkt für die Beurteilung der Überschuldung nach §19 Abs. 2 InsO. Die insolvenzrechtlich geprägte Fortbestehensprognose ist dabei im Kern letztendlich eine reine Zahlungsfähigkeitsprognose für das laufende und das folgende Geschäftsjahr. Fällt die Beurteilung positiv aus, entfällt die weitere Prüfung der Überschuldung; fällt das Ergebnis der Prüfung negativ aus, ist ein Überschuldungsstatus zu Liquidationswerten (Zerschlagungswerten) zu erstellen. Ergibt sich hieraus eine Deckung der Schulden durch das Reinver-

Fortbestehensprognose

mögen, liegt kein Insolvenzantragsgrund nach §19 InsO vor; übersteigen die Schulden das Reinvermögen ist ein Insolvenzantrag nach §15a InsO zu stellen. Die Ausführungen zur sogenannten Drei-Wochen-Frist gelten analog.

Die zur Beurteilung, ob eine rechtlich relevante Überschuldung vorliegt, erstellte Fortbestehensprognose ist durch die Geschäftsführung fortzuschreiben und zu aktualisieren, sofern „neue Ereignisse eingetreten sind oder sich abzeichnen, die für das Ergebnis und deren Validität von wesentlicher Bedeutung sind. Die Pflicht zur Fortschreibung entfällt erst dann, wenn die Insolvenzgefahr endgültig gebannt ist."[34]

Abgrenzung Fortbestehensprognose und Fortführungsprognose

Die Fortbestehensprognose ist relevant im Zusammenhang mit der Frage, ob eine insolvenzrechtliche Überschuldung besteht. Wie dargestellt handelt es sich dabei um eine reine Zahlungsfähigkeitsprognose für das laufende und das folgende Geschäftsjahr. Die Fortbestehensprognose ist positiv, wenn die Zahlungsfähigkeit im Betrachtungszeitraum mit überwiegender Wahrscheinlichkeit Aufrecht erhalten werden kann.

Die Fortführungsprognose i.S.d. §252 HGB Abs.1 Nr.2 geht über diese reine Liquiditätsbetrachtung hinaus. „Bei der Bewertung ist von der Fortführung der Unternehmenstätigkeit auszugehen, sofern dem nicht tatsächliche oder rechtliche Gegebenheiten entgegenstehen" (= Going Concern). Die Fortführungsprognose umfasst somit nicht nur die liquiditätsorientierte Fortbestehensprognose, sondern darüber hinaus auch eine Reinvermögensvorschau, um zu beurteilen, ob sowohl die Zahlungsfähigkeit als auch eine die Schulden deckende Vermögensmasse für den Prognosezeitraum sichergestellt ist.

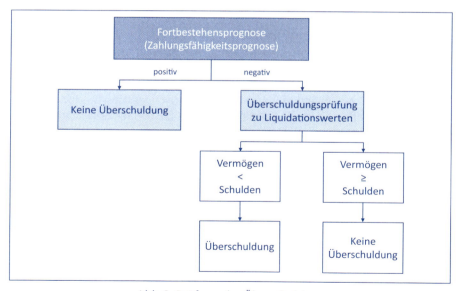

Abb. 8: Prüfung der Überschuldung

> **Merke**
> Die insolvenzrechtlich geprägte Fortbestehensprognose ist eine reine Zahlungsfähigkeitsprognose für das laufende und das folgende Geschäftsjahr. Die Fortführungsprognose i. S. d. § 252 HGB umfasst neben der Fortbestehensprognose eine Reinvermögensvorschau. Ferner dürfen der Fortführung der Unternehmenstätigkeit keine tatsächlichen oder rechtlichen Gegebenheiten entgegenstehen.

a) Die Fortbestehensprognose

Ausgangspunkt für die Überschuldungsprüfung ist, wie bereits dargestellt, die Beurteilung der kurz- bis mittelfristigen Überlebensfähigkeit des Schuldners. Die Fortbestehensprognose ist eine Schöpfung der Rechtsprechung.[35] Sie beinhaltet eine begründete Aussage darüber, ob das Unternehmen nachhaltig seine geschäftlichen Tätigkeiten unter Einhaltung der Zahlungsverpflichtungen fortführen kann.[36]
Fortbestehensprognose

Das qualitativ wertende Gesamturteil zur zukünftigen (Über-)Lebensfähigkeit des betrachteten Unternehmens wird dabei auf Grundlage des Unternehmenskonzepts und der Finanzplanung getroffen. Das Unternehmenskonzept entwirft für den Prognosezeitraum ein zukünftiges Bild, welches die im Unternehmen existenten Zielvorstellungen und Rahmenbedingungen als Vorgaben berücksichtigt. Aus dem Unternehmenskonzept ist eine Finanzplanung für das betroffene Unternehmen abzuleiten, die insgesamt ein wesentliches Element der Fortbestehensprognose darstellt.

Die Prognose fällt positiv aus, wenn sich aus dem auf dem Unternehmenskonzept aufbauenden Finanzplan nachvollziehbar und plausibel ergibt, dass in dem zu untersuchenden Zeitraum voraussichtlich keine mit üblichen Dispositionen und Kapitalbeschaffungsmaßnahmen unausgleichbare Liquiditätsunterdeckung eintreten wird.[37] Bereits vorhandene Kreditlinien oder sonstige ernstlich anzunehmenden Mittelzuführungen dürfen in die Betrachtung mit einbezogen werden. Dies bedeutet gleichsam, dass das finanzielle Gleichgewicht im Unternehmen gewahrt, beziehungsweise wiederhergestellt werden kann. Verbleibt oder entsteht eine finanzielle Unterdeckung innerhalb des Betrachtungszeitraums, so ist die Fortbestehensprognose negativ.

Daraus lässt sich ableiten, dass die Fortbestehensprognose dem Grunde nach eine „Zahlungsfähigkeitsprognose" ist, die sich aus einem detaillierten Finanzplan ableiten lässt, welcher wiederum Bestandteil einer sich aus dem strategischen Unternehmenskonzept heraus entwickelten integrierten Unternehmensplanung ist.
Zahlungsfähigkeitsprognose

„Aufgrund der Ausgestaltung als Zahlungsfähigkeitsprognose liegt im Fall einer negativen Fortbestehensprognose de facto auch der Insolvenzgrund der drohenden Zahlungsunfähigkeit vor."[38]

Wie für jede Prognose stellt sich auch für die Fortbestehensprognose die Frage nach dem Prognosehorizont sowie nach der Zuverlässigkeit und Glaubhaftigkeit der Prognoseaussage.[39]

Im Hinblick auf den Zeithorizont für eine Prognoserechnung ist es sinnvoll, sich an den verfügbaren, internationalen Grundsätzen zu orientieren. In der
Zeithorizont

Regel ist ein Prognosezeitraum von mindestens zwölf Monaten anzusetzen.[40] In der deutschsprachigen Literatur und in der Praxis hat sich inzwischen ein gewisser Generalkonsens herausgebildet, wonach sich die Fortbestehensprognose und damit die Finanzplanung auf die Zeit des laufenden bis zum Ablauf des folgenden Geschäftsjahres zu erstrecken hat.[41]

Prognoseaussage — Die Frage der Zuverlässigkeit und Glaubhaftigkeit der Prognoseaussage wird in der einschlägigen Fachliteratur kontrovers diskutiert. Bei der Überprüfung der drohenden Zahlungsunfähigkeit und der Überschuldung ist die Fortbestehensprognose stets mit prognostischen Elementen behaftet und unterliegt demnach einer immanenten Unsicherheit. Der Gesetzgeber hat diese Unsicherheit bei der Definition der Insolvenzgründe in Kauf genommen. Er verlangt jedoch, dass die Fortbestehensprognose nach objektiven Kriterien erfolgen muss.[42]

Überwiegende Wahrscheinlichkeit — Als Maßstab gilt das juristische Kriterium der „überwiegenden Wahrscheinlichkeit". Das alternativ positive oder negative Ergebnis der Prognose muss mit einer „überwiegenden Wahrscheinlichkeit" begründbar sein. Bei einer positiven Prognose signalisiert dieser juristische Gradmesser, dass „eine Fortführung den Umständen nach wahrscheinlicher ist, als eine Stilllegung oder Liquidation".[43]

Die „überwiegende Wahrscheinlichkeit" ist insbesondere unter dem Aspekt der Realisierbarkeit des Unternehmenskonzepts und der damit verknüpften integrierten Planung zu interpretieren. Dies sollte vor dem Hintergrund des voraussichtlichen Verhaltens der Gesellschafter und der Gläubiger, die die finanzielle Ausstattung des Unternehmens sicherstellen sollen, näher untersucht werden.[44]

Demnach ist die „überwiegende Wahrscheinlichkeit" nicht als mathematisch, statistisches Konzept, sondern als nicht quantifizierbare Hypothesenwahrscheinlichkeit zu verstehen. Es erfolgt ein paarweiser Vergleich von Handlungsalternativen unter Berücksichtigung von Erfahrungswissen und Evidenzen.[45]

b) Die Erstellung der Fortbestehensprognose

Die Ableitung der Fortbestehensprognose erfolgt in der Regel in drei Schritten.

Unternehmenskonzept — Zunächst muss ein aussagekräftiges und plausibles Unternehmenskonzept erstellt werden. Dieses hat dabei die strategische Unternehmensplanung und die grundsätzliche Entwicklung des Unternehmens angemessen zu berücksichtigen. Daneben sind sorgfältige Markt- und Wettbewerbsanalysen, fundierte Produktions- und Vertriebsplanungen sowie eine genaue Personalplanung weitere wichtige Kriterien eines zuverlässigen Gesamtkonzepts.

Integrierter Finanzplan — In einem zweiten Schritt ist auf der Grundlage dieses Unternehmenskonzepts ein integrierter Finanzplan zu erarbeiten, der sowohl die künftige Geschäftstätigkeit, als auch sämtliche bereits konkretisierten und dem Eintritt nach wahrscheinlichen Investitionen und Finanzierungsmaßnahmen im Prognosezeitraum berücksichtigt.

Fortbestehensprognose — Im letzten Schritt wird schließlich aus dem Ergebnis des Finanzplans die Fortbestehensprognose abgeleitet.

Dies kann jedoch nur zufriedenstellend gelöst werden, wenn auf der einen Seite das Unternehmenskonzept sorgfältig konzipiert und hinterfragt und auf der anderen Seite der Finanzplan auf Basis einer zuverlässigen, integrierten Plan-Bilanz, Plan-Gewinn- und Verlustrechnung und Plan-Liquiditätsrechnung erstellt wurde.

c) Die Fortbestehensprognose im System der Insolvenzeröffnungsgründe

Die Fortbestehensprognose steht, wie bereits beschrieben, in einem sehr engen Zusammenhang mit den Insolvenzeröffnungsgründen gem. §§ 18 und 19 InsO. Während die Vertretungsorgane von Kapitalgesellschaften und gleichgestellten Personengesellschaften im Falle der Überschuldung nach § 19 Abs. 2 InsO oder der Zahlungsunfähigkeit nach § 17 Abs. 2 InsO innerhalb der Drei-Wochen-Frist verpflichtet sind, einen Insolvenzantrag zu stellen, haben sie im Falle der drohenden Zahlungsunfähigkeit nach § 18 Abs. 2 InsO grundsätzlich lediglich ein Antragswahlrecht.

Wie Abbildung 9[46] verdeutlicht, liegt der Insolvenzgrund der drohenden Zahlungsunfähigkeit nach § 18 Abs. 2 InsO aber de facto vor, wenn das Unternehmen eine negative Fortbestehensprognose aufweist. Dies lässt Autoren wie Uhlenbruck zu dem Schluss kommen, „dass die Fortbestehensprognose, da letztlich Zahlungsfähigkeitsprognose", sogar weitgehend identisch mit der Prüfung der drohenden Zahlungsunfähigkeit ist.

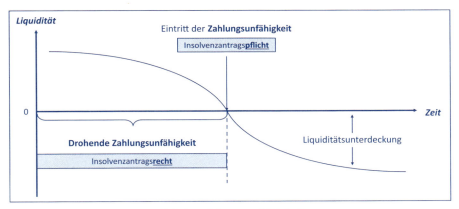

Abb. 9: Zahlungsunfähigkeit

Im Falle der drohenden Zahlungsunfähigkeit hat der Schuldner zwar im ersten Schritt lediglich ein Insolvenzantragsrecht, der Umstand der drohenden Zahlungsunfähigkeit birgt jedoch ein hohes Überschuldungsrisiko. Bei drohender Zahlungsunfähigkeit ist die Fortbestehensprognose für den Schuldner stets negativ, was dazu führt, dass der auf diese Prognose aufbauende Überschuldungsstatus zu Liquidationswerten zu erstellen ist. Ergibt sich dann bei sachgerechter Bewertung eine Überschuldung, geht das Antragswahlrecht der drohenden Zahlungsunfähigkeit mit einer Antragspflicht aufgrund einer rechtlichen Überschuldung i. S. d. § 19 Abs. 2 InsO einher, mit sämtlichen hieraus resultierenden Konsequenzen und Pflichten.

Aus der praktischen Erfahrung zeigt sich, dass bei der überwiegenden Anzahl der deutschen Unternehmen bei Ansatz von Liquidationswerten eine rechtlich relevante Überschuldung vorliegen dürfte.

> **Merke**
> Bei drohender Zahlungsunfähigkeit wird aus dem Insolvenzantragswahlrecht häufig eine Insolvenzantragspflicht wegen Überschuldung.

d) Weitere Anlässe für die Erstellung einer Fortbestehensprognose

Die Erstellung einer Fortbestehensprognose kann unter gewissen Umständen sinnvoll, unter bestimmten rechtlichen Voraussetzungen sogar zwingend notwendig sein.

Allgemeine Gründe

Ein allgemeiner Anlass zur Prognoseerstellung besteht immer dann, wenn Zweifel an der Fortführung des Unternehmens aus eigener Kraft aufkommen und der Eintritt von insolvenzauslösenden Tatbeständen befürchtet wird. Dies kann der Fall sein, wenn die nachhaltige Gesamtfinanzierung des Unternehmens gestört ist; d.h. verfügbare Finanzmittel und Kapitalbedarf stehen in einer kritischen Relation zueinander. Auch sich ankündigende Verluste oder ein negativer Cashflow aus der laufenden Geschäftstätigkeit können Anlass zur Prognoseerstellung geben.

Spezielle Pflichten für bestimmte Gruppen

Ergänzend zu diesen allgemeinen Gründen gibt es für bestimmte Personen- und Rechtsgruppen spezielle Pflichten zur Erstellung einer Fortbestehensprognose. Neben der Bedeutung im Rahmen der Überschuldungsprüfung sind dies insbesondere folgende Sachverhalte:

- Die Geschäftsführer eines Unternehmens haben sich im Rahmen der alljährlichen Jahresabschlusserstellung damit zu befassen, ob die in §252 Abs.1 Nr.2 HGB grundsätzlich bei der Bewertung des Betriebsvermögens zu unterstellende Going-Concern-Prämisse für ihr Unternehmen noch gerechtfertigt ist.
- Gemäß §90 Abs.1 Satz 1 Nr.1 AktG haben die Vorstände den Aufsichtsrat über grundsätzliche Fragen der Unternehmensplanung, also auch über die künftige Liquiditätsentwicklung und Maßnahmen zur Wahrung des finanziellen Gleichgewichts, zu unterrichten.
- §91 Abs.2 AktG verpflichtet den Vorstand ein Überwachungssystem zu implementieren, damit Liquiditätsentwicklungen, die den Fortbestand des Unternehmens gefährden könnten, frühzeitig erkannt werden und darauf noch mit geeigneten Gegenmaßnahmen reagiert werden kann.
- Auch der Abschlussprüfer ist nach §321 Abs.1 HGB dazu verpflichtet, im Prüfungsbericht vorweg auf die Beurteilung des Fortbestehens und der künftigen Entwicklung des Unternehmens unter Berücksichtigung des Lageberichts einzugehen, soweit die geprüften Unterlagen eine solche Beurteilung gewährleisten können. Ferner muss er darstellen, ob bei der Prüfung Tatsachen festgestellt wurden, die den Fortbestand des Unternehmens gefährden oder seine Entwicklung wesentlich beeinträchtigen können.

3.2 Die Insolvenzgründe im Einzelnen

- Des Weiteren ist der Abschlussprüfer nach § 322 Abs. 3 HGB dazu verpflichtet, im Bestätigungsvermerk gesondert auf solche Risiken hinzuweisen, die den Fortbestand des Unternehmens gefährden könnten.
- In Situationen, in denen sich die Krisenanzeichen im Unternehmen häufen, hat der Aufsichtsrat seine Überwachungsaufgaben mit erhöhter Aufmerksamkeit und Intensität durchzuführen, um die Rechtmäßigkeit, Zweckmäßigkeit und Wirtschaftlichkeit der Geschäftsführung durch den Vorstand zu gewährleisten. Dabei wird er seine Überwachungsaufgabe in erster Linie auf die vom Vorstand erstellte Unternehmensplanung und auf die vorhandenen Prüfungsberichte des Abschlussprüfers richten. Zugleich sollte er dafür Sorge tragen, dass rechtzeitig ein Sanierungskonzept und eine Fortbestehensprognose in Auftrag gegeben werden.
- Auch der Betriebsrat kann in bestimmten Fällen die Vorlage einer durch Dritte erstellten Fortbestehensprognose verlangen. Dies ist häufig der Fall, wenn bei der Belegschaft Leistungskürzungen (oder allgemein Personalabbau) geplant sind.
- Zudem löst der Verlust des hälftigen Stammkapitals sowie ein nicht durch Eigenkapital gedeckter Fehlbetrag, der den Tatbestand der handelsrechtlichen Unterbilanz darstellt, die Erstellung einer Fortbestehensprognose aus.

e) Prüfung der Überschuldung

Da es sich bei der Überschuldungsbilanz um eine Sonderbilanz handelt, die das Schuldendeckungspotenzial des Unternehmens abbilden soll, sind die allgemeinen handelsrechtlichen Ansatz- und Bewertungsgrundsätze der §§ 246 ff. HGB nicht maßgeblich und anwendbar.[47]

Sonderbilanz

Vor dem Hintergrund der negativen Fortbestehensprognose orientieren sich Ansatz und Bewertung der Vermögensgegenstände und Schulden an der Liquidationsstrategie und der unterstellten Liquidationsgeschwindigkeit (planvolle Abwicklung versus schnelle „Zerschlagung").[48] Grundsätzlich ist eine Einzelliquidation aller vorhandenen Vermögensgegenstände zu unterstellen. Dabei sind die Wertansätze der einzelnen Vermögensgegenstände regelmäßig die erwarteten Einzelveräußerungserlöse abzüglich etwaiger erwarteter Aufwendungen für die Veräußerung.[49]

In der Regel wird der Wert eines Vermögensgegenstands im Liquidationsfall eher am unteren Ende einer Bandbreite von möglichen Veräußerungserlösen anzusetzen sein. Dieses Prinzip wird durchbrochen, falls bereits konkretisierte Anhaltspunkte vorliegen, dass höhere Werte bei der Veräußerung erreicht werden können. Ob höhere Werte angesetzt werden können, hängt auch davon ab, „wie lange für die Liquidation gemäß Zahlungsplan Zeit verbleibt, ohne dass Zahlungsunfähigkeit eintritt."[50]

Bezüglich der Überschuldungsprüfung und der Bewertung im Rahmen der Überschuldungsprüfung wird ergänzend auf die Empfehlungen des Instituts der Wirtschaftsprüfer e.V., Düsseldorf, zur Überschuldungsprüfung bei Unternehmen (FAR 1/1996)[51] sowie auf IDW S 11[52] verwiesen.

f) Ansatz und Bewertung von Vermögenswerten und Schuldposten im Überschuldungsstatus

Stichtagsbezogener Vermögensstatus

Wie bereits dargestellt, ist die Handelsbilanz zur Feststellung der Überschuldung ungeeignet. Vielmehr ist ein stichtagsbezogener Vermögensstatus unter Berücksichtigung der negativen Zukunftsprognose des Schuldners zu erstellen. Auch wenn die allgemeinen Ansatz- und Bewertungsgrundsätze der Handelsbilanz im Überschuldungsstatus nicht maßgeblich sind, wird in der Praxis zumindest auf das Mengengerüst der Handelsbilanz als Ausgangspunkt des zu erstellenden Vermögensstatus abgestellt.

Nachfolgend werden die wesentlichen Ansatz- und Bewertungsgrundsätze für die Vermögenswerte und Schulden im Rahmen der Überschuldungsprüfung dargestellt:

f.1) Vermögenswerte

- **Ausstehende Einlagen**

Ausstehende Einlagen dürfen, unabhängig davon, ob sie in der Handelsbilanz aktivisch ausgewiesen sind, im Überschuldungsstatus angesetzt werden, wenn mit ihrer Einbringlichkeit gerechnet werden kann, also in Abhängigkeit von der Bonität der Gesellschafter.[53] Der Wertansatz erfolgt somit zum Nennwert, ggf. unter Berücksichtigung angemessener Wertberichtigungen, die dem Vorsichtsprinzip Rechnung tragen.

- **Eigene Anteile**

Für eigene Anteile kann ein Wertansatz gerechtfertigt sein, wenn mit ihrer Veräußerung sicher gerechnet werden kann.[54]

Bei ernsthaft drohendem Insolvenzverfahren (Liquidation) wird diese Möglichkeit wegen fehlender Verwertungschancen indes auszuscheiden haben,[55] sodass eigene Anteile im Überschuldungsstatus i. d. R. nicht ansetzbar sind.

- **Konzessionen, gewerbliche Schutzrechte und ähnliche Rechte und Werte sowie Lizenzen an solchen Rechten und Werten**

Generell folgt aus dem Umkehrschluss des § 248 Abs. 2 HGB, dass entgeltlich erworbenes immaterielles Anlagevermögen in der Bilanz zu Anschaffungskosten angesetzt werden darf. In der Überschuldungsbilanz gelten diese Ansatzkriterien nur bedingt.

Unter Liquidationsgesichtspunkten kann diese Position in der Überschuldungsbilanz nur angesetzt werden, sofern diese Positionen einzeln verkehrsfähig und somit selbständig verwertbar sind. Der Wertansatz orientiert sich an geschätzten, zu realisierenden Erlösen unter Berücksichtigung des Vorsichtsprinzips.

- **Geschäfts- oder Firmenwert**

Generell kann ein originär geschaffener Geschäfts- oder Firmenwert (kurz: Geschäftswert) im Überschuldungsstatus für fortzuführende Unternehmensteile nicht angesetzt werden. In der Literatur wird teilweise ein Ansatz für zulässig erachtet, wenn der Markt nach sachverständigem Urteil bereit ist, beim Verkauf des Unternehmens einen Firmenwert zu bezahlen. Ist dies der Fall, so ist der

Geschäftswert die Residualgröße aus dem sicheren Kaufpreis für das gesamte Unternehmen abzüglich der Differenz aus den übernommenen Vermögensgegenständen und den übernommenen Schulden.

Vor diesem Hintergrund kann bei zu liquidierenden Unternehmensteilen der Ansatz eines originären Geschäftswerts gerechtfertigt sein, wenn konkrete Verhandlungen bestehen, die eine Veräußerung von ganzen Betriebsteilen als Gesamtheit vorsehen und hierbei dem Geschäftswert ein Anteil am Veräußerungserlös zugerechnet werden kann.[56]

Im Unterschied zum originären Geschäftswert ist der derivative Geschäftswert durch eine Markttransaktion bestätigt worden, woraus sich die Annahme begründen lässt, dass die Realisierung eines derivativ erworbenen Geschäftswerts weniger riskant sei, als die Realisierung eines originären Geschäftswerts. Ein derivativer Geschäftswert kann, sofern verkehrsfähig, im Überschuldungsstatus fortgeführt werden.[57]

Die Wertansätze orientieren sich an geschätzten, zu realisierenden Erlösen unter Berücksichtigung des Vorsichtsprinzips.

- **Sachanlagevermögen**

Sachanlagen sind im Überschuldungsstatus anzusetzen, soweit sie verwertbar sind. Im Falle der Liquidation sind die Vermögenspositionen unter Einzelveräußerungsaspekten anzusetzen und zu bewerten. Der Wertansatz orientiert sich am voraussichtlichen Veräußerungserlös unter Berücksichtigung des Vorsichtsprinzips.

- **Grundstücke, grundstücksgleiche Rechte und Bauten einschließlich der Bauten auf fremden Grundstücken**

Falls vorhanden, können bei der Bewertung von Grundstücken aktuelle Verkehrswertgutachten, die von Sachverständigenbüros erstellt wurden, nützlich sein. Ist dies nicht der Fall, können die jährlich neu ermittelten Bodenrichtwertkarteien der Gutachterausschüsse der einzelnen Bundesländer bei der Bewertung und dem Ansatz herangezogen werden.

Gebäude werden mit dem Wert angesetzt, der am Markt realisiert werden kann. Entscheidend bei der Bewertung von Gebäuden ist sowohl die regionale Lage, als auch Alter und Zustand. Stehen aktuelle Verkehrswertgutachten zur Verfügung, können die ermittelten Werte als Anhaltspunkt in die Bewertung mit einfließen.

- **Technische Anlagen und Maschinen sowie Betriebs- und Geschäftsausstattung**

Die Verwertbarkeit am Markt dient als alleiniger Entscheidungsfaktor für die durch die Wertindikation ermittelten beizulegenden Vermögenswerte. Bei negativer Prognose sind Liquidationswerte, d. h. Einzelveräußerungspreise anzusetzen. Diese sind im Rahmen vernünftiger kaufmännischer Überlegungen zu schätzen oder durch Gutachten von Auktionatoren oder Maschinenverwertern zu unterlegen.

- **Geleistete Anzahlungen und Anlagen im Bau**

Der Liquidationswert entspricht dem Wert, in dessen Höhe eine Rückzahlung sicher zu erwarten ist. Anlagen im Bau sind nicht mit den bisherigen Anschaffungs- oder Herstellungskosten zu bewerten, sondern mit dem voraussichtlichen Veräußerungswert.

- **Finanzanlagevermögen**

Finanzanlagen sind im Überschuldungsstatus mit ihrem beizulegenden Wert anzusetzen. Dieser ergibt sich aus dem Börsen- oder Marktpreis am Bilanzstichtag, sofern die Finanzanlagen auf einem Markt gehandelt werden. Auch zeitnah zurückliegende Verkäufe können Anhaltspunkte für den beizulegenden Wert liefern. Werden die Finanzanlagen nicht am Markt gehandelt und gibt es keine zurückliegenden Verkäufe, so ist der Ertragswert zu bestimmen.

Die IDW-Stellungnahme IDW RS HFA 10 „Anwendung der Grundsätze des IDW S 1 bei der Bewertung von Beteiligungen und sonstigen Unternehmensanteilen für die Zwecke eines handelsrechtlichen Jahresabschlusses" liefert Anhaltspunkte zur Wertindikation von Beteiligungen. Des Weiteren kann auch das Stuttgarter Verfahren gemäß § 11 Abs. 2 Satz 2 BewG hilfsweise Anwendung finden.

Anteile an assoziierten oder verbundenen Unternehmen sind auf ihre Werthaltigkeit hin zu überprüfen. Befinden sich die Unternehmen, an denen die Beteiligungen bestehen, selbst in der Krise, so sind die Wertansätze anzupassen.

Die Wertansätze orientieren sich an geschätzten, zu realisierenden Verkaufserlösen unter Berücksichtigung des Vorsichtsprinzips oder am aktuellen Kurswert.

- **Vorräte**

Im Falle einer negativen Fortbestehensprognose sind für die Roh-, Hilfs- und Betriebsstoffe die (Netto-)Veräußerungswerte abzüglich voraussichtlich anfallender Liquidationskosten anzusetzen. Bestehende Eigentumsvorbehalte haben für den Wertansatz keine Bedeutung, denn die entsprechende Berücksichtigung schlägt sich auf der Passivseite unter den ungekürzten, also in voller Höhe, ausgewiesenen Verbindlichkeiten nieder. Sofern bei den unfertigen Erzeugnissen eine Fertigstellung vorgesehen ist, wird der Ansatz in Höhe des „Halbfertigwerts" vorgenommen, ansonsten bestimmt der (Netto-)Verkaufserlös oder der Schrottwert, sofern keine Nachfrage besteht, die Höhe des Wertansatzes. Unter der Prämisse der negativen Fortführungsfähigkeit sind insbesondere unfertige Leistungen im Regelfall mit Null anzusetzen. Die fertigen Erzeugnisse sind in Höhe des (Netto-)Verkaufserlöses zu berücksichtigen.[58]

Die Wertansätze orientieren sich an geschätzten, zu realisierenden Verkaufserlösen unter Berücksichtigung des Vorsichtsprinzips oder am Schrottwert.

- **Forderungen aus Lieferungen und Leistungen**

Grundsätzlich erfolgt der Ansatz der Forderungen zum Nennwert, sofern unter Beachtung des kaufmännischen Vorsichtsprinzips keine Wertberichtigungen gebildet werden müssen. Wertberichtigungen sind vorzunehmen, wenn der Bestand der Forderung aufgrund von Einwendungen des Schuldners zweifelhaft oder die Bonität des Schuldners unsicher ist. Grundsätzlicher Bewertungsmaßstab ist somit die voraussichtliche Realisierbarkeit des Anspruchs.

Im Liquidationsfall ist die Wertberichtigungsquote erfahrungsgemäß höher, da sowohl mit einer höheren Reklamationsquote, möglichen Aufrechnungsansprüchen und auch mit einer sinkenden Zahlungsmoral der Debitoren gerechnet werden muss.

Die Wertansätze orientieren sich am Nominalwert der Forderungen unter Berücksichtigung von angemessenen Wertberichtigungen.

- **Forderungen gegen verbundene Unternehmen**

Die Forderungen gegen verbundene Unternehmen sind einzeln auf ihre Werthaltigkeit hin zu überprüfen; es gelten die allgemeinen Grundsätze.

- **Forderungen aus Verlustübernahme (Ergebnisabführungsverträgen)**

Forderungen aus Verlustübernahme (§ 302 AktG) gegen ein herrschendes Unternehmen sind im Überschuldungsstatus anzusetzen, falls das zum Ausgleich verpflichtete Unternehmen fähig ist, die Verluste zu übernehmen, eine Realisierung der Forderung also überwiegend wahrscheinlich ist.[59] Dabei sind nicht nur die Verluste, die sich aus dem letzten festgestellten Jahresabschluss ergeben, sondern auch solche, die im aktuellen Rumpfgeschäftsjahr bis zum Stichtag des Überschuldungsstatus aufgelaufen sind, zu berücksichtigen. Diese Verluste sind gegebenenfalls zu schätzen, um den Ausgleichsanspruch bewerten zu können.[60] Bevor die Forderungen aus Verlustübernahme angesetzt werden können, muss zuvor die steuerrechtliche Gültigkeit des zugrunde liegenden Ergebnisabführungsvertrags geprüft werden. Laut Rechtsprechung[61] muss ein Ergebnisabführungsvertrag über seine gesamte Gültigkeitsdauer hin „gelebt" werden. Das bedeutet, dass Gewinne tatsächlich an den Organträger abgeführt bzw. Verluste tatsächlich vom Organträger übernommen wurden.

- **Ansprüche aus Patronatserklärungen**

Grundsätzlich sind in einem Überschuldungsstatus rechtsverbindliche Erklärungen Dritter, insbesondere von Gesellschaftern, anzusetzen, falls sich der Erklärende verpflichtet hat, der Gesellschaft ausreichende finanzielle Mittel zur Abkehr einer Insolvenz zuzuführen. Entscheidend ist die Tatsache, ob sich der Erklärende rechtlich in einer solchen Weise zur Erbringung einer Leistung verpflichtet hat, dass der begünstigten Gesellschaft für den Fall der Leistungsverweigerung ein unzweifelhafter und unter Umständen einklagbarer Anspruch gegenüber dem Erklärenden zusteht.[62]

Gibt ein Gesellschafter gegenüber einem Dritten, insbesondere einem Kreditgeber, eine Patronatserklärung mit der Absicht ab, dass dieser seine Geschäftsbeziehung mit der mittelbar begünstigten Gesellschaft aufnimmt oder weiterführt, so begründet dies zunächst einen Anspruch des Dritten gegenüber dem Erklärenden. Die begünstigte Gesellschaft hat zunächst keinen Anspruch aus dieser Erklärung, d.h. ein entsprechender Anspruch ist daher nicht zu berücksichtigen. Damit ein Anspruch rechtlich durchgesetzt werden kann, muss es sich bei der Patronatserklärung um eine verpflichtende „harte" Patronatserklärung handeln, die gegenüber der Gesellschaft abgegeben wird. Diese unterscheidet sich von einer sogenannten „weichen" Patronatserklärung, die lediglich Absichten zum Ausdruck bringt und keine konkreten Vermögensmaßnahmen nach sich zieht.

Strittig ist vor allem die Frage, ob und mit welchem Wert ein Anspruch aus einer harten Patronatserklärung im Überschuldungsstatus des Schuldners anzusetzen ist. Maßgeblich ist neben der rechtlichen Bindung der Erklärung und der wirtschaftlichen Lage des Erklärenden vor allem die Frage nach der Ausgestaltung der Erklärung. Damit sind insbesondere der Wirkungsmechanismus und die Einbindung der begünstigten Gesellschaft in die Wirkungskette gemeint.

Normalerweise erhält der Erklärende, wenn er für die Begünstigte an Dritte Leistungen erbringt, einen Rückgriffanspruch gem. §670 bzw. §774 BGB gegenüber der begünstigten Gesellschaft. „Damit steht der Vermögensmehrung durch Erfüllung der ursprünglichen Verbindlichkeit eine entsprechende Verminderung durch den Rückgriffanspruch gegenüber", sodass sich de facto keine Entlastungswirkung für das begünstigte Unternehmen einstellt.[63] Dies ändert sich, falls der Erklärende gegenüber dem begünstigten Unternehmen einen Verzicht auf den Rückgriffanspruch ausspricht.

- **Kassenbestand, Bundesbankguthaben, Guthaben bei Kreditinstituten und Schecks**

Diese Positionen sind mit ihrem Nominalbetrag in der Überschuldungsbilanz anzusetzen.

- **Aktive Rechnungsabgrenzungsposten**

Bei negativer Fortbestehensprognose können aktive Rechnungsabgrenzungsposten nur angesetzt werden, soweit bei Kündigung des zugrunde liegenden Vertragsverhältnisses tatsächlich mit einem aktivierbaren Rückerstattungsanspruch zu rechnen ist.[64]

Ansonsten können sie als geleistete Vorauszahlungen lediglich mindernd auf die Höhe einer gegebenenfalls notwendigen Drohverlustrückstellung für das zugrunde liegende schwebende Vertragsverhältnis wirken. Ein Disagio oder Damnum bleibt im Überschuldungsstatus außer Ansatz, wenn es sich um ein einmaliges Entgelt handelt.[65]

Somit kommt nur in Ausnahmefällen ein Wertansatz im Überschuldungsstatus in Frage. Die Bewertung erfolgt dann zum Anrechnungsbetrag.

- **Aktive latente Steuern**

Aktive latente Steuern können dem Grunde nach angesetzt werden, wobei aufgrund der bevorstehenden Liquidation die Wahrscheinlichkeit der Inanspruchnahme des Steuervorteils regelmäßig sinkt. Insbesondere die Nutzbarkeit steuerlicher Verlustvorträge ist davon betroffen, weshalb aktive latente Steuern in den meisten Fällen nicht mehr werthaltig sein werden.[66]

3.2 Die Insolvenzgründe im Einzelnen

f.2) Schuldposten

- **Eigenkapital**

Das ausgewiesene Eigenkapital findet im Überschuldungsstatus keinen Niederschlag, da es sich nicht um eine „echte" Verbindlichkeit, sondern um Haftkapital handelt. Das selbige gilt für Einlagen stiller Gesellschafter und Genussrechtkapital, sofern die Voraussetzungen für haftendes Eigenkapital erfüllt sind. An Stelle dessen stellt die Differenz zwischen dem Vermögen und den Schulden das Reinvermögen des Unternehmens dar.

- **Sonderposten für Investitionszuschüsse und Zulagen**

Der Ansatz des Postens im Überschuldungsstatus ist davon abhängig, ob nach den entsprechenden Zuschussbedingungen oder den gesetzlichen Grundlagen für die Gewährung der Investitionszulage bei Liquidation des Unternehmens mit einer Rückforderung des erhaltenen Zuschusses zu rechnen ist.[67]

Grundsätzlich muss geprüft werden, ob das Unternehmen in der Vergangenheit derartige Zuschüsse erhalten hat und wie diese handelsbilanziell behandelt wurden. Neben dem Ausweis als Passivposten in der Handelsbilanz könnten auch Anschaffungskosten um die Zuschüsse korrigiert worden sein, sodass mögliche Risiken einer Rückforderung im Liquidationsfall nicht sofort offenkundig werden.

Sofern eine Rückforderung droht, ist ein Schuldposten in den Überschuldungsstatus aufzunehmen und mit dem voraussichtlichen Rückforderungsanspruch zu bewerten.

- **Rückstellungen**

Die in einer Jahresbilanz handelsrechtlich auszuweisenden Rückstellungen sind grundsätzlich auch im Überschuldungsstatus zu passivieren, wenn ernsthaft mit einer Inanspruchnahme zu rechnen ist. Anzusetzen sind alle Verbindlichkeiten, die im Falle einer Verfahrenseröffnung Insolvenzforderungen begründen und aus der Masse zu befriedigen sind. Rückstellungen für Verbindlichkeiten, die erst durch Eröffnung des Insolvenzverfahrens (Kosten der Insolvenzverwaltung, Gerichtskosten) begründet werden, dürfen nicht berücksichtigt werden.[68] Hingegen sind Kosten der planmäßigen Abwicklung des Unternehmens oder im Zusammenhang mit dem Verkauf von Vermögensgegenständen (Gutachterkosten) zurückzustellen.[69]

- **Pensionsrückstellungen**

Pensionsverpflichtungen sind im Überschuldungsstatus sowohl für mittelbare als auch für unmittelbare Verpflichtungen in vollem Umfang anzusetzen, auch wenn in der Handelsbilanz von dem Wahlrecht nach Artikel 28 Abs. 1 EGHGB Gebrauch gemacht wurde.[70] Minderungen der Pensionsansprüche der Arbeitnehmer aufgrund der eingetretenen Notlage des Unternehmens dürfen erst berücksichtigt werden, wenn entsprechende Vereinbarungen getroffen oder die rechtlichen Voraussetzungen für eine Kürzung der Pensionsansprüche erfüllt sind. Soweit von der Entlassung von Arbeitnehmern ausgegangen wird, deren

Pensionsansprüche noch nicht unverfallbar sind und durch die Entlassung entfallen, braucht dafür eine Rückstellung nicht mehr angesetzt werden.[71]

Hinsichtlich der Höhe der anzusetzenden Schuldposten ist zwischen laufenden Pensionsverpflichtungen und Pensionsanwartschaften zu unterscheiden.

- **Laufende Pensionsverpflichtungen**

Rückstellungen für laufende Pensionsverpflichtungen sind gemäß § 253 Abs. 1 S. 2 HGB mit dem Barwert anzusetzen, da für diese Verpflichtungen keine Gegenleistung mehr erwartet werden kann. Der Barwert beinhaltet das kapitalmarktgerechte abgezinste Kapital, welches zur Befriedigung der Rentenansprüche nach versicherungsmathematischen Grundsätzen aufgebracht werden muss. Ob im Einzelfall eine Kürzung oder eine vorübergehende Einstellung der Pensionszahlungen zulässig ist, wenn dadurch in Verbindung mit anderen Maßnahmen die Existenzgefährdung des Unternehmens abgewendet werden kann, muss gesondert geprüft werden.[72]

Der Schuldposten ist anzusetzen, sofern kein Kürzungsvorbehalt besteht; der Wertansatz erfolgt zum Barwert der Verpflichtung.

- **Pensionsanwartschaften**

Im Allgemeinen wird in der Überschuldungsbilanz auch für Verbindlichkeiten aus Pensionsanwartschaften der Barwert dieser Verbindlichkeit angesetzt, der jedoch in Folge von Kürzungsmöglichkeiten wesentlich unter dem Barwert der ursprünglich zugesagten Verpflichtung liegen kann.[73]

Im Speziellen gilt, dass bei der Bewertung von Pensionsrückstellungen für Pensionsanwartschaften der Barwert der Anwartschaft zugrunde zu legen ist, wenn aufgrund des Wegfalls der Fortführungsannahme eine künftige Gegenleistung des Pensionsberechtigten nicht mehr zu erwarten ist.

Rückstellungen für unverfallbare Anwartschaften sind somit anzusetzen, sofern kein Kürzungsvorbehalt besteht. Der Wertansatz erfolgt zum Barwert ohne Kürzung um die noch nicht erbrachte Gegenleistung.[74]

Rückstellungen für verfallbare Anwartschaften sind hingegen nicht anzusetzen.

Sofern rechtlich zweifelhaft ist, ob ein Kürzungsvorbehalt besteht, sollte aus Vorsichtsgründen im Überschuldungsstatus die Pensionsverpflichtung in voller Höhe berücksichtigt werden.

- **Rückstellungen für ungewisse Verbindlichkeiten und drohende Verluste aus schwebenden Geschäften**

Im Überschuldungsstatus sind Rückstellungen für ungewisse Verbindlichkeiten und drohende Verluste grundsätzlich zu passivieren, denn insoweit gilt auch im Überschuldungsstatus das Vorsichtsprinzip.[75]

Ist infolge der wirtschaftlichen Situation des Unternehmens nicht mit der Erfüllung des dem Drohverlust zugrunde liegenden Vertrags zu rechnen, ist ggf. anstelle der Drohverlustrückstellung alternativ eine Rückstellung für drohende Schadensersatzansprüche zu bilden.

3.2 Die Insolvenzgründe im Einzelnen

Der Wertansatz erfolgt jeweils mit dem voraussichtlichen Erfüllungsbetrag.

- **Aufwandsrückstellungen i. S. v. § 249 Abs. 1 Satz 1 HGB**

Die Höhe der einzelnen Rückstellungen ist nach dem wahrscheinlichen Grad und Umfang der Inanspruchnahme zu bestimmen. Nach diesen Grundsätzen anzusetzen und zu bewerten sind z. B. Rückstellungen für Verpflichtungen aus Garantien und Gewährleistungen, Umweltschäden und Haftung für sogenannte ökologische Altlasten, Jubiläen, Prozess- oder Steuerrückstellungen, Sozialpläne, Interessensausgleiche oder Schließungs- und Abbaukosten.

Unter der Prämisse einer negativen Fortbestehensprognose muss bei der Ermittlung der Höhe der einzelnen Rückstellungen berücksichtigt werden, wie lange der Geschäftsbetrieb aufrechterhalten wird.

- **Rückstellungen für Verpflichtungen aus Sozialplänen und Nachteilsausgleich**

Sieht das der Unternehmensprognose zu Grunde liegende Unternehmenskonzept Entlassungen vor oder sind aufgrund der negativen Unternehmensprognose ohnehin sämtliche Arbeitnehmer frei zu setzen, sind die entsprechenden Verpflichtungen aus Sozialplänen und Nachteilsausgleich (§§ 112, 113 BetrVerfG) im Überschuldungsstatus anzusetzen. Dabei kommt es nicht darauf an, ob entsprechende Beschlüsse bereits gefasst sind oder der Betriebsrat informiert wurde. Der Wertansatz erfolgt in Höhe der vertraglich vereinbarten oder voraussichtlich erwarteten Kosten.

- **Sonstige Rückstellungen**

Im Zusammenhang mit einer voraussichtlichen Einstellung der Unternehmenstätigkeit können insbesondere die folgenden weiteren Verpflichtungen zu berücksichtigen sein:

- Abfindungen für Mitarbeiter,
- Vertragsstrafen aufgrund der nicht mehr zu erwartenden Erfüllung von Verträgen (z. B. Miet-, Leasing- oder langfristige Liefer- oder Bezugskontrakte),
- Rückbau- oder Abbruchverpflichtungen.

- **Verbindlichkeiten**

Verbindlichkeiten sind im Überschuldungsstatus grundsätzlich mit ihrem Rückzahlungsbetrag zu passivieren. Verbindlichkeiten, die auf wiederkehrende Leistungen gerichtet sind, sind mit ihrem Barwert zu passivieren.[76] Gestundete Verbindlichkeiten sind ebenfalls anzusetzen, da sie im Insolvenzfall als fällig gelten.[77]

- **Verbindlichkeiten gegenüber Gesellschaftern**

Grundsätzlich sind auch solche Verbindlichkeiten im Überschuldungsstatus zu passivieren, die für den Fall der Eröffnung eines Insolvenzverfahrens nachrangige Verbindlichkeiten im Sinne des § 39 InsO wären. Der Gesetzgeber hat in § 19 Abs. 2 InsO die Forderung auf Rückgewähr von Gesellschafterdarlehen oder gleichgestellten Forderungen ausdrücklich in das Verfahren einbezogen.[78]

Die Passivierungspflicht entfällt, wenn der Gesellschafter einen ausdrücklichen Rangrücktritt in den Rang des §39 Abs. 2 InsO erklärt hat, ansonsten sind subordinierte Gesellschafterdarlehen im Überschuldungsstatus anzusetzen.

Dies bedeutet, dass Gesellschafterdarlehen grundsätzlich im Überschuldungsstatus anzusetzen sind, sofern kein Rangrücktritt erklärt wurde. Der Wertansatz entspricht dem Rückzahlungsbetrag.

- **Verbindlichkeiten aus der Einlage des stillen Gesellschafters**

Grundsätzlich ist die Einlage des stillen Gesellschafters als Passivposten im Überschuldungsstatus aufzunehmen. Die Bewertung der Verbindlichkeit richtet sich danach, ob eine Verlustbeteiligung vereinbart ist, die ggf. die Einlagenschuld geschmälert hat.

Der Wertansatz entspricht somit dem Nennbetrag der Einlage, soweit diese nicht durch Verluste aufgezehrt wurde.

- **Verbindlichkeiten gegenüber Kreditinstituten**

Die Verbindlichkeiten gegenüber Kreditinstituten sind mit ihrem Rückzahlungsbetrag zu bilanzieren. Sofern seitens der Kreditinstitute qualifizierte Rangrücktritte ausgesprochen wurden, ist die Verbindlichkeit gegebenenfalls zu adjustieren.

- **Erhaltene Anzahlungen**

Die erhaltenen Anzahlungen werden unter Liquidationsgesichtspunkten mit ihrem Nennbetrag angesetzt.

- **Verbindlichkeiten aus Lieferungen und Leistungen**

Verbindlichkeiten aus Lieferungen und Leistungen sind mit ihrem Rückzahlungsbetrag zu passivieren.

- **Verbindlichkeiten gegenüber verbundenen Unternehmen**

Verbindlichkeiten gegenüber verbundenen Unternehmen sind unter Liquidationsgesichtspunkten grundsätzlich mit ihrem Nennbetrag zu passivieren, es sei denn, es liegen qualifizierte Rangrücktrittsvereinbarungen vor.

- **Sonstige Verbindlichkeiten**

Die sonstigen Verbindlichkeiten sind im Liquidationsfall mit den Nennbeträgen anzusetzen, sofern mit einer tatsächlichen Inanspruchnahme des Schuldnerunternehmens zu rechnen ist. Falls Forderungsverzichte oder qualifizierte Rangrücktritte seitens der Gläubiger ausgesprochen wurden, braucht eine Verbindlichkeit hierfür nicht mehr angesetzt werden.

- **Verbindlichkeiten aus einem Beherrschungs- und Gewinnabführungsvertrag**

Besteht zwischen dem Schuldnerunternehmen und einem anderen Unternehmen ein Beherrschungs- und Gewinnabführungsvertrag, gemäß dem das Schuldnerunternehmen zum Verlustausgleich verpflichtet ist, so ist diese Verpflichtung zu passivieren.

- **Passive Rechnungsabgrenzungsposten**

Passive Rechnungsabgrenzungsposten sind im Liquidationsfall anzusetzen, da sie in jeder Weise Schulden des Unternehmens darstellen.

g) Muster Überschuldungsstatus und Beispielsfall

Ein Muster für die Aufstellung eines Überschuldungsstatus sowie ein Fallbeispiel finden Sie auf der Website zum Buch.

Website:
Fallbeispiel Überschuldungsstatus

Anmerkungen

[1] Zöller in Blöse, J./Kihm, A. (2006): Unternehmenskrisen, Ursachen, Sanierungskonzepte, Krisenvorsorge, Steuern, Berlin, S. 27.
[2] Uhlenbruck in Schmidt, K./Uhlenbruck, W. (2009): Die GmbH in Krise, Sanierung und Insolvenz, 4. Auflage, Köln, S. 404.
[3] Vgl. Münchener Kommentar – Klöhn, InsO § 15a Rdn. 173 ff.
[4] BGH, 09.07.1979 – ZR 118/77, BGHZ 75, 96, 111.
[5] BGH, Urteil vom 24. Mai 2005 – IX ZR 123/04 – OLG Hamm, LG Dortmund.
[6] Uhlenbruck, W. (2010): Insolvenzordnung, 13. Auflage, München, § 17 InsO, Rz. 29.
[7] Uhlenbruck, W. (2010): Insolvenzordnung, 13. Auflage, München, § 17 InsO, Rz. 17.
[8] Vgl. BGH v. 18.07.2013 – IX ZR 143/12, ZIP 2013, 2015, Rz. 18.
[9] Vgl. BGH ZIP 2013, 2015 Rz. 12.
[10] Vgl. BGH ZIP 2013, 2015, Rz. 13, 18.
[11] Vgl. hierzu BGH v. 09.06.2016 – IX ZR 174/15, ZIP 2016, 1348 Rz. 23 u. a.
[12] AG Köln, 09.07.1999 – 73 IV 16/99, ZInsO 2001, S. 769, 771.
[13] Uhlenbruck in Schmidt, K./Uhlenbruck, W. (2009): Die GmbH in Krise, Sanierung und Insolvenz, 4. Auflage, Köln, S. 425.
[14] BGH, 24.05.2005 – IX ZR 123/04 – OLG Hamm, LG Dortmund.
[15] BGH, 24.05.2005 – IX ZR 123/04 – OLG Hamm, LG Dortmund.
[16] BGH, 24.05.2005 – IX ZR 123/04 – OLG Hamm, LG Dortmund und Nickert, C./Lamberti, U. (2016): Überschuldungs- und Zahlungsunfähigkeitsprüfung im Insolvenzrecht, 3. Auflage, S. 35 ff.
[17] Uhlenbruck in Schmidt, K./Uhlenbruck, W. (2009): Die GmbH in Krise, Sanierung und Insolvenz, 4. Auflage, Köln, S. 420.
[18] Vgl. Steffan, B. in ZIP 45/2016, S. 2149; IDW S 11 (2015), Beurteilung des Vorliegens von Insolvenzgründen, IDW Fachnachrichten Nr. 4/2015, S. 202 ff.
[19] BGH, 24.2005 – IX ZR 123/04 – OLG Hamm, LG Dortmund.
[20] Institut der Wirtschaftsprüfer e.V., (2015), Beurteilung des Vorliegens von Insolvenzgründen, (IDW S 11), IDW Fachnachrichten 04/2015, Rz. 13, nachfolgend IDW S 11.
[21] BGH, 19.7.2007 – IX ZB 36/07, ZIP 2007, S. 1666.
[22] Vgl. u. a. Hölzle, ZIP 2007, 613, 615; Frystatzki, NZI 2010, 389, 391.
[23] BGH, 13.08.2009 – IX ZR 159/06, NZI 2009, 768, 769 Rn. 10.
[24] BGH, Urteil v. 08.10.2009 – IX ZR 173/07, NZI 2009, 847, 848 Rn. 11 ff.
[25] BGH, 13.08.2009 – IX ZR 159/06, NZI 2009, 768, 769 Rn. 10; BGH, 08.10.2009 – IX ZR 173/07, NZI 2009, 847, 848 Rn. 11 ff.
[26] Vgl. Prager/Jungclaus in: FS Wellensiek, 101, 114 ff.
[27] Vgl. Nickert in Nickert C./Lamberti U.H. (2016): Überschuldungs- und Zahlungsunfähigkeitsprüfung im Insolvenzrecht, 3. Auflage, Köln, Rz. 166.
[28] Uhlenbruck, W. (2010): Insolvenzordnung, 13. Auflage, München, § 18 InsO, Rz. 12.
[29] Uhlenbruck in Gottwald, P. (2010): Insolvenzrechtshandbuch, 4. Auflage, München, § 6 Rz. 18.
[30] Uhlenbruck in Gottwald, P. (2010): Insolvenzrechtshandbuch, 4. Auflage, München, § 6 Rz. 20.
[31] Uhlenbruck in Schmidt, K./Uhlenbruck, W. (2009): Die GmbH in Krise, Sanierung und Insolvenz, 4. Auflage, Köln, S. 430.

[32] Uhlenbruck in Schmidt, K./Uhlenbruck, W. (2009): Die GmbH in Krise, Sanierung und Insolvenz, 4. Auflage, Köln, S. 465.
[33] FMStG vom 17. Oktober 2008, BGBl. I 2008, S. 1982.
[34] Groß, P. (2013): Zur Abgrenzung der handelsrechtlichen Fortführungsprognose von der insolvenzrechtlichen Fortbestehensprognose; in Krisen, Sanierungs und Insolvenzberatung (KSI) Nr. 2/13, S. 64–69.
[35] BGH II ZR 269/91 vom 13. Juli 1992 = ZIP 1992, S. 1382 – 1387; BAG 5 AZR 677/97 vom 10. Februar 1999 = ZIP 1999, S. 878–883.
[36] Groß, P.J./Amen, M. (2002): Die Fortbestehensprognose, in: Die Wirtschaftsprüfung (WPg), Nr. 5/02, S. 225.
[37] Groß, P.J./Amen, M. (2002): Die Fortbestehensprognose, in: Die Wirtschaftsprüfung (WPg), Nr. 5/02, S. 225.
[38] Groß, P.J./Amen, M. (2002): Die Fortbestehensprognose, in: Die Wirtschaftsprüfung (WPg), Nr. 5/02, S. 435.
[39] Groß, P.J./Amen, M. (2002): Die Fortbestehensprognose, in: Die Wirtschaftsprüfung (WPg), Nr. 5/02, S. 225.
[40] IDW PS 270 (2003), Die Beurteilung der Fortführung der Unternehmenstätigkeit im Rahmen der Abschlussprüfung, WPg Nr. 14/03, S. 775 ff.
[41] Uhlenbruck, W. (2010): Insolvenzordnung, 13. Auflage, München, § 18 InsO, Rz. 19.
[42] Uhlenbruck in Gottwald, P. (2010): Insolvenzrechtshandbuch, 4. Auflage, München, § 6, Rz. 42.
[43] Uhlenbruck in Gottwald, P. (2010): Insolvenzrechtshandbuch, 4. Auflage, München, § 6, Rz. 42.
[44] Groß, P.J./Amen, M. (2002): Die Fortbestehensprognose, in: Die Wirtschaftsprüfung (WPg), Nr. 5/02, S. 240.
[45] Groß, P. (2013): Zur Abgrenzung der handelsrechtlichen Fortführungsprognose von der insolvenzrechtlichen Fortbestehensprognose; in Krisen, Sanierungs und Insolvenzberatung (KSI) Nr. 2/13, S. 64–69.
[46] Groß, P.J./Amen, M. (2002): Die Fortbestehensprognose, in: Die Wirtschaftsprüfung (WPg), Nr. 5/02, S. 228.
[47] Uhlenbruck in Schmidt, K./Uhlenbruck, W. (2009): Die GmbH in Krise, Sanierung und Insolvenz, 4. Auflage, Köln, S. 482.
[48] Uhlenbruck, W. (2010): Insolvenzordnung, 13. Auflage, München, § 19 InsO, Rz. 6 f.
[49] Förschle/Hofmann in Budde, W.D./Förschle, G./Winkeljohann, N. (2007): Sonderbilanzen, 4. Auflage, München, S. 669.
[50] Förschle/Hofmann in Budde, W.D./Förschle, G./Winkeljohann, N. (2007): Sonderbilanzen, 4. Auflage, München, S. 669.
[51] IDW FAR 1/1996 (1996), Empfehlungen zur Überschuldungsprüfung bei Unternehmen, WPg 1997, S. 22 ff.
[52] IDW S 11 (2015), Beurteilung des Vorliegens von Insolvenzgründen, IDW Fachnachrichten Nr. 4/2015, S. 202 ff.
[53] Förschle/Hofmann in Budde, W.D./Förschle, G./Winkeljohann, N. (2007): Sonderbilanzen, 4. Auflage, München, S. 673.
[54] Förschle/Hofmann in Budde, W.D./Förschle, G./Winkeljohann, N. (2007): Sonderbilanzen, 4. Auflage, München, S. 674.
[55] Uhlenbruck, W. (2010): Insolvenzordnung, 13. Auflage, München, § 19 Rz. 75.
[56] Förschle/Hofmann in Budde, W.D./Förschle, G./Winkeljohann, N. (2007): Sonderbilanzen, 4. Auflage, München, S. 673.
[57] WP Handbuch (2006), Band I, Institut der Wirtschaftsprüfer in Deutschland e.V., V Rz. 20,21.
[58] WP Handbuch (2008), Band II, Institut der Wirtschaftsprüfer in Deutschland e.V., L Rz. 280.
[59] WP Handbuch (2008), Band II, Institut der Wirtschaftsprüfer in Deutschland e.V., L Rz. 295.
[60] WP Handbuch (2008), Band II, Institut der Wirtschaftsprüfer in Deutschland e.V., L Rz. 295.
[61] BGH 11. Oktober 1999 II ZR 120/98, NJW 2000, 11; BFH VIII R 52/05.

[62] WP Handbuch (2008), Band II, Institut der Wirtschaftsprüfer in Deutschland e.V., L Rz. 296.
[63] WP Handbuch (2008), Band II, Institut der Wirtschaftsprüfer in Deutschland e.V., L Rz. 296.
[64] WP Handbuch (2006), Band I, Institut der Wirtschaftsprüfer in Deutschland e.V., V Rz. 20.
[65] Uhlenbruck, W. (2010): Insolvenzordnung, 13. Auflage, München, § 19 Rz. 80.
[66] IDW S 11 (2015), Beurteilung des Vorliegens von Insolvenzgründen, IDW Fachnachrichten Nr. 4/2015, Rz. 82.
[67] Schmid, V. in Rattunde (2011): Fachberater für Sanierung und Insolvenzverwaltung (DStV e.V.), Teil 2 Materielles Insolvenzrecht, Rz. 367.
[68] WP Handbuch (2008), Band II, Institut der Wirtschaftsprüfer in Deutschland e.V., L Rz. 328.
[69] WP Handbuch (2008), Band II, Institut der Wirtschaftsprüfer in Deutschland e.V., L Rz. 328.
[70] WP Handbuch (2006), Band I, Institut der Wirtschaftsprüfer in Deutschland e.V., V Rz. 36.
[71] Förschle/Hofmann in Budde, W.D./Förschle, G./Winkeljohann, N. (2007): Sonderbilanzen, 4. Auflage, München, S. 675.
[72] WP Handbuch (2006), Band I, Institut der Wirtschaftsprüfer in Deutschland e.V., V Rz. 40.
[73] Uhlenbruck, W. (2010): Insolvenzordnung, 13. Auflage, München, § 19 Rz. 108.
[74] Schmid, V. in Rattunde (2011): Fachberater für Sanierung und Insolvenzverwaltung (DStV e.V.), Teil 2 Materielles Insolvenzrecht, Rz. 369.
[75] Uhlenbruck, W. (2010): Insolvenzordnung, 13. Auflage, München, § 19 Rz. 108.
[76] Förschle/Hofmann in Budde, W.D./Förschle, G./Winkeljohann, N. (2007): Sonderbilanzen, 4. Auflage, München, S. 676.
[77] www.hilgeschwaiger.de/aktuelles3.html, Stand 08.08.2006.
[78] Uhlenbruck in Schmidt, K./Uhlenbruck, W. (2009): Die GmbH in Krise, Sanierung und Insolvenz, 4. Auflage, Köln, S. 526.

4

Erstellung von Sanierungskonzepten
von Andreas Crone

Nachfolgendes Kapitel lehnt sich eng an den vom Institut der Wirtschaftsprüfer e.V. veröffentlichten Standard „Anforderungen an die Erstellung von Sanierungskonzepten IDW S 6" an. Textziffernverweise beziehen sich auf diesen Standard ohne fortlaufende Aufführung im Literaturverzeichnis.

4.1 Allgemeiner Inhalt und Erstellungsanlässe für Sanierungskonzepte

4.1.1 Allgemeiner Inhalt

Ist das finanzielle Gleichgewicht eines Unternehmens gestört oder liegen nachhaltige Beeinträchtigungen der Ertragskraft vor, erfordert diese Situation eingreifende und korrigierende Maßnahmen der Unternehmensleitung. Daher muss diese jederzeit wissen, wie das Unternehmen wirtschaftlich steht; dies jedoch nicht „betragsgenau", sondern zunächst nur indikativ. Verdichten sich aber die Anzeichen einer „Insolvenzgefahr", dann besteht die Pflicht zur punktgenauen Ermittlung.[1]

Angesichts einer akuten Krisensituation und den damit verbundenen weitreichenden Risiken für die Existenz des Unternehmens muss ein verantwortungsvolles Management handeln. Die Geschäftsleitung einer Kapitalgesellschaft ist zwar nicht unmittelbar verpflichtet eine Sanierung einzuleiten, allerdings kann sich bei schuldhaftem Unterlassen von notwendigen Sanierungsmaßnahmen die Frage nach einer möglichen Schadensersatzpflicht der Organe stellen.[2] Die Sanierung zu betreiben, ist originäre Aufgabe des Managements, wobei die Unternehmensleitung sorgfältig die Vorteile bzw. Nachteile eines Sanierungsversuchs für die Gläubiger abwägen muss. Die Dokumentation der Sanierungsbemühungen erfolgt i.d.R. durch ein Sanierungskonzept.

Managementaufgabe

Das Sanierungskonzept muss dabei die betriebswirtschaftliche Frage beantworten, ob die Sanierung des Unternehmens überhaupt realistisch ist, d.h. ob das Unternehmen mit überwiegender Wahrscheinlichkeit saniert werden kann und zukünftig wieder eine Rendite- und Wettbewerbsfähigkeit erreicht, die das Unternehmen attraktiv für Fremd- und Eigenkapitalgeber macht.[3]

Das Sanierungskonzept dient der nachvollziehbaren und schlüssigen Darstellung der Sanierungsfähigkeit eines Unternehmens[4] und somit allen involvierten Interessengruppen als Entscheidungsgrundlage für die Frage, ob und wie sie die angestrebte Sanierung unterstützen und begleiten wollen.

Entscheidungsgrundlage

4 Erstellung von Sanierungskonzepten

Das Sanierungskonzept umfasst inhaltlich (Tz. 2):

- Aussagen über tatsächliche, wesentliche Unternehmensdaten, Ursachen- und Wirkungszusammenhänge und rechtliche und ökonomische Einflussfaktoren,
- die Beschreibung der einzuleitenden Maßnahmen auf Basis einer systematischen Lagebeurteilung vor dem Hintergrund des Leitbilds des sanierten Unternehmens,
- die Quantifizierung der Maßnahmeneffekte im Rahmen einer integrierten Unternehmensplanung.

Vor dem Hintergrund meist notwendiger Sanierungsbeiträge Dritter (Gesellschafter, Finanziererkreis, Arbeitnehmer u. a.) muss das Konzept in Bezug auf die operativen und strategischen Restrukturierungsmaßnahmen realisierbar sein, d. h. es muss von erkannten und erkennbaren tatsächlichen Gegebenheiten ausgehen und darf nicht offensichtlich undurchführbar sein.[5] Darüber hinaus muss das Konzept den bestehenden rechtlichen und regulatorischen Anforderungen an Sanierungskonzepte entsprechen, um Dritten überhaupt als Entscheidungsgrundlage dienen zu können.

4.1.2 Erstellungsanlässe für Sanierungskonzepte

Erstellungsanlässe

Neben dem vorab dargestellten Aspekt als eigenmotivierter Sanierungsplan dienen Sanierungskonzepte insbesondere auch als Grundlage oder Voraussetzung für:

- die Verlängerung oder Vergabe von Sanierungskrediten (Begleitung der Sanierung durch ein Kreditinstitut),
  - „Zieht ein Institut die Begleitung einer Sanierung in Betracht, hat es sich ein Sanierungskonzept zur Beurteilung der Sanierungsfähigkeit des Kreditnehmers vorlegen zu lassen und auf dieser Grundlage seine Entscheidungen zu treffen."[6]
- Verhandlungen bei Covenant-Brüchen,
- Verhandlungen mit Stakeholdern (z. B. über Gesellschafterbeiträge, Darlehensverzichte u. a.),
- Verhandlungen mit Gewerkschaften und Arbeitnehmervertretern (z. B. bei Standortschließungen oder bei Verhandlungen über Sanierungstarifverträge),
- die Gewährung öffentlicher Beihilfen (z. B. Landesbürgschaften),
- die Erlangung von Sanierungsbeiträgen der Finanzbehörden, z. B. Stundung und Erlass der Steuer auf Sanierungsgewinne (vgl. aber BFH, 28.11.2016, Az. GrS 1/15),[7]
- die Überleitung auf Insolvenzpläne,
- die Sicherung des Sanierungsprivilegs nach §39 Abs. 4 InsO,
- die Befreiung von Pflichtangeboten gemäß §37 WpÜG i. V. m. §9 WpÜG-Angebotsverordnung,
- die Entlastung der handelnden Organe im Hinblick auf strafrechtliche (§§283 ff. StGB) und haftungsrechtliche Aspekte (§64 GmbHG),

- die Entlastung von Gläubigern bei angefochtenen Rechtshandlungen (§§ 130 ff. InsO) nach gescheiterter Sanierung,[8]
- die Entlastung von Gläubigern, die in Kenntnis einer (drohenden) Zahlungsunfähigkeit des Schuldners, Teil- oder Ratenzahlungsvereinbarungen zustimmen,[9]
- die Kontrolle und Überwachung der Sanierung als „Sanierungsleitfaden".

4.2 Inhaltliche Anforderungen an Sanierungskonzepte

Grundsätzlich erfordert jeder Sanierungsfall eine eigene, individuelle Beurteilung, d.h. Patentrezepte für die Sanierung eines Unternehmens gibt es nicht. Gleichwohl haben sich in den letzten Jahren allgemeine Grundsätze aus Theorie, Praxis und Rechtsprechung entwickelt, welche die allgemeinen Anforderungen an die Erstellung von Sanierungskonzepten festlegen.

In der Praxis hat sich als Grundlage für die Erstellung von Sanierungskonzepten der Berufsstandard des Instituts der Wirtschaftsprüfer IDW S 6 durchgesetzt, der den verschiedenen rechtlichen und betriebswirtschaftlichen Anforderungen an Sanierungskonzepte Rechnung trägt, d.h. Sanierungskonzepte, die nach den im IDW S 6 definierten Grundsätzen erstellt werden, erfüllen nicht nur die betriebswirtschaftlichen Anforderungen an eine nachhaltige Gesundung des Unternehmens, sondern auch die rechtlichen Anforderungen der Rechtsprechung (Tz. 2).

Unabhängig hiervon besteht aber nach der aktuellen Rechtsprechung des BGH keine rechtliche Verpflichtung zur Einhaltung der Mindestanforderungen des IDW S 6 oder ähnlicher Verlautbarungen[10] bei der Erstellung von Sanierungskonzepten.[11]

IDW S 6 keine Pflicht

Zu weiteren Inhaltsempfehlungen wird auf die Grundlagen ordnungsgemäßer Restrukturierung und Sanierung (GoRS) verwiesen, die sich ebenfalls mit dem Thema der Mindestanforderungen an Sanierungskonzepte befassen.[12]

4.2.1 Rechtliche Anforderungen

Im Rahmen der letzten Überarbeitung von IDW S 6 (Stand 20.08.2012)[13] wurden Anregungen von in Sanierungsfällen involvierten Interessengruppen aufgegriffen und als Folge ein stärkerer Bezug zwischen den allgemeinen Anforderungen an Sanierungskonzepte und der aktuellen BGH-Rechtsprechung hergestellt.

Diese eindeutige Bezugnahme auf die aktuell gültige Rechtsprechung ist insbesondere für Kreditinstitute von wesentlicher Bedeutung, da diese eine Sanierung nur begleiten dürfen, wenn die aktuelle Rechtsprechung zu Sanierungskonzepten im jeweiligen Einzelfall beachtet wurde.

Die allgemeinen Grundsätze und rechtlichen Anforderungen sind dabei sowohl bei der Erstellung als auch bei der Überprüfung eines Sanierungskonzepts anzuwenden. Durch die Anwendung von IDW S 6 bestätigt der Konzeptersteller

4 Erstellung von Sanierungskonzepten

oder Konzeptbeurteiler explizit, dass die aktuelle und für die Beurteilung von Sanierungskonzepten einschlägige Rechtsprechung und deren Leitsätze bei der Erstellung oder Überprüfung des Sanierungskonzepts beachtet wurden. Die wesentlichen Leitsätze sind:

BGH-Leitsätze
- Das Sanierungsgutachten geht von den erkannten und erkennbaren tatsächlichen Gegebenheiten aus und ist durchführbar.[14]
- Dem Gutachter/Ersteller lagen die erforderlichen Buchhaltungsunterlagen des Unternehmens vor.[15]
- Das Sanierungsgutachten enthält eine Analyse der wirtschaftlichen Lage des Unternehmens im Rahmen seiner Wirtschaftsbranche und erfasst die Krisenursachen.[16]
- Das Sanierungsgutachten beurteilt die Vermögens-, Finanz- und Ertragslage des Unternehmens zutreffend.[17]
- Das Unternehmen ist objektiv sanierungsfähig und die für seine Sanierung konkret in Angriff genommenen Maßnahmen sind insgesamt objektiv geeignet, das Unternehmen in überschaubarer Zeit durchgreifend zu sanieren.[18]
- Die geplanten Sanierungsmaßnahmen sind zumindest in den Anfängen schon in die Tat umgesetzt, d.h. die Sanierungsaktivitäten wurden objektiv sachgerecht eingeleitet.[19]

Die vorstehenden Leitsätze finden sich inhaltlich vollständig in den Anforderungen und Kernaussagen sowie in der zusammenfassenden Schlussbemerkung eines Sanierungskonzepts nach IDW S 6 wieder.

4.2.2 Betriebswirtschaftliche Anforderungen

Unabhängig von der Einhaltung der jeweiligen aktuellen Rechtsprechung zu Sanierungskonzepten ist aus betriebswirtschaftlicher Sicht zu klären, ob und unter welchen Voraussetzungen das betroffene Unternehmen überhaupt sanierungsfähig ist.

4.2.2.1 Die Aussage zur Sanierungsfähigkeit

Sanierungsfähigkeit
Die Sanierungsfähigkeit eines Unternehmens ist nach IDW S 6 nur gegeben, wenn sowohl die Fortführungsfähigkeit i.S.d. §252 Abs.1 Nr.2 HGB bejaht und darüber hinaus nachhaltig die Wettbewerbsfähigkeit und Renditefähigkeit (nachhaltige Fortführungsfähigkeit) wiedererlangt werden kann (Tz.11).

> **Merke**
> Nach IDW S 6 ist ein Unternehmen nur sanierungsfähig, wenn folgende Punkte kumulativ erfüllt werden:
> - es besteht eine positive Fortführungsprognose i.S.d. §252 Abs.1 Nr.2 HGB,
> - das Unternehmen ist nachhaltig wettbewerbsfähig,
> - das Unternehmen ist nachhaltig renditefähig (branchenübliche Rendite, angemessene Eigenkapitalausstattung).
>
> Eine „schwarze Null" reicht somit nicht aus, um die Sanierungsfähigkeit zu bestätigen.

4.2 Inhaltliche Anforderungen an Sanierungskonzepte

Der BGH setzt für die positive Beurteilung der Sanierungsfähigkeit zudem ergänzend u. a. folgende Punkte voraus:[20]

- Vorliegen eines schlüssigen, durchführbaren (Sanierungs-)Konzepts auf Basis der Ist-Situation des Unternehmens,[21] d.h. das Konzept muss nachvollziehbar und vertretbar sein,[22]
- Konzeptbeurteilung aus Sicht eines unvoreingenommenen, branchenkundigen Fachmanns,[23]
- Analyse der wirtschaftlichen Lage des Unternehmens im Kontext seiner Branche,[24]
- Erfassung der Krisenursachen und der Vermögens-, Finanz- und Ertragslage des Unternehmens,[25]
- Wiederherstellung der Rentabilität der unternehmerischen Tätigkeit.[26]

Aus der betriebswirtschaftlichen Definition der Sanierungsfähigkeit heraus leitet sich eine zweistufige Vorgehensweise bei der Erstellung oder Beurteilung eines Sanierungskonzepts ab, vgl. hierzu Abschnitt 4.3.2.

Kernpunkt der positiven betriebswirtschaftlichen Sanierungsaussage ist die zukünftige Wiedererlangung einer nachhaltigen Wettbewerbs- und damit verbunden branchenüblichen Renditefähigkeit bei einer angemessenen Eigenkapitalausstattung. Welche Renditekennzahl oder welche Eigenkapitalausstattung hierfür vorausgesetzt wird, wird durch IDW S 6 nicht näher konkretisiert.

4.2.2.2 Kriterien der Sanierungsfähigkeit

a) Fortführungsfähigkeit i. S. d. § 252 Abs. 1 Nr. 2 HGB

Eine positive Annahme der Unternehmensfortführung liegt vor, wenn keine rechtlichen oder tatsächlichen Gegebenheiten der Unternehmensfortführung entgegenstehen.

Fortführungsfähigkeit

Beispiele für rechtliche Gegebenheiten, die gegen eine Fortführung des Unternehmens sprechen, sind mögliche Insolvenzeröffnungsgründe i. S. d. §§ 17–19 InsO, Kreditkündigungen durch Banken, fehlende oder widerrufene Betriebsgenehmigungen, negative Produktzulassungsbescheide, auslaufende Lizenzvereinbarungen u. a.

Rechtliche Gegebenheiten

Tatsächliche Gegebenheiten sind zum einen die faktischen Folgen der rechtlichen Gegebenheiten, z. B. das Vorliegen eines Insolvenzgrunds (eingetretene Zahlungsunfähigkeit aufgrund einer Kreditkündigung), zum anderen aber auch ein fehlender Fortführungswille der Gesellschafter (z. B. Beschluss zur stillen Liquidation).

Tatsächliche Gegebenheiten

b) Nachhaltige Wettbewerbs- und Renditefähigkeit

b.1) Branchenübliche Rendite

Nach der Rechtsprechung des BGH wird für eine positive Sanierungsaussage die nachhaltige Sanierung des Unternehmens gefordert, d. h. die Wiederherstellung der Rentabilität der unternehmerischen Tätigkeit.[27]

Branchenübliche Rendite

Im Rahmen der Beantwortung offener Anwendungsfragen weist das IDW darauf hin, dass für die Beurteilung der Renditefähigkeit auf eine Gesamtbetrachtung des sanierten Unternehmens abzustellen ist und nicht auf eine einzelne Kennzahl, die ggf. durch Bilanzpolitik oder andere Maßnahmen beeinflussbar ist.[28] Entscheidend ist daher nicht allein die prozentuale Höhe der Eigenkapital-, Gesamtkapital- oder Umsatzrendite, da sich diese Kennzahlen je nach Branche, Geschäftsmodell und Eigentümerstruktur deutlich unterscheiden. Im Rahmen einer Gesamtbetrachtung muss stattdessen auf die jeweilige Risikoposition des Unternehmens mit der danach erforderlichen Höhe des Eigen- und Fremdkapitals und der daraus resultierenden Renditeerwartung abgestellt werden.[29]

Risikoposition

Die nach der BGH-Rechtsprechung geforderte Wiederherstellung der Rentabilität der unternehmerischen Tätigkeit[30] setzt aber gleichwohl zwingend das Erreichen einer branchenüblichen Rendite voraus, die sich regelmäßig innerhalb einer Bandbreite bewegt. Erreicht ein Unternehmen am Ende des Sanierungszeitraums auf Basis einer angemessenen Eigenkapitalquote, trotz umgesetzter Sanierungsmaßnahmen, keine branchenübliche positive Rendite, kann nicht von einer durchgreifenden, nachhaltigen Sanierung gesprochen werden. Das Unternehmen ist so weder für Eigenkapitalgeber noch für Fremdkapitalgeber als Investitionsobjekt attraktiv, d.h. eine wesentliche Anforderung an die Sanierungsfähigkeit i.S.d. IDW S 6 (Tz. 14) ist nicht erfüllt.

Ferner kann auch unterstellt werden, dass sich solche Unternehmen nicht dauerhaft am Kapitalmarkt refinanzieren können, weil die marktüblichen Ratingsysteme Unternehmen mit einer unterdurchschnittlichen Branchenrendite entsprechend negativ bewerten.[31]

In der Praxis ergeben sich häufig Schwierigkeiten bei der Bestimmung dieser für die Sanierungsaussage wichtigen Zielgröße, da Unternehmen oft nicht eindeutig einer Branche zugeordnet werden können und/oder valide Daten zu den Branchenkennzahlen aufgrund der Branchen- oder Unternehmensgröße nicht verfügbar sind.

Die Herleitung des Merkmals der „branchenüblichen Rendite" als Zielgröße für die Beurteilung der Sanierungsfähigkeit ist aufgrund ihrer besonderen Tragweite zwingend im Sanierungskonzept detailliert und nachvollziehbar zu erläutern.

b.2) Angemessene Eigenkapitalausstattung

Angemessene Eigenkapitalausstattung

Kann das Unternehmen am Ende des Sanierungszeitraums keine positive Eigenkapitalrendite erzielen, ist grundsätzlich keine positive Sanierungsaussage möglich; dies gilt auch dann, wenn die branchenübliche Rendite negativ ist, weil sich die gesamte Branche in einer Krise befindet.[32]

Das Kriterium der notwendigen, angemessenen bilanziellen Eigenkapitalausstattung am Ende des Sanierungszeitraums basiert auf der Überlegung, dass ein Unternehmen mit negativem oder zu geringem bilanziellen Eigenkapital Nachteile hinsichtlich seiner Wettbewerbsfähigkeit gegenüber Marktteilnehmern mit angemessener Eigenkapitalausstattung hat. Es darf unterstellt werden, dass Kreditinstitute, Warenkreditversicherer und Lieferanten diesem Unternehmen unter Risikogesichtspunkten schlechtere Konditionen anbieten als Wettbewerbern mit besseren Bilanzrelationen. Bei der Ermittlung des Eigenkapitals ist

4.3 Mindestinhalte und Aufbau von Sanierungskonzepten nach IDW S 6

dabei auf das Eigenkapital auf Basis der vom Unternehmen bisher angewandten Rechnungslegungsvorschriften abzustellen.[33]

4.3.1 Kernanforderungen

Gemäß IDW S 6 sind folgende Kernanforderungen Bestandteile eines umfassenden Sanierungskonzepts (Tz. 8):

- Beschreibung von Auftragsgegenstand und -umfang,
- Basisinformationen über die wirtschaftliche und rechtliche Ausgangslage des Unternehmens in seinem Umfeld, einschließlich der Vermögens-, Finanz- und Ertragslage,
- Analyse von Krisenstadium und -ursachen, einschließlich der Analyse, ob eine Insolvenzgefährdung vorliegt,
- Darstellung des Leitbilds mit dem Geschäftsmodell des sanierten Unternehmens,
- Maßnahmen zur Bewältigung der Unternehmenskrise und Abwendung einer Insolvenzgefahr,
- Integrierter Unternehmensplan,
- Zusammenfassende Einschätzung der Sanierungsfähigkeit.

Kernanforderungen

Gliederung von Sanierungskonzepten

Die Gliederung eines Sanierungskonzepts wird sich im Regelfall an der vorab dargestellten Struktur orientieren.

Die definierten Kernanforderungen stellen die inhaltlichen Eckpfeiler des Konzepts dar und bilden eine intersubjektiv nachprüfbare Struktur. Nur auf Grundlage dieser Kernbestandteile kann eine Aussage zur Sanierungsfähigkeit abgeleitet werden; die Beurteilung nur einzelner Problembereiche und Maßnahmen ist hierfür nicht ausreichend (Tz. 9).

Inhaltliche Eckpfeiler

Zur Sicherung der Nachhaltigkeit des Sanierungserfolgs ist zudem das Zusammenwirken der einzelnen Bausteine des Sanierungskonzepts zu beachten. Dabei sind alle Querbeziehungen und Abhängigkeiten der einzelnen Konzeptbestandteile unter Berücksichtigung des Leitbilds des sanierten Unternehmens und den in der Planung zugrunde gelegten Prämissen zu analysieren und entsprechend stimmig aufeinander auszurichten (Tz. 10).

Interdependenzen

Als sanierungsfähig ist ein Unternehmen nur dann anzusehen, wenn zunächst die Annahme der Unternehmensfortführung i. S. d. § 252 Abs. 1 Nr. 2 HGB bejaht werden kann, d. h. es stehen keine tatsächlichen oder rechtlichen Gegebenheiten der Annahme der Unternehmensfortführung entgegen und das Unternehmen kann darüber hinaus nachhaltig seine Wettbewerbs- und Renditefähigkeit (nachhaltige Fortführungsfähigkeit) wiedererlangen (Tz. 11), vgl. hierzu Kapitel 4.3.2.

Sanierungsfähigkeit

Je weiter die Krise fortgeschritten ist und je akuter die Gefahr einer Insolvenzgefährdung vorliegt, umso dringender müssen Sofortmaßnahmen eingeleitet werden. Liegen Insolvenzantragsgründe vor, besteht eine maximale Frist von drei Wochen, um diese zu beseitigen. Der enge Zeitrahmen erfordert eine rasche Beurteilung der finanziellen Ressourcen und Handlungsoptionen des Unternehmens zur Klärung der Frage, ob die Insolvenzvermeidung überhaupt realistisch ist.

In der Zeit bis zur Fertigstellung des Sanierungskonzepts müssen offenkundige Insolvenzantragspflichten ausgeschlossen werden, z. B. durch Aufnahme eines Überbrückungskredits zur Sicherung der Zahlungsfähigkeit oder durch Vereinbarung eines Rangrücktritts zur Vermeidung einer insolvenzrechtlich relevanten Überschuldung (Tz. 12).

> **Praxistipp:**
>
> Der Eintritt der Insolvenzreife muss faktisch für den Zeitraum von Beginn der Konzepterstellung bis zur Leistung ggf. notwendiger Sanierungsbeiträge Dritter vermieden werden. Dies bedeutet, dass neben dem Zeitraum für die Konzepterstellung auch der Zeitraum bis zur konkreten Entscheidung der Finanzierer und der Zeitraum bis zur Umsetzung der notwendigen Sanierungsmaßnahmen (z. B. Abschluss Kreditvertrag, wirksame Sicherheitenbestellung, Kreditauszahlung) durch die Überbrückungsfinanzierung abgedeckt werden muss.

4.3.2 Das Zwei-Stufenkonzept

Zwei-Stufenkonzept — Bei der Erstellung eines Sanierungskonzepts ergibt sich, je nach Ausprägung des Krisenstadiums, somit eine zweistufige Vorgehensweise zur stadiengerechten Bewältigung der Unternehmenskrise, wobei das jeweilige Krisenstadium maßgeblich die Inhalte und Maßnahmen des Sanierungskonzepts bestimmt.

Erste Stufe — In einer ersten Stufe sind zunächst Maßnahmen zur Vermeidung bzw. Abwendung einer drohenden Insolvenz und damit zur Herbeiführung bzw. Sicherstellung der Fortführungsfähigkeit zu definieren. Die Maßnahmen müssen geeignet sein die akute und zukünftige Bestandsgefährdung des Unternehmens, also den Eintritt der Insolvenzreife, zumindest für das laufende und das folgende Jahr abzuwenden, bzw. zu vermeiden (Tz. 13).[34]

Zweite Stufe — In einer zweiten Stufe muss definiert werden, wie das Unternehmen nachhaltig fortgeführt werden kann. Die nachhaltige Sanierung setzt voraus, dass das Unternehmen auf seinem relevanten Markt wettbewerbsfähig ist oder die Wettbewerbsfähigkeit zukünftig mit überwiegender Wahrscheinlichkeit erreichen kann. Wettbewerbsfähigkeit gründet sich dabei insbesondere auf das Wissen, die Fähigkeit und die Motivation des Managements und der Mitarbeiter für die Kunden Werte durch marktfähige Leistungen und Produkte zu schaffen (Tz. 14). Dies setzt den Willen, die Fähigkeiten und die Möglichkeiten des Managements voraus, das Unternehmen so weiter zu entwickeln und zu positionieren, dass das Unternehmen durchgreifend saniert wird, d. h. die Rentabilität der unternehmerischen Tätigkeit wird wiederhergestellt[35] und das Unternehmen wird wieder attraktiv für Fremd- und Eigenkapitalgeber (Tz. 90). Voraussetzung

4.3 Mindestinhalte und Aufbau von Sanierungskonzepten nach IDW S 6

hierfür ist, dass leistungswirtschaftlich für die Kapitalgeber eine angemessene, branchenübliche Rendite erwirtschaftet werden kann. Auf dieser Stufe ist der Planungszeitraum entsprechend zeitlich auszuweiten (Tz. 14).

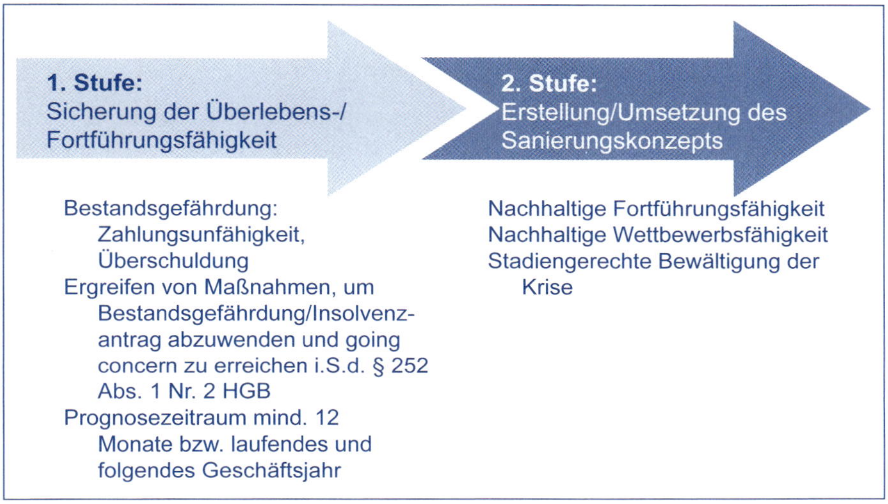

1. Stufe:
Sicherung der Überlebens-/Fortführungsfähigkeit

- Bestandsgefährdung: Zahlungsunfähigkeit, Überschuldung
- Ergreifen von Maßnahmen, um Bestandsgefährdung/Insolvenzantrag abzuwenden und going concern zu erreichen i.S.d. § 252 Abs. 1 Nr. 2 HGB
- Prognosezeitraum mind. 12 Monate bzw. laufendes und folgendes Geschäftsjahr

2. Stufe:
Erstellung/Umsetzung des Sanierungskonzepts

- Nachhaltige Fortführungsfähigkeit
- Nachhaltige Wettbewerbsfähigkeit
- Stadiengerechte Bewältigung der Krise

Abb. 10: Das Zwei-Stufenkonzept des IDW S 6

Die Einschätzung der Erfolgsaussichten der Sanierung auf Basis des Kriteriums „nachhaltige Fortführungsfähigkeit" i.S. nachhaltiger „Wettbewerbsfähigkeit" und „Renditefähigkeit" ist eine Zukunftsprognose und Wahrscheinlichkeitsaussage, die durch mangelhafte Konzeptumsetzung, veränderte Marktbedingungen oder nachträglich bessere Erkenntnisse hinfällig werden kann. Die Erfolgsaussichten der Sanierung werden zudem maßgeblich von der Überzeugungskraft des Konzepts sowie der handelnden Personen bestimmt (Tz. 15). *Zukunftsprognose*

Nachhaltigkeit ist im Rahmen der Sanierung aber nicht nur als zeitliche Komponente zu sehen, sondern gleichzeitig als Grundlage für das Vertrauen von Kunden und Investoren. Durch Stärkung der Reputation des Unternehmens und damit der Wertschätzung seiner Produkte und Dienstleistungen wird eine nachhaltige Sanierung erst möglich (Tz. 16). *Nachhaltigkeit*

Der Eintritt der im Konzept getroffenen Annahmen und Bedingungen, die für den Sanierungserfolg wesentlich sind, muss aus Sicht des Konzepterstellers im Zeitpunkt der Erstellung des Konzepts überwiegend wahrscheinlich sein, d. h. es müssen mehr Gründe für den Eintritt der Annahmen und Bedingungen sprechen als dagegen. Dies gilt insbesondere auch für diejenigen Maßnahmen, die der Mitwirkung Dritter bedürfen (Tz. 17). Sofern das Konzept ausnahmsweise auf einzelnen Bedingungen basiert, deren Eintrittswahrscheinlichkeit durch den Konzeptersteller auch nicht in einer Bandbreite beurteilt werden kann, ist ein Hinweis in die Schlussbemerkung aufzunehmen. Es wird weiterführend auf die Erläuterungen zu Kapitel 4.9 verwiesen.

4 Erstellung von Sanierungskonzepten

Überwiegende Wahrscheinlichkeit

Die Beantwortung der Frage, wie in der Praxis konkret die Einschätzung der „überwiegenden Wahrscheinlichkeit" darzulegen und zu begründen ist, lässt IDW S 6 offen.

Nach der aktuellen Rechtsprechung des BGH muss ein Sanierungskonzept nicht ohne jegliches Risiko sein. Eine positive Prognose genügt; diese muss aber nachvollziehbar und vertretbar sein, d.h. es müssen mehr gewichtige Gründe für den Erfolg als für den Misserfolg sprechen.[36]

Als Basis für die Erstellung eines Sanierungskonzepts können nur objektive oder zumindest objektivierbare Kriterien zugrunde gelegt werden. Zwar unterliegen die Entscheidungen der Stakeholder, ob sie die Sanierung unterstützen, den subjektiven Wertungen der eigenen Interessenlage, die getroffenen Entscheidungen bilden jedoch den objektiven Rahmen für die möglichen Sanierungsmaßnahmen (Tz. 18).

Im Sanierungskonzept ist ferner darzustellen, ob das Management des betroffenen Unternehmens beabsichtigt und in der Lage ist, die im Sanierungskonzept definierten Maßnahmen umzusetzen[37] und welche Maßnahmen bereits eingeleitet und umgesetzt wurden.[38] Der Sanierungserfolg hängt zudem maßgeblich von der konzeptgemäßen Umsetzung und fortlaufenden Überwachung sowie Fortschreibung des Sanierungskonzepts durch das Management ab (Tz. 19).

4.3.3 Abhängigkeit des Sanierungskonzepts vom Krisenstadium

Krisenstadium

Die verschiedenen Krisenstadien entwickeln sich in der Regel nicht unabhängig voneinander, sondern bauen aufeinander auf. Daher ist ausgehend von der Einschätzung des aktuellen Krisenstadiums zu prüfen, welche vorgelagerten Krisenstadien im Rahmen der Konzepterstellung berücksichtigt werden müs-

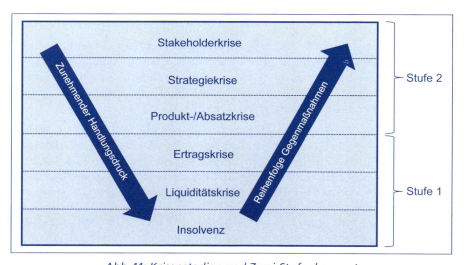

Abb. 11: Krisenstadien und Zwei-Stufenkonzept

sen (Tz. 20). Zur weiteren Darstellung wird auf die Ausführungen in Kapitel 1.1 verwiesen.

Das jeweilige Krisenstadium bestimmt die Inhalte und Vorgehensweise sowie den jeweils gebotenen Detaillierungsgrad des Sanierungskonzepts (Tz. 21). Es wird daher an dieser Stelle nochmals auf die vorab beschriebene Zwei-Stufigkeit der Vorgehensweise bei der Erstellung eines Sanierungskonzepts hingewiesen.

Zudem ist zu beachten, dass ein vollständiges Sanierungskonzept nur dann vorliegt, wenn darin zugleich die Probleme aller durchlaufenen Krisenstadien vollständig aufgearbeitet werden. Nur auf dieser Basis ist eine sachgerechte Aussage über die Sanierungsfähigkeit eines Unternehmens gegeben (Tz. 22).

4.4 Konzeptersteller

Wie vorab dargestellt, kann die Feststellung und Beurteilung der Sanierungsfähigkeit eines Unternehmens nur auf Basis eines erstellten Sanierungskonzepts vorgenommen werden. Die Erstellung eines Sanierungskonzepts nach IDW S 6 ist keine Vorbehaltsaufgabe von Wirtschaftsprüfern, sondern kann durch jede unvoreingenommene fach- und sachkundige Person erfolgen.[39] Bezüglich allgemeiner Anforderungen von Kreditinstituten an die Auswahl eines Sanierungsberaters wird auf die Checkliste zu Kapitel 4 auf der Website des Buches verwiesen.

Website: Checkliste Anforderungen von Kreditinstituten an die Auswahl eines Sanierungsberaters

Eine Krisensituation ist im Allgemeinen durch folgende charakteristische Erschwernisse geprägt:

Externe Berater

- die Probleme sind komplizierter und vielschichtiger als bei den üblichen Analysen,
- die Datenlage im Unternehmen ist vielfach intransparent oder lückenhaft,
- die Arbeiten stehen unter besonderem Zeitdruck,
- die Betroffenen sind in erhöhtem Maße befangen.

Für eine Beauftragung von externen Beratern spricht daher schon alleine der Bedarf an zusätzlichen Ressourcen, Expertenwissen und an Objektivität.[40] In der Regel ist das Management eines Krisenunternehmens bereits durch das Tagesgeschäft derart belastet, dass für die notwendige Erstellung eines Sanierungsplans keine ausreichende Zeit und Konzentration zur Verfügung steht. Erhöhter Handlungsdruck mit fortschreitender Krise, zusätzliche Informationserfordernisse der finanzierenden Banken, aber auch der Gesellschafter und anderer Stakeholder führen dazu, dass das Management mit der akuten Krisenbewältigung und dem Aufrechterhalten des normalen Geschäftsbetriebs bereits vollständig ausgelastet, wenn nicht sogar überlastet ist. Ferner verfügt das Management oftmals nicht über die Kenntnis und die Anwendungserfahrung der notwendigen Analysetechniken zur Untersuchung komplexer Sachverhalte und Problemstellungen sowie zur Erarbeitung adäquater Lösungsansätze. Zwar sind Krisenursachen und dementsprechende Lösungsansätze immer unternehmens- und situationsspezifisch, gleichwohl können routinierte Berater

Objektivität

aufgrund ihres Erfahrungshintergrunds aus vergleichbaren Sanierungsfällen i. d. R. schneller Lösungsansätze entwickeln und wertvolle Hinweise für den Umgang mit den betroffenen Parteien geben, als dies ein in Krisensituationen unerfahrenes Management leisten kann. Im Übrigen dokumentiert die Einbindung externer Berater die Einsicht des Managements bezüglich der Risiken der aktuellen Situation sowie die Ernsthaftigkeit, diese Situation bewältigen zu wollen. Aufgrund der Distanz und der Unabhängigkeit im Verhältnis zum Unternehmen wird der Berater in Verhandlungen oftmals als glaubwürdiger und vertrauensvoller wahrgenommen als das Management selbst, welches häufig für das Entstehen bzw. das ggf. späte Erkennen der Krise (mit-)verantwortlich gemacht wird. Dies gilt sowohl in der Kommunikation nach außen (Banken, Lieferanten, Kunden u. a.), als auch nach innen (Gesellschafter, Mitarbeiter, Betriebsrat u. a.). Dem bisherigen Management wird in der Regel nicht mehr zugetraut, ein objektives und schlüssiges Konzept aus eigener Kraft zu erstellen, zumal in den meisten Fällen bereits Versuche der Eigensanierung gescheitert sind.

Vertrauen

Im Rahmen seiner Tätigkeit unterstützt der Ersteller einerseits die Geschäftsführung bei der Erarbeitung des Sanierungskonzepts, wirkt aber andererseits auch aktiv an der Gestaltung der Sanierungsmaßnahmen, der Entwicklung eines neuen strategischen Leitbilds sowie ggf. der Planung mit und nimmt eigene Analysen zur Markt- und Wettbewerbssituation vor.[41]

Soll hingegen ein vorliegendes Sanierungskonzept beurteilt werden, hat der Sachverständige gutachterlich zu prüfen, ob das Sanierungskonzept durch einen Sachkundigen erstellt wurde und den rechtlichen Anforderungen des BGH und den betriebswirtschaftlichen Konkretisierungen des IDW S 6 entspricht.

4.5 Die Kernanforderungen an Sanierungskonzepte nach IDW S 6 im Detail

4.5.1 Die Beschreibung von Auftragsgegenstand und -umfang

Das akute Krisenstadium und die Probleme der bereits durchlaufenen Stadien prägen maßgeblich die Festlegung des Auftragsinhalts (Tz. 25). Daher muss sich der Konzeptersteller bereits im Vorfeld der Auftragsannahme ein umfassendes Bild über die aktuelle Unternehmenssituation verschaffen. Dazu hat der Konzeptersteller insbesondere das vorliegende Krisenstadium zu identifizieren und sich einen ersten Überblick über die notwendigen Sanierungsmaßnahmen zu machen (Tz. 28). Da das Sanierungskonzept Entscheidungsgrundlage für das Management, die Gesellschafter und Dritte ist, muss im Rahmen der Festlegung des Auftragsinhalts sowohl für den Auftraggeber als auch für Dritte klar erkennbar sein, welche Aufgaben der Konzeptersteller übernimmt und welchem Zweck die Arbeitsergebnisse dienen (Tz. 26).

Auftragsgegenstand

In Abstimmung mit dem Auftraggeber ist zunächst der konkrete Auftragsgegenstand festzulegen. Soll ein vollumfängliches Sanierungskonzept erstellt

4.5 Die Kernanforderungen an Sanierungskonzepte nach IDW S 6 im Detail

werden, genügt im Regelfall eine Bezugnahme auf IDW S 6. Soll kein vollständiges Sanierungskonzept erstellt werden, ist zwingend der konkrete Auftragsumfang zu bestimmen und darzulegen, welche Teile eines vollständigen Sanierungskonzepts nicht Gegenstand der Beauftragung sind oder ob zunächst nur die Erstellung einer Fortführungsprognose beauftragt wird. Ferner ist es empfehlenswert, die Auftragserteilung und deren Inhalte mit den wichtigsten Stakeholdern vor Auftragsvergabe abzustimmen, um deren Informationsbedürfnisse von Anfang an zu berücksichtigen, insbesondere dann, wenn kein vollumfängliches Sanierungskonzept beauftragt werden soll. Dies vermeidet Erwartungslücken und Zeitverzögerungen, die den Sanierungsprozess gefährden könnten.

Das Sanierungskonzept wird in der Regel durch die Unternehmensleitung in Auftrag gegeben. Daneben können aber auch Gläubigerbanken oder potenzielle Investoren, zumindest indirekt, aufgrund der Forderung nach Vorlage eines Restrukturierungs- oder Sanierungskonzepts, mögliche Initiatoren sein. Diese Personengruppen haben ein großes Interesse daran, nicht zuletzt angesichts der bestehenden oder künftigen finanziellen Verflechtungen, objektive Informationen über die aktuelle Lage und vor allem über die Sanierungsfähigkeit des Unternehmens zu erhalten.

Auftraggeber

Da im Regelfall das zu erstellende Sanierungskonzept als Grundlage für Finanzierungsentscheidungen dient (Gesellschafter, Kreditgeber, Versicherer, andere Gläubiger) kann sich für den externen Konzeptersteller eine Haftungsausweitung (Dritthaftung) über den eigentlichen Auftraggeber hinaus auf die sonstigen Berichtsadressaten ergeben (Tz. 26). Bei Vereinbarung der Auftragsbedingungen sollte der externe Berater daher festlegen, unter welchen Voraussetzungen er mit einer Überlassung seines Arbeitsergebnisses an Dritte einverstanden ist und welche Haftung dann gegenüber diesen Dritten gelten soll (Tz. 27). Zur Vermeidung einer unbegrenzten Haftung gegenüber Dritten erfolgt in der Praxis die unmittelbare Aufnahme der Finanzierer in den Schutzbereich der mit dem Auftraggeber in der Mandatsvereinbarung vereinbarten Haftung. Bezüglich der Höhe des mit dem Auftraggeber zu vereinbarenden Versicherungsschutzes (Haftungssumme) ist ebenfalls eine Abstimmung mit den Berichtsadressaten sinnvoll. In der Praxis erwarten insbesondere Finanzierer, dass zwischen dem Auftraggeber und dem Konzeptersteller eine Haftungssumme vereinbart wird, die in einem angemessenen Verhältnis zur Risikoposition der Finanzierer steht.

Dritthaftung

Schutzbereich

Haftungssumme

Zum Einbezug von Dritten in den Schutzbereich der Mandatsvereinbarung wird auf das Informationsschreiben – Finanzierer auf der Website zum Buch verwiesen.

Website: Informationsschreiben – Finanzierer

Da Entscheidungen, die Dritte in einer Krisensituation zu treffen haben, z. B. über weitere Kreditvergaben, nur auf Basis fundierter Fakten und objektiver Feststellungen erfolgen können sowie um seitens des Konzeptersteller abschätzen zu können, ob und wie diese Parteien den Sanierungsprozess unterstützen, ist es notwendig, frühzeitig eine regelmäßige und offene Kommunikation zu vereinbaren. Um dies sicherzustellen verlangen in der Regel die Finanzierer eine Entbindung des externen Beraters von der Verschwiegenheit durch das

Entbindung Verschwiegenheit

Bankgeheimnis beauftragende Unternehmen. Im Gegenzug sollte auch der externe Berater gegenüber seinem Auftraggeber darauf bestehen, dass der Finanziererkreis gegenüber seiner Person von der Verschwiegenheit (Bankgeheimnis) entbunden wird, um offen und transparent über mögliche Sanierungshindernisse und Sanierungshilfen diskutieren zu können. Dies ist auch notwendig, um frühzeitig im Rahmen der Sanierungsplanung die Wahrscheinlichkeit des Eintritts von geplanten Sanierungsbeiträgen Dritter abschätzen zu können.

Auskunftsrecht Im Rahmen der Erstellung eines Sanierungskonzepts durch einen externen Berater ist es für diesen zudem von elementarer Bedeutung, dass er ein umfassendes Auskunftsrecht vereinbart und Zugang zu allen erforderlichen Geschäftsunterlagen und Informationen im Unternehmen erhält. Dies geschieht in der Regel durch eine entsprechende vertragliche Informationsvereinbarung.

Informationsvereinbarung Die Informationsvereinbarung beinhaltet u. a. die Zusicherung der Unternehmensleitung dem externen Berater alle für die Erstellung des Sanierungskonzepts notwendigen Unterlagen, Daten und Informationen bereitzustellen. Die erteilten Auskünfte haben vollständig und nach bestem Wissen und Gewissen zu erfolgen. Alle wesentlichen Umstände, wie z. B. Rechtsstreitigkeiten, Zahlungsprobleme oder in naher Zukunft erwartete Ereignisse, sind dabei durch das Unternehmen offenzulegen. Damit soll gewährleistet werden, dass dem Konzeptersteller alle wesentlichen und relevanten Sachverhalte bekannt sind und im Rahmen des Sanierungskonzepts sachgerecht berücksichtigt werden.

Mitwirkungspflicht Ferner sollte der Konzeptersteller bereits im Auftragsschreiben die Mitwirkungspflichten des Auftraggebers und ggf. weiterer Stakeholder festlegen und die Rahmenbedingungen, welche die Ausgangssituation prägen sowie die von der Unternehmensleitung und anderen Stakeholdern gesetzten Prämissen für das Sanierungskonzept schriftlich dokumentieren (Tz. 29).

Vollständigkeitserklärung
Website: Muster Vollständigkeitserklärung Empfehlenswert ist es zudem, dass der Konzeptersteller vereinbart, dass ihm nach Abschluss seiner Arbeiten und vor Weitergabe des Sanierungskonzepts an Dritte die Vollständigkeit und Richtigkeit der dem Konzept zugrunde gelegten rechtlichen Rahmenbedingungen und wirtschaftlichen Ausgangsdaten durch das Management schriftlich bestätigt wird (Tz. 29). Gleiches gilt für die Erklärung des Managements, dass es in der Lage ist und den Willen hat, das Sanierungskonzept und die erforderlichen Maßnahmen wie im Sanierungskonzept beschriebenen, umzusetzen.

Website: Checkliste Auftragsschreiben Zu möglichen Inhalten einer Mandatsvereinbarung wird auf die Checkliste Auftragsschreiben auf der Website zum Buch verwiesen.

> **Praxistipp:**
>
> Oftmals wird von „Nicht-Wirtschaftsprüfern" die Diskussion geführt, ob das Gutachten „nach", „in Anlehnung an" oder „gemäß" IDW S 6 erstellt werden soll. Rechtlich ergeben sich hieraus aber keine unterschiedlichen Anforderungen an den Konzeptersteller.
>
> Auch „Nicht-Wirtschaftsprüfer" dürfen den Standard „nach" IDW S 6 als Arbeitsgrundlage anwenden. Letztendlich sind die inhaltliche Ausgestaltung und die vollständige Berücksichtigung der jeweils geltenden höchstrichterlichen Rechtsprechung für die Beurteilung einer sachgerechten Konzepterstellung entscheidend. Zur Vermeidung von Haftungsrisiken sollten Einschränkungen oder Abweichungen zu IDW S 6 vermieden werden.

4.5 Die Kernanforderungen an Sanierungskonzepte nach IDW S 6 im Detail

Die vom BGH beschriebenen Anforderungen an Sanierungskonzepte sind durch IDW S 6 betriebswirtschaftlich konkretisiert worden. Diese Konkretisierungen stellen eine Zusammenfassung „einleuchtender Vernunftserwägungen" dar, welche bei jeder Sanierung angestellt werden müssen.[42] Eine verbindliche Anwendung des IDW S 6 gibt somit den Beteiligten (Finanzierer, Gesellschafter, Geschäftsführung, Berater u. a.) die Sicherheit, dass alle erforderlichen qualitativen Anforderungen des BGH und des IDW S 6 im Sanierungskonzept Berücksichtigung finden („Qualitätssiegel") sowie größtmöglichen Schutz vor straf- und haftungsrechtlichen Risiken sowie regulatorischen bzw. aufsichtsrechtlichen Anforderungen.[43]

Qualitätssiegel

Wird ein Konzept „in Anlehnung", „in Grundzügen an IDW S 6 angelehnt", „in Orientierung an" oder ohne Bezugnahme auf IDW S 6 erstellt, sind die Einhaltung der rechtlichen Anforderungen des BGH und der durch IDW S 6 erfolgten betriebswirtschaftliche Konkretisierungen sicherzustellen. Abweichungen zu den Anforderungen nach BGH und IDW S 6 sollten dabei im Sanierungskonzept hervorgehoben werden.[44]

Es ist zu beachten, dass alle Abweichungen von IDW S 6 Ansatzpunkte für spätere Anfechtungen sowie für straf- und haftungsrechtliche Untersuchungen bieten, die ggfs. einer gerichtlichen Überprüfung standhalten müssen. Dies gilt insbesondere, wenn Sanierungskonzepte gemessen an den Kernanforderungen des IDW S 6 unvollständig sind oder auf einer falschen, unzureichenden oder fehlenden Einschätzung beruhen, z. B. einer fehlenden Einschätzung darüber, ob zutreffend von einer positiven Fortbestehens- und Fortführungsprognose ausgegangen werden kann und demzufolge das Vorliegen von Insolvenzantragsgründen auszuschließen ist. Eine Exkulpation i. S. d. BGH-Rechtsprechung findet in solch einem Fall nicht statt.[45]

Da die Einschätzung zur Sanierungsfähigkeit nur auf Basis der Kernbestandteile des IDW S 6 möglich ist, bleibt in allen Fällen, in denen diese Einschätzung abgegeben wird, kein Raum für Sanierungskonzepte „in Anlehnung an IDW S 6" o. ä.[46]

4.5.2 Darstellung und Analyse des Unternehmens (Bestandsaufnahme)

4.5.2.1 Inhalte und Informationsbedarf

Die Darstellung und Analyse des Unternehmens im Sinne einer vollumfänglichen Bestandsaufnahme umfasst die wesentlichen Eckpunkte der rechtlichen und wirtschaftlichen Verhältnisse. Zur Vermeidung einer ausufernden Darstellung sind hier die Schwerpunkte auf die sanierungsrelevanten Sachverhalte zu legen (Tz. 33).

Die Unternehmensanalyse umfasst einerseits die Basisinformationen über die wirtschaftliche und rechtliche Ausgangslage des Unternehmens in seinem Umfeld, einschließlich der Vermögens-, Finanz- und Ertragslage (vgl. Tz. 44 ff.) sowie die Analyse von Krisenstadium und -ursachen, einschließlich der Analyse, ob eine Insolvenzgefährdung (vgl. Tz. 47 ff.) vorliegt.[47]

IDW S 6 lässt jedoch die Frage offen, wie sichergestellt werden kann, dass „alle wesentlichen Informationen" über die Ausgangssituation erfasst werden. In der Praxis wird sich der Konzeptersteller hier im Wesentlichen auf seine eigenen Erfahrungen und Analysen, aber auch auf öffentlich zugängliche Daten sowie Gespräche mit Dritten (z. B. Steuerberater, Wirtschaftsprüfer, Banken, Gesellschafter – siehe „umfassendes Auskunftsrecht") und auf Zusicherungen der Geschäftsleitung (siehe „Vollständigkeitserklärung") stützen.

Website: Checkliste Informationsanforderungen für Sanierungskonzepte

Im Rahmen der Erstellung eines Sanierungskonzepts ist es notwendig, dass der Konzeptersteller zur Analyse und Beurteilung umfangreiche Informationen und Daten über das Krisenunternehmen erhält. Auf der Website zum Buch ist eine Informationsanforderungsliste zur Erstellung eines Sanierungskonzepts zu finden. Diese Checkliste, angelehnt an die aus IDW S 6 abgeleiteten Anforderungen an den Mindestinhalt von Sanierungskonzepten, gibt einen ersten Überblick über die notwendige Datenbasis. Darüber hinaus ergeben sich i. d. R. während der konkreten Projektphase, je nach aktueller Unternehmenssituation, weitere Informationsbedürfnisse. Vor diesem Hintergrund ist diese Checkliste lediglich als Anregung und Hilfestellung zu verstehen.

4.5.2.2 Anforderungen an die Datenqualität

Bei der Erstellung von Sanierungskonzepten ist nach Maßgabe der Grundsätze ordnungsgemäßer Sanierungskonzepte auf die Merkmale Vollständigkeit, Wesentlichkeit, Klarheit und Angemessenheit zu achten, damit ein sachverständiger Dritter sich in kürzester Zeit einen Überblick verschaffen kann.[48]

Hohe Qualitätsanforderungen

Ferner sind hohe Anforderungen an die Qualität der vorgelegten Daten zu stellen. Der Konzeptersteller muss ein besonderes Augenmerk auf die Einschätzung der Vertrauenswürdigkeit und Richtigkeit der verwendeten Informationen legen. Demnach hat er zu prüfen, „ob das Material zur Herstellung des Gutachtens tauglich ist".[49]

Der Konzeptersteller hat durch systematisches Vorgehen die erforderliche Vollständigkeit der Daten und Informationen sicherzustellen. Zufälligkeiten und persönliche Vorurteile dürfen das Analyseergebnis nicht beeinflussen. Art, Umfang und Zeitdauer der zur Informationsgewinnung erforderlichen Maßnahmen hat der Konzeptersteller vor dem Hintergrund seiner Erfahrungen in Bezug auf die Kenntnisse über die Geschäftstätigkeit und das wirtschaftliche und rechtliche Umfeld des Unternehmens, der Bedeutung von einzelnen Geschäftsvorfällen auf die Vermögens-, Finanz- und Ertragslage und der Risiken falscher Annahmen und Schlussfolgerungen im Sanierungskonzept aufgrund fehlender Informationen zu bestimmen (Tz. 37).

Vergangenheitsbezogene finanzielle Informationen des Unternehmens bilden eine Grundlage für die Ableitung der darauf aufsetzenden Plandaten. Der Konzeptersteller hat hier zu überprüfen, ob er die Ist-Daten des externen und internen Rechnungswesens für die Ableitung von Planzahlen verwenden kann, d. h. er muss einschätzen, wie valide diese Daten sind. Stellt der Konzeptersteller fest, dass die ihm gegebenen Informationen und Daten nicht schlüssig sind, muss er weitergehende Untersuchungen und Analysen anstellen (Tz. 41).

4.5 Die Kernanforderungen an Sanierungskonzepte nach IDW S 6 im Detail

Unternehmenszahlen, die nicht von externer Seite geprüft wurden, sind grundsätzlich stärker vom Konzeptersteller zu hinterfragen, als geprüfte Zahlen. Gleichwohl sind auch geprüfte Zahlen kritisch auf Fehler oder eine zulässige Ausübung von Wahlrechten oder auf ungewöhnliche Transaktionen zu untersuchen.

In der Praxis zeigen sich bei der Überprüfung der vorgelegten Daten vielerlei Problembereiche, angefangen von unvollständigen, mangelhaften und/ oder nicht aktuellen Buchhaltungsunterlagen, ungeprüften Jahresabschlüssen, fehlenden Vor- und Nachkalkulationen, fehlende Produktergebnisrechnungen, nicht aktuellen Betriebsabrechnungsbögen, fehlenden oder fehlerhaften Planungen bis hin zur „kreativen" Buchführung. Die Risiken hieraus für die Budget- und Zeitplanung sind vom Konzeptersteller bereits im Rahmen der Mandatsvereinbarung zu berücksichtigen.

Die Ableitung der dem Sanierungskonzept zugrunde liegenden Annahmen beinhaltet die Beurteilung ihrer Vereinbarkeit mit den vorgelegten Unterlagen und erteilten Auskünften (Tz. 42). Der Konzeptersteller hat zudem sicherzustellen, dass die Schlussfolgerungen für die integrierte Sanierungsplanung sachlich und rechnerisch richtig aus den Ausgangsinformationen und Prämissen entwickelt worden sind. Dabei ist bei zukünftigen Ereignissen der Grad der Konkretisierung, bzw. der erreichte Stand der Umsetzung anzugeben (Tz. 44). Die Zuverlässigkeit der Prognosen und Wertungen kann durch ein geeignetes Planungssystem unterstützt werden; ggf. ist darauf hinzuwirken, dass ein solches System im Unternehmen implementiert wird (Tz. 43). Dies ist auch im Hinblick auf ein späteres, effizientes Sanierungscontrolling empfehlenswert.

4.5.2.3 Basisinformationen über die Ausgangslage des Unternehmens

Als Ausgangspunkt für die Konzepterstellung sind die wesentlichen Daten und Informationen über das Unternehmen zu erfassen, geordnet und transparent darzustellen und auszuwerten (Tz. 45). Dazu gehören insbesondere folgende Angaben (Tz. 46):

Basisinformationen

Rechtliche und organisatorische Verhältnisse	• Gesellschafterstruktur • Beteiligungsverhältnisse • Kapitalerhaltung und Kapitalersatz • Unternehmensorganisation und -aufbau • steuerrechtliche Verhältnisse • Dauerschuldverhältnisse • relevante Rechtsstreitigkeiten • wesentliche Verträge u. a.
Finanzwirtschaftliche Verhältnisse	• Vermögens- und Schuldenlage • Ertragslage • Finanzierung • Kreditsicherheiten • Haftungsverhältnisse u. a.

Leistungswirtschaftliche Verhältnisse	• Produkt- und Leistungsprogramm • Standorte • Beschaffung • Produktion • Absatz • Forschung und Entwicklung u. a.
Personalwirtschaftliche Verhältnisse	• Mitarbeiteranzahl und -entwicklung • Altersstruktur • Vergütungssystem • arbeitsrechtliche Bedingungen u. a.

4.5.2.4 Analyse der Unternehmenslage

Die Lagebeurteilung im Sanierungskonzept zeigt Sachverhalte und Zusammenhänge auf, die sich aus den vorliegenden Unterlagen nicht unmittelbar ergeben. Dabei sind sowohl externe Faktoren zu analysieren, die Hinweise auf Chancen und Risiken des Unternehmens im Markt identifizieren, als auch interne Faktoren, die Stärken und Schwächen des Unternehmens selbst beleuchten (Tz. 48).

Unternehmensanalyse

Im Rahmen der Unternehmensanalyse erfolgt eine systematische Datenerhebung zu allen sanierungsrelevanten Bereichen. Zielsetzung ist, Transparenz über die Zusammenhänge im Unternehmen selbst und über die Beziehungen des Unternehmens zu seiner Umwelt zu schaffen, um bestehende Abhängigkeiten und Einflussfaktoren zu identifizieren. Die Ergebnisse der Analyse liefern damit die Grundlagen zur Bestimmung des notwendigen Handlungsrahmens als Basis für die Festlegung des Leitbilds des sanierten Unternehmens sowie der zur Umsetzung erforderlichen Maßnahmen (Tz. 49).

Als Methoden zur Unternehmensanalyse kommen verschiedene Verfahren in Frage, wie z. B. Portfolio-Methoden, Stärken-Schwächen-Analysen, Wertanalysen u. a. Welche Analysemethoden zur Anwendung kommen, liegt im Ermessen des Konzepterstellers und richtet sich in der Regel auch nach dem vorgegebenen Zeitfenster und den im Unternehmen vorhandenen und verfügbaren Daten. Im Sanierungskonzept sind die angewandten Methoden und Verfahren zu dokumentieren, um die erforderliche Nachvollziehbarkeit für Dritte zu gewährleisten (Tz. 50).

a) Analyse des Umfelds

Das Umfeld des Unternehmens wird durch die gesamtwirtschaftliche, die rechtlich-politische und gesellschaftliche Lage sowie das wissenschaftlich-technische Umfeld beschrieben (Tz. 51).

Umfeldanalyse

Die Kernfrage bei der Umfeldanalyse ist, ob sich das krisenbehaftete Unternehmen in absehbarer Zeit unter Berücksichtigung der zu erwartenden allgemeinen Wirtschaftsaussichten konsolidieren kann. Maßgeblich hierfür ist insbesondere der kurzfristig zu erwartende Konjunkturverlauf, der vor allem stimmungsmäßig die Rahmenbedingungen gravierend beeinflusst.[50] Entscheidende Indikatoren für die allgemeine gesamtwirtschaftliche Lage und die voraussichtliche Entwicklung lassen sich aus demographischen, technologischen,

4.5 Die Kernanforderungen an Sanierungskonzepte nach IDW S 6 im Detail

politischen und gesellschaftlichen Trends sowie aus aktuellen Konjunktureinflüssen ableiten (Tz. 52), denn Veränderungen der gesamtwirtschaftlichen Rahmenbedingungen beeinflussen die „Strukturkräfte"[51] der jeweiligen Branche und somit auch die Unternehmen, die in dieser Branche tätig sind. Als mögliche Informationsquellen zur Umfeldanalyse dienen hierbei Marktstudien von Banken und Verbänden, volkswirtschaftliche Studien sowie die Wirtschaftspresse.

Strukturkräfte

b) Analyse der Branchenentwicklung

Grundlage für die Ableitung eines strategischen Restrukturierungsplans sind die relevanten Faktoren und Entwicklungen der Branche (Tz. 53). Die Analyse der Branchensituation und -entwicklung soll Anhaltspunkte über die zukünftige Profitabilität der Branche und die mögliche Positionierung des Krisenunternehmens unter Berücksichtigung der wirkenden Einflussgrößen geben. Insbesondere ist zu untersuchen, welche Chancen und Risiken sich für das Unternehmen und seine derzeitige Wettbewerbsposition aus nachfolgenden Faktoren ergeben (Tz. 54):

Branchenentwicklung

- Anzahl und Stärke der Wettbewerber,
- aktuelle und potenzielle Kunden,
- aktuelle und potenzielle Lieferanten,
- neue Wettbewerber,
- Substitutionsprodukte und neue Technologien,
- neue Geschäftsmodelle,
- Veränderungen in Nachbarbranchen,
- Verhaltensänderungen der Kapitalmärkte gegenüber der Branche.

Wettbewerbsposition

Hinsichtlich der Branchenentwicklung ist zwischen dem langfristigen Branchentrend und der Branchenkonjunktur, die diesen Trend überlagert, zu unterscheiden. In rezessiven Zeiten sinken auch die Ertragsaussichten für Unternehmen, die aufgrund ihrer Stärken über eine gute Marktposition verfügen (Tz. 55).

c) Analyse der internen Unternehmensverhältnisse

In einem ersten Schritt ist die Ergebnis-, Finanz- und Vermögenslage des Unternehmens zu erfassen und deren weitere Entwicklung ohne Berücksichtigung von möglichen Sanierungsmaßnahmen abzuschätzen (Tz. 56). Besonderes Augenmerk ist dabei auf die Umsatz- und Kostenentwicklung sowie auf die Entwicklung der Deckungsbeiträge der einzelnen Produkte und Geschäftsbereiche zu legen. Durch Break-even-Analysen kann z. B. ermittelt werden, welche Absatzsteigerungen und/oder Kostensenkungen notwendig sind, um ein zumindest ausgeglichenes Ergebnis zu erreichen. In die Betrachtung sind die Erkenntnisse und Ergebnisse der Umfeld- und Branchenanalyse ebenso einzubeziehen, wie andere mögliche Einflussfaktoren, wie z. B. (Tz. 57):

Ergebnis-, Finanz- und Vermögenslage

- gesellschaftsrechtliche Rahmenbedingungen
    - Unternehmensverträge, z. B. Ergebnisabführungsverträge
- zivilrechtliche Rahmenbedingungen
    - Eigentumsverhältnisse
    - wesentliche Verträge, z. B. Miet- und Pachtverträge, Leasingverträge, Lizenzverträge, Lieferverträge

4 Erstellung von Sanierungskonzepten

- steuerliche Verhältnisse
  - Steuerrisiken, Bestandskraft der Veranlagungen, Verlustvorträge
- arbeitsrechtliche Bedingungen
  - tarifvertragliche Vereinbarungen, z. B. Sanierungstarifverträge
  - Betriebsvereinbarungen zur Abgeltung von Überstunden, Urlaubs- und Weihnachtsgeld
  - Sozialpläne

Geschäftsmodell Zusätzlich ist das bestehende Geschäftsmodell im Ausgangsleitbild kritisch zu hinterfragen und zu würdigen (Tz. 58). Weitere Analyseansätze bieten die Faktoren Kernauftrag bzw. die Kerngeschäfte und ihre Rentabilität, die Kernprodukte mit ihren Eigenschaften sowie die Kernfähigkeiten. All diese Einflussfaktoren sind unter Berücksichtigung des Verhältnisses zu den Kunden und Wettbewerbern darzustellen. Interessen und Möglichkeiten am Unternehmensgeschehen Beteiligter (Stakeholder) sind dabei ebenso zu beachten wie die wettbewerbsrelevanten Ressourcen und Fähigkeiten, wobei hier insbesondere die Qualität und Nutzbarkeit der vorhandenen Potenziale in den Teilbereichen Management, Belegschaft, Beschaffung, Produktion, Vertrieb, Technologie, Innovation und Finanzierung zu berücksichtigen sind (Tz. 59).

Basierend auf diesen Informationen und Erkenntnissen lassen sich eine Beurteilung der bisherigen strategischen Ausrichtung sowie mögliche Kostensenkungs- und Effizienzsteigerungspotenziale ableiten. Zusätzlich ergeben sich Hinweise auf notwendige Veränderungen der bestehenden Organisation der Führungs-, Informations- und Entscheidungsprozesse (Tz. 60).

Managementkompetenz Als Informationsquellen für die notwendigen Analysen und Beurteilungen dienen Daten des Rechnungswesens, Stellungnahmen der Mitarbeiter und Führungskräfte sowie die Beobachtungen der Geschäftspartner und Wettbewerber.[52] Die Einbeziehung der Mitglieder aller Führungsebenen in den Analyseprozess unterstützt den Prozess durch Einbringung der notwendigen Informationen und der jeweiligen unternehmerischen und fachlichen Kompetenz. Ein weiterer wichtiger Aspekt für die Einbeziehung dieser Personen ist deren hohe Bedeutung für die Entwicklung, Akzeptanz und Durchsetzung geeigneter Sanierungsmaßnahmen (Tz. 61). IDW S 6 lässt in diesem Zusammenhang aber offen, anhand welcher Kriterien die Managementkompetenz (unternehmerische und fachliche Eignung) bewertet werden soll, gleichwohl ist eine Einschätzung der Management-/Umsetzungsfähigkeiten des vorhandenen Personals notwendig, vgl. hierzu auch Kapitel 4.11.

d) Feststellung des Krisenstadiums

Laut IDW S 6 lassen sich folgende Krisenstadien beschreiben, die Unternehmen regelmäßig in der Entwicklung bis hin zur Insolvenz durchlaufen (Tz. 62):

Abb. 12: Krisenstadien

4.5 Die Kernanforderungen an Sanierungskonzepte nach IDW S 6 im Detail

Wie bereits dargestellt, müssen sich die Krisenstadien nicht in vorstehender Verlaufsfolge entwickeln und allesamt auftreten. Gleichwohl ist zu beachten, dass Maßnahmen zur Behebung einer Liquiditätskrise oder einer Überschuldungssituation nicht für eine umfassende, nachhaltige Sanierung ausreichen, wenn nicht auch die Ursachen der vorgelagerten und parallel verlaufenden Krisenstadien identifiziert und beseitigt werden (Tz. 62).[53] Nicht identifizierte und behobene Krisenursachen wirken weiter und führen dazu, dass die Sanierung nicht nachhaltig wirkt und die Krise erneut, wenn auch zeitlich verzögert, wieder zu Tage tritt.

Einen wesentlichen Einfluss auf das Entstehen von Krisen und den Krisenverlauf haben falsche Personalmanagementstrategien, d. h. Schwächen in der Personalentwicklung und Personalführung (Tz. 63). Die mit Führungsdefiziten verbundenen Krisen führen häufig zu negativen Einflüssen auf die Unternehmenskultur und fördern zudem Schwächen der Belegschaft. Da dadurch sanierungsrelevante Handlungsspielräume eingeengt werden, muss zwingend das Führungsverhalten des Managements auf Diskrepanzen zwischen Verlautbarungen und tatsächlichem Verhalten überprüft werden (Tz. 64).

Führungsdefizit

Zu weiterführenden Ausführungen wird auf die Abschnitte 1.1.2 und 1.1.3 in Kapitel 1 „Die Unternehmenskrise" verwiesen.

e) Analyse der Krisenursachen

Bereits bei Festlegung des Auftragsumfangs muss indikativ das Krisenstadium, in dem sich das Unternehmen befindet, festgestellt werden. Dennoch ist es im Rahmen eines Sanierungskonzepts unerlässlich, den Krisenverlauf systematisch zu analysieren, um die Probleme aller bereits eingetretenen Krisenstadien beurteilen zu können, da Unternehmenskrisen „nie über Nacht" entstehen, sondern die Folge eines i. d. R. langanhaltenden Prozesses sind, der sich über Monate oder Jahre hinweg entwickelt hat.

Nach einer ersten Einschätzung der Unternehmenssituation und der bisherigen Krisenentwicklung ist daher eine systematische Ursachenanalyse vorzunehmen, die auf Basis der im Projektverlauf gewonnenen Erkenntnisse fortlaufend anzupassen ist. Dabei sind die Krisenursachen für die jeweiligen Geschäftsbereiche getrennt entsprechend der Krisenstadien zu analysieren und zu dokumentieren (Tz. 81). Der BGH stellt hierzu ergänzend fest, dass die Analyse der Vergangenheit und der Verluste für die Identifizierung der Krisenursachen, für die Plausibilisierung der Planung und für die Angemessenheit der Sanierungsmaßnahmen einen Kernbestandteil des Sanierungskonzepts darstellt.[54] Zwingend erforderlich ist hierbei auch die Analyse, ob die Verluste leistungswirtschaftlich verursacht oder Folge der Finanzierungsstruktur sind, was letztendlich wesentliche Auswirkungen auf die daraus abzuleitenden Sanierungsmaßnahmen hat.[55]

Ursachenanalyse

Allgemeine Angaben und Aussagen über Krisenursachen, z. B. Managementfehler, reichen indes nicht aus, da Unternehmenskrisen i. d. R. das Ergebnis von Ursachen-Wirkungs-Ketten sind (Tz. 82). Daher müssen auch das Management und die Belegschaft in die Ursachenanalyse einbezogen werden.

4 Erstellung von Sanierungskonzepten

Bezüglich der Unterscheidung in externe und interne Krisenursachen wird auf die Ausführungen in Kapitel 1.2 verwiesen. Insgesamt muss sorgfältig zwischen Krisensymptomen und Krisenursachen differenziert werden (Tz. 83).

f) Aussagen zur Unternehmensfortführung

f1.) Aussagen zur Zahlungsunfähigkeit nach § 17 InsO

Spätestens mit Eintritt einer Liquiditätskrise hat die Geschäftsführung eines Unternehmens einen Liquiditätsstatus zu erstellen und zu überprüfen, ob und wie lange das Unternehmen weiterhin zahlungsfähig ist. Dabei ist zu untersuchen, ob ein bestehender Liquiditätsengpass lediglich eine rechtlich unbeachtliche Zahlungsstockung darstellt und ob das Unternehmen in der Lage ist, diese Zahlungsstockung in überschaubarer Zeit zu beseitigen (Tz. 84).

f2.) Aussagen zur Überschuldung nach § 19 InsO

Liegen entsprechende Indizien vor, z. B. eine Erfolgs- und Liquiditätskrise, ist eine Überschuldungsprüfung geboten. Vor dem Hintergrund des aktuellen Überschuldungsbegriffs nach § 19 InsO ist jedoch die Erstellung eines Überschuldungsstatus nur bei Vorliegen einer negativen Fortbestehensprognose erforderlich (Tz. 85).

f3.) Aussagen zur Annahme der Fortführung der Unternehmenstätigkeit nach § 252 Abs. 1 Nr. 2 HGB

Während die im Rahmen der Überschuldungsprüfung zu erstellende Fortbestehensprognose eine rein liquiditätsorientierte „Zahlungsfähigkeitsprognose" ist, stellt die handelsrechtliche Fortführungsprognose zudem zusätzlich darauf ab, dass keine rechtlichen und tatsächlichen Gegebenheiten einer Fortführung der Unternehmenstätigkeit entgegenstehen (Tz. 86).

Eine positive Fortführungsprognose ist demnach nur gegeben, wenn weder Insolvenzgründe i. S. d. § 17 InsO oder § 19 InsO vorliegen, noch andere rechtliche oder tatsächliche Gegebenheiten im Prognosezeitraum einer Annahme der Unternehmensfortführung entgegenstehen (Tz. 87).

Dies ist bedeutsam beim Vorliegen einer drohenden Zahlungsunfähigkeit (§ 18 InsO) oder einer drohenden Überschuldung. Beide Sachverhalte begründen für sich keine Insolvenzantragspflicht, stehen jedoch der Annahme der Unternehmensfortführung entgegen, sofern keine geeigneten Sanierungsmaßnahmen eingeleitet oder in der Planung hinreichend konkretisiert sind.

Eine positive Fortführungsprognose ist demnach Basis für die Annahme der Sanierungsfähigkeit im Sinne einer nachhaltigen Wettbewerbs- und Renditefähigkeit (Tz. 89). Zu weiteren Erläuterungen wird auf die Darstellung in Kapitel 3 „Prüfung der Insolvenztatbestände" verwiesen.

4.6 Ausrichtung am Leitbild des sanierten Unternehmens

a) Bedeutung des Leitbilds des sanierten Unternehmens

Bestandteil eines umfassenden Sanierungskonzepts ist die Darstellung des Leitbilds[56] mit dem Geschäftsmodell des sanierten Unternehmens. In ihm sollen die Vorgehensweisen und Potenziale aufgezeigt werden, die dem Unternehmen Wettbewerbsfähigkeit verleihen und damit die Möglichkeit eröffnen, eine nachhaltig branchenübliche Umsatzrendite und Eigenkapitalausstattung zu erreichen, um zukünftig wieder attraktiv für Eigen- und Fremdkapitalgeber zu werden (Tz. 90). *Leitbild* *Wettbewerbsfähigkeit*

Das Leitbild dient dabei der Identifizierung von geeigneten Sanierungsmaßnahmen, die notwendig sind, um das Unternehmen mit seinem Leistungsprogramm im Wettbewerb erfolgreich zu positionieren (Tz. 91). Das Leitbild schließt damit auch ein realisierbares, zukunftsfähiges Geschäftsmodell ein.

Als knapp und klar zu beschreibende Eckdaten eines Geschäftsmodells kommen in Betracht (Tz. 92): *Eckdaten*

- die wesentlichen Geschäftsfelder des Unternehmens mit
  - ihren Produkt-/Marktkombinationen,
  - der zugehörigen Umsatz-/Kostenstruktur,
  - den hierfür erforderlichen Prozessen und Systemen,
- die Ressourcen und Fähigkeiten, die es zu entwickeln und nutzen gilt.

Für das Leitbild kommen ergänzend hinzu (Tz. 92):

- die langfristigen Zielvorstellungen und Grundstrategien des Unternehmens,
- die angestrebte Wettbewerbsposition bzw. die angestrebten Wettbewerbsvorteile für den Kunden,
- die zu beachtenden gemeinsamen Wertvorstellungen, Grundregeln und Verhaltensweisen, die in ihrer Gesamtheit den Kern der Unternehmenskultur bilden und das interne Miteinander sowie das Auftreten nach außen maßgeblich prägen.

Die Bestandteile des Leitbilds sind auf ihre Stimmigkeit zu untersuchen, d. h. passen die einzelnen Komponenten zueinander oder wirken diese kontraproduktiv (Tz. 93). Das Leitbild ist zukunftsweisend und muss daher inhaltlich auf Konsistenz überprüft und im Laufe des Sanierungsprozesses anhand der gewonnenen Erkenntnisse mit den Stakeholdern weiterentwickelt werden (Tz. 94). Da das Leitbild das qualitative Ziel der Sanierung markiert, kann es zugleich Auslöser des bei Sanierungen unerlässlichen Stimmungsumschwungs sein, vorausgesetzt, die Vision des sanierten Unternehmens wird innerhalb des Unternehmens gelebt.[57] *Qualitatives Ziel*

4 Erstellung von Sanierungskonzepten

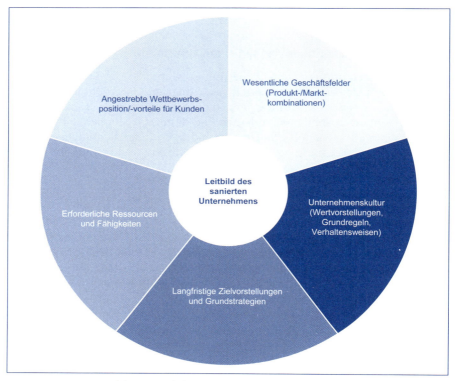

Abb. 13: Leitbild des sanierten Unternehmens

b) Beschreibung der Unternehmensstrukturen

Das Leitbild gibt das Ziel der Unternehmensentwicklung an. Es legt die Strukturen und Potenziale unter Effektivitäts- und Stimmigkeitsaspekten fest, zu denen folgende Punkte gehören (Tz. 95):

Produktions- und Absatzprogramm	• Breite • Design • Qualität u. a.
Marketing und Vertrieb	• Positionierung • Markenprägung • Preispolitik u. a.
Produktion und Beschaffung	• Standorte • Kapazitäten • Technologie u. a.
Forschung und Entwicklung	• Innovations- und Ideenmanagement • Patente • Lizenzen u. a.

Finanzen	• Kapitalbedarf • Zugang zu Finanzquellen • Rating u. a.
Belegschaft	• Belegschaftsstärke • Vergütung • Arbeitszeitmodelle u. a.
Führungs- und Fachkräfte	• Quantitatives und qualitatives Potenzial • Motivation • Anreizsysteme u. a.
Organisation	• Organigramm • Führungs- und Entscheidungsprozesse • Unternehmenskultur u. a.
Nachhaltigkeit	• Arbeitnehmerbelange • Umwelt u. a.
Unterstützungssysteme	• IT • Rechnungswesen u. a.

Zur weiteren Konkretisierung des Leitbilds können zudem geeignete Kennzahlen, wie z. B. Marktanteil, Kunden- und Mitarbeiterzufriedenheit, Innovationsleistung, Produktivität u. a. herangezogen werden (Tz. 96).

c) Beschreibung von Wettbewerbsvorteilen und Wettbewerbsstrategien

Ziel der Sanierung ist nicht nur, dass sich das Unternehmen am Markt behaupten kann, sondern dass es durch Realisierung von Wettbewerbsvorteilen zukünftig auch eine Rentabilität erreicht, die für Eigen- und Fremdkapitalgeber attraktiv ist (Tz. 97).

Dies setzt voraus, dass das Unternehmen im Vergleich zur Konkurrenz über bestimmte Alleinstellungsmerkmale verfügt, z. B. im Produktions- und Servicebereich oder im Markenimage und diese Merkmale vom Kunden auch wahrgenommen und besonders honoriert werden sowie von Dauer sind (Tz. 98).

Alleinstellungsmerkmale

Das Unternehmen muss somit im Unternehmensleitbild definieren, mit welchen Strategien es sich im Wettbewerb behaupten will. Hierfür kommen in Betracht (Tz. 99):

- Kosten-/Preiswettbewerb,
- Qualitäts-/Leistungswettbewerb,
- Wettbewerb um Zeitvorteile,
- Innovations-/Technologiewettbewerb,
- Wettbewerb um die beste Wertschöpfungsarchitektur.

Um nachhaltig am Markt erfolgreich zu sein, müssen die unterschiedlichen Fähigkeiten und Ressourcen des Unternehmens so kombiniert werden, dass daraus Wettbewerbsvorteile entstehen.

Zu weiteren Ausführungen wird auf Kapitel 5 „Strategisches Restrukturierungskonzept" verwiesen.

4.7 Stadiengerechte Bewältigung der Unternehmenskrise

Sanierungs-maßnahmen — Das konkret vorliegende Krisenstadium bestimmt Inhalte und Maßnahmen des Sanierungskonzepts. Die Sanierungsmaßnahmen zielen in einem ersten Schritt entsprechend der Dringlichkeit zunächst auf die Beseitigung möglicher Insolvenzgründe (Zahlungsunfähigkeit und Überschuldung), d. h. auf die Sicherstellung der Zahlungsfähigkeit des Unternehmens (Programm zur Liquiditätssicherung) und auf die vermögensmäßige Schuldendeckung ab. In einem zweiten Schritt zielen die Maßnahmen auf die Erreichung der Gewinnzone durch Effizienzsteigerungs- und Kostensenkungsprogramme und schließlich auf die strategische (Neu-)Ausrichtung des Unternehmens ab (Tz. 100), vgl. hierzu Kapitel 4.3.2.

Nachhaltige Sanierung — Die nachhaltige Sanierung eines Unternehmens erfordert insgesamt ein klares Konzept zur Stärkung bzw. Wiedererlangung der Wettbewerbsfähigkeit; somit ist die Festlegung von nur kurz- bis mittelfristigen Maßnahmen alleine nicht ausreichend. Des Weiteren sind alle Krisenursachen, d. h. auch die Ursachen aus vorgelagerten oder parallel verlaufenden Krisenstadien nachhaltig zu beseitigen (Tz. 101).

Für den Sanierungserfolg kommt zudem der Einhaltung von zeitlichen und finanziellen Rahmenbedingungen eine große Bedeutung zu. Daher sind die zeitlichen und finanziellen Erfordernisse im Rahmen des Maßnahmenkatalogs zu definieren und offen zu legen sowie Verantwortlichkeiten festzulegen (Tz. 102).

Ist die Unternehmenskrise bereits weit fortgeschritten, dann ist auch ein mögliches Insolvenzverfahren als Sanierungsstrategie für das Unternehmen zu prüfen und der außergerichtlichen Sanierung gegenüber zu stellen und zu bewerten (Tz. 104).

In den nachfolgenden Abschnitten werden nun die stadiengerechten Maßnahmen näher spezifiziert, um Anhaltspunkte zur Beseitigung der Probleme zu geben.

a) Sanierung in der Insolvenz

Insolvenzplan — Als Sanierungsmöglichkeiten im Insolvenzverfahren sieht die Insolvenzordnung das Insolvenzplanverfahren, gegebenenfalls in Verbindung mit einer Eigenverwaltung oder eine übertragende Sanierung vor (Tz. 105). Zu den Einzelheiten des Insolvenzplanverfahrens, insbesondere dem Schutzschirmverfahren nach § 270b InsO, wird auf die Ausführungen in Kapitel 14 „Die Insolvenz als Sanierungsinstrument" verwiesen.

b) Vermeidung der Insolvenz

Realoptionen — Bei Vorliegen eines Insolvenzgrunds besteht für die Geschäftsleitung einer Kapitalgesellschaft eine Maximalfrist von drei Wochen, um durch geeignete Sanierungsmaßnahmen den Insolvenzgrund zu beseitigen und damit die Einleitung des Insolvenzverfahrens zu vermeiden (Tz. 106). Wesentlich für die Beurteilung der Fortführungsfähigkeit eines Unternehmens bei vorliegender Insolvenzreife sind tatsächliche Handlungsoptionen (Realoptionen) aufgrund von verbindlichen oder ernsthaft in Aussicht gestellten Zusagen und Absicherungen von Gesellschaftern, Banken und anderen Stakeholdern. Auf abstrakte mögliche Handlungsoptionen kann eine Aussage zur Fortführungsfähigkeit nicht gestützt werden (Tz. 109).

Für eine positive insolvenzrechtliche Fortbestehensprognose kommt es darauf an, dass die Aufrechterhaltung der Zahlungsfähigkeit innerhalb des relevanten Prognosezeitraums mit überwiegender Wahrscheinlichkeit gelingt, d. h. in Summe sprechen gewichtigere Gründe für eine positive insolvenzrechtliche Fortbestehensprognose als dagegen.[58]

Zu Maßnahmen zur Beseitigung einer Insolvenzreife wird auf die Ausführungen in Kapitel 3 „Prüfung der Insolvenztatbestände" verwiesen.

c) Überwindung der Liquiditätskrise

Zur Überwindung der Liquiditätskrise sind die im Unternehmen noch vorhandenen Liquiditätsreserven zu mobilisieren und verbleibende Lücken extern, durch Zuführung liquider Mittel oder Stillhalteabkommen mit Gläubigern, zu schließen (Tz. 110).

Überwindung der Liquiditätskrise

Als mögliche Maßnahmen lassen sich neben der zusätzlichen Kreditaufnahme oder Gesellschafterbeiträgen insbesondere die Optimierung der Lagerhaltung, die Reduzierung der Forderungszeiten, Factoring von Forderungen, Outsourcing von Randfunktionen/Randgeschäften sowie Sale-and-lease-back Transaktionen nennen. Es wird insoweit auf die Ausführungen in Kapitel 7 „Finanzwirtschaftliche Sanierungsmaßnahmen" verwiesen.

Die Wiedergewinnung hinreichender Kreditfähigkeit setzt aber in der Regel voraus, dass das Unternehmen sein Rating verbessern und ausreichende Sicherheiten stellen kann. Diese können auch aus dem Gesellschafterbereich oder im Rahmen von Stützungsmaßnahmen der öffentlichen Hand erlangt werden (Tz. 112).

d) Überwindung der Erfolgskrise

Um nach einer Erfolgskrise mindestens eine nachhaltige, branchenübliche Umsatzrendite zu erreichen, bedarf es eines durchgreifenden Sanierungskonzepts (Tz. 113).

Überwindung der Erfolgskrise

Als generelle Sanierungsmaßnahmen kommen hierbei in Betracht (Tz. 113, 114):

- Aufgabe oder Bündelung einzelner Geschäftsbereiche,
- Straffung des Leistungssortiments,
- Reduzierung der Fertigungstiefe,
- Verwendung von Gleichteilen,
- Bündelung von Funktionen/Prozessen u. a.

Eine Verbesserung der Kostenstruktur kann durch folgende Maßnahmen erreicht werden (Tz. 115):

- Senkung der Bezugspreise,
- Optimierung der Verbrauchsmengen,
- Reduktion der Variantenvielfalt,
- Personalmaßnahmen,

- Senkung/Flexibilisierung von Fixkosten u. a.

Maßnahmen zur Steigerung der Umsatzerlöse können sein:

- Verbesserung des Wertschöpfungsprozesses,
- Verbesserung des Liefer- und Leistungsprogramms,
- Stärkere Fokussierung auf Kundenbedürfnisse,
- Verbesserung im Marketing und Vertrieb u. a.

Zu weitergehenden Erläuterungen wird auf Kapitel 6 „Leistungswirtschaftliche (operative) Sanierung" verwiesen.

e) Überwindung der Produkt- und Absatzkrise

Überwindung der Produkt- und Absatzkrise

Ist die Produkt- und Absatzkrise von nur vorübergehender Natur (z. B. saisonbedingter Umsatzrückgang), sind lediglich Maßnahmen zu ergreifen, um diesen temporären Problemen zu begegnen. Um in dieser Situation das Mitarbeiterpotenzial mit seinen fachlichen Qualifikationen zu erhalten, sind bestandswahrende Maßnahmen zu überprüfen, wie z. B. (Tz. 116):

- Einführung von Kurzarbeit,
- Abbau von Leiharbeit,
- Abbau von Zeitguthaben,
- Verkürzung der Wochenarbeitszeit u. a.

Kann die Produkt- und Absatzkrise nicht durch kurzfristige Anpassungsmaßnahmen beseitigt werden, müssen strukturelle Maßnahmen im Leistungsbereich ergriffen werden. Vor Einleitung dieser Maßnahmen ist zunächst zu untersuchen, ob die Produkte und Leistungen generell marktfähig sind und wie hoch das potenzielle Absatzvolumen ist. In diese Betrachtung sind mögliche Maßnahmen zur Optimierung der Absatzmöglichkeiten, wie z. B. zur Beseitigung von Schwächen im Vertrieb und Marketing, Sonderaktionen und Rabatte einzubeziehen (Tz. 117).

Liegen die Schwächen in der Leistungserbringung selbst, so müssen entsprechende Maßnahmen in diesem Bereich definiert werden, z. B. zur Beseitigung von bestehenden Qualitäts- und Belieferungsmängeln oder zur Einführung von Produktverbesserungen/Neuprodukten (Tz. 118). Zudem sind Überlegungen für eine grundsätzliche Neuausrichtung und Neupositionierung anzustellen, falls infolge von Produktinnovationen oder Nachfrageverschiebungen der Absatz nachhaltig gestört ist (Tz. 119).

f) Überwindung der Strategiekrise

Überwindung der Strategiekrise

Leitbild

Grundlage der strategischen Neuausrichtung ist das Leitbild des rendite- und wettbewerbsfähigen Unternehmens (Tz. 120). Zur Beurteilung, ob das Sanierungsziel erreicht wurde, sind als Kriterien nicht nur die aus der integrierten Sanierungsplanung ableitbaren positiven Liquiditäts- und Erfolgsaussichten heranzuziehen. Ziel bei der Überwindung der Strategiekrise ist das Erlangen einer nachhaltigen Wettbewerbsfähigkeit und von Wettbewerbsvorteilen.[59] Diese Kriterien sind Gradmesser für die Frage, ob das Unternehmen seine Marktposition verteidigen oder ausbauen kann, um Umsatzwachstum zu generieren (Tz. 121).

4.7 Stadiengerechte Bewältigung der Unternehmenskrise

Demnach muss das Unternehmen unter Berücksichtigung der Kundenanforderungen und der Vorgehensweisen der Konkurrenten seine Marktaktivitäten und Ressourcen optimal aufeinander abstimmen (Tz. 122). Maßgeblich ist somit die Entwicklung geeigneter Produkt-Markt-Strategien und Ressourcen-Strategien, die eigenständig oder durch Allianzen mit Wettbewerbern oder durch Fusionen/Übernahmen umgesetzt werden, um eine nachhaltig profitable Unternehmensentwicklung zu erreichen. Dabei ist es wichtig, über die Absicherung der Wettbewerbsfähigkeit hinaus Wettbewerbsvorteile zu generieren (Tz. 123).

Produkt-Markt-Strategien
Ressourcen-Strategien

Letztendlich ist aber immer die Kundenwahrnehmung und Kundensicht entscheidend für den Markterfolg und damit die Beurteilung von Wettbewerbsvorteilen (Tz. 124).

Der Schwerpunkt der strategischen Neuausrichtung liegt im Bereich der Geschäftsfeldplanung und der Ressourcenneuordnung sowie in der Formulierung der Unternehmensstrategie. Es ist zu bestimmen, wie die im Leitbild des Unternehmens definierten Ziele mittel- bis langfristig erreicht werden. Dabei kommen folgende grundsätzliche Optionen für die zu definierenden Maßnahmen der Strategieplanung in Betracht (Tz. 126):

Geschäftsfeldplanung

- Stärkung des Kerngeschäfts, z. B. durch:
  - gezielte Profilierung der Marke oder des Produkts,
  - Definition des Markensegments oder einer Nischenbelegung,
  - Profilierung durch Identifikation und Ausbau der Stärken und Eliminierung von Schwachstellen.
- Ausweitung des Kerngeschäfts durch das Angebot:
  - komplementärer Produkte und Dienstleistungen,
  - integrierter Lösungen über die bisherigen Leistungen hinaus.
- Transfer von bestehenden Produkten, Marken, Ressourcen, Fähigkeiten und Kompetenzen auf neue Anwendungsfelder und auf:
  - neue Kunden,
  - neue Regionen,
  - neue Geschäftsfelder.
- Entwicklung neuer Erfolgspotenziale:
  - Produkt- und Prozessinnovationen,
  - Aufbau von Kernkompetenzen,
  - Öffnung für Partnerschaften,
  - Einführung von Netzwerkstrukturen und strategischen Allianzen.

Im Rahmen der strategischen Neuausrichtung hat das Unternehmen dabei seine Potenziale konsequent unter Effektivitäts-, Nachhaltigkeits- und Stimmigkeitsaspekten auszurichten (Tz. 128).

Neuausrichtung

Die Optimierung des Leistungsspektrums im Spannungsfeld von Qualität, Kosten und Zeit ist genauso wichtig wie die detaillierte Definition von Portfoliozusammensetzung, Kerngeschäft, Kernfähigkeiten, angestrebter Marktposition und der Wettbewerbsvorteile unter ständiger Berücksichtigung der Kundenanforderungen (Tz. 124). Maßgeblich für den Unternehmenserfolg sind die im Unternehmen vorhandenen Ressourcen (materielle, immaterielle, personelle und finanzielle Ressourcen). Eine geschickte Kombination der vorhandenen

Ressourcen führt zur Erlangung besonderer Fähigkeiten, wie z. B. Beherrschung einzelner Technologien oder wichtiger Prozesse.

Zu weiteren Erläuterungen wird auf Kapitel 5 „Strategisches Restrukturierungskonzept" verwiesen.

g) Überwindung der Stakeholderkrise

Überwindung der Stakeholderkrise

Wirkt sich die Stakeholderkrise negativ auf die Unternehmensentwicklung aus, so kann diese nur überwunden werden, wenn es dem Management oder den Aufsichtsorganen gelingt, mit allen wesentlichen Interessengruppen eine gemeinsame Basis für eine vertrauensvolle Zusammenarbeit zu finden. Es muss ein Konsens zur Zusammenarbeit und zu einer gemeinsam getragenen Zielstruktur erreicht werden (Tz. 129).

In diesem Zusammenhang ist zu überprüfen, ob zur Unterstützung der angestrebten Sanierung als vertrauensbildende Maßnahme neue organisatorische Strukturen geschaffen werden müssen, um das Unternehmen durch die Krise zu begleiten, z. B. durch Bildung eines Sanierungsbeirats oder durch Einbindung eines Sanierungsspezialisten in das Management. Letztendlich muss die Unternehmensführung jedoch selbst in der Lage sein (Tz. 130):

- das Unternehmensleitbild entsprechend den Marktanforderungen und den Wettbewerbsanforderungen zu präzisieren und weiter zu entwickeln,
- angemessene Zielvorgaben abzuleiten und der Belegschaft vorzugeben,
- durch Vorbild und Vorleben eine starke Unternehmenskultur zu prägen,
- die ständigen Wandlungsanforderungen des Unternehmens zu bewältigen,
- das erforderliche Vertrauen seiner internen und externen Stakeholder (wieder) zu gewinnen.

h) Krisenursachen und Gegenmaßnahmen

Von entscheidender Bedeutung für den Sanierungserfolg ist es, alle identifizierten Krisenursachen nachhaltig zu beseitigen. Dies gelingt nur, wenn für jede Krisenursache eine entsprechende durchführbare und umsetzbare Gegenmaßnahme definiert werden kann.

Krisenstadium	Krisenursache	Gegenmaßnahme
Stakeholderkrise	• Diskrepanz im Vorstand • Vertrauensverlust der Finanzierer • Konflikte mit Arbeitnehmerseite	• Beauftragung eines Chief Restructuring Officer (CRO) • Abschluss eines Sicherheitenpoolvertrags • Abschluss von Betriebsvereinbarungen
Strategiekrise	• Komplexe Unternehmensstruktur • Konjunkturrückgang/ Kaufkraftverlust • Gesättigte/schrumpfende Märkte	• Anpassung der Aufbau- und Ablauforganisation • Konzentration auf margenstarke Produkte • Erschließung neuer Märkte

Krisenstadium	Krisenursache	Gegenmaßnahme
Produkt-/ Absatzkrise	• Wegfall von Großkunden/-aufträgen • Ausfall von Zulieferern • Verzögerte Produktentwicklung	• Neue Markterschließung/Kunden • Insourcing • Einholung von externem Know-how
Ertragskrise	• Ineffiziente Produktion/Prozesse • Margendruck • Hohes Kostenniveau	• Optimierung Fertigungsprozesse • Anpassung Deckungsbeiträge • Anpassung Kostenstruktur
Liquiditätskrise	• Unzureichendes Debitoren-/Kreditorenmanagement • Überfällige Debitoren • Unerwarteter/ungeplanter Zahlungsmittelabfluss	• Optimierung Forderungsmanagement • Optimierung Zahlungsziele • Factoring • Verkauf von nicht betriebsnotwendigem Vermögen
Insolvenzreife	• (Drohende) Zahlungsunfähigkeit • Überschuldung	• Permanente Liquiditätsüberwachung/Überbrückungskredit • Investoren/Debt Equity Swap

Abb. 14: Krisenursachen und Gegenmaßnahmen, exemplarische Darstellung

4.8 Integrierter Unternehmensplan

Die integrierte Sanierungsplanung ist „der" Kernbestandteil des Sanierungskonzepts. Sie bildet in zusammengefasster Form die zahlenmäßige Planung des Sanierungsablaufs ab. Die rechnerische Verprobung (Planverprobungsrechnung)[60] dient dem Nachweis der Finanzierbarkeit der beabsichtigten Sanierungsmaßnahmen (Tz. 131). Ausgehend von der Ist-Situation und den identifizierten Problem- und Verlustbereichen sind die Maßnahmeneffekte zu quantifizieren und in einem integrierten Unternehmensplan zusammenzuführen (Tz. 132). Zusätzlich sind geeignete Kennzahlen festzulegen, um die Tragfähigkeit des Sanierungskonzepts zu plausibilisieren.

Integrierter Unternehmensplan

Planverprobungsrechnung

a) Darstellung der Problem- und Verlustbereiche

In einem ersten Schritt wird ein zukunftsbezogener Finanzplan erstellt, der die voraussichtliche Entwicklung des Unternehmens ohne Restrukturierungsmaßnahmen beschreibt (Tz. 133).

Dabei sind die Problem- und Verlustbereiche, gegliedert nach geeigneten Kriterien, darzustellen, z. B. nach:

- Geschäftsfeldern,

4 Erstellung von Sanierungskonzepten

- Produkten,
- Standorten,
- Absatzmärkten u. a.

Ferner sind in zusammengefasster Form die Restrukturierungserfordernisse unter finanziellen Gesichtspunkten anzugeben, z. B. nach:

- Kapitalbedarf,
- Kapitalzuführung/-quelle,
- Maßnahmen zur Ergebnisverbesserung u. a.

Der Schwerpunkt dieser Zusammenfassung liegt weniger in der Beschreibung der aktuellen Situation, sondern vielmehr in der Abschätzung der zukünftigen Unternehmensentwicklung ohne Implementierung und Umsetzung geeigneter Sanierungsmaßnahmen (Tz. 134).

b) Darstellung der Maßnahmeneffekte

In einem zweiten Schritt ist darzulegen, welche Effekte die geplanten Restrukturierungsmaßnahmen auf die zukünftige Entwicklung (Vermögens-, Finanz- und Ertragslage) des Unternehmens voraussichtlich haben. Dabei ist aufzuzeigen, welche Maßnahmen bereits eingeleitet wurden und wie hoch der *Umsetzungsstand* ist sowie welche Maßnahmen noch eingeleitet und realisiert werden müssen (Tz. 135, 136). Die einzelnen Maßnahmeneffekte sind zumindest für das laufende und folgende Planjahr auf monatlicher Basis, für Folgejahre quartalsweise darzustellen (Tz. 135).

Ferner ist zu beachten, dass die Sanierung nur erfolgreich sein kann, wenn Maßnahmen nicht isoliert, sondern in ihrer Gesamtheit betrachtet werden und alle Querbeziehungen und Abhängigkeiten untereinander Berücksichtigung finden. Somit ist die Stimmigkeit und inhaltliche *Konsistenz* eine notwendige Bedingung für den Erfolg der Sanierung (Tz. 139).

In der Regel bedarf es zumindest bei Teilen der definierten Sanierungsmaßnahmen rechtlich verbindlicher Entscheidungen oder Zustimmungen Dritter, die im Zeitpunkt der Planerstellung noch ausstehen, aber für die Planerreichung und somit die erfolgreiche Sanierung von essentieller Bedeutung sind. Dies ist im Sanierungsplan offen zu legen (Tz. 137). Beispiele hierfür können sein:

- Eigenkapitalzufuhr durch die Gesellschafter,
- Forderungsverzicht der Gesellschafter (mit oder ohne Besserungsabrede),
- Ausreichung Sanierungskredit durch Kreditinstitute,
- Aufrechterhaltung der Versicherungslimite der Warenkreditversicherer,
- Entgeltverzicht der Mitarbeiter,
- Abschluss eines Sanierungstarifvertrags,
- Abschluss der Verhandlungen über einen Sozialplan u. a.

Die in die Sanierungsplanung eingeflossenen Maßnahmen sind bezüglich ihrer Erfolgsaussichten zu bewerten.[61] Für eine positive Sanierungsaussage können nur Maßnahmen Berücksichtigung finden, deren Realisierung *überwiegend wahrscheinlich* ist.[62] Dies gilt auch für Maßnahmen, die der Mitwirkung Dritter bedürfen (Tz. 17). Eine überwiegende Wahrscheinlichkeit liegt vor, wenn gewichtigere Gründe für eine Sanierung sprechen als dagegen; der Eintritt des

4.8 Integrierter Unternehmensplan

Erfolgs muss also wahrscheinlicher sein als das Scheitern. Gleichwohl ist eine prozentuale Bewertung von einzelnen Eintrittswahrscheinlichkeiten von geplanten Maßnahmen nicht zweckmäßig, da sie nicht zuletzt an der Komplexität des zu beurteilenden Sachverhalts scheitern und zu einer Scheingenauigkeit führen würde.[63] Die Ableitung der überwiegenden Eintrittswahrscheinlichkeit ist für die Kernmaßnahmen und wesentlichen Planungsprämissen im Konzept zu beschreiben.

Der Erfolg der Sanierung hängt auch maßgeblich von der konzeptgemäßen Umsetzung der Maßnahmen sowie der kontinuierlichen Überwachung und Fortschreibung des Konzepts durch die gesetzlichen Vertreter der Gesellschaft ab (Tz. 138), insbesondere dann, wenn geplante Maßnahmen nicht wie prognostiziert (beitragsmäßig, zeitmäßig) eintreffen. Ebenso wie die Krise aus dem Zusammenspiel verschiedener Faktoren entstanden ist, müssen die Maßnahmen in ihrer Gesamtheit einschließlich ihrer Querbeziehungen und Interdependenzen betrachtet und auf Konsistenz hin überprüft werden (Tz. 139).

c) Aufbau des integrierten Sanierungsplans

Grundsätzlich umfasst eine integrierte Sanierungsplanung stets eine Ertrags-, Finanz- und Bilanzplanung.[64] Dabei ist es erforderlich, dass die drei Teilpläne nicht nur inhaltlich aufeinander abgestimmt sind, sondern auch „technisch" so miteinander verknüpft sind, dass Prämissen und ihre Änderung in einer Teilplanung „automatisch" in den anderen Planungsteilen berücksichtigt werden.[65]

Die Anforderungen an das Planungsmodell selbst sind abhängig von der Größe und Komplexität des Unternehmens, sodass in Ausnahmefällen – bei einfachen und relativ statischen Bilanzzusammenhängen – auch eine reine Ergebnis- und Liquiditätsbetrachtung als ausreichend angesehen werden kann.[66]

Ausgehend von den betrieblichen Teilplänen (Absatzplanung, Investitionsplanung, Personalkostenplanung u.a.) ist eine Plan-Gewinn- und Verlustrechnung, eine Planbilanz und ein daraus abgeleiteter Liquiditätsplan zu erstellen. Dabei ist zumindest für das laufende und für das folgende Jahr die Planung auf Monatsbasis abzubilden (Tz. 140). Der Planungshorizont umfasst i.d.R. drei bis fünf Jahre, in Abhängigkeit vom vorliegenden Krisenstadium, der Branche und dem Geschäftsmodell des Krisenunternehmens. Dabei muss im letzten Planungsjahr anhand der integrierten Planung und der darauf basierenden Kennzahlen die nachhaltige Sanierungsfähigkeit i.S. einer nachhaltigen Rendite- und Wettbewerbsfähigkeit sowie angemessenen Eigenkapitalausstattung ableitbar sein.[67]

Planungshorizont

Im Rahmen der Finanzplanung sind auch die Kosten der zukünftigen Beratung, Umsetzungsbegleitung sowie des Sanierungscontrollings zu berücksichtigen (Tz. 143). Ferner sind in der Planung die kritischen Prämissen besonders hervorzuheben, wie z.B. die Ableitung der Umsatzprognose, die prognostizierte Entwicklung der Rohstoffpreise, das erwartete Wachstum von Auslandsmärkten oder die Wettbewerbsentwicklung (Tz. 141).

Da eine Planung stets mit Unsicherheiten und Risiken behaftet ist, sollten Alternativrechnungen oder Simulationen durchgeführt werden, um Auswirkungen von Planverfehlungen auf die Liquidität und andere wichtige Kenngrößen, z.B.

vereinbarte „Covenants", darzustellen (Tz. 142 f.). Außerdem sollte bei der Be-
Risikopuffer messung der benötigten Finanzmittel ein adäquater Risikopuffer berücksichtigt werden (Tz. 144).

IDW S 6 lässt offen, ob immer unterschiedliche Szenarien gerechnet werden müssen (real case, worst case, best case), mit welchen Parameterveränderungen und über welchen Zeitraum die Szenarien zu rechnen sind und wie der adäquate Risikopuffer definiert werden soll. Risikopuffer bedeutet in diesem Zusammenhang i. d. R. durch Dritte zu leistende zusätzliche oder höhere Finanzierungszusagen. Grundsätzlich lässt sich feststellen, dass Szenarioplanungen nicht zwingend erforderlich, aber bei wesentlichen Planungsunsicherheiten zweckdienlich sind, um die Planungsrisiken und die daraus entstehenden zusätzlichen Finanzbedarfe aufzuzeigen.[68]

Sofern im Rahmen eines Sanierungskonzepts Finanzierungen innerhalb des Planungszeitraums auslaufen oder bis zum Ende des Planungszeitraums befristet sind, ist es sachgerecht, davon auszugehen, dass ein Unternehmen, dessen operativer Geschäftsbetrieb eine branchenübliche Umsatzrendite erwirtschaftet und eine angemessene Eigenkapitalausstattung aufweist, auch wieder eine Fremdfinanzierung zu marktüblichen Konditionen erhält.[69]

Grundsätzlich ist in einem Sanierungskonzept das Szenario in der Planung abzubilden, welches mit überwiegender Wahrscheinlichkeit zum Sanierungserfolg führt. Da seit Einführung des ESUG die Insolvenz des Krisenunternehmens für einzelne Stakeholder durchaus attraktiv sein kann, kann die planerische Abbildung der Insolvenz als Szenario angebracht sein, um den beteiligten Par-
Verteilungs- teien die Alternative (Verteilungsrechnung) zur Nichtverständigung auf das
rechnung Sanierungskonzept aufzuzeigen. Da diese Szenarioplanung mit einem erheblichen Mehraufwand aufgrund nahezu völlig anderer Planprämissen verbunden ist und somit zusätzlicher zeitlicher und finanzieller Ressourcen bedarf, ist dies im Einzelfall gründlich abzuwägen. Eine Verpflichtung zur Darstellung eines Insolvenzszenarios in einem Sanierungskonzept besteht nicht, da das Konzept eben genau dieses Szenario vermeiden soll.[70]

Zur weiteren Erläuterung wird auf Kapitel 8 „Integrierte Finanz- bzw. Sanierungsplanung" verwiesen.

d) Kennzahlen

Die integrierte Planung ist insbesondere um solche Kennzahlen zu ergänzen, die die Aussage zur Sanierungsfähigkeit stützen, z. B. Kennzahlen zur Liquiditäts-, Ertrags- sowie Vermögenslage (Tz. 146).

Hinzu kommt die Berücksichtigung vereinbarter Kennzahlen im Rahmen sog. „Covenants" (Tz. 147). Dabei handelt es sich um Finanzkennzahlen, die das kreditnehmende Unternehmen bei Darlehensfinanzierungen als Kreditbedingungen einhalten muss. Vertraglich ist geregelt, um welche Kennzahlen es sich handelt, wie die Kennzahlen ermittelt werden, welcher Schwellenwert maßgeblich ist und wie häufig und in welchen Zeitabständen die jeweiligen Kennzahlen nicht eingehalten werden müssen. Hintergrund dieser Regelung ist die Absicherung der Banken gegenüber einem Darlehensausfall. Diese Kennzahlen fungieren daher als „Frühwarnsystem" und gestatten es den Gläubigerbanken, bei Nichteinhaltung (sog. „Covenant-Bruch") die vertraglich festgelegten Sanktionen, wie z. B. eine außerordentliche Kreditkündigung oder eine Konditionenanpassung, zu ziehen. — Covenant-Bruch

Die Entwicklung der Kennzahlen zeigt den geplanten Sanierungsverlauf auf und ist Kontrollgröße für die Messung der Zielerreichung des Sanierungskonzepts und Beurteilungsmaßstab für Dritte (Tz. 148). Somit stellen die integrierte Planrechnung und das Kennzahlensystem die mathematische Verprobung und Ableitung der Sanierungsfähigkeit dar.

> **Praxistipp:**
> Bei der Vereinbarung von Sanierungskrediten ist zwingend darauf zu achten, dass die dort vereinbarten Covenants während des Sanierungszeitraums eingehalten werden. Daher muss auch die Entwicklung der Finanzkennzahlen auf Monatsbasis simuliert werden, um Kündigungsrechte oder Konditionenverschlechterungen während der Sanierungsphase zu vermeiden.

Zur weiteren Ausführungen wird auf Kapitel 2.2 „Kennzahlen zur Krisendiagnose" verwiesen.

4.9 Zusammenfassende Einschätzung der Sanierungsfähigkeit

Auf Grundlage des erstellten Sanierungskonzepts kann nun die abschließende Beurteilung der Sanierungsfähigkeit des Unternehmens getroffen werden. — Sanierungsfähigkeit

Die Beurteilung der Sanierungsfähigkeit beruht auf einem mehrstufigen Kriteriensystem. In einem ersten Schritt ist ein Unternehmen nur dann fortführungsfähig, wenn das erstellte Sanierungskonzept Maßnahmen vorsieht, mit denen sich die Gefahr des Eintritts einer Zahlungsunfähigkeit und/oder Überschuldung, mindestens für das laufende und folgende Jahr, vermeiden bzw. beseitigen lässt.

In einem zweiten Schritt basiert die Beurteilung der Sanierungsfähigkeit auf einer nachhaltig positiven Ertragsentwicklung des Unternehmens. Somit stellt IDW S 6 klar, dass unter Sanierungsfähigkeit nicht nur das kurz- oder mittelfristige Überleben des Unternehmens zu verstehen ist, sondern vielmehr die Wiedergewinnung einer nachhaltigen Wettbewerbs- und Renditefähigkeit. Insofern wird für die Bejahung der Sanierungsfähigkeit mehr erwartet als nur eine „schwarze Null". Das Unternehmen sollte demnach mindestens eine nachhaltige, durchschnittliche und branchenübliche Umsatzrendite und eine angemessene Eigenkapitalausstattung aufweisen, um zukünftig wieder attraktiv für Eigen- und Fremdkapitalgeber zu sein (Tz. 14).

Das Sanierungskonzept schließt mit einem zusammenfassenden Urteil darüber, ob das Unternehmen sanierungsfähig im vorstehend beschriebenen Sinne ist, d. h. ob auf Basis einer objektiven Beurteilung ernsthafte und begründete — Sanierungsurteil

4 Erstellung von Sanierungskonzepten

Eindeutigkeit

Aussichten auf eine erfolgreiche Sanierung bestehen.[71] Dabei muss die Sanierungsaussage eindeutig sein und den in der Sanierungsplanung überwiegend wahrscheinlichen Fall abdecken.[72] Das wertende Urteil ist gegebenenfalls ausnahmsweise um Hinweise auf noch ausstehende wesentliche Bedingungen und Prämissen, die zur Erreichung des Sanierungserfolgs notwendig sind, z. B. fehlende bindende Vereinbarungen zu Sanierungsmaßnahmen mit Dritten, zu

Wertung

ergänzen. Soweit das Konzept ausnahmsweise auf einzelnen Bedingungen basiert, deren Eintrittswahrscheinlichkeit auch nicht in einer Bandbreite beurteilt werden kann, kommt eine Ankündigung des Konzepterstellers in Betracht, eine positive Aussage zur Sanierungsfähigkeit in die Schlussbemerkung aufzunehmen, sobald diese Bedingungen erfüllt sind.[73]

> **Praxistipp:**
>
> In der Schlussbemerkung hat der Gutachter eine abschließende Einschätzung darüber abzugeben, ob zutreffend von einer positiven Fortbestehens- und Fortführungsprognose ausgegangen werden kann. Hierzu gehört die Beurteilung der insolvenzauslösenden Tatbestände. Die rechtliche Würdigung kann der Gutachter, soweit rechtlich zulässig, selbst vornehmen oder sich der Einschätzung eines Sachverständigen bedienen. Soweit sich der Konzeptersteller derartiger Erklärungen bedient, sollten diese dem Sanierungskonzept beigefügt werden.[74]

Website: Musterformulierung „Zusammenfassende Schlussbemerkung für ein umfassendes Sanierungskonzept"

Zu weiterführenden Erläuterungen wird auf die verschiedenen Musterformulierungen für Schlussbemerkungen in IDW S 6 sowie auf die Musterformulierung auf der Website zum Buch verwiesen (Tz. 158).

4.10 Berichterstattung

Das Sanierungskonzept wird grundsätzlich schriftlich niedergelegt. Im Regelfall werden hierzu bereits im Auftragsschreiben Vereinbarungen mit dem Auftraggeber über Form und Inhalt der Berichterstattung getroffen. Ziel der Berichterstattung ist es, die Berichtsadressaten in die Lage zu versetzen, die Ausgangssituation, die wesentlichen Annahmen, Prämissen und geplanten Maßnahmen, die grundsätzlichen Überlegungen zum Krisenunternehmen sowie die aus den vorgenannten Faktoren abgeleiteten Schlussfolgerungen mit vertretbarem Aufwand nachvollziehen zu können (Tz. 156), um auf dieser

Eigene Einschätzung

Grundlage eine eigene Einschätzung zur Sanierungsfähigkeit treffen zu können. Dies gilt insbesondere für die Parteien, die im Rahmen der Erstellung des Sanierungskonzepts nicht nur Berichtsadressat sind, sondern auch Sanierungsbeiträge leisten oder unterstützen sollen.

Bei einem Sanierungskonzept nach IDW S 6 wird sich die Gliederung und der Inhalt des Berichts an den in IDW S 6 dargelegten Grundsätzen orientieren (Tz. 153). Waren nur einzelne Teilbereiche eines Sanierungskonzepts Gegenstand der Beauftragung, ist dies bei der Berichterstattung kenntlich zu machen und darauf hinzuweisen, dass kein umfassendes Sanierungskonzept erstellt wurde (Tz. 155).

4.10 Berichterstattung

Sofern wesentliche Ergebnisse des Gutachtens zusammengefasst werden, sollten diese nur im Zusammenhang mit dem vollständigen Bericht weitergegeben werden, um Missverständnisse über Art und Umfang der Tätigkeiten des Konzepterstellers zu vermeiden (Tz. 156). Enthält das Konzept ausnahmsweise wesentliche Annahmen, die nicht beurteilt werden konnten oder die rechtlich der Mitwirkung Dritter bedürfen, ist im Bericht und in der Schlussbemerkung darauf hinzuweisen (Tz. 157).

Im Rahmen der Berichterstattung ist zudem auf die Grundlagen der Auftragserteilung, die Auftragsbedingungen sowie auf ggf. vereinbarte Regelungen zur Haftungsbegrenzung sowie zur Weitergabe des Berichts an Dritte einzugehen (Tz. 151). Die Berichterstattung sollte zudem um klarstellende Hinweise zu planungsimmanenten Unsicherheiten sowie zur Überprüfung der dem Konzept zugrunde liegenden Daten ergänzt werden (Tz. 152). Da das Sanierungskonzept stets Entscheidungsgrundlage ist, darf diese aber nicht durch schwer oder nicht beurteilbare Prämissen infrage gestellt werden.[75] Dass planerische Elemente eines Konzepts auch bei sachgerechter Einschätzung und Würdigung später nicht oder nicht vollständig eintreten können, ist planungsimmanent und kann daher nicht zu einschränkenden Prämissen führen.

Gleichwohl sollte in der Berichterstattung darauf hingewiesen werden, dass die dem Sanierungskonzept zugrunde liegende Planung auf zukunftsorientierten Informationen basiert, die notwendigerweise Unsicherheiten unterliegen. Da eine Planung stets auf Schätzungen beruht, können die zukünftigen tatsächlichen Ergebnisse von der Planung abweichen, auch wenn wesentliche Prämissen der Planung eintreten, weil andere erwartete Effekte nicht eintreten oder unvorhergesehene Effekte das Ergebnis beeinflussen (Tz. 152).

Ein weiterer zulässiger Hinweis im Rahmen der Berichterstattung ist die Klarstellung, dass die dem Sanierungskonzept zugrunde liegenden Ausgangsdaten und Informationen des Unternehmens durch den Konzeptersteller nicht wie bei einer Jahresabschlussprüfung geprüft wurden (Tz. 152). Unabhängig hiervon hat aber der Konzeptersteller die Validität und Schlüssigkeit der von ihm im Sanierungskonzept verwendeten Daten und Informationen durch geeignete Maßnahmen zu plausibilisieren, vgl. Kapitel 4.5.2.2.

Mit Abgabe des finalen Gutachtens ist die Tätigkeit des Sanierungsberaters aus seiner Beauftragung zur Erstellung eines Sanierungsgutachtens zunächst abgeschlossen, es sei denn, er wird mit der Umsetzung (vgl. Kapitel 4.11) beauftragt. Der Konzeptersteller ist nicht verpflichtet zu überprüfen, ob zeitlich nach Berichtsabgabe eintretende Ereignisse Auswirkungen auf sein Urteil zur Sanierungsfähigkeit haben; er muss hierüber auch nicht berichten.[76]

> **Praxistipp:**
>
> Im Sanierungskonzept sollte darauf hingewiesen werden, bis zu welchem Datum Ereignisse oder Informationen im Bericht berücksichtigt wurden und dass keine Verpflichtung des Konzeptstellers besteht, Ereignisse oder Informationen, die nach diesem Datum eintreten, im Bericht zu berücksichtigen.

4.11 Umsetzung

Nach der Erstellung des Sanierungskonzepts sowie einer positiven Entscheidung der Beteiligten das Konzept mitzutragen, muss die Umsetzung erfolgen, bzw. fortgeführt werden. Zu den Beteiligten zählen innerhalb des Unternehmens z. B. die Unternehmensleitung, die Gesellschafter, der Aufsichtsrat und der Betriebsrat; zu den externen Beteiligten zählen z. B. Lieferanten, Leasinggeber oder Kreditinstitute. Ohne die Unterstützung der Beteiligten wird die Umsetzung der Maßnahmen im Zuge der Sanierung erschwert oder gar unmöglich werden.[77] In der Regel wird der Konzeptersteller zumindest für einen bestimmten Zeitraum auf „Wunsch" der an der Sanierung beteiligten Parteien mit dem sog. Sanierungscontrolling beauftragt, sofern ihm nicht die Aufgaben eines CRO (Chief Restructuring Officer) mit Generalvollmacht oder in Organfunktion übertragen werden, um eine konzeptgemäße Umsetzung sicherzustellen. Wesentlicher Treiber sind auch hier die Mindestanforderungen an das Risikomanagement bei Kreditinstituten: „Die Umsetzung des Sanierungskonzepts sowie die Auswirkungen der Maßnahmen sind vom Institut zu überwachen."[78]

Im Rahmen des beauftragten Sanierungscontrollings sind wesentliche Soll-Ist-Abweichungen in der Planung bis zum Ende des Sanierungszeitraums fortzuschreiben. Dass bestimmte Annahmen eines Sanierungskonzepts teilweise oder ganz nicht eintreten, ist planungsimmanent. Sofern aber negative Planabweichungen auftreten, die in Summe wesentlich sind und die ursprünglich getroffenen Grundaussagen im Sanierungskonzept, insbesondere die Aussage zur Sanierungsfähigkeit, in Frage stellen, ist unverzüglich der Auftraggeber zu informieren und dafür Sorge zu tragen, dass alle Adressaten des Sanierungskonzepts hierüber ebenfalls informiert werden.[79] Um die genauen Auswirkungen der Planabweichungen im Gesamtkontext würdigen zu können, ist oftmals ein „Update" des Sanierungskonzepts notwendig, insbesondere wenn die Planabweichungen zu neuen Finanzierungsbedarfen oder einer geänderten Gesamtfinanzierung führen. Im Rahmen der Neubeauftragung ist dann mit den involvierten Parteien festzulegen, welche Teile des Sanierungskonzepts überarbeitet werden (z. B. Maßnahmenkatalog, Planung, Gesamtaussage u. a.) und welche Teile weiterhin Gültigkeit (z. B. Ausgangssituation, Krisenursachenanalyse, Markt und Wettbewerb u. a.) behalten. Sofern der ursprüngliche Konzeptersteller nicht mit dem Folgeauftrag mandatiert wird, wird ein neu hinzutretender Berater i. d. R. – auch aus Haftungsaspekten – ein vollständig neues Sanierungskonzept erstellen.

Die Organisation der Umsetzung und Umsetzungsbegleitung des Konzepts in Projektform wird im Kapitel 9.1 „Projektmanagement in der Sanierung" näher beschrieben.

4.12 Sonderaspekte bei Sanierungskonzepten

4.12.1 Sanierungskonzepte bei kleineren Unternehmen

Die inhaltlichen Anforderungen an Sanierungskonzepte gem. IDW S 6 sind nach pflichtgemäßem Ermessen des Konzepterstellers unter Beachtung des jeweiligen Einzelfalls anzuwenden (Tz. 5), d. h. der Konzeptersteller hat stets selbst zu entscheiden, ob und in welchem Umfang er die Anforderungen gem. IDW S 6 im Rahmen seiner Tätigkeit umsetzt.

Der BGH setzt wie in Kapitel 4.3.1 beschrieben für einen Sanierungsversuch stets ein in sich schlüssiges, faktenbasiertes Konzept sowie die Untersuchung der Krisenursachen und der Vermögens-, Finanz- und Ertragslage des Unternehmens voraus. Dies gilt grundsätzlich auch für den Versuch der Sanierung eines kleinen Unternehmens, weil dabei ebenfalls Gläubiger in für sie beträchtlichem Umfange geschädigt werden können.[80] Gleichwohl ist es bei kleineren Unternehmen möglich, das Ausmaß der Untersuchungen und der Berichterstattung an die geringere Komplexität des Unternehmens (Tz. 5) sowie an die für die Konzepterstellung verfügbare Zeit anzupassen.[81]

Geringe Komplexität

Eine Konkretisierung, wie der Umfang der Untersuchungen und die Berichterstattung in der Praxis tatsächlich begrenzt werden können und welche Merkmale ein „kleineres" Unternehmen kennzeichnen, erfolgt in IDW S 6 nicht.[82] Zur Kategorisierung „kleinerer Unternehmen" werden i. d. R. Kenngrößen wie Umsatz, Bilanzsumme, Anzahl der Mitarbeiter sowie die Unternehmensstruktur herangezogen.[83]

Merkmale

Zur Beantwortung der Frage, wie der Aufwand bei der Konzepterstellung bei kleineren Unternehmen reduziert werden kann, ist zwischen der Vollständigkeit des Konzepts und dem Bearbeitungs- und Berichterstattungsumfang zu unterscheiden. Da eine vollumfängliche Beurteilung der Sanierungsfähigkeit aus betriebswirtschaftlicher Sicht nur dann möglich ist, wenn alle von der Rechtsprechung geforderten und im IDW S 6 betriebswirtschaftlich konkretisierten Kernanforderungen an ein Sanierungskonzept bearbeitet wurden, befindet sich der Konzeptersteller stets im Spannungsfeld zwischen Zeitaufwand, Berichtsumfang und Kosteneffizienz sowie möglichen Haftungs- und Anfechtungsrisiken (im Falle des Scheiterns der Sanierung).[84]

Spannungsfeld

Probleme ergeben sich bei kleineren Unternehmen häufig durch ein schwach ausgeprägtes internes Rechnungswesen und einer damit verbundenen mangelhaften Datenlage, durch fehlende Controllinginstrumente, durch einen dominanten Gesellschafter(-Geschäftsführer) und einer oft fehlenden kompetenten zweiten Führungsebene, was i. d. R. dazu führt, dass der Konzeptersteller Daten und Informationen selbst beschaffen bzw. erstellen muss.[85]

Problemfelder

Fokussiert sich der Konzeptersteller aber einerseits auf die wesentlichen Themen, die für die Krise ursächlich sowie für die Sanierung maßgeblich sind, und bleibt andererseits die Grundstruktur des IDW S 6 erhalten, indem die Kernbestandteile sachgerecht abgearbeitet werden, kann der Konzeptersteller davon ausgehen, dass sein Urteil gerichtlich belastbar ist.[86]

In der Praxis ergeben sich hier insbesondere im Bereich der Darstellung der Basisinformationen über die Ausgangslage des Unternehmens sowie der Analyse der Unternehmenslage Potenziale zur Reduzierung des Arbeitsaufwands, insbesondere dann, wenn der Kreis der in die Sanierung involvierten Parteien (Finanzierer, sonstige Stakeholder u. a.) überschaubar ist und diese das Unternehmen seit längerer Zeit begleiten und kennen.

4.12.2 Sanierungskonzepte für Konzerne und Unternehmensgruppen

Konzern-/Gruppenbetrachtung

Sind Krisenunternehmen Teil einer Unternehmensgruppe oder eines Konzerns oder ist die Sanierungsfähigkeit für die Unternehmensgruppe insgesamt zu beurteilen, so können die für die Aussage der Sanierungsfähigkeit relevanten Kriterien einer positiven Fortführungsprognose und einer Wettbewerbs- und Renditefähigkeit aufgrund wirtschaftlicher, finanzieller, organisatorischer und rechtlicher Verflechtungen mit anderen Gruppengesellschaften nicht ausschließlich auf Ebene des einzelnen Unternehmens beurteilt werden. In Bezug auf die Fortführungsprognose ist – neben den sonstigen Verflechtungen – auch die Liquiditätssituation der anderen Gruppengesellschaften (Konzernliquiditätsplanung) zu berücksichtigen.[87]

Fortführungsprognose

Die Fortführungsfähigkeit eines Konzerns bestimmt sich nach der Fortführungsfähigkeit der Konzernunternehmen, soweit diese für die Beurteilung des Konzerns wesentlich sind. Dabei spielt es keine Rolle, ob diese Unternehmen in den Konzernabschluss einbezogen werden oder nicht.[88]

Im Rahmen der Überprüfung der Fortführungsfähigkeit des Konzerns ist die Beurteilung des Vorliegens von Insolvenztatbeständen auf Einzelgesellschaftsebene nach den landesspezifischen Regelungen vorzunehmen. Die Fortführungsfähigkeit setzt nicht voraus, dass alle Gruppengesellschaften fortgeführt werden können oder sollen; entsprechende Annahmen sind in der Planung abzubilden und im Konzept zu erläutern.[89]

Gruppenliquidität

Besondere Bedeutung für die Frage der Fortführungsfähigkeit einer Konzerngesellschaft kommt – neben der eigenen Liquiditätsplanung – der Liquiditätsplanung der gesamten Gruppe zu, sofern sichergestellt ist, dass die einzelne Gruppengesellschaft einen gesicherten Zugriff auf die Gruppenliquidität hat, z. B. aufgrund eines vertraglich vereinbarten Cash-Poolings oder durch entsprechende Liquiditätsgarantien im Konzern. Für die Beurteilung, ob auf die Gruppenliquidität zurückgegriffen und diese entsprechend planerisch auf Ebene der Einzelgesellschaft berücksichtigt werden kann, sind sowohl die Bonität der Cash-Poolführerin als auch die Möglichkeit der Kündigung der vertraglichen Grundlagen des Cash-Pools zu berücksichtigen. Ferner dürfen keine rechtlichen oder sonstigen Beschränkungen der Weiterleitung der Liquidität im Konzern entgegenstehen.[90]

> **Merke: Sanierungsfähigkeit eines Konzerns**
> Die Sanierungsfähigkeit eines Konzerns bestimmt sich somit nach der Fortführungsfähigkeit der Gruppeneinzelgesellschaften sowie der Rendite- und Wettbewerbsfähigkeit des Konzerns als Ganzes (Gruppenbetrachtung).[91]

Gruppenbetrachtung

4.12.3 Sanierungskonzepte bei Projektfinanzierungen und „Single-Asset-Strukturen"

Grundsätzlich gelten bei der Erstellung von Sanierungskonzepten nach IDW S 6 für Projektfinanzierungen und „Single-Asset-Strukturen" die gleichen Anforderungen an die inhaltliche Ausgestaltung und an die notwendigen Mindestbestandteile des Konzepts.[92]

Bei der Sanierung von Projektfinanzierungen und Single-Asset-Gesellschaften (z. B. Schiffs-, Flugzeug- oder Immobiliengesellschaften) wird oftmals die Diskussion geführt, ob einer Bank zur Erfüllung der MaRisk auch ein Fortführungskonzept genügt, weil zwar einerseits nicht alle Kriterien der Sanierungsfähigkeit erfüllt werden können, andererseits „der Fortbestand" des Unternehmens für die beteiligten Parteien sinnvoller ist als dessen Insolvenz.

Prinzipiell fordern die Aufsichtsbehörden für die Begleitung eines Unternehmens in der Krise ein Sanierungskonzept.[93] Am Ende des Sanierungszeitraums muss das Unternehmen wieder wettbewerbsfähig und renditefähig und damit attraktiv für Kapitalgeber sein. Gleichwohl sind Situationen denkbar, in denen die Bescheinigung der positiven Fortführungsfähigkeit ausreichend sein kann.

Projektfinanzierungen und Single-Asset-Gesellschaften, die ausschließlich zum Zweck der Finanzierung eines einzelnen Vermögensgegenstands gegründet wurden, haben i. d. R. eine feste Laufzeit. Verschlechtert sich das Marktumfeld und die ursprünglich geplanten Erträge lassen sich nicht mehr erzielen, besteht Restrukturierungsbedarf. Aber auch wenn ein Eigenkapitalgeber nicht mehr mit der Rückzahlung seiner Einlage oder deren Verzinsung rechnen kann, ist ggf. die Fortführung der Gesellschaft für die Stakeholder sinnvoll, um von späteren Verkaufserlösen profitieren zu können. Voraussetzung ist jedoch, dass die laufende Finanzierung nachhaltig gesichert ist und die Rückzahlung der Verbindlichkeiten auf den Liquiditätsüberschuss beschränkt ist. In diesen Fällen kann es ausreichen, die Fortführungsfähigkeit in der Weise zu bestätigen, dass die Zahlungsfähigkeit der Gesellschaft sichergestellt ist.[94]

Anmerkungen

[1] Hillmer, H.-J. (2008): Krisen-, Sanierungs- und Insolvenzberatung Nr. 3/08, S. 128.
[2] WP Handbuch (2008), Band II, Institut der Wirtschaftsprüfer in Deutschland e.V., Düsseldorf, F Rz. 8.
[3] Vgl. „Fragen und Antworten zur Erstellung und Beurteilung von Sanierungskonzepten nach IDW S 6 (FAQ IDW S 6)", Stand 22.08.2016 in IDWLife, 12.2016, S. 1042.
[4] BGH, 12.11.1992 – IX ZR 236/91, ZIP 276, 280; BGH; 12.05.2016 – IX ZR 65/14, Tz. 30.
[5] BGH, 04.12.1997 – IX ZR 47/97, ZIP 1998, S. 251.
[6] BaFin; Rundschreiben 10/2012 (BA) vom 14.12.2012, Mindestanforderungen an das Risikomanagement – MaRisk, BTO 1.2.5.

[7] BMF v. 27.03.2003 – IV A 6 – S 2140 – 8/03BStBl 2003 I S. 240.
[8] BGH, ZIP 2016, 1235, Rz. 15.
[9] BGH, 12.05.2016 – IX ZR 65/14, ZInsO 2016, S. 1251.
[10] ISU – Institut für die Standardisierung von Unternehmenssanierungen (2012), Mindestanforderungen an Sanierungskonzepte MaS, 2. Auflage, Heidelberg.
[11] BGH, 12.05.2016 – XR ZR 65/14.
[12] Fachverband Sanierungs- und Insolvenzberatung im Bundesverband Deutscher Unternehmensberater BDU e.V., (2015), Grundlagen ordnungsmäßiger Restrukturierung und Sanierung (GoRS), abrufbar unter http://www.bdu.de/media/119763/rz_gors_bdu_gesamt_web.pdf.
[13] IDW S 6, IDW Fachnachrichten 12/2012, S. 719–741.
[14] BGH, 12.11.1992 – IX ZR 236/91, ZIP 1993, S. 279 f.
[15] BGH, 04.12.1997 – IX ZR 47/97, ZIP 1998, S. 251 f.
[16] BGH, 04.12.1997 – IX ZR 47/97, ZIP 1998, S. 251 f.
[17] BGH, 04.12.1997 – IX ZR 47/97, ZIP 1998, S. 251 f.
[18] BGH, 21.11.2005 – II ZR 277/03, ZIP 2005, S. 281 f.
[19] BGH, 12.11.1992 – IX ZR 236/91, ZIP 1993, S. 279 f.
[20] WP Handbuch (2008), Band II, Institut der Wirtschaftsprüfer in Deutschland e.V., Düsseldorf, F Rz. 52.
[21] BGH, 12.11.1992 – IX ZR 236/91, 276, 280.
[22] BGH, 12.05.2016 – IX ZR 65/14 Tz. 30.
[23] BGH, 04.12.1997 – IX ZR 47/97, Tz. 25.
[24] BGH, 04.12.1997 – IX ZR 47/97, Tz. 25.
[25] BGH, 04.12.1997 – IX ZR 47/97, Tz. 25.
[26] BGH, 12.05.2016 – IX ZR 65/14 Tz. 36.
[27] BGH, 12.05.2016 – IX ZR 65/14 Tz. 36.
[28] Vgl. „Fragen und Antworten zur Erstellung und Beurteilung von Sanierungskonzepten nach IDW S 6 (FAQ IDW S 6)", Stand 22.08.2016 in IDWLife, 12.2016, S. 1051.
[29] Vgl. „Fragen und Antworten zur Erstellung und Beurteilung von Sanierungskonzepten nach IDW S 6 (FAQ IDW S 6)", Stand 22.08.2016 in IDWLife, 12.2016, S. 1051.
[30] BGH, 12.05.2016 – IX ZR 65/14 Tz. 36.
[31] Vgl. „Fragen und Antworten zur Erstellung und Beurteilung von Sanierungskonzepten nach IDW S 6 (FAQ IDW S 6)", Stand 22.08.2016 in IDWLife, 12.2016, S. 1051.
[32] Vgl. „Fragen und Antworten zur Erstellung und Beurteilung von Sanierungskonzepten nach IDW S 6 (FAQ IDW S 6)", Stand 22.08.2016 in IDWLife, 12.2016, S. 1051.
[33] Vgl. „Fragen und Antworten zur Erstellung und Beurteilung von Sanierungskonzepten nach IDW S 6 (FAQ IDW S 6)", Stand 22.08.2016 in IDWLife, 12.2016, S. 1052.
[34] Vgl. hierzu BGH ZIP 2016, 1235 Rz. 30, 36.
[35] Vgl. BGH, 12.05.2016 – IX ZR 65/14 Tz. 36.
[36] BGH, 12.11.1992 – IX ZR 236/91, ZIP 1993, 276,280; BGH ZIP 2016, 1235, Rz. 30.
[37] BGH, 12.05.2016 – IX ZR 65/14, Tz. 36.
[38] BGH, 12.11.1992 – IX ZR 236/91, ZIP 1993, 276, 280.
[39] BGH, 04.12.1997 – IX ZR 47/97, Tz. 25 m. w. N.
[40] WP Handbuch (2008), Band II, Institut der Wirtschaftsprüfer in Deutschland e.V., Düsseldorf, F Rz. 16.
[41] Vgl. „Fragen und Antworten zur Erstellung und Beurteilung von Sanierungskonzepten nach IDW S 6 (FAQ IDW S 6)", Stand 22.08.2016 in IDWLife, 12.2016, S. 1048.
[42] OLG Köln v. 24.09.2009, 18 U 134/05.
[43] Vgl. „Fragen und Antworten zur Erstellung und Beurteilung von Sanierungskonzepten nach IDW S 6 (FAQ IDW S 6)", Stand 22.08.2016 in IDWLife, 12.2016, S. 1043.
[44] Vgl. „Fragen und Antworten zur Erstellung und Beurteilung von Sanierungskonzepten nach IDW S 6 (FAQ IDW S 6)", Stand 22.08.2016 in IDWLife, 12.2016, S. 1043.
[45] Vgl. „Fragen und Antworten zur Erstellung und Beurteilung von Sanierungskonzepten nach IDW S 6 (FAQ IDW S 6)", Stand 22.08.2016 in IDWLife, 12.2016, S. 1043.
[46] Vgl. „Fragen und Antworten zur Erstellung und Beurteilung von Sanierungskonzepten nach IDW S 6 (FAQ IDW S 6)", Stand 22.08.2016 in IDWLife, 12.2016, S. 1043.
[47] BGH, 04.12.1997 – IX ZR 47/97, ZIP 1998, S. 251.

48 ISU – Institut für die Standardisierung von Unternehmenssanierungen (2007): Grundsätze ordnungsgemäßer Sanierungskonzepte GoS, BankPraktiker 10/2007.
49 BGH, 13.11.1997 – X ZR 144/94, ZIP 1998, S. 556–560.
50 Groß, P.J. (2009), Anforderungen an die Erstellung von Sanierungskonzepten, in: Die Wirtschaftsprüfung (WPg), Nr. 5/09, S. 232 ff.
51 Groß, P.J. (2009), Anforderungen an die Erstellung von Sanierungskonzepten, in: Die Wirtschaftsprüfung (WPg), Nr. 5/09, S. 232 ff.
52 Groß, P.J. (2009), Anforderungen an die Erstellung von Sanierungskonzepten, in: Die Wirtschaftsprüfung (WPg), Nr. 5/09, S. 232 ff.
53 BGH, 12.05.2016 – IX ZR 65/14, Tz,. 40 m. w. N.
54 Steffan, B. (2016), Sanierungskonzepte quo vadis, in ZIP 36/2016, S. 1712 ff.
55 BGH ZIP 2016, 1235 Rz. 18.
56 OLG Köln, 24.09.2009 – 18 U 134/05, WPg 2011, S. 442.
57 WP Handbuch (2008), Band II, Institut der Wirtschaftsprüfer in Deutschland e.V., Düsseldorf, F Rz. 149.
58 Vgl. „Fragen und Antworten zur Erstellung und Beurteilung von Sanierungskonzepten nach IDW S 6 (FAQ IDW S 6)", Stand 22.08.2016 in IDWLife, 12.2016, S. 1049.
59 Beck, M. (2009), Sanierung und Krisenstadium, in: Die Wirtschaftsprüfung (WPg), Nr. 5/09, S. 267–270, S. 270.
60 OLG Köln, 24.09.2009 – 18 U 134/05, WPg 2011, S. 442.
61 BGH, 12.05.2016 – IX ZR 65/14, Tz. 38.
62 Vgl. „Fragen und Antworten zur Erstellung und Beurteilung von Sanierungskonzepten nach IDW S 6 (FAQ IDW S 6)", Stand 22.08.2016 in IDWLife, 12.2016, S. 1052.
63 Vgl. „Fragen und Antworten zur Erstellung und Beurteilung von Sanierungskonzepten nach IDW S 6 (FAQ IDW S 6)", Stand 22.08.2016 in IDWLife, 12.2016, S. 1049.
64 OLG Celle, 08.10.2015 – 16 U 17/15, Tz. 23.
65 Vgl. „Fragen und Antworten zur Erstellung und Beurteilung von Sanierungskonzepten nach IDW S 6 (FAQ IDW S 6)", Stand 22.08.2016 in IDWLife, 12.2016, S. 1052.
66 Vgl. „Fragen und Antworten zur Erstellung und Beurteilung von Sanierungskonzepten nach IDW S 6 (FAQ IDW S 6)", Stand 22.08.2016 in IDWLife, 12.2016, S. 1052.
67 Vgl. „Fragen und Antworten zur Erstellung und Beurteilung von Sanierungskonzepten nach IDW S 6 (FAQ IDW S 6)", Stand 22.08.2016 in IDWLife, 12.2016, S. 1052.
68 Vgl. „Fragen und Antworten zur Erstellung und Beurteilung von Sanierungskonzepten nach IDW S 6 (FAQ IDW S 6)", Stand 22.08.2016 in IDWLife, 12.2016, S. 1052.
69 Vgl. „Fragen und Antworten zur Erstellung und Beurteilung von Sanierungskonzepten nach IDW S 6 (FAQ IDW S 6)", Stand 22.08.2016 in IDWLife, 12.2016, S. 1051.
70 Vgl. „Fragen und Antworten zur Erstellung und Beurteilung von Sanierungskonzepten nach IDW S 6 (FAQ IDW S 6)", Stand 22.08.2016 in IDWLife, 12.2016, S. 1049.
71 BGH, 12.11.1992 – IX ZR 236/91, ZIP 1993, 276, 280.
72 „Fragen und Antworten zur Erstellung und Beurteilung von Sanierungskonzepten nach IDW S 6 (FAQ IDW S 6)", Stand 22.08.2016 in IDWLife, 12.2016, S. 1052.
73 „Fragen und Antworten zur Erstellung und Beurteilung von Sanierungskonzepten nach IDW S 6 (FAQ IDW S 6)", Stand 22.08.2016 in IDWLife, 12.2016, S. 1052.
74 „Fragen und Antworten zur Erstellung und Beurteilung von Sanierungskonzepten nach IDW S 6 (FAQ IDW S 6)", Stand 22.08.2016 in IDWLife, 12.2016, S. 1052.
75 „Fragen und Antworten zur Erstellung und Beurteilung von Sanierungskonzepten nach IDW S 6 (FAQ IDW S 6)", Stand 22.08.2016 in IDWLife, 12.2016, S. 1052.
76 Vgl. „Fragen und Antworten zur Erstellung und Beurteilung von Sanierungskonzepten nach IDW S 6 (FAQ IDW S 6)", Stand 22.08.2016 in IDWLife, 12.2016, S. 1050.
77 Keller, R. (1999), Unternehmenssanierung – Außergerichtliche Sanierung und gerichtliche Sanierung, Berlin, S. 205 ff.
78 BaFin; Rundschreiben 10/2012 (BA) vom 14.12.2012, Mindestanforderungen an das Risikomanagement – MaRisk, BTO 1.2.5.
79 Vgl. „Fragen und Antworten zur Erstellung und Beurteilung von Sanierungskonzepten nach IDW S 6 (FAQ IDW S 6)", Stand 22.08.2016 in IDWLife, 12.2016, S. 1050.
80 BGH, 04.12.1997 – IX ZR 47/97, Tz. 25 m. w. N.
81 BGH, 04.12.1997 – IX ZR 47/97, Tz. 25 m. w. N.

[82] Jaroschinsky, A./Werner, H. (2016), Anforderungen an die Erstellung von Sanierungskonzepten in WPg 21.2016, S. 1196; Jaroschinsky, A./Werner, H. (2016): Sanierungskonzepte nach IDW S 6, in INDat Report 08.2016, S. 82.
[83] Empfehlung der Europäischen Kommission, 06.05.2003 – 2003/361/EG, ABl Nr. L 124 vom 20.05.2003, S. 36–41.
[84] Vgl. „Fragen und Antworten zur Erstellung und Beurteilung von Sanierungskonzepten nach IDW S 6 (FAQ IDW S 6)", Stand 22.08.2016 in IDWLife, 12.2016, S. 1043.
[85] Vgl. Steffan, B. (2016): "Sanierungskonzepte nach IDW S 6 – Lösungsansätze zu offenen Anwendungsfragen" in WPg 23.2016, S. 1311.
[86] Vgl. „Fragen und Antworten zur Erstellung und Beurteilung von Sanierungskonzepten nach IDW S 6 (FAQ IDW S 6)", Stand 22.08.2016 in IDWLife, 12.2016, S. 1043.
[87] Vgl. „Fragen und Antworten zur Erstellung und Beurteilung von Sanierungskonzepten nach IDW S 6 (FAQ IDW S 6)", Stand 22.08.2016 in IDWLife, 12.2016, S. 1048.
[88] Vgl. „Fragen und Antworten zur Erstellung und Beurteilung von Sanierungskonzepten nach IDW S 6 (FAQ IDW S 6)", Stand 22.08.2016 in IDWLife, 12.2016, S. 1048.
[89] Vgl. „Fragen und Antworten zur Erstellung und Beurteilung von Sanierungskonzepten nach IDW S 6 (FAQ IDW S 6)", Stand 22.08.2016 in IDWLife, 12.2016, S. 1048.
[90] Vgl. „Fragen und Antworten zur Erstellung und Beurteilung von Sanierungskonzepten nach IDW S 6 (FAQ IDW S 6)", Stand 22.08.2016 in IDWLife, 12.2016, S. 1049.
[91] Vgl. „Fragen und Antworten zur Erstellung und Beurteilung von Sanierungskonzepten nach IDW S 6 (FAQ IDW S 6)", Stand 22.08.2016 in IDWLife, 12.2016, S. 1049.
[92] Crone, A. (2017), Das Sanierungskonzept S. 156 ff. in Böttcher, J., Wiebusch, A. (Hrsg.) Krise und Sanierung von Projektfinanzierungen, 1. Auflage, Berlin 2017.
[93] BaFin; Rundschreiben 10/2012 (BA) vom 14.12.2012, Mindestanforderungen an das Risikomanagement – MaRisk, BTO 1.2.5.
[94] Vgl. „Fragen und Antworten zur Erstellung und Beurteilung von Sanierungskonzepten nach IDW S 6 (FAQ IDW S 6)", Stand 22.08.2016 in IDWLife, 12.2016, S. 1049.

5 Strategisches Restrukturierungskonzept
von Dr. Ralf Moldenhauer

5.1 Krisenentstehung und Krisenarten

Die Definition und die Entstehung von Unternehmenskrisen wurde bereits in Kapitel 1 beschrieben, sodass an dieser Stelle darauf verzichtet werden soll. Wesentlich für dieses Kapitel ist die Unterscheidung und das Verständnis für die unterschiedlichen Krisenarten und -stadien, da sie grundlegend für die Inhalte und Empfehlungen sind.

Unternehmenskrisen

5.2 Restrukturierungsmaßnahmen in Abhängigkeit vom Krisenstadium

Je nach der Art der Krise, in der sich ein Unternehmen befindet, unterscheiden sich die Charakteristika der gegen diese Krise gerichteten Restrukturierungsmaßnahmen.[1] Abbildung 15 verdeutlicht die unterschiedlichen Stadien einer Unternehmenskrise anhand der beiden Achsen der Performance/Unternehmenssituation einerseits, des zeitlichen Verlaufs der Krise andererseits.

Restrukturierungsmaßnahmen

Abb. 15: Krisenverlauf und Krisenstadien

5 Strategisches Restrukturierungskonzept

Krisenprävention „Klassische" Restrukturierung

Die Phase der strategischen Krise ist dadurch gekennzeichnet, dass in dieser Situation noch Maßnahmen zur Krisenprävention und Verbesserung der Performance aussichtsreich sind. In dieser Phase setzt die „klassische" Restrukturierung im eigentlichen Sinne noch gar nicht an – oftmals auch, weil die Unternehmensentwicklung vom Management noch nicht als krisenbehaftet eingestuft wird. Restrukturierung im „klassischen" Sinne wird hingegen unverzichtbar, sobald sich die Krise eines Unternehmens zunächst zu einer Ergebniskrise und später dann bei ausbleibenden Gegenmaßnahmen zu einer Liquiditätskrise entwickelt. Im Unterschied zur strategischen Krise, für welche die Merkmale Umsatzrückgang oder Marktanteilsverlust beispielsweise erste Frühwarnsignale bedeuten, sind für das Stadium der Ergebniskrise ganz andere Merkmale (z. B. deutlich negatives Ergebnis, negativer Cashflow) symptomatisch. Entsprechend reichen nun auch Maßnahmen der Krisenprävention oder einer konventionellen Performanceverbesserung allein nicht mehr aus.

Existenzsicherung

Die mit dem Stadium der Ergebniskrise und später der Liquiditätskrise einsetzende klassische Restrukturierung zeichnet sich durch folgende Merkmale aus: In diesem Krisenstadium ist das Unternehmen akut in seiner Existenz bedroht. Nun steht die Existenzsicherung des Unternehmens im Vordergrund sämtlicher Maßnahmen. Alle Restrukturierungsmaßnahmen orientieren sich jetzt unmittelbar an der GuV- und Liquiditätswirkung, und zwar in kurz-, mittel- und langfristiger Hinsicht. In der Ergebniskrise wird auch ein Management der einzelnen, häufig divergierenden Partikularinteressen zwischen den beteiligten Stakeholdern – im Wesentlichen Finanzierern, Management und Arbeitnehmern – notwendig. Alle vom Management in diesem Krisenstadium getroffenen Maßnahmen stehen zudem unter einem hohen Zeitdruck. Über allen Erwägungen schwebt das Damoklesschwert der Unternehmensinsolvenz. Sämtliche Maßnahmen dienen daher dem Ziel der Abwendung der Insolvenz und dem Versuch, das Unternehmen im Sinne einer Revitalisierung wieder auf Kurs zu bringen.

Die diesem grundsätzlichen Ziel der Existenzsicherung verpflichteten Maßnahmen lassen sich wiederum in eine Reihe von kurz- und mittelfristig wirksamen Bausteinen unterteilen, die in Abbildung 16 dargestellt sind und die im Folgenden beschrieben werden.

Maßnahmenfristigkeit

Im akuten Stadium einer Ergebnis- und Liquiditätskrise sind kurzfristig alle Maßnahmen dem Ziel verpflichtet, die Existenz des Unternehmens zu sichern, d.h. im ersten Schritt die Zahlungsfähigkeit zu erhalten. Mittelfristig muss zweierlei geschehen: Erstens muss die Kostenstruktur des Unternehmens im Hinblick auf Einsparmöglichkeiten analysiert werden, zweitens muss der Umsatz stabilisiert bzw. im besten Fall sogar gesteigert werden. Während die kurzfristig orientierten Maßnahmen dem alleinigen Ziel der Existenzsicherung verpflichtet sind, geht es bei den mittelfristigen Maßnahmen bereits darum, die Wettbewerbsfähigkeit eines Unternehmens nachhaltig zu sichern.

Strategische Maßnahmen

Die mittelfristig ansetzenden Bausteine der Restrukturierung wirken freilich nur dann als langfristiger Motor für eine nachhaltige Überwindung der Krise, wenn auch die Strategie des Unternehmens überprüft und neu entwickelt wird, indem entweder das Geschäftsmodell revitalisiert wird, die strategische

5.3 Bedeutung der strategischen Restrukturierungsinhalte

Abb. 16: Prioritäten im Projektverlauf

Ausrichtung überprüft wird oder durch eine grundsätzliche Geschäftsinnovation die Konkurrenzfähigkeit des Unternehmens neu bestimmt wird. An diesem Punkt verfolgen alle Maßnahmen das Ziel der Steigerung der Wettbewerbsfähigkeit. Gelingt es nicht, durch eine strategische Neuorientierung einen dauerhaften Weg aus der Krise zu finden, ist es nur eine Frage der Zeit, bis die nächste Krise vor der Tür steht. Nur eine strategisch nachhaltige Überwindung der Krise verhindert, dass Unternehmen ständig wieder in das Stadium einer akuten Ergebnis- und Liquiditätskrise abrutschen.

Für diese Abfolge aus kurz-, mittel- und schließlich auch langfristig wirksamen Bausteinen der Restrukturierung ist es jedoch notwendig, dass die strategischen Grundsatzentscheidungen nicht erst am Beginn der langfristigen Maßnahmen einer grundsätzlichen Neubestimmung der Unternehmensstrategie erfolgen, sondern bereits unmittelbar nach Sicherung der Liquidität, also im Übergang von kurz- und mittelfristig wirksamen Restrukturierungsbausteinen. Die strategisch entscheidende Weichenstellung dafür, ob ein dauerhafter Weg aus der Krise gelingt, findet also unmittelbar nach der Liquiditätssicherung statt und nicht erst zu Beginn der auf eine Geschäftsinnovation oder ein verändertes Geschäftsmodell zielenden, im engeren Sinne strategischen Maßnahmen.

Aufsatzpunkt strategischer Maßnahmen

5.3 Bedeutung der strategischen Restrukturierungsinhalte

5.3.1 Phasen der Restrukturierung

In der Praxis lässt sich die Restrukturierung eines Unternehmens stets in drei Phasen unterteilen, wie Abbildung 17 schematisch verdeutlicht.

5 Strategisches Restrukturierungskonzept

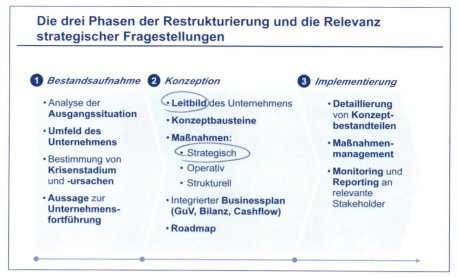

Abb. 17: Phasen der Restrukturierung

Bestandsaufnahme Am Beginn jeder Restrukturierung steht die möglichst genaue und gründliche Bestandsaufnahme. Die Ausgangssituation des Unternehmens wird dabei ebenso analysiert wie das Umfeld. Unerlässlich sind eine valide Bestimmung und ein grundsätzliches Einverständnis im Unternehmen hinsichtlich der Ursachen der Krise und des Stadiums der Krise, in dem sich das Unternehmen befindet. Mit der Bestandsaufnahme soll durch Zusammenstellung sowie durch Analyse von internen und externen Daten Transparenz über die Ist-Situation des Unternehmens gewonnen werden.

Im Einzelnen heißt dies: Die wesentlichen Informationen werden in standardisierter Form für das Unternehmen bzw. pro Einzelunternehmen (bei einem Konzern) erhoben. Dazu gehören Informationen über das Produkt- und Leistungsprogramm, die gesellschaftsrechtlichen Verhältnisse, die Ergebnis- und Kostensituation, die bilanzielle Situation, die Liquiditätssituation, Bürgschaften und Patronatserklärungen sowie Mitarbeiterstruktur und Organisation (Aufbau- und Ablauforganisation).

Konzeptionsphase Am Ende dieser ersten Phase der Restrukturierung, der Bestandsaufnahme, für die üblicherweise ein bis zwei Wochen veranschlagt werden sollten, steht das eindeutige Bekenntnis der Unternehmensführung zur Fortführung des Unternehmens. Danach beginnt die eigentliche Konzeptionsphase.

Für diese Phase sind spezifisch strategische Aspekte und Fragestellungen von zentraler Bedeutung: So muss nun das strategische Leitbild des Unternehmens bestimmt werden, das Geschäftsmodell muss überprüft und neu ausgerichtet werden, und ein Bündel von Maßnahmen muss beschlossen werden, zu denen neben operativen und strukturellen Maßnahmen auch strategische gehören. Am Ende dieser zweiten Phase der Restrukturierung, der Konzeptionsphase, stehen ein integrierter Businessplan (GuV, Bilanz, Cashflow) sowie eine Maß-

5.3 Bedeutung der strategischen Restrukturierungsinhalte

nahmenlandkarte, die dem Management und allen anderen Stakeholdern eine genaue Orientierung über die Abfolge der weiteren Schritte ermöglicht.

Nach der Phase der Konzeption der Restrukturierungsinhalte, für die in der Regel sechs bis zehn Wochen veranschlagt werden müssen, kann schließlich die Phase der Implementierung beginnen, für die je nach Ziel eine unterschiedliche Zeitdauer eingeplant werden muss. In dieser Phase der Implementierung geht es um die Detaillierung der einzelnen Bestandteile des vorliegenden Konzepts, um ein ausgearbeitetes Maßnahmenmanagement und ein permanentes Monitoring sowie um ein Reporting der einzelnen Implementierungsschritte an die relevanten Stakeholder.

Implementierungsphase

5.3.2 Strategisch induzierte Bestimmung des Veränderungsbedarfs

Grundlage für jedes Restrukturierungskonzept ist die Ermittlung des erforderlichen Verbesserungsbedarfs, um eine nachhaltige Wettbewerbsfähigkeit und eine branchenübliche Rendite zu erreichen (Anforderungen an Sanierungsfähigkeit nach IDW S 6).

Das in der Konzeptionsphase zu erarbeitende Verständnis über die Strategie des Unternehmens wirkt sich unmittelbar auf die Ableitung des Verbesserungsbedarfs aus. Abbildung 18 verdeutlicht dies.

Ein Unternehmen strebt für das aktuelle Geschäftsjahr ein bestimmtes Ergebnis in Form der Zielrendite x % an. Die aktuellen Zahlen sind beispielsweise negativ. Der statische Veränderungsbedarf lässt sich also leicht ermitteln. Aber um einen strategisch nachhaltigen Verbesserungsbedarf zu ermitteln, muss ein

Veränderungsbedarf
Verbesserungsbedarf

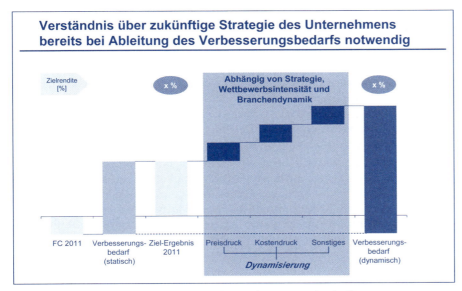

Abb. 18: Ableitung des Verbesserungsbedarfs

dynamisches Modell zugrunde gelegt werden. In die Ermittlung dieses dynamischen Veränderungsbedarfs können je nach Strategie, Wettbewerbsintensität sowie Branchendynamik Preisdruck, Kostendruck und sonstige dynamische Faktoren eingehen, also Faktoren, die den Rationalisierungsdruck im Restrukturierungszeitraum berücksichtigen.[2] Unter Berücksichtigung dieser Faktoren ergibt sich dann ein dynamischer Veränderungsbedarf, der weitaus höher liegt als der allein statisch ermittelte. Die Begründung für die Dynamisierung des Verbesserungsbedarfs liegt einerseits in zeitlichen Verzögerungen zwischen Maßnahmendefinition und Erreichung des vollen Maßnahmeneffekts und andererseits in der jeder Geschäftstätigkeit zugrunde liegenden Produktivitätssteigerung im Zeitverlauf.

5.3.3 Strategische Dimension struktureller und operativer Maßnahmen

Bausteine der Restrukturierung

Die einzelnen Bausteine der Restrukturierung in der Konzeptionsphase lassen sich in: strategische, strukturelle und operative Maßnahmen unterteilen. In der Praxis lässt sich nun aber feststellen, dass strategische Fragestellungen in Restrukturierungsprojekten häufig von untergeordneter Wertbeimessung der Beteiligten sind, während strukturelle und operative Maßnahmen aufgrund der schnelleren Ergebniswirkung im Vordergrund stehen.

Strategieabhängige Handlungsfelder

Diese Tatsache darf jedoch nicht den Eindruck erwecken, strategische Fragestellungen und Dimensionen seien für strukturelle und operative Maßnahmen völlig unbedeutend. Vielmehr gibt es sowohl für die strukturellen als auch für die operativen Bausteine der Restrukturierung strategieabhängige ebenso wie strategieunabhängige Handlungsfelder. Abbildung 19 verdeutlicht dies anhand von Beispielen für den Bereich von Kosten- und Liquiditätsmaßnahmen.

Strukturelle Maßnahmen

Wenn ein Unternehmen sich in einer schweren Krise befindet, sind sowohl in struktureller wie operativer Hinsicht akute Maßnahmen zur Verbesserung der Kostensituation bzw. zur Erhaltung der Liquidität notwendig. Strukturelle Maßnahmen, die strategieabhängige Fragestellungen beinhalten, sind z.B. die Reduzierung der Komplexität des Produktportfolios, die Neuausrichtung der Vertriebsorganisation, die Anpassung der Organisationsstruktur und die Konsolidierung des Produktionsprozesses. Hingegen sind Prozessoptimierung und die rechtliche Reorganisation der Unternehmensgesellschaft von der Unternehmensstrategie unabhängige strukturelle Fragestellungen.

Operative Maßnahmen

Operative Maßnahmen, die strategieabhängige Fragestellungen beinhalten, sind etwa die Priorisierung von Investitionstätigkeiten und die Redimensionierung der Unternehmensorganisation. Hingegen sind die Optimierung des Working Capital, die Reduzierung des Materialaufwands durch Optimierung des Einkaufsmanagements, ein kurzfristiger Ausgabenstopp sowie eine Sachkostenreduktion durch Anpassung des Komfortgrads beispielsweise von der Unternehmensstrategie unabhängige operative Fragestellungen.

5.3 Bedeutung der strategischen Restrukturierungsinhalte

Abb. 19: Strategische Dimension struktureller und operativer Maßnahmen

5.3.4 Strategische Restrukturierungsinhalte

Strategische Restrukturierungsinhalte lassen sich grundsätzlich in Restrukturierungsstrategien, die das strategische Grundverhalten in Märkten beschreiben, sowie in die Revitalisierung des Geschäftsmodells unterteilen. Geschäftsinnovationen beschreiben dagegen im Wesentlichen die grundsätzliche Forcierung von Innovationen als Grundlage für dauerhafte Wettbewerbsfähigkeit.

Strategische Restrukturierungsinhalte

5.3.4.1 Strategisches Leitbild

Den Diskussionen um die strategischen Restrukturierungsinhalte ist die Frage nach dem strategischen Leitbild des Unternehmens vorgeschaltet, wie es exemplarisch auch im IDW S6-Standard gefordert wird. In aktuellen Urteilen des BGH[3] wird zwar klargestellt, dass Restrukturierungskonzepte nicht den Anforderungen der diversen Fachverbände folgen müssen, inhaltlich betrachtet ist die Frage nach dem strategischen Leitbild aber berechtigt. Die Entwicklung eines Leitbilds im Rahmen eines Sanierungskonzeptes wird indes aber auch von der höchstricherlichen Rechtsprechung gefordert.

Strategisches Leitbild

Das strategische Leitbild gibt eine zusammenfassende Auskunft über die Sanierungsrichtung des Unternehmens. Damit ermöglicht es den Beteiligten und Betroffenen die Restrukturierungsmaßnahmen zielführend einzuordnen. Die Entwicklung des Leitbildes verläuft grundsätzlich identisch zu der Entwicklung einer Strategie für ein Unternehmen. Unterschiede ergeben sich aus den zeitlichen Anforderungen, da die Konzepterarbeitung selten länger als 10 Wochen dauert. Unter Berücksichtigung der Notwendigkeit, das Leitbild in konkrete Maßnahmen zu operationalisieren und diese dann in die Geschäftsplanung zu überführen muss die Leitbildentwicklung in der ersten

Hälfte der Konzeptphase abgeschlossen werden. Eine weitere Unterscheidung zur klassischen Strategieentwicklung liegt in der limitierten Verfügbarkeit der erforderlichen Ressourcen (i.W. Finanzmittel, Humankapital).

Die Leitbildentwicklung durchläuft vier Schritte, die nachfolgend beschrieben werden:

1. Datensammlung und -analyse
2. Optionsentwicklung
3. Optionsbewertung
4. Kommunikation

In Schritt 1 werden die strategischen Einflussfaktoren, die sich in die unternehmenseigenen Stärken und Schwächen sowie das Unternehmensumfeld unterteilen (siehe Abbildung 20) strukturiert erfasst. Wesentlich ist dabei eine holistische Betrachtung, die einen „ehrlichen Blick" auf das Unternehmen und seine Chancen ermöglicht. Eine neutrale Erfassung und Einordnung der Informationen ist durch gezielte Interviews mit Kunden und Lieferanten sowie durch Benchmarking aller Daten im Wettbewerbsvergleich weitgehend möglich. Eine ausschließlich auf Unternehmensangaben beruhende Darstellung ist trotz des Zeitdrucks nicht ratsam, da der interne Blick häufig zu positiv ausfällt.

Im zweiten Schritt müssen basierend auf der Datenanalyse potenzielle strategische Optionen identifiziert (z.B. Volumenhersteller für den filialisierten Handel) und grob detailliert (Was heißt das für Verkauf, Fertigung, Einkauf, Administration?) werden. Das erfolgt in der Regel über Workshops. Erste Ideen für strategische Optionen sollten bereits in Schritt 1 in den Interviews grob abgeprüft werden, um ein erstes Feedback vom Markt miteinzubringen. Die

Abb. 20: Überblick Datensammlung und -analyse

Workshop-Ergebnisse sind abschließend mit dem Senior Management zu diskutieren und entsprechend auszuarbeiten.

Im dritten Schritt werden die identifizierten Optionen dann anhand eines spezifischen Kriterienrasters (z. B. Marktanteil, Wachstumsrate, Marge etc.) bewertet und vom Senior Management final ausgewählt. Diese Option gilt es dann zu operationalisieren.

Im vierten Schritt muss die ausgewählte und operationalisierte Option für das (neue) Leitbild kommuniziert werden. Es sei hier der Hinweis gegeben, dass das Leitbild nicht signifikant vom früheren abweichen muss, sondern ggf. nur eine präzisere Darstellung der bisherigen Orientierung widergibt.

Die Kommunikation des definierten Leitbildes an die Belegschaft ist sehr wichtig, um eine innere Verankerung zu ermöglichen, die allen Mitarbeitern entsprechende „Leitplanken" für ihr Handeln und die Maßnahmenerarbeitung gibt.

Für detaillierte Betrachtung sein an dieser Stelle an die geeignete Literatur verwiesen, da eine entsprechende Würdigung dieses Themenfelds den Umfang des Kapitels signifikant erhöhen würde.[4]

5.3.4.2 Restrukturierungsstrategien

Restrukturierungsstrategien sind wesentlicher Bestandteil des Restrukturierungskonzepts und zielen auf die Entwicklung, Erhaltung und Nutzung von Erfolgspotenzialen zur Erreichung einer langfristigen und nachhaltigen Wettbewerbsfähigkeit ab.[5] Sie bestimmen den Handlungsrahmen, unter dem die operative Geschäftstätigkeit erfolgen soll:[6] Unternehmen mit mehr als einem Geschäftsfeld können verschiedene Strategien verfolgen, sodass ein Sanierungskonzept mehrere Einzelstrategien umfassen kann. In der betriebswirtschaftlichen Literatur finden sich eine Vielzahl von Ansätzen zur allgemeinen Strategieentwicklung, die hier nicht betrachtet werden sollen (z. B. *Ansoff* und *Porter*).

Restrukturierungsstrategien

Im Fokus der weiteren Betrachtung stehen Strategien zur Krisenbewältigung. Ausgangspunkt ist die weit verbreitete Systematisierung von *Müller*.[7] Dieser unterscheidet Strategien in den Dimensionen strategische Grundhaltung (offensiv und defensiv) und Tätigkeitsbereich (Marktwechsel und Marktbehauptung), was in den einzelnen Kombinationen (vgl. Abbildung 21) zu Aufgabe-, Konsolidierungs-, Diversifikations- oder Verdrängungsstrategien führt.

Eine *Aufgabestrategie* zielt auf den vollständigen Rückzug aus den bisher bedienten Märkten ab. Die Notwendigkeit dafür kann sowohl aus dem Ziel eines grundsätzlichen Ressourcenabbaus als auch aus der Umwandlung der Ressourcen zur Nutzung in anderen Bereichen resultieren.[8] Eine *Konsolidierungsstrategie* beinhaltet den Verbleib im bisherigen Markt auf einem niedrigeren Niveau, was durch partiellen Kapazitätsabbau, Bereinigung des Produkt-/Leistungsspektrums und Kostensenkungsprogramme erreicht werden kann, oder den Rückzug in eine Marktnische.[9] Die *Diversifikationsstrategie* umfasst die auf *Ansoff* (1984) basierende Strategie der Bearbeitung neuer Märkte mit neuen Produkten und Leistungen. Die *Verdrängungsstrategie* zielt auf die Erreichung einer

Abb. 21: Krisenbewältigungsstrategien

führenden Marktposition in angestammten Märkten oder eine Profilierung in ausgewählten Marktsegmenten.[10]

Darüber hinaus können Sanierungsstrategien in *Autonomie-* und *Kooperationsstrategien* unterschieden werden.[11] Während das Unternehmen bei der Autonomiestrategie die Sanierung aus eigener Kraft ohne Beteiligung Dritter versucht, wird bei Kooperationsstrategien explizit die Unterstützung Dritter bei der Existenzsicherung angestrebt. In einer Untersuchung bestätigten ca. 20 % der befragten Unternehmen, dass sie eine Kooperationsstrategie zur strategischen Krisenbewältigung verfolgen.[12] Diese Systematik kann auf alle in Abbildung 19 dargestellten Strategien zur Krisenbewältigung angewendet werden.

Strategieauswahl Die Strategieauswahl im Rahmen der Krisenbewältigung besitzt wesentliche Bedeutung, da damit der Handlungsrahmen für das operative Geschäft vorgegeben wird und eine Fehlentscheidung aufgrund der existenzbedrohenden Situation häufig nicht revidiert werden kann. In der Literatur findet sich eine Vielzahl von Empfehlungen, die nachfolgend verdichtet dargestellt werden:[13]

- Ausrichtung an den Stärken, da eine Beseitigung der Schwächen keinen nachhaltigen Erfolg verspricht,
- Orientierung an vergleichbaren Wettbewerbern,[14]
- Diversifikationsstrategien werden aufgrund der spezifischen Rahmenbedingungen der Unternehmenskrise als wenig erfolgreich erachtet.

Kall differenziert die strategischen Alternativen weiter in Geschäftsfeld- und Unternehmensstrategien.[15] Auf der Unternehmensebene ist aufgrund der Krisensituation häufig die Zusammensetzung des Geschäftsportfolios zu hinterfragen. Hierbei kommen drei Stoßrichtungen in Betracht:

- Desinvestition von Geschäftsfeldern durch Liquidation oder Verkauf,

5.3 Bedeutung der strategischen Restrukturierungsinhalte

- Investition in neue Geschäftsfelder durch Gründung oder Kauf,
- Beibehaltung des Geschäftsfeldmixes.

Auf der Geschäftsfeldebene zielen die Strategien auf eine Veränderung der Position im spezifischen Wettbewerbsgefüge. Dabei sind folgende Strategieansätze möglich, die an die Sanierungsstrategien von *Müller*[16] angelehnt sind, jedoch einen Bezug zur Kosten- und Ergebniswirkung aufweisen:

- Konsolidierung (Umsatz-/Leistungsrückgang bei stärkerem Kostenrückgang)
- Wachstumsstrategie (Umsatzsteigerung kompensiert Anstieg der variablen und sprungfixen Kosten)
- Stabilisierungsstrategie (Umsatz-/Leistungsstabilisierung bei Kostensenkung und Margenverbesserung)

Neben dieser Einteilung von Restrukturierungsstrategien existiert eine weitere Strukturierung, die nach strategischer Richtung, Wettbewerbsverhalten und Art der Marktbeeinflussung unterscheidet.[17] Ausgangspunkt sind Überlegungen zur zukünftigen Positionierung und zu Maßnahmen, wie diese erreicht werden kann. Abbildung 22 gibt einen Überblick zu den einzelnen Ebenen.

Abb. 22: Ebenen von Restrukturierungsstrategien

Auf einer ersten Ebene muss die *Strategierichtung* innerhalb des Marktes festgelegt werden. Dabei sind drei Optionen zu unterscheiden: (1) Beibehaltung der Marktposition, (2) Umpositionierung und (3) Neupositionierung. Die Beibehaltung der bestehenden Profilierung beim Verbraucher scheidet in der strategischen Krise aus. Eine Änderung ist unabdingbar. Allerdings kann beim Grad der Variation zwischen den beiden anderen Alternativen unterschieden werden. Bei der Umpositionierung wird lediglich die eigentliche Kernzielgruppe erweitert bzw. verlagert. Dazu gehört beispielsweise die Bearbeitung

Strategierichtung

von neuen Marktsegmenten mit bisherigen Produkten (Marktentwicklung). Die Neupositionierung sieht hingegen vor, eine völlig neue Zielgruppe anzusprechen. Beispielsweise kann sich ein Hersteller von Küchengeräten für den gewerblichen Bereich, der sich aufgrund von Verlusten in der strategischen Krise glaubt, entschließen, eine Produktpalette für private Haushalte anzubieten. Sofern bislang überhaupt keine konkrete Strategie ausformuliert und verfolgt wurde, ist diese zu entwickeln. Aber auch hier kann festgestellt werden, dass aufgrund der krisenbedingten mangelhaften Wettbewerbsposition eine Umpositionierung oder Neupositionierung notwendig ist.

Wettbewerbsverhalten

Auf der zweiten Ebene wird das *Wettbewerbsverhalten* festgelegt, also geklärt, wie zukünftig im Wettbewerbsfeld konkurriert werden soll. Dabei ist zum einen die Frage zu beantworten, ob den bekannten Regeln des Wettbewerbs defensiv gefolgt oder durch offensives Verhalten versucht werden soll, neue Regeln zu schaffen. Zum anderen muss festgelegt werden, ob im Gesamtmarkt oder in einem Teilmarkt konkurriert werden soll. Unabhängig von einer spezifischen Krisensituation lassen sich dabei vier mögliche Verhaltensweisen unterscheiden:

Marktführer versuchen ihre dominierende Stellung im Gesamtmarkt beizubehalten, indem sie den bisherigen Marktanteil erhalten oder steigern oder die Vergrößerung des Gesamtmarktes anstreben. Letztere Strategie scheint geeignet, da der Marktführer von einer Erweiterung des Gesamtmarktes (neue Verwender, neue Verwendungsmöglichkeiten, Steigerung der Verwendungsmenge) am meisten profitiert. Sofern jedoch keine Wettbewerber mit innovativen Strategien erwartet werden, ist es für den Marktführer zweckmäßiger, innerhalb der bestehenden Wettbewerbsregeln zu operieren (defensives Verhalten) und lediglich effizienter und effektiver zu werden.

Marktherausforderer versuchen, durch aggressives Verhalten Marktanteile im Gesamtmarkt zu gewinnen und den Marktführer herauszufordern. Dies kann – internes Wachstum vorausgesetzt – in der Regel nur gelingen, wenn der Marktherausforderer über kaufentscheidungsrelevante Wettbewerbsvorteile verfügt und mit diesen versucht, die Wettbewerbsregeln offensiv zu gestalten, d. h. zu ändern. Da sich bei einem Unternehmen in der Krise die Geschäftsfelder in der Regel nicht in der notwendigen starken Wettbewerbsposition befinden, ist dieser Verhaltensweise nicht zu folgen. Anders stellt sich die Situation für ein Krisenunternehmen dar, das über eine Innovation mit hohem Potenzial verfügt: Unter solchen Umständen kann diese Verhaltensweise durchaus als empfehlenswert betrachtet werden.

Marktmitläufer scheuen – trotz relativ hohen Anteils am Gesamtmarkt – das Risiko, den Marktführer direkt herauszufordern, da sie in der Regel nicht über genügend Wettbewerbsvorteile verfügen. Stattdessen streben sie die Erhaltung ihres Marktanteils an und bauen auf eine Beibehaltung des Status quo in der Branche. Aufgrund mangelnder Fähigkeiten oder Ressourcen folgen die Marktmitläufer den Wettbewerbsregeln defensiv und konzentrieren sich darauf, den Prozess der Leistungserstellung zu optimieren.

Marktnischenbearbeiter verfügen im Vergleich zu den großen Wettbewerbern über einen deutlich geringeren Marktanteil. Durch Konzentration auf ein Teilsegment des Marktes, das schon aufgrund des Volumens für große Anbieter unattraktiv ist, entziehen sie sich dem direkten Wettbewerb mit den großen Anbietern. Hierzu müssen die Nischenbearbeiter besondere Fähigkeiten entwickeln, die es ermöglichen, die spezielle Bedürfnisstruktur im Marktsegment zu befriedigen und rentabel zu arbeiten. Diese durch eine tendenziell defensive Verhaltensweise erreichbare Position kann ausgebaut bzw. direkt erreicht werden, wenn durch innovative (offensive) Strategien herkömmliche Regeln ausgesetzt werden. Durch das offensive Verhalten können Markteintrittsbarrieren aufgebaut oder die Grundlage für ein Marktsegmentwachstum und das damit verbundene Geschäftsfeldwachstum gelegt werden.

Auf der dritten Ebene, der *Art der Marktbeeinflussung*, wird zwischen Präferenz- und Preis-Mengen-Strategie unterschieden. Diese stellen Basisstrategien zur Profilierung bei den Abnehmern mittels eines Leistungs- oder Preisvorteils dar. In den extremen Ausprägungen soll entweder ein Leistungsvorteil (alle nicht-preislichen Parameter des Marketingmix) via Präferenzstrategie oder ein Preisvorteil via Preis-Mengen-Strategie erreicht werden. Zur Bestimmung der Restrukturierungsstrategien sind vor allem die Voraussetzungen zu beachten, die das Geschäftsfeld/Unternehmen erfüllen muss. Die Preis-Mengen-Strategie ist an kostenmäßige Voraussetzungen gebunden und setzt somit entsprechende Kostenstrukturen im Fertigungsbereich (Größendegression, Vermeidung von Rüstzeiten/-kosten etc.) sowie einen weitgehenden Verzicht auf Marketing- und Vertriebsaufwendungen voraus. Die Präferenzstrategie setzt hingegen zunächst ausreichende finanzielle Mittel voraus, um den in der Regel längere Zeit in Anspruch nehmenden Präferenzaufbau (überdurchschnittliche Qualität, Imageaufbau etc.) gewährleisten zu können.

<small>Marktbeeinflussung</small>

Auf dieser dritten Entscheidungsebene der Restrukturierung (Präferenz- oder Preis-Mengen-Strategie) sind Restriktionen zu beachten, die sich aus der Wahl auf der zweiten Ebene der Restrukturierungsstrategie ergeben. Auf der einen Seite kann die Preis-Mengen-Strategie tendenziell nur im Gesamtmarkt erfolgreich sein. Andererseits ist eine Präferenzstrategie nicht zwingend an die Bearbeitung eines Marktsegments (Teilmarktes) gebunden. Umgekehrt dürfte jedoch gelten, dass die Bearbeitung eines Marktsegments eine Präferenzstrategie voraussetzt.

Die Strategieauswahl im Rahmen der Krisenbewältigung hat wesentliche Bedeutung, da damit der Handlungsrahmen für das operative Geschäft vorgegeben wird und eine Fehlentscheidung aufgrund der existenzbedrohenden Situation häufig nicht revidiert werden kann.

5.3.4.3 Revitalisierung des Geschäftsmodells

Jede strategische Restrukturierung muss, nachdem die kurz- und mittelfristigen Bausteine erfolgreich waren, d.h. die Existenz und die Wettbewerbsfähigkeit (im Sinne einer wieder profitablen Geschäftsentwicklung) des Unternehmens erhalten werden konnten, auch die Frage nach dem Geschäftsmodell auf die Agenda setzen: Ist das aktuelle Geschäftsmodell in strategischer Hinsicht zukunftstauglich? Oder bedarf es auch einer Restrukturierung des Geschäftsmodells?

<small>Geschäftsmodell</small>

5 Strategisches Restrukturierungskonzept

Abbildung 23 zeigt, dass sich jedes Geschäftsmodell grundsätzlich aus zwei Faktoren ergibt: dem Nutzenmodell (Value Proposition) und dem operativen Betriebsmodell (Operating Model).

Abb. 23: Dimensionen eines Geschäftsmodells

Nutzenmodell
Operatives Betriebsmodell

Das operative Betriebsmodell eines Unternehmens setzt sich aus den Bausteinen der spezifischen Wertschöpfungskette des Unternehmens, seiner Kostenstruktur und der Organisation zusammen. Dies sind die institutionellen und finanziellen Voraussetzungen für den spezifischen Nutzen, den ein Unternehmen zu bieten hat. Die unternehmensspezifische „Value Proposition" benennt die Zielmärkte, also die Kundengruppen und Märkte, die das Unternehmen bedienen möchte, gibt das Produkt- bzw. Serviceportfolio des Unternehmens an und beruht auf einem definierten Ertragsmodell, auf dessen Basis das Unternehmen sein Geld erwirtschaftet.

Erfolgreiche Geschäftsmodelle sind nichts Statisches. Geschäftsmodelle müssen sich vielmehr im Spannungsfeld dynamischer Faktoren bewähren (vgl. Abbildung 24). Veränderte Wettbewerbsbedingungen können zu einer neuen Wettbewerbssituation führen. Beispielsweise kann ein verändertes Kundenverhalten dazu führen, dass bestimmte Produkte/Services nicht mehr nachgefragt werden und die Kundenwünsche von den bestehenden Produkten/Services nicht erfüllt werden. Oder neue politische Rahmenbedingungen gefährden eine ganze Branche in ihrer Existenz. Man denke an die politischen Unsicherheiten für die Betreiber von Atomkraftwerken in Deutschland. Neue technologische Entwicklungen beeinflussen – mitunter sogar in schockartiger Weise – laufend das Geschäftsmodell, wie etwa die Voice-over-IP-Telefonie.

5.3 Bedeutung der strategischen Restrukturierungsinhalte

Abb. 24: Herausforderungen an Geschäftsmodelle

Auf alle diese dynamischen Faktoren muss das Geschäftsmodell eine in die Zukunft weisende Antwort finden. Insofern muss ein zukunftsfähiges Geschäftsmodell häufig mit etablierten Ansätzen brechen. Eine Strategie des „Weiter so!" bedeutet in einem von dynamischen Veränderungen geprägten Umfeld das sichere „Aus" für ein Unternehmen, denn Geschäftsmodelle haben eine begrenzte Lebensdauer. Innovationen des Geschäftsmodells hingegen schaffen, wie der nächste Abschnitt belegt, nachhaltigen Mehrwert.

Seit einigen Jahren wird die Bewertung der Tragfähigkeit des Geschäftsmodells noch um den Einfluss der Digitalisierung erweitert. Darunter sind zwar die bereits genannten Faktoren überwiegend subsummiert, dennoch ist die Kombination aus technologischer Veränderungsgeschwindigkeit und neuartiger Wettbewerbslandschaft in ihrer Wirkung auf die bestehenden Geschäftsmodelle signifikant. Insofern bedarf es auch einer fokussierten Überprüfung im Rahmen des Restrukturierungskonzeptes. Einen vereinfachten Überblick über die Wirkungsebenen der Digitalisierung zeigt Abbildung 25. Auf eine vertiefte Betrachtung der Digitalisierung soll an dieser Stelle verzichtet werden. Vielmehr erscheint es sinnvoller die Herausforderungen für die Restrukturierung in diesem Kontext herauszustellen. Zusammenfassend ergeben sich 3 Kernfragen:

Digitalisierung

1. Wie hoch ist der **potenzielle zukünftige Einfluss der Digitalisierung** auf die jeweilige Industrie?
2. Wie hoch ist die relative **digitale Reife** des zu restrukturierenden Unternehmens innerhalb der Industrie?
3. Über welche **digitalen Ressourcen** verfügt das zu restrukturierende Unternehmen oder muss es zukünftig verfügen?

Die Beantwortung dieser Fragen hat auf allen Ebenen des Restrukturierungskonzeptes Konsequenzen für die Maßnahmenausrichtung; und wird – wie die

Erfahrungen aus der Praxis zeigen – zu zusätzlichen finanziellen Erfordernissen führen

Abb. 25: Wirkungsebenen der Digitalisierung

5.3.5 Mehrwert durch strategische Restrukturierung

Restrukturierungs-Mehrwert

Die zukunftsgerichtete strategische Neuausrichtung des Unternehmens schafft einen Restrukturierungs-Mehrwert. Der oben erwähnte Dreiklang aus kurz-, mittel- und langfristigen Bausteinen, aus dem sich jede Restrukturierungsstrategie idealerweise zusammensetzt, sichert nicht nur in einem ersten Schritt die Existenz und Fortführung eines Unternehmens. Durch Restrukturierung eines Unternehmens gelingt es im besten Falle auch, das Niveau der Wettbewerber einzuholen und diese dann zu überholen. Restrukturierung sollte die vergangenen Fehler eines Unternehmens also nicht nur beheben, um den Status quo wieder zu etablieren. Die erfolgreiche Restrukturierung eines Unternehmens sichert vielmehr dessen Zukunftsfähigkeit, indem sie strategische Fragestellungen frühzeitig anspricht – entweder auf der Ebene des Geschäftsmodells, der Geschäftsausrichtung oder auf der Ebene der Geschäftsinnovation – und dadurch einen spezifischen Restrukturierungs-Mehrwert schafft.

Die in Abbildung 26 dargestellte These lässt sich durch verschiedene empirische Studien bestätigen. So zeigen die Untersuchungen von *Lafrenz*[18], dass bei dem von ihm ausgewählten Sample von Unternehmen, die in den vorangehenden zwei Jahren Restrukturierungsprozesse durchliefen, jene Unternehmen, die sich sowohl auf die strategische Neuausrichtung als auch auf Kostensenkungsmaßnahmen konzentriert hatten, am Kapitalmarkt stets besser abschnitten als

5.3 Bedeutung der strategischen Restrukturierungsinhalte

Abb. 26: Restrukturierungs-Mehrwert

Unternehmen, die den Schwerpunkt ihrer Restrukturierungsmaßnahmen allein auf den Bereich der Kostensenkungen gelegt hatten.

Diese Differenz in der Performance am Kapitalmarkt zwischen den beiden Restrukturierungstypen zeigt sich dabei sowohl für am Kapitalmarkt hervorragend notierte Unternehmen als auch für Unternehmen, die am Kapitalmarkt eine durchschnittliche Performance zeigten: Nach den Untersuchungen von *Lafrenz* verzeichneten die „Top 20" der von ihm analysierten Unternehmen, die Restrukturierung nur als Kostensenkung begriffen hatten, zwei Jahre nach der Restrukturierung einen Wertzuwachs von 245 %. Diejenigen Unternehmen aber, die sowohl Kosten senkten als sich auch strategisch neu ausrichteten, wuchsen im gleichen Zeitraum an der Börse um 483 %.

In der Kategorie der durchschnittlichen „Performer" zeigte sich nach *Lafrenz* bei der Fraktion der alleinigen Kostensenker innerhalb von zwei Jahren ein Wertzuwachs von 54 %, bei der Unternehmensgruppe der „strategischen Restrukturierer" in den ersten zwei Jahren eine Wertsteigerung von 136 %.[19]

Diese Zahlen bestätigen sich tendenziell auch durch von *The Boston Consulting Group* durchgeführte Untersuchungen. In einer auf der Analyse der 2.500 weltweit größten Unternehmen beruhenden Studie verglich *The Boston Consulting Group* die „Total Shareholder Return"-Entwicklung von Prozess- und Produktinnovatoren gegenüber Geschäftsmodell-Innovatoren, und zwar für drei Zeitpunkte: drei, fünf und zehn Jahre nach der Durchführung von Restrukturierungsmaßnahmen. Wie Abbildung 27 verdeutlicht, erweist sich erneut die These von einem spezifischen Restrukturierungs-Mehrwert als richtig.[20]

Wertsteigerung

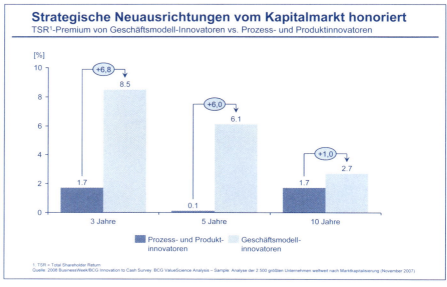

Abb. 27: Bewertung strategischer Restrukturierung

5.4 Strategische Erfolgsfaktoren

Wie zu Beginn dieser Ausführungen konstatiert, ist die Bewältigung von Unternehmenskrisen eine der schwierigsten und anspruchsvollsten Managementaufgaben. Aufgrund der Heterogenität und Komplexität der individuellen Krisensituationen kann es keine Patentrezepte zur Überwindung von Krisen geben. Entscheidend für den Erfolg sind die Kenntnis der strategischen und operativen Krisenursachen und eine realistische Einschätzung des verbleibenden Handlungsspielraums (vor dem Hintergrund der Branchenregeln). Erst dieses Wissen ermöglicht ein wirksames Gegensteuern.

Erfolgsfaktoren Aus langjähriger Praxiserfahrung lassen sich die folgenden fünf Faktoren als die entscheidenden strategischen Erfolgsfaktoren darstellen, wobei diese Faktoren in einer starken wechselseitigen Beziehung stehen:

- ambitionierte Ziele (inkl. Targeting) setzen und darin strategisch relevante Faktoren berücksichtigen,
- Überprüfung der strategischen Ausrichtung als Grundlage für die Krisenursachenanalyse definieren,
- Fokus der strategischen Neuausrichtung auf die Revitalisierung des Geschäftsmodells legen,
- harte und schnelle Implementierung der strategischen Maßnahmen aufgrund langfristig wirkender Ergebniseffekte sicherstellen,
- Finanzierung der strategischen Maßnahmen ausreichend in der Geschäftsplanung berücksichtigen.

Anmerkungen

[1] Eine präzise Definition des Restrukturierungsbegriffs findet sich in dem von Krystek/Moldenhauer herausgegebenen *Handbuch Krisen- und Restrukturierungsmanagement* im Beitrag von Karl-J. Kraus: „In der betriebswirtschaftlichen Literatur wird die Restrukturierung als Summe aller finanzwirtschaftlichen, leistungswirtschaftlichen und rechtlich-organisatorischen Maßnahmen bezeichnet, durch die das Leistungspotenzial wieder aufgebaut bzw. optimal ausgeschöpft und eine existenzerhaltende Rentabilität erreicht wird." S. 237 ff.

[2] Für diese dynamische Bestimmung des Verbesserungsbedarfs siehe auch Ralf Moldenhauer, *Krisenbewältigung in der New Economy. Sanierungsansätze und Handlungsempfehlungen für Gründungs- und Wachstumsunternehmen*, Wiesbaden 2004.

[3] Vgl. Urteil vom 12.05.2016 – IX ZR 65/14 (OLG Düsseldorf)

[4] Es sei hier auf einschlägige Quellen verwiesen, z. B. Ansoff (1984), Porter 1980) oder (1985) u. a. m.

[5] Vgl. z. B. Klaus Stadlbauer, *Der Ablauf erfolgreicher Sanierungen*, Graz 1991, S. 92; Sven-E. Gless/Joachim Schwalbach, *Sanierung von Unternehmen der Treuhandanstalt*, Forschungsbericht Nr. 93-1 des Instituts für Management, Humboldt-Universität zu Berlin, 1993, S. 8.

[6] Vgl. Dietrich Dörner, Sanierungsprüfung, in: Wolfgang Dieter Budde (Hg.), *WP-Handbuch. Handbuch für Rechnungslegung, Prüfung und Beratung*, Band 2, 10. Auflage, Abschnitt F, Düsseldorf 1992, S. 206–332, hier S. 218.

[7] Müller, 1986, S. 93.

[8] Vgl. Stadlbauer, 1991, S. 97; Müller, 1986, S. 94.

[9] Vgl. Harald Hess/Dietrich Fechner, *Sanierungshandbuch*, 2. Auflage, Neuwied 1991.

[10] Vgl. Müller, 1986, S. 97.

[11] Vgl. zu den Motiven, Rahmenbedingungen und Problemfeldern die ausführliche Darstellung bei Ulrich Krystek, *Unternehmenskrisen. Beschreibung, Vermeidung und Bewältigung überlebenskritischer Prozesse in Unternehmungen*, Wiesbaden 1987, S. 222 ff.

[12] Anja Bergauer, *Erfolgreiches Krisenmanagement in der Unternehmung. Eine empirische Analyse*, Berlin 2001, S. 126.

[13] Z. B. Ulrich Krystek, Gefahren bei der Rettung von Unternehmungen. Woran Sanierungen scheitern können, in: *zfo*, 60. Jg., Nr. 5, 1991, S. 331–337, hier S. 336; Hess/Fechner, 1991, S. 187; Stadlbauer, 1991, S. 105.

[14] Hier bestehen teilweise Bedenken, dass dies keine ausreichende Differenzierung biete und durch konformes Wettbewerbsverhalten nur Pattsituationen entstehen könnten. Vgl. z. B. Müller, 1986, S. 179.

[15] Vgl. Florian Kall, *Controlling im Turnaround-Prozeß. Theoretischer Bezugsrahmen, empirische Fundierung und handlungsorientierte Ausgestaltung einer Controlling-Konzeption für den Turnaround-Prozeß*, Frankfurt am Main 1999, S. 106 ff.

[16] Vgl. Müller, 1986.

[17] Vgl. Sven-Erik Gless, *Unternehmenssanierung: Grundlagen – Strategien – Maßnahmen*, Wiesbaden 1996, S. 113–141; Torsten Tomczak, *Situative Marketingstrategien: Grundsatzstrategien für „Dogs"*, Berlin, 1989

[18] Vgl. dazu insgesamt die Darstellung von Karsten Lafrenz, *Shareholder Value-orientierte Sanierung. Ansatzpunkte und Wertsteigerungspotenzial beim Management von Unternehmenskrisen*, Wiesbaden 2004.

[19] Vgl. dazu insgesamt die Darstellung von Lafrenz, 2004.

[20] The Boston Consulting Group/BusinessWeek, *Innovation to Cash Survey*, 2008.

6 Leistungswirtschaftliche (operative) Sanierung
von Henning Werner und Harald Balzer

Das Leitbild des sanierten Unternehmens beschreibt die Konturen eines Unternehmens, das in wirtschaftlicher Hinsicht mindestens eine nachhaltige durchschnittliche branchenübliche Rendite und Eigenkapitalquote aufweist.[1] Damit umfasst das Leitbild auch die angestrebte strategische Positionierung des Unternehmens. Zur Realisierung von Wettbewerbsvorteilen muss ein Unternehmen im Vergleich zur Konkurrenz bestimmte Alleinstellungsmerkmale aufweisen. Diese können z.B. in Produkteigenschaften oder in Preisvorteilen liegen (Differenzierung vs. Kostenführerschaft). Zielgerichtete Sanierungsmaßnahmen sind am Leitbild und der darin festgelegten strategischen Positionierung zu orientieren.

Ist das Leitbild und damit die strategische Ausrichtung des sanierten Unternehmens definiert, müssen die

- finanzwirtschaftlichen
- leistungswirtschaftlichen
- personalwirtschaftlichen sowie
- rechtlichen und organisatorischen

Voraussetzungen geschaffen werden, um das anvisierte Leitbild zu erreichen.

Nachhaltige Sanierung
Die nachhaltige operative Sanierung eines Unternehmens, die sich nicht primär auf die Restrukturierung der Passivseite der Bilanz beschränkt, ist eine komplexe Aufgabe, die alle Unternehmensaktivitäten und -funktionen einbeziehen muss.

Wertschöpfungskette
In Abbildung 28 sind die betrieblichen Wertschöpfungsaktivitäten und die damit verbundenen zentralen Funktionsbereiche in einer Wertkette dargestellt. Im Rahmen der leistungswirtschaftlichen Sanierung sind sämtliche Bereiche der Wertschöpfungskette im Hinblick auf Sanierungs-/Optimierungsmöglichkeiten zu untersuchen.

Abb. 28: Wertschöpfungskette (eigene Darstellung)

6 Leistungswirtschaftliche (operative) Sanierung

Nachfolgend werden ausgewählte Sanierungsmaßnahmen in den einzelnen Funktionsbereichen der in vorstehender Abbildung dargestellten Wertschöpfungskette vorgestellt. Eine entsprechende Darstellung kann niemals vollständig sein, d. h. es können nicht alle im Rahmen der leistungswirtschaftlichen Sanierung denkbaren Maßnahmen an dieser Stelle behandelt werden. Die dargestellten Maßnahmen wurden aufgrund ihrer generell hohen Bedeutung in der Praxis ausgewählt. Neben den sanierungsspezifischen Maßnahmen gilt es natürlich auch, in jedem Funktionsbereich die Aufbau- und Ablauforganisation zu analysieren und zu verbessern sowie ein geeignetes Bereichscontrolling aufzubauen. Die Maßnahmen Optimierung der Aufbau- und Ablauforganisation sowie Etablierung eines geeigneten Bereichscontrollings gelten für alle Funktionsbereiche und werden daher nicht in jedem folgenden Unterkapitel wiederholt aufgeführt.

Das Erfolgspotenzial der nachfolgend aufgezeigten Maßnahmen hängt von der spezifischen Situation des Krisenunternehmens ab, insbesondere davon, inwieweit das Potenzial aus den einzelnen Maßnahmen in der Vergangenheit bereits ausgeschöpft worden ist oder nicht.

Liquidität vor Rentabilität Im Hinblick auf die Frage der Priorisierung von Maßnahmen ist neben dem Wertbeitrag (Liquiditäts- oder Ergebnispotenzial) und der Fristigkeit, d. h. der Zeitdauer bis die Maßnahmen ihre Wirkung entfalten, auch das jeweilige Krisenstadium zu berücksichtigen. In dem weit fortgeschrittenen Stadium der Liquiditätskrise ist ein besonderer Fokus bzw. eine hohe Priorität auf Maßnahmen zur Liquiditätssicherung und -verbesserung zu legen. In dieser Phase wird in der Regel gemäß dem Motto „Liquidität vor Rentabilität" gehandelt. In diesem Stadium liegt somit der Schwerpunkt auf Sofortmaßnahmen zur Existenzsicherung. Ist die Zahlungsfähigkeit sichergestellt, werden Sanierungsmaßnahmen, die auf Ergebnisverbesserung ausgerichtet sind, stärker im Vordergrund stehen.

6.1 Forschung und Entwicklung (F&E)

Im Bereich F&E werden die zukünftigen Produkte oder Leistungen entwickelt sowie deren zukünftige Herstellkostenstruktur zu einem hohen Anteil festgelegt. Der Bereich der F&E hat somit für die Zukunftssicherung eines Unternehmens eine zentrale Bedeutung. Die Hauptkosten in diesem Bereich fallen für Personal und Sachmittel (Hard- und Software, Prüfstände usw.) an. Sanierungsmaßnahmen in diesem Bereich müssen vor allem darauf ausgerichtet sein, kundenorientierte und wirtschaftlich tragfähige neue Produkte als Zukunftsträger zu schaffen, Liquiditätsabflüsse (z. B. in Form von Personal- und Sachkosten) für nicht zukunftsweisende Projekte zu vermeiden sowie die Effektivität und Effizienz von F&E zu steigern.

Im Bereich F&E sind regelmäßig folgende Maßnahmen von Bedeutung:

a) Formulierung einer zukunftsweisenden F&E-Strategie und Neubewertung aller laufenden F&E-Projekte
b) Verbesserung der Kunden- und Herstellkostenorientierung in der F&E
c) Verbesserung des Projektmanagements

a) Formulierung einer zukunftsweisenden F&E-Strategie und Neubewertung aller laufenden F&E-Projekte

Ausgehend von dem Leitbild des sanierten Unternehmens und der sich daraus ergebenden Leistungsfähigkeit ist abzuleiten, wie hoch das F&E-Budget in der Zukunft ausfällt. Vor dem Hintergrund dieser zukünftigen Leistungsfähigkeit ist die Entscheidung darüber zu treffen, in welchem Umfang F&E-Projekte weiterverfolgt werden sollen. *F&E-Strategie*

Das Leitbild gibt Antwort auf die Frage, mit welchen Produkten bzw. Technologien das Unternehmen zukünftig am Markt bestehen will. Die Entscheidung, welche F&E-Projekte weiterverfolgt werden sollen, ist vor dem Hintergrund dieser strategischen Positionierung zu treffen.

Alle F&E-Projekte sind in der Sanierung dahingehend zu überprüfen, inwieweit sie mit dem neu definierten Unternehmensleitbild, d.h. der neu definierten strategischen Ausrichtung, übereinstimmen, an den Markt- und Kundenbedürfnissen sowie an den Marktpotenzialen ausgerichtet sind. Auch muss geklärt werden, ob die Business Pläne für die in der Entwicklung befindlichen Projekte wirtschaftlich tragfähig sind, d.h. einen Beitrag dazu leisten, dass das Unternehmen zukünftig eine nachhaltige durchschnittliche branchenübliche Rendite und Eigenkapitalquote erreichen wird. Projekte, die diese Anforderungen nicht erfüllen, sind zu beenden, um Liquiditätsabflüsse zu vermeiden.

b) Verbesserung der Kunden- und Herstellkostenorientierung in der F&E

Vielfach ist in der Praxis eine mangelhafte Kommunikation der F&E-Abteilung mit anderen Funktionsbereichen wie Vertrieb, Kundendienst, Produktion, Einkauf, Finanzen usw. zu beobachten. Dieses Abstimmungsdefizit führt zu einer unzureichenden Kunden- und Herstellkostenorientierung in der F&E.

Eine mangelhafte Kundenorientierung drückt sich darin aus, dass Produkte schlichtweg in einem zu geringen Maße an den Markt- und Kundenbedürfnissen ausgerichtet sind. Zur Verbesserung der Kundenorientierung können folgende Maßnahmen umgesetzt werden: *Kundenorientierung*

- Durchführung von Kundenbefragungen sowie systematischen Markt- und Wettbewerbsanalysen im Vorfeld von F&E-Projekten
- Gezielte Einbindung der im Vertrieb bekannten Marktbedürfnisse
- Systematische Auswertung von Kundenreklamationen und -hinweisen
- Einbindung von Schlüsselkunden in die Entwicklung

Eine mangelhafte Herstellkostenorientierung drückt sich darin aus, dass Aspekte der zukünftigen Herstellung der Produkte (z.B. Fertigungs- und Montageaspekte) häufig unzureichend im Entwicklungsprozess Beachtung finden. Dies ist umso dramatischer, als ein Großteil der zukünftigen Herstellkosten in der Entwicklung determiniert werden, indem sich beispielsweise aus dem Produktdesign ergibt, wie der Montage- und Fertigungsprozess auszugestalten ist und welche Materialien zum Einsatz kommen. Zur Verbesserung der Herstellkostenorientierung in der F&E ist eine frühzeitige Abstimmung zwischen der Entwicklung, der Fertigung sowie dem Einkauf von größter Bedeutung. *Herstellkostenorientierung*

c) Verbesserung des Projektmanagements

Auch für Entwicklungsprojekte gilt, dass klare Ziel-, Zeit- und Kostenvorgaben definiert sein müssen. Dies ist jedoch in Krisenunternehmen häufig nicht der Fall. Insofern ist es regelmäßig erforderlich, ein klares Projektmanagement im F&E-Bereich einzuführen. Für jedes F&E-Vorhaben muss ein Projektplan aufgebaut werden, der die Grundlage für ein zukünftiges Projektcontrolling darstellt. Diese Projektpläne sollten Meilensteine beinhalten, und Projektbudgets sind an die Erreichung dieser Meilensteine zu knüpfen.

6.2 Einkauf und Beschaffung

In vielen Unternehmen, insbesondere im produzierenden Gewerbe, spielen die Materialkosten im Verhältnis zum Umsatz eine beträchtliche Rolle. Im verarbeitenden Gewerbe betrug die durchschnittliche Materialaufwandsquote im Jahr 2014 56,7 % und stellt somit den mit Abstand größten Kostenblock dar.[2] Insofern spielt der Einkauf eine zentrale Rolle für den Gesamtunternehmenserfolg. Sanierungsmaßnahmen in diesem Bereich werden vor allem darauf ausgerichtet sein, die Materialaufwandsquote zu senken.

Im Bereich Einkauf/Beschaffung sind regelmäßig folgende Maßnahmen von Bedeutung:

a) Volumenbündelung und Reduktion der Anzahl an Lieferanten
b) Verbesserung von Einkaufskonditionen durch Benchmarking
c) Erhöhung des Beschaffungsvolumens aus Niedriglohnländern (Sourcing in Low-cost-countries)
d) Einsatz günstiger Substitutionsmaterialien
e) Outsourcing

a) Volumenbündelung und Reduktion der Anzahl an Lieferanten

Ziel der Bündelung von Einkaufsvolumina ist es, Skaleneffekte beim Lieferanten zu schaffen (z. B. bessere Maschinen- und Betriebsmittelauslastung, bessere Einkaufspreise usw.) und dadurch selbst günstigere Preise zu erzielen. Eine entsprechende Volumenbündelung kann auch mit einer Reduktion der Lieferantenanzahl einhergehen, die wiederum zu einer Verringerung des Verwaltungsaufwands und damit zu einer Kosteneinsparung führt. Als Kehrseite der Volumenbündelung ist jedoch zu berücksichtigen, dass der Grad der Abhängigkeit von einzelnen Lieferanten möglicherweise ansteigt.

b) Verbesserung von Einkaufskonditionen durch Benchmarking

In der Praxis kann häufig beobachtet werden, dass beispielsweise unterschiedliche Produktionsstandorte oder Tochtergesellschaften zum Teil gleiche oder ähnliche Zukaufteile zu unterschiedlichen Preisen und Zahlungsbedingungen (Skontohöhe und -fristen, Rabattstaffeln usw.) beziehen. Auf Basis eines internen Benchmarkings sind die jeweiligen Einkaufskonditionen für alle bezogen Produkte und Leistungen zu vergleichen. Dabei ist nach der 80/20-Regel vorzugehen. Die 80/20-Regel drückt den in der Praxis häufig zu beobachtenden Zusammenhang aus, dass 80% des Materialaufwands in Zusammenhang mit nur 20% der Zukaufteile entsteht. Vor diesem Hintergrund sollte im Sinne einer pragmatischen Vorgehensweise die Priorität zunächst auf die 20% derjenigen Zukaufteile gelegt werden, die den größten Aufwand verursachen.

> **Praxisbeispiel:**
>
> Ein mittelständischer Automobilzulieferer verfügte über vier Produktionsstandorte in Europa, die als eigenständige Tochtergesellschaften organisiert waren. Jede dieser Tochtergesellschaften organisierte ihren Einkauf in der Vergangenheit selbst. Nach eingehender Analyse der Einkaufspreise und Zahlungskonditionen konnten z. T. Abweichungen bis zu 30% bei den Einkaufspreisen festgestellt werden. Durch eine Harmonisierung der Preise und Zahlungskonditionen war es gelungen, erhebliche Einsparungen zu erzielen.

c) Erhöhung des Beschaffungsvolumens aus Niedriglohnländern (Sourcing in Low-cost-countries)

Insbesondere bei Artikeln, zu deren Herstellung ein hoher manueller Aufwand erforderlich ist, kann der Bezug aus Niedriglohnländern zu erheblichen Kosteneinsparungen führen. Das Portfolio ist dahingehend zu überprüfen, bei welchen Artikeln das vorteilhaft sein könnte. Die Entscheidung, ob ein Sourcing in einem Niedriglohnland sinnvoll ist, hängt letztendlich maßgeblich von der Preisgestaltung, der Liefertreue und Qualität des Lieferanten, den verfügbaren Kapazitäten sowie den Logistikkosten ab.

Erhöhung des Beschaffungsvolumens aus Niedriglohnländern

> **Praxisbeispiel:**
>
> Die Analyse des Bezugsportfolios eines Automobilzulieferers ergab, dass eine Vielzahl von Aludruckgussteilen eingekauft wurde. Um diese Aludruckgussteile gratfrei zu fertigen, war ein hoher manueller Nacharbeitsaufwand erforderlich. Bislang wurden diese Teile von einem Lieferanten in Deutschland bezogen. Die Verlagerung dieser Artikel zu einem Lieferanten in Tschechien führte zu einer signifikanten Einsparung.

d) Einsatz günstiger Substitutionsmaterialien

Ist erst einmal ein Material in der Produktion freigegeben, findet erfahrungsgemäß bei vielen Unternehmen keine routinemäßige Überprüfung mehr statt, ob ggf. günstigere Materialien existieren oder neu auf den Markt kommen, die ebenfalls geeignet wären, die Spezifikationsanforderungen zu erfüllen. Dies ist u. a. darin begründet, dass zur Klärung der Frage, ob ein Alternativmaterial geeignet ist, es in der Regel nicht ausreicht, die technischen Eigenschaften eines Materials den Materialdatenblättern zu entnehmen, sondern es sind zeitaufwendige Bemusterungen in der Produktion erforderlich. Um die Eignung eines neuen Materials zu beurteilen, müssen Einkauf, Produktion, Prozess- und Anwendungstechnik sowie Qualitätssicherung Hand in Hand arbeiten. Gleich-

Einsatz günstiger Substitutionsmaterialien

wohl kann der Einsatz günstigerer Substitutionsmaterialien zu signifikanten Einspareffekten führen, sodass bestehende Optionen zu prüfen sind.

Dabei ist jedoch zu berücksichtigen, dass – sofern Materialspezifikationen vom Kunden vorgegeben sind – der Einsatz neuer, durchaus auch gleichwertiger Materialien, vom Kunden zunächst freigegeben werden muss. Bei der Planung von Einspareffekten, die aus einer Umstellung auf technisch gleichwertige aber kostengünstigere Materialien resultieren sollen, ist daher zum einen die für die Bemusterung beim Kunden notwenige Zeitdauer mit einzuplanen. Zum anderen ist zu berücksichtigen, dass die Kunden in der Regel an der durch die Umstellung realisierten Einsparung anteilig partizipieren wollen.

e) Outsourcing

Outsourcing

Beim Outsourcing geht es um die grundsätzliche Frage der Eigenfertigung oder des Fremdbezugs (make or buy). Dabei werden die Kosten der Eigenfertigung mit den Kosten des Fremdbezugs verglichen. Outsourcing kann sich unmittelbar auf einzelne Wertschöpfungsstufen im Fertigungsprozess (z. B. Montage) oder auf zentrale Dienstleistungen (Buchführung, Instandhaltung, usw.) beziehen. Im Rahmen von Sanierungsmaßnahmen ist zu überprüfen, ob durch Outsourcing Kosteneinsparungen erzielt werden können.

Dabei ist jedoch zu berücksichtigen, dass Kapazitätsanpassungen im Personalbereich, d. h. der Abbau von Mitarbeitern im Zuge der Auslagerung von Aktivitäten, mit Kosten z. B. für Abfindungszahlungen verbunden sind. Diese Anpassungskosten sind im Rahmen der Sanierungsplanung zu berücksichtigen.

> **Praxisbeispiel:**
>
> Ein Automobilzulieferbetrieb fertigte u. a. lackierte Kunststoffteile. Das Lackiervolumen war allerdings so gering, dass die Lackieranlage nur noch wenige Stunden am Tag betrieben wurde. Das An- und Abfahren der Lackieranlage verursachte hohe Kosten für Energie (Vorheizen), Personal (Reinigung) usw., sodass ein wirtschaftlicher Betrieb für wenige Stunden am Tag nicht möglich war. Vor diesem Hintergrund konnten durch das Outsourcing des Lackiervolumens erhebliche Kosteneinsparungen erzielt werden.

6.3 Produktion und Logistik

Der Bereich Produktion und Logistik ist in der Sanierung von besonderer Bedeutung, da bei produzierenden Unternehmen in diesem Bereich regelmäßig der größte Anteil der im Unternehmen anfallenden Kosten begründet wird. Diese Kosten entstehen vor allem durch den Einsatz kapitalintensiver Maschinen und Anlagen, den Einsatz von Personal sowie dem Handling und Verbrauch von Material.

Sanierungsmaßnahmen im Bereich Produktion und Logistik umzusetzen, stellt eine besondere Herausforderung dar, da aufgrund der Krise unter sowieso schon erschwerten Bedingungen Lieferfähigkeit und Qualität aufrecht erhalten werden müssen und parallel im Rahmen der Sanierung Kosteneinsparmaßnahmen (Personalabbau, Effizienzsteigerung, usw.) umzusetzen sind. Da die Liefertreue und Qualität aber unmittelbare Auswirkungen auf die Kundenzufriedenheit haben, ist hierauf ein besonderes Augenmerk zu richten.

Sanierungsmaßnahmen in diesem Bereich müssen vor allem auf folgende Maßnahmen hin ausgerichtet werden:

a) Anpassung der Führungs- und Personalstruktur
b) Senkung der Materialeinsätze
c) Steigerung der Gesamtanlageneffektivität (GAE) bzw. Overall Equipment Effectiveness (OEE)
d) Reduktion der Material- und Vorratsbestände sowie der Durchlaufzeiten
e) Verbesserung der Maschinen- und Mitarbeiterauslastung
f) Sonstige Maßnahmen

a) Anpassung der Führungs- und Personalstruktur

Um im Rahmen einer Restrukturierungs- oder Sanierungsmaßnahme die Potenziale der Organisation bezüglich der Personalkapazitäten zu ermitteln, muss im ersten Schritt eine Personalstrukturanalyse durchgeführt werden. Aufbauend auf dieser Grundlage werden die Ressourcen wie in den folgenden Schritten beschrieben angepasst und deren Effizienz gesteigert.

Anpassung der Führungs- und Personalstruktur

Bei der Personalstrukturanalyse wird zwischen folgenden Personalkategorien unterschieden: „Direkt", „Indirekt" und „Overhead". Die direkten Ressourcen sind direkt an dem Wertschöpfungsprozess beteiligt. Darunter fallen Tätigkeiten wie z. B.: Drehen, Schweißen, Stanzen, Montieren oder Installieren. Unter den indirekten Mitarbeitern sind die Führungskräfte der direkten und indirekten Bereiche angesiedelt, sowie Auftragsmanagement, Qualitätswesen, Instandhaltung, Werkzeugbau oder die Arbeitsvorbereitung. Die Kategorie „Overhead" umfasst Positionen wie die Werk-/Geschäftsführung, den Vertrieb, den kaufmännischen Bereich (Finanzen, Controlling, HR, IT und Einkauf), Betriebsrat und die Entwicklungsabteilung. Bei Sanierungsmaßnahmen in den Bereichen Produktion und Logistik sind nur die Personalkategorien direkt und indirekt von Relevanz.

Personalstrukturanalyse

Die Personalstrukturanalyse schafft Transparenz bezüglich der Führungsebenen, der Führungsspanne einer Organisation und den dazugehörigen Sonderfunktionen wie Stabs- und Projektstellen. Insbesondere müssen im Rahmen einer Sanierungsmaßnahme die Führungsebenen und die Führungsspannen kritisch durchleuchtet werden. Oft lässt sich in der Praxis bei Krisenunternehmen feststellen, dass das Verhältnis von direkten Mitarbeitern zu indirekten Mitarbeitern unausgewogen ist. In diesen Fällen zeigt das Verhältnis auf, dass der Anteil an indirekten Mitarbeitern stark überwiegt. Um in dieser Situation einen aussagekräftigen Anhaltspukt zur Einleitung weiterer Maßnahmen zu erhalten, muss ein Benchmarking mit dem direkten Wettbewerb durchgeführt werden.

Führungsstruktur kritisch durchleuchten

> **Praxisbeispiel:**
>
> Die verschärfte Wettbewerbssituation und der daraus resultierende Preiskampf war der Anlass bei einem Automobilzulieferer für präzise und gleichzeitig hoch feste Teile eine Restrukturierungsmaßnahme im Bereich der Organisations- und Führungsstruktur durchzuführen. Ziel war es, die Kostenstruktur zu optimieren und die Wettbewerbsfähigkeit nachhaltig zu sichern. Die Analyse ergab, dass bei einem Ressourcenvolumen von ca. 1.500 Mitarbeitern 45 % im direkten, 43 % im indirekten und 12 % im Overhead Bereich tätig waren. Bei vergleichbaren Wettbewerbern lagen die Personalkategorien bei 51 % bis 60 % direkt, 33 % bis 40 % indirekt und 7 % bis 9 % Overhead. Im ersten Schritt wurde die gewachsene Führungsspanne neu definiert. Darauf folgend wurden die Führungsebenen festgelegt und zuletzt die Abteilungen neu dimensioniert. Eine Optimierung der Kostenstruktur kann nur in seltenen Fällen ohne Personalabbau umgesetzt werden, in diesem Zuge waren über 200 Mitarbeiter betroffen. Die neue Struktur ergab eine Aufschlüsselung der Personalkategorien in 50 % direkt, 40 % indirekt und 10 % Overhead. Die Abweichung vom vergleichbaren Wettbewerb ist der Standortstruktur des Unternehmens geschuldet. Durch die starke Reduzierung der nicht am Wertschöpfungsprozess beteiligten Strukturen wurde die Wettbewerbsfähigkeit gesteigert und das Projektziel erreicht.

b) Senkung der Materialeinsatzmenge

Senkung der Materialeinsatzmenge

Zur Produktion von Gütern ist zwangsläufig der Einsatz von Material erforderlich. Neben dem Material, das unmittelbar in einem einwandfrei produzierten Teil gebunden ist, fällt in einer Produktion regelmäßig ein „Mehrverbrauch" an Material an. Zu diesem Mehrverbrauch zählt u.a. der Produktionsausschuss, Angüsse, Anfahrausschuss, Abschnitte usw.

Um Ansatzpunkte zur Reduktion des Mehrverbrauchs zu identifizieren, ist das Verständnis über dessen Ursachen erforderlich. Ein Mehrverbrauch kann konstruktionsbedingt, betriebsmittelbedingt, prozessbedingt oder kontrollbedingt entstehen. Die Reduktion des Mehrverbrauchs führt zu einer Senkung der Materialeinsatzmenge. Darüber hinaus kann auch eine Wiederverwertungsstrategie (z. B. von Produktionsabfällen) zur Senkung der Materialeinsatzmenge beitragen. Die aufgezeigten Ansätze werden nachfolgend näher erläutert.

- **Konstruktionsbedingter Mehrverbrauch**

Konstruktionsbedingter Mehrverbrauch

Der konstruktionsbedingte Mehrverbrauch drückt sich grundsätzlich darin aus, dass die Konstruktion eines Artikels mehr Materialeinsatz als unbedingt notwendig vorsieht. Zur Identifikation von potenziellen Einsparungen in diesem Bereich ist eine grundlegende Überprüfung der einzelnen Artikel in Bezug auf ihre jeweilige Spezifikation erforderlich. Ziel ist es, zu identifizieren, ob ein entsprechender Artikel durch konstruktive Änderungen nicht auch unter Verwendung eines geringeren Materialeinsatzes gefertigt werden könnte.

Die Identifikation konstruktionsbedingter Mehrverbräuche ist i.d.R. aufwändig, setzt den Einsatz von Spezialisten aus Entwicklung, Konstruktion, Anwendungstechnik und Qualitätssicherung voraus und ist in der Umsetzung mit z. T. hohen Kosten verbunden, da ggf. Betriebsmittel neu gebaut oder verändert werden müssen. Andererseits liegt in diesem Bereich natürlich ein großer Hebel zur Reduktion des Mehrverbrauchs, da die erzielte Materialeinsparung bei allen

6.3 Produktion und Logistik

zukünftig produzierten Teilen anfällt. Insofern sollten Potenziale in diesem Bereich immer sorgfältig analysiert werden.

Die Wertanalyse (WA) ist eine anwendungsneutrale Vorgehensweise, um Potenziale wie z. B. die Funktion eines Objektes unter Vorgabe von Wertezielen zu entwickeln bzw. zu verbessern. Bei einer Sanierung ist das Ziel mithilfe der Wertanalyse Produktvarianten mit möglichst geringen Herstellkosten bei gleichbleibender Qualität zu realisieren. Der Hauptfokus liegt auf der Reduzierung des Materialkosteneinsatzes. Die Umsetzung der Wertanalyse setzt allerdings zur erfolgreichen Durchführung die Einbindung von Experten voraus. Die Wertanalyse setzt sich aus dem WA-Team, WA-Projekt und der WA-Methodik zusammen. Sie beinhaltet die folgenden Punkte: Qualität, Funktionen, Lebensdauer, Design, Marktfähigkeit, Zuverlässigkeit und Kosten des Produktes, der Dienstleistung oder des Verfahrens.

Wertanalyse

> **Praxisbeispiel:**
>
> Die Analyse des Produktportfolios eines kunststoffverarbeitenden Betriebes ergab, dass bei einigen Kunststoffteilen anstelle einer dicken Wandstärke eine Rippenkonstruktion ausreicht, um die technischen Anforderungen zu erfüllen. Die Wandstärke konnte somit reduziert und durch eine Rippenkonstruktion substituiert werden. Dies führte zu einer signifikanten Materialeinsparung. Hinzu kam, dass die Fertigungszeiten der Kunststoffteile (die sog. Zykluszeit) aufgrund der geringeren Wandstärke ebenfalls signifikant reduziert werden konnte. Dadurch wurden die Herstellkosten der Teile nochmals reduziert und freie Kapazitäten für Neuaufträge geschaffen.

- **Betriebsmittelbedingter Mehrverbrauch**

Ausgangspunkt zur Reduktion des betriebsmittelbedingten Mehrverbrauchs ist immer die Frage, mit welchen Verbesserungen an den Betriebsmitteln die in der Praxis auftretenden Mehrverbräuche reduziert werden können.

Betriebsmittelbedingter Mehrverbrauch

Betriebsmittelbedingter Mehrverbrauch drückt sich grundsätzlich darin aus, dass aufgrund der Beschaffenheit oder des Zustandes eines in der Produktion zum Einsatz kommenden Betriebsmittels mehr Material als theoretisch notwendig verbraucht wird. Bei der Kunststoffverarbeitung kann es z. B. aufgrund von Werkzeugverschleiß zur sogenannten Gratbildung kommen. Dabei tritt an den Werkzeugtrennkanten Material aus, das im Rahmen einer Nachbearbeitung entfernt werden muss.

Auch die Werkzeugkonstruktion an sich kann bereits zu einem Mehrverbrauch an Material führen. Bei der Fertigung von Kunststoffteilen wird der flüssige Kunststoff in der Regel durch einen sogenannten Angusskanal im Werkzeug geführt, bevor die Masse in die eigentlich formgebende Kavität gelangt. Das im Angusskanal befindliche Material erstarrt genau wie das Formteil und stellt somit Ausschuss dar.

> **Praxisbeispiel:**
>
> Bei einem kunststoffverarbeitenden Automobilzulieferer wurde bei zahlreichen Kunststoffwerkzeugen eine erhebliche Gratbildung festgestellt. Im Rahmen eines interdisziplinär zusammengesetzten Teams mit Spezialisten aus Anwendungstechnik, Produktion, Werkzeugbau und Qualitätssicherung wurden die folgenden Abstellmaßnahmen erarbeitet:
> - Umfassende Instandsetzung der Werkzeuge durch den Werkzeugbau (Überarbeitung der Trennkanten, Aufbringung einer langlebigen neuen Beschichtung).
> - Optimierung der Spritzgussparameter durch die Anwendungstechnik mit dem Ergebnis, dass mit einem niedrigeren Forminnendruck gearbeitet werden konnte, wodurch der Verschleiß der Werkzeuge signifikant verringert wurde.
> - Einführung einer proaktiven Wartung der Werkzeuge nach einer definierten Anzahl von Produktionszyklen in Abstimmung zwischen Produktion, Werkzeugbau und Qualitätssicherung, wodurch einem überproportionalen Werkzeugverschleiß vorgebeugt wurde.
>
> Durch ein umfassendes Werkzeuginstandsetzungs und -erhaltungsprogramm konnte nicht nur der Materialmehrverbrauch durch Gratbildung reduziert werden, sondern auch die umfangreiche manuelle Nacharbeit, die zur Entfernung des Grats zuvor notwendig war.

TPM-Konzept

Ein Ansatz, um den betriebsmittelbedingten Mehrverbrauch zu reduzieren, ist die Einführung des TPM-Konzeptes (Total Productive Maintenance). TPM hat das Ziel, Instandhaltungsprozesse zu optimieren, um die Gesamtanlageneffektivität/OEE (Anlagenverfügbarkeit, Anlageneffizienz, Qualitätsrate) über den gesamten Lebenszyklus zu erhöhen. TPM baut auf folgenden 5 Säulen auf:

- Kontinuierliche Anlagenverbesserung
- Autonome Instandhaltung
- Geplante Instandhaltungen
- Schulung & Training
- Instandhaltungspräventionen

Die Anzahl und der Inhalt der Säulen variiert je nach Anwendungssituation. Die stringente Anwendung des TPM-Konzeptes trägt dazu bei, die Anlagenverfügbarkeit nachhaltig zu steigern, Transparenz über Verschwendung an Maschinen und Anlagen zu schaffen, die ungeplanten Stillstände und Instandhaltungskosten zu reduzieren und die Ersatzteilverfügbarkeit zu erhöhen.

- **Prozessbedingter Mehrverbrauch**

Prozessbedingter Mehrverbrauch

Prozessbedingter Mehrverbrauch drückt sich grundsätzlich darin aus, dass aufgrund eines suboptimalen Produktionsprozesses mehr Material als theoretisch notwendig zum Einsatz kommt. Folglich lautet die zentrale Frage, mit welchen Prozessverbesserungen ein in der Praxis auftretender Materialmehrverbrauch reduziert werden kann.

Ishikawa-Diagramm

Prozessbedingter Mehrverbrauch drückt sich vor allem in Form von Produktionsausschuss aus. Produktionsausschuss fällt immer dann an, wenn die zulässigen Prozesstoleranzen überschritten werden. Die vielfältigen Einflussfaktoren auf den Produktionsprozess sind übersichtlich im sogenannten Ishikawa-Diagramm (Fischgrätendiagramm) dargestellt. Danach werden die Einflussfaktoren in die Bereiche Mensch, Maschine, Material, Methode und Mitwelt (Umwelt) unterteilt. Die Analyse der Ursachen prozessbedingter Mehrverbräuche macht eine intensive Auseinandersetzung mit diesen potenziellen Einflussfaktoren erforderlich.

Ein weiteres Instrument zur Identifikation von Fehlern ist die sogenannte FMEA (Fehler-, Möglichkeits- und Einfluss-Analyse). Hierbei handelt es sich um eine Methode zur Untersuchung möglicher Fehler in den Elementen einer betrachteten Einheit, zur Feststellung der erwarteten Fehlerfolgen für die anderen Elemente und des Einflusses auf die Funktion der betrachteten Einheit mit dem Ziel, durch geeignete Maßnahmen die potenziellen Fehlerfolgen zu minimieren.

FMEA

Die FMEA besteht aus sechs Elementen: Systemanalyse, Funktionsanalyse, Fehleranalyse, Risikoanalyse, Lösungsmöglichkeiten und Abstellmaßnahmen sowie der Ergebnisbeurteilung. Die FMEA kommt mit dem Ziel zum Einsatz, Fehler konsequent und dauerhaft zu beseitigen.

Die Prozess-FMEA zielt darauf ab, Fehler in der Prozessauslegung zu erheben und die damit verbundenen Produktionsrisiken zu identifizieren, um den prozessbedingten Mehrverbrauch zu eliminieren. Der bestehende bzw. der geplante Produktionsprozess wird hinsichtlich der Prozessfunktionen, Prozessfehler und Prozesseinflüsse analysiert und bewertet. Die Analyse gibt Aufschluss darüber, ob der vorhandene Produktionsprozess für die Herstellung des Produktes geeignet ist, bzw. welche Änderungen eingeleitet werden müssen, um die Prozessfähigkeit wiederherzustellen oder zu verbessern.

Prozess-FMEA

> **Praxisbeispiel:**
>
> Ein mittelständischer Automobilzulieferer litt unter hohen Ausschussraten im Prozess der Chromatisierung von Kunststoffteilen. Eine Prozessanalyse brachte zu Tage, dass die Trocknung des im Spritzgussprozess zum Einsatz kommenden Materials einen hohen Einfluss auf den nachgelagerten Chromatisierungsprozess, insbesondere auf die Haftung der Verchromung, hat. Das Kunststoffgranulat musste zwecks Reduktion der Restfeuchte vor Verarbeitung mindestens 4 Stunden in einem Spezialofen getrocknet werden. Der Füllstand des Ofens wurde aber nicht automatisch überwacht, sodass es regelmäßig zum „Leerlaufen" des Ofens kam. Das dann eilig nachgefüllte Material wurde, ohne die vorgeschriebene Mindesttrocknungszeit einzuhalten, dem Produktionsprozess zugeführt, wodurch es im nachgelagerten Verchromungsprozess zu den hohen Ausschussraten kam. Durch das Anbringen eines einfachen optischen Signals, dass bei Unterschreiten eines Mindestbestands am Ofen blinkte, konnte der rechtzeitige Materialnachschub abgesichert und damit das Problem beseitigt werden.

- **Kontrollbedingter Mehrverbrauch**

Ausgangspunkt zur Reduktion des kontrollbedingten Mehrverbrauchs ist immer die Frage, durch welche Qualitätssicherungsmaßnahmen ein in der Produktion auftretender Ausschuss reduziert werden kann. Fehler können immer dann entstehen, wenn zulässige Toleranzgrenzen überschritten werden. Vor diesem Hintergrund ist zu prüfen, ob die bestehenden Qualitätssicherungsmaßnahmen geeignet sind, Fehler bestmöglich zu vermeiden (z. B. durch die Online-Überwachung von Prozessparametern) oder möglichst frühzeitig zu

Kontrollbedingter Mehrverbrauch

erkennen (z. B. durch eine 100 % Endkontrolle), um so einem unnötig hohen Materialmehrverbrauch durch Ausschussproduktion entgegenzuwirken.

Werkerselbstprüfung (WSP) bzw. In-Process Control (IPC)

Die Werkerselbstprüfung (WSP) bzw. In-Process Control (IPC) bietet das Potenzial, die Qualitätsaufwendungen einer Unternehmung und die damit verbundenen Kosten drastisch zu reduzieren. Es ist jedoch zu berücksichtigen, dass bei der Einführung der WSP ein Interessenskonflikt zwischen der Qualitätssicherung und dem Engineering entstehen kann. Das Engineering ist primär daraus ausgerichtet, die Anzahl der Messungen auf ein Minimum zu reduzieren, um die monetären Aufwendungen für die Qualitätskontrollen zu beschränken. Die Qualitätssicherung ist dagegen daran interessiert, eine prozessfähige Produktion sicherzustellen und dies durch prozessbegleitende Messungen abzusichern. Letztlich muss das Engineering vorgeben, was geprüft wird (welche Maße), und die Qualitätssicherung muss abgeleitet aus statistischen Vorgaben definieren, wie häufig gemessen werden muss (Stichprobenumfang).

Schnellere Fehlerentdeckung

Bei traditionellen Qualitätssicherungssystemen werden die produzierten Teile in den Messraum gebracht, dort vermessen, die ermittelten Daten ausgewertet und übermittelt. Aus diesen Erkenntnissen können Maßnahmen definiert werden, um die Qualität zu steigern.

Bei der WSP meldet der Werker, sobald eine Abweichung von den Qualitätsvorgaben vorliegt, sodass sofort Gegenmaßnahmen eingeleitet werden können. Die Empfehlung, welche Maßnahmen eingeleitet werden könnten, kommt meistens von dem Werker direkt. Bei größeren Änderungen/Eingriffen in den bestehenden Prozess ist die Einschaltung der Qualitätssicherung nötig, um Folgen besser einzuschätzen.

Höheres Verantwortungsbewusstsein der Mitarbeiter

Die WSP vermittelt höheres Verantwortungsbewusstsein, da der Werker nach der Messung mit seiner Unterschrift für sein Handeln die Verantwortung übernimmt.

Die WSP ermöglicht eine schnellere Eingrenzung der betroffenen Teile und deren Fehlerursachen, um potenziellen Ausschuss nachhaltig vorzubeugen. Dies wird flankiert durch das Einleiten von vorbeugenden Maßnahmen zur nachhaltigen Prozessstabilisierung.

- **Wiederverwendungsstrategie**

Wiederverwendungsstrategie

Vorstehend wurden Maßnahmen zur Vermeidung bzw. Verringerung von Mehrverbräuchen dargestellt. Eine weitere Option zur Reduktion der Materialeinsatzmenge stellt die Wiederverwendungsstrategie von in der Produktion angefallenen Mehrverbräuchen (z. B. Produktionsausschuss) dar. Bei Kunststoffen besteht beispielsweise z. T. die Möglichkeit, Ausschussteile – solange diese sortenrein sind – einzumahlen und bis zu einem bestimmten prozentualen Anteil dem Produktionsprozess als Mahlgut oder Regranulat wieder zuzuführen.

> **Praxisbeispiel:**
> Bei einem kunststoffverarbeitenden Automobilzulieferer wurde der Produktionsausschuss an Kunststoffteilen entsorgt. Nachdem im Rahmen von Versuchen

ermittelt wurde, dass der Einsatz dieses Ausschussmaterials als Mahlgut bis zu einen Anteil von 20 % möglich ist, wurde die Entscheidung getroffen, eine Mühle zur Zerkleinerung des Ausschussmaterials anzuschaffen und dieses Mahlgut der Produktion wieder zuzuführen.

Ist eine Wiederverwendung im eigenen Produktionsprozess nicht möglich, sollte geprüft werden, inwieweit Produktionsabfälle verkauft werden können, statt diese einfach nur zu entsorgen und häufig hohe Entsorgungskosten zu bezahlen. Ein Verkauf setzt in der Regel aber eine sortenreine Trennung voraus.

c) Steigerung der Gesamtanlageneffektivität (GAE) bzw. Overall Equipment Effectiveness (OEE)

Ungeplante Maschinenstillstände, eine zu geringe Maschinengeschwindigkeit (Zykluszeit) sowie die Produktion fehlerhafter Teile bedeutet Verschwendung von Ressourcen und somit unnötige Kosten. Alle diese Dimensionen sind in der Kennzahl der Gesamtanlageneffektivität zusammengefasst. Daher kommt deren Verbesserung im Rahmen von Sanierungsmaßnahmen eine große Bedeutung zu. *Steigerung der Gesamtanlageneffektivität*

Die Gesamtanlageneffektivität wird wie folgt berechnet:

> *GAE = Verfügbarkeitsfaktor x Leistungsfaktor x Qualitätsfaktor x 100 %*
>
> *Verfügbarkeitsfaktor = effektive Laufzeit / (effektive Laufzeit + ungeplante Stillstandszeit)*
>
> *Leistungsfaktor = Istleistung / Sollleistung (z. B. in Stück pro Stunde)*
>
> *Qualitätsfaktor = (Anzahl produzierter Teile – Nacharbeitsteile – Ausschussteile/ Anzahl produzierter Teile)*

Der Verfügbarkeitsfaktor spiegelt die Verluste durch ungeplante Anlagenstillstände wieder. Stillstandszeiten können beispielsweise durch Maschinendefekte, fehlendes Material oder Personal, Stromausfall, Warten auf Produktionsfreigaben, usw. zu Stande kommen.

Der Leistungsfaktor spiegelt die Verluste durch eine unter Plan liegende Zykluszeit oder kurze Unterbrechungen, die nicht in den Stillstandszeiten erfasst werden, wider.

Der Qualitätsfaktor ist ein Maß für die Verluste, die durch die Produktion von Teilen, die die vorgegebene Spezifikation nicht erfüllen, zustande kommen. Solche Teile sind entweder unter Inkaufnahme zusätzlicher Kosten nachzuarbeiten oder als Ausschuss zu behandeln.

Sanierungsmaßnahmen in der Produktion müssen darauf ausgerichtet sein, durch Verbesserung des Verfügbarkeits-, Leistungs- und Qualitätsfaktors die Gesamtanlageneffektivität zu steigern und so die Ressourcenverschwendung und daraus resultierende Kosten zu senken.

Die Basis zur Steigerung der Gesamtanlageneffektivität bildet die Prozessstabilität. Der Shop Floor Management Ansatz kann einen wichtigen Beitrag *Shop Floor Management* leisten, die Prozessstabilität zu verbessern und damit zur Steigerung der Gesamtanlageneffektivität beizutragen. Shop Floor Management baut auf den vier Grundpfeilern Führung, Transparenz, strukturierte Problemlösung und der kontinuierlichen Verbesserung auf.

- Führung: Die Führungskraft muss vor Ort (in der Produktion) präsent sein, um potenziell auftretende Probleme umgehend zu klären. Im betrieblichen Alltag sind die Führungskräfte in der Regel mit administrativen Tätigkeiten belastet, die sehr zeitintensiv sind. Um vor Ort präsent sein zu können, müssen Kapazitäten geschaffen werden. Dies bedeutet für die Führungskräfte: Die Aneignung einer strukturierten Arbeitsweise und die Dinge auf den Punkt zu bringen.
- Transparenz: Die definierten KPI (Key Performance Indicators) schaffen Transparenz in der Produktion und sind im Informationsbereich für alle Mitarbeiter einzusehen. Typische KPIs sind: Nutzungsgrad, OEE, Produktivität, Ausschuss und Qualität. Die KPIs tragen dazu bei, dass Abweichungen zeitnah erkannt werden und dass eine definierte Maßnahme zur Beseitigung der Fehlerursache eingeleitet werden kann. Für Transparenz sorgen auch tägliche Besprechungsrunden in der Produktion, um Probleme zu thematisieren, Abweichungen schneller zu erkennen und Maßnahmen unmittelbar einzuleiten.
- Strukturierte Problemlösung: Bedeutet nicht ausschließlich Brandbekämpfung zu betreiben, sondern systematisch die Brandursachen zu beseitigen. In der Praxis umfasst dies, die Ursache des entstandenen Problems zu analysieren und durch strukturierte Umsetzung von Lösungen die Probleme nachhaltig zu beseitigen.
- Kontinuierlicher Verbesserungsprozess (KVP): Das Ziel muss sein, kontinuierliche Verbesserung in allen Bereichen und Dimensionen zu betreiben, um ein Null-Fehler-Ziel zu erreichen. In der Praxis ist das Streben nach Perfektion in Unternehmen nur sehr selten ausgeprägt. Zu leicht geben sich die Beteiligten mit den bestehenden und funktionierenden Abläufen zufrieden. Doch diese Haltung bedeutet Rückschritt! Eine Mentalitätsänderung ist an dieser Stelle von grundlegender Bedeutung und muss von den Führungskräften vorgelebt werden. In kleinen Schritten muss der bestehende Standard verbessert und stabilisiert werden, um ihn im Anschluss zu steigern.

Für die erfolgreiche Umsetzung von Shop Floor Management ist die stringente Anwendung und Umsetzung dieser vier Grundpfeiler von Nöten.

Praxisbeispiel:

Bei einem Hersteller für Sicherheitsartikel wurde zur Schaffung von mehr Transparenz im Rahmen des Shop Floor Managements eine digitale Visualisierung von Produktionsdaten eingeführt. D. h. die Daten wurden digital erfasst und für alle Mitarbeiter tagesaktuell sichtbar gemacht. Dadurch wurden die Nutzungsverluste in der Produktion erstmals auf Basis von Zahlen, Daten und Fakten offengelegt. Bezogen auf die Pilotanlagen kam zum Vorschein, dass 20 % Nutzungsverluste (Stillstände) vorhanden waren. Die 20 % setzten sich aus 25 %

geplanten Stillständen und 75 % ungeplanten Stillständen zusammen. Davon waren Personalmangel und Werkzeugprobleme die Hauptstörungsgründe. Im Rahmen des Shop Floor Managements wurden die Ursachen angesprochen und Maßnahmen definiert und umgesetzt.

d) Reduktion der Material- und Vorratsbestände sowie der Durchlaufzeiten

Bestände binden Kapital und verursachen Kosten. Zudem ist es ein Irrglaube anzunehmen, dass durch Bestände die Lieferfähigkeit abgesichert wird, denn in der Praxis zeigt sich, dass trotz hoher Bestände ausgerechnet die Teile, die vom Kunden gerade gewünscht oder zur Produktion gerade benötigt werden, fehlen. Im Gegenteil, Bestände kaschieren Probleme und wirken dadurch einer optimalen Lieferfähigkeit und Qualität entgegen. Aus diesem Grund wird die Überproduktion und die daraus resultierenden zu hohen Bestände in der Philosophie der schlanken Produktion (Lean Production oder Toyota Produktionssystem) als die schlimmste aller Verschwendungsarten betrachtet, da diese alle anderen Verschwendungsarten (z. B. unnötiger Transport, unnötige Bewegung, usw.) nach sich zieht.

Reduktion der Material- und Vorratsbestände sowie der Durchlaufzeiten

Sanierungsmaßnahmen müssen somit darauf ausgerichtet sein, Bestände und damit die Durchlaufzeiten zu reduzieren, um so dringend benötigte liquide Mittel zu generieren und Kosten zu senken.

Die ABC/XYZ-Analyse kann eingesetzt werden, um Ansatzpunkte zu identifizieren, wie Lagerbestände und die damit verbundenen Kosten reduziert werden können.

Im Rahmen einer ABC-Analyse werden die in der Produktion benötigten Artikel bzw. Materialien hinsichtlich ihres Werts und hinsichtlich ihrer Verbrauchsmenge klassifiziert. Dabei gilt folgende Einteilung:

ABC-Analyse

- A-Artikel: Gesamtwertanteil 80 % und Gesamtmengenanteil 10 %
- B-Artikel: Gesamtwertanteil 15 % und Gesamtmengenanteil 20 %
- C-Artikel: Gesamtwertanteil 5 % und Gesamtmengenanteil 70 %

Im Rahmen der XYZ-Analyse werden die in der Produktion benötigten Artikel bzw. Materialien hinsichtlich ihres Verbrauchs bzw. ihrer Planbarkeit klassifiziert. Dabei gilt folgende Einteilung:

XYZ-Analyse

- X: Konstanter Verbrauch, geringe Bedarfsschwankungen, hohe Planbarkeit
- Y: Starke Verbrauchsschwankungen oft aufgrund saisonaler Nachfrage, mittlere Planbarkeit
- Z: Unregelmäßiger Verbrauch, niedrige Planbarkeit

Die ABC/XYZ-Analyse ist eine Kombination der beiden Methoden, um den Artikelverbrauch mehrdimensional zu betrachten und zwar im Hinblick auf den Verbrauchsverlauf und den Verbrauchswert. AX-Artikel haben somit einen hohen Verbrauchswert, werden konstant in der Produktion benötigt und haben dadurch eine hohe Planbarkeit. Die Dimensionierung der Lagermenge und des Sicherheitsbestandes lässt sich durch diese Grundlage ebenfalls sehr solide und zielsicher bestimmen. Im Gegensatz zu AZ-Artikeln, die in der Praxis oft im Lager Staub ansetzen und viel Kapital binden, das gerade im Rahmen der Sanierung dringend benötigt wird. Daher ist es empfehlenswert, AZ-Artikel aus dem Lager zu verbannen und diese nur nach Bedarf zu bestellen.

Die Durchführung einer ABC/XYZ-Analyse im Rahmen einer Sanierung führt regelmäßig zu einer Lagerbestandsminderung und hat damit einen positiven Liquiditätseffekt. Im Anschluss an die Anpassung der Liefermengen und -zyklen ist es empfehlenswert, aufbauend auf den Ergebnissen der ABC/XYZ-Analyse auch die Einkaufskonditionen mit den Lieferanten neu zu verhandeln. In einem ersten Schritt erfolgt eine Fokussierung auf die AX-Artikel, da hier die größten Werte und Mengen gebunden sind. In den Folgeschritten gilt es Nachverhandlungen für die AY- und AZ-Artikel zu forcieren, im weiterführenden Verlauf erfolgt dieses Vorgehen für die B- und C-Artikel.

Die ABC/XYZ-Analyse ist nicht umstritten, oft wird die zu grobe Klassifizierung der Methode bemängelt. Trotz dieses Kritikpunktes ist die Methode ein schnelles und zuverlässiges Instrument, um im Rahmen einer Sanierung Potenziale zur Bestandreduktion aufzuzeigen und so dringend benötigte Liquidität freizusetzen.

> **Praxisbeispiel:**
> Bei einem Hersteller für Medizinartikel wurde die ABC/XYZ-Analyse angewendet, um Potenziale zur Bestandsreduktion auszuweisen. Das Resultat ergab, dass das Bestandvolumen um 33 % gesenkt werden konnte, was eine signifikante Freisetzung an Liquidität für das Unternehmen mit sich brachte.

Lagerreichweite ermitteln

Im Rahmen von Sofortmaßnahmen können in der Regel erste Erfolge dadurch erzielt werden, dass die Lagerreichweiten aller Produkte analysiert und entsprechende Maßnahmen zur Reduktion definiert werden. Die Lagerreichweite (z. B. in Tagen) kann ermittelt werden, indem der Lagerbestand durch die durchschnittlichen Abrufe pro Tag dividiert wird. Um den Bestand an Fertigprodukte mit einer hohen Lagerreichweite zu reduzieren, kann z. B. über Sonderverkaufs- oder Rabattaktionen nachgedacht werden. Die Disposition arbeitet klassisch mit im System hinterlegten Wiederbeschaffungszeiten, Meldebeständen und starren Losgrößen (bzw. Liefereinteilungen). Hier kann eine Bestandsreduktion erreicht werden, indem anstelle starrer Losgrößen die Bestellmenge an die tatsächlichen Bedarfe am Ende der Wiederbeschaffungszeit angepasst wird. So wird vermieden, dass unnötig hohe Bestände an Rohstoffen und Zukaufteilen geordert werden.

Wertstromanalyse

Die Wertstromanalyse ist ein Instrument, um Transparenz bezüglich des Material- und Informationsflusses in der Fertigung zu schaffen und auf dieser Grundlage optimierte Wertströme zu entwickeln. Dabei umfasst der Wertstrom alle Tätigkeiten, die durchgeführt werden müssen bzw. die nötig sind, um ein Fertigprodukt herzustellen. Die Wertstromanalyse ermöglicht durch eine strukturierte Vorgehensweise, den IST-Wertstrom zu erfassen. In Folge der Erfassung wird ein SOLL-Wertstromdesign erarbeitet, inklusive der nötigen Umsetzungsmaßnahmen, um den gesamten Wertstrom zu verschlanken.

6.3 Produktion und Logistik

Für die Umsetzung muss im ersten Schritt eine passende Produktfamilie (bzw. Produktgruppe) ausgewählt werden. Im Anschluss erfolgt die Aufnahme der Material- und Informationsflüsse. Die Aufnahme des IST-Zustandes wird vom Wareneingang bis zum Warenausgang durchgeführt. Im nächsten Schritt müssen die Problemfelder im Wertstrom identifiziert werden (wie z. B. einen möglichen Engpass im Wertstrom). Anschließend sind die nötigen Maßnahmen zur Problemlösung zu definieren. Zum Schluss wird ein Soll-Wertstrom festgelegt und umgesetzt.

Aus der Wertstromanalyse resultiert also eine Transparenz über den gesamten Wertstrom (Material- und Informationsflüsse). Damit schafft sie eine wichtige Grundlage zur Verschlankung der Abläufe, zur Minimierung der Durchlaufzeiten, zur Stabilisierung der Prozesse und zur Reduzierung der Bestände.

Die Umlaufbestände in der Produktion wird man regelmäßig nachhaltig nur mit einer grundlegenden Änderung der Planungs- und Steuerungssystematik ändern können. Grundsätzlich lassen sich zwei unterschiedliche Planungs- und Steuerungsprinzipien unterscheiden, zum einen die sogenannte „schiebende" Fertigung (Push-System) und zum anderen die sogenannte „ziehende" Fertigung (Pull-System). *Push- vs. Pull-Fertigung*

Bei der schiebenden Fertigung (Push-System) erfolgt die Produktionsplanung für alle Fertigungsstufen computergestützt mithilfe eines zentralen Produktionsplanungs- und Steuerungssystems (PPS). Ausgehend von den Kundenabrufen bzw. der Absatzplanung ermittelt das PPS-System auf Basis der im System hinterlegten Stammdaten und Bestände die Produktionspläne für die einzelnen Fertigungsbereiche. Durch falsche Stammdaten oder ungeplante Änderungen im Produktionsablauf (z. B. durch Störungen) kommt es in der Praxis zu unnötigen und vor allem der Höhe nach nicht eindeutig definierten Beständen zwischen den einzelnen Fertigungsstufen.

Bei der ziehenden Fertigung (Pull-System) findet dagegen eine bedarfsorientierte Fertigung ausschließlich genau derjenigen Produkte statt, die die nachgelagerte Fertigungsstufe gerade benötigt bzw. verbraucht hat. Ausgehend von den Kundenabrufen bzw. der Absatzplanung wird ein Fertigungsauftrag nur für die letzte Fertigungsstufe (z. B. die Montage) generiert. Die Montage entnimmt die zur Fertigung benötigten Artikel aus einem sogenannten „Supermarkt". Der Begriff „Supermarkt" stammt aus dem Toyota-Produktionssystem und bezeichnet ein Pufferlager, das zwischen zwei Fertigungsstufen eingerichtet ist. Der in diesem Pufferlager befindliche Bestand an Teilen ist genau definiert, wodurch letztlich die gesamte Höhe der in der Produktion befindlichen Umlaufbestände exakt definiert ist. Sobald ein Teil aus dem Supermarkt entnommen wird, löst dies einen Fertigungsauftrag für die vorgelagerte Fertigungsstufe (z. B. die Kunststoffspritzerei) aus. Auf diese Weise ist sichergestellt, dass nur diejenigen Teile nachgefertigt werden, die tatsächlich verbraucht worden sind. Pull-Systeme arbeiten mit sogenannten Kanban-Karten, mit deren Hilfe Informationen über nachzuliefernde oder nachzuproduzierende Teile weitergegeben werden. *Supermarkt* ... *Kanban-Karte*

Die Kanban (jap.: Karte, Signal, Zettel, Signal)-Methode zielt darauf ab, die Wertschöpfungskette auf jeder Stufe der Fertigung/Produktion kostenoptimal zu steuern. In der Praxis ist es üblich, dass vor der Kanban-Einführung eine *Kanban-Methode* ausführliche ABC-/XYZ-Analyse durchgeführt wird. Dadurch werden die Teile identifiziert, die sich für Kanban eignen.

Die Einhaltung der Kanban-Regeln ist grundlegend für den Erfolg der Methode:
- Es darf nur so viel Material bestellt werden, wie benötigt wird.
- Die Bestellung darf nicht vorzeitig ausgelöst werden.
- Es darf nicht auf Vorrat produziert werden.
- Keine Weitergabe von Fehlteilen.
- Die Fertigungsprozesse müssen eng aufeinander abgestimmt sein.
- Die Anzahl der Kanban-Karten ist so gering wie möglich zu halten.

Je nach Prozess oder Zweck gibt es eine passende Kanban-Art. Diese sind: Produktions-, Sicht-, Signal-, Behälter-, Entnahme-, Transport-, Sonder- bis hin zur Lieferanten-Kanban.

Folgende Daten sind auf einer gängigen Kanban-Karte zu finden:
- Artikelnummern/Identifizierungsnummern
- Angaben über Art und Füllmenge der Transportbehälter
- Bezeichnungen der Quellen und Senken
- Arbeitsanweisungen/Qualitätsdaten
- Nummer der Kanban-Karte

Für die Dimensionierung/Berechnung der Anzahl der Kanbans gibt es eine gängige Formel:

$$AK = \frac{SM + (TV \times WBZ) + SZ}{SB}$$

Legende: AK = Anzahl Kanbans, SM = Sammelmenge (Losgröße), TV = Tagesverbrauch, WBZ = Wiederbeschaffungszeit, SZ = Sicherheitszuschlag, SB = Stückzahl pro Behälter.

> **Praxisbeispiel: Umstellung von Push auf Pull**
>
> Bei einem Elektronikzulieferer der Automobilindustrie wurde auf Basis einer ABC/XYZ-Analyse und einer darauffolgenden Wertstromanalyse die Produktion von Push auf Pull umgestellt. Die ABC/XYZ-Analyse ermöglichte die Deklarierung der A-/B-/CX-Artikel. Diese konnten auf ein Kanban-System umgestellt werden. Die Neudimensionierung der im Rahmen des Pull-Systems benötigten Sicherheitsbestände ergab, dass bei 90 % der Artikel ein Sicherheitsbestand von über 20 % basierend auf dem neuen Zielwert vorlag. Bei über 60 % der Artikel betrug die Bestandsreichweite über 100 Arbeitstage.

Die Erfahrung zeigt, dass sofern Pull-Systeme grundsätzlich anwendbar sind, diese mit deutlich niedrigeren Umlaufbeständen auskommen, als die klassischen Push-Systeme.

e) Verbesserung der Maschinen- und Mitarbeiterauslastung

Leerkapazitäten, ob bei Maschinen oder Mitarbeitern, verursachen Kosten. Im Rahmen der Sanierungsmaßnahmen sind die Maschinenauslastungen zu ermitteln. Bestehen ähnliche Maschinen, die jeweils nur zum Teil ausgelastet sind, kann ggf. durch Bündelung von Fertigungsaufträgen die eine oder andere Maschine gänzlich freigeräumt werden. So können Instandhaltungsaufwendungen vermieden oder ggf. durch Verkauf liquide Mittel erzielt werden.

Die Effizienz der Produktionsmitarbeiter kann auch durch ein optimales Arbeitsplatzlayout gesteigert werden. Dazu sind Maschinen so anzuordnen, dass ein Werker mehrere Maschinen simultan bedienen kann. In der Praxis ist jedoch die Mehrfachmaschinenbedienung aufgrund zu geringer Taktzeiten in manchen Fällen nicht realisierbar. In solchen Fällen kann es sich anbieten, weitere simple und schnelle wertschöpfende Prozesse an der Maschine anzusiedeln, um die Werkereffizienz zu steigern. Dies sind Prozesse/Vorgänge wie Messungen (Werkerselbstkontrolle), Entgratarbeiten oder sonstige Tätigkeiten, die mit kleinen Maschinen durchgeführt werden können (z. B. das Reiben von Passungen). Eine derartige Zusammenlegung von Arbeitsprozessen kann sich ebenfalls positiv auf die interne Logistik auswirken, da hierdurch Transportwege reduziert werden können.
Mehrfachmaschinenbedienung

Die Umsetzung einer konsequenten Lean-Production-Philosopie führt zu einer Verringerung nicht-wertschöpfender Tätigkeiten und somit zu einer Verbesserung der Maschinen- und Mitarbeiterauslastung. Dabei handelt es sich um einen ganzheitlichen Ansatz zur Erreichung operativer Exzellenz, der u. a. die folgenden Bestandteile umfasst:
Lean-Production-Philosopie

- Just-in-Time (bedarfsgerechte Produktion)
- Kaizen (Kontinuierliche Verbesserung)
- 6-S (Ordnung und Sauberkeit)
- TQM (Total Quality Management)
- TPM (Total Productive Maintanance)

Auch der Personaleinsatz ist so flexibel wie möglich zu gestalten, sodass Unterauslastungen beim Personal in Folge von Auftragsmängeln vermieden werden.
Flexibilisierung des Personaleinsatzes

Durch den Einsatz von Leiharbeitern kann eine gewisse Flexibilisierung erreicht werden, da Leiharbeiter z. B. bei einem kurzfristig reduzierten Auftragsvolumen flexibel abgebaut werden können. Insofern sollten Unternehmen schon aus Gründen der Flexibilität zu einem gewissen Grad im direkten Bereich mit Leiharbeiten arbeiten.
Einsatz von Leiharbeitern

Eine weitere Möglichkeit zur Flexibilisierung des Personaleinsatzes besteht in der Nutzung von Arbeitszeitkonten, z. B. Jahresarbeitszeitkonten. In Zeiten mit einer geringerer Auftragslage können die Mitarbeiter Minusstunden aufbauen, um diese später bei höherer Auftragslage wieder abzubauen und andersherum. Dies spart aus Arbeitgebersicht Zuschläge für Überstunden, die ggfs. ohne die Arbeitszeitkontenreglung anfallen würden.
Arbeitszeitkonten

In Zeiten mit einem Auftragsrückgang, der nur temporär erscheint aber länger andauert als dass dieser Rückgang über Arbeitszeitkonten aufgefangen werden könnte, kann das Instrument Kurzarbeit genutzt werden. Dies hat den Vorteil, dass das Arbeitsvolumen der Mitarbeiter vorrübergehend reduziert werden kann (mit einhergehenden reduzierten Entgeltzahlungen), die Mitarbeiter aber weiter beim Unternehmen beschäftigt bleiben und bei einem wieder ansteigenden Auftragsvolumen auch unmittelbar wieder einsatzbereit sind. Anders als
Kurzarbeit

bei einer Kündigung von Mitarbeitern bleiben somit Kapazitäten und Know-how für das Unternehmen erhalten.

Abbau teurer Schichten

Zu prüfen ist auch, ob es möglich ist, teure Produktionszeiten bzw. Produktionsschichten zu vermeiden. Darunter fallen Samstags-/Sonntagsarbeiten und insbesondere die dritte Schicht (Nachtschicht).

f) Sonstige Maßnahmen im Bereich Produktion und Logistik

- Verschiebung von Investitionen oder vorbeugenden Instandsetzungsmaßnahmen, um Liquiditätsabflüsse abzuwenden
- Abbau bzw. Verzicht auf Überstunden
- Einführung von vorbeugenden Instandsetzungsmaßnahmen (z. B. bei Werkzeugen oder Anlagen), um Stillstände, Nacharbeit und Ausschuss zu reduzieren
- Outsourcing oder Insourcing von Wertschöpfungsaktivitäten
- Rüstzeiten verkürzen
- Zusammenlegung von Lagern, um Lagerhaltungskosten zu reduzieren
- Einführung von Konsignationslagern, um die Bestände im Wareneingangslager zu reduzieren und die Lagerhaltungskosten auf die Lieferanten zu übertragen
- Anpassung der Vorgabezeiten bei leistungsabhängigen Entlohnungssystemen (Einzel- oder Gruppenakkord).
- Prämienmodelle

6.4 Vertrieb und Marketing

Der Bereich Vertrieb und Marketing ist in der Sanierung von zentraler Bedeutung, da keine Sanierung ohne eine Stärkung der Kunden- und Marktorientierung und eine Verbesserung der Marktpositionierung nachhaltig Erfolg hat. Im Vertrieb liegen die meisten Informationen über die Kunden vor, insofern ist der Vertrieb schon frühzeitig in die Ausarbeitung des neuen Unternehmensleitbildes eng einzubinden. Das Leitbild des sanierten Unternehmens muss schließlich Antwort auf die Frage geben, mit welchen Produkten und Leistungen in welchen Märkten das Unternehmen zukünftig agieren wird. Dazu ist ein genaues Verständnis der Kundenbedürfnisse und Märkte erforderlich.

Der Bereich Vertrieb und Marketing steht in der Sanierung vor einer großen Herausforderung. Einerseits wird es nötig sein, die Vertriebsleistung zu steigern, andererseits werden Kosteneinsparungen (z. B. in den Bereichen Personal, Dienstreisen, Marketingbudget) notwendig, dazu in einem Umfeld, in dem das Kundenvertrauen häufig bereits stark gelitten hat.

Produkt-Portfolio-Analyse

In der Praxis ist häufig zu beobachten, dass Unternehmen in der Krise zwecks Kapazitätsauslastung buchstäblich „Aufträge um jeden Preis" annehmen, häufig auch unter Inkaufnahme von geringen oder sogar negativen Deckungsbeiträgen. Um zu identifizieren, mit welchen Produkten welche Umsätze und Deckungsbeiträge realisiert werden, ist eine Produkt-Portfolio-Analyse durchzuführen. Die Produkt-Portfolio-Analyse setzt eine ABC-Analyse hinsichtlich des Umsatzes der Produkte voraus. A-Produkte tragen 80 %, B-Produkte tragen 15 % und C-Produkte 5 % zum Umsatz bei. Zusätzlich zum Umsatz wird im zweiten Schritt der Deckungsbeitrag der Produkte abgebildet. Im letzten Schritt wird nun der historische Verlauf des Umsatzes und der Deckungsbeiträge der Produkte betrachtet. Es hat sich bewährt, die besten und die schlechtesten 10 Produkte in einer TOP 10- und FLOP 10-Liste darzustellen. Aus diesen Abbildungen lassen sind nun Handlungsprioritäten ableiten. In der Sanierung kann dies dazu führen, dass Preiserhöhungen vom Kunden eingefordert oder bei Misserfolg Verträge gekündigt werden müssen.

a) Verbesserung der Kundenkommunikation/Wiederherstellung des Kundenvertrauens

Basis jeder geschäftlichen Interaktion ist Vertrauen, d. h. ohne Vertrauen kommt kein Geschäft zustande. In der Regel ist das Vertrauen jedoch auf beiden Seiten, sowohl beim Kunden wie auch bei dem krisenbehafteten Lieferanten, beschädigt. Während der Kunde den Vorwurf falscher Versprechungen im Hinblick auf Liefer- und/oder Qualitätszusagen gegenüber seinem krisenbehafteten Lieferanten erhebt, äußert dieser häufig Vorwürfe gegenüber seinem Kunden im Hinblick auf nicht eingehaltene Abnahmevolumina und Preiszusagen.

Wiederherstellung des Kundenvertrauens

Um überhaupt wieder zu einer konstruktiven Zusammenarbeit zurück zu finden, muss das Vertrauen zwischen dem Krisenunternehmen und seinen Kunden wiederhergestellt werden. Erfahrungsgemäß kann dies nur dadurch gelingen, dass offen und ehrlich kommuniziert wird und gemachte Zusagen eingehalten werden. Dazu gehört es, die Ausgangslage schonungslos offen zu legen, aber gleichzeitig die realistischen Chancen und Risiken der Zukunft darzustellen. Grundlage aller Kommunikationsaktivitäten sollte eine sorgfältig ausgearbeitete Kommunikationsstrategie sein.

b) Liquiditätspotenziale erschließen

In der Sanierung muss der Vertrieb Maßnahmen zur Verbesserung der Liquidität durch Maßnahmen zur Optimierung des Working Capitals (vgl. auch Kapitel 7.3.3) ergreifen.

Liquiditätspotenziale erschließen

Maßnahmen im Bereich Abbau von Forderungen umfassen beispielsweise die Verkürzung von Zahlungszielen, eine beschleunigte Rechnungsstellung, ein konsequenteres Mahnwesen oder die Vereinbarung von Anzahlungen (z. B. auf Entwicklungsleistungen, Betriebsmittel, usw.). Diese Maßnahmen müssen allerdings wieder durch eine geeignete Kundenkommunikation flankiert werden.

Auch der beschleunigte Abbau von Fertigerzeugnissen durch Sonderverkaufs-, Rabatt- oder Werbeaktionen kann zur Generierung liquider Mittel beitragen.

c) Sanierungsbeiträge von Kunden einfordern

In vielen Industriebereichen (z. B. der Automobilzulieferindustrie) sind der Möglichkeit, kurzfristig Produktionsvolumina von einem kriselnden Lieferanten zu einem gesunden Unternehmen zu verlagern, aufgrund des Einsatzes spezifischer Betriebsmittel, begrenzter Kapazitäten sowie des zur Fertigung notwendigen spezifischen Know-hows, enge Grenzen gesetzt. Zudem sind Pro-

Sanierungsbeiträge von Kunden einfordern

duktionsverlagerungen immer mit erheblichem Aufwand und Risiken verbunden. Sind diese Merkmale gegeben, besteht in der Krise eine gegenseitige Abhängigkeit zwischen dem krisengeschüttelten Lieferanten und seinen Kunden.

Vor diesem Hintergrund können Kunden durchaus bereit sein, Sanierungsbeiträge zu leisten. Nachfolgend werden mögliche Sanierungsbeiträge beschrieben. Der Grad und Umfang der Unterstützungsleistungen hängt dabei in der Regel von folgenden Faktoren ab:

- Grad der kurzfristigen Abhängigkeit von dem jeweiligen Zulieferer
- Geschätzte Kosten des Alternativszenarios (Verlagerung, Insourcing, Insolvenz)
- Vertrauen in das vorgelegte Sanierungskonzept und die handelnden Akteure
- Offene Kommunikation
- Risiko eines Lieferengpasses (Bandabriss)
- **Verzicht auf Produktionsverlagerung**

Verzicht auf Produktionsverlagerung

Bereits der Verzicht auf einen Abzug der laufenden Serienvolumina ist ein entscheidender Beitrag zur Erhaltung der Sanierungschancen eines Unternehmens. Zum einen bewirkt ein Abzug von laufenden Serienvolumina einen Verlust von Deckungsbeiträgen, der i. d. R. von dem krisenbehafteten Unternehmen kurzfristig nicht durch Anpassungsmaßnahmen kompensiert werden kann, sodass sich die sowieso bereits angeschlagene wirtschaftliche Situation noch weiter verschärft. Zum anderen hat der Abzug von laufenden Serienprojekten auch einen dramatischen psychologischen Effekt auf die sonstigen Stakeholder (nicht zuletzt die Mitarbeiter), denen ein entsprechendes Verhalten nicht verborgen bleibt. Beginnt der erste Kunde damit, seine laufende Produktion zu verlagern, besteht die Gefahr, dass die anderen Kunden ebenfalls möglichst schnell nachziehen. Der Verzicht auf Produktionsverlagerung stellt somit eine notwendige Bedingung zur Aufrechterhaltung der Sanierungschancen dar.

- **Vergabe von Neuaufträgen**

Vergabe von Neuaufträgen

Stoppen die Kunden aufgrund einer eingetretenen Krise die Vergabe von Neuaufträgen, hat dies zur Konsequenz, dass Umsätze in den Folgejahren wegbrechen. Dies kann sich als Sanierungshindernis herausstellen, da Kreditgeber oder Investoren, die im Rahmen der Sanierung frisches Kapital zur Verfügung stellen wollen, die in die Zukunft gerichtete Finanzplanung genau betrachten und durch entsprechende Umsatzverluste in der Zukunft leicht abgeschreckt werden können.

Die weitere Berücksichtigung des angeschlagenen Zulieferers bei der Vergabe von Neuaufträgen stellt somit eine weitere hilfreiche und oftmals notwendige Maßnahme zur Aufrechterhaltung der Sanierungschancen dar. Kunden werden sich allerdings nur dann zu dieser Maßnahme bewegen lassen, wenn sie Vertrauen in das vorgelegte Sanierungskonzept und die Unternehmensleitung haben und daher vom Fortbestand des Unternehmens überzeugt sind.

- **Liquiditätshilfen durch die Verkürzung der Zahlungsziele, Anzahlungen auf Warenlieferungen u. a.**

Die Verkürzung der Zahlungsziele ist aus Sicht der Kunden kostenneutral (wenn man von Zins- und Opportunitätskosten absieht) und hat für den angeschlagenen Lieferanten einen einmaligen positiven Liquiditätseffekt. Vor diesem Hintergrund sind Kunden erfahrungsgemäß in der Krise bereit, durch die Verkürzung der Zahlungsziele einen Beitrag zur Verbesserung der Liquiditätsausstattung zu leisten. Diese Maßnahme lässt sich in der Zulieferindustrie auch deswegen in der Regel gut umsetzen, weil die Anzahl der Kunden gering ist und langjährige intensive Lieferbeziehungen bestehen. Dieser Liquiditätseffekt kann allerdings nur einmal generiert werden.

Liquiditätshilfen

Analog zur Verkürzung der Kundenzahlungsziele können auch Anzahlungen auf Warenlieferungen vereinbart werden. Auch dieses Instrument trägt zur Verbesserung der Liquiditätsausstattung bei.

Darüber hinaus ist die direkte Übernahme von Drittverbindlichkeiten durch den Kunden, beispielsweise die Zahlung von ausstehenden Rechnungen von Unterlieferanten (z. B. Werkzeugbauern, Rohstofflieferanten) denkbar, jedoch in der Regel nur, wenn die Leistung direkt den Betriebsmitteln des jeweiligen Kunden oder seinen Produkten zuzuordnen ist.

Gleiches gilt für die Möglichkeit der Materialbeistellung. Hier stellt der Kunden dem Zulieferer Vormaterialien zur Fertigung seiner Produkte zur Verfügung, sodass dieser keine eigenen Bestellungen veranlassen muss, was einerseits für den Zulieferer liquiditätsentlastend wirkt, für den Kunden andererseits die Chance bietet, nun als Eigentümer der Vormaterialen, diese auch im Rahmen einer Verlagerung an sich nehmen und verwenden zu können.

- **Verzicht auf vertraglich vereinbarte Rabatte oder (zeitlich befristete) Teilepreiserhöhungen**

In der Zulieferindustrie, die geprägt ist von gegenseitigen Kunden-/Lieferantenabhängigkeiten, kann eine weitere Maßnahme, die sowohl einen positiven Liquiditäts- wie auch Ergebniseffekt für den Lieferanten hat, in dem kundenseitigen Verzicht auf vertraglich bereits vereinbarte Rabatte (Savings) oder sogar die kundenseitige Zustimmung zu Teilepreiserhöhungen, wobei beide Maßnahmen in der Regel natürlich nur zeitlich befristet gewährt werden, bestehen.

Verzicht auf vertraglich vereinbarte Rabatte oder Teilepreiserhöhungen

Naturgemäß ist es für die Kundeneinkäufer denkbar schwierig, einer Teilepreiserhöhung zuzustimmen. Einkäufer sind grundsätzlich darauf ausgerichtet, Preise zu senken. Die Durchsetzung entsprechender ergebnis- und liquiditätswirksamer Maßnahmen wie der Verzicht auf bereits vereinbarte Rabatte oder sogar die zeitlich befristete Zustimmung zu einer Teilepreiserhöhung ist somit regelmäßig deutlich schwieriger als die Durchsetzung quasi kostenneutraler Liquiditätshilfen (Zahlungszielverkürzung, Anzahlung auf Warenlieferungen). Eine entsprechende Vereinbarung wird somit aus Sicht der Kunden nur in der größten Not zustande kommen, d. h. die konkrete Befürchtung besteht, dass ohne eine entsprechende Maßnahme die Teileversorgung konkret gefährdet ist.

6.5 Finanzen und Controlling

Der Bereich Finanzen und Controlling ist in der Sanierung von zentraler Bedeutung. Zum einen liegt es in der Verantwortung dieses Bereiches, die finanzwirtschaftlichen Voraussetzungen für eine erfolgreiche Sanierung zu schaffen, d. h. die benötigen finanziellen Mittel zu beschaffen, um eine ggf. drohende oder eingetretene Zahlungsunfähigkeit abzuwenden und darüber hinaus die Sanierungsmaßnahmen umsetzen zu können. Zum anderen ist dieser Bereich dafür verantwortlich, ein funktionsfähiges Planungs-, Steuerungs- und Berichtswesen aufzubauen und damit Transparenz zu schaffen. Krisenunternehmen leiden in aller Regel an einer mangelhaften Transparenz, welche regelmäßig ursächlich dafür ist, das Krisensymptome und deren Ursachen nicht oder zu spät erkannt worden sind.

Wesentliche Aufgaben des Bereiches Finanzen und Controlling im Rahmen der Sanierung sind bereits an anderer Stelle in diesem Buch ausführlich beschrieben. Dies sind:

- integrierte Finanzplanung (Liquiditäts-, Ergebnis- und Bilanzplanung) erstellen (vgl. Kapitel 8),
- geeignete Kennzahlen zur Unternehmenssteuerung entwickeln (vgl. Kapitel 2),
- Aufbau eines Sanierungscontrollings,
- finanzwirtschaftliche Voraussetzung für die Sanierung schaffen (vgl. Kapitel 7).

Deckungsbeitragsrechnung Eine zentrale Aufgabe im Rahmen des Controllings ist ferner, Transparenz bezüglich der Frage zu verschaffen, mit welchen Produkten bzw. Produktgruppen oder mit welchen Standorten/Niederlassungen positive Deckungsbeiträge generiert werden und mit welchen nicht. Da das Instrument der Deckungsbeitragsrechnung an anderer Stelle in diesem Buch noch nicht erläutert worden, dieses aber für die Sanierungspraxis von größter Bedeutung ist, nachfolgend hierzu eine kurze Einführung.

> **Merke:**
>
> Umsatzerlöse
> ./. variable Kosten
>
> Deckungsbeitrag I
> ./. produktfixe Kosten
>
> Deckungsbeitrag II
> ./. bereichsfixe Kosten
>
> Deckungsbeitrag III
> ./. unternehmensfixe Kosten
>
> Betriebsergebnis

Die Deckungsbeitragsrechnung liefert Aufschluss darüber, mit welchen Produkten oder Leistungen welcher Deckungsbeitrag erwirtschaftet wird. Sie ist damit zentraler Bestandteil der im Rahmen einer jeder Sanierung durchzuführenden Portfolioanalyse und -bereinigung. Produkte oder Standorte, die negative Deckungsbeiträge verursachen, sollten schnellstmöglich eingestellt bzw. geschlossen werden. Dabei sind allerdings noch folgende Zusatzinformationen zu berücksichtigen:

- Es ist zu prüfen, welche Möglichkeiten bestehen, um durch Preiserhöhungs- oder Kostensenkungsmaßnahmen den Deckungsbeitrag zu verbessern.
- Vertragliche Konsequenzen sind zu beachten, um zu vermeiden, Konventionalstrafen zahlen zu müssen.
- Mögliche Kundenreaktion sowie Sortimentszusammenhänge sind zu beachten, um nicht Gefahr zu laufen, Kunden zu verärgern und dadurch die Umsätze mit profitablen Produkten zu gefährden.
- Die geplante Produktrestlaufzeit ist zu berücksichtigen. Läuft beispielsweise ein Produkt mit einem negativen Deckungsbeitrag planmäßig in wenigen Monaten aus, ist es u.U. nicht lohnenswert, eine Auseinandersetzung mit dem Kunden über Anpassungsmaßnahmen (Einstellung, Preiserhöhung, Produktionsverlagerung) anzustrengen.

Bei der Durchführung der Deckungsbeitragsrechung ist darauf zu achten, dass die zugrunde liegenden Zahlen (z. B. Materialeinsatzgewichte, Zykluszeiten usw.) valide sind. Sofern auf die im Produktionsplanungs- und Steuerungssystem (PPS) des Unternehmens hinterlegten Daten zurückgegriffen werden soll, sind diese zunächst zumindest stichprobenartig zu überprüfen. Gegebenfalls müssen die Daten vollständig neu erhoben werden.

> **Fallbeispiel:**
>
> In Kapitel 8 ist ein Fallbeispiel zum Aufbau einer integrierten Finanzplanung dargestellt. Die Lösung zu diesem Fallbeispiel finden Sie auf der Website zum Buch (www.vahlen.de/17686489). Im Rahmen dieses Fallbeispiels ist auch eine Übungsaufgabe zur Erstellung einer Deckungsbeitragsrechung enthalten.

Website: Fallbeispiel Finanzplanung

6.6 Personalwesen

Im Rahmen von Sanierungsmaßnahmen wird es regelmäßig notwendig sein, die Anzahl der Mitarbeiter und damit den Personalaufwand zu reduzieren. Insofern ist für alle Funktionsbereiche (F&E, Einkauf, Produktion, Vertrieb, Finanzen und Controlling, IT, Personalwesen, usw.) zu prüfen, inwieweit Überkapazitäten bestehen. Ein Ansatz zur Beurteilung, welche Anzahl an Mitarbeiten zur Bewältigung des in den einzelnen Abteilungen anfallenden Arbeitsvolumens erforderlich ist, besteht darin, internes oder externes Benchmarking durchzuführen. Beim internen Benchmarking werden Funktionsbereiche unterschiedliche Standorte oder Tochtergesellschaften miteinander verglichen. Beim externen Benchmarking wird das eigene Unternehmen mit Wettbewerbern verglichen.

Personal-Benchmarking

Personalkategorien bilden

Für ein optimales Benchmarking müssen die Personalkapazitäten analysiert und in Personalkategorien unterteilt werden. Bei den Personalkategorien wird zwischen direkt, indirekt und Overhead unterschieden. Direkte Personalkapazitäten sind am Wertschöpfungsprozess direkt beteiligt und üben Tätigkeiten aus wie schweißen, montieren, fräsen oder installieren. Die Indirekten-Personalkapazitäten setzen sich aus den Führungskräften der direkten und indirekten Bereiche zusammen, des Weiteren sind folgende Bereiche darunter angesiedelt: Auftragsmanagement, Qualitätswesen, Instanthaltung, Lager oder Werkzeugbau. Die Overhead-Personalkapazitäten umfassen z. B. die Geschäftsführung, Werksleitung, Vertrieb, Personal, Finanzen& Controlling, IT, Betriebsrat, Entwicklung oder den strategischen Einkauf. Diese Einteilung der Kapazitäten ermöglicht eine maximale Transparenz im Rahmen des Benchmarkings, Firmenintern sowie mit dem Wettbewerb.

Im Rahmen des Benchmarkings gilt es, geeignete Kennzahlen für die einzelnen Bereiche zu entwickeln. Im Einkauf kann z. B. das Einkaufsvolumen pro Mitarbeiter als ein erster Indikator herangezogen werden. Im Vertrieb kann die Kennzahl Vertriebsleistung pro Mitarbeiter und in der Produktion die Leistung pro Mitarbeiter verglichen werden. Diese Kennzahlen können einen ersten Anhaltspunkt darstellen. In einer Detailbetrachtung sind natürlich noch die spezifischen Bedingungen der unterschiedlichen Standorte bzw. Geschäftsfelder zu berücksichtigen.

Maßnahmen zur Reduktion des Personalaufwands können auf eine Kürzung der vereinbarten Leistungen und/oder auf einen Personalabbau abzielen. Sowohl die Veränderungen der materiellen Arbeitsbedingungen (z. B. Höhe der Vergütung, Arbeitszeit, Urlaubsdauer, sonstige Zusatzleistungen) wie auch der Personalabbau unterliegt umfangreichen rechtlichen Regelungen. Die in diesem Bereich gängigen Sanierungsmaßnahmen sind eingehend in Kapitel 8 beschrieben, nachfolgend erfolgt daher lediglich eine stichpunktartige Zusammenfassung:

- Kürzung freiwilliger Leistungen,
- Veränderung vertraglicher Leistungen (Lohn- und Gehaltskürzungen, Urlaubskürzung, Verlängerung der Arbeitszeit),
- Variabilisierung der Entgeltzahlung (erfolgsabhängig statt fix),
- Flexibilisierung der Arbeitszeit (z. B. durch Einführung von Jahresarbeitszeitkonten),
- Einführung von Kurzarbeit,
- Abschluss eines Sanierungstarifvertrages,
- Errichtung einer Transfer- und Qualifizierungsgesellschaft,
- Durchführung von betriebsbedingten Kündigungen.

6.7 IT

IT-Systeme und -Infrastruktur sind heute für eine erfolgreiche Geschäftsabwicklung unverzichtbar. Mithilfe von Enterprise Resource Planning Systemen

(ERP-Systeme) werden die betrieblichen Ressourcen geplant und gesteuert. Typische Funktionsbereiche von ERP-Systemen sind die Materialwirtschaft, die Produktion, Finanzen, Rechnungswesen und Controlling, Personalwirtschaft, usw. Darüber hinaus existieren im betrieblichen Umfeld eine Vielzahl weiterer Softwareanwendungen, beispielsweise zur Betriebsdatenerfassung (BDE), für das Qualitätsmanagement, für die Bürokommunikation (Office und E-Mail), usw.

Die IT-Ausgaben setzen sich im Wesentlichen aus Hard- und Softwareinvestitionen, Lizenzgebühren sowie Personalkosten zusammen. Im Rahmen von Sanierungsprojekten sind in Bezug auf die IT vor allem folgende Maßnahmen von Bedeutung:

- **Stammdatenqualität prüfen und verbessern**

Eine Aufgabe, die zwar von der IT-Abteilung unterstützt, aber im Wesentlichen durch die Fachabteilungen zu leisten ist, besteht in der Überprüfung und ggf. Verbesserung der Stammdaten. Die Qualität der Stammdaten muss sichergestellt sein, bevor systembasierte Kalkulationen im Rahmen der Sanierungsplanung durchgeführt werden (z. B. produktbezogene Deckungsbeitragsrechnungen).

Stammdatenqualität prüfen und verbessern

- **Optimalen IT-Integrationsgrad definieren**

Es ist zu überprüfen, inwieweit ein Out- oder Insourcing von IT-Leistungen Kostenvorteile bringen kann.

Optimalen IT-Integrationsgrad definieren

- **Analyse der IT-Leistungsfähigkeit und -Kosten**

In Krisenunternehmen fällt immer wieder auf, dass diese über eine heterogene Geräte- und Softwareausstattung verfügen. Hierdurch entstehen viele Probleme und hohe Kosten. Insofern ist zu überprüfen, ob die Geräte- und Softwareausstattung die Geschäftsprozesse optimal unterstützt oder ob in diesem Bereich durch Umstellungen Einsparungen realisiert werden können.

Analyse der IT-Leistungsfähigkeit und -Kosten

- **Analyse der vorhandenen Systeme und Projekte**

Alle Systeme und Projekte sind dahingehend zu prüfen, inwiefern sie betriebsnotwendig sind. Nicht zwingend betriebsnotwendige Systeme und Projekte sind zwecks Kosteneinsparung abzuschalten bzw. nicht weiter zu verfolgen.

Analyse der vorhandenen Systeme und Projekte

- **Sale-and-Lease-Back Möglichkeiten prüfen**

Eine Möglichkeit, kurzfristige liquide Mittel zu generieren, besteht darin, vorhandenes Anlagevermögen zu verkaufen (sale) und zurück zu mieten (lease). Auch die gekauften IT-Anlagen sollten auf diese Möglichkeit hin überprüft werden.

Sale-and-Lease-Back Möglichkeiten prüfen

Anmerkungen

[1] IDW S 6: Anforderungen an die Erstellung von Sanierungskonzepten, Tz. 90.
[2] www.destatis.de/DE/ZahlenFakten/Wirtschaftsbereiche/IndustrieVerarbeitendesGewerbe/IndustrieVerarbeitendesGewerbe.html (Download 27.03.17)

7

Finanzwirtschaftliche Sanierungsmaßnahmen
von Andreas Crone und Raoul Kreide

Der Begriff „Unternehmensfinanzierung" umfasst vielfältige Finanzierungsinstrumente, vom klassischen Bankkredit über Working Capital Management Maßnahmen bis hin zu komplexen Finanzprodukten. Das nachfolgende Kapitel stellt die wichtigsten Finanzierungsinstrumente vor, die Unternehmen in der Krise zur Verfügung stehen.

Überblick

Die einzelnen Finanzierungsbausteine können – ob als Einzelmaßnahme oder in Kombination – divergierende Interessen im Rahmen der Sanierung zum Ausgleich bringen oder dem Unternehmen überhaupt erst den zeitlichen Spielraum verschaffen, um ein Sanierungskonzept entwickeln und umsetzen zu können. In jeder Sanierungsphase sollte dabei der Aspekt des „aktiven Handelns in der Krise" im Vordergrund stehen. Unternehmensfinanzierung lebt nicht nur von der rechtlichen Vertragsgestaltung und deren wirtschaftlichen Effekten, sondern auch vom Umgang der Partner miteinander im Sinne einer vertrauensvollen, transparenten und verlässlichen Zusammenarbeit.

Gerade diese vertrauensvolle Zusammenarbeit und Unterstützung in der Krise durch Dritte (Lieferanten, Kunden u. a.) birgt jedoch für diese zunehmend rechtliche und wirtschaftliche Risiken, sofern die angestrebte Sanierung scheitert. Es wird auf Kapitel 14 zu den Erläuterungen zu § 130 Abs. 1 Nr. 1 InsO (kongruente Deckung) und § 133 Abs. 1 InsO (Absichtsanfechtung) sowie auf die aktuelle Rechtsprechung zu den Indizien einer Zahlungseinstellung verwiesen.[1]

7.1 Die Finanzierungsbedürfnisse in den Sanierungsphasen

Klassischerweise werden Finanzierungsinstrumente den Kategorien Innen- und Außenfinanzierung zugeordnet. Innenfinanzierung bedeutet dabei die Hebung von Liquiditätsreserven aus dem Unternehmen selbst. Unter Außenfinanzierung versteht man die Zuführung „frischer" Liquidität von außen durch Eigen-, Fremd- oder Mezzanine-Kapital. Die Praxis zeigt, dass in den verschiedenen Sanierungsphasen typischerweise bestimmte Finanzierungsinstrumente zum Einsatz kommen. Im folgenden Kapitel werden die einzelnen Finanzierungsbausteine daher nach den in der Praxis auftretenden Finanzierungsbedürfnissen bzw. Handlungsspielräumen in den jeweiligen Sanierungsphasen dargestellt.

*Innen-
finanzierung
Außen-
finanzierung*

Vorrangiges Ziel finanzieller Sanierungsmaßnahmen ist es, eine mögliche Insolvenzreife zu beseitigen oder deren Eintritt zu verhindern. Hierzu ist zunächst die Zahlungsfähigkeit des Unternehmens aufrecht zu erhalten oder wieder-

*Vermeidung der
Insolvenz*

7 Finanzwirtschaftliche Sanierungsmaßnahmen

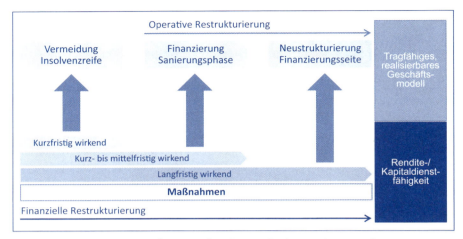

Abb. 29: Finanzielle Restrukturierung in den Sanierungsphasen

herzustellen und, sofern die Fortbestehensprognose fraglich erscheint, eine mögliche Überschuldungslage zu beseitigen (vgl. hierzu die Ausführungen in Kapitel 3). Nur unter diesen Voraussetzungen besteht die Möglichkeit einer außergerichtlichen Sanierung.

Liquiditätssicherung — Ein weiteres Ziel der Unternehmensfinanzierung in der Krise ist die Sicherstellung ausreichender Liquidität zur Fortsetzung der Unternehmenstätigkeit. Im Stadium der Produkt- und Absatzkrise und in der Erfolgskrise sind stille (Liquiditäts-)Reserven zu identifizieren und nutzbar zu machen, um den Übergang zur Liquiditätskrise zu vermeiden. Die Generierung von Liquidität gestaltet sich für Unternehmen in der Krise umso schwieriger, je fortgeschrittener das Krisenstadium ist (vgl. hierzu die Ausführungen in Kapitel 2).

Da ein Unternehmen in der Stakeholder- und in der Strategiekrise in der Regel noch über ausreichende liquide Mittel und stille Reserven verfügt, ist in diesen Stadien das Thema zusätzlicher Liquiditätsbeschaffung eher von untergeordneter Bedeutung. Jedoch erhöht sich der Handlungsdruck für das Management spätestens mit Eintritt der Erfolgskrise und der damit verbundenen Notwendigkeit, operative Verluste zu finanzieren.

Sanierungskonzept — Ergänzend muss kurz- bis mittelfristig, parallel zur operativen Sanierung, die eigentliche finanzielle Restrukturierung erfolgen. Hierzu sind durch geeignete Finanzierungsmaßnahmen dem Unternehmen diejenigen Mittel bereitzustellen, die zur Umsetzung des umfassenden Sanierungskonzepts erforderlich sind. Dies beinhaltet i. d. R. auch eine Sanierung der Passivseite, da Investoren und Banken nur dann zu weiteren Liquiditätszuführungen bereit sind.

Tragfähiges Geschäftsmodell — Ergänzend ist zudem sicherzustellen, dass das Unternehmen über ein tragfähiges sowie realisierbares Geschäftsmodell verfügt und dies finanzierbar ist. In finanzieller Hinsicht fordern die Kapitalgeber zu Recht, dass ein Unternehmen mittel- bis langfristig kapitaldienstfähig ist und eine angemessene (branchenübliche) Rendite erwirtschaftet.

> **Praxistipp: Bilanzielle und steuerliche Folgewirkungen**
>
> Jede gesellschaftsrechtliche und finanzielle Gestaltungsmaßnahme muss stets auf bilanzielle und vor allem auf mögliche steuerliche Folgen hin untersucht werden. Diese können unmittelbar ausgelöst werden (z. B. „Sanierungsgewinne"), wie beim Untergang von Verlustvorträgen erst zukünftig zu höheren Steuern führen oder aufgrund steuerlicher Haltefristen künftige Strukturierungen erschweren. Erfolgt eine Veräußerung von Vermögensgegenständen über dem Buchwert (Realisierung stiller Reserven), geht der Liquiditätszufluss mit zusätzlichen Buchgewinnen einher, die die Ertragssituation des Unternehmens scheinbar verbessern, aber ggf. Steuerzahlungen nach sich ziehen. Erfolgt hingegen ein Verkauf unter dem aktuellen Buchwert (Realisierung stiller Lasten), verbessert sich zwar durch den Liquiditätszufluss die Finanzlage, aber aufgrund der realisierten Buchwertverluste verschlechtert sich die Eigenkapitalausstattung (und die entsprechenden Finanzkennzahlen) des Unternehmens. Zu den steuerlichen Grundlagen in Sanierungssituationen wird auf Kapitel 13 verwiesen.

Bilanzielle und steuerliche Folgewirkungen

7.2 Fälligkeitsorientierte Sanierungsmaßnahmen

Fälligkeitsorientierte Maßnahmen haben in der Liquiditätskrise höchste Priorität. Soweit noch möglich, muss der Eintritt der Insolvenzreife vermieden werden. In jedem Fall muss sich aber das Krisenunternehmen den zeitlichen Spielraum verschaffen, überhaupt ein Sanierungskonzept entwickeln und mit den verschiedenen Stakeholdern verhandeln zu können. Daneben dienen die fälligkeitsorientierten Maßnahmen auch der Liquiditätssicherung. Liquiditätsabflüsse werden zeitlich verschoben, um noch vorhandene Liquidität zur Aufrechterhaltung des Geschäftsbetriebs einsetzen zu können.

Fälligkeitsorientierte Maßnahmen

7.2.1 Stundung

Kurzfristig liquiditätsschonend wirkt die Stundung von Gläubigerforderungen und gegebenenfalls darauf zu entrichtender Zinsen. Eine Stundung kann mündlich oder stillschweigend erfolgen, soweit vertragliche Formvorschriften dem nicht entgegenstehen. Die Stundung einer Forderung hat zur Folge, dass die Fälligkeit des Anspruchs hinausgeschoben wird.[2] Die grundsätzliche Zahlungsverpflichtung bleibt jedoch erhalten. Die Vereinbarung eines Skontos stellt keine Stundung dar.[3] Durch die Stundung erreicht das Unternehmen sofort eine Liquiditätsentlastung, da Zins und Tilgung (je nach Vereinbarung) für eine bestimmte Zeit ausgesetzt werden. Da die gestundete Forderung nicht fällig ist, hat dies zudem positive Auswirkungen auf die Prüfung von Insolvenzantragspflichten. Die Handels- und Steuerbilanz ändert sich hingegen nicht.

Kurzfristige Liquiditätsschonung

Stundung

> **Praxistipp: „Wie telefonisch besprochen ..."**
>
> Aufgrund von haftungsrechtlichen Risiken sollte eine Stundung stets schriftlich dokumentiert werden. Es empfiehlt sich, telefonische Absprachen kurz schriftlich zusammenzufassen und diese, mit der Bitte ein Dublikat unterschrieben

zurückzureichen, an den Gesprächspartner zu übersenden. Hintergrund ist, dass Insolvenzverwalter anhand der Buchhaltung auf den Zeitpunkt zurückrechnen, ab dem eine Zahlungsunfähigkeit vorgelegen hat. Liegt dieser Zeitpunkt vor dem Zeitpunkt des Insolvenzantrags drohen der Geschäftsführung Haftungsrisiken (vgl. § 64 GmbHG) und Strafbarkeitsvorwürfe (Insolvenzverschleppung). Für Gläubiger können zudem Anfechtungsrisiken (vor allem nach §§ 130, 131 InsO) drohen.

Nicht ernsthaft eingeforderte Forderung

Eine weitere in der Praxis weit verbreitete Art der Stundung sind Forderungen, die „nicht ernsthaft eingefordert wurden". Die Rechtsprechung hat den Fälligkeitsbegriff des § 17 Abs. 2 Satz 1 InsO um diese erhöhte Anforderung erweitert.[4] Von einer fälligen Forderung im Sinne des § 17 Abs. 2 InsO ist daher ausnahmsweise nicht auszugehen, wenn sie zwar im Sinne des § 271 BGB fällig ist, aber nicht ernsthaft eingefordert wurde. Als ernsthaftes Einfordern genügt allerdings jede Gläubigerhandlung, aus der sich der Wille, vom Schuldner Zahlung zu verlangen, im Allgemeinen ergibt.[5] Dazu reicht das Übersenden einer Rechnung oder die Herbeiführung der Fälligkeit durch Kündigung.[6] Keine konkrete Aufforderung ist bei einer Fälligkeit durch Zeitablauf erforderlich.[7] Es handelt sich daher mehr um eine Kontrollüberlegung, ob tatsächlich mit einer sofortigen Inanspruchnahme des Schuldners zu rechnen ist.[8]

Schuldumwandlung (Novation)

Ähnlich wie eine Stundung wirkt die Schuldumwandlung (Novation). Durch sie kann eine – gegebenenfalls gestundete – Forderung in ein mittel- oder langfristiges Darlehen umgewandelt werden. In beiden Fällen verlängert sich das Zahlungsziel.

> **Praxistipp: Alternative Forderungsverzicht**
>
> Die Wirkung der Stundung lässt sich auch durch einen Forderungsverzicht erreichen. Aufgrund der endgültigen Aufgabe des Anspruchs bei einem Verzicht wird in der Praxis jedoch vorrangig eine Stundung oder ein Rangrücktritt vereinbart. Im Rahmen eines Sanierungskonzepts können Gläubiger ggf. überzeugt werden, Verzichte zu erklären, wenn dies im Gesamtkonzept und durch die weiteren Maßnahmen für sie wirtschaftlich sinnvoll erscheint. Ein Forderungsverzicht ist zudem ein einfaches Mittel zur Bilanzsanierung (siehe hierzu Abschnitt 7.4.1). Mögliche steuerliche Folgen des Forderungsverzichts sollten jedoch zwingend im Vorfeld mit dem Finanzamt geklärt werden, um diese im Sanierungskonzept entsprechend berücksichtigen zu können.

7.2.2 Stillhalten/Moratorium

Duldung der Nichtleistung
Stillhalten

Stillhalten bedeutet, dass ein Gläubiger von ihm zustehenden Rechten (vorläufig) keinen Gebrauch macht. So kann ein Kreditinstitut, obwohl es dazu berechtigt wäre, auf eine Kreditkündigung verzichten. Gleiches gilt für die Duldung der Bank, dass ein noch nicht ausgeschöpfter Kreditrahmen weiter in Anspruch genommen wird. Stillhalten meint weiter eine „Duldung der Nichtleistung". Die Fälligkeit der Forderung bleibt unverändert; der Gläubiger verzichtet lediglich darauf, seine Forderung (etwa Kreditraten) aktiv einzutreiben. Wurden

Covenants

vereinbarte Kreditbedingungen (Covenants) bereits verletzt und dadurch dem

Finanzierer die Möglichkeit der Kündigung eröffnet, muss über eine Stillhaltevereinbarung ein vorläufiger Verzicht auf die Ausübung dieses Kündigungsrechts vereinbart werden, da ansonsten, aufgrund des Kündigungsrisikos mit i. d. R. damit einhergehender Zahlungsunfähigkeit, auch die positive Fortbestehensprognose infrage zu stellen ist. Durch ein Stillhalteabkommen kann zudem erreicht werden, dass die entsprechende Forderung bei der Prüfung einer etwaigen Zahlungsunfähigkeit nicht mehr zu berücksichtigen ist.[9]

Aus Sicht eines Kreditinstituts kann ein Stillhalten aber problematisch sein. Dies ist insbesondere dann der Fall, wenn das Stillhalten dem Zweck dient, sich in der dadurch gewonnenen Zeit zum Nachteil anderer Gläubiger Vorteile zu verschaffen oder wenn die Drohung mit der Kreditkündigung dazu genutzt wird, um Einfluss auf die weiteren Vermögensverfügungen des Unternehmers zu nehmen.[10]

Ein Moratorium hat zum Ziel, während der (frühen) Sanierungsphase in Verhandlungen mit Finanzierern Planungssicherheit zu erreichen. Solche Verhandlungen können nur dann zum Erfolg führen, wenn sich die grundsätzlichen Voraussetzungen (etwa ob ein Darlehen gekündigt wird) nicht permanent verändern. *Moratorium*

Insbesondere Konsortialbanken werden in Sanierungssituationen untereinander Moratorien vereinbaren; diese können aber ebenso unter oder mit anderen Gläubigergruppen wie Lieferanten, Steuerbehörden oder Sozialversicherungsträgern geschlossen werden. Durch eine solche formalisierte Absprache soll eine einheitliche Linie in Verhandlungen verfolgt werden, z. B. indem die Verhandlungen mit dem Schuldnerunternehmen an einen Lenkungsausschuss oder gemeinsamen Vertreter übertragen werden.

Sinnvoll ist es zudem, die Gläubiger zu verpflichten, ihre Kredite während der laufenden Sanierungsverhandlungen nicht weiterzuverkaufen („lock up agreement"). In der Praxis werden bestimmte Zwischenphasen vorgesehen, in denen ein Weiterverkauf aber explizit gestattet wird. Ein solches Zeitfenster wird üblicherweise nach Vorlage des Sanierungsgutachtens liegen, da dann für alle Beteiligten transparent ist, welche Maßnahmen das Unternehmen und ggf. die Finanzierungspartner zur Sanierung ergreifen müssen. Zu diesem Zeitpunkt sollte man den Finanzierungspartnern die Möglichkeit zum Verkauf ihres Engagements an Dritte geben, um in der anschließenden Umsetzungsphase dann einen stabilen Bankenkreis zu haben. Ohne eine solche Disziplinierung der Gläubigerseite wird die Sanierung durch ständig wechselnde Ansprechpartner und die Berücksichtigung von deren (neuen) Interessen wesentlich erschwert. *Lock up agreement*

7.2.3 Eliminierung von Kündigungsgründen in Kreditverträgen

Ein Unterfall des Stillhaltens ist die Beseitigung vertraglicher Kündigungsgründe. Kreditverträge enthalten Vertragsbedingungen („Covenants"), deren Verletzung den Kreditgeber in der Regel zur Kündigung berechtigt. Die Nichteinhaltung von vereinbarten Kreditbedingungen („Covenant breach") sind in Unternehmenskrisen an der Tagesordnung, die Folgewirkungen verheerend. *Covenant breach*

Insbesondere ist die Kündigung oder Kündbarkeit eines Darlehens regelmäßig Auslöser für Kündigungsrechte anderer Darlehensgeber („cross-default"). Daher muss in der Sanierungsphase die „Heilung" solcher Kreditverträge mit oberster Priorität verfolgt werden. Eine Lösung bietet der sogenannte „Covenant Reset" oder auch „Waiver letter", dessen Inhalt der ausdrückliche Verzicht auf die Ausübung des Kündigungsrechts ist. Hier ist aber zu beachten, dass der Verzicht auf die Ausübung des Kündigungsrechts nicht den Kündigungsgrund („default") beseitigt. Um Folgekündigungen auszuschließen, ist es daher erforderlich, auch den Kündigungsgrund selbst (zumindest für einen bestimmten Zeitraum) zu beseitigen, etwa durch eine Anpassung oder den Verzicht auf bestimmte Kreditbedingungen.

7.2.4 Rangrücktritt

Unter einer Rangrücktrittsvereinbarung versteht man eine vertragliche Vereinbarung zwischen Schuldner und Gläubiger, bei der die begründete Forderung zivilrechtlich nicht erlischt, sondern lediglich im Rang nach den anderen Gläubigern zu befriedigen ist. Dabei wird die Durchsetzbarkeit der Forderung bis zur Überwindung der Krise ausgeschlossen. Eine Rangrücktrittsvereinbarung dient dazu, die Überschuldung einer Kapitalgesellschaft zu verhindern oder zu beseitigen, indem die Verbindlichkeit so ausgestaltet wird, dass ein Ansatz auf der Passivseite im Überschuldungsstatus nicht zu erfolgen hat. Auf die Abbildung der Verbindlichkeit in der Handelsbilanz hat ein Rangrücktritt keine Auswirkungen.[11] Ein ungünstig formulierter Rangrücktritt kann jedoch dazu führen, dass die Verbindlichkeit steuerlich auszubuchen ist und somit zu einem (steuerpflichtigen) Sanierungsgewinn führt (§ 5 Abs. 2a EStG).

Nach § 19 Abs. 2 Satz 2 InsO sind Verbindlichkeiten gegenüber Gesellschaftern bei der Ermittlung des Überschuldungsstatus dann nicht zu berücksichtigen, wenn ein ausdrücklich vereinbarter Rangrücktritt hinter die in § 39 Abs. 1 Nr. 1 bis 5 InsO genannten Forderungen vereinbart wurde. Dies gilt auch für Forderungen Dritter.[12]

> **Praxistipp: Steuerliche Anerkennung eines Rangrücktritts**
>
> Damit die mit einem Rangrücktritt belegte Forderung in der Steuerbilanz trotz der Voraussetzungen des § 5 Abs. 2a EStG weiterhin zu passivieren ist, muss eine Verpflichtung zur Rückzahlung aus späteren Gewinnen, Liquidationserlösen und sonstigem freien Vermögen vereinbart sein.[13]

Unter Geltung des alten Eigenkapitalersatzrechts wurde ein sogenannter „qualifizierter Rangrücktritt" verlangt, nach dem nach einer Formel des BGH eine „Forderung erst nach der Befriedigung sämtlicher Gesellschaftsgläubiger und – bis zur Abwendung der Krise – auch nicht vor, sondern nur zugleich mit den Einlagerückgewähransprüchen seiner Mitgesellschafter berücksichtigt, also so behandelt [wird], als handele es sich um statutorisches Eigenkapital."[14] Dies ist heute nicht mehr erforderlich. Die nachrangigen Forderungen können gegenüber den Einlagerückgewähransprüchen der Gesellschafter vorrangig bleiben.

In seiner Grundsatzentscheidung aus dem Jahr 2015 hat der BGH[15] noch weitere Fragen zum Rangrücktritt geklärt. So muss der Rangrücktritt auch schon im Krisenzeitraum vor Insolvenzeröffnung gelten. Der Rangrücktritt führt gewollt dazu, eine Insolvenzantragspflicht zu vermeiden oder zumindest zeitlich hinauszuschieben. Durch Mitwirkung des zurücktretenden Gläubigers entsteht somit ein Zeitraum, in dem eine potenzielle Insolvenzmasse geschmälert werden kann, anstatt sie dem allen Gläubigern dienenden Schutzmantel des Insolvenzverfahrens zu unterstellen. Dies ist nur gerechtfertigt, wenn der zurücktretende Gläubiger seine Nachrangforderung auch schon im Krisenzeitraum vor Insolvenzeröffnung in den Nachrang stellt. Erforderlich ist ebenfalls, dass der Rangrücktritt hinter sämtliche, also derzeitige und künftige Gläubiger (§ 39 Abs. 1 Nr. 1 bis 5 InsO) erfolgt. Nur dann ist es gerechtfertigt, dass die Vereinbarung mit einem Gläubiger die Insolvenzantragspflicht mit dem Risiko einer Masseschmälerung zu Lasten aller anderen Insolvenzgläubiger suspendieren kann. Diese Schutzfunktion bedeutet aber zugleich, dass ein Rangrücktritt in der Krise nicht mehr aufgehoben werden kann.

Website:
Musterformulierung einer Rangrücktrittsvereinbarung

Website:
Aufsatzbeitrag Formulierung eines insolvenzrechtlich qualifizierenden Rangrücktritts

Liegen besicherte Forderungen vor, besteht auch Handlungsbedarf hinsichtlich der Sicherheiten, da ansonsten statt der Verbindlichkeit die Inanspruchnahme der Sicherheit zu berücksichtigen sein kann und die gewünschte insolvenzrechtliche Wirkung des Rangrücktritts nicht eintritt. Hier ist je nach rechtlicher Ausgestaltung der Sicherheit eine differenzierte Betrachtung erforderlich, bei der noch nicht endgültig geklärt ist, inwieweit und wann (erst bei Insolvenzeröffnung?) ein Verzicht auf die Sicherheit erforderlich ist. Ebenfalls ungeklärt ist, ob zwischen mehreren nachrangigen Forderungen im Rang des § 39 Abs. 2 InsO Rangverhältnisse begründet werden können. Dann wäre ein nachrangiger Gläubiger vor einem anderen nachrangigen Gläubiger zu befriedigen.[16]

7.3 Liquiditätsorientierte Finanzierungsmaßnahmen

Unter liquiditätsstärkenden Maßnahmen werden solche Finanzierungsinstrumente eingeordnet, die dem Unternehmen in der Krise neue Liquidität zuführen. Dies ist elementar, um den operativen Geschäftsbetrieb in der Sanierungsphase weiterführen und Sanierungsmaßnahmen finanzieren und umsetzten zu können.

7.3.1 Freisetzung bestehender Liquiditätsreserven

Je nach Krisenstadium kann ein Unternehmen über die Möglichkeit der Freisetzung eigener liquider Mittel, z. B. durch Auflösung langfristig angelegter Festgelder oder den Verkauf von handelbaren Wertpapieren, verfügen. Oftmals können diese aber nur zu erheblichen Kosten aufgelöst werden oder sind als Sicherheit hinterlegt (z. B. Mietkaution).

Liquiditätsreserven

> **Freigabe von Sicherheiten**
>
> **Praxistipp: Freigabe von Sicherheiten**
>
> Da solche Finanzmittelanlagen im Normalfall als Sicherheit für Dritte dienen, ist mit dem jeweiligen Sicherungsnehmer, in der Regel der finanzierenden Bank, eine Übereinkunft über die Verwendung der Mittel zu treffen (Kreditrückführung versus Verfügbarkeit für das Unternehmen), vgl. hierzu Abschnitt 7.5.9.

7.3.2 Verkauf von nicht betriebsnotwendigem Vermögen

Die Differenzierung zwischen betriebsnotwendigem und nicht betriebsnotwendigem Vermögen gewinnt insbesondere in Krisenunternehmen an zusätzlicher Bedeutung. Der zunehmend schwierigere Zugang zum Kapitalmarkt oder zu anderen Formen der Außenfinanzierung in einer akuten Krisensituation erhöht die Praxisrelevanz dieser Maßnahme.

Nicht betriebsnotwendiges Vermögen ist in der Krise schnellstmöglich zu liquidieren, um einmalig zusätzliche Liquidität zu generieren. Die Liquiditätszuflüsse fallen jedoch erfahrungsgemäß oftmals recht gering aus, da sich bei Verkäufen unter Zeitdruck selten adäquate (Markt-)Preise realisieren lassen.

Nicht betriebsnotwendiges Vermögen
Innenfinanzierung

Der Verkauf von nicht betriebsnotwendigem Vermögen stellt eine klassische Form der Innenfinanzierung dar. Vermögen, welches nicht oder nicht mehr zwingend für den laufenden, betrieblichen Leistungserstellungsprozess notwendig ist, d. h. für die eigene Wertschöpfung oder für das Kerngeschäft sich als mittlerweile entbehrlich darstellt, kann unter Abwägung seiner derzeitigen und zukünftigen Ertragspotenziale zur Disposition gestellt werden.

In der Handelsbilanz finden sich nicht betriebsnotwendige Vermögensgegenstände häufig im Sachanlagevermögen, obwohl der bilanzielle Ausweis unter diesem Bilanzposten definiert, dass die Vermögensgegenstände dazu geeignet sind, dauerhaft dem Geschäftsbetrieb zu dienen. Zu nennen sind „Reservegrundstücke" für die zukünftige Unternehmensexpansion sowie nicht mehr betriebsnotwendige Immobilien, wie z. B. ungenutzte Produktions-, Lager- und Betriebsstätten. Ferner lassen sich gebrauchs- und funktionsfähige, aber aufgrund von Ersatz- bzw. Modernisierungsinvestitionen oder Produktionsverlagerungen nicht mehr eingesetzte Maschinen oder technische Anlagen, als nicht mehr betriebsnotwendig identifizieren.

Darüber hinaus sind ebenfalls nicht mehr benötigte Ersatzteile oder Teile des Warenlagers (Umlaufvermögen) in diese Betrachtungsweise einzubeziehen. Zusätzlich sind Beteiligungen, Anteile an Unternehmen oder gar immaterielle Vermögenswerte, wie z. B. Patente und Lizenzrechte, kritisch auf deren betriebliche Notwendigkeit und ihren Nutzen zu hinterfragen.

Nicht betriebsnotwendiges Vermögen kann auch durch bewusste unternehmerische Entscheidungen neu generiert werden, indem z. B. Geschäftsbereiche eingestellt, Produktionsschritte ausgelagert (Outsourcing) oder eigengenutzte Gebäude durch Umzug in Mietobjekte freigestellt werden.

Die Desinvestitionsentscheidung wird durch zwei Determinanten bestimmt. Einerseits durch den aus dem Verkauf erwarteten Liquiditätszufluss und andererseits durch die mit dem Verkauf reduzierte Kapitalbindung sowie den damit einhergehenden sinkenden Finanzierungskosten.

Desinvestitionsentscheidung

Zunächst muss aber überprüft werden, ob die als nicht betriebsnotwendig identifizierten Vermögensgegenstände überhaupt rechtlich veräußerbar (im Eigentum stehend, frei von Rechten Dritter) und wirtschaftlich für potenzielle Käufer interessant sind.

Ferner müssen auch die bilanziellen und steuerlichen Folgen solcher Transaktionen geprüft werden. Liegt der Verkaufserlös des oder der Vermögensgegenstände über dem handelsrechtlichen Buchwert, realisiert der Verkäufer zunächst einen Ertrag aus der Veräußerung von Vermögensgegenständen des Anlage- oder Umlaufvermögens. Dieser führt grundsätzlich zu einer Steuerpflicht, sofern nicht ausreichende Verluste des laufenden Geschäftsjahres oder steuerlich nutzbare Verlustvorträge bestehen. Dabei schränken die Regelungen zur Mindestbesteuerung gemäß § 10d Abs. 2 EStG die Verrechnungsmöglichkeiten ein, vgl. hierzu auch Kapitel 13.

Steuerliche Folgen

7.3.3 Working Capital Management

Verschiedene Studien belegen, dass Unternehmen in Europa und USA zwischen 20 % und 30 % mehr Liquidität in ihrem Working Capital gebunden haben als nach ihrer eigenen Einschätzung notwendig ist. Diese Ergebnisse lassen sich durchaus auf die typisch deutschen mittelständisch geprägten Unternehmen übertragen, die in der Regel über wenig systematisierte bzw. standardisierte und automatisierte Finanzprozesse in ihren Unternehmen verfügen. Eine Erhebung aus dem Jahre 2012 ergab demnach ein Liquiditätspotenzial der Innenfinanzierung für den deutschen Mittelstand von 87 Mrd. EUR. Infolgedessen sieht die überwiegende Mehrheit des Mittelstands in der Optimierung des eigenen Working Capital die bedeutendste Finanzierungsform für die Zukunft.[17]

Working Capital Management

Nicht nur in einem angespannten wirtschaftlichen Umfeld ist ein professionelles Working Capital Management zwecks Optimierung der Liquiditätssituation des Unternehmens und der damit einhergehenden Stärkung der eigenen Finanzkraft zwingend erforderlich.

Die im Rahmen der Innenfinanzierung gegebenen Möglichkeiten zur Verbesserung und Optimierung des Nettoumlaufvermögens müssen konsequent genutzt werden, um die liquiditätswirksamen Reserven in den Bereichen Forderungen, Vorräte und Verbindlichkeiten aufzudecken, wobei die Bereiche Forderungen und Vorräte besonders relevant sind. Erfahrungsgemäß lassen sich sowohl kurzfristige Erfolge, sogenannte „Quick Wins", als auch nachhaltig wirkende Verbesserungen realisieren, die sich mittel- bis langfristig auf die Liquidität und die Finanzprozesse des Unternehmens auswirken.

Quick Wins

7 Finanzwirtschaftliche Sanierungsmaßnahmen

> **Praxistipp: Motivation durch Quick Wins**
>
> Durch Quick Wins kann der ins Unternehmen gekommene Berater zugleich zeigen, dass sich „etwas bewegen lässt". So kann im Unternehmen eine neue Motivation zur Veränderung erzeugt und das Vertrauen der Stakeholder gewonnen werden, mit der Beauftragung des Beraters die richtige Entscheidung getroffen zu haben.

(Net) Working Capital

Nachfolgend liegt der Fokus der Betrachtung auf dem operativen (Net) Working Capital:

+ Forderungen aus LuL
+ Vorräte
− Verbindlichkeiten aus LuL
= Net Working Capital

Website: Checkliste Working Capital Management

Auf der Website zum Buch finden Sie Checklisten zum Working Capital Management.

a) Forderungen

Operative Sofortmaßnahmen

Eine nachhaltig positive Liquiditätsentwicklung lässt sich nicht nur durch operative Sofortmaßnahmen realisieren. Grundlage für die Bestimmung nachhaltig wirkender Maßnahmen ist die Analyse der einzelnen Prozessschritte und die Formulierung bestimmter Optimierungsmaßnahmen. Diese können sein:

- Implementierung von Richtlinien für das Forderungsmanagement,
- konsequente Nutzung des EDV-Mahnwesens,
- Verbesserung des operativen Order-to-Cash-Prozesses,
- Optimierung der Zahlungsbedingungen,
- Kundenrating in Bezug auf Konditionen und Bonität,
- Einführung von Risikoabsicherungen, z. B. durch eine Warenkreditversicherung.

Forderungsmanagement

Dem Forderungsmanagement kommt im Rahmen des Liquiditätsmanagements und der Liquiditätssicherung eine besondere Bedeutung für Unternehmen zu, unabhängig davon, in welchem Krisenstadium sich das betreffende Unternehmen befindet. Im Forderungsbereich sind i. d. R. erhebliche Optimierungspotenziale in Bezug auf die Kapitalbindungszeiten zu erreichen.

Debitorenmanagement

Zur Optimierung des Debitorenmanagements ist eine standardisierte, automatisierte und transparente Prozessstruktur entscheidend. Basierend auf dieser Grundvoraussetzung lässt sich ein genereller Handlungsstrang ableiten, um sowohl kurzfristige als auch mittel- bis langfristige Maßnahmen zur Verbesserung der Liquiditätssituation zu entwickeln. Deshalb ist die Analyse des kompletten Bearbeitungsprozesses notwendig, um Verbesserungspotenziale zu identifizieren. Die Vorgehensweise lässt sich dabei in zwei Analyseschritte gliedern:

a.1) Analyse der Prozesse im Forderungsbereich

Voraussetzung für eine Optimierung ist eine detaillierte Prozessanalyse, um die Kapitalbindungsdauer im Forderungsbereich zu reduzieren bzw. zu optimieren. Deshalb wird der Prozess in die einzelnen Bearbeitungsschritte aufgegliedert, um die dazugehörigen Risiken zu ermitteln.

Prozessanalyse

Kapitalbindungsdauer

Grundsätzlich stellt der Lieferantenkredit auch heute noch die gebräuchlichste Form der Finanzierung von Unternehmen dar, bei denen der Verkäufer dem Erwerber ein Zahlungsziel einräumt. Dies bedeutet jedoch, dass der Produzent oder der Erbringer einer Dienstleistung in erhebliche Vorleistungen tritt (Material-, Lohn- und Versandkosten), die er, zumindest bei Krisenunternehmen, in der Regel selbst (vor-)finanzieren muss.

Vorfinanzierung

Lieferantenkredit

Neben eventuellen Forderungsausfällen und Zahlungsverzögerungen aufgrund einer unzureichenden Bonität des Kunden zeigt sich oft das Problem, dass teilweise Aufträge mit positiven Deckungsbeiträgen (auch unter Berücksichtigung der Finanzierungskosten) aufgrund voll ausgenutzter oder begrenzter Kreditlimite nicht angenommen werden können. In einer allgemeinen Wirtschaftskrise verschärft sich diese Problematik zusätzlich, da sich häufig das Zahlungsverhalten der Kunden verschlechtert.

Bonität

In der Regel werden mit Kunden Nebenbedingungen für das abzuschließende Waren- oder Dienstleistungsgeschäft vereinbart, z. B. Nachlässe (Rabatte, Skonti) oder Zahlungs- und Lieferkonditionen. In der Krise neigt der Unternehmer dazu, Zugeständnisse in Bezug auf den Nettopreis und/oder den Zahlungszeitpunkt zu machen, ohne eine Differenzierung nach dem Kundenverhalten in der Vergangenheit vorzunehmen. Eine objektivierte Preisdifferenzierung anhand von Kriterien wie Bonität, Zahlungs- und Reklamationsverhalten erfolgt in der Regel nicht.

Preisdifferenzierung

Da alle geschäftlichen Transaktionen mehr oder minder risikobehaftet sind, kommt der Thematik „Risikoabsicherung" eine weitere zentrale Bedeutung zu. Als generelle Risiken sind hierbei das allgemeine Kreditrisiko (Forderungsausfallrisiko), Preisänderungs-, Zins- und Währungsrisiken, aber auch Gewährleistungsrisiken, Erfüllungsbetrug und Produktbeschädigungsrisiken denkbar.

Risikoabsicherung

Im Bearbeitungsschritt Fakturierung lassen sich weitere Risiken identifizieren. Grundsätzlich besteht das Risiko der verzögerten Fakturierung und von Fehlern in der Rechnungserstellung. Zusätzlich erfolgt in den meisten Unternehmen die Rechnungsstellung immer noch papierbasiert, was eine erhöhte Fehlerquote, höhere Transaktionskosten und im gesamten Abwicklungsprozess Zeitverzögerungen nach sich zieht. Führt die Rechnungsprüfung auf Kundenseite zu Abweichungen oder Differenzen, hat dies den Anstoß des Reklamationsprozesses zur Folge. Aufgrund des papierbasierten Versands werden fehlerhafte Rechnungen erst spät erkannt, sodass infolge der Reklamationsdauer die ursprünglich vereinbarten Zahlungsziele überschritten werden. Kritisch ist dies insbesondere für Krisenunternehmen, die auf schnelle Zahlungseingänge zur Finanzierung ihres Working Capital angewiesen sind. Es zeigt sich aber, dass gerade in Krisenunternehmen, oft durch zu wenig und teilweise schlecht qualifiziertes Buchhaltungspersonal, im Mahnwesen erhebliche zeitliche Ver-

Fakturierung

zögerungen auftreten. Dieser Effekt wird weiter dadurch verstärkt, dass reklamierte Rechnungen häufig durch den Kunden nicht vollständig oder gar nicht beglichen werden, obwohl nur einzelne Teile der Rechnung (oder der Lieferung) reklamiert werden.

Preis- und konditionenrelevante Informationen

Bei der Rechnungsstellung ergeben sich noch einige weitere Fragen. Prinzipiell ist zu überprüfen, ob dem Rechnungswesen alle preis- und konditionenrelevanten Informationen vorliegen. Beispielsweise ergeben sich in der Praxis häufig Schwachpunkte bei der Erfassung und Dokumentation von erbrachten, vertraglich jedoch nicht fixierten Sonderleistungen oder Zusatzaufträgen bzw. Nachträgen. Nur wenn diese Informationen zeitnah und vollständig vorliegen, kann beurteilt werden, ob diese im ursprünglichen Vertrags- und Leistungsumfang enthalten waren oder gesondert abgerechnet werden können. Weitere Beispiele dieser Art sind die Gewährung von Sonderkonditionen und Rabatten, die mit dem Kunden in der Vergangenheit vereinbart waren, dem Kunden jedoch aufgrund seines geänderten Einkaufsverhaltens objektiv nicht mehr zustehen (z. B. die Gewährung von Mengen- bzw. Großkundenrabatten, obwohl der Kunde nicht mehr in diese Kategorie fällt). Insbesondere wenn derartige Konditionen im EDV-System hinterlegt sind, werden sie im normalen Geschäftsverkehr oft nicht mehr hinterfragt und automatisch gewährt. Hierbei ist insbesondere darauf hinzuweisen, dass ein solcher System- oder Organisationsfehler erhebliche Auswirkungen auf das Unternehmensergebnis haben kann. Diese „leicht" zu generierenden Umsätze mit Bestandskunden wirken sich sofort in voller Höhe ergebnisverbessernd aus, da ihnen in der Regel keine weiteren Kosten entgegenstehen, d. h. jeder Euro mehr Umsatz bedeutet in diesem Fall einen Euro mehr Liquidität und Ergebnis. Gleichzeitig versuchen Kunden zunehmend über die angebotenen Zahlungskonditionen zu verhandeln, mit dem Ziel der Verlängerung der Zahlungsziele und damit der Verbesserung ihres eigenen Working Capital.

Zahlungsziele

Nach Überprüfung und Freigabe der Rechnung erfolgt die Zahlung durch den Kunden entsprechend der vereinbarten Zahlungsziele. Auch im Zahlungsverkehr liegen Potenziale zur Verbesserung und Beschleunigung der Zahlungsströme. Studien belegen, dass Zahlungsinstrumente, die der Käufer initiiert, wie z. B. Überweisungen, Scheck- oder Wechselzahlungen, die Außenstandstage einer Forderung erhöhen, während hingegen die vom Leistungserbringer selbst initiierten Zahlungsinstrumente, wie z. B. Lastschrifteinzug, die Außenstanddauer signifikant verringern. Erfahrungsgemäß herrschen in Krisenunternehmen die erwerberbasierten Zahlungsinstrumente vor, oftmals ergänzt durch ein schwaches, wenig effizientes Mahnwesen.

Mahnwesen

Das unternehmensinterne Mahnwesen zählt, insbesondere in Krisenzeiten, zu einer der wichtigsten Unternehmensfunktionen, welche mit der notwendigen Konsequenz wahrgenommen werden muss. Leider zeigen Krisenunternehmen in diesem Bereich erhebliche Schwächen, teilweise durch personelle Unterkapazitäten, teilweise durch psychologische Hemmschwellen. Unternehmen fürchten durch stringentes und konsequentes Mahnen auf eigene Liquiditätsprobleme hinzuweisen, welche vor dem Kunden verheimlicht werden sollen, um weitere Bestellungen und Käufe nicht zu gefährden. Diesem Problem könn-

7.3 Liquiditätsorientierte Finanzierungsmaßnahmen

te durch Auslagerung des Mahnwesens auf ein externes Inkassounternehmen begegnet werden.

Die letzte Prozessstufe stellt der Zahlungseingang (Realisierung der Forderung) dar. Auch hier bestehen latente Risiken, etwa, wenn Schecks gesammelt und somit nicht zeitnah eingelöst werden.

Zahlungseingang

a.2) Definition und Implementierung von Maßnahmen

Ziel dieses zu definierenden Maßnahmenkatalogs ist es, die Kapitalbindungsdauer zu minimieren und die Liquiditätssituation im Unternehmen zu verbessern. Dabei lassen sich kurzfristig und eher mittel- bis langfristig wirkende Maßnahmen ableiten.

Kurzfristig wirkende Maßnahmen sind z.B. die Verkürzung der Zahlungsziele oder Factoring (vgl. hierzu Kapitel 7.3.6). Diese Maßnahmen lassen sich relativ kurzfristig einleiten und implementieren. Die daraus resultierenden Liquiditätseffekte können kurzfristig realisiert werden und führen somit zur Liquiditätsverbesserung im Unternehmen. Erfahrungsgemäß sind auch persönliche Gespräche mit den Kunden vorteilhaft, um den Zahlungseingang bei Verzug zu beschleunigen. In anderen Fällen kann es durchaus angebracht sein, die Kunden über die angespannte Liquiditätssituation in Kenntnis zu setzen und Vorkasse zu vereinbaren. Dies erscheint immer dann sinnvoll, wenn der Kunde von weiteren Belieferungen abhängig ist und bei Nichtbelieferung einen erheblichen Schaden erleiden würde, z.B. ein Automobilhersteller bei Ausfall eines wichtigen „Just-in-time" oder „Just-in-sequence" Zulieferers.

Sinnvoll kann es auch sein, den eigenen Forderungsbestand auf seine Werthaltigkeit hin zu überprüfen. Denn im Regelfall der umsatzsteuerlichen Sollversteuerung ist die Umsatzsteuer (von zumeist 19% des Netto-Verkaufspreises) bereits im Monat nach Rechnungsstellung an das Finanzamt abzuführen. Können nicht werthaltige Forderungen ausgebucht werden, besteht ein Rückerstattungsanspruch gegenüber dem Finanzamt. Die Korrektur der Umsatzsteuer ist in dem Veranlagungszeitraum vorzunehmen, in dem die Uneinbringlichkeit eingetreten ist.[18] Die Finanzämter prüfen jedoch genau, ob solche Wertberichtigungen berechtigt sind.

Umsatzsteuerkorrektur

b) Vorräte

Erfahrungsgemäß ist der Vorratsbestand der Bereich bei Krisenunternehmen, in dem sich die höchsten Einsparpotenziale identifizieren lassen. Dabei ist zwischen kurzfristigen sowie mittel- bis langfristigen Potenzialen zu unterscheiden. Auch hier lässt sich eine Vorgehensweise festlegen, die folgende Schritte beinhaltet:

b.1) Analyse der Prozesse im Vorratsbereich

Ursachen für Überbestände im Vorratsbereich liegen in der Regel in einer zu hohen Anzahl von Produktvarianten sowie Fehldispositionen (Mindestbestellmenge, „eiserner Bestand"), in einer fehlenden unterjährigen Bestandsführung sowie in einem mangelhaften Controlling.

Produktvariantenzahl

Fehldispositionen

Deshalb lassen sich auch hier für jeden Prozessabschnitt Risiken identifizieren, die durch eine detaillierte Analyse untersucht werden müssen.

Erste Risiken treten bereits bei der Bedarfsplanung auf. Beispielhaft sind hier ein unzureichender Detaillierungsgrad, eine nicht aktuelle, auf historischen Daten basierende Produktionsplanung und die strikte Abgrenzung einzelner Abteilungen voneinander bei der Produktionsplanung zu nennen. Nachfolgend lassen sich diverse Problemfelder in den Bereichen Beschaffung, Lagerbestand, Überführung, Logistik, Verpackung sowie Distribution feststellen. Demnach sind mögliche Risiken unter anderem geringe Liefertreue, Vernachlässigung von Bestandsprüfungen, fehlende Anpassungen der Sicherheits- und Meldebestände im EDV-System sowie eine zunehmende Komplexität und Intransparenz des Distributionsnetzes. Zusätzlich lassen sich verschiedene Problemstellungen im Bereich von Warenrückläufen und Warenüberschüssen identifizieren. Beispiele sind u. a. nicht registrierte Retouren und damit verbundene redundante Lagerbestände.

Problemfelder

Bei Eintritt einer Produkt- und Absatzkrise sind sofortige Anpassungsmaßnahmen einzuleiten, denn rückläufige Umsätze haben eine sofortige Auswirkung auf die Bestandssituation und eine „sanfte" Reduzierung der Bestände wird bei rückläufigen Umsätzen tendenziell schwieriger.

b.2) Definition und Implementierung von Maßnahmen

Maßnahmen

Maßgebend ist auch hier die Unterscheidung zwischen kurzfristig und mittel- bis langfristig wirkenden Maßnahmen.

Direkter Liquiditätseffekt

Durch den Verkauf von fertigen Erzeugnissen, aber auch von nicht mehr benötigten Roh-, Hilfs- und Betriebsstoffen sowie Waren, lassen sich kurzfristig liquide Mittel generieren. Verkaufsunterstützend können dabei befristete Rabattaktionen oder Sonderkonditionen wirken. Inwieweit durch diese Maßnahmen auch positive Erträge generiert werden können, hängt im Wesentlichen von der bilanziellen Behandlung dieser Vermögensgegenstände in der Vergangenheit ab. Wurden adäquate Reichweitenabschläge oder sonstige Wertberichtigungen auf den Vorratsbestand in der Vergangenheit unterlassen, so können u. U. Buchverluste entstehen, die die Ertragssituation des Unternehmens zusätzlich belasten. Umgekehrt können bei entsprechender Risikovorsorge in den Vorperioden stille Reserven mit positiven Ertragseffekten realisiert werden.

Indirekter Liquiditätseffekt

Indirekte Liquiditätseffekte durch die Reduktion der Lagerhaltungskosten können durch die Verschrottung oder durch die unentgeltliche Abgabe von nicht gängigen Waren, z. B. an soziale Organisationen, erreicht werden. In diesem Zusammenhang ist auch über die Zusammenlegung von internen Lagern oder die Inanspruchnahme von Konsignationslagern nachzudenken. Solche Maßnahmen sind jedoch nicht isoliert zu betrachten, sondern im Zusammenhang mit einer allgemeinen Optimierung des Bestandswesens zu planen und umzusetzen.

Eine nachhaltige Optimierung der Bestandsführung basiert jedoch grundsätzlich auf mittelfristig bis eher langfristig wirkenden Maßnahmen.

Bedarfsprognose

Diese Maßnahmen können z. B. eine regelmäßige Abstimmung der Bedarfsprognose mit den wichtigsten Kunden, eine standardisierte Überprüfung von

7.3 Liquiditätsorientierte Finanzierungsmaßnahmen

Melde- und Sicherheitsbeständen, die Festlegung der durchschnittlichen Umschlagsdauer sowie die Identifizierung von „Lagerhütern" sein.

Wesentliche Einflussparameter auf die Kapitalbindung im Vorratsbereich finden sich zudem im Produktionsprozess. Eine restriktive Überwachung und Handhabung der Bestellmengendisposition und der vereinbarten Einkaufskonditionen unterstützt die Reduzierung der Kapitalbindungszeiten. Insbesondere die Mengendisposition (bis hin zur „Just-in-time Belieferung" ohne eigene Lagerhaltung und die Einführung von Kanban), optimierte Produktionsprozesse und ein ausgeprägtes, permanentes und effizientes Bestandscontrolling sind notwendig, um Produktionsengpässe oder gar Produktionsausfälle zu vermeiden. Dabei sind sowohl die Materialeinsatz- als auch Ausschussquoten regelmäßig zu überprüfen und durch Produktionsverbesserungen zu minimieren. Beispiele für diese permanenten Veränderungs-, Abstimmungs- und Anpassungsprozesse sind insbesondere in der Automobilindustrie zu finden.

Produktionsprozess

Demnach lässt sich bei Umsetzung der relevanten Maßnahmen im Vorratsbereich die Kapitalbindungsdauer wesentlich reduzieren. Ziel sollte eine standardisierte und transparente Vorgehensweise im Bestandswesen sein.

c) Verbindlichkeiten

Im Bereich der Verbindlichkeiten sind Verbesserungspotenziale in der Praxis bei Krisenunternehmen nur eingeschränkt identifizierbar. Klassischerweise ist hier ein besonderes Augenmerk auf die vereinbarten Zahlungskonditionen zu legen. Die Inanspruchnahme von Skonti ist Krisenunternehmen aufgrund der angespannten Liquiditätssituation selten möglich. Zusätzlich muss verhindert werden, dass Lieferanten nur noch gegen Vorkasse liefern. Dem hieraus resultierenden vorzeitigen Liquiditätsabfluss kann durch die Ausreichung von Avalen begegnet werden. Aber auch dies gestaltet sich in der Praxis als schwierig, da Banken die Avallinien in der Regel in die bestehenden Kreditlimite einbeziehen und somit die Möglichkeit der Inanspruchnahme der Kontokorrentlinien reduziert wird.

Verbindlichkeiten

Je weiter die Krise fortgeschritten ist, umso häufiger ist auch feststellbar, dass sich Unternehmen vom „Skontozieher" über den „Nettozahler" zum „Überzieher" entwickeln und somit die Probleme des Unternehmens nach außen sichtbar werden.

Somit verbleiben als Optimierungsmöglichkeiten oftmals nur die Vereinheitlichung von Zahlungskonditionen (insbesondere in Konzernen) und die Sicherstellung, dass diese entsprechend ausgenutzt und keine durch automatisierte Zahlläufe initiierten vorfälligen Zahlungen geleistet werden. Die im EDV-System hinterlegten Zahlungsroutinen sind dabei regelmäßig zu untersuchen und mit den vereinbarten Konditionen abzugleichen.

Zahlungskonditionen

> **Praxistipp: Optimierungspotenzial Kapitalbindungsdauer**
>
> Laut einer Studie von REL Consultancy hatten die untersuchten europäischen Unternehmen im Geschäftsjahr 2015 eine Kapitalbindungsdauer (Cash-to-cash-cycle) von durchschnittlich 38,2 Tagen, während die untersuchten deutschen

> Unternehmen eine durchschnittliche Kapitalbindungsdauer von 49,7 Tagen aufwiesen.[19] Dies zeigt das vorhandene erhebliche Optimierungspotenzial deutscher Unternehmen, welches auch in Zeiten sehr günstiger Außenfinanzierungsmöglichkeiten (niedrige Zinsen) nicht vernachlässigt werden sollte.

7.3.4 Cash Management (Cash-Pooling)

Cash Management — Unter dem Begriff des Cash Managements werden prinzipiell alle Maßnahmen der Liquiditätssteuerung und des Liquiditätsausgleichs im Rahmen der Innenfinanzierung eines Konzerns oder einer Unternehmensgruppe verstanden.

Steuerungsfunktion — Während die Steuerungsfunktion in der Vergangenheit regelmäßig durch die Konzernobergesellschaft wahrgenommen wurde, zeigt sich zunehmend der Trend zur Gründung und Einschaltung von Finanzierungsgesellschaften, die die Aufgabe der Organisation und Durchführung des zentralen Cash Managements übernehmen. Dies ist insbesondere auch vor dem Hintergrund eines zunehmend systematisierten, automatisierten und globalen Geldverkehrs zu sehen.

Der Grundgedanke des zentralen Cash Managements ist es, freie Geldmittel über Gesellschafts- und Ländergrenzen hinweg im Konzernverbund dort einzusetzen, wo diese benötigt werden bzw. benötigte Geldmittel zunächst im Konzern selbst und nicht am Kapitalmarkt zu beschaffen. Damit soll verhindert werden, dass einerseits Unternehmen mit frei verfügbaren Geldmitteln diese zu relativ niedrigen Zinssätzen anlegen, andererseits sich andere Unternehmen des Konzernverbunds mit Liquiditätsbedarf zu schlechteren Konditionen am Kapitalmarkt refinanzieren müssen. Insgesamt führt ein erfolgreiches Cash Management sofort zur Reduzierung der Finanzierungskosten und einer insgesamt geringeren Inanspruchnahme sowie einem geringeren Bedarf an Kreditlinien.

a) Formen des Cash Managements

Im Rahmen des Cash Managements ist zwischen der Bestandsführungsfunktion und der reinen Verrechnungsfunktion zu unterscheiden.

a.1) Pooling-Funktion

Pooling-Funktion — Im Rahmen des Poolings erfolgt eine zentrale Geldbestandsführung für alle am Cash-Pool beteiligten Gesellschaften. Dabei kann das Cash-Pooling einerseits tatsächlich, d.h. physisch erfolgen („Zero Balancing") oder rein virtuell („Notional Pooling").

Zero Balancing — Im Rahmen des Zero Balancing erfolgt ein tatsächlicher Geldtransfer zwischen den am Cash-Pooling beteiligten Gesellschaften. Dabei transferieren Unternehmen, die Guthabensalden führen, täglich ihre Banksalden auf ein zentrales Geldsammelkonto (Master Account), welches durch den Poolführer oder eine Finanzierungsgesellschaft (Pooling Agent bzw. Master Account Holder) geführt und verwaltet wird. Negative Banksalden von anderen Tochterunternehmen werden hingegen täglich zu Lasten des Master Accounts ausgeglichen („glattgestellt"). Neben der Reduzierung der konzernweiten Zinskosten kann als wei-

7.3 Liquiditätsorientierte Finanzierungsmaßnahmen

terer Vorteil die Bündelung der gesamten konzernweit kurzfristig verfügbaren Liquidität auf einem Konto angesehen werden, was die Transparenz und die Dispositionsfreiheit für die Konzernführung erhöht.

Anders als beim Zero Balancing erfolgt beim Notional Pooling kein physischer Liquiditätstransfer. Die Banksalden der am Pool beteiligten Gesellschaften werden lediglich rechnerisch auf einem Geldsammelkonto zusammengeführt. Der Saldo dient der den Konzern finanzierenden Bank als Basis für die Berechnung der Finanzierungskosten. Somit kommt bei dieser Form des Cash-Poolings lediglich der Vorteil der Zinsoptimierung zum Tragen.

Notional Pooling

a.2) Netting- bzw. Clearing-Funktion

Im Rahmen des Nettings/Clearings erfolgt eine Verrechnung/Saldierung aller konzerninternen Forderungen und Verbindlichkeiten mit dem Ziel der Verringerung der Kosten des konzerninternen Geldverkehrs.

Netting- bzw. Clearing-Funktion

b) Cash Management und betriebswirtschaftliche Risiken

Im Rahmen eines zentralen Cash Managements muss darauf geachtet werden, dass nicht unbemerkt und dauerhaft eine Verlustfinanzierung von unrentablen Geschäftsbereichen bzw. Tochterunternehmen erfolgt, was bei zu spätem Erkennen oder Gegensteuern zu erheblichen negativen, im schlimmsten Fall zu existenzbedrohenden Konsequenzen für den gesamten Konzern führen kann. Verfügt die Obergesellschaft über ausreichende finanzielle Mittel und Kreditlinien und befinden sich andere ertragsstarke Tochterunternehmen im Konzernverbund, so ist die Verlustfinanzierung einzelner Gesellschaften oftmals nicht sofort augenfällig, sofern das Geldsammelkonto im Guthaben geführt wird und andere adäquate Controlling- und Reportinginstrumente im Konzern fehlen.

Die Problematik eskaliert, sobald die Verluste des oder der defizitären Tochterunternehmen weiter ansteigen und/oder die Ertragsstärke der bislang erfolgreichen Töchter nachlässt. Einerseits werden die Finanzmittel an das Geldsammelkonto abgeführt, während die Töchter im Rahmen eines Cash-Poolings oftmals nicht mehr über eigene Kreditlinien bei Banken verfügen. Andererseits wird durch das tägliche Glattstellen der Negativsalden der defizitären Töchter der Geldmittelbestand insgesamt reduziert.

Entsteht nun auch ein zusätzlicher Liquiditätsbedarf auf Ebene der ertragsstarken Tochterunternehmen, z. B. zur Finanzierung von Investitionen, kann dies zur Folge haben, dass nun auch die Obergesellschaft, trotz Cash-Poolings und eigener Kreditlinien, an den Rand ihrer Innenfinanzierungskraft gelangt.

Oftmals wird erst in dieser Phase, in der ein zusätzlicher Bedarf an externen Finanzmitteln notwendig wird, die Verlustsubventionierung von Tochterunternehmen erkannt und das tatsächliche Ausmaß transparent.

Verlustsubventionierung

In solch einer Situation entsteht zusätzlich für die Konzernobergesellschaft ein weiteres Problem und Risiko. In der Regel besitzt die Konzernobergesellschaft als Holding lediglich die Beteiligungen an ihren Tochterunternehmen als Vermögenswerte. Sind diese jedoch nachhaltig defizitär, so sind diese Beteiligungen im Zweifel im Wert zu berichtigen bzw. abzuschreiben. Damit ergibt sich das Problem sinkender Vermögenswerte bei gleichzeitig steigendem Fremdmittelbedarf, insbesondere dann, wenn in der Vergangenheit keine Anpassung der Wertansätze für die Beteiligungen vorgenommen wurde. Dies gilt analog für Forderungen gegenüber diesen Unternehmen, die ebenfalls unter Umständen im Wert zu berichtigen sind. Damit kann sich für die Obergesellschaft schnell das Problem der Liquiditätsenge zu einem bilanziellen Überschuldungstatbestand ausweiten. Aber auch für die ertragsstarken Tochterunternehmen kann sich vor diesem Hintergrund ein Überschuldungsproblem ergeben, da nun die Frage nach der Werthaltigkeit der Forderungen aus dem Cash-Pooling gegenüber der Obergesellschaft gestellt werden muss.

7.3.5 Leasing und Mietkauf/Sale-and-lease-back

Leasing Unter Leasing versteht man die Gebrauchsüberlassung von Wirtschaftsgütern gegen Zahlung eines monatlichen Entgelts (Leasingraten). Daher weist ein Leasingvertrag überwiegend mietvertraglichen Charakter auf. Beim sogenannten „Operating Leasing" handelt es sich um eine nur kurzfristige oder (bei Abschluss auf unbestimmte Dauer gerichtete) aber jederzeit kündbare Gebrauchsüberlassung. Beim „Herstellerleasing" ist der Hersteller oder Händler zugleich der Leasinggeber. Es handelt sich um ein Absatzförderungsinstrument ohne das typische Dreiecksverhältnis aus Hersteller, Leasinggeber und Leasingnehmer.

Operating Leasing

Herstellerleasing

Finanzierungsleasing Das „Finanzierungsleasing" dient der liquiditätsschonenden Investitionsfinanzierung. Die Besonderheit hierbei ist, dass der Leasinggeber den Leasinggegenstand vom Hersteller erwirbt und dem Leasingnehmer zur Verfügung stellt.

Da das Leasinggut ganz überwiegend oder gar allein im Interesse des Leasingnehmers angeschafft wird, wird ihm das Risiko der Verschlechterung und des Untergangs der Sache übertragen und die Verpflichtung auferlegt, die geleaste Sache instand zu halten. Bei etwaigen Mängeln des Leasingguts muss sich der Leasingnehmer direkt mit dem Hersteller oder Händler auseinandersetzen. Dies wird dadurch erreicht, dass der Leasinggeber seine Gewährleistungsrechte gegen den Hersteller bzw. Händler an den Leasingnehmer abtritt und seine eigene Gewährleistung ausschließt.

In der Krise lohnt sich eine Prüfung, ob ein Leasinggegenstand durch Kündigung und Zahlung einer vereinbarten Schlussrate ins Eigentum des Unternehmens überführt werden kann. Dies ist interessant, wenn der Leasinggegenstand am Markt relativ einfach und schnell verwertbar ist und der noch zu zahlende Ablösebetrag unter dem Zeitwert des Leasinggegenstands liegt; denn dann kann aus den stillen Reserven Liquidität gewonnen werden. Es ist jedoch sorgfältig darauf zu achten, dass tatsächlich ein vertraglicher Anspruch auf die Einräumung des Eigentums besteht.

Mietkauf Vom Leasing abzugrenzen ist der Mietkauf. Hier wird dem Mietkäufer das Recht eingeräumt, den Gegenstand mit Ablauf der vereinbarten Laufzeit für einen festgelegten Ablösebetrag zu erwerben; die gezahlten Mieten werden dabei angerechnet. Oftmals ist auch vertraglich vorgesehen, dass das Eigentum mit Zahlung der Schlussrate automatisch auf den Mietkäufer übergeht. Je nach Ausgestaltung kann ein solcher Vertrag (bilanziell) auch von Anfang an als Kaufvertrag qualifiziert werden. Während Finanzierungsleasingverträge regelmäßig zur Bilanzierung beim Leasinggeber führen, werden Gegenstände, die über Mietkaufverträge finanziert sind, grundsätzlich beim Mietkäufer bilanziert.

Eine weitere Variante des Leasings stellen Sale-and-lease-back-Gestaltungen dar. Darunter versteht man den Verkauf von Vermögensgegenständen, die anschließend zurückgemietet werden. Hierdurch kann sich ein Unternehmen in der Krise kurzfristig Liquidität beschaffen und gleichzeitig stille Reserven heben, wenn für den Gegenstand ein über Buchwert liegender Marktpreis erlöst werden kann. *Sale-and-lease-back*

Sale-and-Mietkauf-back

Vorteilhaft ist zudem, dass im Vordergrund nicht zwingend die Kreditwürdigkeit des Unternehmens selbst steht, sondern die Weiterveräußerbarkeit des Gegenstands. Damit können selbst bonitätsschwache Unternehmen eine Investitionsfinanzierung erreichen, wenn der Gegenstand als ausreichende Sicherheit akzeptiert wird. Aus Sicht des Finanzierers ist jedoch neben der Werthaltigkeit der Sicherheit auch die Verwertbarkeit in der Praxis entscheidend. Gerade für Banken ist die Verwertbarkeit von Spezialmaschinen ein hohes Risiko, sodass sie nur zögerlich oder mit hohen Abschlägen als Kreditsicherheit akzeptiert werden. Finanzierer, die auf genau diese Gegenstände spezialisiert sind, verfügen hingegen über das entsprechende Netzwerk zur Verwertung im Sicherungsfall.

Wird ein Mietkauf mit anschließendem Eigentumsübergang vereinbart, handelt es sich faktisch nur um eine nachträgliche Finanzierung oder Absicherung des Kaufpreises. Steuerrechtlich hat der BFH bestätigt, dass dies je nach dem Gesamtbild aller Umstände „als Mitwirkung des Käufers und Leasinggebers an einer bilanziellen Gestaltung des Verkäufers und Leasingnehmers" nicht als bloße Kreditgewährung an den Leasingnehmer anzusehen ist. Eine solche Kreditgewährung wäre gem. § 4 Nr. 8 a UStG umsatzsteuerfrei. Dadurch würde auch der Vorsteuerabzug beim Leasingnehmer entfallen.[20]

7.3.6 Factoring

Factoring kann anstatt der Aufnahme kurzfristiger Kredite zur Betriebsmittel- und Absatzfinanzierung eingesetzt werden. Durch Factoring können Forderungen zeitlich vorgelagert in Liquidität überführt werden. Letztendlich handelt es sich aber hierbei um einen einmaligen Liquiditätseffekt. Insbesondere, wenn künftige Forderungen abgetreten werden, muss berücksichtigt werden, dass die bereits (mit Abschlägen) realisierten Forderungen in der Zukunft nicht mehr als Cash-Zufluss zur Verfügung stehen. Zwar steht in der Krise die kurzfristige Stabilisierung der Liquiditätssituation im Vordergrund; die langfristige Rentabilität ist jedoch ebenfalls im Auge zu behalten. *Factoring*

„Unechtes Factoring" ist im Grundsatz die Übernahme des Forderungsmanagements durch einen Dienstleister. Im Falle der Uneinbringlichkeit haftet das abtretende Unternehmen. *Unechtes Factoring*

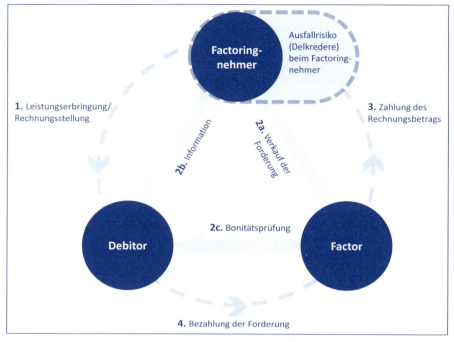

Abb. 30: Unechtes Factoring

Echtes Factoring

Beim „echten Factoring" übernimmt der Factor hingegen das Ausfallrisiko des (Dritt-)Schuldners. Der Factoringnehmer (Lieferant) haftet nur dafür, dass die Forderung überhaupt einredefrei besteht. Um zu vermeiden, dass der Debitor (Kunde) die Einrede des nicht erfüllten Vertrags (§ 320 BGB) erhebt, wird das echte Factoring meist auf vollständig erfüllte Verträge beschränkt. Dadurch wird das Ausfallrisiko in entsprechende Kaufpreisabschläge getauscht, d. h. die Forderungen werden nicht zum Nominalwert realisiert. Häufig wird mit dem Factor ein Rahmenvertrag geschlossen, auf dessen Basis dann für Einzelrechnungen allein durch Einreichen der eigentliche Factorvertrag zustande kommt. Diese Rahmenverträge sind zur Begrenzung des Risikos üblicherweise mit einem Limit versehen.[21]

> **Praxistipp: Sittenwidrigkeit von Globalzessionen**
>
> Wird in einem Factoringvertrag für bestimmte Forderungen eine Globalzession vereinbart, ist darauf zu achten, dass durch eine dingliche Verzichtsklausel Forderungen aus der Globalzession ausgenommen werden, die einer Vorausabtretung durch verlängerte Eigentumsvorbehalte unterliegen oder zumindest dem verlängerten Eigentumsvorbehalt ein Vorrang eingeräumt wird. Ansonsten kann ein unechter Factoringvertrag gemäß § 138 Abs. 1 BGB als sittenwidriges Geschäft unwirksam sein, da der Abtretende ohne eine dingliche Verzichtsklausel systematisch zum Vertragsbruch gegenüber dem Noch-Eigentümer verleitet wird.[22] Beim echten Factoring steht demgegenüber die Zahlung des Factors für den Vorbehaltsverkäufer der des Letzterwerbers gleich, da der Factor das Uneinbringlichkeitsrisiko übernimmt.[23] Somit ergeben sich in dieser Konstellation keine Kollisionsprobleme.

7.3 Liquiditätsorientierte Finanzierungsmaßnahmen

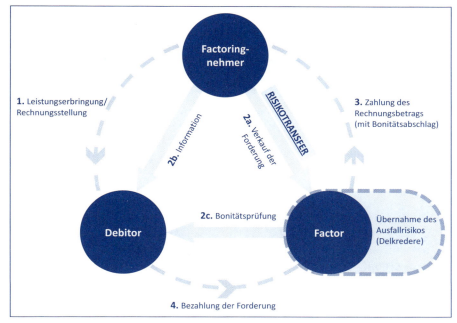

Abb. 31: Echtes Factoring

Im Unterschied zum normalen Factoring wird das sogenannte Reverse Factoring nicht vom Lieferant, sondern vom Abnehmer veranlasst. Der Lieferant stellt eine Rechnung an seinen Abnehmer, der die Ordnungsmäßigkeit der Lieferung und Rechnung bestätigt. Daraufhin zahlt der Factor den Rechnungsbetrag unter Ausnutzung des Skontoabzugs an den Lieferanten.

Reverse Factoring

Der Vorteil liegt für beide Parteien in einer zuverlässigen Zahlungsbeziehung, insbesondere wenn der Abnehmer Vorleistungen für einen großen Auftrag finanzieren muss. Gleichzeitig wird die Ausnutzung von Skonti ermöglicht. Voraussetzung ist allerdings eine sehr gute Bonität des Abnehmers, denn der Factor trägt sein Ausfallrisiko. Hier bildet sich über viele Lieferantenrechnungen hinweg ein hohes Klumpenrisiko. Dies ist auch der Grund, warum Reverse Factoring trotz zahlreicher Vorteile von Factorunternehmen nur bei sehr guter Bonität des Unternehmens und daher selten in Krisenfällen angeboten wird.

Klumpenrisiko

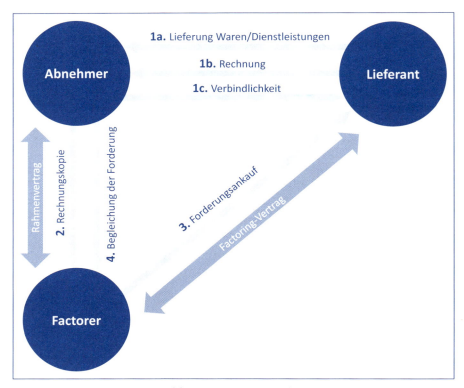

Abb. 32: Reverse Factoring

7.3.7 Gesellschafterdarlehen/Intercompany loans

Gesellschafterdarlehen
Gesellschafterdarlehen sind formlos durch schlichte Überweisung auf das Unternehmenskonto möglich. Gerade deswegen nutzen Gesellschafter dieses Finanzierungsinstrument sehr häufig in frühen Krisenphasen, um auftretende Liquiditätsengpässe zu decken. Leider wird so fast regelmäßig das „eigene Pulver" schon vor der später doch erforderlichen Sanierung verschossen.

> **Praxistipp: Finanzierungsbeiträge der Gesellschafter**
>
> Die Zustimmung der Gläubiger zu einem Sanierungskonzept lässt sich ungleich leichter erlangen, wenn auch der Gesellschafter einen eigenen Beitrag leistet, etwa indem er eigenes, nicht über Sicherheiten verhaftetes Vermögen ins Unternehmen einbringt. So kann er Vertrauen schaffen, dass er an die Sanierung und die Zukunft des Unternehmens glaubt. Vor diesem Hintergrund ist zu prüfen, wann der Gesellschafter sinnvollerweise seinen Beitrag leistet (vor Abgabe des Konzepts oder im Rahmen der Konzeptumsetzung als Finanzierungsbaustein).

In rechtlicher Hinsicht gelten für Darlehen (und diesen gleichzustellenden Maßnahmen) aus dem Gesellschafterkreis einige Besonderheiten (siehe Kapi-

7.3 Liquiditätsorientierte Finanzierungsmaßnahmen

tel 12). Ferner sind steuerrechtliche Dokumentationspflichten und Gestaltungsvorschriften zu beachten (Stichwort: angemessener Zins, verdeckte Einlage/Gewinnausschüttung).

Gesellschafterdarlehen sind grundsätzlich als nachrangig gegenüber anderen Fremdkapitalverbindlichkeiten anzusehen (§ 39 Abs. 1 Nr. 5 InsO). Dahinter steht der Gedanke, der früher mit dem Stichwort „eigenkapitalersetzendes Darlehen" verbunden war: Der Gesellschafter soll sich seiner Finanzierungsverantwortung nicht dadurch entziehen, dass er wie ein fremder Dritter lediglich Darlehen gewährt, obwohl ein „ordentlicher Kaufmann" der Gesellschaft Eigenkapital zugeführt hätte.

Eigenkapitalersetzendes Darlehen

Die Nachrangigkeit greift nicht, wenn der Gesellschafter weder mehr als 10 % der Anteile hält noch zugleich Geschäftsführer ist (§ 39 Abs. 5 InsO). Eine weitere Ausnahme besteht in Sanierungsfällen: Erwirbt ein Gläubiger bei drohender oder eingetretener Zahlungsunfähigkeit der Gesellschaft oder bei Überschuldung Anteile zum Zweck ihrer Sanierung, führt dies bis zur nachhaltigen Sanierung nicht zur Nachrangigkeit seiner Forderungen aus bestehenden oder neu gewährten Darlehen (§ 39 Abs. 4 S. 2 InsO).

Sanierungsprivileg

Nachrangigkeit

7.3.8 Gehaltsverzicht

Die Personalkosten stellen auch weiterhin in vielen Unternehmen einen erheblichen Kostenblock dar, insbesondere im Dienstleistungsbereich mit in der Spitze bis zu 80 % der Gesamtkosten. In krisenbehafteten Zeiten kann daher durch Beiträge der Arbeitnehmer eine Entlastung der finanziellen Situation des Unternehmens erreicht werden und dadurch eine drohende Stilllegung des Betriebs bzw. der Abbau von Arbeitsplätzen – zumindest vorerst – vermieden werden. Unmittelbar liquiditätswirksam wirkt sich dabei ein Gehaltsverzicht (alternativ Verzicht auf Sonderzahlungen, z. B. Urlaubs- oder Weihnachtsgeld) aus. Je nach rechtlicher Grundlage ergeben sich jedoch unterschiedliche Realisierungsmöglichkeiten und Handlungsbeschränkungen, insbesondere bei Tarifbindung. Zur weiteren Ausführung wird auf Kapitel 11 verwiesen.

Gehaltsverzicht

7.3.9 Überstunden- und Arbeitszeitkonten

Die Flexibilisierung der Arbeitswelt hat dazu geführt, dass viele Unternehmen Arbeitszeitkonten für ihre Mitarbeiter führen. So kann ein früheres Ausscheiden aus dem Arbeitsleben oder eine temporäre Auszeit angespart werden. Teilweise bestehen auch Betriebsvereinbarungen, wonach Überstundenkonten zum Freizeitausgleich genutzt werden können, wenn die Auftragslage des Unternehmens einen reduzierten Arbeitseinsatz erfordert.

Sofern bislang keine Arbeitszeitkonten bestehen, können diese in der Krise eingeführt werden, um Überstunden, statt diese mit Lohnzuschlägen zu vergüten, anzusparen. Der Abbau der angesparten Ansprüche bringt dem Unternehmen dann keinen weiteren Liquiditätsvorteil. Vielmehr müssen die Löhne weiter voll gezahlt werden, obwohl die Arbeitnehmer weniger arbeiten. Soweit jedoch für nicht genommene Urlaubstage, Überstunden und Arbeitszeitkonten handelsbilanzielle Rückstellungen gebildet wurden, kann der Abbau eine Entlastung der Passivseite bewirken.

7.3.10 Kurzarbeit

Kurzarbeitergeld Ein hilfreiches Instrument zur vorübergehenden Senkung der Gehaltskosten ist das sogenannte Kurzarbeitergeld (Kug), welches vor allem bei zeitweiligen und überraschenden Nachfrage- und Umsatzeinbrüchen zur Anwendung kommt. Dem Arbeitgeber wird die Möglichkeit eröffnet, seine Personalaufwendungen mit sofortiger Wirkung zu senken, während der Lohnausfall des Arbeitnehmers durch staatliche Zuschüsse teilweise kompensiert wird. Gleichzeitig wird das vorhandene Know-how der Mitarbeiter im Betrieb gehalten, was eine zu einem späteren Zeitpunkt zeit- und kostenintensive Suche nach neuen Mitarbeitern vermeidet. Den Arbeitnehmern kommt zu Gute, dass ihre Arbeitsplätze erhalten bleiben und sie während der Zeit der Minderbeschäftigung von der Bundesagentur für Arbeit bei Weiterbildungsmaßnahmen bzw. dem Erlangen von Zusatzqualifikationen unterstützt werden.

Grundsätzlich wird das Kug bei Erfüllung der in §§ 95 bis 109 SGB III genannten Voraussetzungen gewährt. Dies ist in der Regel der Fall, wenn die regelmäßige betriebsübliche wöchentliche Arbeitszeit infolge wirtschaftlicher Ursachen oder eines unabwendbaren Ereignisses vorübergehend verkürzt werden muss. Wirtschaftliche Ursachen müssen sich aus dem wirtschaftlichen Ablauf ergeben bzw. aus Veränderungen der Betriebsstrukturen, welche durch die allgemeine konjunkturelle Entwicklung verursacht sind. Ein unabwendbares Ereignis kann sich hingegen durch außergewöhnliche Witterungsverhältnisse (Hochwasser) oder behördlich angeordnete Maßnahmen (Energiesperre) ergeben. Umstritten ist, ob auch selbst verschuldete oder zumindest provozierte Betriebsstillstände durch Kurzarbeitergeld abgefedert werden können, z. B. bei Rechtsstreitigkeiten mit Lieferanten mit der Folge eines Belieferungsstopps. Zu weiteren Ausführungen wird auf Kapitel 11 verwiesen.

7.3.11 Frühverrentung

Eine weitere Alternative zur Senkung von Personalkosten besteht in der Frühverrentung älterer Arbeitnehmer. Infrage kommen dabei Beschäftigte, welche bereits Altersrente beziehen bzw. in den (vorzeitigen) Ruhestand übertreten können. Zur Klärung, welche Arbeitnehmer diese Regelungen in Anspruch nehmen können, sollten diese dazu angeregt werden, sich mit der Deutschen Rentenversicherung abzustimmen.

Neben dem Vorruhestandsmodell können aber auch Altersteilzeitverträge mit einzelnen Arbeitnehmern abgeschlossen werden. Die genauen Bestimmungen hierfür ergeben sich aus dem Altersteilzeitgesetz bzw. aus den geltenden tariflichen Bestimmungen. In der Regel erfolgt dabei eine Reduzierung der vertraglichen Arbeitszeit um 50 %. Zur weitergehenden Erläuterung wird auf Kapitel 11 verwiesen.

7.3.12 Probezeitkündigung

Um die Personalkostensituation darüber hinaus weiter zu entlasten, bieten sich für Unternehmen auch Kündigungen von Arbeitnehmern an, welche sich in der Probezeit befinden. Liegt zunächst nur ein auf die Probezeit begrenzter Arbeitsvertrag vor, muss von Seiten des Arbeitgebers keine Kündigung ausgesprochen werden, da der Vertrag mit Ablauf der Probezeit ausläuft. Besteht hingegen ein unbefristeter Arbeitsvertrag, welcher eine vorgeschaltete Probezeit beinhaltet, bedarf es der ausdrücklichen Kündigung durch den Arbeitgeber. Zwar besteht im Rahmen der Probezeit für den Arbeitnehmer in aller Regel kein Kündigungsschutz (ausgenommen Sonderkündigungsschutz für Schwangere, Schwerbehinderte u. a.), wodurch die Kündigung des Arbeitgebers grundlos erfolgen darf, dennoch muss auch hier der Arbeitgeber die geltenden Kündigungsfristen beachten. Bei einer Probezeit von sechs Monaten beträgt die Frist zwei Wochen, bei längeren Probezeiten erhöht sich diese auf vier Wochen.

7.3.13 Gehaltsumwandlung (insb. für das Top-Management)

Insbesondere bei Führungskräften mit hohen Gehältern kann es sich anbieten, Teile des Gehalts umzuwandeln. In Betracht kommen die komplexere Gewährung von Anteilen und Optionen sowie die einfachere Ausgabe von Genussrechten. Die erfolgsabhängige Komponente derartiger Vergütungsformen kann zu einer zusätzlichen Motivation des Managements führen, während das Unternehmen eine sofortige Liquiditätsentlastung erfährt.

Die Bereitschaft zur Gehaltsumwandlung kann zudem auch für andere Stakeholder ein positives Signal sein, dass auch das Management an den Erfolg der Sanierung glaubt und sich dafür einsetzen wird. Derartige psychologische Aspekte spielen regelmäßig eine große Rolle, da die Erfolgsaussichten einer Sanierung trotz genauester Analyse stets auf Prognosen basiert. Von den Stakeholdern, die Sanierungsbeiträge leisten sollen, wird dabei verlangt, an das vom Unternehmen aufgestellte Zahlen- und Prognosewerk sowie an den Umsetzungswillen des Managements zu glauben.

7.3.14 Mitarbeiterdarlehen

Bei einem Mitarbeiterdarlehen tritt der Mitarbeiter als Kreditgeber auf. Im Gegenzug wird eine (gewinnabhängige) Verzinsung vereinbart. Die Auszahlung des Zinses kann zur Liquiditätsschonung zeitlich verschoben werden. Es handelt sich bei einem Mitarbeiterdarlehen nicht um ein Verbraucherdarlehen (§§ 491 BGB ff.). Der Darlehensvertrag unterliegt daher keinen Formvorschriften, dennoch sollten solche Verträge stets schriftlich mit klar geregelten Konditionen vereinbart werden. Sollte die Rückzahlung des Darlehens insolvenzbedingt ausfallen, kann der Arbeitnehmer die Verluste als Werbungskosten steuerlich geltend machen, falls das Darlehen berufsbedingt, d. h. zur Sicherung des Arbeitsplatzes und nicht zur Erzielung von Zinseinkünften gewährt wurde.[24]

7.3.15 Erhöhung von Kreditlinien

Als Finanzierungsbeitrag von Kreditinstituten kommt als mögliche Maßnahme die Erhöhung von Kreditlinien in Betracht. Hierdurch kann eine schnelle Überwindung von Liquiditätsengpässen und damit eine Beseitigung einer drohenden Zahlungsunfähigkeit erreicht werden, während keine Beseitigung einer drohenden oder bereits eingetretenen Überschuldung eintritt. Die Aktiva erhöhen sich bei Inanspruchnahme der Kreditlinie durch die zufließenden Mittel in gleichem Maße wie die Passiva durch die neu entstehenden Verbindlichkeiten. Zudem entsteht durch die zusätzlichen Zinszahlungen eine weitere Belastung der Ertrags- und Liquiditätslage des Unternehmens.[25]

Grundlage der Entscheidung der Kreditinstitute über die Ausweitung der Kreditlinien ist regelmäßig ein schlüssiges Sanierungskonzept, welches in erforderlichem Maße darlegt, unter welchen Prämissen und mithilfe welcher Maßnahmen eine nachhaltige Sanierung des Krisenunternehmens erreicht werden soll. Um sich gegen den Vorwurf der Insolvenzverschleppung und der sittenwidrigen Schädigung anderer Gläubiger (§ 826 BGB) abzusichern, muss sich aus dem Gutachten die Notwendigkeit und die Eignung der Kreditvergabe zum Zwecke der Sanierung für das Kreditinstitut zweifelsfrei ergeben.

Vor dem Hintergrund der zu treffenden unternehmerischen Entscheidung muss das Kreditinstitut somit vor der Vergabe zusätzlicher liquider Mittel ferner beurteilen, inwieweit eine Ausweitung der Kreditlinien im Zusammenspiel mit den notwendigen Sanierungsmaßnahmen zu einer Überwindung des Liquiditätsengpasses im Unternehmen und damit verbunden zu einer Verbesserung der Ertragslage führen kann, was sich wiederum positiv auf die Rückführungswahrscheinlichkeit bereits bestehender Kredite des Instituts auswirken würde.[26]

7.3.16 Überbrückungskredit

Der Überbrückungskredit ist zu Beginn des Sanierungsprozesses die wichtigste Sofortmaßnahme, um die überlebensnotwendige Liquidität für das Krisenunternehmen sicherzustellen. Die Bezeichnung „Überbrückungskredit" ist dabei wörtlich zu nehmen. Es geht nur um eine zeitlich eng begrenzte finanzielle Überbrückung, denn der Überbrückungskredit ist für das Kreditinstitut nicht risikolos. Kommt es zur Insolvenz, muss die Bank hinsichtlich gestellter Sicherheiten mit Anfechtungen rechnen. Zudem droht im Extremfall der Vorwurf der Beihilfe zur Insolvenzverschleppung. Es ist aber möglich für Überbrückungskredite Sicherheiten anfechtungsfest zu bestellen, sofern es sich um ein Bargeschäft handelt. Ein weiteres Risiko besteht für die Bank in einer möglichen Sittenwidrigkeit der Kreditgewährung. In diesem Zusammenhang ist anzumerken, dass Überbrückungskredite von der Rechtsprechung „großzügiger" beurteilt werden, wenn ein Sanierungsgutachten bereits beauftragt ist,[27] da der Überbrückungskredit ja gerade den zeitlichen Raum schaffen soll, um ein Gutachten über die Sanierungsfähigkeit des Unternehmens einholen zu können.

Da Überbrückungskredite nur für sehr kurze Zeitspannen zur Verfügung stehen (können), wird man im Anschluss „Sanierungskredite" auf Basis eines vorliegenden Sanierungskonzepts vereinbaren. Diese sollen die Umsetzung des Sanierungskonzepts ermöglichen. Es geht aber nicht (nur) um eine Refinanzierung bestehender Verbindlichkeiten, sondern i. d. R. um die weitere Liquiditätszufuhr zur Aufrechterhaltung des Geschäftsbetriebs und zur Finanzierung der notwendigen Sanierungsschritte. Um den Vorwurf der Insolvenzverschleppung zu entkräften, wird eine Bank Sanierungskredite nur vergeben (dürfen), wenn sie von dem Gelingen der beabsichtigten Sanierung überzeugt ist. Erforderlich ist in der Praxis, dass die Erfolgsaussichten des Sanierungskonzepts durch ein Sanierungsgutachten bestätigt wurden, ansonsten droht die Nichtigkeit der Kreditverträge wegen sittenwidriger Gläubigergefährdung.[28] Dies setzt allerdings voraus, dass die Bank ernsthafte Zweifel am Gelingen des Sanierungsversuchs haben musste und objektiv eine Insolvenzreife und Gefährdung anderer Gläubiger gegeben war. Selbst fachmännisch prüfen muss die Bank das Gutachten des Sanierungsberaters nur, wenn es Anhaltspunkte für eine Täuschungsabsicht des Schuldners gibt.[29] Das Sanierungskonzept muss nicht zwingend dem IDW Standard S 6 oder den ISU Mindestanforderungen an Sanierungskonzepte (MaS) entsprechen.[30] Sicherheiten können für Sanierungskredite als Bargeschäft anfechtungsfest bestellt werden.

Sanierungskredit

7.3.17 Konsortialkredit

Bei einem Konsortialkredit schließen sich mehrere Kreditgeber zu einem Konsortium unter Leitung eines Konsortialführers zusammen. Dies dient bankenseitig der Risikostreuung („Vermeidung von Klumpenrisiken"). Beim echten Konsortialkredit schließt der Kreditnehmer nur mit dem Konsortialführer einen Kreditvertrag, während im Innenverhältnis der Banken eine Verteilung der Kreditvolumina erfolgt. Beim unechten Konsortialkredit schließt hingegen jede Bank einen eigenen Darlehensvertrag mit dem Kreditnehmer ab und verpflichtet sich aber gegenüber weiteren Banken zu einem gemeinsamen Kreditmanagement.

Konsortialkredit

Konsortialkredite findet man in der Praxis meist für großvolumige (ab 50,0 Mio. EUR), langfristige Investitionen. Solche Kredite sind in der Regel sehr variabel mit flexiblen Inanspruchnahmen, Erhöhungen und Laufzeitverlängerungen. Ein weiterer Vorteil besteht für den Kreditnehmer darin, dass eine einzelne Bank Kündigungs- und Nachbesicherungsrechte nicht mehr allein, sondern nur nach Abstimmung im Konsortium (meist mit zwei Drittel-Mehrheit) ausüben kann.

7.3.18 Lieferantendarlehen und verlorene Zuschüsse

Das Lieferantendarlehen ist in zwei Varianten denkbar. Zum einen als klassischer (Sanierungs-)Kredit, zum anderen als Stundung, durch Verlängerung von Zahlungszielen. Letzteres erfolgt zumeist mit der Möglichkeit eines Skontoabzugs.

Lieferantenkredite sind die zweitwichtigste Finanzierungsmethode durch Nichtbanken in Deutschland.[31] Als Gefahr bleibt, dass eine (mehrmalige) Stundung der Forderung als Darlehensäquivalent umqualifiziert wird[32] und der Stundende in den Bereich der Beihilfe zur Insolvenzverschleppung kommen kann.

Darlehensäquivalent

> **Beispiel: „E.K. Reederei"**
>
> Als im Zuge der Finanzkrise 2008 auch die Schifffahrtsmärkte kollabierten, gewährte die Hyundai Werft (Hyundai Heavy Industries) der Rickmers Reederei sowohl einen Zahlungsaufschub als auch einen Kredit und konnte so nicht nur die Abnahme der Bestellungen sicherstellen, sondern auch einen bedeutenden Kunden für die Zukunft erhalten.[33]

7.3.19 Genussrechte

Genussrechte sind schuldrechtliche Ansprüche auf Teilnahme am Gewinn oder Liquidationserlös eines Unternehmens. In verbriefter Form (§ 793 BGB) spricht man von Genussscheinen. Mangels gesetzlicher Regelungen existieren jedoch zahlreiche Varianten. Daher sind die Bedingungen eines Genussrechts stets genau zu prüfen bzw. auszuhandeln. Die Vergütung des Genussrechtsinhabers besteht in einem Anteil an einer gewählten Bezugsgröße, der dem Verhältnis zwischen Genusskapital und Stammkapital entspricht. Als Bezugsgröße kommt z. B. der Jahresüberschuss oder das EBIT in Betracht. Gegen Geschäftsjahre, in denen nach dem zugrunde gelegten Ergebnismaßstab keine positiven Ergebnisse erzielt werden, kann sich der Genussrechtsinhaber absichern, indem er sich einen Nachzahlungsanspruch einräumen lässt, um nach einem Geschäftsjahr ohne Ausschüttung in den Folgejahren erhöhte Ausschüttungen verlangen zu können. Die Vergütung kann auch ganz oder teilweise aus festen Zinszahlungen bestehen.

Genussschein

Bei einer besonders eigenkapitalnahen Ausgestaltung des Genussrechts kann der Genussrechtsinhaber auch am Verlust des Unternehmens beteiligt werden. Die Verlustbeteiligung wird dann über ein variables Kapitalkonto mit einer laufenden Anrechnung der Verluste, eine Nachrangabrede oder eine virtuelle Anpassung des Genusskapitals an das Grund- bzw. Stammkapital erreicht.

> **Praxistipp: Anpassung bei Kapitalveränderungen**
>
> Im Falle der Herabsetzung von Grund- bzw. Stammkapital einer Gesellschaft stellt sich die Frage, ob auch das Genusskapital herabzusetzen ist. Daher ist anzuraten, in den Genussrechtsbedingungen festzulegen, ob die Gesellschafterversammlung in diesem Fall auch zu einer Herabsetzung des Genusskapitals berechtigt ist.

Genussrechte sind ausschließlich auf eine finanzielle Teilhabe am Unternehmen gerichtet. Mitgliedschafts- oder Verwaltungsrechte, insbesondere Stimmrechte, können mit ihnen nicht verbunden werden. Zulässig ist lediglich die Einräumung gesellschaftergleicher oder gesellschafterähnlicher Rechte, z. B. ein passives Teilnahmerecht an Gesellschafterversammlungen (ohne Rede- und Antragsrecht) oder ein Einsichtsrecht in den Jahresabschluss. *Keine Mitgliedschaftsrechte*

In der GmbH können Genussrechte durch den Geschäftsführer begeben werden, wenn die Satzung dies vorsieht; eine vorherige Zustimmung der Gesellschafterversammlung mag sinnvoll sein, ist aber rechtlich nicht erforderlich. In der Aktiengesellschaft bedarf die Begründung von Genussrechten hingegen eines Hauptversammlungsbeschlusses mit grundsätzlich 75%-iger Mehrheit (§ 221 Abs. 1, 3 AktG). Gemäß § 221 Abs. 4 AktG können Aktionäre zudem verlangen, im Verhältnis ihrer Beteiligung am Grundkapital selbst Genussrechte beziehen zu dürfen.

In der Regel ist die Genussrechtskapitaleinlage erst am Ende der Laufzeit – regelmäßig beträgt diese 5 bis 10 Jahre – in einem Gesamtbetrag („Bullet-Palm-Loan") zu tilgen. Sinnvoll ist aber, für den Fall ausreichender Liquidität ein Sondertilgungsrecht der Gesellschaft zu vereinbaren („Excess Cash"). *Bullet-Palm-Loan*

7.3.20 Anleihen

Inhaberschuldverschreibungen (§ 793 BGB), besser bekannt unter dem Stichwort „Unternehmensanleihen", waren eine Zeit lang stärker nachgefragt, denn durch die Finanzmarktkrise wurde den Anlegern bewusst, dass es auch bei Kreditinstituten ein Emittentenrisiko gibt. Über eine Unternehmensanleihe wird das Kapital ohne den Umweg über eine Bank direkt dem Unternehmen zur Verfügung gestellt. *Inhaberschuldverschreibungen*

Aus Sicht des Unternehmens bietet eine Anleihe gegenüber einem Kredit den Vorteil, nicht nur Banken anzusprechen, sondern sich durch Emission der Anleihe direkt am Kapitalmarkt bei der ungleich größeren Gruppe privater und institutioneller Investoren Liquidität zu beschaffen. Erforderlich ist jedoch eine möglichst gute, durch ein externes Rating bestätigte Bonität, da sich die Anleihe ansonsten durch Risikoaufschläge stark verteuert. Durch Stückelung in kleine Tranchen (etwa 1.000 Euro) kann eine breite Streuung und somit auch eine Beteiligung von Investoren mit geringerem Kapitaleinsatz erreicht werden.

Nachdem mittlerweile einige Unternehmensanleihen durch die Insolvenz des Emittenten ausgefallen sind (z. B. German Pellets, KTG Agrar, Steilmann) ist

7 Finanzwirtschaftliche Sanierungsmaßnahmen

das allgemeine Interesse an diesem Finanzierungsinstrument jedoch deutlich gesunken.

7.3.21 Eigenkapitalzuführung

a) Kapitalerhöhung

In Personengesellschaften genügt zur Kapitalerhöhung eine entsprechende Vereinbarung der Gesellschafter. Dort kann zugleich mitgeregelt werden, wie sich die im Rahmen der Kapitalerhöhung zu erbringenden Leistungen auf den Einfluss der Gesellschafter auswirken.

Bei Kapitalgesellschaften unterliegen die Modalitäten, Voraussetzungen und Folgen einer Erhöhung des Stamm- (GmbH) bzw. Grundkapitals (AG) hingegen strengen Regelungen (§§ 55 bis 57b GmbHG; §§ 182 bis 191 AktG).

Nominelle versus effektive Kapitalerhöhung

Bei Kapitalgesellschaften ist zwischen effektiven Kapitalerhöhungen gegen Einlagen und nominellen Kapitalerhöhungen aus Gesellschaftsmitteln zu unterscheiden. Im Rahmen einer Kapitalerhöhung aus Gesellschaftsmitteln wird lediglich Eigenkapital aus den freien Rücklagen in das Stamm- oder Grundkapital umgewandelt. Dadurch wird das haftende Kapital erhöht, es wird jedoch keine Liquiditätszuführung erreicht. Das Verhältnis von Eigen- und Fremdkapital ändert sich ebenfalls nicht. Daher spielt die nominelle Kapitalerhöhung in der Sanierungspraxis isoliert betrachtet regelmäßig keine wesentliche Rolle. Für Personengesellschaften ist eine Kapitalerhöhung aus Gesellschaftsmitteln ebenfalls ohne Bedeutung. Bei der effektiven Kapitalerhöhung fließt hingegen frische Liquidität ins Unternehmen. Zugleich verbessert sich die Eigenkapitalquote.

b) Dotierung der Kapitalrücklage

Es ist für die Gesellschafter ebenfalls möglich, eine Zahlung in die freie Kapitalrücklage (§ 272 Abs. 2 Nr. 4 HGB) der Gesellschaft zu leisten. Der Vorteil ist, dass hierbei keine formellen Anforderungen zu beachten sind, gleichwohl ist eine ordnungsgemäße Dokumentation zu empfehlen. Die Einzahlung führt neben der bilanziellen Stärkung des Eigenkapitals zugleich zur Zuführung frischer Liquidität.

Eine freiwillige Kapitalrücklage kann auch leicht wieder zurückgeführt werden. In der GmbH ist hierzu lediglich ein Gesellschafterbeschluss erforderlich. Es stellen sich dann aber bilanzrechtliche Fragen hinsichtlich der Ausschüttungsfähigkeit der aufgelösten Beträge, namentlich des Verbots der Rückzahlung von Kapital, welches zum Erhalt des Stammkapitals erforderlich ist (§ 30 GmbHG).

In der Aktiengesellschaft unterliegt die Verwendung der Kapitalrücklage weiteren Beschränkungen (vgl. § 150 AktG). Zu beachten ist, dass die steuerrechtliche Qualifikation eigenen Regeln folgt.

Steuerliches Einlagenkonto

Steuerlich wird ein sogenanntes Einlagenkonto geführt (§ 27 KStG). Es ist in diesem Zusammenhang unbedingt daran zu denken, die entsprechenden Anträge und Mitteilungen an das Finanzamt zu stellen. Nur so lässt sich die spätere

Entnahme aus dem steuerlichen Einlagenkonto als steuerfreie Rückzahlung von Eigenkapital (§ 20 Abs. 1 Nr. 1 Satz 3 EStG) qualifizieren.

> **Praxistipp: Sanierung von Familienunternehmen**
>
> Nach Erhebungen der Stiftung Familienunternehmen sind über 91 % der deutschen Unternehmen familiengeführt. Sie erzielen 48 % der Umsätze und stellen ca. 60 % aller sozialversicherungspflichtigen Beschäftigungsverhältnisse in Deutschland.[34] Die Gründe für das Scheitern von Familienunternehmen sind nicht nur im Unternehmen, sondern sehr häufig in der Unternehmerfamilie zu suchen. Der Unternehmensberater, der in der Krise in ein Familienunternehmen kommt, findet nicht nur einen operativen Betrieb vor. Familie und Unternehmen sind eng verzahnt. Strukturen sind über Jahrzehnte gewachsen und wurden oftmals nicht an das Wachstum des Unternehmens angepasst. Für Banken ist die geregelte Nachfolge ein wichtiger Ratingfaktor. Denn eine ungeregelte Nachfolge führt oftmals zu einem zerstrittenen und damit handlungsunfähigen Gesellschafterkreis. Pflichtteilsansprüche enterbter Kinder können die Unternehmenserben zu Entnahmen von Eigenkapital zwingen, das aus betriebswirtschaftlicher Sicht im Unternehmen belassen werden sollte. Deshalb muss ein langfristig erfolgreiches Sanierungskonzept bei Familienunternehmen eine Gesamtstrategie für Unternehmen und Unternehmerfamilie abbilden. Umgekehrt stellt eine in sich geschlossene und von der unternehmerischen Strategie überzeugte Familie eine wertvolle Ressource dar – als stabiler Ankerinvestor und als identifikationsstiftendes (und verstärkt werbewirksames) Element für die Belegschaft und für das Vertrauen der Kunden in bewährte Qualität (vgl. etwa die Weiternutzung der Markennahmen Grundig und Blaupunkt aus diesen Gründen).

Sanierung von Familienunternehmen

Website: Aufsatzbeitrag Sanierung von Familienunternehmen

7.3.22 Stille Gesellschaft

Die stille Gesellschaft entsteht, indem sich ein Investor an einem Handelsgewerbe beteiligt, ohne dass dies für einen Außenstehenden erkennbar ist. Sofern die Einlage nicht schenkungsweise erbracht wird, geht die Leistung in das Vermögen des Unternehmensinhabers (nicht des Unternehmens!) über. Dafür erhält der stille Gesellschafter – rein schuldrechtliche – Ansprüche auf Teilhabe am Unternehmensergebnis gegenüber dem Inhaber des Handelsgewerbes. Nach außen tritt die stille Gesellschaft nicht auf, nimmt als solche also nicht am Rechtsverkehr teil und kann selbst nicht Träger von Rechten und Pflichten sein (Innengesellschaft). Die wichtigsten Punkte, nicht aber alle Voraussetzungen, sind in §§ 230 ff. HGB gesetzlich geregelt.[35]

Innengesellschaft

Je nach vertraglicher Ausgestaltung der Vergütung und der Einflussmöglichkeiten auf die Geschicke des Unternehmens wird die stille Gesellschaft als „typisch" bezeichnet, wenn sie sich an dem gesetzlichen Konzept orientiert oder als „atypisch", wenn sie hiervon abweicht. Regelmäßig wird der atypisch stille Gesellschafter etwa am Liquidationserlös und den stillen Reserven des Unternehmens beteiligt. Dies führt je nach Art der stillen Gesellschaft zu unterschiedlichen steuerrechtlichen Folgen (siehe hierzu Kapitel 13).

Typisch und atypische stille Gesellschaft

7.3.23 Öffentliche Förderinstrumente

Vor allem im Rahmen von großen Unternehmenssanierungen waren öffentliche Beihilfen in der jüngeren Vergangenheit regelmäßig Gegenstand kontrovers geführter politischer Diskussionen. Demnach werden staatliche Eingriffe einerseits als bedeutsame regional- und arbeitspolitische Instrumente verstanden, welche dem Zwecke der temporären finanziellen Entlastung von Krisenunternehmen und dem Erhalt von Arbeitsplätzen dienen sollen. Dieser Auffassung wird entgegnet, öffentliche Beihilfen widersprechen dem ordnungspolitischen Gedanken der freien Marktwirtschaft, wonach das Ausscheiden einzelner unrentabler Unternehmen als Beweis für die Selbstregulation des Marktes angesehen wird. Diese Sichtweise spiegelt sich auch im Beihilferecht der EU wider, welche die staatliche Beihilfe einzelner Unternehmen stark reglementiert. Staatliche Hilfen unterliegen demnach einem grundsätzlichen Verbot nach Art. 107 AEUV. Für bestimmte Gruppen von Beihilfen (etwa für KMUs oder Regionalbeihilfen)[36] wurde aber durch Verordnung erklärt, dass sie stets mit dem gemeinsamen Markt vereinbar sind (sogenannte Gruppenfreistellungsverordnungen). Nach dem europäischen „de minimis"-Grundsatz sind Beihilfen auch zulässig, wenn sie aufgrund ihres geringen Volumens keine spürbaren Auswirkungen auf den Binnenmarkt haben können. Ansonsten sind Beihilfen nur zulässig, sofern konkrete, positiv definierte Ausnahmeregelungen vom generellen Beihilfeverbot für sie existieren, vgl. hierzu die sogenannten „Leitlinien für Unternehmen in Schwierigkeiten (UiS)".[37]

Gruppenfreistellungsverordnungen

UiS-Leitlinien

Voraussetzung für die Vergabe jeglicher Art von staatlichen Förderinstrumenten ist in jedem Fall ein tragfähiges und erfolgversprechendes Sanierungskonzept. Zugleich hat eine Prüfung der volkswirtschaftlichen Förderungswürdigkeit durch die jeweilige staatliche Behörde zu erfolgen, bei der eine Abwägung zwischen dem volkswirtschaftlichen Nutzen einer Sanierung und einer möglichen Wettbewerbsverzerrung zu Lasten anderer Marktteilnehmer vorzunehmen ist.[38] Durch Rettungsbeihilfen soll ein Unternehmen durch eine vorübergehende, rückzahlbare und einmalige Unterstützung bis zum Aufstellen eines Umstrukturierungs- oder Liquidationsplans am Leben erhalten werden.[39] Umstrukturierungsbeihilfen dienen hingegen der langfristigen Wiederherstellung der Rentabilität des Unternehmens, wobei hier jedoch weit höhere Anforderungen an das Verhindern von Wettbewerbsverfälschungen gestellt werden.[40] Für beide Beihilfearten ist Voraussetzung, dass ein Ausfall des Unternehmens zu schwerwiegenden sozialen Härten oder zu schwerem Marktversagen führen würde.[41]

> **Praxistipp: Beraterkostenzuschüsse**
>
> Ein in der Praxis häufig genutztes Förderinstrument ist die staatliche Bezuschussung von Beratungskosten. Dabei sollen vor allem kleine und mittlere Unternehmen gefördert werden, um eine erfolgreiche Adaption an die zunehmend komplexer werdenden Wettbewerbsbedingungen zu gewährleisten. Die Förderung reicht dabei von Zuschüssen für wirtschaftliche, technische oder organisatorische Beratungsleistungen bis hin zur finanziellen Unterstützung

> von Energiespar- und Umweltschutzprogrammen. Ausgenommen sind hingegen Zuschüsse für Rechts-, Steuer- und Versicherungsberatungen. Die Höhe der Bezuschussung hängt vom jeweiligen Bundesland ab (alte Bundesländer/Berlin 50 %; neue Bundesländer/Reg.bez. Lüneburg 75 %), wobei der Höchstbetrag für mehrere Beratungen eines Unternehmens derzeit bei 3.000 EUR liegt.[42]

7.4 Kapitalstrukturorientierte Finanzierungsmaßnahmen

7.4.1 Forderungsverzicht

Der einfachste Weg zur Verbesserung der Bilanzstruktur des krisenbehafteten Unternehmens und zur schnellen Überwindung einer bilanziellen oder insolvenzrechtlichen Überschuldung ist der vollständige oder teilweise Verzicht („Haircut") auf Forderungen durch Gläubiger des Unternehmens. Durch den vollständigen oder teilweisen Wegfall dieser Verbindlichkeiten wird die Passivseite sofort entlastet. Soweit der Forderungsverzicht fällige Forderungen umfasst, kann er zusätzlich zur Beseitigung einer eventuellen Zahlungsunfähigkeit führen. Häufig wird ein teilweiser Forderungsverzicht in der Praxis mit der gesamten oder teilweisen Rückzahlung der Restverbindlichkeit des Gläubigers verknüpft.

Haircut

> **Praxistipp: Sanierung durch Gläubigerbeiträge?**
>
> Nicht selten wenden sich Schuldner kurz vor (oder auch schon nach Eintritt der Insolvenzreife) mit einem „Vergleichsvorschlag zur Vermeidung der Insolvenz" an ihre Gläubiger, um einen (teilweisen) Forderungsverzicht zu erlangen. Es wird in Aussicht gestellt, dass von Dritter Seite Liquidität zur Verfügung gestellt werde, wenn dem Verzicht zugestimmt wird. Anderenfalls sei in einer Insolvenz keine Befriedigungsquote zu erwarten. Solche „Angebote" sind äußerst vorsichtig zu prüfen. Da „Bittbriefen" oftmals durch den Hinweis auf eine Zahlungsunfähigkeit Nachdruck verliehen werden soll, droht dem zustimmenden Gläubiger aufgrund dieser Kenntnis im schlimmsten Falle der Vorwurf der Beihilfe zur Insolvenzverschleppung, in jedem Fall aber die Anfechtung einer etwaig erhaltenen Vergleichszahlung.[43]

Rechtlich ist der Forderungsverzicht ein Erlassvertrag nach § 397 BGB. Ein Forderungsverzicht führt von Gesetzes wegen zum Erlöschen der für die Forderung gegebenenfalls bestellten akzessorischen Sicherheiten (Bürgschaften, Pfandrechte, Hypotheken). Nicht-akzessorische Sicherheiten müssen freigeben werden. In der Praxis wird mit Sicherungsgebern aber häufig eine abweichende Vereinbarung getroffen, durch welche die Sicherheiten aus ihrer Abhängigkeit von der betroffenen Forderung herausgelöst und als Haftungsgrundlage für die Restfinanzierung eingesetzt werden. Dies setzt die Mitwirkung bzw. Zustimmung der Sicherungsgeber voraus. Bezüglich der steuerlichen Auswirkungen des Forderungsverzichts wird auf Kapitel 13 verwiesen.

7.4.2 Besserungsschein

Anstelle eines isolierten Forderungsverzichts wird ein Forderungsverzicht in der Praxis häufig mit einem sogenannten „Besserungsschein" verknüpft. Dies führt zu einer „Vorfinanzierung der erhofften Sanierung" durch den verzichtenden Gläubiger, der Nachzahlungen erhält, wenn sich die Vermögensverhältnisse des Schuldners später wieder verbessern (Eintritt des Besserungsfalls).[44] Dabei ist die rechtliche Bewertung von der konkreten Ausgestaltung des Besserungsscheins abhängig. Folgende Varianten sind denkbar:

- Unbedingter Forderungsverzicht mit aufschiebend bedingter Neuverpflichtung;
- Unbedingter Forderungsverzicht mit auflösend bedingtem Wiederaufleben der Altverpflichtung;
- Aufschiebend bedingtes Schuldanerkenntnis;
- Stundung mit aufschiebend bedingter Fälligkeit.[45]

Die rechtliche Ausgestaltung des Besserungsscheins hat unmittelbare Auswirkungen auf die gestellten Sicherheiten. In den ersten drei Varianten führt die Wirksamkeit des Forderungsverzichts als Erlassvertrag trotz des Besserungsscheins zunächst zum Erlöschen der Forderung. Damit werden akzessorische Sicherheiten (Bürgschaft, Hypothek) frei, nicht-akzessorische Sicherheiten (Grundschuld) sind zurückzugeben.[46]

In der Regel soll der Verzicht des mit dem Besserungsschein ausgestatteten Gläubigers durch zukünftige Jahresüberschüsse oder aber durch einen Anteil am Liquidationserlös kompensiert werden. Der Gläubiger soll danach so lange Überschusszahlungen vor den Gesellschaftern erhalten, bis er seinen Verzichtsbetrag zurückerhalten hat. Insoweit wird er vor den Gesellschaftern bevorzugt. In der praktischen Umsetzung wird nicht der gesamte Jahresüberschuss der Besserungsverpflichtung unterworfen, sodass ein zu vereinbarender Teil des Gewinns den (oftmals geschäftsführenden) Gesellschaftern als Motivation verbleibt.

> **Praxistipp: Besserungsbedingung**
>
> Die Besserungsbedingung muss so konkret formuliert werden, dass der Eintritt des Besserungsfalls nachweisbar und damit durchsetzbar wird. Eine Anknüpfung an das „Überwinden der Krise" lässt Auslegungsspielräume zu. Vorzugswürdig ist es, an konkrete finanzwirtschaftliche Kennzahlen oder wirtschaftliche Ereignisse anzuknüpfen.[47]

7.4.3 Rückkauf von Forderungen

Eine weitere Sanierungsmaßnahme kann darin bestehen, dass ein Unternehmen seine eigenen Verbindlichkeiten zurückkauft. Dahinter steckt die Überlegung, dass die Werthaltigkeit und damit der Marktwert von Darlehen in der Krise deutlich unter dem Nominalwert liegen. Erwirbt das Unternehmen die gegen sich selbst gerichtete Forderung, erlischt diese durch Konfusion,[48] dem Zusammenfallen von Gläubiger und Schuldner in einer Person. Faktisch entspricht dies einer Teilrückzahlung verbunden mit einem Teilverzicht des Gläubigers. Die steuerliche Behandlung entspricht daher auch einem Forderungsverzicht. Es kann ein Sanierungsgewinn in Höhe der Differenz von Kaufpreis zum passivierten Buchwert der Verbindlichkeit entstehen. Ein solcher Rückkauf muss mit der in der Krise ohnehin knappen Liquidität erkauft werden; durch den geringen Marktwert des Darlehens lässt sich jedoch ein Hebeleffekt mit entsprechender Verbesserung des Bilanzbilds erzielen.

Konfusion

> **Praxistipp: Psychologie des Forderungsrückkaufs**
>
> In der Praxis tun sich Gläubiger oft schwer, ihre Forderung günstig an das Unternehmen zu verkaufen, welches den Wertverlust verursacht hat. Deutlich größer ist diese Bereitschaft, wenn das Darlehen intern schon abgeschrieben wurde. Dennoch werden insbesondere Banken, die keine sonstigen Geschäftsbeziehungen zum Unternehmen haben, ihre Forderungen bevorzugt an professionelle Forderungsaufkäufer veräußern.

Denkbar ist auch, dass im Rahmen eines Sanierungskonzepts die Umfinanzierung von Verbindlichkeiten vorgesehen wird, z. B. einer Anleihe. Da dieses Kapital in der Regel recht teuer ist (hoher Zinssatz), kann das Unternehmen anbieten, die Anleihe (vorzeitig) zurückzukaufen. Hier geht es weniger darum, einen gesunkenen Marktwert auszunutzen, als vielmehr darum, eine teure Finanzierungsquelle zurückzuführen.[49]

7.4.4 Debt Equity Swap

Ein interessanter, aber komplexer Sanierungsbaustein ist die Umwandlung von Gesellschaftsschulden in Eigenkapital. Für das Unternehmen führt dies zu einer unmittelbaren Verringerung der liquiditätszehrenden Zinsbelastung und durch die Verringerung der Fremdkapitalposition zu einer positiven Veränderung der Bilanzrelationen (Fremdkapital zu Eigenkapital), gegebenenfalls sogar zur Beseitigung einer Überschuldung. Gerade in Krisensituationen lassen sich Fremdkapitalgeber gerne die Option (also ein Recht, keine Pflicht) einräumen, Darlehen in Eigenkapital umzuwandeln, wenn bestimmte Zielvorgaben der geplanten Unternehmensentwicklung verfehlt werden. Damit wird erreicht, dass die ehemaligen Fremdkapitalgeber unternehmerischen Einfluss ausüben können und die Werterholung durch erfolgreiche Sanierung den „Neugesellschaftern" (in Form der aufgewerteten Anteile) zugutekommt.

Während die Darlehenskündigung die Insolvenz der Gesellschaft auslösen kann (was gleichzeitig auch die Darlehensforderung entwertet), schafft die Umwandlung in Eigenkapital dem Unternehmen die nötigen Spielräume zur Restrukturierung. Gläubiger, die bei einer Liquidation trotz ihrer Fremdkapitalposition zumeist leer ausgehen würden, sichern sich auf diese Weise eine substantielle Beteiligung und damit – auf Kosten der Altgesellschafter – die Teilhabe an einer Erholung des Unternehmenswerts bei Gelingen der Sanierung. Entscheidend ist aber, dass die Wandlung in Eigenkapital über die damit verbundenen Stimmrechte zur (entscheidenden) Einflussnahme auf das Unternehmen führt. Einige Stakeholder, insbesondere Banken, gehen diesen Weg nicht mit. Sie sehen ihr Geschäftsmodell nicht im Halten von Beteiligungen und scheuen vor allem eine mögliche Konsolidierung der Beteiligung in ihrer eigenen Bilanz. Für andere Stakeholder stellt die Einflussübernahme im Restrukturierungsszenario die Möglichkeit dar, die eigene Investition im Wert zu erhalten. Dies beinhaltet, eigene Interessen zu verfolgen und über die erreichte Einflussnahmemöglichkeit durchsetzbar zu machen. So kann ein Investor das Interesse haben, das Unternehmen zu sanieren und anschließend schnell und bestmöglich weiterzuverkaufen. Einige Investoren haben hieraus sogar ein Geschäftsmodell entwickelt ("Loan-to-own-Strategie"). Sie erwerben notleidende Kredite günstig, um perspektivisch in eine Eigentümerposition zu kommen. Dies eröffnet weitere Gestaltungsspielräume, wie die Verlagerung der Anschaffungskosten auf das operative Unternehmen ("Debt-push-down", siehe unter 7.4.7).

Die Umsetzung eines Debt Equity Swaps bedarf einer abgestimmten Planung, da aufgrund der echten Eigenkapitalbeteiligung eine Kapitalerhöhung erforderlich wird. Hier sind die gesellschaftsrechtlichen Grundsätze zu beachten, insbesondere kann Stammkapital nur durch Darlehensumwandlung (Sacheinlage) erbracht werden, soweit das Darlehen werthaltig ist. Erleichterungen greifen bei einem Debt Equity Swap im Rahmen eines Insolvenzverfahrens (§§ 225a Abs. 2 Satz 1, 254 Abs. 4 InsO). Neben den erwünschten Rechtsfolgen ist eine Reihe von Nebenwirkungen zu beachten. Steuerlich sind die Themen „Sanierungsgewinn" und „Untergang von Verlustvorträgen" zu beachten, vgl. hierzu Kapitel 13. Gesellschaftsrechtlich führt eine neu begründete Gesellschafterstellung dazu, dass etwaige weitere Darlehen zu Gesellschafterdarlehen umqualifiziert werden, vgl. hierzu Kapitel 12; hier kann bei entsprechender Gestaltung das Sanierungsprivileg genutzt werden (§ 39 Abs. 4 Satz 2 InsO).

7.4.5 Debt Mezzanine Swap

In der Vergangenheit konnte man die angeführten Nachteile durch einen Debt Mezzanine Swap vermeiden. Dieser machte sich zu Nutze, dass die Qualifikation als Eigen- oder Fremdkapital bei einem Mezzanine-Instrument (z. B. einem Genussschein) handelsrechtlich (vgl. IDW HFA 1/1994) anderen Kriterien folgt als steuerrechtlich (vgl. § 8 Abs. 3 Satz 2 KStG).

> **Praxistipp: Eigenkapitaldefinition nach IDW HFA 1/1994**
>
> IDW HFA 1/1994 stellt Kriterien auf, nach denen zu beurteilen ist, ob es sich bei einem Finanzinstrument um Eigen- oder Fremdkapital handelt. Entscheidend für die Qualifikation als Eigenkapital ist dabei die Eigenschaft, Gläubigern als Haftkapital zur Verfügung zu stehen. Dies ist der Fall, wenn das Kapital (1.) nachrangig gegenüber Fremdkapitalansprüchen ist, (2.) die Investorenvergütung erfolgsabhängig nur aus dem freien Eigenkapital erfolgen darf, (3.) das Kapital am Verlust teilnimmt und (4.) langfristig (mindestens 5 Jahre) zur Verfügung steht.

Die Finanzverwaltung vertritt allerdings (seit Mai 2016 bundeseinheitlich) die Auffassung, dass die steuerliche Einordnung der handelsrechtlichen folgt.[50] Der Streit dreht sich darum, ob es sich bei der gesetzlichen Norm des § 8 Abs. 3 KStG um eine eigenständige steuerrechtliche Definition handelt, die dem Grundsatz der Maßgeblichkeit der Handelsbilanz für die Steuerbilanz vorgeht. Hier werden die Steuerpflichtigen eine von der Finanzverwaltung abweichende Sicht vor dem Gericht erstreiten müssen. Soweit nicht andere Gründe für die Begründung von Mezzanine-Kapital sprechen, ist diese Gestaltungsoption daher vorerst nicht attraktiv.

7.4.6 Verzicht auf Pensionszusagen/betriebliche Altersvorsorge

In den letzten Jahren hat die Politik Unternehmer motiviert, betriebliche Altersversorgungsbausteine anzubieten. Vor allem für viele Unternehmer, die als Gründer und Gesellschafter-Geschäftsführer ihr ganzes Leben nur im und für das eigene Unternehmen gearbeitet haben, sind Leistungen aus dem Unternehmen oftmals die einzige Altersvorsorge. Beliebt war dabei die Gewährung von Pensionszusagen. Die Unternehmen müssen für zugesagte Direktleistungen Rückstellungen in ihrer Bilanz bilden (§ 249 Abs. 1 HGB), denn sie sind später Schuldner der Vorsorgeansprüche. Zuführungen mindern dabei als Personalaufwand (§ 275 Abs. 2 HGB) das Jahresergebnis und damit auch das Eigenkapital. Alternativ können die Unternehmen an Direktversicherungen oder Pensionskassen zahlen („mittelbare betriebliche Altersvorsorge" nach § 1 Betriebsrentengesetz). In diesem Fall sind die Zahlungen an den externen Rentendienstleister schon heute aufwands- und liquiditätswirksam. Da später keine Zahlungen im Vorsorgefall zu leisten sind, müssen auch keine Rückstellungen gebildet werden (§ 2 EGHGB).

Sanierungsbeitrag der Gesellschafter-Geschäftsführer

Das aktuelle Niedrigzinsumfeld führt bei gewährten Pensionszusagen zu einer erheblichen ertragswirksamen Belastung der Unternehmen. Die Höhe der zu bildenden Rückstellung richtet sich nach der Höhe der später zu zahlenden Leistungen, die auf den Bilanzstichtag abgezinst werden.[51] Dieser Diskontierungszinssatz wird nach § 253 Abs. 2 HGB in Verbindung mit § 1 Rückstellungsabzinsungsverordnung von der Deutschen Bundesbank ermittelt.[52] Je niedriger dieser Zinssatz ist, desto höher sind die zu bildenden Rückstellungen (bei einer Senkung um 1 %-Punkt ist eine Rückstellungserhöhung um 10–25 % erforderlich). Nach § 253 Abs. 2 HGB ist der durchschnittliche Zinssatz der letzten sieben Jahre zu Grunde zu legen. Um die aktuelle Niedrigzinsphase auszugleichen hat die Bundesregierung den Betrachtungszeitraum für Pensionsrückstellungen auf zehn Jahre ausgedehnt.[53] Dies sorgt für eine vorrübergehende rechnerische Erhöhung des Durchschnittszinses (Stand Juli 2016: 3,8 statt 3,1 % bei 10-jähriger Restlaufzeit) und damit eine bilanzielle Entlastung. Sofern die Zinsen aber, wie von vielen erwartet, noch lange niedrig bleiben, wird dieser Effekt nur kurzfristig wirken und die Erhöhung der Rückstellungen mit dem gleitenden Absinken des Durchschnittszinses nachzuholen sein.

Nach § 6a Abs. 3 EStG werden Pensionsrückstellungen in der Steuerbilanz mit einem Abzinsungs-Zinssatz von 6 % ermittelt. Dies hat aktuell zur Folge, dass die handelsbilanziellen Rückstellungen steuerlich nicht voll anerkannt werden. Daher weist die Steuerbilanz höhere Gewinne aus. Nach Expertenschätzungen liegen die Steuern auf diesen zusätzlichen Gewinnen bei 25 Mrd. Euro.[54]

Verzicht als Sanierungsbaustein

Gerade in GmbHs werden einem Gesellschafter-Geschäftsführer häufig Pensionszusagen gewährt. Durch die Verknüpfung mit der Person des Gesellschafter-Geschäftsführers stellt der Verzicht auf Pensionszusagen einen wichtigen individuellen Sanierungsbeitrag dar. Durch den Verzicht lassen sich nicht nur das Bilanzbild verbessern oder eine Überschuldung vermeiden, auch das persönliche „Opfer" ist – unabhängig von der Höhe – ein psychologisch wichtiges Signal an die Gläubiger, dass auch die Gesellschafter ihren Beitrag zur Sanierung leisten.

Steuerlich kann der Verzicht auf Pensionszusagen zu hohen Belastungen führen, insbesondere, wenn der (tatsächlich nicht ausgezahlte!) Verzichtbetrag auf Seiten des verzichtenden Gesellschafter-Geschäftsführers als steuerpflichtiger Lohn und anschließende verdeckte Einlage qualifiziert wird. Die Finanzbehörden unterstellen also, dass das Pensionskapital ausgeschüttet und sogleich (nach Versteuerung mit dem persönlichen Einkommensteuersatz!) wieder in die Gesellschaft eingelegt wurde.[55] Diese steuerlichen Folgen treten jedoch nur ein, wenn der Verzicht gesellschaftsrechtlich veranlasst ist. Eine steuerunschädliche betriebliche Veranlassung liegt hingegen vor, wenn die Finanzierbarkeit der Pensionszusage im Verzichtszeitpunkt nicht gegeben ist.[56] Dient der Verzicht der Vermeidung einer drohenden Überschuldung und ist Teil eines Sanierungskonzepts, so ist eine betriebliche Veranlassung dann gegeben, wenn sich auch ein Fremdgeschäftsführer zu einem Verzicht bereit erklärt hätte.[57]

7.4.7 Umstrukturierung im Konzern (Debt-push-down)

Debt-push-down

Vereinfacht gesprochen handelt es sich beim Debt-push-down um eine Verlagerung der Verbindlichkeiten der Muttergesellschaft auf die Tochtergesellschaft. Ziel der Gestaltung ist es, die Finanzierungskosten einer Akquisition auf die Tochtergesellschaft zu übertragen und als abzugsfähige Betriebsausgaben mit deren operativen Erträgen zu verrechnen und somit steuermindernd geltend zu machen.

Debt-push-down-Modelle werden zumeist im Rahmen von kreditfinanzierten Unternehmensübernahmen (Leveraged Buy-out) genutzt, um mit dem Vermögen der erworbenen Gesellschaft den Kaufpreis zu finanzieren. Dazu wird eine eigens für die Übernahme gegründete „Akquisitionsgesellschaft" (NewCo) mit Fremdkapital ausgestattet. Nur ein kleiner Teil des Kaufpreises wird durch Eigenmittel des Erwerbers beglichen. Nach der Akquisition wird die NewCo (Muttergesellschaft) samt ihren Schulden aus der Aufnahme der Darlehen mit der Tochtergesellschaft verschmolzen. Die NewCo, welche selbst mit Ausnahme der Beteiligung an der Tochter nur über wenig Vermögen verfügt, geht in der Zielgesellschaft auf. Dadurch wurden die Schulden auf die Tochter „heruntergedrückt" (Debt-push-down).

Für den Erwerber ergibt sich aber nicht nur der Vorteil der Verlagerung der Schulden auf die Zielgesellschaft. Vielmehr kann er darüber hinaus durch die sogenannte „Rekapitalisierung" Eigenkapital aus der Gesellschaft ziehen und sich damit seine zuvor aufgewandten Eigenmittel zurückholen. Oftmals werden hierfür stille Reserven (z. B. durch Sale-and-lease-back) der Gesellschaft gehoben und anschließend durch Sonderdividenden an den Erwerber ausgeschüttet.[58]

7.5 Sicherungsorientierte Sanierungsmaßnahmen

Sicherungsorientierte Maßnahmen dienen dazu, fremdkapitalorientierte Finanzierungsbeiträge abzusichern. Vorteilhaft ist aus Sicht der Gläubiger auch, dass Sicherheiten im Insolvenzfall zur Aus- oder Absonderung berechtigen (§§ 47 bis 51 InsO). Ist die Bestellung der Sicherheit anfechtungsfest, dann wird der gesicherte Gläubiger zunächst aus der Sicherheit befriedigt. Nur wenn diese nicht ausreicht, muss er sich auf die Insolvenzquote verweisen lassen.

Aus- oder Absonderung

Grundsätzlich kommen sämtliche Vermögenswerte des Unternehmens als Sicherheiten in Betracht. Da an einen Gegenstand angeknüpft wird (Pfandrechte, Grundschuld, Hypothek), spricht man von „dinglichen Sicherheiten". Sinnvoll ist eine solche Sicherheit jedoch nur, wenn sie verwertbar ist. Dies setzt voraus, dass der Gegenstand abgrenzbar und sein Wert bestimmbar ist.

Dingliche Sicherheiten

Daneben können Personen zusagen, im Zweifel für eine Schuld einzustehen; man spricht entsprechend von „persönlichen Sicherheiten". Hierzu gehören die Bürgschaft, der Schuldbeitritt und die Garantie.

Persönliche Sicherheiten

7.5.1 Sicherungsübereignung

Insbesondere bei Darlehen zur Finanzierung von Betriebsmitteln dienen die erworbenen Gegenstände regelmäßig als Sicherheit. Durch die Sicherungsübereignung geht das Eigentum auf den Darlehensgeber (die Bank) über. Das Unternehmen behält jedoch den Besitz und kann den Gegenstand nutzen. Da eine Eigentumsübertragung rechtlich „Einigung und Übergabe" erfordert (§ 929 BGB), wird die Übergabe des Gegenstands durch die Vereinbarung ersetzt, dass der Darlehensgeber dem Sicherungsgeber den Gegenstand leihweise belässt (§ 930 BGB).

Der vereinbarte Sicherungszweck kann „eng" oder „weit" gefasst sein. Bei einem engen Sicherungszweck wird mit dem Gegenstand nur das konkrete Darlehen besichert. Wird hingegen ein weiter Sicherungszweck vereinbart, dient der Gegenstand (je nach konkreter Ausgestaltung) zur Sicherung aller bestehenden und künftigen, auch bedingten oder befristeten Forderungen des Darlehensgebers aus der Geschäftsbeziehung. Wird aufgrund hoher stiller Reserven beabsichtigt, einen Gegenstand zu veräußern und das Restdarlehen zurückzuführen, so ist darauf zu achten, dass die Bank den verbleibenden

Enger und weiter Sicherungszweck

Überschuss auch freigibt. Hier sollte auf eine schriftliche Dokumentation entsprechender Zusagen geachtet werden.

7.5.2 (Verlängerter) Eigentumsvorbehalt

Einfacher, verlängerter und erweiterter Eigentumsvorbehalt

Für Lieferanten ist der Eigentumsvorbehalt das gängigste Sicherungsmittel. Hierbei behält sich der Lieferant das Eigentum am Kaufgegenstand bis zur vollständigen Bezahlung vor. Zivilrechtlich geht das Eigentum jedoch (teilweise) unter, wenn der Gegenstand durch Verbindung oder Vermischung mit anderen Gegenständen kombiniert wird, z. B. Lieferung einzelner Komponenten, aus denen ein Zulieferer Module fertigt. Diese will er weiterverkaufen, um daraus den Vorlieferanten zu bezahlen. Wird ein verlängerter Eigentumsvorbehalt vereinbart, so wird die Verarbeitung und der Weiterverkauf gestattet. Die untergehende Sicherheit wird durch die Forderung aus dem Weiterverkauf ersetzt (Abtretung nach § 398 BGB). Beim erweiterten Eigentumsvorbehalt wird nicht nur die Forderung aus der konkreten Lieferung, sondern auch weitere Forderungen aus der Geschäftsbeziehung mit dem Lieferanten abgesichert.

7.5.3 Forderungsabtretung (Globalzession)

Üblich ist, gerade im Bankenverkehr, dass künftige Forderungen aus Lieferungen und Leistungen zur Sicherung von Kontokorrentdarlehen abgetreten werden. Durch eine Globalzession sichert sich die Bank dabei Zugriff auf sämtliche, auch künftige Forderungen. Dies ist problematisch, wenn ein Vorlieferant Ware unter verlängertem Eigentumsvorbehalt liefert, denn die Erlaubnis des Weiterverkaufs steht unter der Prämisse, dass die Kaufpreisforderung sicherungshalber abgetreten wird. Eine frühere und damit vorgehende Globalzession kann daher sittenwidrig und damit unwirksam sein, wenn sie den Darlehensnehmer zum Vertragsbruch mit seinem Vorlieferanten zwingt.[59]

Anfängliche und nachträgliche Übersicherung

> **Praxistipp: Übersicherung**
>
> Eine Übersicherung liegt vor, wenn zwischen der gesicherten Forderung und dem realisierbaren Wert des Sicherungsguts ein auffälliges Missverhältnis liegt. Die Übersicherung kann schon anfänglich, also bei Abschluss des Sicherungsvertrags gegeben sein. Dies ist der Fall, wenn der Wert der Sicherheit den Wert der Forderung um mehr als 30 % übersteigt. Eine nachträgliche Übersicherung kann eintreten, wenn eine Forderung getilgt wird oder entfällt oder das Sicherungsgut im Wert stark steigt. Hier liegt in der Regel eine Übersicherung vor, wenn der Wert der Sicherheit den Wert der Forderung (einschließlich Zinsen) um mehr als 10 % übersteigt.[60] Eine Globalzession, die nicht die gebotenen Vorkehrungen zur Verhinderung einer Übersicherung trifft, kann sittenwidrig und damit unwirksam sein.[61]

7.5.4 Einräumung von Grundpfandrechten (Hypothek, Grundschuld)

Zu den dinglichen Sicherheiten an unbeweglichen Gegenständen (Grundstücken) zählen die Hypothek (§§ 1113 ff. BGB) und die (Sicherungs-)Grundschuld (§§ 1191 ff. BGB). Beide Sicherungsinstrumente berechtigten den Gläubiger – am Ende eines tendenziell langwierigen Verfahrens – die Zwangsvollstreckung in ein Grundstück zu betreiben (§ 1147 BGB). Der grundlegende Unterschied zwischen Grundschuld und Hypothek liegt in der Akzessorietät. Während die Hypothek in dem Umfang, in dem der Schuldner die gesicherte Forderung zurückzahlt, automatisch erlischt (§§ 1163 und 1177 BGB), hat die Forderungstilgung auf die Grundschuld zunächst keinen Einfluss. Sie bleibt unabhängig von der Höhe der Forderung in vollem Umfang bestehen. Die Gewährung von Grundschulden erfolgt daher i. d. R. mit einer begleitenden schuldrechtlichen Sicherungsvereinbarung. Dort verpflichtet sich der Sicherungsnehmer, nur in Höhe der noch offenen Forderung (Valutierung) in die Grundschuld zu vollstrecken und diese nach vollständiger Erfüllung der Forderung an den Sicherungsgeber zurückzuübertragen.

Sicherheiten an unbeweglichen Gegenständen

Hypothek
Grundschuld

Gesetzlicher Grundfall ist die sogenannte Briefgrundschuld bzw. die Briefhypothek (§§ 1116 Abs. 1, 1192 Abs. 1 BGB). Sie können außerhalb des Grundbuchs durch Abtretungserklärung und Briefübergabe übertragen werden. Der Grundschuldbrief bringt allerdings zusätzliche Gebühren, Vorlagepflichten und Probleme beim Verlust mit sich. In der Praxis wird daher die Erteilung des Briefs fast immer ausgeschlossen und eine Buchgrundschuld bzw. -hypothek vereinbart.

Briefgrundschuld

7.5.5 Verpfändung

Bewegliche Gegenstände können als Sicherheit dienen, indem sie mit Pfandrechten belegt werden (§§ 1204 ff. BGB). Rechte können ebenfalls Gegenstand eines Pfandrechts sein (§§ 1273 ff. BGB). Die Verpfändung von Maschinen und des Fuhrparks ist in der Praxis jedoch selten, da ein Pfandrecht grundsätzlich die Übergabe des Pfandguts erfordert und dieses nicht mehr zur Produktion eingesetzt werden kann. In der typischen Sanierungssituation werden diese Wirtschaftsgüter zudem unter Eigentumsvorbehalt stehen, da das Unternehmen den Kaufpreis oftmals noch nicht vollständig geleistet und somit die aufschiebende Bedingung zum Eigentumsübergang nicht erfüllt hat. Ein Pfandrecht kann dann allenfalls an dem entsprechenden Anwartschaftsrecht begründet werden.

Sicherheiten an beweglichen Gegenständen

Ein vorhandenes Wertpapierdepot wird hingegen aufgrund der guten Verwertbarkeit oft und gerne als Sicherheit akzeptiert. Hier kann bei entsprechender Wertsteigerung gegebenenfalls eine teilweise Freigabe und damit Veräußerbarkeit mit sofortigem Liquiditätszufluss erreicht werden.

Stille Liquiditätsreserven können auch bei Mietsicherheiten bestehen, z. B. wenn die Mietkaution (i. d. R. bei Gewerbemietverträgen drei Monatsmieten) durch

Verpfändung eines Mietkautionskontos gestellt wurde. Gerade bei angemieteten Büroräumen stellt sich die Frage, ob man die Mietfläche nicht im Einvernehmen mit dem Vermieter reduzieren kann. Dies schont die künftige Liquidität durch geringere Mieten, gleichzeitig besteht aber auch ein grundsätzlicher Anspruch darauf, die Mietsicherheit an die geringere Monatsmiete anzupassen. Bei einem verpfändeten Bankkonto („Trapped cash") führt dies unmittelbar zum Freiwerden von echter Liquidität.

Trapped cash

7.5.6 Bürgschaft

Globalbürgschaft
Selbstschuldnerische Bürgschaft
Bürgschaft „auf erstes Anfordern"
Bankbürgschaft

Einrede der Vorausklage

Bei der Bürgschaft (§ 765 BGB) steht der Bürge für Erfüllung oder Ordnungsmäßigkeit einer fremden Schuld ein. Seine Verpflichtung ist vom Bestand der Hauptschuld abhängig (§ 767 BGB). Zum Schutz des Bürgen fordert das Gesetz eine schriftliche Bürgschaftserklärung (§ 766 BGB). Das gilt allerdings nicht für Kaufleute (§ 350 HGB) und damit etwa nicht für die GmbH (§ 6 HGB). Die Bürgschaft kann „global" auf alle bestehenden Ansprüche des Gläubigers gegen den Hauptschuldner erstreckt werden oder bestimmte Forderungen sichern. Die Begrenzung auf einen Höchstbetrag ist möglich und zur Vermeidung einer potenziellen Sittenwidrigkeit oft sinnvoll (siehe hierzu Abschnitt 7.5.8). Grundsätzlich ist der Hauptschuldner vorrangig in Anspruch zu nehmen (§ 771 BGB). Wird die Bürgschaft hingegen selbstschuldnerisch erklärt, verzichtet der Bürge auf diese „Einrede der Vorausklage" (§ 773 Abs. 1 Nr. 1 BGB). Er kann dann nicht verlangen, dass zunächst erfolglos gegen den Hauptschuldner vollstreckt werden musste. Die Vorrangigkeit gilt daneben nicht, wenn die Bürgschaft für den Bürgen ein Handelsgeschäft ist (§ 349 HGB). Bei einer Bürgschaft „auf erstes Anfordern" kann der Bürge dem Gläubiger bei Inanspruchnahme keine Einwendungen aus dem Verhältnis zwischen Gläubiger und Hauptschuldner entgegenhalten (vgl. § 768 BGB), sondern muss diese in einem etwaigen Rückforderungsprozess geltend machen. Gegenüber Privatleuten müssen Globalbürgschaften und Bürgschaften auf erstes Anfordern ausdrücklich vereinbart, können also nicht durch AGB begründet werden (§ 307 Abs. 1 BGB).[62] Im Wirtschaftsverkehr ist vor allem die Bankbürgschaft von großer Bedeutung. Hier sichert ein Kreditinstitut den Gläubiger gegen entsprechende Gebühren vor dem Insolvenzrisiko des Auftraggebers (Schuldnerunternehmen).

7.5.7 Öffentliche Ausfallbürgschaften

Eine weitere Form der Bürgschaft stellt die öffentliche Ausfallbürgschaft dar, bei der die Länder bzw. der Bund für das antragsstellende Unternehmen bürgen, falls dieses nicht über ausreichend eigene Sicherheiten verfügt. Voraussetzung für eine Übernahme von Bürgschaften durch die staatlichen Bürgschaftsbanken bzw. Förderinstitute ist jedoch, dass die volkswirtschaftliche Vorteilhaftigkeit dieser Maßnahme durch ein Sanierungskonzept ausreichend nachgewiesen wurde und dass mit überwiegender Wahrscheinlichkeit von einer dauerhaften Etablierung des Unternehmens im Wettbewerb ausgegangen werden kann. Aufgrund dieser vom Staat zu treffenden Ermessensentscheidung muss mit einer längeren Bearbeitungszeit gerechnet werden; es besteht zudem kein Rechtsanspruch auf eine Bürgschaftsgewährung.

Von elementarer Bedeutung im Rahmen der Vergabe von öffentlichen Ausfallbürgschaften ist die Beachtung der entsprechenden europarechtlichen Normen zum Beihilfeverbot. Art. 107 AEUV untersagt den Mitgliedsstaaten der EU einzelne Unternehmen oder Unternehmenszweige gezielt zu begünstigen, soweit dies zu Wettbewerbsverfälschungen führt und damit der Handel zwischen den Mitgliedsstaaten beeinträchtigt wird. Gleichwohl bestehen diverse Ausnahmen zum generellen Beihilfeverbot (vgl. Art. 107 Abs. 2 und 3 AEUV), wodurch die Vergabe von öffentlichen Bürgschaften legitimiert werden kann. Eine genaue Beurteilung diesbezüglich kann jedoch nur situativ erfolgen.[63]

Beihilfeverbot

7.5.8 Schuldbeitritt

Das nicht-akzessorische Pendant zur Bürgschaft ist der Schuldbeitritt. Beim Schuldbeitritt verpflichtet sich der Sicherungsgeber, für die Erfüllung einer Schuld wie für eine eigene Schuld einzustehen. Schuldner und Beitretender können als Gesamtschuldner jeder für sich auf die volle Summe in Anspruch genommen werden, insgesamt allerdings nur einmal. Der Gläubiger hat die Wahl, wen er in Anspruch nehmen will. Im Sicherungsvertrag können die Inanspruchnahme und die Verknüpfung der Verpflichtungen von Schuldner und Beitretendem näher und individuell geregelt werden. Da der Schuldbeitritt formlos möglich ist, fordert die Rechtsprechung im Zweifel ein wirtschaftliches Eigeninteresse des Beitretenden, um die Vereinbarung eines Schuldbeitritts (und nicht einer gegebenenfalls unwirksamen, da nicht schriftlich erteilten Bürgschaft) anzunehmen. Vom Schuldbeitritt (als Sicherungsinstrument) ist die echte Schuldübernahme (§§ 414 ff. BGB) abzugrenzen. In diesem Fall übernimmt der neue Schuldner die Verbindlichkeit mit schuldbefreiender Wirkung vom Altschuldner.

Schuldbeitritt vs. echte Schuldübernahme

Schuldübernahme

Bürgschaft und Schuldbeitritt sind nach § 138 Abs. 1 BGB sittenwidrig und damit unwirksam, wenn sich der Sicherungsgeber in einem Umfang verpflichtet, der seine gegenwärtigen und künftig zu erwartenden Vermögensverhältnisse übersteigt (finanzielle Überforderung). Hinzukommen muss eine typische Konfliktlage durch weitere, dem Gläubiger zurechenbare Umstände, insbesondere durch Beeinträchtigung der Entscheidungsfreiheit, durch die der Sicherungsgeber so erheblich belastet wird, dass ein unerträgliches Ungleichgewicht zwischen den Vertragspartnern hervorgerufen wird (strukturelle Unterlegenheit).[64]

Sittenwidrigkeit

Nach gefestigter Rechtsprechung liegt eine krasse finanzielle Überforderung eines Sicherungsgebers bei nicht ganz geringen Bankschulden grundsätzlich vor, wenn der Sicherungsgeber mithilfe des pfändbaren Teils seines Einkommens und Vermögens voraussichtlich noch nicht einmal die laufenden Zinsen der gesicherten Forderung aufbringen kann.[65] Die Möglichkeit der Restschuldbefreiung nach §§ 286 ff. InsO ändert daran nichts, da der BGH zur Beurteilung der Sittenwidrigkeit auf den Zeitpunkt des Vertragsschlusses abstellt.[66] Eine strukturelle Unterlegenheit ist insbesondere bei emotionaler Verbundenheit, etwa unter nahen Angehörigen oder Ehepartnern, anzunehmen, aber auch bei einem Arbeitnehmer, der aus Sorge um den Erhalt seines Arbeitsplatzes bürgt.[67] Unter diesen Voraussetzungen wird (widerlegbar) vermutet, dass sich der Sicherungsgeber bei der Übernahme einer solchen ihn vielleicht bis an das Lebensende übermäßig finanziell belastenden persönlichen Sicherheit nicht von rationaler Risikoeinschätzung leiten ließ, sondern aus emotionaler Verbundenheit zum Hauptschuldner handelte. Dies nutzt der Gläubiger in sittlich anstößiger Weise aus.[68] Wird die Bürgschaft auf eine bestimmte Höhe begrenzt (Höchstbetragsbürgschaft) und würden im Zweifel Nebenforderungen (Zinsen) nur aus diesem begrenzten Betrag berechnet, wird der Abwägung der Bürgschaftshöchstbetrag und nicht die volle Hauptforderung zu Grunde gelegt.[69] Diese Grundsätze gelten allerdings nur, wenn der Gläubiger diese Situation tatsächlich bewusst ausnutzt. Der Gläubiger kann die Vermutung daher widerlegen, wenn er nachweist, von der finanziellen Überforderung oder der emotionalen Verbundenheit des Bürgen keine Kenntnis gehabt zu haben.[70]

7.5.9 Garantie

Garantie Eine noch weitergehende Verpflichtung als der Schuldbeitritt begründet die – ebenfalls formlos mögliche – Garantie. Der Garantierende ist in jedem Fall zur Erfüllung der garantierten Schuld verpflichtet, selbst dann, wenn die gesicherte Forderung nicht oder nicht mehr besteht. Bei unklaren Vereinbarungen geht die Rechtsprechung daher nur bei einem hohen wirtschaftlichen Eigeninteresse von einer Garantie aus.

Banken bietet eine Garantie im Hinblick auf die oben beschriebene risikoadjustierte Eigenkapitalunterlegung nach BASEL II und BASEL III einen anderen Ansatzpunkt als z. B. Grundpfandrechte. Während Grundpfandrechte die erwartete Verlustquote senken, reduziert die Garantie das Kreditrisiko über das Rating, denn soweit die Garantie aufsichtsrechtlich anerkannt wird, kann die Bank das Kreditrisiko des Garantiegebers ansetzen.[71]

7.5.10 Avale

Avalkredit Hierunter versteht man die Übernahme von Bürgschaften, Garantien und sonstigen Gewährleistungen für Andere (vgl. §1 Abs. 1 Nr. 8 KWG). Der Avalnehmer erhält von dem gewährenden Kreditinstitut eine Garantiezusage. Hierfür ist ein Avalzins oder eine Gebühr (Avalprovision) zu zahlen. Aufgrund dieses Avalkreditvertrags wird der Avalgeber dann mit dem zu sichernden Dritten einen Bürgschafts- oder Garantievertrag abschließen. Hiermit kann z. B. ein Kunde auch in der Krise zu einer Anzahlung bewegt werden, da deren etwaige Rückzahlung durch eine Bankbürgschaft abgesichert ist. Zu beachten ist jedoch, dass Banken die Avallinien in der Regel in die bestehenden Kreditlimite einbeziehen und somit die Möglichkeit der Inanspruchnahme der verfügbaren Kontokorrentlinien reduziert wird.

7.5.11 Patronatserklärung

Eine Patronatserklärung ist die Erklärung eines Dritten (oftmals einer Muttergesellschaft), für eine Verbindlichkeit einzustehen. Handelt es sich dabei um eine bloße Absichtserklärung eines guten (Zahlungs-)Willens, spricht man von einer „weichen" Patronatserklärung, während eine „harte" Patronatserklärung eine rechtsgeschäftliche Einstandspflicht begründet.[72] Bei entsprechender Ausgestaltung kann eine harte Patronatserklärung eine insolvenzrechtliche Überschuldung und mit Einschränkungen den Eintritt der Zahlungsunfähigkeit vermeiden.[73] Entscheidend ist, dass dem Schuldnerunternehmen entweder ein ungehinderter Zugriff auf die versprochenen Mittel gewährt wird oder der Patron seiner Ausstattungspflicht tatsächlich nachkommt. Dabei ist zu beachten, dass die Inanspruchnahme nicht zu Regressansprüchen führt oder diese einem Rangrücktritt unterliegt. Wichtig ist ferner, dass die Patronatserklärung gegenüber dem Schuldnerunternehmen („intern"), nicht gegenüber dem Gläubiger („extern") erklärt wird. Eine bereits eingetretene Zahlungsunfähigkeit kann nur durch eine Wiederaufnahme der Zahlungen beseitigt werden, das Vorliegen einer Patronatserklärung allein reicht hierzu nicht aus.

„Harte" Patronatserklärung

„Weiche" Patronatserklärung

7.5.12 Freigabe von Sicherheiten

Jeder Unternehmer sollte sich in guten Zeiten aktiv darum bemühen, nicht mehr benötigte Sicherheiten freigeben zu lassen. Diese Selbstverständlichkeit wird von Banken nicht vorangetrieben, da die Übersicherung einen komfortablen Sicherheitspuffer für den Krisenfall bietet. In der Krise wird die Bank die Freigabe aufgrund des gesunkenen Werts des Sicherungsguts (zu Recht) verweigern (etwa, weil eine negative Fortführungsprognose einer Lagerhalle nur noch den Liquidationswert zuerkennt). Wäre die Sicherheit „befreit" worden, könnte sie neu ins Risiko gebracht werden, um bestehende Kredite nach zu besichern oder neue Kredite zu besichern.

Besonderes Augenmerk ist auf Sicherheiten zu legen, wenn im Rahmen der Sanierung der Verkauf von Wirtschaftsgütern geplant ist. Da solche Wirtschaftsgüter ggf. als Sicherheit gestellt wurden, ist mit dem jeweiligen Sicherungsnehmer, in der Regel den finanzierenden Banken, eine Übereinkunft über die Verwendung des Kaufpreises zu treffen (Kreditrückführung versus Verfügbarkeit für das Unternehmen). Dabei spielen insbesondere Mithaftungen des nicht betriebsnotwendigen Vermögens für betriebliche Schulden in Form von Grundschuldsicherheiten (bei Immobilien) sowie die Verpfändung des Warenlagers oder von Geschäftsanteilen eine wesentliche Rolle.

Dies kann zur Folge haben, dass dem Unternehmen trotz eines erfolgreichen Verkaufs seines nicht betriebsnotwendigen Vermögens letztendlich keine oder nur teilweise neue Liquidität zufließt, da der Verkaufserlös lediglich der Rückführung von Verbindlichkeiten dient. Dies führt zwar zur Senkung der Fremdfinanzierungskosten, die oftmals in der Krise notwendige Liquiditätszufuhr für das Unternehmen zur Finanzierung von Sanierungsmaßnahmen bleibt jedoch ganz oder teilweise aus. Zu achten ist daher auf eine Freigabe sowohl aus der

Sicherheitenfreigabe

Sicherungsvereinbarung als auch aus etwaig greifenden Pfandrechten aus den Banken-AGB.

Daher sollten mit den Finanzierungspartnern im Vorfeld eines geplanten Verkaufs Vereinbarungen über eine lediglich quotale Rückführung der besicherten Verbindlichkeiten getroffen werden, um einen tatsächlichen Geldzufluss für das Unternehmen sicherzustellen. Da in diesem Fall die Kreditgeber einen Teil ihrer bestellten Sicherheiten zugunsten der Liquiditätsausstattung der Gesellschaft aufgeben, sind für deren Zustimmung ein nachvollziehbarer und detaillierter Mittelverwendungsplan und ein Mittelverwendungsnachweis zwingend erforderlich. Wichtig ist auch, die Vereinbarung verbindlich auszugestalten, denn nicht selten erfolgt in dieser Phase eine bankinterne Zuständigkeitsverlagerung vom Firmenkundenberater zur Intensivbetreuung (Intensive Care/Work-Out). Mündliche Zusagen des Firmenkundenberaters sind dann nicht mehr relevant.

7.6 Zusammenwirken der Finanzierungsmaßnahmen im zeitlichen Ablauf der Sanierung

Die dargestellten Sanierungsbausteine erfüllen verschiedene Zwecke, etwa die kurzfristige Liquiditätsbereitstellung oder die bilanzielle Sanierung der Passivseite. Viele Maßnahmen sind für sich alleine genommen jedoch einseitig. So wertvoll ein Forderungsverzicht für das Schuldnerunternehmen ist, so berechtigt ist die Frage des Gläubigers, womit dieses Verlangen begründet wird. Unmittelbar kann der Gläubiger bei einem teilweisen Forderungsverzicht eine Stabilisierung des Unternehmens erreichen und so auch etwaige weitere Forderungen vor einem Ausfall schützen; denkbar ist auch, dass er die weitere Belieferung mit dringend benötigten Vorleistungen sicherstellen will. Regelmäßig ist die Krise aber schon zu weit fortgeschritten, als dass eine einzelne Maßnahme eine endgültige Krisenbewältigung ermöglicht.

Lastenverteilung　Entscheidend ist daher die Kombination verschiedener Finanzierungsmaßnahmen im Sanierungskonzept. Hier werden die verschiedenen Sanierungsbeiträge der einzelnen Stakeholder sowohl in einen zeitlich-systematischen Umsetzungsplan als auch in ein Gesamtbild der Sanierungsbeiträge sämtlicher Beteiligter gestellt. Ein entscheidender Erfolgsfaktor für eine erfolgreiche Sanierung ist daher auch die Kommunikation der „verteilten Lasten".

Darüber hinaus gibt es aber auch Maßnahmen, die andere Sanierungsbausteine vorbereiten. So werden Investoren, welche bereit sind, Eigenkapital zuzuführen, regelmäßig einen vorausgehenden Kapitalschnitt verlangen. Banken fordern die Wiederherstellung der Kapitaldienstfähigkeit und die Konformität mit ihren Risikobeurteilungsinstrumenten, bevor neue Darlehen ausgereicht werden können.

7.7 Darstellung der Finanzierungsstruktur in Sanierungskonzepten

IDW S 6 beinhaltet explizit Anhaltspunkte, wie die einzelnen Maßnahmeneffekte im Sanierungskonzept darzustellen sind. Zu aller erst gilt es alle eingeleiteten sowie noch ausstehenden Maßnahmen hinsichtlich ihrer anzunehmenden Wirkung auf die künftige Ergebnis-, Finanz- und Vermögensentwicklung der betroffenen Gesellschaft abzubilden. Ferner ist aufzuzeigen, zu welchem Grad die einzelnen Maßnahmen bereits realisiert und damit das Konzept bereits in den Anfängen umgesetzt wurde. Ratsam ist es, zumindest für das laufende und das folgende Geschäftsjahr eine monatliche Beschreibung und Quantifizierung der einzelnen Effekte vorzunehmen, anschließend genügt eine vierteljährliche Betrachtung (vgl. IDW S 6 Tz. 135 f.).

In aller Regel beinhalten Sanierungskonzepte auch Maßnahmen, welche von der Mitwirkung und Zustimmung Dritter abhängig sind. Eine rechtlich bindende Verpflichtung über die Beteiligung an der Sanierung steht aber oftmals zum Zeitpunkt der Erstellung des Konzepts noch aus, worauf im Konzept ausdrücklich hingewiesen werden muss. IDW S 6 nennt beispielhaft in Tz. 137 unter anderem folgende Finanzierungssachverhalte:

- Aussetzung von Zinszahlungen durch die Bank (Stundung);
- Eigenkapitalzufuhr durch die Gesellschafter (Kapitalerhöhung);
- Gläubigerabsicht auf Forderungen gegen Besserungsabrede zu verzichten.

Auf die Ausführungen in Kapitel 4 wird verwiesen.

Die folgende Übersicht stellt übersichtartig die einzelnen Effekte der Finanzierungsbausteine dar. Dabei werden als Bilanzeffekte sowohl Auswirkungen auf die Eigenkapitalposition als auch Verschiebungen innerhalb einzelner Bilanzposten verstanden.

Nr.	Maßnahme	Cash-Effekt	GuV-Effekt	Bilanz-Effekt
7.2	**Fälligkeitsorientiert**			
7.2.1	Stundung	✓	–	–
7.2.2	Stillhalten/Moratorium/Covenant Reset	✓	–	–
7.2.3	Rangrücktritt	–	–	– (✓*)
7.3	**Liquiditätsorientiert**			
7.3.1	Freisetzung bestehender Liquiditätsreserven	✓	–	✓
7.3.2	Verkauf von nicht betriebsnotwendigem Vermögen (Buchwert)	✓	–	✓
	Verkauf von nicht betriebsnotwendigem Vermögen (über/unter Buchwert)	✓	✓	✓

Nr.	Maßnahme	Cash-Effekt	GuV-Effekt	Bilanz-Effekt
7.3.3	Working Capital Management (Forderungseinzug)	✓	–	✓
	Working Capital Management (Verlängerung Zahlungsziel)	✓	–	–
	Working Capital Management (Vorratsabbau zu Buchwerten)	✓	–	✓
	Working Capital Management (Vorratsabbau über/unter Buchwerten)	✓	✓	✓
7.3.4	Cash Management (Cash-Pooling – Zero Balancing)	✓	–	✓
	Cash Management (Cash-Pooling – Notional Pooling)	✓	–	–
7.3.5	Leasing und Mietkauf	✓	✓	–
	Sale-and-lease-back (Buchwert)	✓	–	✓
	Sale-and-lease-back (über/unter Buchwert)	✓	✓	✓
7.3.6	Factoring (ohne Factoringgebühr)	✓	–	✓
	Factoring (mit Factoringgebühr)	✓	✓	✓
7.3.7	Gesellschafterdarlehen (zinslos)	✓	–	✓
	Gesellschafterdarlehen (verzinst)	✓	✓	✓
7.3.8	Gehaltsverzicht	✓	✓	–
7.3.9	Überstunden- und Arbeitszeitkonten	✓	✓	✓
7.3.10	Kurzarbeit (i. V. m. Kug)	✓	✓	–
7.3.11	Frühverrentung	✓	✓	–
7.3.12	Probezeitkündigung	✓	✓	–
7.3.13	Gehaltsumwandlung	✓	–	✓
7.3.14	Mitarbeiterdarlehen (zinslos)	✓	–	✓
	Mitarbeiterdarlehen (verzinst)	✓	✓	✓
7.3.15	Erhöhung von Kreditlinien (mit Inanspruchnahme)	✓	–	✓
7.3.16	Überbrückungskredit (zinslos)	✓	–	✓
	Überbrückungskredit (verzinst)	✓	✓	✓

7.7 Darstellung der Finanzierungsstruktur in Sanierungskonzepten

Nr.	Maßnahme	Cash-Effekt	GuV-Effekt	Bilanz-Effekt
7.3.17	Konsortialkredit (zinslos)	✓	–	✓
	Konsortialkredit (verzinst)	✓	✓	✓
7.3.18	Lieferantendarlehen (als zinsloser Sanierungskredit)	✓	–	✓
	Lieferantendarlehen (als verzinster Sanierungskredit)	✓	✓	✓
	Verlorene Zuschüsse	✓	✓	–
7.3.19	Genussrechte	✓	–	✓
7.3.20	Anleihen (verzinst)	✓	✓	✓
	Anleihen (zinslos)	✓	–	✓
7.3.21	Eigenkapitalzuführung	✓	–	✓
7.3.22	Stille Gesellschaft	✓	–	✓
7.3.23	Öffentliche Förderinstrumente	✓	✓	–
7.4	**Kapitalstrukturorientiert**			
7.4.1	Forderungsverzicht	✓	✓	✓
7.4.2	Besserungsschein (Eintritt Besserungsfall)	✓	✓	✓
7.4.3	Rückkauf von Forderungen (Buchwert)	✓	–	✓
	Rückkauf von Forderungen (unter Buchwert)	✓	✓	✓
7.4.4	Debt Equity Swap (vollständig werthaltig)	–	–	✓
	Debt Equity Swap (nicht vollständig werthaltig)	–	✓	✓
7.4.5	Debt Mezzanine Swap (vollständig werthaltig)	–	–	✓
	Debt Mezzanine Swap (nicht vollständig werthaltig)	–	✓	✓
7.4.6	Verzicht auf Pensionszusagen/betriebliche Altersvorsorge	✓	✓	✓
7.4.7	Umstrukturierung im Konzern (Debt-push-down)	–	–	✓

Nr.	Maßnahme	Cash-Effekt	GuV-Effekt	Bilanz-Effekt
7.5	**Sicherungsorientiert**			
7.5.1	Sicherungsübereignung	–	–	–
7.5.2	(Verlängerter) Eigentumsvorbehalt	–	–	–
7.5.3	Forderungsabtretung (Globalzession)	–	–	–
7.5.4	Einräumung von Grundpfandrechten (Hypothek, Grundschuld)	–	–	–
7.5.5	Verpfändung	–	–	–
7.5.6	Bürgschaft	–	–	–
7.5.7	Öffentliche Ausfallbürgschaft	–	–	–
7.5.8	Schuldbeitritt	–	–	–
7.5.9	Garantie	–	–	–
7.5.10	Avale	–	–	–
7.5.11	Patronatserklärung	–	–	–

✓ Löst Effekt aus
– Löst keinen Effekt aus
* Effekt im Überschuldungsstatus

Anmerkungen

[1] Vgl. BGH, Urteil vom 9. Juni 2016, IX ZR 174/15, ZIP 2016, 1348; vgl. BGH, Urteil vom 25. Februar 2016, IX ZR 109/15, ZIP 2016, 627; vgl. BGH, Urteil vom 16. Juni 2016, IX ZR 23/15, ZIP 2016, 1388.
[2] BGH, Beschluss vom 25. März 1998, VIII ZR 289/97, NJW 1998, 2060.
[3] OLG Hamm, Urteil vom 9. Mai 1957, 17 W 10/57, BB 1957, 627.
[4] BGH, Urteil vom 14. Juli.2011, IX ZB 57/11, NZI 2011, 680.
[5] BGH, Urteil vom 19. Juli.2007, IX ZB 36/07, NZI 2007, 529.
[6] BGH, Urteil vom 14. Mai.2009, IX ZR 63/08, BGHZ 181, 132.
[7] BGH, Urteil vom 22. November 2012, IX ZR 62/10, NZI 2013, 129.
[8] Mock in: Uhlenbruck, InsO, 14. Aufl. 2015, § 17 Rn. 117.
[9] BGH, Urteil vom 20. Dezember 2007, IX ZR 93/06, ZIP 2008, 420; BGH, Beschluss vom 19. Juli 2007, IX ZB 36/07, BGHZ 173, 286.
[10] Bornheimer in: Nerlich/Kreblin, Münchener Anwaltshandbuch Sanierung und Insolvenz, 2. Aufl. 2012, § 29 Rn. 22 f.
[11] „Diese bislang einhellige Meinung wird jedoch in Folge der jüngsten BGH-Entscheidung vereinzelnd in Frage gestellt (vgl. Hennrichs, NZG 2016, 1255; Müller, BB 2016, 491; Hoffmann, StuB 2016, 286; differenzierend Schulze-Osterloh, BB 2017, 427). Der IDW, IDW Life 11/2016, 1001, hält derzeit an der Passivierungspflicht in der Handelsbilanz fest („Das BGH-Urteil ändert nichts daran, dass die Verpflichtung zivilrechtlich fortbesteht. Vor diesem Hintergrund verbietet das handelsrechtliche Vorsichtsprinzip nach Auffassung des HFA auch weiterhin die Ausbuchung der Verbindlichkeit aus der Handelsbilanz."); vgl. auch Oser, BC 2017, 123.
[12] BGH, Grundsatzentscheidung vom 8. Januar 2001, II ZR 88/99, BHGZ 146, S. 264.

[13] BFH, Urteil vom 30. November 2011, DStR 2012, 450; BFH, Urteil vom 15. April 2015, I R 44/14, BStBl. II 2015, 769; vgl. auch BMF-Schreiben vom 8. September 2006, BStBl. I 2006, 497.
[14] BGH, Grundsatzentscheidung vom 8. Januar 2001, II ZR 88/99, BHGZ 146, 264.
[15] BGH, Urteil vom 5. März 2015, IX ZR 133/14, DStR 2015, 767.
[16] Ausführlich zu allen Themen Kreide, KSI 2015, 253 (auf der Website zum Buch enthalten); weiterführende Informationen unter www.ifsbr.de/rangruecktritt.
[17] Vgl. Creditreform/Roland Berger: Cash for Growth 2013, München/Neuss.
[18] Vgl. BFH, Urteil vom 8. März 2012, V R 49/10, BFH/NV 2012, 1665.
[19] Vgl. Studie: Verbesserung der Working Capital-Performance in 2015, Handelsblatt Fachmedien, 20. Juli 2016, verfügbar unter https://www.cf-fachportal.de/meldungen/studie-verbesserung-der-working-capital-performance-in-2015/.
[20] BFH, Urteil vom 6. April 2016, V R 12/15, DStR 2016, 1664; vgl. BFH, Urteil vom 9. Februar 2006, V R 22/03, BStBl. II 2006, 727; vgl. Abschnitt 3.5 Abs. 7 UStAE.
[21] Omlor in: Langenbucher/Bliesener/Spindler, Bankrechts-Kommentar, 2. Aufl. 2016, B Rn. 26 ff.
[22] BGH, Urteil vom 14. Oktober 1981, VIII ZR 149/80, NJW 1982, 164; OLG Düsseldorf, Beschluss vom 16. Mai 2013, I-14 U 96/12, BeckRS 2015, 01643; BGH, Urteil vom 14. Juli 2004, XII ZR 257/01, NJW 2005, 1192.
[23] BGH, Urteil vom 15. April 1987, VIII ZR 97/86, NJW 1987, 1878; BFH, Urteil vom 6. Juni 2013, IV R 28/10, DStZ 2013, 763; BGH, Urteil vom 11.12.2013, IV ZR 46/13, NJW 2014, 847.
[24] BFH Urt. v. 10. April 2014 – VI R 57/13, DStR 2014, 1658.
[25] Vgl. Krumbholz in: Thierhoff/Müller, Unternehmenssanierung, 2. Aufl. 2016, S. 213.
[26] Vgl. Krumbholz in: Thierhoff/Müller, Unternehmenssanierung, 2. Aufl. 2016, S. 213.
[27] BGH, Urteil vom 4. Dezember 1997, IX ZR 47/97, NJW 1998, 1561; BGH, Urteil vom 21. Februar 2013, IX ZR 52/10, NZI 2013, 500.
[28] Grundlegend BGH, Urteil vom 9. Juli 1953, IV ZR 242/52, NJW 1953, 1665; BGH, Urteil vom 12. April 2016, XI ZR 305/14, NZI 2016, 659.
[29] BGH, Urteil vom 12. Mai 2016, IX ZR 65/14, WM 2016, 1182.
[30] BGH, Urteil vom 12. Mai 2016, IX ZR 65/14, WM 2016, 1182.
[31] Vgl. Deutsche Bundesbank Monatsbericht 2012, 53, 57.
[32] Auslegungsfrage, vgl. BFH Urteil vom 14. Juli 2009, IX R 10/08; BAG, Urteil vom 27. März 2014, 6 AZR 2014/12, NZI 2014, 619.
[33] Vgl. FAZ v. 17.10.2011, „Wo Schiffe wie Legosteine zusammengebaut werden", verfügbar unter http://www.faz.net/aktuell/wirtschaft/besuch-in-der-riesenwerft-wo-schiffe-wie-legosteine-zusammengebaut-werden-11496646.html.
[34] Stiftung Familienunternehmen, Die volkswirtschaftliche Bedeutung von Familienunternehmen, 2014, verfügbar unter http://www.familienunternehmen.de/media/public/pdf/publikationen-studien/studien/Studie_Stiftung_Familienunternehmen_Volkswirtschaftliche-Bedeutung_Berichtsband.pdf.
[35] Weiterführend K. Schmidt in: MüKoHGB, 3. Auflage 2012, §230 Rn. 1 ff.
[36] Vgl. die Allgemeine Gruppenfreistellungsverordnung (AGVO) der Europäischen Kommission vom 17. Juni 2014, 651/2014, ABl. EU L 187 vom 26. Juni 2014; die AGVO wird derzeit überarbeitet.
[37] Vgl. Koch in: Thierhoff/Müller, Unternehmenssanierung, 2. Aufl. 2016, S. 234; EU-Kommission, Leitlinien für staatliche Beihilfen zur Rettung und Umstrukturierung nichtfinanzieller Unternehmen in Schwierigkeiten, 2014/C 249/01, verfügbar unter http://eur-lex.europa.eu/legal-content/DE/TXT/?uri=CELEX%3A52014XC0731(01).
[38] Vgl. Koch in: Thierhoff/Müller, Unternehmenssanierung, 2. Aufl. 2016, S. 234.
[39] EU-Kommission (Fn. 32) Rn. 55 ff.
[40] EU-Kommission (Fn. 32), Rn. 27, 58, 61 ff.
[41] EU-Kommission (Fn. 32), Rn. 44.
[42] Vgl. Buth/Hermanns, Restrukturierung, Sanierung, Insolvenz, 4. Auflage 2014, §16 Rn. 57 ff.
[43] Vgl. BGH, Urteil vom 12. Mai 2016, IX ZR 65/14, WM 2016, 1182.
[44] K. Schmidt in: K.Schmidt/Uhlenbruck, Die GmbH in Krise, Sanierung und Insolvenz, 5. Aufl. 2016, Rn. 2.362.

[45] LAG Hamm, Urteil vom 25. Oktober 2005, 4 Sa 2419/04, juris.
[46] K. Schmidt in: K.Schmidt/Uhlenbruck, Die GmbH in Krise, Sanierung und Insolvenz, 5. Aufl. 2016, Rn. 2.363.
[47] Richter in: Langenbucher/Bliesener/Spindler, Bankrechts-Kommentar, 2. Aufl. 2016, Kap. 31 Rn. 80.
[48] Es handelt sich um eine rechtsvernichtende Einwendung. Die Konfusion ist gesetzlich nicht geregelt, wird in §425 Abs. 2 BGB aber vorausgesetzt. Vgl. hierzu auch BGH, Urteil vom 23. April 2009, IX ZR 19/08, NJWRR 2009, 1059.
[49] Vgl. in jüngerer Vergangenheit etwa das Rückkaufprogramm der Singulus Technologies AG.
[50] OFD Nordrhein-Westfalen, Verfügung betr. körperschaftsteuerliche Behandlung von Genussrechten (§8 KStG) vom 12. Mai 2016, S 2742–2016/0009-St 131, DStR 2016, 1816; zuvor schon OFD Rheinland, Kurzinformation betr. steuerliche Behandlung der Umwandlung von Darlehen in Genussrechte vom 14. Dezember 2011, Kurzinformation Körperschaftsteuer 56/2011, DStR 2012, 189.
[51] Weiterführend Hentze, Effekte der Niedrigzinsen auf die betrieblichen Pensionsrückstellungen in Deutschland, Institut der deutschen Wirtschaft Köln, 2016.
[52] Abrufbar unter https://www.bundesbank.de/Navigation/DE/Statistiken/Geld_und_Kapitalmaerkte/Zinssaetze_ und_Renditen/Abzinsungssaetze/abzinsungszinssaetze.html.
[53] Gesetz zur Umsetzung der Wohnimmobilienkreditrichtlinie und zur Änderung handelsrechtlicher Vorschriften, BR-Drs. 84/16 A, S. 19 f.
[54] Handelsblatt vom 1. August 2016, S. 4 f.; Hentze, a.a.o., S. 16 f.
[55] Zu den Einzelheiten siehe BMF, Schreiben vom 14. August 2012, IV C 2 – S 2743/10/10001:001, DStR 2012, 1706.
[56] BFH, Urteil vom 7. November 2001, I R 79/00, BStBl. II 2005, 659; BFH, Urteil vom 4. September 2002, I R 7/01, BStBl. II 2005, 662.
[57] BayLfSt, Schreiben vom 15. Februar 2007, S 2742 – 26 St 31 N, DStR 2007, 993.
[58] Krieger: Kann ein Unternehmen sich selbst kaufen?, in: Magazin Mitbestimmung, 2006, S. 63 f.
[59] BGH, Urteil vom 21. April 1999, VIII ZR 128/98, NJW 1999, 2588.
[60] Vgl. Bassenge in: Palandt, BGB, 75. Aufl. 2016, §930 Rn. 23 ff.
[61] BGH, Urteil vom 26. April 1990, VII ZR 39/89, ZIP 1990, 85; vgl. auch BGH, Beschluss vom 6. März 1997, IX ZR 74/95, NJW 1997, 1570.
[62] Siehe dazu BGH, Urteil vom 28. Oktober 1999, IX ZR 364/97, NJW 2000, 658; BGH, Urteil vom 18. April 2002, VII ZR 192/01, NJW 2002, 2388; BGH, Urteil vom 4. Juli 2002, VII ZR 502/99, NJW 2002, 3098; BGH, Urteil vom 28. Februar 2008, VII ZR 51/07, NJW-RR 2008,830.
[63] Vgl. Koch in: Thierhoff/Müller, Unternehmenssanierung, 2. Aufl. 2016, S. 234.
[64] OLG Koblenz, Beschluss vom 4. Oktober 2012, 2 W 523/12.
[65] Zuletzt bestätigt durch BGH, Urteil vom 19. Februar 2013, XI ZR 82/11, NJW 2013, 1534.
[66] BGH, Urteil vom 14. Oktober 2003, XI ZR 121/02, NJW 2004, 161; BGH, Urteil vom 16. Juni 2009, XI ZR 539/07, NJW 2009, 2671.
[67] BGH, Urteil vom 14. Oktober 2003, XI ZR 121/02, NJW 2004, 161.
[68] Aus der Rechtsprechung siehe BGH, Urteil vom 14. Oktober 2003, XI ZR 121/02, NJW 2004, 161; BGH, Urteil vom 28. Mai 2002, XI ZR 205/01, NJW 2002, 2705; BGH, Urteil vom 16. Juni 2009, XI ZR 539/07, NJW 2009, 2671; BGH, Urteil vom 14. November 2000, XI ZR 248/99, NJW 2001, 815; BGH, Urteil vom 27. Januar 2000, IX ZR 198/98, NJW 2000, 1182; OLG Düsseldorf, Urteil vom 16.11.2012, I-7 U 15/12, BeckRS 2013, 10527.
[69] BGH, Urteil vom 19. Februar 2013, XI ZR 82/11, NJW 2013, 1534; OLG Düsseldorf, Urteil vom 16. November 2012, I-7 U 15/12, BeckRS 2013, 10527.
[70] BGH, Urteil vom 25. April 2006, XI ZR 330/05, FamRZ 2006,1024 BGHZ 146,37.
[71] Vgl. Volksbank Osttirol, „BASEL II – Die Bedeutung von Sicherheiten", verfügbar unter http://www.volksbankosttirol.at/m101/volksbank/zib/downloads/allgemeines/basel2_sicherheiten.pdf.
[72] Vgl. BGH, Urteil vom 19. Mai 2011, IX ZR 9/10, NZI 2011, 536.
[73] BGH, Urteil vom 20. September 2010, II ZR 296/08, NJW 2010, 3442.

8 Integrierte Finanz- bzw. Sanierungsplanung
von Henning Werner und Arnd Schreitmüller

8.1 Allgemeine Bedeutung einer integrierten Finanzplanung im Rahmen ordnungsgemäßer Unternehmensführung

Unter dem Begriff „Finanzplanung" wird nachfolgend eine in die Zukunft gerichtete Planung der Ertrags-, Liquiditäts- und Vermögenslage einer Gesellschaft verstanden. Der Begriff „integriert" soll dabei auf die Bedeutung einer engen Verzahnung dieser drei zentralen Planungsbestandteile hindeuten. Nur eine Planung, die die Auswirkungen von Maßnahmen auf alle drei Planungsbestandteile interdependent abbildet, kann letztlich ihren Zweck, die Entwicklung der Ertrags-, Liquiditäts- und Vermögenslage einer Gesellschaft abzubilden, ordnungsgemäß erfüllen.

Bevor im nächsten Punkt die spezifische Bedeutung der integrierten Finanzplanung im Rahmen von Sanierungskonzepten behandelt wird, soll zunächst auf die grundlegende Bedeutung der Erstellung einer integrierten Finanzplanung im Rahmen einer ordnungsgemäßen Unternehmensführung eingegangen werden. Denn auch unabhängig von akuten Sanierungsplanungen ist eine integrierte Finanzplanung aus folgenden drei Gesichtspunkten von grundlegender Bedeutung und sollte daher auf Veranlassung der Unternehmensleitung erstellt werden:

Grundlegende Bedeutung

a) Zur Erfüllung gesetzlicher Normen
b) Als Instrument der Unternehmenssteuerung
c) Als Instrument zur Verbesserung der Kapitalausstattung und Reduktion der Kapitalkosten vor dem Hintergrund von Basel II.

a) Integrierte Finanzplanung zur Erfüllung gesetzlicher Normen

Geschäftsführer haben in den Angelegenheiten der Gesellschaft die Sorgfalt eines ordentlichen Geschäftsmanns anzuwenden (§ 43 Abs. 1 GmbHG). Aus dieser Sorgfaltspflicht leitet sich ab, dass Geschäftsführer die wirtschaftliche Lage ihrer Gesellschaft fortlaufend zu überwachen haben, dies gilt in besonderem Maße in Krisensituationen. Geschäftsführer, die ihre Obliegenheiten verletzen, haften der Gesellschaft solidarisch für den entstandenen Schaden (§ 43 Abs. 2 GmbHG). Aufgrund dieser Sorgfaltspflicht ist einer verantwortungsvollen Unternehmensleitung anzuraten, im Rahmen der Planung den Blick in die Zukunft zu richten, um mögliche Risiken frühzeitig zu antizipieren und zu bewerten, um ggf. Gegenmaßnahmen rechtzeitig einleiten zu können.

Sorgfaltspflicht

In der Krise ist die laufende Überwachung der Ertrags- und Vermögenslage auch vor dem Hintergrund der in § 49 Abs. 3 GmbHG verankerten Verpflich-

Verlust des hälftigen Stammkapitals

tung zur Einberufung der Gesellschafterversammlung bei Verlust des hälftigen Stammkapitals notwendig. Danach hat der Geschäftsführer die Gesellschafterversammlung unverzüglich einzuberufen, wenn sich aus der Jahresbilanz oder aus einer im Laufe des Geschäftsjahres aufgestellten Bilanz ergibt, dass die Hälfte des Stammkapitals verloren ist. Verletzt der Geschäftsführer diese Verlustanzeigepflicht, so kann dies mit Freiheitsstrafe bis zu drei Jahren oder Geldstrafe geahndet werden (§ 84 Abs. 1 GmbHG). Bei fahrlässiger Unterlassung mit Freiheitsstrafe bis zu einem Jahr oder Geldstrafe (§ 84 Abs. 2 GmbHG).

Insolvenzantragspflicht

Auch zur Beurteilung der Frage, ob eine Insolvenzantragspflicht (§ 15a Abs. 1 InsO) aufgrund von Zahlungsunfähigkeit (§ 17 InsO) und/oder Überschuldung (§ 19 InsO) vorliegt, ist jeweils eine in die Zukunft gerichtete Planung erforderlich. In beiden Fällen ist eine rein stichtagsbezogene Betrachtungsweise unzureichend.

Im Rahmen der Prüfung auf Zahlungsunfähigkeit ist zunächst stichtagsbezogen zu prüfen, ob eine Liquiditätsunterdeckung besteht (fällige Verbindlichkeiten > liquide Mittel). Ist dies der Fall, ist zu prüfen, ob diese Liquiditätslücke im Zeitraum von drei Wochen geschlossen werden kann oder nicht. Besteht am Ende des drei Wochenzeitraums weiterhin eine Liquiditätslücke, so ist die Entwicklung in den nächsten drei bis sechs Monaten zu planen (vgl. hierzu Kapitel 3).

Auch zur Beurteilung der Insolvenzantragspflicht aufgrund Überschuldung ist eine in die Zukunft gerichtete Planung Voraussetzung. Nach § 19 InsO liegt grundsätzlich keine Überschuldung vor, wenn die Fortführung des Unternehmens nach den Umständen überwiegend wahrscheinlich ist. Um dies zu beurteilen, ist eine Fortbestehensprognose zu erstellen, die einer Zahlungsfähigkeitsprognose im laufenden und folgenden Geschäftsjahr entspricht (vgl. hierzu Kapitel 3).

Zur Beurteilung der Insolvenzantragspflichten ist insofern eine in die Zukunft gerichtete Planung zwingend erforderlich. Die Rechtsfolge bei Verletzung der Insolvenzantragspflichten kann Freiheitsstrafe bis zu drei Jahren oder Geldstrafe betragen (§ 15a Abs. 4 InsO).

Insolvenzantragswahlrecht

Um eine möglichst frühzeitige Verfahrenseröffnung zur Wahrung größtmöglicher Sanierungschancen zu ermöglichen, haben Geschäftsführer die Möglichkeit (nicht die Pflicht), die Eröffnung eines Insolvenzverfahrens aufgrund „drohender Zahlungsunfähigkeit" (§ 18 InsO) zu beantragen. Die drohende Zahlungsunfähigkeit ist mittels einer Liquiditätsplanrechnung zu belegen, die wiederum Bestandteil einer integrierten Finanzplanung ist. Im Kern geht es bei der Beurteilung der drohenden Zahlungsunfähigkeit um die Frage, ob die Zahlungsfähigkeit im laufenden und folgenden Geschäftsjahr mit überwiegender Wahrscheinlichkeit aufrecht erhalten bleibt.

Verpflichtung zur Einführung eines Überwachungssystems

Das zum 1. Mai 1998 in Kraft getretene Gesetz zur Kontrolle und Transparenz im Unternehmensbereich (KonTraG) hat dazu geführt, dass in § 91 Abs. 2 AktG die Verpflichtung des Vorstands eingeführt worden ist, ein Überwachungssystem einzurichten, damit bestandsgefährdende Entwicklungen frühzeitig erkannt werden können. Damit sind Veränderungen auf die Vermögens-, Ertrags- oder Liquiditätslage einer Gesellschaft gemeint, die das Unternehmen in seiner Existenz nachhaltig gefährden können.

Obwohl die gesetzliche Verpflichtung zur Implementierung eines Überwachungssystems nur im Aktiengesetz aufgenommen worden ist, ist von einer Ausstrahlung auf andere Gesellschaftsformen auszugehen. In der Regierungsbegründung heißt es dazu: „In das GmbHG soll keine entsprechende Regelung aufgenommen werden. Es ist davon auszugehen, dass für Gesellschaften mit beschränkter Haftung je nach ihrer Größe, Komplexität, ihrer Struktur usw. nichts anderes gilt und die Neuregelung Ausstrahlungswirkung auf den Pflichtenrahmen der Geschäftsführer auch anderer Gesellschaftsformen hat".[1]

Abstrakt formuliert besteht die Zielsetzung eines solchen Überwachungssystems darin, ein Kontrollsystem zu Sicherung des Fortbestands des Unternehmens zu etablieren. Konkret bedeutet dies, dass durch eine fest verankerte laufende Überwachung externer und interner Einflussfaktoren negative Auswirkungen auf die Vermögens-, Ertrags- oder Liquiditätslage der Gesellschaft frühzeitig erkannt werden sollen, um Gegenmaßnahmen rechtzeitig einleiten zu können.

> **Merke:**
> Eine Analyse rein vergangenheitsbezogener Daten reicht dabei nicht aus, um den Anforderungen eines effizienten Früherkennungssystems gerecht zu werden. Zu fordern ist somit, dass eine integrierte zukunftsbezogene Finanzplanung, in der die Auswirkungen von Veränderungen monetär bewertet dargestellt sind, fester Bestandteil eines solchen Überwachungssystems ist.

b) Integrierte Finanzplanung als Instrument der Unternehmenssteuerung

Vor dem Hintergrund eines zunehmenden Wettbewerbsdrucks und eines immer schnelleren Wandels in vielen Branchen kommt der Unternehmens- und Finanzplanung als Instrument zur Unternehmenssteuerung und zur frühzeitigen Identifikation potenzieller Krisenursachen eine wachsende Bedeutung zu.

Im Rahmen der integrierten Finanzplanung wird die zukünftige finanzwirtschaftliche Entwicklung des betrachteten Unternehmens prognostiziert. Die Finanzplanung fixiert die wirtschaftlichen Ziele eines Unternehmens und dient damit auch als Grundlage für das betriebliche Controlling und Reporting. Nur wenn im Rahmen der Planung die wirtschaftlichen Ziele und daraus abgeleitete Kennzahlen definiert worden sind, können im Rahmen des Controllings und Reportings Plan-Ist-Vergleiche durchgeführt und damit Abweichungen frühzeitig erkannt werden. Somit leistet die Planung einen wichtigen Beitrag zur Krisenprophylaxe, denn in der Regel gilt, dass je frühzeitiger Abweichungen erkannt und Gegenmaßnahmen eingeleitet werden, eine Gegensteuerung umso wirksamer zum Tragen kommt. *Controlling-Grundlage*

Um die im Rahmen der integrierten Finanzplanung prognostizierte Entwicklung zu plausibilisieren, kann es u. a. sinnvoll sein, Benchmarkanalysen durchzuführen. Im Rahmen von Benchmarkanalysen wird die Entwicklung des betrachteten Unternehmens auf Basis von Kennzahlen mit der Entwicklung *Benchmarkanalysen* anderer Wettbewerbsunternehmen verglichen. Für viele Wirtschaftszweige werden Branchenkennziffern publiziert, die einen Vergleich z. B. der Ertragskraft, der Material- oder der Personalquote des betrachteten Unternehmens zum Branchendurchschnitt ermöglichen. Um zu aussagekräftigen Ergebnissen zu kommen, ist darauf zu achten, dass die Buchungslogiken der betrachteten Unternehmen einheitlich ausgestaltet sind oder bei abweichenden Buchungslogiken die entsprechenden Werte vor Berechnung der jeweiligen Kennzahlen nomalisiert werden.

> **Beispiel:**
> Unternehmen A beschäftigt einen hohen Anteil an Leiharbeitern. Die daraus entstehenden Aufwendungen werden als „bezogene Leistungen" im Materialaufwand verbucht. Unternehmen B beschäftigt ausschließlich Festangestellte. Die daraus entstehenden Aufwendungen werden als „Personalaufwand" verbucht. Um die Material- und Personalquote der beiden Unternehmen vergleichen zu können, ist vorab eine Umgliederung des durch den Einsatz von Leiharbeitern resultierenden bezogenen Aufwands zu den Personalaufwendungen erforderlich.

Der Finanzplan stellt somit eine wesentliche Grundlage für die Überwachung und Steuerung des Geschäftsverlaufs dar. Er bildet die Grundlage für das betriebliche Controlling, indem die tatsächliche Entwicklung im Rahmen von Plan-Ist-Vergleichen der ursprünglichen Planung gegenübergestellt wird. Auf diese Weise können Abweichungen frühzeitig erkannt und Gegenmaßnahmen umgehend eingeleitet werden.

> **Merke:**
> Die integrierte Planung bildet damit die Basis für eine Krisenfrüherkennung und ein vorausschauendes und verantwortungsvolles Management. Eine valide Finanzplanung ist ein wichtiges Instrument, die Wettbewerbs- und Überlebensfähigkeit eines Unternehmens zu steigern.

c) Integrierte Finanzplanung als Instrument zur Verbesserung der Kapitalausstattung und Reduktion der Kapitalkosten vor dem Hintergrund von Basel II

Basel II Mit der Einführung von Basel II im Jahr 2007 wurde vorgesehen, dass Banken ihre Risiken im Kreditgeschäft in Zukunft besser erfassen und ihre Eigenkapitalvorsorge risikoadäquat ausgestalten müssen. Das bedeutet im Kern, dass die Kreditinstitute umso mehr Eigenkapital vorhalten müssen, je höher das Risiko des Kreditnehmers ist, an den sie einen Kredit vergeben.

Mit Einführung von Basel I, d. h. seit 1988 wurde eine pauschale Eigenkapitalunterlegung i. H. v. 8 % vorgeschrieben, d. h. bei einen Kredit i. H. v. 1,0 Mio. Euro wurden EUR 80.000,00 Eigenkapital des Kreditinstituts gebunden. Mit Einführung von Basel II, d. h. ab 2007, wird eine risikoadäquate Eigenkapitalunterlegung erforderlich. Die Einschätzung des jeweiligen Kreditrisikos erfolgt auf Basis eines Unternehmensratings. Je nach Risikograd beträgt die Eigenkapitalunterlegung nach Basel II zwischen 1,6 und 12,0 %.

8.2 Die integrierte Finanzplanung im Rahmen des Sanierungskonzepts

Die aus Basel II resultierenden Neuregelungen richten sich zunächst an die Banken selbst. Die bankenseitige Umsetzung hat jedoch auch Auswirkungen auf die kreditnachfragenden Unternehmen.

Aus der Notwendigkeit zur Eigenkapitalunterlegung resultiert für Banken zwangsläufig, dass die Höhe ihres Eigenkapitals ihr Kreditvergabevolumen limitiert (bei einer pauschalen Hinterlegung von 8 % beträgt das max. Kreditvergabevolumen demzufolge das 12,5-fache des verfügbaren Eigenkapitals). Aus der Notwendigkeit einer gestaffelten Eigenkapitalvorsorge in Abhängigkeit des Kreditrisikos ergibt sich für Banken, dass das Kreditvergabevolumen von der Risikostruktur des Kreditportfolios abhängt. Banken können somit entweder ein hohes Volumen an risikoarmen Krediten oder aber ein niedrigeres Volumen an risikobehafteten Krediten vergeben. Um die gleiche Eigenkapitalrendite zu erwirtschaften, muss somit zwangsläufig mit steigendem Kreditrisiko die Kreditmarge – und damit der Kreditzins – steigen.

Zur Bewertung des jeweiligen Risikos werden Ratingsysteme eingesetzt. Bestandteil aller Ratingsysteme ist unter anderem die Frage, wie aussagekräftig, valide und aktuell die Finanzplanung des zu beurteilenden Unternehmens als Instrument der Unternehmensplanung und -steuerung einzuschätzen ist. Aus diesem Grund ist es auch für kleine bis mittelständische Unternehmen von Bedeutung, eine integrierte Finanzplanung aufzubauen, da eine solche Planung ein wichtiges Beurteilungskriterium im Rahmen des Ratings darstellt.

Ratingsysteme

Abb. 33: Aufbau von Ratingkonzepten

8.2 Die integrierte Finanzplanung im Rahmen des Sanierungskonzepts

Der IDW S 6 Standard zur Erstellung von Sanierungskonzepten schreibt die Erstellung einer integrierten Sanierungsplanung zwingend vor. „Das Sanierungskonzept enthält in zusammengefasster Form eine zahlenmäßige Planung des Sanierungsablaufs. Durch die rechnerische Verprobung wird zugleich die Finanzierbarkeit der beabsichtigten Sanierungsmaßnahmen nachgewiesen".²

Sanierungsplanung als zwingender Bestandteil von Sanierungskonzepten

Darstellung der Problem- und Verlustbereiche

Zunächst ist die Ist-Lage des Unternehmens darzustellen. Die identifizierten Problem- und Verlustbereiche sind mit ihren jeweiligen Ergebnisbeiträgen (bzw. Verlustbeiträgen) abzubilden. Eine sinnvolle Gliederung kann z. B. nach Produktgruppen, Standorten, Märkten usw. erfolgen.[3]

Planung vor Maßnahmen

Aufbauend auf der Beschreibung der Ist-Lage ist als erster Planungschritt eine Abschätzung der zukünftigen Entwicklung ohne Berücksichtigung der Sanierungsmaßnahmen durchzuführen, d. h. es ist eine integrierte Planung vor Sanierungsmaßnahmen zu erstellen.[4] Aus dieser Planung vor Maßnahmen wird deutlich, wie sich die finanzwirtschaftliche Situation des Unternehmens entwickelt, wenn keine Sanierungsmaßnahmen eingeleitet werden. In letzter Konsequenz muss aus dieser Planung hervorgehen, zu welchem Zeitpunkt – bei Verschlechterung der wirtschaftlichen Lage – eine Insolvenzantragspflicht aufgrund Zahlungsunfähigkeit oder Überschuldung eintritt.

Darstellung der Maßnahmeneffekte

Es ist darzustellen, welche Wirkung die definierten Sanierungsmaßnahmen auf die zukünftige Ertrags-, Liquiditäts- und Vermögensentwicklung des Unternehmens haben.

Im Sanierungskonzept ist anzugeben, ob das schlüssige Konzept mindestens in den Anfängen schon in die Tat umgesetzt worden ist, und welche konkreten Maßnahmen hierfür bereits eingeleitet und mit welchem Grad diese bereits realisiert sind. Ferner sind die für die Maßnahmenumsetzung verantwortlichen Personen zu benennen, um das Maßnahmencontrolling zu erleichtern.[5]

In der nachfolgenden Abbildung ist eine schematische Darstellung eines Maßnahmenkatalogs dargestellt.

Maßnahmenplan zur Planungsrechnung
– Sanierungsplanung xy GmbH –

Datum: ....

lfd. Nr.	Beschreibung der Maßnahme	Start	Ende	verantwortlich	Realisierungsgrad	Effekt GuV	Effekt Liquidität
1.	Reduzierung Einkaufspreise Granulat 1–4	1.3.	1.6.	Hr. Maier	25 %		
2.	Verhandlung Sanierungszins mit A-Bank	1.1.	1.2.	Fr. Schulz	0 %		
3.	Forderungsverzicht Darlehen Gesellschafter 1	1.2.	1.3.	Fr. Kaiser	100 %		
4.	Reduktion Personal (5 MA) Fertigungsbereich A	1.2.	1.6.	Hr. Klein	40 %		
5.	Verkauf Maschine xy	1.6.	1.8.	Hr. Streit	0 %		
6.	Erhöhung Verkaufspreis Produkt A bei Kunden 1–4	1.1.	1.3.	Hr. John	25 %		
7.	....	.....	....	....	....		

Abb: 34: Schematische Darstellung einer Maßnahmenplanung

8.2 Die integrierte Finanzplanung im Rahmen des Sanierungskonzepts

Die Sanierungsplanung kann auch Maßnahmen umfassen, die von der Mitwirkung Dritter abhängen und bei denen zum Zeitpunkt der Erstellung eine rechtlich verbindende Verpflichtung noch aussteht.[6] Allerdings sind die in die Sanierungsplanung einfließenden Maßnahmen bezüglich ihrer Erfolgsaussichten zu bewerten.[7] Für eine positive Sanierungsaussage können nur Maßnahmen Berücksichtigung finden, deren Realisierung überwiegend wahrscheinlich ist.[8]

Üblicherweise umfasst der Planungshorizont integrierter Finanzpläne im Rahmen von Sanierungskonzepten einen Zeitraum von drei bis fünf Jahren, in Abhängigkeit vom vorliegenden Krisenstadium, der Branche und dem Geschäftsmodell des Unternehmens. Dabei ist es ratsam, das laufende sowie das folgende Geschäftsjahr auf Monatsbasis zu planen, für die danach folgenden Jahre kann je nach Anforderungen des Adressatenkreises auf Monats-, Quartals- oder Jahresbasis geplant werden.

Planungszeitraum (3 bis 5 Jahre)

Expilizit wird im IDW S 6 vorgegeben, dass der „im Sanierungskonzept verankerte Sanierungsplan integriert zu erstellen ist. Dabei wird, ausgehend von den betrieblichen Teilplänen (Absatzplanung, Investitionsplanung, Personalkostenplanung, usw.) eine Plan-Gewinn- und Verlustrechung und darauf aufbauend ein Finanzplan und eine Plan-Bilanz entwickelt (monatlich, quartalsweise, halbjährlich, jährlich)".[9]

Integrierte Sanierungsplanung

In der Planung sind kritische Prämissen besonders zu kennzeichnen. Im IDW S 6 werden beispielhaft folgende mögliche kritische Prämissen aufgeführt:[10]

Hervorhebung kritischer Prämissen

- Entwicklung von Rohstoffpreisen
- Wachstumsannahmen
- Wechselkursrisiken
- Preisentwicklungen
- Wettbewerbsentwicklungen
- usw.

Zur Berücksichtigung der Planungsunsicherheiten ist es zweckmäßig, Alternativrechnungen zum „Base-Case-Szenario" (Basisszenario) durchzuführen.[11] Um entsprechende Planungsszenarien zu rechnen, müssen Annahmen hinsichtlich der Ertrags- und Aufwandsentwicklung und der Liquiditätsentwicklung getroffen werden. Zwei mögliche Planungsszenarien sind nachfolgend exemplarisch beschrieben.

Planungsszenarien

Eine „Base-Case-Szenario"-Erfolgsplanung berücksichtigt alle nach überwiegender Wahrscheinlichkeit, sowohl hinsichtlich Terminierung als auch hinsichtlich der zu erwartenden Höhe, zu erzielenden Ergebniseffekte. Eine entsprechende Erfolgsplanung könnte z. B. auf den folgenden Prämissen basieren:

Szenario 1): „Base-Case-Szenario"

a) Auf der Ertragsseite werden neben den bereits fest kontrahierten Aufträgen auch noch nicht kontrahierte Aufträge mit einer Abschlusswahrscheinlichkeit ≥ 75 % berücksichtigt.
b) Auf der Aufwandsseite werden realistisch umsetzbare geplante, aber noch nicht realisierte Einspareffekte berücksichtigt (Kostenplanung nach Maßnahmen).

8 Integrierte Finanz- bzw. Sanierungsplanung

Szenario 2): „Worst-Case-Szenario"

Eine „Worst-Case-Szenario"-Erfolgsplanung könnte hingegen z. B. auf folgenden Planungsprämissen basieren:

a) Auf der Ertragsseite werden nur fest kontrahierte Aufträge berücksichtigt. Zusätzlich wird ein Abschlag von x % auf den Umsatz vorgenommen, um ggfs. auftretende Verluste von Kunden planerisch abzudecken.

b) Auf der Aufwandsseite werden einzelne Maßnahmeneffekte nur mit einem geringeren Ergebniseffekt berücksichtigt oder mit einem gewissen Zeitverzug berücksichtigt.

Lt. IDW S 6 ist bei der Bemessung der nötigen Finanzmittel grundsätzlich ein adäquater Risikopuffer zu berücksichtigen.[12]

> **Merke:**
> Finanzierer werden ein hohes Augenmerk darauf richten, dass das „Worst-Case-Szenario" durch die geplante Liquiditätsausstattung des Unternehmens abgedeckt ist, um nicht bei der ersten Abweichung gegenüber dem Basisszenario Nachfinanzierungsverhandlungen führen zu müssen.

Ausweis von Beratungskosten

In der Sanierungsplanung sind die in Zusammenhang mit der Sanierungsberatung sowie der Kontrolle der Umsetzung der Sanierungsmaßnahmen anfallenden Kosten explizit auszuweisen.[13] Diese Kosten umfassen Aufwendungen für die Erstellung des Sanierungskonzeptes, die Konzeptumsetzung und das Sanierungscontrollig.

Sanierungscontrolling

Das Sanierungscontrolling, d. h. die die Umsetzungsphase begleitende Analyse von Planabweichungen und die Planfortschreibung, ist nicht Bestandteil der Erstellung des Sanierungskonzeptes. Im Sanierungskonzept ist allerdings darauf hinzuweisen, dass ein entsprechendes Sanierungscontrolling notwendig ist.[14]

Kennzahlen

Die integrierte Planung ist um Kennzahlen zu ergänzen, die die Aussage zur Sanierungsfähigkeit stützen.[15] In Kapitel 2 wurden bereits entsprechende Kennzahlensysteme erläutert. In Betracht kommen insbesondere folgende Kennzahlen:

1. Liquiditätskennzahlen, insb.:
   a. Liquiditätsgrade I bis III
   b. Cashflow in % vom Umsatz
   c. Schuldentilgungsdauer in Jahren
   d. Kapitaldienstdeckungsfähigkeit – Debt Service Coverage
2. Ertragskennzahlen, insb.:
   a. Gesamtkapitalrentabilität
   b. Eigenkapitalrentabilität
   c. Umsatzrentabilität
   d. Material-/Fremdleistungsquote
   e. Personalaufwandsquote
   f. EBITDA in % vom Umsatz
3. Vermögenskennzahlen, insb.:
   a. Eigenmittelquote
   b. Verschuldungsgrad
   c. Anlagendeckung

d. Working Capital
e. Laufzeiten der Debitoren und Kreditoren in Tagen
f. Vorratsreichweite in Tagen.

> **Merke:**
> Sind im Rahmen von Finanzierungsvereinbarungen sogenannte „Covenants", d. h. vertraglich vereinbarte Kennzahlen, definiert worden, sind diese sinnvollerweise ebenfalls in das Kennzahlensystem zu integrieren und damit fortlaufend zu monitoren.

Covenants

Die Grundlagen der Sanierungsplanung sind in einer Form zu dokumentieren, die es einem „sachkundigen Dritten" ermöglichen nachzuvollziehen, auf welche Dokumente, Fakten und Annahmen sich der Planungsersteller gestützt hat.[16]

Dokumentation

Aus der integrierten Planung muss lt. IDW S 6 hervorgehen, dass das Unternehmen in einem überschaubaren Betrachtungszeitraum zu einer Marktstellung gelangt, die ihm eine nachhaltige und branchenübliche Rendite bei einer angemessenen Eigenkapitalausstattung ermöglicht und es daher wieder attraktiv für Kapitalgeber macht (Renditefähigkeit).[17] Das Erreichen der Renditefähigkeit ist somit Voraussetzung für die Bescheinigung der Sanierungsfähigkeit.

Renditefähigkeit als Voraussetzung der Sanierungsfähigkeit

Im Rahmen der Beantwortung offener Anwendungsfragen weist das IDW darauf hin, dass für die Beurteilung der Renditefähigkeit auf eine Gesamtbetrachtung des sanierten Unternehmens abzustellen ist und nicht auf eine einzelne Kennzahl, die ggf. durch Bilanzpolitik oder andere Maßnahmen beeinflussbar ist.[18] Entscheidend ist daher nicht allein die prozentuale Höhe der Eigenkapital-, Gesamtkapital- oder Umsatzrendite, da sich diese Kennzahlen je nach Branche, Geschäftsmodell und Eigentümerstruktur deutlich unterscheiden. Im Rahmen einer Gesamtbetrachtung muss stattdessen auf die jeweilige Risikoposition des Unternehmens mit der danach erforderlichen Höhe des Eigen- und Fremdkapitals und der daraus resultierenden Renditeerwartung abgestellt werden.[19] Zu weiteren Ausführungen zur Wettbewerbs- und Renditefähigkeit wird auf Kapitel 4.2.2.2 verwiesen.

Renditefähigkeit

Als überschaubaren Betrachtungszeitraum kann ein Zeitraum von 3 bis max. 5 Jahren angesetzt werden, in Abängigkeit vom vorliegenden Krisenstadium, der Branche und dem Geschäftsmodell des Unternehmens.

Überschaubarer Betrachtungszeitraum

8.3 Bestandteile und Aufbau einer integrierten Finanzplanung

Eine integrierte Finanzplanung besteht aus den folgenden drei zentralen Planungsbestandteilen:

- Erfolgsplan (Gewinn- und Verlustplanung = GuV)
- Liquiditätsplan (Cashflow-Planung)
- Bilanzplan.

218 8 Integrierte Finanz- bzw. Sanierungsplanung

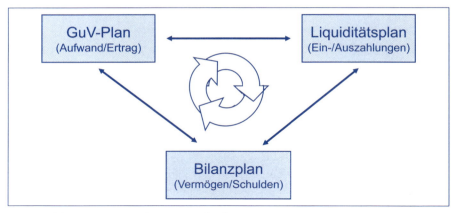

Abb. 35: Die zentralen Bestandteile einer integrierten Finanzplanung

8.3.1 Erfolgsplan (GuV)

Erfolgsplan (GuV) Der Erfolgsplan gibt Auskunft über die Entwicklung der Ertragslage eines Unternehmens. In der Erfolgsplanung werden Aufwendungen und Erträge immer derjenigen Periode zugerechnet, in der sie verursacht bzw. realisiert worden sind, auch wenn die korrespondierenden Zahlungsvorgänge (Ein- und Auszahlungen) in früheren oder späteren Perioden liegen. Auf diese Weise kann der Erfolg zweier Perioden abgegrenzt und miteinander verglichen werden. Damit dient die Gewinn- und Verlustplanung der periodengerechten Gewinnermittlung.

Ausgangspunkt aller Planungen muss die Absatzplanung sein, also die Prognose, welche Mengen oder Leistungen im Planungszeitraum abgesetzt werden

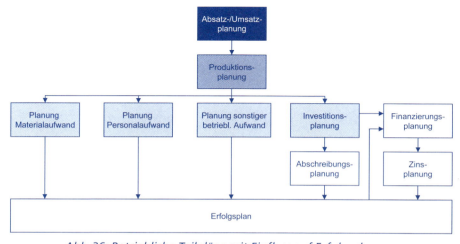

Abb. 36: Betriebliche Teilpläne mit Einfluss auf Erfolgsplanung

8.3 Bestandteile und Aufbau einer integrierten Finanzplanung

können. Aus den Absatzmengen werden die Umsatzerlöse ermitelt, indem die Mengen mit Preisen bewertet werden.

In der Produktionsplanung wird die monatlich zu produzierende Menge festgelegt. Diese Menge ist nicht immer mit der Absatzmenge gleichzusetzen. Insbesondere wenn der Produktabsatz saisonalen Schwankungen unterworfen ist, wird der Produktionsplan vom Absatzplan abweichen, mit dem Ziel, die Produktion zu glätten, d.h. Auslastungsspitzen und -defizite zu vermeiden, sodass kostspielige Überstunden oder Produktionsengpässe in den Monaten der Auslastungsspitzen sowie kostspielige Unterbeschäftigung im Zeitraum der Absatzflauten vermieden werden können. Im Rahmen der Produktionsplanung wird man somit bemüht sein, eine Verstetigung der Produktion zu erreichen.

Basierend auf der Produktionsplanung sind nun die zur Produktion erforderlichen Ressourcen zu planen. Dies betrifft das zu beschaffende Material, das erforderliche Personal und die sonstigen betrieblichen Aufwendungen (SbA). Der Investitionsplanung muss eine Planung der zur Fertigung des geplanten Produktionsprogramms erforderlichen Maschinen- und Betriebsmittelkapazitäten vorausgehen, da im Falle von Unterkapazitäten beispielsweise Erweiterungsinvestitionen erforderlich sind, die im Investitionsplan zu berücksichtigen wären. Aus dem Investitionsplan und dem vorhandenen Anlagevermögen kann die Abschreibungsplanung erarbeitet werden. Schließlich ist ein Finanzierungsplan, in dem alle bereits vorhanden Finanzierungsverbindlichkeiten wie auch für die Zukunft geplante neue Finanzierungsmaßnahmen berücksichtigt werden, zu erstellen. Diese Finanzierungsplanung dient als Grundlage zur Berechnung des Zinsaufwandes, der in die Erfolgsplanung einzustellen ist.

Für die in Zusammenhang mit dem Jahresabschluss zu erstellende Gewinn- und Verlustrechnung ist in §275 HGB ein Mindestgliederungsschema vorgegeben. Während der Aufbau der in Zusammenhang mit dem Jahresabschluss zu erstellenden Gewinn- und Verlustrechnung den oben beschriebenen handelsrechtlichen Vorschriften des §275 HGB unterworfen ist, bestehen keine gesetzlichen Vorschriften im Hinblick auf die Erstellung einer in die Zukunft gerichteten Gewinn- und Verlustplanung.

Die Art und Weise der Gliederung und Darstellung der Planung sollten in erster Linie von den Zielsetzungen abhängen, die mit der Planung verfolgt werden, d.h. von den Interessenlagen des Adressatenkreises, für den die Planung aufgestellt wird.

In nachfolgender Abbildung wird daher ein von §275 HGB abweichendes Gliederungsschema vorgestellt, das in ähnlicher Form in der Praxis regelmäßig zum Einsatz kommt, insbesondere wenn Kapitalgeber zum Adressatenkreis der Planung gehören. Um die Aussagekraft zu verbessern, sollten neben den absoluten Werten auch Prozentangaben dargestellt werden.

	Periode 1		Periode 2	
	(abs.)	(in %)	(abs.)	(in %)
Umsatzerlöse	100.000		110.000	
Bestandsveränderungen	0		0	
Aktivierte Eigenleistungen	0		0	
Sonstige betriebliche Erlöse	0		0	
Gesamtleistung	**100.000**	**100 %**	**110.000**	**100 %**
Materialaufwand	−60.000	60 %	−68.000	62 %
Rohertrag	**40.000**	**40 %**	**42.000**	**38 %**
Personalaufwand	−20.000	20 %	−23.000	21 %
Sonstiger betrieblicher Aufwand (SbA)	−10.000	10 %	−11.000	10 %
EBITDA	**10.000**	**10 %**	**8.000**	**7 %**
Abschreibungen	−3.000	3 %	−3.000	3 %
EBIT	**7.000**	**7 %**	**5.000**	**5 %**
Zinsergebnis	−1.000	1 %	−1.000	1 %
Ergebnis der gewöhnlichen Geschäftstätigkeit	**6.000**	**6 %**	**4.000**	**4 %**
Außerordentliches Ergebnis	0	0 %	0	0 %
Steuern aus Einkommen und Ertrag	−2.000	2 %	−2.000	2 %
Jahresüberschuss/-fehlbetrag	**4.000**	**4 %**	**2.000**	**2 %**

Abb. 37: Beispielhafte Gliederung einer Gewinn- und Verlustplanung

> **Merke:**
> In der Erfolgsplanung wird immer „netto" geplant, d. h. ohne die Berücksichtigung der Umsatzsteuer. Die der Planung zugrunde liegenden Prämissen sind sorgfältig zu dokumentieren.

EBITDA Das sogenannte EBITDA (Earnings Before Interest, Taxes, Depreciation and Amortization; auf deutsch: Gewinn vor Zinsen, Steuern, Abschreibungen auf Gegenstände des Sachanlagevermögens und Abschreibungen auf immaterielle Vermögensgegenstände) wird als Maßstab für die operative Innenfinanzierungskraft (vor Zinsen und Steuern) betrachtet. Das EBITDA ist unbeeinflusst von den nicht auszahlungswirksamen Abschreibungen, sodass unter Inkaufnahme einiger Unschärfen das EBITDA als Indikator für den operativen Cashflow betrachtet werden kann. Zu den Unschärfen gehört, dass aufgrund von Zahlungszielen die im EBITDA enthaltenen Erträge und Aufwendungen nicht zwangsläufig vollständig ein- und auszahlungswirksam geworden sein müssen.

8.3 Bestandteile und Aufbau einer integrierten Finanzplanung

Das sogenannte EBIT (Earnings Before Interest and Taxes; auf deutsch: Gewinn vor Zinsen und Steuern) wird als Maßstab für die operative Ertragskraft betrachtet. Während das nach HGB ausgewiesene Ergebnis der gewöhnlichen Geschäftstätigkeit z. B. durch den Zinsaufwand beeinflusst ist, ist dies beim EBIT nicht der Fall. Die Finanzierungsstruktur, d. h. das Verhältnis von Eigenkapital zu Fremdkapital hat aufgrund der auf das Fremdkapital zu zahlenden aufwandswirksamen Zinsen einen Einfluss auf das nach HGB ausgewiesene Ergebnis der gewöhnlichen Geschäftstätigkeit. Da Finanzinvestoren i. d. R. über ausreichende Finanzmittel verfügen, um z. B. nach einer Unternehmensübernahme die Passivseite der Bilanz neu zu strukturieren (z. B. durch Umwandlung von Fremdkapital in Eigenkapital oder durch Umschichtung von Krediten), messen sie der Kenngröße EBIT zur Beurteilung der operativen Ertragskraft eine hohe Bedeutung zu, da diese Kennzahl unbeeinflusst von Aufwendungen und Erträgen, die mit der Finanzierungsstruktur zusammenhängen, ist.

EBIT

> **Merke:**
> Die Kennzahlen EBIT und EBITDA sind für Kapitalgeber von besonderem Interesse, da diese Kennzahlen unbeeinflusst von Zinsen und Steuern sind und somit Unternehmensvergleiche erleichtern.

Die Kenngrößen EBITDA und EBIT spielen auch im Kontext der Unternehmensbewertung eine wichtige Rolle, da sie regelmäßig als Basiskennzahlen zur Unternehmenswertermittlung mittels der sogenannten Multiplikatormethode herangezogen werden. Die Multiplikatormethode leitet den Unternehmenswert unmittelbar aus der Multiplikation des EBITs oder des EBITDAs mit einem entsprechenden Multiplikator ab. Geeignete Multiplikatoren werden dadurch ermittelt, dass vergleichbare Unternehmen oder Transaktionen analysiert und die dort angewandten Multiplikatoren berechnet werden. Die Vergleichbarkeit sollte hinsichtlich der wesentlichen wertbestimmenden Faktoren, wie z. B. Branche, Umsatzgröße, Ertragsstärke und -wachstum, Wettbewerbsposition, Stärken-Schwächenprofil, Produktportfolio usw. gewährleistet sein.

Unternehmensbewertung mittels EBIT und EBITDA

> **Praxis-Tipp:**
> Das Finance Magazin veröffentlicht regelmäßig Multiples für unterschiedliche Branchen und Unternehmensgrößenklassen unter der URL: http://www.finance-research.de/multiples/.

Zur Plausibilisierung einer erstellten Erfolgsplanungsrechnung sollten, bevor die weiteren Schritte Liquiditäts- und Bilanzplanung erarbeitet werden, die wesentlichen Erfolgsquoten (Umsatzwachstum, Materialquote, Personalquote, usw.) einer Plausibilisierung unterzogen werden. Eine entsprechende Plausibilisierung kann mittels einer Kennzahlenanalyse über mehrerer Perioden erfolgen. So ist beispielsweise zu analysieren, wie sich die Materialquote in der Vergangenheit (z. B. den letzten 3 Perioden) entwickelt hat. Dies ist zu vergleichen mit der Materialquote, die aus der Planung der folgenden Perioden resultiert. Veränderungen müssen nachvollziehbar begründbar sein, ansonsten ist zweifelhaft, ob die Planung auf realistischen Prämissen beruht.

Plausibilisierung der Erfolgsplanung

8.3.2 Liquiditätsplan

Liquiditätsplan Im Liquiditätsplan sind alle liquiditätswirksamen Zahlungsströme einer Periode abgebildet. Nur ein Teil der Aufwendungen und Erträge einer Periode ist in dieser Periode auch aus- bzw. einzahlungswirksam. Werden beispielsweise – wie allgemein üblich – Zahlungsziele vereinbart, kann dies dazu führen, dass Einzahlungen auf erbrachte Leistungen erst in einer späteren Periode erfolgen. Darüber hinaus werden in der Erfolgsplanung Aufwandsarten (z. B. Abschreibungen) erfasst, die keine liquiditätswirksamen Auszahlungen nach sich ziehen.

Vorgehensweise bei der Liquiditätsplanerstellung Bei der Liquiditätsplanerstellung kann so vorgegangen werden, dass in einem ersten Schritt alle ein- und auszahlungswirksamen Positionen aus der Endbilanz der letzten Planungsperiode aufgelöst werden. Dies umfasst beispielsweise:

- Auflösung der werthaltigen Debitorenpositionen als Einzahlungen zum jeweiligen Fälligkeitstermin
- Planung der Auszahlungen aus den Kreditoren unter Berücksichtigung der jeweiligen Fälligkeiten
- Planung der Auszahlungen aus Rückstellungen
- Planung aller sonstigen Ein- und Auszahlungen aus Bilanzpositionen (z. B. Sonstige Verbindlichkeiten, Sonstige Vermögensgegenstände)
- Planung der Zahlungsverpflichtungen (Zins, Tilgung, Rückzahlungen) aus Verbindlichkeiten gegenüber Kreditinstituten bzw. sonstigen Kapitalgebern

In einem zweiten Schritt ist das in der Gewinn- und Verlustplanung dargestellte operative Geschäft planerisch in die Liquiditätsplanung zu überführen. Dies umfasst beispielsweise:

- Planung der Einzahlungen aus laufendem Geschäftsbetrieb auf Basis der in der GuV-Planung abgebildeten Umsätze unter Berücksichtigung der jeweiligen Fälligkeiten. Dabei ist zu beachten, dass bei Inlandsumsätzen die Umsatzsteuer mit zu planen ist, bei Auslandsumsätzen jedoch nicht.
- Planung der Einzahlungen aus sonstigen betrieblichen Erträgen oder aus ausserordentlichen Erträgen.
- Planung der Auszahlungen in Zusammenhang mit den in der GuV-Planung eingestellten Material-, Personal- und sonstigen betrieblichen Aufwendungen, jeweils unter Berücksichtigung der entsprechenden Fälligkeiten

In einem dritten Schritt können die Ein- und Auszahlungen aus der Investitionsplanung in die Liquiditätsplanung überführt werden: Dies umfasst beispielsweise die Ein- und Auszahlungen in Zusammenhang mit geplanten Investitionen und Desinvestitionen.

In einem vierten Schritt ist der Umsatzsteuer-/Vorsteuersaldo pro Periode zu ermitteln und in die Liquiditätsplanung einzustellen.

In Anlehnung an den IDW Prüfungsstandard PS 800 kann ein Liquiditätsplan wie in nachfolgender Abbildung dargestellt gegliedert werden.

8.3 Bestandteile und Aufbau einer integrierten Finanzplanung

	Periode 1	Periode 2	Periode 3	Periode ...
I. Einzahlungen				
1. Einzahlungen aus dem laufenden Geschäftsbetrieb				
1.1 Barverkäufe	20.000	18.000	25.000	22.000
1.2 Anzahlungen				
1.3 Leistungen auf Ziel				
2. Einzahlungen aus Desinvestitionen				
2.1 Anlagenverkäufe		10.000		
2.2 Auflösung von Finanzinvestitionen				
3. Einzahlungen aus Finanzerträgen				
3.1 Zinserträge	1.500	1.500	1.500	1.500
3.2 Beteiligungserträge				
4. Sonstige Einzahlungen				
Summe Einzahlungen	21.500	29.500	26.500	23.500
II. Auszahlungen				
1. Auszahlungen für laufenden Geschäftsbetrieb				
1.1 Materialeinsatz und bezogene Leistungen	−13.000	−11.700	−16.250	−14.300
1.2 Löhne und Gehälter	−7.500	−7.500	−7.500	−7.500
1.3 Sonstige betriebliche Aufwendungen	−5.000	−5.000	−5.000	−5.000
1.4 Steuern vom Einkommen und Ertrag				
2. Auszahlungen für Investitionen				
2.1 Sachinvestitionen			−90.000	
2.2 Finanzinvestitionen				
3. Auszahlungen im Rahmen des Finanzverkehrs				
3.1 Kredittilgung				
3.2 Zinsen	−1.500	−1.500	−1.500	−1.500
Summe Auszahlungen	−27.000	−25.700	−120.250	−28.300

	Periode 1	Periode 2	Periode 3	Periode ...
III. Über-/Unterdeckung				
Liquiditätsergebnis der Periode (Einzahlungen minus Auszahlungen)	−5.500	3.800	−93.750	−4.800
Umsatz-/Vorsteuersaldo (+ = Erstattungsanspruch)		-319	-1.804	13.771
IV. Ausgleichs- und Anpassungsmaßnahmen				
1. Bei Unterdeckung (Einzahlungen)				
1.1 Kreditaufnahme			20.000	
1.2 Eigenkapitalaufnahme				
1.3 Rückführung gewährter Darlehen				
1.4 Zusätzliche Desinvestition				
1.5 Sonstiges				
2. Bei Überdeckung (Auszahlung)				
2.1 Kreditrückführung				
2.2 Anlage in liquiden Mitteln				
2.3 Sonstiges				
Summe der Ausgleichs- und Anpassungsmaßnahmen	0	0	20.000	0
V. Zahlungsmittelbestand am Periodenende				
1. Banksaldo am Periodenanfang	−20.000	−25.500	−22.019	−97.574
2. Kontokorrentlinie (KK-Linie)	100.000	100.000	100.000	100.000
3. Banksaldo am Periodenende	−25.500	−22.019	−97.574	−88.603
Zahlungsmittelbestand am Periodenende (inkl. KK-Linie)	74.500	77.981	2.426	11.397

Abb. 38: Beispielhafte Gliederung einer Liquiditätsplanung (IDW PS 800, eigene Darstellung)

Merke:
In der Liquiditätsplanung wird immer „brutto", d. h. unter Berücksichtigung der Umsatzsteuer, geplant.

Sicherstellung der Zahlungsfähigkeit

Primäre Aufgabe der Liquiditätsplanung ist, die Zahlungsfähigkeit des Unternehmens zu jedem Zeitpunkt sicherzustellen. Darüber hinaus soll durch eine vorausschauende Planung und eine optimale Allokation der zur Verfügung stehenden liquiden Mittel ein Beitrag zur Minimierung der Finanzierungsaufwendungen geleistet werden.

Der gesamte Finanzmittelfonds, d. h. die Gesamtheit aller einem Unternehmen zur Verfügung stehenden liquiden Mittel, setzt sich folglich zusammen aus dem Cashflow aus der laufenden Geschäftstätigkeit, dem Cashflow aus Investitionstätigkeit sowie dem Cashflow aus Finanzierungstätigkeit.

Finanzmittelfonds

> **Merke:**
>
> | | Cashflow aus laufender Geschäftstätigkeit |
> |---|---|
> | + | Cashflow aus Investitionstätigkeit |
> | + | Cashflow aus Finanzierungstätigkeit |
> | = | Veränderung des Finanzmittelfonds |
> | +/− | Finanzmittelbestand am Anfang der Periode |
> | = | Finanzmittelbestand am Ende der Periode |

Abb. 39: Ermittlung des Finanzmittelbestandes

Bei einem gesunden Unternehmen in einem eingeschwungenen Zustand ist zu erwarten, dass der Saldo zwischen Ein- und Auszahlungen aus dem operativen Geschäft grundsätzlich positiv ist. In diesem Bereich sollte somit ein Finanzmittelüberschuss erwirtschaftet werden. Im Investitionsbereich hingegen tritt regelmäßig ein Finanzmittelbedarf auf. Zwar können in diesem Bereich auch Einnahmen, z. B. durch den Verkauf von nicht mehr benötigten Anlagen, erzielt werden, allerdings sind die Investitionsausgaben regelmäßig höher als die Einnahmen aus Desinvestitionen. Einzahlungen im Finanzierungsbereich resultieren z. B. aus Kreditneuaufnahmen oder Kapitalerhöhungen, während Auszahlungen für Tilgungen und Gewinnausschüttungen anfallen. Der Saldo in diesem Bereich kann sowohl positiv als auch negativ sein, ohne dass hieraus unmittelbar eine Aussage über die wirtschaftliche Situation eines Unternehmens abzuleiten wäre.

In Zeiten steigender Umsätze und Ergebnisse richteten viele Unternehmenslenker ihr Hauptaugenmerk auf die BWA (= betriebswirtschaftliche Auswertung), in der die Entwicklung der Erträge und Aufwendungen dargestellt ist. Die Liquidität steht nicht im Focus der Betrachtung.

In Krisenzeiten gewinnt das Liquiditätsmanagement und damit die Liquiditätsplanung jedoch zunehmend an Bedeutung. Dies zum einen aufgrund zunehmender Schwierigkeiten externe Finanzierungsquellen zu erschließen und zum anderen auch aus Eigenschutz der handelnden Organe, um z. B. Haftungsrisiken in Zusammenhang mit einer Insolvenzverschleppung vorzubeugen.

8.3.3 Bilanzplan

Der Bilanzplan gibt Aufschluss über die Entwicklung der Vermögenslage eines Unternehmens. Aus der stichtagsbezogenen Bilanz ist zu erkennen, woher die

Entwicklung der Vermögenslage

finanziellen Mittel kommen (Finanzmittelherkunft) und wofür sie eingesetzt werden (Finanzmittelverwendung).

Die Planbilanz wird aufgestellt, indem alle Geschäftsvorgänge aus der Erfolgs- und Liquiditätsplanung, d. h. Erträge und Aufwendungen sowie Ein- und Auszahlungen, mit ihrem entsprechenden Buchungssatz in eine Bewegungsbilanz überführt werden.

> **Merke:**
> Nur wenn die Bewegungsbilanz aufgeht, d. h. Aktiv- und Passivsaldo einander entsprechen, ist die Gesamtplanung technisch einwandfrei gestaltet.

Insbesondere bei Krisenunternehmen ist die Bilanzplanung ein unverzichtbarer Bestandteil einer integrierten Finanzplanung, da in dieser die aus der Erfolgs- und Liquiditätsplanung resultierenden Veränderungen auf die Vermögens- und Schuldenlage eines Unternehmens abgebildet sind. Die Bilanzplanung kann beispielsweise dazu dienen, die in der Erfolgs- und Liquiditätsplanung definierten Maßnahmen auf ihre Wirkung hinsichtlich der Vermeidung einer Überschuldungsgefahr hin zu analysieren. Auch wenn für die insolvenzrechtliche Überschuldungsprüfung (vgl. Kapitel 3) die handelsrechtlichen Ansatz- und Bewertungsvorschriften nicht relevant sind, kommt einer nach handelsrechtlichen Grundsätzen aufgestellten Bilanzplanung eine Indikatorfunktion im Hinblick auf ein ggf. drohende Überschuldung zu.

Des weiteren ist die Bilanzplanung eine notwendige Voraussetzung, um eine aktive Steuerung im Sinne einer Planung und Kontrolle relevanter Bilanzkennzahlen (z. B. Liquidität 1. Grades, Eigenkapital- und Fremdkapitalquote usw.) zu betreiben (vgl. Kennzahlenanalyse Kapitel 2). Auch in Zusammenhang mit Kreditverträgen sind Bilanzkennzahlen von großer Bedeutung. Im Rahmen sogenannter Covenants werden häufig Kennzahlen (z. B. Eigenkapitalquote) vereinbart, die der Kreditnehmer einzuhalten hat. Kommt es zum Covenantsbruch, kann dies dazu führen, dass die Finanzierungskosten steigen, weitere Sicherheiten gestellt werden müssen oder bereitgestellte Kredite sogar fällig gestellt werden können.

8.4 Fallbeispiel zum Aufbau einer integrierten Finanzplanung

Website: Fallbeispiel Finanzplanung

Anhand des nachfolgenden Fallbeispiels wird der grundsätzliche Aufbau einer integrierten Finanzplanung dargestellt. Die Musterrechnungen finden Sie auf der Website zum Buch, sodass die einzelnen Planungsschritte und Verknüpfungen nachvollzogen werden können. Nachfolgend wird die Aufgabenstellung zum Fallbeispiel dargestellt.

8.4 Fallbeispiel zum Aufbau einer integrierten Finanzplanung

- **Beschreibung des Unternehmens**

Die Leuchtschalter GmbH fertigt zwei Produkte:

a) Leuchtschalter „Inno"

Bei dem Leuchtschalter „Inno" handelt es sich um einen innovativen Leuchtschalter, der bei Betätigung ohne externe Stromversorgung leuchtet. Der Leuchtschalter „Inno" besteht aus zwei Komponenten, einem im Spritzgussverfahren in Eigenfertigung hergestellten Schalter sowie einer extern zugekauften Leuchtdiode. Der Herstellungsprozess ist wie folgt organisiert: Zunächst wird das Schaltergehäuse gespritzt und unmittelbar im Anschluss wird die Leuchtdiode durch Eindrücken in das Schaltergehäuse montiert.

b) Leuchtschalter „Classico"

Bei dem Leuchtschalter „Classico" handelt es sich um einen klassischen Leuchtschalter, der konventionell an eine externe Stromquelle angeschlossen werden muss. Der Leuchtschalter „Classico" besteht ebenfalls aus zwei Komponenten, einem im Spritzgussverfahren in Eigenfertigung hergestellten Schalter sowie einer extern zugekauften Glühbirne. Der Herstellungsprozess erfolgt analog zum Leuchtschalter „Inno".

- **Absatz-/Umsatzplanung**

a) Leuchtschalter „Inno"

Die geplante Jahresabsatzmenge für 2017 beträgt 120.000 Stück, die ohne nennenswerte saisonale Schwankungen gleichbleibend über das Jahr just-in-time produziert und unmittelbar ausgeliefert werden. Der Verkaufspreis beträgt 5,00 € pro Stück.

b) Leuchtschalter „Classico"

Die geplante Jahresabsatzmenge für 2017 beträgt 240.000 Stück, die ohne nennenswerte saisonale Schwankungen gleichbleibend über das Jahr just-in-time produziert und unmittelbar ausgeliefert werden. Der Verkaufspreis beträgt 2,10 € pro Stück.

Es wird ausschließlich im Inland verkauft.

- **Planung des Materialaufwands**

a) Leuchtschalter „Inno"

Pro Schalter werden 100 Gramm des Kunststoffes ABS sowie eine Leuchtdiode benötigt. Das Material ABS wird zu einem Preis i. H. v. 2,50 € pro kg bezogen, die Leuchtdiode kostet 1,00 € pro Stück. In der Kunststofffertigung fällt ein Produktionsausschuss i. H. v. 3 % an, im Rahmen der Montage der Leuchtdioden kommt es zu keinem Ausschuss.

b) Leuchtschalter „Classico"

Pro Schalter werden 200 Gramm des Kunststoffes ABS sowie eine Glühbirne benötigt. Das Material ABS wird zu einem Preis i. H. v. 2,50 € pro kg bezogen, die Glühbirne kostet 1,20 € pro Stück. In der Kunststofffertigung fällt ein Produktionsausschuss i. H. v. 5 % an, im Rahmen der Montage der Glühbirnen kommt es zu keinem Ausschuss.

Es wird ausschließlich im Inland bezogen.

- **Planung des Personalaufwands**

Das Unternehmen beschäftigt neben dem Geschäftsführer einen Mitarbeiter im Verwaltungsbereich. Vier Produktionsmitarbeiter werden ausschließlich für die Fertigung der Leuchtschalter „Inno" beschäftigt, sechs Produktionsmitarbeiter ausschließlich für die Fertigung der Leuchtschalter „Classico".

Der Geschäftsführer verdient 100.000 € p.a., der Verwaltungsmitarbeiter 40.000 € p.a. und die Produktionsmitarbeiter jeweils 28.000 € p.a. Die vom Arbeitgeber zu tragenden Anteile an den Sozialversicherungsbeiträgen sollen pauschal mit 23 % angesetzt werden. Die Beitragsbemessungsgrenzen sollen in der Planung unberücksichtigt bleiben. Die Löhne und Gehälter werden in 12 gleichen Monatsraten bezahlt.

- **Planung des sonstigen betrieblichen Aufwands**

Der sonstige betriebliche Aufwand beträgt 4.000 € pro Monat. Es wird ausschließlich im Inland bezogen.

- **Planung der Investitionen/Abschreibungen**

Die Leuchtschalter GmbH verfügt lediglich über zwei Spritzgussmaschinen vom selben Typ, die beide am 01.01.2015 für jeweils 125.000 € angeschafft wurden und linear über 8 Jahre abgeschrieben werden. Eine Maschine wird für die Fertigung der Leuchtschalter „Inno" und eine Maschine für die Fertigung der Leuchtschalter „Classico" verwandt. Beide Maschinen sind gleichermaßen ausgelastet. Für jede Maschine fallen durchschnittlich 1.000 € Energiekosten im Monat an. Dieser Betrag ist in den sonstigen betrieblichen Aufwendungen bereits enthalten. Investitionen sind im Jahr 2017 nicht geplant.

- **Planung des Zinsaufwands**

Es besteht eine endfälliges Bankdarlehen i. H. v. 200.000 € mit einer Laufzeit bis 2019. Der Zinssatz beträgt 7 % p.a. Der Jahreszins wird in gleichem Monatsraten geleistet. Ferner besteht ein endfälliges Gesellschafterdarlehen i. H. v. 50.000 € mit einer Laufzeit bis 2020. Der Zinssatz beträgt 5 % p.a. Der Jahreszins wird in gleichem Monatsraten geleistet.

Guthabenzinsen fallen nicht an. Es besteht eine Kontokorrentlinie i. H. v. 30.000 €, die zum 31.12.2016 nicht in Anspruch genommen wurde.

- **Steuern**

Die Ertragsteuern sollen pauschal mit einem Steuersatz i. H. v. 38 % angesetzt werden.

- **Bilanz zum 31.12.2016**

Alle in der Bilanz enthaltenen Positionen sind werthaltig. Die Forderungen aus LuL sind wie auch die Verbindlichkeiten aus LuL jeweils im Jan. 2017 fällig. Die sonstigen Verbindlichkeiten wurden aufgrund des USt-/VSt-Saldos, der im Dez. des Jahres 2016 entstanden ist, gebildet. Es besteht keine Dauerfristverlängerung, daher ist der USt-/VSt-Saldo eines jeden Monats jeweils im Folgemonat zahlungswirksam. Bei den Verbindlichkeiten gegenüber Kreditinstituten han-

8.4 Fallbeispiel zum Aufbau einer integrierten Finanzplanung

Bilanz Leuchtschalter GmbH zum 31.12.2016

Aktiva (EUR)		Passiva (EUR)	
A. Anlagevermögen		A. Eigenkapital	
Sachanlagen	187.500	Gezeichnetes Kapital	50.000
		Gewinn-/Verlustvortrag	25.000
		Jahresüberschuss/-fehlbetrag	-70.000
B. Umlaufvermögen			
Vorräte	40.000	B. Rückstellungen	0
Forderungen aus LuL	100.000	C. Verbindlichkeiten	
Bank	22.500	Verbindlichkeiten gegenüber Gesellschafter	50.000
		Verbindlichkeiten aus LuL	87.500
		Verbindlichkeiten gegenüber Kreditinstituten	200.000
		Sonstige Verbindlichkeiten (USt-/VSt-Saldo)	7.500
C. Rechnungsabgrenzungsposten	0	D. Rechnungsabgrenzungsposten	0
Summe Aktiva	**350.000**	**Summe Passiva**	**350.000**

Abb. 40: Bilanz der Leuchtschalter GmbH zum 31.12.2016 (Planungsaufsatzpunkt)

delt es sich um ein endfälliges Darlehen mit einer Laufzeit bis zum 31.12.2019. Während des Geschäftsjahres 2016 kam es aufgrund der schwachen Geschäftsentwicklung zu Liquiditätsengpässen, die der Gesellschafter mit einem Gesellschafterdarlehen i.H.v 50 TEUR überbrückte. Dieses Gesellschafterdarlehen ist zum 31.12.2018 vollends zurückzuzahlen und wird mit 5 % pro Anno verzinst.

Aufgrund negativer Geschäftsentwicklung der vergangenen Jahre ist im Jahr 2016 ein Jahresfehlbetrag i.H.v 70.000 EUR erwirtschaftet worden. Zudem sind ein Teil fälliger Kreditoren nicht fristgerecht bezahlt worden (insgesamt sind zum Stichtag 31.12.2016 35.000 EUR Lieferantenverbindlichkeiten nicht fristgerecht gezahlt worden)

- **Angabe zu Zahlungszielen**

Kunden zahlen mit einem durchschnittlichen Zahlungsziel von 30 Tagen, d.h. im Rahmen der Planung kann davon ausgegangen werden, dass Umsatzerlöse eines Monats jeweils im Folgemonat einzahlungswirksam werden.

Die Lieferanten werden ebenfalls mit einem Zahlungsziel von 30 Tagen bezahlt, d.h. die Granulat- und Leuchtdiodenlieferanten werden jeweils im Folgemonat bezahlt.

Die sonstigen betrieblichen Aufwendungen werden immer im gleichen Monat beglichen, ebenso wie die Löhne und Gehälter, Ertragssteuern und Zinsen.

- **Angabe zu Bestandsveränderungen**

Die Leuchtschalter GmbH produziert im Grunde just-in-time und liefert die produzierte Ware unmittelbar aus. Es wird lediglich ein Mindestbestand an Kunststoffgranulat, Leuchtdioden und Fertigerzeugnissen vorgehalten. Gegenüber dem Zeitpunkt 31.12.2016 bleibt der Vorratsbestand im Jahr 2017 unverändert.

- **Aufgabenstellung**

Schritt 1:

Bitte erstellen Sie auf Basis der vorstehenden Angaben eine integrierte Finanzplanung auf Monatsbasis für das Jahr 2017. Bitte nehmen Sie dazu Stellung, ob und ggf. wann ein Insolvenztatbestand (Zahlungsunfähigkeit oder Überschuldung) eintritt.

Zur Erstellung der integrierten Finanzplanung können Sie die Vorlagen für die GuV-, Liquiditäts- und Bilanzplanung auf der Website zum Buch nutzen.

Schritt 2:

Aus der in Schritt 1 erarbeiteten Finanzplanung wird deutlich, dass sich die Leuchtschalter GmbH in einer bestandsgefährdenden Situation befindet. Daher wurde beschlossen, die Erstellung eines Sanierungskonzeptes in Auftrag zu geben. Dieses Sanierungskonzept kostet die Gesellschaft 25.000 EUR. Dieser Betrag wird im Feb. 2017 aufwands- und auszahlungswirksam. Im Rahmen der Erstellung dieses Sanierungskonzepts gilt es nun, folgende Teilschritte zu erarbeiten:

2.1 Durchführung einer Deckungsbeitragsrechnung für die beiden Produkte Leutschalter „Inno" und Leuchtschalter „Classico". Es ist der Deckungsbeitrag I (Eröse minus variable Kosten) pro Produkt zu berechnen.

2.2 Ableitung möglicher Sanierungsmaßnahmen und Darstellung der definierten Maßnahmen in einem Maßnahmenplan (inkl. Quantifizierung der daraus resultierenden Effekte auf die GuV und die Liquiditätsplanung)

Schritt 3:

Nach Bearbeitung der vorstehenden Schritte 2.1 und 2.2 hat sich das Beraterteam gemeinsam mit dem Unternehmen auf die Umsetzung folgender Sanierungsmaßnahmen verständigt:

- Preiserhöhung für das Produkt „Classico" i. H. v. 0,30 € pro Stück ab Mai 2017.
- Wechsel des Lieferanten für die Glühbirne ab März 2017. Dadurch kann der Preis pro Glühbirne auf 0,80 € pro Stück reduziert werden.
- Abbau eines Mitarbeiter im Produktionsbereich Classico. Aufgrund von Kündigungsfristen kann der Mitarbeiter gegen Zahlung einer Abfindung von 10.000 € zum 30.06.2017 freigesetzt werden. Die Abfindung ist im Juni 2017 zu zahlen.
- Ausweitung des Kontokorrentrahmens auf 80.000 € ab Jan 2017.
- Verzicht des Gesellschafters auf Zinsen aus seinem Gesellschafterdarlehen bis zum 31.12.2017.

Bitte erarbeiten Sie nun unter Berücksichtigung der definierten Sanierungsmaßnahmen eine neue integrierte Planung für das Jahr 2017 auf Monatsbasis. Dabei ist zu beachten, dass bis zu einem Ergebnis vor Steuern i. H. v. max. 45.000 € aufgrund von bestehenden Verlustvorträgen keine Ertragssteuern zu planen sind. Bitte nehmen Sie dazu Stellung, ob nach Umsetzung der definierten Maßnahmen ein Insolvenztatbestand (Zahlungsunfähigkeit oder Überschuldung) besteht.

Website: Fallbeispiel Finanzplanung Die Musterlösung mitsamt der detaillierten Beschreibung finden Sie auf der Website zum Buch.

8.5 Plausibilisierung der Planungsrechnung

Nach der Erstellung der Planungsrechnung ist eine wesentliche Tätigkeit die Plausibilisierung derselben. Ziel der Plausibilisierung ist es, die der Planungsrechnung zugrundeliegenden Wirkungszusammenhänge transparent zu machen und somit überprüfen zu können, ob diese rechnerisch richtig und in sich logisch sind.

Wirkungszusammenhänge transparent machen

Bei der Plausibilisierung ist in zwei Schritten vorzugehen. Im ersten Schritt (formelle Plausibilisierung) ist die Planungssystematik auf Richtigkeit zu überprüfen. Dies ist insbesondere bei der Verwendung von MS Excel Modellen von hoher Bedeutung, da sichergestellt werden muss, dass alle Verknüpfungen und Formeln richtig sind. Im zweiten Schritt (materielle Plausibilisierung) geht es um die inhaltliche Überprüfung, ob die in der Planung zugrundegelegten Prämissen hinsichtlich ihrer Effekte auf die Planung richtig abgebildet sind.[20] Diese Plausibilisierung ist wichtig, um die Unterschiede bzw. „Brüche" zwischen der Ist-Entwicklung in der Vergangenheit und der Plan-Entwicklung in der Zukunft transparent und erklärbar zu machen.

Plausibilisierung in zwei Schritten

Welche Kennzahlen im Einzelfall für Plausibilisierungshandlungen heranzuziehen sind, hängt maßgeblich vom Geschäftsmodell und den Werttreibern des betrachteten Unternehmens ab.

Plausibilisierung mittels Kennzahlen

Im Rahmen der Erstellung eines Sanierungskonzepts nach IDW S 6 ist explizit gefordert, dass die integrierte Planung um solche Kennzahlen ergänzt wird, die die Aussage zur Sanierungsfähigkeit stützten. Diese Kennzahlen wurden bereits in Kapitel 8.2 dargestellt. Eine ausführliche Erläuterung der Kennzahlen findet in Kapitel 2 statt.

Die Entwicklung der Kennzahlen und deren Kommentierung verdeutlichen den geplanten Sanierungsverlauf und stellen Kontrollgrößen für den Grad der Zielerreichung des Sanierungskonzepts dar. Sie liefern zugleich Eckpunkte für die Beurteilung des Sanierungskonzepts durch Dritte.[21]

Im Rahmen der Plausibilisierung ist die Veränderung dieser Kennzahlen aus den Vorjahren über den Planungszeitraum zu begründen. Sinkt beispielsweise die Materialquote in einem produzierenden Unternehmen im Planungszeitraum gegenüber den Ist-Werten aus der Vergangenheit muss nachvollziehbar dargestellt werden, durch welche Maßnahmen (z. B. Reduktion der Bezugspreise, Reduktion des Ausschuss, Veränderung des Produktmix, Outsourcing von Wertschöpfungsstufen, usw.) dieser Effekt zustande kommt.

Im Folgenden wird dargestellt, wie bei der Plausibilisierung einer Finanzplanung konkret vorgegangen werden kann und welche Kennzahlen bzw. Mengen- und Wertedaten sich erfahrungsgemäß eignen. Welche Kennzahlen im Einzelfall sinnvoll sind, hängt aber – wie oben bereits dargestellt – vom spezifischen Geschäftsmodell ab. Dabei sind diese Kennzahlen bzw. Mengen- und Wertedaten sowohl für die Vergangenheit (Ist) wie auch über den Planungszeitraum (Plan) auf Monatsbasis auszuweisen. Werden erhebliche „Büche" deutlich, sind diese inhaltlich zu erläutern.

Schritt 1: Allgemeine Mengen- und Wertedaten
- **Anzahl der Mitarbeiter**
  - Als Vollzeitäquivalent (VZÄ, engl. Full Time Equivalent, FTE).
  - Getrennt nach Bereichen oder Funktionen, im Rahmen der Personalstrukturanalyse getrennt nach den Personalkategorien „Direkt", „Indirekt" und „Overhead" (Vgl. Kapitel 6.3).
  - Mit dieser Kennzahl kann überprüft werden, welche Effekte aus den geplanten Maßnahmen in Bezug auf das Personal resultieren.
  - Die Anzahl der Mitarbeiter getrennt nach Personalkategorien und/oder Bereichen/Funktionen kann die Basis für eine Vielzahl weiterer Kennzahlen sein, z. B.:
    - Aufwand pro Mitarbeiter
    - Umsatz oder Rohertrag pro Mitarbeiter als Indikator für die Produktivitätsentwicklung.
- **Anzahl der geleisteten Stunden der direkt tätigen Mitarbeiter (pro Monat)**
  - Getrennt nach Bereichen.
  - Die geleisteten Stunden der direkt tätigen Mitarbeiter können ins Verhältnis gesetzt werden zur geplanten Produktionsmenge, um zu überprüfen, ob diese plausibel geplant ist.
- **Maschinen- und Anlagenverfügbarkeit**
  - Für die wesentlichen Maschinen und Anlagen entlang der Wertschöpfungskette (vgl. Kapitel 6.3).
  - Die geplanten Produktionsvolumina (pro Maschine oder Anlage) können ins Verhältnis gesetzt werden zu den jeweiligen Maschinen- und Anlagenverfügbarkeiten, um zu überprüfen, ob die notwendigen Kapazitäten für die geplanten Produktionsvolumina zur Verfügung stehen.
- **Anzahl der Arbeitstage (pro Monat)**
  - Bereinigt um Feiertage, Betriebsferien, o. ä.
  - Die geplante Produktionsmenge pro Monat kann ins Verhältnis gesetzt werden zur Anzahl der Arbeitstage, um zu überprüfen, ob die Produktionsmengen plausibel geplant sind.
- **Umsatz, Absatzmenge, Anzahl Bestellungen, Kunden, o. ä. (pro Monat)**
  - Pro Produktgruppencluster, pro Geschäftssegment, pro Region, usw.
  - Der getrennte Ausweis nach Produktgruppen, Geschäftssegmenten, usw. macht deutlich, welche Effekte aus den geplanten Maßnahmen in Bezug auf das Kunden- bzw. Produktportfolio resultieren.
  - Diese Kenngrößen können die Basis für eine Vielzahl weiterer Kennzahlen sein, z. B.:
    - Umsatz, Absatzmenge pro Region, pro Standort
    - Umsatz, Absatzmenge pro Fläche
    - Umsatz, Absatzmenge pro Produktgruppe, Segment, usw.

Schritt 2: Bilanz- bzw. Vermögenskennzahlen
- **Eigenkapitalquote bzw. Eigenmittelquote**
  - Die Entwicklung des bilanziellen Eigenkapitals ist aus Finanzierer- und Going-Concern-Perspetve von Bedeutung.

- Diese Kennzahl zeigt zum einen die kumulierten Effekte aus allen ergebniswirksamen Maßnahmen (da das Ergebnis im Eigenkapital verbucht wird) und zum anderen die Effekte aus sämtlichen Kapitalmaßnahmen, wie Kapitalerhöhung, Forderungsverzicht, Fremdkapitalfinanzierung oder Debt Equity Swap.
- **Debitorenzahlungsziel (in Tagen)**
  - Mit dieser Kennzahl kann überprüft werden, welche Effekte aus den geplanten Maßnahmen in Bezug auf die Veränderung der Kundenzahlungsziele resultieren.
  - Großen Einfluss auf diese Kennzahl können u. a. folgende Maßnahmen haben: Veränderung der Kundenzahlungsziele, beschleunigte Rechnungstellung und verbessertes Mahnwesen, Expansionen ins Ausland (durch oftmals längere Kundenzahlungsziele), Factoring.
- **Kreditorenzahlungsziel (in Tagen)**
  - Mit dieser Kennzahl kann überprüft werden, welche Effekte aus den geplanten Maßnahmen in Bezug auf die Veränderung der Lieferantenzahlungsziele resultieren.
  - Großen Einfluss auf diese Kennzahl können u. a. folgende Maßnahmen haben: Veränderung der Lieferantenzahlungsziele, Vereinbarung von Zahlungsplänen, Vereinbarung von Forderungsverzichten mit Lieferanten.
- **Lagerdauer bzw. Vorratsreichweite (in Tagen)**
  - Mit dieser Kennzahl kann überprüft werden, welche Effekte aus den geplanten Maßnahmen in Bezug auf den Auf- bzw. Abbau von Vorratsvermögen resultieren.
  - Großen Einfluss auf diese Kennzahl können u. a. folgende Maßnahmen haben: Finetrading (Vorratsvermögenfinanzierung), In- oder Outsourcing von Wertschöpfungsstufen, Umstellung auf Just-in-Time-Fertigung, Zusammenlegung von Lägern.
- **Net Working Capital**
  - Mit dieser Kennzahl kann überprüft werden, welche Liquiditätseffekte insgesamt aus den geplanten Maßnahmen bezogen auf das Debitoren- und Kreditorenzahlungsziel sowie auf die Lagerdauer resultieren.
- **Anlagendeckung**
  - Mit dieser Kennzahl kann überprüft werden, welche Effekte aus den geplanten Maßnahmen in Bezug auf das Anlagevermögen resultieren.
  - Großen Einfluss auf diese Kennzahl können u. a. folgende Maßnahmen haben: Sale-and-Lease-Back, Investitionen, Desinvestitionen.
- **Entwicklung der Rückstellungen**
  - Die Position Rückstellungen wird erfahrungsgemäß oft im Rahmen von Plausibilisierungshandlungen vernachlässigt. Im Rahmen der Plausibilisierung muss es im Wesentlichen darum gehen, zu überprüfen, ob Rückstellungen sachlich richtig gebildet worden sind, da hieraus Zahlungen in der Zukunft resultieren können.
  - Folgende operative Effekte sind hierbei zu berücksichtigen:
    - Nachträgliche Rückvergütungen, Bonifikationen oder Erlösschmälerungen resultierend aus Umsätzen

- Jegliche Asymmetrien zwischen Aufwand und Auszahlung im Bereich Personal, z. B.:
  - Bonuszahlungen, Prämien oder Tantiemen
  - Urlaubs- oder Weihnachtsgelder
  - Beiträge zur Berufsgenossenschaft
- Im Bereich der sonstigen betrieblichen Aufwendungen und des Finanzergebnisses sind oftmals folgende Positionen betroffen:
  - Versicherungen
  - Beiträge zu Verbänden oder Institutionen
  - Wartungs- oder Serviceverträge
- Zinszahlungen, die nicht monatlich, sondern pro Quartal, Halbjahr oder jährlich erfolgen.

Schritt 3: Ertrags- bzw. Aufwandskennzahlen

- **Rentabilitätskennzahlen (Rohertrag-, EBITDA-, EBIT-, EBT- oder Jahresüberschuss in % vom Umsatz)**
  - Mit diesen Kennzahlen kann überprüft werden, wie die geplanten Maßnahmen sukzessive auf die jeweilige Ergebniskennzahl wirken.
  - Im Rahmen der Plausibilisierung sollten dabei Einmaleffekte aus der Restrukturierung (z. B. Beratungsaufwendungen, Abfindungen, usw.) separiert und getrennt ausgewiesen werden.
  - Da die Sanierungsfähigkeit das Erreichen einer nachhaltigen Rendite- und Wettbewerbsfähigkeit voraussetzt, kommt diesen Kennzahlen eine hohe Bedeutung zu.
- **Aufwandskennzahlen (Material-, Personal-, SbA-, Abschreibungs-, Zins-Aufwand im Verhältnis zur Gesamtleistung)**
  - Mit diesen Kennzahlen kann überprüft werden, wie die geplanten Maßnahmen sukzessive auf die jeweiligen Aufwandspositionen wirken.
  - Veränderungen gegenüber den Ist-Werten aus der Vergangenheit sind nachvollziehbar zu begründen.
  - Diese Kennzahlen können auch zum Vergleich mit Wettbewerbern (Benchmarking) genutzt werden.

Schritt 4: Liquiditätskennzahlen

- **Liquiditätsgrade (I bis III)**
  - Mit diesen Kennzahlen kann überprüft werden, wie die geplanten Maßnahmen sukzessive auf die Liquiditätsausstattung wirken.
  - Die Entwicklung der Liquiditätsgrade kann als Indikator zur Beurteilung der Entwicklung der Zahlungsfähigkeit herangezogen werden.
- **Cashflow**
  - Die Entwicklung des Cashflows stellt den Nettozu- bzw. -abfluss liquider Mittel dar.
  - Damit ist diesen Kennzahl Ausdruck der Liquiditätsentwicklung im Betrachtungszeitraum.

Neben der schlüssigen „Überleitung" der Kennzahlen aus den Vorjahreswerten (Ist-Werte) auf die Plan-Werte sollten im Rahmen der Plausibilisierung auch Branchenvergleiche und Abgleiche mit Marktstudien durchgeführt werden. Der Vergleich mit Wettbewerbern liefert wichtige Hinweise, ob die geplanten

Maßnahmeneffekte realistisch sind. Dies wäre dann der Fall, wenn die entsprechenden Kennzahlen (z. B. Materialquote, Umsatzrentabilität, Kundenzahlungsziel, usw.) sind in der Spannbreite der Wettbewerber bewegen. Erhebliche Abweichungen von den Durchschnittswerten der Branche müssen plausibel erläutert werden. Gleiches gilt für den Abglich der Planung mit Marktstudien, z. B. hinsichtlich der Planung der Umsatzentwicklung. Diese sollte sich im Einklang mit der allgemeinen Marktentwicklung befinden, andernfalls ist wiederum eine plausible Begründung der Abweichung erforderlich.

> **Merke:**
> Die inhaltliche Plausibilisierung hat zum Ziel, die der Planung zugrundeliegenden Wirkungszusammenhänge transparent und damit überprüfbar zu machen. Unterschiede zwischen den Ist-Werten der Vergangenheit und den Plan-Werten müssen plausibel begründbar sein. Der Abgleich mit der Plan-Werte mit Benchmarkwerten von Wettbewerbern und Marktstudien macht deutlich, ob die Planung auf realistischen Prämissen beruht.

8.6 Rollierende Liquiditätsplanung für 13 Wochen

Die im Rahmen des Saierungskonzepts zu erstellende integrierte Finanzplanung bildet üblicherweise einen Zeitraum von 3 bis max. 5 Jahren ab. Die Betrachtung dieses Zeitraums ist relevant, um eine Aussage darüber treffen zu können, ob das sanierte Unternehmen eine nachhaltige Wettbewerbs- und Renditefähigkeit erreicht.

Um den kurzfristigen Liquiditätsbedarf bestimmen zu können, hat sich in der Praxis etabliert, eine rollierende Liquiditätsplanungen über einen Zeitraum von 13 Wochen zu nutzen. Insbesondere in der Liquiditätskrise ist der Erstellung und wöchentliche Aktualisierung eines 13-Wochen-Liquiditätsplans sehr sinnvoll, um Insolvenzantragspflichten rechtzeitig zu erkennen (vgl. Kapitel 3) und frühzeitig gegensteuern zu können, um so persönliche Strafbarkeits- und Haftungsrisiken als Geschäftsführer zu vermeiden (vgl. § 15a InsO Abs. 4 und 5 sowie § 64 GmbHG).

Ein 13-Wochen-Liquiditätsplan (oder auch 3 Monatsforecast genannt) bildet die Ein- und Auszahlungen auf Wochenbasis in diesem Zeitraum ab. Wie bei der Erstellung des 13-Wochen-Liquiditätsplans vorzugehen ist, ist in Kapitel 8.3.2 ausführlich beschrieben.

13-Wochen-Liquiditätsplan

8.7 Einsatz von Standardsoftwarelösungen zur Erstellung der integrierten Finanzplanung

Planungsrechnungen können in der Praxis entweder mittels MS Excel oder mittels entsprechender Standardsoftwarelösungen erstellt werden. Bei der Nutzung selbsterstellter MS Excel-Modelle kann es bei der Überführung der Ertragsplanung in die Liquiditätsplanung und schließlich in die Bilanzplanung zu Abstimmungsschwierigkeiten kommen, denn bereits ein „kleiner" Formelfehler kann hohe Fehlersuchzeiten verursachen, vor allem dann, wenn nachträgliche Änderungen und Ergänzungen im Modell getätigt oder Szenarienrechnungen in Verbindung mit Sensitivitätsanalysen erstellt wurden.

Standardsoftwarelösungen für die integrierte Finanzplanung haben den großen Vorteil, dass die Verknüpfungen zwischen der Ertrags-, Liquiditäts- und Bilanzplanung bereits fest im Datenmodell angelegt sind, und es daher nicht zu entsprechenden manuellen Verknüpfungsfehlern kommen kann. Ferner stellen diese Softwarelösungen eine Reihe von Werkzeugen für das Controlling, Forcasting, Szenarioanalysen, usw. zur Verfügung.

Es bestehen mehrere Möglichkeiten, welche Standardsoftwarelösung für die integrierte Finanzplanung genutzt werden kann. Zum Teil bestehen bei Unternehmen Planungswerkzeuge im Rahmen des eingesetzten ERP-Systems (z. B. SAP, Navision, usw.). Diese Lösungen haben den Vorteil, dass die originären Salden- und Bewegungsdaten aus der Vergangenheit vorhanden sind. Der Nachteil für den außenstehenden Planer (Berater) ist allerdings, dass diese Datenmodelle nur auf der unternehmenseigenen Software erstellt und geändert werden können und somit das ausschließliche Berechnungsmonopol beim zu beurteilenden Kunden liegt. Hinzukommen, dass der außenstehende Planer (Berater) in der Regel mehrerer Mandanten betreut und die Einarbeitung in die unternehmensspezifischen Lösungen mit Aufwand verbunden ist.

Das Zurückgreifen auf eine etablierte Standardplanungssoftware ist daher grundsätzlich ratsam. Regelmäßig wird von den Finanzierern ein projektbegleitendes Sanierungscontrolling gefordert. Dies umfasst stetige Plan-Ist Vergleiche und ein Reporting über die erzielten Sanierungsfortschritte. Dabei sollten die in der Planung verwendeten Parameter (Konten – Positionszuordnung, Kostenstellen und Konsolidierungslogiken, usw.) auch in der Ist-Berichterstattung gleichlautend verwendet werden sollten, sodass auch hier Einheitlichkeit besteht.

Kriterien zur Auswahl einer Standardplanungssoftware

Bei der Auswahl einer geeigneten Standardplanungssoftware sind u. a. die nachfolgenden Kriterien zu berücksichtigen:

1. Mehrmandanten- und Konsolidierungsfähigkeit zur planerischen Abbildung von Konzernen und Haftungsverbänden, usw.
2. Die Möglichkeit Finanzdaten mit weiteren Bewegungs- und Saldendaten analytisch zu verknüpfen (z. B.: Anzahl Kunden, Anzahl Mitarbeiter, Anzahl Arbeitstage, usw., um mit diesen Angaben Kennzahlen in der Ist- und in der Planebene zu bilden).
3. Die Möglichkeit der Simulation einzelner Auswirkungen oder Maßnahmen auf das Planungsmodell. Oftmals arbeiten die Lösungen mit dem Modell mehrerer Datenebenen und Bewertungsebenen, die aufeinander aufgebaut sind.
4. Die Flexibilität mehrere Datenquellen in verschiedenen Ausprägungen und verschiedenen Formaten in das Datenmodell „einzulesen".
5. Aufbau von standardisierten Reports für Soll-Ist-Vergleiche, Forecasts, neue Simulationen und Erläuterungen, usw.
6. Schulungsangebote zum Umgang mit der Planungssoftware.

8.7 Einsatz von Standardsoftwarelösungen

Auf dem Markt existieren mehrere Anbieter, die oben genannte Kriterien erfüllen. Ohne einzelne Softwarelösungen besonders hervorzuheben oder eine vollständige Liste anzubieten, könnten folgende Lösungen interessant sein:

Anbieter

- Financial Planner von der LucaNet AG (www.lucanet.com)
- Corporate Planner von der Corporate Planning AG (www.corporate-planning.com)
- CO Planner aus Österreich von der CoPlanner Software & Consulting GmbH (www.coplanner.com)
- BPS One von der Denzhorn Geschäftsführungssysteme GmbH (www.denzhorn.de)

Das in Kapitel 8.4 gezeigte Fallbeispiel erläutert explizit die Vorgehensweise bei der Erstellung eines einfachen „integrierten" Planungsmodells mithilfe von MS Excel. Die dargestellte Erläuterung dient lediglich der systematischen Erläuterung wie eine entsprechende Planung zu erstellen ist. Für die Beratungspraxis empfehlen wir die Verwendung einer Standardsoftwarelösung.

Anmerkungen

[1] Vgl. BT-Drucksache 13/9712, S. 15.
[2] IDW S 6 Stand 20.08.2012, Tz. 131.
[3] IDW S 6 Stand 20.08.2012, Tz. 133.
[4] IDW S 6 Stand 20.08.2012, Tz. 134.
[5] IDW S 6 Stand 20.08.2012, Tz. 135–136.
[6] IDW S 6 Stand 20.08.2012, Tz. 137.
[7] BGH, 12.05.2016 – IX ZR 65/14, Tz. 38.
[8] Vgl. „Fragen und Antworten zur Erstellung und Beurteilung von Sanierungskonzepten nach IDW S 6 (FAQ IDW S 6)", Stand 22.08.2016 in IDWLife, 12.2016, S. 1052.
[9] IDW S 6 Stand 20.08.2012, Tz. 140.
[10] IDW S 6 Stand 20.08.2012, Tz. 141.
[11] IDW S 6 Stand 20.08.2012, Tz. 142.
[12] IDW S 6 Stand 20.08.2012, Tz. 144.
[13] IDW S 6 Stand 20.08.2012, Tz. 143.
[14] IDW S 6 Stand 20.08.2012, Tz. 145.
[15] IDW S 6 Stand 20.08.2012, Tz. 146.
[16] IDW S 6 Stand 20.08.2012, Tz. 149.
[17] IDW S 6 Stand 20.08.2012, Tz. 14.
[18] Vgl. „Fragen und Antworten zur Erstellung und Beurteilung von Sanierungskonzepten nach IDW S 6 (FAQ IDW S 6)", Stand 22.08.2016 in IDWLife, 12.2016, S. 1051.
[19] Vgl. „Fragen und Antworten zur Erstellung und Beurteilung von Sanierungskonzepten nach IDW S 6 (FAQ IDW S 6)", Stand 22.08.2016 in IDWLife, 12.2016, S. 1051.
[20] Nickert, C./Kühne, M. (2015): Unternehmensplanung in Krise und Insolvenz, RWS Verlag, S. 224.
[21] IDW S 6 Stand 20.08.2012, Tz. 148.

Organisation der Sanierung
von Henning Werner, Stefan Weniger und Thomas Schulz

9.1 Projektmanagement in der Sanierung
von Henning Werner

In Kapitel 4 wird beschrieben, wie ein Sanierungskonzept zu erstellen ist. Der IDW ES 6 Standard zur Erstellung von Sanierungskonzepten sieht in Bezug auf die Maßnahmenumsetzung ein Stufenkonzept vor. Befindet sich ein Unternehmen in einem bereits fortgeschrittenen Krisenstadium, sind bereits parallel zur Konzepterstellung Sofortmaßnahmen zur Sicherung der Fortführungsfähigkeit (Liquidität sichern, Überschuldung abwenden) einzuleiten.

Da derartige Sofortmaßnahmen in der Regel aber nicht ausreichen, um einen nachhaltigen Sanierungserfolg sicherzustellen, ist parallel zu den Sofortmaßnahmen das Sanierungskonzept zu erstellen und nach Fertigstellung konsequent umzusetzen. Viele Sanierungsprojekte scheitern jedoch in dieser Umsetzungsphase. Insofern stellt ein tragfähiges Sanierungskonzept lediglich eine notwendige, aber noch keine hinreichende Bedingung für den nachhaltigen Sanierungserfolg dar.

Dieses Kapitel behandelt die Frage, wie die Umsetzung der Sanierungsmaßnahmen zu organisieren ist, sodass die geplanten Maßnahmen mit größtmöglichem Erfolg umgesetzt werden können. Umgangssprachlich formuliert geht es in der Umsetzungsphase darum, die „PS bestmöglich auf die Straße zu bringen".

9.1.1 Projektorganisation

Unter dem Begriff Projektorganisation wird nachfolgend die Aufbauorganisation eines Sanierungsprojektes beschrieben. In der Praxis hat sich bewährt, die in der nachfolgenden Abbildung dargestellte typische Projektorganisationsstruktur zu wählen.

Der Lenkungsausschuss setzt sich aus Mitgliedern der obersten Unternehmensleitung und ggf. weiteren wichtigen Personen (z. B. Beratern, Beiräten, Betriebsrat, usw.) zusammen. Wird ein Sanierungsprojekt durch eine externe Beratungsgesellschaft begleitet, sollte in jedem Fall ein sanierungserfahrener Berater im Lenkungsausschuss vertreten sein.

Lenkungsausschuss

9 Organisation der Sanierung

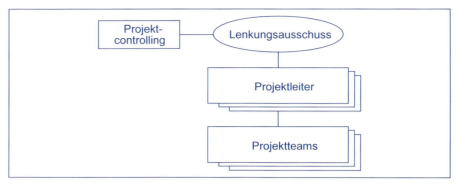

Abb. 41: Projektorganisation in der Sanierung

Der Lenkungsausschuss stellt die oberste Projektinstanz dar. Die zentralen Aufgaben des Lenkungsausschusses sind:[1]

- Vorgabe der wesentlichen Ziele an die eingesetzten Projektteams
- Gestaltung der Projektorganisation, insbesondere Auswahl und Führung der Projektleiter
- Auswahl und Billigung wesentlicher Maßnahmen
- Überwachung und Steuerung der wesentlichen Maßnahmen
- Bereitstellung der erforderlichen Projektressourcen
- Genehmigung von Planabweichungen (Termin, Budget, Ergebniseffekt), ggf. Anpassung von Zielen.

Lenkungsausschuss formal legitimieren

Der Lenkungsausschuss muss formal legitimiert sein und die faktische Macht besitzen, sämtliche projektrelevanten Entscheidungen zu treffen. Es ist vorteilhaft, wenn der Lenkungsausschuss sich zu Beginn seiner Tätigkeit (z. B. in der konstituierenden Sitzung) selbst eine Satzung gibt, in der beispielsweise geregelt ist, mit welchen Mehrheitsverhältnissen Entscheidungen verabschiedet werden können.

Die in den Lenkungsausschuss berufenen Personen müssen die folgenden Charakteristika aufweisen:

- **Durchsetzungsstärke**

Im Rahmen der Sanierung sind regelmäßig harte Entscheidungen zu treffen und gegen interne und externe Widerstände durchzusetzen. „Alte Zöpfe" müssen abgeschnitten und „heilige Kühe" geschlachtet werden. Häufig führt bereits die Absenkung des Komfortgrads einer Organisation, z. B. durch den Erlass einer neuen Reisekostenrichtlinie, die einen niedrigeren Standard der Verkehrsmittel sowie niedrigere Spesensätze beinhaltet, zu der Gegenreaktion einiger Mitarbeiter im Unternehmen. In den meisten Sanierungsprojekten sind allerdings noch wesentlich härtere Entscheidungen zu treffen und durchzusetzen, beispielsweise der Abbau von Mitarbeitern und die Aufgabe von Geschäftsbereichen.

- **Umsetzungsorientierung**

Aufgrund des hohen Zeitdrucks, unter dem Sanierungsprojekte in aller Regel stehen, müssen die Lenkungsausschussmitglieder über ein hohes Maß an Entscheidungsfreude und Umsetzungsorientierung verfügen. Es ist oft nicht die Zeit vorhanden, jeden Punkt bis ins kleinste Detail zu analysieren, daher müssen manche Entscheidungen unter einem vertretbaren Maß an Restunsicherheit getroffen werden.

- **Kommunikationsstärke**

Die erfolgreiche Durchführung eines Sanierungsprojektes setzt die Zustimmung aller Stakeholdergruppen voraus. Diese Zustimmung wird regelmäßig nur dann zu erreichen sein, wenn die betroffenen Stakeholder von dem Sanierungskonzept überzeugt sind und den verantwortlichen Personen vertrauen. Die Zustimmung zu einem Sanierungskonzept stellt immer einen immensen Vertrauensvorschuss dar, d. h. ohne Vertrauen der Beteiligten und Betroffenen hat ein Sanierungsvorhaben keine Erfolgsaussichten.

Doch gerade dieses Vertrauen ist in der Krise häufig beschädigt. Eine Ursache hierfür kann eine unzureichende oder falsche Kommunikation in der Vergangenheit sein. Da es schwer fällt, schlechte Nachrichten zu kommunizieren, unterbleiben häufig entsprechende Informationen. Treten negative Umstände ein, ohne dass die Betroffenen vorab informiert worden sind, reagieren diese verunsichert, verstimmt oder regelrecht geschockt. Die Bedeutung einer proaktiven Information kommt auch in dem nachfolgenden Zitat eines angelsächsischen Finanzinvestors zum Ausdruck: „Investors don't like bad news, but they hate surprises" („Investoren mögen keine schlechten Nachrichten, aber sie hassen Überraschungen"). In der Praxis kann jedoch immer wieder beobachtet werden, dass durch die im Vorfeld der Sanierung begangenen Kommunikationsfehler die Glaubwürdigkeit der verantwortlichen Personen stark gelitten hat. Vor diesem Hintergrund kommt den kommunikativen Fähigkeiten der Lenkungsausschussmitglieder eine große Bedeutung zu, um das beschädigte Vertrauen zurückzugewinnen.

Folgende Kommunikationsgrundsätze sind daher zu beachten: *Kommunikationsgrundsätze*

- Einheit von Worten und Taten
- Offenheit und Ehrlichkeit
- Proaktive Information (Vermeidung böser Überraschungen)
- Abstimmung eines klaren Kommunikationskonzepts
- Vermeidung von Schuldzuweisungen
- Schonungslose Offenlegung der Ausgangssituation, verknüpft mit der Darstellung der (realistischen) Chancen und Risiken der Zukunft.

Eine frühzeitige, offene und klare Informationspolitik schafft Transparenz und Vertrauen. Ziel muss es sein, die Betroffenen zu Beteiligten zu machen.

Die Projektleiter steuern die im Sanierungskonzept definierten Teilprojekte. Die zentralen Aufgaben der Projektleiter sind:[2] *Projektleiter*

- Zusammenstellung der Projektteams
- Detaillierung der Ziele gemeinsam mit den Projektteams

- regelmäßige Berichterstattung an den Lenkungsausschuss
- Abstimmung und Umsetzung von Maßnahmen mit den Linienverantwortlichen.

Projektleiter werden üblicherweise aus dem oberen und mittleren Management rekrutiert, wobei ausschließlich die „besten" Mitarbeiter als Projektleiter zu benennen sind. In der Regel empfinden diese Leistungsträger die Einbindung in das Sanierungsprojekt als Wertschätzung ihrer Person, wodurch eine zusätzliche Bindung der sich ggf. bereits mit Abwanderungsgedanken befassenden Leistungsträger erreicht werden kann. Motivationsfördernd kann darüber hinaus wirken, dass sich die Projektleiter durch eine hervorragende Projektarbeit für höhere Führungsaufgaben nach der Sanierung qualifizieren und empfehlen können.

Ziel sollte es sein, die Projektleiter weitgehend vom Tagesgeschäft zu befreien, sodass sie sich voll den Aufgaben des Sanierungsprojektes widmen können. In der Praxis erweist sich aber gerade dieser Punkt immer wieder als problematisch, da häufig nur noch wenige Leistungsträger vorhanden sind und diese Leistungsträger sowohl für das Sanierungsprojekt wie auch für das Tagesgeschäft benötigt werden. Diesen Zielkonflikt wird man nicht ganz ausräumen können, daher hat die Führung genau darauf zu achten, dass die wenigen guten Mitarbeiter nicht vollständig überlastet und „verheizt" werden.

Bei der Auswahl der Projektleiter ist darauf zu achten, dass sie:

- über ein hohes Maß an Umsetzungsorientierung verfügen
- in der Lage sind, eine effiziente Moderation der Projektteamsitzungen und Workshops durchzuführen
- ihr Projektteam motivieren und zu Höchstleistungen führen können
- über gute analytische Fähigkeiten zur Strukturierung und Bewertung der Einzelmaßnahmen und Arbeitsergebnisse verfügen.

Projektteams In den Projektteams wird die operative Arbeit zur Maßnahmenumsetzung geleistet. Zu den wesentlichen Aufgaben der Projektteams gehören:[3]

- Durchführung von Basisanalysen
- Ableitung von Einzelmaßnahmen nach Unternehmensbereichen
- Erarbeitung von Maßnahmenplänen
- Bewertung von Maßnahmen
- Wirkung als Multiplikatoren.

Die Projektteammitglieder können aus nahezu allen Hierarchiestufen rekrutiert werden. Ausschlaggebend ist ihre fachliche Qualifikation sowie ihre Teamfähigkeit. Bei der Zusammenstellung der Projektteams ist auf die Einbindung aller Funktionsbereiche zu achten. Zum einen, um das Know-how aus allen Bereichen zu berücksichtigen, und zum anderen, um alle Bereiche durch die Projektteammitglieder gut informieren zu können. Die Projektteammitglieder haben die Aufgabe, als Multiplikatoren zu wirken, indem sie ihre Abteilungskollegen über die Notwendigkeit und Zweckmäßigkeit der erarbeiteten Maßnahmen direkt informieren. Diese Information von „Kollege zu Kollege" erfährt häufig eine höhere Akzeptanz als eine Information vom „Vorgesetzten zum

Mitarbeiter". Ziel muss es sein, die Akzeptanz einer breiten Mitarbeiterbasis für die Sanierungsmaßnahmen zu gewinnen.

Die Projektteams können bei Bedarf durch externe Berater unterstützt werden. Dies ist regelmäßig dann sinnvoll, wenn die Erfahrungen über „best-practices" aus anderen Projekten bei der Erarbeitung von Einzelmaßnahmen hilfreich sein können. Ein Berater, der beispielsweise bereits mehrere Projekte im Bereich Outsourcing von IT- oder Logistikdienstleistungen durchgeführt hat, verfügt bereits über Anbietervergleiche, Kontaktadressen und ggf. die richtigen Ansprechpartner, sodass entsprechende Vorhaben deutlich schneller umgesetzt werden können.

Das Projektcontrolling hat die Aufgabe, fortlaufend und zeitnah den Projektfortschritt zu überwachen und dem Lenkungsausschuss zu berichten. Zielsetzung ist es, Abweichungen vom Projektfahrplan möglichst frühzeitig zu erkennen, um ggf. Gegenmaßnahmen einleiten zu können.

Projektcontrolling

Um diese Aufgabe ausüben zu können, sind die Projektleiter verpflichtet, in festgelegten Intervallen (z.B. 14-tägig) aktualisierte Maßnahmenpläne an das Projektcontrolling zu übermitteln. Das Projektcontrolling ist ermächtigt, jederzeit den Abarbeitungsstand „Vor-Ort" gemeinsam mit den Projektleitern zu überprüfen. Diese Ermächtigung ist gleichzeitig eine Verpflichtung an das Projektcontrolling, nicht nur Pläne zu überwachen („Papier ist geduldig"), sondern sich am Ort des Geschehens davon zu überzeugen, dass der in den Plänen hinterlegte Abarbeitungsstand tatsächlich erreicht worden ist. Wurde beispielsweise als eine Maßnahme zur Reduktion des Materialaufwands definiert, ein billigeres Kunststoffgranulat ab einem bestimmten Zeitpunkt einzusetzen, ist es für den Projektcontroller durchaus sinnvoll, zu diesem Zeitpunkt die Fertigung aufzusuchen und sich vor Ort zu überzeugen, dass das günstigere Material auch tatsächlich zum Einsatz kommt und die sonstigen Rahmenbedingungen (z.B. Ausschussquote, Produktqualität, Bearbeitungszeit, usw.) nicht negativ beeinflusst werden. Schließlich würde nur ein Scheinerfolg erzielt, wenn zwar ein günstigeres Material eingesetzt würde, aber die Ausschussquote signifikant anstiege. Sanierungscontrolling hat als „Hands-on" Controlling zu erfolgen.

Um den Abarbeitungsstand der Einzelmaßnahmen in den Lenkungsausschusssitzungen zu visualisieren, hat es sich bewährt, die Plankonformität der Einzelmaßnahmen anhand einer Ampelschaltungssymbolik darzustellen. Eine grüne Ampelschaltung bedeutet, dass die Planung sicher eingehalten wird, eine gelbe Ampelschaltung signalisiert eine noch tolerierbare, unkritische Abweichung, eine rote Ampelschaltung bedeutet, dass eine kritische Abweichung von der ursprünglichen Planung existiert.

Neben der Überwachung der Einzelmaßnahmen hat das Projektcontrolling die Aufgabe, die Effekte (Ergebnis-, Liquiditäts- und Bilanzwirkung) der Einzelmaßnahmen zu bewerten und zu aggregieren. Dadurch soll sichergestellt werden, dass das Gesamtziel des Sanierungsprojektes erreicht wird.

9.1.2 Maßnahmenverifizierung, -konkretisierung und -umsetzung

Zielvorgaben top-down vorgeben

Die im Sanierungskonzept festgelegten Maßnahmenpakete und die damit verbundenen Einsparpotenziale werden in der Regel durch Benchmarkanalysen (Fremdvergleich) oder auf Basis unternehmensinterner Kostenstrukturvergleiche (z. B. durch Vergleich unterschiedlicher Standorte) ermittelt. Die Vorgabe dieser zentralen Maßnahmen und der daraus zu erzielenden Einsparungen erfolgt „Top-down", d. h. durch die Geschäftsführung nur unter Einbindung einiger ausgewählter Führungs- und Fachkräften und ggf. mithilfe externer Berater. Die Einbindung einer breiten Belegschaftsbasis bei der Ermittlung der Zielvorgaben wird alleine aus Zeitgründen nicht möglich sein, zudem können drastische Kostensenkungsmaßnahmen nicht „demokratisch" ermittelt werden; die Ausweitung des Personenkreises würde lediglich zu einer Verwässerung der Zielvorgaben führen.

Maßnahmenplanung bottom-up konkretisieren

Während die in der Konzeptphase definierten Maßnahmenpakete und Zielvorgaben somit „Top-down" festgelegt werden, geht es in der Phase der Maßnahmenverifizierung, -konkretisierung und -umsetzung darum, diese Maßnahmen „Bottom-up" zu verifizieren, zu konkretisieren und natürlich umzusetzen. In dieser Phase werden im Wesentlichen die folgenden Ziele verfolgt:

- Einbindung einer breiten Mitarbeiterbasis
- Zerlegung der Maßnahmenpakete in Einzelmaßnahmen mit Angabe was, von wem, bis wann zu erreichen und mit welchem Effekt jede Einzelmaßnahme verbunden ist
- Aufbau detaillierter Maßnahmenpläne (Action-plans), die als Basis für das Projektcontrolling dienen.

Workshops

Es hat sich bewährt, zu Beginn der Verifizierungs-, Konkretisierungs- und Umsetzungsphase der Maßnahmen Workshops mit den jeweiligen Projektteams durchzuführen. Zu Beginn des Workshops werden die Maßnahmenpakete und Zielvorgaben dargestellt und erläutert, um diese dann im Rahmen der Workshops in konkrete Einzelmaßnahmen zu überführen. Eine auf Basis von Benchmark-Analysen abgeleitete und im Sanierungskonzept festgelegte Zielvorgabe könnte beispielsweise lauten, den Materialaufwand um 5 % zu reduzieren. Das mit der Umsetzung dieser Zielvorgabe (target) beauftragte Projektteam hat dann die Aufgabe im Rahmen mehrerer Workshops die erforderlichen Einzelmaßnahmen zu identifizieren.

Unterjährige Ergebniseffekte

Von zentraler Bedeutung ist die Definition eines Verantwortlichen sowie eines Endtermins. Der Ergebniseffekt muss differenziert zwischen „laufendem Jahr" und „vollem Jahr" ausgewiesen werden. Da viele Maßnahmen unterjährig greifen, z. B. Umstellung auf einen günstigeren Lieferanten zum 30.06., ist der anteilige Effekt für das laufende Geschäftsjahr geringer als für ein volles Geschäftsjahr.

Bedeutung von Quick Wins

Abschließend soll noch auf die Bedeutung sogenannter „Quick Wins" oder „Quick-hits" hingewiesen werden. Hierbei handelt es sich um solche Maßnahmen, die kurzfristig umsetzbar sind und zu einem signifikanten Liquiditäts- oder Ergebniseffekt führen. Zum einen können in Abhängigkeit des Krisenstadiums solche Maßnahmen zur Sicherstellung der Liquidität erforderlich sein. Zum anderen sind derartige schnelle Erfolge notwendig, um die Motivation der Belegschaft und ggf. weiterer Stakeholder im Hinblick auf die Sanierung zu erhöhen.

9.1.3 Projektcontrolling

Die im Rahmen der Verifizierungs-, Konkretisierungs- und Umsetzungsphase (vgl. vorhergehender Punkt) erarbeiteten Aktionspläne liefern die Grundlage für das begleitende Projektcontrolling. Aufgabe des Projektcontrollings ist es, ggf. auftretende Abweichungen möglichst frühzeitig zu erkennen und gegenzusteuern. Typische Abweichungen sind:

- Terminverzug, d.h. die Maßnahmenumsetzung nimmt mehr Zeit als ursprünglich geplant in Anspruch
- Budgetüberschreitung, d.h. die Maßnahmenumsetzung wird teurer als ursprünglich geplant
- Ergebnisabweichungen, d.h. die Maßnahmenumsetzung führt nicht zu der geplanten Ergebniswirkung
- Maßnahmen erweisen sich als grundsätzlich nicht umsetzbar.

Im Rahmen des Sanierungscontrollings geht es wie beim Controlling im Allgemeinen nicht um eine ex-post Kontrolle. Vielmehr umfasst die Aufgabenstellung die Planung, Steuerung und Kontrolle von Aktivitäten. Konkret bedeutet dies, dass bereits während der Umsetzungsphase (also nicht erst zum Endtermin!) regelmäßig der Ist-Umsetzungsstand erfasst und mit dem Plan-Umsetzungsstand verglichen wird. Zeichnen sich auf Basis dieser begleitenden Plan-Ist-Vergleiche Abweichungen ab, hat das Projektcontrolling die Aufgabe, die Abweichungsursachen gemeinsam mit dem jeweiligen Projektverantwortlichen zu analysieren, Gegenmaßnahmen zu initiieren und den Lenkungsausschuss zu informieren. Die Aufgaben des Projektcontrollings gehen somit wie bereits dargestellt weit über die reine Kontrolle hinaus.

Zielerreichung fortlaufend kontrollieren

Neben dem Maßnahmencontrolling spielt das Ergebniscontrolling, d.h. die Überprüfung, ob die angestrebten Effekte (GuV-, Liquiditäts- oder Bilanzwirkung) erreicht werden, eine zentrale Rolle. Das Projektcontrolling hat darauf zu achten, dass die Summe der Ergebniseffekte aller Einzelmaßnahmen nicht geringer ist als das im Sanierungskonzept definierte Gesamteinsparungsziel.

Anmerkungen

[1] Wlecke, U. (2004): Entwicklung und Umsetzung von Restrukturierungskonzepten. In: Brühl, V./Göpfert, B. (Hrsg.): Unternehmensrestrukturierung – Strategien und Konzepte, Stuttgart, S. 33–69, S. 59; Neumann-Szyska, J. (2005): Projektmanagement und Umsetzung des Sanierungskonzepts. In: Portisch, W./Shahidi, K. (Hrsg.): Sanierung und Restrukturierung von kleinen und mittleren Unternehmen, Stuttgart, S. 91–121, S. 105; Harenberg, G./Wlecke, U. (2004): Businessplan und Maßnahmenmanagement, in: Buth, A./Hermanns, M. (Hrsg.): Restrukturierung, Sanierung, Insolvenz, 2te Auflage, München, S. 347–377, S. 361; Kraus, K.-J./Gless, S.-E. (2004): Unternehmensrestrukturierung/-sanierung und strategische Neuausrichtung, in: Buth, A./Hermanns, M. (Hrsg.): Restrukturierung, Sanierung, Insolvenz, 2. Auflage, München, S. 115–146, S. 133 ff.

[2] Kraus, K.-J./Gless, S.-E. (2004): Unternehmensrestrukturierung/-sanierung und strategische Neuausrichtung, in: Buth, A./Hermanns, M. (Hrsg.): Restrukturierung, Sanierung, Insolvenz, 2. Auflage, München, S. 115–146, S. 134.

[3] Kraus, K.-J./Gless, S.-E. (2004): Unternehmensrestrukturierung/-sanierung und strategische Neuausrichtung, in: Buth, A./Hermanns, M. (Hrsg.): Restrukturierung, Sanierung, Insolvenz, 2. Auflage, München, S. 115–146, S. 134; Harenberg, G./Wlecke, U. (2004): Businessplan und Maßnahmenmanagement, in: Buth, A./Hermanns, M. (Hrsg.): Restrukturierung, Sanierung, Insolvenz, 2. Auflage, München, S. 347–377, S. 363.

9.2 Der Sanierungsgeschäftsführer
von Stefan Weniger

Für eine erfolgreiche Sanierung ist geeignetes Führungspersonal im Unternehmen von entscheidender Bedeutung. Schließlich gilt es, unter hohem Zeit- und Erfolgsdruck Krisenursachen unvoreingenommen zu diagnostizieren, passende Sanierungsmaßnahmen zu erarbeiten und diese dann umzusetzen. Zugleich müssen Markt- und Finanzpartner zur Unterstützung motiviert werden; und nicht zuletzt ist es geboten, bei den Mitarbeitern wieder eine Aufbruchstimmung zu erzeugen, eine durch die Krise ausgelöste Lähmung und Apathie zu überwinden und eventuellen Abwanderungstendenzen entgegenzutreten.

Sanierungsversuche erfordern Führungspersönlichkeit

Die Erfahrung aus vielen Sanierungen zeigt, dass der Sanierungsversuch ohne eine geeignete, treibende Führungspersönlichkeit oftmals misslingt, weil die Sanierung nicht mit der erforderlichen Konsequenz betrieben wird.[1] Neben der Erarbeitung eines schlüssigen Sanierungskonzeptes ist daher auch hoher Wert auf den personellen Aspekt der Sanierung zu legen, d.h. dem Unternehmen ist für die Sanierung qualifiziertes Führungspersonal zur Verfügung zu stellen, was insbesondere auch für eigenverwaltende Insolvenzverfahren gemäß §§ 270a, b InsO gilt, die, um erfolgreich zu sein, die Ergänzung der bestehenden Geschäftsführung durch einen insolvenzerfahrenen Sanierungsgeschäftsführer erfordern.

Als Träger der Sanierung kommen generell sowohl interne als auch externe Personen infrage (Abb. 42).[2]

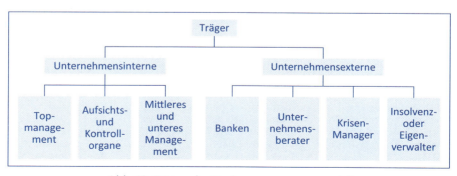

Abb. 42: Träger des Sanierungsmanagements[3]

9.2.1 Interne Träger der Sanierung

Innerhalb der internen Unternehmensträger wird insbesondere das bisherige Topmanagement als der „natürliche" Sanierungstreiber gesehen. Dieser Personenkreis hat den Vorteil, das Unternehmen mit seiner Historie und seiner aktuellen Situation bereits genau zu kennen und über langjährige, gewachsene Kontakte im Unternehmen und zu Partnern des Unternehmens (z. B. Banken) zu verfügen, die in der Krise wertvoll sein können. Gegen ein unreflektiertes weiteres Engagement des bisherigen Topmanagements wird jedoch eingewandt: [4]

- Dieses Management konnte das Eintreten der aktuellen Krise nicht verhindern. Daher sei es fraglich, ob es einen essenziellen Beitrag zur Behebung der Notlage leisten könne, zumal die Gefahr einer Betriebsblindheit und Voreingenommenheit bestände. Verschiedentlich werden in diesem Zusammenhang Studien zitiert, die das Verschulden von Unternehmenskrisen vornehmlich beim Management sehen, weil es die falschen strategischen und operativen Entscheidungen getroffen oder auf äußere Veränderungen nicht hinreichend reagiert hat.
- Durch die Krise hat das Management zumeist einen deutlichen Reputationsverlust erlitten. Dies gilt sowohl gegenüber den eigenen Mitarbeitern als auch möglichen Partnern. Mitarbeiter mussten den schleichenden Niedergang des Unternehmens beobachten. Finanzierungspartnern wurden u. U. Zusagen gegeben, die nun nicht mehr haltbar sind. In diesen Fällen ist das Management als Verhandlungspartner diskreditiert.
- Berücksichtigt man darüber hinaus, dass das bisherige Management i. d. R. über keine Sanierungserfahrung und kein spezifisches Sanierungs- und Haftungswissen verfügt, wird deutlich, dass die Entscheidung zugunsten bzw. zulasten des bisherigen Topmanagements individuell und zukunftsorientiert getroffen werden muss. Entscheidungserheblich ist allein, ob eine Sanierung mit diesem Management möglich ist oder nicht.[5]

Als weitere interne Sanierungsträger sind Aufsichts- und Kontrollorgane sowie das mittlere und untere Management zu nennen. Für eine erfolgreiche Sanierung ist die Unterstützung dieser Gruppen zwingend erforderlich, und ihre Einbindung in den Sanierungsprozess ist daher dringend zu empfehlen, obwohl sie allein nicht stark genug sind, als „Treiber" der Sanierung zu fungieren.

9.2.2 Externe Träger der Sanierung

Unter externen Trägern der Sanierung sind unternehmensfremde Parteien zu verstehen, die an der Sanierung mitwirken. Dabei ist zu beachten, dass abhängig von der Unternehmenssituation nur einzelne der im Folgenden genannten Parteien beteiligt sein können.

Chief Restructuring Officer

Als externe Träger sind Banken in ihrer Rolle als Finanzierungspartner zu nennen, die jedoch nur zurückhaltend und nicht treibend agieren, um das Risiko zu vermeiden, als faktische Geschäftsführer in rechtliche Verantwortung genommen zu werden.

Daneben sind Unternehmensberater – insbesondere mit Sanierungsschwerpunkt – inzwischen weithin akzeptierte Mitwirkende bei einer Sanierung.[6] Ihre Rolle ist allerdings zumeist beschränkt auf die Sanierungskonzeption und die Beratung der operativ Verantwortlichen bei deren Umsetzung. Mangels operativer Verantwortung sind auch Unternehmensberater daher keine „Treiber" der Sanierung. Sie nehmen ebenfalls nur eine Rolle „im Hintergrund" ein.

Im Rahmen von Insolvenzverfahren sind Insolvenzverwalter weitere mögliche externe Träger der Sanierung. Trotz der vom Gesetz eingeräumten Machtfülle fungierte der Insolvenzverwalter in der Vergangenheit oftmals eher als „Unternehmensbestatter" und „Abwickler" denn als Sanierer und Treiber operativer Verbesserungsmaßnahmen. Mit den Änderungen, die durch das ESUG in der Insolvenzordnung vorgenommen wurden, gewann der Insolvenzverwalter bzw. der Eigenverwalter – i.S. eines sanierungs- und insolvenzerfahrenen Beraters in Organstellung (s. Kapitel 9.2.4.3) – als externer Träger der Sanierung erheblich an Bedeutung, sodass er heute, stärker als der Insolvenzverwalter in der Vergangenheit, die Rolle eines externen Sanierungsträgers einnimmt.[7]

Schließlich sind auch externe Manager als Träger der Sanierung in Betracht zu ziehen. Sie werden mit der spezifischen, zeitlich begrenzten Aufgabe engagiert, die Sanierung eines Unternehmens voranzutreiben. Dieser Aufgabenstellung entsprechend sind sie wesentliche Treiber der Sanierung. Für diese Position werden im englischsprachigen Raum vorwiegend die Begriffe des Chief Restructuring Officer (CRO) bzw. Turnaround Executive[8] verwendet, in Deutschland werden sie unter anderem als Sanierungsgeschäftsführer[9] und Krisenmanager[10] bezeichnet, wobei im Folgenden der Begriff des Sanierungsgeschäftsführers verwendet werden soll.

9.2.3 Definition des Sanierungsgeschäftsführers und Abgrenzung zu weiteren Rollenmodellen

9.2.3.1 Definition und Abgrenzung des Sanierungsgeschäftsführers

Die explizite und insoweit befristete Aufgabe des Sanierungsgeschäftsführers ist, die Unternehmenssanierung zu gestalten und/oder umzusetzen. Er ist in erster Linie dem Unternehmen und der Sanierung des Unternehmens verpflichtet, was bedeutet, dass er sich im Rahmen seiner unabhängigen Position für den bestmöglichen Sanierungsweg zu engagieren hat. Der Sanierungsgeschäftsführer wird vom Unternehmen bezahlt und beim eigenverwalteten Insolvenzverfahren vom Sachwalter überwacht. Während seiner Tätigkeit hat er als Geschäftsführer Organverantwortung. Er ist somit weisungsbefugt und kann Sanierungsmaßnahmen selbstständig umsetzen.[11] Bildhaft wird der Sanierungsgeschäftsführer auch als „Schlechtwetterkapitän" bezeichnet.[12] In der Praxis hat sich in Hinblick auf das enorme Haftungsrisiko, das für Organe insbesondere im Zeitraum vor oder innerhalb eines Insolvenzverfahrens besteht, die Variante entwickelt, dass der Sanierungs-„Geschäftsführer" nicht mit Organverantwortung, sondern lediglich mit einer Generalvollmacht ausgestattet eingebunden wird.[13] Für die hier zugrunde gelegte Definition bleibt diese Form der Einbindung aber außer Acht.

Die Definition des Sanierungsgeschäftsführers enthält somit folgende wesentliche Aspekte:

- Expliziter Krisen-/Sanierungsfokus
- Zeitliche Begrenzung der Tätigkeit
- Originäre Geschäftsführungsbefugnis
- Weisungsbefugnis bzw. Organverantwortung

Diese Kriterien grenzen ihn von anderen Beteiligten in der Sanierung ab.

9.2.3.2 Sanierungsgeschäftsführer vs. Interimsmanager

Die Abgrenzung des Sanierungsgeschäftsführers zum Interimsmanagement liegt nach dieser Definition im Wesentlichen im Krisen- und Sanierungsfokus, den ein Interimsmanager nicht zwingend einnimmt.[14] Zwar ist auch der Interimsmanager selbstständig und mit unternehmerischer Verantwortung in einer Führungsposition der ersten Unternehmensebene tätig. Sein Anstellungszeitraum wird jedoch schon bei Vertragsabschluss festgelegt und zielt vorrangig darauf ab, die Unternehmensführung schnell, flexibel und problemorientiert auf allen Managementebenen zu ergänzen. Die Bandbreite der Interimsfunktionen ist vielfältig und erfasst unterschiedlichste Situationen und Aufgabenbereiche:[15]

- das temporäre Überbrücken von Vakanzen: Vertretung bei Krankheiten, vorläufige Verstärkung bis zur Einstellung einer festangestellten Arbeitskraft
- die Unterstützung bei Unternehmenskrisen, insbesondere bei Ausfall einer Führungskraft
- das Projektmanagement: Durchführung von „einmaligen" Sonderprojekten, z. B. Outsourcing, Eingliederungen etc.
- die Füllung von Know-how-Lücken
- die Neuaufstellung des Personalwesens
- die Optimierung der Produktionsabläufe
- etc.

Dem – nahezu – identischen Verantwortungsbereich und der unterschiedlichen Aufgabenspezifizierung entsprechend, kann ein Sanierungsgeschäftsführer als ein auf Unternehmenskrisen spezialisierter Interimsmanager auf Topmanagementebene definiert werden.

9.2.3.3 Sanierungsgeschäftsführer vs. Generalbevollmächtigter

Eine erteilte Generalvollmacht unterliegt grundsätzlich keinen Beschränkungen und ermächtigt den Generalbevollmächtigten zu Rechtshandlungen aller Art mit Wirkung für das Unternehmen. Sie beinhaltet eine Generalhandlungsvollmacht und damit u. a. die Befugnis zu Verhandlungen mit Banken, zu Vertragsabschlüssen – auch – im Außenverhältnis, zur Insolvenzbeantragung und bei entsprechender Beachtung des Formerfordernisses zur Veräußerung bzw. Belastung von Grundstücken.[16] Die Generalvollmacht wird häufig im Rahmen von Eigenverwaltungen genutzt, um die Managementebene mit dem erforderlichen Insolvenz-Know-how zu verstärken. Wegen möglicher Haftungsrisiken, die sich aus der Organstellung ergeben, wird das Instrument der Generalvollmacht und eben keine Sanierungsgeschäftsführung gewählt. Allerdings ist zu beachten, dass auch die Generalvollmacht das Risiko birgt, die Rechtsstellung eines faktischen Organs einzunehmen und damit einem erhöhten Haftungsrisiko ausgesetzt zu sein (§§ 43, 64 GmbHG; 15a Abs. 4 InsO).[17]

9.2.3.4 Sanierungsgeschäftsführer vs. „normaler" Geschäftsführer

Die Unterscheidung zwischen dem Sanierungsgeschäftsführer und der gewöhnlichen Geschäftsführung basiert zum einen auf der bereits zu Beginn der Tätigkeit absehbaren engen zeitlichen Tätigkeitsbegrenzung des Sanierungsgeschäftsführers, die bei einer „normalen" Geschäftsführung nicht vorgesehen ist, zum anderen auf dem expliziten Sanierungsauftrag des Sanierungsgeschäftsführers. Die konkrete Aufgabenteilung zwischen dem „normalen" Geschäftsführer, der sich regelmäßig um die Organisation der gewöhnlichen Betriebsabläufe und den Leistungserstellungsprozess kümmert, und dem Sanierungsgeschäftsführer wird in Form eines Geschäftsverteilungsplans fixiert.

9.2.3.5 Sanierungsgeschäftsführer vs. Unternehmensberater

Der Unterschied zum Unternehmensberater liegt in der Organverantwortung des Sanierungsgeschäftsführers, die die Möglichkeit eröffnet, Sanierungsmaßnahmen eigenständig und eigenverantwortlich zu entwickeln und umzusetzen, was dem Unternehmensberater verwehrt ist.[18] Die Rolle des Unternehmensberaters beschränkt sich lediglich darauf, dem Unternehmen beratend zur Seite zu stehen. Es gilt, Probleme zu erkennen und ein tragfähiges strategisches Konzept zu entwickeln, dass vom Unternehmen und ggf. auch vom Sanierungsgeschäftsführer umgesetzt werden kann. Insofern ist der Unternehmensberater „Zulieferer" für den Sanierungsgeschäftsführer. Beiden Personengruppen ist jedoch gemein, dass ihr Auftrag zeitlich begrenzt und durch eine schnelle Einarbeitung geprägt ist.

9.2.4 Aufgabenstellung des Sanierungsgeschäftsführers und seine Einbindung

9.2.4.1 Aufgabenstellung des Sanierungsgeschäftsführers

Grundlegende Aufgaben

Die Intention des Sanierungsgeschäftsführers ist es, die Krisenbewältigung für das betroffene Unternehmen zu erreichen. Als wesentliche grundlegende Aufgaben zur Erreichung dieses Ziels sind

- die Schaffung von Transparenz,
- die Herstellung einer vertrauensvollen Kommunikation mit den wichtigen Parteien und
- das Vorantreiben der Sanierungsbemühungen im Unternehmen zu nennen.

Auf diese drei Aufgaben wird im Folgenden näher eingegangen.

Schaffung von Transparenz

Die Schaffung von Transparenz ist üblicherweise eine der ersten und dringlichsten Aufgaben des Sanierungsgeschäftsführers. Das Informationswesen von krisenbehafteten Unternehmen ist oft mangelhaft, sodass wesentliche Informationen nicht zeitnah vorliegen, in einer Flut von irrelevanten Informationen untergehen oder schlichtweg gar nicht oder nicht zeitnah ermittelt werden können. Daher gilt es, das Finanzmanagement und Controlling derart zu gestalten, dass wesentliche, aussagekräftige Informationen zeitnah vorliegen[19] und eine Unternehmenssteuerung auf einer soliden Datenbasis erfolgt. Dabei ist es zwingend erforderlich, sich auf eine überschaubare Anzahl von Daten bzw. Kennzahlen zu beschränken (Datenkonsolidierung) und sich nicht in der Menge der verfügbaren Daten zu verlieren, die heutzutage bereits bei mittelgroßen Unternehmen EDV-seitig anzutreffen sind. Zudem sind für systemisch bisher nicht verfügbare, aber wichtige Informationen Ermittlungswege zu definieren bzw. Indikatoren festzulegen. Ziel muss es sein, die erforderlichen Unternehmensdaten tages- bzw. wochenweise vorliegen zu haben, um Probleme und Veränderungen frühzeitig zu erkennen. Im Bereich der finanzwirtschaftlichen Kennzahlen ist hierfür die Liquiditätssituation zu ermitteln, inkl. einer fortlaufenden Überwachung und Prognose der Zahlungsfähigkeit. Regelmäßig ist auch eine Prüfung der Überschuldungssituation vorzunehmen. Beide Informationen sind für den Sanierungsgeschäftsführer die Grundlage seiner Tätigkeit, da diese beiden Tatbestände eine Insolvenzantragspflicht auslösen. Daneben ist üblicherweise auch die Entwicklung des Working Capital relevant, dessen Reduktion ebenfalls eine Sanierungsmaßnahme darstellt, die kennzahlenseitig zu überwachen ist.

Kennzahlen im leistungswirtschaftlichen Bereich sind üblicherweise branchen-/segmentspezifisch. Ein Handelsunternehmen muss unter anderem Umsatz und Wareneinsatzquoten im Blick behalten, um bei sinkenden Umsätzen durch Werbeaktionen und bei einer überhöhten Wareneinsatzquote über Preis-/Sortimentsanpassungen gegensteuern zu können. In einem produzierenden Unternehmen hingegen ist der Auftragsbestand eine wesentliche Orientierungsgröße, darüber hinaus auch die Produktionsqualität und andere Leistungskennziffern. Daneben wird regelmäßig eine, notfalls vereinfachte, Deckungsbeitragsrechnung zu erstellen sein, die über die Profitabilität der Sortimente, Standorte und Projekte Aufschluss gibt.

Die zweite grundlegende Aufgabe des Sanierungsgeschäftsführers ist die Kommunikation mit den wichtigen Parteien im Innen- und Außenverhältnis.[20] Hierzu zählen Mitarbeiter, Gesellschafter/Aktionäre, Finanzpartner, Lieferanten und Kunden. Häufig sind die Beziehungen zu diesen Parteien aufgrund der Krisensituation bereits belastet. Lieferanten und Banken haben oft überfällige Außenstände. Kunden sind nicht selten mit Lieferverzögerungen konfrontiert. Mitarbeiter werden von der Geschäftsführung über die Unternehmenssituation nur vage informiert, in der Hoffnung, keine Verunsicherung zu erzeugen. In dieser Situation gilt es, die Kommunikation wieder aufzunehmen und durch Kompetenz Vertrauen wiederzugewinnen. Darauf aufbauend folgt im späteren Stadium die Durchführung von Verhandlungen über Sanierungsbeiträge. Im Rahmen von Eigenverwaltungen kommt dem Sanierungsgeschäftsführer zudem die Aufgabe zu, offen und transparent mit dem Gericht und dem vom Gericht eingesetzten (vorläufigen) Gläubigerausschuss zu kommunizieren. Die

Kommunikation mit den wichtigen Parteien

Erfahrung zeigt, dass Eigenverwaltungen dann eine besonders hohe Erfolgswahrscheinlichkeit haben, wenn mit diesen Beteiligten transparent und offen über den Sanierungsweg beraten wird.

Treibende Kraft Die dritte Basisaufgabe des Sanierungsgeschäftsführers ist es, die treibende Kraft hinter der Sanierung zu werden. Aus mehreren Gründen stellt dies eine große Herausforderung dar. Zu Beginn seiner Tätigkeit wird sich der neue Geschäftsführer gegen unternehmensinterne Widerstände zur Wehr setzen und dem Argument entgegentreten müssen, die „spezifischen Anforderungen der Branche bzw. des Unternehmens nicht zu kennen". Teilweise ist die Motivation der Mitarbeiter und Führungskräfte bereits einer „Krisenlethargie" gewichen, weil man an eine Krisenüberwindung nicht mehr glaubt. Durch einige schnelle Erfolge („Quick Wins") können diese Widerstände überwunden und ein Motivationsschub erreicht werden. Diesen gilt es zu nutzen und möglichst lange aufrechtzuerhalten. Mit zunehmender Sanierungsdauer schwindet jedoch diese Motivation wieder, sobald die Umsetzungsprobleme zunehmen und der größte Handlungsdruck gesunken ist. In dieser Phase muss der Sanierungsgeschäftsführer alle im Unternehmen anspornen, ermutigen und zwingen, den Sanierungspfad weiterzuverfolgen. So treibt der Sanierungsgeschäftsführer die Sanierung voran und stellt nachhaltig sicher, dass das gesamte mittlere und untere Management das Vorhaben unterstützt.

Umsetzung der einzelnen Sanierungsmaßnahmen Neben dieser ständigen Aufgabe, das Unternehmen zur Sanierung anzutreiben und die dafür erforderliche Transparenz zu schaffen, ist die Umsetzung der einzelnen Sanierungsmaßnahmen Hauptaufgabe des Sanierungsgeschäftsführers. Für die vorliegende Betrachtung bietet sich dabei eine zeitbezogene Unterteilung an. So sind diejenigen Maßnahmen, die kurzfristig – insbesondere hinsichtlich der Liquidität – zur Stabilisierung des Unternehmens beitragen, von denjenigen zu unterscheiden, die nur mittelfristig umsetzbar sind und dabei die operative Leistungsfähigkeit verbessern.

Zu den kurzfristigen Maßnahmen zählen im Bereich der Liquiditätssicherung insbesondere:[21]

- Reduzierung der Ausgaben/Auszahlungen durch einen Investitionsstopp
- Verhandlungen mit Finanzpartnern über eine kurzfristige Aussetzung von Zins- und Tilgungsleistungen
- Verbesserung des Forderungsmanagements

Nach der kurzfristig sichergestellten Stabilisierung des Unternehmens gilt es mittelfristig, die eigentliche Sanierung zu betreiben. Hierzu sind die im Rahmen eines Sanierungskonzeptes erarbeiteten Maßnahmen umzusetzen.[22] Im Rahmen der Sanierungsumsetzung ist zwingend ein geeignetes Fortschrittscontrolling bzw. -reporting einzuführen, um den Status der einzelnen Sanierungsmaßnahmen zeitnah nachverfolgen zu können.[23] Gerade in der Sanierung müssen Abweichungen rechtzeitig erkannt werden, um schnell gegensteuern zu können, um das Unternehmen in seinem Bestand nicht weiter zu gefährden.

Sanierungskonzeption Inwiefern bereits die Sanierungskonzeption zum Aufgabenbereich des Sanierungsgeschäftsführers zu zählen ist, wird in der Literatur unterschiedlich beurteilt. Einige Autoren sehen im Sanierungsgeschäftsführer lediglich den

"Umsetzer" des Sanierungskonzeptes, sodass dieser erst nach der Finalisierung des Sanierungskonzeptes oder kurz vor dessen Fertigstellung zu bestellen ist.[24] Andere Autoren sehen die Entwicklung der Sanierungskonzeption hingegen als eine der Kernaufgaben des Sanierungsgeschäftsführers an.[25] Letztlich ist diese Entscheidung einzelfallabhängig.[26] Sie ist in der Praxis sowohl von der konzeptionellen Stärke des Sanierungsgeschäftsführers als auch von der Gestaltungsstärke des Gesellschafters abhängig. Bei einem starken Gesellschafter ist davon auszugehen, dass dieser wesentliche Teile des Sanierungskonzeptes mitprägt und nur noch für die operative Umsetzung ein Sanierungsgeschäftsführer gesucht wird. Handelt es sich jedoch um einen schwachen Gesellschafter bzw. um eine heterogene Gesellschaftergruppe, wird ein gestaltender Sanierungsgeschäftsführer benötigt. Häufig findet man in diesem Zusammenhang auch die Struktur eines CRO-Teams. Hierbei wird neben der Besetzung eines Sanierungsgeschäftsführers ein Beratungsteam engagiert. Das Beratungsteam ist mehr als nur eine Assistenz für den CRO. Das Hauptaugenmerk des CRO liegt auf der Koordination der Sanierung mit selbstständigen Teilaufgaben. Zielsetzung ist die Sanierung aus einer Hand, d.h. durch ein Beratungshaus und damit durch ein eingespieltes Team, das sich neben der operativen auch um die konzeptionelle Entwicklung der Sanierung kümmert und diese begleitet.

Aus Motivationsgesichtspunkten ist die Einbindung des Sanierungsgeschäftsführers in die finale Phase der Sanierungskonzepterstellung empfehlenswert. Zum einen kann die unbefangene Sichtweise eines erfahrenen CRO genutzt werden, zum anderen ist beim Sanierungsgeschäftsführer die Identifikation mit den umzusetzenden Sanierungsmaßnahmen dann größer, wenn er an deren Ausarbeitung mitgewirkt hat.

Einbindung des Sanierungsgeschäftsführers

9.2.4.2 Einbindung des Sanierungsgeschäftsführers

Im Rahmen der Aufgabenstellung des Sanierungsgeschäftsführers ist schließlich noch zu entscheiden, wie seine Einbindung in das bisherige Topmanagement erfolgen soll. Insgesamt sind drei Varianten möglich (Abb. 43).[27]

Beim Managementaustausch ersetzt der Sanierungsgeschäftsführer die bisherige Geschäftsführung, die das Unternehmen verlassen muss. Diese Alternative wird insbesondere dann empfohlen, wenn das bisherige Management nicht an der Sanierung mitwirken kann oder will und die Arbeit des Sanierungsgeschäftsführers behindern könnte. Muss der Sanierungsgeschäftsführer beispielsweise wesentliche Entscheidungen der bisherigen Manager als Fehlentscheidungen revidieren, so ist mit dem Widerstand des Managements zu rechnen.

Managementaustausch

Insbesondere wenn das bisherige Management bei Arbeitnehmern sowie Finanz- und Marktpartnern als wesentlicher Krisengrund identifiziert wird, kann durch einen Managementaustausch ein Aufbruchsignal gegeben werden, das das Vertrauen in die Handlungsfähigkeit des Unternehmens deutlich steigert. Zu beachten ist jedoch, dass ein solcher Austausch den vollständigen und abrupten Verzicht auf die Detailkenntnisse und gewachsenen Kontakte zu Mitarbeitern und Marktpartnern des bisherigen Managements beinhaltet.[28]

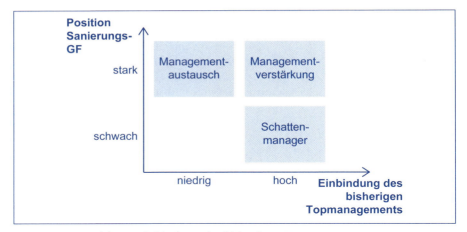

Abb. 43: Einbindung des bisherigen Topmanagements

Management-
verstärkung

Bei der Managementverstärkung wird der Sanierungsgeschäftsführer neben dem bisherigen Management Mitglied der Geschäftsführung. Dabei wird ihm die Aufgabe der Sanierungsumsetzung ganzheitlich übertragen, während das bisherige Management weiterhin das Tagesgeschäft betreibt. Hierdurch wird sichergestellt, dass die Kenntnisse und Kontakte des bisherigen Managements dem Unternehmen weiterhin zur Verfügung stehen und sich der Sanierungsgeschäftsführer zugleich „Vollzeit" auf die Sanierungsaufgabe konzentrieren kann, ohne vom Tagesgeschäft beansprucht zu werden. Die genaue Arbeitsteilung zwischen dem Sanierungsgeschäftsführer und dem bisherigen Management ist jedoch oftmals Anlass von Konflikten, da im Rahmen einer Sanierung die Abgrenzung zwischen Tagesgeschäft und Sanierungsumsetzung schwierig ist und frühere Entscheidungen des Managements durch den Sanierungsgeschäftsführer revidiert werden müssen.

Schattenmanager
in das bisherige
Management-
team

Die Einbindung des Sanierungsgeschäftsführers als sogenannter Schattenmanager in das bisherige Managementteam ist die dritte Variante. In diesem Fall wird intern eine für die Sanierung zuständige Person benannt, die nach außen nicht in Erscheinung tritt. Die Hauptaufgabe ist die Unterstützung des bisherigen Managements bei der Sanierung, wobei das bisherige Management als Sanierer auftritt und dem Schattenmanager nur die Rolle einer „Stabsstelle" zukommt. In der Praxis ist diese Form allerdings bisher nicht weit verbreitet. Aus Sicht des Sanierungsgeschäftsführers ist diese Variante auch problematisch, da seine persönliche Reputation vom erfolgreichen Verlauf der Sanierung abhängt, er diesen Verlauf aber durch ein ausschließliches Wirken im Hintergrund nur unzureichend beeinflussen kann.

9.2.4.3 Der Sanierungsgeschäftsführer als Eigenverwalter im Insolvenzverfahren

Eigenverwaltung

Eine besondere Verfahrensart des Insolvenzrechts ist die sogenannte Eigenverwaltung (§§ 270 ff. InsO) (vgl. Kapitel 13: Paul Abel – Das Insolvenzverfahren), bei der es sich um ein Insolvenzverfahren handelt, in dem kein Insolvenzverwalter sondern ein Sachwalter bestellt wird. Der Schuldner bleibt berechtigt, unter der Aufsicht dieses Verwalters die Insolvenzmasse zu verwalten und über sie zu verfügen. In der Praxis tritt im Vorfeld der Eigenverwaltung in der Regel ein insolvenzerfahrener Sanierungsexperte in die Unternehmensführung ein, um als Sanierungsgeschäftsführer die Rolle des eigenverwaltenden Schuldners (im Folgenden Eigenverwalter) auszufüllen. Sein Tätigkeitsfeld ist vielfältig, einerseits hat er die Aufgabe, wie ein klassischer Sanierungsgeschäftsführer, die Geschicke des Unternehmens zu steuern. Er hat dafür Sorge zu tragen, dass rechtzeitig vor Insolvenzantragstellung die wesentlichen Weichen für die Unternehmenssanierung im Rahmen der Eigenverwaltung gestellt werden, um so ohne zeitliche Reibungsverluste den Geschäftsbetrieb im Insolvenzverfahren fortführen zu können. Andererseits muss er über die Expertise eines Insolvenzverwalters verfügen, da die Sanierung im Rahmen der Insolvenzordnung erfolgt. Typischerweise verfügt das bisherige Management nicht über diese Kompetenzen, sodass regelmäßig Externe mit dieser Aufgabe zu betrauen sind. Dementsprechend muss der Sanierungsgeschäftsführer, der im Rahmen der Eigenverwaltung tätig wird, neben der Sanierungsexpertise auch über profunde Kenntnisse des Insolvenzrechts und der Insolvenzabwicklung verfügen.

9.2.5 Anforderungen an den Sanierungsgeschäftsführer

Bereits aus der Aufgabenbeschreibung ergeben sich wesentliche Anforderungen an die Fähigkeiten und die Persönlichkeit eines Sanierungsgeschäftsführers.[29] Der Weg, auf Basis dieser Beschreibung die idealtypischen Anforderungen zu definieren, wird auch in der Literatur eingeschlagen. Daneben existieren inzwischen jedoch auch Studien, die die empirisch feststellbaren Eigenschaften des Sanierungsgeschäftsführers untersuchen und dessen Qualifikation auf dieser Grundlage ermitteln.

9.2.5.1 Fähigkeiten des Sanierungsgeschäftsführers

Der Sanierungsgeschäftsführer benötigt einschlägige Kenntnisse zur erfolgreichen Durchführung seiner Tätigkeit. Dazu zählt zum einen langjährige Erfahrung auf Topmanagement-/Geschäftsführungsebene, um seiner Führungsaufgabe gegenüber den Mitarbeitern gerecht werden zu können.[30] Zum anderen benötigt er explizite Sanierungserfahrung aus unterschiedlichen Projekten.[31] Nur mit dieser Erfahrung ist es ihm möglich, die erforderlichen Maßnahmen angesichts des Zeitdrucks schnell zu erarbeiten und umzusetzen. Darüber hinaus muss er, insbesondere in Krisensituationen, haftungs- und auch strafrechtliche Besonderheiten kennen und beachten. Weiterhin wird er über eine ausgeprägte finanzwirtschaftliche Expertise verfügen. Der Sanierungsgeschäftsführer wird in seiner Funktion als „General Manager" und nicht als Spezialist beschrieben, was bedeutet, dass er einen ganzheitlichen Blick auf das Unternehmen hat und nicht nur einige Unternehmensbereiche erfasst.[32] Branchenerfahrung ist hingegen üblicherweise nicht notwendig, da viele Sanierungsmaßnahmen nicht branchenspezifisch sind.[33] Allenfalls verhilft ihm

Erfahrung auf Topmanagement-/Geschäftsführungsebene

Unternehmenssanierung im Wege der Eigenverwaltung

eine entsprechende Erfahrung bei seinem Einstieg, auf höhere Akzeptanz der Mitarbeiter zu treffen.

Im Fall der Unternehmenssanierung im Wege der Eigenverwaltung muss der Sanierungsgeschäftsführer über eine weitreichende insolvenzrechtliche Erfahrung verfügen und die spezifischen insolvenzrechtlichen Anforderungen für die Durchführung des Insolvenzverfahrens beherrschen. Hierzu zählen die Erstellung von Vermögensverzeichnissen gemäß § 153 InsO, Verzeichnissen der Massegegenstände sowie Gläubigerverzeichnissen, die rechtliche Klärung gegenseitiger Verträge (§§ 103–128 InsO), die Rechnungslegung unter Insolvenzbedingungen, etc.

9.2.5.2 Persönlichkeitsprofil des Sanierungsgeschäftsführers

Anforderungskatalog

Auf Basis der spezifischen Aufgabenstellung ergibt sich ein deutlicher Anforderungskatalog für das Persönlichkeitsprofil eines idealtypischen Sanierungsgeschäftsführers (Abb. 44).[34]

Die krisenhafte Unternehmenssituation verlangt Problemlösungsorientierung und analytisches Vorgehen. Die Lösung strategischer Fragestellungen ist demgegenüber von untergeordneter Bedeutung. Aufgrund des herrschenden Zeitdrucks wird vom Sanierungsgeschäftsführer eine hohe Stressresistenz verlangt, und er muss in der Lage sein, auch ohne vollständige Informationsbasis fundierte Entscheidungen zu treffen. Zwingend geboten sind Risikobereitschaft, Entscheidungsfreude sowie Pragmatismus. Im Rahmen der anstehenden (konfliktträchtigen) Verhandlungen mit Mitarbeitern, Finanz- und Marktpartnern ist es darüber hinaus notwendig, dass der Sanierungsgeschäftsführer über gute kommunikative Fähigkeiten, Verhandlungsgeschick und Glaubwürdigkeit verfügt, um diese von einem weiteren Engagement beim Unternehmen zu überzeugen; dabei muss er die Stakeholder-Interessen berücksichtigen, die Interessen des Unternehmens aber stets priorisieren. Er darf Konflikten nicht auswei-

Abb. 44: Idealtypische Eigenschaften eines Sanierungsgeschäftsführers

chen, sondern muss diese konstruktiv lösen. Zwischen den unterschiedlichen Parteien agiert er als Moderator. Die beschriebene Konfliktfreudigkeit und Entscheidungsfreude setzen ein hohes Selbstvertrauen des Geschäftsführers voraus, das jedoch nicht in Arroganz münden darf. Charakteristisch für den idealen Sanierungsgeschäftsführer ist, dass er sich zwar dominant im Restrukturierungsprozess zeigt, sich aber im richtigen Moment zurücknehmen kann.

9.2.5.3 Anforderungen an das Umfeld des Sanierungsgeschäftsführers

Neben den Anforderungen an die Fähigkeiten und die Persönlichkeit eines Sanierungsgeschäftsführers werden vereinzelt noch weitere Bedingungen an sein familiäres und persönliches Umfeld definiert. So setzt die Kurzfristigkeit der Einsätze eine hohe zeitliche und räumliche Flexibilität voraus.[35]

Diese Unabhängigkeit ist nicht zuletzt auch für den finanziellen Bereich notwendig. Zum einen sollte ein Sanierungsgeschäftsführer sich bei seinen Entscheidungen nicht von eigenen finanziellen Zwängen leiten lassen müssen, und zum anderen wechseln projektbedingt Phasen der Erwerbstätigkeit mit Phasen ohne Anstellung.[36]

9.2.6 Idealtypischer Ablauf einer Tätigkeit als Sanierungsgeschäftsführer

9.2.6.1 Vertragsanbahnung und Vertragsschluss

In der Praxis geht die Initiative zur Beauftragung eines Sanierungsgeschäftsführers in der Regel vom Unternehmen bzw. seinem Umfeld aus. Insbesondere Banken und Private-Equity-Gesellschaften halten die Einschaltung eines Sanierungsgeschäftsführers für notwendig und setzen diesen häufig auch gegen den anfänglichen Widerstand der bisherigen Geschäftsführung bzw. der Gesellschafter durch.[37] Dies impliziert zugleich, dass der Sanierungsgeschäftsführer üblicherweise erst dann engagiert wird, wenn die Krise für diese Gruppen erkennbar ist, d. h. erst zu einem späten Zeitpunkt des Krisenverlaufs. *Initiative*

Für die Suche nach einem geeigneten Kandidaten werden teilweise Vermittler/ Agenturen eingeschaltet, oftmals jedoch werden sie auf Basis von Empfehlungen ermittelt. Geht die Suche von einer der externen Anspruchsgruppen aus, muss der Eindruck der faktischen Geschäftsführung und das damit verbundene Haftungsrisiko vermieden werden, indem man dem Unternehmen zumindest mehrere Kandidaten zur Auswahl stellt.[38] *Suche*

Bei der konkreten Auswahl eines Sanierungsgeschäftsführers wird vorrangig auf dessen bisherige Erfahrungen und Erfolge geachtet.[39] Soll der Sanierungsgeschäftsführer im Rahmen einer Managementverstärkung mit dem bisherigen Management zusammenarbeiten, ist es ratsam, die Meinung des bisherigen Managements einzuholen, um Konfliktpotenzial bereits im Vorfeld zu minimieren. *Auswahl*

Besteht grundsätzliche Einigkeit über die Punkte der Zusammenarbeit, so ist vor Aufnahme der Tätigkeit ein Dienstvertrag zu schließen, in dem alle wesentlichen Aspekte der Tätigkeit (Pflichtenprogramm) detailliert erfasst sind. Da die

Bezahlung Pflichtenbeschreibung den Anknüpfungspunkt für die vertragliche Haftung des Sanierungsgeschäftsführers beinhaltet, insbesondere in den Fällen, in denen es später zum Insolvenzantrag kommt, ist es geboten, Haftungsrisiken und das Risiko einer Anfechtung der Honorarzahlungen zu minimieren und eine Haftungsbegrenzung zu seinen Gunsten zu vereinbaren.[40] Auch die Bezahlung wird im Vertrag geregelt, wobei sich eine Vergütung auf Tagessatzbasis durchgesetzt hat, sodass Kosten nur bei Einsatz des Sanierungsgeschäftsführers anfallen (somit nicht für Krankheit, Urlaub, sonstige Nichtanwesenheit).[41] In einer auf Sanierungsgeschäftsführer fokussierten Befragung wurden Tagessätze von 1.500–3.000 € genannt.[42] Als Faustformel gilt dabei:

$$\text{Tagessatz Sanierungsgeschäftsführer} = \frac{\text{Jahresgehalt eines vergleichbaren Managers} \times 2 \text{ oder } 3}{200 \text{ Tage}}^{43}$$

Zunehmend versuchen Unternehmen, eine zumindest teilweise erfolgsabhängige Entlohnung zu vereinbaren. Dies soll zum einen die Leistungsbereitschaft des Sanierungsgeschäftsführers steigern, zum anderen bietet es die Möglichkeit, die Vergütung von der liquiditätsschwachen Gegenwart auf die Zukunft zu verschieben.[44] Insbesondere die motivierende Wirkung variabler Gehaltsbestandteile wird im Fall einer Sanierungsgeschäftsführung infrage gestellt: Generell gilt für eine erfolgsabhängige Bezahlung, dass hierfür ein klar messbares Ziel zu definieren ist, dessen Erreichen nur abhängig von der Leistung des Sanierungsgeschäftsführers sein soll. Aufgrund der Komplexität einer Sanierung und der Multikausalität des Sanierungserfolges kann diese zweite Anforderung allerdings regelmäßig nicht erfüllt werden.[45] Darüber hinaus wird darauf hingewiesen, dass der Sanierungsgeschäftsführer bereits unter dem Gesichtspunkt, mit einem erfolgreichen Referenzprojekt weitere Folgeprojekte generieren zu können, ein hohes Interesse am Gelingen der Sanierung hat.[46] Auch unter diesem Aspekt ist eine variable Entlohnung nicht notwendig.[47]

9.2.6.2 Durchführungsphase

Bestandsaufnahme Angesichts der Krisensituation bleibt für den Sanierungsgeschäftsführer nach Vertragsabschluss meist nur ein Zeitraum von wenigen Tagen oder Wochen bis zum Beginn seiner Tätigkeit.[48] Zunächst ist eine kurze Bestandsaufnahme durchzuführen, um sich einen unvoreingenommenen eigenen Eindruck von der Gesamtsituation zu machen. Da das betriebliche Informationswesen in Krisenunternehmen häufig veraltet ist, muss der Sanierungsgeschäftsführer im Rahmen der Informationsbeschaffung Betriebsbesichtigungen und ausführliche Gespräche (durch-)führen.[49] Üblicherweise nimmt dies nur wenige Tage in Anspruch.[50] Sodann beginnt er mit der Umsetzung von ersten stabilisierenden Maßnahmen, um eine weitere Verschlechterung – insbesondere der Liquiditätssituation – zu verhindern.[51] Je nach Aufgabenstellung wird er nun eine Sanierungskonzeption erstellen und mit den Gesellschaftern und/oder den anderen Geschäftsführern abstimmen[52] oder aber ein bereits ausgearbeitetes Sanierungskonzept mit definierten Einzelmaßnahmen umsetzen.

In der ersten Phase seiner Tätigkeit wird der Sanierungsgeschäftsführer zumeist Vollzeit im Unternehmen tätig sein. In Abhängigkeit von der Unternehmensgröße, der Komplexität der Sanierung und der Sanierungsphase ist es möglich, dass das zeitliche Engagement in einer späteren Phase schwächer wird.[53] Dies setzt allerdings voraus, dass die wesentlichen Sanierungsmaßnahmen angestoßen sind und er „nur noch" die konsequente Umsetzung sicherstellen muss.

Während der gesamten Tätigkeit ist eine regelmäßige Abstimmung mit dem Auftraggeber erforderlich. Hier sind die Sanierungsfortschritte und gegebenenfalls Gründe für Verzögerungen zu besprechen. Gegebenenfalls ist dann der ursprüngliche Auftrag zu erweitern bzw. zu verändern.[54]

Bei dem spezifischen Einsatz als Sanierungsgeschäftsführer für eine anstehende Eigenverwaltung liegt der besondere Fokus auf den insolvenzvorbereitenden Maßnahmen. Dabei sollte der Sanierungsgeschäftsführer sämtliche Maßnahmen, die typischerweise ein vorläufiger Insolvenzverwalter nach der Anordnung von gerichtlichen Sicherungsmaßnahmen vornimmt, vorstrukturieren und vorbereiten. Dazu zählt, eine GuV- und liquiditätsseitige Unternehmensplanung unter Antragsbedingungen aufzusetzen, praktische Voraussetzungen für eine Betriebsfortführung zu schaffen (Kommunikation mit Debitoren, Banken, Versorgern etc.) und betriebsintern die Führungsmannschaft auf das Sanierungsszenario im Insolvenzverfahren einzuschwören. Ein besonderer Schwerpunkt sollte auf eine genaue Dokumentation der insolvenzauslösenden Tatbestände (Zahlungsunfähigkeit und/oder Überschuldung) gelegt werden. Die Erfahrung zeigt, dass gerade der Zeitraum unmittelbar vor einer Antragstellung ein besonderes Haftungsrisiko birgt und auch strafrechtlich relevant ist. Der Sanierungsgeschäftsführer ist als Organ dafür verantwortlich, dass die besonders hohen gesetzlichen Anforderungen, die sich aus dieser Situation ergeben, erfüllt werden.

9.2.6.3 Beendigung der Tätigkeit

Die durchschnittliche Tätigkeitsdauer eines Sanierungsgeschäftsführers wird in der Literatur mit 6–12 Monaten angegeben, wobei eine Befragung zu diesem Komplex eine deutlich breitere Spreizung von drei Monaten bis vier Jahren ergab.[55] Zwar ist den Vertragsparteien bereits zum Tätigkeitsbeginn eine zeitliche Begrenzung klar, doch die genaue Dauer des Engagements ist nicht definiert, sondern ergibt sich aus dem Fortschritt der Sanierung. Ist diese weitestgehend durchgeführt und das Unternehmen wieder „auf Kurs", muss der Sanierungsgeschäftsführer seine Tätigkeit beenden. Dies setzt voraus, dass drei Kriterien erfüllt sind: die Sicherung der Finanzierung, die Schaffung von Nachhaltigkeit bzw. einer strategischen Perspektive sowie die Umsetzung des Sanierungskonzeptes.[56]

Durchschnittliche Tätigkeitsdauer

Hat der Sanierungsgeschäftsführer seine Tätigkeit beendet, wird ein neues Management benötigt, das sich von den Anforderungen her deutlich von der Sanierungsgeschäftsführung unterscheidet. So sind nun wieder vermehrt strategische Fragestellungen relevant, der Unternehmensaufbau/-ausbau ist zu organisieren und die unternehmerischen Stärken wieder zu entwickeln.[57]

9.2.7 Zusammenfassung

Im Jahr 2014 waren ca. 16.500 Interimsmanager deutschlandweit tätig.[58] Sie erzielten einen Umsatz in Höhe von rd. € 1.350 Mio. Für das Jahr 2015 wird das Umsatzvolumen auf ca. € 1.500 Mio. geschätzt.[59] Für die Folgejahre ist ein weiteres Wachstum des Marktes für Sanierungsgeschäftsführer zu erwarten.[60] Die vorstehenden Zahlen sind empirisch jedoch schwierig zu überprüfen, da der Markt sehr fragmentiert ist. Zudem ist dieser Personenkreis in keiner offiziellen Statistik separat erfasst, sondern er wird vielmehr dem Management zugerechnet. Nicht zuletzt ist auch – von Ausnahmen abgesehen – keine gesonderte Stellenbezeichnung üblich, die recherchierbar wäre. Insbesondere im Handelsregister erfolgt lediglich die Eintragung als „normaler" Geschäftsführer.

Für von der Krise betroffene Unternehmen kann die Einbindung eines Sanierungsgeschäftsführers von überlebenswichtiger Bedeutung sein. In bestimmten Fällen ist jedoch die Hinzuziehung eines externen Sanierungsexperten verzichtbar, weil das Unternehmen über hinreichende eigene Ressourcen verfügt. Eine Abwägung ist im Einzelfall daher zwingend erforderlich, was umso mehr zu gelten hat, als durch einen falschen Einsatz des Instruments „Sanierungsgeschäftsführer" viele potenzielle Vorteile zerstört werden können.

Die Hinzuziehung eines Sanierungsgeschäftsführers ist einer internen Lösung vorzuziehen, wenn einer der folgenden Umstände vorliegt:[61]

- das bestehende Topmanagement ist aufgrund von „Betriebsblindheit" oder Voreingenommenheit zu einer Analyse der Lage und der Ableitung erforderlicher Sanierungsmaßnahmen nicht in der Lage oder
- das bestehende Topmanagement ist unfähig, die Sanierung voranzutreiben, weil ihm notwendige Sanierungserfahrung fehlt oder
- das bestehende Topmanagement hat nicht die Unterstützung und das Vertrauen wichtiger Gruppen, insbesondere der Mitarbeiter, Finanzierungspartner und Eigner.

Die Beauftragung eines Sanierungsgeschäftsführers ist dann unumgänglich, wenn das bisherige Topmanagement für eine Sanierung nicht länger zur Verfügung steht und sich somit eine Lücke an der Unternehmensspitze ergibt, denn gerade in einer Unternehmenskrise ist nun eine treibende Kraft überlebensnotwendig. Der Sanierungsgeschäftsführer muss mit seiner Erfahrung, seiner Persönlichkeit und Unvoreingenommenheit in der Lage sein, in kurzer Zeit die erforderlichen Sanierungsmaßnahmen mit Nachdruck umzusetzen. Durch seine Neutralität kann er zudem die betroffenen Parteien an einen Tisch bringen und zu gemeinsamen Sanierungsbeiträgen verpflichten. Im Idealfall verfügt der Sanierungsgeschäftsführer bereits nach kurzer Einarbeitungszeit über einen vergleichbaren Kenntnisstand wie das bisherige Management – jedoch bei höherer Objektivität und größeren Sanierungserfahrungen.

Um die Vorteile eines Sanierungsgeschäftsführers für das Unternehmen nutzen zu können, sind jedoch einige Voraussetzungen zu erfüllen. Vorrangig bedarf es der Auswahl eines geeigneten Sanierungsgeschäftsführers. Je nach Unternehmenskultur, erforderlichen Sanierungsmaßnahmen und Eigentümerverhältnissen sind unterschiedliche Eigenschaften verlangt. Im Vorfeld seiner Beauftragung ist die Einbindung des bisherigen Managements entscheidend (Managementaustausch vs. -verstärkung). So kann einerseits die auf die Schaffung eines Freiraums für den Sanierungsgeschäftsführer abzielende Freisetzung eines akzeptierten Managements, die Akzeptanz des neuen Geschäftsführers senken; andererseits führt das Festhalten an einem ungeeigneten Management zu Konflikten, die von der eigentlichen Sanierungsarbeit ablenken. Da ein Sanierungsgeschäftsführer in vielen Fällen auf externen Druck im Unternehmen platziert wird, sind die internen Vorbehalte zum Tätigkeitsbeginn hoch. In dieser Anfangsphase ist sicherzustellen, dass er die Unterstützung „von oben" besitzt und Zugang zu allen wichtigen – auch vertraulichen – Informationen erhält. Sind diese Voraussetzungen erfüllt, stellt die Bestellung eines Sanierungsgeschäftsführers für krisenbehaftete Unternehmen eine wirkungsvolle Möglichkeit dar, die Chancen des Sanierungserfolges deutlich zu erhöhen.

Quellen

AIMP (2014), Anzahl der Interim Manager in Deutschland bis 2014: Arbeitskreis Interim Management Provider (AIMP) (Hrsg.): Anzahl der Interim Manager in Deutschland von 2011 bis 2014, 2014, URL: http://de.statista.com/statistik/daten/studie/387894/umfrage/anzahl-der-interim-manager-in-deutschland, Abrufdatum: 07.06.2016, 10:37 Uhr.

Bach (2009): Bach, N./Pauli, A./Giardini A./Fassbender, P.: Unterscheiden sich Interim Manager von Linienmanagern?, Persönlichkeitseigenschaften von Restrukturierungsexperten, in: DBW 69/2009, S. 31–44.

Bloemer (2003): Bloemer, V.: Interim Management: Top-Kräfte auf Zeit, Regensburg, 2003.

Bloemer (2008): Bloemer, V.: Interim Manager, in: Zeitschrift der Unternehmensberatung, 5/2008; S. 213–215.

Böckenförde (1995): Böckenförde, B.: Sanierung und Turnaround, Führungsaufgaben bei, in: Kieser, Handwörterbuch der Führung, Stuttgart, 1995.

Böckenförde (1996): Böckenförde, B.: Unternehmenssanierung, 2. Auflage, Stuttgart, 1996.

DDIM (2015), Honorarvolumen im Interim Management in Deutschland bis 2015: DDIM – Dachgesellschaft Deutsches Interim Management e.V. (Hrsg.): Entwicklung des Honorarvolumens der Dienstleistung Interim Management in Deutschland in den Jahren von 2002 bis 2015 (in Millionen Euro), 2015, URL: http://de.statista.com/statistik/daten/studie/258339/umfrage/entwicklung-des-honorarvolumens-im-interim-management, Abrufdatum: 07.06.2016, 10:37 Uhr.

Dreesen (2004): Dreesen, A.: Entlohnung von Interimsmanagern, in: Tiberius V. A.; Interimsmanagement, Berlin, Stuttgart, Wien, 2004.

Executives Online (2014): Executives Online Deutschland GmbH (Hrsg.): Report zur Umfrage in Europa 2014, Der europäische Interim-Management-Report, o.O., 2014.

Feltham/Hughes (1999): Feltham R./Hughes D.: Interim Managers: Distinguishing Personality Characteristics of Managers on Short-term Contracts, in: Interim Managers, Volume 7, Number 4, December, 1999.

KPMG (2007): KPMG Deutsche Treuhand-Gesellschaft Aktiengesellschaft Wirtschaftsprüfungsgesellschaft (Hrsg.)/Andersch, T./Fassbender, P./Krüger, W.: CRO – Quo vadis?, Der „Chief Restructuring Officer" (CRO) im deutschen Restrukturierungsmarkt. Eine empirische Untersuchung, o.O., 2007.

Loeber/Weniger (2008): Loeber R./Weniger S.: Der Sanierungs-Geschäftsführer in der Unternehmenskrise, Aufgabenstellungen und Erfolgsfaktoren effektiven Handelns, in: KSI 02/2008, S. 53–58.

Ribbert (1995): Ribbert, S.: Interim-Management durch externe Führungskräfte, Bergisch Gladbach, Köln, 1995.

Roland Berger Strategy Consultants (2016): Roland Berger Strategy Consultants GmbH (Hrsg.)/Haghani, S./Weidemeyer, F./Scheunert, E.: Chief restructuring officer – Coach or commander?, Leadership and communications in crisis situations, Frankfurt am Main, 2016.

Roland Berger Strategy Consultants (2015): Roland Berger Strategy Consultants GmbH (Hrsg.)/Haghani, S./Weidemeyer, F./Scheunert, E.: CRO – Firmenretter mit neuem Profil, Bedeutung, Persönlichkeit und Rolle des Chief Restructuring Officer bei der unternehmerischen Restrukturierung, Frankfurt am Main, 2015.

Rosenzweig (2009): Rosenzweig, J.: Unternehmensberater im Turnaround-Prozess richtig einsetzen, Zum Für und Wider der Bewältigung von Unternehmenskrisen mit Hilfe von Management-Consultants, in: KSI 3/2009, S. 105–111.

Schulze & Braun (2015): Schultze & Braun Rechtsanwaltsgesellschaft für Insolvenzverwaltung mbH (Hrsg.)/Uffmann, K./Specovius, D.: Interim Management in der Unternehmenskrise Gefängnis oder Schuldturm?, in: 5. Abendsymposium des Instituts für Insolvenz- und Sanierungsrecht, Universität Düsseldorf, 2015.

Slatter (2006): Slatter, S./Lovett D./Barlow L.: Leading Corporate Turnaround, Chichester, 2006.

Specovius/Uffmann (2016): Specovius, D./Uffmann, K.: Interim Management in der Unternehmenskrise, in: ZIP 2016, S. 295–306.

Tiberius (2004): Tiberius V. A.: Interimsmanagement, Berlin, Stuttgart, Wien, 2004.

Völpel (2006): Völpel M./Bach N./Fassbender P./Andersch T./Krüger W.: Der Chief Restructuring Officer (CRO) im deutschen Restrukturierungsmarkt, Gießen, 5/2006.

Völpel/Bach (2008): Völpel M./Bach N.: Der Chief Restructuring Officer: Master Krisenmanager oder alter Wein in neuen Schläuchen, in: KSI 4/2008, S. 149–154.

Waisman/Lucas (2008): Waisman, S./Lucas, J.: The role and retention of the chief restructuring officer, in: The Americas Restructuring and Insolvency Guide 2008/2009.

Anmerkungen

[1] Ribbert spricht hierbei vom „dominanten Träger", in: Ribbert (1995), S. 62.
[2] Böckenförde (1996), S. 102.
[3] Nach Böckenförde (1996), S. 153.
[4] Böckenförde (1996), S. 104; Ribbert (1995), S. 68; Löber/Weniger (2008), S. 53–58; Slatter (2006), S. 23.
[5] Böckenförde (1995), S. 117.
[6] Rosenzweig (2009), S. 105.
[7] KPMG (2007), S. 6; Völpel (2006), S. 8.
[8] Slatter (2006), S. 3 und 200; Waisman/Lucas (2008), S. 200.
[9] Loeber/Weniger (2008), S. 53; Völpel/Bach (2008), S. 154.
[10] Böckenförde (1996), S. 117 ff.
[11] KPMG (2007), S. 6; Völpel (2007), S. 6.
[12] KPMG (2007), S. 18.
[13] Specovius/Uffmann (2016), S. 298.
[14] Vgl. zur Definition von Interimsmanagement: Bloemer (2008), S. 213; Ribbert (1995), S. 45; Tiberius (2004), S. 13.
[15] Ribbert (1995), S. 5; ähnlich bei: Bloemer (2003), S. 62; Tiberius (2004), S. 163; Bach (2009), S. 2.
[16] Schulze & Braun (2015, S. 41 ff.
[17] Specovius/Uffmann (2016), S. 298.
[18] Bloemer (2008), S. 19; KPMG (2007), S. 18.
[19] KPMG (2007), S. 10; Böckenförde (1996), S. 58.
[20] Bloemer (2008), S. 67.

9.2 Der Sanierungsgeschäftsführer

[21] KPMG (2007), S. 19.
[22] Für eine detaillierte Darstellung potenzieller Maßnahmen verweisen wir hier auf das Kapitel 3 dieses Buches.
[23] Böckenförde (1996), S. 94.
[24] KPMG (2007), S. 8.
[25] Bloemer spricht in diesem Zusammenhang vom „beratenden Manager", in Bloemer (2008), S. 10.
[26] Böckenförde (1996), S. 117.
[27] Völpel (2006), S. 8; nach Slatter hingegen ist der englischsprachige CRO einem CEO/Chairman zur Seite gestellt (Managementverstärkung), während der sog. Turnaround Executive als Geschäftsführer agiert, in Slatter (2006), S. 3; ebenso: Waisman/Lucas (2008), S. 200.
[28] Böckenförde (1996), S. 69.
[29] Böckenförde (1995), Sp. 1865.
[30] Bloemer (2008), S. 87.
[31] KPMG (2007), S. 14.
[32] Bloemer (2008), S. 16; KPMG (2007), S. 14.
[33] Völpel (2006), S. 21.
[34] Siehe beispielhafte Ausführungen: Bloemer (2003), S. 18 f.; Löber/Weniger (2008), S. 57; KPMG (2007), S. 15; Roland Berger Strategy Consultants (2015), S. 9 f.; Tiberius (2004), S. 23 ff.; Völpel (2006), S. 21 f.
[35] Tiberius (2004), S. 23 ff.
[36] Bloemer (2008), S. 86.
[37] Roland Berger Strategy Consultants (2016), S. 7; Böckenförde (1996), S. 117; Völpel (2006), S. 11.
[38] KPMG (2007), S. 7.
[39] KPMG (2007), S. 14.
[40] Specovius/Uffmann (2016), S. 300.
[41] Ribbert (1995), S. 24; Bloemer (2008), S. 95.
[42] KPMG (2007), S. 8; Bloemer (2008) zitiert Quellen, die Tagessätze von 550–2.500 Euro für Interimsmanager nennen, in: Bloemer (2008), S. 92; eine Umfrage unter Interimsmanagern hat ergeben, dass die Tagessätze für Aufgaben in der Geschäftsführung/im Vorstand (nicht aufgeschlüsselt nach Einsatzgebiet) im Durchschnitt 1.153 EUR betragen, in: Executives Online (2014), S. 13; Dreesen sieht im Sanierungsfall Tagessätze von 1.250 bis 2.000 Euro als angemessen an, in: Dreesen (2004) S. 177.
[43] Bloemer (2008), S. 94.
[44] KPMG (2007), S. 8; Tiberius (2004), S. 177.
[45] Bloemer (2008), S. 93; Ribbert (1995), S. 156.
[46] Bloemer (2008), S. 16; Tiberius (2004), S. 33.
[47] Specovius/Uffmann (2016), S. 305.
[48] Ribbert (1995), S. 24.
[49] Böckenförde (1995), S. 112.
[50] Bloemer (2008), S. 108.
[51] Slatter spricht hier von „Crisis Stabilisation", in: Slatter (2006), S. 21.
[52] Bloemer (2008), S. 108.
[53] KPMG (2007), S. 8; Bloemer (2003), S. 79.
[54] Bloemer (2008), S. 108.
[55] KPMG (2007), S. 8; Bloemer gibt für Interimsmanager eine durchschnittliche Dauer von 6–9 Monaten an, in: Bloemer (2003), S. 79; Völpel gibt für CRO im deutschsprachigen Raum eine Dauer von 6 Monaten bis 2 Jahren an, in: Völpel (2006), S. 14; Slatter gibt für die Krisenstabilisierungsphase einen Zeitraum von 6–12 Monaten, für die Problembehebung bis zu weitere 12 Monaten an, in Slatter (2006), S. 5.
[56] Roland Berger Strategy Consultants (2015), S. 14.
[57] Slatter (2006), S. 5; KPMG (2007), S. 20.
[58] AIMP (2014), Anzahl der Interim Manager in Deutschland bis 2014.

[59] DDIM (2015), Honorarvolumen im Interim Management in Deutschland bis 2015.
[60] Roland Berger Strategy Consultants (2016), S. 6.
[61] Ribbert (1995), S. 67 ff.; Bloemer (2008), S. 11, 42 ff.

9.3 Kommunikation – Ursache und Lösung vieler Krisen
von Thomas Schulz

Teilnehmen lassen

Unter „communicare" verstanden die alten Römer mehr als „sich mitteilen". „Communicare" bedeutete ihnen auch „teilnehmen lassen, gemeinsam machen".

Wir kommunizieren tagtäglich, damit etwas Gemeinsames entsteht. Und erleben dabei immer wieder, dass der (Ab-)Sender zwar die wahre Bedeutung seiner Nachricht kennt, der Empfänger dieser Nachricht letztendlich die Realität schafft.

Somit bewegen wir uns mit unserer Kommunikation auf einem schmalen Grat, manchmal gar auf einem Minenfeld: Habe ich das Richtige gesagt? Habe ich es auf die richtige Art mit den passenden Worten zur richtigen Zeit an einem angemessenen Ort kommuniziert? Hätte ich Dinge besser nicht gesagt, oder nicht ausgerechnet diesem Empfänger mitgeteilt? Habe ich etwas Entscheidendes ausgelassen?

Unternehmerisches Risiko ist davon geprägt, dass bei einer Entscheidung nicht alle Informationen zur Verfügung stehen, die man gerne hätte oder bräuchte. In akuten Krisenszenarien potenziert sich diese Herausforderung. Mehr noch als im Alltagsgeschäft sind die richtigen Informationen zur richtigen Zeit in der richtigen Qualität erfolgskritisch für die richtigen, entscheidenden unternehmerischen Weichenstellungen.

Kommunikation ist ein Erfolgsfaktor

Kommunikationsprozesse sind Risikofaktoren. Wie riskant ist dann erst die Kommunikation unternehmerischer Risiken? Also gar nicht oder möglichst wenig kommunizieren? Oder wenigstens so massenkompatibel, dass man niemanden aus und in dessen Komfortzonen aufschreckt? Ohne jegliches Risiko stagniert die Kommunikation. Diese ist jedoch entscheidendes Momentum für Entwicklung, Fortschritt, Wachstum. Denn: Kommunikation ist ein Erfolgsfaktor.

> **Merke:**
> Kommunikation und Dialog sind entscheidend für Entwicklung, Fortschritt, Wachstum.

9.3.1 Führungskultur für guten Ruf, hohes Ansehen, berechenbare Firmenpolitik etablieren

Website: Überlegungen und Prüffragen zu „weichen Faktoren"

„Managementfehler und mangelnde interne Kommunikation" sind die häufigsten Gründe für Insolvenzen erklärte ein krisenerprobter eigenverwaltender Vorstandsvorsitzende eines international agierenden Anlagenbauers interessierten Wirtschaftsjournalisten bereits zu Beginn der 2000er-Jahre.

Der dynamische Krisenverlauf von der Strategiekrise über die Ertragskrise bis zur Liquiditätskrise mit sinkendem Handlungsspielraum bei steigender Bedrohung für Unternehmer und Unternehmen sollte in Geschäftsleitungen hinlänglich bekannt sein. Sanierungsfachleute erleben gestern wie heute in der Nachbetrachtung von Krisen ein ums andere Mal, dass Instrumente der Früherkennung, Prävention und Vorsorge nicht genutzt oder gar verschmäht wurden.

Sind Fehlentscheidungen tatsächlich ausschließlich im Rückspiegel zu erkennen? Konzentriert sich das Management nach innen wie nach außen zu sehr darauf, bereits getroffene Entscheidungen zu rechtfertigen – und intern ‚von oben herab' zu kommunizieren? Will das Management überhaupt auf Nebenwirkungen von unterlassenen oder getroffenen Entscheidungen hingewiesen werden? Wollen Geschäftsleitungen das Risiko ihres Erfahrungsschatzes nicht wahrhaben? Erfahrung wird dann zum Feind, wenn das Umfeld sich so verändert, dass das eigene Weltbild nicht mehr angemessen ist. Wer darf diese Erkenntnis – so sie denn überhaupt im Unternehmen reifen durfte – „dem Alten" ins Gesicht sagen?

Wie viele Vorstände haben sich Übernahmen und Fusionen schöngeredet und letztendlich eben damit den Wert des eigenen Unternehmens drastisch gemindert? Mit den entsprechenden Reputations- und Vertrauensverlusten nach innen wie nach außen.

Eine offene Dialog- und Führungskultur trägt maßgeblich dazu bei, solche Selbstläufer rechtzeitig zu hinterfragen. Doch wer

- trägt Sorge für einen permanenten Dialog der Führung mit den eigenen Mitarbeitern – von den Entwicklern über Controller bis zum Vertrieb?
- nutzt systematisch den Dialog mit seinen eigenen Beschäftigten, mit allen Führungskräften an einem Tisch als solides Frühwarnsystem?
- kümmert sich im Unternehmen darum, dass rechtzeitig und koordiniert mit „dem Markt" gesprochen wird, um Vertrauen und Kompetenz zu stärken – mit Kunden, Lieferanten, Geschäftspartnern?
- kümmert sich insbesondere darum, dass die Erkenntnisse aus diesen Dialogen nicht als Herrschaftswissen gebunkert, sondern intern untereinander ausgetauscht werden?
- verantwortet das Aktionsfeld, wie die Kommunikationsprozesse des Unternehmens und besonders innerhalb des Unternehmens gestaltet sind? *Wer verantwortet die Kommunikationsprozesse?*
- prüft verlässlich und regelmäßig, dass Kurs auf die Unternehmens-, Projekt- und Kommunikationsziele gehalten wird?
- „hält den Laden zusammen"? Durch glaubwürdigen Dialog mit der interessierten Öffentlichkeit – mit den klassischen Medien, mit Verbraucherschützern, Bürgerbewegungen, Interessengruppen, mit den zwischenzeitlich auch nicht mehr ganz so „neuen Medien"?

Das gesamte Unternehmen profitiert von dieser Dialog- und Führungskultur, die für einen guten Ruf, hohes Ansehen und die für Geschäftspartner, Banken *Spielräume in der Not* oder Investoren so bedeutsame berechenbare Firmenpolitik sorgt. Sorge in guten Zeiten für Führungskultur, dann hast Du Spielräume in der Not.

In einer Rede an der Offiziersschule des Heeres[1] forderte der damalige Verteidigungsminister Manfred Wörner die militärische Führung der Bundeswehr auf, „abweichende Ansichten zu äußern, wo es im Sinne des Ganzen einer höheren Wertvorstellung erforderlich erscheint. Dass Ihre entsprechenden Äußerungen dabei von Taktgefühl und Verstand kontrolliert sein müssen, brauche ich wohl nicht besonders zu betonen. Es gibt kaum etwas Schlimmeres, als den vorauseilenden Gehorsam, der dem Vorgesetzten nicht mehr sagt, was Wissen und Gewissen verlangen, sondern das, was der Vorgesetzte vermutlich hören will."

Diese Qualität einer Führungs-, Dialog- und Kommunikationskultur hätte manche Unternehmenskrise oder -insolvenz verhindert. Die Qualität der Ziele bestimmt die Qualität der Zukunft.

> **Merke:**
> Auch die Führungskultur unterliegt einem ständigen Wandel. Mehr als drei Viertel der für eine Studie von Professor Peter Kruse[2] interviewten Führungskräfte sind davon überzeugt, dass der Standort Deutschland ohne eine grundlegende Änderung in der aktuellen Führungspraxis weit unter seinen Möglichkeiten bleibt. Ein Großteil der Führungskräfte sieht den typisch deutschen Führungsstil als einen entscheidenden Nachteil im Ringen um Bindung und Gewinnung von Talenten.

9.3.2 Die Herausforderungen inhaltlich umfassend durchdringen

Selbst um zu bleiben, wer oder was man ist, muss man sich verändern. Doch insbesondere in kritischen Phasen, in denen Veränderung noch möglich oder bereits dringend geboten wäre, halten Chefs die „Vogel-Strauß-Politik" für angemessen. Folgerichtige Konsequenz dieser „Zu-Spät"-Politik vieler Manager: Zu-Spät-Wahrnehmen, Zu-Spät-Auseinandersetzen, Zu-Spät-Gegensteuern, Zu-Spät-Kommunizieren.

Projektüberlegungen und Entscheidungen erst mit deren Inkrafttreten zu verkünden ist ebenfalls „zu spät". Im Verlauf vieler Projekte, in die Kommunikatoren spät und zu spät eingebunden werden, gewinnt man die sichere Erkenntnis: Interne wie externe Kommunikationsanstrengungen sind entscheidend für einen erfolgreichen Projektverlauf von Anfang an.

Paul B. Carroll und Chunka Mui haben im Jahr 2009 in dem Buch „Teure Lektionen"[3] ihre Analysen zu Managementfehlern publiziert. Eine ihrer Erkenntnisse: „Man nennt es 'Marketing', wenn man seine Kunden belügt. Wenn man sich selbst belügt, heißt das 'Marktforschung'".

Kollektiver Wirklichkeitsverlust, Verantwortungsvakuum, mangelnde Kontrolle

Im Abschlussbericht des Untersuchungsausschusses des Berliner Abgeordnetenhauses[4] zur bisherigen Historie des Hauptstadtflughafens werden „kollektiver Wirklichkeitsverlust", „Verantwortungsvakuum" sowie „mangelnde Kontrolle" als Hauptgründe für dieses blamabel vorbereitete und verwaltete Prestigeprojekt identifiziert. Bei zu vielen Projekten stellt man in deren Verlauf

9.3 Kommunikation – Ursache und Lösung vieler Krisen

völlig erstaunt fest, dass der Nutzen deutlich geringer und die Kosten deutlich höher ausfallen als ursprünglich postuliert.

„Die Erfolgsaussichten bei Fusionen und Übernahmen seien schlechter als die Überlebenschancen beim russischen Roulette" … mehr als die Hälfte von Fusions- oder auch Restrukturierungsprojekten scheitert[5]: Die Analysen und Vorbereitungen waren weder umfassend noch sorgfältig genug, die Erwartungen waren zu ehrgeizig, die Synergie- oder Rationalisierungspotenziale wurden falsch eingeschätzt, die Marktanalyse entsprang Wunschdenken, die Kommunikation erwies sich als unzureichend. Häufig wurden zu hohe Erwartungen geweckt, die enttäuscht und als falsche Versprechungen wahrgenommen wurden. Viele mit hohen Erwartungen verbundene Projekte erzielen wirtschaftlich nicht die ursprünglich beabsichtigten Ergebnisse. In vielen Fällen auch deshalb nicht, weil sie nicht professionell kommuniziert wurden, weil Informationen zu spät, zu einseitig, unzureichend oder auch überbordend flossen.

Zu hohe Erwartungen

Unzählige Projekte erzielen mittelmäßige Ergebnisse, weil in der immer gleichen Umgebung mit den gleichen Leuten Lösungen gefunden werden sollen. Dies gilt selbst für Vorhaben, zu denen nicht ausschließlich ohnehin entbehrliche Mitarbeiter beordert werden.

Die Projektergebnisse sind dann gerade gut genug, kaum jedoch der notwendige exzellente Befreiungsschlag. Mitarbeiter kommentieren Projekte dann mit Zynismus oder quittieren diese mit Burn-Out.

„Mangelhafte Kommunikation" lautet die klassische Schuldzuweisung, wenn Unternehmen, Projekte oder auch Beziehungen scheitern. Gerne wird damit unter den Teppich gekehrt, dass Führungskräfte aus diversen Bereichen die falschen Lehren aus ihren bisherigen Erfahrungen gezogen haben, zu wenig Ressourcen zur Verfügung standen, Projekte schlecht vorbereitet waren.

Die Unternehmenskommunikation wird häufig gar nicht erst von Anfang an in Projekte eingebunden. Nicht bei Projekten, in denen es gilt, seine beherrschende Marktposition aus einer Position der Stärke zu behaupten. Nicht bei Projekten, die das Ziel verfolgen, die Wettbewerbsfähigkeit zu verteidigen oder wieder zu gewinnen. Nicht bei Projekten, sich unter Leidensdruck zu transformieren. Hektische Betriebsamkeit ersetzt dann geistige Windstille.

Der Vorwurf mangelnder Kommunikation bedeutet doch umgekehrt, dass „gute Kommunikation" und hinreichende Vorbereitung ein enormer Hebel für erfolgreiche Projekte sein müssen.

Gute Kommunikation – ein enormer Hebel für erfolgreiche Projekte

Häufig haben die Teammitglieder weitere Aufgaben über ihr Alltagsgeschäft hinaus 'on top' zu meistern. Diese Teams brauchen von Beginn an einen ersten plausiblen Sprachschlüssel gegenüber Mitarbeitern, einen regen Austausch mit dem Vorstand – und immer einen konstruktiven Querdenker im Team.

Das Projektteam sollte zunächst ein gemeinsames Verständnis von klaren Begriffen und Strukturen entwickeln. Denn der Weg vom unklaren Begriff zum Missgriff ist kurz. Der Aufwand lohnt, sich so viel Zeit wie nötig zu gönnen, belastbare, nachhaltige Kernbotschaften und einen verlässlichen roten Faden zu entwickeln. Selbst dann, wenn in einer akuten Krisensituation die Zeit knapp bemessen ist. Kernaussagen müssen belastbar nach innen tragfähig und durchzuhalten sein. Gegenüber Geschäftspartnern und Marktteilnehmern ebenso wie in Verhandlungen mit Belegschaftsvertreten, mit Investoren oder bei Banken.

Wer fragt, der führt: der Sprachschlüssel hält plausible, nachvollziehbare Antworten auf die wahrscheinlichen, absehbaren Fragen vieler Mitarbeiter und Geschäftspartner parat. Dabei ist die Disziplin des „Zuhörens" hohe Kunst, keineswegs „niedrige Tätigkeit".

Wer so spricht, dass er verstanden wird, spricht gut

Selbst in national, regional oder lokal relevanten Projekten hat sich eingebürgert, durch möglichst viele Anglizismen Kompetenz vorzugaukeln. Die Kernbotschaften dieses Sprachschlüssels sollten jedoch weder Geschäftsberichts-Deutsch oder „denglisches Berater-Spreche" enthalten. Auch sollten sie nicht aus dem Plattitüden-Paradies stammen. Wie wusste bereits Moliere? „Wer so spricht, dass er verstanden wird, spricht gut".

Zielgerichtete Kommunikationskonzepte helfen

- die Meinungsführerschaft zu erlangen,
- die Mitarbeiter rechtzeitig mitzunehmen,
- Zweifler im Dialog zu überzeugen,
- Kritikern Paroli zu bieten,
- Öffentlichkeiten zu gewinnen,
- „der Krise den Geschmack der Katastrophe zu nehmen".

Kommunikationsanstrengungen sind Chefsache

Diese Kommunikationsanstrengungen sind integrierte Führungsaufgaben und somit Chefsache.

Oft genug bleiben Projekte unvollendet, verlaufen im Sande oder scheitern. Dabei hätte es durchaus Alternativen gegeben. Dies gilt keineswegs nur für Großbetriebe – diese stehen lediglich eher im medialen Interesse und taugen damit eher für spektakuläre, unterhaltsame Schlagzeilen.

Hastig, halbherzig oder zu einseitig vorbereitete Projekte werden nicht nur in Konzernen und Großbetrieben vorangetrieben. Auch dem eigentlichen Rückgrat unserer Wirtschaft – den bodenständigen Mittelständlern – hilft es wenig, das Tempo zu erhöhen, wenn man in die falsche Richtung läuft. Mittelständler beherrschen professionell ihr Handwerk bzw. ihr Kerngeschäft. Zunehmend sind sie mit der datengesteuerten Vernetzung von Menschen, Maschinen und Dienstleistungen konfrontiert, müssen sich in der Industrie 4.0. digitale Produktions- und Arbeitsprozesse zu eigen machen und umsetzen. Viele Menschen verzichten für das Gewohnte auf das Bessere. Die Aktionsfelder vom Widerstand gegen weitere Digitalisierung bis hin zum Management von Cyber-Risiken liegen auf der Hand.

„Gut gemeint" ist nicht „gut gemacht"

Mit kritischen Situationen einer evolutionären oder gar revolutionären Veränderung, einer Sanierung, eines Firmenumbaus oder einer Krise wissen Unternehmen und Betriebe oftmals nicht umzugehen. Im Gegenteil: Sie verzögern notwendige Schritte und Schnitte aus „gut gemeinten" Gründen, weil sie eine solche Situation fälschlicherweise als persönliche Niederlage eines „Lebenswerks" fehlinterpretieren. Sie riskieren damit aber erst recht dessen Existenz. „Gut gemeint" erweist sich häufig als Gegenteil von „gut gemacht".

9.3 Kommunikation – Ursache und Lösung vieler Krisen

Bei Mittelständlern, inhabergeführten oder Familienunternehmen stehen neben den Aktionsfeldern Digitalisierung, Agilität, volatile Märkte auch heikle Themen wie „Unternehmens-Nachfolge" oder Finanzierungsprobleme im Mittelpunkt der Restrukturierungsnotwendigkeiten. Inhabergeführten, patriarchalisch aufgestellten Firmen fällt es schwerer, notwendige Expansions- oder Marktanpassungsmaßnahmen zu realisieren.

Am Ende des Projektes entscheidet dessen Akzeptanz bei den Mitarbeitern, Betriebsräten und Gewerkschaften, bei Kunden und Lieferanten, Banken, Kreditversicherern und Investoren, der öffentlichen Hand oder Verbraucher- und Umweltschützern über Erfolg oder Misserfolg, über verlorene oder gewonnene Reputation. Wird ein Projekt rechtzeitig und glaubwürdig kommuniziert – man sagt, was man tut und tut, was man sagt – dann steigen die Chancen, dass die diversen Interessensgruppen den Sinn und Zweck der Restrukturierung nachvollziehen und akzeptieren können. Und daraus rechtzeitig den eigenen wirtschaftlichen Vorteil ableiten.

Akzeptanz: sagen, was man tut, und tun, was man sagt

Kommunikation und Dialog sind viel wert. Doch nicht alles ist es wert, kommuniziert zu werden. Wer Erwartungen auf transparente Kommunikation im Sinne von „jederzeit, lichtdurchlässig, gläsern, durchsichtig" aus laufenden Analysen oder Projekten weckt, der mag sich „politisch korrekt" wähnen. „Wasserstandsmeldungen" zu veröffentlichen, ist jedoch (zu) riskant. Die Wahrscheinlichkeit, dass Ideen oder Planungen frühzeitig torpediert werden oder gar scheitern, steigt. Die wenigsten Verhandlungspartner schätzen es, ihren Namen trotz Vertraulichkeitsvereinbarungen publiziert zu finden. Transparent sollte auf jeden Fall im Sinne von „nachvollziehbar, plausibel, konsequent" kommuniziert werden.

Nachvollziehbar, plausibel, konsequent

> **Merke:**
> Rechtzeitiger Dialog dient als Frühwarnsystem, stärkt Vertrauen und Kompetenz und fördert Glaubwürdigkeit und Ansehen.

9.3.3 Kommunikation objektivieren und strukturieren, Lösungsansätze kanalisieren

Kommunikation ist der siamesische Zwilling eines jeden Veränderungs-, Restrukturierungs- und Sanierungsprojektes. Die Unternehmenskommunikation kann wertvolle Inhalte zum Projekt beitragen beziehungsweise die Beiträge der anderen Teammitglieder kritisch hinterfragen, kanalisieren und strukturieren. Schließlich ist der gute Pressesprecher draußen drinnen (vertritt das Unternehmen in der Öffentlichkeit) und drinnen draußen (transportiert aktuelle Stimmungen der Märkte nach innen). Er kann auch darüber wachen, ob beispielsweise Marktforschung, Marketing, Veranstaltungsmanagement, Öffentlichkeitsarbeit, Personalentwicklung, Vertrieb oder Compliance „eine Sprache" sprechen, ob Informationen als Bringschuld begriffen werden – und nicht mühsam erahnt und anderen Bereichen „aus der Nase gezogen" werden müssen.

Informationen sind Bringschuld

9 Organisation der Sanierung

Externe Kommunikationsprofis

Darüber hinaus ist es insbesondere bei Restrukturierungen, Sanierungen und Turnaround-Situationen sinnvoll, sich der Expertise eines spezialisierten externen Kommunikationsprofis zu versichern.

Das Unternehmen sichert sich somit die Vorteile einer externen Recherche, einer weitgehend unbelasteten, unabhängigen Sicht auf Ideen und Überlegungen. Profis für Krisenszenarien verstehen die rechtlichen Besonderheiten, die in der Kommunikation zu beachten sind – vom Arbeitsrecht, über das Aktien- und Bankenrecht bis hin zu Besonderheiten des Insolvenzrechts, Transaktionen, Haftungsfragen oder der sogenannten Litigation-PR bei Gerichtsverfahren.

Auftraggeber sind gut beraten, die Kommunikatoren auf höchster Ebene – beim Vorstand oder der Geschäftsführung – einzubinden. Im Vorfeld des Projektbeginns muss die Zusammenarbeit zwischen Vorstand, Beratern und der Unternehmenskommunikation abgesprochen werden. Die PR-Fachleute in den Unternehmen arbeiten in der Regel professionell, es mangelt ihnen jedoch an Sicherheit und Routinen in Restrukturierungs-, Sanierungs- oder Krisensituationen. Sie müssen sich unternehmensintern mit Marketingexperten abstimmen, die zuckersüße, himmelblaue Geschichten erzählen und diese dann irgendwie kreativ inszenieren wollen. Dabei gilt es, keine falschen Erwartungen zu wecken, mit den Botschaften angesichts des anstehenden Projekts nicht über das Ziel hinausschießen. In einigen Branchen muss die Werbung sicher kommunikativ „ins Risiko gehen". Gute PR muss darauf achten, dass Unternehmen mit umsatzfördernden Texten nicht „ins Verderben rennen". Das gemeinsame Verständnis muss sein, dass außergewöhnliche und herausfordernde kommunikative Herausforderungen gemanagt werden müssen. Diese Herausforderungen sind der Tatsache geschuldet, dass sich Märkte, Produkte, Verbraucherverhalten, Finanzbeziehungen, Partner, Strukturen bereits geändert haben oder grundlegend verändern werden.

Wenn es einer Firma schlecht geht, die Liquidität angespannt ist, die schleppende Sanierung das Überleben bedroht, dann werden oftmals zuerst die Marketing- oder Kommunikationsetats gekappt.

Insbesondere bei Restrukturierungen und Sanierungen ist aktive Kommunikation ungeachtet der Etats Pflicht. Offene und sachliche Kommunikation signalisiert: Wir führen den Prozess, wir gestalten ihn, wir managen ihn – und wir halten ihn durch.

Gute Ergebnisse mit soliden Mitteln

Gerade Kommunikations-Dienstleister, die auch über langjährige Erfahrungen in Insolvenzverfahren verfügen, sind es gewohnt, gute Ergebnisse mit soliden, einfachen handwerklichen Mitteln zu erzielen. Nicht alles, was technisch, grafisch oder organisatorisch machbar ist, soll oder darf in Restrukturierungsprozessen auch gemacht werden. Gerade bei Projekten, die kostengetrieben sind, wäre dies sogar kontraproduktiv.

Kommunikationsfachleute als Unternehmensberater

Auftraggeber und Auftragnehmer sollten ernsthaft erwägen und abwägen, ob die Kommunikationsfachleute als Unternehmensberater verstanden werden, die durchaus Einfluss darauf nehmen sollen, wie das Sanierungsvorhaben gestaltet und plausibilisiert wird. In manchen Fällen wünschen sich Vorstände und Geschäftsführungen lediglich eine verlängerte Werkbank für ihre Ideen und Konzepte. Eine professionell entwickelte Kommunikationsstrategie kann und wird aber Ungereimtheiten, Fehlentwicklungen oder Mängel in der Unternehmensstrategie und -argumentation frühzeitig zu Tage fördern.

Bis in die 1980er Jahre kannte die Katholische Kirche die Institution des „Teufelsadvokaten". Dessen Aufgabe war es, bei geplanten Heiligsprechungen eine skeptische Haltung einzunehmen, sämtliche Annahmen und Beweise kritisch zu beurteilen und alle vernünftigen Argumente vorzulegen, die gegen eine Heiligsprechung sprachen. Sehr viel mehr Heilige wurden kanonisiert, seitdem dieses Amt – förmlich übrigens „promotor fidel", also Verbreiter des Glaubens, genannt – abgeschafft ist. Im Interesse eines gemeinsamen Projekterfolgs sollten Auftraggeber und Kommunikationsspezialist sachlich und bestimmt diskutieren, in welchem Umfang diese Rolle ausgeübt werden soll.

„Teufelsadvokaten"

Die Referenzen und Erfahrungen der einzelnen Berater spielen in ersten Gesprächen aus gutem Grund eine bedeutende Rolle. Viele Unternehmen sind es leid, mit ihrem Geld die Aus- oder Fortbildung von externen Juniorberatern zu bezahlen. Restrukturierungs- und Sanierungsprojekte taugen nicht für „Jugend forscht".

> **Merke:**
> Kommunikation ist der siamesische Zwilling eines jeden Veränderungs-, Restrukturierungs- und Sanierungsprojektes.

9.3.4 Kommunikationskonzept entwickeln und plausibilisieren

Unabhängig davon, ob das Projekt mit strategischem, unternehmerischem Weitblick erfolgt oder eher als kurzfristiger „Feuerwehr-Einsatz" zu sehen ist: Kommunikation muss so früh wie möglich in die Gesamtplanung einbezogen sein – idealer Weise bevor „das Kind in den Brunnen gefallen" ist. In einer professionellen Projektorganisation werden Kommunikationsfachleute frühzeitig in das Projektteam einbezogen, in dem Mitarbeiter aus dem Unternehmen sowie weitere externe Spezialisten wie Wirtschaftsprüfer, Juristen, Finanzberater, Analysten, Investmentbanker und Unternehmensberater eng zusammenwirken. Dies kann auch unter enormen Zeitdruck geleistet werden.

Website: Leitfragen zur Entwicklung eines Kommunikationskonzepts

Ringen um die richtigen Maßnahmen ist Bestandteil konstruktiver Projektarbeit und gleicht der ehemals olympischen Disziplin des Tauziehens. Projektleiter und Kommunikator haben dabei dafür zu sorgen, dass das Team letztendlich an einem Strang in eine Richtung zieht, gemeinsame Lösungen und einen gemeinsamen Sprachschlüssel entwickelt.

Auf Grundlage erster Abfragen entwickelt der Kommunikationsberater einen unabhängigen Sprachschlüssel, der alle möglichen und alle „unmöglichen" Themenkomplexe vorausdenkt. In diesen Sprachschlüssel werden sowohl das Briefing des Vorstands, der Geschäftsführung oder leitender Mitarbeiter, eigene Recherchen über den Mandanten wie auch die Erfahrungswerte aus bisherigen Projekten eingebracht. Wenn der Auftrag es zulässt auch Gespräche mit Arbeitnehmer- bzw. Mitarbeitervertretern.

Unabhängige Sprachschlüssel

9 Organisation der Sanierung

Kernaussagen des Projekts plausibilisieren

Die Textentwicklung der Antworten hilft dabei, den roten Faden sowie die Kernaussagen des Projekts zu plausibilisieren. Wer von Anfang an auch „unmögliche" Fragen als Grundlage einer offenen und durchdachten Informationsarbeit zulässt, wird von kritischen Stellungnahmen im Laufe des Prozesses seltener überrascht. Professionelle Informationsarbeit dient immer auch als „Frühwarnsystem". Sie hat die Hand an der innerbetrieblichen Hauptschlagader ebenso wie am öffentlichen Puls. Sie trägt dazu bei, manche „brenzlige" Situation gar nicht erst entstehen zu lassen – oder zumindest deutlich abzumildern.

Bei den „unmöglichen", den provokativen Fragen zeigt sich erstmals, wie souverän Vorstand oder Geschäftsführung mit den Unwägbarkeiten des anstehenden Prozesses umgehen können – denn zu „unmöglichen" Fragen zählt die Spannbreite von pointiert kritischen, von unverschämten, von persönlichen Fragen bis hin zu Unterstellungen. Themen, die für das Management keinen „Wohlfühlfaktor" haben. Themen oder Issues, die sich jedoch aus der Recherche zu der Historie des Unternehmens oder den Biografien der handelnden Verantwortlichen ergeben und so auf Hauptversammlungen, Betriebsversammlungen oder Pressekonferenzen durchaus gestellt werden können.

Justiziables Kommunikationsverhalten

Die Wahrscheinlichkeit, dass das Kommunikationsverhalten von Unternehmern oder Unternehmen justiziabel wird – mit allen haftungsrechtlichen Konsequenzen – steigt nicht erst, seitdem sich ein deutscher Bankvorstand im Bloomberg-Interview zur Kreditwürdigkeit eines Medienimperiums geäußert hat. 925 Millionen Euro kostete besagtes Interview.

Veränderungsprozesse, Sanierungsfälle oder Transaktionen treffen überwiegend auf eine sehr sensible Öffentlichkeit. Die handelnden Akteure können schnell in der Kritik stehen – sei es durch Gewerkschaften, Medien, Verbraucherschützer oder andere Interessengruppen. All diese Gruppen schüren Befürchtungen und Ängste, sie spekulieren über Arbeitsplatzabbau, Leistungsverschlechterungen, Standortschließungen, Produktionsverlagerungen, Personaleinsparungen, Rationalisierungsaufgaben, neue Gesellschafter, unlautere Geschäfte.

Mit einem schlüssigen, plausibilisierten Kommunikationskonzept soll verhindert werden, inhaltlich wie organisatorisch in die Defensive zu geraten – oder überrumpelt zu werden.

Kernbotschaften durchhalten

Inhaltlich müssen am Ende der Vorbereitungsphase klare, schlüssige, griffige Kernbotschaften formuliert und durchzuhalten sein. Die eigene Position und deren Argumentationslinie müssen zweifelsfrei klar zu erkennen sein.

Die Kernbotschaften sollten im Laufe des Prozesses nicht mehr verändert werden. Der Sprachschlüssel muss im Laufe des Prozesses ständig mit aktuellen Informationen und Lageberichten unterfüttert werden. Es ist ein langer und mühsamer Prozess, bis die Botschaften verstanden und verinnerlicht sind. Wiederholungen sind hier notwendig, ständige kreative Veränderungen, „gedankliches Froschhüpfen" kontraproduktiv.

Der Prozess, einen soliden, belastbaren Sprachschlüssel zu entwickeln, schärft den Blick auf Power Point Präsentationen. „DIN A 4-Quer-Denke taugt nicht

9.3 Kommunikation – Ursache und Lösung vieler Krisen

zum „Querdenken". Aspekte, die in Power Point ganz einleuchtend erscheinen, fallen mitunter auseinander, wenn sie in Prosa formuliert werden müssen. Im Listenformat kann die Begründung für ein Geschäft in einer Phrase wie „Cross-Selling" zusammengefasst werden. Doch eine ausformulierte Niederschrift erfordert Klarheit, ob Produkte oder Waren überhaupt vom wem an wen querverkauft werden können – und wie und warum.

Letztendlich wird mit dem Sprachschlüssel auch geprüft, ob Fragen der Kapitalstruktur, der Beteiligungen oder der Börsenstrategie der Sache angemessen „übersetzt", „allgemein verständlich" formuliert oder „reduziert" wurden. Ohne die Kernbotschaften zu ändern ist es geboten, für eine Banken- oder für eine Aufsichtsratssitzung wie auch für Verhandlungen oder Management-Präsentationen diese Kernaussagen mit weitergehenden Inhalten und mit Fachbegriffen zu unterfüttern.

Mit einem soliden, plausibilisierten, widerstandsfähigen Sprachschlüssel kommt das Unternehmen im Idealfall gar nicht erst in die Verlegenheit, dass Kunden Aufträge stornieren oder vor neuen Geschäften zurückschrecken. Was die Krise verschärfen würde.

Der Vertreter des Unternehmens, der vorbereitet und abgestimmt das Gespräch mit dem Kunden sucht, kann gelassener und bestimmter auftreten und ist auch bezüglich geplanter nächster Schritte sprachfähig. Insbesondere, wenn er bereits die Bank auf seiner Seite weiß oder sich externe Hilfe geholt hat. Gespräch mit dem Kunden

Mittels des Sprachschlüssels stellt das Unternehmen ebenfalls sicher, dass alle Kunden auf den gleichen Wissensstand gebracht werden.

Der Sprachschlüssel entwickelt sich mit dem Projektfortschritt weiter und dementsprechend sollen die Kunden kontinuierlich informiert werden.

Bei Lieferanten zeichnet sich ein vergleichbares Lagebild ab: wenn sie überzeugt sind, dass die Wende gelingt, werden sie weiter liefern. Das Gespräch sollte rechtzeitig gesucht und geführt werden, nicht erst dann, wenn Rechnungen nicht mehr fristgemäß beglichen werden können. Dann sind sie auf die Kulanz der Lieferanten angewiesen.

Der professionell vorbereitete und verabschiedete Sprachschlüssel stellt sicher, dass die Lage realistisch besprochen wird. Etwa, wenn es darum geht, wann der Lieferant wieder bezahlt wird. Der Vertrauensverlust wird umso größer, wenn der Unternehmer sich nicht an die Verabredung hält.

Im Dialog sollten dem Lieferanten die bereits ergriffenen und geplanten Maßnahmen erläutert werden. Wer schon neue Aufträge gewonnen hat, sollte dem Lieferanten eine Bestätigung darüber vorlegen.

Bei den Finanzpartnern sollte der Unternehmer ebenfalls rechtzeitig den Dialog suchen und führen. Nicht erst, wenn fällige Kreditraten verfehlt wurden. Banken mögen keine schlechten Nachrichten und versuchen, sich vor solchen Überraschungen durch Kreditauflagen und regelmäßige Reportings zu schützen. Vor Überraschungen sind aber auch sie nicht gefeit. Rechtzeitig den Dialog mit Finanzpartnern suchen

Wenn die Versuchung besonders groß ist, die wirtschaftliche Lage der Firma gegenüber der Bank zu beschönigen, dann sollten alle Fakten als vertrauensbil- Alle Fakten als vertrauensbildende Maßnahme dende Maßnahme auf den Tisch kommen. Denn in der Krise sind Unternehmen auf die Unterstützung der Hausbank und anderer Kapitalgeber angewiesen. Ziehen diese mit, kann das die Rettung bedeuten.

Entscheidend ist, dass der Firmeninhaber der Bank Vorschläge präsentiert, wie er die Krise überwinden will und bis wann geplante Maßnahmen wirken könnten. Wer bereits einen neuen Auftrag gewonnen hat, kann der Bank eine Bestätigung darüber oder wenigstens Empfehlungsschreiben vorlegen. Nur wenn der Banker den Eindruck gewinnt, dass es ein schlüssiges Konzept für die Zukunft gibt, wird er Unterstützung anbieten. Zur Vorbereitung dieser Gespräche zählt zwingend, die Sicherheitenlage der Banken und deren Interesse an einer Sanierung zuvor gründlich und ohne Wunschdenken analysiert zu haben. Gleiches gilt selbstverständlich auf für Gespräche mit Warenkreditversicherern oder mit Ratingagenturen.

> **Merke:**
> Die Qualität der Informationen und der Ziele bestimmt die Qualität der Zukunft.

9.3.5 Störmanöver, Flurfunk, Gerüchteküche ernst nehmen

Website: Leifragen, um die Kommunikationsunterwelt zu managen

Für welche Geschäftsführung, Beirat, Vorstand oder Aufsichtsrat ist es selbstverständlich, sich im Rahmen der Struktur des Risikomanagements auch über den jeweils aktuellen Stand der Informations- und Reputationsrisiken zu informieren? Rufmord beginnt lange, bevor eine üble Nachrede öffentlich wird. Zweifel verdichten sich im Hexenkessel veröffentlichter Meinungen mitunter rasend schnell und führen auch ohne den großen Shitstorm zu Reputations- und Auftragsverlusten.

Schon für die Phase der Projektvorbereitung muss ein erster Sprachschlüssel entwickelt werden. Denn: es rumort bereits in der Kommunikationsunterwelt des Unternehmens! Immerhin verschwinden Leitende in Sitzungen, deren Sinn oder Zweck die Mitarbeiter nicht einordnen können. Diese Führungskräfte treffen sich mit „Typen" – mutmaßlich Consultants – die hoffentlich behutsam, aber nicht unauffällig, Kennzahlen, Daten, Fakten abfragen und offensichtlich sammeln. Immer mehr Mitarbeiter bekommen mit, dass außergewöhnlich häufig Dokumente und Unterlagen angefordert werden oder sich mehr „uniformierte Externe" als sonst im Unternehmen aufhalten. E-Mails weiterleiten ist keine Führungsleistung. Dennoch werden erste Projektskizzen verschickt – im Vertrauen darauf, dass diese Präsentationen keine „Füße" bekommen und zum falschen Zeitpunkt in die falschen Hände geraten.

Vertrauensleute, Wirtschaftsausschüsse, Betriebsräte, Beiräte, Verwaltungs- und Aufsichtsräte, möglicherweise auch Verbände oder Behörden werden nach und nach in die Vorbereitung des Projekts eingebunden und „machen sich so ihre eigenen Gedanken". Der erste Gedanke ist erfahrungsgemäß „cost cutting". Dabei werden Sanierungen mittel- und langfristig auf der Einnahmeseite gewonnen.

„Störmanöver" vorausdenken

Bestimmte Gremien werden im gesamten Verlauf des Projekts vorab informiert sein wollen und müssen. Je nach Projekt gilt das nicht ausschließlich

9.3 Kommunikation – Ursache und Lösung vieler Krisen

für betriebsinterne Gremien, sondern auch für Kunden, Lieferanten, Banken, Investoren, für Vertrags- oder Verhandlungspartner, für externe Entscheider. Bei börsennotierten Unternehmen sind darüber hinaus die Pflichtmitteilungen gegenüber der Börsenöffentlichkeit zu prüfen und strikt zu beachten. Trotz verschiedenster Verschwiegenheitspflichten oder Vertraulichkeitsvereinbarungen sollten beabsichtigte oder unbeabsichtigte „Störmanöver" vorausgedacht und in einem Sprachschlüssel verarbeitet sein.

Fehler in dieser frühen Phase des Projekts können sich zum offiziellen Projektstart bereits rächen, wenn insbesondere Mitarbeiter bereits mit negativen Erwartungen, Vorurteilen oder „den schlimmsten Befürchtungen" die erste Informationsveranstaltung besuchen.

Auch während der Projektarbeit muss genau geprüft werden, was bereits als Fakt kommuniziert werden kann oder gar soll. Zahlreiche gute Ansätze, die bereits länger verfolgt wurden, sind letztendlich zum Beispiel am qualifizierten Kommentar eines Steuerberaters gescheitert. Wurden diese Planungen bereits ins Unternehmen oder in die Märkte getragen, so droht weiterer Reputationsverlust, sobald diese Planungen wieder einkassiert werden müssen. Der Führung wird unterstellt, sie wisse nicht, was sie tue.

Merke:
Wo Informationen fehlen, da wächst die Spekulation und findet insbesondere in Phasen der Unsicherheit einen Resonanzboden.

9.3.6 Zitronenfalter falten Zitronen und Führungskräfte führen?!

Im Jahr 2008 schmähte Siemens-Chef Peter Löscher[6] öffentlich seine Führungsmannschaft: „Es kann nicht sein, dass wir nur bei den Arbeitern Opfer einfordern. Es geht uns jetzt um die Lehmschicht – vor allem das obere und das mittlere Management". Möglicherweise wollte er damit lediglich kürzere Entscheidungswege und flachere Hierarchien anmahnen.

Website: Leitfragen zur Führungskultur

Der Frontalangriff von Siemens-Chef Peter Löscher auf die lähmende „Lehmschicht" seines Konzerns wurde vielfach als skandalöser Affront gegen die ansonsten so hofierten „Führungskräfte" in den Unternehmen wahrgenommen.

Führungskräfte sind entscheidend für Erfolg oder Misserfolg eines Projekts. Bei gutem Wetter kann jeder leicht den Steuermann mimen. In den turbulenten Zeiten haben die Leitenden neben Vorständen, Aufsichtsräten, Betriebsräten eine Schlüsselstellung. Ihr Auftreten, ihre Loyalität, ihr Know-how, ihre Zuverlässigkeit und Verschwiegenheit sind in solchen „Stunden der Wahrheit" ganz wesentliche Kriterien. Sie verbinden idealerweise aktiv und barrierefrei Hierarchieebenen im Dialog abwärts wie aufwärts und kommunizieren auch seitlich mit den ihnen Gleichgestellten.

Führungskräfte sind entscheidend für den Erfolg eines Projekts

Manche Leistungsträger sind in Projektteams weit über ihr tägliches operatives Geschäft hinaus in Restrukturierungsphasen zusätzlich vielfältig gefordert. Dies setzt eine stabile Mentalität voraus. Zumal heute in vielen Unternehmen mehrere Projekte gleichzeitig zu managen sind. Deshalb ist die Entscheidung

Leistungsträger brauchen Anerkennung

relevant, wie diese Führungskräfte abgeholt und mitgenommen werden. Auch Leistungsträger brauchen Lob, Anerkennung und Prämien. Sie sollen ja gerade an Bord gehalten werden! Die Kündigung von ausgesprochenen Leistungsträgern kann zu einem Dammbruch, zu einem verheerenden Domino-Effekt führen.

Nach wie vor sind diverse Betriebe stark vereinfacht nach dem Schema „Oben die Würdenträger, unten die Leistungsträger – in der Mitte die Bedenkenträger" strukturiert. Die Führungskräfte genießen nach wie vor ihr Herrschaftswissen – gegenüber Mitarbeitern und gegenüber Kollegen. Dabei sollten sie Sorge dafür tragen, dass ihre Mitarbeiter die Unternehmensziele sowie wesentliche Aspekte des Tagesgeschäfts nicht lediglich kennen, sondern diese im Dialog verinnerlichen und tagtäglich umsetzen.

Reputation von innen nach außen aufbauen

Die Reputation eines Unternehmens muss von innen nach außen aufgebaut werden. Dazu gehört auch die Herausforderung, die Kommunikation zwischen Abteilungen und Bereichen zu fördern und abzustimmen, sonst kann man an Schnittstellen schnell verbluten.

Bei Restrukturierungs- oder Sanierungsprojekten spielen Teile der Leitenden sowie der Belegschaft gerne „Malefiz": Die Spieler versuchen dabei, andere Mitspieler zu behindern, wieder auf den Ausgangspunkt zurückzuwerfen oder ihnen Blockaden in den Weg zu legen. Gerade jene „Leitenden", die gemeinsam verabschiedete Sprachschlüssel höchst eigenwillig und eigennützig interpretieren, torpedieren häufig die Unternehmens- und Kommunikationsziele.

Derartige Verhaltensweisen beeinflussen eine erfolgreiche Kommunikationsstrategie. Im Unternehmen muss es jemanden geben, der sich um die internen Dialogprozesse kümmert, der auf die Art und Weise, wie intern kommuniziert wird, ein Auge hat oder gar dafür verantwortlich zeichnet.

Wer andere achtet, der wird geachtet. In Restrukturierungs- oder Sanierungsprojekten müssen Geschäftsleitungen oder Vorstände verstärkt darauf achten, wie Leistungsträger – auf der Führungsebene wie in der Breite der Beschäftigten – dauerhaft an das Unternehmen gebunden oder gar für das Unternehmen gewonnen werden können. Leistungsträger in Forschung, Entwicklung und Anwendung, in der Personalentwicklung, im Vertrieb oder im Service. Leistungsträger, die als Multiplikatoren gegenüber Kunden und Lieferanten und gegenüber Mitarbeitern gerade in Zeiten der Veränderung im wahrsten Sinne des Wortes wertvoll sind.

> **Merke:**
> Führungskräfte sollten sich fragen, ob ihre Mitarbeiter auch freiwillig bei ihnen bleiben würden.

9.3.7 Öffentlichkeitsarbeit zu Hause beginnen

Website: Leitfragen zur Öffentlichkeitsarbeit

Jack und Suzy Welch haben es in ihrem Bestseller „Winning"[7] auf den Punkt gebracht: „Vergessen Sie Ihre externen Konkurrenten, wenn Ihr schlimmster Feind die Art und Weise ist, wie Sie im Unternehmen miteinander kommunizieren".

9.3 Kommunikation – Ursache und Lösung vieler Krisen

Aktionsfelder, die in Interessenskonflikten innerhalb der Unternehmens oder innerhalb von Abteilungen begründet sind, lassen sich durch noch so viele Überstunden nicht lösen.

Leitende Mitarbeiter sind wichtige Multiplikatoren bei Restrukturierungs- und Sanierungsprojekten, wenn sie selbst von dem Projekt überzeugt sind. Selbst dann aber darf die Projektleitung sich nicht ausschließlich auf die Kommunikationsstärken dieser Gruppe verlassen. Schließlich kennt jeder die Ergebnisse von „Stille Post" schon seit Kindergartentagen.

Ist der interne Dialog unzureichend, dann hinterlassen Sanierungs- und Restrukturierungsprozesse Resignation, schlechte Stimmung oder gar verbrannte Erde. Mit entsprechenden Folgen für das Betriebsklima, das Image und das Umfeld des Unternehmens. Das Betriebsklima sinkt dann auf den Gefrierpunkt, Misstrauen und Fehlinformationen belasten die ohnehin prekäre Situation zusätzlich. Der inneren folgt die formelle Kündigung, der Krankenstand erklimmt neue Rekorde.

Für die Mehrheit der Belegschaft kommen Krisen nicht wirklich überraschend: „Wir sollten unser Geschäft am besten kennen". Spätestens jetzt gilt es, die ‚Vogel Strauß Politik' des Zu-Spät-Wahrnehmens, des Zu-Spät-Auseinandersetzens, des Zu-Spät-Gegensteuerns, des Zu-Spät-Kommunizierens aufzugeben.

Ziel der Geschäftsleitung muss es jetzt sein, den Mitarbeitern ein realistisches Ziel vorzugeben, das ambitioniert sein sollte, nicht aber zu verzweifelten Kopfschütteln in der Belegschaft und im Markt führt. Die Olympiamannschaft, die Leistungsträger im Unternehmen auf allen Ebenen müssen gehalten werden, obwohl Wettbewerber und Headhunter nunmehr ständig anklopfen.

Mitarbeitern ein realistisches Ziel vorgeben

Die Arbeitnehmer wollen, sollen und müssen die Gewissheit haben, dass mit ihnen und ihren Jobs verantwortungsvoll und fürsorglich umgegangen wird – auch wenn Einschnitte wirtschaftlich geboten sein sollten. Eine verlässliche Kommunikationspolitik ist ein wesentlicher Baustein dabei.

Verlässliche Kommunikationspolitik

Belegschaften können übrigens frühzeitig daran mitwirken, Strategie und Ziele von Veränderungs- und Verbesserungsprozessen zu formulieren. Sie können selbstbewusst postulieren, dass sie in der Tat „unser Geschäfts am besten kennen" oder „Wenn das Unternehmen wüsste, was das Unternehmen weiß". Permanenter Dialog mit den eigenen Mitarbeitern ist vertrauensbildend und wertschätzend.

Grundsätzlich sind Restrukturierungsprojekte eine Chance, auch in der internen Kommunikation besser zu werden. In Krisenszenarien – zum Beispiel bei der Ankündigung, dass Löhne und Gehälter zunächst nicht ausgezahlt werden können – hat es sich bewährt, zunächst an den bislang üblichen, an den bekannten Kommunikationskanälen festzuhalten. Jedes „gut gemeint" wird jetzt zum Gegenteil von „gut gemacht", da die Mitarbeiterinnen und Mitarbeiter ebenso wie Geschäftspartner sehr aufmerksam verfolgen, was jetzt wie kommuniziert wird.

In Bezug auf die Kommunikationskosten ist das Verhältnis von Aufwand und Ertrag sorgfältig abzuwägen. Nicht nur bei kostengetriebenen Projekten muss genau bedacht werden, ob der Aufwand in angemessenem Verhältnis zum Projektziel steht. Keinesfalls sollte „mit Kanonen auf Spatzen geschossen" werden. Plötzlicher, ungewöhnlich hoher Kommunikationsaufwand kann Belegschaften erst recht bösgläubig machen und verängstigen. Nicht alles, was machbar – und teuer – ist, dient auch den Projekt- und Unternehmenszielen.

Sind die Kernbotschaften und der Sprachschlüssel plausibel vorbereitet, können Vorstände und Geschäftsführungen realistisch und sachlich kommunizieren. Ohne das Risiko, dass die vertriebliche oder werbliche Überhöhung von Projekten überzogene Erwartungshaltungen schürt oder die Lage schönfärbt. Der Vorstand bzw. die Geschäftsführung gewinnt hingegen erheblich an Glaubwürdigkeit, wenn ebenso ambitionierte wie realistische Ziele vorgegeben werden. Falsche Versprechungen provozieren enttäuschte Erwartungen, führen zu inneren Kündigungen oder gar Abwanderung der Leistungsträger.

Die persönliche, kontinuierliche Kommunikation durch Führungskräfte und Vorstände ist dabei einer der wichtigsten Erfolgsfaktoren – auf der „Tonspur" können Dinge besprochen werden, die aus unterschiedlichen Gründen nicht schriftlich fixiert werden sollen. Alles, was schriftlich niedergelegt ist, sollte immer so gehalten werden, dass es auch in der Öffentlichkeit – oder gar vor einem Gericht – vertreten werden kann.

Regelmäßig über die Flure gehen

Kernbotschaften müssen wiederholt werden, Gesagtes und Gehörtes muss bestätigt, Fortschritte und Erfolge positiv kommuniziert werden. Dabei brauchen keineswegs Tagungen, Meetings oder Sitzungsrunden institutionalisiert werden. Vorstände und Geschäftsführer, die regelmäßig durch die Flure oder Filialen gehen, erfahren in einer Stunde oft mehr von ihren Unternehmen als in mehrtägigen Klausurtagungen.

Die Aufforderung, Mitarbeiter immer wieder unmittelbar anzusprechen, wirkt gerade in Projektphasen, die ohnehin sehr arbeitsintensiv sind, als schwer umsetzbar. Letztendlich lohnt dieser Dialog. Er erspart häufig die Mühen, Missverständnisse nachzubessern und nachzubereiten.

Spätestens mit der Information der Mitarbeiter beginnt die Kommunikation in den Familien, im Umfeld des Unternehmens. Ein Grund mehr, fair aufzuklären, zu überzeugen, zu motivieren und – soweit möglich – zu mobilisieren.

Merke:
Es ist eine Binsenweisheit – Öffentlichkeitsarbeit beginnt zu Hause.

9.3.8 Sich der vielfältigen digitalisierten Medienwelt stellen

In der gar nicht mehr so neuen Medienwelt sind wir häufig mit blindem Aktionismus „always on und never alone". Soziale Netzwerke sind heute fester Bestandteil der Medien- und Kommunikationslandschaft. Zwei von drei der über 56 Millionen Internetnutzer in Deutschland sind in sozialen Netzwerken aktiv – bei den 14- bis 49-Jährigen liegt der Anteil der aktiven Nutzer bei knapp 80 Prozent. Über 52 Prozent unter den 50- bis 64-jährigen Internetnutzern.

9.3 Kommunikation – Ursache und Lösung vieler Krisen

Bereits vor dem Boom der (un-)sozialen Netzwerke, bereits in den vergangenen knapp drei Jahrzehnten mussten Foren im Internet beobachtet werden, auf denen Mitarbeiter, Kunden oder Lieferanten „ihren Frust" über ein Unternehmen abladen können. Auf institutionalisierten Seiten oder eigens wegen des Sanierungsprojekts eingerichteten Homepages fanden und finden nicht nur Journalisten Gerüchte, Spekulationen, Verdächtigungen, Halbwahrheiten oder Zwischenergebnisse. Da diese Internetseiten mit Internas „gefüttert" werden, wird ihnen eine hohe Glaubwürdigkeit beigemessen.

Industrie, Handel, Dienstleister, Banken wissen um die Möglichkeiten, mit digitalen Dienstleistungen neue Umsatz- und Gewinnpotenziale zu erschließen. Die Mehrheit hat bislang noch keine übergreifende digitale Strategie entwickelt. Meist konzentrieren sie sich noch auf Projekte, die interne Abläufe in der Verwaltung oder im Kundenservice verbessern und Kosten senken sollen. Die Vorbehalte, die Digitalisierung koste vor allem Arbeitsplätze und Jobs, sind unverändert groß. Dabei müssen Unternehmen in diversen Branchen um ihr Geschäftsmodell fürchten, wenn sie sich nicht ernsthaft mit einer eigenständigen Digitalisierungs-Strategie auseinandersetzen. Einer umfassenden Strategie, in der auch Kommunikationsrisiken bedacht wurden.

Durch die Digitalisierung ist längst eine branchenübergreifende Wettbewerbsdynamik entstanden, das Kundenverhalten hat sich grundlegend verändert, die Produktionszyklen haben sich verkürzt und der Innovationsdruck steigt immens. Die meisten Unternehmen ignorieren in diesem Kontext wichtige Ideengeber. Sie könnten ihre Kunden und Geschäftspartner in einer ganz anderen Qualität einbinden und sich über diesen Dialog und diese Kommunikationskanäle wichtigen Input sichern. Kunden und Mitarbeiter könnten gebunden werden – auch mittels Maßnahmen wie Big-Data-Auswertungen oder der Einsatz von speziellen Social-Media-Analysen.

Unabhängig von diesen geschäfts- oder unternehmenspolitischen Entscheidungen sollten sich Unternehmer mit digitalen Medien und Internet-Diensten für die eigenen Kommunikationsanstrengungen auseinandergesetzt haben. Mindestens drei Viertel der deutschen Internetnutzer sollen in „sozialen Medien" aktiv sein. Überwiegend werden diese Dienste über private, mobile Geräten genutzt. Private und berufliche Inhalte verschwimmen im „Social Web". Soziale Netzwerke, Online-Communities, Kommunikations-Tools und Dienstleister kanalisieren und fokussieren Informationen in der Spannbreite zwischen „Transparenz" und „der Lizenz zum Lügen".

Zwischen Transparenz und Fake News

Unternehmen stehen vor der Herausforderung, ihre IT, Marken, Produkte oder Dienstleistungen zu schützen und ihren Mitarbeitern Richtlinien für den Umgang mit sozialen Netzwerken an die Hand zu geben. Im besten Fall ist jeder Mitarbeiter auch ein Botschafter.

In stürmischem Fahrwasser sind Mitarbeiter, Kunden, Lieferanten oder Wettbewerber allerdings Botschafter, die anonym und in dem üblichen ungezwungenen Umgangston ihrer Unzufriedenheit mit der Unternehmensführung Ausdruck verleihen, Indiskretion ist dabei Ehrensache. Gerüchte und Halbwahrheiten finden sich ungeprüft und „in Echtzeit" in den neuen sozialen Medien wieder.

Unternehmen und Betriebe sollten gut vorbereitet „social" arbeiten. Schon im laufenden operativen Geschäft sollte kritisch hinterfragt werden, ob Geschäftsmodelle, Geschäftsgebaren, Produkte, Wertschöpfungskette oder Leistungsversprechen für Kritiker, Wettbewerber, Gegner kampagnenfähig sind. Einzelne Meinungen und vereinzelte Kritik finden Unterstützer, kritische Stimmen vernetzen sich, werden durch Stellungnahmen verstärkt. Sobald diese Kritik den Weg zu den Journalisten in die Massenmedien findet, ist aus dem Schneeball die mediale Lawine geworden – und das Publikum erfreut und unterhält sich an dem Spektakel.

Irgendetwas bleibt immer hängen: Cyber-Mobbing – Personen im Internet oder via Smartphone absichtlich zu diffamieren, zu beleidigen, zu bedrohen, bloßzustellen oder zu belästigen – trifft Privatpersonen wie Unternehmen. Digitale Lauffeuer brechen unabhängig davon aus, ob Inhalte beabsichtigt oder unbeabsichtigt irreführen oder provozieren. Seriöse Nachrichtenagenturen bieten sich grundsätzlich als Korrektiv an. Selbst diese haben enorme Schwierigkeiten, auf das Tempo, in dem sich Inhalte verbreiten, angemessen und journalistisch sorgfältig zu reagieren. Zu dem Zeitpunkt, zu dem die Verbreitung der Inhalte sich verlangsamt oder endet, ist möglicherweise bereits großer Schaden entstanden.

Gerade für diejenigen, die sich bei Restrukturierungs- oder Sanierungsprozessen als Verlierer wähnen, ist der Anreiz groß, dem Unternehmen als „Wilhelm Tell" oder als „Robin Hood" das Leben schwer zu machen. Auf „Rufmord-Szenarien" muss sich die Kommunikation unter den Bedingungen sozialer Netzwerke mehr denn je einstellen und gründlicher denn je darauf vorbereitet sein. Digitale Medien und das Engagement in sozialen Netzwerken verlangen mehr denn je nach Dialog, schränken die Möglichkeiten ein, zu bestimmten Eckterminen die eigenen Kommunikationsimpulse zu setzen.

Die wirtschaftlichen Krisen diverser Verlage, mit denen auch eine Krise des Journalismus einhergeht, verstärken die Herausforderungen. Die Verlage gehen davon aus, dass die Zukunft des Journalismus investigativ und vernetzt ist. Wikileaks und andere „Whistleblower-Homepages" lassen grüßen.

Viele Redaktionen liebäugeln mit einem stärkeren Anteil des Investigativen in ihrem Medium. Sie hoffen, dass Leser einen Informationszusammenhang mit emotionalem Gehalt eher aufnehmen, behalten und weiterdiskutieren. Sie bauen entsprechende „Investigativ Teams" auf.

Anonyme Briefkästen finden sich unter http://investigativ.welt.de, http://www.derwesten-recherche.org oder auch https://briefkasten.stern.de: „Haben Sie vertrauliche Informationen, die an die Öffentlichkeit gehören, oder wollen Sie uns eine anonyme Nachricht schicken? Dann sind Sie hier richtig. Wir behandeln Ihre Dokumente vertraulich, und Sie bleiben anonym, auch für uns."

Aufklärung oder Zerrbild „Reporter undercover – das Team Wallraf" dokumentiert aus Sicht der Zuschauer auf TV-Geräten wie auf Smartphones das Geschäftsgebaren auch von mittelständischen Großküchen oder Krankenhäusern. Aufklärung oder Zerrbild, um Werbeeinnahmen zu pushen? Eine Herausforderung, der sich Kommunikations- und Rechtsabteilungen heute stellen müssen.

> **Merke:**
> Während das Tempo der Kommunikation steigt, darf das Niveau nicht sinken.

9.3.9 „Das Lokale" bleibt bedeutend

In der Vergangenheit war „das Lokale" wie selbstverständlich mit der Region vor Ort verbunden. Im Lokalen manifestierte sich der eigene Lebensmittelpunkt. Auch wenn räumliche und zeitliche Nähe an Bedeutung verlieren, so bleibt die Regionalzeitung ein letztes, bedeutendes Integrationsmedium.

Regionalzeitungen bleiben bedeutendes Integrationsmedium

Viele Lokalredakteure kennen ihre Unternehmen und Betriebe vor Ort wie ihre eigene Westentasche. Über Pensionäre, Betriebsräte, Vereinsmitgliedschaften oder einfach beim Feierabendbier bleiben sie auf dem Laufenden, hören mitunter auch „das Gras wachsen".

Lokalredaktionen begleiten ihre bedeutenden Brötchengeber in der Region durchaus wohlwollend, wenn auch nicht immer mit dem jeweiligen Branchenvokabular. Letztendlich sind und bleiben auch Zeitungsverlage Wirtschaftsunternehmen, deren Denken und Handeln sich an Werbeeinnahmen, Reichweiten und Gewinnen orientiert.

Die Maxime „schlechte Nachrichten sind gute Nachrichten" (weil sie sich besser verkaufen) gilt auch auf lokaler Ebene. Unverhofft finden sich nicht nur große und größere Unternehmen, sondern auch mittelständisch geprägte Betriebe mit Restrukturierungs- und Sanierungsvorhaben, mit Unterhaltungs- und Sensationsmechanismen konfrontiert.

Zu den lokalen Medien zählen dabei nicht nur die Lokalzeitung, sondern eben auch Lokalradios, Regionalbüros der öffentlich-rechtlichen Sendeanstalten oder auch regionale Niederlassungen der Presseagenturen. Auf diesen Agenturwegen hat es schon mancher Mittelständler zu ungewolltem „Ruhm" im eigenen Bundesland oder gar auf Bundesebene gebracht. Darüber hoffen selbsternannte Aufklärer, Verschwörungstheoretiker, Blogger oder lokale Initiativen, einmal weltweit Beachtung zu ergattern. Denn: so bedeutend die lokale Berichterstattung insbesondere für die eigene Belegschaft ist, so wenig gibt es Berichte, die ausschließlich lokal bleiben. Auch die Lokalausgabe ist online. Und wird von eben jenem Online-Alert identifiziert, den sich Wettbewerber, Kunden, Lieferanten, Banken oder Investoren weltweit längst eingerichtet haben.

Im Rahmen eines Kommunikationskonzepts muss gut überlegt sein, ob ein Sanierungsprojekt aktiv oder reaktiv gegenüber den Medien kommuniziert werden kann. Die „Vogel-Strauß-Politik" – das klassische „kein Kommentar" – war, ist und bleibt für Journalisten der Freibrief für Spekulationen. Schon auf lokaler Ebene trägt dies zur Verunsicherung der Belegschaft bei. Der Dialog mit den lokalen Medien steigert die Glaubwürdigkeit des Vorhabens – schließlich „traut" die Geschäftsführung sich, die intern bereits bekannten Botschaften zumindest auf Anfrage auch „öffentlich" zu wiederholen.

Unkontrollierte, spekulative, lokale Berichterstattung kann in Zeiten der einfachen Marktbeobachtung durch „Alarmrufe" von Internetdienstleistern hohen

Schaden anrichten, wenn weniger befreundete Wettbewerber entsprechende Artikel an wichtige Kunden oder bedeutende Lieferanten weiterleiten.

Unterlassene oder unprofessionelle lokale Pressearbeit verunsichert also nicht nur die Mitarbeiter.

Merke:
Je näher das Ereignis ist, desto mehr Bedeutung hat es für den Menschen.

9.3.10 Moderne Fachmedien als branchenweite Meinungsführer

Website: Leitfragen zum Umgang mit Fach- und Branchenmedien

Lieferanten wie Kunden begleiten Restrukturierungs- oder Sanierungsprojekte verunsichert, misstrauisch, bei mangelnder Kommunikationsbereitschaft auch unzufrieden.

Kunden fürchten um die Qualität und die Auswirkungen auf das eigene Geschäft, Lieferanten fürchten trotz oder gerade wegen des Schutzes durch Warenkreditversicherer Forderungsausfälle.

Relevanzfilter und Interaktionsverstärker

Die modernen Fachmedien können hier eine bedeutende Funktion als Relevanzfilter und Interaktionsverstärker wahrnehmen. Unternehmen können über diesen Kommunikationskanal B2B-Entscheidern das nötige Rüstzeug an die Hand geben, um eigenverantwortlich komplexe Zusammenhänge zu vereinfachen und Entscheidungen zu treffen.

Für die von innen nach außen entwickelte Kommunikationsstrategie müssen die Weichen von Anfang an in die richtige Richtung gestellt sein. Den verschiedenen Interessengruppen – insbesondere Kunden, Lieferanten, Versicherer oder Banken – dürfen keine unterschiedlichen Argumentationen präsentiert werden, die sich schlimmstenfalls bei einem direkten Vergleich sogar widersprechen.

Neben der internen Kommunikation werden auch die knapp 4.000 verschiedenen Fachzeitschriften mit einer Jahresauflage von über 500 Millionen Exemplaren häufig vernachlässigt. In allen Überlegungen zur externen Kommunikation spielen die Fach- oder Branchenmedien jedoch eine entscheidende Rolle für die Botschaften an und in den Markt.

Kritisch-konstruktive Begleiter einer Branche

Branchenmedien sind sachverständig. Sie begleiten in aller Regel die Unternehmen einer Branche kritisch-konstruktiv. Sie können Stärken und Schwächen eines Restrukturierungs- oder Sanierungskonzepts eingehender analysieren. Fachmedien werden von Kunden wie von Lieferanten als glaubwürdig eingestuft. Bei professionell entwickelten Kommunikationsprozessen können sie daher mit ihrer Berichterstattung die Botschaften des Unternehmens stützen (die klassische Absicht der Öffentlichkeitsarbeit: Dritte reden „gut" über mich).

Fachmedien können aber auch beträchtlichen Schaden anrichten, wenn Unternehmen und Betriebe den Dialog verweigern. Dann „dürfen" die Medien über diese Unternehmungen „sprechen", manchmal auch „herziehen".

> **Merke:**
> Insbesondere Führungskräfte informieren sich über Fachmedien, die eine hohe Glaubwürdigkeit besitzen. Deren B2B-Berichterstattung ist relevant.

9.3.11 Massenmedien und Massen an Medien managen

Weder Fernsehen noch Radio sind „Auslaufmodelle". Sie sind in der Gesamtbevölkerung ab 14 Jahren – bezogen auf die Tagesreichweite und die Nutzungsdauer – weiterhin mit Abstand die nutzungsstärksten Medien. Gleichzeitig hat sich mit dem Internet eine Universalplattform etabliert, die nicht nur Inhalte vermittelt – einschließlich zahlreicher Video- und Audiodienste –, sondern auch viele andere Anwendungen, wie Kommunikation, Spiele, Shopping oder Suchfunktionen, bereitstellt und die Inhalte der klassischen Medien verbreitet. *Radio und TV sind keine Auslaufmodelle*

Presse und Rundfunk bemühen sich, Bedürfnisse nach Unterhaltung, Information, Bildung zu befriedigen. *Unterhaltung, Information, Bildung*

Die Individualisierung der Kommunikation – längst ist aus wenigen Massenmedien eine Masse von Medienkanälen geworden – und die zunehmend selektive Nutzung der Medien erfordert im Verkauf wie in der Presse- und Öffentlichkeitsarbeit eine Mehrkanal-Strategie. Über die digitalen Medien, Messenger, soziale Netzwerke, über E-Mail, SMS, Internet, Online-Dienste werden Informationen in kürzester Frist verbreitet. Manch einer liebäugelt mit der Idee, sich demnächst transparent durch Projektprozesse zu „twittern" oder die Kommunikation über geschlossene Facebook-Gruppen, XING oder LinkedIn auf dem meist privaten Smartphone der Mitarbeiter, vielleicht auch der Kunden und Lieferanten, zu etablieren.

Für solide geplante Restrukturierungs- und Sanierungsprozesse muss ein bereits vorhandener Medienverteiler überprüft und ergänzt werden. Ansonsten sollte ein Medienverteiler aufgebaut werden, der die lokalen Medien, die Fachmedien, die überregionalen und bundesweiten Medien berücksichtigt. Ebenso muss geklärt sein, ob und welche Kommunikationskanäle im weltweiten Netz wie bedient werden sollen. *Medienverteiler aktuell halten*

Bei der Frage, wen die Botschaften des Unternehmens über welches Medium erreichen sollen, sollten die Fachabteilungen mit ihrem jeweiligen Expertenwissen eingebunden sein. Ebenso muss bedacht werden, welche Medien möglicherweise für die entsprechenden Botschaften ungeeignet oder auch kontraproduktiv sein können.

Entscheidend ist anschließend auch die Frage, wer in diesen Phasen gegenüber den Medien – unabhängig von der Entscheidung, aktiv oder reaktiv nach außen zu kommunizieren – für das Unternehmen und den Vorstand oder die Geschäftsführung mit einer Stimme spricht.

Generell gilt für die gesamte Kommunikationsstrategie: Sie darf sich nicht in Details verlieren. Zu viele Zahlen, Fakten, Einzelheiten verwirren. Sie führen zu Fehldarstellungen, weil sie zu komplex und zu kompliziert sind. Möglicherweise werden so zur Unzeit mehr neue Fragen aufgeworfen denn beantwortet.

Eine allzu offenherzige, ungesteuerte Informationsarbeit liefert Gegnern und Kritikern zusätzliche Munition.

Schwindende Auflagen, sinkende Einnahmen, kaum noch junge Leser, wachsende Konkurrenz zwischen den alten und den neuen Medien: Zeitungen sind in der größten Sinnkrise ihrer Geschichte, viele Verlage reagieren mit Restrukturierungsprojekten, mit Etatkürzungen, mit betriebsbedingten Kündigungen – auch in Redaktionen. Gerade Tageszeitungen müssen ihr Profil schärfen, ihre Wettbewerbsposition stärken.

Die Zukunft der Zeitungen und Magazine soll darin bestehen, Themen – investigativ – frühzeitig zu erkennen, kritisch zu analysieren und daraus Handlungsempfehlungen oder Ratschläge für die Leser bzw. Verbraucher zu entwickeln.

Viele Pressestellen und Kommunikationsberater erleben den steigenden Wettbewerbsdruck zwischen den diversen Medien bei gleichzeitig sinkenden Ressourcen als enorme Herausforderung im täglichen Handwerk. In Zeiten, in denen Redakteure „um ihren Job schreiben", kann die gründliche Recherche, die entscheidende Nachfrage auf der Strecke bleiben, die Schlagzeilen (noch) reißerischer ausfallen. Kommunikationsmanagement gleicht im Zeitalter der Unterhaltungsgesellschaft mehr einem Rodeo denn Dressurreiten.

Sehr viel häufiger als in der Vergangenheit müssen Pressestellen oder Kommunikationsberater sich mit Medienanwälten beraten und auch tätig werden, um Schaden vom Unternehmen abzuwenden. Gerade bei Reorganisationen, Restrukturierungen oder Sanierungsprojekten, gerade in erfolgskritischen Projektphasen.

> **Merke:**
> Die Kommunikationsmittel werden vielfältiger. Dabei dürfen die Inhalte gerade im Unterhaltungszeitalter bei Restrukturierungen, Sanierungen oder Insolvenzen nicht einfältiger werden.

9.3.12 Vorbereiten, erklären, nachmachen, üben und Projekte abschließen

Die Ruhe nach dem Sturm

Die Vorbereitung des Projekts war von allen Seiten professionell, die Projektziele wurden im vorgesehenen Zeitrahmen erreicht. Nun muss „die neue Welt" mit Leben gefüllt werden. Das Projekt ist mithin noch nicht abgeschlossen, auch wenn sich die Projektgruppe nur noch unregelmäßig trifft oder auflöst hat. Die Ruhe nach dem Sturm, der Aufstieg aus dem Tal der Tränen muss ebenso professionell begleitet werden wie der Turnaround.

So bleibt man in der Kategorie jener, die Dinge aktiv gestalten. Manche Unternehmen wollen durchschnaufen und beobachten noch, wie Dinge geschehen. Und dann gibt es diejenigen, die sich bald wieder fragen werden: „Was ist eigentlich geschehen?"

Der Dank für Engagement und Unterstützung an Mitarbeiter, Geschäftspartner und Kunden ist eine Frage von Respekt, Anerkennung, Wertschätzung. In der

9.3 Kommunikation – Ursache und Lösung vieler Krisen

Nachbereitung des Projekts können und sollen erste Erfolge kommuniziert werden: Welche Ziele wurden wie im Einzelnen erreicht? Wie können diese ersten Erfolge anschaulich dargestellt werden? Die gemeinsame Anstrengung hat sich gelohnt! Der Erfolg bringt allen Vorteile! Welche?

Kommunikation ist ein maßgeblicher Erfolgsfaktor bei Restrukturierungen und Sanierungen. Selbstverständlich nicht der ausschließliche Faktor zum Erfolg.

> **Merke:**
> Rechtzeitige, plausible, umfassende, glaubwürdige und sachliche Kommunikation muss durch weitere Erfolgsfaktoren ergänzt werden, damit der Wandel sich als nachhaltig und widerstandsfähig erweist:
> - Tatsächliche Krisenursachen schnell und lückenlos bestimmen – keine Überraschungen riskieren
> - Weitreichend sanieren (soweit wie möglich, soweit wie nötig) – keine Kompromisse eingehen, weder bei Sach- noch bei Personalfragen
> - Die Messlatte hochlegen – ambitionierte, realistische, erreichbare und messbare Ziele definieren – nichts aufbauschen
> - Alle strategischen Defizite beseitigen, um nachhaltig zu sanieren – keine Lücken zulassen
> - Sämtliche Wertetreiber mobilisieren
> - Auch im Managementbereich keine Rücksicht auf „Heilige Kühe" nehmen – „Das haben wir schon immer so gemacht" oder „Das haben wir noch nie so gemacht" nicht akzeptieren
> - Aus einem Guss, aus einer Hand konzipieren, kommunizieren und umsetzen

---

Anmerkungen

[1] Michael Rieger, „Konflikt und Konfliktvermeidung", Westdeutscher Verlag, 1995.
[2] DIE ZEIT, „Manager halten deutsche Führungskultur für überholt", 30. September 2014.
[3] Paul B. Caroll, Chunka Mui; „Teure Lektionen", Finanzbuchverlag, 2008.
[4] Abgeordnetenhaus Berlin, Drucksache 17/3000 vom 14. Juni 2016.
[5] WirtschaftsWoche; „Consulting: Warum viele Fusionen scheitern", 31. Dezember 2010.
[6] Süddeutsche Zeitung, „Der Weltkonzern-Verbesserer", 17. Mai 2010.
[7] Jack Welch und Suzy Welch, „Winning – Das ist Management"; Campus Verlag, 2005.

Teil B
Spezialaspekte im Rahmen von Restrukturierungs- und Sanierungsprojekten

10 Krisenmanagement aus Bankensicht
von Eva Ringelspacher

10.1 Restrukturierung/Sanierung

Im Zusammenhang mit einer Krise und einer eventuell anschließenden Insolvenz eines Unternehmens ist die finanzierende Bank einer der wichtigsten Akteure. Die deutschen Geschäftsbanken sind nach wie vor die Hauptansprechpartner für Unternehmen bei der Fremdfinanzierung.[1] Die Rolle der Bank ist zweigeteilt; zum einen muss sie für sich selbst (und ihre Aktionäre) die beste Risikoabsicherung erzielen, zum anderen darf sie nicht dem Unternehmen und dessen Gläubigern schaden. Gleichzeitig müssen die Banken ihr Risikoprofil verbessern und ihre Risikoaktiva begrenzen, um die Eigenkapitalanforderungen der Aufsichtsbehörden zu erfüllen. Die Probleme der Banken wie Eigenkapitalmangel, Staatsschuldenkrise sowie Basel III (Mindestwerte für Liquidität, Obergrenzen der Verschuldung) sind hinreichend bekannt und in der Folge steigen die Kreditkosten der Banken. Die interne Chancen-Risiko-Abwägung, insbesondere im Sanierungsbereich bei Vergabe von Zusatzkrediten, basiert daher auf sehr restriktiven Rahmenbedingungen.

Bei Krisenfällen sind die Banken regelmäßig nicht durch hohe Zinsen und/oder Sicherheiten geschützt und müssen daher im eigenen Interesse aktiv zu einer Lösung beitragen. Hierfür müssen frühzeitig Entwicklungen beim Kunden identifiziert werden, die bei diesem zu einer Krise führen können, um in Zusammenarbeit mit dem Kunden rechtzeitig durch ein Gegenlenken den Eintritt der Krise zu vermeiden. Wichtig ist es dabei, die Krise frühzeitig zu identifizieren, damit ausreichend Zeit zur Verfügung steht.

Sollte ein rechtzeitiges Gegenlenken in Kooperation mit dem Kunden nicht möglich sein, muss die Bank über andere Alternativen nachdenken und durch entsprechende Strategien das Kreditausfallrisiko verhindern/begrenzen.

Ein effizientes Forderungsmanagement bei Krediten in der Krise bedeutet für die Bank, ökonomisch rational über Desinvestition bzw. Investition zu entscheiden. Denn Sanierungs-Abteilungen bei Banken werden häufig als Profit Center geführt. Daher sind bei der Frage, ob ein Sanierungsfall aktiv restrukturiert werden soll, exogene Rahmenbedingungen wie die Finanzmarktsituation, insbesondere der Markt für „distressed debt instruments" (Instrumente für notleidende Kredite), rechtliche, steuerliche und wirtschaftliche Rahmenbedingungen zu berücksichtigen, ebenso wie die Vorgaben der Gesamtbanksteuerung unter den Gesichtspunkten von Portfolio- und Risikomanagement, Eigenkapitalrestriktionen bzw. Eigenkapitalkosten, cross selling-Aktivitäten und natürlich die Akzeptanz von Co-Finanziers wie Investoren (Private Equity, Funds, Hedge Fonds).

10 Krisenmanagement aus Bankensicht

Gemäß den „Mindestanforderungen an das Risikomanagement" (MaRisk) ist seitens der Bank festzulegen, wann ein Kreditengagement nicht mehr der regulären Kreditbearbeitung unterliegt, sondern einer gesonderten Beobachtung (Workout, Spezialkreditmanagement) zu unterziehen ist und eine Abgabe an die auf Sanierung und Abwicklung spezialisierten Mitarbeiter erforderlich wird. Kriterien für die Überleitung können zum Beispiel eine Ratingverschlechterung, ungenehmigte Überziehungen oder andere Frühwarnkriterien sein.

Mit sich zuspitzender Liquiditätskrise gewinnen die Banken als Fremdkapitalgeber immer mehr an Bedeutung und kommen so in eine „Stakeholder-Position". Gleichzeitig wird die Zeit für die Einleitung einer Sanierung immer enger und es setzt ein Dominoeffekt ein: Kürzung von Kreditlinien, Limitstreichungen von Kreditversicherungen, Vorkasse bei Lieferanten usw. In der Praxis erfolgt im ersten Schritt eine Bestandsaufnahme des Kreditengagements, anschließend die Erstellung und Plausibilisierung eines Sanierungskonzepts und letztendlich die Überwachung des Sanierungsverlaufs durch monatliche oder quartalweise Reportings[2].

Maßnahmen zur Vermeidung der Zahlungsunfähigkeit oder Überschuldung

Die Bank kann beispielsweise mit folgenden Maßnahmen zur Vermeidung der Zahlungsunfähigkeit und/oder Überschuldung beitragen:

- Verzicht auf Kündigung,
- Sanierungsbeteiligung/aktive Beteiligung am Sanierungsprozess,
- Umschuldung (finanzielle Restrukturierung),
- Überbrückungs-/Sanierungskredit,
- Forderungsverzicht,
- Reduzierung der Verbindlichkeiten (Rangrücktritt, Umwandlung von Kreditforderungen in Genussrechte),
- Nachrangmittel/Mezzanine,
- Hilfe bei der Beschaffung von Fremdkapital und/oder öffentlichen Mitteln,
- Debt Equity Swap (Umwandlung von Fremd- in Eigenkapital),
- Unterstützung bei der Mobilisierung stiller Reserven (Sale & Lease Back).

Risiken aus Bankensicht

Dabei sieht sich die Bank mit folgenden Risiken konfrontiert:

- Nichtigkeit der Maßnahme infolge Sittenwidrigkeit,
- Haftung auf Schadensersatz gem. § 826 BGB (sittenwidrige vorsätzliche Schädigung),
- Anfechtungsrisiken gem. §§ 130 InsO,
- Gläubigerbenachteiligung,
- Eingeschränkte Kündigungsmöglichkeiten,
- Kündigung zur Unzeit,
- Eigennützige Sanierungskredite,
- Eigenkapitalersatz-/Nachrangprobleme,
- Faktische Geschäftsführung,
- Nachschusspflicht,
- Durchgriffshaftung,
- Beihilfe zur Insolvenzverschleppung,
- Verletzung des Bankgeheimnisses.

10.1.1 Spezialmanagement

10.1.1.1 Rating

Eine Bank ist nach § 18 S. 1 KWG verpflichtet, sich die wirtschaftlichen Verhältnisse eines Kreditnehmers – bei Vergabe von größeren Krediten – insbesondere durch Jahresabschlüsse offen legen zu lassen. Diese Verpflichtung besteht während der kompletten Laufzeit eines Kredits und die Bank muss die wirtschaftliche Entwicklung ihres Kreditnehmers kontinuierlich analysieren. Dies wird mit den Ratingsystemen der einzelnen Kreditinstitute erreicht.

Ratingsysteme

Gute Ratingsysteme ermöglichen sowohl dem Kunden als auch der Bank ein frühzeitiges Gegensteuern in der Krise und helfen damit, Insolvenzen zu verhindern.

Das Rating bildet u. a. die Grundlage für die Zuordnung eines Kreditengagements in den Workout/Spezialkreditmanagementbereich.

Zur Identifikation eingetretener Risiken stehen den Banken auch die segmentspezifischen Ratingverfahren zur Verfügung.

In die Ratingverfahren fließen ein:
- die Finanzanalyse des Jahresabschlusses:
  Eigenkapitalquote, Kapitalbindung, Fremdkapitalquote, Umsatzwachstum, Cashflow usw.
- die Finanzanalyse der aktuellen Zahlen
- Risikoanalyse, u. a. in den Bereichen:
  Markt, Rahmenbedingungen, Management, Wertschöpfung usw.
- Frühwarnindikatoren (vergleiche nachstehende Ausführungen).

10.1.1.2 Frühwarnkriterien

Effektive Frühwarn-Erkennungssysteme verlangen einen hohen Ressourceneinsatz, sowohl bei der Bank als Kreditgeber als auch beim Kunden als Kreditnehmer.

Effektive Frühwarn-Erkennungssysteme verlangen einen hohen Ressourceneinsatz

Die Frühwarnindikatoren aus Bankensicht, aus dem Markt, dem Unternehmen sowie der Bilanz müssen in die Ratingsysteme und in sog. Watch-/monitoring lists Eingang finden. Eine umfangreiche Auflistung unterschiedlicher Frühwarnindikatoren findet sich auf der Website zu diesem Buch. Zur Identifikation von Krisenanzeichen sind auch Financial oder sonstige Covenants, insbesondere die Information/Reporting Covenants, geeignet (vgl. 10.1.3 Stillhalten).

Website: Frühwarnindikatoren

Um als Kreditinstitut frühzeitig eine Krise zu erkennen, ist die Analyse des vom Kunden zu liefernden Reportings von großer Bedeutung. Hier sind die Anforderungen hinsichtlich der Transparenz gestiegen. Bei Konsortialfinanzierungen werden in der Praxis meist höhere Ansprüche an Umfang und Detailierungsgrad gestellt als bei Mittelstandsfinanzierungen, aber auch im letzteren Fall werden die Anforderungen an das Reporting immer höher.

Bankenreporting

Grundsätzlich wird in Verträgen ein vierteljährliches Reporting verankert, in Krisensituationen sollte dies allerdings auf monatlicher Basis eingereicht werden. Voraussetzung ist, dass eine integrierte Unternehmensplanung beste-

10 Krisenmanagement aus Bankensicht

hend aus Planbilanz, Plan-GuV und daraus abgeleitet eine Liquiditätsplanung vorliegt. Weitere Voraussetzung ist ein Abgleich der Forecast-Zahlen mit den Ist-Zahlen der Vorperiode.

10.1.2 Handlungsalternativen der Bank

Die Bank muss sich in der Krise letztlich zwischen den folgenden Optionen entscheiden:
- Stillhalten (vgl. 10.1.3),
- Begleitung der Sanierung (vgl. 10.1.4) oder
- Kündigung/Workout (vgl. 10.2).

10.1.3 „Stillhalten"

10.1.3.1 Offenhalten der Linie

Offenhalten der Linie

Im Falle des Stillhaltens bestehen grundsätzlich keine Haftungsrisiken für die Bank, da weder eine Verpflichtung zur Fälligstellung der Kredite noch zur Stellung eines Insolvenzantrages besteht. Dies gilt auch dann, wenn für die Bank erkennbar ist, dass andere Gläubiger – durch die Nichtbeitreibung ihrer Forderungen oder die Eingehung neuer Geschäfte – zum Schaden kommen können. Auch wenn die Bank aus dem Stillhalten Vorteile zieht (sie muss die Wertsteigerung ihrer Sicherheiten nicht verhindern).

Das Stillhalten als passive Sanierungsstrategie

Stillhalten ist in den Fällen sinnvoll, in denen die Bank an eine Überwindung der Krise des Unternehmens aus eigener Kraft glaubt. Trotz des Stillhaltens bleibt aber das Kündigungsrecht der Bank erhalten.

Das Stillhalten als passive Sanierungsstrategie löst nur dann eine Haftung der Bank aus, wenn das Unternehmen dadurch zu einer verspäteten Insolvenzantragstellung verleitet wird oder wenn seitens der Bank das Engagement zur Unzeit gekündigt wird (vgl. 10.2.1 Kündigung zur Unzeit).

Die Risiken, die sich für die Bank aus dem Stillhalten ergeben, liegen darin, dass der Kredit weiter in Anspruch genommen wird, denn solange nicht gekündigt wird, ist der Kreditvertrag zu erfüllen – sieht dieser weitere Auszahlungen vor, sind auch diese zu erfüllen. Die Bank ist aber nicht verpflichtet, weitere Kredite zu gewähren oder eine Prolongation im Falle des Eintritts der Kündigungsreife (ordentliche Kündigung) vorzunehmen. Der Begriff des Stillhaltens umfasst nicht nur die reine Untätigkeit und den Verzicht auf die Ausübung der vertraglichen oder gesetzlichen Kündigungsrechte, sondern auch:

- Aufrechterhaltung der Kreditlinie,
- Stundungsabrede/Moratorium: einvernehmlich gestundete Verbindlichkeiten finden keine Berücksichtigung bei der Prüfung der Zahlungsunfähigkeit. Erreicht der Schuldner nach Zahlungseinstellung eine Stundung, liegt keine Zahlungsunfähigkeit mehr vor, wenn die Stundung zur allgemeinen Wiederaufnahme der Zahlungen führt. Voraussetzungen hierfür: die Stundung

kann formfrei oder durch ein Stillhalteabkommen erfolgen. Erzwungene Stundungen sind kein Anlass für die Nichtberücksichtigung.
- Prolongation eines Roll-over-Kredits,
- das Zulassen einer Inanspruchnahme eines noch nicht voll ausgeschöpften Kreditrahmens.

In diesem Zusammenhang ist die Aufrechterhaltung eines Cash-Poolings zu prüfen. Cash-Pooling ist ein Instrument zur Konzerninnenfinanzierung, das dazu dient, einen Gesamtsaldo aus den Konten sämtlicher Konzernunternehmen zu bilden und damit einen optimalen internen Liquiditätsausgleich sicherzustellen.[3] Die Guthaben der einzelnen Konten werden auf ein Zielkonto = Masterkonto (in den meisten Fällen ein Konto der Konzernobergesellschaft) übertragen, und über dieses werden die Debit-Salden der Konzerngesellschaften ausgeglichen. Zwischen der Konzernobergesellschaft und den einzelnen Konzerngesellschaften existieren wechselseitige Darlehensverträge.[4] Bei schlechter wirtschaftlicher Lage einer dem Cash-Pool angeschlossenen Gesellschaft ist der Ausschluss dieser Gesellschaft aus dem Cash-Pooling zu erwägen. Führt eine Gesellschaft über den automatischen Guthabentransfer Mittel ohne Aussicht auf Ausgleich an das Masterkonto ab, entweder, weil dort die Zahlungsunfähigkeit droht, oder aufgrund sonstiger Umstände eine Rückzahlung der Beträge an die Gesellschaft nicht möglich ist, muss vom Cash-Pooling Abstand genommen werden (zum Cash-Pooling in der Insolvenz siehe 10.2.3.1).

Auf der Website zum Buch finden Sie das Muster einer Stillhalteerklärung.

Website: Stillhalteerklärung

10.1.3.2 Prolongation in der Krise

Bei der Fortführung oder Verlängerung eines auslaufenden Kredits kann sich die Bank in die Gefahr von Haftungs- und Anfechtungsrisiken begeben. Bei anderen Geschäftspartnern des Kreditnehmers könnte durch die Kreditprolongation der Eindruck entstehen, das Unternehmen verfüge noch über ausreichende Bonität, und sie dazu veranlassen, mit ihren Forderungen stillzuhalten oder selbst weiter Kredit zu gewähren.[5] Die Weiterführung eines bestehenden Kredits hingegen ist grundsätzlich nicht haftungsauslösend. Es ist daher zu prüfen, ob es sich lediglich um eine Verlängerung oder Aufrechterhaltung eines bestehenden Kredits handelt oder ob es sich um eine neue Vereinbarung mit einem neuen Kapitalnutzungsrecht handelt.

Verlängerung oder Aufrechterhaltung eines bestehenden Kredits

Bei einem sog. baw (bis auf weiteres)-Kredit und sog. Roll-Over-Krediten wird dem Kreditnehmer bei Vertragsabschluss ein langfristiges Kapitalnutzungsrecht eingeräumt. Nur die Zinsvereinbarung wird nicht für die gesamte Laufzeit, sondern nur für eine bestimmte Zinsbindungsfrist getroffen. Zum Ende dieser Frist wird der Kredit nicht fällig, sondern es tritt eine Konditionsänderung ein. Daher handelt es sich in solchen Konstellationen nicht um die Gewährung eines Neukredits.[6]

Eventuell kann ein Stillhalten als konkludente Stundung qualifiziert werden. Zum Beispiel wenn die Bank trotz Fälligkeit der Forderung oder Auslaufen der Kreditlinie nicht die Rückzahlung fordert. Das wesentliche wirtschaftliche Risiko einer Stillhalte-Strategie liegt in einer möglichen wirtschaftlichen Verschlechterung des Unternehmens verbunden mit dem Abschmelzen des Wertes der Kreditsicherheiten.

In der Praxis werden bei Anzeichen einer Krise seitens der Bank oft die Engagements reduziert, was einer Teilkündigung gleichkommt. Diese Reduktion der Engagements erfolgt durch das Einfrieren von Inanspruchnahmen und/oder die einvernehmliche Rückführung von nicht benötigen Linien. Der Vorteil hierbei ist die Risikoreduzierung seitens der Bank. Die Nachteile bestehen in einer eventuellen Illiquidität bei dem Kunden und der Gefahr, dass dieses Vorgehen der Bank als Kündigung zur Unzeit (vgl. 10.2.1 Kündigung zur Unzeit) qualifiziert wird.

10.1.3.3 Sicherheitenverstärkung

Sicherheitenverstärkung

Als neue Sicherheiten kommen in der Praxis oftmals nachfolgende Möglichkeiten in Betracht:

- immaterielle Vermögensgegenstände (Patente, Konzessionen, Marken),
- Sachanlagevermögen,
- Finanzanlagen (Verpfändung von Anteilen an profitablen Unternehmen oder Unternehmensteilen),
- Umlaufvermögen (hier sind jedoch die evtl. Drittrechte wie Eigentumsvorbehalte zu beachten),
- Verpfändung von Geschäftsanteilen des Kreditnehmers (im Wege des Treuhandmodells),
- Sicherheitenhereingabe durch die Gesellschafter,
- Gesellschafterverpflichtungen,
- Landesbürgschaften (teilweise problematisch im Hinblick auf die Notifizierung durch die Europäische Union),
- Schuldbeitritte Dritter.

Übersicherung

Im Kreditsicherungsrecht gilt der Grundsatz, dass die Sicherungsmittel nur so weit reichen sollen, wie ein Sicherungsbedürfnis tatsächlich besteht. Reicht das Sicherungsmittel weiter, so liegt eine Übersicherung vor.

Bei der Übersicherung unterscheidet man zwischen einer anfänglichen und der nachträglichen Übersicherung.

Bei der anfänglichen Übersicherung kann die Sicherungsabrede sittenwidrig sein, wenn die Sicherheiten in einem auffälligen Missverhältnis zum Sicherungszweck stehen. Hinzu muss jedoch ebenfalls eine „verwerfliche Gesinnung" des Sicherungsnehmers (sprich der Bank) kommen. Im Fall der sittenwidrigen Übersicherung ist die Sicherheitenvereinbarung unwirksam.

Die nachträgliche Übersicherung entsteht durch die Tilgung der Forderung oder Ausdehnung der Sicherheit (Warenlager mit wechselndem Bestand, Globalzession mit wechselndem Forderungsbestand). Zur Vermeidung der nachträglichen Übersicherung werden in den Sicherheitenverträgen „Freigabeklauseln" eingefügt, die eine Deckungsgrenze festlegen.

Der BGH sieht das zulässige Maß der Übersicherung bei 110 % der Forderung. Das heißt, der realisierbare Wert – der Wert, den die Bank im Falle einer Verwertung realisieren (unter Berücksichtigung der Verwertungskosten) würde,

– der Sicherheit darf den Betrag der Forderung um 10% nicht übersteigen. Überschreitet der Nennwert der Sache den Betrag um über 50%, wird eine Übersicherung vermutet. Wenn und soweit eine nicht nur vorübergehende Übersicherung eintritt, ist eine (Teil-) Freigabe zwingend erforderlich. Welche Sicherheit in einem solchen Fall von der Bank freigegeben wird, liegt in deren Ermessen.

10.1.3.4 Covenants

a) Financial Covenants als Frühwarnsysteme

Financial Covenants sind keine Sicherheiten oder Ersatzsicherheiten, sie dienen allenfalls als Frühwarnsysteme! Die Financial Covenants markieren Mindestbonitätsanforderungen, welche die Bank an den Kreditnehmer stellt. Dadurch wird erreicht, dass der Kunde in die „finanzielle Disziplin" genommen wird. *Financial Covenants als Frühwarnsysteme*

Das Controlling der Einhaltung der Financial Covenants bedeutet einen hohen Aufwand für die Bank, und sie muss sich bewusst sein, dass Financial Covenants Veränderungen nur mit zeitlicher Verzögerung erfassen. Denn beabsichtigte oder unbeabsichtigte (nicht selten im Vorfeld der Insolvenz vorkommende) Defizite in der Rechnungslegung der Kunden wirken sich auch auf Financial Covenants aus.

Financial Covenants haben keinen AGB-Charakter, da sie regelmäßig individuell vereinbart werden. Sie wurden aus der anglo-amerikanischen Finanzierungspraxis übernommen.

Unterscheidung nach Art der Covenants: *Art der Covenants*

- General Covenants: Publizitätsverpflichtungen, Verbot von Ausschüttungen, Vermögensverkäufe, Wechsel in der Unternehmenskontrolle,
- Information Covenants: Jahresabschlüsse, Quartals- und Monatsberichte, Businessplan,
- Financial Covenants: Einhaltung von unterschiedlichen Finanzkennzahlen; sie stellen die wichtigste Gruppe dar.

Financial Covenants sind die Verpflichtung des Kunden zur Einhaltung bestimmter (Mindest-) Finanzkennzahlen und/oder Finanzrelationen. Sie sind vertragliche Nebenpflichten, deren Nichteinhaltung bestimmte Rechtsfolgen auslöst. Dies können sein: *Financial Covenants*

- Margenanpassungen (insbesondere Zinserhöhungen),
- Reduzierung oder Ausschluss weiterer Kreditinanspruchnahme,
- Nachbesicherung und
- Kündigung.

Bei einem Financial Covenant verpflichtet sich der Darlehensnehmer, während der Laufzeit des Darlehensvertrages bestimmte finanzielle Kennzahlen im Einzeljahresabschluss oder Konzernjahresabschluss einzuhalten. *Arten von Financial Covenants*

Als Varianten kommen in Betracht:

- Mindest-Eigenkapitalausstattung („Net Worth Requirement"),
- Mindest-Liquidität: Einhaltung bestimmter Liquiditätsanforderungen („EBITDA Interest Cover", „Leverage Ratio"),

- Ertrag: Sicherstellung des Kapitaldiensts durch Schuldendienstdeckungsgrad („Debt Service Cover Ratio"), Nettoverschuldungsgrad („Leverage Ratio"), Zinsdeckungsgrad („EBITDA"),
- Anlagendeckungsgrad,
- Brutto-Cashflow-Rate.

Financial Convenants sollten sich auf wenige betriebswirtschaftliche Kennzahlen beschränken; dabei sollte sich die Bank bewusst sein, dass nicht alle für den geschäftlichen Erfolg wesentlichen Faktoren erfasst werden und es sollte keine Beeinflussung der Unternehmensführung im Hinblick auf das Risiko einer Knebelung eingegangen werden.

Bei der Festlegung der Financial Covenants sind

- die historische „financial performance" des Kreditnehmers,
- branchenübliche Werte,
- die Planwerte des Kreditnehmers sowie
- das vom Kreditnehmer für realistisch gehaltene Szenario und
- (sofern vorliegend) das Sanierungskonzept

zu berücksichtigen.

Aufgrund von Financial Convenants kann die Bank wirtschaftliche Schwierigkeiten ihres Kunden frühzeitig erkennen und zu einem relativ frühen Zeitpunkt handeln. Sie muss nicht abwarten, bis sich eine Situation krisenhaft zuspitzt.

Negative Entwicklungen frühzeitig erkennen

Financial Covenants finden sich in der Praxis häufig bei großvolumigen und/oder grenzüberschreitenden Finanzierungen, insbesondere wenn der Schuldendienst in starkem Maße von den künftigen Cashflows abhängt, aber immer häufiger auch bei Mittelstandsfinanzierungen. Damit Financial Covenants ihre Frühwarnfunktion erfüllen können, muss das Financial Model negative Veränderungen frühzeitig genug erfassen. Die Annahmen im Businessplan müssen unter Beachtung von etwaigen Saisonverläufen und Besonderheiten der jeweiligen Branche plausibilisiert werden.

Andererseits dürfen die Covenants nicht so eng strukturiert sein, dass Veränderungen im Rahmen des üblichen Geschäftsverlaufs immer wieder zu Verletzungen führen. Daher sind sog. Headrooms als Puffer einzubauen.

Normalerweise wird eine Pflicht zur Einhaltung der Covenants an bestimmten Stichtagen in die Vertragsdokumentation aufgenommen. In einem Restrukturierungsfall müssen die Kennzahlen in kürzeren Zeitabständen berechnet und an die Bank berichtet werden, da sie ansonsten nicht als Frühwarnindikatoren dienen. Besteht die Vermutung, dass ein Covenantbruch kurz nach dem Stichtag eintritt, kann die Bank schon vor dem nächsten Stichtag Informationen verlangen.

Vor allem die Verletzung von Liquiditätsklauseln deutet auf ein kurzfristiges Kreditausfallrisiko hin.

Sonstige Covenants

Die verschiedenen Parameter sind im Kreditvertrag aufzunehmen. Daneben gibt es noch die Möglichkeit sog. sonstige Covenants zu vereinbaren, z. B.:

- Unterrichtung über Bankenspiegel,
- Reporting Covenants,

- Nichtschlechterbehandlung bzgl. Finanzkennzahlen mit anderen Kreditinstituten (pari passu),
- Nichtschlechterbehandlung bzgl. Sicherheiten,
- keine Sicherheitenbestellung zugunsten anderer Gläubiger (negative pledge),
- Nachbesicherungsklausel bei Nichteinhaltung von Covenants.

b) Nachbesicherungsklausel

Werden seitens des Kunden die vereinbarten Covenants nicht eingehalten, so wird ihn die Bank unter Fristsetzung auffordern, der Vertragsverletzung Abhilfe zu schaffen. Verstreicht diese gesetzte Frist erfolglos, so ist die Bank berechtigt, die Bestellung oder Verstärkung von Sicherheiten zu verlangen.

Sind Financial Covenants vereinbart worden, so kann der Kunde argumentieren, dass die Bank individualvertraglich zu erkennen gegeben habe, ab welchem Grad der Verschlechterung ein Kündigungsrecht gegeben sein soll. In einem solchen Fall kann das Kündigungsrecht nach den AGB der Banken zweifelhaft sein, da im Zweifel der Individualabrede Vorrang zukommt.

Der Nachbesicherungsanspruch oder auch das Kündigungsrecht findet hier eine bessere Grundlage in der Argumentation gegenüber dem Kunden als die entsprechenden AGB-Regeln. Sie ermöglichen vor allem eine Anpassung der Konditionen und der Sicherheitenposition an gesteigerte Risiken und berechtigen zur Reduzierung (Borrowing Base Klauseln) bzw. Verweigerung weiterer Kreditausreichung („Draw Stops").

Soweit die Covenants als Rechtsfolge vorsehen, dass der betreffende Kreditnehmer zur Nachbesicherung verpflichtet ist, stellt sich im Falle einer Insolvenz die Frage nach einer inkongruenten Nachbesicherung. Erfolgt die Nachbesicherung aufgrund einer sogenannten „Positiverklärung", ist zu prüfen, ob diese Erklärung bereits eine bestimmte individualisierbare Sicherheit benennt oder ob der Nachbesicherungsanspruch allgemein abgefasst wurde. *Inkongruente Nachbesicherung*

Solange der Covenant nicht genau spezifiziert, welche Sicherheit zu bestellen ist, handelt es sich in jedem Fall um eine inkongruente Nachbesicherung, die unter den erleichterten Voraussetzungen in der Insolvenz anfechtbar ist.

Auch soweit der Covenant die Stellung einer konkreten Sicherheit im Falle seiner Verletzung vorsieht, besteht keine ausreichende Rechtssicherheit, ob eine solche Vereinbarung im Ergebnis insolvenzfest wäre, d. h. ob sie als kongruente Deckung anzusehen wäre. Bei sachgerechter Ausgestaltung dürfte die Kongruenz der vereinbarten Sicherheit jedoch zu bejahen sein. *Kongruente Deckung*

c) Waiver

Können die Covenants nicht eingehalten werden, spricht man von einem „Default", einer Vertragsverletzung. Um dies zu verhindern, wird ein „waiver request" zwecks Heilung des Defaults eingeleitet. *Waiver*

Das schwerstwiegende Drohinstrument im Fall der Nichteinhaltung von Financial Covenants ist die Kündigung des Kreditvertrages, was bei Erstverletzung in der Praxis jedoch selten angewandt wird. Die Covenantsbrüche führen in der Praxis nur in den wenigsten Fällen zu einer Kreditkündigung: Es werden

Nachverhandlungen der Kreditverträge – Reset der Covenants – vorgenommen. Meistens wird ein waiver – Verzicht auf die Einhaltung der Covenants – oft gegen eine „waiver fee" erteilt. Hier sollte aus Sicht der Bank nicht die Zahlung der waiver fee im Vordergrund stehen, sondern eine Ursachenanalyse für die Verletzung und Nichteinhaltung der Covenants.

Juristisch betrachtet handelt es sich um modifizierte Stillhalteabkommen, bei denen die Banken – für eine bestimmte Zeit und unter bestimmten Bedingungen – auf ihr Kündigungsrecht verzichten.

Die Rechtsfolge einer unterlassenen Kündigung im Rahmen eines waiver-Prozesses birgt die Gefahr der Verwirkung des Kündigungsrechts (§ 314 II BGB). Im englischen Recht wird dies durch einen „Reservations of Rights Letter" verhindert, der jedoch im deutschen Recht so nicht verankert ist.

Equity Cure Right

In den Verträgen wird oft ein sog. Equity Cure Right des Gesellschafters als weiteres Mittel, einen Covenantbruch zu heilen, eingebaut. Das Equity Cure Right sieht vor, dass der Gesellschafter das Recht hat, Eigenkapital zur Stärkung der Kapitalbasis zuzuführen. Nach Zuführung von weiterem Eigenkapital werden die Finanzkennzahlen wieder eingehalten und es kommt nicht zu einem Default und auch nicht zu einem waiver request.

Covenant-Reset/ Covenant Holiday

Ein Covenant-Reset (Anpassung der Kennzahlen) oder gar ein Covenant Holiday (Aussetzung der Covenants) sollte nur dann vereinbart werden, wenn ausreichend Liquidität im Unternehmen ist.

Insbesondere bei einem Reset der Covenants sollte in der Restrukturierung auf die Planung im Sanierungskonzept abgestellt werden. Wichtig ist, dem Unternehmen genügend „Luft zum Atmen" zu erteilen und gleichzeitig dem Informations-/Controllingbedürfnis der Kreditgeber zu genügen.

10.1.3.5 Gebühren

Commitment, Arrangement und Participation Fee

In Kreditverträgen für Konsortialfinanzieren, aber auch in bilateralen Kreditverträgen finden sich Regelungen für die an den Agenten bzw. Konsorten oder an die Bank zu zahlende Gebühren (fees). Diese Formulierungen sind aus dem deutschen Vertragsmuster der Loan Market Asscociation[7] entnommen. Die typischen Klauseln sind die Bereitstellungsprovision (Commitment Fee), die Arrangierungsprovison (Arrangement Fee) und Beteiligungsprovisionen (Participation Fee). Durch die Entscheidung des BGH zur Zulässigkeit von Bearbeitungsgebühren Verbraucherkreditverträge betreffend ist nun die Frage nach der Zulässigkeit solcher Gebühren bei Firmenkrediten in die Diskussion geraten.[8]

Der BGH sieht mehrfach verwendete Entgeltregelungen durchgängig als Allgemeine Geschäftsbedingungen an; es sei denn, sie sind individuell ausgehandelt. Nach ständiger Rechtsprechung des BGH sind solche Regelungen mit den wesentlichen Grundgedanken der Rechtsordnung unvereinbar, wenn der Aufwand für Tätigkeiten auf den Kunden abgewälzt wird, zu denen die Bank gesetzlich oder nebenvertraglich verpflichtet ist oder die überwiegend im eigenen Interesse sind.[9]

10.1 Restrukturierung/Sanierung

Bei der Prüfung, ob die Inhaltskontrolle zulässig ist, muss zwischen kontrollfähigen Preisnebenabreden und nicht kontrollfähigen Preishauptabreden, unterschieden werden.[10]

Bei einer Bereitstellungsklausel (Commitment Fee) verpflichtet sich der Kreditnehmer, an die Bank eine Provision in Höhe eines bestimmten Prozentsatzes per annum für die nicht in Anspruch genommene Kreditlinie zu zahlen.[11] Bereitstellungsprovisionen in Einzelkreditverträgen stellen eine Vergütung für eine selbstständige Zusatzverpflichtung der Bank dar, dem Kreditnehmer die Darlehensvaluta während eines bestimmten Zeitraums abrufbar zu halten. Somit ist sie der Inhaltskontrolle nach § 307 Abs. 3 BGB entzogen[12].

Für Commitment Fees in Konsortialverträgen ergibt sich keine abweichende Beurteilung[13].

Die Arrangierungsprovision wird in der Praxis in dem sogenannten Fee Letter vereinbart und im Kreditvertrag findet sich ein Verweis auf diese gesonderte Gebührenvereinbarung.[14] Die Aufgaben des Arrangeurs bestehen in der Suche nach Finanzierungspartnern, die Findung der Kreditstruktur und die Erstellung sowie Verhandlung der Vertragsdokumentation. Die Rechtsprechung hat sich bisher noch nicht zur Kontrollfähigkeit geäußert. In der Literatur herrscht die Meinung, dass die Vereinbarung einer Arrangierungsprovision kein Fall des § 305 Abs 1 Satz 3 BGB darstellt, sofern sie im einzelnen, individualvertraglich ausgehandelt wird.[15]

Die Beteiligungsprovision wird als Vergütung für die Beteiligung einer Bank an einem Konsortialkredit gezahlt. Da der BGH in seinen Entscheidungen zu den Bearbeitungsentgelten festgestellt hat, dass die Prüfung einer Bank, ob sie einen Kredit gewährt, im eigenen Interesse liegt, besteht hier das Risiko, dass eine solche Klausel unwirksam ist.[16] Nur im Falle einer Individualabrede kann dieses Risiko minimiert werden.

Als Fazit ist festzuhalten: Ist die Gebühr Teil des gesamten Verhandlungspakets über die wesentlichen Inhalte des Darlehensvertrages, so ist diese Klausel als Individualabrede zu klassifizieren. Eine Gebührenklausel sollte so ausgestaltet werden, dass sie eine individuelle Vereinbarung eines Bearbeitungsentgeltes darstellt und auch entsprechend dokumentiert wird.

Viele Banken sind aufgrund dieser Problematik dazu übergegangen, keine Gebühren mehr zu fordern, sondern einen dem Risiko angemessenen erhöhten Zinssatz.

Als Sanierungszinssatz versteht man die Einräumung eines nicht-risikoadäquaten Zinssatzes für ein Unternehmen in der Krise mit einem hohen Ausfallrisiko. Denn normalerweise müssten solche Unternehmen einen höheren Zinssatz leisten, was jedoch aufgrund der angespannten Liquiditätslage in solchen Fällen nicht möglich ist.

Sanierungszinssatz

Ein Lösungsansatz besteht in der Ausweisung als „PIK Interest" (Payment-in-Kind): Die Differenz zwischen dem Ursprungszinssatz und dem Sanierungszinssatz wird kapitalisiert und am Ende der Restrukturierungs- und Tilgungsvereinbarung ausgewiesen. Diese Variante bringt eine Liquiditätsverbesserung mit sich.[17]

10.1.4 Begleitung der Sanierung

Seitens der Bank besteht keine Rechtspflicht zur Leistung von Sanierungsbeiträgen – auch nicht bei langjährigen Kreditverhältnissen.

Voraussetzung für die weitere Begleitung durch die Bank ist jedoch, dass bei den Gesellschaftern/der Geschäftsführung des Unternehmens die Einsicht und unbedingte Kooperationsbereitschaft vorliegen muss!

10.1.4.1 Überbrückungs-/Liquiditätshilfekredite

Überbrückungs-/Liquiditätshilfekredite

Die Kreditvergabe in der Krise ist unter Umständen mit Haftungsrisiken verbunden, wenn die Bank als Kreditgeber in die Geschäftsführung eingreift oder eine Beihilfe/Anstiftung zur Insolvenzverschleppung durch die Kreditgewährung erfolgt.

Bei Krediten in der Sanierung ist wie folgt zu differenzieren:

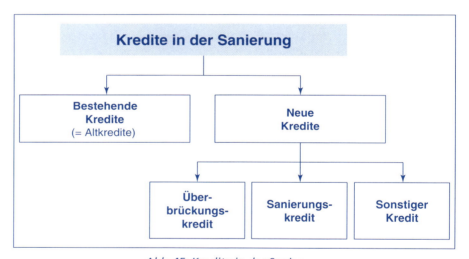

Abb. 45: Kredite in der Sanierung

Überbrückungskredit

Darunter versteht man einen Kredit, der nach Eintritt der Krise bis zur Vorlage eines Sanierungskonzepts zur Sicherung der Liquidität – sprich zur Überbrückung – gewährt wird. Das Abgrenzungskriterium zu anderen Kreditarten liegt im Zweck der Kreditvergabe.

Enge Spielräume

Der Kreditvergabe in Form von Überbrückungskrediten sind enge Handlungsspielräume gesetzt. Der Kredit wird nur kurzfristig zur Deckung eines vorübergehenden Finanzierungsbedarfs gewährt und soll auch tatsächlich zurückgezahlt oder umgeschuldet werden.

In der Krise dient ein solcher Kredit nur zur Überbrückung des Zeitraums für die Sanierungsprüfung (Erarbeitung des Sanierungskonzepts), zur Stützung des notleidenden Unternehmens und um vor Abschluss der Prüfung eine Zahlungsunfähigkeit des Unternehmens abzuwenden. Es liegt in einem solchen Fall keine Beihilfe zur Insolvenzverschleppung und auch keine Gläubigergefährdung vor. Im Vertragstext sollte darauf hingewiesen werden, dass es sich um einen Überbrückungskredit handelt.

Die Möglichkeit der Besicherung des Überbrückungskredits ist anerkannt (Bargeschäft). Die dafür hereingenommenen Sicherheiten dürfen allerdings nicht gleichzeitig für Altkredite haften. Eine nachrangige Besicherung von Altkrediten in abgestufter Form ist jedoch möglich. Der Überbrückungskredit einschließlich angemessener Sicherheitenbestellung wird auch nicht bei einem später vorgelegten negativen Sanierungskonzept sittenwidrig.

Besicherung des Überbrückungskredits

Auf der Website zu diesem Buch finden Sie eine Musterformulierung für die Gewährung eines Überbrückungskredits. Wichtig ist, dass der Überbrückungskredit als solcher in der Vertragsgestaltung benannt wird und die Laufzeit sollte in der Regel nicht drei Monate überschreiten. Ausnahmen können sich in sehr komplexen Sanierungen ergeben. Grundsätzlich sollte auch keine Verlängerung gewährt werden, es sei denn, das Erstellen des Sanierungskonzepts verzögert sich durch den Umfang und die Komplexität des zu prüfenden Unternehmens.

Website: Überbrückungskredit

Sollte sich dann nach Vorlage des Sanierungskonzepts die Bank zur Begleitung der Umsetzung des Sanierungskonzepts entscheiden, wird sie einen Sanierungskredit gewähren.

10.1.4.2 Sanierungskredit

Fresh Money (neuer Kredit) ist eventuell zur Überlebenssicherung und Wiederherstellung der Handlungsfähigkeit des Unternehmens erforderlich. Ein solcher Kredit sollte nur nach sorgfältiger Interessenabwägung erteilt werden, wenn ein Sanierungskonzept mit einer positiven Fortführungsprognose und Sanierungsfähigkeitsbescheinigung vorliegt. Das Sanierungskonzept sollte die Einbindung aller Gläubiger (Banken, Kreditversicherer, Lieferanten, Finanzamt, Krankenkassen) vorsehen, um Störfeuer zu verhindern. Des Weiteren müssen die Geschäftsführung sowie der Gesellschafter eingebunden sein, denn der häufigste Fehler des Managements ist es, zu Beginn der Krise die Gläubiger zu spät zu informieren und zu versuchen, die Forderungen einzelner Banken unter Verletzung des Gleichbehandlungsgrundsatzes zu bedienen.

Sorgfältige Interessenabwägung bei Sanierungskrediten

Der Sanierungskredit bedeutet die Gewährung eines zusätzlichen Kredits im Stadium der Kreditunwürdigkeit am Markt und der Sanierungsbedürftigkeit oder gar Insolvenzreife des Unternehmens zur Überwindung der Krise.

Voraussetzung dafür ist, dass eine Sanierungsprognose aufgrund einer Sanierungsprüfung eines branchenkundigen Fachmanns vorliegt und die Einhaltung der Sanierungsmaßnahmen überwacht wird. Wie dies in den MaRisk gefordert wird.

Sanierungskredite unterliegen einer Privilegierung, da ihre Besicherung in der Krise als Bargeschäfte gem. § 142 InsO nicht anfechtbar sind.

Sanierungskredit als Bargeschäft

Sanierungskredite können auch als Auftragsfinanzierungen oder Saisonlinien ausgestaltet werden.

Daneben sind auch Beiträge des Unternehmens zu fordern, wie zum Beispiel Factoring/Debitorenmanagement, Sale & Lease Back Transaktionen oder Verkäufe von nicht betriebsnotwendigen Vermögen. Auch müssen Gesellschafterbeiträge erbracht werden, beispielsweise in Form von Darlehen, Kapitalerhöhungen oder Sicherheitenbestellung.

Das Paket kann dann durch öffentliche Mittel/Bürgschaften, Beiträge der Lieferanten (z. B. Zielverlängerung) und Beiträge der Kreditversicherer (mindestens Offenhalten der Linien) komplettiert werden.

Financial Covenants in Sanierungskrediten

Die Verwendung von Financial Covenants in Sanierungskrediten sind mittlerweile „state of the art" (vgl. 10.1.3.3). Aber ein zu ausuferndes System von Verpflichtungen im Sanierungskreditvertrag birgt jedoch die Gefahr der sittenwidrigen Knebelung oder faktischen Geschäftsführung.

Chancen und Risiken von Sanierungskrediten

Die Chancen eines Sanierungskredits liegen in der Vermeidung der Insolvenz und der damit verbundenen Wertvernichtung durch die Aufrechterhaltung der Liquidität. Nach erfolgreicher Sanierung besteht die Chance auf Rückzahlung des Kredits. Die Risiken der Gewährung eines Sanierungskredits bestehen in erheblichen Haftungstatbeständen durch den möglichen Vorwurf, den Zusammenbruch des Unternehmens zum Zwecke eigener Befriedigung ohne ernsthafte Sanierungsabsicht im Sinne von sittenwidrigem Eigennutz hinausgezögert zu haben.

Eine Haftung ist nur dann ausgeschlossen, wenn durch die spätere Beurteilung ex post gezeigt wird, dass die subjektiv beabsichtigten und objektiv geeigneten Sanierungsmaßnahmen eingeleitet wurden. Unabhängig von möglichen Haftungsrisiken besteht in Zusammenhang mit der Vergabe von Sanierungskrediten immer für die Bank die Gefahr des Ausfalls mit weiteren Darlehen.

Ein weiteres Risiko für die Bank besteht darin, dass Sicherheiten, die im Zusammenhang mit einer Kreditprolongation oder Tilgungsleistungen auf einen prolongierten Kredit oder Altkredite bestellt wurden, durch den Insolvenzverwalter nach §133 InsO angefochten werden können.

Die Kündigung eines Sanierungskredits ist je nach Vertragsbedingungen (ggf. konkludent) erschwert, wenn nicht gar ausgeschlossen. Eine Kündigung ist im Allgemeinen nur bei signifikanter wirtschaftlicher Verschlechterung des Unternehmens gegenüber der Situation bei Gewährung des Sanierungsdarlehens möglich.

Wichtig ist die Einbindung der Gesellschafter, denn sie profitieren letztendlich am meisten davon, dass „ihr Unternehmen" saniert wird. Gesellschafterbeiträge können sein:

- Eigenkapitalverstärkung,
- Nachrangerklärung für Gesellschafterdarlehen,
- Umwandlung von Gesellschafterdarlehen in Eigenkapital.

Eigenmittel-Intakthalteerklärung

In Verbindung mit der Gewährung eines Sanierungskredits kann vom Gesellschafter eine Eigenmittel-Intakthalteerklärung verlangt werden. In einer solchen Erklärung verpflichtet sich der Gesellschafter, bis zur vollständigen Rückführung aller Kredite dafür Sorge zu tragen, die eigenen Mittel der Gesellschaft über die gesamte Laufzeit des Darlehensvertrages nicht durch Ausschüttungen zu reduzieren, das gezeichnete Kapital nicht herabzusetzen, keine Ausschüttung offener Rücklagen vorzunehmen, ggf. Entnahmen von Gesellschafterkonten und Rückzahlungen von Gesellschafterdarlehen sowie Gewinnausschüttungen nur insoweit vorzunehmen, als hierdurch der Mindestbetrag der eigenen Mittel von Euro nicht unterschritten wird.

Bei einer Thesaurierungsverpflichtung verpflichtet sich der Gesellschafter, bis zur vollständigen Rückführung aller Kredite dafür Sorge zu tragen, die künftigen Gewinne in voller Höhe oder in Höhe von EUR X zu thesaurieren. *Thesaurierungsverpflichtung*

In der Darlehensbelassungserklärung erklärt der Gesellschafter, die von ihm gewährten Darlehen im Unternehmen zu belassen. Dies ist in der Praxis noch am einfachsten durchführbar mit dem Argument, dass diese Darlehen bereits nachrangig gem. §39 InsO sind. *Darlehensbelassungserklärung*

a) Sanierungsfähigkeit

Das Konzept zur Sanierungsfähigkeit enthält ein Urteil darüber, ob ein krisenbehaftetes Unternehmen sanierungsfähig ist, das heißt zusätzlich zur positiven Fortführungsprognose muss eine nachhaltige Rendite- und Wettbewerbsfähigkeit erlangt werden, damit die nachhaltige Fortführungsfähigkeit bejaht werden kann. Der Fokus liegt auf der zukünftigen Entwicklung, der Profitabilität. Grundlage hierfür ist ein Sanierungskonzept. *Sanierungskonzept*

Zum Inhalt kann auf die „Mindestanforderungen für die Prüfung und Erstellung von Sanierungskonzepten gem. IDW S 6" verwiesen werden (vgl. Kapitel 4), die auf eine nachhaltige positive Entwicklung abstellen. *IDW S 6*

Aktuell ist festzustellen, dass viele Banken dazu übergegangen sind, ein Sanierungsgutachten, das die Mindestanforderungen der höchstrichterlichen Rechtsprechung des BGH erfüllt, anzufordern und nicht mehr den Standard IDW S 6. *Website: Anforderung an Sanierungsgutachten*

b) Einschaltung externer Dritter/Sanierungsberatung

Gemäß der Rechtsprechung des BGH ist die Sanierungsprüfung von einem branchenkundigen Wirtschaftsfachmann eingehend und objektiv durchzuführen. Die überwiegende Literaturmeinung fordert die Einschaltung eines unabhängigen, externen Sachverständigen. Nur wenn diese Voraussetzungen vorliegen, ist die Bank im Falle des Scheiterns der Sanierung haftungsrechtlich geschützt, wenn das Sanierungskonzept positiv ausfällt und keine groben Fehler oder Auslassungen enthält, die für die Bank erkennbar gewesen wären. *Externe Sanierungsprüfung erforderlich*

Beim Vorliegen eines positiven externen Sanierungskonzepts reduziert sich die Obliegenheit der Bank zur Sanierungsprüfung auf die bloße Plausibilitätskontrolle. Bei einem Verzicht auf die Einholung eines externen Sanierungskonzepts handelt die Bank in der Regel sittenwidrig; daher ist hiervon in der Praxis dringend abzuraten. *Plausibilitätskontrolle*

Auch die Überprüfung durch hauseigene oder konzernangehörige Unternehmensberatungsgesellschaften ist äußerst problematisch, denn der BGH fordert die Unabhängigkeit des Gutachters nicht nur gegenüber dem Schuldner (= Kreditnehmer), sondern auch gegenüber einzelnen Gläubigern.

Unabhängiger Gutachter ist daher nur, wer sich das Mandat als unabhängiger Dritter erteilen lässt, nicht als Interessenvertreter der Gesellschaft agiert und keine Eigeninteressen bezüglich der Ergebnisse hat.

In höchstem Maße problematisch ist die eigene Sanierungsprüfung! Diese ist zwar nach der höchstrichterlichen Rechtsprechung in Ausnahmefällen zulässig, wenn die wesentlichen betriebswirtschaftlichen Anforderungen einer Sanierungsprüfung erfüllt sind, und die Erfordernisse einer sorgfältigen Dokumentation beachtet werden, aber hiervon ist dringend abzuraten, da die Gefahr der Sittenwidrigkeit in höchstem Maße gegeben ist.

Aufgrund der kritischen Rechtsprechung ist eine sehr diffizile Abgrenzung zwischen zulässigem Sanierungskredit und sittenwidriger Insolvenzverschleppung von größter Notwendigkeit.

> **Beispiel:**
>
> Der Sanierungskredit ist für eine nachhaltige Sanierung ungeeignet und die Bank nimmt wissentlich oder leichtfertig die Schädigung anderer Gläubiger in Kauf.
> Ergebnis: Sittenwidrigkeit des Sanierungskredits.

Auch die Fortsetzung eines zwischenzeitlich aussichtslos gewordenen Sanierungsversuchs erfüllt ebenso den Tatbestand der Gläubigergefährdung – analog der Einleitung eines aussichtslosen Sanierungsvorhabens.

> **Beispiel:**
>
> Die Sanierung erscheint nicht von vornherein aussichtslos: hier ist ganz entscheidend die Frage nach der Sanierungsabsicht.
> A) Vorgeschobene Sanierung, um sich als Bank eigene Vorteile zu verschaffen
>   Ergebnis: Sittenwidrigkeit des Sanierungskredits
> B) Es besteht eine wirkliche Sanierungsabsicht und diese wird uneigennützig verfolgt
>   Ergebnis: Regelmäßig keine Sittenwidrigkeit des Sanierungskredits
> C) Es besteht eine wirkliche Sanierungsabsicht und diese wird eigennützig verfolgt
>   Ergebnis: Sittenwidrigkeit des Sanierungskredits
>   Exkulpation nur bei der Einhaltung aller Prüfungspflichten

Eigennütziger Sanierungskredit

Eine Entlastung des sittenwidrigen Verhaltens ist nur möglich, sofern die Bank auf Grundlage einer sachkundigen und sorgfältigen Prüfung überzeugt sein durfte, dass das Sanierungskonzept Erfolg haben würde und eine Schädigung anderer Gläubiger (Dritter) nicht eintreten werde.

c) Umsetzung der Sanierungsmaßnahmen

Sanierungscontrolling

Begleitet die Bank die Sanierung, stellt sich die Frage nach den zulässigen Controllingmaßnahmen, um den Fortgang der Sanierung zu begleiten. Jeder der Beteiligten bewegt sich hier auf juristisch glattem Parkett. Rechtliche Haftungsrisiken treten dann zu Tage, wenn eine Restrukturierung/Sanierung die Pflicht zur

10.1 Restrukturierung/Sanierung

Stellung eines Insolvenzantrages nicht mehr verhindern kann. Bei dieser Frage bewegt sich die Bank im Spannungsfeld zwischen faktischer Geschäftsführung und Bankgeheimnis, denn bei Gewährung eines Sanierungskredits ist die Bank zur laufenden Überwachung der Umsetzung der Sanierung verpflichtet.

Die Befreiung vom Bankgeheimnis ist für alle Beteiligten erforderlich und darüber hinausgehende Befreiungen sind im Einzelfall einzuholen, damit kein Verstoß gegen das Bankgeheimnis eintritt. Die Befreiung vom Bankgeheimnis ist zwischen der Bank, dem ggf. beauftragten Sanierungsberater und dem zu sanierenden Unternehmen zu vereinbaren. Um in die Kommunikation mit anderen Finanzierungsbeteiligten zu kommen, ist auch eine Befreiung vom Bankgeheimnis gegenüber den Kreditversicherern erforderlich. *(Befreiung vom Bankgeheimnis)*

Ein weiteres Problem stellt die sog. faktische Geschäftsführung für die Bank dar. Unter faktischer Geschäftsführung versteht man ein oder mehrere Personen, die, ohne satzungs- oder sonst ordnungsgemäß zum gesetzlichen Vertretungsorgan einer Gesellschaft bestellt zu sein, die Geschicke der Gesellschaft so lenken, als wären sie dies. Also eine Entmachtung der Geschäftsführung zum Vorteil der Bank; wobei eine gewisse Kontrolle der Geschäftsführung zuzumuten ist, solange ihr noch ausreichende wirtschaftliche Bewegungsfreiheit bleibt. *(Faktische Geschäftsführung)*

Die Person nimmt also „faktisch" Geschäftsführungsaufgaben wahr und soll daher so verantwortlich sein wie ein echter Geschäftsführer. Entscheidend ist allein der im Rechtsverkehr erzeugte Eindruck. Es kommt entscheidend auf die Außenwirkung der Einflussnahme und daher auf das Gesamterscheinungsbild des Auftretens des Betreffenden an.[18]

Nach der Rechtsprechung[19] ist faktischer Geschäftsführer nur, wer mit spürbarer Außenwirkung erheblich ins Tagesgeschäft eingreift. Dafür müssen zumindest sechs der nachfolgenden acht Kriterien erfüllt sein:

- Bestimmung der Unternehmenspolitik,
- Bestimmung der Unternehmensorganisation,
- Einstellung von Mitarbeitern,
- Gestaltung von Geschäftsbeziehungen zu Vertragspartnern,
- Verhandlungen mit Kreditgebern,
- Entscheidung über die Gehaltshöhe des Managements,
- Entscheidung in Steuerangelegenheiten,
- Steuerung der Buchhaltung.

Ob ein Fall der faktischen Geschäftsführung vorliegt, ist nach der Rechtsprechung des BGH stets nach der Abwägung sämtlicher Umstände des Einzelfalls zu entscheiden. Dabei können relativ weitgehende Einzelmaßnahmen durchaus noch zulässig sein. So ist die Forderung der Hausbank, ein bestimmtes Vorstandsmitglied abzuberufen, andernfalls eine lebenswichtige Kreditlinie nicht zu verlängern, grundsätzlich keine Gängelung von Kunden oder gar eine faktische Geschäftsführung[20].

Erst wenn die Gesamtheit aller Maßnahmen oder einzelne besonders gravierende Eingriffe in das Tagesgeschäft zu einer weitgehenden Entmachtung des Unternehmers bzw. der Geschäftsführungsorgane mit spürbarer Außenwirkung[21] führen, kann von einer Lähmung der wirtschaftlichen Bewegungsfreiheit und damit von einer Knebelung infolge faktischer Geschäftsführung durch die Bank gesprochen werden.[22]

Faktischer Mitgeschäftsführer

Vom faktischen Mitgeschäftsführer spricht man, wenn neben dem faktischen Geschäftsführer noch ein formell ordnungsgemäß bestellter Geschäftsführer besteht.

Dann müssen wie beim faktischen Alleingeschäftsführer daneben noch gewisse zusätzliche Anforderungen hinzukommen:

- überragende Stellung in der Gesellschaft,
- Übergewicht gegenüber dem formellen Geschäftsführer.

In der Praxis handelt so kein Bankangestellter und die Bank als solche kann als juristische Person kein Geschäftsführer sein. Der BGH hat (zu § 64 GmbHG) klargestellt, dass bereits § 6 Abs. 2 GmbHG (Geschäftsführer) bestimmt, dass Geschäftsführer nur eine natürliche, unbeschränkt geschäftsfähige Person sein kann, also keine juristische Person und damit grundsätzlich auch keine Bank als solche.[23]

Kommt ein Bankmitarbeiter dennoch in diesen Bereich, so schützen ihn zunächst die Wertungen der Normen, die seine Aufgaben und Rechte regeln (§ 18 KWG, MaK, Basel II), und die Normen, die ihm Eingriffe erlauben oder ihn privilegieren (Sanierungsprivileg § 39 InsO), die klar die von der Haftung Betroffenen definieren (§ 64 GmbHG) oder die einen ganz anderen Schutzzweck haben (nahe stehende Personen, § 138 InsO).

Der Vorwurf der faktischen Geschäftsführung gegenüber einer Bank aufgrund dessen, dass sie sich fortlaufend die wirtschaftlichen Verhältnisse des Kreditnehmers offen legen lässt, und Einblick nimmt, geht schon deshalb fehl, weil § 18 KWG dies ausdrücklich als Pflicht der Bank normiert.

Sanierungsprivileg

Übernimmt ein Kreditinstitut in der Krise Anteile zum Zwecke der Sanierung, so wird es mit seinen Krediten gem. § 39 Abs. 4 S. 2 InsO privilegiert (Sanierungsprivileg), obwohl es die Gesellschaft über die Gesellschafterversammlung kontrollieren kann. Hier kann die Bank legal die Unternehmensführung anweisen und faktisch die Geschäfte führen und wird dafür nicht mit einer Haftung bestraft, sondern mit einer Ausnahme vom Eigenkapitalrecht belohnt.

Hinzu kommt, dass mit einer Qualifizierung eines Bankangestellten als faktischer Geschäftsführer auch Anfechtungsrisiken verbunden sein können. Dies ergibt sich aus § 138 Abs. 2 InsO.

Einerseits können bestehende Überbrückungs- und Sanierungskredite „anfechtungsfest" besichert sein, andererseits kann diese Position durch eine auf die Person des Einflussnehmenden bzw. sich informierenden Bankmitarbeiters abzielende Insolvenzanfechtung entwertet werden. Denn ist das Unternehmen eine juristische Person und gerät dieses in Insolvenz, dann sind gem. § 138 Abs. 2 InsO auch Mitglieder von Vertretungsorganen dem Schuldner nahe stehende Personen. Hierfür genügt grundsätzlich auch das faktische Tätigwerden. Die Konsequenz wäre, auf keinen Fall das Unternehmen in der Krise zu beeinflussen oder zu kontrollieren, sondern das Kreditengagement zurückzufahren. Dies widerspricht dem Gesetzeszweck des § 138 Abs. 2 InsO, der erleichterte Zugriffsmöglichkeiten schafft, wenn die Gefahr besteht, dass

Organe zusammen Werte beiseite schaffen, nicht dagegen dass Gläubiger sich generell mit Kontrollmaßnahmen weit im Vorfeld einer Gläubigerbenachteiligung zurückhalten.

Zudem ist der faktische Geschäftsführer nur haftbar (bzw. für ihn die Bank nach §831 BGB) wie ein echter Geschäftsführer für schuldhaft verursachte Schäden, wie z. B. aus Delikten, Insolvenzverschleppung, Betrug zum Beispiel durch Bestellungen ohne Geldmittel usw.

Banken sind daher nicht Adressaten der Regeln und Rechtsfolgen der faktischen Geschäftsführung. Nur ein strafbar handelnder Bankangestellter löst Schadenersatzansprüche Dritter aus.[24] Trotzdem sind die praktischen Schwierigkeiten einer drohenden faktischen Geschäftsführung nicht zu unterschätzen. Diese Rechtsfigur kann sinnvolle Sanierungsversuche hemmen: Sie eignet sich zur pauschalen Zurückweisung von Anfragen und Einschaltung von Restrukturierungsspezialisten. Eine Drohung durch das Krisenunternehmen mit der faktischen Geschäftsführung ist insofern höchst ineffizient, da das Unternehmen die Banken als Finanzierer braucht und diese weiterhin für sich gewinnen muss. Eindeutig unzulässige Maßnahmen seitens der Bank sind: *Unzulässige Maßnahmen seitens der Bank*

- Die Untersagung von Kontoverfügungen oder die selbstständige Auswahl und Ausführung von Überweisungen innerhalb eines freien Kreditrahmens (Kontokorrent). Die Bank müsste aktiv das Management des Schuldnerkontos übernehmen.
- Eingriffe in das Rechnungswesen und die Buchhaltung des Kreditkunden, wie etwa bestimmte Buchungsanweisungen.
- Wiederholte Eingriffe in das Tagesgeschäft mit Außenwirkung, etwa Eingriffe in das Einkaufs-, Produktions- und Vertriebsgeschäft, Kundenbesuche, Eingriffe in die Personaldisposition und in betriebliche Organisationsfragen.

Die zivilrechtlichen Haftungsfolgen, die sich daraus ergeben können, dass die Bank über eine faktische Geschäftsführung, die stille Geschäftsinhaberschaft mit der Konsequenz der Schuldnerknebelung übernommen hat, sind: *Haftungsfolgen*

- Der im Zusammenhang mit der Knebelung abgeschlossene Kreditvertrag, der Kreditsicherungsvertrag und die Sicherheitenbestellung sind gemäß §138 BGB nichtig, sodass die Sicherheiten und bei deren Verwertung der Verwertungserlös an das Schuldnerunternehmen/den Insolvenzverwalter wieder herauszugeben sind.
- Bei weiten Zweckerklärungen in Sicherheiten-Poolverträgen droht darüber hinaus unter Umständen ein zusätzlicher Ausfall mit den Altkrediten.
- Drittsicherheiten sind ebenfalls betroffen.
- Eine Ausfallhaftung gegenüber anderen Gläubigern kann sich aus §826 BGB ergeben, wenn die Knebelung gleichzeitig zu einer Gläubigergefährdung geführt hat. Der Schaden besteht in dem Unterschiedsbetrag zwischen der Insolvenzquote, die sich im Falle der rechtzeitigen Antragstellung ergeben hätte und der tatsächlich gezahlten Quote.

d) Poolbildung

Die Poolbildung zielt auf einen „alle in einem Boot"-Ansatz ab mit dem Ziel, das Zusammenwirken aller Gläubiger – der Banken, Kreditversicherer und *Poolbildung*

Kautionsvereine – zu erreichen. Mit einer Poolbildung können folgende Vorteile verbunden sein:

- zusätzlicher Informationsgewinn durch den Austausch unter den Poolmitgliedern,
- Verhinderung des Ausstiegs einzelner Gläubiger,
- Verhinderung einseitigen Handelns einzelner Gläubiger und Kompromissfindung bei der gleichmäßigen Verteilung der Sanierungslast (Umschuldung, Forderungsverzichte, Sanierungskredite),
- Verhinderung der voreiligen Zerschlagung eines sanierungsfähigen Unternehmens bzw. der voreiligen Sicherheitenverwertung,
- Einbindung der Gesellschafter durch Kapitaleinschuss oder Übertragung der Gesellschaftsanteile auf einen Treuhänder.

Der klassische Pool entsteht meistens zu einem Zeitpunkt, in dem sich die Krise des Unternehmens abzeichnet. Ziel ist es, dass sich alle wesentlichen Kreditgeber im Sanierungswillen einig sind und die Rettung gemeinsam versuchen wollen. Des Weiteren ist die Vermeidung der gegenseitigen Lähmung der Sicherungsnehmer und die optimale Durchsetzung sowie Verwertung der Sicherheiten im „worst case" einer Insolvenz wichtig.

Sicherheitenpoolvertrag

Durch den Sicherheitenpoolvertrag wird sowohl eine stabilisierende Wirkung als auch eine Liquiditätsicherung erreicht, um so dem Unternehmen die nötige Zeit zur Durchführung der Sanierung zu gewähren. Probleme bereiten allerdings Abstimmungserfordernisse die eine Einstimmigkeit bzw. 100 %-Mehrheit vorsehen, bei sog. Akkordstörern.

Durch den Bankenpool ist auch eine externe Kontrolle des Sanierungsprozesses möglich:

- Monitoring der Unternehmensentwicklung,
- externe Begleitung des Sanierungsprozesses und Definition von Zustimmungspflichten,
- durch „vereinte" Stimme kann seitens der Poolmitglieder auf Unternehmen und Gesellschafter zielgerichteter Sanierungsdruck ausgeübt werden,
- Einsetzung eines Interimsmanagers aus dem Netzwerk der Berater.

Mindestinhalt des Poolvertrags

Ziel ist das Erreichen einer „win/win-Situation" für das Unternehmen, für die Gläubiger und Gesellschafter durch einen gut organisierten Sanierungsprozess und gleichmäßige Verteilung der Sanierungslasten bzw. Realisierung von Kooperationsgewinnen.

Mindestinhalt des Poolvertrages:

- Parteien (BGB Gesellschaft), Kreditlinien, Befristungen,
- Sicherheiten, Sicherungszweck, Verwertung, Erlösverteilung,
- Saldenausgleich, um zufällige Ein-/Ausgänge auf diversen Konten glatt zu stellen,
- Kosten, Vergütung des Poolführers,
- Befristungen, Kündigungsmöglichkeiten.

Website: Poolvertrag

Auf der Website dieses Buches finden Sie ein Muster eines Poolvertrages.

Aufgaben des Poolführers:

- Verhandlungsleitung und -organisation.
- Konzipierung des Bankenpoolreportings und Etablierung fester Zeitpläne:
  Die inhaltliche Systematisierung dient der Verbesserung von Entscheidungsgrundlagen und dem Abbau von Informationsasymmetrien zwischen (der gut informierten) Hausbank und weiteren Banken. Denn nur bei ähnlicher Informationslage sind auch ähnliche Erwartungen unterschiedlicher Banken an ein Sanierungsvorhaben gegeben.
- Wiedereinbeziehung von ausgegrenzten Poolmitgliedern:
  Einzelne Banken stellen sich oft aus eigennützigem Verhalten gegen das von der Mehrheit der Poolmitglieder getragene Sanierungskonzept. Hier muss durch eine detaillierte Verdeutlichung der Auswirkungen dieses Verhaltens auf das Sanierungskonzept wieder eine Motivation durch verstärkte Einbindung in den Sanierungsprozess geschaffen werden.

Die Rechtsprechung sieht grundsätzlich einen Sicherheiten-Poolvertrag als insolvenzrechtlich unbedenklich an. Dies betrifft die Fälle, in denen die Poolbanken durch den Poolvertrag nicht mehr Sicherheiten erlangen, als sie auch schon vor der Poolbildung innehatten. Werden durch den Poolvertrag jedoch neue zusätzliche Sicherheiten bestellt, d.h. enthält der Poolvertrag eine entsprechende erstmalig konkrete Verpflichtung hierzu, stellt sich die Anfechtungsfrage im Falle der Insolvenz.

Problematisch für Bankenpools ist die BGH-Entscheidung zur Anfechtbarkeit von Zahlungseingängen im Sicherheitenpool aus dem Jahr 2005: danach sind Zahlungseingänge bei einer Poolbank, die nicht unmittelbar Inhaberin einer Globalzession ist, sondern nur über den erweiterten Sicherungszweck im Poolvertrag an der Globalzession schuldrechtlich partizipiert, anfechtbar.

Anfechtung von Zahlungseingängen im Pool

Damit setzte sich die Erosion der Insolvenzfestigkeit der Globalzession fort, die sich auch im Urteil des OLG Karlsruhe aus dem Jahr 2006[25] gezeigt hatte. Dieses BGH-Urteil hat in der Praxis insbesondere auch Auswirkungen auf die Frage, welcher Wert einer Globalzession als Kreditsicherheit beizumessen ist und dies wirkt sich bereits bei der Kreditvergabe aus, da der Globalzession hohe Recovery-Werte zugemessen werden, die dann bei dem Pricing des Neukredits keine Berücksichtigung mehr finden würden und zu einer Verteuerung der Kredite führen würde.

Der BGH hat dann in seiner Entscheidung vom 29.11.2007 Entwarnung für die Kreditinstitute gegeben und ist entgegen OLG Karlsruhe zu folgender Feststellung gelangt: Globalzessionsverträge sind auch hinsichtlich der zukünftig entstehenden Forderungen in der Regel nur als kongruente Deckung (§ 130 InsO) anfechtbar. Das Werthaltigmachen künftiger Forderungen durch Erfüllungshandlungen wie die Herstellung eines Werkes oder die Übergabe der Kaufsache ist als selbstständige Rechtshandlung anfechtbar, wenn sie dem Vertragsschluss mit dem Schuldner zeitlich nachfolgt. Eine kongruente Deckung ist nach § 130 InsO aber nur anfechtbar, wenn die Bank im Zeitpunkt der Entstehung oder des Werthaltigmachens der gesicherten Forderung die Zahlungsunfähigkeit des Schuldners oder den Antrag auf Eröffnung des Insolvenzverfahrens kannte.

Im nachfolgenden Urteil vom 29.06.2008 stellte der BGH dann klar, dass Rechtshandlungen im Sinne von § 129 InsO nicht nur Rechtsgeschäfte, sondern auch rechtsgeschäftsähnliche Handlungen und Realakte sein können. Damit sind auch tatsächliche Leistungen anfechtbar.

Gegen Lösungsansätze wie die Nichtzulassung von Verrechnungen spricht die mit dem Kunden getroffene Giroabrede. Und gegen eine frühzeitige Kündigung – die zwar juristisch zielführend wäre – spricht die wirtschaftliche Sinnhaftigkeit, da damit der Kunde in die Insolvenz getrieben würde.

Tendenzen in der aktuellen Praxis

Bisher galt die Gleichbehandlung aller Altkreditgeber bei den meisten Bankenpools als ausschließliche Handlungsvorgabe. Die Bankenpools sind jedoch immer mehr von heterogenen Interessenlagen geprägt, die eine strikte Gleichbehandlungsstrategie unmöglich machen.

Dies ist unter anderem auf folgende Faktoren zurückzuführen:

- unterschiedliche Beurteilung der Sanierungschancen bzw. des Sanierungskonzepts,
- unterschiedliche Geschäftspolitik bzw. strategische Geschäftsentscheidungen bei den Banken durch Reduzierung von sog. „bulk risks" („Klumpenrisiken") nach Branchen oder Regionen,
- Risikopolitik der Banken im Zusammenhang mit Basel II sowie interne Risiko-Rendite-Vorgaben,
- Entwicklung des „NPL-Markt/distressed debt markets" (Markt für notleidende Kredite) in Deutschland: Investoren und deren Servicegesellschaften als „neue" Poolteilnehmer,
- internationale Bankenkonsortien,
- Kreditverträge, die dem englischen Recht unterliegen.

Wichtig ist in solchen Situationen die Eindämmung von Eskalationsgefahren im Sanierungsprozess wie:

- völlig neue Themen von einzelnen Beteiligten auf den Tisch zu bringen,
- Neuverhandlungsversuche von bereits verabschiedeten und/oder gebilligten Maßnahmen zu starten oder
- neue Parteien im Prozess zu beteiligen.

e) Chief Restructuring Officer (CRO)

Da eine Restrukturierung immer eine Sondersituation für ein Unternehmen und insbesondere auch für dessen Management darstellt, vergeben Kreditinstitute Sanierungskredite unter der Auflage des Einsatzes eines Chief Restructuring Officers (CRO), um so die Umsetzung sowohl der operativen als auch der finanziellen Restrukturierungsmaßnahmen sicherzustellen. In dieser Funktion hat der CRO den Sanierungsprozess zu steuern und die Kommunikation, das Reporting, vor allem gegenüber den beteiligten Kreditinstituten sicherzustellen. Wichtig ist hierbei, dass der CRO als eingetragener Geschäftsführer, Vorstand agiert, also auf Augenhöhe in Organfunktion. Damit ist gewährleistet, dass er den Umsetzungsprozess eigenverantwortlich und unabhängig von den weiteren Geschäftsführungsmitgliedern vorantreibt. Wird der CRO als Berater eingebunden, so ist er weisungsgebunden und es kann zu unterschiedlichen

Auffassungen zwischen ihm und der Geschäftsführung kommen, bis zu dessen Entlassung, was seitens der Banken nur durch Restriktionen im Kreditvertrag geahndet werden kann.

Um gerade dies zu verhindern, sind entsprechende Regelungen in die Kreditverträge aufzunehmen: Verpflichtung zur Mandatierung als Voraussetzung für die Gewährung eines Überbrückungs-, Sanierungskredits, Beschreibung des Mandatsumfangs sowie die Auflage eines entsprechenden Reportings gegenüber den Kreditgebern.

10.1.4.3 Sanierungsbeiträge

a) Rangrücktritt

Bei einem Rangrücktritt verpflichtet sich die Bank, mit ihrer Forderung hinter alle anderen Gläubiger zurückzutreten und diese nur dann geltend zu machen, wenn sie aus einem künftigen Jahresüberschuss, aus sonstigem Nettovermögen des Kunden oder aus einem Liquiditätsüberschuss getilgt werden kann. Entsprechend erfolgt keine Passivierung im Überschuldungsstatus des Kunden.

Rangrücktritt

Konsequenz dieses Rangrücktrittes ist für die Bank, dass sie im Falle einer Insolvenz im letzten Rang steht und mit einer Quote nicht bedient wird; das heißt, dass sie mit ihrer nachrangigen Forderung komplett ausfällt.

b) Tilgungs-/Zinsstundung

Die Chancen einer Stundung liegen darin, dass das Unternehmen die Krise aus eigener Kraft überwindet. Die Risiken liegen in der nicht klar zu definierenden Grenze zur Teilnahme an Insolvenzdelikten mit straf- und zivilrechtlichen Folgen sowie der eventuellen Qualifizierung als Umschuldung einhergehend mit dem Verlust von Sicherheiten (Anlassrechtsprechung des BGH) und dem Problem, dass die Bestellung weiterer Sicherheiten in der Krise anfechtbar ist.

Stundung

Es ist der Grundsatz zu beachten, dass die Haftungsrisiken bei aktiver Einwirkung auf das Unternehmen unter eigennütziger Missachtung fremder Interessen am höchsten sind.

Es kann durchaus für die Stützung der Liquidität ausreichend sein, eine Stundung von Zinsen und/oder Tilgung seitens der Bank auszusprechen.

Problematisch ist insbesondere die Bestimmung des Stundungszeitraums. Bei mehreren Kreditgebern sind die Stundungsvereinbarungen mit allen Beteiligten abzustimmen, dabei sind auch die bereits erteilten Stundungen von Lieferanten zu berücksichtigen.

Sehr lange Stundungszeiträume kommen von der wirtschaftlichen Wirkung her einem Forderungsverzicht mit Besserungsschein gleich. Kurze Stundungszeiträume entfalten nur dann positive Sanierungseffekte, wenn die Zeiträume passgenau mit dem Sanierungskonzept abgestimmt sind bzw. der Sanierungsprozess friktionslos verläuft und sich alle Gesellschafter kooperativ verhalten.

Gegenüber dem reinen Stillhalten ist hier der Handlungsspielraum der Bank eingeengt, da während des Stundungszeitraums in der Regel keine Kündigung erfolgen kann.

In der Praxis hat sich die Auffassung durchgesetzt, dass auch für die Gewährung einer Stundung – ähnlich wie bei der Vergabe von Fresh Money – ein Sanierungskonzept vorliegen muss und eine solche Stundung seitens der Kreditinstitute einer Gremienentscheidung bedarf.

c) Forderungsverzicht

Ein Forderungsverzicht erfolgt durch Erlass gem. § 397 BGB, in dem die Bank – in der Praxis sollte dies immer schriftlich erfolgen – erklärt, dass der Kunde seine Kreditverbindlichkeiten nicht mehr zu begleichen hat.

Bei einem Verzicht sind mehrere Varianten denkbar:
- Forderungsverzicht gegen Rückzahlung des nicht verzichteten Teils,
- Forderungsverzicht mit Besserungsschein gegen Fortführung des Restengagements.

Für welche Variante sich die Bank entscheidet, ist davon abhängig, ob sie den Kunden in der Sanierung weiter begleiten möchte oder ob sie über den Verzicht und die sofortige Rückzahlung des bestehen bleibenden Restengagements den Exit wählt.

Vor der Entscheidung sollte die Bank folgende Fragen klären:
- Dient der durch den Verzicht geschaffene Spielraum für das notleidende Unternehmen wirklich der Sanierung bzw. sind die Sanierungsbeiträge insgesamt ausreichend zur Durchführung der erfolgreichen Sanierung?
- Können auch anderweitig ausreichende Sanierungsbeiträge gehoben werden, ohne dass auf Teile der Nominalforderung verzichtet werden muss?
- Liegt der notwendige Forderungsverzicht höher als der Verlust bei Zerschlagung ohne Sanierung?
- Das Investitionskalkül der Bank lautet dabei: Übersteigt der risikoadäquat abgezinste realisierbare Sanierungsmehrwert auf die Forderung die Höhe des Forderungsverzichts, so ist der Forderungsverzicht vorzuziehen.

Die Chancen, die sich durch einen Forderungsverzicht ergeben, sind die kurzfristige Beseitigung des Insolvenzgrundes der Überschuldung – da die Kreditverbindlichkeit aus dem Überschuldungsstatus beseitigt wird – und die Möglichkeit, Sanierungsbeiträge Dritter (z. B. Lösung von Dauerschuldverhältnissen wie Miet- und Anstellungsverträge) und Beiträge der Eigenkapitalgeber oder Mitarbeiter einzuwerben.

Gleichzeitig werden durch den Forderungsverzicht Finanzierungskosten gemindert und die Liquiditätssituation sowie die Ertragskraft des Unternehmens gestärkt. Daneben besteht die Chance auf Befriedigung nach Gesundung durch auflösende Bedingung des Verzichts (Besserungsschein).

Zu beachten ist allerdings, dass durch den Verzicht ein Sanierungsgewinn entstehen kann, der wiederum zu versteuern ist und damit die Sanierungsbemühungen konterkariert werden.

Ein Forderungsverzicht ist in aller Regel mit einer Besserungsvereinbarung verknüpft. Beim Forderungsverzicht gegen Besserungsschein werden Anteile am Bilanzgewinn definiert. Dabei ist zu beachten, dass Bilanzierungsmaßstäbe festzuschreiben sind. Der Besserungsschein muss insbesondere hinsichtlich der

Bemessungsgrundlage sehr sorgfältig definiert werden, damit seine Durchsetzung nicht aufgrund geschickter Bilanzierung später vom Kreditnehmer unterlaufen werden kann.

Das in der Praxis häufigste Problem ist eine unpräzise Besserungsklausel oder ungeeignete Parameter insbesondere im Falle der Befristung in der Besserungsklausel, durch die sich der Darlehensnehmer seinen Verpflichtungen entziehen kann.

Kommt es zum Worst-case-Szenario, dem Insolvenzfall, hat die Bank keine Gläubigerstellung und erleidet in der Regel einen Totalausfall.

Aus Bankensicht sollte zunächst der Rangrücktritt gewählt werden. Denn damit behält die Bank im Falle des Scheiterns der Sanierung den Vorrang gegenüber den Gesellschaftern. Zuletzt verbleibt die Wahl des Forderungsverzichts, der vergleichsweise die weitreichendsten Zugeständnisse erfordert.

10.1.4.4 Treuhandlösung: Übertragung von Gesellschaftsanteilen auf einen Treuhänder

Im deutschen Rechtskreis wird die Rechtsfigur der Treuhand (die sich nicht ausdrücklich im Bürgerlichen Gesetzbuch findet) als Ersatzinstitut für den nach amerikanischem, englischem und schweizerischem Recht verwendeten *„Trust"* gesehen. — Treuhand

Die häufig in der Praxis vorkommende Verpfändung von Gesellschaftsanteilen begegnet bei der Verwertung dieser Pfandrechte aufgrund der rechtlichen Rahmenbedingungen (öffentliche Versteigerung) und tatsächlichen Umständen (mangelnde Mitwirkungsbereitschaft der Gesellschafter) erheblichen Problemen, die durch eine sog. doppelnützige Treuhand gelöst werden können.

Bei Sanierungsmaßnahmen ist häufig ein konstruktives Mitwirken der Gesellschafterseite zwingend erforderlich. Entschließt sich eine Bank zur Begleitung der Sanierung, so können die Maßnahmen nicht umgesetzt werden, wenn die Gesellschafterebene blockiert. Der Gesellschafter wird einer Treuhandlösung aber nur zustimmen, wenn diese auch für ihn vorteilhafter ist als eine Insolvenz seines Unternehmens.

Hinzu kommt, dass oft die verlässlichste Chance einer nachhaltigen Sanierung die Suche nach einem Investor, der der Gesellschaft Fresh Money zur Verfügung stellt, einen gangbaren Weg darstellt. Insbesondere wenn die Gesellschaft keine eigene Möglichkeit hat, ausreichende Finanzierungsmittel zu generieren und/oder die bisherigen Gesellschafter nicht bereit oder nicht in der Lage sind, Mittel zur Verfügung zu stellen.

Denn bei einem „Share Deal" *(Anteilsverkauf)* ist eine Mitwirkung der Gesellschafter unerlässlich, da die Gesellschafter Eigentümer des Kaufgegenstandes sind. — Share Deal

Der Treuhänder dagegen ist – anders als der bisherige Gesellschafter – zu einem realistischen Preis verkaufsbereit.

Dies heißt in der Konsequenz, dass die Frage der erfolgreichen Veräußerung der Gesellschaftsanteile über „Going-Concern" (Fortführung) oder Insolvenz entscheidet. Denn ist eine „stand-alone-Sanierung" (eigenständige Sanierung) nicht möglich, kann in der Regel nur ein Investor das Unternehmen und aus Sicht der Bank die Werthaltigkeit des Kreditengagements retten. Die Rettung des Krisenunternehmens ist dann besonders bedeutsam für die Bank, wenn die Sicherheiten nicht für das volle Kreditvolumen im Insolvenzfall werthaltig sind und/oder die Sicherheiten rechtlich nicht ohne Zweifel bestandsfest sind.

Daher werden Gesellschaftsanteile auf Treuhänder übertragen, um diese als Sicherungsmittel für von Banken gewährte Kredite verwenden zu können. Eine Übertragung auf die Bank selbst findet in der Praxis nicht statt, um den Vorwurf des Eigenkapitals bzw. der stillen Geschäftsinhaberschaft von vornherein auszuschließen. Aber auch über die doppelnützige Treuhand können die Banken nie mehr verlangen als die Rückführung ihrer Kredite. In der Praxis wird allerdings oft eine Restructuring oder Success fee verlangt.

Vorteile einer Treuhand-Lösung

Die Vorteile einer Treuhand-Lösung – insbesondere aus Sicht der Bank – sind:

- die Poolung der Gesellschaftsanteile auf einen juristischen Inhaber,
- die einheitliche Vertretung der Gesellschaftsanteile nach außen durch den Treuhänder (als professionellen Gesellschafter ohne Eigeninteresse),
- der Treuhänder ist direkter Ansprechpartner für die Bank und er ist von den Weisungen der bisherigen Gesellschafter unabhängig.

Eine Vollmacht alleine reicht nicht aus, denn:

- diese kann zum einen widerrufen werden,
- die Altgesellschafter als Vollrechtsinhaber können die Anteile belasten, veräußern,
- Gläubiger der Altgesellschafter können in die Anteile vollstrecken.

Daher ist die dingliche Übertragung im Rahmen einer Treuhand vorzuziehen. Sie wird durch einen Treuhandvertrag zwischen Treuhänder und Altgesellschafter vollzogen. Die Anteile werden dinglich auf den Treuhänder übertragen, bleiben aber wirtschaftlich und steuerlich im Eigentum der Altgesellschafter.

Doppelnützige Treuhand

Diese Konstruktion wird als sog. doppelnützige Treuhand bezeichnet. Für die Bank handelt es sich hierbei um einen Vertrag zu Gunsten Dritter, denn bei Veräußerung hat sie einen Anspruch auf den Erlösanteil aus der im Treuhandvertrag enthaltenen Sicherungsabrede.

Das deutsche Recht kennt eine Vielzahl von Formen der Treuhand. Zur Realisierung der vorstehend beschriebenen Zwecke kommen lediglich zwei Arten in Betracht:

- Normalfall der fiduziarischen Treuhand:
  Zwischen dem ehemaligen Gesellschafter und dem Treuhänder wird zunächst ein schuldrechtlicher Vertrag (= Treuhandvertrag) geschlossen. Hierin wird vereinbart, dass Gesellschaftsanteile vom Treugeber auf den Treuhänder dinglich/rechtlich übertragen werden und der Treuhänder nach Maßgabe der vertraglichen Regelungen mit den Gesellschaftsanteilen verfährt.
- Doppelnützige Treuhand:
  Auch hier werden – wie vorstehend beschrieben – die Gesellschaftsanteile auf einen Treuhänder dinglich/rechtlich übertragen. Der Treuhänder hält diese Anteile jedoch nicht vorrangig für den Treugeber, sondern für die in

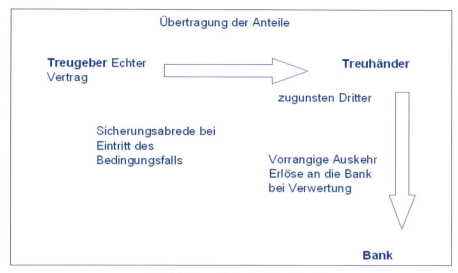

Abb. 46: Doppelnützige Treuhand

der Vereinbarung zu bezeichnenden Begünstigten (= echter Vertrag zugunsten Dritter). Diese Begünstigten, die in der Praxis häufig die finanzierenden Banken sind, haben gegen den Treuhänder einen Anspruch, dass dieser die Anteile vorrangig für sie hält und im Sicherungsfall verwertet. Weisungsrechte haben die Banken nicht. Diese doppelnützige Treuhand enthält somit eine Sicherungsabrede. Die durch sie begünstigten Forderungen der Bank müssen in der Treuhandvereinbarung konkret bezeichnet sein. Die doppelnützige Treuhand mit Sicherungsabrede endet erst, wenn die gesicherte Forderung zurückgeführt ist.

Je nach Gesellschaftsform sind folgenden Besonderheiten zu beachten: Bei der AG, OHG und GbR ist die schriftliche Vereinbarung des Treuhandvertrages ausreichend. Bei der GmbH muss der Treuhandvertrag notariell beurkundet werden.

Als Treuhänder werden in der Regel sog. Vorratsgesellschaften (Tochtergesellschaften), die in der Rechtsform der GmbH als Treuhänder tätig werden, verwendet.

Der Treuhänder muss juristisch im „Lager" der Altgesellschafter stehen und darf nicht der Bank zugerechnet werden, denn sonst besteht die Gefahr, dass die Kredite und die Sicherheiten als Eigenkapital qualifiziert werden.

Bestimmungen für den Bedingungseintritt

Typische Bestimmungen für den Bedingungseintritt:
- Verzug bei der Rückzahlung der Bankkredite.
- Verfehlung wirtschaftlicher Kennzahlen (z. B. Nichteinhaltung einer definierten Mindesteigenkapitalquote) oder Nichterreichen von vereinbarten Meilensteinen des Sanierungskonzepts.

- Den Altgesellschaftern wird unter Fristsetzung ermöglicht, selbst einen Investor zu finden. Verstreicht diese Frist ergebnislos, tritt der Bedingungsfall ein.
- Der Bedingungsfall tritt vereinbarungsgemäß bereits mit Abschluss des Treuhandvertrags ein.

Mit Bedingungseintritt ist der Treuhänder nicht mehr an die Weisungen der Treugeber gebunden.

Rechtstellung des Treuhänders

Die Rechtstellung des Treuhänders kann im Auftrag und im Treuhandvertrag sehr differenziert ausgestaltet werden:

- Der Treuhänder agiert weisungsunabhängig. Er darf weder einseitig zu Gunsten der Bank agieren noch Weisungen der Bank entgegennehmen.
- Er ist berechtigt, die Anteile an einen Investor zu veräußern, im Regelfall mittels M&A-Prozess.

Damit der Treuhänder nicht der Bank zugerechnet werden kann – insbesondere da der Treuhänder Gesellschafter im Sinne des Eigenkapitalersatzrechts ist –, ist Folgendes zu beachten:

- die Beauftragung des Treuhänders muss immer von den Gesellschaftern erfolgen,
- die Bank darf den Treuhandvertrag nicht mit unterzeichnen,
- der Treuhänder ist von der Bank weisungsunabhängig,
- die Bank hat kein Kündigungsrecht bzgl. des Treuhandvertrages.

Aber die Banken können einen oder besser noch mehrere Treuhänder vorschlagen, da im Allgemeinen der Gesellschafter keinerlei Erfahrung mit der doppelnützigen Treuhand hat. In der aktuellen Praxis hat sich folgendes Prozedere durchgesetzt: Banken und Gesellschafter schlagen Kandidaten vor, die dann im Rahmen einer sog. „Beauty Parade" zur Präsentation eingeladen werden, und im Anschluss treffen Banken und Gesellschafter eine Entscheidung.

In komplexeren Sanierungen wird daneben noch ein Beirat installiert, der nur ein Informationsgremium ist, und daher können in diesem auch Kreditgeber einen Sitz, haben.

Insolvenzfestigkeit

Bei der doppelnützigen Treuhand ist von Insolvenzfestigkeit auszugehen. Das OLG München hat mit Urteil vom 02.12.2010 entschieden, dass auch, dann wenn die Banken auf die Sicherung durch die doppelseitige Treuhand drängen, keine sittenwidrige Zwangslage vorliegt. Denn der Treugeber hat stets die Alternative der Sanierung in der Insolvenz. Der Treuhänder hat in der Insolvenz des Treugebers ein Absonderungsrecht an den Gesellschaftsanteilen.

Die Treuhand sollte keine dauerhafte Lösung darstellen, aber sie stellt für Banken eine gute Alternative zum Debt Equity Swap dar, denn sie dient der Vermeidung von Haftungsrisiken.

10.1.5 Handlungsalternativen für Lieferanten, Warenkreditversicherer, Factoring-Unternehmen und Leasinggeber

10.1.5.1 Lieferanten

Lieferanten können unter Umständen ein Interesse an der Sanierung haben, wenn sie mit dem Unternehmen einen relevanten Umsatz erzielen. Dies ist in Abhängigkeit mit dem Beschaffungsvolumen, technologische Kompetenz und Leistungstiefe des Lieferanten zu sehen. Bei der Leistungstiefe stellt sich zusätzlich die Frage nach den Lieferketten: Third-Tier- bis First-Tier-Lieferanten.[26]

Lieferanten

Das Einbinden von Lieferanten in den Sanierungsprozess ist zweischneidig: Es besteht die Gefahr, dass diese den Exit suchen und bei einer unüberschaubaren Vielzahl von Lieferanten kann die Informationshoheit über den Sanierungsprozess verloren gehen.[27]

Lieferanten sind aber auch bereit, einen Sanierungsbeitrag in Form einer Stundung oder Anpassung von Zahlungszielen zu leisten, um den Verlust der Waren bzw. der ausstehenden Forderungen zu vermeiden. Handlungsmöglichkeiten im Krisenfall sind die Verlängerung der Zahlungsziele, Stundungsvereinbarungen, Konditionsverbesserungen und in Ausnahmefällen Forderungsverzichte. Welche der vorgenannten Alternativen zum Zuge kommen, ist vom Einzelfall abhängig.

Die Verlängerung des Zahlungsziels für neue Lieferungen ist eine Maßnahme, um die Liquidität zu entspannen. Eine weitere Möglichkeit besteht in dem Abschluss einer Stundungsvereinbarung, die über die bloße Verlängerung eines Zahlungsziels hinausgeht, weil hier bisher schon aufgelaufene Forderungen der Lieferanten in die Zukunft geschoben werden.

Ein Forderungsverzicht ist aufgrund der Akzessorietät der Sicherheiten immer mit dem Verlust sämtlicher Forderungen und der Eigentumsvorbehalte verbunden und daher die Lösung mit den größten Nachteilen für einen Lieferanten. Ein solcher Verzicht sollte immer nur in Abstimmung mit dem Warenkreditversicherer erfolgen, da dieses Vorgehen einen Verstoß gegen die Schadensminimierungspflicht des Versicherungsnehmers sein könnte.

Sollte ein Lieferant zu dem Entschluss kommen, die Restrukturierung nicht zu begleiten, so wird er den Vertrag kündigen und auf Vorauskasse umstellen sowie eine Sicherheitenverstärkung durch Eigentumsvorhalte erwirken.[28] Wichtig ist daher, mit den Lieferanten offen und transparent zu kommunizieren, da aus deren Sicht ein Gesamtüberblick über die Lieferantenstruktur nicht möglich ist.

Ab Insolvenzantrag wird die Lieferantenstruktur transparent, sobald in Abstimmung mit dem Insolvenzverwalter ein Lieferantenpool konstituiert wird.[29] Im Rahmen des Pools werden sodann die Sicherheiten wie erweiterte Eigentumsvorbehalte verfolgt. Ohne Lieferantenpoolbildung kann der einzelne Lieferant anhand des Gläubigerverzeichnisses, in welchem die Lieferantenforderungen nachgewiesen sind und welches zur Einsicht bei der Geschäftsstelle des jeweiligen Insolvenzgerichts vorliegt (§ 175 Abs. 1 S. 2 InsO), Informationen über die weiteren Lieferanten in Erfahrung bringen.

Lieferanten, die im Zuge eines Insolvenzverfahrens ihre Forderungen stunden oder auf diese teilweise/ganz verzichten, werden die Belieferung nur zu schlechteren Konditionen (kürzere Zahlungsziele, höhere Preise) fortsetzen, wenn nicht sogar beenden. Denn diese sind in der Regel durch die Warenkreditversicherer abgesichert oder können verlängerte/erweiterte Eigentumsvorbehalte geltend machen.

Im Zuge eines Insolvenzplanverfahrens kann die Gläubigergruppe der Lieferanten nach § 222 Abs. 1 Ziff. 1 und 2 InsO gebildet werden.

10.1.5.2 Warenkreditversicherer

Warenkreditversicherer

Warenkreditversicherer spielen, aufgrund ihrer Funktion im Debitoren- und Liquiditätsmangagement, in der Restrukturierung eine wesentliche Rolle. Die Warenkreditversicherung (WKV) ist die übliche Absicherung eines Lieferantenkredits. Durch das regelmäßige Monitoring der Bonität der Abnehmer kann das Ausfallrisiko gesenkt werden und daneben eine Risikojustierung im eigenen Portfolio erfolgen.[30]

Ohne eine Absicherung der Lieferanten durch einen Lieferantenkredit könnte ein Unternehmen keine Zahlungsziele mehr beanspruchen und die Liquidität wäre ernsthaft gefährdet. Zu beachten ist, dass ein Kreditversicherer keine direkte vertragliche Verbindung zu dem Unternehmen in der Restrukturierung hat. Der Versicherer kann aber sich an der Sanierung beteiligen, indem er die Lieferanten entsprechend versichert.

Daher ist auch in diesem Verhältnis Transparenz sehr wichtig und eine direkte Information schafft Vertrauen. Aus diesem Grund sind die Versicherer wie die Banken frühzeitig in die Kommunikation einzubinden und auch zu Bankensitzungen einzuladen. Das Vertrauen gilt als nachhaltig gestört, wenn der Versicherer über den Markt gerüchteweise von der Restrukturierung erfährt. Denn jeder Lieferant ist vertraglich verpflichtet, über Zahlungsstörungen seiner Abnehmer den Warenkreditversicherer zu unterrichten. Sollte der Warenkreditversicherer in Folge die Einschätzung über das Unternehmen ändern und seine Limits korrigieren, hat dies eine Signalwirkung in den Markt hinein und unter Umständen wird ein Dominoeffekt ausgelöst. Da die Kreditlimits in der Regel bis auf Weiteres gelten, können sie jederzeit aufgehoben werden.

In einer Krise werden Versicherer zwar nicht einem Pool beitreten, aber durchaus einem Standstill oder auf bilateraler Ebene eine solche Zusage erteilen, sofern sie von der Tragfähigkeit des Restrukturierungskonzepts überzeugt sind. Die Begleitung besteht in der zur Verfügungstellung von risiko- und bedarfsgerechten Limits, indem während der Restrukturierungsphase „im Rahmen des bisherigen Engagements" weiterbegleitet wird. Denn bei den Limits handelt es sich um vertrauliche Informationen zwischen Versicherer und Lieferant. Daher werden in der Praxis folgende Erklärungen abgegeben:

„Wir bestätigen, dass wir bis auf Weiteres mit Versicherungslimits in bedarfsgerechtem Umfang zur Verfügung stehen".

Jedoch werden Laufzeiten größer 12 Monate selten zugesagt, was in Teilen in der Rückversicherung begründet ist.

Mit komplett unversicherten Lieferanten müssen bilaterale Vereinbarungen über die Aufrechterhaltung von Zahlungszielen vereinbart werden.

Es gibt bei den Versicherern einen Mustervertrag, der insbesondere dazu entwickelt wurde, um auch in einem Insolvenzfall die Rechte der versicherten Lieferanten zu regeln. In dieser Vereinbarung unterwirft sich das Unternehmen den Erweiterungsformen des Eigentumsvorbehalts.[31]

Es kommt immer wieder zu Diskussionen zwischen Versicherern, Banken und Faktoring-Gesellschaften, ob die erweiterten Eigentumsvorbehalte einer Globalzession entgegenstehen. In diesen Konstellationen empfiehlt sich der Abschluss einer Abgrenzungsvereinbarung.

Abgrenzungsvereinbarung

Sollte die Warenkreditversicherung nicht von der Sanierungsfähigkeit des Unternehmens überzeugt sein, wird sie über Limitanpassungen, -streichungen oder zeitliche Befristungen den Exit wählen. Tritt dies ein, so werden Lieferanten nur noch gegen Vorauskasse liefern und dies kann zu einem erheblich erhöhten Liquiditätsbedarf bis zur Illiquidität führen.

Limitanpassungen

Bei einer Kautionsversicherung durch eine Warenkreditversicherung liegt das Risiko des Versicherers in der Bonität des Versicherungsnehmers. In diesem Fall übernimmt der Versicherer wie eine Bank im Avalgeschäft Bürgschaften oder Garantien für bestimmte Verpflichtungen des Versicherungsnehmers.

Kautionsversicherung

Daher übernimmt die Kautionsversicherung in der Restrukturierung dieselbe Rolle wie eine Bank, die Avalkredite zur Verfügung stellt.

10.1.5.3 Factoring

Factoring kommt sowohl in der Unternehmensfinanzierung als auch in der Restrukturierung zur Liquiditätssicherung zum Einsatz und gewinnt immer mehr an Bedeutung. Neben der klassischen Kreditfinanzierung über die (Haus-)Banken kommt Factoring als alternative Finanzierungsform in Betracht. Durch die revolvierende Bereitstellung von Liquidität bei gleichzeitiger Vermeidung von hohen Außenständen kommt noch (je nach Vertragsgestaltung) die Absicherung gegen Forderungsausfälle hinzu. Bei einem Unternehmen in einer akuten Krisensituation kann es schwierig bis unmöglich sein, einen Factor zu finden. Denn neben der Vertragsanbahnung können die zu schaffenden Voraussetzungen wie IT-Anbindung und Abstimmung der Prozesse einige Monate in Anspruch nehmen. Inhalt des Rahmenvertrages ist die kostenpflichtige Übertragung von Forderungen aus Lieferung und Leistung eines Unternehmens (Kreditor) gegen seinen Kunden (Debitor) an den Factor. Zusätzlich prüft der Factor die Bonität des Debitors, und das Ergebnis dieser Prüfung findet Eingang in den Sicherungseinbehalt, welcher die an das Unternehmen zu zahlende Forderungssumme mindert. Voraussetzung ist natürlich, dass die Forderungen noch nicht als Sicherheit zum Beispiel den Banken dienen. Unter Umständen sind Banken auch zur (teilweisen) Freigabe einer Globalzession bereit, wenn dies eine Alternative zur Vergabe von Fresh Money ist.

Factoring in der Unternehmensfinanzierung

Factoring-Arten Beim Factoring ist zwischen den folgenden Arten zu unterscheiden:

- beim echten Factoring wird das Ausfallrisiko der Forderungen auf den Factor übertragen, und der Factor übernimmt auch das Debitorenmanagement inkl. Mahnwesen,
- beim unechten Factoring wird das Ausfallrisiko nicht übertragen,
- beim Reverse-Factoring ist es der Debitor, der die Vorfinanzierung seiner Einkaufsfinanzierung gegenüber seinen Lieferanten zum Ziel hat.

Factoringgebühr Im Rahmen einer Sanierung kann die aus dem Factoring gewonnene zusätzliche Liquidität zur Tilgung anderer Verbindlichkeiten genutzt werden und damit auch eine Optimierung der Bilanzstruktur im Sinne einer Verbesserung erreicht werden. Allerdings ist auch und gerade in der Restrukturierung auf die mit dem Factoring verbundenen Kosten hinzuweisen. Die Factoringgebühr beträgt zwischen 0,25 bis 1 % vom Bruttoumsatz und der Zinssatz orientiert sich in den meisten Fällen an dem Dreimonatseuribor plus Marge. Zusätzlich ist noch die Delkredere-Prüfung mit einer Gebühr zu berücksichtigen.

Insolvenz Kündigungsrecht des Factors Im Falle einer Insolvenz besteht grundsätzlich kein Kündigungsrecht des vorläufigen Verwalters, aber ein Kündigungsrecht des Factors. Sofern eine allgemeines Verfügungsverbot angeordnet wird, sind weitere Forderungsabtretungen untersagt. Der Factor ist allerdings berechtigt, wenn der Bedingungseintritt bei aufschiebend bedingter Vorauszession erst nach Wirksamwerden des allgemeinen Verfügungsverbots entsteht.[32]

Abgetretene und vom Factor bezahlte Forderungen sind bei vollständiger Erfüllung insolvenzfest und es besteht ein Aussonderungsrecht des Factors. Bei nach Insolveneröffnung angedienten oder entstandenen Forderungen kann ein Forderungserwerb nur unter Mitwirkung des Insolvenzverwalters erfolgen.

10.1.5.4 Leasing

Anpassung des Leasingvertrages Leasinggeber sind in der Regel langfristig mit dem Krisenunternehmen verbunden. Bei Spezialimmobilien oder Maschinen ist die Werthaltigkeit dieser Objekte eng mit dem wirtschaftlichen Erfolg des Leasingnehmers verknüpft. Für Leasinggeber ist ganz entscheidend, ob der Leasinggegenstand auch bei einer Vertragsbeendigung oder im Falle einer Insolvenz ohne Weiteres verwertbar ist. Sollte dies sich in der Praxis als schwierig herausstellen oder ist der Verwertungsaufwand so hoch, dass er den Verwertungserlös schmälert, dann wird der Leasinggeber bereit sein, über eine Anpassung des Leasingvertrages zu verhandeln. Diese Anpassung kann in Form einer Anpassung der laufenden Leasingrate, deren Stundung oder gar einem Verzicht bestehen. Auch die Rückgabe eines Leasinggegenstands kann eine Option sein.[33] An die Grenzen stoßen solche Zugeständnisse, wenn die Leasinggesellschaften die Leasingverpflichtung refinanziert haben und die Forderungen aus dem Leasingvertrag an die Refinanzierer abgetreten sind.

Beim Sale & Lease Back-Verfahren wird betriebsnotwendiges Vermögen (z. B. die Betriebsimmobilie) kurzfristig in liquide Mittel umgewandelt und trotzdem ist weiterhin die Nutzung dieses Gegenstandes möglich. Vorteile einer solchen Konstruktion sind neben dem Zufließen von Liquidität, die Verkürzung der

Bilanzsumme, die Gewinnrealisierung und die Erhöhung des buchmäßigen Eigenkapitals.[34]

Im Falle einer Insolvenz kommt erschwerend hinzu, dass der Leasinggegenstand der Fortführung des Unternehmens dienen kann und im Hinblick auf die Sicherung der Betriebsfortführung keine Kündigung des Vertrages und damit auch keine Verwertung möglich ist. Insbesondere dann wenn ein Verwertungsstopp gem. §21 Abs. 2 Ziff. 5 InsO verhängt wird.

10.1.6 Alternative Finanzierungsinstrumente

Im Rahmen einer Sanierung kann die Bank mit einer Auswahl von Kapitalmaßnahmen zur Stabilisierung der finanziellen Lage beitragen.

Infrage kommt zum Beispiel die Umwandlung von Kreditverbindlichkeiten in:
- Eigenkapital (Debt Equity Swap),
- Wandelgenussrechte/-schuldverschreibungen,
- Genussrechte,
- Mezzaninekapital,
- Anleihe.

10.1.6.1 Debt Equity Swap

Dies bedeutet die (teilweise) Umwandlung von Bankkrediten in Beteiligungskapital. Hierdurch tritt eine Reduzierung der Bankverbindlichkeiten ein, damit kann die Überschuldung des Unternehmens beseitigt werden.

Umwandlung von Bankkrediten in Beteiligungskapital

Der Debt Equity Swap ist ein Instrument
- zur Beseitigung der bilanziellen und vermögensmäßigen Überschuldung,
- zur Verbesserung der Bilanzkennzahlen bzw. Verbesserung der Gesamtfinanzierungsfähigkeit; da das Eigenkapital nur bei ausreichender Ertrags- und Liquiditätskraft bedient wird,
- zur Sicherung der Liquidität,
- ferner ist es ein Sanierungsinstrument für die Bank, mit dem sie auch an der Wertsteigerung des Unternehmens (Up-side) partizipieren kann.

Die Umwandlung setzt die Vollwertigkeit der Forderung voraus, das heißt der Forderung muss im Zeitpunkt der Umwandlung entsprechendes Gesellschaftsvermögen gegenüberstehen. Andernfalls droht im Falle des Scheiterns der Sanierung ein vollständiger Forderungsausfall und eine Nachschusspflicht (= Differenzhaftung).

Differenzhaftung

Durch einen solchen Debt Equity Swap begibt sich allerdings die Bank in haftungsrechtliche Probleme, da sie eine Mitgesellschafterstellung erlangt, sowie in bankenaufsichtsrechtliche Probleme, insbesondere aufgrund des regulatorischen Eigenkapitals, das die Unterlegung notleidender Kredite mit Eigenkapital fordert. Des Weiteren können gesellschaftsrechtliche Probleme im Hinblick auf folgende Punkte bestehen:
- Zustimmungsbedürfnis der Altgesellschafter zur Umwandlung von Krediten in Eigenkapital,

- zeitliche Probleme durch das Erfordernis einer Hauptversammlung bei Fortbestehen der insolvenzrechtlichen Antragsfristen.

Neben diesen Problemen entstehen für die Bank auch eine Anzahl von Risiken:

- Sie erleidet einen Totalausfall, wenn die Sanierung misslingt, da sie in der Insolvenz keine Gläubigerstellung innehat.
- Sie unterliegt nicht zu unterschätzenden Haftungsrisiken durch den direkten Einfluss bzw. die Übernahme von unternehmerischer Verantwortung.
- Insbesondere kann die erlangte Gesellschafterstellung zum Bumerang werden, wenn die Bank ihren Einfluss zu Lasten Dritter ausübt (Insolvenzverschleppung, Schuldnerknebelung).
- Auch besteht die Gefahr der Differenzhaftung/Nachschusspflicht infolge eines zu hohen Wertansatzes der Sacheinlage (§§ 9, 56 GmbHG).

Chancen eines Debt Equity Swaps

Die Chancen eines Debt Equity Swaps liegen in der Beseitigung des Insolvenzgrundes der Überschuldung, der Absenkung der Finanzierungskosten durch geringere Fremdkapitalkosten für das Unternehmen und der Partizipation der Bank an der Werterhöhung/stillen Reserven im Falle der Gesundung.

Die Durchführung eines Debt Equity Swaps kann in zwei Ausgestaltungen erfolgen:

- Umwandlung von Sicherheiten,
- Umwandlung von Gläubigerforderungen in Eigenkapital.

Umwandlung von Sicherheiten

In Betracht kommt die Umwandlung von den für die Bank gestellten Sicherheiten. Die Bank realisiert zuerst ihre Forderung durch Geltendmachung ihrer Sicherheit und verrechnet den Wert an Erfüllung statt mit ihrer Forderung.

In Höhe der Verrechnung mindert sich zunächst das Aktiv- und Passivvermögen des Unternehmens.

In einem zweiten Schritt wird dann das Sicherungsgut von der Bank in Form einer Sacheinlage wieder in das Unternehmen eingebracht, wodurch es zu einer Erhöhung des Aktivvermögens kommt. Zur Wirksamkeit eines solchen Sicherheiten-Umwandlungsmodells ist allerdings ein entsprechender Kapitalerhöhungsbeschluss der Altgesellschafter notwendig.

Umwandlung von Forderungen in Eigenkapital

Bei diesem Modell werden Forderungen der Bank in Eigenkapital umgewandelt. Damit erhält die Bank die Möglichkeit, durch ihre Gesellschafterstellung auf den Sanierungsprozess Einfluss zu nehmen. Der Einbringungswert der Forderung kann wesentlich davon beeinflusst werden, ob im Zeitpunkt des „swaps" (Tauschs) eine Barkapitalerhöhung bereits durchgeführt ist oder zumindest in vollem Umfang Zeichnungszusagen vorliegen.

Entscheidend ist der tatsächliche Gegenwert der zur Umwandlung bestimmten Forderung. Bei einer Kapitalerhöhung ist eine Sacheinlageprüfung vorzunehmen. Wie oben bei dem Sicherheiten-Umwandlungsmodell dargestellt, ist ein entsprechender Kapitalerhöhungsbeschluss der Altgesellschafter notwendig.

10.1 Restrukturierung/Sanierung

Eine Beteiligung ist unschädlich – gem. § 39 Abs. 5 InsO – wenn die 10%-Grenze nicht überschritten wird; in solchen Fällen besteht keine Gefahr der Nachrangigkeit, auch nicht im Insolvenzfall. Die Privilegierung greift allerdings dann nicht, wenn mehrere Banken über ein Pool- oder Konsortialvertrag gebunden sind, koordiniert vorgehen und gemeinsam mehr als 10% der Anteile halten[35]. Dies dürfte in den meisten Praxisfällen aber der Fall sein, sodass dieses Privileg ins Leere geht.

Sanierungsprivileg der Kleinstbeteiligung

Eine Aufsplittung in zum Beispiel zwei Konsortien dürfte als Umgehungstatbestand gewertet werden.

Erwirbt eine Bank bei drohender oder eingetretener Zahlungsunfähigkeit der Gesellschaft oder bei deren Überschuldung Anteile zum Zwecke der Sanierung, führt dies bis zur nachhaltigen Sanierung nach § 39 Abs. 4 S. 2 InsO nicht zur Anwendung des § 39 Abs. 1 Nr. 5 InsO auf bestehende oder neu gewährte Darlehen. Es tritt keine Nachrangigkeit der bestehenden oder neu gewährten Darlehen ein.

Sanierungsprivileg bei Anteilserwerb in der Krise

„Der Sanierungszweck ist dabei … vorrangig objektiv zu bestimmen. Danach müssen – neben dem im Regelfall als selbstverständlich zu vermutenden Sanierungswillen – nach der pflichtgemäßen Einschätzung eines objektiven Dritten im Augenblick des Anteilserwerbs die Gesellschaft (objektiv) sanierungsfähig und die für ihre Sanierung konkret in Angriff genommenen Maßnahmen zusammen objektiv geeignet sein, die Gesellschaft in überschaubarer Zeit durchgreifend zu sanieren."[36] Die Nachrangigkeit wird vermieden durch den Nachweis des erforderlichen Sanierungszwecks, -willens und der Sanierungseignung durch ein Sanierungskonzept.

Nach wie vor ist aber unklar, zu welchem Zeitpunkt das Sanierungsprivileg für eine Bank endet. Um die Gefahr einer Nachrangigkeit zu vermeiden, müsste ein Kreditinstitut seine Beteiligung sofort nach Überwindung der Krise veräußern oder die Rückführung der Kredite einfordern.

Auswirkungen durch das ESUG

Bisher haben Banken nur in seltenen Fällen ihre Forderungen im Rahmen eines Debt Equity Swaps in Eigenkapital gewandelt. Dies hatte verschiedene Gründe, zum einen scheut man die Gefahr der Differenzhaftung und das Ausfallrisiko im Falle einer Insolvenz, zum anderen ist es nicht das Kerngeschäft einer Bank, diverse (Industrie-) Beteiligungen einzugehen.

Differenzhaftung

Das Gesetz zur weiteren Erleichterung der Sanierung für Unternehmen (ESUG) sieht vor, dass im Rahmen eines Insolvenzplanverfahrens mit dem gerichtlichen Bestätigungsbeschluss die Ansprüche des Schuldners gegen die Neu-Gesellschafter aus der Differenzhaftung ausgeschlossen sind. Für eine Bank, die von einer solchen Umwandlung Gebrauch macht, hat dies den Vorteil, dass sie zukünftig an den Erträgen des sanierten Unternehmens partizipiert.

10.1.6.2 Wandlung in Genussrechtskapital

Für die Bank kommt auch eine (teilweise) Wandlung ihrer Forderung in Genussrechtskapital als Sanierungsinstrument in Betracht; auch hier ist die Beseitigung der Überschuldungssituation – je nach Ausgestaltung des Eigenkapitalausweises – möglich. Daneben ist für das Unternehmen eine Minderung der Fremdkapitalkosten durch eine erfolgsabhängige Vergütung möglich.

Die Bank hat die volle Partizipation am „Up-side" bei Erfolg der Sanierung und sie vermeidet Haftungsrisiken, da meist weder Stimm- noch Geschäftsführungsrechte eingegangen werden.

10.1.6.3 Mezzanine

Flexible Finanzierungsinstrumente

Mezzanine stammt aus dem Italienischen als Bezeichnung für ein Zwischengeschoss. Mezzanine ist ein flexibles Finanzierungsinstrument, das bilanziell zwischen Eigen- und Fremdkapital einzuordnen ist. Es eignet sich besonders für mittelständische Unternehmen, die ihre Eigenkapitalbasis stärken, aber nicht die Eigentümerstruktur verändern wollen.

Voraussetzung ist ein positiver Cashflow zur Bedienung der Zinsen. Der Vorteil für den Kreditnehmer ist die Stabilisierung der Passivseite der Bilanz mit der Folge einer verbesserten Bonität als Grundlage für neue, zusätzliche Kredite. Für den Gesellschafter stellt diese Form eine Alternative für Beteiligungskapital (Private Equity) dar.

Für die Bank ergeben sich die Vorteile aus verbesserten Informations-, Mitwirkungs- und Kontrollrechten, ohne dass dies zu einer Erhöhung des Gesamtengagements oder einer Verschlechterung der Risikoposition führt.

10.1.6.4 Distressed Mergers & Acquisitions

Distressed M&A-Transaktionen sind als Handlungsalternativen im Maßnahmenkatalog einer Unternehmenssanierung nicht nur zu berücksichtigen, sondern rechtzeitig parallel zur klassischen Sanierung zu evaluieren.[37]

Hat das Unternehmen bereits die Liquiditätskrise erreicht, kann ein M&A-Prozess nur unter hohem Zeitdruck im Sinne eines „Fire Sales" vollzogen werden. Dabei sind neben den Interessen des Verkäufers die Interessen der beteiligten Stakeholder – Banken, Arbeitnehmer, Kunden, Lieferanten – zu berücksichtigen; insbesondere wenn von diesen Sanierungsbeiträge erwartet werden.

Ziele sind vielfältig

Die Ziele der Bank bei einer M&A-Transaktion sind vielfältig:

- Umsetzung einer schnellen und vor allem optimalen Sicherheitenverwertung,
- Sanierung von Unternehmen zur Vermeidung von Kreditausfällen durch die Gewinnung neuer Gesellschafter.

Dual Tracking

Die Begleitung von M&A-Prozessen durch die Bank kann auch im Rahmen eines Insolvenzverfahrens erfolgen. In der Praxis ist hier die Diskussion um das sogenannte Dual Tracking entstanden: Da nicht in allen Fällen absehbar ist, ob zum Beispiel die Eigenverwaltung und der damit verbundene Insolvenzplan umgesetzt werden kann, wird oft parallel zum Eröffnungsverfahren ein M&A-Prozess eingeleitet. Dafür spricht die in jedem Insolvenzplan nachzuweisende Gläubigerbesserstellung gegenüber einer vergleichbaren Verwertungsalternative. Dagegen spricht die Argumentation, dass eine breite Markansprache dann offenkundig ungeeignet ist, wenn hierdurch die Sanierungsfähigkeit gefährdet wird.[38]

Letztendlich ist aber festzuhalten, dass durch die Konkurrenzsituation von Insolvenzplanverfahren und M&A-Prozess die Erfolgsaussichten der Sanierung deutlich erhöht werden. Und darüber hinaus eine nachhaltige Rückfallposition bei einer Ablehnung des Insolvenzplans geschaffen wird.[39]

10.1.6.5 Anleihe

Bei der Auswahl der Finanzierung zeigt sich eine Verschiebung zu syndizierten Krediten, Projektfinanzierungen und Anleihen. Für die Anleihe sprechen die geringe Abhängigkeit von den Banken als klassische Kreditgeber und die breit aufgestellte Investorenbasis. Die Tatsache, dass Investoren auch kleinere Emissionsvolumen akzeptieren, erleichtert für viele Unternehmen den Zugang zum Kapitalmarkt. Insbesondere Hochzinsanleihen werden für Refinanzierungen genutzt. Dies ist bedingt durch einen Mangel an attraktiven Anlagealternativen, sodass Investoren mit einem entsprechenden Renditeanspruch auch in Risikoanleihen gehen.

Für die Anleihe spricht aus Sicht des Unternehmens auch, dass im Gegensatz zu Konsortialkreditverträgen so gut wie keine Covenants – mit Ausnahme der Begrenzung der Verschuldung – vereinbart werden. Allerdings sind Anleihen nicht geeignet, um den kurzfristigen Betriebsmittelbedarf zu finanzieren.

Das Risiko besteht allerdings darin, dass Anleihen nur sehr schwer zu restrukturieren sind, da man mit Hunderten von Gläubigern mit sehr unterschiedlichen Interessen verhandeln muss und nicht mit einem Bankenkonsortium.

Daher darf die direkte Beziehung zwischen Bank und Kunde im Sinne einer dauerhaften Geschäftsbeziehung nicht aus dem Fokus geraten. Denn wenn eine Restrukturierung ansteht und das Unternehmen sich nur über Anleihen finanziert hat, wird es keine Bank finden, die die Sanierungsphase begleitet.

10.1.7 Ziele der Bank in der Sanierungsbegleitung

Die Bank sollte ihren Kunden in der Sanierung begleiten, um zu erreichen, dass er aus dem Workout/Spezialkreditmanagement wieder zurück in die normale Betreuung gelangt. Der Nutzen der Bank ergibt sich aus dem Wertsteigerungspotenzial durch künftige Erträge mit dem sanierten Kunden und der Verringerung ihrer Risikopositionen. Hierfür ist u. U. ein hoher Ressoureneinsatz erforderlich, der aber durchaus gerechtfertigt sein kann; was sich auch aktuell darin dokumentiert, dass viele Häuser ihre Spezialkreditabteilungen als Profit Center führen.

Für die Feststellung des Turnarounds stellen die Banken auf die Wiedererlangung der Kapitaldienstfähigkeit ab. Nur in seltenen Fällen wird auf die Erlangung der Wettbewerbsfähigkeit abgestellt.[40] Ein Nachhaltigkeitskonzept auf Basis eines Management-Reporting-Systems ist ein Mittel zur Beurteilung der Wettbwerbsfähigkeit eines Unternehmens. Ein darauf basierendes Reporting kann die Ratingermittlung einer Bank unterstützen, da dieses um leistungswirtschaftliche und qualitative Komponenten ergänzt wird.[41]

Wichtig ist die Sicherstellung folgender Ansätze:

- die Umsetzung der Restrukturierungsmaßnahmen (sog. „Milestones"),
- Implementierung eines entsprechenden Controllingsystems,
- regelmäßiges Reporting an die Banken.[42]

Der letzte Punkt stellt die erforderliche Transparenz in der Kommunikation sicher und dient dazu, Vertrauen wiederherzustellen. Unter Umständen empfiehlt sich die Einrichtung eines sog. Lenkungsausschusses als ein Gremium aus Vertretern der Banken, Warenkreditversicherer, Lieferanten, Branchenexperten und Beratern.

Im Rahmen der Umsetzung nimmt das Management eine zentrale Rolle ein. Da dieses nur in den seltensten Fällen krisenerfahren ist, beauflagen die Banken in vielen Fällen die Einbindung eines restrukturierungserfahren Beraters.

10.1.8 Exitstrategien

Forderungsverkauf

In scheinbar aussichtslosen Situationen strebt ein Großteil der Kapitalgeber einen schnellen Rückzug aus dem Kreditengagement an. Es besteht die Möglichkeit des Forderungsverkaufs (in der Regel allerdings nicht ohne Preisabschlag) auf dem Sekundärmarkt. Die Bank hat die Entscheidung „hold or sell" (halten oder verkaufen) zu treffen.

Transferklauseln

Zu beachten ist, dass die Zustimmung des Kunden zum Verkauf an den Investor vorliegen muss, sofern die Bank den Kredit des Kunden nicht gekündigt und nicht fällig gestellt hat. Das Gleiche gilt für die Befreiung vom Bankgeheimnis, die erforderlich ist, um Informationen an potenzielle Investoren weiterzugeben.

Inzwischen haben fast alle Banken in ihren Kreditverträgen sogenannte Transferklauseln aufgenommen, mit denen der Kunde bereits bei Kreditgewährung einer Weiterveräußerung zustimmt.

„Loan-to-own-Strategie"

Marktteilnehmer auf dem Sekundärmarkt sind hauptsächlich Banken, Private Equity und (Hedge) Fonds. Zur Standardisierung der Transaktionen haben sich die Marktteilnehmer bereits 1996 mit der Gründung der *Loan Market Association (LMA)* verständigt und zu diesem Zweck gibt es Standardverträge für Sekundärmarkttransaktionen. Seit der Krise in 2008 ist am Markt zu beobachten, dass Private Equity-Häuser und Hedge Fonds gezielt Forderungen von Krisenunternehmen am Sekundärmarkt aufkaufen, um dann über einen Debt Equity Swap die Herrschaft über das Unternehmen zu erlangen („Loan-to-own-Strategie"). Ein Problem stellen aber oft die auseinanderklaffenden Preisvorstellungen von den Kreditinstituten als Verkäufern und den potentiellen Käufern; insbesondere von Private Equity-Häusern, Fonds, bei denen das erforderliche Kapital und die Investitionsbereitschaft vorhanden ist.

10.2 Workout

Oftmals wird insbesondere der Hausbank des später in Insolvenz geratenen Unternehmens der Vorwurf gemacht, sie habe die Stellung des Insolvenzantrages gezielt hinaus gezögert, um in der so gewonnenen Zeit die von ihr ausgereichten Kredite zurückzuführen oder neue Sicherheiten für alte Kredite zu erhalten.

Die Rechtsprechung bewegt sich hier auf einem schmalen Grat, weil sich der optimale Zeitpunkt zum Gang zum Insolvenzgericht ex ante oft nur schwer bestimmen lässt.

Folgerichtig ist es einer Bank weder als sittenwidrig anzurechnen, wenn sie ein krisenbehaftetes Unternehmen „fallen lässt", indem sie die Kredite fällig stellt oder die weitere Kreditgewährung ablehnt.[43] Noch kann es ihr generell zum Vorwurf gereicht werden, wenn sie ein in Zahlungsschwierigkeiten steckendes Unternehmen nicht sofort fallen lässt, sondern mithilfe weiterer Kredite am Leben erhält und dabei selbstverständlich auch um die Einbringlichkeit ihrer eigenen Forderungen besorgt ist, also deren Rückführung oder Besicherung anstrebt.

10.2.1 Voraussetzungen

Kündigung/Fälligstellung

Eine fällige Forderung kann durch Ablauf des Kreditvertrages oder durch Kündigung herbeigeführt werden. Bis zur Insolvenzantragstellung bestimmen sich die Ansprüche und Kündigungsmöglichkeiten nach den vertraglichen und gesetzlichen Bestimmungen (Darlehensvertrag §§ 488 ff. BGB), die hier eine entscheidende Bedeutung haben. Für ausbleibende Zahlungen gelten die Regelungen über die Leistungsstörungen.

Voraussetzung für Kündigung: fällige Forderung

Nach Nr. 19 III AGB Banken kommt eine außerordentliche/fristlose Kündigung in Betracht. Bei mittelfristiger Perspektivlosigkeit sind die Möglichkeiten der ordentlichen Kündigung zu prüfen. Hier beträgt die gesetzliche Kündigungsfrist nach § 488 BGB drei Monate.

Kündigung durch die Bank

Bei einem Darlehen mit unbestimmter Dauer ist gem. § 488 Abs. 3 BGB auch die Bank zur Kündigung berechtigt. Dabei ist die in § 488 Abs. 3 S. 2 BGB bestimmte Dreimonatsfrist einzuhalten; sie darf nicht willkürlich und nicht „zur Unzeit" erfolgen, das heißt, bei der Ausübung des Kündigungsrechts sind die berechtigten Belange des Kreditnehmers zu berücksichtigen. Eine ordentliche Kündigung ist aber in der Praxis bei Sanierungsfällen irrelevant.

Die außerordentliche Kündigung ist bei drastischer Verschlechterung der wirtschaftlichen und finanziellen Lage sowie bei Vermögensverfall oder Betrug zulässig (Nr. 19 III AGB Banken).

Außerordentliche Kündigung aufgrund von AGB's, Covenants

Ebenso ist die Bank aus wichtigem Grund berechtigt, fristlos zu kündigen, wenn der Darlehensnehmer seinen vertraglichen Verpflichtungen zur Einhaltung von Covenants oder zur Vorlage der Unterlagen über seine oder die wirtschaftlichen Verhältnisse von Bürgen, Garanten, Mithaftenden auch nach

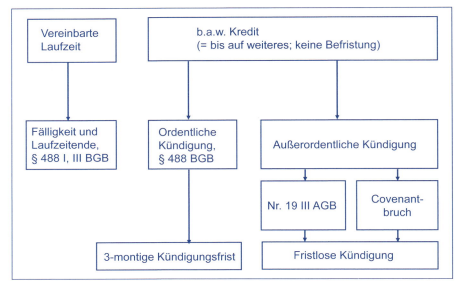

Abb. 47: Möglichkeiten zur Kündigung

ergebnislosen Ablauf einer zur Abhilfe gesetzten Frist oder nach erfolgloser Abmahnung nicht nachkommt.

Die außerordentliche Kündigung kann auf gesetzliche Regelungen, die AGB Banken oder individualvertragliche Regelungen gestützt werden.

Die außerordentliche Kündigung vor der Antragstellung auf Insolvenzeröffnung eröffnet die Chancen auf rechtzeitige Zahlung vor Insolvenzantrag und Verwertung von Sicherheiten, sowie dass keine weiteren Auszahlungsverpflichtungen mehr auf die Bank zukommen.

Sie birgt aber auch die Risiken, dass eine Insolvenzantragstellung beschleunigt wird und es in Folge zu Verzögerungen und Ausfällen im Insolvenzverfahren kommt. Ferner kann ein negativer Einfluss auf andere Gläubiger entstehen. Im Einzelfall kann eine Schadensersatzpflicht durch eine Kündigung zur Unzeit ausgelöst werden.

Für eine außerordentliche Kündigung ist §314 BGB der Ausgangspunkt. Es muss die Unzumutbarkeit der Bindung der Bank an den Kreditvertrag vorliegen. Dies liegt z. B. vor, wenn die Vertrauensbeziehung zwischen Bank und Kunde zerrüttet ist.

Nach §490 I BGB müssen folgende Tatbestandsvoraussetzungen gegeben sein:

- Eintritt oder drohender Eintritt einer wesentlichen Verschlechterung der Vermögensverhältnisse oder Sicherheiten,
- Gefährdung der Rückerstattung des Darlehens auch unter Verwertung der Sicherheiten.

Weitergehende Kündigungsmöglichkeiten

Die weitergehenden Kündigungsmöglichkeiten der Nr. 19 III AGB Banken werden durch den §490 Abs. 1 BGB nicht ausgeschlossen.

Die Nr. 19 III AGB Banken knüpft an gesetzliche Regelungen an und benennt folgende Regelbeispiele:

- unrichtige Angaben des Kunden über seine Vermögensverhältnisse,
- das Vorliegen einer wesentlichen Verschlechterung der Vermögensverhältnisse des Kunden oder der Werthaltigkeit der gestellten Sicherheiten,
- es erfolgt keine Bestellung oder Verstärkung der Sicherheiten trotz einer entsprechenden Verpflichtung.

Die Möglichkeit der außerordentlichen Kündigung kann sich auch aus dem Kreditvertrag ergeben, wenn ein wichtiger Grund („Event of default"), zum Beispiel Zahlungsverzug oder der „Breach of financial convenants" (Bruch von Covenants), vorliegt.

Im Insolvenzverfahren wird der Kreditvertrag mit der Eröffnung des Verfahrens beendet.

Kündigungsschreiben

Bei Formulierung der Kündigung seitens der Bank ist darauf zu achten, dass nicht die Geschäftsverbindung, sondern nur die Kredite gekündigt werden, andernfalls gelten die AGB's nicht und die Bank verliert ihr Pfandrecht gem. Ziff. 14 AGB Banken.

Inhalt Kündigungsschreiben

Auch bei einer fristlosen Kündigung gestützt auf Ziff. 19 Abs. V AGB Banken ist dem Kreditnehmer eine Frist einzuräumen, bis zu der er den Saldo ausgleichen muss (Ziff. 19 Abs. 5 AGB Banken).

Die Androhung der Sicherheitenverwertung gegenüber dem Kreditnehmer ist in jedem Fall zu empfehlen. Bei Drittsicherungsgebern ist die bevorstehende Verwertung der Drittsicherheit immer anzudrohen und ihm eine Frist zur Ablösung einzuräumen, zusätzlich ist ihm eine Kopie des Kündigungsschreibens zu übermitteln.

Sofern der Bank eine Globalzession als Sicherheit dient, ist die Einzugsermächtigung zu widerrufen, da sonst der Kreditnehmer oder der vorläufige Insolvenzverwalter die Forderungen weiter einziehen darf. Weiterhin ist – bei einer Sicherungsübereignung – der Widerruf der Veräußerungsermächtigung auszusprechen, um zu verhindern, dass der Kreditnehmer oder der vorläufige Insolvenzverwalter die sicherungsübereigneten beweglichen Sachen weiterhin zum Nachteil der Bank veräußert.

Das Kündigungsschreiben sollte per Fax und Brief (Einschreiben/Rückschein – alternativ Zustellung durch Gerichtsvollzieher) erfolgen. Der Zugang erfolgt beim Fax sofort, beim Brief drei Tage nach Aufgabe zur Post. Ist ein vorläufiger Insolvenzverwalter bestellt, sind diesem die Absonderungsrechte (Grundschuld, Sicherungsübereignung, Zession) bekanntzugeben und geltend zu machen.

Es empfiehlt sich – auch ohne ausdrückliche Aufforderung –, dem vorläufigen Insolvenzverwalter die Kreditsicherheiten mitzuteilen, um ihn – im Falle einer unberechtigten Veräußerung – eventuell persönlich haftbar machen zu können. Mit dem vorläufigen Insolvenzverwalter ist eine Abstimmung über eine Sicherheitenverwertung herbeizuführen.

Dem Schreiben an den vorläufigen Insolvenzverwalter ist eine Kopie der Kündigung beizufügen, damit dieser u. a. Kenntnis vom Widerruf der Einziehungsbefugnis/Verkaufsermächtigung bekommt.

Zur Vorbereitung eventueller Verwertungsmaßnahmen sollten die Sicherheiten im Rahmen einer sog. Sicherheitenprüfung in Augenschein genommen werden. Ebenso sind bei Vorliegen einer Zession/Sicherungsübereignung aktuelle Debitoren- und Warenbestandslisten anzufordern. Diese Ansprüche ergeben sich aus den Sicherheitenverträgen.

Es empfiehlt sich, die Grundschuldurkunden zustellen zu lassen und zwar im Insolvenzeröffnungsverfahren an den Kunden bzw. Drittsicherungsgeber, sofern kein starker vorläufiger Insolvenzverwalter bestellt ist (ansonsten ist eine Klauselumschreibung auf diesen bzw. im eröffneten Insolvenzverfahren auf den Insolvenzverwalter erforderlich).

Sofern das Darlehen noch nicht vollständig ausgezahlt ist, gilt das Wahlrecht des Insolvenzverwalters mit der Folge, dass er sofern er Erfüllung wählt, in den Kreditvertrag mit seinen vertraglichen Bestimmungen eintritt. Ab diesem Zeitpunkt valutierte Beträge nebst den darauf entfallenden Zinsen bilden Masseverbindlichkeiten.

Die Bank kann allerdings nach h. M. die Erfüllungswahl durch eine außerordentliche Kündigung zunichte machen, was sie auch in der Regel in der Praxis tun wird, um etwa weitere Auszahlungsverpflichtungen zum Erlöschen zu bringen.

Kündigung „zur Unzeit"

Eine Verschlechterung der wirtschaftlichen Verhältnisse kann eine Bank nur dann zu einer außerordentlichen Kündigung berechtigen, wenn die Verschlechterung nach Erteilung der Kreditzusage eingetreten ist. In den Fällen der mehrfachen Verlängerung oder Prolongation einer Kreditzusage ist erforderlich, dass die Verschlechterung der wirtschaftlichen Verhältnisse erst nach der letzten Prolongation eingetreten ist. Zu einer Kündigung ist die Bank nur berechtigt, wenn eine weitere Verschlechterung eingetreten ist.[44]

Kündigung während der Sanierung? Es gilt das Verbot der (ordentlichen und außerordentlichen) Kündigung zur Unzeit. Von einer Kündigung zur Unzeit mit den entsprechenden Schadenersatzpflichten spricht man,

- bei Kündigung trotz Vorlage eines positiven Sanierungskonzepts,
- bei Kündigung trotz nahezu vollständiger Besicherung,
- bei Kündigung trotz Unterstützung des Sanierungskonzepts durch die Mehrheit der Gläubiger,
- bei Kündigung durch die die Sicherheitenverwertung oder die Sanierung erschwert, wenn nicht sogar verhindert wird.

Nach der Rechtsprechung des BGH hat die Bank hinlänglich auf die Interessen des Kunden Rücksicht zu nehmen. Die Verschlechterung oder erhebliche Gefährdung der Vermögensverhältnisse sind allein nicht ausreichend für eine fristlose Kündigung, vielmehr muss die Fortsetzung der Geschäftsverbindung der Bank darüber hinaus nicht mehr zumutbar sein.

Es besteht eine wirtschaftliche Abhängigkeit des Kreditnehmers bei einem Beherrschungswillen durch die Bank, bei ausreichender Besicherung der Kredite und wenn die Krise überwindbar erscheint. Spricht die Bank in einer solchen Konstellation eine Kündigung aus, verletzt sie damit das geschaffene Vertrauen in zurechenbarer Weise.

Gleiches muss gelten, wenn sie das vertragswidrige Verhalten des Kunden duldet (z. B. bei Überschreitung der Kreditlinie durch den Kunden ohne Intervention der Bank im Sinne einer Hinweis- oder Warnpflicht, sofern die Bank hieraus Konsequenzen ziehen will).

Besondere Rücksicht muss die Bank bei der Ausübung des Kündigungsrechts nehmen, sofern ein Sanierungskredit gewährt wurde.

Grundsätzlich ist der Sanierungskredit unkündbar, solange die Sanierung planmäßig verläuft, und keine weitere Verschlechterung der Vermögensverhältnisse des Kunden eingetreten ist.

Die Kündigung eines Sanierungskredits ist allerdings zulässig, wenn bei gründlicher Untersuchung von neu aufgetretenen Entwicklungen keine vernünftigen Erfolgsaussichten für die Sanierung mehr bestehen, und ein größerer Schaden für die Bank bei einem Verzicht auf die Kündigung eintreten würde.

Zulässigkeit der Kündigung eines Sanierungskredits

10.2.2 Insolvenz

Sollte der vorläufige Insolvenzverwalter keine Kopie des Sicherungsbeschlusses des Amtsgerichts übersandt haben, so ist dieser beim vorläufigen Insolvenzverwalter oder beim Gericht anzufordern. Die Beschlüsse können auch unter www.insolvenzbekanntmachungen.de abgerufen werden. Der BGH hat in 2010[45] festgestellt, dass eine Bank nicht verpflichtet ist, „organisatorische Vorkehrungen" zu schaffen, um die im Internet zugänglichen Informationen über Insolvenzverfahren zu beachten.

Im Insolvenzantragsverfahren widerruft der vorläufige Insolvenzverwalter in der Praxis alle Verfügungen und fordert die Bank auf, die Gutschriften sowie zukünftige Eingänge auf sein Anderkonto zu überweisen.

Zum Widerruf von Verfügungen ist anzumerken, dass sofern nur ein schwacher vorläufiger Insolvenzverwalter bestellt wurde (§ 21 Abs. 2 Nr. 2, 2. Alt. InsO) ein Rückgängigmachen von Verfügungen ausscheidet, da der Kontoinhaber grundsätzlich verfügungsbefugt bleibt.

Wurde im Beschluss des Insolvenzgerichts ein „Zustimmungsvorbehalt" angeordnet, sind die Verfügungen des Kontoinhabers aber nur mit Zustimmung des vorläufigen Insolvenzverwalters zulässig.

10.2.2.1 Risiken für die Bank in der Insolvenz

Beim Cash-Pooling werde aufgrund einer Vereinbarung mit der Bank vom Zielkonto des Cash-Pools fortlaufend Geldbeträge auf die Kontokorrentkonten diverser Gesellschaften eines Unternehmens überwiesen und von dort zugunsten des Zielkontos abgezogen, sodass am Anfang und am Ende eines jeden Tages alle anderen Konten einen Saldo von Null aufweisen.

In einer Insolvenz des Masterkontos droht einer Bank das Risiko, Zahlungseingänge auf dem Masterkonto, die mit den Sollsalden auf diesem Konto verrechnet wurden, an die Masse abführen zu müssen. Es stellt sich nämlich die Frage, ob Zahlungen im Cash-Pool vom Insolvenzverwalter einer insolventen Obergesellschaft auch gegenüber der kontoführenden Bank angefochten werden können. Der BGH hat dies in seiner Entscheidung vom 13.06.2013 verneint.[46] Die Klage hätte sich allenfalls gegen die Konzernobergesellschaft als Inhaberin des Masterkontos richten können, aber nicht gegen die Bank. Die Insolvenzschuldnerin habe sich lediglich der Bank bedient, um gemäß der Cash-Pool-Abrede die Habensalden von ihrem Konto auf das Masterkonto zu übertragen, sodass die Bank nur ihren Aufgaben als Leistungsmittlerin aus der zugrunde liegenden Cash-Pool-Vereinbarung erfüllt habe.[47] Die Bank war hier nur Zahlstelle der Konzernobergesellschaft gewesen. Der BGH verneint die Gläubigerstellung der Bank im Verhältnis zur Insolvenzschuldnerin.[48]

Trotz dieser Entscheidung beenden Banken bei Kenntnis vom Insolvenzantrag der Konzernobergesellschaft, die Inhaber des Masterkontos ist, das Cash-Pooling. Ebenso bei Kenntnis vom Insolvenzantrag einer Gesellschaft im Konzernverbund ist zumindest für diese Gesellschaft das Cash-Pooling zu beenden. Die Inanspruchnahme der einzelnen Gesellschaften aus der gesamtschuldnerischen Haftung für die Sollsalden erfolgt außerhalb des Cash-Poolings.

Es ist immer zu befürchten, dass die Bank die (Netto-) Rückführung von Sollsalden auf dem Masterkonto innerhalb einer ungekündigten und nicht überzogenen Kreditlinie, die innerhalb des letzten Monats vor Insolvenzantragstellung erfolgte, nicht endgültig behalten darf. Bei Kenntnis der Bank von der Zahlungsunfähigkeit oder der Gläubigerbenachteiligung gilt dies für den Betragsüberschuss der letzten drei Monate vor Insolvenzantrag.

Bei Insolvenz eines Cash-Pooling-Teilnehmers können Guthabentranfers zum Master gegenüber der Bank nur anfechtbar sein, wenn nicht das Masterkonto, sondern die Bank als Empfängerin der Guthabenbeträge angesehen wird. Dies könnte der Fall sein, wenn das Cash-Pooling von der Bank als Mittel der Sicherung oder Tilgung von Verbindlichkeiten des Masterkontos angesehen würde.

a) Lastschriftwiderruf

Lastschriftenwiderruf

Seit dem 01.02.2014 können nationale Lastschriftverfahren nicht mehr verwendet werden, Lastschrifteinzüge sind ab diesem Datum nur noch in Anwendung der SEPA-Lastschrfitverfahren möglich:

- SEPA (Single Europe Payment Area) – Basis-Lastschriftverfahren: Das SEPA-Lastschriftmandat des Zahlungspflichtigen umfasst eine Einzugsermächtigung an den Zahlungsempfänger und darin enthalten ist auch eine Weisung an die Zahlstelle. Trotz dieser Autorisierung kann der Zahlungsverpflichtete binnen 8 Wochen von der Zahlstelle die Erstattung des Lastschriftbetrages noch verlangen.
- SEPA-Firmen-Lastschriftverfahren: Hier erteilt der Zahlungsverpflichtete den Zahlungsauftrag und der muss dies auch gegenüber der Zahlstelle

bestätigen, sodass kein Grund für ein Erstattungsanspruch des Zahlungsverpflichteten gegeben ist.

Im Hinblick auf das SEPA-Verfahren wurden die AGB's der Banken bereits im Juli 2012 (09.07.2012) einer Änderungen vollzogen.

Der Kunde als Zahlungspflichtiger erteilt nicht nur wie bisher seinem Gläubiger eine Einzugserlaubnis, sondern genehmigt damit zugleich seiner Bank als Zahlstelle die Einziehung durch den Gläubiger. Damit entfällt die strittige Fragestellung, ob eine Lastschrift konkludent oder fiktiv (6 Wochen nach dem letzten Rechnungsabschluss) genehmigt wurde. Mit dieser Neufassung der ABG's sind alle Lastschriften, die nach dem 09.07.2012 belastet wurden und zukünftig belastet werden, genehmigt.

Dem Zahlungspflichtigen steht bei unberechtigten Lastschriften ein Erstattungsanspruch gegen die Bank zu, den er innerhalb von 8 Wochen ab dem Zeitpunkt der Belastungsbuchung geltend machen muss.

Im Insolvenzverfahren verbleibt, gemäß der BGH-Entscheidung vom Juli 2010 das Recht die Lastschrift zu widerrufen und den Erstattungsanspruch geltend zu machen beim Schuldner.

Bei den Belastungsbuchungen im Rahmen des SEPA-Verfahrens ist in den Fällen, in denen eine modifizierte Einzugsermächtigung vorliegt – Vereinbarung des Zahlungspflichtigen mit dem Zahlungsempfänger, dass die Einzugsermächtigung auch einen Zahlungsauftrag an die Zahlstelle enthält –, die vorbehaltlose erteilte Gutschrift insolvenzfest.

b) Überweisungsrückruf

Ein Überweisungsrückruf ist nur mit Zustimmung des Kunden statthaft, solange noch keine Gutschrift auf dem Empfängerkonto erfolgt ist. Ein Scheck ist gemäß Ziff. 9 Abs. 2 AGB am zweiten Buchungstag nach der Belastungsbuchung zurückzugeben. Der Verrechnungsscheck ist mithin noch nicht eingelöst. Sofern auch die Frist gemäß dem Scheckabkommen eingehalten ist, ist die Rückgabe zulässig.

Überweisungsrückruf

c) Auskehrung von Eingängen

Eingänge, die durch die Rückgängigmachung von Verfügungen entstehen, sind wie folgt zu behandeln:

Auskehrung von Eingängen

Die Bank muss die Eingänge auch nicht auskehren, sofern auch der Kunde bei der Rückgängigmachung der Belastungen mitgewirkt hat. Da die Aufträge durch den Widerruf der Verfügungen zurückgenommen bzw. – wie bei der Lastschrift – nicht genehmigt wurden, sind diese als von Anfang an nicht erteilt anzusehen. Weil somit gar kein Auftrag vorlag, handelt es sich hier nur um interne Buchungsvorgänge. Die Gutschriften stellen keine Eingänge dar. Die Bank braucht die Beträge damit nicht an den vorläufigen Insolvenzverwalter zu überweisen.

Auskehrung der Eingänge an den Insolvenzverwalter, die nach Erlass des Sicherungsbeschlusses entstehen:

Da die Bank den Kredit im Allgemeinen erst nach Insolvenzantragstellung gekündigt hat, stellen die Eingänge bis zu diesem Zeitpunkt grundsätzlich inkongruente Deckungen dar. Die Bank hat aber die Schuldnerin vertragsgemäß auch bis zur Höhe der Kreditlinie frei verfügen lassen („atmendes" Konto). Die Belastungen und Gutschriften stehen somit in einem unmittelbaren zeitlichen Zusammenhang und stellen unanfechtbare Bargeschäfte dar; § 142 InsO (siehe unten Anfechtbarkeit von Gutschriften im debitorischen Kontokorrent).

Jedoch hat die Bank wegen der erst nach Antragstellung erfolgten Kreditkündigung keinen Anspruch auf eine Rückführung ihrer Inanspruchnahme; mithin handelt es sich bei der tatsächlichen Verminderung des Saldos um eine inkongruente Deckung, § 131 Abs. 1 Nr. 1 InsO, und somit ist die Rückführung anfechtbar. Jedoch kann erst nach Verfahrenseröffnung seitens des Insolvenzverwalters die Anfechtung erklärt und somit die Auskehrung verlangt werden.

In der Praxis ist davon abzuraten, eine Auskehrung der Eingänge an den vorläufigen Insolvenzverwalter (wie dies im Allgemeinen von den Verwaltern gefordert wird) vorzunehmen, da zu diesem Zeitpunkt noch nicht feststeht, ob das Verfahren überhaupt eröffnet wird. Sollte es zur Insolvenzeröffnung kommen, kann die Bank die Erlöse immer noch herausgeben. Es empfiehlt sich daher, diese auf einem Konto zu separieren.

d) Anfechtbarkeit von Gutschriften im debitorischen Kontokorrent

Zahlungseingänge Zu der Frage, ob Zahlungseingänge auf debitorischen Konten im letzten Monat vor dem Antrag auf Eröffnung des Insolvenzverfahrens anfechtbar gem. § 131 Abs. 1 Ziff. 1 InsO sind, gibt es diverse Entscheidungen des BGH:

- Die Anfechtbarkeit der Verrechnung von Zahlungseingängen innerhalb einer offenen Kontokorrentlinie ist nach ständiger Rechtsprechung ausgeschlossen, solange die Bank die Kreditlinien offengehalten hat und dem Kunden Verfügungen in Höhe der eingegangenen Beträge gestattet hat.[49] Gemäß § 131 Abs. 1 Ziff. 1 InsO gilt: „Anfechtbar ist eine Rechtshandlung, die einem Insolvenzgläubiger eine Sicherung oder Befriedigung gewährt, ... wenn die Handlung im letzten Monat vor dem Antrag auf Eröffnung des Insolvenzverfahrens oder nach diesem Antrag vorgenommen worden ist ...".
- Keine Anfechtbarkeit, wenn die Bank noch Verfügungen des Kunden über sein debitorisch geführtes Girokonto zulässt, während Zahlungseingänge ein Überschreiten der Kreditobergrenze verhindern.[50]
- Anfechtbarkeit ist insoweit gegeben, als Eingänge die Ausgänge übersteigen und somit eine Reduzierung des debitorischen Saldos bewirken.[51]

Verrechnungen im Kontokorrent sind kongruent, soweit die Bank ihren Kunden vereinbarungsgemäß wieder über die Eingänge verfügen lässt, insbesondere eine Kreditlinie offen lässt. In diesem Umfang kann ein unanfechtbares Bargeschäft vorliegen. Ob der Kunde den vereinbarten Kreditrahmen voll ausnutzt, ist grundsätzlich unerheblich.[52]

Giroabrede Die Bank kann die Rückzahlung eines ausgereichten Kredits erst nach dessen Fälligkeit fordern. Das setzt, soweit der Kredit nicht von vornherein befristet war, eine Kündigung voraus. Die Giro- oder Kontokorrentabrede allein stellt nicht den Kredit zur Rückzahlung fällig. Sie verpflichtet die Bank vielmehr, den Kontoinhaber jederzeit wieder über den eingeräumten Kredit – innerhalb der vereinbarten Grenze – verfügen zu lassen. Aufgrund der Giroabrede ist die Bank berechtigt und verpflichtet, für den Kunden bestimmte Geldeingänge entgegenzunehmen und gutzuschreiben.

Aus der Giroabrede folgt regelmäßig das Recht der Bank, bei einem debitorischen Girokonto den Sollsaldo zu verringern. Umgekehrt verpflichtet sich die Bank, Überweisungsaufträge des Kunden zu Lasten seines Kontos auszuführen, sofern es eine ausreichende Deckung aufweist.

Indem die Bank diese Absprachen einhält und den Giroverkehr fortsetzt, handelt sie vertragsgemäß, also kongruent. Dies setzt insbesondere voraus, dass sie den Kunden weiter in der vereinbarten Weise Verfügungen vornehmen lässt und ihm auch einen vertraglich eingeräumten Kreditrahmen offen lässt. Erst wenn die Bank Verfügungen des Kunden nicht mehr in der vereinbarten Weise zulässt, kann sie mit Verrechnungen vertragswidrig, also inkongruent handeln, soweit dadurch im Ergebnis ihre Darlehensforderungen vor deren Fälligkeit durch die saldierten Gutschriften zurückgeführt werden.

Die Verrechnung ist dann also als kongruent zu qualifizieren, wenn sie jeweils „unmittelbar" erfolgt, d.h., in einem engen zeitlichen Zusammenhang mit der jeweiligen Überweisung des Kunden. Die Reihenfolge der Ein- und Auszahlungen ist dabei unerheblich, ein Zeitraum von zwei Wochen zwischen Ein- und Auszahlung übersteigt den engen zeitlichen Zusammenhang nicht.

e) Einziehungsrecht von verpfändeten Forderungen

Das Einziehungsrecht bestimmt sich danach, ob die durch das Pfandrecht besicherte Forderung fällig ist; ob also Pfandreife gemäß § 1228 Abs. 2 BGB eingetreten ist.

Vor der Pfandreife steht das Einziehungsrecht dem Insolvenzverwalter zu und nach Eintritt der Pfandreife hat der Pfandgläubiger das alleinige Einziehungsrecht.

In seinem Urteil vom 11.04.2013[53] hat der BGH die Voraussetzungen des Einzugs durch den Insolvenzverwalter dargelegt und diese gelten für alle Pfandrechte auch für das AGB-Pfandrecht der Banken.

Die Besicherung von Kreditforderungen durch verpfändete Guthaben ist durch dieses BGH-Urteil nicht betroffen, denn Forderungen gelten gemäß § 41 ff. InsO als fällig nach Eröffnung des Insolvenzverfahrens und damit steht der Bank an dem Guthaben das Einziehungs- und Verwertungsrecht zu.

Etwas Anderes gilt für Eventualverbindlichkeiten wie Avale: Hier hat die Bank für den Schuldner eine Bürgschaft übernommen und ein fälliger Anspruch entsteht erst, wenn die Bank aus der von ihr herausgelegten Bürgschaft in Anspruch genommen worden ist und Zahlung geleistet hat.

Solange dies nicht eingetreten ist, steht dem Insolvenzverwalter das Einziehungsrecht zu. In der Praxis heißt dies, dass verpfändete Guthaben – die als Sicherheit für Avale dienen – vor Pfandreife an den Insolvenzverwalter auszukehren sind. Erfolgt im Nachgang eine Inanspruchnahme der Bank aus dem Aval, kann sie ihr Absonderungsrecht geltend machen und vom Insolvenzverwalter Zahlung abzüglich des ihm zustehenden Kostenbeitrages gemäß § 171 InsO verlangen.

10.2.2.2 Banken als Verfahrensbeteiligte

a) Berichtstermin

Terminwahrnehmung durch Bankenvertreter

Es ist zunächst darauf zu achten, dass zur Terminwahrnehmung durch einen Bankvertreter eine Bevollmächtigung (Vollmacht, Personalausweis, Handelsregisterauszug) durch sein Insitut erforderlich ist. Für ein Stimmrecht muss die Anmeldung der Forderung bis spätestens im ersten Berichtstermin erfolgt sein (§ 77 InsO). Das Stimmrecht richtet sich nach der Forderungshöhe, wobei eine qualifizierte Mehrheit erforderlich ist § 76 Abs. 2 InsO. In diesem Berichtstermin wird darüber entschieden, ob die Kreditnehmerin liquidiert oder – auch mittels Insolvenzplan – saniert wird (§ 167 InsO). Deshalb ist es unabdingbar für die beteiligte Bank, bei dieser Gläubigerversammlung anwesend zu sein.

Website: Vollmacht Gläubigerversammlung

Auf der Website zum Buch finden Sie eine Musterformulierung für die Erteilung einer Vertretungsvollmacht.

b) Forderungsanmeldung

Forderungsanmeldung

Die Forderungsanmeldung muss von zwei Prokuristen der Bank unterzeichnet werden. Die Forderungen sind beim Insolvenzverwalter anzumelden (§ 174 InsO). Dieser führt auch die Tabelle (§ 175 InsO). Die Anmeldung der Forderungen ist auch noch nach dem Prüfungstermin möglich (§ 177 InsO). Eventualforderungen (z. B. Avale) sind in voller Höhe anzumelden. Spätestens mit der Forderungsanmeldung sind – sofern nicht bereits geschehen – dem Insolvenzverwalter die Absonderungsrechte (z. B. Globalzession, Sicherungsübereignung) mitzuteilen.

c) Prüfungstermin

Prüfungstermin

Der Prüfungstermin dient zur Überprüfung der angemeldeten Forderungen nach Betrag und Rang. Widerspricht weder der Verwalter noch ein Insolvenzgläubiger einer Forderung, gilt diese als festgestellt und wird in die Tabelle mit Rang und Betrag eingetragen. Im Falle eines Widerspruchs kann der betroffene Gläubiger Klage auf Feststellung erheben. Eine Anwesenheit seitens der Bank im Prüfungstermin ist nur in Ausnahmefällen (z. B. bei ernsthaften Differenzen mit dem Insolvenzverwalter) notwendig.

10.2.2.3 Gläubigerausschuss

Gläubigerausschuss

Da der Gläubigerausschuss – neben der Gläubigerversammlung – den Fortgang des Insolvenzverfahrens wesentlich mitbestimmt und damit einen nicht unerheblichen Einfluss auf das weitere Schicksal der Forderungen/Sicherheiten der Bank hat, sind die Banken daran interessiert, dass sich ihre Angestellten aus dem Workout-Bereich als Mitglieder des Gläubigerausschusses zur Verfügung stellen, insbesondere wenn eine Bank größter Bankengläubiger ist. Die Tätigkeit (auch in einem vorläufigen Ausschuss) ist sehr zeitintensiv.

Insbesondere in Großverfahren werden sog. „Institutsmandate" erteilt. Die Bank bestimmt einen Mitarbeiter, der ihre Interessen vertritt. Aber auch hier ist das Amt höchstpersönlich wahrzunehmen, sodass grundsätzlich eine Stellvertretung nicht zulässig ist. Einzelne Aufgaben wie die Kassenprüfung können allerdings auf Dritte übertragen werden.

Institutsmandate

An dieser Stelle muss jedoch ausdrücklich darauf hinweisen werden, dass die Mitglieder des Gläubigerausschusses nicht nur für die Bank tätig sind, sondern als Privatpersonen die Interessen aller Gläubiger vertreten.

Interessen aller Gläubiger

Normalerweise macht ein Gläubigerausschuss nur bei einem Verfahren gewisser Größe und Komplexität Sinn, in dem eine Vielzahl wichtiger Entscheidungen anstehen. Das Insolvenzgericht wird deshalb in diesen Fällen häufig bereits mit Erlass des Eröffnungsbeschlusses einen vorläufigen Gläubigerausschuss einsetzen (§ 67 Abs. 1 InsO). In der ersten Gläubigerversammlung wird dann darüber entschieden, ob ein Gläubigerausschuss eingesetzt bzw. beibehalten werden soll (§ 68 Abs. 1 InsO). Die Gläubigerversammlung kann die bisherigen Mitglieder abwählen und andere oder zusätzliche Mitglieder bestimmen (§ 68 Abs. 2 InsO).

a) Vorläufiger Gläubigerausschuss gem. ESUG

Der vorläufige Gläubigerausschuss im Eröffnungsverfahren dient der Stärkung der Gläubigerrechte und damit auch der Rechte der Banken, die im Zweifel die Gläubiger mit den höchsten Forderungen sind.

Die Schwellenwerte, bei deren Vorliegen die Einsetzung eines vorläufigen Gläubigerausschusses grundsätzlich verpflichtend ist:

Schwellenwerte

- Mindest-Bilanzsumme € 6 Mio.,
- Mindest-Umsatzerlöse € 12 Mio.,
- Mindest-Arbeitnehmeranzahl 50 (im Jahresdurchschnitt).

Sie sind an die in § 267 HGB aufgeführten Werte angelehnt.

Sollten die obigen Schwellenwerte nicht erreicht sein, bedeutet dies nicht, dass die Gläubiger kleiner und mittlerer Unternehmen von der Beteiligung am Verfahren durch einen vorläufigen Gläubigerausschuss ausgeschlossen sind. Das Gericht kann in solchen Fällen im Rahmen seiner Ermessensentscheidung einen vorläufigen Gläubigerausschuss einberufen.

Nach § 56a InsO kann der vorläufige Gläubigerausschuss sich zur Person und dem Anforderungsprofil des Insolvenzverwalters äußern. Es empfiehlt sich, einen Verwalter vorzuschlagen, der überlicherweise auch von dem zuständigen Gericht bestellt wird. In das ESUG ist an dieser Stelle eingeflossen, dass ein Sanierungsversuch in der Insolvenz nur wenig erfolgversprechend sein kann, wenn die Gläubiger keinen Einfluß auf die Wahl des Insolvenzverwaltes haben. Trifft der Ausschuss eine einstimmige Entscheidung zur Person des Insolvenzverwalters, so darf das Insolvenzgericht hiervon nur abweichen, wenn der Vorgeschlagende für das Amt nicht geeignet ist. Mit dieser Regelung wurde die Gläubigerbeteiligung bei der Verwalterbestellung wesentlich gestärkt und dient auch der besseren Planbarkeit des Verfahrens. Insbesondere kann dadurch eine Kontinuität im Sanierungsprozess erreicht werden, indem ein im Vorfeld erstellter und abgestimmter Insolvenzplan auch von dem Ersteller, dann in der Insolvenz umgesetzt werden kann.

Für die Praxis bedeutet dies, dass sich der Schuldner bereits im Vorfeld mit seinen wesentlichen Gläubigern über die potentiellen Kandidaten für den Gläubigerausschuss abstimmen sollte.

Ein Ausschuss besteht durchschnittlich aus ca. fünf Mitgliedern: Vertreter der Kreditinstitute, Fiskus (Bundesagentur für Arbeit, Finanzamt), Sozialversicherungsträger, Arbeitnehmervertreter, Warenkreditversicherer, Lieferanten usw. In der Praxis wird nur ein Bankenvertreter vorgeschlagen, in der Regel ist dies die Hausbank oder der Poolführer. Die Personen, die bereit sind, das Amt zu übernehmen, sollten bereits bei Antragstellung dem Gericht benannt werden unter Vorlage von Einverständniserklärungen.

Schutzschrift

Website: Mustererklärung zur Mitwirkung im vorläufigen Gläubigerausschuss

Besteht die Gefahr einer „Überraschungsinsolvenz", da der Schuldner die Banken bewusst nicht involviert, so kann bei Gericht eine sogenannte Schutzschrift seitens der Bank hinterlegt werden, in der vorsorglich um Berücksichtigung im vorläufigen Gläubigerausschuss gebeten wird.

b) Schadensersatzpflicht

Schadensersatzpflicht

Die Ausschussmitglieder sind den absonderungsberechtigten Gläubigern und den Insolvenzgläubigern für die schuldhafte Verletzung ihrer Pflichten schadensersatzpflichtig (§ 71 InsO). Eine Beschränkung der Haftung ist nicht möglich. Da jedes einzelne Mitglied des Ausschusses den Gläubigern mit seinem ganzen Vermögen unbeschränkt haftet, ist nach endgültiger Konstituierung des Gläubigerausschusses unbedingt darauf zu achten, dass der Insolvenzverwalter umgehend eine ausreichende Vermögensschadenhaftpflichtversicherung abschließt.[54] Die Kosten gehen zu Lasten der Masse. Es soll an dieser Stelle nicht unerwähnt bleiben, dass trotz bestehender Versicherung nicht alle Risiken abgedeckt sind.

Die Rechtsprechung hat die Haftung der Mitglieder von Gläubigerausschüssen gravierend verschärft.[55] Die Ausschussmitglieder haften nicht nur für eigenes, sondern auch für das Verschulden von Hilfspersonen (gem. § 278 BGB). Daher empfiehlt sich die Einsetzung eines insolvenzerfahrenen Buchhalters im Unternehmen und die Beauftragung eines sachkundigen Kassenprüfers zur Minimierung der Risiken. Allerdings sind Inanspruchnahmen von Ausschussmitgliedern kaum bekannt. Eine generelle Haftungsfreistellung seitens der Bank für ihre Angestellten gibt es nicht. Bei Institutsmandaten haftet im Außenverhältnis zu den Gläubigern die Bank.

Die Kosten des Gläubigerausschusses trägt die Masse. Die Vergütung der Mitglieder steht den mandatierten Mitarbeitern zu. Bei Institutsmandaten wird diese anteilig unter den Teilnehmern der Sitzungen aufgeteilt.

Die entsprechenden Mandate sollten grundsätzlich nur von erfahrenen Workout-Mitarbeitern wahrgenommen werden, die auch das Engagement begleiten. Voraussetzung ist eine möglichst langjährige Erfahrung im Abwicklungsbereich mit entsprechenden wirtschaftlichen und juristischen Kenntnissen.

10.2.3 Fortführung in der Insolvenz – Finanzierung

Zur Finanzierung in der Insolvenz kann die Bank einen Beitrag insbesondere durch die Insolvenzgeldvorfinanzierung und durch Gewährung eines Massekredits leisten.

10.2.3.1 Insolvenzgeldvorfinanzierung

Die Vorfinanzierung von Insolvenzgeld ist ein wichtiges Mittel in der Insolvenzpraxis zur Finanzierung der vorläufigen Betriebsfortführung im Insolvenzeröffnungsverfahren. Sie ermöglicht, dass der insolvente Betrieb maximal drei Monate nahezu frei von Personalkosten fortgeführt werden kann, und sichert so die gerade im Eröffnungsverfahren knappe Liquidität.

Insolvenzgeld

Die rollierende Insolvenzgeldvorfinanzierung durch einen schwachen vorläufigen Verwalter ist rechtlich zulässig, wenn sie im Wege eines Bargeschäfts abgewickelt wird.[56]

Bei einer Insolvenzgeldvorfinanzierung werden die Netto-Entgeltansprüche der Arbeitnehmer (max. in Höhe der Beitragsbemessungsgrenze) regresslos angekauft und auf die Bank übertragen. Weiterhin treten die Arbeitnehmer ihre Rechte gegen die Bundesagentur für Arbeit auf Insolvenzgeld an die Bank ab. Durch das dann von der Bundesagentur für Arbeit ausbezahlte Insolvenzgeld wird die Finanzierung zurückgeführt. Zinsen und Gebühren der Finanzierung trägt die Insolvenzmasse. Die Insolvenzgeldvorfinanzierung ist geregelt in den §§ 183 ff. SGB III.

Ankauf der Netto-Entgelte

Nach Vorliegen eines Eröffnungsantrags kann der vorläufige Insolvenzverwalter bei der Bank einen Finanzierungsantrag für rückständiges Arbeitsentgelt (bis zu drei Monaten vor Antragstellung) beantragen. Hierzu muss er ein Gutachten, in dem zum Erhalt der Arbeitsplätze Stellung genommen wird, vorlegen. Der Erhalt der wesentlichen Arbeitsplätze ist Voraussetzung für die Bewilligung des Insolvenzgelds durch das Arbeitsamt.

Regressloser Ankauf

Beim Arbeitsamt muss der vorläufige Insolvenzverwalter einen Antrag auf Insolvenzgeld stellen; die Bank kann die Entgeltansprüche der Arbeitnehmer regresslos ankaufen. Nach Valutierung durch die Bank auf ein Treuhandkonto kann der Verwalter die Beträge an die Arbeitnehmer auszahlen. Nach der Eröffnung des Verfahrens erfolgt die Rückführung des Kredits durch das vom Arbeitsamt gezahlte Insolvenzgeld.

> **Praxishinweis:**
> Bei der Prüfung und Gewährung einer Insolvenzgeldvorfinanzierung sind seitens der Bank die nachfolgenden Schritte einzuhalten:
> - Anfrage durch den vorläufigen Insolvenzverwalter bei der Bank
>
> Zu berücksichtigen sind hier die Erfahrungen des Insolvenzverwalters und die Erfahrungen, die die Bank bisher mit dem Verwalter gemacht hat. Neben dem Bestellungsbeschluss zum vorläufigen Verwalter muss die Angabe des Finanzierungsvolumens sowie eine Skizzierung des vorgesehenen Insolvenz-Szenarios (Sanierungsplan bzw. Sanierungsmaßnahmen/übertragende Sanierung/vorgesehener Eröffnungszeitpunkt) vorgelegt werden.

> - Prüfung des Sicherungsbeschluss des Amtsgericht
>
> Liegt ein allgemeines Verfügungsverbot vor?
> Falls ja: Unterzeichnung des Vertrages durch den vorläufigen Verwalter
> Falls nein: Unterzeichnung durch die Geschäftsführung des Unternehmens
>
> - Prüfung der Gläubigerstellung der Bank
>
> Eine bisherige Gläubigerstellung der Bank ist kein Hinderungsgrund mehr für die Insolvenzgeldvorfinanzierung, im Gegensatz zur früheren Konkursordnung, jedoch sind an die Plausibilitätsprüfung erhöhte Anforderungen zu stellen.
>
> - Ansprüche auf Arbeitsentgelt
>
> Es ist zu unterscheiden nach:
> - Entstehung vor Sicherungsmaßnahmen (d.h. vor Antragstellung),
> - Entstehung nach Sicherungsmaßnahmen (d.h. nach Antragstellung),
> - rückständige Ansprüche,
> - zukünftige Ansprüche.
>
> - Konzept/Gutachten
>
> Der vorläufige Insolvenzverwalter muss ein Gutachten mit einer positiven Prognose zum Erhalt des wesentlichen Teils der Arbeitsplätze vorlegen und die Bank muss dieses auf Plausibilität prüfen. Nicht ausreichend wäre ein lediglich vorübergehender Erhalt von Arbeitsplätzen; eine Insolvenzgeldvorfinanzierung zwecks „Ausproduktion" verbietet sich.
>
> - Antrag auf Zustimmung des Arbeitsamtes
>
> Ein formloser Antrag ist ausreichend. Mit der Einholung der Zustimmung beauftragt die Bank im Regelfall den vorläufigen Insolvenzverwalter.
>
> - Ankauf und Abtretung der Ansprüche auf Arbeitsentgelt
> - Valutierung des Kredits
> - Restabwicklung.
>
> Die Banken gewähren im Allgemeinen diese Insolvenzgeldvorfinanzierungen, da es in der Praxis bisher praktisch keine Forderungsausfälle gab, mit Ausnahme von Betrugsfällen. Die Rückführung des Kredits ist durch die Zahlung der Bundesagentur für Arbeit sichergestellt, und die Zinsen werden aus der Insolvenzmasse bedient, sodass es sich im Allgemeinen um ein risikoloses Geschäft für die Bank handelt.

10.2.3.2 Massekredit

Massekredit Es gibt mehrere Möglichkeiten, wie ein Massekredit seitens der Bank gewährt werden kann:

- Fresh Money,
- Massekostenvorschuss (§ 26 Abs. 1 InsO),
- Massekostengarantie,
- Massekredit,
- Zurverfügungstellung der Eingänge aus Zession.

Liquiditätsbedarf Das Problem ist, dass die Liquidität – das Geld – in der Regel sofort benötigt wird, denn ohne eine unverzügliche Sicherung bzw. Wiederherstellung der Zahlungsfähigkeit gibt es in der Regel keine Betriebsfortführung durch den Insolvenzverwalter.

Erschwerend kommt hinzu, dass im Regelfall ein erhöhter Liquiditätsbedarf nach Bekanntwerden der Insolvenzsituation eintritt, der beispielsweise. durch die Forderung nach Vorkasse und/oder Sicherheiten der Lieferanten ausgelöst wird.

Die Bank sieht sich in einer solchen Situation mit der Frage konfrontiert, ob sie „gutes" neues Geld dem „schlechten" hinterherwerfen soll.

Die Risiken stecken unter betriebswirtschaftlicher Betrachtung in Kalkulationsmängeln seitens des Verwalters, Gewährleistungsrisiken und in der vom Verwalter vorlegten Betriebsplanung.

Erfolgt die Kreditaufnahme bereits im vorläufigen Insolvenzverfahren, so begründet der starke vorläufige Verwalter (mit Verfügungsbefugnis) mit der Aufnahme des Kredits eine Masseverbindlichkeit gem. § 55 Abs. 1, Abs. 2 InsO. Ebenso der „halbstarke" vorläufige Verwalter, wenn er durch Gerichtsbeschluss zur Darlehensaufnahme ermächtigt wurde. Das bedeutet die vorrangige Rückzahlung des Massekredits als Masseschuld. Dagegen kann der schwache vorläufige Verwalter nur eine Insolvenzforderung begründen.

Begründung einer Masseverbindlichkeit

Der Massekredit kann gegen Neusicherheiten im Eröffnungsverfahren gewährt werden, denn es liegt eine kongruente Deckung gem. § 130 Abs. 1 Nr. 2 InsO vor und er genießt das Anfechtungsprivileg als „Bargeschäft" nach § 142 InsO.

Unter einem sogenannten „unechten Massekredit" ist eine revolvierende Finanzierung durch die Zurverfügungstellung von Sicherungsgut zu verstehen. Anstatt eines Neukredits wird die Einziehung von Altforderungen oder die Entnahme aus dem Lager geduldet/gestattet.

„Unechter Massekredit"

In der Praxis heißt dies, dass zunächst ein Verzicht auf die Ansprüche und Rechte aus der Zession ab Stichtag der Antragstellung durch die Bank ausgesprochen wird, und im Gegenzug werden die sog. „Neuforderungen" zur Besicherung des Kredits abgetreten.

Der Massekredit sollte immer durch einen neuen Kreditvertrag herausgelegt werden, und in der Praxis hat sich die Zurverfügungstellung einer Barlinie, beispielsweise für den Dritteinkauf und die Kosten, bewährt.

Website: Massekreditvertrag

Kreditnehmerin bei einem Massekredit im vorläufigen Verfahren ist die insolvente Firma, die aber die Zustimmung des vorläufigen Insolvenzverwalters benötigt. Sofern ein vorläufiger Gläubigerausschuss gebildet wurde, ist auch dessen Zustimmung erforderlich (§§ 21 Abs. 1, 160 Abs. 2 Nr. 2 InsO). Ob dessen Zustimmung vorliegt, muss die Bank nicht nachprüfen (§ 164 InsO).

Ist nur ein schwacher vorläufiger Insolvenzverwalter bestellt, sind die mit seiner Zustimmung begründeten Verbindlichkeiten keine Masseverbindlichkeiten, sondern nur einfache Insolvenzforderungen (§ 22 Abs. 1, 55 Abs. 2 InsO).

Um eine Privilegierung des Massekredits als Masseverbindlichkeit zu erreichen, ist der vorläufige Insolvenzverwalter aufzufordern, einen Beschluss (spezielles Verfügungsverbot) des Insolvenzgerichtes herbeizuführen, der ihn zur Aufnahme des Kredits ermächtigt.

Die Gewährung eines Massekredits an einen schwachen vorläufigen Insolvenzverwalter sollte in der Praxis nur erfolgen, wenn dieser durch Beschluss des

10 Krisenmanagement aus Bankensicht

Insolvenzgerichts zu einer solchen Kreditaufnahme berechtigt ist. Ein entsprechender Beschluss kann wie folgt lauten:

„… wird der vorläufige Insolvenzverwalter, Herr Rechtsanwalt … in … ermächtigt, eine Massedarlehensvereinbarung gemäß Anlage zu schließen. Das Massedarlehen nebst Zinsen ist Masseverbindlichkeit gemäß § 55 Abs. 2 InsO. Gründe: die getroffene Maßnahme ist erforderlich, um die Liquidität für die Fertigstellung der bereits begonnenen Aufträge zu sichern".

Revolvierender Massekredit

Unechter Massekredit

Dem Insolvenzverwalter wird der Einzug der im Rahmen einer Globalzession abgetretenen Forderungen und die Verwertung des sicherungsübereigneten Warenlagers gestattet. Diese darlehensweise Zurverfügungstellung der Sicherheitenerlöse dient dem Insolvenzverwalter zur Fortführung des Unternehmens.

Ein solcher Massekredit wird mit den in der Fortführung neu generierten Sicherheiten (Globalzession, Sicherungsübereignung) besichert. Es wird nicht Fresh Money zur Verfügung gestellt, sondern es wird zum Beispiel bei einer Globalzession eine neue Einziehungsberechtigung (die bestehende wird in der Praxis im Rahmen der Kreditkündigung widerrufen) begründet.

Eine Besicherung des Massekredits ist grundsätzlich angezeigt, da eine Rückzahlung aufgrund möglicher Masseunzulänglichkeit nicht gesichert ist (§§ 208 ff. InsO). Der Massekredit sollte durch eine neue Globalzession besichert werden. Diese ist nicht anfechtbar, da ein Bargeschäft vorliegt (§ 142 InsO).

Bei der gleichzeitiger Besicherung der Altkredite durch die neue Zession ist Vorsicht geboten. Die Besicherung der Altkredite durch neue Sicherheiten für den Massekredit kann auch die Sicherheiten für den Neukredit unwirksam machen. Es empfiehlt sich, die Erstreckung auf die Altkredite nicht in den Massekreditvertrag mit aufzunehmen, sondern außerhalb zu regeln.

Schadensersatzpflicht des Insolvenzverwalter?

Grundsätzlich haftet ein schwacher vorläufiger Insolvenzverwalter nicht persönlich für die Rückzahlung des Massekredits, allenfalls wenn er seine Überwachungspflicht verletzt. Sofern der schwache vorläufige Insolvenzverwalter jedoch vom Insolvenzgericht zur Kreditaufnahme qua Beschluss ermächtigt wurde, was – in der Praxis immer – unabdingbare Voraussetzung für Fresh Money ist, haftet er doch persönlich (§§ 21 Abs. 2 Nr. 1, 61 InsO). Eine Haftung des vorläufigen Insolvenzverwalter ist jedoch gemäß § 61 Satz 2 InsO dann ausgeschlossen, wenn er bei der Begründung der Verbindlichkeiten nicht erkennen konnte, dass die Masse voraussichtlich zur Erfüllung nicht ausreichen würde.

Bei Erlass eines allgemeinen Verfügungsverbotes gemäß § 21 Abs. 2 Nr. 2 1. Alt. InsO handelt es sich dann um einem starken vorläufigen Insolvenzverwalter, sodass kein spezieller Beschluss des Insolvenzgerichts zur Aufnahme des Massekredits erforderlich ist (§ 22 InsO). Der Massekredit ist dann per se Masseverbindlichkeit (§ 55 Abs. 2 InsO). Somit ist grundsätzlich die persönliche Haftung des Insolvenzverwalters gegeben (§§ 21 Abs. 2 Nr. 1, 61 InsO).

10.2.4 Fortführung in der Insolvenz – ESUG

a) Einleitung

Die Einbeziehung der Gläubiger im Vorfeld eines ESUG Verfahrens hat eine große Bedeutung. *Eigenverwaltung*

Vor der Entscheidung über den Antrag auf Eigenverwaltung muss das Gericht dem vorläufigen Gläubigerausschuss Gelegenheit zur Äußerung geben (§ 270 Abs. 3 InsO).

In der Regel werden die Gläubiger nur schwer davon zu überzeugen sein, dass die Person, die das Unternehmen in die Insolvenz geführt hat, geeignet ist, eine Sanierung im Rahmen der Insolvenz durchzuführen. Hier gilt nach wie vor der Grundsatz, „da wird der Bock zum Gärtner gemacht".

Eine Ausnahme bilden die Fälle, in denen vor Antragstellung die Geschäftsführung ausgewechselt oder ergänzt wurde durch einen (insolvenzerfahrenen) Sanierungsfachmann.

b) Finanzierung der Eigenverwaltung

Die Kreditinstitute werden ihre Kredite kündigen und sofern revolvierende Sicherheiten vorhanden sind, die Einziehungs- und Veräußerungsermächtigung widerrufen, denn mit der Antragstellung unterliegen die hinzutretenden Forderungen/Waren der kongruenten Anfechtung.

Auch ein bestehendes Kontokorrentverhältnis wird die Bank bei Antragstellung kündigen.

Finanzdienstleistungen im Kapitalmarktgeschäft werden gem. Ziff. 7 Abs. 2 der Rahmenverträge für Finanztermingeschäfte – ohne Kündigung – durch den Insolvenzantrag beendet. Die entsprechenden Klauseln finden sich auch im ISDA Master Agreement (International Swaps and Derivates Association) und im European Master Agreement (EMA).

Problematisch stellt sich die Frage dar, ob eine Bank in der vorläufigen Eigenverwaltung einen Massekredit gewähren darf. Im Gesetz ist keine Regelung in Bezug auf die Begründung von Masseverbindlichkeiten enthalten. Hier ist eine Lücke im Gesetz. In Literatur und Rechtsprechung bestehen hierüber unterschiedliche Auffassungen; zum Beispiel durch das Bejahen einer analogen Anwendung des § 270b Abs. 2 und 3 InsO. Das Landgericht Duisburg hatte mit Beschluss vom 29.11.2012 entschieden, dass ein Erfordernis zur Begründung von Masseverbindlichkeiten auch im vorläufigen Eigenverwaltungsverfahren gegeben sei. Und damit die Rechtsunsicherheit, die durch die widersprüchlichen Entscheidungen der Amtsgerichte München, Köln, Fulda und Hamburg eingetreten waren, – zunächst – beseitigt.

Diese Auffassung wurde nun jedoch durch den Beschluss des BGH vom 07.02.2013 (IX ZB 43/12) infrage gestellt:

Ein Antrag auf Ermächtigung von Masseverbindlichkeiten sei in § 270a InsO nicht vorgesehen. In der Praxis empfiehlt sich daher die frühzeitige Kommunikation des Schuldners mit dem vorläufigen Sachwalter und dem Insolvenzgericht, um sicherzustellen, dass eine Masseverbindlichkeit begründet werden kann. Der Antrag auf die gerichtliche Einzelermächtigung muss genaue Angaben zu Art und Umfang der Masseverbindlichkeit enthalten. Denn wenn das Insolvenzgericht die Zustimmungsbedürftigkeit des Abschlusses eines Massekredits auf Antrag der Gläubigerversammlung anordnet (§ 277 InsO), dann haftet der Sachwalter nach § 61 InsO.[57]

Insolvenzgeldvorfinanzierungen sind im Verfahren nach § 270a InsO möglich, allerdings ist die Gefahr der nicht rechtzeitigen Eröffnung des Verfahrens oder gar die mögliche Rücknahme des Insolvenzantrages zu beachten.

10.3 Schutzschirmverfahren

10.3.1 Voraussetzungen

Als Anreiz für eine frühzeitige Antragstellung steht nun dem Schuldner in Form des Schutzschirmverfahrens gemäß § 270b InsO eine besondere Form der Eigenverwaltung (unter Aufsicht eines vorläufigen Sachwalters) zur Verfügung, die es ihm ermöglicht für einen Zeitraum von drei Monaten eine Sanierungsplan zu erarbeiten, ohne Vollstreckungsmaßnahmen zu befürchten.

Der Schuldner kann sich in diesem Verfahren seinen vorläufigen Sachwalter selbst aussuchen.

Auch hier wird ein Kreditinstitut mit Antragstellung die zur Verfügung gestellten Kredite kündigen, mit der Folge, dass der Schuldner zahlungsunfähig wird. Die Rechte der Bank als Gläubiger sind nicht eingeschränkt, die Bank kann nicht nur den Kredit kündigen und fällig stellen, sondern auch die Sicherheitenverwertung einleiten.

Das Schutzschirmverfahren macht also nur Sinn, wenn diese Vorgehensweise im Vorfeld mit den wichtigsten Gläubigern abgestimmt ist.

10.3.2 Finanzierung des Schutzschirmverfahrens

Die Regeln der §§ 183 ff. SGB III zum Insolvenzgeld sind auch auf das Schutzschirmverfahren anwendbar, da auch dieses ein Insolvenzeröffnungsverfahren ist. Damit steht – auch im Schutzschirmverfahren – ein Mittel zur Liquiditätsgenerierung zur Verfügung, das die Betriebsfortführung sichert. Seitens der Bundesagentur für Arbeit liegt eine verbindliche Stellungnahme vor, dass das Insolvenzgeld auch im Schutzschirmverfahren zur Anwendung kommt.

Ein Risiko für die Bank bei der Insolvenzgeldvorfinanzierung im Rahmen eines Schutzschirmverfahrens besteht allerdings darin, dass sich die Eröffnung des Verfahrenes verzögert oder das Verfahren mangels Masse nicht eröffnet wird. Dann besteht die Gefahr, dass die Bank mit einer oder mehreren Raten ausfällt.

Eine Finanzierung der Betriebsfortführung ist nur möglich, wenn das Insolvenzgericht den vorläufigen Sachwalter nach § 270b Abs. 2 InsO ermächtigt

Masseverbindlichkeiten zu begründen, denn nur dann kann eine Bank einen Massekredit vergeben. Nach §270b Abs. 3 kann das Gericht auf Antrag des Schuldners auch anordnen, dass der Schuldner Masseverbindlichkeiten begründen kann; dies bedeutet, dass der Schuldner wie ein vorläufiger Verwalter Masseverbindlichkeiten begründen kann.

Es empfiehlt sich, für den Schuldner im Vorfeld der Antragstellung mit der Bank abgestimmt zu haben, in welcher Art und Weise die Bank zu einer Kreditgewährung bereit ist.

Für Finanzdienstleistungen gilt das zur Eigenverwaltung Gesagte.

Website: Massekreditvertrag/Schutzschirmverfahren

10.3.3 Finanzierung des Insolvenzplans

Ein Unternehmen, über dessen Vermögen ein Insolvenzplanverfahren eröffnet worden ist, hat auch in der Zeit nach Abschluss des Verfahrens einen Finanzierungsbedarf. In diesen Fällen bietet die Insolvenzordnung den Kreditgebern Anreize, indem sie sie zu sog. Plafondsgläubigern mit Rangprivilegierung macht. Voraussetzung ist die Aufnahme eines Kreditrahmens in den gestaltenden Teil des Insolvenzplans und die Regelung der Rangprivilegierung.

Diese Plafondsgläubiger sind nicht nur vorrangig vor allen anderen Insolvenzgläubigern (§ 264 InsO), sondern auch befreit von Anfechtungsansprüchen (§§ 264 ff.).

Anmerkungen

[1] Oliver Wyman, Teil der Lösung oder des Problems, Studie 2014
[2] Prof. Dr. Wolfgang Portisch/Thomas Wuschek, Problemcontrolling in Banken und Sparkassen, KSI 2/16, S. 61 ff.
[3] Thomas Kamm/Christian Kropf, Insolvenzanfechtung im Cash-Pool, ZInsO 2014, 689 ff.
[4] Priester, ZIP 2006,1557
[5] Ingo Wallenborn/Inga Kuschnir, Prolongation in der Krise, Forderungspraktiker 1.2/2014, S. 22 ff.
[6] BGH 07.10.1997 – IX 233/96 und 08.06.2004 – IX ZR 150/03
[7] Multicurrency Term and Revolving Facilities Agreement; www.lma.eu.com
[8] BGH, ZIP 2014, 1266; 1369)
[9] Jochen Rechtmann/Horst Ahlers, Bearbeitungsentgeltklauseln: Verträge zwischen Banken und Unternehmen, Forderungspraktiker, 11-12/2015, 276 ff.
[10] Roman A. Becker/Lisa Dreyer, AGB-rechtliche Zulässigkeit von Gebührenklauseln in Konsortialverträgen; ZIP 2014, 2057 ff.
[11] BGH ZIP 1986, 359 ff.
[12] Nobbe, WM 2008, 185
[13] Roman A. Becker/Lisa Dreyer, AGB-rechtliche Zulässigkeit von Gebührenklauseln in Konsortialverträgen; ZIP 2014, 2057 ff.
[14] LMA Senior Multicurrency Term and Revolving Facilities Agreement; Clause 17.2
[15] Diem, Akquisitionsfinanzierung, 3. Aufl.2013, § 18
[16] BGH ZIP 2014, 1266;1272; ZIP 2014 1369, 1376
[17] Frank Lienhard/Hans-Jörg Seibert, Alternative Gestaltungsformen beim Einsatz des Sanierungszinssatzes, Forderungspraktiker 1-2/2015, S. 28 ff.
[18] BGH ZIP 2005, 1414
[19] BayObLG 20.02.1997, 5 St RR 159/96
[20] BGH 23.10.2006, II ZR 298/05
[21] BGH NZI 2002,395; BGH NJW 1988,1789

[22] BGH NJW 1970, 657
[23] BGHZ 104, 44 = NJW 1988, 1789
[24] Vgl. Himmelsbach/Achsnick 2003, S. 355 ff.
[25] BGH ZINSO 2005, 552 ff.
[26] Rainer Riggert in Baur/Kantowsky/Schulte (Hrsg), Stakeholder Management in der Restrukturierung, 2. Aufl., 2015, S. 134
[27] P. Faulhaber, H.J. Grabow, Turnaround-Management in der Praxis, 4. Aufl.,2009, S. 60 ff.
[28] S. Mayr, Stakeholdermanagement in der Unternehmenskrise, 2010, S. 143
[29] S. Berner, Sicherheitenpools der Lieferanten und Banken im Insolvenzverfahren, 2006, S. 55 ff.
[30] Derik Evertz/Ulrich Krystek (Hrsg), Unternehmen erfolgreich restrukturieren und sanieren, 2014, S. 243
[31] Marko Ulatowski in Baur/Kantowsky/Schulte (Hrsg.), Stakeholder Mangement in der Restrukturierung, 2. Aufl. 2015, S. 168
[32] Achsnick, Pape, Opp, Finanzierungsalternative Factoring, ZIS Mannheim 25.10.2014
[33] Niering/Hillebrand, Wege durch die Unternehmenskrise, 3. Aufl. 2012, S. 140
[34] Nina Dohrau in Markus W. Exler (Hrsg.) Restrukturierungs- und Turnaround-Management, 2013, S. 206
[35] BGH, ZIP 2007, 1407 ff.
[36] BGH 21.11.2005, II ZR 277/03
[37] Prof. Dr. Markus W. Exler, Thomas Levermann, Erfolgsfaktoren von Distressed M&A-Transaktionen, KSI 1/16, S. 14 ff.
[38] Dr. Robert Tobias, Dr. Fabian Meißner, Sebastion Müller, Vier Jahre ESUG: Eigenverwaltungsverfahren mit Insolvenzplänen und Dual Tracking, KSI 2/16, S. 75
[39] Joachim Exner, Unternehmenssanierung in der Zeit nach ESUG, 4. Clifford Chance Restrukturierungsforum 2014
[40] Portisch/Neumann/Lüerßen, Prozesshandbuch Sanierung, Abwicklung und Insolvenz, 2013, S. 103 ff.
[41] Bernhard Maatz, Prof. Dr. Ralf Neuhaus, Prof. Dr. Wolfgang Portisch, Ganzheitlicher Turnaround-Prozess für Firmenkunden, KSI 1/16, S. 12 ff.
[42] Fachverband Sanierungs-und Insolvenzberatung im Bundesverband Deutscher Unternehmensberater, Grundlagen ordnungsgemäßer Restrukturierung und Sanierung (GoRS) 10/2015, S. 19 ff.
[43] BGH NJW 1984, 1893; BGH NJW 2001, 2632
[44] Dorothea Braunwarth, Kündigung von Konten, Krediten und Sonderverträgen, Forderungspraktiker 9-10/2013, S. 230 ff.
[45] BGH ZR 62/09
[46] BGH vom 13.06.2013, ZInsO 2013, 1898 ff.
[47] BGH 13.06.2013, ZInsO 2013, 1898 ff.
[48] Guski, BGH EWiR § 131 InsO 3/13, 750
[49] BGH 07.07.2011; IX 100/10
[50] BGH 25.02.1999; WM 1999, S. 781 ff.
[51] BGH 25.01.2001; WM 2001, 689 ff.
[52] BGH 07.03.2002; WM 2002, 251 ff.
[53] BGH IX ZR 176/11
[54] RiBGH Dr. Gerhard Pape, Gläubigerrechte und Haftungsrisiken in der Insolvenz, Abendsymposium ZIS Mannheim, 24.02.2015
[55] BGH IX ZR 109/10 vom 21.03.2013
[56] AG Hamburg 21.01.2014; ZIP 2014, S. 1091
[57] Dr. Martin Jawansky, Tobias Böhm, Der Massekredit im Insolvenzverfahren, 4. Clifford Chance Restrukturierungsforum 2014

11

Arbeitsrechtliche Sanierungsmaßnahmen
von Annette Sättele und Andreas Notz

Sanierungsmaßnahmen haben regelmäßig Auswirkungen auf die Beschäftigten eines Unternehmens. Es sind hier zahlreiche Maßnahmen von der Änderung der vereinbarten Vertragsinhalte bis hin zu einem Personalabbau sowie Beantragung von Unterstützungsleistungen der Bundesagentur für Arbeit denkbar. Die diesbezüglichen rechtlichen Aspekte sollen nachstehend näher dargestellt werden.

11.1 Änderung materieller Arbeitsbedingungen

Materielle Arbeitsbedingungen, also z. B. Höhe der Vergütung, Arbeitszeit, Urlaubsdauer, vertragliche Nebenleistungen wie Fahrtkosten- oder Mietzuschüsse, etc. bilden bei einer wirtschaftlichen Notlage Potenzial zur Kosteneinsparung. Abhängig auf welcher rechtlichen Grundlage dem Arbeitnehmer diese Leistungen zustehen, sind hier Änderungen gegenüber

- dem Arbeitnehmer, bei einzelvertraglicher Abrede;
- dem Betriebsrat, wenn ein Mitbestimmungsrecht gegeben ist;
- der Gewerkschaft, bei tarifvertraglicher Grundlage;

vorzunehmen.

11.1.1 Änderungen im Verhältnis Arbeitgeber/Arbeitnehmer

11.1.1.1 Vertragsänderung

Beruht die Höhe des Arbeitsentgeltes, die Dauer des Urlaubs oder die Dauer der Arbeitszeit auf einer vertraglichen Vereinbarung zwischen Arbeitgeber und Arbeitnehmer, können die jeweiligen Inhalte des Arbeitsverhältnisses im Wege einer einvernehmlichen Vereinbarung jederzeit geändert werden. Ist auf das Arbeitsverhältnis ein Tarifvertrag anwendbar, ist bei einer Änderung beachtlich, dass zugunsten des Arbeitnehmers immer die günstigste Regelung gilt (vgl. auch 11.1.2., 11.1.3.).

Website: Fallbeispiele Arbeitsrecht (Vertragsänderung)

Besteht die Perspektive, dass das Unternehmen zu wirtschaftlicher Stärke zurück finden wird, kann der Arbeitgeber dem Arbeitnehmer quasi als Kompromiss die zeitlich befristete Änderung dieser Arbeitsbedingungen vorschlagen. Die befristete Änderung einzelner Arbeitsbedingungen ist verkürzt ausgedrückt dann zulässig, wenn aus dem vorliegenden Grund auch eine Befristung des Arbeitsverhältnisses insgesamt zulässig wäre; dies ist in § 14 TzBfG geregelt.

Befristung einzelner Arbeitsbedingungen

Im Fall eines Unternehmens in der Krise kommt eine Befristung einzelner Arbeitsbedingungen also vor allem dann in Betracht, wenn eine konkrete Prognose vorliegt, dass zu einem bestimmten Zeitpunkt eine Änderung wieder eintreten wird, und dies im Streitfall durch konkrete Tatsachen belegt werden kann. Eine bloße unternehmerische Ungewissheit rechtfertigt eine Befristung nicht.

11.1.1.2 Verzicht

Der Arbeitnehmer kann auch einseitig einen Verzicht auf arbeitsvertraglich eingeräumte Rechte erklären. Hier empfiehlt sich jedoch in jedem Fall, dies schriftlich zu dokumentieren. Resultieren die Rechte des Arbeitnehmers allerdings aus einem Tarifvertrag, kann ein Verzicht nur mit Billigung der Tarifvertragsparteien erfolgen (§ 4 Abs. 4 TVG).

11.1.1.3 Weisungsrecht des Arbeitgebers

Einseitige Änderung

Teilweise kann der Arbeitgeber Arbeitsbedingungen durch einseitige Weisung verändern. Die gesetzlichen Grundlagen dieses Weisungsrechts finden sich in § 106 Gewerbeordnung (GewO). Dieser Gesichtspunkt ist in jedem Fall vorrangig zu prüfen, falls eine einvernehmliche Änderung scheitert und bevor eine Änderungskündigung ausgesprochen werden soll.

Ist eine arbeitgeberseitige Weisung zulässig, wird dem Arbeitnehmer die Änderung lediglich mitgeteilt und diese sodann umgesetzt. Dies wird regelmäßig bei der Zuweisung einer geringerwertigen Tätigkeit und bei der Kürzung von Arbeitsentgelt ausscheiden und bei der Abschaffung von Nebenleistungen nur in Betracht kommen, wenn diese unter dem Vorbehalt der Freiwilligkeit[1] vereinbart wurden.

Website: Fallbeispiele Arbeitsrecht (Freiwilligkeitsvorbehalt und Änderung Arbeitsort)

Grundlage der Änderung kann auch ein vertraglich vereinbarter Widerrufsvorbehalt sein. Durch diesen soll ein bereits entstandener Anspruch auf eine Leistung rückwirkend beseitigt werden. Vertragliche Widerrufsvorbehalte können jedoch auch nur unter Beachtung der vom Bundesarbeitsgericht aufgestellten Voraussetzungen wirksam vereinbart werden[2].

Anders verhält es sich, wenn z. B. der Arbeitsvertrag eine Versetzungsklausel bzgl. Art und Inhalt der Tätigkeit oder des Arbeitsortes enthält.

Änderungen von Beginn und Ende der Arbeitszeit

Auch kann der Arbeitgeber die Arbeitszeit, also deren Beginn und Ende sowie die Lage der Pausen, einseitig im Wege einer Weisung bestimmen. Damit darf allerdings nicht eine Erhöhung oder Verringerung der vertraglich vereinbarten oder sich aus dem Tarifvertrag ergebenden Arbeitszeit einhergehen.

Eine Weisung des Arbeitgebers muss immer sogenanntes billiges Ermessen wahren. Dies bedeutet, dass die Interessen des Arbeitnehmers gegen die Interessen des Arbeitgebers abzuwägen sind.

Beteiligung Betriebsrat

In jedem Fall ist zu beachten, dass auch bei Zulässigkeit einer Änderung durch arbeitgeberseitige Weisung ein vorhandener Betriebsrat gemäß § 99 BetrVG zu beteiligen ist, wenn eine Versetzung oder eine Umgruppierung i. S. v. § 99

BetrVG vorliegt. Bei einer Änderung der Lage der Arbeitszeit kann auch ein Mitbestimmungsrecht gemäß § 87 BetrVG bestehen.

11.1.1.4 Änderungskündigung

Kann mit dem Arbeitnehmer keine einvernehmliche Lösung erzielt werden, bleibt dem Arbeitgeber häufig nur noch der Ausspruch einer Änderungskündigung, um die neuen Arbeitsbedingungen durchzusetzen, soweit nicht eine Änderung durch einseitige Weisung zulässig ist. Findet das Kündigungsschutzgesetz gemäß § 23 KSchG[3] auf das Arbeitsverhältnis Anwendung, ist dieses auch bei Ausspruch einer Änderungskündigung beachtlich (§ 2 KSchG i. V. m. § 1 KSchG).

Eine Änderungskündigung setzt sich aus zwei Bestandteilen zusammen:
- Kündigung des mit dem Arbeitnehmer bestehende Arbeitsverhältnis unter Einhaltung der Kündigungsfrist;
- *gleichzeitiges* Angebot des Abschlusses eines Arbeitsverhältnisses zu geänderten, konkret benannten Bedingungen.

Beide Bestandteile der Änderungskündigung bedürfen auf jeden Fall der Schriftform (§ 623 BGB).

Mit einer Änderungskündigung können unterschiedliche Ziele verfolgt werden:
- Versetzung des Arbeitnehmers in einen anderen Betrieb, an einen anderen Ort,
- Zuweisung eines freien geringerwertigen Arbeitsplatzes,
- Abschaffung sogenannter Nebenleistungen (z. B. Zuschuss Fahrtkosten),
- Kürzung des Arbeitsentgeltes.

Bei einer Änderungskündigung sind zunächst einmal die allgemeinen Kündigungsbeschränkungen zu beachten, z. B. Sonderkündigungsschutz.[4] Ferner kommt es bei ihr in erster Linie darauf an – auch wenn der Arbeitnehmer das Änderungsangebot ausschlägt –, dass die vorgeschlagenen, geänderten Arbeitsbedingungen im Sinne des KSchG sozial gerechtfertigt sind.

Im Falle der Sanierung eines Unternehmens werden regelmäßig dringende betriebliche Gründe die Änderung der Arbeitsbedingungen erforderlich machen (betriebsbedingte Gründe) und somit die soziale Rechtfertigung begründen. Vor diesem Hintergrund sind zwei Grundvoraussetzungen zu beachten:

Grund im Sinn des Kündigungsschutzgesetzes (KSchG)

- Das Beschäftigungsbedürfnis zu den bisherigen Bedingungen für den betroffenen Arbeitnehmer, der ggf. durch Sozialauswahl[5] bestimmt wurde, ist entfallen.
- Der Arbeitgeber darf nur solche Änderungen vorschlagen, die vom Arbeitnehmer billiger Weise hinzunehmen sind, also die nicht über das hinausgehen, was aus betriebsbedingten Gründen erforderlich ist. Es sind die zumutbaren Änderungen anzubieten, die den Arbeitnehmer am wenigsten belasten.

Änderungskündigung zur Entgeltsenkung – ein taugliches Mittel?	Bei einer Sanierung des Unternehmens kann ausnahmsweise auch der Ausspruch einer Änderungskündigung zur Entgeltsenkung zulässig sein. Die Rechtsprechung stellt sehr hohe Anforderungen. Es ist grundsätzlich auf die wirtschaftliche Situation des Gesamtbetriebes abzustellen. Es muss eine Unrentabilität gegeben sein. Die Entgeltsenkung muss dazu dienen, durch Senkung der Personalkosten, die Stilllegung des Betriebes oder die Reduzierung der Belegschaft zu verhindern. Diese Kostensenkung darf durch andere Maßnahmen nicht erreichbar sein. Bei der Aufrechterhaltung der bisherigen Personalkostenstruktur müssten weitere, betrieblich nicht mehr auffangbare Verluste drohen, die auf absehbar zu einem Personalabbau oder gar zu einer Schließung des Betriebs führen würden. Es wird hier deshalb die Existenz eines umfassenden Sanierungsplanes verlangt, der die Finanzlage des Betriebs, den Anteil der Personalkosten, die Auswirkungen der erstrebten Kostensenkungen für den Betrieb und für die Arbeitnehmer darstellt und ebenfalls darlegt, dass andere Maßnahmen nicht in Betracht kommen. Aufgrund dieser erheblichen Anforderungen der Rechtsprechung ist es häufig schwerlich möglich, eine wirksame Änderungskündigung zur Entgeltsenkung auszusprechen. Alternativ sollte deshalb immer ein teilweiser Personalabbau geprüft werden.
Änderungskündigung zur Arbeitszeitreduzierung	Ähnlich verhält es sich bei der Überlegung, mittels Änderungskündigung die Arbeitszeitdauer zu reduzieren. Dies ist zwar nach einer vorausgehenden unternehmerischen Entscheidung, die einen Rückgang des Arbeitsvolumens betrifft, grundsätzlich denkbar. Allerdings betont das Bundesarbeitsgericht auch bei einer solchen Maßnahme sehr deutlich, dass der Arbeitgeber bei dem Rückgang des Arbeitsvolumens alternativ Beendigungskündigungen unter Berücksichtigung von §1 KSchG aussprechen könne. Hieraus kann man bereits ersehen, dass sich der Arbeitgeber unter Umständen besser nicht der häufig schwierigeren Begründung einer Änderungskündigung aussetzen sollte.
Website: Fallbeispiele Arbeitsrecht (Änderung von Nebenleistungen)	Anders verhält es sich mit Änderungskündigungen zum Abbau von Nebenleistungen. Hier wird regelmäßig ein dringendes betriebliches Erfordernis zur Änderung bejaht, wenn die Nebenabrede im Vertrag an Umstände anknüpft, die erkennbar nicht während der gesamten Dauer des Arbeitsverhältnisses gleich bleiben müssen.
Änderungskündigung wegen freiem Arbeitsplatz an einem anderen Ort	Unvermeidbar ist der Ausspruch einer Änderungskündigung immer dann, wenn Arbeitsplätze in einem Betrieb des Arbeitgebers wegfallen, er aber in anderen Betrieben über freie Arbeitsplätze verfügt und die Arbeitnehmer nicht mittels Weisung auf diese versetzt werden können. Diese freien Arbeitsplätze muss der Arbeitgeber notfalls im Wege der Änderungskündigung den betroffenen Arbeitnehmern anbieten. Spricht der Arbeitgeber hier direkt eine Beendigungskündigung aus, setzt er sich dem Risiko aus, dass diese aufgrund Vorhandenseins eines freien Arbeitsplatzes im Unternehmen unwirksam ist. Selbstverständlich bleibt auch hier die Frage offen, ob es dem Arbeitnehmer beispielsweise zumutbar ist, wenn er bisher in München arbeitete, nun aber nach Wirksamwerden der Änderungskündigung in Emden tätig werden soll.

Der Arbeitnehmer hat gemäß §2 KSchG in jedem Fall das Recht, das Änderungsangebot unter dem Vorbehalt der gerichtlichen Überprüfung anzunehmen. Dies ermöglicht ihm die Sicherheit, in keinem Fall seinen Arbeitsplatz zu verlieren. Ist die Kündigung unwirksam, besteht das Arbeitsverhältnis zu den bisherigen Bedingungen fort. Ist die Kündigung wirksam, wird es zu den neuen Bedingungen fortgeführt.

Auch bei einer Änderungskündigung ist ein etwaig vorhandener Betriebsrat gemäß § 102 BetrVG vor Ausspruch der Kündigung zu beteiligen. Erfolgt durch die Änderungskündigung z. B. eine Versetzung oder Umgruppierung, ist weiterhin die Beteiligung des Betriebsrates gemäß § 99 BetrVG erforderlich. Im Falle einer Reduzierung der Arbeitszeit ist auch an ein Mitbestimmungsrecht gemäß § 87 BetrVG zu denken.

Beteiligung Betriebsrat

11.1.2 Änderungen im Verhältnis Arbeitgeber/Betriebsrat

11.1.2.1 Regelungsbefugnis der Betriebsparteien (Bündnisse für Arbeit)

Häufig wird von den in einem Sanierungsfall tätigen Beratern eine Aufgabenstellung vorgefunden, in der auch von der Belegschaft ein Sanierungsbeitrag erwartet wird. In der Praxis häufig anzutreffen sind z. B. Forderungen, für die Dauer von sechs Monaten, das Arbeitsentgelt um 20 % zu kürzen oder die wöchentliche Arbeitszeit von 37 auf 42 Stunden zu erhöhen. Ist der Betriebsrat damit einverstanden, geht es scheinbar nur noch darum, diese Einigung rechtssicher zu formulieren.

Tatsächliche Einigungsbereitschaft des Betriebsrats

Arbeitgeber und Betriebsrat können Regelungen treffen, die auf vom BetrVG erfasste Arbeitnehmer Anwendung finden, unabhängig davon, ob der einzelne Arbeitnehmer damit einverstanden ist oder nicht. Im Wege einer sogenannten Betriebsvereinbarung können Rechte und Pflichten der in einem Betrieb beschäftigten Arbeitnehmer schriftlich festgelegt werden. Betriebsvereinbarungen und deren Inhalte gelten unmittelbar und zwingend. Soweit Arbeitnehmern durch die Betriebsvereinbarung Rechte eingeräumt werden, ist der Verzicht auf sie nur mit Zustimmung des Betriebsrats zulässig (§ 77 Abs. 4 BetrVG).

Betriebsvereinbarung als probates Gestaltungsmittel?

Die Betriebsvereinbarung ist ein sogenannter Normenvertrag, sozusagen der „kleine Bruder" des Tarifvertrags. Während ein Tarifvertrag die Rechte und Pflichten der Tarifvertragsparteien, das heißt des Arbeitgebers oder Arbeitgeberverbandes einerseits und der Gewerkschaft sowie der der gewerkschaftsangehörigen Arbeitnehmer andererseits regelt, erfasst eine Betriebsvereinbarung die Arbeitnehmer eines Betriebes, in dem ein Betriebsrat existiert.

Betriebsvereinbarung hat normative Wirkung

Im oben genannten Beispielsfall kann die vom Arbeitgeber gewünschte Regelung mit dem Betriebsrat in einer rechtlich zulässigen Art und Weise aber nicht getroffen werden. Berücksichtigt werden muss nämlich, dass nach § 77 Abs. 3 BetrVG Arbeitsentgelte und sonstige Arbeitsbedingungen, die durch Tarifvertrag geregelt sind oder üblicherweise geregelt werden, nicht Gegenstand einer Betriebsvereinbarung sein können, was nur dann nicht gilt, wenn ein Tarifvertrag den Abschluss solcher ergänzenden Betriebsvereinbarungen ausdrücklich zulässt. Mit anderen Worten: All das, was in einem Tarifvertrag geregelt ist oder üblicherweise geregelt wird, ist der Regelungsbefugnis der Betriebsparteien entzogen. Man spricht hier auch von der Sperrwirkung des Tarifvertrages. Wenn der Arbeitgeber somit plant, die Löhne und Gehälter um

Betriebsvereinbarung darf grundsätzlich keine in einem Tarifvertrag üblichen materiellen Arbeitsbedingungen regeln

11 Arbeitsrechtliche Sanierungsmaßnahmen

jeweils 20 % zu reduzieren, so stellt dies einen Eingriff in die materielle Arbeitsbedingung „Arbeitsentgelt" dar, der mittels einer Betriebsvereinbarung nach der gesetzlichen Konzeption nicht vorgenommen werden darf.

Konkurrenz zwischen Betriebsrat und Gewerkschaft soll verhindert werden

Hintergrund dieser im BetrVG selbst verankerten Einschränkung der Regelungsbefugnis der Betriebsparteien ist, dass der Gesetzgeber eine Konkurrenz zwischen der die Interessen einer größeren Arbeitnehmergruppe vertretenden Gewerkschaft einerseits und dem im Betrieb ansässigen Betriebsrat andererseits vermeiden wollte. Der Betriebsrat soll im Betrieb nicht zu einer Konkurrenz der Gewerkschaft werden. Eine solche Konkurrenz würde sich aber zwingend ergeben, wenn der Betriebsrat für die von ihm vertretene Belegschaft mit dem Arbeitgeber eigene Arbeitsbedingungen aushandeln dürfte. Dies wiederum würde dazu führen, dass die Durchsetzungsfähigkeit einer Gewerkschaft, die ja nicht nur die Interessen der Belegschaft eines einzelnen Betriebes oder mehrere Betriebe, sondern die aller von ihr vertretenen Arbeitnehmer zu berücksichtigen hat, geschwächt werden würde. Aus diesem Grunde ist es dem Betriebsrat gesetzlich nicht erlaubt, mit dem Arbeitgeber materielle Arbeitsbedingungen zu treffen, die im Tarifvertrag geregelt sind.

Ausnahme für übertarifliche Leistungen

Etwas anders gilt nur dann, wenn über den Tarifvertrag hinausgehende Leistungen betroffen sind. Führt ein Arbeitgeber zum Beispiel übertarifliche Gehaltsbestandteile, Gratifikationen, Ergebnisbeteiligungen, Kantinenzuschüsse und so weiter in Abstimmung mit dem Betriebsrat im Wege einer Betriebsvereinbarung im Betrieb ein, so kann er diese über den Tarifvertrag hinausgehenden Leistungen auch wieder einschränken oder sogar gänzlich kürzen.

Wo kein Kläger, da kein Richter

Nun wird sich mancher die Frage stellen, warum in der Praxis so häufig entsprechende Regelungen zwischen Arbeitgeber und Betriebsrat getroffen werden, die zumeist unter der Überschrift „Bündnis für Arbeit" mit Arbeitsplatz sichernden Maßnahmen, wie etwa einer Beschäftigungsgarantie oder dem Verzicht auf betriebsbedingte Kündigungen, in Presse, Funk und Fernsehen auf durchweg positive Resonanz stoßen. Die Beantwortung dieser Frage ist ebenso einfach wie entmutigend: in den meisten Fällen, in denen solche Bündnisse für Arbeit gefeiert werden, bewegen sich die Betriebspartner am Rande oder sogar außerhalb des Bereichs der Legalität. Mit anderen Worten: Dort, wo es keine entsprechenden Tariföffnungsklauseln gibt, sind solche Bündnisse für Arbeit zumeist schlicht rechtswidrig, werden aber oft so gelebt.

Betriebliche Regelungen bei Tariföffnungsklauseln möglich!

Im Rahmen von Tarifverhandlungen werden immer wieder heftige Diskussionen über die Einführung von sogenannten Tariföffnungsklauseln geführt. Um Rechtssicherheit für Arbeitgeber und Betriebsrat zu schaffen, fordern die Arbeitgeber beziehungsweise der Arbeitgeberverband weitergehende Tariföffnungsklauseln, um den im jeweiligen Betrieb handelnden Betriebspartnern weitergehende Kompetenzen einzuräumen.

Beispiel für Tariföffnungsklauseln

Es gibt zwar bereits heute eine ganze Reihe von Tariföffnungsklauseln. So ist zum Beispiel im Bereich der Metallindustrie vorgesehen, dass unter gewissen Umständen ein bestimmter Prozentsatz der Belegschaft länger als 35 oder 36 Stunden

> pro Woche arbeiten darf. Eine gerade im Sanierungsfall erforderliche umfassende Öffnung des Tarifvertrages, die es den Betriebsparteien erlaubt, für alle im Betrieb beschäftigten Arbeitnehmer geltende Sanierungsbeiträge schnell und rechtssicher zu vereinbaren, gibt es jedoch nicht und wird es in dieser Form wohl auch niemals geben, würden doch die Gewerkschaften damit einen Kernbereich ihrer vom Grundgesetz eingeräumten Regelungsbefugnis auf- bzw. abgeben.

Allerdings sehen viele Tarifverträge weitergehende Regelungsbefugnisse der Betriebsparteien für den Fall vor, dass eine interessenausgleichs- und sozialplanpflichtige Betriebsänderung durchgeführt werden muss. Auch besteht bei den im Betrieb vertretenen Gewerkschaften regelmäßig Gesprächsbereitschaft, einen Sanierungsbeitrag der Arbeitnehmer im Wege eines sogenannten Sanierungstarifvertrages zur Erhaltung des Betriebes und damit der Arbeitsplätze der dort Beschäftigten zu erbringen.

Ausnahmen für Interessenausgleich und Sozialplan

11.1.2.2 Betriebsvereinbarung

Wie bereits oben erwähnt können Arbeitgeber und Betriebsrat mittels einer schriftlichen Betriebsvereinbarung die Rechte und Pflichten der im Betrieb beschäftigten Arbeitnehmer in den vom BetrVG vorgegebenen Grenzen regeln. Die Betriebsvereinbarung ist ein Normenvertrag. Betriebsvereinbarungen gelten gemäß § 77 Abs. 4 S. 1 BetrVG unmittelbar und zwingend.

Betriebsvereinbarung als nützliches Regelungsinstrument

Es kann somit durchaus vorteilhaft sein, einen Betriebsrat zu haben; denn die Möglichkeit, durch eine Betriebsvereinbarung alle Arbeitsverhältnisse der im Betrieb Beschäftigten zu erfassen, hat der Arbeitgeber in einem Betrieb ohne Betriebsrat nicht. In einem solchen Falle ist der Arbeitgeber auf individualrechtliche Vereinbarungen mit jedem einzelnen Arbeitnehmer angewiesen. Gerade in einem Sanierungsfall kann es daher durchaus hilfreich sein, einen kooperativen Betriebsrat als Repräsentant der Belegschaft an seiner Seite zu wissen.

Kooperativer Betriebsrat als Vorteil

11.1.2.3 Kurzarbeit

Ein Standardbeispiel für einen schnell wirkenden und alle Arbeitsverhältnisse erfassenden Sanierungsbeitrag der Belegschaft ist die Einführung von Kurzarbeit, das heißt in der Regel die Verringerung der wöchentlichen Arbeitszeit für einen bestimmten Zeitraum.

Kurzarbeit als „schnelle Hilfe"

Zweck der Kurzarbeit für Unternehmen jeder Größe und Branche ist dabei nicht nur die wirtschaftliche Entlastung des Arbeitgebers durch Senkung der Lohnkosten (der Arbeitgeber muss nur noch die tatsächlich geleistete Arbeit vergüten), sondern auch die Sicherung der Arbeitsplätze von qualifizierten eingearbeiteten Mitarbeitern.

Zweck der Kurzarbeit

Kurzarbeit ist dabei ein besonders flexibles Instrumentarium. So kann Kurzarbeit in nur bestimmten organisatorisch abgrenzbaren Betriebsteilen eingeführt werden oder alle Arbeitnehmer umfassen. Zeitlich ist eine vollkommen flexible Verringerung der Arbeitszeit von 10 % bis zu 100 % möglich (eigentlich natürlich ab 1 %, ab 10 % zahlt die Bundesagentur für Arbeit Kurzarbeitergeld).

Kurzarbeit flexibel handhabbar

11 Arbeitsrechtliche Sanierungsmaßnahmen

Kurzarbeit erhält Know-how/Personalabbau vernichtet Know-how

Bricht z. B. der Auftragseingang um 50 % ein, macht es wenig Sinn, sogleich die Hälfte der in der Produktion beschäftigten Mitarbeiter betriebsbedingt zu entlassen. Denn zum Zeitpunkt der Kündigung kann niemand sicher beurteilen, ob der Auftragseingang im nächsten Jahr nicht doch wieder altbekannte Größen erreicht und die Arbeitnehmer dann wieder gebraucht werden.

Kurzarbeit statt Kündigung

Erheblich effektiver ist in einem solchen Fall, die vorhandene Belegschaft mit eingespielten und funktionierenden Organisations- und Ablaufstrukturen zu behalten und lediglich die Arbeitszeit dem geringeren Produktionsbedarf anzupassen. Statt die Hälfte der Arbeitnehmer zu entlassen und damit nur noch 50 % der Produktionsmitarbeiter zu beschäftigen, kommt eine Reduzierung der Arbeitszeit aller Beschäftigten auf 50 % in Betracht. Mit anderen Worten: Beim Ausspruch betriebsbedingter Kündigungen erbringen 50 % der Belegschaft jeweils 100 % Arbeitszeit; bei Einführung von Kurzarbeit arbeiten 100 % der Belegschaft mit einer Arbeitszeit von 50 %.

Konsequenz ist normative Verringerung der geschuldeten Arbeitszeit

Eine solche Einführung von Kurzarbeit mittels Betriebsvereinbarung hat zur Folge, dass alle Arbeitnehmer des Betriebes nur noch in der von den Betriebsparteien vereinbarten Arbeitszeit ihre arbeitsvertraglich geschuldete Leistung erbringen (dürfen). Und dies gilt unabhängig davon, ob der eine oder andere einzelne Arbeitnehmer hiermit einverstanden ist. Die Einführung von Kurzarbeit führt dazu, dass einerseits das vom Arbeitgeber zu zahlende Arbeitsentgelt entsprechend reduziert wird und andererseits die betroffenen Arbeitnehmer von der Bundesanstalt für Arbeit Kurzarbeitergeld zu beziehen berechtigt sind.

Kurzarbeit in Betrieben ohne Betriebsrat erfordert Vereinbarung mit jedem einzelnen Arbeitnehmer

In Betrieben ohne Betriebsrat muss mit jedem einzelnen Arbeitnehmer eine Vereinbarung über die Reduzierung der Arbeitszeit getroffen werden, ein schwieriges und in der Praxis oft unmögliches Unterfangen.

11.1.2.4 Abbau von Entgeltbestandteilen

Abbau übertariflicher Leistungen mittels Kündigung der Betriebsvereinbarung oder Abschluss einer neuen Betriebsvereinbarung

In zahlreichen Betrieben gibt es Betriebsvereinbarungen, in denen der Belegschaft über den Tarifvertrag hinausgehende Leistungen zugesagt werden. Solche übertariflichen Entgeltbestandteile können grundsätzlich auch wieder zurückgenommen werden, sei es durch bloße Kündigung oder Abschluss einer neuen Betriebsvereinbarung.

Auf Nachwirkung achten

Ist in der Betriebsvereinbarung eine Nachwirkung für den Fall der Kündigung vereinbart worden, bedarf es in jedem Falle einer ausdrücklichen Aufhebung der übertariflichen Leistungen mittels gegenläufiger Betriebsvereinbarung.

Sonderproblem betriebliche Altersversorgung

Einschränkungen sind insoweit allenfalls für Leistungen der betrieblichen Altersversorgung zu machen, die – soweit sie nicht ohnehin aufgrund des Tarifvorrangs der Regelungsbefugnis der Betriebsparteien entzogen sind – allerdings speziellen Regelungen unterliegen, welche so umfassend und kompliziert sind, dass der betroffene Arbeitgeber hier regelmäßig auf die Beratung eines auf betriebliche Altersversorgung spezialisierten Dienstleisters angewiesen ist.

11.1.3 Änderungen im Verhältnis Arbeitgeber/Gewerkschaft

Aus den oben im Verhältnis Arbeitgeber/Betriebsrat dargelegten und durch §§ 77 Abs. 3, 87 Abs. 1 BetrVG eingeschränkten Regelungsmöglichkeiten der Betriebsparteien ergibt sich im Gegenzug automatisch eine entsprechende Regelungsbefugnis der Tarifparteien. Unabhängig davon, ob der einzelne Arbeitgeber als Mitglied im Arbeitgeberverband oder mittels Firmen- oder Haustarifvertrag der Tarifbindung unterliegt, können im Sanierungsfall beträchtliche Beiträge der Belegschaft zwischen Arbeitgeber und Gewerkschaft vereinbart werden.

Regelungsbefugnis der Tarifparteien

Dies gilt sogar dann, wenn der Arbeitgeber bislang überhaupt nicht tarifgebunden war. Es ist kaum eine Branche vorstellbar, die vom satzungsmäßig bestimmten Betätigungsbereich einer Gewerkschaft nicht erfasst wird. Dies gilt umso mehr, als es jeder Gewerkschaft freisteht, ihren Betätigungsbereich festzulegen und sich somit z. B. die IG Metall auch auf die IT-Branche ausdehnen durfte.

Bisherige Tarifbindung nicht erforderlich

Auch der Arbeitgeber, der bislang ohne Gewerkschaft ausgekommen ist, kann somit im Sanierungsfall in die Bredouille kommen, einen Haustarifvertrag in Form eines Sanierungstarifvertrages in Betracht ziehen zu müssen. Allerdings wird er sich die Gesprächsbereitschaft der Gewerkschaft in der Regel mit einem nach Überwindung des Sanierungsfalls geltenden Anerkennungstarifvertrag „erkaufen" und sich somit in die dauerhafte Tarifbindung begeben müssen.

Sanierungstarifvertrag als Haustarifvertrag

11.1.3.1 Sanierungstarifvertrag

Häufigste Form eines Beitrags zur Erhaltung des Betriebs ist der Abschluss sogenannter Sanierungstarifverträge oder -vereinbarungen (letzteres eigentlich nur dann, wenn das Wort Tarifvertrag nicht verwendet werden soll!). In einem solchen Tarifvertrag können sämtliche Regelungen des üblicherweise geltenden Flächentarifvertrags geändert, eingeschränkt oder modifiziert werden. So ist es z. B. denkbar, die wöchentliche Arbeitszeit ohne Lohnausgleich für einen bestimmten Zeitraum zu erhöhen oder die Tariferhöhungen, Weihnachts- und Urlaubsgeld für einen bestimmten Zeitraum auszusetzen.

Sanierungstarifvertrag als zeitweilige Aufhebung tariflicher Regelungen

Allerdings darf der betroffene Arbeitgeber nicht darauf hoffen, diese Leistungen von der Gewerkschaft ohne Gegenleistung zu erhalten. Regelmäßig wird eine Arbeitsplatzgarantie, ggf. befristet und/oder für eine bestimmte Mindestanzahl von Arbeitnehmern, oder der Verzicht auf Ausspruch betriebsbedingter Kündigungen bis hin zu einem völligen Kündigungsverzicht, oder beides verlangt. Dabei will sorgfältig bedacht sein, ob sich der Arbeitgeber zu solchen Zugeständnissen bereit erklärt.

do ut des (Sanierungstarifvertrag erfordert meist Gegenleistung)

Oftmals muss der Arbeitgeber aber schon damit zufrieden sein, wenn er überhaupt eine tarifliche Sanierungsregelung mit der Gewerkschaft erreichen kann, denn es sind durchaus Fälle bekannt, in denen mangelnde Kooperationsbereitschaft der zuständigen Gewerkschaft letztlich zum Insolvenzeintritt und damit zum Verlust aller Arbeitsplätze führte.

Umgang mit Gewerkschaft erfordert Fingerspitzengefühl

11.1.3.2 Verzicht

Verzicht auf tarifliche Rechte ohne Zustimmung der Tarifparteien nicht möglich

Ein Verzicht auf bereits entstandene tarifliche Rechte ist nur in einem von den Tarifvertragsparteien gebilligten Vergleich, d. h. nur mit Zustimmung der Gewerkschaft und ggf. des Arbeitgeberverbands möglich. Erfolgt der Verzicht in einer Vereinbarung zwischen Arbeitgeber und Gewerkschaft, handelt es sich um einen Sanierungstarifvertrag sui generis. Erfolgt der Verzicht mittels Vereinbarungen mit den einzelnen Arbeitnehmern – ggf. unter Involvierung des Betriebsrats – so bedarf es der separaten Zustimmung der Gewerkschaft. Als Gegenleistung wird hier regelmäßig die Vereinbarung eines sogenannten „Besserungsscheins" in Betracht kommen, d. h. die Zusage des Arbeitgebers, bei Eintreten bestimmter Voraussetzungen die eingeschränkten oder verzichteten Entgelte teilweise oder vollständig nachzuzahlen.

11.2 Personalabbau

In vielen Fällen wird ein Personalabbau unvermeidbar sein. Entsprechende Besonderheiten bei einem Personalabbau in der Insolvenz werden gesondert unter 11.4 behandelt.

11.2.1 Beendigung von Arbeitsverhältnissen

11.2.1.1 Aufhebungsvertrag

Einvernehmliche Beendigung

Ein Arbeitgeber sollte, bevor er eine Kündigung ausspricht, grundsätzlich versuchen, den Arbeitnehmer zum Abschluss eines schriftlichen Aufhebungsvertrages zu bewegen. Der Aufhebungsvertrag regelt die einvernehmliche Beendigung des Arbeitsverhältnisses. Der Arbeitnehmer wird sich in den meisten Fällen nur auf den Abschluss eines Aufhebungsvertrages einlassen, wenn ihm hierfür eine Abfindung gezahlt wird. Sollte ein Sozialplan abgeschlossen worden sein (vgl. hierzu 11.2.2), wird dieser regelmäßig bereits eine Abfindungszahlung vorsehen, sodass dem Arbeitnehmer ein zusätzlicher Anreiz zum Abschluss des Aufhebungsvertrages geboten werden sollte. Hierbei ist dann allerdings eine Abwägungsentscheidung zu treffen, ob bei definitiv vorliegenden Gründen für eine betriebsbedingte Kündigung das Angebot einer zusätzlichen Abfindung wirtschaftlich zur Vermeidung eines möglichen Rechtsstreits nach Ausspruch einer Kündigung sinnvoll ist.

Folgen für den Arbeitslosengeld-Anspruch

Beim Abschluss eines Aufhebungsvertrages sollte die Beendigung des Arbeitsverhältnisses innerhalb der maßgeblichen Kündigungsfrist vereinbart werden, da der Arbeitnehmer anderenfalls mit einem Ruhen seines Arbeitslosengeldanspruches rechnen muss (§ 158 SGB III). Ferner droht dem Arbeitnehmer gegebenenfalls auch die Verhängung einer Sperrzeit im Hinblick auf den Arbeitslosengeldbezug, wenn die Bundesagentur für Arbeit hier, wie üblicherweise, von einer eigenmächtigen Aufgabe des Arbeitsplatzes ausgehen sollte. Diese Folgen können nach derzeitiger Verwaltungspraxis der Bundesagentur für

Arbeit vermieden werden, wenn der Aufhebungsvertrag zur Vermeidung einer ansonsten unumgänglichen betriebsbedingten Kündigung, unter Einhaltung der Kündigungsfrist und bei Vereinbarung einer Abfindung nicht geringer als 0,25 Bruttomonatsgehälter und maximal 0,5 Bruttomonatsgehälter pro Jahr der Betriebszugehörigkeit abgeschlossen wird.

11.2.1.2 Betriebsbedingte Kündigung

Für alle Kündigungen gilt, dass diese der Schriftform bedürfen (§ 623 BGB). Ferner ist bei einem Personalabbau als Teil von Sanierungsmaßnahmen regelmäßig nur der Ausspruch einer ordentlichen Kündigung denkbar, sodass die maßgebliche Kündigungsfrist, wie sie im Arbeitsvertrag vereinbart wurde oder im Gesetz oder einem Tarifvertrag niedergelegt ist, einzuhalten ist. In der überwiegenden Zahl der Fälle hat der Arbeitgeber das Kündigungsschutzgesetz bei Ausspruch der Kündigung zu beachten.

Unter folgenden Voraussetzungen ist das Kündigungsschutzgesetz anwendbar: *Anwendungsbereich des KSchG*

Grundsatz: regelmäßig mehr als zehn Arbeitnehmer sind im Betrieb beschäftigt.

Ausnahme: Für Arbeitnehmer, die bereits vor dem 01.01.2004 beschäftigt wurden, gilt das Kündigungsschutzgesetz bereits, wenn regelmäßig mehr als 5 Arbeitnehmer (ohne Berücksichtigung der nach dem 01.01.2004 eingetretenen) angestellt sind.

Ermittlung Arbeitnehmerzahl: Faktor 0,5 bei einer wöchentlichen Arbeitszeit von bis zu 20 Stunden, Faktor 0,75 bei Arbeitnehmern mit bis zu 30 Stunden pro Woche, sonst Faktor 1 pro Arbeitnehmer.

Hinweis: Auch Aushilfen oder geringfügig Beschäftigte sind nach diesen Grundsätzen mitzuzählen.

Im Sanierungsfall wird eine Kündigung auf betriebsbedingte Gründe gestützt werden. D. h., die Kündigung ist aus dringenden betrieblichen Gründen erforderlich (§ 1 Abs. 2 KSchG); diese bedingen den Wegfall der Beschäftigungsmöglichkeit für einen oder mehrere Arbeitnehmer. Vor Ausspruch der Kündigung sind folgende Gesichtspunkte zu prüfen: *Wegfall der Beschäftigungsmöglichkeit*

- Es sind inner- und/oder außerbetriebliche Gründe, die sich auf den Beschäftigungsbetrieb unmittelbar und die konkrete Einsatzmöglichkeit eines oder mehrerer Arbeitnehmer auswirken, vorhanden, aus denen die dringenden betrieblichen Erfordernisse resultieren.

> **Beispiele:**
> Einschränkung der Produktion, Organisationsänderung, Fremdvergabe von Tätigkeiten als innerbetriebliche Gründe/Auftragsrückgang wegen gesamtwirtschaftlicher Rezession, Drittmittelkürzung als außerbetriebliche Gründe.

- Der Arbeitgeber trifft aufgrund der inner- und/oder außerbetrieblichen Gründe eine Entscheidung, mit welcher er dem veränderten Arbeitsbedarf Rechnung trägt (unternehmerische Entscheidung). Er entwickelt also ein *Website: Fallbeispiele Arbeitsrecht (Unternehmerische Entscheidung)*

Konzept zur Angleichung des Personals an den geänderten Arbeitsbedarf oder bezüglich der Verminderung des Personals bei gleich gebliebenem Arbeitsbedarf.

> **Merke:**
> Die unternehmerische Entscheidung sollte schriftlich unter Angabe der beteiligten Personen und des Datums festgehalten werden, um in einem möglichen Prozess einen entsprechenden Nachweis führen zu können.

- Die Kündigung ist notwendige Folge dieser Maßnahmen und es gibt keine milderen Mittel, die gegenüber dem Arbeitnehmer ergriffen werden können, z. B. Versetzung auf einen freien Arbeitsplatz.
- Es ist eine soziale Auswahl durchzuführen. Es sind also die Sozialdaten, Alter, Dauer der Betriebszugehörigkeit, Unterhaltspflichten und eine etwaige Schwerbehinderung, derjenigen Arbeitnehmer zu vergleichen, deren Arbeitsplatz weggefallen ist, mit den Daten der Arbeitnehmer des gleichen Betriebes, auf deren Arbeitsplatz der betroffene Arbeitnehmer im Wege arbeitgeberseitiger Weisung versetzt werden könnte. Es sind immer nur Arbeitnehmer einer Hierarchieebene miteinander zu vergleichen.
- Anschließend ist aber zu prüfen, ob berechtigte betriebliche Interessen an der weiteren Beschäftigung eines derjenigen Arbeitnehmer bestehen, der nach der Sozialauswahl eigentlich zu kündigen wäre (Ermittlung sogenannter Leistungsträger).

Des Weiteren sind folgende Besonderheiten zu prüfen:

Besteht zugunsten des Arbeitnehmers Sonderkündigungsschutz wegen z. B. Mutterschutz[6], Elternzeit[7], Schwerbehinderung[8], Immissionsschutzbeauftragter oder Betriebsbeauftragter für Abfall[9], Datenschutzbeauftragter[10], Betriebsratsmitglied[11], Mitglied des Gemeinderates nach einigen Länder-Gemeindeordnungen[12]?

In diesen Fällen ist sodann, soweit gesetzlich vorgesehen, die Zustimmung der zuständigen Behörde vor Ausspruch der Kündigung einzuholen. Fallen nicht alle Arbeitsplätze weg und ist eine Sozialauswahl durchzuführen, sind diese Arbeitnehmer von der Sozialauswahl auszunehmen. Es sind jeweils die Besonderheiten des Einzelfalls genau zu prüfen.

- Liegt ein Betriebsübergang vor (vgl. zum Betriebsübergang unten 10.3.3.)?

Dann ist die Kündigung, die allein wegen des Betriebsübergangs ausgesprochen werden soll, gemäß § 613a Abs. 4 BGB unzulässig.

Der Arbeitgeber kann auch, wenn kein Sozialplan vorliegt, überlegen, ob er von der im Gesetz eingeräumten Möglichkeit Gebrauch macht, eine betriebsbedingte Kündigung auszusprechen und dem Arbeitnehmer gleichzeitig für den Fall, dass dieser keine Kündigungsschutzklage erhebt, die Zahlung einer Abfindung[13] anzubieten (§ 1a KSchG).

Vor Ausspruch einer Kündigung ist darüber hinaus auch der Betriebsrat zu beteiligen (§ 102 BetrVG). Eine ohne seine Beteiligung ausgesprochene Kündigung ist unwirksam.

Merke: Der Betriebsrat ist über Folgendes zu informieren:
Sozialdaten des betroffenen Arbeitnehmers, Kündigungsgründe (detailliert) einschließlich Kündigungsart (d. h. betriebs-, verhaltens- oder personenbedingt) sowie Kündigungsfrist.

Der Betriebsrat hat nach der Information durch den Arbeitgeber, die am besten schriftlich erfolgen sollte, eine Woche Zeit, der ordentlichen Kündigung zu widersprechen. Erst nach Ablauf der Woche, kann die Kündigung zulässiger Weise gegenüber dem Arbeitnehmer erklärt werden.

In bestimmten Fällen, stehen dem Betriebsrat die unter 11.2.2. nachfolgenden weitergehenden, vor der Anhörung nach § 102 BetrVG eingreifenden Beteiligungsrechte zu.

11.2.2 Betriebsänderung gemäß § 111 BetrVG

Existiert im Betrieb ein Betriebsrat und sind im gesamten Unternehmen mehr als 20 wahlberechtigte Arbeitnehmer beschäftigt, ist vor Einleitung von Sanierungsmaßnahmen stets zu prüfen, ob eine Betriebsänderung gegeben ist (§ 111 BetrVG). In diesem Fall hat der Arbeitgeber mit dem Betriebsrat über einen Interessenausgleich zu verhandeln und ggf. auch einen Sozialplan mit dem Betriebsrat abzuschließen. — *Interessenausgleich und Sozialplan*

Diese Verpflichtung besteht nur, wenn wesentliche Nachteile für erhebliche Teile der Belegschaft entstehen könnten. Danach sind nach der Rechtsprechung grundsätzlich erhebliche Teile der Belegschaft betroffen, wenn die Grenzwerte des § 17 KSchG (Massenentlassung) erreicht werden[14].

Unabhängig von diesem Beteiligungsrecht des Betriebsrates und unabhängig von den Voraussetzungen muss der Arbeitgeber beachten, dass in jedem Fall ein etwaig bestehender Wirtschaftsausschuss ausreichend zuvor beteiligt werden muss (§ 106 BetrVG[15]). — *Wirtschaftsausschuss*

§ 111 BetrVG normiert, bei Vorliegen welcher Voraussetzungen von einer Betriebsänderung auszugehen ist:

- Einschränkung und Stillegung des ganzen Betriebes oder von wesentlichen Betriebsteilen (§ 111 S. 3 Nr. 1 BetrVG) — *Einschränkung und Stilllegung*

Eine Betriebsstilllegung liegt vor, wenn der Arbeitgeber die Produktion oder die Erbringung der Dienstleistung dauerhaft oder für eine nicht unerhebliche Zeit vollständig einstellt. Eine Betriebseinschränkung ist demgegenüber gegeben, wenn der Betriebszweck zwar weiterverfolgt wird, jedoch die Betriebsleistung nicht nur vorübergehend herabgesetzt wird. Dies ist regelmäßig bei einem Personalabbau der Fall, wobei die Zahl der zu beendenden Arbeitsverhältnisse die Grenzwerte des § 17 Abs. 1 KSchG erreichen muss. Diese sind auch heranzuziehen, wenn lediglich ein Betriebsteil betroffen ist, um hierbei zu bestimmen, ob es sich um einen wesentlichen Betriebsteil handelt.[16]

- Verlegung des ganzen Betriebs oder von wesentlichen Betriebsteilen (§ 111 S. 3 Nr. 2 BetrVG) — *Betriebs- und Betriebsteilverlegung*

11 Arbeitsrechtliche Sanierungsmaßnahmen

Unter Verlegung ist eine räumliche Veränderung im Hinblick auf den gesamten Betrieb oder von wesentlichen Betriebsteilen (Bestimmung vgl. oben) zu verstehen, die für die Arbeitnehmer mit nicht nur unerheblichen Erschwernissen verbunden ist.

> **Beispiel:**
> So soll nach der Rechtsprechung eine Verlegung um 4,3 km vom Zentrum an den Ortsrand ausreichend sein, um von einer Betriebsänderung auszugehen.

Zusammenschluss und Betriebsspaltung
- Zusammenschluss mit anderen Betrieben oder die Spaltung von Betrieben (§ 111 S. 3 Nr. 3 BetrVG)

Als Zusammenschluss von Betrieben ist die Aufnahme eines Betriebs in die Organisation eines anderen Betriebs oder die Bildung einer gänzlich neuen, gemeinsamen Betriebseinheit anzusehen. Die Spaltung eines Betriebes ist gegeben, wenn einzelne Teileinheiten vom Restbetrieb abgetrennt werden.

> **Beispiel:**
> Die Cafeteria eines Kaufhauses, die ursprünglich vom Kaufhauseigentümer betrieben wurde, wird von diesem auf einen eigenständigen Cafeteria-Betreiber übertragen, der diese fortführt.

Merke:
Eine Spaltung soll auch vorliegen, wenn die Zahlengrenzen des § 17 KSchG nicht überschritten werden.

Wie sich am vorstehenden Beispiel zeigt, ist hier zu beachten, dass zeitgleich auch ein Betriebsübergang gemäß § 613a BGB verbunden mit den dort geregelten Rechtsfolgen vorliegen kann. Ein Betriebsübergang allein stellt aber keine Betriebsänderung im Sinn von § 111 BetrVG dar.

Änderungen im Betrieb
- Grundlegende Änderung der Betriebsorganisation, des Betriebszwecks oder der Betriebsanlagen (§ 111 S. 3 Nr. 4 BetrVG)

Diese Maßnahmen werden im Zuge einer Sanierung regelmäßig wohl nur im Zusammenspiel mit den anderen in § 111 BetrVG normierten Betriebsänderungen eintreten. Grundlegend ist eine Änderung nur, wenn sie maßgebliche Auswirkungen auf den Betriebsablauf hat. Eine Änderung der Betriebsorganisation ist gegeben, wenn eine vollständige Änderung des Betriebsaufbaus erfolgt, eine des Betriebszwecks, wenn der arbeitstechnische Zweck geändert oder ein weiterer hinzugefügt wird. Mit Änderung der Betriebsanlagen meint das Gesetz eine Änderung der Betriebsmittel.

Neue Arbeitsmethoden und Fertigungsverfahren
- Einführung grundlegend neuer Arbeitsmethoden und Fertigungsverfahren (§ 111 S. 3 Nr. 5 BetrVG)

Regelmäßig wird diese Form einer Betriebsänderung mit einer solchen gemäß § 111 S. 3 Nr. 4 BetrVG zusammenfallen.

> **Beispiel:**
> Der Übergang zur ausschließlichen Selbstbedienung in einem Einzelhandelsbetrieb stellt die Einführung einer grundlegend neuen Arbeitsmethode dar.

Liegt somit eine mitbestimmungspflichtige Betriebsänderung vor, besteht die Verpflichtung, mit dem Betriebsrat einen Interessenausgleich zu verhandeln. Der Betriebsrat ist dann so rechtzeitig vor der Durchführung der Maßnahme zu beteiligen, dass er im besten Fall noch Änderungen im Hinblick auf die Maßnahme vorschlagen kann. Ziel des Interessenausgleiches ist es, eine Einigung über die Durchführung der Maßnahme, deren Gestaltung und den Zeitpunkt zu erzielen. Dabei können die Parteien im Interessenausgleich einen Zeitplan bzgl. der Umsetzung der Maßnahmen regeln. Ebenso können sie vereinbaren, dass eine bestimmte Gruppe von Arbeitnehmern eine Weiterbildung durchläuft, um dann auf anderen Arbeitsplätzen eingesetzt zu werden. Regelmäßig werden sich die Parteien aber auf die Zahl der Arbeitnehmer einigen, mit denen das Arbeitsverhältnis beendet werden soll.

Rechtzeitige Beteiligung des Betriebsrates

Bei einem Personalabbau sollte aus Arbeitgebersicht immer eine sogenannte Namensliste zum Interessenausgleich vereinbart werden. Auf dieser sind die Arbeitnehmer namentlich aufzuführen, deren Arbeitsverhältnisse gekündigt werden sollen. Die Namensliste ist mit dem Interessenausgleich fest zu verbinden (z. B. antackern) und von den Betriebsparteien zu unterzeichnen. Liegt eine Namensliste vor, besteht die Vermutung, dass die Kündigung aufgrund dringender betrieblicher Erfordernisse ausgesprochen wurde (§ 1 Abs. 5 KSchG). Dies muss der Arbeitnehmer im Prozess widerlegen. Ebenso wird die Sozialauswahl nur auf grobe Fehlerhaftigkeit überprüft.

Kommt eine Einigung zwischen Arbeitgeber und Betriebsrat nicht zustande, muss die Einigungsstelle angerufen werden. Unterbleibt dies und beginnt der Arbeitgeber mit der Umsetzung, kann der Betriebsrat sogar mittels Antrag auf Erlass einer einstweiligen Verfügung versuchen, das Unterlassen der weiteren Umsetzung gerichtlich zu erreichen. Ferner können die betroffenen Arbeitnehmer sogenannte Nachteilsausgleichsansprüche geltend machen (§ 113 BetrVG). Dies gilt auch im Falle der unkorrekten Durchführung eines abgeschlossenen Interessenausgleichs. Ist die Beteiligung des Betriebsrates vollständig unterblieben, stellt dies eine Ordnungswidrigkeit dar, die mit einer Geldbuße von bis zu EUR 10.000,00 geahndet werden kann. Bleibt das Einigungsstellenverfahrens ohne Ergebnis im Hinblick auf den Abschluss eines Interessenausgleiches, kann der Arbeitgeber mit der Umsetzung der geplanten Maßnahmen beginnen.

Keine Einigung mit dem Betriebsrat

Hiervon zu unterscheiden ist die Verpflichtung zum Abschluss eines Sozialplanes. Der Sozialplan enthält Regelungen, durch welche die den Arbeitnehmern durch die Betriebsänderung entstehenden Nachteile kompensiert werden sollen.

> **Beispiel für Nachteilskompensationen im Sozialplan:**
>
> Betriebsverlegung (z. B. Zuschuss Fahrtkosten, Umzugskostenerstattung, Mietzuschuss), Stilllegung des Betriebs (z. B. Abfindungszahlung, Arbeitsplatzangebote in anderen konzernangehörigen Unternehmen).

Sozialplan durch die Einigungsstelle

Der Sozialplan kann vom Betriebsrat grundsätzlich erzwungen werden. Dies bedeutet, dass im Fall des Scheiterns der Verhandlungen zwischen Arbeitgeber und Betriebsrat die Einigungsstelle[17] anzurufen ist, die durch ihren Spruch die fehlende Einigung ersetzen kann (§ 112 Abs. 4 BetrVG). Besteht die Betriebsänderung im Sinn von § 111 BetrVG lediglich in einem Personalabbau muss zwar ein Interessenausgleich abgeschlossen werden, ein Sozialplan kann vom Betriebsrat aber nur bei Vorliegen der Voraussetzungen des § 112a BetrVG erzwungen werden. Gemäß § 112a BetrVG muss von dem Personalabbau eine bestimmte Zahl Arbeitnehmer betroffen sein, damit ein Sozialplan abgeschlossen werden muss. Ferner kann ein Sozialplan nicht erzwungen werden, wenn das Unternehmen[18] nach seiner Gründung noch keine fünf Jahre besteht (§ 112a Abs. 2 BetrVG). Hiervon ausgenommen sind Neugründungen im Zusammenhang mit der rechtlichen Umstrukturierung von Unternehmen und Konzernen.

11.2.3 Massenentlassung

Bei einem Personalabbau im Rahmen einer Sanierung liegt häufig eine sogenannte Massenentlassung vor (§ 17 KSchG). Dies ist abhängig von der Zahl der zu entlassenden Arbeitnehmer. § 17 KSchG regelt die durchzuführende Beteiligung der Bundesagentur für Arbeit sowie des Betriebsrates, falls ein solcher existiert. Der Wortlaut der §§ 17, 18 KSchG ist in einigen Punkten nicht mehr konform mit der hierzu zwischenzeitlich ergangenen Rechtsprechung. Eine Entlassung im Sinn von § 17 KSchG liegt vor, wenn der Arbeitgeber dem Arbeitnehmer die Kündigung übergibt bzw. beide einen Aufhebungsvertrag unterzeichnen, also nicht erst am letzten Arbeitstag des jeweiligen Mitarbeiters. Daraus ergibt sich folgendes Vorgehen bei der Erstattung der sogenannten Massenentlassungsanzeige gegenüber der Bundesagentur für Arbeit:

Vorgehen bei der Erstattung einer Massenentlassungsanzeige

- Prüfung, ob die maßgeblichen Schwellenwerte erreicht werden bezogen auf den Zeitpunkt des Ausspruchs der Kündigung. Hierbei ist maßgeblich, ob der jeweilige Vorgang zu einer Überschreitung der Schwellenwerte innerhalb von 30 Kalendertagen führt.
- Durchführung der Beratungen mit dem Betriebsrat.[19]

> **Merke:**
> Die schlichte Aussage im Interessenausgleich „Die Beteiligungsrechte des Betriebsrates gemäß § 17 KSchG wurden gewahrt." genügt nicht mehr.

- Anhörung des Betriebsrates zu den einzelnen Kündigungen gemäß § 102 BetrVG.[20]
- Anzeige der Massenentlassung gegenüber der örtlichen Bundesagentur für Arbeit.[21]

- Ausspruch der Kündigungen bzw. Unterzeichnung von Aufhebungsverträgen.

Änderungskündigungen sollten vorsorglich in der Anzeige abgegeben werden, aber gesondert gekennzeichnet werden. Entlassungen aufgrund des Ablaufs einer Befristung eines Arbeitsverhältnisses werden nicht von § 17 KSchG erfasst, aber Eigenkündigungen von Arbeitnehmern, die durch den Arbeitgeber veranlasst sind. Das Gleiche gilt für Aufhebungsverträge.

Anzeigepflicht bei anderen Beendigungen und Änderungskündigungen

Erstattet der Arbeitgeber keine oder eine fehlerhafte Massenentlassungsanzeige und beruft sich der Arbeitnehmer hierauf, ist die Kündigung unwirksam. Bei einer fehlenden Anzeige ist der Arbeitgeber darüber hinaus in jedem Fall gehindert, den Arbeitnehmer zu entlassen, bis die Zustimmung der Bundesagentur für Arbeit vorliegt. Dies hat Auswirkungen auf etwaige Lohnansprüche der Arbeitnehmer.

Fehlende oder fehlerhafte Massenentlassungsanzeige

11.2.4 Vorruhestandsmodell

Zum Zwecke der Senkung von Personalkosten ist auch ratsam zu überprüfen, bei welchen Arbeitnehmern ein bevorstehender Übertritt in die Rente zum Abbau von Arbeitsplätzen genutzt werden kann. Hier sollte einerseits überprüft werden bzw. die Arbeitnehmer zu einer solchen Prüfung durch die Deutsche Rentenversicherung aufgefordert werden, ob Arbeitnehmer bereits Altersrente in Anspruch nehmen und somit in den Ruhestand übertreten können. Andererseits sollte bei der Existenz von Jahresarbeitszeitkonten geklärt werden, ob unter Ausnutzung derselben mit den Arbeitnehmern eine sofortige Freistellung bis zum Renteneintritt vereinbart werden kann. Da für nach dem 01.01.2010 abgeschlossene Altersteilzeitverträge keine Förderung durch die Bundesagentur für Arbeit mehr zu erlangen ist, ist der Abschluss von Altersteilzeitverträgen regelmäßig unattraktiv, da für den Arbeitgeber mit erhöhten Kosten verbunden. Es bedarf insoweit immer einer Einzelfallprüfung. Sollte diese ergeben, dass der Abschluss eines Altersteilzeitvertrages weiterhin attraktiv ist, sind hierbei die Bestimmungen des Altersteilzeitgesetzes (ATZG) zu beachten.

11.2.5 Involvierung der Bundesagentur für Arbeit (BfA)

Die Sanierung eines in der Krise befindlichen Unternehmens geht in der Regel mit dem Abbau einer bestimmten Anzahl von Arbeitsplätzen einher. Hier gilt es nicht nur, die arbeits- und sozialversicherungsrechtlichen Risiken für den Unternehmer sorgfältig abzuwägen. Vielmehr sollten auch die Förderungsmöglichkeiten der Bundesagentur für Arbeit geprüft und soweit möglich in Anspruch genommen werden, um die Chancen der betroffenen Arbeitnehmer zu erhöhen, möglichst bald eine Anschlussbeschäftigung zu erlangen.

Förderungsmöglichkeiten der Bundesanstalt für Arbeit prüfen

Die Möglichkeiten der Bundesagentur für Arbeit, für verschiedenste Maßnahmen Fördermittel zur Verfügung zu stellen, sind dabei begrenzt und ständigen Änderungen unterworfen. Es kann daher nur empfohlen werden, aktuelle Informationen über die Homepage der Bundesagentur für Arbeit abzurufen

Homepage der BfA beachten und Beratungsangebote nutzen

und sich gegebenenfalls direkt von zuständigen Mitarbeitern der BfA beraten zu lassen. Eine gewisse Leidensfähigkeit wird arbeitgeberseits dabei freilich vorausgesetzt, denn oftmals hat man den Eindruck, mit einem entsprechend geäußerten Anliegen auf taube Ohren zu stoßen bzw. sich die Frage stellen lassen zu müssen, was man denn als Arbeitgeber überhaupt wolle. Die Phase des Umbaus der Bundesagentur für Arbeit in ein Dienstleistungsunternehmen, das Arbeitnehmern *und* Arbeitgebern zur Verfügung steht, ist insoweit immer noch in vollem Gange.

> **Beispiele:**
>
> Nachfolgend seien daher zwei aktuell bestehende Fördermöglichkeiten beispielhaft aufgezählt (vgl. 11.2.5.1 und 11.2.5.2).

11.2.5.1 Qualifizierungsmaßnahmen

Förderung von sog. Transfermaßnahmen

Nach § 110 SGB III wird die Teilnahme von Arbeitnehmern, die aufgrund von Betriebsänderungen oder im Anschluss an die Beendigung eines Berufsausbildungsverhältnisses von Arbeitslosigkeit bedroht sind, an sogenannten Transfermaßnahmen unter bestimmten im Gesetz genannten Umständen gefördert. Transfermaßnahmen sind dabei alle Maßnahmen zur Eingliederung von Arbeitnehmern in den Arbeitsmarkt, an dessen Finanzierung sich der Arbeitgeber angemessen beteiligt. Nach § 110 SGB III beträgt der Zuschuss 50 % der aufzuwendenden Maßnahmekosten, höchstens jedoch EUR 2.500,00 je gefördertem Arbeitnehmer. D. h. eine Maßnahme darf bis zu EUR 5.000,00 kosten, von denen der Arbeitgeber und die Bundesagentur für Arbeit dann je die Hälfte tragen. Die Beratung der Betriebsparteien im Vorfeld der Entscheidung über die Einführung von Transfermaßnahmen ist dabei eine in § 110 Abs. 1 Nr. 1 SGB III geregelte zwingende Voraussetzung der Förderung.

11.2.5.2 Beschäftigungsgesellschaften

Beschäftigungsgesellschaft/ Transfergesellschaft

Immer wieder hört und liest man, insbesondere im Zusammenhang mit Personalabbaumaßnahmen größeren Umfangs, von der Gründung sogenannter Beschäftigungsgesellschaften (BQG), auf die dann die eigentlich zu kündigenden Arbeitnehmer sozusagen „übertragen" werden. Der früher einschlägige Begriff der Beschäftigungs- und Qualifizierungsgesellschaft wird trotz der Änderung des Gesetzes in § 111 SGB III in Transfer- und Qualifizierungsgesellschaft (TQG) heute teilweise immer noch verwendet. So heißt es heute auch eigentlich nicht mehr Strukturkurzarbeitgeld, sondern Transferkurzarbeitergeld. Unterschiede bestehen aber nicht; beide Begriffe werden synonym verwendet.

Ziel der gesetzlichen Regelung ist es, bei betriebsbedingt anstehenden Entlassungen eine Alternative zur Arbeitslosigkeit zu schaffen, indem die an sich zu entlassenden Arbeitnehmer für einen befristeten Zeitraum in der Beschäftigungsgesellschaft tätig sind und sich in dieser Zeit qualifizieren, d. h. weiterbilden, und die Zeit nutzen können, in ein echtes Anschlussarbeitsverhältnis zu gelangen.

Das Geheimnis des Erfolgs solcher BQG's oder TQG's, besteht darin, dass – macht man alles richtig – alle Beteiligten davon profitieren (können).

Win-win-Situation/Vorteile für alle Beteiligten möglich

- Die Bundesagentur für Arbeit zahlt Transferkurzarbeitergeld anstelle von Arbeitslosengeld und hat die Möglichkeit, die in eine Beschäftigungsgesellschaft wechselnden Arbeitnehmer nicht in der offiziellen Arbeitslosenstatistik führen zu müssen.
- Die betroffenen Arbeitnehmer erhalten zwar oft keine „echte Abfindung", aber immerhin die Möglichkeit, länger als die bloße Kündigungsfrist in einem Arbeitsverhältnis verbleiben und sich aus einem bestehenden Arbeitsverhältnis heraus bewerben zu können, d. h. sie bleiben länger im sogenannten ersten Arbeitsmarkt. Zusätzlich können sie Qualifizierungsmaßnahmen in Anspruch nehmen, die ihre Chancen, eine neue Beschäftigung zu finden, erhöhen.
- Für Arbeitgeber schließlich ist interessant, dass sie nicht den Ablauf der individuellen Kündigungsfristen abwarten müssen, sondern die Arbeitnehmer unter Abkürzung ihrer Kündigungsfrist ohne Kündigungsschutzprozess direkt in die Beschäftigungsgesellschaft übertragen und insoweit mit den ersparten Arbeitsentgelten der Kündigungsfrist die Beschäftigungsgesellschaft dergestalt mit finanzieren, dass das Transferkurzarbeitergeld aufgestockt wird.

Regelmäßig erfolgt der Transfer in die Beschäftigungsgesellschaft mittels eines sogenannten dreiseitigen Vertrags. In diesem Vertrag wird zunächst das bislang zwischen Arbeitgeber und Arbeitnehmer bestehende Arbeitsverhältnis einvernehmlich aufgehoben und gleichzeitig ein neues befristetes Arbeitsverhältnis mit der Beschäftigungsgesellschaft begründet. Die Pflichten des Arbeitnehmers in der Beschäftigungsgesellschaft entsprechen allerdings nicht den üblichen Verpflichtungen aus einem Arbeitsvertrag und werden meist dahingehend modifiziert, dass der Arbeitnehmer verpflichtet ist, an Qualifizierungsmaßnahmen der Bundesagentur für Arbeit teilzunehmen oder etwa auf Zeit auch an andere Unternehmen überlassen werden kann. Vielfach finden sich auch Regelungen, die es dem Arbeitnehmer ermöglichen, das befristete Arbeitsverhältnis mit der Beschäftigungsgesellschaft auch während des Laufs der Befristung mit einer kurzen Ankündigungsfrist zu beenden, wobei für diesen Fall auch die Zahlung einer Abfindung vorgesehen werden kann. Mit solchen Regelungen wird die Besonderheit des Arbeitsverhältnisses in der Beschäftigungsgesellschaft deutlich, die darin besteht, die dort beschäftigten Arbeitnehmer möglichst bald in eine neue dauerhafte Beschäftigung zu vermitteln.

Dreiseitiger Vertrag erforderlich

Auch die Beschäftigungsgesellschaften sind rechtlich allerdings nicht ganz unproblematisch. Ihre Gründung wird zwar vom Bundesarbeitsgericht grundsätzlich nicht beanstandet. Bei der Gründung ist allerdings nach der jüngeren BAG-Rechtsprechung zu beachten, dass bestimmte Anforderungen an die Ausgestaltung der Gesellschaften einzuhalten sind, um einen – in aller Regel gerade nicht gewünschten – Betriebsübergang nach § 613a BGB zu vermeiden. Kernvoraussetzung ist dabei immer, dass der Aufhebungsvertrag auf das endgültige Ausscheiden aus dem Betrieb gerichtet ist und sich die Unterzeichnung für den Arbeitnehmer als sogenanntes „Risikogeschäft" darstellt. Das bedeutet, dass für den Arbeitnehmer nicht sicher oder höchstwahrscheinlich sein darf, dass ein Betriebserwerber ihn wieder übernimmt. Wann ein solcher Fall vorliegt, muss einzelfallbezogen beurteilt werden. Insofern bedarf es jeweils einer Würdigung der konkreten Umstände und einer entsprechenden Ausgestaltung der Verträge, um die Unwirksamkeit des Aufhebungsvertrages und das Risiko eines Betriebsübergangs zu minimieren bzw. zu eliminieren. Abzuraten ist in der Praxis insbesondere davon, bei Unterzeichnung des o.g. dreiseitigen Vertrages bereits neue Verträge mit dem Erwerber vorzulegen oder konkrete Einstellungszusagen an einen Teil der Arbeitnehmer zu machen.

Auch darf die Gesellschaft nicht lediglich zum Schein gegründet werden (um beispielsweise eine ansonsten durchzuführende Sozialauswahl zu umgehen). So reicht z. B. eine Verweildauer von lediglich 24 Stunden in der Gesellschaft regelmäßig nicht aus, um wirksam einen Betriebsübergang auszuschließen. Auch hier bedarf es allerdings stets einer Einzelfallbetrachtung. Wichtig ist dabei insbesondere, dass auch tatsächlich qualifizierende Maßnahmen im Sinne der Vorschrift angestrebt werden.

11.3 Umstrukturierungen

Restrukturierung als Mittelfristplanung

Der Arbeitgeber, der sich mit seinem Unternehmen in einer Krisensituation befindet, hat meist nicht nur ein Interesse daran, die sich ihm insoweit stellenden Probleme kurzfristig in den Griff zu bekommen und damit die Krise zu meistern, vielmehr geht es in den meisten Fällen auch darum, das Unternehmen mittel- und langfristig auf gesunde Beine zu stellen und insoweit zu sanieren. Dabei spielt auch die Frage eine Rolle, ob und gegebenenfalls wie das Unternehmen umstrukturiert und den sich verändernden Marktbedingungen angepasst werden kann. Die Frage, ob die gegenwärtig angebotene Palette von Produkten, Waren oder Dienstleistungen eingeschränkt oder erweitert werden sollte, bedarf in diesem Zusammenhang ebenso der Erörterung wie die Prüfung, ob tatsächlich alle bislang intern vorgehaltenen Funktionen weiterhin mit eigenem Personal erbracht werden müssen oder nicht von außen eingekauft werden können; im umgekehrten Falle kann sich auch die Frage stellen, ob bislang am Markt von Dritten eingekaufte Leistungen nicht besser intern erbracht werden können.

11.3.1 Betriebsteilstilllegung

Outsourcing bislang intern erbrachter Leistungen

Da intern erbrachte bzw. vorgehaltene Funktionen immer auch einen bestimmten Kostenfaktor darstellen und regelmäßig mit dem Erbringen von Dienstleistungen oder dem Herstellen von Produkten auch eine bestimmte Anzahl von Arbeitnehmern beschäftigt sind, stellt sich für den Unternehmer stets die Frage, ob die Möglichkeit besteht, sich von einem Betriebsteil und insbesondere den darin beschäftigten Arbeitnehmern zu trennen, sei es, dass dieser unrentabel produziert, sei es, dass die in diesem Bereich hergestellten Waren nicht mehr in die aktuelle Produktpalette des Arbeitgebers passen.

> **Beispiel:**
>
> Die in Pirmasens ansässige Schuhfabrik X produziert mit 50 Arbeitnehmern handgenähte Herrenschuhe und Sportschuhe. Mit der Produktion von Sportschuhen sind nur noch 10 Arbeitnehmer beschäftigt. Aufgrund der erdrückenden Konkurrenz aus Fernost entschließt sich der Arbeitgeber, den Betrieb umzustrukturieren und die Produktion von Sportschuhen einzustellen.

Geht es nur darum, in Zukunft nur noch mit 40 Arbeitnehmern zu arbeiten und die Produktion von Sportschuhen stillzulegen, so handelt es sich aus arbeitsrechtlicher Sicht um eine sogenannte Teilstilllegung. Die Entscheidung des Arbeitgebers, die Herstellung eines bestimmten Produktes einzustellen, ist eine Unternehmerentscheidung, die von den Arbeitsgerichten so grundsätzlich hinzunehmen ist, es sei denn, sie erfolgt willkürlich oder aus sachfremden Motiven. Konsequenz dieser Entscheidung im vorliegenden Falle ist, dass in Zukunft nur noch 40 Arbeitnehmer beschäftigt werden können. Da die 10 Arbeitsplätze, die bislang in dem Betriebsteil „Sportschuhe" vorhanden waren, wegfallen, liegt ein dringendes betriebliches Erfordernis vor, betriebsbedingte Kündigungen auszusprechen. Ob aufgrund des Wegfalls eines Arbeitsplatzes tatsächlich auch die bislang auf diesen Arbeitsplätzen beschäftigten Arbeitnehmer eine Kündigung erhalten, ist eine Frage der Sozialauswahl.

Unternehmerische Entscheidung erforderlich

11.3.2 Unternehmensverkauf (Share Deal)

Da die Stilllegung eines Betriebs oder Betriebsteils, insbesondere wenn diesbezüglich ein Sozialplan verhandelt werden muss, mit nicht unerheblichen Kosten verbunden ist, wird ein Arbeitgeber eher bemüht sein, eine solche betriebliche Einheit abzugrenzen und bestmöglich zu verkaufen. Hier kommt es maßgeblich darauf an, wie das Unternehmen mit seinen einzelnen Sparten bislang rechtlich strukturiert ist.

Verkauf des gesamten Unternehmens

> **Alternativbeispiel 1:**
>
> Im oben genannten Beispiel produziert der Schuhfabrikant Herrenschuhe mit 40 Arbeitnehmern in Pirmasens in der X GmbH und Sportschuhe mit 10 Arbeitnehmern in Kaiserslautern in der Y GmbH. Von der Sparte Sportschuhe möchte er sich trennen und diesen Bereich an den Sportverein FC, der eine eigene Sportschuhkollektion herausbringen möchte, verkaufen.

Da in dieser Alternative die Sportschuhe in einem eigenen Unternehmen produziert werden, stellen sich aus arbeitsrechtlicher Sicht keine Probleme. Die Y GmbH ist eigenständiger Arbeitgeber der 10 bei ihr beschäftigten Arbeitnehmer. Der Schuhfabrikant kann die Y GmbH an FC verkaufen, indem er die Gesellschaftsanteile an der GmbH verkauft und überträgt. Es handelt sich um einen sogenannten Share Deal. Der Arbeitgeber bleibt der gleiche wie vorher auch, nur der Eigentümer der Gesellschaft ändert sich. An der arbeitsrechtlichen Situation der bei der Y GmbH beschäftigten Arbeitnehmer ändert sich nichts; ein Betriebsübergang liegt nicht vor.

Share Deal/ Arbeitgeber bleibt gleich

Existiert in einem Unternehmen ein Betriebsrat bzw. ein Wirtschaftsausschuss, sind der Wirtschaftsausschuss gemäß § 106 Abs. 3 Nr. 9a BetrVG bzw. der Betriebsrat gemäß § 109a BetrVG über den Wechsel des Gesellschafters zu informieren, wenn damit eine „Änderung der Kontrolle" verbunden ist.

11.3.3 Verkauf eines Betriebs (Asset Deal), Betriebsübergang

> **Alternativbeispiel 2:**
> Im vorab genannten Beispiel produziert der Schuhfabrikant in der X-GmbH Herrenschuhe mit 40 Arbeitnehmern in Pirmasens und Sportschuhe mit 10 Arbeitnehmern in Kaiserslautern. Von der Sparte Sportschuhe möchte er sich trennen und diesen Bereich an den Sportverein FC, der eine eigene Sportschuhkollektion herausbringen möchte, verkaufen.

Asset Deal/ Arbeitgeber ändert sich

In dieser Alternative hat die X GmbH einen Betrieb in Pirmasens mit 40 Arbeitnehmern und einen Betrieb in Kaiserslautern mit 10 Arbeitnehmern. Obwohl es sich bei dem Betrieb in Kaiserslautern nicht um eine eigenständige Gesellschaft handelt, ist ein Verkauf dieses Betriebs mit all seinen Betriebsmitteln, den Assets, im Wege der Einzelrechtsnachfolge möglich. Man spricht hier von einem sogenannten Asset Deal. Die Arbeitsverhältnisse der im Betrieb beschäftigten Arbeitnehmer gehen mit allen Rechten und Pflichten auf den diesen Betrieb erwerbenden FC über. Es liegt ein Betriebsübergang nach § 613a BGB vor.

Arbeitsverhältnisse gehen grundsätzlich mit allen Rechten und Pflichten über

Sind die Rechte und Pflichten der vom Betriebsübergang betroffenen Arbeitnehmer durch Rechtsnormen eines Tarifvertrages oder durch eine Betriebsvereinbarung geregelt, so werden sie Inhalt des Arbeitsverhältnisses zwischen dem neuen Inhaber und dem Arbeitnehmer und dürfen nicht vor Ablauf eines Jahres nach dem Übergangszeitpunkt zum Nachteil des Arbeitnehmers geändert werden. Man spricht insoweit auch von der Transformation kollektivarbeitsrechtlicher Rechte und Pflichten ins einzelne Arbeitsverhältnis.

Chancen und Risiken der einjährigen Veränderungssperre

Hinsichtlich der Veränderungssperre von einem Jahr besteht in der Praxis regelmäßig große Verunsicherung. Insbesondere von den Kräften, die einen solchen Betriebsübergang verhindern möchten, wird stets damit argumentiert, der Arbeitgeber könne nach einem Jahr die Bedingungen des Arbeitsverhältnisses quasi neu festlegen. Dies ist eindeutig falsch. Abgesehen davon, dass diese Veränderungssperre von einem Jahr schon gar nicht gilt, wenn die Rechte und Pflichten bei dem neuen Inhaber durch Rechtsnormen eines anderen Tarifvertrages oder einer anderen Betriebsvereinbarung geregelt werden, ist auch nach Ablauf dieses Jahres der Arbeitgeber kündigungsschutzrechtlich gehindert, die Bedingungen des Arbeitsverhältnisses einseitig zu ändern.

> **Alternativbeispiel 3:**
> Die X GmbH gewährt ihren Arbeitnehmern nach dem Tarifvertrag ein Weihnachtsgeld in Höhe eines Bruttomonatsgehalts. Bei FC wird bislang kein Weihnachtsgeld gezahlt.

In diesem Fall behalten die 10 bislang in Kaiserslautern beschäftigten Arbeitnehmer ihren Anspruch auf Zahlung eines Weihnachtsgeldes in Höhe eines Bruttomonatsgehalts. Der sich bislang aus dem Tarifvertrag ergebende Anspruch wird Gegenstand des einzelnen Arbeitsverhältnisses.

> **Alternativbeispiel 4:**
> Die X GmbH gewährt auf Basis einer Betriebsvereinbarung eine freiwillige, übertarifliche Zulage in Höhe eines Bruttomonatsgehalts als Urlaubsgeld. Bei FC gibt es ebenfalls einen auf eine Betriebsvereinbarung zurückgehenden Anspruch auf Urlaubsgeld, allerdings wird hier nur ein halbes Bruttomonatsgehalt gezahlt.

Auch hier würde der Anspruch auf Urlaubsgeld, der sich bei der X-GmbH aus einer Betriebsvereinbarung ergab, an sich ins einzelne Arbeitsverhältnis übertragen und dürfte vor Ablauf eines Jahres nicht geändert werden. Da hier jedoch eine entsprechende Regelung über die Gewährung von Urlaubsgeld in einer Betriebsvereinbarung bei FC schon besteht, beschränkt sich der Anspruch der übergehenden Arbeitnehmer sogleich auf ein halbes Bruttomonatsgehalt. Eine Übertragung des sich aus der alten Betriebsvereinbarung ergebenden Rechts auf Zahlung eines vollen Bruttomonatsgehalts in das einzelne Arbeitsverhältnis findet nicht statt, da hier eine denselben Regelungsbereich erfassende Betriebsvereinbarung bei FC bereits besteht.

Vorrang der Betriebsvereinbarungen des Erwerbers

Dass sich in diesem Zusammenhang sowohl für den Betriebsveräußerer als auch für den Betriebserwerber eine ganze Reihe von rechtlichen Gestaltungsmöglichkeiten ergeben, liegt auf der Hand. Von daher ist es dringend ratsam, in solchen Fällen der Umstrukturierung rechtzeitig (!) eine fundierte arbeitsrechtliche Beratung einzuholen. Dies gilt umso mehr vor dem Hintergrund der gemäß § 613a Abs. 5 BGB bestehenden Informationspflicht gegenüber den Arbeitnehmern; bei dieser hat der Arbeitgeber nicht nur die gesetzlichen Anforderungen zu beachten, sondern auch die hierzu durch die Rechtsprechung entwickelten Besonderheiten. Ein fehlerhaftes Informationsschreiben führt dazu, dass die Widerspruchsfrist nicht zu laufen beginnt und ein Arbeitnehmer unter Umständen noch Jahre nach dem Betriebsübergang widersprechen kann, mit der Folge, dass sein Arbeitsverhältnis dann wieder zum Betriebsveräußerer besteht.

Rechtliche Gestaltungsmöglichkeiten und -risiken rechtzeitig prüfen

11.3.4 Betriebsteilübergang vs. Funktionsnachfolge

> **Alternativbeispiel 5:**
> Die X GmbH produziert mit 50 Arbeitnehmern handgenähte Herrenschuhe und Sportschuhe in Pirmasens. Mit der Produktion von Sportschuhen sind nur noch 10 Arbeitnehmer beschäftigt. Dieser Bereich soll an den FC verkauft werden. Liegt ein Betriebsübergang vor?

Da die X GmbH mit 40 Arbeitnehmern weiterhin Schuhe produziert, kann der Betrieb als Ganzes nicht übergehen. Hier kommt allenfalls der Übergang eines Betriebsteils in Betracht. Anerkannt ist, dass auch ein Betriebsteil als solcher

Betriebsteil als Anknüpfungspunkt

im Wege eines Asset Deals verkauft und an einen Dritten übertragen werden kann. Folge davon ist, dass die in diesem Betriebsteil beschäftigten Arbeitnehmer nach § 613a BGB auf den Betriebserwerber übergehen. Problematisch ist in diesem Falle aber, ob überhaupt ein Betriebsteil vorliegt und wenn ja, welche Arbeitnehmer diesem Betriebsteil zuzuordnen sind.

Nur wenn arbeitsrechtlich bereits beim Betriebsveräußerer ein Betriebsteil vorliegt, kann es zu einem Betriebsübergang dieses Betriebsteils kommen. Das Bundesarbeitsgericht hat in mehreren Entscheidungen der vergangenen Jahre ausdrücklich darauf hingewiesen, dass es nicht ausreicht, wenn das Übernommene erst beim Betriebserwerber zum eigenständigen Betriebsteil wird und insoweit wesentliche Grundsätze zur Abgrenzung des Betriebsteilübergangs von der bloßen Funktionsnachfolge aufgestellt.

Ohne Abgrenzbarkeit des Betriebsteils kein Betriebsübergang

Lassen sich somit in obigem Beispiel die in der Produktion beschäftigten Arbeitnehmer beliebig untereinander austauschen, vertreten sie sich gegenseitig im Urlaubs- und Krankheitsfall, nutzen sie die selben Räumlichkeiten, das selbe Lager, die selben Maschinen etc., dann sind ernstliche Zweifel daran angebracht, ob eine im Sinne der Rechtsprechung erforderliche wirtschaftliche Einheit, die übergehen kann, überhaupt vorliegt. Ob und inwieweit sich diese Rechtsprechung allerdings vor dem Hintergrund jüngerer Tendenzen in der Rechtsprechung des Europäischen Gerichtshofs, einen Betriebsübergang auch bei fehlender Wahrung der wirtschaftlichen Identität einer übergehenden Einheit aufrechterhalten lässt, bleibt abzuwarten. Allerdings hat das Bundesarbeitsgericht seit einer Entscheidung aus dem Jahre 2011 wiederum betont, dass es einer beim Betriebsveräußerer bestehenden wirtschaftlichen Einheit bedarf.

> **Merke:**
> Unabhängig davon gilt grundsätzlich, dass für die Ermittlung, ob eine auf Dauer angelegte wirtschaftliche Einheit vorliegt, vor allem der sogenannte „7-Punkte-Katalog" des EuGH bzw. „7-Punkte-Test", der vom EuGH eingeführt wurde, maßgeblich ist. Bei diesem ist eine Gesamtwürdigung der Einzelfallumstände vorzunehmen, wobei vor allem
> 1) die Art des betreffenden Unternehmens,
> 2) der etwaige Übergang materieller Betriebsmittel,
> 3) der Wert immaterieller Aktiva,
> 4) die Übernahme der Hauptbelegschaft,
> 5) der Übergang der Kundschaft,
> 6) die Ähnlichkeit der Tätigkeit vor und nach der Übernahme sowie
> 7) die Dauer einer eventuellen Unterbrechung der Tätigkeit
>
> von Bedeutung sind. Je nach Art des Unternehmens und der ausgeübten Tätigkeit, sind diese Kriterien im Einzelfall unterschiedlich zu gewichten.

Funktionsnachfolge als Gegenstück zum Betriebsteilübergang

> **Beispiel:**
> Die Sekretärin S arbeitet in der Holding H eines kleinen Familienkonzerns F, zu dem vier Gesellschaften gehören. Nachdem der Firmengründer sich aus Altersgründen zur Ruhe gesetzt hat, werden die vier Gesellschaften an einen Wettbewerber W verkauft. Die von der Holding bislang gegenüber den Tochtergesellschaften erbrachten Dienstleistungen (Sekretariat, Buchhaltung, Rechnungswesen, EDV) werden für eine Übergangszeit noch über einen Dienstleistungsvertrag von dort

> eingekauft. Nach einem Jahr kündigt W den Dienstleistungsvertrag und nimmt die Aufgaben mit eigenen Arbeitnehmern wahr. Von der Holding H, die nunmehr nur noch die bereits seit Jahren nach dort übertragenen Aufgaben der Immobilienverwaltung für dem Gesellschafter gehörende Grundstücke und Gebäude ausübt, wird kein einziger Arbeitnehmer übernommen oder neu eingestellt. S erhält die betriebsbedingte Kündigung und beruft sich darauf, die Kündigung sei wegen Betriebsübergangs unwirksam. Die von ihr bislang wahrgenommenen Aufgaben fielen bei W ebenfalls an, daher liege ein Betriebsübergang vor.

Wie bereits vorab dargestellt kann auch hier ein Betriebsübergang eines kompletten Betriebs nicht vorliegen, da die Holding bestimmte Aufgaben, die sie auch bislang schon wahrgenommen hatte, behält. Es kommt somit allenfalls ein Betriebsteilübergang in Betracht. Dann aber hätte die Funktion der S bei H bereits die Qualität eines übergangsfähigen Betriebsteils haben müssen und dieser Betriebsteil müsste als solcher bei W fortgeführt werden. Da dies aber nicht der Fall ist, liegt ein Betriebsteilübergang nicht vor, die bloße Fortführung von Funktionen – rechtlich spricht man hier von Funktionsnachfolge – reicht hierzu nicht aus. Dies wurde in einem vergleichbaren Fall vom Bundesarbeitsgericht ausdrücklich so entschieden.

An diesem Beispiel wird deutlich, dass sich Arbeitnehmer, deren Funktion wegfällt und von einem anderen übernommen wird, in der Praxis oft zu schnell auf eine Unwirksamkeit der ihnen gegenüber ausgesprochenen betriebsbedingten Kündigung berufen und eine Fortsetzung des Arbeitsverhältnisses aufgrund Betriebsübergangs beim vermeintlichen Betriebserwerber verlangen, während in Wirklichkeit nur eine bloße Funktionsnachfolge vorliegt und damit kein Betriebsübergang. Allerdings darf das dann für den Betriebserwerber liegende Risiko, insbesondere hinsichtlich der Prozesskosten, nicht unterschätzt werden. Immerhin trägt im arbeitsgerichtlichen Verfahren unabhängig von dessen Ausgang in erster Instanz jede Partei, aber auch der Arbeitgeber die Anwaltskosten selbst.

Prozessrisiko

11.3.5 Umwandlungen nach dem UmwG

Zu erwähnen sind schließlich die Möglichkeiten, eine Umstrukturierung mit den Mitteln des UmwG vorzunehmen, die es erlauben, Vermögenswerte statt im Wege einer Einzelrechtsnachfolge im Wege der Universalsukzession zu übertragen. Individualarbeitsrechtlich ergeben sich daraus für den einzelnen Arbeitnehmer in den Fällen der Verschmelzung, Spaltung oder Vermögensübertragung keine Besonderheiten. Nach § 324 UmwG bleibt § 613a Abs. 1, 4 bis 6 BGB „unberührt", was nichts anderes heißen soll, als dass die Regelungen dieser Gesetzesnorm auch bei Umwandlungen, die entgegen des Wortlauts des § 613a BGB einen Übergang der betrieblichen Einheit gerade nicht „durch Rechtsgeschäft", sondern kraft Gesetzes zur Folge haben, anwendbar sein sollen.

Gesetzliche Möglichkeiten von Umstrukturierungen nach dem UmwG prüfen

Zu beachten bleibt aus arbeitsrechtlicher Sicht § 323 UmwG. Nach dessen Abs. 1 darf sich die kündigungsrechtliche Stellung eines Arbeitnehmers, der bereits vor der Umwandlung in einem Arbeitsverhältnis stand, für die Dauer von

Arbeitsrechtliche Sonderregelungen des UmwG beachten

zwei Jahren ab dem Zeitpunkt der Umwandlung nicht verschlechtern. Einigkeit besteht insoweit, dass es sich bei dieser Regelung um eine sprachlich und inhaltlich sehr missglückte Norm handelt, die nicht von sonderlicher gesetzgeberischer Gründlichkeit zeugt. Die Fragen, was mit „kündigungsschutzrechtlicher Stellung" gemeint ist, wird in Rechtsprechung und Literatur immer noch diskutiert.

Interessenausgleich mit Namensliste erleichtert Zuordnung zu Betriebsteilen

Nach § 323 Abs. 2 UmwG besteht die Möglichkeit, in einem Interessenausgleich diejenigen Arbeitnehmer namentlich zu bezeichnen, die nach der Umwandlung einem bestimmten Betrieb oder Betriebsteil zugeordnet werden sollen. Diese Zuordnung kann dann von einem Arbeitnehmer, der diesem Betriebsteil nicht zugeordnet sein möchte, nur noch auf grobe Fehlerhaftigkeit überprüft werden. Insoweit stehen den Betriebsparteien große Gestaltungsspielräume offen, die es auch im Sanierungsfall, der von einer Umwandlung nach dem UmwG begleitet wird, zu nutzen gilt. Die Situation ist vergleichbar mit der eines Interessenausgleichs mit Namensliste nach § 1 Abs. 5 KSchG. Hier haben die Betriebsparteien die Möglichkeit, durch umfassende Erörterung aller Einzelfragen bis hin zu einer gemeinsam durchgeführten Sozialauswahl, die in einer Namensliste mündet, die kündigungsschutzrechtlichen Möglichkeiten betroffener Arbeitnehmer ganz erheblich einzuschränken; denn bei einem Interessenausgleich mit Namensliste wird der Kündigungsgrund gesetzlich vermutet und die Sozialauswahl kann nur auf grobe Fehlerhaftigkeit geprüft werden.

Umwandlungsvertrag muss dem Betriebsrat vorher zugeleitet werden (Frist 1 Monat)

Kollektivarbeitsrechtlich ist zu beachten, dass der erforderliche Umwandlungsvertrag nach dem Gesetz bestimmte Angaben enthalten muss (vgl. § 5 UmwG) und der Vertrag oder sein Entwurf spätestens einen Monat vor dem Tage der Versammlung der Anteilsinhaber jedes beteiligten Rechtsträgers, die über die Zustimmung (zum Beispiel) zum Verschmelzungsvertrag beschließen soll, dem zuständigen Betriebsrat dieses Rechtsträgers zuzuleiten ist. Berücksichtigt man weiter, dass nach § 5 Abs. 1 Ziff. 9 UmwG der Vertrag „die Folgen der Verschmelzung für die Arbeitnehmer und ihre Vertretungen sowie die insoweit vorgesehenen Maßnahmen" enthalten muss, dann wird deutlich, dass hier erheblicher Aufwand aus arbeitsrechtlicher Sicht erforderlich ist. Wenn die Folgen für die Arbeitnehmer dargestellt werden müssen, dann beinhaltet dies auch etwaige Fragen der betrieblichen Altersversorgung. Die Folgen der Verschmelzung für die Vertretungen der Arbeitnehmer erfassen den Betriebsrat, Gesamtbetriebsrat, Konzernbetriebsrat, aber auch die Arbeitnehmervertretung im Aufsichtsrat. Da hiermit unter Umständen erhebliche kollektivarbeitsrechtliche Probleme verbunden sind, empfiehlt es sich, rechtzeitig (!) nicht nur einen gesellschaftsrechtlich versierten Spezialisten, sondern auch einen Arbeitsrechtler zu Rate zu ziehen, denn im schlimmsten Falle könnte arbeitnehmerseits versucht werden, die Umwandlung, d. h. konkret die Eintragung ins Handelsregister, zu verhindern oder zumindest aufzuschieben, wenn der Vertrag nicht den gesetzlichen Vorgaben entspricht.

11.4 Besonderheiten im Insolvenzverfahren

Droht die Insolvenz eines Unternehmens oder hat dieses bereits Insolvenz angemeldet, stellt sich die Frage, welche Besonderheiten der Arbeitgeber zu beachten hat und welche Folgen für die Arbeitnehmer eintreten bzw. welche Absicherungen hier existieren. Grundsätzlich hat die Insolvenz eines Unternehmens zunächst keinen Einfluss auf den Fortbestand der Arbeitsverhältnisse und die Geltung des allgemeinen Arbeitsrechts. In der Insolvenzordnung werden lediglich einige Sonderregelungen getroffen. Soweit solche nicht bestehen, gilt das allgemeine Arbeitsrecht fort. Überwiegend trifft allerdings die Arbeitgeberentscheidungen der Insolvenzverwalter.

11.4.1 Kündigung von Arbeitsverhältnissen in der Insolvenz

Aus dem Vorstehenden ergibt sich, dass auch in der Insolvenz das Kündigungsschutzgesetz maßgeblich ist. Überwiegend sind hier jedoch betriebsbedingte Kündigungsgründe mehr als eindeutig, z. B. Stilllegung des Unternehmens durch den Insolvenzverwalter.

Eine Erleichterung gilt im Hinblick auf die vom Insolvenzverwalter zu beachtenden Kündigungsfristen. Es ist eine Kündigungsfrist von 3 Monaten zum Monatsende einzuhalten, falls nicht eine kürzere Frist aus anderen Rechtsgründen einschlägig ist (§ 113 InsO). Diese Kündigungsmöglichkeit besteht auch gegenüber ordentlich unkündbaren Arbeitnehmern oder im Falle von Befristungen, die eigentlich die Möglichkeit zur ordentlichen Kündigung nicht vorsehen. Sollte bereits vor Insolvenzeröffnung eine Kündigung mit einer längeren Frist ausgesprochen worden sein, kann nun der Insolvenzverwalter mit der Frist des § 113 InsO kündigen, sodass das Arbeitsverhältnis dann bereits zu einem früheren Zeitpunkt endet.

Kündigungsfristen in der Insolvenz

Der Insolvenzverwalter muss allerdings z. B. den besonderen Kündigungsschutz[22] von werdenden Müttern oder schwerbehinderten Arbeitnehmern beachten und vor einer Kündigung die entsprechenden Zustimmungen der Behörden einholen.

11.4.2 Betriebsänderungen und Maßnahmen im Rahmen einer übertragenden Sanierung

Eine Betriebsänderung im Sinn von § 111 BetrVG[23] kann in der Insolvenz einerseits bei einer Stilllegung des Betriebes durch den Insolvenzverwalter aber auch bei einer Einschränkung des Betriebes als Vorbereitung für einen Verkauf eintreten.

Auch der Insolvenzverwalter muss im Falle einer Betriebsänderung die Beteiligungsrechte des Betriebsrates beachten. Allerdings sehen die §§ 121, 122 InsO eine Verfahrensbeschleunigung vor. Hier ist von wesentlicher Bedeutung, dass sich der Insolvenzverwalter nicht auf ein langwieriges und teilweise auch kostspieliges Einigungsstellenverfahren einlassen muss.

11 Arbeitsrechtliche Sanierungsmaßnahmen

Gerichtliche Zustimmung zur Betriebsänderung

Er kann, falls ein Interessenausgleich nach drei Wochen der Verhandlung bzw. nach Aufforderung zur Verhandlung gegenüber dem Betriebsrat nicht zustande gekommen ist, beim Arbeitsgericht die Zustimmung zur Durchführung der Betriebsänderung beantragen. Auch hier bestehen Kündigungserleichterungen für den Insolvenzverwalter, wenn es ihm gelingt, einen Interessenausgleich mit Namensliste zu vereinbaren[24]. Führt der Insolvenzverwalter das Antragsverfahren beim Arbeitsgericht durch, so kann er gemäß § 126 InsO beantragen, dass ebenfalls festgestellt wird, dass die Kündigung der Arbeitsverhältnisse bestimmter im Antrag genannter Arbeitnehmer durch dringende betriebliche Erfordernisse bedingt und sozial gerechtfertigt ist. Diese Möglichkeit besteht auch, falls im Betrieb kein Betriebsrat existiert. Die Kündigung kann bereits vor Einleitung und Abschluss des gerichtlichen Verfahrens ausgesprochen werden.

Sozialplan in der Insolvenz

Für die möglicher Weise bestehende Verpflichtung zur Verhandlung eines Sozialplanes gibt es bis auf die Begrenzung des Sozialplanvolumens im Insolvenzverfahren keine Besonderheiten. Nach § 123 Abs. 1 InsO kann für einen Sozialplan, der nach Eröffnung des Insolvenzverfahrens aufgestellt wird, ein Gesamtbetrag von bis zu zweieinhalb Monatsverdiensten der von einer Entlassung vorgesehenen Arbeitnehmer vorgesehen werden.

Asset Deal in der Insolvenz

Immer häufiger werden die Fälle, in denen der Insolvenzverwalter den Betrieb oder Teile veräußern kann. Dies geschieht regelmäßig im Wege eines sogenannten Asset Deals[25]. § 613a BGB bleibt auch hier grundsätzlich anwendbar. § 128 InsO bestimmt aber, dass die §§ 125 bis 127 InsO auch auf solche Fälle anwendbar sind, in denen ein Erwerber den Betrieb übernimmt und die Betriebsänderung erst nach der Veräußerung durchgeführt werden soll. Gemäß § 125 InsO wird hier dann insbesondere auch vermutet, dass die Kündigung nicht wegen des Betriebsüberganges erfolgte.

Erwerberkonzept

Hier können auch die Besonderheiten der betriebsbedingten Kündigung wegen eines sogenannten Erwerberkonzeptes zum Tragen kommen, die darauf aufbauen, dass ein Erwerber einen in der Insolvenz befindlichen Betrieb regelmäßig nur wird kaufen wollen, wenn gemäß seinem Konzept bestimmte Sanierungsmaßnahmen ergriffen werden.

Häufig stellt sich auch die Frage, ob ein Arbeitnehmer, der von einem Insolvenzverwalter gekündigt wurde, zu einem späteren Zeitpunkt arbeitsgerichtlich einklagen kann, bei dem Erwerber beschäftigt zu werden, da ein Betriebsübergang vorlag. Hat allerdings der Insolvenzverwalter zu einem Zeitpunkt gekündigt, zu dem es keine Kaufinteressenten gab und er die feste Absicht hatte, den Betrieb still zu legen, und ist zu dem noch die Kündigungsfrist des Arbeitnehmers vor dem Betriebsübergang abgelaufen, schließt das Bundesarbeitsgericht nach derzeitiger Rechtsprechung einen entsprechenden Anspruch des Arbeitnehmers aus.

> **Beispiel:**
>
> Insolvenzverwalter A kündigt allen Arbeitnehmern wegen Stilllegung zum 31. Dezember, stellt sie am 10. Oktober frei und entfaltet keine betriebliche Tätigkeit mehr. Am 1. Januar übernimmt B den Betrieb mit allen Betriebsmitteln. Die Arbeitnehmer haben keinen Anspruch gegen B, bei ihm beschäftigt zu werden.

> **Merke:**
> Bei einem Betriebsübergang im Rahmen der Insolvenz haftet der Erwerber nur für Ansprüche der Arbeitnehmer, die nach der Insolvenzeröffnung entstanden sind, für Ansprüche aus der Zeit davor nicht.

11.4.3 Insolvenzausfallgeld

Die Arbeitnehmer sind gegen das Lohnausfallrisiko der Insolvenz gemäß §§ 165 bis 172 SGB III durch die Gewährung von Insolvenzausfallgeld geschützt. Der Insolvenzgeldanspruch besteht, wenn die Arbeitnehmer aufgrund des Insolvenzereignisses noch Anspruch auf Arbeitsentgelt aus den vorausgegangenen drei Monaten vor Insolvenzeröffnung haben. Endete das Arbeitsverhältnis vor der Insolvenzeröffnung, ist für die Ermittlung der drei Monate auf das Ende des Arbeitsverhältnisses abzustellen.

Der Arbeitnehmer muss das Insolvenzgeld spätestens vor Ablauf von zwei Monaten nach dem rechtserheblichen Insolvenzereignis bei der Agentur für Arbeit beantragen. Nach Ablauf von zwei Monaten kann Insolvenzgeld nicht mehr beantragt werden. Stellt der Arbeitnehmer den Antrag auf Insolvenzgeld, gehen seine Ansprüche gegen den Arbeitgeber kraft Gesetzes auf die Bundesagentur für Arbeit über.

Voraussetzung für die Gewährung von Insolvenzgeld ist, dass ein Arbeitnehmer (einschl. zur Berufsausbildung Beschäftigte und Heimarbeiter) von dem Insolvenzereignis betroffen ist. Das Insolvenzereignis muss darüber hinaus beim Arbeitgeber vorliegen. Die Bundesagentur für Arbeit prüft darüber hinaus, ob tatsächlich ein Insolvenzereignis gegeben ist. Als Insolvenzereignis im Sinn von § 165 SGB III gelten:

- Eröffnung eines Insolvenzverfahrens, hierbei kann auch ein beim ausländischen Arbeitgeber vorliegendes Insolvenzereignis für einen im Inland beschäftigten Arbeitnehmer einen Anspruch auf Insolvenzgeld herbeiführen.
- Abweisung des Antrags auf Eröffnung des Insolvenzverfahrens mangels Masse; wird der Insolvenzantrag aus anderen Gründen abgelehnt, liegt kein Insolvenzereignis im Sinn von § 165 SGB III vor.
- vollständige Beendigung der Betriebstätigkeit; dies ist nur als maßgebliches Insolvenzereignis anzusehen, wenn ein Antrag auf Eröffnung des Insolvenzverfahrens nicht gestellt ist und ein Insolvenzverfahren offensichtlich mangels Masse nicht in Betracht kommt (§ 165 Abs. 1 S. 1 Nr. 3 SGB III).

Da das Insolvenzausfallgeld das rückständige Arbeitsentgelt sichern soll, entspricht es seiner Höhe nach dem noch nicht gezahlten Nettoentgelt für drei Monate. Bei der Ermittlung des zugrunde zu legenden Bruttoentgelts wird dies allerdings auf die jeweilige Beitragsbemessungsgrenze in der Arbeitslosenversicherung begrenzt, sodass nicht in jedem Fall das gesamte nicht gezahlte Nettoentgelt durch die Bundesagentur für Arbeit ersetzt wird.

Begrenzung des Insolvenzausfallgeldes

Bei der Ermittlung werden bis zur vorgenannten Grenze alle Ansprüche aus dem Arbeitsverhältnis berücksichtigt, die vom Arbeitnehmer im Insolvenzgeldzeitraum erarbeitet, aber vom Arbeitgeber nicht mehr gezahlt wurden. Dazu gehören allerdings keine Ansprüche auf Arbeitsentgelt, die der Arbeitnehmer wegen der Beendigung des Arbeitsverhältnisses oder für die Zeit nach der Beendigung hat. Insolvenzgeldfähiges Arbeitsentgelt sind z. B. Jahressonderzahlungen, wenn sie während des Insolvenzgeldzeitraumes fällig werden oder einzelnen Monaten zuzuordnen sind, Urlaubsentgelt und Urlaubsgeld, Ersatz von Reisekosten oder Spesen. Nicht zu den berücksichtigungsfähigen Ansprüchen auf Arbeitsentgelt gehören Ansprüche auf Verzugszinsen, Darlehen an den Arbeitgeber, während des Insolvenzzeitraums vereinbarte tarifliche Lohnerhöhungen, die rückwirkend für Zeiten vor dem Insolvenzereignis gelten sollen.

> **Beispiel:**
> Über das Vermögen der B GmbH wird am 1.11. das Insolvenzverfahren eröffnet. A hat keinen Lohn im Oktober mehr erhalten. Im November steht ihm nach dem Arbeitsvertrag ein Weihnachtsgeld zu. Am 15.11. wird ein Tarifvertrag abgeschlossen, der eine Erhöhung der Löhne rückwirkend zum 01.07. um 1,5 % vorsieht. Auf das Arbeitsverhältnis findet dieser Tarifvertrag Anwendung. A kann zur Ermittlung des Insolvenzgeldes seinen rückständigen Lohn für Oktober, aber nicht Zinsen hierauf bei der Bundesagentur für Arbeit anmelden, ebenso kann er seinen anteiligen Anspruch auf Weihnachtsgeld anmelden, aber nicht den Anspruch auf Nachzahlung der Lohnerhöhung für Juli bis Oktober.

Vorfinanzierung des Insolvenzausfallgeldes

Bestehen bei einem Arbeitgeber zunächst lediglich Zahlungsschwierigkeiten, ohne dass bereits eine Insolvenzantragspflicht besteht, oder ist lediglich ein vorläufiges Insolvenzverfahren eröffnet, kann sich der Arbeitgeber einen Kredit durch die sogenannte Vorfinanzierung des Insolvenzgeldes beschaffen. Der Arbeitgeber kann diesen dann zur Begleichung der Lohnforderungen der Arbeitnehmer verwenden, um so den weiteren Betrieb des Unternehmens zu sichern und ggf. die Insolvenz abzuwenden. Die Bundesagentur für Arbeit leistet nämlich vor der Insolvenzeröffnung bei ungekündigten Arbeitsverhältnissen keinen Vorschuss auf das Insolvenzgeld. Die Vorfinanzierung erfolgt dadurch, dass die Arbeitnehmer ihre Gehaltsansprüche, die durch das Insolvenzgeld letztendlich gesichert wären, an eine Bank abtreten. Die Bank gewährt dann Zug um Zug ein Darlehen in Höhe des Nettolohnes. Die Abtretung wird seitens der Bank der Bundesagentur für Arbeit angezeigt. Aufgrund dieses Umstandes erhält dann die Bank im Falle eines Insolvenzereignisses die Zahlungen des Insolvenzgeldes durch die Bundesagentur für Arbeit (§ 170 SGB III).

Allerdings erfolgt dies nur wirksam und dies ist damit unerlässliche Voraussetzung der Vorfinanzierung, wenn die Bundesagentur für Arbeit dieser bereits vor der Abtretung der Ansprüche durch die Arbeitnehmer zugestimmt hat. Dabei darf die Bundesagentur für Arbeit der Übertragung oder Verpfändung der Insolvenzgeldansprüche durch die Arbeitnehmer nur zustimmen, wenn Tatsachen die Annahme rechtfertigen, dass durch die Vorfinanzierung der Arbeitsentgelte ein erheblicher Teil der Arbeitsplätze gesichert sind und erhalten bleiben.

Sanierungskonzept

Hierfür ist es regelmäßig erforderlich der Bundesagentur für Arbeit ein Sanierungskonzept vorlegen zu können, welches die Erhaltung der überwiegenden

Zahl der Arbeitsplätze vorsieht. Somit müssen ernsthafte und Erfolg versprechende Sanierungsbemühungen dargelegt werden.

Das Mittel der sogenannten Vorfinanzierung ist in der Regel wesentlicher Bestandteil der Bemühungen eines vorläufigen Insolvenzverwalters um eine sogenannte übertragende Sanierung. Bei der übertragenden Sanierung besteht das Bestreben des (vorläufigen) Insolvenzverwalters darin, das insolvente Unternehmen an einen neuen Inhaber zu veräußern. Dies kann im Zusammenhang mit weiteren arbeitsrechtlichen Maßnahmen stehen, die jeweils im Einzelfall auf ihre wirtschaftliche und sonstige Zweckmäßigkeit hin überprüft werden müssen. Die Übernahme durch einen Dritten, also neuen Inhaber, erfolgt dann regelmäßig im Wege eines sogenannten Asset Deals, der arbeitsrechtlich einen Betriebsübergang mit den oben geschilderten Folgen nach sich zieht[26].

Anmerkungen

[1] Freiwilligkeitsvorbehalte sind nur noch sehr eingeschränkt zulässig und wirksam. Unzulässig sind Freiwilligkeitsvorbehalte bei monatlichen Leistungen. Vgl. Kapitel 11 Website Fallbeispiele Arbeitsrecht (Freiwilligkeitsvorbehalt)
[2] Grundsätzlich gilt, dass lediglich ein Anteil von 25–30 % am Gesamtverdienst widerrufen werden darf. Zusätzlich muss im Vertrag ausdrücklich und eindeutig geregelt sein, aus welchen Gründen (z. B. wirtschaftliche Schwierigkeiten oder Gründe in der Person des Arbeitnehmers) ein Widerruf in Betracht kommt.
[3] Vgl. unten 10.2.1.2.
[4] Vgl. 10.2.1.2 dort insbes. Fn. 5–10.
[5] Vgl. 10.2.1.2, bei der Vergleichbarkeit ist hier beachtlich, dass diese auch für die geänderten Arbeitsbedingungen gegeben sein muss.
[6] §9 MuSchG.
[7] §18 Abs. 1 BErzGG.
[8] §§85, 90 Abs. 1, 91 SGB IX.
[9] §58 Abs. 2 BImSchG bzw. §55 Abs. 3 Krw-/AbfG.
[10] §4f Abs. 3 BDSG.
[11] §15 KSchG (grundsätzlich kommt dem Erhalt des Betriebsratsgremiums in seiner gewählten Form absoluter Vorrang zu).
[12] z.B. §18a GmO Rhld.-Pf., §35a GemO Hess.
[13] Gesetzlich vorgeschriebene Höhe: ½ Bruttomonatsgehalt pro Jahr der Betriebszugehörigkeit.
[14] §17 Abs. 1 KSchG: Betriebe mit mehr als 20 und weniger als 60 ArbN → mehr als 5 ArbN betroffen, Betriebe mit mind. 60 und weniger als 500 ArbN → mehr als 25 ArbN oder 10 % der regelmäßig beschäftigten ArbN betroffen, Betriebe mit mind. 500 ArbN → mind. 30 ArbN betroffen.
[15] §106 BetrVG: In Betrieben mit regelmäßig mehr als 100 Arbeitnehmern hat der Betriebsrat einen Wirtschaftsausschuss zu bilden. Dieser hat ein sehr weitgehendes Beratungsrecht gegenüber dem Arbeitgeber, vgl. §106 Abs. 3 BetrVG (nur Beispiele). Eine Nichtbeteiligung durch den Arbeitgeber stellt eine Ordnungswidrigkeit dar (§121 BetrVG).
[16] So st. Rspr. d. BAG (vgl. 07. August 1990, DB 1991, S. 760), teilweise differenzierend von der Literatur beurteilt (vgl. Däubler/Kittner/Klebe – Däubler, §111 BetrVG, Rnr. 44 ff.).
[17] Ablauf: Arbeitgeber und Betriebsrat müssen sich auf einen Einigungsstellenvorsitzenden und die Zahl der Beisitzer einigen. Gelingt dies nicht, kann die gerichtliche Bestimmung des Einigungsstellenvorsitzenden beantragt werden. Die Einigungsstelle soll zunächst eine Einigung versuchen, scheitert dies fällt die Einigungsstelle einen sog. Spruch, dieser kann unter bestimmten eingeschränkten Voraussetzung gerichtlich angegriffen werden.

[18] Hier ist zwischen Unternehmen und Betrieb zu differenzieren. Die Neugründung eines Betriebes durch ein seit Längerem existierendes Unternehmen ist nicht privilegiert, z. B. A GmbH mit einem Betrieb in Wuppertal gründet einen Betrieb in Krefeld, der ebenfalls als A GmbH betrieben wird.

[19] Gemäß § 17 Abs. 2 S. 2 KSchG ist der Betriebsrat schriftlich zu unterrichten und gemäß § 17 Abs. 3 S. 3 KSchG Folgendes anzugeben:
– Zahl der beabsichtigten Entlassungen (einschl. Darstellung gemäß Formularen der Agentur für Arbeit zur Massenentlassung.)
– Zahl der i. d. R. beschäftigten Arbeitnehmer
– Entlassungsrelevanter Zeitraum (mind. 2 Wochen vor der Anzeige gegenüber der Agentur für Arbeit)
– Entlassungsgründe sowie alle zweckdienlichen Auskünfte.

Der Betriebsrat hat sodann so Stellung zu nehmen, dass ersichtlich wird, dass die Beteiligungsrechte gemäß § 17 KSchG gewahrt wurden und er sich eine abschließende Meinung zu den beabsichtigten Kündigungen gebildet hat.

Dieses Konsultationsverfahren ist sorgfältig durchzuführen. Fehler können zur Unwirksamkeit der Kündigungen führen. Es ist deshalb Vorsicht bei der Einbeziehung in einen Interessenausgleich geboten.

[20] Vgl. 11.2.1 a. E.
[21] Informationen und Formulare sind unter www.arbeitsagentur.de verfügbar. Eine vorige telefonische Kontaktaufnahme ist zu empfehlen.
[22] Vgl. 11.2.1.2.
[23] Vgl. 11.2.2.
[24] Vgl. 11.2.2.
[25] Vgl. 11.3.3.
[26] Vgl. 11.3.3.

12

Gesellschaftsrechtliche Aspekte in der Krise
von Claudia Pleßke und Martin Bürmann

12.1 Gesellschafterdarlehen in der Krise
von Claudia Pleßke

Ob ein Unternehmen mit zusätzlichem Kapital ausgestattet wird, überlässt die Rechtsordnung grundsätzlich den Beteiligten. Man spricht insoweit von dem Grundsatz der Finanzierungsfreiheit oder der Freiheit des „Finanzierungs-Ob". Insbesondere gibt es keine allgemeine Pflicht zur Ausstattung der Gesellschaft mit angemessenem Eigenkapital. Ebenso bestehen keine Vorgaben, ob das Fremdkapital von Kreditinstituten, sonstigen Dritten oder den Gesellschaftern gewährt wird. Eingeschränkt sind die Kapital gewährenden Gesellschafter jedoch darin, wie sie der Gesellschaft Kapital zuführen – die Einschränkung der Freiheit des „Finanzierungs-Wie". Entscheiden sich die Gesellschafter einer GmbH (oder einer anderen Person ohne eine haftende natürliche Person) – statt mit haftendem Eigenkapital – mit Fremdkapital auszustatten, stellt sich die Frage, ob und inwieweit die Gesellschafter auch bei einem Kapitalbedarf der Gesellschaft die Rückzahlung des Darlehens verlangen können und ob sie der Gesellschaft in der Insolvenz wie jeder andere Drittgläubiger gegenüberstehen.

<small>Grundsatz der Finanzierungsfreiheit</small>

Das Recht der Gesellschafterdarlehen hat zuletzt im Jahr 2008 durch das Gesetz zur Modernisierung des GmbH-Rechts und zur Bekämpfung von Missbräuchen (MoMiG) eine grundlegende Renovierung erfahren. Das frühere Recht sah erst dann besondere Regelungen für Gesellschafterdarlehen (oder wirtschaftlich entsprechende Rechtshandlungen) vor, wenn diese funktional an die Stelle von Eigenkapital treten. Ein sogenanntes „eigenkapitalersetzendes Darlehen" sollte nach alter Rechtslage vorliegen, wenn ein Gesellschafter seiner Gesellschaft ein Darlehen zu einem Zeitpunkt gewährt oder ein gewährtes Darlehen stehen lässt, in dem ordentliche Kaufleute der Gesellschaft Eigenkapital zugeführt hätten. Losgelöst vom Gesetzeswortlaut sollte dies dann der Fall sein, wenn sich die Gesellschaft in einer „Krise" befindet. Die damit verbundenen Einordnungsschwierigkeiten wurden oftmals und nicht zu Unrecht kritisiert.

<small>Gesetz zur Modernisierung des GmbH-Rechts und zur Bekämpfung von Missbräuchen (MoMiG) – grundlegende Renovierung</small>

Obwohl die geänderte Rechtslage ohne Zweifel einfacher ist, nimmt sie dem Gesellschafter Handlungsmöglichkeiten, da nunmehr die insolvenzrechtliche Anfechtung eines jeden Gesellschafterdarlehens, das im Jahr vor Insolvenzeröffnung zurückgezahlt wurde – auch wenn zu diesem Zeitpunkt die Gesellschaft fern jeder Krise war – nach § 135 InsO möglich ist. Entgegen der Absicht der Regierungsbegründung, wonach das geltende Recht nicht nur vereinfacht, sondern auch die Gesellschafter nicht schlechter gestellt werden sollten, wirkt sich der Verzicht auf das Merkmal der „Krise", das es früher erlaubte, Darlehen bei Eintritt einer solchen abzuziehen, letztlich verschärfend aus. Umgekehrt

<small>insolvenzrechtliche Anfechtung nach § 135 InsO</small>

können Zahlungen außerhalb der Jahresfrist trotz bereits bestehender Krise sanktionslos bleiben.

Im Einzelfall kann diese neue Behandlung von Gesellschafterdarlehen zu als ungerecht empfundenen Ergebnissen führen.

> **Beispiel**
>
> Der Gesellschafter A hatte der X GmbH ein Darlehen gewährt. Er scheidet durch Verkauf seiner Anteile aus der unzweifelhaft gesunden Gesellschaft aus und lässt sich zuvor das Darlehen zurückzahlen. Nach seinem Ausscheiden gerät die Gesellschaft durch (u. U. sogar böswilliges) Verschulden des Erwerbers in die Krise und es erfolgt ein Insolvenzantrag ohne dass nach Rückzahlung des Darlehens ein Jahr verstrichen ist. Die Auszahlung an den Altgesellschafter ist nach § 135 Abs. 1 Nr. 2 InsO anfechtbar, da es sich um eine Rechtshandlung handelt, mit der ein Gesellschafter für ein von ihm gewährtes Darlehen im Zeitraum eines Jahres vor Eröffnungsantrag befriedigt wurde. Nach altem Recht wäre er nicht zur Rückzahlung verpflichtet. Hier helfen nur Alternativkonstruktionen beispielsweise ein Verkauf des Darlehens gemeinsam mit den Anteilen und entsprechende Berücksichtigung im Kaufpreis.

Auch in einer plötzlichen Insolvenz aufgrund nicht vorhersehbarer Ereignisse (z. B. der Ausfall eines wichtigen Schuldners) kann es – allein aufgrund der zeitlichen Abfolge – zu einer Einordnung als nachrangige Forderung kommen. Die Finanzierungsrisiken, aber auch die Einflussnahmemöglichkeiten haben sich damit zu Lasten finanzierungsbereiter Gesellschafter erheblich verschoben.

Das alte Recht zum Eigenkapitalersatz findet nur noch auf Insolvenzen Anwendung, die vor dem 1. November 2008 eröffnet wurden (Art. 103d EGInsO, § 20 Abs. 3 AnfG) und hat daher kaum praktische Bedeutung mehr. Im Folgenden wird daher ausschließlich die neue Rechtslage behandelt.

12.1.1 Voraussetzungen des Rechts der Gesellschafterdarlehen

> **Merke:**
> Jegliche Gesellschafterdarlehen in der Insolvenz sind nachrangig und jede Rückzahlung im Jahr vor der Insolvenzantragstellung ist anfechtbar.

12.1.2 Persönlicher Anwendungsbereich

12.1.2.1 Direkter Anwendungsbereich – Gesellschafter

Nach § 39 Abs. 4 Satz 1 InsO findet das Recht der Gesellschafterdarlehen auf alle Gesellschaften Anwendung, bei denen keine natürliche Person unbeschränkt persönlich haftet. Erfasst sind mithin insbesondere GmbH, AG, KGaA, GmbH & Co. KG.

Sonderbehandlung als Gesellschafterdarlehen

Voraussetzung für eine Sonderbehandlung als Gesellschafterdarlehen ist eine Leistung eines Gesellschafters, ohne dass es – von der noch zu behandelnden Ausnahme der Kleinbeteiligung oder des Sanierungsprivilegs – auf eine be-

12.1 Gesellschafterdarlehen in der Krise

stimmte Beteiligungshöhe oder bestimmte unternehmerische Interessen ankäme. Vielmehr ist grundsätzlich jeder Gesellschafter gemeint.

Gleichwohl sind in Einzelfällen auch Nichtgesellschafter gleichgestellt, um auf diesem Wege zu verhindern, dass die Regelungen durch entsprechende Gestaltungen unterlaufen werden.

Eine Leistung ist nur dann nach den Grundsätzen der Gesellschafterdarlehen zu behandeln, wenn diese während der Beteiligung erfolgt ist. Umgekehrt ändert aber auch ein späteres Ausscheiden als Gesellschafter nichts daran, dass der ausgeschiedene Gesellschafter an die Regelungen zum Recht der Gesellschafterdarlehen gebunden bleibt. Gleiches gilt bei einer Abtretung der Ansprüche an einen Dritten.

> **Beispiel:**
> Der Gesellschafter A hatte der X GmbH ein Darlehen gewährt. Er scheidet durch Verkauf seiner Anteile aus der Gesellschaft aus. Das Darlehen bleibt bestehen. Nach seinem Ausscheiden gerät die Gesellschaft in die Krise. Das Darlehen ist in der Insolvenz lediglich nachrangig, weil es während der Beteiligung als Gesellschafter gewährt wurde. Auch eine Abtretung der Darlehensforderung an einen außenstehenden Dritten würde nichts an der Nachrangigkeit ändern.

Leistungen eines ehemaligen Gesellschafters werden demgegenüber nicht von den Sonderregelungen erfasst. Eine Ausnahme besteht jedoch für den Fall, dass die rechtliche Grundlage für die Leistung – etwa in Form einer auf Krisenfinanzierung angelegten Zahlungszusage – zu einem Zeitpunkt erfolgt ist, als der Betroffene noch Gesellschafter war.

Leistungen eines ehemaligen Gesellschafters

> **Beispiel:**
> Der Gesellschafter A ist aus der X GmbH ausgeschieden. Nach seinem Ausscheiden gewährt er der Gesellschaft ein Darlehen zu marktüblichen Konditionen. Auch wenn die Gesellschaft später einen Insolvenzantrag stellt, ist die Forderung nicht nachrangig. Anders wäre der Fall zu beurteilen, wenn A noch als Gesellschafter der X GmbH ein Darlehen ausdrücklich für den Krisenfall versprochen hätte, um sie in dieser Situation mit Liquidität auszustatten. Im späteren Krisenfall gewährt er auf der Basis dieser Zusage das Darlehen. Dieses Darlehen ist aufgrund der Vereinbarung wie ein Gesellschafterdarlehen gebunden.

Wird ein Leistender erst nach seiner Leistungsgewährung Gesellschafter, finden die Regelungen des Gesellschafterdarlehens ab diesem Zeitpunkt Anwendung. Ein zuvor zurückgezahltes Darlehen unterliegt jedoch nicht den Sonderregelungen.

> **Beispiel:**
> A hat der X GmbH ein Darlehen gewährt. Einige Zeit später wird er – ohne dass das Darlehen damit in Zusammenhang steht – auch Gesellschafter der X GmbH. Das ursprüngliche Darlehen wird Gesellschafterdarlehen und wäre in der Insolvenz nachrangig. Etwas Anderes würde nur gelten, wenn das Darlehen

> vor Beitritt zu der Gesellschaft zurückgezahlt wurde. Auch ein Insolvenzantrag innerhalb der Jahresfrist würde kein Anfechtungsrecht des Insolvenzverwalters begründen.

12.1.2.2 Gleichgestellte Dritte

Einem Gesellschafter bei wertender Betrachtung gleichgestellt

Ebenso sollen diejenigen Gläubiger, die einem Gesellschafter bei wertender Betrachtung gleichgestellt werden können, wie ein Gesellschafter behandelt werden. Auf diesem Wege soll verhindert werden, dass die Regelungen zu den Gesellschafterdarlehen umgangen werden.

12.1.2.3 Nahe Angehörige

Leistungen naher Angehöriger von Gesellschaftern können unter bestimmten Voraussetzungen wie Leistungen eines Gesellschafters zu behandeln sein. Allerdings rechtfertigt hier allein der Gedanke der Umgehung eine Anwendung der Sonderregeln. Solange der nahe Angehörige der Gesellschaft wie ein außenstehender Dritter gegenübertritt, ist er auch wie ein solcher zu behandeln. Allein ein Näheverhältnis zu einem Gesellschafter rechtfertigt dann keine Gleichbehandlung mit einem Gesellschafter. Stellt andererseits der Gesellschafter seinem Angehörigen die finanziellen oder sachlichen Mittel für die Leistung an die Gesellschaft zur Verfügung, so ist der Angehörige wie ein Gesellschafter zu behandeln. Im Einzelfall ist daher stets sorgfältig zu prüfen, aus wessen Vermögen die von einem Familienangehörigen zur Verfügung gestellten Mittel stammen.

> **Beispiel:**
> Der Gesellschafter A gibt seiner Ehefrau B Geld, damit diese es als Darlehen der Gesellschaft zur Verfügung stellt. Dieses Darlehen wäre in der Insolvenz nachrangig. Gewährt die Ehefrau der Gesellschaft ein Darlehen aus Mitteln, die sie aus einer eigenen Tätigkeit erwirtschaftet hat, und sind auch sonst keine Ansatzpunkte für eine Umgehung ersichtlich, ist das Darlehen auch in der Insolvenz wie das eines Dritten zu behandeln.

12.1.2.4 Wirtschaftlich mit dem Gesellschafter verflochtene Dritte

12.1.2.4.1 *Leistungen innerhalb einer Unternehmensgruppe*

Leistungen innerhalb einer Unternehmensgruppe oder Leistungen einer Schwestergesellschaft

Leistungen innerhalb einer Unternehmensgruppe oder Leistungen einer Schwestergesellschaft können ebenfalls den Sonderregeln für Gesellschafterdarlehen unterliegen.

Nicht in diese Fallgruppe einzuordnen sind direkte Beteiligungen zwischen Gesellschaften, da in dieser Konstellation bereits aufgrund der Gesellschafterstellung die Regeln über Gesellschafterdarlehen Anwendung finden.

12.1 Gesellschafterdarlehen in der Krise

Zu nennen sind zunächst Leistungen eines mittelbaren Gesellschafters in einem vertikalen Verbundverhältnis – etwa Leistungen der Muttergesellschaft an die Enkelgesellschaft.

Leistungen eines mittelbaren Gesellschafters in einem vertikalen Verbundverhältnis

> **Beispiel:**
>
> Die Muttergesellschaft, die A GmbH, hält eine Beteiligung von 60 % an der Tochtergesellschaft, der B GmbH. Diese B GmbH ist wiederum zu 20 % an der Enkelgesellschaft, der C GmbH, beteiligt. Nun gewährt die A GmbH der C GmbH ein Darlehen.

Bei einem mit einem Gesellschafter verbundenen Unternehmen, welches der Gesellschaft ein Darlehen oder eine andere Hilfe gewährt, ist Voraussetzung für die Erstreckung der Regeln über Gesellschafterdarlehen, dass das verbundene Unternehmen (die Muttergesellschaft) maßgeblich an der direkten Gesellschafterin (der Tochtergesellschaft) beteiligt ist. Entscheidend ist nicht in erster Linie die Beteiligungshöhe, sondern ob die Muttergesellschaft über ihre Beteiligung an der Tochtergesellschaft einen Gesellschafterbeschluss erzwingen kann, der die Tochtergesellschaft – beispielsweise durch Weisungen an die Geschäftsführung – dazu zwingen könnte, eine Leistung an die Enkelgesellschaft zu erbringen. Besteht eine solche Einflussnahmemöglichkeit, kann eine Leistung der Muttergesellschaft von der einer Tochtergesellschaft faktisch nicht unterschieden werden und Leistungen beider Gesellschaften werden gleichermaßen als Gesellschafterdarlehen behandelt.

Entscheidendes Abgrenzungskriterium ist somit eine maßgebliche Beteiligung, die die Muttergesellschaft in die Lage versetzt, auf die Tochtergesellschaft einen beherrschenden Einfluss auszuüben, insbesondere die Geschäftspolitik zu bestimmen oder dem Geschäftsführer Weisungen zu erteilen. In der Regel reicht hierfür eine Beteiligung von mehr als 50 %, es sei denn, statutarische Bestimmungen sehen andere Mehrheitsbeschlüsse für solche Entscheidungen vor oder gewähren einem Gesellschafter mit geringerer Beteiligung entsprechende Rechte. Es ist daher in jedem Einzelfall eine differenzierte Betrachtung anhand der konkreten Einflussnahmemöglichkeiten geboten.

Abgrenzungskriterium ist somit eine maßgebliche Beteiligung

> **Beispiel:**
>
> Im obigen Beispielsfall wäre das Darlehen der A GmbH an die C GmbH grundsätzlich wie ein Gesellschafterdarlehen zu behandeln, da ohne Besonderheiten in der Satzung anhand der Beteiligungsverhältnisse von einer maßgeblichen Beteiligung der A GmbH an der B GmbH ausgegangen werden kann.

Von dem vertikalen Verbundverhältnis ist das horizontale Verbundverhältnis – insbesondere durch ein Schwesterverhältnis – zu unterscheiden.

Horizontale Verbundverhältnis

> **Beispiel**
>
> An der A GmbH und der B GmbH ist jeweils die C GmbH als Muttergesellschaft beteiligt.

12 Gesellschaftsrechtliche Aspekte in der Krise

Unter dem Stichwort „unzulässige Umgehung" wäre eine Leistung zwischen reinen Schwestergesellschaften zu werten, wenn diese Leistung letztlich aus dem Vermögen der gemeinsamen Muttergesellschaft stammt und die Schwestergesellschaft als Zahlungsvermittler oder Strohmann aufgetreten ist.

> **Beispiel**
>
> Würde im obigen Beispielsfall die C GmbH der A GmbH einen Geldbetrag zur Verfügung stellen, damit diese ihn wiederum der B GmbH als Darlehen gewährt, wäre dieser Vorgang nach den Regelungen der Gesellschafterdarlehen zu behandeln.

Bei einer Betriebsaufspaltung wird – oftmals aus steuerlichen Gründen – ein einheitliches Unternehmen in zwei getrennte, rechtlich selbstständige Unternehmen aufgespalten. Das Besitzunternehmen bleibt Eigentümer des Anlagevermögens, während dieses der Betriebsgesellschaft auf Basis von Pacht-, Miet-, Leasing- oder Lizenzverträgen überlassen wird. Oft besteht volle oder weitgehende Gesellschafteridentität zwischen den beiden Schwestergesellschaften. Aufgrund der wirtschaftlichen Einheit zwischen Betriebs- und Besitzgesellschaft wird in der Rechtsprechung angenommen, dass Leistungen der Schwestergesellschaft wie Leistungen eines Gesellschafters behandelt werden. Nicht geklärt ist jedoch, wie der Fall einer nur teilweisen Gesellschafteridentität zu behandeln wäre. Allerdings spricht auch hier viel dafür, dass bei einer wirtschaftlichen Einheit eine Gleichbehandlung anzunehmen ist.

Darüber hinaus wird – ebenso wie bei einem horizontalen Verbundverhältnis – die Schwestergesellschaft unter die Regeln des Eigenkapitalersatzes fallen, soweit die Muttergesellschaft an der Schwestergesellschaft im oben bereits beschriebenen Sinne maßgeblich beteiligt ist.

12.1.2.4.2 Kreditgewährende Bank

Kreditgewährende Bank, einem Gesellschafter gleichzustellen

Praktisch bedeutsam ist weiterhin der Fall, dass die kreditgewährende Bank, aber auch sonstige Kreditgeber in bestimmten Konstellationen einem Gesellschafter gleichzustellen sind. Auch hier muss es zunächst bei dem Grundsatz bleiben, dass diese als außenstehende Dritte auch als solche zu behandeln sind, mithin eine Sonderbehandlung dieser Leistungen nach den Grundsätzen der Gesellschafterdarlehen die Ausnahme bleiben muss.

Um Kreditgeber Gesellschaftern gleichzustellen, müssen diese zusätzliche Befugnisse haben, die es ihnen ermöglichen, unternehmerischen Einfluss auf die Gesellschaft auszuüben. Dies kann entweder durch die Einflussnahme auf unternehmerische Entscheidungen der Geschäftsführung oder die Einräumung sonstiger Rechte geschehen, die eine eigenverantwortliche Unternehmensführung der Gesellschaft nicht mehr gewährleisten. Gerade Banken, die einem Unternehmen in der Krise Darlehen gewähren, werden daher sehr sorgfältig darauf zu achten haben, ob sie die Grenze einer zulässigen Kontrolle zur möglicherweise problematischen Einflussnahme auf die Geschäftsführung überschreiten. Dennoch: Kreditgeber sind Gesellschaftern nicht allein deshalb gleichzustellen, weil sie etwa durch übliche *Covenants* oder auch tatsächlich Einfluss auf Entscheidungen der Gesellschaft nehmen.

12.1.2.4.3 Weitere Konstellationen

Nach der Rechtsprechung wird derjenige wie ein Gesellschafter behandelt, der eine Gesellschaft unter Mithilfe eines Strohmannes gründet. Der Strohmann oder Treuhänder ist als formaler Gesellschafter den Regelungen über Gesellschafterdarlehen unterworfen – selbst dann, wenn er dem Treugeber die Ausübung des Stimmrechtes überlässt. Der Treugeber als wirtschaftlicher Anteilsinhaber unterfällt ebenfalls diesen Sonderregelungen

Strohmann oder Treuhänder

Ein Nießbrauchs- oder Pfandrecht an einem GmbH-Geschäftsanteil begründet grundsätzlich keine Gleichstellung mit einem Gesellschafter. Etwas anderes gilt nur, wenn aufgrund der konkreten vertraglichen Ausgestaltung maßgebliche Einflussnahmemöglichkeiten auf die Geschicke der Gesellschaft und deren Geschäftsführung bestehen.

Nießbrauchs- oder Pfandrecht an einem GmbH-Geschäftsanteil

In der Praxis können sich jedoch Konstellationen ergeben, in denen beispielsweise einer Bank Geschäftsanteile verpfändet wurden und diese gleichzeitig über ein Sanierungskonzept maßgeblichen Einfluss auf das Unternehmen nehmen konnte. In einem solchen Fall wäre eine Gleichstellung mit einem Gesellschafterdarlehen denkbar, aber eher selten tatsächlich gegeben.

Der stille Gesellschafter fällt grundsätzlich nicht in den Anwendungsbereich der Sonderregelungen für Gesellschafterdarlehen. Hat er allerdings maßgebliche Einflussnahmemöglichkeiten auf die Geschicke der Gesellschaft und deren Geschäftsführung, kann sich jedoch gleichwohl eine Gleichstellung mit einem Gesellschafter ergeben.

Stille Gesellschafter

12.1.3 Gewährung eines Darlehens und gleichgestellte Leistungen

Dem Recht der Gesellschafterdarlehen unterliegen Darlehen und sonstige Leistungen eines Gesellschafters (oder eines gleichgestellten Dritten), die einer Darlehensgewährung wirtschaftlich entsprechen (§ 39 Abs. 1 Nr. 5 InsO). Vor diesem Hintergrund ist eine Vielzahl von Ausgestaltungen denkbar – sämtliche Vereinbarungen oder Rechtsverhältnisse zwischen der Gesellschaft und ihren Gesellschaftern müssen im Einzelfall durchleuchtet werden.

Besondere Bedeutung haben hier zunächst Austauschgeschäfte mit Gesellschaftern wie Miete, Pacht oder Kauf. Sind diese Geschäfte zu Marktbedingungen und innerhalb eines angemessenen Zeitraums abgewickelt worden, wird eine Anfechtbarkeit ausscheiden. Ebenso wurde im Rahmen der Reformdiskussion zum Eigenkapitalersatzrecht ein Vorschlag, wonach alle Gesellschafterforderungen dem Recht der Gesellschafterdarlehen zukünftig unterliegen sollen, gerade nicht Gesetz. Im Umkehrschluss und aus dem jetzigen Gesetzeswortlaut lässt sich der Wille des Gesetzgebers herauslesen, dass nur Darlehen bzw. einem Darlehen entsprechende Leistungen unter das Recht der Gesellschafterdarlehen fallen sollen, also gerade nicht normale Austauschgeschäfte.

> **Merke:**
> Normale Austauschgeschäfte zwischen Gesellschaftern und ihren Gesellschaften wie Miet-, Pacht- oder Kaufverträge, die zu Marktkonditionen abgeschlossen wurden, sind grundsätzlich nicht anfechtbar.

Stundung

Eine Gleichbehandlung von Austauschgeschäften mit Darlehen käme allenfalls dann in Betracht, wenn der Gesellschafter seinen Anspruch aus dem Austauschgeschäft stundet – diese Stundung entspricht dann bei wirtschaftlicher Betrachtungsweise einem Darlehen. Gleiches gilt, wenn die jeweilige Forderung zwar nicht ausdrücklich durch den Gesellschafter gestundet, jedoch auch nicht eingefordert wurde.

Nutzungsüberlassung

Besondere Bedeutung kommt der Nutzungsüberlassung durch Gesellschafter zu. Nach §135 Abs.3 InsO ist der Gesellschafter nur verpflichtet, während eines eröffneten Insolvenzverfahrens, höchstens aber für einen Zeitraum von einem Jahr, seinen Herausgabeanspruch bezüglich des genutzten Gegenstandes (beispielsweise aus §985 BGB oder §546 Abs.1 BGB) nicht geltend zu machen,

Fortführung des Unternehmens des Schuldners von erheblicher Bedeutung

wenn der Gegenstand für die Fortführung des Unternehmens des Schuldners von erheblicher Bedeutung ist. Damit ist die Nutzungsüberlassung im Vergleich zur Darlehensfinanzierung relativ risikolos geworden.

Für den Gebrauch oder die Überlassung des Gegenstandes gebührt dem Gesellschafter ein Ausgleich, der als Masseverbindlichkeit zu begleichen ist. Der Ausgleich berechnet sich nach der im letzten Jahr vor Verfahrenseröffnung tatsächlich geleisteten Vergütung, bei kürzerer Dauer der Überlassung ist der Durchschnitt der Vergütung während dieses Zeitraums maßgebend. Wurde Nutzungsentgelt zwar geschuldet, jedoch nicht bezahlt, so kann der Gesellschafter auch während des Insolvenzverfahrens keinen Zahlungsanspruch als Masseforderung geltend machen.

Neben diesen Sonderregelungen für Nutzungsüberlassungen, allgemeinen Regelungen der §§103, 108ff. InsO

Neben diesen Sonderregelungen für Nutzungsüberlassungen durch Gesellschafter sind ab Eröffnung des Insolvenzverfahrens die allgemeinen Regelungen der §§103, 108ff. InsO zu beachten, die in ihrem Anwendungsbereich durch §135 Abs.3 InsO nicht verdrängt, sondern lediglich durch eine zusätzliche Option für den Insolvenzverwalter ergänzt werden.

Bei Nutzungsüberlassungsverträgen über bewegliche Sachen und Rechte kann der Insolvenzverwalter nach §103 InsO über deren Fortsetzung entscheiden. Wählt er Erfüllung, wird der Vertrag (zu Gunsten bzw. zu Lasten der Insolvenzmasse) fortgesetzt. Die Gegenforderungen für den Zeitraum nach Insolvenzeröffnung werden Masseforderungen. Lehnt der Verwalter die Erfüllung ab, kann der Vertragspartner nur eine Schadensersatzforderung wegen Nichterfüllung zur Tabelle anmelden.

Bei Verträgen über Immobilien sieht das Gesetz in §108 InsO eine andere Regelung vor: Ist die Immobilie bereits überlassen, bestehen Miet- oder Pachtverhältnisse grundsätzlich fort. Der Insolvenzverwalter hat jedoch unabhängig von der Vertragsdauer oder eines vereinbarten Kündigungsausschlusses ein Sonderkündigungsrecht mit einer Frist von drei Monaten zum Monatsende. Ansprüche aus der Zeit vor Insolvenzeröffnung stellen einfache Insolvenzforderungen dar – wobei diese möglicherweise aufgrund einer Stundung oder

Nichteinforderung – einem Darlehen wirtschaftlich entsprechen und somit wieder nachrangig sind. Ansprüche aus der Zeit nach Insolvenzeröffnung sind dagegen Masseforderungen.

Der Insolvenzverwalter hat somit im konkreten Fall – und mit unterschiedlichen Konsequenzen für den Gesellschafter – die Wahl, ob er nach §135 Abs. 3 InsO oder nach §§103, 108ff. InsO vorgeht.

Aus der Sicht der Gesellschaft macht es letztlich keinen Unterschied, ob der Gesellschafter ihr in der Krise ein Darlehen gewährt oder ob er Sicherheiten zur Verfügung stellt, ohne die ein außenstehender Dritter – in der Regel ein Kreditinstitut – der Gesellschaft kein weiteres Darlehen gewähren würde.

Die Sicherungsart beschränkt sich entgegen dem Wortlaut des Gesetzes nicht auf Bürgschaften, sondern auf alle Arten persönlicher oder dinglicher Sicherheiten (z. B. Garantieversprechen, Sicherungsübereignungen, Grundpfandrechte, Ausfallsicherheiten, „harte" Patronatserklärungen, Schuldversprechen etc.).

Leistungen während des Insolvenzverfahrens und insbesondere Verbindlichkeiten, die vom Insolvenzverwalter durch die Verwaltung der Insolvenzmasse begründet werden, sind Masseverbindlichkeiten (§55 Abs. 1 Nr. 1 InsO). Nichts anderes gilt für Darlehen, die von einem Gesellschafter während des Insolvenzverfahrens gewährt werden. *Leistungen während des Insolvenzverfahrens*

Wird ein Insolvenzplan vom Gericht bestätigt, kann der Schuldner im Rahmen dieses Plans weitere Kredite aufnehmen. Anders als bei sonstigen Krediten kann der Insolvenzplan jedoch für Neukredite von Gesellschaftern nicht vorsehen, dass diese Forderungen gegenüber denen der übrigen Insolvenzgläubiger vorrangig sind.

12.1.4 Privilegierte Leistungen

§39 InsO nimmt bestimmte Gesellschafter von den Regelungen über die Gesellschafterdarlehen aus.

Bei Gesellschaftern, die mit 10% oder weniger am Stammkapital der GmbH beteiligt sind, findet das Recht der Gesellschafterdarlehen gemäß §39 Abs. 5, §135 Abs. 4 InsO keine Anwendung (Kleinbeteiligtenprivileg). *Kleinbeteiligtenprivileg*

Die Privilegierung gilt jedoch nicht, wenn der Gesellschafter gleichzeitig Geschäftsführer der Gesellschaft ist. Darüber hinaus kann eine Privilegierung versagt werden, wenn der Gesellschafter trotz seiner geringen formalen Beteiligung die Möglichkeit der Einflussnahme auf die Gesellschaft hat. Solche Einflussnahmemöglichkeiten sind beispielsweise Stimmbindungsverträge, ein erhöhter Stimmwert aufgrund entsprechender Bestimmungen im Gesellschaftsvertrag, sonstige vertragliche Gestaltungen zur Erweiterung der Einflussnahmemöglichkeiten, eine faktische Geschäftsführerstellung oder Rechte zur Bestimmung des Geschäftsführers. Für die Anwendung des Kleinbeteiligtenprivilegs kommt es auf die Beteiligungshöhe und die Geschäftsführerstellung in dem Jahr vor Insolvenzantragstellung an.

Sanierungs-privileg

Ebenso gewährt § 39 Abs. 4 Satz 2 InsO ein sog. Sanierungsprivileg. Letztlich soll damit der Weg für eine Sanierung in Zeiten der Krise geebnet werden, ohne dass die scharfen Regelungen über das Gesellschafterdarlehen Unterstützungswillige daran hindert.

Mit dem Sanierungsprivileg belohnt das Gesetz das freiwillige Engagement des Neugesellschafters sowie sein Bekenntnis zur Gesellschaft und ihrer Sanierungswürdigkeit.

Erwirbt ein Gläubiger bei drohender oder eingetretener Zahlungsunfähigkeit oder bei Überschuldung der Gesellschaft Anteile zum Zweck ihrer Sanierung, führt dies bis zur nachhaltigen Sanierung nicht zur Anwendung des Rechts der Gesellschafterdarlehen. Zeitlich ist das Sanierungsprivileg beschränkt bis zur nachhaltigen Sanierung.

12.1.5 Rechtsfolgen

Vor der Insolvenz werden Gesellschafterdarlehen behandelt und zurückbezahlt wie andere Darlehen auch. Sonderregelungen bestehen lediglich im Falle der Insolvenz.

Rückzahlungen innerhalb eines Jahres vor Insolvenzantragstellung

Erst in der Insolvenz greifen Sonderregelungen für Gesellschafterdarlehen, nach denen jegliche Rückzahlungen auf solche Darlehen innerhalb eines Jahres vor Insolvenzantragstellung der Insolvenzanfechtung – mit der Verpflichtung zur Rückerstattung – unterliegen (§ 135 InsO) und sämtliche Gesellschafterdarlehen gegenüber sonstigen Gläubigerforderungen nachrangig sind (§ 39 Abs. 1 Nr. 5 InsO).

Die insolvenzrechtliche Regelung gilt nicht rechtsformspezifisch für die GmbH, sondern für alle Gesellschaften, bei denen kein persönlich haftender Gesellschafter eine natürliche Person ist und damit für die Aktiengesellschaft ebenso wie für eine englische Limited mit Verwaltungssitz in Deutschland.

Konsequenz der vorgeschlagenen Regelung ist, dass ein Geschäftsführer vor der Insolvenz die Rückzahlung eines Darlehens nicht mehr generell verweigern oder die Rückerstattung zurückbezahlter Darlehen nicht verlangen darf. Lediglich in Fällen, in denen durch die Zahlung an die Gesellschafter die Zahlungsunfähigkeit der Gesellschafter herbeigeführt wird, sieht § 64 Abs. 2 GmbHG ein Auszahlungsverbot vor. Eine Solidarhaftung der übrigen Gesellschafter besteht nicht mehr.

12.2 Fehler bei Gründung und Kapitalerhöhung – Relevanz in Krise und Sanierung
von Claudia Pleßke

Die – vor allem bei Kapitalgesellschaften – sehr strengen Gründungsvorschriften werden häufig nicht oder nicht vollständig beachtet. Folgenschwer können diese Fehler insbesondere in Krise und Insolvenz sein, da beispielsweise eine fehlerhafte Einlagenerbringung dazu führen kann, dass der Gesellschafter die Einlage nochmals erbringen, d.h. erneut einzahlen muss. Andererseits können die sich hieraus ergebenden Ansprüche auch im Rahmen der Sanierung herangezogen werden, um das Gesellschaftsvermögen zu mehren.

12.2.1 Vorbelastungshaftung/Unterbilanzhaftung bei der GmbH

Um eine Erhaltung des Stammkapitals im Zeitpunkt der Entstehung der GmbH durch Eintragung im Handelsregister zu gewährleisten, gilt der sogenannte Unversehrtheitsgrundsatz. Dieser gebietet die volle Kapitalausstattung.

Dennoch ist es in der Praxis keine Seltenheit, dass bereits vor Eintragung der GmbH Geschäfte aufgenommen werden und das Kapital der Gesellschaft angetastet wird.

Das bis 2008 bestehende Vorbelastungsverbot, welches den Gesellschaftern gänzlich untersagte, Verfügungen über das Gesellschaftsvermögen zu treffen, wurde aufgegeben und durch eine Vorbelastungshaftung – auch Unterbilanzhaftung – ersetzt. Soweit sich durch Verbindlichkeiten in der Vorgesellschaft im Zeitpunkt der Entstehung der GmbH im Handelsregister eine Differenz zwischen Stammkapital und Wert des Gesellschaftsvermögens ergibt, haften die Gesellschafter der GmbH gegenüber anteilig auf Ausgleich.

Vorbelastungshaftung – auch Unterbilanzhaftung – ersetzt

Nicht auszugleichen sind lediglich notwendige Gründungskosten, wenn eine förmliche Übernahme dieses sog. Gründungsaufwands in der Satzung erfolgt ist.

Der Ausgleich erfolgt in Geld. Die Gesellschafter haften anteilig im Verhältnis der übernommenen Stammeinlage.

Die Ansprüche aus der Vorbelastungshaftung verjähren in 10 Jahren ab Eintragung der Gesellschaft im Handelsregister.

12.2.2 Verlustdeckungshaftung in der GmbH bzw. der Vorgesellschaft

Von der zuvor dargestellten Vorbelastungshaftung ist die von den Rechtsfolgen her sehr viel kritischere Verlustdeckungshaftung zu unterscheiden, die jedoch nur zum Tragen kommt, wenn die Vorgesellschaft – aus welchen Gründen auch immer – nicht im Handelsregister eingetragen wird.

Verlustdeckungshaftung

Kommt es nach Gründung der Vorgesellschaft – durch notarielle Beurkundung des Gesellschaftsvertrages und Unterzeichnung des Gründungsprotokolls – nicht zu einer Eintragung der GmbH im Handelsregister, besteht eine der Höhe nach unbegrenzte Verlustdeckungshaftung. Die Verlustdeckungshaftung verpflichtet die Gesellschafter anteilig – entsprechend der vorgesehenen Beteiligung – Verluste, die nach erforderlicher Liquidation der Gesellschaft verbleiben, auszugleichen.

12.2.3 Fehler bei der Erbringung der Bareinlage

Häufig anzutreffen sind Fehler bei der Erbringung der Bareinlage im Rahmen der Gründung oder einer späteren Kapitalerhöhung. Besonders folgenschwer sind diese Fehler, weil sie dazu führen können, dass eine Leistung, die man erbracht zu haben glaubte, erneut zu bewirken ist.

Die Zahlung der übernommenen Stammeinlage ist bewirkt, wenn die Einlageforderung geleistet wird, der Zahlende die Verfügungsbefugnis verliert und der Geschäftsführer über den geleisteten Betrag für die Gesellschaft uneingeschränkt verfügen kann.

Problematisch sind zunächst Zahlungen vor Abschluss des Gesellschaftsvertrages. Wurde auf ein bereits für die Vorgesellschaft eingerichtetes Konto gezahlt, befreit die Zahlung nur, wenn der Betrag unvermindert auf diese Vorgesellschaft überging.

> **Beispiel**
>
> A und B wollen gemeinsam die X GmbH gründen. Wenige Tage vor der notariellen Beurkundung des Gesellschaftsvertrages eröffnen sie ein Konto für die spätere X GmbH i.G. und zahlen bereits die Stammeinlagen ein. Der eingezahlte Betrag wird bis zum Zeitpunkt des Abschlusses des Gesellschaftsvertrages sowie der Handelsregisteranmeldung nicht angetastet. Die Einlage wurde wirksam erbracht. Wird das Stammkapital vor der Entstehung (Eintragung im Handelsregister) angetastet, kann es zu einer Vorbelastungshaftung kommen. Anders wäre es zu beurteilen, wenn der Betrag im Zeitpunkt der Registeranmeldung bzw. der notariellen Beurkundung des Gesellschaftsvertrages bereits verbraucht wäre. Hier wäre die Einlage erneut zu leisten.

Erfolgte die Zahlung an die Vorgründungsgesellschaft (vor Unterzeichnung des Gesellschaftsvertrages) liegt darin wegen fehlender Identität mit der Vorgesellschaft keine Zahlung an die Vorgesellschaft – die Einlageleistung gilt als nicht erbracht und kann erneut gefordert werden.

> **Beispiel**
>
> Im obigen Beispielsfall erfolgt die Zahlung nicht auf ein Konto der späteren X GmbH i.G., sondern auf ein Konto der Vorgründungsgesellschaft (in der Regel einer GbR der späteren Gesellschafter).

12.2.4 Hin- und Herzahlen – Cashpooling

Darüber hinaus ist die Einzahlung so zu bewirken, dass die Gesellschaft durch ihre Geschäftsführer endgültig frei über den Betrag verfügen kann.

Vollwertiger Rückgewähranspruch

Problematisch sind in diesem Zusammenhang Leistungen, die vereinbarungsgemäß an die Gesellschafter oder ein mit einem Gesellschafter verbundenes Unternehmen zurückfließen. Diese Fallgruppe des „Hin- und Herzahlens", bei der eine geleistete Bareinlage aufgrund einer vorherigen Absprache wieder an den Gesellschafter zurückfließt, ist nun in § 19 Abs. 5 GmbHG neu geregelt. Nach dieser Vorschrift wird der Gesellschafter bei einer vor Einlage vereinbarten Leistung an den Gesellschafter, die wirtschaftlich einer Rückzahlung der Einlage entspricht und die nicht als verdeckte Sacheinlage zu beurteilen ist, dann von seiner Einlageverpflichtung befreit, wenn die Leistung durch einen vollwertigen Rückgewähranspruch gedeckt ist.

Diese Neuregelung ist letztlich in erster Linie auf Cash-Pool-Gestaltungen zugeschnitten. Entscheidende Frage ist, ob der Rückgewähranspruch zu 100 % vollwertig ist – eine nur teilweise Werthaltigkeit reicht nicht – und liquide in dem Sinne sein muss, dass er entweder jederzeit fällig ist bzw. durch Kündigung jederzeit fällig gestellt werden kann. Bei Vollwertigkeit und jederzeitiger Fälligkeit des Gegenleistungs- oder Rückgewähranspruchs ist somit nach neuer Rechtslage trotz der Erfüllung der Voraussetzungen des „Hin- und Herzahlens" zur freien Verfügung der Geschäftsführer geleistet worden – die Einlageschuld ist erfüllt. In der Handelsregisteranmeldung ist allerdings auf eine Gestaltung nach § 19 Abs. 5 GmbHG hinzuweisen.

Cash-Pool-Gestaltungen

12.2.5 Verdeckte Sacheinlage

Schließlich sind solche Einlagen problematisch, wenn zur Umgehung der strengeren Sachgründungsvorschriften eine Bareinlage im Gesellschaftsvertrag vereinbart wird, tatsächlich jedoch eine Sacheinlage erfolgt (sogenannte verdeckte Sacheinlage). Um eine solche verdeckte Sacheinlage anzunehmen, muss neben einem zeitlichen und sachlichen Zusammenhang zwischen Bareinlage und Gegengeschäft auch eine Abrede vorliegen, wonach im Ergebnis eine Sacheinlage erbracht werden soll. Letztere wird allerdings bei einem engen zeitlichen und sachlichen Zusammenhang vermutet. Bis 2008 wurde sowohl die Unwirksamkeit des schuldrechtlichen wie des dinglichen Umgehungsgeschäftes angenommen, zudem galt die ursprüngliche Bareinlage als nicht erbracht. Da verdeckte Sacheinlagen – in der Regel – erst in der Krise der Gesellschaft aufgedeckt wurden, war der Gesellschafter im Ergebnis verpflichtet, die Einlage zweimal zu erbringen, während sich sein Anspruch auf Rückgewähr der Sachleistung in einer wertlosen Insolvenzforderung erschöpfte.

Die GmbH-Reform führte abweichend von der früheren Rechtslage eine bilanzielle Betrachtungsweise ein. Zwar befreit die bei einer verdeckten Sacheinlage geleistete Bareinlage den Gesellschafter gemäß § 19 Abs. 4 GmbHG auch nach neuer Rechtslage nicht von seiner Einlageverpflichtung. Verträge über die Sacheinlage sind jedoch – hierin liegt der entscheidende Unterschied zur früheren Rechtslage – nicht unwirksam, sondern der Wert der verdeckten Sacheinlage wird auf die fortbestehende Bareinlageverpflichtung angerechnet, sodass der Gesellschafter im Ergebnis nur auf den Fehlbetrag zwischen dem Wert der verdeckten Sacheinlage zum Zeitpunkt der effektiven Überlassung an die Gesellschaft und der Gegenleistung (Kaufpreis) haftet. Der Gesellschafter trägt allerdings die Beweislast für die Werthaltigkeit des übertragenen Vermögensgegenstandes.

Bilanzielle Betrachtungsweise

Wert der verdeckten Sacheinlage wird auf die fortbestehende Bareinlageverpflichtung angerechnet

Ebenso ist zu berücksichtigen, dass der Geschäftsführer im Zusammenhang mit einer solchen verdeckten Sacheinlage und einer Erklärung, die Bareinlage sei ordnungsgemäß erbracht, eine falsche Versicherung nach § 8 Abs. 2 GmbHG abgibt, die nach § 82 GmbHG strafbewehrt ist. Eine bewusste Gestaltung als verdeckte Sacheinlage scheidet somit aus.

> **Beispiel**
>
> Der Gesellschafter A übernimmt eine Bareinlage in Höhe von EUR 20.000,00 und leistet diese auch. Sodann verkauft er der Gesellschaft eine Maschine zum Preis von EUR 20.000,00. Der Wert der Maschine beträgt EUR 15.000,00. Später kommt es zu einem Insolvenzverfahren. Wirtschaftlich handelt es sich bei der gewählten Gestaltung um eine Sacheinlage mit der Konsequenz, dass die Bareinlage nicht wirksam erbracht wurde und die für die Sacheinlage geltenden Vorschriften nicht beachtet wurden. Die Bareinlage kann nochmals von dem Insolvenzverwalter gefordert werden. Nach altem Recht hätte der Gesellschafter diese in voller Höhe zu leisten, während er lediglich Rückforderungsansprüche der inzwischen wertlosen Maschine zur Tabelle anmelden könnte. Nach neuem Recht wird der Wert der Maschine angerechnet und von dem Gesellschafter kann lediglich die Differenz in Höhe von EUR 5.000,00 gefordert werden.

12.3 Die Rechtsprechung zur Existenzvernichtungshaftung
von Claudia Pleßke

Die Rechtsprechung zum sogenannten existenzvernichtenden Eingriff hat sich in den letzten Jahren konsequent weiterentwickelt. Dies begann mit der Aufgabe der bisherigen Rechtsprechung zum qualifiziert-faktischen Konzern durch den BGH, nach der das Problem des existenzvernichtenden Eingriffs innerhalb des Konzerns über den Verlustausgleich des § 302 AktG gelöst wurde und den Gläubigern bei Vermögenslosigkeit des herrschenden Unternehmens einen Direktanspruch analog § 303 AktG zugebilligt wurde.

Bremer Vulkan — In den Entscheidungen *Bremer Vulkan* (BGH vom 17.09.2001 – II ZR 178/99, ZIP 2001, 1874) und *KBV* (BGH vom 24.06.2002 – II ZR 300/00, ZIP 2002, 1804) hat der BGH die Rechtsprechung zum qualifiziert-faktischen Konzern zugunsten der Existenzvernichtungshaftung aufgegeben und dogmatisch als einen Fall der Durchgriffshaftung ausgestaltet. Der konzernrechtliche Begründungsansatz wurde damit aufgegeben und ein Gesellschafter konnte unter bestimmten Voraussetzungen mittels einer Durchgriffshaftung von Gläubigern in Anspruch genommen werden, ohne sich auf die Beschränkung der Haftung auf das Gesellschaftsvermögen gemäß § 13 Abs. 2 GmbHG berufen zu können. Diese Auffassung ist mittlerweile überholt.

Trihotel-Entscheidung *Gamma-Entscheidung* — Mit der späteren *Trihotel*-Entscheidung (BGH vom 16.07.2007 – II ZR 3/04, ZIP 2007, 1552) sowie der präzisierenden Gamma-Entscheidung (BGH vom 28.04.2008 – II ZR 264/06, NJW 2008, 2437) hat der BGH sein Konzept der eigenständigen Haftungsfigur in Gestalt einer Durchgriffshaftung der Gläubiger gegen die Gesellschafter aufgegeben und die Existenzvernichtungshaftung

12.3 Die Rechtsprechung zur Existenzvernichtungshaftung

des Gesellschafters als eine besondere Fallgruppe der sittenwidrigen vorsätzlichen Schädigung im Sinne des § 826 BGB an die missbräuchliche Schädigung des Gesellschaftsvermögens angeknüpft. Gleichzeitig wurde die Haftung als reine *Innenhaftung* gegenüber der Gesellschaft und somit nicht (mehr) als Durchgriffshaftung gegenüber Gläubigern ausgestaltet. Hinzu kommt, dass eine Haftung nur in Betracht kommt, wenn die Gesellschaft selbst geschädigt wurde (und nicht der einzige Schaden darin besteht, dass Gläubiger mit ihren Forderungen ausfallen). Sittenwidrige vorsätzliche Schädigung
Innenhaftung

Zudem stellte der BGH klar, dass die Haftung aus § 826 BGB in der Fallgruppe der Existenzvernichtungshaftung neben Erstattungsansprüchen aus §§ 30, 31 GmbHG besteht.

Erforderlich für die Bejahung der Existenzvernichtungshaftung – die nach der Intention des BGH eine Ausnahme bleiben muss – ist ein vorsätzlicher, sittenwidriger Eingriff, der nur dann angenommen werden kann, wenn er sich als planmäßiger Entzug von Gesellschaftsvermögen zum Schaden der Gesellschaft und zum eigenen Vorteil des Gesellschafters darstellt. Somit vermag beispielsweise eine berechtigte fristlose Vertragskündigung die Sittenwidrigkeit nicht zu begründen. Existenzvernichtungshaftung

Der so als sittenwidrig beurteilte Eingriff in das Gesellschaftsvermögen muss die Insolvenz hervorgerufen oder zumindest vertieft haben. Die Haftung setzt somit einen Kausalzusammenhang zwischen Eingriff einerseits und Insolvenz andererseits voraus.

Der geforderte Vorsatz ist dann zu bejahen, wenn dem Gesellschafter im Zeitpunkt des Eingriffs bewusst ist, dass durch seine Maßnahme das Gesellschaftsvermögen sittenwidrig geschädigt wird. Nicht erforderlich ist hingegen das Bewusstsein, sittenwidrig zu handeln.

Da es sich bei der Existenzvernichtungshaftung um eine Innenhaftung handelt, steht der Anspruch lediglich der Gesellschaft zu und ist außerhalb der Insolvenz von den Gläubigern nur mit einem Titel gegen die Gesellschaft durch Pfändung und Überweisung realisierbar. Der BGH spricht von einer „Mediatisierung" des Anspruchs durch die Gesellschaft, lässt aber offen, ob nicht in besonderen Fällen eine Ausnahme zulässig sein könnte. Anspruch lediglich der Gesellschaft

Nicht neu ist die Feststellung, dass auch faktische Gesellschafter Schuldner der Existenzvernichtungshaftung sein können, sowie über §§ 826, 830 BGB Nichtgesellschafter als Beteiligte.

Da die Rechtsprechung allerdings einen Ausfallschaden der Gläubiger nicht ausreichen lässt, sondern einen Vermögensschaden der Gesellschaft fordert, ist eine Durchsetzung in der Praxis schwierig.

12.4 Sanieren oder Ausscheiden nach der Rechtsprechung des BGH
von Claudia Pleßke

Treuepflichten

Die jüngere Rechtsprechung und Literatur beschäftigt sich mit der Frage der Zulässigkeit des Ausschlusses eines Gesellschafters maroder Publikumspersonengesellschaften, die sich nicht an einer Sanierung beteiligen unter dem Gesichtspunkt der Treuepflichten. Die Frage ist deshalb so brisant, weil es zu den zentralen Grundsätzen im Gesellschaftsrecht gehört, dass kein Gesellschafter zu einer Erhöhung des bei seinem Beitritt vereinbarten Betrags oder zur Ergänzung seiner durch Verlust geminderten Einlage verpflichtet ist.

12.4.1 Die Entscheidungen des BGH vom 19.10.2009, vom 25.01.2011 und vom 09.06.2015

Sanieren oder Ausscheiden

Seit dem Jahr 2009 hat sich der BGH in seinen Entscheidungen vom 19.10.2009 (II ZR 240/08), vom 25.01.2011 (II ZR 122/09) sowie vom 09.06.2015 (II ZR 420/13) bei sanierungsbedürftigen Personengesellschaften (in Form von geschlossenen Fonds) mit dem Modell „Sanieren oder Ausscheiden" befasst und letztlich das Ausscheiden (bzw. die Ausschließung) von Gesellschaftern aus einer in der Krise befindlichen Gesellschaft ohne ihre Zustimmung zugelassen.

Grundlage des Konzepts ist ein in einer Publikumsgesellschaft (als Personengesellschaft) mit der erforderlichen Mehrheit getroffener Gesellschafterbeschluss, der für den Fall, dass sich Gesellschafter nicht an der Sanierung in Form einer Kapitalerhöhung beteiligen, deren Ausschluss aus der Gesellschaft vorsieht.

Mit der Entscheidung aus dem Jahr 2009 hat der BGH ein Grundlagenurteil gefällt, wonach ein Gesellschafter einem solchen Mehrheitsbeschluss in besonders gelagerten Ausnahmefällen, obwohl seine Rechte dadurch eingeschränkt werden, zustimmen muss, sofern er durch die mit seinem Ausscheiden verbundene Pflicht zur Begleichung eines Auseinandersetzungsfehlbetrags finanziell nicht schlechter steht, als im Falle der sofortigen Liquidation.

Eine derartige Zustimmungspflicht kommt in Betracht, wenn sie dringend erforderlich ist und die Änderung dem Gesellschafter zumutbar ist, d. h. wenn keine schützenswerten Belange des einzelnen Gesellschafters entgegenstehen. Dies ergibt sich aus dem Grundsatz der gesellschafterlichen Treuepflicht, welcher seine Grundlage im jeweiligen Gesellschaftsvertrag findet. Selbst wenn er keine ausdrückliche Regelung über das Ausscheiden in besonders gelagerten Fällen enthält, kann sich daraus eine Zustimmungspflicht für den einzelnen Gesellschafter ergeben. Dieser Grundsatz gilt nicht nur für Publikumsgesellschaften in der Rechtsform einer OHG, sondern auch für solche in der Rechtform einer GbR.

In seiner Entscheidung aus dem Jahr 2011 hat der BGH ergänzend klargestellt, dass dies nicht gilt, sofern der Gesellschaftsvertrag die Gesellschafter vor einer Nachschussobliegenheit schützt. Im Gesellschaftsvertrag können für bestimmte

Sachverhalte Einschränkungen oder weitere Voraussetzungen für eine Zustimmungspflicht festgehalten werden. Dies kann ausdrücklich oder auch durch Auslegung der Regelungen im Gesellschaftsvertrag erfolgen. In diesen Fällen ist es aufgrund der mangelnden Treuepflicht nicht möglich einen Gesellschafter ohne seine Zustimmung auszuschließen.

In der Entscheidung aus dem Jahr 2015 wird klargestellt, dass es unschädlich ist, wenn der Vertrag zwar Regelungen zur Nachschusspflicht enthält, diese aber nicht ausreichend bestimmt sind.

> **Merke:**
> Enthält der Gesellschaftsvertrag keine die Erwartungshaltung der sanierungswilligen Gesellschafter einschränkende Regelung bezüglich der Zustimmung der nicht sanierungswilligen Gesellschafter zu ihrem Ausscheiden, bleibt es bei dem Grundsatz, dass die gesellschaftliche Treuepflicht Gesellschafter verpflichten kann, einem Gesellschafterbeschluss im vorgenannten Umfang zuzustimmen – auch wenn er den Ausschluss aus der Gesellschaft bedeuten kann.

12.4.2 Das Konzept des Sanierens oder Ausscheidens als Standard bei Personengesellschaften?

Das Konzept Sanieren oder Ausscheiden hat zwar nur einen kleinen Anwendungsbereich – nämlich Publikumspersonengesellschaften. Die zitierten Entscheidungen haben jedoch erhebliche Auswirkungen auf die Praxis solcher Publikumspersonengesellschaften. Die höchstrichterlich anerkannte Zulässigkeit bringt die erforderliche Rechtssicherheit. In vergleichbaren Fällen dürften Anlegergesellschafter jetzt vermehrt vor der Alternative „Sanieren oder Ausscheiden" stehen. Entsprechende Klauseln werden künftig zum Standard bei Publikumspersonengesellschaften gehören und eine Sanierung vereinfachen. Umgekehrt wird sich ein beitretender Gesellschafter verstärkt mit der Frage auseinandersetzen müssen, welche Nachschusspflichten ihn treffen können.

12.5 Gesellschaftsrechtliche Maßnahmen in der Krise
von Martin Bürmann

12.5.1 Kapitalerhöhung/Liquiditätsbeschaffung durch Eigenkapital

Wer sich im Wege einer Kapitalerhöhung, d.h. durch Eigenkapital, an einem Unternehmen beteiligt, wird dessen Gesellschafter. Dies hat in rechtlicher Hinsicht wichtige Konsequenzen: Eingebrachtes Kapital bleibt im Allgemeinen unbefristet im Unternehmen. Das Gesellschaftsrecht kennt bei einer Beteiligung anders als beim klassischen Bankdarlehen grundsätzlich keine (ordentliche) Kündigung. Ein Ausstieg aus dem Unternehmen ist damit nur möglich, wenn es gelingt, die Anteile zu veräußern. Ansonsten muss der Gesellschafter abwarten,

12 Gesellschaftsrechtliche Aspekte in der Krise

bis die Gesellschafter die Beendigung der Zusammenarbeit beschließen und die Gesellschaft liquidieren. Das zweite Charakteristikum einer Eigenkapitalbeteiligung ist die volle Teilnahme an Chancen und Risiken des Unternehmens. Es gibt anders als beim klassischen Bankdarlehen keine feste Verzinsung. Vielmehr steht dem Gesellschafter entsprechend seiner Beteiligungshöhe ein Anteil am gesamten Gewinn der Gesellschaft zu. Scheitert die Gesellschaft, gehen die Gesellschafter als letztrangige Berechtigte oftmals leer aus. Dritter Aspekt ist das Recht der Gesellschafter, sich aktiv in das Unternehmen einzubringen. Sie geben die strategischen Leitlinien vor und entscheiden, welches Geschäftsmodell verfolgt werden soll. Wesentliche Entscheidungen werden durch die Gesellschafterversammlung getroffen. Entsprechend hat ein Gesellschafter umfassende Informationsrechte und darf etwa in die Bücher Einblick nehmen (vgl. § 51a GmbHG).

Die folgende Tabelle zeigt die idealtypischen Unterschiede zwischen Eigenkapital und Fremdkapital noch einmal im Überblick:

Eigenkapital	Fremdkapital
unbefristete Kapitalüberlassung; keine Kündigungsmöglichkeit	befristete Kapitalüberlassung; Kündigungsmöglichkeit
anteilige Gewinnausschüttung im Erfolgsfall; Wertsteigerung der Anteile im Erfolgsfall; letztrangige Kapitalrückzahlung bei Liquidation	erfolgsunabhängige Rendite durch festen Zins; Kapitalrückzahlung nur nominal; bei Liquidation Befriedigung vor Eigenkapitalgebern
umfassende Mitwirkungsrechte (Stimmrecht); umfassende Informationsrechte	keine unternehmerische Mitwirkung; schwache Informationsrechte

Abb. 48: Idealtypische Unterschiede zwischen Eigenkapital und Fremdkapital

12.5.1.1 Finanzierung aus dem Gesellschafterkreis

„Man kennt sich"
Vertrauensvolle Zusammenarbeit

Der Zugang zu frischem Kapital ist am leichtesten, wenn die bisherigen Gesellschafter bereit und in der Lage sind, neues Kapital einzubringen. Dies hat einen einfachen Grund: „Man kennt sich". Sind sämtliche Gesellschafter bereit, sich entsprechend ihrer bisherigen Beteiligung zu engagieren, werden die Gesellschafterstruktur und die austarierten Stimm- und Machtverhältnisse in der Gesellschaft nicht durcheinander gewirbelt. Zudem ist bei einer Nachfinanzierung aus dem kompletten Gesellschafterkreis keine Unternehmensbewertung erforderlich. Ein mitunter entscheidender Zeit- und Kostenvorteil.

Machtstrukturen

Problematisch sind jedoch diejenigen Fälle, in denen nur ein Teil der Gesellschafter in der Lage ist, neues Kapital zuzuführen. Finanzstarke Gesellschafter können diese Situation ausnutzen, um Machtstrukturen nachhaltig zu verschieben. Dies gilt insbesondere bei paritätischen Gesellschafterverhältnissen, bei denen der allein nachfinanzierende Gesellschafter künftig über eine Mehrheit

12.5 Gesellschaftsrechtliche Maßnahmen in der Krise

verfügt. Handelt es sich um eine unkritische Beteiligungsverschiebung wird der nachfinanzierende Gesellschafter hingegen zu Recht die Frage aufwerfen, welchen Mehrwert er für seinen erneuten Gesellschafterbeitrag erlangt. Solange keine Stimmrechtsschwellen tangiert sind, laufen weitere Stimmrechte praktisch ins Leere. Zukünftige Gewinnausschüttungen sind in der Krisensituation oftmals kein Anreiz – es sei denn, der Gesellschafter kann die weiteren Anteile günstig erwerben. Aus Sicht des stärkeren Gesellschafters bleibt jedoch zumindest der Vorteil, dass er den Eintritt weiterer Investoren – sei es mit Eigenkapital oder Fremdkapital – verhindern kann. Die Gewissheit, den bisherigen Gesellschafterkreis und die dort vorhandene vertrauensvolle Basis der Zusammenarbeit zu erhalten, kann durchaus auch eine einseitige Kapitalbeteiligung rechtfertigen.

12.5.1.2 Eigenkapital durch externe Investoren

Soweit die bisherigen Gesellschafter nicht in der Lage sind, eigene Mittel in das Unternehmen einzubringen, bleibt Ihnen nur noch die Möglichkeit, externe Investoren zu gewinnen. Im Rahmen von Sanierungsmaßnahmen kann es daneben vorkommen, dass eingebrachtes Fremdkapital in Eigenkapital umgewandelt wird („Debt Equity Swap"), um dem Unternehmen neue Spielräume zu verschaffen. Gerade in Krisenszenarien werden Investoren solche Umwandlungen in Eigenkapital anstreben. Das Verlustrisiko erscheint angesichts nicht werthaltiger Darlehen nicht größer; die Eigenkapitalbeteiligung bietet jedoch die Chance, an einer erfolgreichen Sanierung vollständig und nicht nur in Höhe eines Darlehenszinssatzes zu partizipieren. Anschauungsmaterial findet sich in der jüngeren Vergangenheit bei den Sanierungsfällen Pfleiderer und Solarworld. Daneben können Investoren, die kein klassisches Eigenkapital zur Verfügung stellen, ganz gezielt eine minimale Eigenkapitalbeteiligung fordern. Dadurch erhalten sie Zugang zur Informationsebene der Gesellschafter. Erkauft wird der leichtere Informationszugang jedoch mit der Umqualifizierung der restlichen Darlehen als nachrangige Gesellschafterdarlehen (§ 39 Abs. 1 Nr. 5 InsO), jedenfalls sofern die darlehensgebende Einheit beteiligt wird. Banken werden in der Regel nur widerwillig eine Gesellschafterstellung einnehmen. Sie werden versuchen, ihr Kreditengagement (mit Abschlägen) zu verkaufen. Am Gläubigertisch sitzen dann Investoren, denen es vorrangig darum geht, aus dem erworbenen Darlehen eine schnelle Renditechance zu kreieren.

Debt Equity Swap

Für das zu sanierende Unternehmen und die dahinter stehenden Gesellschafter ist es von entscheidender Bedeutung, welche Strategie ein externer Investor mit seiner Beteiligung verfolgt. Wünschenswert ist, wenn strategische Investoren gewonnen werden können. Diese werden auch in (späteren) Krisen zum Unternehmen stehen und sind bereit, das Unternehmen über einen längeren Zeitraum weiter zu entwickeln. Solche strategischen Partner lassen sich vor allem innerhalb der Lieferkette finden. Hier bestehen oftmals wirtschaftliche Abhängigkeiten, aufgrund derer ein Vertragspartner bereit ist, seine Vertragsbeziehung durch eine gesellschaftsrechtliche Beteiligung abzusichern oder zu erhalten. Dies gilt insbesondere, wenn das zu sanierende Unternehmen Know-how-Träger ist und für einen Vertragspartner die Gefahr besteht, dass

Strategische Investoren

Family-Offices dieses Know-how an ein Konkurrenzunternehmen abfließen könnte. Außerhalb solcher Lieferabhängigkeiten finden sich strategische Investoren in den sogenannten „Family-Offices". Wohlhabende Privatpersonen haben durch die Finanzkrise verstärkt realisiert, dass sie ihr Anlageportfolio diversifizieren müssen. Denn mittlerweile steht fest, dass auch Bankanlagen ein Ausfallrisiko bergen. Greifbare Sachwerte – dazu gehören Unternehmensbeteiligungen – haben dadurch eine sehr hohe Bedeutung erlangt.

Private Equity Neben diesen strategischen Investoren gibt es eine weitere Gruppe, die vor allem kurz- und mittelfristige Renditeziele verfolgt. Vielfach werden diese Investoren unter dem Begriff „Private Equity" zusammengefasst. Diese Gruppe ist jedoch nicht homogen. Zum einen konzentrieren sich Investoren zumeist auf ein bestimmtes Geschäftsfeld. Daneben spezialisieren sich diese Investoren klassischerweise auf eine bestimmte Phase der Unternehmensfinanzierung. So findet man „Private-Equity"-Gesellschaften, die sich auf Gründungsfinanzierungen („Seed Phase"), auf die Frühphasenfinanzierung („Venture Capital") als auch auf reifere Unternehmen mit dem Ziel eines möglichen Börsengangs („Private Equity im engeren Sinne") spezialisiert haben.

Gesellschafter sollten bei der Kapitalbeschaffung durch Private Equity im Hinterkopf behalten, dass diese Investoren in der Regel Renditen von 20 bis 40% jährlich erwarten. Eine solche Rendite wird sich aus dem laufenden Geschäftsbetrieb aber nicht erzielen lassen. Folglich streben die Investoren entweder die Weiterveräußerung an neue Investoren oder einen Börsengang an. Dass Eigenkapital nach der gesetzlichen Grundidee unbegrenzt und unkündbar zur Verfügung steht, ist kein Ausschlusskriterium. Die Investoren werden sich im Rahmen eines Beteiligungsvertrages auf schuldrechtlicher Basis oder durch entsprechende Satzungsbestimmungen Optionen zum Ausstieg einräumen lassen. Mit jeder Verhandlung über die Beteiligung eines Private Equity-Investors ist daher zwingend die zeitgleiche Verhandlung von Ausstiegsszenarien („Exit") verbunden. Dieser Punkt ist auch nicht verhandelbar. Private Equity-Gesellschaften investieren in der Regel nur zu einem geringen Teil eigene Mittel. Der weitaus größte Teil wird über Fondskonstruktionen von Anlegern eingesammelt und gepoolt in Gesellschaftsbeteiligungen investiert. Diesen Fondsanlegern wird in der Regel ein Anlagehorizont von rund zehn Jahren zugesagt. Zieht man von diesen zehn Jahren ein bis zwei Jahre für das Aufsetzen des Fonds und die Investitionsphase ab und reserviert weitere zwei Jahre für die Liquidation des Fonds, so stehen für die eigentliche Investitionsphase nur rund fünf bis sieben Jahre zur Verfügung.

12.5.1.3 Abbildung des Eigenkapitals in der Bilanz

Die Zuführung von „echtem" Eigenkapital kann nicht durch einen einfachen schuldrechtlichen Vertrag vollzogen werden. Denn mit der Gewährung einer Eigenkapitalbeteiligung sind stets gesellschaftsrechtliche Teilhaberechte verbunden, namentlich Stimm- und Gewinnbezugsrechte. Zugleich verfolgt das deutsche Recht die Idee des Gläubigerschutzes durch Eigenkapital. In Kapitalgesellschaften werden die strengen Vorschriften zu Aufbringung und Erhalt des gezeichneten Kapitals als Ausgleich für nur beschränkte Haftung der Gesellschafter angesehen. Die im anglo-amerikanischen Recht verbreitete Sichtweise, Gläubiger durch sogenannte Solvenz-Tests vor ungerechtfertigten Ausschüttungen zu schützen, konnte sich in Deutschland bislang nicht durchsetzen.

> **Praxistipp: Wirtschaftliche Neugründung**
>
> Es muss stets geprüft werden, ob ein Unternehmen ununterbrochen geschäftlich tätig gewesen ist. Hintergrund ist, dass die Reaktivierung einer nicht tätigen Gesellschaft als „wirtschaftliche Neugründung" gewertet wird. Die Gründungsvorschriften, insbesondere zur Kapitalaufbringung, sind dann erneut zu erfüllen. Bei Unternehmenskäufen sollte sich der Käufer dies garantieren lassen. Denn er haftet (§ 16 Abs. 2 GmbHG) ansonsten nach den Maßstäben der Unterbilanzhaftung und damit ohne Beschränkung auf das Stammkapital für die volle Differenz von (ggf. stark negativem) Unternehmenswert und Stammkapital![1] Daneben kann auch der Geschäftsführer einer (persönlichen) Haftung ausgesetzt sein (§ 11 Abs. 2 GmbHG analog; § 9 a GmbHG analog).[2] In der Sanierung kann die Entschuldung im Planinsolvenzverfahren als wirtschaftliche Tätigkeit angesehen werden, sodass die Fortsetzung des Geschäftsbetriebs nach der Sanierung im Regelfall keine wirtschaftliche Neugründung darstellen sollte.[3]

Wirtschaftliche Neugründung

Beim Blick in die Bilanz zeigt sich, dass es sich bei „dem" Eigenkapital genau genommen um eine Kombination von mehreren Komponenten handelt, den Kapitalkonten. Diese Kapitalkontenstruktur ist durch das gesetzliche Bilanzgliederungsschema (§§ 266 Abs. 2, 272 HGB) vorgegeben. Bei Kapitalgesellschaften bildet das gezeichnete Kapital die erste Kategorie. Es trägt in der GmbH den Namen „Stammkapital", in der Aktiengesellschaft die Bezeichnung „Grundkapital". Dieser Teil des Eigenkapitals ist gesetzlich besonders geschützt. Da Kapitalgesellschaften nur mit ihrem eigenen Vermögen haften, will der Gesetzgeber sicherstellen, dass Geldmittel in Höhe des gezeichneten Kapitals zumindest einmal zur freien Verfügung der Gesellschaft standen. Dies bedeutet jedoch nicht, dass diese Mittel heute noch vorhanden sein müssen. Sie können sowohl für Investitionen als auch für den laufenden Geschäftsbetrieb verbraucht werden. Das Gesetz kennt jedoch Vorschriften, die verhindern sollen, dass Teile des gezeichneten Kapitals an die Gesellschafter zurückgezahlt werden („Einlagenrückgewähr"). Neben dieser – in der Praxis eher ineffektiven – Gläubigerschutzfunktion – dient das gezeichnete Kapital zur Abbildung der Beteiligungsverhältnisse der Gesellschafter untereinander. Da nur über die Beteiligung am gezeichneten Kapital Stimm- und Gewinnbezugsrechte erlangt werden, wird jede Finanzierung mit der Forderung nach einer (teilweisen) Berücksichtigung der eingebrachten Mittel als (stimmrechtswirksame) Beteiligung am gezeichneten Kapital einhergehen.

Kapitalkonten der GmbH

Das zweite Kapitalkonto einer Kapitalgesellschaft wird durch die „Kapitalrücklage" gebildet. Leistungen in diese Kapitalrücklage (insbesondere Aufgelder oder freiwillige Leistungen, § 272 Abs. 2 Nr. 4 HGB) unterliegen nicht den Gläubigerschutzvorschriften des Gesellschaftsrechts. Sie gewähren aber auch keine Beteiligung am Gewinn und kein Stimmrecht. Daneben existieren in der Kapitalgesellschaft drei weitere Konten. Gewinnrücklagen, die nach gesetzlichen oder gesellschaftsvertraglichen Regelungen zu bilden sind, die kumulierten Gewinn- und Verlustvorträge aus den Vorjahren und schließlich der Jahresüberschuss oder -fehlbetrag des gerade abgelaufenen Wirtschaftsjahres.

12.5.1.4 Ermittlung der Beteiligungsquote

Da der Investor für das von ihm aufgebrachte Eigenkapital je nach Zuordnung Stimm- und Gewinnbezugsrechte erlangt oder nicht, muss zwischen den Parteien festgelegt werden, wie die Kapitaleinzahlung aufzuteilen ist; bei Kapitalgesellschaften zwischen gezeichnetem Kapital und Kapitalrücklage.

Grundsätzlich ist es möglich, das neue Kapital vollständig im gezeichneten Kapital zu verbuchen. Dies hat jedoch den gravierenden Nachteil, dass das Kapital damit den strengen Gläubigerschutzregelungen des Gesellschaftsrechts unterliegt. Andererseits kann ein hohes gezeichnetes Kapital immer noch ein Indikator für ein solides Unternehmen sein. Es ist ebenso möglich, die Kapitalzuführung nur teilweise als gezeichnetes Kapital zu qualifizieren und im Übrigen eine Kapitalrücklage zu bilden. Die Kapitalrücklage unterliegt nicht den strengen Gläubigerschutzvorschriften. Daher ist es insoweit erheblich einfacher, eine Kapitalherabsetzung durchzuführen. Zudem kann durch die Verteilung auf gezeichnetes Kapital und Kapitalrücklage das Verhältnis zwischen Kapitalaufbringung und zu gewährender Gewinn- und Stimmrechtsbeteiligung austariert werden.

Kapitalbedarf Unternehmensfinanzierung im Krisenunternehmen sollte hingegen nicht von der Beteiligungshöhe als Zielgröße ausgehen. Entscheidend sind ein Sanierungskonzept und der dort ermittelte Kapitalbedarf. Dieser muss eingeworben werden. Das kann dadurch erfolgen, dass ein Gesellschafter den gesamten Kapitalbedarf gegen die Gewährung von Gesellschaftsanteilen aufbringt. Regelmäßig wird Eigenkapital jedoch nur eine von mehreren Komponenten darstellen, mit dem die zur Sanierung benötigte Finanzierung zusammengestellt wird.

Unternehmenswert Für die Eigenkapitalkomponente gilt grundsätzlich Folgendes: In einem ersten Schritt wird der Unternehmenswert (pre-money) ermittelt. Der Finanzmittelbedarf ergibt sich aus dem Sanierungskonzept. Durch die Zuführung von Kapital in Höhe des Finanzmittelbedarfs erhöht sich der pre-money-Wert des Unternehmens um den Nominalbetrag des zugeführten Kapitals. Anschließend lässt sich durch einen einfachen Dreisatz ermitteln, welcher Teil des späteren Unternehmenswerts (post-money) durch den neuen Gesellschafter erbracht wurde. Dieses Verhältnis entspricht dem Grundsatz nach der zu gewährenden Beteiligungsquote.

> **Beispiel**
>
> Ein Investor möchte sich kurz nach der Gründung mit € 50.000,00 an einem Unternehmen beteiligen. Dessen Wert und Stammkapital beträgt vor der Kapitalerhöhung („pre-money") € 25.000,00. Wird die Beteiligung vollständig als Stammkapital verbucht, so stehen dem Investor danach 67 % der Anteile zu (€ 50.000,00 von € 75.000,00). Dies bedeutet, dass dem Investor 67 % des Gewinns zustehen und er grundsätzlich 67 % der Stimmrechte innehat.

12.5 Gesellschaftsrechtliche Maßnahmen in der Krise

Ein solcher Fall wird jedoch nur dann eintreten, wenn eine Gesellschaft neu gegründet ist. Ein erfolgreiches Unternehmen wird seinen Wert hingegen im Vergleich zum Stammkapital, welches bei Gründung aufgebracht wurde, vervielfacht haben.

> **Beispiel**
>
> Gesellschafter A gründet eine GmbH mit einem Stammkapital von € 60.000,00. Zehn Jahre später möchte sich Investor B an dem Unternehmen beteiligen. Der pre-money-Wert der GmbH beträgt – nach einer eingeholten Unternehmensbewertung – € 3 Mio. Der Investor B ist bereit, € 2 Mio. in das Unternehmen zu investieren. Der post-money-Wert des Unternehmens in Höhe von € 5 Mio. stammt damit in Höhe von € 2 Mio. vom Investor B. Daher ist es gerechtfertigt, dass ihm fortan 40 % (2 von 5) der Anteile zustehen und er mit 40 % am Gewinn und den Stimmrechten beteiligt ist. Würde man das eingebrachte Kapital aber komplett im Stammkapital verbuchen, so würde das Stammkapital anschließend € 2.060.000,00 betragen. Damit hätte der Investor mit seinem Anteil von € 2.000.000,00 rechtlich eine Beteiligung in Höhe von rund 97 % und damit auch Gewinn- und Stimmrecht in Höhe von 97 % erhalten.

Man sieht sofort, dass dies nicht richtig sein kann. Daher wird nur derjenige Teil im Stammkapital verbucht, der zur Abbildung der angestrebten Beteiligungsverhältnisse erforderlich ist. In diesem Fall müsste dem Investor eine Beteiligung in Höhe von 40 % eingeräumt werden.

> **Beispiel**
>
> Im ersten Schritt ist daher eine Kapitalerhöhung von € 60.000,00 um € 40.000,00 auf € 100.000,00 durchzuführen. Der Investor erhält damit einen Anteil am Stammkapital von € 40.000,00. Damit stehen ihm 40 % des Gewinns und der Stimmrechte zu. Für diesen Anteil hat er zunächst nur € 40.000,00 an das Unternehmen zu zahlen. Der vereinbarte Preis für diesen Anteil betrug jedoch € 2.000.000,00. Die Differenz in Höhe von € 1.960.000,00 muss er daher ebenfalls bezahlen. Sie wird in der Kapitalrücklage verbucht.

Die entscheidende Frage bei der Beteiligung eines Gesellschafters ist also, welcher Anteil am Unternehmen ihm für seine Kapitalzuführung zu gewähren ist. Hierbei handelt es sich um eine Vereinbarung zwischen den bisherigen Gesellschaftern und dem neuen Gesellschafter. Diese Vereinbarung unterliegt grundsätzlich der Vertragsfreiheit. Somit können die Gesellschafter frei miteinander vereinbaren, welcher Betrag für eine bestimmte Beteiligung erbracht werden muss.

12.5.1.5 Rechtliche Grundlagen der Kapitalaufbringung

In Personengesellschaften genügt zur Kapitalerhöhung eine entsprechende Vereinbarung der Gesellschafter. Dort kann zugleich mitgeregelt werden, wie sich die im Rahmen der Kapitalerhöhung zu erbringenden Leistungen auf den Einfluss der Gesellschafter auswirken.

12 Gesellschaftsrechtliche Aspekte in der Krise

Bei Kapitalgesellschaften unterliegen die Modalitäten, Voraussetzungen und Folgen einer Erhöhung des Stamm- (GmbH) bzw. Grundkapitals (AG) strengen Regelungen (§§ 55 bis 57o GmbHG; §§ 182 bis 191 AktG).

Nominelle versus effektive Kapitalerhöhung

Bei Kapitalgesellschaften ist zwischen effektiven Kapitalerhöhungen gegen Einlagen und nominellen Kapitalerhöhungen aus Gesellschaftsmitteln zu unterscheiden. Im Rahmen einer Kapitalerhöhung aus Gesellschaftsmitteln wird lediglich umgebucht: Eigenkapital aus den freien Rücklagen wird in Stamm- oder Grundkapital umgewandelt. Dadurch wird das haftende Kapital aufgewertet. Es wird jedoch keine Liquiditätszuführung erreicht. Das Verhältnis von Eigen- und Fremdkapital ändert sich nicht. Daher spielt die nominelle Kapitalerhöhung in der Sanierungspraxis isoliert betrachtet regelmäßig keine Rolle. Für Personengesellschaften ist eine Kapitalerhöhung aus Gesellschaftsmitteln ebenfalls ohne Bedeutung. Bei der effektiven Kapitalerhöhung fließt hingegen frische Liquidität ins Unternehmen. Damit verbessert sich zugleich die Eigenkapitalquote.

Bar- versus Sacheinlagen

Die Kapitalzuführung kann durch Bar- oder Sacheinlagen erfolgen. Bei Sacheinlagen muss sichergestellt sein, dass der versprochene Wert dem Unternehmen tatsächlich zufließt. Dies kann kostenintensive Prüfungen (Werthaltigkeitsbescheinigungen) erfordern. Wertvolle Zeit geht darüber hinaus verloren, wenn das Handelsregister die Eintragung aufgrund von Zweifeln an der Werthaltigkeit (zunächst) versagt.

Verdeckte Sacheinlage

In der Praxis wird daher häufig nach Mechanismen gesucht, eine Kapitalerhöhung gegen Bareinlagen zu beschließen, letztlich aber das Ergebnis einer Sachkapitalerhöhung herbeizuführen. Werden durch eine solche Gestaltung – bewusst oder unbewusst – die Sachkapitalerhöhungsvorschriften umgangen, spricht man von einer verdeckten Sacheinlage. Dies ist beispielsweise der Fall, wenn die Einlagepflicht aus einer Barkapitalerhöhung durch Aufrechnung mit einer Forderung gegen die Gesellschaft erfüllt werden soll oder wenn die Gesellschaft mit dem auf eine Bareinlageverpflichtung eingezahlten Geld im Eigentum von Gesellschaftern stehende Gegenstände erwirbt. Zu Details siehe Kapitel 12.2.4.

> **Praxistipp: Haftungsträchtige Fußstapfen**
>
> In der GmbH ist bei einer Kapitalerhöhung stets zu beachten, dass nach § 24 GmbHG alle Gesellschafter, auch die Altgesellschafter, dafür einzustehen haben, dass alle Einlagen auf die neu übernommenen Geschäftsanteile erbracht werden. Gleiches gilt im Falle des Unternehmenserwerbs. Der neu eintretende Gesellschafter tritt in die Fußstapfen des ausscheidenden Gesellschafters (§ 16 Abs. 2 GmbHG).

12.5.1.6 Umsetzungsschritte einer Kapitalerhöhung gegen Bareinlagen

Die Kapitalerhöhung (dargestellt am Beispiel der Kapitalgesellschaft) vollzieht sich in einem mehrstufigen Prozess: Zunächst haben die Gesellschafter einen Beschluss zur Kapitalerhöhung zu fassen.

Dieser Beschluss muss allen Anforderungen an Gesellschafterbeschlüsse und ihr Zustandekommen genügen. Erforderlich ist daher eine form- und fristgerechte Einladung zur Gesellschafterversammlung (es sei denn, die Gesellschafter verzichten ausdrücklich auf die Einhaltung dieser Vorschriften). Da durch die Kapitalerhöhung das Grund- bzw. Stammkapital geändert wird, bedingt der Kapitalerhöhungsbeschluss zugleich eine Änderung des Gesellschaftsvertrags. Bei GmbHs und Aktiengesellschaften ist ein solcher Beschluss notariell zu beurkunden und bedarf – soweit der Gesellschaftsvertrag nichts anderes regelt – aufgrund Gesetzes einer ¾-Mehrheit.

Website: Kapitalerhöhungsbeschluss

Praxistipp: Pflicht zur Zustimmung zur Kapitalerhöhung?

Gerade in Fällen, in denen die Zuführung von Liquidität zur Rettung oder Sanierung einer Gesellschaft erforderlich ist, mag es unterschiedliche Ansichten über die Sinnhaftigkeit einer (nochmaligen) Kapitalbereitstellung geben. In dieser Situation stellt sich oftmals die Frage, ob einzelne Gesellschafter aufgrund ihrer Treuepflicht gegenüber Gesellschaft und Mitgesellschaftern dazu verpflichtet sein können, einer Kapitalerhöhung zuzustimmen. Für Aktiengesellschaften hat der Bundesgerichtshof im Fall „Girmes"[4] eine solche Zustimmungspflicht unter folgenden Voraussetzungen angenommen:

- Die Gesellschaft muss lebensfähig sein, die Kapitalerhöhung aber zum Fortbestand der Gesellschaft erforderlich sein.
- Jeder Gesellschafter muss die Möglichkeit haben, durch Teilnahme an der Kapitalerhöhung seine Beteiligungsquote zu halten.
- Schließlich dürfen Gesellschafter, welche die Kapitalerhöhung eigentlich nicht befürworten, nicht mit Ausfallrisiken belastet werden. Daher können sie regelmäßig nur zur Mitwirkung beim Kapitalerhöhungsbeschluss verpflichtet werden, wenn die anderen Gesellschafter die volle Aufbringung der erhöhten Einlagen vor der Eintragung der Kapitalerhöhung zusagen. Gegen eine übermäßige Verwässerung ihrer Anteile werden die Altgesellschafter durch das Gesetz bzw. die gesellschaftsrechtliche Treuepflicht geschützt. Würde im Rahmen der Kapitalerhöhung das Bezugsrecht der Altaktionäre ausgeschlossen, so wäre der entsprechende Beschluss bereits wegen § 255 Abs. 2 AktG anfechtbar, wenn der Ausgabebetrag für die neuen Anteile unangemessen niedrig wäre. Aber auch ohne Bezugsrechtsausschluss – so wurde es für die GmbH jedenfalls entschieden – darf sich der Ausgabebetrag neuer Anteile nicht weit unter dem Wert der Anteile bewegen, denn ansonsten entstünde eine „faktische Nachschusspflicht", da sich der Gesellschafter genötigt sähe, an der Kapitalerhöhung durch eigene Einlage teilzunehmen. Einem solchen Vorgehen steht daher die Treuepflicht entgegen[5]. Bei der Aktiengesellschaft hat der Aktionär die Möglichkeit, sein Bezugsrecht zu veräußern, sodass ein entsprechender Zwang nicht besteht. Teilweise wird daher zu Zurückhaltung bei der Übertragung der Rechtsprechung zur GmbH gemahnt[6].

Treuepflichten

Bestandteil des Kapitalerhöhungsbeschlusses ist die Festlegung, wer zur Übernahme der neuen Gesellschaftsanteile zugelassen wird. Dabei gilt der Grundsatz, dass jeder Gesellschafter verlangen kann, entsprechend seinem Anteil am bisherigen Grund- bzw. Stammkapital neue Gesellschaftsanteile erwerben zu können („Bezugsrecht", vgl. §§ 186 und 203 AktG). Dies gilt nach unbestrittener Ansicht auch in der GmbH. Aus gewichtigen sachlichen Gründen können die Bezugsrechte von Gesellschaftern aber – durch Mehrheitsentscheidung, d. h. gegen ihren Willen – ausgeschlossen werden. Tragfähige Ausschlussgründe sind

Bezugsrechte

beispielsweise der Erwerb eines Unternehmens (oder anderer Vermögenswerte), die mit der Währung „Unternehmensanteile" bezahlt werden sollen.

> **Praxistipp: Gekreuzter Bezugsrechtsausschluss**
>
> *Gekreuzter Bezugsrechtsausschluss*
>
> Wollen Fremdkapitalgläubiger Darlehen im Rahmen eines Debt Equity Swaps in eine Aktiengesellschaft einbringen, stellt sich die Frage, wie mit den Bezugsrechten der Altaktionäre umgegangen werden kann. Denn in diesem Fall soll nur der Darlehensgläubiger zum Anteilserwerb berechtigt sein. Um dies zu erreichen, kommt eine kombinierte Bar-/Sachkapitalerhöhung mit gekreuztem Bezugsrechtsausschluss in Betracht. Zwei Gestaltungsmöglichkeiten sind dabei denkbar. Es können zunächst zwei separate Kapitalerhöhungsmaßnahmen durchgeführt werden, bei denen den jeweils nicht an der Erhöhung beteiligten Gesellschaftern kein Bezugsrecht zusteht. Der Fremdkapitalgläubiger bringt seine Forderung als „Sacheinlage" ein und im Rahmen dieser Kapitalerhöhung sind die Altgesellschafter vom Bezugsrecht ausgeschlossen. Sodann nehmen die Altgesellschafter eine Kapitalerhöhung aus Barmitteln vor, im Rahmen derer dem Fremdkapitalgläubiger kein Bezugsrecht zusteht. Alternativ können beide Kapitalerhöhungen in einem einzigen Verfahren kombiniert werden, wobei dann die Kapitalerhöhung aus einer Sach- und einer Bartranche besteht.
>
> Sodann muss der Investor die neuen Gesellschaftsanteile durch Vertrag mit der Gesellschaft übernehmen. Das bedeutet, dass sich der Interessent (bei der Aktiengesellschaft „Zeichner" genannt, bei der GmbH „Übernehmer") verpflichtet, die auf die neuen Gesellschaftsanteile entfallenden Einlagen auch zu erbringen. Diese Erklärung muss als kooperatives Beitrittsgeschäft bei der GmbH notariell beglaubigt sein, während bei der Aktiengesellschaft eine schriftliche Erklärung genügt. Wird die Kapitalerhöhung nach Abschluss des Übernahmevertrages nicht durchgeführt, haben Zeichner beziehungsweise Übernehmer (lediglich) Schadensersatzansprüche gegen die Gesellschaft, die Durchführung der Kapitalerhöhung erzwingen können sie nicht.

Wirksamkeit mit Handelsregistereintragung

Die Tatsache, dass die Gesellschafter eine Kapitalerhöhung beschlossen haben, muss anschließend zur Eintragung ins Handelsregister angemeldet werden. Wirksam wird die Kapitalerhöhung mit Eintragung ihrer Durchführung im Handelsregister. Erst damit entstehen auch die neuen Anteile. Die Anmeldung und die mit ihr einzureichenden Unterlagen werden vom Registergericht geprüft. Unter Umständen stellt dieses Rückfragen und Nachforderungen („Zwischenverfügungen"), bevor es die Eintragung vornimmt. Hier ist eine sorgfältige Vorbereitung geboten, um nicht unnötig Zeit zu verlieren. Da die Kapitalerhöhung erst mit Eintragung der Durchführung der Kapitalerhöhung wirksam wird, kann die Anmeldung des Kapitalerhöhungsbeschlusses zusammen mit der Anmeldung der Durchführung der Kapitalerhöhung eingereicht werden.

Einlagen „zur freien Verfügung" des Managements

Auf Bareinlagen muss ein Mindestbetrag von einem Viertel des geringsten Ausgabebetrages, bei GmbHs mindestens die Hälfte des Stammkapitals, bereits bei der Anmeldung der Kapitalerhöhung zur Eintragung ins Handelsregister eingefordert und geleistet sein. Entscheidend ist, dass diese Einlagen „zur freien Verfügung" des Managements der Gesellschaft stehen. Das bedeutet nicht, dass die Einlagen nicht bereits für eine ganz bestimmte Verwendung verplant sein dürfen. Kapitalerhöhungen sollen durchweg einem ganz bestimmten Liquiditätsbedarf abhelfen. Das Gesetz verbietet nicht, dass die Verwendung des Geldes bereits bei der Beschlussfassung feststeht. Verhindert werden soll allerdings, dass die Mittel dem Unternehmen nicht wenigstens einmal effektiv zur Verfügung stehen.

> **Praxistipp: „Wer zu früh zahlt, zahlt zweimal"**
>
> Die für die neuen Gesellschaftsanteile eingeforderten Einlagen dürfen nicht zu früh, d.h. vor der Fassung des Kapitalerhöhungsbeschlusses, geleistet werden. Die Rechtsprechung erkennt Voreinzahlungen allenfalls in einem engen zeitlichen Zusammenhang mit dem Kapitalerhöhungsbeschluss an.[7]

Voreinzahlungen

Im Falle einer sanierungsbedürftigen Gesellschaft kann es erforderlich werden, Vorabeinzahlungen auf noch nicht beschlossene Kapitalerhöhungen als wirksame Einlagenleistung mit haftungsbefreiender Wirkung anzuerkennen, um eine Sanierung nicht zu verhindern: So muss der Vorstand oder die Geschäftsführung nach §15a Abs.1 InsO im Fall der Zahlungsunfähigkeit oder Überschuldung[8] unverzüglich, spätestens jedoch binnen 3 Wochen, die Eröffnung eines Insolvenzverfahrens beantragen. Vorrangig hat er jedoch eine noch mögliche Sanierung zu betreiben. Soll diese durch eine Kapitalerhöhung finanziert werden, bedarf es dazu bei der Aktiengesellschaft eines Hauptversammlungsbeschlusses, der Vorbereitungsarbeiten und obendrein eine mindestens 30-tägige Einberufungsfrist voraussetzt (vgl. §123 Abs.1 AktG). Würde man in einem solchen Fall auf der Einhaltung der gesetzlichen Abfolge des Kapitalerhöhungsverfahrens bestehen, droht die mögliche Sanierung daran zu scheitern – ein wenig interessengerechtes Ergebnis.[9]

Kapitalerhöhung in der Sondersituation Sanierung

Für die GmbH entschied der Bundesgerichtshof, dass Voreinzahlungen – sofern sie nicht noch im Vermögen der Gesellschaft vorhanden sind, denn dann ist die Einlageschuld ohnehin erbracht – als wirksame Erfüllung der später übernommenen Einlageschuld anerkannt werden können, wenn die Beschlussfassung über die Kapitalerhöhung im Anschluss an die Voreinzahlung mit aller gebotenen Beschleunigung nachgeholt wird, ein akuter Sanierungsfall vorliegt, andere Maßnahmen nicht in Betracht kommen und die Rettung der sanierungsfähigen Gesellschaft scheitern würde, falls die übliche Reihenfolge der Durchführung der Kapitalerhöhungsmaßnahme beachtet werden müsste[10]. Für den genauen zeitlichen Rahmen sind die Umstände des Einzelfalls maßgeblich. Abgestellt wird darauf, ob bereits eine Gesellschafterversammlung unter Beachtung der Mindestfrist in die Wege geleitet wurde. Aber auch andere Gesichtspunkte, die im Einzelfall ein zügiges Nachholen des Beschlusses erleichtern oder erschweren können.

Wird eine Kapitalerhöhung allerdings dazu missbraucht, eine an sich notwendige Insolvenz zu verschleppen, so haftet der Verantwortliche allen Erwerbern neuer Gesellschaftsanteile für den hieraus entstehenden Schaden.[11]

Die Hauptversammlung einer Aktiengesellschaft kann eine Erhöhung des Grundkapitals beschließen, die nur soweit durchgeführt werden soll, wie von Umtausch- oder Bezugsrechten Gebrauch gemacht wird, welche die Gesell-

Bedingte Kapitalerhöhung

schaft auf die neuen Aktien (Bezugsaktien) einräumt („bedingte Kapitalerhöhung", §192 Abs.1 AktG). Die bedingte Kapitalerhöhung wurde durch das Aktiengesetz 1937 zur Erleichterung der Kapitalbeschaffung eingeführt. Sie soll nach §192 Abs.2 AktG nur zu folgenden Zwecken beschlossen werden: erstens zur Gewährung von Umtausch- oder Bezugsrechten an Gläubiger von Wandelschuldverschreibungen; zweitens zur Vorbereitung des Zusammenschlusses mehrerer Unternehmen; drittens zur Gewährung von Bezugsrechten an Arbeitnehmer und Mitglieder der Geschäftsführung der Gesellschaft oder eines verbundenen Unternehmens im Wege des Zustimmungs- oder Ermächtigungsbeschlusses.

Der Nennbetrag des bedingten Kapitals ist auf maximal die Hälfte, im Falle der Gewährung von Bezugsrechten an Arbeitnehmer oder Geschäftsleiter auf ein Zehntel des bis dahin eingetragenen Grundkapitals beschränkt.

Ist der Beschluss über die bedingte Kapitalerhöhung in das Handelsregister eingetragen, können Bezugsaktien mit geringem Aufwand ausgegeben werden, wenn die Voraussetzungen dafür erfüllt sind. Mit Ausgabe der Bezugsaktien ist das Grundkapital entsprechend erhöht (§200 AktG). Zur Information des Rechtsverkehrs (also rein deklaratorisch) ist zum Handelsregister anzumelden, in welchem Umfang und zu welchem Nennbetrag in jedem Geschäftsjahr Bezugsaktien ausgegeben worden sind.

Das GmbH-Gesetz sieht keine entsprechende Möglichkeit einer bedingten Kapitalerhöhung vor.

Genehmigtes Kapital Eine weitere Möglichkeit erleichterter Eigenkapitalbeschaffung in Aktiengesellschaften ist das genehmigte Kapital (§§202 bis 206 AktG). Grundsätzlich benötigt jede effektive Kapitalerhöhung einen entsprechenden (mit Vorlauffristen verbundenen) Hauptversammlungsbeschluss. Damit der Vorstand bei einem sich abzeichnenden Kapitalbedarf schnell reagieren kann, können die Aktionäre ihn durch Beschluss einer entsprechenden Satzungsregelung für die Dauer von höchstens 5 Jahren nach Eintragung jener Satzungsregelung ermächtigen, das Grundkapital in einem zuvor bestimmten Umfang durch Ausgabe neuer Aktien gegen Bar- oder Sacheinlagen zu erhöhen. Hauptanwendungsfall ist die Ausgabe von Mitarbeiteraktien, insbesondere durch Ausübung von Aktienoptionen, die zur Motivationssteigerung gewährt wurden. Auch wird genehmigtes Kapital in vielen Fällen dazu geschaffen, um für den Erwerb von anderen Unternehmen mit den Aktien kurzfristig eine Akquisitionswährung zur Verfügung zu haben.

Die Hauptversammlung kann mehrmals ein genehmigtes Kapital beschließen. Dieses wird – entsprechend der jeweiligen Ermächtigung – als „genehmigtes Kapital I, II, …" nebeneinander geführt. Allerdings darf der Nennbetrag des gesamten genehmigten Kapitals die Hälfte des Grundkapitals, das im Zeitpunkt der Ermächtigung vorhanden ist, nicht übersteigen. Die Ermächtigung des Vorstands kann sich auch darauf erstrecken, das Bezugsrecht der Alt-Aktionäre auszuschließen.

Absichernd ordnet das Gesetz an, dass die neuen Aktien nur mit Zustimmung des Aufsichtsrats ausgegeben werden sollen. Außerdem gelten auch hier die allgemeinen Kapitalaufbringungsvorschriften. Im Falle des genehmigten Kapitals ist das Grundkapital erst durch Eintragung der Durchführung der Kapitalerhöhung im Handelsregister und Ausgabe der neuen Aktien erhöht.

§ 55a GmbHG erlaubt auch bei der GmbH die Bildung eines genehmigten Kapitals. In der GmbH ist ein Kapitalerhöhungsbeschluss zwar erheblich einfacher und schneller zu erreichen; Vorteile bietet die Neuregelung aber z. B. GmbHs mit einer großen Anzahl von Gesellschaftern. Hier kann die Koordination der zustimmenden Willensbildung durch die Einrichtung eines genehmigten Kapitals vorweg genommen werden. In Sanierungssituationen kann sich dies anbieten, (unliebsame) Entscheidungen bereits durchzusetzen, so lange der Sanierungsdruck noch für die notwendige Einigungsbereitschaft sorgt.

12.5.2 Kapitalherabsetzung

In Personengesellschaften richtet sich die Kapitalherabsetzung nach dem Gesellschaftsvertrag; in der Regel ist sie durch Gesellschafterbeschluss herbeizuführen. In Kapitalgesellschaften wird das gezeichnete Kapital als Haftungsmasse der Gläubiger gesetzlich besonders geschützt. Die Rückgewähr solcher Einlagen ist prinzipiell verboten. Daher sind etliche Sicherungsmaßnahmen zum Schutze der Gläubiger einzuhalten. Machen Gläubiger innerhalb einer Sperrfrist Ansprüche geltend, sind die Ansprüche zu befriedigen oder mit Sicherheiten zu versehen (§ 225 AktG; § 58 GmbHG).

Effektive Kapitalherabsetzung

Kapitalrücklagen im Sinne des § 272 Abs. 2 Nr. 4 HGB können bei der GmbH hingegen jederzeit aufgelöst werden. Hier stellen sich dann bilanzrechtliche Fragen hinsichtlich der Ausschüttungsfähigkeit der aufgelösten Beträge. In der Aktiengesellschaft unterliegt die Verwendung der Kapitalrücklage weiteren Beschränkungen (vgl. § 150 AktG).

Kapitalrücklagen

Das Gesetz bezeichnet die nominelle Herabsetzung des Kapitals als „vereinfachte Kapitalherabsetzung" (§§ 229 bis 236 AktG, §§ 58a bis 58f. GmbHG). Bei der vereinfachten Kapitalherabsetzung ist bei der GmbH weder ein Gläubigeraufruf noch die Einhaltung einer Sperrfrist bis zur Anmeldung der Kapitalherabsetzung notwendig, bei der Aktiengesellschaft entfallen Auszahlungssperrfristen und die Pflicht zur Sicherheitsleistung. Darüber hinaus kann die Korrektur des Grund- bzw. Stammkapitals rückwirkend auf die letzte Jahresbilanz erfolgen.

Nominelle bzw. vereinfachte Kapitalherabsetzung

Allerdings kann eine vereinfachte Kapitalherabsetzung nur zum Zweck der Verlustdeckung und/oder zur begrenzten Einstellung von Beträgen in die Kapitalrücklagen vorgenommen werden (bis diese zusammen mit der gesetzlichen Rücklage, bei der GmbH mit den Gewinnrücklagen, maximal 10 % des herabgesetzten gezeichneten Kapitals beträgt). Eine Gewinnausschüttung ist nach Durchführung der vereinfachten Kapitalherabsetzung erst wieder zulässig, wenn (bei der GmbH nach Ablauf von 5 Jahren nach der Beschlussfassung über die vereinfachte Kapitalherabsetzung) die Kapitalrücklage und die gesetzliche Rücklage (bei der GmbH Gewinnrücklage) zusammen wieder mindestens den Betrag von 10 % des herabgesetzten gezeichneten Kapitals betragen; Gewinnausschüttungen von mehr als 4 % des herabgesetzten gezeichneten Kapitals sind außerdem in den ersten zwei Geschäftsjahren nach Fassung des Kapitalherabsetzungsbeschlusses nur zulässig, soweit der Gläubigerschutz beachtet wurde (§ 58d GmbHG).

Der sog. „Kapitalschnitt" – Kombination von nomineller Kapitalherabsetzung und effektiver Kapitalerhöhung

Bei der Sanierung einer Gesellschaft wird meist ein sogenannter „Kapitalschnitt" durchgeführt, bei dem eine nominelle Kapitalherabsetzung mit einer effektiven Kapitalerhöhung verbunden wird.

> **Praxisbeispiel: Solarworld**
>
> Das Restrukturierungskonzept der Solarworld AG sah einen solchen Kapitalschnitt vor. Das Grundkapital der Gesellschaft betrug € 111.720.000,00 und war in 111.720.000 Aktien eingeteilt. Im Rahmen der Kapitalherabsetzung sollte beschlossen werden, das Grundkapital von € 111.720.000,00 um € 110.975.200,00 auf € 744.800,00 € herabzusetzen, um in dieser Höhe Wertminderungen auszugleichen und sonstige Verluste der Gesellschaft zu decken. Die Kapitalherabsetzung sollte im Verhältnis 150 : 1 erfolgen. Somit entfiele auf 150 Aktien, die ein Aktionär hielt, mit Wirksamwerden der Kapitalherabsetzung nur noch eine Aktie. Die Herabsetzung sollte durch Zusammenlegung der Aktien erfolgen. Die vorgesehene Entschuldung der Gesellschaft sollte danach durch die Umwandlung von Teilen der Gläubigerforderungen im Rahmen einer Kapitalerhöhung gegen Sacheinlagen erfolgen (Debt Equity Swap). Im Rahmen dieser Kapitalerhöhung sollte das Grundkapital der Gesellschaft von € 744.800,00 um € 14.151.200,00 auf € 14.896.000,00 gegen Sacheinlagen erhöht werden. Die Kapitalerhöhung sollte durch Ausgabe von 14.151.200 neuen Aktien an der Gesellschaft mit einem anteiligen Betrag des Grundkapitals in Höhe von 1,00 € erfolgen, die zu einem Ausgabebetrag von 1,00 € ausgegeben werden sollten. Das gesetzliche Bezugsrecht der Aktionäre sollte ausgeschlossen werden. Sämtliche Finanzgläubiger würden nach Wirksamwerden der Kapitalherabsetzung und der Kapitalerhöhung 95 % des Grundkapitals der Gesellschaft halten. Den Alt-Aktionären verbliebe nach diesen Maßnahmen somit noch 5,0 % des Grundkapitals.[12]

Chance durch „Enteignung"?

Dieses Beispiel zeigt, dass der Kapitalschnitt in der Praxis häufig dazu führt, dass sich Fremdkapitalgläubiger das Unternehmen faktisch einverleiben. Da es sich um Kapitalmaßnahmen handelt, ist allerdings die Zustimmung der Alt-Aktionäre in einer außerordentlichen Hauptversammlung erforderlich. Sie werden mit einer verbleibenden Minimal-Beteiligung geködert. Ohne diese Maßnahmen würden sie bei der ansonsten zwangsläufigen Liquidation oder Insolvenz vollständig leer ausgehen, so verbliebe immerhin noch ein kleiner Anteil. Sollte das Sanierungskonzept gelingen, könnte sich entsprechend auch der Kurs der verbliebenen Aktien wieder erholen. Dennoch handelt es sich hier um gefühlte Enteignungen. In der Folge führen solch drastische (aber notwendige) Maßnahmen oftmals zu Anfechtungsklagen und langwierigen Streitigkeiten.[13]

In rechtstechnischer Hinsicht steht hinter einem Kapitalschnitt das Bedürfnis, das vorhandene stimmrechts- und gewinnrelevante Kapital (in der GmbH das Stammkapital) den tatsächlichen Wertverhältnissen anzupassen. Die folgenden zwei Beispiele sollen dies verdeutlichen:

> **Beispiel: Kapitalschnitt**
>
> Das im Kapitel „Ermittlung der Beteiligungsquote" dargelegte Beispiel zeigt den Fall eines erfolgreichen Unternehmens. Das Stammkapital betrug zunächst € 60.000,00, während der Unternehmenswert auf € 3 Mio. gestiegen war. Die Beteiligung des neuen Investors mit € 2 Mio. führte zu einer Erhöhung des Stammkapitals auf € 100.000,00. € 40.000,00 brachte der Investor neu ein, während die restlichen € 1.960.000,00 in der Kapitalrücklage verbucht wurden. Ein Kapitalschnitt war hier nicht erforderlich.

Ganz anders sieht es aus, wenn das gleiche Unternehmen sein Stammkapital im Laufe der Zeit und verschiedener Finanzierungsrunden auf € 6 Mio. erhöht hätte und nun in eine ernste Krise gerät. Ein früherer Unternehmenswert von vielleicht € 20 Mio. schrumpft so schnell auf € 3 Mio. zusammen. Dennoch ist der Investor bereit, sich gegen eine Beteiligung in Höhe von 40 % mit € 2 Mio. zu beteiligen (der nach dem Sanierungskonzept erforderlichen Kapitalzuführung). Um ihm die erforderliche Beteiligung einzuräumen, müsste das Stammkapital von € 6 Mio. um € 4 Mio. auf € 10 Mio. erhöht werden. Zu einer Einlage in Höhe von € 4 Mio. ist der Investor jedoch nicht bereit. Selbst wenn seine Einlage vollständig als Stammkapital verbucht würde, könnte er damit die Beteiligungsquote von 40 % nicht erreichen. Die Kapitalherabsetzung ermöglicht, die Beteiligungsquote im Stammkapital mit der zur Verfügung stehenden Summe abzubilden.

Durch den Kapitalschnitt wird zugleich erreicht, dass die bisher eingetretenen Verluste von den Altgesellschaftern – und nur von ihnen – getragen werden. Die neu durch die Kapitalerhöhung in die Gesellschaft eingelegten Mittel müssen nicht dazu verwendet werden, die in der Vergangenheit angefallenen Verluste auszugleichen und die wertlosen Anteile aufzuwerten. Ferner wird durch die nominelle Herabsetzung des Grundkapitals die Schwelle der Ausschüttungssperre der aktienrechtlichen Kapitalerhaltungsvorschriften (§§ 57, 233 AktG) herabgesetzt. Der Beschluss eines Kapitalschnitts kann von der Rechtsprechung nur auf grobe Treuepflichtverletzungen überprüft werden,[14] eine allgemeine Inhaltskontrolle findet nicht statt.[15]

Website: Beispielsfall Kapitalschnitt

Ein Kapitalschnitt kann auch als Sanierungsmaßnahme in Insolvenz(plan)verfahren sinnvoll sein. Nach der Insolvenzordnung kann die vereinfachte Kapitalherabsetzung während eines Insolvenzverfahrens beschlossen oder zum Bestandteil eines (Fortführungs-)Insolvenzplans gemacht werden. Die Kapitalherabsetzung zum Ausgleich von Verlusten benachteiligt die Gläubiger nicht. Werden durch die anschließende Kapitalerhöhung beim Kapitalschnitt Barmittel in die Gesellschaft eingelegt, fallen diese Mittel in die Insolvenzmasse und stehen daher möglicherweise nicht voll für die Sanierung zur Verfügung. Daher ist vor dem Beschluss eines Kapitalschnitts im Insolvenzverfahren mit allen Altgläubigern ein Forderungsverzicht zu vereinbaren, damit die zugeführten Barmittel nicht den Altgläubigern zu-, sondern in die Sanierungsbemühungen einfließen.

12.5.3 Debt Equity Swap

Ein häufig eingesetzter Sanierungsbaustein ist die Umwandlung von Gesellschaftsschulden in Eigenkapital. Für das Unternehmen führt dies zu einer unmittelbaren Verringerung der liquiditätszehrenden Zinsbelastung und durch die Verringerung der Fremdkapitalposition zu einer positiven Veränderung der Bilanzrelationen (Fremdkapital zu Eigenkapital), gegebenenfalls sogar zur Beseitigung einer Überschuldungslage. Gerade in Krisenunternehmen lassen sich Fremdkapitalgeber gerne die Option (also ein Recht, keine Pflicht) einräumen, Darlehen in Eigenkapital umzuwandeln, wenn bestimmte Zielvorgaben der Unternehmensentwicklung verfehlt werden. Während die Darlehenskündigung eine negative Fortführungsprognose und damit die Insolvenz der Gesellschaft auslösen kann (was gleichzeitig auch die Darlehensforderung entwertet), schafft die Umwandlung in Eigenkapital dem Unternehmen die nötigen Spielräume zur Restrukturierung. Gläubiger, die in der Liquidation trotz ihrer Fremdkapitalposition zumeist leer ausgehen würden, sichern sich auf diese Weise eine substantielle Beteiligung und damit – auf Kosten der Altgesellschafter – die Teilhabe an einer Erholung des Unternehmenswertes bei Gelingen der Sanierung.

Sachkapitalerhöhung mit Werthaltigkeitserfordernis

Technisch wird der Debt Equity Swap durch eine Sachkapitalerhöhung umgesetzt. Eingebracht wird also nicht Bargeld, sondern eine im wirtschaftlichen Gehalt von der Leistungsfähigkeit des Schuldnerunternehmens abhängige Forderung. Das bedeutet, dass deren Werthaltigkeit bestätigt werden muss. In Krisensituationen, in denen der Kapitaldienst nicht mehr vollumfänglich geleistet werden kann, kann die Werthaltigkeit einer Forderung unter deren Nominalbetrag liegen. Zeigt sich, dass der wirtschaftliche Wert der Forderung niedriger war als der in der Kapitalerhöhung zu erbringende, führt dies zur Differenzhaftung des einbringenden Gesellschafters (§ 9 Abs. 1 GmbHG, § 27 Abs. 3 AktG analog) und verpflichtet zur baren Nachzahlung in Höhe der Differenz.[16] Wird ein Debt Equity Swap im Rahmen eines Insolvenzplanverfahrens angestrengt (§ 225 a Abs. 2 Satz 1 InsO), sind Ansprüche wegen Überbewertung der eingebrachten Forderungen hingegen ausgeschlossen (§ 254 Abs. 4 InsO).

Bei der Beurteilung der Werthaltigkeit ist zu berücksichtigen, ob die eingebrachte Forderung wegen eines vertraglichen oder gesetzlichen Nachrangs überhaupt realisierbar wäre. Dies trifft insbesondere auf Gesellschafterdarlehen zu, wenn die Gesellschaft sich in einer angespannten wirtschaftlichen Lage befindet und nicht alle ihre Verbindlichkeiten erfüllen kann. Nach dem „Kleinstbeteiligungsprivileg" (§ 39 Abs. 5 InsO) greift der gesetzliche Nachrang allerdings nicht ein, falls der durch den Swap beitretende Gesellschafter keine Geschäftsführerstellung inne hat und mit maximal 10% am Stammkapital beteiligt ist. Diese Privilegien dürften aber versagt werden, wenn der am Swap beteiligte Gesellschafter (missbräuchlich) seine Beteiligung vor dem beabsichtigten Tausch unter die Schwellengrenze reduziert oder eine Geschäftsführerstellung aufgibt. Diese Grundsätze gelten durch ihre Stellung in der Insolvenzordnung rechtsformunabhängig.[17]

12.5 Gesellschaftsrechtliche Maßnahmen in der Krise

Ebenfalls vom gesetzlichen Nachrang ausgenommen sind nach §39 Abs. 4 Satz 2 InsO Darlehensgeber, die in der Krise der Gesellschaft zum Zweck der Überwindung dieser Krise Geschäftsanteile erwerben. Das Sanierungsprivileg des §39 Abs. 4 Satz 2 InsO gilt nur für bisher nicht an der Gesellschaft beteiligte Dritte, die für die positive Signalsetzung durch ihr freiwilliges Engagement „belohnt" werden sollen. Solche „Sanierungsgesellschafter" können beispielsweise Kreditinstitute, professionelle Sanierer oder auch bisherige Fremdgeschäftsführer sein. Es ist unerheblich, wie hoch die erworbene Beteiligungsquote ist. Der Anteilserwerb (durch Kapitalerhöhung oder durch Übernahme von Geschäftsanteilen von Altgesellschaftern) muss aber in einer Krise der Gesellschaft und mit Sanierungsabsicht erfolgen. Ferner muss die Gesellschaft sanierungsfähig und die zur Sanierung geplanten oder begonnenen Maßnahmen objektiv geeignet sein, die Gesellschaft in überschaubarer Zeit zu sanieren. Die Privilegierung greift jedoch erst, wenn bereits ein Insolvenzgrund eingetreten ist (§39 Abs. 4 Satz 2 InsO). Daher bleibt abzuwarten, ob in der Praxis häufig von diesem Sanierungsprivileg Gebrauch gemacht wird.

> **Merke:**
> Das Sanierungsprivileg greift nur dann, wenn Anteile zum Zwecke der Sanierung zu einem Zeitpunkt übernommen werden, zu dem ein Insolvenzgrund vorliegt. Insolvenzgründe sind die Zahlungsunfähigkeit, die drohende Zahlungsunfähigkeit und die Überschuldung.

Neben den erwünschten Rechtsfolgen sind allerdings eine Reihe von Nebenwirkungen, zu beachten, insbesondere steuerliche (siehe Kap. 13.1.1, 13.1.3). Möglicherweise entsteht ein zu versteuernder Sanierungsgewinn. Daneben gehen Verlustvorträge bei einem 50%-igen Anteilseignerwechsel (im Überwachungszeitraum) vollständig, bei einem mehr als 25%-igen Anteilseignerwechsel anteilig unter. Gesellschaftsrechtlich führt eine neu begründete Gesellschafterstellung dazu, dass etwaige weitere Darlehen als Gesellschafterdarlehen umqualifiziert werden.

Der Debt Mezzanine Swap versucht die Nachteile eines Debt Equity Swaps zu vermeiden. Dies gelingt vor allem, wenn das Mezzanine-Kapital so ausgestaltet wird, dass es handelsbilanziell Eigenkapital, steuerrechtlich jedoch weiterhin Fremdkapital darstellt. Siehe hierzu im Detail in Kapitel 13.2.3.

Debt Mezzanine Swap

12.5.4 Mitarbeiterbeteiligung in der Krise

Mitarbeiterbeteiligungsprogramme können einen wichtigen Beitrag zur Sanierung von Unternehmen leisten. Richtig eingesetzt führen sie zu einer Stärkung des Eigenkapitals und der Liquidität des Unternehmens und fördern die Bindung und Motivation der Mitarbeiter und die Akzeptanz von Sanierungsmaßnahmen.

Aus Sicht der Mitarbeiter sind Mitarbeiterbeteiligungsprogramme attraktiv, denn sie versprechen eine finanzielle Beteiligung am Aufschwung des Arbeitgebers und kompensieren damit einen möglichen Sanierungsbeitrag der Arbeitnehmer in Form des Gehaltsverzichts.

Man unterscheidet grundsätzlich zwischen zwei Formen der Mitarbeiterbeteiligung, den Erfolgsbeteiligungen und den Kapitalbeteiligungen.

Für die Erfolgsbeteiligung ist charakteristisch, dass diese lediglich einen schuldrechtlichen Anspruch des Mitarbeiters auf eine zukünftige Zahlung begründen. Beispiele hierfür sind schuldrechtliche Erfolgsbeteiligungen (Performance Cash), virtuelle Aktien (sogenannte Phantom Stocks) und virtuelle Aktienoptionsprogramme.

Bei Kapitalbeteiligungen hingegen beteiligt sich der Mitarbeiter mit Fremdkapital, Eigenkapital oder einer Mezzanine-Beteiligung am Unternehmen. Beispiele für Kapitalbeteiligungen sind das Mitarbeiterdarlehen, die direkte Beteiligung in Form von Belegschaftsaktien oder Geschäftsanteilen sowie die Beteiligung von Mitarbeitern im Wege einer stillen Beteiligung. Mitarbeiterbeteiligungsprogramme kommen in den unterschiedlichsten Ausgestaltungen vor. Im Folgenden werden das Mitarbeiterdarlehen, eine direkte Kapitalbeteiligung sowie die Beteiligung über eine stille Gesellschaft kurz dargestellt.

Mitarbeiterdarlehen Die Mitarbeiter verzichten zur Sanierung des Unternehmens auf einen Teil ihres Gehalts. Der Nettobetrag des Gehaltsverzichts wird dem Unternehmen als Darlehen zur Verfügung gestellt. Das Mitarbeiterdarlehen kann als partiarisches Darlehen ausgestaltet werden, d. h. die Höhe des Zinses ist abhängig vom Gewinn der Gesellschaft. Aus Sicht des Mitarbeiters besteht der Vorteil des Mitarbeiterdarlehens darin, dass die Beträge des Gehaltsverzichts nicht verloren sind. Der Nachteil des Mitarbeiterdarlehens liegt in der Belastung des Verzichtsbetrages mit Steuern und Sozialversicherungsbeiträgen. Es handelt sich steuerlich um eine sogenannte Entgeltumwandlung, d. h. lediglich die Nettobeträge können beim Arbeitgeber als Darlehen investiert werden.

Direkte Beteiligung Das Unternehmen gewährt den Mitarbeitern eine direkte Beteiligung an der Gesellschaft, d. h. Geschäftsanteile oder Aktien. Der Vorteil dieser Gestaltung ist eine hohe Identifikation der Mitarbeiter mit dem Unternehmen als Gesellschafter und die volle Beteiligung der Mitarbeiter am Wertzuwachs. Nachteilig sind die umfassenden Rechte von Gesellschaftern, insbesondere Auskunfts- und Einsichtsrechte. Grundsätzlich sind Geschäftsanteile und Aktien stimmberechtigt. Um den Einfluss der Mitarbeiter auf die Willensbildung unter den Gesellschaftern zu begrenzen, können stimmrechtslose Anteile geschaffen werden. Auch können die Beteiligungen der Mitarbeiter in einer vom Unternehmen oder den Hauptgesellschaftern gegründeten Beteiligungsgesellschaft gepoolt werden, um Einfluss auf die Ausübung der Stimmrechte der Mitarbeiter in der Gesellschafterversammlung oder Hauptversammlung zu sichern. Ergänzend empfiehlt sich, die Beteiligung an die Tätigkeit des Mitarbeiters beim Unternehmen zu knüpfen, d. h. für den Fall der Beendigung der Tätigkeit, die Pflicht zur Rückgabe der Beteiligung zu einem vorher definierten Preis vorzusehen.

Stille Beteiligung Die Beteiligung von Mitarbeitern am Unternehmen in Form einer stillen Beteiligung stellt eine Mischform zwischen einer Fremd- und Eigenkapitalbeteiligung dar. Der Mitarbeiter wird nach den Regeln der §§ 230 bis 237 HGB am Handelsgewerbe des Unternehmens durch eine Einlage beteiligt. Die Einlage kann durch Gehaltsverzicht erbracht werden, wobei hier wieder die Grundsätze der Entgeltumwandlung gelten. Mit der stillen Beteiligung erhält der Mitarbeiter eine Beteiligung am Gewinn der Gesellschaft. Der Vorteil der stillen Beteiligung liegt unter anderem darin, dass Mitsprache- und Einsichtsrechte der Mitarbeiter frei gestaltbar sind. Für die stille Gesellschaft spricht somit insbesondere die große Flexibilität bei der Ausgestaltung. Allerdings geht mit einer komplexen Gestaltung und starken Begrenzung der Rechte der Mitarbeiter in aller Regel eine geringe Identifikation- und Motivationswirkung der Beteiligung für die Mitarbeiter einher.

12.6 Umstrukturierung und Umwandlungen
von Martin Bürmann

In vielen Fällen sind Krisen von Unternehmen auch in einer ungünstigen gesellschaftsrechtlichen Struktur der Unternehmen oder der Unternehmensgruppe begründet. Die Erfahrung zeigt, dass die Vereinfachung von Strukturen erhebliche Vorteile bei der Sanierung von Unternehmen bringt. Vorteile sind zum einen niedrigere Kosten einer einfachen Struktur aber auch, dass klare Strukturen die Profitabilität der einzelnen Unternehmensteile besser sichtbar machen.

Das Umwandlungsgesetz eröffnet zahlreiche Möglichkeiten, um Unternehmen und Unternehmensgruppen umzustrukturieren und deren Rechtsform umzuwandeln. Es versteht den Begriff „Umwandlung" als Oberbegriff, unter den unter anderem die Verschmelzung, die Spaltung sowie der Formwechsel gefasst werden können.

12.6.1 Verschmelzung

Als Verschmelzung bezeichnet das Umwandlungsgesetz die Übertragung des gesamten Vermögens eines Rechtsträgers auf einen anderen schon bestehenden oder neu gegründeten Rechtsträger. Im allgemeinen Sprachgebrauch findet hierfür auch der Begriff „Fusion" Anwendung. Das Vermögen wird dabei unter Auflösung – jedoch ohne Abwicklung – als Ganzes auf den übernehmenden Rechtsträger gegen Gewährung von Anteilen an die Anteilsinhaber der übertragenden Rechtsträger übertragen.

Verschmelzung

Das Gesetz unterscheidet zwei *Arten* der Verschmelzung:

- *Verschmelzung durch Aufnahme*: Eines der sich vereinigenden Unternehmen bleibt bestehen. Die übrigen Unternehmen übertragen ihre Vermögen auf dieses fortzuführende Unternehmen, §2 Nr.1 UmwG.
- *Verschmelzung durch Neubildung*: Die fusionierenden Unternehmen übertragen ihre Vermögen auf ein dazu neu gegründetes Unternehmen, §2 Nr.2 UmwG.

Verschmelzung durch Aufnahme oder Neubildung

In Sanierungsfällen kann die Verschmelzung z.B. dafür eingesetzt werden, das oftmals aufwendige Liquidationsverfahren zu umgehen (sogenannte *Sanierungsfusion*). So kann bei einer GmbH insbesondere das Liquidationssperrjahr gemäß §73 GmbHG umgangen werden. Nicht zuletzt ist es mit der Verschmelzung auch möglich, einen Rechtsformwechsel durchzuführen, indem ein übertragender Rechtsträger auf einen neuen Rechtsträger anderer Rechtsform verschmolzen wird (sogenannte *Mischverschmelzung*). Die Verschmelzung kann daher auch eine Alternative zu einem einfachen Formwechsel darstellen.

Debt Push-down   *Exkurs*: Der Begriff „Debt Push-down", auch „Abwärtsverschmelzung" oder „Down-Stream-Merger" genannt, bedeutet die Verlagerung von Verbindlichkeiten der Muttergesellschaft auf die Tochtergesellschaft mit dem Ziel, die Finanzierungskosten bei der Tochter als abzugsfähige Betriebsausgaben mit operativen Erträgen zu verrechnen und so steuermindernd geltend zu machen.

Der Debt Push-down ist ein typisches Gestaltungselement bei Private Equity Akquisitionen. Der Private Equity-Fonds erwirbt das Unternehmen durch eine kreditfinanzierte Zweckgesellschaft („NewCo") und verschmilzt diese anschließend (mit ihren Verbindlichkeiten) auf das Zielunternehmen. Eine andere Variante ist, das Zielunternehmen zu einer fremdfinanzierten Ausschüttung zu veranlassen. In beiden Fällen finanziert so das Zielunternehmen letztlich seine Übernahme selbst. Dieses Geschäftsmodell ist in der Vergangenheit unter dem Begriff „Heuschrecken" kritisch diskutiert worden. Mittlerweile hat sich das „Sanierungsmodell" Private Equity etabliert und wird aus der Medienlandschaft bisweilen sogar wohlwollend betrachtet.[18] Es ist jedoch richtig, dass sich die Geschäftsmodelle der Private Equity-Gesellschaften im Hinblick auf ihre Agressivität stark unterscheiden. Erfahrene Berater kennen diesen Markt und seine Mitspieler.

Ablauf   Der Ablauf einer Verschmelzung ist wie folgt:

Verschmelzungsvertrag
- *Verschmelzungsvertrag*
  Zur Durchführung einer Verschmelzung muss nach §4 Abs. 1 UmwG zwischen den beteiligten Gesellschaften ein Verschmelzungsvertrag geschlossen werden.
  Der Mindestinhalt des Verschmelzungsvertrags ergibt sich aus §5 UmwG bzw. bei Verschmelzung zur Neugründung aus §37 UmwG, die jeweils noch durch die Vorschriften zu den beteiligten Rechtsformen modifiziert werden, z. B. für die GmbH durch §46 UmwG. Der Verschmelzungsvertrag ist nach §5 Abs. 3 UmwG spätestens einen Monat vor den Beschlüssen der Gesellschafter beider Gesellschaften über die Verschmelzung dem Betriebsrat der betroffenen Gesellschaften zuzuleiten. Der Betriebsrat kann auf die Monatsfrist verzichten; sofern kein Betriebsrat besteht, ist die Frist unbeachtlich.

Verschmelzungsbericht
- *Verschmelzungsbericht*
  Die Vertretungsorgane der an einer Verschmelzung beteiligten Gesellschaften sind verpflichtet, einen Verschmelzungsbericht zu erstatten (§8 Abs. 1 UmwG), in dem die rechtlichen und wirtschaftlichen Gründe für die Verschmelzung, die einzelnen Bestimmungen des Verschmelzungsvertrags sowie insbesondere das Umtauschverhältnis der Anteile erläutert und begründet werden müssen. Der Verschmelzungsbericht ist entbehrlich, wenn alle Gesellschafter aller beteiligten Gesellschaften auf den Bericht verzichten oder sich alle Anteile der zu verschmelzenden Gesellschaft in der Hand der übernehmenden Gesellschaft befinden.

- *Verschmelzungsprüfung*
  Nach §9 UmwG unterliegt der Verschmelzungsvertrag grundsätzlich einer Prüfung durch einen gerichtlich bestellten Verschmelzungsprüfer (z. B. Wirtschaftsprüfer). Auf die Verschmelzungsprüfung kann unter den gleichen Voraussetzungen wie auf den Verschmelzungsbericht verzichtet werden. Für Personenhandelsgesellschaften und GmbHs besteht grundsätzlich keine Prüfungspflicht. In §44 bzw. §48 UmwG ist jedoch geregelt, dass ein Verschmelzungsvertrag auf Verlangen mindestens eines Gesellschafters einer Prüfung bedarf.

- *Gesellschafterbeschlüsse*
  Nach §13 UmwG wird der Verschmelzungsvertrag nur wirksam, wenn die Gesellschafter aller an der Verschmelzung beteiligten Gesellschaften diesem durch einen notariell beurkundeten Gesellschafterbeschluss mit einer Mehrheit von mindestens 75% der abgegebenen Stimmen zustimmen. Bei Personenhandelsgesellschaften ist nach §43 UmwG – vorbehaltlich anderer Regelungen im Gesellschaftsvertrag – die Zustimmung aller Gesellschafter vorgeschrieben. Bei der GmbH oder der AG kann der jeweilige Gesellschaftsvertrag bzw. die Satzung eine größere Mehrheit und weitere Erfordernisse vorsehen.

- *Registeranmeldung und Eintragung*
  Die Verschmelzung ist zum Handelsregister aller beteiligten Rechtsträger anzumelden. Mit der Eintragung in das Handelsregister des übernehmenden Rechtsträgers geht das Vermögen einschließlich der Verbindlichkeiten der übertragenden Rechtsträger im Wege der Gesamtrechtsnachfolge gemäß §20 UmwG über. Die übertragenden Rechtsträger erlöschen und die Gesellschafter der übertragenden Gesellschaften werden Gesellschafter der übernehmenden Gesellschaft. Legt ein Anteilsinhaber der übertragenden Gesellschaften Widerspruch gegen den Verschmelzungsbeschluss ein, hat der übernehmende Rechtsträger diesem eine angemessene Barabfindung anzubieten, §§29 ff. UmwG.

> **Praxistipp:**
> Bei der Anmeldung einer Verschmelzung zum Handelsregister ist eine Schlussbilanz des übertragenden Rechtsträgers (der Gesellschaft, die verschmolzen wird) einzureichen, die zum Zeitpunkt der Anmeldung höchstens acht Monate alt sein darf. Bei Gesellschaften mit dem Kalenderjahr als Wirtschaftsjahr bietet es sich daher an, die Verschmelzung auf Basis des Jahresabschlusses zum 31. Dezember bis spätestens am 31. August des Folgejahres zum Handelsregister anzumelden. Zu diesem Zeitpunkt müssen der Verschmelzungsvertrag beurkundet und die Gesellschafterversammlungen durchgeführt sein. Auch die Zuleitung des Verschmelzungsvertrags an die Betriebsräte muss fristgerecht erfolgt sein.

12.6.1.1 Verschmelzung vor Antragstellung bei Überschuldung

Das Umwandlungsrecht wird in der Krise genutzt, um Sanierungsmaßnahmen zu begleiten, vorzubereiten oder umzusetzen. Soweit die Sanierungsbedürftigkeit des übertragenden Rechtsträgers dabei so weit vorangeschritten ist, dass eine Überschuldung nach §19 InsO vorliegt, ist zu beachten, dass eine Verschmelzung bei Kapitalerhöhung im übernehmenden Rechtsträger nicht in Betracht kommt, da es an werthaltigem Vermögen beim übertragenden Rechtsträger fehlt. Der Bundesgerichtshof hat eine Differenzhaftung der Aktionäre einer aufnehmenden Aktiengesellschaft bei der Überbewertung des übertragenden Rechtsträgers zwar abgelehnt, eine derartige Haftung bei einer aufnehmenden GmbH jedoch ausdrücklich offen gelassen.[19] Insofern besteht eine nicht unerhebliche Rechtsunsicherheit.

12.6.1.2 Verschmelzung nach Antragstellung

Umwandlungsrechtliche Maßnahmen werden auch durch die Stellung eines Insolvenzantrags nicht gesperrt. Erst dann, wenn das Insolvenzverfahren eröffnet wurde, soll – obwohl sich sowohl Umwandlungsgesetz als auch Insolvenzordnung hierzu ausschweigen – die Abwicklung des Insolvenzverfahrens den Vorrang genießen.[20] Lediglich im Rahmen eines Insolvenzplanverfahrens kommt eine Nutzung des Umwandlungsrechts erneut in Betracht.

Im Rahmen des vorläufigen Insolvenzverfahrens ist danach zu differenzieren, ob ein „starker" vorläufiger Insolvenzverwalter bestellt wurde, der mit Verwaltungs- und Verfügungsbefugnissen ausgestattet ist, oder nicht. Im ersteren Fall bedarf der Abschluss eines Verschmelzungsvertrages der Zustimmung des vorläufigen Insolvenzverwalters.

12.6.2 Spaltung

Während bei der Verschmelzung mehrere Unternehmen zu einer Einheit fusioniert werden, betrifft die Spaltung den spiegelbildlichen Umwandlungsvorgang. Durch sie werden ein Unternehmensteil oder einzelne Vermögensgegenstände im Wege einer sogenannten partiellen Gesamtrechtsnachfolge auf eine andere Gesellschaft übertragen.

Die Spaltung von Rechtsträgern ist in den §§ 123–173 UmwG umfassend geregelt. Im Einzelnen sind folgende Spaltungsarten vorgesehen:

Aufspaltung — Bei der Aufspaltung gemäß § 123 Abs. 1 UmwG teilt ein Rechtsträger sein gesamtes Vermögen unter Auflösung – jedoch ohne Abwicklung – als Gesamtheit im Wege der Sonderrechtsnachfolge auf mindestens zwei schon bestehende oder neu gegründete Rechtsträger auf. Die Anteilseigner des sich aufspaltenden Rechtsträgers erhalten Anteile an den übernehmenden Rechtsträgern.

Abspaltung — Bei der Abspaltung gemäß § 123 Abs. 2 UmwG bleibt der sich spaltende Rechtsträger bestehen. Übertragen wird nur ein Teil seines Vermögens auf einen oder mehrere bereits bestehende oder neu gegründete Gesellschaften. Die Anteilseigner des übertragenden Rechtsträgers erhalten unmittelbar Anteile an den übernehmenden Gesellschaften.

Ausgliederung — Bei der Ausgliederung gemäß § 123 Abs. 3 UmwG bleibt der ausgliedernde Rechtsträger ebenfalls bestehen; er überträgt jedoch einen oder mehrere Teile seines Vermögens jeweils als Gesamtheit auf eine oder mehrere Nachfolgegesellschaften gegen Gewährung von Gesellschaftsrechten. Im Gegensatz zur Auf- oder Abspaltung werden bei der Ausgliederung die erhaltenen Anteile an den Nachfolgegesellschaften nicht in das Vermögen der Anteilsinhaber des ausgliedernden Rechtsträgers überführt, sondern bleiben im Vermögen der Ursprungsgesellschaft. Durch die Ausgliederung entsteht demnach ein Mutter-Tochter-Gesellschaftsverhältnis.

Eine Spaltung bietet sich an, um die Aufteilung von Unternehmen bzw. Unternehmensteilen zu erreichen. So können z. B. in sich zerstrittene Gesellschaftergruppen auseinandergesetzt und einzelne Geschäftsfelder von dem ansonsten lukrativ laufenden Geschäft haftungsrechtlich abgegrenzt werden, um dessen Fortbestand zu sichern. Wichtig ist für die Sanierung auch, dass die Spaltung eine konzerninterne Umstrukturierung erleichtert, da Unternehmen oder Unternehmensteile von einer Konzerngesellschaft auf eine andere Konzerngesellschaft übertragen werden können. Hat sich eine zu starke Unternehmenskonzentration in der Vergangenheit – z. B. aus haftungsrechtlicher Sicht – als falsch herausgestellt, kann die Spaltung nicht zuletzt auch zur Entflechtung von Unternehmenskonzentrationen eingesetzt werden.

Für Verbindlichkeiten des übertragenden Rechtsträgers, die im Augenblick der Spaltung bereits begründet und fällig sind, haften sämtliche beteiligte Rechtsträger als Gesamtschuldner, § 133 Abs. 1 Satz 1 UmwG; bei der Aufspaltung also alle übernehmenden Rechtsträger, bei der Abspaltung und Ausgliederung mithin neben diesen auch der übertragende Rechtsträger. Ein Gläubiger kann sich daher an jeden der gesamtschuldnerisch haftenden Rechtsträger mit seiner Forderung halten – also auch an einen Rechtsträger, dem die Verbindlichkeit gerade nicht zugewiesen wurde. Für diejenigen Rechtsträger, denen die Verbindlichkeit nicht zugewiesen worden ist, besteht jedoch nach § 133 Abs. 3 UmwG ein Enthaftungstatbestand: Ihre Mithaftung erlischt nach Ablauf von fünf Jahren seit Wirksamwerden der Spaltung, wenn die Verbindlichkeiten nicht in dieser Zeit fällig und gerichtlich geltend gemacht worden sind oder der Anspruch schriftlich von den mithaftenden Rechtsträgern anerkannt worden ist, § 133 Abs. 5 UmwG.

Nachhaftung, § 133 UmwG

> **Praxistipp:**
>
> Die gesamtschuldnerische Haftung der Spaltgesellschaft führt zu einer strukturellen Benachteiligung der Spaltung gegenüber den anderen Umwandlungsmöglichkeiten. In der Praxis sind diese Risiken genau abzuwägen und es ist einzelfallbezogen zu entscheiden, welche Form der Umwandlung im konkreten Fall zu bevorzugen ist.

12.6.3 Formwechsel

Durch Formwechsel gemäß §§ 190 ff. UmwG kann ein Rechtsträger eine andere Rechtsform erhalten. Damit bleibt die rechtliche Identität des Rechtsträgers gewahrt, Anteilseigner bleiben an ihm beteiligt. Aus dem identitätswahrenden Charakter folgt, dass beim Formwechsel – im Gegensatz zu den anderen Umwandlungsarten – kein Vermögensübergang erforderlich ist.

Durch den Formwechsel ist es möglich, die Rechtsform zu ändern, wenn sich die Rahmenbedingungen für das Unternehmen geändert haben, beispielsweise die neue Rechtsform steuerliche Vorteile aufweist. Auch kann es sinnvoll sein, von der Rechtsform der Aktiengesellschaft zur GmbH zu wechseln, um die Kosten für einen Aufsichtsrat einzusparen.

12.6.4 Einbringung

Außerhalb des Umwandlungsgesetzes kann die formwechselnde Umstrukturierung von Gesellschaften oder Einzelunternehmen durch Einbringung der übertragenden Gesellschaft als Sacheinlage in eine Kapitalgesellschaft erreicht werden. Dies geschieht bei Gründung oder durch eine Kapitalerhöhung. Für die verschiedenen Übertragungsvorgänge müssen die Formvorschriften des allgemeinen Zivilrechts beachtet werden, bei Verträgen ist regelmäßig die Zustimmung des Vertragspartners erforderlich. Arbeitsverträge gehen nach § 613a BGB über, sofern ein Betriebsübergang vorliegt.

Der Vorteil der Ausgliederung durch Einbringung liegt zum einen darin, dass sie bei der übertragenden Gesellschaft nur ausnahmsweise eine Gesellschafterversammlung erfordert. Dies ist der Fall, wenn die Umstrukturierung der Gesellschaft Veränderungen nach sich zieht, die denjenigen zumindest nahe kommen, welche allein durch eine Satzungsänderung herbeigeführt werden können. Zum anderen lassen sich die Formalien des Spaltungsrechts vermeiden, insbesondere die fünfjährige gesamtschuldnerische Nachhaftung der an der Spaltung beteiligten Unternehmen.

Die Praxis wählt daher regelmäßig den einfacheren und oftmals kostengünstigeren Weg der Einbringung, um eine Ausgliederung zu verwirklichen. Das Umwandlungsgesetz wird dann angewendet, wenn die partielle Gesamtrechtsnachfolge entscheidend ist, z. B. eine Vielzahl oder bestimmte für die Gesellschaft günstige und langfristige Verträge übergeleitet werden müssen.

> **Praxistipp:**
>
> In vielen Fällen soll zur Sanierung eines Unternehmens ein bestimmter, abgrenzbarer Unternehmensteil veräußert werden, der jedoch nicht in einer eigenen Gesellschaft betrieben wird. Durch Einbringung des Unternehmensteils in eine neu zu gründende Tochtergesellschaft kann dieser einfach und kostengünstig gesellschaftsrechtlich verselbstständigt werden, ohne die Nachteile einer Mithaftung der vom Käufer zu erwerbenden Tochtergesellschaft für Verbindlichkeiten des Verkäufers nach dem Umwandlungsrecht.
>
> Demgegenüber kommt regelmäßig das Umwandlungsrecht in Form einer Ausgliederung zur Anwendung, wenn der zu übertragende Unternehmensteil über eine Vielzahl von Kundenverträgen verfügt, die nicht gefährdet werden dürfen (z. B. Bierlieferungsverträge von Brauereien). Aufgrund der partiellen Gesamtrechtsnachfolge, die das Umwandlungsrecht vorsieht, ist die Übertragung der Verträge in diesen Fällen auch ohne Zustimmung des Vertragspartners (hier der Kunden) möglich.

Anmerkungen

[1] Vgl. BGH, Urteil vom 6. März 2012, II ZR 56/10, NJW 2012, 1875; anders KG, Urteil vom 7. Dezember 2009, 23 U 24/09, NZG 2010, 387.
[2] BGH, Urteil vom 12. Juli 2011, II ZR 71/11, NZI 2011, 776.
[3] Vgl. BGH, *Versäumnisurteil* vom 10. 12. 2013 – II ZR 53/12, NZG 2014, 264; BGH, Beschluss vom 7. Juli 2003, II ZB 4/02, NZG 2003, 972.
[4] BGH, Urteil vom 20. März 1995, II ZR 205/94, NJW 1995, 1739; vgl. zu der komplexen Thematik „Sanieren oder Ausscheiden" auch BGH, Urteil vom 19. Oktober 2009, II ZR 240/08, NJW 2010, 65.
[5] OLG Stuttgart, *Urteil* vom 01.12.1999 – 20 U 38/99 = OLG Stuttgart NZG 2000, 156.
[6] Scholz, in: Münchener Handbuch des Gesellschaftsrechts, Band 4, 4. Aufl. 2015, §57, Rn. 29 ff.
[7] Vgl. BGH, Urteil vom 10. Juni 1996, II ZR 98/95, NJW-RR 1996, 1249; BGH, Urteil vom 18. September 2000, II ZR 365/98, NJW 2001, 67; BGH, Urteil vom 26. Juni 2006, II ZR 43/05, NJW 2007, 515; BGH, Beschluss vom 10. Juli 2012, II ZR 212/10, NJW 2012, 3035.
[8] Zum aktuellen Überschuldungsbegriff vgl. Kapitel 2.
[9] Näher dazu mit weiteren Nachweisen K. Schmidt, Gesellschaftsrecht, 4. Auflage, S. 900 und 1179.
[10] BGH, Urteil vom 26. Juni 2006, II ZR 43/05, NJW 2007, 515
[11] Vgl. BGH, Urteil vom 11. September 2012, VI ZR 92/11, NZG 2012, 1303; vgl. dazu auch Hartung, NJW 1996, 231.
[12] Siehe Informationsmemorandum der Solarworld AG.
[13] Im Falle der Pfleiderer AG waren es hingegen Anfechtungsklagen von sich benachteiligt fühlenden Anleihegläubigern, die letztlich dazu führten, dass die Gesellschaft Insolvenz anmelden musste. Vgl. OLG Frankfurt, Beschluss vom 27. März 2012, 5 AktG 3/11, NZG 2012, 593.
[14] BGH, Urteil vom 5. Juli 1999, II ZR 126/98, BGHZ 142, 167.
[15] BGH, Urteil vom 9. Februar 1998, II ZR 278/96, BGHZ 138, 71.
[16] BGH, Urteil vom 15. Januar 1990, II ZR 164/88, NJW 1990, 982; vgl. auch OLG Nürnberg, Urteil vom 24.09.2008, 12 U 2075/07.
[17] Vgl. BR-Ds. 354/07, S. 130; dabei ausdrücklich von bisher für die AG geltenden 25%-Grenze der Rechtsprechung (BGH vom 11. Januar 1999, II ZR 247/97, NZG 1999, 550) abweichend die Begründung des Regierungsentwurfs vom 23. Mai 2007, BT- Ds. 16/6140, S. 133.
[18] Siehe etwa den Artikel der Süddeutschen Zeitung vom 10. September 2013, verfügbar unter http://www.sueddeutsche.de/wirtschaft/private-equity-investoren-heuschrecken-sind-herzlich-willkommen-1.1781810.
[19] „Vgl. das Urteil des BGH vom 12.03.2007 – II ZR 302/05, NZG 2007, 513; siehe auch *Heckschen*, Beck'sches Notar-Handbuch, 6. Aufl. 2015, D. IV., Rn. 130."
[20] „*Heckschen*, Beck'sches Notar-Handbuch, 6. Aufl. 2015, D. IV., Rn. 135 m. w. N."

13 Steuerliche Aspekte im Rahmen der Sanierung
von Andreas Crone und Raoul Kreide

Seit vielen Jahren wurde durch verschiedene Gesetzgebungsverfahren der jeweils amtierenden Bundesregierung das Steuerrecht in einer Weise geändert, welches die Rahmenbedingungen von Sanierungsbestrebungen stark eingeschränkt hat. Exemplarisch hierfür können der Wegfall der Steuerfreiheit von Sanierungsgewinnen (§ 3 Nr. 66 EStG a. F.), die verschärften Regelungen zum Mantelkauf (§ 8 Abs. 4 KStG a. F., § 8c KStG) sowie die Einführung der sogenannten „Mindestbesteuerung" genannt werden. Das deutsche Steuerrecht ist als sanierungsfeindlich anzusehen, da es keine Abstimmung und Koordination zwischen den wirtschaftspolitischen, insolvenzrechtlichen und fiskalischen Interessen gibt. Da es kein eigenständiges, in sich abgestimmtes Sanierungs- und Insolvenzsteuerrecht gibt, sind die allgemeinen steuerlichen Regelungen und Grundsätze in Sanierungsfällen zu beachten.

Trotz oder gerade wegen des Fehlens eines eigenständigen Sanierungssteuerrechts muss durch eine genaue Analyse und Strukturierung der in Betracht kommenden und geplanten Sanierungsmaßnahmen eine steuerliche Optimierung der einzelnen Sanierungsschritte vorgenommen werden, um negative Steuereffekte und i. d. R. damit einhergehende Liquiditätsabflüsse in der Sanierungsphase zu vermeiden.

Negative Steuereffekte vermeiden

Aus Sicht des Krisenunternehmens und der am Sanierungsprozess beteiligten sonstigen Parteien ist die Vermeidung von steuerpflichtigen Sanierungsgewinnen, der Erhalt von Verlustvorträgen oder von Verlustverrechnungsmöglichkeiten, die steuerliche Anerkennung von Sanierungsbeiträgen von Gläubigern sowie die Erhaltung steuerlicher Privilegien (z. B. im Erbschafts- und Schenkungssteuerrecht) von großer Bedeutung.

Die nachfolgenden Ausführungen stellen zunächst einzelne Sanierungsmaßnahmen dar und zeigen anschließend mögliche steuerliche Probleme auf. Dabei wird auf die aus Praktikersicht wichtigsten Fragestellungen hingewiesen. Eine abschließende Darstellung der vielschichtigen steuerlichen Risiken und Fallstricke ist aufgrund der Komplexität der vom jeweiligen Einzelfall abhängigen steuerlichen Beurteilung nicht möglich.

13.1 Steuerliche Sondertatbestände

Nachstehend erfolgt ein allgemeiner Überblick über die in der Praxis wichtigsten sanierungsrelevanten Steuersachverhalte. In Kapitel 13.2 werden dann einzelne ausgewählte Sanierungsmaßnahmen unter Berücksichtigung ihrer fiskalischen Auswirkungen und Risiken dargestellt.

13.1.1 Besteuerung von Sanierungsgewinnen

Sanierungsgewinn

Unter einem Sanierungsgewinn versteht man die Erhöhung des steuerlichen Betriebsvermögens, die dadurch entsteht, dass Schulden zum Zwecke der Sanierung der sanierungsbedürftigen Gesellschaft ganz oder teilweise erlassen werden.[1]

Forderungsverzicht

Der Schuldenerlass erfolgt durch die Erklärung eines Forderungsverzichts des oder der Gläubiger gegenüber dem Schuldnerunternehmen. Auf Ebene des Schuldners führt der Verzicht zu einem steuerpflichtigen Ertrag in Höhe der wegfallenden Verbindlichkeit. Der Ertrag führt zu einer zusätzlichen Steuerbelastung der Gesellschaft bzw. zu einer Verringerung von bestehenden körperschaftsteuerlichen und gewerbesteuerlichen Verlustvorträgen. Zur differenzierten Behandlung des Forderungsverzichts auf Ebene der Verzichtenden (Gesellschafter, Nicht-Gesellschafter) wird auf Kapitel 13.2.3 verwiesen.

Veräußerung von Vermögensgegenständen

Sanierungsgewinne können auch durch die Veräußerung oder Verwertung von Wirtschaftsgütern oder Vermögensgegenständen entstehen, sofern die Veräußerung der Sanierung dient und die erzielten Veräußerungs- oder Verwertungserlöse über den steuerlichen Buchwerten liegt.

Wegfall der Steuerfreiheit

Bis einschließlich des Veranlagungszeitraums 1997 waren Sanierungsgewinne, die aus einem sanierungsbedingten Schuldenerlass stammten, gemäß §3 Nr. 66 EStG steuerfrei.[2] Der Wegfall der Steuerfreiheit für Sanierungsgewinne erschwerte die Sanierungsbestrebungen von Unternehmen, da Gläubiger in der Regel nicht gewillt waren, auf eigene Forderungen gegenüber dem Unternehmen zu verzichten, wenn dies den Zugriff des Staates auf das Gesellschaftsvermögen durch die Besteuerung von Sanierungsgewinnen zur Folge hat.

a) Rechtslage zum 8. Februar 2017

Rechtslage zum 8. Februar 2017

BMF-Schreiben vom 27. März 2003

Vor dem Hintergrund dieser Problematik erließ das Bundesministerium der Finanzen zur Steuerfreiheit von Sanierungsgewinnen eine Verwaltungsvorschrift (BMF-Schreiben vom 27. März 2003).[3] Der sogenannte „Sanierungserlass" ermöglichte eine grundsätzliche Steuerbefreiung von Sanierungsgewinnen. Die hierbei von der Finanzverwaltung entwickelten Voraussetzungen und Grundsätze waren jedoch sehr aufwendig konzipiert und bestanden im Grunde aus einer Kombination verschiedener Verwaltungsakte. Folgende Maßnahmen waren dabei vorgesehen:

- abweichende Steuerfestsetzung aus Billigkeitsgründen,
- Steuerstundung,
- Steuererlass.

Voraussetzung

Voraussetzung für die Anwendbarkeit der Regelungen des BMF-Schreibens war zunächst, dass es sich um eine Sanierung handelte, d.h. die durchgeführten Sanierungsmaßnahmen dem Zweck dienten, ein Unternehmen vor dem finanziellen Zusammenbruch zu bewahren und wieder ertragsfähig zu machen. Notwendige Voraussetzung für die Gewährung von Billigkeitsmaßnahmen war die tatsächliche Fortführung des Unternehmens.

Ferner definierte das BMF-Schreiben den u.U. „begünstigten" Sanierungsgewinn als Erhöhung des Betriebsvermögens durch vollständigen oder teilweisen

Erlass von Schulden zum Zwecke der Sanierung des Unternehmens. Sanierungsgewinne, die nicht aus einem Schuldenerlass resultieren, waren somit nicht begünstigt, z. B. Gewinne, die aus dem Verkauf von nicht betriebsnotwendigem Vermögen entstanden.

Weitere Voraussetzungen für die Begünstigung eines Sanierungsgewinns waren das Vorliegen folgender Kriterien:

- Sanierungsbedürftigkeit des Unternehmens,
- Sanierungsfähigkeit des Unternehmens,
- Sanierungseignung des Schulderlasses,
- Sanierungsabsicht der Gläubiger.

Das Vorliegen dieser Voraussetzungen wurde durch den Fiskus vermutet, wenn für das Unternehmen ein Sanierungsplan vorlag. Die Ausgestaltung und Inhalte des Sanierungsplans waren im zitierten BMF-Schreiben nicht näher definiert, gleichwohl dürfte ein Sanierungskonzept nach IDW S 6 diesen Anforderungen vollumfänglich genügen. Zu Ausgestaltung und Inhalt eines Sanierungskonzepts nach IDW S 6 wird auf Kapitel 4 verwiesen.

Sanierungsplan

Lagen die Voraussetzungen für die Begünstigung eines Sanierungsgewinns vor, so war der Sanierungsgewinn, im Wege der abweichenden Steuerfestsetzung, zunächst mit sämtlichen zur Verfügung stehenden Verlusten und negativen Einkünften zu verrechnen, unbeschadet etwaiger gesetzlicher Ausgleichs- und Verrechnungsbeschränkungen. Die auf einen noch verbleibenden Sanierungsgewinn entfallende Steuer war dann durch das Finanzamt zu stunden, was bedeutet, dass für diesen steuerlichen Ertrag zunächst eine fiktive Steuerermittlung zu erfolgen hatte. Traten in späteren Veranlagungszeiträumen erneut Verluste ein, hatte der Steuerpflichtige diese, im Falle eines möglichen Verlustrücktrags, zunächst mit den verbleibenden Sanierungsgewinnen zu verrechnen. Es sollte somit vermieden werden, dass der Fiskus zunächst eine Steuerschuld erlässt, durch Verluste in späteren Veranlagungszeiträumen jedoch Steuererstattungen durch den Schuldner generiert werden konnten. Bei vorhandenen Verlustvorträgen bedeutete dies dem Grundsatz nach, dass die Billigkeitsmaßnahme insoweit keine Steuerminderung an sich, sondern lediglich zeitliche Liquiditätsvorteile mit sich brachte.

Fiktive Steuerermittlung

Das folgende Beispiel zeigt exemplarisch die frühere Anwendung des Sanierungserlasses:

Beispiel:

Die A-GmbH verfügt in t_0 über Verlustvorträge i. H. v. –1,5 Mio. EUR und realisiert in t_0 einen Sanierungsgewinn i. H. v. 2,0 Mio. EUR. Im Folgejahr t_1 erzielt die Gesellschaft einen Verlust von –0,2 Mio. EUR.

Steuerpflichtiger Gewinn aus dem Erlass von Forderungen zum Zwecke der Sanierung der A-GmbH in t_0 (Sanierungsplan liegt vor)	2.000.000 €
Abzüglich sämtlicher Verlustvorträge der Vorjahre (§ 163 S. 1 AO)	– 1.500.000 €
Verbleibender Sanierungsgewinn (Steuerstundung, § 222 S. 1 AO)	500.000 €
Abzüglich Verlustrücktrag im Jahr t_1 i. H. v. 0,2 Mio. EUR	– 200.000 €
Verbleibender Sanierungsgewinn (Steuererlass gemäß § 227 AO)	300.000 €

Verschiedene Sanierungsmaßnahmen sollten daher auch in ihrer zeitlichen Abfolge optimiert werden. Steuerliche Gewinne, die sich aus anderen, nicht begünstigten Sanierungsmaßnahmen ergeben, sollten zeitlich nach vorne verlagert und mit Verlustvorträgen verrechnet werden. Dann konnte für nachfolgend entstehende „echte" Sanierungsgewinne eine umfassende, tatsächliche Steuerbefreiung erreicht werden.[4]

Besserungsschein — Resultierten die entsprechenden Sanierungsgewinne aus Forderungsverzichten von Gläubigern mit Besserungsschein, waren die Steuerstundungen so lange aufrecht zu erhalten, wie Zahlungen aus dem Besserungsschein möglich waren. Damit sollte vermieden werden, dass der Fiskus die Steuerschuld erlässt, obwohl der ursprüngliche Sanierungsbeitrag des Gläubigers in späteren Perioden zurückgezahlt wird. Um die Stundung zeitlich zu beenden und zu einem endgültigen Steuererlass zu gelangen, waren entweder keine Besserungsabreden oder zeitlich befristete Besserungsabreden mit den Gläubigern zu vereinbaren, was aus Sicht der Gläubiger oftmals nicht akzeptabel war und somit die Sanierungsaussichten erschwerte.

Verblieb dem Schuldner nach Ablauf der Stundung noch eine Zahlungsverpflichtung aus einem Sanierungsgewinn, so war diese im Verwaltungswege zu erlassen. Die vorstehend beschriebene Billigkeitsmaßnahme war durch das Unternehmen bei seinem zuständigen Finanzamt zu beantragen.

Zuständigkeit für den Erlass der Gewerbesteuer — Das BMF-Schreiben enthielt keine Regelung in Bezug auf die Stundung und den Erlass der Gewerbesteuer, sodass diese trotz des Erlasses der Körperschaftsteuer festgesetzt wurde. Grundsätzlich ist für die Stundung, den Erlass der Gewerbesteuer oder eine abweichende Festsetzung des Gewerbesteuermessbetrags nach § 163 Abs. 1 AO die betroffene Gemeinde zuständig. Eine Zuständigkeit der Finanzämter war somit (auch nach der Rechtsprechung des BFH) nicht gegeben. Dies ist in der Praxis bis heute problematisch, da mit jeder Gemeinde, in der das Unternehmen eine Betriebsstätte unterhält, separat verhandelt werden muss.

Der Gesetzgeber wollte hierauf reagieren und hat die Vorschrift des § 184 Abs. 2 AO insoweit ergänzt, dass auch bei der Festsetzung des Gewerbesteuermessbetrags die Finanzämter befugt sein sollten, den Sanierungserlass anzuwenden. Dies sollte für alle Maßnahmen ab dem 1. Januar 2015 gelten, auch wenn sie davorliegende Jahre betreffen (Art. 97 § 10c EGAO).[5]

Während in der einschlägigen Literatur die Auffassung vertreten wurde, dass nunmehr die Finanzämter für eine abweichende Festsetzung des Gewerbesteuermessbetrags und damit zur Anwendung des Sanierungserlasses im Bereich der Gewerbesteuer zuständig waren,[6] sah die Finanzverwaltung weiterhin alleine die Gemeinden als zuständig an, um Billigkeitsmaßnahmen vorzunehmen.[7]

Einholung einer verbindlichen Auskunft — Aufgrund der sich ergebenden weitreichenden Folgen der Zustimmung respektive Ablehnung der Anerkennung von im Rahmen einer Sanierung entstehenden Gewinnen als „Sanierungsgewinn" im vorstehenden Sinne empfahl sich bisher stets die Einholung einer verbindlichen Auskunft i. S. d. § 89 Abs. 2 AO.

> **Praxistipp:**
> Die Finanzverwaltung ist an ihre Aussagen in einer verbindlichen Auskunft nur gebunden, wenn die Sanierungsmaßnahmen im Anschluss exakt so umgesetzt werden, wie im Auskunftsantrag beschrieben.

b) Rechtslage ab dem 9. Februar 2017

Am 7. Februar 2017 wurde eine Entscheidung des Großen Senats des BFH veröffentlicht, die die bisherige Behandlung von Sanierungsgewinnen auf den Kopf stellt.[8] Der BFH entschied, dass ein pauschales Verfahren für einen Steuererlass nur vom Gesetzgeber geregelt werden kann (Grundsatz der Gesetzmäßigkeit der Verwaltung). Damit ist der Sanierungserlass der Finanzverwaltung faktisch aufgehoben.[9] Die grundsätzliche Anwendbarkeit des Sanierungserlasses war schon länger finanzgerichtlich höchst umstritten. So bezweifelte der VIII. Senat des BFH in einer Entscheidung aus dem Jahr 2012, ob es für eine Freistellung von Sanierungsgewinnen seit der Abschaffung des § 3 Nr. 66 EStG a. F. eine gesetzliche Grundlage gibt, ließ diese Streitfrage aber offen.[10] Der X. Senat des BFH, der dem Großen Senat die Entscheidung vorgelegt hatte, verneinte mit der herrschenden Meinung der Literatur einen Verstoß gegen den Vorbehalt des Gesetzes.

Rechtslage ab dem 9. Februar 2017

Keine Anwendbarkeit des Sanierungserlasses

Am 27. April 2017 hat die Finanzverwaltung in einem BMF-Schreiben zur Gewährung von Vertrauensschutz Stellung genommen. Alt-Fälle, in denen der Forderungsverzicht bis einschließlich zum 8. Februar 2017 vollständig vollzogen wurde, wird die Finanzverwaltung nicht mehr aufgreifen. Hier bleibt es bei der bisherigen Rechtslage.[11] Die für die Gewerbesteuer zuständigen Gemeinden sind hieran allerdings nicht gebunden.

Resultieren die entsprechenden Sanierungsgewinne aus Forderungsverzichten, die mit einem Besserungsschein verbunden wurden, waren die Steuerstundungen bisher so lange aufrecht zu erhalten, wie Zahlungen aus dem Besserungsschein möglich waren. Damit sollte vermieden werden, dass der Fiskus die Steuerschuld erlässt, obwohl der ursprüngliche Sanierungsbeitrag des Gläubigers in späteren Perioden zurückgezahlt wird. Unklar ist nunmehr, was für diejenigen Altfälle gilt, die aufgrund eines solchen Besserungsscheins bislang lediglich eine Steuerstundung erlangt haben. Früher wurde der endgültige Steuererlass gewährt, wenn der Besserungsschein auslief, ohne dass der Besserungsfall während der Laufzeit eingetreten war. Der endgültige Erlass könnte nun aber als eine neue Verwaltungsentscheidung angesehen werden, die womöglich nicht der Vertrauensschutzbindung des § 130 AO unterliegt. In der Konsequenz dürfte dann dieser Erlass nicht mehr erteilt werden. Sollte dies eintreten, kann dies den endgültigen Todesstoss für das Unternehmen bedeuten. Denn der Nicht-Eintritt des Besserungsfalls zeigt, dass die Ertragskraft des Unternehmens noch nicht wiederhergestellt ist. Das sinnvolle Sanierungsinstrument „Besserungsschein" kann sich somit für Altfälle als gefährlicher Bumerang erweisen.

Rückschlagsrisiko Besserungsschein

Kritisch sind auch Fälle, in denen das Unternehmen zwar eine verbindliche Auskunft erlangt hat, der Steuererlass jedoch noch nicht umgesetzt wurde. So ist die Finanzverwaltung zwar grundsätzlich an ihre Auskunft gebunden, wenn der Steuerpflichtige den dort zugrunde gelegten Sachverhalt exakt umsetzt. § 2 Abs. 3 StAuskV sieht jedoch ausdrücklich vor, dass eine verbindliche Auskunft trotz der oben zitierten Vertrauensschutznorm des § 130 AO mit Wirkung für die Zukunft aufgehoben oder geändert werden kann, wenn sich herausstellt, dass die erteilte Auskunft unrichtig war. Ein typischer Fall wäre der durch verbindliche Auskunft abgesicherte Forderungsverzicht oder die Bestätigung eines Insolvenzplans, dem in der anschließenden Umsetzungsphase

Rechtsfolgen bei verbindlicher Auskunft

nun die Gewährung des Steuererlasses verwehrt wird. Mit dem BMF-Schreiben vom 27. April 2017 hat die Finanzverwaltung diesen Vertrauensschutz pauschaliert. Wurde dem Steuerpflichtigen eine verbindliche Auskunft erteilt, kann er auch nach dem 8. Februar auf den Inhalt dieser Auskunft vertrauen. Dies gilt aber nur, wenn die Finanzverwaltung ihm nicht durch die Rücknahme der verbindlichen Auskunft zuvorkommt.[12]

Erfreulicherweise hat der Gesetzgeber die Bedeutung der Steuerfreiheit von Sanierungsgewinnen für die Praxis erkannt und sehr schnell reagiert. Schon am 27. April 2017 hat der Bundestag eine gesetzliche Regelung verabschiedet; die Zustimmung des Bundesrates erfolgte am 2. Juni 2017.[13] Inhaltlich entsprechen die Kriterien für eine Steuerbefreiung weitgehend dem bisherigen Sanierungserlass. Sanierungsgewinne werden kraft Gesetz steuerfrei sein. Verlustvorträge werden nach einem komplizierten System verrechnet. Positiv ist, dass die Steuerfreiheit künftig einheitlich auch für die Gewerbesteuer gilt. Damit entfällt die oft mühsame Einbeziehung sämtlicher Betriebsstätten-Gemeinden.[14] Das Gesetz wird jedoch erst in Kraft treten, wenn die Europäische Kommission festgestellt hat, dass es sich dabei nicht um eine (unzulässige) Beihilfe handelt. Bis dahin wird die Finanzverwaltung zwar im Vorgriff auf die kommende Gesetzesregelung Billigkeitserlasse gewähren. Diese stehen jedoch unter Widerrufsvorbehalt. Sollte das Gesetz doch als Beihilfe qualifiziert werden, käme es zur nachträglichen Versteuerung. In Insolvenzplanverfahren dürfte die Zustimmung der Gläubiger und des Insolvenzrichters angesichts dieses Risikos nur schwer zu erlangen sein.

„Verbotene Beihilfe" führt zu bleibender Rechtsunsicherheit

Schon länger war diskutiert worden, ob in einem Steuererlass auf Grundlage des Sanierungserlasses eine europarechtlich verbotene Beihilfe zu sehen ist. Der X. Senat des BFH hatte dies in seinem Vorlagebeschluss verneint. Es fehle an der selektiven Begünstigung bestimmter Unternehmen. Auch die EU-Kommission hat den bestehenden Sanierungserlass in einer unveröffentlichten Einzelfallentscheidung nicht beanstandet.[15] Die aktuelle Entscheidung des Großen Senats konnte diese Frage unbeantwortet lassen, weil es darauf nicht mehr ankam. Das große Problem wird jedoch sein, dass sich jede gesetzliche Reparaturnorm, auf die die Sanierungspraxis dringend angewiesen ist, an der Beihilfethematik messen lassen muss. Bis zur Entscheidung der Europäischen Kommission droht daher weiterhin eine Phase der Unsicherheit. Es besteht aber die noch größere Gefahr, dass es nach einem Sanierungserlass auf der neuen gesetzlichen Grundlage noch Jahre später zu Rückforderungsverfahren kommt, die mit dem Argument begründet werden, bei dem Erlass habe es sich um eine verbotene Beihilfe gehandelt. Vertrauensschutznormen können der Rückforderung unzulässiger Beihilfen nicht entgegengehalten werden.

Als rechtssichere Alternative zum Sanierungserlass bietet sich in Insolvenzplanverfahren ein Asset Deal an. Nachteil ist jedoch, dass Konzessionen, Genehmigungen und günstige Verträge nicht mit übergehen. Eine elegante Lösung ist, den Unternehmensteil zunächst in ein Tochterunternehmen auszugliedern, da hier auch Rechte mitübergehen können. Anschließend wird das Tochterunternehmen als Asset Deal veräußert. Im Hinblick auf mögliche Nachhaftungsthemen erfordert dieses Vorgehen jedoch eine sorgfältige Gestaltung.

> **Praxistipp: Rangrücktritt als Gestaltungsalternative**
>
> Die Unsicherheiten im Hinblick auf zu versteuernde Sanierungsgewinne werden Sanierungsbausteine wie einen Forderungsverzicht in vielen Fällen unattraktiv machen. In der Praxis wird man daher alternative Gestaltungen entwickeln, durch die sich bei größtmöglicher Planungssicherheit vergleichbare Effekte erreichen lassen. Diskutiert wird z. B., verstärkt mit Rangrücktritten zu arbeiten. Neu hinzutretende Kapitalgeber werden jedoch einwenden, dass die Altgläubiger dann im Falle der erfolgreichen Sanierung von der entfallenden Rückzahlungssperre profitieren. Dies lässt sich vertraglich regeln, indem der Altgläubiger die nachrangige Forderung an den Investor abtritt. Diesen wirtschaftlichen Interessenausgleich kann man auch daran ausrichten, welche Quote der Altgläubiger im Rahmen einer sanierenden Übertragung erlangt hätte und ihm einen entsprechenden Teil der nachrangigen Altforderung belassen.

13.1.2 Mindestbesteuerung gem. des § 10d EStG

Wie bereits dargelegt, kann es auf Ebene des zu sanierenden Unternehmens aufgrund einzelner Sanierungsmaßnahmen zu steuerpflichtigen Gewinnen kommen. Die Sanierungseffekte werden zunächst grundsätzlich im Handelsbilanzergebnis der Gesellschaft berücksichtigt, welches für steuerliche Zwecke unter Berücksichtigung der steuerrechtlichen Vorschriften in ein Steuerbilanzergebnis überzuleiten ist. *Mindestbesteuerung*

Ergibt sich in einem Veranlagungszeitraum insgesamt ein negativer Gesamtbetrag der Einkünfte, so steht dieser Betrag dem Unternehmen für einen steuerlichen Verlustrücktrag, respektive Verlustvortrag gem. § 10d EStG zur Verfügung.

Gem. § 10d Abs. 2 EStG können negative Einkünfte aus Vorjahren bis zu einem Gesamtbetrag der Einkünfte von 1,0 Mio. EUR unbeschränkt, darüber hinaus bis zu 60 % des 1,0 Mio. EUR übersteigenden Gesamtbetrags der Einkünfte von der steuerlichen Bemessungsgrundlage abgezogen werden. Die nicht verbrauchten Verlustvorträge bleiben erhalten und können in den Folgejahren unter gleichen Voraussetzungen genutzt werden.

Somit können zwar alle in der Krisen- und Sanierungsphase des Unternehmens erwirtschafteten Verluste steuerlich genutzt werden, jedoch durch die Regelungen des § 10d EStG nur zeitlich gestreckt.

Die Verlustverrechnungsbeschränkung steht im erheblichen Konflikt zu den Sanierungsbestrebungen eines Unternehmens. Je erfolgreicher und schneller die Sanierung gelingt, umso höher ist das Risiko einer frühzeitigen steuerlichen Belastung des Unternehmens und damit des Entzugs von Liquidität, die für die Sicherstellung des nachhaltigen Sanierungserfolgs oftmals weiterhin notwendig ist.

> **Beispiel:**
>
> Die A-GmbH hat 8,0 Mio. EUR Gesellschafterdarlehen sowie –4,5 Mio. EUR Verlustvorträge. Die wirtschaftliche Situation der A-GmbH verschlechtert sich weiter dramatisch; die laufenden Verluste betragen –1,5 Mio. EUR. Der Gesellschafter erklärt daher einen Darlehensverzicht i. H. v. 5,0 Mio. EUR.

A.o. Ertrag aus Darlehensverzicht	+ 5.000.000 €
Laufende Verluste des Geschäftsjahres	− 1.500.000 €
Positive Einkünfte des Geschäftsjahres	= 3.500.000 €
Abzüglich Verlustvortrag, max. 1,0 Mio. EUR	− 1.000.000 €
Zwischenergebnis	+ 2.500.000 €
Abzüglich beschränkte Verlustverrechnung (60 % des 1,0 Mio. EUR übersteigenden Betrags)	− 1.500.000 €
Zu versteuernder (Sanierungs-)Gewinn	= 1.000.000 €
Steuerbelastung (z. B. 30 % KSt/SolZ/GewSt)	300.000 €
Verbleibender Verlustvortrag	2.000.000 €

13.1.3 Schädlicher Beteiligungserwerb und Sanierungsklausel

Schädlicher Beteiligungserwerb

Im Rahmen von Sanierungen kommt es in vielen Fällen zum Einstieg eines Investors bei dem Krisenunternehmen. Hierbei sind in Bezug auf die Nutzung bestehender Verlustvorträge des Unternehmens die Regelungen des § 8c KStG zu beachten.

Gem. § 8c KStG gehen Verlustvorträge von Körperschaften in bestimmten Fällen der Anteilsübertragung ganz oder teilweise unter, d. h. die Verlustvorträge und damit die zukünftige Steuerminderung entfällt. Werden

- innerhalb von fünf Jahren
- mittelbar oder unmittelbar
- mehr als 50 %
- des gezeichneten Kapitals an einer Körperschaft
- an einen Erwerber oder diesem nahestehende Personen übertragen
- oder liegt ein vergleichbarer Sachverhalt vor,

so sind insoweit die bis zum „schädlichen Beteiligungserwerb" nicht genutzten steuerlichen Verluste insgesamt nicht mehr abziehbar. Gehen mehr als 25 % der Anteile auf einen Erwerber über, entfallen die Verlustvorträge anteilig, d. h. quotal entsprechend der Erwerbsquote (§ 8c Abs. 1 S. 1 KStG).

Gleichgerichtete Interessen

Bei Anwendung des § 8c KStG ist grundsätzlich immer auf einen einzelnen Erwerber abzustellen. Nur wenn dieser mehr als 25 % der Anteile oder Stimmrechte erwirbt, kommt es zum Untergang von Verlustvorträgen. Allerdings wird die Übertragung von Anteilen an eine Gruppe von nahestehenden Personen oder an eine Gruppe von Erwerbern mit gleichgerichteten Interessen zusammengefasst. Letzteres kann gerade bei Sanierungen hinderlich sein.[16] So kann davon ausgegangen werden, dass regelmäßig gleichgerichtete Interessen vorliegen, wenn eine Gruppe von Investoren ein Unternehmen gemeinsam saniert.[17] § 8c KStG erfasst nicht nur die Übertragung bestehender Anteile, sondern auch den Erwerb neuer Anteile aus Kapitalerhöhungen, etwa im Rahmen eines Debt Equity Swaps. Aber selbst, wenn lediglich Stimmrechte verschoben werden, kann dies im Rahmen des § 8c KStG steuerlich relevant werden.

Der Wegfall der Verlustvorträge bei Anteilserwerben ist daher als sanierungsfeindlich anzusehen, da die in der Krise realisierten Verluste in vielen Fällen nicht mit Gewinnen aus und nach der Sanierungsphase verrechnet werden können.

Vor diesem Hintergrund hat der Gesetzgeber den Versuch unternommen, mit der sogenannten „Stille-Reserve-Klausel" (§ 8c Abs. 1 Satz 6 bis 9 KStG) und der „Sanierungsklausel" (§ 8c Abs. 1a KStG) die Regelungen zum „schädlichen Beteiligungserwerb" einzuschränken. *Stille-Reserve-Klausel*

Die Vorschrift des § 8c Abs. 1 Satz 6 bis 9 KStG regelt, dass trotz eines qualifizierten Anteilseignerwechsels nicht genutzte steuerliche Verluste in Höhe der im Inland steuerbaren stillen Reserven der Körperschaft erhalten bleiben. Mangels stiller Reserven bei krisenbehafteten Unternehmen dürfte diese Regelung jedoch in vielen Sanierungsfällen ins Leere laufen.

Die (derzeit nicht anwendbare) Sanierungsklausel gem. § 8c Abs. 1a KStG sieht vor, dass Beteiligungserwerbe nach dem 31. Dezember 2007 zum Zwecke der Sanierung eines Unternehmens nicht zum Untergang der Verlustvorträge führen. Dabei definiert § 8c Abs. 1a Satz 2 die Sanierung als eine Maßnahme, die darauf gerichtet ist, die Zahlungsunfähigkeit oder Überschuldung zu verhindern oder zu beseitigen und die darüber hinaus die wesentlichen Betriebsstrukturen des Unternehmens erhält. *Sanierungsklausel*

Dies gilt nach den Regelungen des § 8c Abs. 1a KStG als gegeben, wenn

- die Körperschaft eine geschlossene Betriebsvereinbarung mit einer Arbeitsplatzregelung befolgt oder
- die Summe der maßgeblichen jährlichen Lohnsumme innerhalb von 5 Jahren nach dem Beteiligungserwerb 400 % der Ausgangslohnsumme nicht unterschreitet oder
- der Körperschaft durch Einlagen wesentliches Betriebsvermögen zugeführt wird, d.h. wenn innerhalb von 12 Monaten nach dem Beteiligungserwerb neues Betriebsvermögen zugeführt wird, das mindestens 25 % des Aktivvermögens der Schlussbilanz des vorangegangenen Wirtschaftsjahrs entspricht. Der Erlass von Verbindlichkeiten durch den Erwerber steht dabei der Zuführung von neuem Betriebsvermögen gleich, soweit die Verbindlichkeit werthaltig ist.

Das Kriterium „Erhalt der wesentlichen Betriebsstrukturen" greift, wenn eines der drei vorab aufgeführten Kriterien erfüllt ist. Das Kriterium „Beteiligungserwerb zum Zwecke der Sanierung" setzt einen dokumentierten Sanierungsplan voraus, aus dem sich auch der subjektive Sanierungszweck ergeben soll. Zu den Inhalten und der Ausgestaltung eines Sanierungskonzepts nach IDW S 6 wird auf die Ausführungen in Kapitel 4 verwiesen. *Erhalt der wesentlichen Betriebsstrukturen*

Der Kriterienkatalog zum Erhalt der wesentlichen Betriebsstrukturen hatte die Anwendung der Sanierungsklausel in der Praxis stark eingeschränkt. In den meisten Sanierungsfällen müssen in der Regel Arbeitsplätze abgebaut werden, was zu einer Reduzierung der Lohnsumme führt. Ferner ist die Zuführung neuer Betriebsmittel ebenfalls eine oftmals notwendige Sanierungsmaßnahme, z.B. die Einlage von Barmitteln oder Wirtschaftsgütern in das zu sanierende Unternehmen oder ein Schuldenerlass.

Die Anwendbarkeit der Sanierungsklausel war zudem ausgeschlossen, wenn das Unternehmen seinen Geschäftsbetrieb im Wesentlichen eingestellt hatte oder innerhalb von fünf Jahren nach dem Beteiligungserwerb ein Branchenwechsel erfolgte.

Verbotene Beihilfe Die Anwendbarkeit der Sanierungsklausel ist aktuell nicht mehr gegeben. Mit Beschluss vom 26. Januar 2011 hat die EU-Kommission entschieden, dass die Sanierungsklausel eine europarechtswidrige staatliche Beihilfe darstellt.[18] Da diese Entscheidung des Beihilfeverbots auch für die Vergangenheit gelten soll, sind sämtliche unter Anwendung der Sanierungsklausel nach § 8c Abs. 1a KStG an Unternehmen gewährten Vorteile aus der Verlustverrechnung durch den Fiskus zurückzufordern. Gegen diese Entscheidung hatte die Bundesrepublik vor dem Europäischen Gerichtshof geklagt. Die Klage wurde jedoch als unzulässig abgewiesen, ohne dass in der Sache eine Entscheidung getroffen worden wäre, weil die Klage einen Tag zu spät eingereicht wurde.[19] Auch die Klagen zweier betroffener Unternehmen wurden schließlich am 4. Februar 2016 vom Gericht der Europäischen Union abgewiesen und damit die Auffassung der EU-Kommission bestätigt.[20] Seitens der Kläger wurden zwischenzeitlich Rechtsmittel beim Europäischen Gerichtshof eingelegt. Die weitere Entwicklung bleibt abzuwarten.

Fortführungsgebundener Verlustvortrag Um Unternehmen trotz des Wegfalls der Sanierungsklausel und dem Umstand, dass bei ihnen gegebenenfalls die Stille-Reserve-Klausel nicht greift, zukünftig dennoch die Verlustverrechnung nach einem Gesellschafterwechsel zu ermöglichen, hat das Bundeskabinett in einer Abstimmung am 14. September 2016 den Gesetzesentwurf „zur Weiterentwicklung der steuerlichen Verlustverrechnung bei Körperschaften" der Bundesregierung angenommen, der mittlerweile Gesetz wurde. Als Voraussetzung für die Nutzung eines sogenannten „fortführungsgebundenen Verlustvortrags" führt dabei der neu geschaffene § 8d KStG folgende Punkte auf:

- Im relevanten Geschäftsjahr muss ein schädlicher Beteiligungserwerb i. S. d. § 8c KStG vorliegen.
- Es wurde ein Antrag auf Nichtanwendung des § 8c KStG zusammen mit der Steuererklärung für die Veranlagung des Wirtschaftsjahrs, in dem der schädliche Beteiligungserwerb stattfand, gestellt (vgl. § 8d Abs. 1 S. 1, 4 KStG).
- Der Geschäftsbetrieb muss seit Gründung oder zumindest seit Beginn des dritten Wirtschaftsjahrs vor dem Wirtschaftsjahr des schädlichen Beteiligungserwerbs gleich geblieben sein. Des Weiteren darf in dieser Zeit kein Ereignis i. S. d. § 8d Abs. 2 KStG stattgefunden haben (vgl. § 8d Abs. 1 S. 1 KStG):
  – Der Geschäftsbetrieb wurde eingestellt/ruhend gestellt.
  – Der Geschäftsbetrieb wurde einer andersartigen Zweckbestimmung zugeführt.
  – Die Körperschaft hat einen zusätzlichen Geschäftsbetrieb aufgenommen.
  – Die Körperschaft hat sich an einer Mitunternehmerschaft beteiligt.
  – Die Körperschaft hat die Stellung eines Organträgers im Sinne des § 14 Abs. 1 eingenommen.
  – Auf die Körperschaft wurden Wirtschaftsgüter übertragen, die sie zu einem geringeren als dem gemeinen Wert angesetzt hat.

Der Geschäftsbetrieb umfasst dabei die von einer einheitlichen Gewinnerzielungsabsicht getragenen, nachhaltigen, sich gegenseitig ergänzenden und fördernden Betätigungen der Körperschaft und bestimmt sich nach qualitativen Merkmalen in einer Gesamtbetrachtung. Qualitative Merkmale sind insbesondere die angebotenen Dienstleistungen oder Produkte, der Kunden- und Lieferantenkreis, die bedienten Märkte und die Qualifikation der Arbeitnehmer (vgl. §8d Abs.1 S.3 KStG). Kommt es später zu einem Ereignis i.S.d. §8d Abs.2 KStG, geht der zuletzt festgestellte fortführungsgebundene Verlustvortrag unter, soweit er nicht durch stille Reserven abgedeckt ist. Die gesetzlichen Voraussetzungen sind teilweise recht unbestimmt und bieten Unternehmen keine wirkliche Planungssicherheit. Insbesondere das Risiko, die Privilegierung durch Geschäftserweiterungen, Anpassung von Produktionsprozessen oder Reduzierung des Umfangs wieder zu verlieren, kann im Rahmen einer Risikoabwägung dafür sprechen, dass von der beabsichtigten Regelung kein Gebrauch zu machen und stattdessen eine Beteiligung unterhalb der Schwellen des §8c KStG anzustreben ist.

Der gesamte, verbliebene Verlustvortrag (Verlustvortrag zum Schluss desjenigen Veranlagungszeitraums, in den der schädliche Beteiligungserwerb fällt) wird zum fortführungsgebundenen Verlust und ist gesondert festzustellen; entsprechendes gilt für §10d Abs.4 EStG (vgl. §8d Abs.1 S.6 KStG).

13.1.4 Umsatzsteuer in der Sanierung

Da die Umsatzsteuer in ihrem Wesen kein Sanierungsprivileg kennt, gelten in Krisensituationen die allgemeinen Regelungen. In Sanierungsfällen ist vor allem die Vorsteuerberichtigung nach §15a UStG bei der Veräußerung von Wirtschaftsgütern zu beachten. Darüber hinaus kann die Verwertung von Sicherungsgütern umsatzsteuerrechtliche Bedeutung bekommen.[21] Keine praktikable Lösung besteht auch für die Situation, in der der Geschäftsführer die geschuldete Umsatzsteuer im vorläufigen Insolvenzverfahren ordnungsgemäß abführt und diese Zahlung anschließend vom Insolvenzverwalter angefochten wird. Hier gibt es Praxisfälle, in denen die Finanzverwaltung den Geschäftsführer persönlich in Haftung nimmt, weil er nicht anfechtungsfest gezahlt habe.

Vorsteuerberichtigung nach §15a UStG

Wurde ein Forderungsverzicht erklärt, kann dies unter Umständen umsatzsteuerlichen Wertberichtigungsbedarf nach sich ziehen, wenn der die Forderung begründende Vorgang umsatzsteuerlich relevant war. Umsatzsteuerlich stellt der Verzicht auf eine Forderung keine Vereinnahmung, sondern eine Kürzung des Entgelts dar, da es keinen Unterschied macht, ob das Entgelt von vornherein oder erst nachträglich niedriger bemessen wird.[22] Durch die Änderung der Bemessungsgrundlage verringert sich sowohl der in Anspruch genommene Vorsteuerabzug der Gesellschaft, als auch die Umsatzsteuerschuld des Verzichtenden (§17 UStG). Diese sind nachträglich zu berichtigen. Im Falle eines Forderungsverzichts muss daher im Sanierungsgutachten auch die Rückzahlung der geltend gemachten Vorsteuer an das Finanzamt liquiditätsmäßig erfasst werden.

Forderungsverzicht

13.1.5 Grunderwerbsteuer

> **Praxistipp:**
> Wird die Forderung, die erlassen werden soll, zunächst in ein Darlehen umgewandelt, liegt hierin die (umsatzsteuerrelevante) Erfüllung der Schuld. Ein anschließender Verzicht auf das Darlehen löst dann keine Vorsteuerkorrektur aus. Im Hinblick auf § 42 AO wird diese Lösung aber nur für Vorgänge greifen, bei denen die Darlehensumwandlung aus wirtschaftlichen Gründen erfolgt ist. Dies sollte im Einzelfall geprüft und dokumentiert werden.

Grunderwerbsteuer

Die Grunderwerbsteuer sollte im Rahmen von Sanierungskonzepten stets besondere Beachtung finden, wenn zwei Bedingungen erfüllt sind: Es ist ein Grundstück vorhanden und es finden Anteilsübertragungen statt. Dabei ist nicht nur relevant, ob diejenige Gesellschaft übertragen wird, die das Grundstück direkt hält; auch eine mittelbare Anteilsübertragung kann Grunderwerbsteuer auslösen, welche bundeslandspezifisch i. d. R. zwischen 5,0 % und 6,5 % beträgt.

Debt Equity Swap

Die Grunderwerbsteuer ist eine Substanzsteuer und fällt damit unabhängig von der wirtschaftlichen Leistungsfähigkeit des Steuerpflichtigen an. Damit zeigt sie in Sanierungskonstellationen besondere Wirkung. Sofern kein Ausnahmetatbestand greift, führt jede Übertragung eines Grundstücks oder von 95 % der Anteile an einer Gesellschaft, der ein inländisches Grundstück gehört, zum Anfall von Grunderwerbsteuer. Dies gilt also auch, wenn Neuinvestoren mehr als 95 % an der Gesellschaft erwerben, sei es durch eine Kapitalerhöhung oder im Rahmen eines Debt Equity Swaps.

Sanierungstreuhand

Grunderwerbsteuer wird damit auch relevant, wenn eine Sanierungstreuhand eingerichtet wird und sich im Vermögen der Gesellschaft ein Grundstück befindet. Denn eine Treuhand wird durch Anteilsübertragung (Eigentumswechsel) begründet. Zu überlegen ist daher, ob die mit der Treuhand verbundenen Ziele auch mit einer Beteiligungsquote des Treuhänders von weniger als 95 % erreicht werden können. Nach der vorstehenden Logik müsste bei Rückübertragung auf den Treugeber (Auflösung der Treuhand) erneut Grunderwerbsteuer anfallen. Hier greift jedoch die Ausnahmevorschrift des § 3 Nr. 8 GrEStG. Wenn bei der ersten Übertragung auf den Treuhänder Grunderwerbsteuer entrichtet wurde, ist der Rückerwerb steuerbefreit. Diese Befreiung gilt auch für die Rückübertragung von Anteilen an einer Grundstücksgesellschaft.[23]

> **Praxistipp: Grunderwerbsteuerbefreiung**
> Eine weitere Befreiungsvorschrift findet sich in § 16 Abs. 2 GrEStG. Danach kann die gezahlte Grunderwerbsteuer in bestimmten Fällen auf Antrag zurückerlangt werden. Ein Fall ist der Rückerwerb innerhalb von zwei Jahren. Es sind allerdings strenge Anzeigepflichten und die mit zwei Wochen sehr kurze Frist zu beachten (vgl. §§ 16 Abs. 5, 18 bis 20 GrEStG).

Bislang konnte der Anfall der Grunderwerbsteuer durch Gestaltungen vermieden werden, die als „RETT-Blocker" (abgeleitet vom englischen Terminus „Real Estate Transfer Tax") bekannt wurden. Der eigentliche Erwerber übernahm nur 94,9 % der Anteile an der Gesellschaft und unterschritt damit die Grenze von 95 % (soweit auch heute noch eine mögliche Gestaltung). Die verbleibenden 5,1 % wurden von einer Zwischengesellschaft übernommen, an der sich der Erwerber wiederum mit 94,9 % beteiligte. Im Ergebnis konnte er dadurch 99,74 % grunderwerbsteuerfrei erlangen. Aufgrund einer gesellschaftsrechtlichen Besonderheit war über eine „RETT-Blocker-KG" sogar eine 100 %-ige Beteiligung möglich. Das GrEStG orientierte sich am Begriff des Anteils. Bei einer KG mit einem Dritten als Komplementär zählte dessen (vermögenslose) Beteiligung dennoch als Anteil. Bei zwei Beteiligten ging diese Betrachtung davon aus, dass der eigentliche Erwerber einen von zwei Anteilen und damit lediglich 50 % an der Zwischengesellschaft hält. Für alle Erwerbe ab dem 7. Juni 2013 verhindert § 1 Abs. 3a GrEStG derartige Gestaltungen,[24] da nunmehr die Beteiligungsquoten im Rahmen einer wirtschaftlichen Betrachtungsweise durchgerechnet werden. In Sanierungsfällen führt diese Regelung zu zahlreichen Einschränkungen bzw. erfordert deutlich komplexere Gestaltungen. Möglich bleibt aber jedenfalls das „einfache" Mittel der nur 94,9 %-igen Übertragung.

RETT-Blocker

> **Praxistipp: Behaltensfristen**
>
> Sofern es im Rahmen der Sanierung zu Anteilsübertragungen kommt, ist stets zu prüfen, ob bereits in der Vergangenheit (grundsätzlich innerhalb der letzten fünf Jahren) Übertragungen oder Anteilsverschiebungen vorgenommen wurden. Wenn ja, kann die Verletzung von Behaltensfristen auch bei einer vermeintlich harmlosen Übertragung von wenigen Anteilen zur vollen Steuerbarkeit führen.

13.1.6 Erbschaft- und Schenkungssteuer

Zunächst stellt sich die Frage, welche Bedeutung die Erbschaft- und Schenkungssteuer im Rahmen der Unternehmenssanierung und -finanzierung haben können. Die Bedeutung dieser Steuerarten darf nicht unterschätzt werden, weil gerade in mittelständischen, familiengeführten Gesellschaften eine langfristige Neuausrichtung des Unternehmens nicht ohne Berücksichtigung möglicher Steuerbelastungen für die Familie erfolgen kann.

Der erste Problembereich betrifft konkrete steuerliche Auswirkungen von Sanierungsmaßnahmen. Nach Auffassung der Finanzverwaltung kann in einem Forderungsverzicht eines Gesellschafters eine Schenkung an seine Mitgesellschafter liegen. Auslöser ist der Ende 2011 eingeführte § 7 Abs. 8 ErbStG. Ursprünglich als Missbrauchsbekämpfungsmaßnahme gedacht,[25] wurde sein Anwendungsbereich viel zu weit gefasst. Kommt es infolge eines Forderungsverzichts zu einer Werterhöhung der Anteile an einer Kapitalgesellschaft, so unterstellt der Gesetzgeber darin eine Schenkung des Verzichtenden an die Gesellschafter. Dies soll selbst dann gelten, wenn nicht ein Gesellschafter verzichtet, sondern ein fremder Dritter (z. B. die Hausbank) – trotz fehlendem

Forderungsverzicht

Willen, hier etwas zu verschenken. Diese extensive Anwendung wurde von der Finanzverwaltung in einem Anwendungserlass untermauert.[26]

Anwendungserlass Gleichwohl hat die Finanzverwaltung in ihrem Anwendungserlass selbst Lösungswege aufgezeigt. So soll es z. B. unbedenklich sein, wenn die Forderung zunächst zum Verkehrswert (oftmals wohl 1,00 EUR) anteilig an die Gesellschafter verkauft wird und diese danach verzichten, weil dann der nachfolgende Verzicht nicht zu einer Wertverschiebung führt. Der Erlass enthält noch weitere beachtenswerte Punkte. Eine Schenkung soll auch vorliegen, wenn bei einer Verschmelzung der Wert der gewährten Anteile hinter dem Wert des eingebrachten Unternehmens zurückbleibt. Weiter wollte die Finanzverwaltung in verdeckten Gewinnausschüttungen eine Schenkung der Gesellschaft an den begünstigten Gesellschafter sehen. Dieser Sichtweise hat der BFH jedoch eine deutliche Absage erteilt. Gewinnausschüttungen beruhen immer auf dem Gesellschaftsverhältnis und können daher nicht zugleich freigiebig sein.[27] Damit verfolgt der BFH seine von einzelnen Richtern bereits angekündigte Linie, den zu weiten Anwendungsbereich des § 7 Abs. 8 ErbStG wieder auf seine Funktion der Missbrauchsverhinderung zu reduzieren. Die Finanzverwaltung hat jedoch ihrerseits erwidert, Schenkungssteuertatbestände weiterhin ernsthaft zu prüfen. Aufgrund der derzeitigen Unsicherheiten muss daher jede Sanierungsgestaltung mögliche potenzielle Schenkungssteuertatbestände berücksichtigen.

Cash-GmbH Der zweite Problembereich betrifft die Gesellschafterebene. Sobald eine Familie hinter einem Unternehmen steht, muss stets auch diese Ebene beleuchtet werden. Das ErbStG bot seit seiner Neufassung 2008 enorme Möglichkeiten zur erbschaftsteuerfreien Übertragung von Betriebsvermögen (§§ 13a, 13b ErbStG), die mit Einschränkungen auch heute noch nutzbar sind. Dabei konnte durch entsprechende Gestaltung auch Privatvermögen „verpackt" werden. Im Extremfall wurde Geld in eine GmbH eingebracht und die GmbH steuerfrei verschenkt. Diese „Cash-GmbH"-Gestaltung wurde inzwischen aber mit einem eigenen Missbrauchsverhinderungsgesetz bedacht.

Erbschaftsteuerliche Verschonungsregelungen Die Inanspruchnahme der erbschaftsteuerlichen Verschonungsregelungen erfordert die Einhaltung bestimmter Parameter in den Folgejahren (je nach Gestaltung für 5 Jahre oder 7 Jahre). Ein Parameter ist z. B. die Lohnsumme. Ein Sanierungskonzept, welches Löhne reduziert, kann daher eine zuvor erfolgte Nachfolgegestaltung empfindlich stören. Gleiches gilt für die Veräußerung von wesentlichen Betriebsgrundlagen, sofern es sich nicht um eine Reinvestition handelt oder die Veräußerung von Anteilen an Kapitalgesellschaften (§ 13a Abs. 5 ErbStG). Ebenfalls denkbar sind Poolvereinbarungen zwischen Gesellschaftern. Diese Bindungen dürfen nicht ungeprüft aufgehoben werden.

Im Detail sind die Regelungen komplex, aber beherrschbar. Ein Sanierungsberater muss daher stets im Vorfeld abfragen, ob solche Bindungen vorliegen. Besonders ärgerlich und haftungsträchtig wäre es, wenn schon eine kleine Anpassung der Maßnahmen das Einhalten der Grenzen ermöglicht hätte.

In der Praxis machen viele Familien von den sogenannten Verschonungsregelungen regen Gebrauch. Die Sanierungsgestaltung muss daher über das Unternehmen hinaus auch die dahinterstehenden Gesellschafter mit einbeziehen.

13.2 Einzelne Sanierungsmaßnahmen und ihre steuerlichen Auswirkungen

13.2.1 Maßnahmen im Eigenkapitalbereich

Eine Kapitalgesellschaft kann ihr Stammkapital (Grundkapital) entweder durch Einlagen von außen (Gesellschafter, Anteilseigner) oder aus eigenen, vorhandenen Mitteln erhöhen. Im Regelfall wird ein in die Krise geratenes Unternehmen auf die Zuführung von Mitteln von außen angewiesen sein. Auf Ebene des Gesellschafters sind die geleisteten Einlagen als (nachträgliche) Anschaffungskosten nach §4 Abs. 1 S. 1 EStG zunächst ohne steuerliche Wirkung, unabhängig davon, ob es sich um Bar- oder um Sacheinlagen handelt.[28] Hält der Gesellschafter die Beteiligung an dem Krisenunternehmen im Betriebsvermögen einer anderen Gesellschaft (steuerverstrickte Beteiligung) oder handelt es sich um eine wesentliche Beteiligung im Privatvermögen i. S. d. §17 EStG (Beteiligung ≥ 1 %), führt die Kapitalerhöhung auf Seiten des Gesellschafters zu nachträglichen Anschaffungskosten der Beteiligung, die bei einer Veräußerung der Anteile den Veräußerungsgewinn mindern, bzw. einen Veräußerungsverlust erhöhen. §4 Abs. 1 S. 1 EStG

§17 EStG Kapitalerhöhung

Wurden bei der Kapitalerhöhung Ausgabeaufschläge (Agio) vereinbart, sind diese handelsrechtlich der Kapitalrücklage zuzuführen (§272 Abs. 2 S. 1 HGB). Steuerrechtlich erhöhen die Ausgabeaufschläge das steuerliche Einlagenkonto nach §27 KStG, welches keinen Einfluss auf das zu versteuernde Einkommen hat. §27 KStG

Die Ausgabe von Anteilen gegen ein zu niedriges Aufgeld ist keine verdeckte Gewinnausschüttung nach §8 Abs. 3 S. 2 KStG, da bei der Körperschaft dadurch keine ergebniswirksame Vermögensminderung eintritt. Steuerliche Auswirkungen auf Ebene der Altgesellschafter sind jedoch im Einzelfall gesondert zu untersuchen. §8 Abs. 3 S. 2 KStG

Leistet ein Gesellschafter durch ein Wirtschaftsgut eine Sacheinlage, welches zuvor zu einem anderen Betriebsvermögen des Gesellschafters gehört hat, kann es unter bestimmten Voraussetzungen zu steuerpflichtigen Einkünften des Gesellschafters kommen. Dies tritt ein, wenn durch die Entnahme des Wirtschaftsguts aus dem anderen Betriebsvermögen stille Reserven aufgedeckt wurden. Die steuerlichen Folgen können vermieden werden, wenn die geplanten Vermögensübertragungen entsprechend den Regelungen des Umwandlungssteuergesetzes und somit zu Buchwerten erfolgen.[29] Dies entspricht technisch gesehen einer Übertragung der stillen Reserven in das neue Betriebsvermögen. Stille Reserven

Bei der Eigenkapitalzuführung, ob durch Dritte oder durch die Gesellschafter, sind die Vorschriften des §8c KStG zu beachten. Nach dieser Norm kann es bei der Übertragung von Anteilen und der Änderung der Beteiligungsverhältnisse zum Untergang steuerlicher Verlustvorträge kommen. §8c KStG

Eine Gesellschaft kann sich aber auch die notwendigen Finanzmittel selbst beschaffen, z. B. durch den Verkauf von nicht betriebsnotwendigem Vermögen oder anderen Wirtschaftsgütern. Werden dabei stille Reserven aufgedeckt, weil die erzielten Veräußerungserlöse über den steuerlichen Buchwerten liegen, ist §3 Nr. 66 a. F. EStG zu beachten, dass die hierbei erzielten Erträge nach dem Wegfall des §3 Nr. 66 a. F. EStG grundsätzlich der Besteuerung unterliegen. Da ein Krisenunternehmen jedoch gewöhnlich über ausreichende Verlustvorträge verfügt, können diese Erträge mit den Verlustvorträgen verrechnet werden.[30] Auf die Problematik der Mindestbesteuerung wird verwiesen.

§6b-Rücklage In bestimmten Fällen, etwa bei der Veräußerung von Immobilien, können die stillen Reserven auch nach §6b EStG in eine Rücklage eingestellt und auf Ersatzinvestitionen übertragen werden. Zu weiterführenden Erläuterungen wird auf die vorstehenden Ausführungen zu den Themen „Sanierungsgewinn", „Sanierungserlass" und „Mindestbesteuerung" verwiesen.

Kapitalschnitt Wird ein Kapitalschnitt durchgeführt, führt dies nicht zu steuerpflichtigen Einkünften für die Gesellschafter. Der aus der nominellen Kapitalherabsetzung resultierende Buchgewinn unterliegt auch nicht der Körperschaftssteuer (vgl. §8b Abs. 2 Satz 3 KStG). Wird die Beteiligung am Krisenunternehmen im Betriebsvermögen gehalten, ist angesichts der Kapitalherabsetzung die Notwendigkeit oder Möglichkeit einer Teilwertabschreibung zu prüfen. Sie darf vorgenommen werden, wenn der innere Wert der Beteiligung unter den Buchwert sinkt. Verspricht der Sanierungsplan Erfolg, spricht dies allerdings grundsätzlich gegen eine Wertberichtigung.

§17 EStG Auch eine mit dem Kapitalschnitt verbundene Kapitalerhöhung beeinflusst das zu versteuernde Einkommen der betroffenen Gesellschaft nicht. Halten die Gesellschafter ihre Beteiligung an der Gesellschaft im Betriebsvermögen oder ist §17 EStG anwendbar (sind also die Anteile an der Gesellschaft steuerverstrickt, weil der Gesellschafter innerhalb der letzten fünf Jahre am Kapital der Gesellschaft zumindest mit 1% beteiligt gewesen ist), kann der Gesellschafter in Höhe der im Rahmen der Kapitalerhöhung zu erbringenden Einlagen Anschaffungskosten ansetzen.

Gesellschafter mit einer Beteiligung von unter 1% haben keinen einkommensteuerrelevanten Vorgang, wenn sie ihre Anteile im Privatvermögen halten. Dies gilt auch für Kapitalgesellschaften als Gesellschafter der durch den Kapitalschnitt zu sanierenden Gesellschaft. Die an die Gesellschaft erbrachten Sanierungsbeiträge (wie auch die Sanierungserlöse) sind demnach steuerneutral, soweit sie auf das Kapital (Einlagen, Ausschüttungen usw.) bezogen sind.

13.2.2 Maßnahmen im Fremdkapitalbereich

Darlehensgewährung Neben der Eigenkapitalzuführung ist die Darlehensgewährung durch Dritte oder durch die Gesellschafter eines der zentralen Sanierungsinstrumente. Die Zuführung des Fremdkapitals (der Barmittel) ist sowohl auf Gesellschaftsebene als auch auf Gläubigerebene steuerneutral. Für die Nutzungsüberlassung des Kapitals werden in der Regel Zinsen erhoben. Diese sind grundsätzlich beim Darlehensnehmer steuerlicher Aufwand und beim Darlehensgeber steuerlicher Ertrag.

Zinsschranke Mit der Einführung der Zinsschranke wurde die Fremdfinanzierung im Steuerrecht grundlegend reformiert. Die rechtliche Grundlage für die Zinsschranke

13.2 Einzelne Sanierungsmaßnahmen und ihre steuerlichen Auswirkungen

bildet §4h EStG und zusätzlich für Kapitalgesellschaften §8a KStG. Die Zinsschranke gemäß §4h EStG begrenzt die Höhe der abzugsfähigen Schuldzinsen von der steuerlichen Bemessungsgrundlage. Die Zinsaufwendungen unterliegen auf Ebene des Schuldners einer Abzugsbeschränkung, sind aber auf Ebene des Gläubigers vollständig der Besteuerung zu unterwerfen.

Grundsätzlich sind die Zinsaufwendungen nur bis in Höhe des erzielten Zinsertrags abzugsfähig. Ist der Zinsaufwand kleiner oder genauso hoch wie der Zinsertrag, kommt es zu keiner Beschränkung des Abzugs. Übersteigen die Zinsaufwendungen die erzielten Zinserträge (negativer Zinssaldo), so beschränkt sich die Abzugsfähigkeit des Zinssaldos auf 30% des steuerlichen EBITDA. Das steuerliche EBITDA ist der um die Zinsaufwendungen und Abschreibungen verminderte sowie um die Zinserträge erhöhte maßgebliche Gewinn.

Negativer Zinssaldo

Ist der Nettozinsaufwand größer als 30% des steuerlichen EBITDA, so ist er im Veranlagungszeitraum seiner Entstehung nicht abzugsfähig. Der übersteigende Anteil wird der steuerlichen Bemessungsgrundlage außerbilanziell hinzugerechnet und als Zinsvortrag in folgende Veranlagungszeiträume vorgetragen.

Die Zinsschranke findet aber keine Anwendung, wenn

- der Zinssaldo unterhalb von 3,0 Mio. EUR liegt (Freigrenze),   *Freigrenze*
- das Unternehmen zu keinem Konzern gehört (Stand-Alone-Test) oder   *Stand-Alone-Test*
- die Eigenkapitalquote des Betriebs am Schluss des vorangegangenen Abschlussstichtags nicht mehr als 2% unterhalb der Konzerneigenkapitalquote liegt (Escape-Klausel).   *Escape-Klausel*

Die Zinsschranke sieht für die Gesellschafterfremdfinanzierung bei Körperschaften verschärfte Regelungen vor. So gelten für die Befreiung von der Zinsschranke durch den Eigenkapitalvergleich und die Konzernzugehörigkeit für Körperschaften zusätzliche Einschränkungen.[31]

Aufgrund ihres i.d.R. niedrigen EBITDA sind von der Zinsschranke insbesondere krisenbehaftete Unternehmen betroffen. Auch die Möglichkeit Zinsaufwendungen vorzutragen, ist für Krisenunternehmen wenig hilfreich. Um den Zinsvortrag nutzen zu können, muss sich die Ertragslage zukünftig wesentlich verbessern oder der Zinsaufwand erheblich reduziert werden. Unter Umständen kann es so zu einer längerfristigen Substanzbesteuerung kommen. Erschwerend kommt hinzu, dass die Eigenkapitalquote bei Krisenunternehmen häufig unter dem Konzerndurchschnitt liegt, sodass eine Befreiung von der Zinsschranke durch den Eigenkapitalvergleich nur selten infrage kommt. Außerdem ist der Eigenkapitalvergleich so kompliziert gestaltet, dass Krisenunternehmen ihn schon aus Kostengründen häufig nicht durchführen können.[32]

Für den Fall, dass ein externer Dritter der Gesellschaft neues Fremdkapital zuführt, wird er i.d.R. die Bestellung von Sicherheiten verlangen. Dabei hat die Besicherung selbst keine steuerliche Wirkung.[33] Scheitert die Sanierung des Unternehmens, muss die Frage geklärt werden, in welchem Umfang ein Verlust des Darlehens steuerlich auf Ebene des Darlehensgebers berücksichtigt werden kann.

Dabei gilt es für den Darlehensgeber grundsätzlich drei Fälle zu unterscheiden:

a) Verlust des Darlehens im Betriebsvermögen einer Körperschaft

Verlust des Darlehens im Betriebsvermögen einer Kapitalgesellschaft

Wurde das Darlehen aus dem Betriebsvermögen einer Körperschaft gewährt, so ist der Darlehensverlust prinzipiell steuerlich vollständig zu berücksichtigen.

Erfolgt die Darlehensgewährung von einer Körperschaft, die zu mindestens 25 % an der Gesellschaft beteiligt ist, kann der Abschreibungsaufwand gemäß § 8b Abs. 3 Satz 3 bis 7 KStG steuerlich grundsätzlich nicht berücksichtigt werden. Wird allerdings nachgewiesen, dass ein fremder Dritter bei gleichen Umständen auch ein Darlehen gewährt oder nicht zurückgefordert hätte, sind die Wertminderungen auch steuerlich vollständig zu erfassen. Bei der Gesellschafterfremdfinanzierung von Krisenunternehmen wird es schwierig sein, einen solchen Nachweis zu erbringen. Für den Steuerpflichtigen empfiehlt sich grundsätzlich eine „Beweisvorsorge" zu treffen, die belegt, dass ein fremder Dritter das Darlehen gegeben bzw. stehen gelassen hätte.[34] Ein solcher Nachweis könnte in der Dokumentation von Kreditangeboten fremder Dritter, einer Parallel-Kreditgewährung fremder Dritter an vergleichbare Unternehmen oder einer Kreditwürdigkeitsanalyse bestehen.[35]

b) Verlust des Darlehens im Betriebsvermögen eines Personenunternehmens

Verlust des Darlehens im Betriebsvermögen einer Personengesellschaft

Wurde das Darlehen aus dem Betriebsvermögen eines Personenunternehmens heraus gewährt, ist der Verlust des Darlehens steuermindernd durch eine entsprechende Teilwertabschreibung der Darlehensforderung zu berücksichtigen. Eine analoge Anwendung des § 8b Abs. 3 Satz 3 bis 7 KStG auf Personenunternehmen kommt nicht in Betracht, da es keine entsprechende Regelung im EStG gibt und die Regelung im Körperschaftsteuergesetz keinen klarstellenden Charakter hat.[36] Der Darlehensverlust führt daher nicht zur Anwendung des § 3c Abs. 2 EStG.

c) Verlust des Darlehens im Privatvermögen

Verlust des Darlehens im Privatvermögen

Erfolgte die Darlehensgewährung aus dem Privatvermögen heraus, so scheidet eine steuerliche Verlustberücksichtigung grundsätzlich aus. Von diesem Grundsatz gibt es jedoch zwei Ausnahmen.

Berufsbedingte Darlehensgewährung

Hat ein Mitarbeiter des krisengeschüttelten Unternehmens diesem aus beruflichen Gründen ein Darlehen gewährt, so kann er den Ausfall des Darlehens als Werbungskosten bei den Einkünften aus nichtselbstständiger Arbeit ansetzen. Dem steht auch eine angemessene Verzinsung des Darlehens nicht entgegen.[37]

Nachträgliche Anschaffungskosten

Liegt eine im Privatvermögen gehaltene wesentliche Beteiligung i. S. d. § 17 EStG vor, so können die in dem Darlehensausfall begründeten Verluste ggf. als nachträgliche Anschaffungskosten steuermindernd berücksichtigt werden. Eine wesentliche Beteiligung liegt vor, wenn der Gesellschafter innerhalb der letzten 5 Jahre am Kapital der Gesellschaft mittelbar oder unmittelbar zu mindestens 1 % beteiligt war. Darüber hinaus mussten die Darlehen bisher Eigenkapitalersatzcharakter (i. S. d. § 31 ff. GmbHG a. F.) haben und zu einer von der Rechtsprechung entwickelten Fallgruppe gehören. Zu diesen Fallgruppen zählen:

13.2 Einzelne Sanierungsmaßnahmen und ihre steuerlichen Auswirkungen

- echte Krisendarlehen,[38]
- krisenbestimmte Darlehen,[39]
- Finanzplandarlehen,[40]
- stehen gelassene Darlehen.[41]

Mit dem MoMiG wurde das Eigenkapitalersatzrecht aufgehoben und in das Insolvenzrecht verlagert. Greift weder das Sanierungs- noch das Kleingesellschafterprivileg, ist ein Gesellschafterdarlehen unabhängig vom Zeitpunkt der Gewährung als nachrangig zu behandeln (vgl. § 39 Abs. 1 Nr. 5 InsO). Inwiefern diese zivilrechtliche Neuregelung Einfluss auf die steuerliche Behandlung hat, wird in der Literatur kritisch diskutiert.[42] Heuermann setzt zwei Kriterien voraus, damit der Verlust eines Darlehens zu nachträglichen Anschaffungskosten führen könnte.[43] So muss der Grund für die Darlehensgewährung im Gesellschaftsverhältnis liegen und darüber hinaus muss der Gesellschafter seiner Gesellschaft das Kapital selbst und nicht nur seine Nutzung gewähren.[44] Hinsichtlich der steuerlichen Behandlung gilt es jedoch die weitere Rechtsentwicklung zu beobachten. Aktuell bejaht die Finanzverwaltung,[45] dass auch unter MoMiG die vorab dargestellten Fallgruppen bestehen bleiben.

MoMiG

13.2.3 Reduzierung bzw. Stundung von Verbindlichkeiten

Neben der Zuführung von Kapital bzw. Liquidität sind bei einer Sanierung auch der Abbau und die Stundung von Verbindlichkeiten von zentraler Bedeutung. Dies kann durch folgende Maßnahmen erreicht werden:

Maßnahmen

- Forderungsverzicht,
- Forderungsverzicht mit Besserungsschein,
- Rangrücktritt,
- Stundung,
- Umwandlung von Darlehen in Eigenkapital (Debt Equity Swap).

Zu den finanzwirtschaftlichen Auswirkungen der einzelnen Sanierungsmaßnahmen wird auf die Darstellung in Kapitel 7 verwiesen.

a) Forderungsverzicht

Der Forderungsverzicht ist in der Praxis eine häufig geplante Sanierungsmaßnahme. Bei der Durchführung eines Forderungsverzichts sind aber auch die steuerrechtlichen Folgen für die Gesellschaft zu berücksichtigen.

Forderungsverzicht als Sanierungsinstrument

Bei einem Verzicht auf eine voll werthaltige Forderung wird handelsbilanziell auf Ebene der begünstigten Gesellschaft eine Rücklage nach § 272 Abs. 2 Nr. 4 HGB (Kapitalrücklage) gebildet (in der Praxis erfolgt jedoch häufig eine Berücksichtigung des Forderungsertrags im laufenden Ergebnis). Steuerrechtlich handelt es sich hingegen um eine nicht steuerbare, verdeckte Einlage in die Gesellschaft, falls der Forderungsverzicht im Gesellschaftsverhältnis begründet ist.[46]

Nicht steuerbare, verdeckte Einlage

> **Praxistipp: Gehaltsverzicht**
>
> Eine Steuerfalle droht, wenn ein Gesellschafter-Geschäftsführer in der Krise auf Gehalt verzichtet. Ist der Gehaltsanspruch bereits entstanden und wird dann aus gesellschaftlichen Gründen hierauf verzichtet, so kann der Verzicht so zu behandeln sein, als ob der Lohn zunächst (fiktiv) zugeflossen und anschließend als verdeckte Einlage wieder dem Unternehmen zur Verfügung gestellt wurde. Konsequenz ist, dass der Betrag der Lohnversteuerung unterliegt. Verzichtet der Steuerpflichtige dagegen bereits vor Entstehung seines Gehaltsanspruchs, wird er unentgeltlich tätig und es kommt nicht zum fiktiven Zufluss von Arbeitslohn beim Gesellschafter-Geschäftsführer.[47] Keine fiktive Lohnversteuerung droht hingegen, wenn nicht am Unternehmen beteiligte Arbeitnehmer auf Gehalt verzichten. Aufgrund zahlreicher Besonderheiten ist vor einem solchen Verzicht auf Gehälter dringend eine steuerliche Prüfung anzuraten, um unliebsame Überraschungen (auch auf Seiten des Verzichtenden) zu vermeiden.

Steuerliches Einlagenkonto Befindet sich das Unternehmen in einer Krise, dann wird der Teilwert der Forderung regelmäßig den Nennwert der Forderung unterschreiten, d.h. die Forderung ist aus Sicht des Forderungsinhabers nicht mehr voll werthaltig. Verzichtet ein Gesellschafter auf seine nicht mehr voll werthaltige Forderung, so führt dieser Verzicht steuerrechtlich zu einer Einlage bei der Gesellschaft in Höhe des werthaltigen Teils der Forderung. Dieser werthaltige Teil wird dem steuerlichen Einlagekonto nach §27 KStG zugeschrieben und führt dadurch zu einer erfolgsneutralen Abbildung. Die Differenz zwischen dem Nennbetrag und dem werthaltigen Teil der Forderung stellt steuerbares Einkommen (a.o. Ertrag) der Gesellschaft dar. Dadurch führt der nichtwerthaltige Teil in seinem Wesen auf Ebene der Gesellschaft entweder zu einer Besteuerung nach §23 Abs. 1 KStG oder zu einem Verbrauch von körperschaftsteuerlichen Verlustvorträgen gemäß §8 Abs. 4 KStG i.V.m. §10d Abs. 2 EStG. Zur steuerlichen Behandlung von Sanierungsgewinnen unter den Voraussetzungen des Sanierungserlasses wird auf die Ausführungen unter Abschnitt 13.1.1 verwiesen.

Diese Grundsätze gelten analog für Fälle, in denen der Anteilseigner Forderungen erlässt, die bei der Gesellschaft in Vorperioden zu Aufwand geführt haben oder wenn der Gesellschafter auf eine Pensionszusage verzichtet.[48] Eine verdeckte Einlage liegt auch dann vor, wenn der Verzicht auf eine nicht mehr voll werthaltige Forderung von einer dem Gesellschafter nahestehenden Person ausgesprochen wird. In diesen Fällen wird widerlegbar vermutet, dass der Dritte die Forderung auf den Gesellschafter übertragen und dieser dann der Gesellschaft die Forderung erlassen hat.

§8 Abs. 3 S. 2 KStG Nach Crezelius[49] gilt es in diesen Fällen zu überlegen, ob der nicht mehr werthaltige Teil der Forderung durch eine zuvor getätigte Bareinlage des Gesellschafters seine Werthaltigkeit zurückerlangen kann. Dies ist technisch sicherlich möglich, jedoch problematisch.[50] Man könnte zu dem Schluss kommen, dass die durch die Bareinlage aufgewertete Forderung einer verdeckten Gewinnausschüttung im Sinne der §8 Abs. 3 S. 2 KStG, §20 Abs. 1 Nr. 1 S. 2 EStG entspricht. Crezelius[51] verneint dieses Risiko mit der Begründung, dass infolge der wiedererlangten Werthaltigkeit die Rückzahlung der Forderung nicht zu einem erfolgswirksamen Vorgang führt, sodass die Voraussetzungen des §8 Abs. 3 S. 2 KStG nicht gegeben sind.

13.2 Einzelne Sanierungsmaßnahmen und ihre steuerlichen Auswirkungen

Eine denkbare Gestaltungsvariante zur Entschuldung ist, dass der Gesellschafter die Darlehensverbindlichkeit im Wege der befreienden Schuldübernahme (§§ 414, 415 BGB) bei gleichzeitigem Regressverzicht gegenüber der Gesellschaft übernimmt. Soweit die Schuldübernahme werthaltig ist, stellt sie eine Einlage dar, die dazu führt, dass eine spätere Tilgung der Verbindlichkeit (Zahlung des Gesellschafters an den Dritten) zu einer steuerneutralen Ausbuchung auf Ebene der Gesellschaft führt. Denn die Verbindlichkeit ist gewinnneutral mit dem zu aktivierenden Freistellungsanspruch gegen den Gesellschafter infolge der Schuldübernahme aufzurechnen.[52] Eine solche Gestaltung muss jedoch aufgrund uneinheitlicher Auffassungen in der Finanzverwaltung in jedem Fall durch eine verbindliche Auskunft abgesichert werden.

Debt-pull-up

Auf Ebene des Gesellschafters kann ein Forderungsverzicht ebenfalls verschiedene steuerliche Konsequenzen auslösen. Verzichtet der Gesellschafter aus eigenen, betrieblichen Gründen auf die Forderung, führt dies bei ihm zu einem Aufwand.[53] Liegt der Verzicht auf die Forderung aber lediglich im Gesellschaftsverhältnis begründet, so bewirkt dies beim Gesellschafter eine Vermögensumschichtung. Analog der Behandlung auf Ebene der Gesellschaft erhöhen sich beim Gesellschafter die Anschaffungskosten für seine Beteiligung i.S.d § 17 EStG in Höhe der verdeckten Einlage, die dem werthaltigen Teil der Forderung entspricht. In Höhe des nicht werthaltigen Teils der Forderung entsteht dem Gesellschafter grundsätzlich steuerlicher Aufwand. Hierbei sind jedoch die vorab dargestellten Besonderheiten bei Gewinnminderungen in Zusammenhang mit Gesellschafterdarlehen zu beachten. Dies gilt auch für die Gestaltungsidee, statt eines Forderungsverzichts Barmittel einzulegen und das Gesellschafterdarlehen mit diesen Mitteln zurückzuführen. Beim Gesellschafter führt der Ausfall eines Darlehens zwar zu nachträglichen Anschaffungskosten, aber nur in Höhe der (regelmäßig nicht gegebenen) Werthaltigkeit. Einlagen in die Kapitalgesellschaft stellen hingegen stets Anschaffungskosten dar. Die Bareinlage zur Rückzahlung eines Gesellschafterdarlehens wird von der Finanzverwaltung allerdings als missbräuchlich (§ 42 AO) angesehen.[54] Folgt man der Finanzverwaltung kann in einem Forderungsverzicht zugleich eine Schenkung an die übrigen Gesellschafter liegen, vgl. Kapitel 13.1.6.

Steuerliche Konsequenzen

b) Forderungsverzicht mit Besserungsschein

Der Forderungsverzicht mit Besserungsschein (Besserungsabrede) ist eine besondere Ausgestaltungsform des Forderungsverzichts. Hierbei wird die Forderung unter der auflösenden Bedingung erlassen, dass der Erlass aufgehoben wird, wenn das Unternehmen wirtschaftlich wieder in die Lage versetzt wird, das Darlehen zu tilgen und zu verzinsen. Durch den Forderungsverzicht eines Gesellschafters wird (bei entsprechender Gestaltung) Fremd- in Eigenkapital umgewandelt oder gewinnwirksam ausgebucht; der Verzicht eines Dritten führt stets zur Gewinnrealisierung. Tritt der schriftlich fixierte Besserungsfall ein, erfolgt eine entsprechende Rückumwandlung bzw. eine erneute verlustwirksame Einbuchung der Verbindlichkeit. Dies kann gestaltend zum Verlusttransfer genutzt werden. Sanierungsmaßnahmen gehen häufig mit Anteilsverschiebungen einher, die zum Untergang von Verlustvorträgen führen. Der

Forderungsverzicht mit Besserungsschein

zeitlich vorgelagerte Forderungsverzicht nutzt diese Verlustvorträge und lässt sie im Besserungsfall neu entstehen.

Bedingungen — Grundsätzlich gelten beim Forderungsverzicht mit Besserungsschein dieselben Bedingungen wie beim Forderungsverzicht ohne Besserungsschein.[55] Das bedeutet, dass in Höhe des werthaltigen Teils der Forderung eine Einlage in das steuerliche Einlagenkonto gem. §27 KStG erfolgt. Der nicht werthaltige Teil stellt steuerpflichtige Einkünfte der Gesellschaft dar. Zur steuerlichen Behandlung von Sanierungsgewinnen unter den Voraussetzungen des Sanierungserlasses wird auf die Ausführungen unter Abschnitt 13.1.1 verwiesen.

Besserungsvereinbarung
Einlagenrückgewähr — Mit Eintritt der Besserungsvereinbarung „lebt" die Forderung beim Gesellschafter wieder auf und ist korrespondierend als Verbindlichkeit beim Unternehmen zu passivieren. Die ursprüngliche, steuerneutrale Einlage im Einlagenkonto des §27 KStG ist als „Einlagenrückgewähr" ohne steuerliche Auswirkungen zu buchen.

Verlusttransfer — Der nicht werthaltige Teil der ursprünglichen Verbindlichkeit, der zum Zeitpunkt des Forderungsverzichts zu steuerpflichtigen Einkünften auf Ebene des Unternehmens geführt hat, ist mit Aufleben der Forderung als außerordentlicher Aufwand zu berücksichtigen. Dadurch werden die zuvor gebuchten steuerlichen Einkünfte neutralisiert und es kommt zu dem oben genannten Verlusttransfer in eine spätere Periode.[56] Im Zeitpunkt des Verzichts wird auf Ebene der Gesellschaft der Ertrag mit den laufenden Verlusten verrechnet. Durch das Wiederaufleben der Forderung im Besserungsfall entsteht auf Gesellschaftsebene ein Aufwand, der den Verlust wieder neu begründet.

Beim Gesellschafter führt die steuerfreie Einlagenrückgewähr zu einer Verringerung des Wertansatzes der Beteiligung, sofern es sich um eine betriebliche oder eine wesentliche Beteiligung im Sinne von §17 EStG handelt. Gleichzeitig lebt die ursprüngliche Forderung wieder auf und führt in Höhe des nicht werthaltigen Teils zu steuerpflichtigen Einkünften. Konnte die Teilwertabschreibung zum Zeitpunkt des Verzichts aufgrund des §8b Abs. 3 Satz 4 KStG nicht geltend gemacht werden, sind die Einkünfte bei Wiederaufleben der Forderung nicht zu berücksichtigen (vgl. §8b Abs. 3 Satz 8 KStG), sodass sich insgesamt ein steuerneutraler Effekt einstellt.

Im Ergebnis wirkt der auflösend bedingte Verzicht steuer- und handelsrechtlich zunächst wie ein unbedingter Verzicht. Daher kann für die Zeiträume ab dem Verzicht auch kein Zinsanspruch auf die Darlehensforderung mehr entstehen. Werden gleichwohl vor Eintritt des Besserungsfalls Leistungen einer Körperschaft an den Gesellschafter auf das erlassene Darlehen erbracht, so handelt es sich um verdeckte Gewinnausschüttungen, die nach Maßgabe der §8 Abs. 3 S. 2 KStG, §20 Abs. 1 Nr. 1 S. 2 EStG zu steuerpflichtigen Einkünften führen.

Umfasste der Verzicht auch den Anspruch auf Darlehenszinsen, so sind nach Bedingungseintritt Zinsen auch für die Dauer der Krise, bzw. des Verzichtszeitraums als Betriebsausgaben anzusetzen.[57]

c) Rangrücktrittsvereinbarung

Rangrücktrittsvereinbarung — Unter einer Rangrücktrittsvereinbarung versteht man eine Vereinbarung zwischen Schuldner und Gläubiger, bei der die begründete Forderung zivilrechtlich nicht erlischt, sondern lediglich im Rang nach den anderen Gläubigern zu befriedigen ist.[58] Mit einer Rangrücktrittsvereinbarung wird die Verhinderung bzw. Beseitigung einer Überschuldung der Kapitalgesellschaft angestrebt, indem die Verbindlichkeit so ausgestaltet wird, dass ein Ansatz auf der Passivseite im Überschuldungsstatus nicht zu erfolgen hat. Auf die Abbildung der Verbindlichkeit in der Handelsbilanz hat ein Rangrücktritt hingegen keine Auswirkungen (zu weiteren Details wird auf Kapital 7 verwiesen).

Wichtig ist die richtige Gestaltung der Rangrücktrittsbedingungen. So dürfen Verbindlichkeiten in der Steuerbilanz des Schuldners nicht (mehr) passiviert werden, wenn die Rückzahlung nur aus späteren Gewinnen und Liquidationserlösen erfolgt (§ 5 Abs. 2a EStG). Daher muss eine Rangrücktrittsvereinbarung stets vorsehen, dass die Rückzahlung „sowohl aus späteren Gewinnen, Liquidationserlösen und aus sonstigem freien Vermögen" zu erfolgen hat, wenn man die (grundsätzlich gewinnerhöhende) Ausbuchung aus der Steuerbilanz vermeiden will.[59] Ist der Rangrücktritt eines Gesellschafters durch das Gesellschaftsverhältnis veranlasst, so kann dies steuerlich als Einlage gewertet werden, allerdings nur in Höhe des werthaltigen Teils der zurückgetretenen Forderung.[60]

Rangrücktrittsbedingungen

d) Stundungsvereinbarungen

Eine gestundete Gesellschafterforderung bleibt beim Krisenunternehmen weiterhin eine Verbindlichkeit, die zu passivieren ist. Die Aussetzung der Tilgung hat keine steuerliche Wirkung. Wird eine Stundungsvereinbarung ohne Zinszahlungen vereinbart, bedeutet dies nicht, dass die entgangenen Zinsen als verdeckte Einlage zu behandeln sind. Erfolgt die Stundung der Verbindlichkeit für mehr als ein Jahr, so ist die zugrunde liegende Verbindlichkeit abzuzinsen.[61]

Stundungsvereinbarung

e) Umwandlung von Fremd- in Eigenkapital (Debt Equity Swap)

Die Umwandlung von bestehenden Forderungen der Gesellschafter oder fremder Dritter in Eigenkapital ist eine Form der Beteiligungsbegründung, bei der keine zusätzliche Liquidität aufgebracht werden muss. Dabei werden die Forderungen in gesellschaftsrechtliche Beteiligungen umgewandelt (Debt Equity Swap), wodurch einerseits die Eigenkapitalbasis des Krisenunternehmens gestärkt und andererseits die Verschuldung reduziert wird. Besitzt der umwandelnde Gläubiger noch weitere Forderungen, eröffnet seine neue Gesellschafterstellung aber hinsichtlich der verbleibenden Forderungen grundsätzlich den Anwendungsbereich der Zinsschrankenregelung (siehe Abschnitt 13.2.2).

Debt Equity Swap

Die Einbringung einer Forderung im Wege eines Debt Equity Swaps ist für den Fall steuerfrei, dass die Kapitalerhöhung nominal dem Nennbetrag der umgewandelten Forderung entspricht. Regelmäßig wird jedoch das gezeichnete Kapital nur um den niedrigeren beizulegenden Wert (Verkehrswert) der Forderung erhöht. Denn die als Sacheinlage zu qualifizierende Einbringung der Forderung unterliegt den strengen Kapitalaufbringungsvorschriften (§§ 56, 9 GmbHG, §§ 183, 188 Abs. 2, 36a Abs. 2 Satz 3 AktG) und damit auch den Prüfungspflichten der Registergerichte.

Differenzhaftung Denkbar ist auch, dass das umgewandelte Darlehen bei der Einlage überbewertet wird. Damit entsteht eine Differenz zwischen dem wahren Wert der Forderung und dem übernommenen Wert der Stammeinlage. Der Teil der übernommenen Einlage, der nicht durch den Wert des Debt Equity Swaps gedeckt wird, führt zu einer Bareinlageverpflichtung des Gesellschafters. Leistet der Gesellschafter aufgrund der sogenannten Differenzhaftung Bareinlagen, so handelt es sich hierbei aus steuerrechtlicher Sicht um Leistungen auf das Stammkapital. Dies ist auf Ebene der Gesellschaft wie auf Ebene des Gesellschafters ein steuerneutraler Vorgang.

Erfolgt eine Kapitalerhöhung unter dem Nennbetrag der Forderung, so gelten für den Debt Equity Swap dieselben steuerlichen Folgen wie für einen Forderungsverzicht. So hat der Große Senat des BFH in seinem Urteil vom 9. Juni 1997 entschieden, dass der nicht werthaltige Teil der Forderung auf Ebene der Gesellschaft zu steuerpflichtigen Einkünften und auf Ebene des Gesellschafters zu einem steuerwirksamen Aufwand führt.[62] Zur steuerlichen Behandlung von Sanierungsgewinnen unter den Voraussetzungen des Sanierungserlasses wird auf die Ausführungen unter Abschnitt 13.1.1 verwiesen.

Debt Mezzanine Swap Das Entstehen von Sanierungsgewinnen konnte durch einen Debt Mezzanine Swap vermieden werden, ohne dass im Anschluss eine Billigkeitsregelung auf Grundlage des Sanierungserlasses angestrebt werden muss (vgl. hierzu auch die Ausführungen in Kapitel 7). Die Grundidee war, die Forderung nicht in „echtes" Eigenkapital umzuwandeln, sondern in eine Mezzanine-Gestaltungsform, die handelsrechtlich als Eigenkapital behandelt wird, steuerlich aber weiterhin Fremdkapital bleibt. Die OFD Rheinland vertritt allerdings die Auffassung, aufgrund der Maßgeblichkeit der Handelsbilanz für die Steuerbilanz sei die Umwandlung auch steuerlich als Eigenkapital zu qualifizieren.[63] Die Finanzverwaltung vertritt zudem seit Mai 2016 bundeseinheitlich die Auffassung, dass ein Genussrecht, welches „schon in der Handelsbilanz nach den Grundsätzen ordnungsgemäßer Buchführung keine Verbindlichkeit darstellt, (…) auch in der Steuerbilanz nicht als Verbindlichkeit ausgewiesen werden [darf]."[64] Es ist fraglich, ob sich diese Haltung durchsetzen wird. Vorläufig ist jedoch davon auszugehen, dass die Finanzverwaltung eine Qualifikation entsprechend ihrer Verwaltungsanweisung vornehmen wird. Daher sollte ein Debt Mezzanine Swap derzeit nur in Gestaltungsüberlegungen einbezogen werden, wenn das Unternehmen bereit ist, eine abweichende Sicht gerichtlich durchzusetzen. Eine verbindliche Auskunft der zuständigen Finanzämter zu erlangen, wonach es sich abweichend von der Handelsbilanz weiterhin um Fremdkapital handelt, dürfte aufgrund der bundeseinheitlichen Verwaltungsanweisung nicht möglich sein.

Debt Asset Swap Eine interessante Gestaltungsvariante ist der Debt Asset Swap. Hierbei wird zunächst eine neue Holding-Gesellschaft gegründet, an der sich auch der bisherige Darlehensgeber der alten Gesellschaft beteiligt. Im zweiten Schritt werden die Assets der Gesellschaft (insbesondere Tochtergesellschaften) an die neue Holding übertragen. Die Darlehensverbindlichkeit verbleibt in der alten Gesellschaft, die nun liquidiert wird. Eine solche Gestaltung muss jedoch im Einzelfall genau abgestimmt und steuerlich geprüft werden. Dies gilt

13.2 Einzelne Sanierungsmaßnahmen und ihre steuerlichen Auswirkungen

insbesondere im Hinblick auf mögliche Nachhaftungsthemen und die für die Gestaltung entscheidende Voraussetzung, dass die Liquidation steuerneutral erfolgt (obwohl das Darlehen im Rahmen der Liquidation untergeht).[65]

13.2.4 Maßnahmen im Mezzanine-Kapitalbereich

Steuerlich ist eine Mezzanine-Finanzierung i.d.R. als Fremdkapital einzustufen, wenn sie nicht eine Mitunternehmerschaft begründet. Eine Mitunternehmerschaft erfordert die Beteiligung an Chancen und Risiken des Unternehmens (Mitunternehmerrisiko) und zugleich unternehmerische Mitwirkungsmöglichkeiten (Mitunternehmerinitiative). Die Qualifizierung als Fremdkapital hat zur Folge, dass die Kapitalvergütung für das finanzierte Unternehmen als Betriebsausgabe abzugsfähig ist. Im Rahmen der gewerbesteuerlichen Abzugsfähigkeit von Dauerschuldzinsen kann es allerdings auch hier aufgrund §8 Nr.1 GewStG zu Einschränkungen kommen. Zudem wird die Abzugsfähigkeit durch §8a KStG begrenzt. Der Gläubiger des Fremdkapitals hat die erzielten Zinseinnahmen grundsätzlich zu versteuern. Bei einer dauerhaften Wertminderung der Forderung kann der Kapitalgeber eine Teilwertabschreibung vornehmen.

Fremdkapitalcharakter

Hat das überlassene Mezzanine-Kapital Eigenkapitalcharakter, sind die Zahlungen beim finanzierten Unternehmen nicht als Betriebsausgabe abzugsfähig. Der Gläubiger erhält steuerlich Dividendeneinkünfte. Ist Kapitalgeber eine Körperschaft, werden diese Dividendeneinkünfte durch §8b Abs.1 und 5 KStG grundsätzlich zu 95% steuerbefreit.

Eigenkapitalcharakter

Genussrechte werden in der Regel steuerrechtlich wie Fremdkapital behandelt. Damit sind Ausschüttungen auf das Genussrechtskapital als Betriebsausgaben abzugsfähig. Nur wenn der Genussberechtigte sowohl am Gewinn als auch am Liquidationserlös beteiligt ist, wird das Genussrecht gemäß §8 Abs.3 S.2 KStG als Eigenkapital angesehen. Ausschüttungen auf das Genussrechtskapital können dann nicht als Betriebsausgabe abgezogen werden; sie unterliegen beim Berechtigten der Abgeltungssteuer des Teileinkünfteverfahrens bzw. der Steuerbefreiung nach §8b Abs.1 KStG.[66]

Genussrechte

Eine Beteiligung am Liquidationserlös, die den Entfall des Betriebsausgabenabzugs nach sich zieht, nimmt die Finanzverwaltung bereits an, wenn die Rückzahlung des Genussrechtskapitals nicht vor Liquidation des Unternehmens verlangt werden kann, sowie dann, wenn das Kapital unbefristet oder für eine Laufzeit von mehr als dreißig Jahren gegeben wird.

Steuerlich erzielt der Darlehensgeber Kapitaleinkünfte; die Zinszahlungen sind auf Seiten des Darlehensnehmers als Betriebsausgaben abzugsfähig. Eine Abzinsung nach §6 Abs.1 Nr.3 EStG kann i.d.R. unterbleiben, da auch die erfolgsabhängige Vergütung den Darlehensnehmer potenziell bereits ab dem Zeitpunkt der Darlehenshingabe wirtschaftlich belastet. Eine Qualifizierung als unentgeltlich und damit eine Abzinsungspflicht kommt allenfalls in Betracht, wenn das finanzierte Unternehmen langfristig verlustträchtig ist.

Partiarisches Darlehen

	Typische stille Gesellschaft	**Atypische stille Gesellschaft**
Steuerliche Betrachtung auf Ebene der Gesellschaft	• Gewinnanteil des stillen Gesellschafters ist Betriebsausgabe, Verlustübernahme Betriebseinnahme	• Stille Gesellschaft als solche ist Steuersubjekt, Beteiligungsunternehmen Steuerschuldner
	• Hinzurechnung des Gewinnanteils/Kürzung des Verlustanteils des stillen Gesellschafters beim Gewerbeertrag des Beteiligungsunternehmens (es sei denn, der still Beteiligte ist mit seinen Einkünften selbst gewerbeertragssteuerpflichtig)	• Gewerbesteuer umfasst gesamten Gewerbeertrag/-verlust einschließlich des Gewinn- bzw. Verlustanteils des stillen Gesellschafters • Kürzung/Hinzurechnung des Gewinn-/Verlustanteils beim Gewerbeertrag des stillen Gesellschafters
	• Freibetrag und gestaffelte Steuer-Messzahl nur im Einzelunternehmen oder in der Personengesellschaft (für Kapitalgesellschaften kein Freibetrag und lediglich die Steuer-Messzahl von 5 %)	• Freibetrag für natürliche Personen und Personengesellschaften von EUR 24.500,00 • Gestaffelte Steuermesszahl
	• Beteiligungsunternehmen hat Kapitalertragsteuer auf den Gewinnanteil des stillen Gesellschafters einzubehalten und an das Finanzamt abzuführen	• Keine Einbehaltung von Kapitalertragsteuer auf Gewinnanteile des stillen Gesellschafters • Einheitliche und gesonderte Gewinnfeststellung
Steuerliche Betrachtung auf Ebene der Gesellschafter	• Der stille Gesellschafter versteuert seinen Gewinnanteil als Kapitaleinkünfte nach § 20 Abs. 1 S. 4 EStG (Abgeltungsteuer), sofern die stille Beteiligung dem Privatvermögen zuzuordnen ist	• Der stille Gesellschafter versteuert seinen Gewinn- bzw. Verlustanteil jeweils gesondert als Einkünfte aus Gewerbebetrieb
	• Seinen Verlustanteil kann er (wegen § 15 Abs. 4 EStG lediglich) bis zur Aufzehrung seines Einlagebetrages steuerlich geltend machen	• Die Verlustverrechnung ist dabei gemäß § 15a EStG auf die Einlagenhöhe begrenzt
Schuldverhältnisse zwischen stillen Gesellschaftern und Unternehmen	• Steuerlich anerkannt, d. h. Gegenleistung an stille Gesellschafter ist eine ergebnismindernde Betriebsausgabe	• Sämtlich als gewerblich qualifiziert, d. h. Gegenleistung an stille Gesellschafter mindert das Ergebnis der Gesellschaft nicht

Abb. 49: Gegenüberstellung von typisch und atypisch stiller Gesellschaft

Soll der stille Gesellschafter nach den Vereinbarungen mit dem Inhaber des Handelsgewerbes auch am Verlust des Unternehmens beteiligt werden, kann er im Verhältnis seiner Beteiligung am Unternehmen diese Verluste als Werbungskosten oder negative Einkünfte aus Gewerbebetrieb geltend machen. Anerkannt werden die Verluste allerdings in jedem Fall wegen § 15a EStG nur bis zur Höhe der Einlage des stillen Gesellschafters. Darüber hinaus ist zwischen der typischen und der atypischen stillen Gesellschaft zu differenzieren. Der typisch stille Gesellschafter kann die ihm zugewiesenen Verluste nicht mit anderen positiven Einkünften verrechnen, sondern nur mit später anfallenden Gewinnen aus eben dieser stillen Gesellschaft. Demgegenüber mindern negative Ergebnisse aus einer atypisch stillen Gesellschaft – bis zur Höhe der Einlage des atypisch stillen Gesellschafters – Einnahmen aus anderen ebensolchen Gesellschaften oder Mitunternehmerschaften. In Höhe der Verlustübernahme durch den stillen Gesellschafter entsteht für das Unternehmen eine Forderung. Um den Betrag dieser Forderung vermindert sich der Verlust des Unternehmens. *Stille Gesellschaft*

Im Sanierungsfall unterscheiden sich die typisch und die atypisch stille Gesellschaft kaum. Die dem stillen Gesellschafter zugewiesenen Verluste können von ihm jeweils nur bis zur Höhe seiner Einlage geltend gemacht werden. Kann die Sanierung allerdings erfolgreich abgeschlossen werden, bietet die typisch stille Gesellschaft für das Unternehmen den Vorteil, dass schuldrechtliche Verträge zwischen Gesellschaft und stillem Gesellschafter steuerlich anerkannt werden und daraus resultierender Aufwand für das Unternehmen das positive Ergebnis und auch den Gewerbeertrag mindert, wobei gem. § 8 Nr. 1 lit. c) GewStG die Gewinnanteile des stillen Gesellschafters zu 25 % dem Gewerbeertrag wieder hinzuzurechnen sind, soweit sie in Summe mit den anderen von § 8 Nr. 1 GewStG betroffenen Aufwendungen den Betrag von EUR 100.000,00 übersteigen, stille Reserven des Vermögens des stillen Gesellschafters nicht steuerverstrickt sind und es kein Sonderbetriebsvermögen des stillen Gesellschafters gibt.

13.2.5 Veräußerung des Betriebs/von Betriebsteilen an Dritte

Zur Sanierung eines Unternehmens besteht grundsätzlich auch die Möglichkeit, das Krisenunternehmen an einen zu Sanierungsbeiträgen bereiten Dritten zu veräußern. Dabei kommt sowohl eine Veräußerung des Unternehmens als Ganzes als auch von Teilen in Betracht. Aus steuerlicher Perspektive sind hierbei insbesondere die Möglichkeiten zur Verlustverrechnung für den Erwerber von Interesse.

Grundsätzlich wird bei Veräußerungen je nach Ausgestaltung zwischen einem Asset Deal und einem Share Deal unterschieden.

a) Asset Deal

Der Asset Deal ist ein Sachkauf im Sinne des § 433 Abs. 1 S. 1 BGB, bei dem das Aktivvermögen des veräußernden Unternehmens auf den Erwerber übertragen wird. Dabei ist insbesondere das Prinzip der Trennung von Aktiva (Vermögen) und Passiva (Verbindlichkeiten) charakteristisch, d. h. das Aktivvermögen *Asset Deal* geht i. d. R. auf den Erwerber über, die Passiva verbleiben beim übertragenden Rechtsträger.

Bei einem Asset Deal ist die Nutzung von Verlustvorträgen durch den Erwerber grundsätzlich nicht möglich,[67] sie gehen im Rahmen der Transaktion nicht auf den Erwerber über. Die bestehenden Verlustvorträge des Unternehmens sind an die Kapitalgesellschaft als Rechtsträger und nicht an einzelne Vermögensgegenstände gebunden. Bei Personengesellschaften gilt dies analog. Die Verlustvorträge sind hier an die Person des Gesellschafters gebunden. Insofern kann nur der verkaufende Rechtsträger seine eigenen Verluste nutzen. Auf die vorab dargestellten Verlustverrechnungsbeschränkungen, z. B. § 10d Abs. 2 EStG wird verwiesen.

Haftung des Erwerbers für Betriebssteuern

> **Praxistipp: Haftung des Erwerbers für Betriebssteuern**
>
> Bilden die übertragenen Assets steuerlich einen Betrieb oder Teilbetrieb, haftet der Erwerber nach § 75 AO für die betrieblichen Steuern des Verkäufers. Dieses Risiko ist im Rahmen einer Due Diligence-Prüfung zu evaluieren und sofern möglich durch Garantien abzusichern, die allerdings auch werthaltig sein müssen. Im Rahmen der Strukturierung kann überlegt werden, einen Betrieb auf verschiedene Erwerbsgesellschaften aufzuteilen, etwa hinsichtlich Produktionsmittel, Immobilien und Know-how.

b) Share Deal

Share Deal Als Share Deal bezeichnet man eine Transaktion, durch die ein Geschäftsanteil einer GmbH oder Aktien einer AG erworben werden. Der Erwerber wird dadurch Gesellschafter des Unternehmens. Hierdurch verändert sich bei einer Gesellschaft grundsätzlich nur die Gesellschafterstruktur.

Bei einem Share Deal (Veräußerung von Geschäftsanteilen) ist in Bezug auf die steuerlichen Konsequenzen ebenfalls zwischen Personen- und Kapitalgesellschaften zu unterscheiden.

b.1) Personengesellschaften

Unternehmeridentität und Unternehmensidentität Bei der Veräußerung von Anteilen an einer Personengesellschaft (OHG, KG, GbR) können Verlustvorträge generell nicht genutzt werden. Dies gilt sowohl für die Einkommensteuer als auch für die Gewerbesteuer. Dies lässt sich aus den Regelungen des § 10a GewStG ableiten. Obwohl die Gewerbesteuer eine Objektsteuer ist, setzt sie für die Nutzung der gewerbesteuerlichen Verlustvorträge sowohl die Unternehmeridentität als auch die Unternehmensidentität voraus. Die Gesellschafter sind dabei als gewerbesteuerlicher Träger des Unternehmens anzusehen. Der Verlustnutzende muss die Verluste in eigener Person erlitten haben. Kommt es zu einem Gesellschafterwechsel oder werden Anteile an der Gesellschaft veräußert, führt dies zu einem (anteiligen) Entfall der Verlustvorträge.[68] Im Jahr der Anrechnung der Verlustvorträge muss der Gewerbebetrieb mit dem Gewerbebetrieb im Jahr des Entstehens des Verlusts identisch sein.

13.2 Einzelne Sanierungsmaßnahmen und ihre steuerlichen Auswirkungen

b.2) Körperschaften

Für die Nutzung des Verlustvortrags knüpft die Regelung des § 8c KStG an das Tatbestandsmerkmal des Anteilseignerwechsels an. Verlustvorträge gehen bei einem Anteilseignerwechsel zwischen 25 % und 50 % quotal unter. Anteilseignerwechsel über 50 % führen zu einem vollständigen Untergang der Verlustvorträge. Bei Anwendung des § 8c KStG ist grundsätzlich immer auf einen Erwerber abzustellen. Nur wenn dieser mehr als 25 % der Anteile oder Stimmrechte erwirbt, kommt es zum Untergang von Verlustvorträgen. Zu weiterführenden Erläuterungen wird auf die Ausführungen zu Abschnitt 13.1.3 verwiesen.

13.2.6 Steuerfallen bei Umstrukturierungsmaßnahmen

Eines der komplexesten Gebiete des Steuerrechts betrifft die Frage, wie Umwandlungsvorgänge steuerlich zu werten sind. Zentrales Thema ist hierbei die Sicherstellung der Buchwertfortführung. Sie vermeidet bei Übertragungen, dass stille Reserven aufgedeckt und versteuert werden müssen. Dazu finden sich Regelungen vor allem im Umwandlungssteuergesetz, aber auch in § 6 Abs. 3 und 5 EStG. Sanierungsrelevant ist z. B. die Frage, ob ein Geschäftsbereich steuerneutral auf eine neue Gesellschaft abgespalten werden kann.[69] Die steuerliche Voraussetzung, dass es sich dabei um einen Teilbetrieb handeln muss, ist in der Praxis oft schwierig handhabbar. So müssen etwa sämtliche zum Teilbetrieb gehörenden wesentlichen Betriebsgrundlagen auf den Erwerber übergehen.[70] Darunter wird z. B. jedes vom Betrieb genutzte Grundstück gefasst.[71] Im Detail kommt es hier zu zahlreichen Abgrenzungsfragen, insbesondere wenn ein Grundstück oder eine Marke gleichzeitig von zwei Teilbetrieben genutzt wird. Verkompliziert wird diese Diskussion zusätzlich durch einen europäischen Teilbetriebsbegriff, der in der Fusionsrichtlinie angelegt ist. Dieser weicht vom Teilbetriebsbegriff des deutschen Gesetzgebers ab, wird aber andererseits von der Finanzverwaltung im UmwSt-Erlass 2011 herangezogen.

Umwandlungssteuergesetz

Buchwertfortführung

Grundsätzlich sind Dividenden, die an eine andere Kapitalgesellschaft ausgeschüttet werden, zu 95 % steuerfrei (§ 8b Abs. 1 KStG). Seit 1. März 2013 gilt diese umfassende Befreiung jedoch nicht mehr, „wenn die Beteiligung zu Beginn des Kalenderjahres unmittelbar weniger als 10 % des Grund- oder Stammkapitals betragen hat" (§ 8b Abs. 4 KStG n. F.)[72]. Im Hinblick auf Sanierungskonstellationen mit Unternehmensverschmelzungen ergeben sich hier interessante Folgefragen. Wenn eine Gesellschaft, die eine nicht befreite Ausschüttung von ihrer Tochtergesellschaft erhalten hat (Beteiligung < 10 %) rückwirkend auf eine andere Gesellschaft verschmolzen wird, die mit mehr als 10 % an der gleichen Tochtergesellschaft beteiligt ist, wird die Befreiungsschwelle rückwirkend überschritten und die Dividende nachträglich steuerbefreit. Halten beide Gesellschaften zusammen mehr, einzeln jedoch weniger als 10 %, muss die Verschmelzung nach dem Wortlaut des Gesetzes wohl auf den 31. Dezember des Vorjahres vorgenommen werden. Dies kann relativ leicht umgesetzt werden – man muss nur daran denken. Das Steuerrecht ist von solchen technischen Feinheiten mit gravierenden Auswirkungen durchzogen.

Streubesitzdividenden

Sonderbetriebsvermögen

Bei Personengesellschaften gilt steuerrechtlich (mit Ausnahme der Gewerbesteuer) das Transparenzprinzip. Gewinne werden nicht auf Ebene der Gesellschaft versteuert, sondern auf Ebene des Gesellschafters. Die steuerliche Zurechnung erfolgt im Rahmen einer „einheitlichen und gesonderten Gewinnfeststellung".

Vermietet ein Gesellschafter der Personengesellschaft Betriebsmittel, wären diese grundsätzlich kein Betriebsvermögen; im Falle der Veräußerung würden stille Reserven somit nicht erfasst. Zudem könnten so relativ einfach Gewinne auf die Ebene des Gesellschafters verlagert werden. Da die Gewerbesteuer nur auf Gesellschaftsebene anfällt, wären diese Gewinne der Gewerbesteuer entzogen. Daher hat der Steuergesetzgeber das sogenannte Sonderbetriebsvermögen geschaffen. Dazu gehören sämtliche Wirtschaftsgüter, die zwar im Eigentum des Gesellschafters stehen, aber dem Betrieb der Personengesellschaft dienen. In der Praxis führt dies immer wieder zu Problemen, z. B. wenn eine Personengesellschaft ohne das zugehörige Sonderbetriebsvermögen übertragen wird. Insbesondere, wenn Übertragungen steuerneutral zu Buchwerten erfolgen sollen, sind steuerliche Fallstricke zu beachten.

Beendigung einer Betriebsaufspaltung

Vielfach werden Unternehmen in operative und vermögensverwaltende Einheiten getrennt. Der operative Betrieb erfolgt oftmals in der Rechtsform der GmbH, während die Betriebsgrundstücke von vermögensverwaltenden Personengesellschaften gehalten werden. Sind in beiden Gesellschaften die gleichen Personen maßgeblich an den jeweiligen unternehmerischen Entscheidungen beteiligt, kommt es zur sogenannten Betriebsaufspaltung. Dies ist insbesondere der Fall, wenn Personen oder Personengruppen in beiden Gesellschaften über eine Mehrheit der Stimmrechte verfügen. Teilweise will die Finanzverwaltung aber auch berücksichtigen, ob sich die Stimmrechte faktisch überhaupt auf die operative Betriebsführung auswirken. Rechtsfolge der Betriebsaufspaltung ist, dass das Vermögen der Personengesellschaft als betrieblich qualifiziert wird.

Kritisch ist stets die freiwillige oder unfreiwillige Beendigung der Betriebsaufspaltung. Denn sofern die Grundstücke der vermögensverwaltenden Personengesellschaft stille Reserven enthalten (der Buchwert also unter dem Verkehrswert liegt), führt die Beendigung der Betriebsaufspaltung zu einer steuerpflichtigen Entnahme der Betriebsgrundstücke aus dem Betriebs- in das Privatvermögen. Die stillen Reserven sind dann zu versteuern.

Möglich ist jedoch, die Personengesellschaft in eine GmbH & Co. KG umzuwandeln. Diese wird durch eine GmbH als alleinige Komplementärin stets gewerblich geprägt (§ 15 Abs. 3 Nr. 2 EStG). Wenn dann im zweiten Schritt die Beteiligungsquoten auseinanderfallen, kommt es nicht mehr zu einer steuerpflichtigen Entnahme.

§ 50i Abs. 2 EStG

Kurzzeitig war diese Lösung, aber auch jede andere Umstrukturierung (!) durch eine viel zu weitgehende Missbrauchsverhinderungsvorschrift (§ 50i Abs. 2 EStG) nicht steuerneutral möglich gewesen. Nach § 50i Abs. 2 EStG sind Sachgesamtheiten bei Umwandlungen und Einbringungen stets mit dem gemeinen Wert anzusetzen, das heißt, die stillen Reserven sind zu versteuern. Dies erfuhr in der Literatur zu Recht heftige Kritik. Zunächst hatte die Finanzverwaltung darauf mit einem Erlass reagiert.[73] Sie hielt allerdings an der grundsätzlichen Interpretation des Gesetzes fest. Möglich war jedoch auf Antrag (!) eine Steuerbefreiung aus

13.2 Einzelne Sanierungsmaßnahmen und ihre steuerlichen Auswirkungen

Billigkeitsgründen zu erlangen, wenn die stillen Reserven weiterhin der Besteuerung in Deutschland unterliegen (denn eigentlich sollte auch nur die Steuerflucht ins Ausland vermieden werden). Ende 2016 wurde § 50i Abs. 2 EStG im Gesetzeswege so angepasst, dass er Umstrukturierungen nicht mehr entgegensteht, soweit das Besteuerungsrecht der Bundesrepublik Deutschland nicht verloren geht.

Bei einer Unternehmenskrise kann es sinnvoll sein, wenn Gesellschafter-Geschäftsführer auf Pensionszusagen verzichten, zumindest soweit eine Unterdeckung vorliegt. In steuerlicher Hinsicht ist jedoch genau darauf zu achten, worauf verzichtet wird. Grundsätzlich führt der Verzicht zu einem steuerbaren Lohnzufluss mit anschließender verdeckter Einlage.[74] Im Ergebnis muss der Verzichtende seinen Sanierungsbeitrag also ohne greifbare Gegenleistungen mit seinem persönlichen Einkommensteuersatz versteuern. Es gibt jedoch zwei Ausnahmen. Zum einen wird der Verzicht auf einen nicht werthaltigen Teil einer Pensionszusage nicht als Lohnzufluss gewertet. Auf Ebene der Gesellschaft entsteht ein Sanierungsgewinn (aus Forderungsverzicht). Zum anderen ist der Verzicht auf den noch nicht erdienten Anteil steuerlich neutral. Pensionszusagen werden im Hinblick auf die Arbeitsleistung bis zum Pensionsalter gewährt. Im Laufe der Zeit erdient sich der Berechtigte somit die Pension Schritt für Schritt (Past Services), während ein kleiner werdender Teil noch nicht erdient ist (Future Services). Mittlerweile hat die Finanzverwaltung anerkannt, dass der Verzichtende frei bestimmen kann, auf welchen Teil er verzichtet.[75] Somit ist es möglich, zunächst auf den nicht werthaltigen Teil, danach auf den noch nicht erdienten Teil zu verzichten (bei umgekehrter Reihenfolge könnte der Verzicht die restliche Pensionszusage hingegen werthaltig machen).

Verzicht auf Pensionszusagen

Past Services
Future Services

Das Gesetz kennt mit § 42 AO eine Vorschrift, die den Missbrauch von Gestaltungsmöglichkeiten verhindern soll. Dies ist der Fall, wenn eine bestimmte Maßnahme den einzigen Zweck verfolgt, Steuern zu vermeiden. Daneben werden steueroptimierte Sanierungsgestaltungen oftmals mit der sogenannten „Gesamtplan-Rechtsprechung" konfrontiert. Dies gilt besonders, da der UmwSt-Erlass 2011 ausdrücklich darauf verweist, diese Grundsätze anzuwenden.[76] Ein Gesamtplan im Sinne der Rechtsprechung des BFH ist dadurch gekennzeichnet, dass ein einheitlicher wirtschaftlicher Sachverhalt aufgrund eines vorher gefassten Plans „künstlich" in Teilschritte zergliedert wird.[77]

Gesamtplan-rechtsprechung

Es gibt jedoch Tendenzen, dass der BFH diese Linie nicht weiterverfolgen will. In aktuellen Entscheidungen wird ein Gesamtplan teilweise gar nicht erwähnt, teilweise mit kurzen Worten verneint.[78] Aus Kreisen der BFH-Richter ist jedenfalls zu hören, dass derzeit kein einheitliches Verständnis über das Konstrukt „Gesamtplan" besteht.

Anmerkungen

[1] BMF, Schreiben vom 27. März 2003 betr. ertragsteuerliche Behandlung von Sanierungsgewinnen; Steuerstundung und Steuererlass aus sachlichen Billigkeitsgründen (§§ 163, 222, 227 AO), IV A 6 – S 2140 – 8/03, BStBl. I 2003, 240.
[2] Schmid in: Rattunde, Fachberater für Sanierung und Insolvenzverwaltung (DStV e.V.), Berlin 2011, S. 749.
[3] BMF, Schreiben vom 27. März 2003.

⁴ Witt/Tiede in: Brühl, V./Göpfert, B., Unternehmensrestrukturierung – Strategien und Konzepte, Stuttgart 2004, S. 457 f.
⁵ Eingeführt durch das Gesetz zur Anpassung der Abgabenordnung an den Zollkodes der Union und zur Änderung weiterer steuerlicher Vorschriften vom 22. Dezember 2014, BGBl. I 2014, 2417. Die eingefügte Passage lautet: „Die Befugnis, Realsteuermessbeträge festzusetzen, schließt auch die Befugnis zu Maßnahmen nach § 163 Satz 1 ein, soweit für solche Maßnahmen in einer allgemeinen Verwaltungsvorschrift der Bundesregierung, der obersten Bundesfinanzbehörde oder einer obersten Landesfinanzbehörde Richtlinien aufgestellt worden sind." Die Gesetzesbegründung (BT-Drs. 18/3017, S. 34) führt hierzu aus: „BMF-Schreiben auf dem Gebiet der Einkommen- oder Körperschaftsteuer insbesondere zur Festlegung des Steuergegenstands oder zur Gewinnermittlung können auch Billigkeitsregelungen im Sinne des § 163 Satz 1 AO aus sachlichen Gründen enthalten. Es entspricht der langjährigen sachgerechten und bisher von keiner Seite infrage gestellten Verwaltungspraxis, dass diese Billigkeitsregelungen auch bei der Festsetzung des Gewerbesteuermessbetrags seitens der Landesfinanzbehörden Eingang finden, soweit dies darin nicht ausdrücklich ausgeschlossen ist. Das BFH-Urteil vom 25. April 2012, I R 24/11, könnte Zweifel an dieser Handhabung wecken. Mit der Änderung in § 184 Absatz 2 Satz 1 AO werden diese Zweifel beseitigt. Sachliche Billigkeitsregelungen, die in allgemeinen Verwaltungsvorschriften der Bundesregierung, einer obersten Bundesfinanzbehörde (BMF-Schreiben; vgl. BFH-Urteil vom 28. Mai 2002, BStBl II S. 840) oder einer obersten Landesfinanzbehörde enthalten sind, fallen somit weiterhin in den Anwendungsbereich der Norm."
⁶ Vgl. Schreiben des Hessischen Städtetags vom 22. Dezember 2014; Wiese/Lukas, DStR 2015, 1222.
⁷ Vgl. OFD Nordrhein-Westphalen vom 6. Februar 2015, Kurzinformation GewSt Nr. 02/2015, DStR 2015, 1114; OFD Frankfurt/Main vom 7. August 2015, S 2140 A-4-St 213, DStR 2015, 2497; Tietze, DStR 2016, 1306.
⁸ GrS BFH, Beschluss vom 28. November 2016, GrS 1/15, DStR 2017, 305; vgl. auch BFH, Vorlagebeschluss vom 25. März 2015, X R 23/13, BStBl. II 2015, 696; weiterführende und aktuelle Informationen finden Sie unter https://ifsbr.de/sanierungsgewinne-und-sanierungserlass/.
⁹ Grundsätzlich gilt eine Gerichtsentscheidung nur für den beurteilten Einzelfall. Eine allgemeine Bindung der Finanzverwaltung tritt erst durch eine Veröffentlichung im BStBl. II ein. Fest steht aber durch die Entscheidung des Großen Senats des BFH, dass eine Klage in Zukunft keinen Erfolg mehr haben wird. Die Verwaltungspraxis ist grundsätzlich an den Sanierungserlass gebunden, solange er nicht förmlich aufgehoben ist. Der BFH hat jedoch ausdrücklich festgestellt, dass die Anwendung mit dem Steuer und Grundgesetz nicht vereinbar ist. Beamte sind über § 63 BBG verpflichtet, die Vorgesetzten hinzuzuziehen, wenn sie Bedenken gegen die Rechtmäßigkeit einer dienstlichen Anordnung haben. Die Finanzverwaltung äußert sich dahingehend, dass bis zu einer Klärung dieser unsicheren Rechtslage keine Entscheidungen der Finanzverwaltung erlangt werden können.
¹⁰ BFH, Beschluss vom 28. Februar 2012, VIII R 2/08, DStR 2012, 943.
¹¹ BMF-Schreiben vom 27. April 2017, Az. IV C 6 – S 2140/13/10003.
¹² BMF-Schreiben vom 27. April 2017, Az. IV C 6 – S 2140/13/10003, verfügbar unter https://ifsbr.de/sanierungsgewinne-und-sanierungserlass.
¹³ BT-Drs. 18/12128, BR-Drs. 366/17 (B) im Rahmen des Gesetzgebungsverfahrens über „schädliche Steuerpraktiken im Zusammenhang mit Rechteüberlassungen" (sog. Lizenzschranke).
¹⁴ Ein Wahlrecht, die Steuerbefreiung samt Vor- und Nachteilen nur auf Antrag in Anspruch zu nehmen, gibt es nicht. Dies wurde im Gesetzgebungsverfahren verworfen. Für weiterführende Hinweise zu Einzelheiten, Handlungsoptionen, Rechtsquellen und Literaturhinweisen siehe auch https://ifsbr.de/sanierungsgewinne-und-sanierungserlass.
¹⁵ Siehe BMF, Schreiben vom 10. August 2012, IV C 6 – S 2140/11/10001; weiterführend Glatz, IStR 2016, 447.
¹⁶ Frotscher, Verschlechterung der steuerlichen Rahmenbedingungen für Insolvenz und Sanierung, KSI 2008, 256.

13.2 Einzelne Sanierungsmaßnahmen und ihre steuerlichen Auswirkungen

[17] Frotscher, Verschlechterung der steuerlichen Rahmenbedingungen für Insolvenz und Sanierung, KSI 2008, 256.
[18] Beschluss der Europäischen Kommission vom 26. Januar 2011, K(2011)275 endgültig, C7/2010; vorausgegangen war ein Schreiben der Europäischen Kommission vom 24. Februar 2010, K(2010)970 endgültig, veröffentlicht als BMF-Schreiben vom 30. April 2010, IV C 2 – S 2745-a/08/10005/002, BStBl. I 2010, 482; mit weiterem BMF-Schreiben vom 30. April 2010, IV C 2 – S 2745-a/08/10005/002, BStBl. I 2010, 488, wurde angeordnet, dass §8c Abs. 1a KStG vorläufig nicht mehr anzuwenden ist.
[19] Gericht erster Instanz der Europäischen Gemeinschaften (EuG), Beschluss vom 18. Dezember 2012, T-205/11 „Deutschland/Kommission", DStR 2013, 132.
[20] EuG, Urteil vom 4. Februar 2016, T-287/11 „Heitkamp BauHolding GmbH/Kommission", BeckEuRS 2016, 467608 und EuG, Urteil vom 4. Februar 2016, T620/11 „GFKL Financial Services AG/Kommission", DStR 2016, 390.
[21] Vertiefend de Weerth, BB 1999, 821.
[22] Witt/Tiede in: Brühl, V./Göpfert, B., Unternehmensrestrukturierung – Strategien und Konzepte, Stuttgart 2004, S. 459.
[23] Vgl. BGH, Beschluss vom 17. März 2006, II B 157/07, BFH/NV 2006, 1341; vgl. gleichlautende Ländererlasse vom 12. Oktober 2007, BStBl. I 2007, 757.
[24] Vgl. gleichlautende Erlasse der Finanzbehörden der Länder, Anwendung des §1 Abs. 3a GrEStG vom 9. Oktober 2013, 3-S450.1/39, BStBl. I 2013, 1364.
[25] Stellungnahme des Bundesrates zum Regierungsentwurf, BT-Drs. 17/6263, S. 82.
[26] Gleichlautender Erlass betr. Schenkungen unter Beteiligung von Kapitalgesellschaften oder Genossenschaften vom 14. März 2012, BStBl. I 2012, 331.
[27] BFH, Urteil vom 30. Januar 2013, II R 6/12, BStBl. II 2013, 930.
[28] §4 Abs. 1 Satz 5 EStG.
[29] Grammel in: Blöse/Kihm, Unternehmenskrisen – Ursachen – Sanierungskonzepte – Krisenvorsorge – Steuern, Berlin 2006, S. 280.
[30] §10d EStG.
[31] Heuermann in: Heuermann 2008, §8a KStG Rz. 14–38.
[32] Frotscher, KSI 2008, 255.
[33] Witt/Tiede in: Brühl/Göpfert, Unternehmensrestrukturierung – Strategien und Konzepte, Stuttgart 2004, S. 449.
[34] Frotscher in: Frotscher/Maas, KStG UmwStG, 97. Ergänzungslieferung, Freiburg, §8b Rz. 60 t.
[35] Frotscher in: Frotscher/Maas, KStG UmwStG, 97. Ergänzungslieferung, Freiburg, §8b Rz. 60 t.
[36] Crezelius, Aktuelle Steuerrechtsfragen in Krise und Insolvenz – Juli/August 2008, NZI 2008, 603.
[37] BFH, Urteil vom 7. Mai 1993, VI R 38/91, BStBl II 1993, S. 663; BFH, Urteil vom 7. Februar 1997, VI R 33/96, DStR 1997, 1159, FG Hamburg, Urteil vom 22. April 1999, II 95/98, EFG 199, 885.
[38] BFH, Urteil vom 10. November 1998, VIII R 6/96, BStBl. II 1999, 348.
[39] BFH, Urteil vom 10. November 1998, VIII R 6/96, BStBl. II 1999, S. 348.
[40] BFH, Urteil vom 4. November 1997, VIII R 18/94, BStBl. II 1999, 344.
[41] BFH, Urteil vom 26. Januar 1999, VIII R 79/96, BFH/NV 1999, 924.
[42] Hein/Suchan/Geeb, DStR 2008, 2291.
[43] Heuermann, DStR 2008, 2094.
[44] Heuermann, DStR 2008, 2094.
[45] Schmid in: Rattunde, Fachberater für Sanierung und Insolvenzverwaltung (DStV e.V.), Berlin 2011, S. 775.
[46] Crezelius in: K. Schmidt/Uhlenbruck, Die GmbH in Krise, Sanierung und Insolvenz, 5. Auflage 2016, S. 335 ff.
[47] Vgl. BFH, Urteil vom 15. Juni 2016, VI R 6/16, DStR 2016, 2036.
[48] BFH, Urteil vom 15. Oktober 1997, I R 58/93, BStBl. II 1998, 305.
[49] Crezelius in: Schmidt, K./Uhlenbruck, W. (2009), Die GmbH in Krise, Sanierung und Insolvenz, 4. Auflage, Köln, S. 335 ff.
[50] Groh, BB 1997, 2523, 2525; siehe auch die Nachweise in Fussnote 49.

51 Crezelius in: Schmidt, K./Uhlenbruck, W. (2009), Die GmbH in Krise, Sanierung und Insolvenz, 4. Auflage, Köln, S. 335 ff.
52 BFH, Beschluss vom 20. Dezember 2001, I B 74/01, DStRE 2002, 257; vgl. auch BFH, Urteil vom 31. Mai 2005, X R 36/02, DStR 2005, 1389; vgl. auch mit Risikoeinschätzung Hierstetter, DStR 2010, 882.
53 Witt/Tiede in: Brühl, V./Göpfert, B. (2004): Unternehmensrestrukturierung – Strategien und Konzepte, Stuttgart, S. 458.
54 OFD Frankfurt, Rundverfügung vom 9. August 2013, S 2244 A – 61 – St 215, DStR 2013, 1838; vgl. FG Niedersachen, Urteil vom 26. September 2012, 2 K 13510/10, GmbHR 2013, 613; a. A. FG München, Urteil vom 27. Oktober 2009, 6 K 3941/06, EFG 2010, 462; Hierstetter, DStR 2010, 882.
55 BMF, Schreiben vom 2. Dezember 2013, BStBl. I 2003, 648.
56 Crezelius in Schmidt, K./Uhlenbruck, W. (2009): Die GmbH in Krise, Sanierung und Insolvenz, 4. Auflage, Köln, S. 340.
57 BFH, Urteil vom 30. Mai 1990, I R 41/87, BStBl. II 1991, 588.
58 BMF, Schreiben vom 18. August 2004, Anwendung des § 5 Abs. 2a EStG im Zusammenhang mit Rangrücktrittsvereinbarungen, BStBl. I 2004, 850.
59 BFH, Urteil vom 30. November 2011, I R 100/10, DStR 2012, 450; BFH, Urteil vom 15. April 2015, I R 44/14, DStR 2015, 551; vgl. auch FG Köln, Urteil vom 26. März 2015, 10 K 3777/09, BB 2015, 1456; BFH, Urteil vom 10. August 2016, I R 25/15, BB 2015, 1456; vgl. auch BMF, Schreiben vom 8. September 2006, Passivierung von Verbindlichkeiten bei Vereinbarung eines einfachen oder qualifizierten Rangrücktritts; Auswirkungen des § 5 Abs. 2a EStG, BStBl. I 2006, 497; siehe zur steuerbilanziellen Behandlung auch Frystatzki, DStR 2016, 2479; mit Zweifeln aber Lohse/Zanzinger, DStR 2016, 1241; eine Literaturzusammenstellung finden Sie unter https://ifsbr.de/rangruecktritt.
60 BFH, Urteil vom 15. April 2015, I R 44/14, BStBl. II 2015, 769.
61 Witt/Tiede in: Brühl/Göpfert, Unternehmensrestrukturierung – Strategien und Konzepte, Stuttgart 2004, S. 461.
62 BFH, Beschluss vom 9. Juni 1997, GrS 1/94, BStBl. II 1998, 307.
63 OFD Rheinland, Kurzinformation Körperschaftsteuer Nr. 56/2011 vom 14. Dezember 2011 betreffend die steuerliche Behandlung der Umwandlung von Darlehen in Genussrechte, DStR 2012, 189.
64 Vgl. OFD Nordrhein-Westfalen Verwaltungsanweisung vom 12. Mai 2016, S. 2742–2016/0009-St 131, DStR 2016, 1816.
65 Vgl. etwa OFD Münster, Kurzinformation betr. ertragsteuerliche Behandlung von Verbindlichkeiten in Fällen der Unternehmensinsolvenz vom 21. Okotber 2005, ESt Nr. 27/2005, DStR 2005, 2079; offen gelassen von BFH, Urteil vom 5. Februar 2014, I R 34/12, DStR 2014, 1601.
66 Zu daran anknüpfenden Frage, ob diese Steuerfreistellung auch für Gewerbesteuerzwecke gilt, siehe Golland/Gehlhaar/Grossmann/Eickhoff-Kley/Jänisch, BB 2005, 1 (26).
67 Witt/Tiede in: Brühl/Göpfert, Unternehmensrestrukturierung – Strategien und Konzepte, Stuttgart 2004, S. 463.
68 BFH, Beschluss vom 3. Mai 1993, GrS 3/92, BStBl. II 1993, 616, 621 f.
69 Vgl. etwa BFH, Urteil vom 7. April 2010, I R 96/08, BStBl. II 2011, 467.
70 BFH, Urteil vom 20. Januar 2005, IV R 14/03, BStBl. II 2005, 395.
71 BFH, Urteil vom 19. März 2009, IV R 78/06, BStBl. II 2009, 803.
72 Vgl. auch BFH, Urteil vom 11. Dezember 2012, I R 25/10, GmbHR 2012, 593, im Anschluss an EuGH, Urteil vom 20. Oktober 2011, C-284/09 „Kommission/Bundesrepublik Deutschland", GmbHR 2011, 1211.
73 BMF, Schreiben vom 21. Dezember 2015, IV B 5-S 1300/14/10007, DOK 2015/1035715, IStR 2016, 306; siehe auch Brombach-Krüger, IStR 2016, 407.
74 Vgl. BFH, Beschluss vom 9. Juni 1997, GrS 1/94, BStBl. II 1998, 307.
75 BMF, Schreiben vom 14. August 2012, IV C 2 – S 2743/10/10001, BStBl. 2012, 874.
76 Vgl. Rz. 20.17 und 24.33 UmwStE 2011; BMF, Schreiben vom 11.11.2011, IV C 2 – S 1978 – b/08/10001, BStBl. I 2011, 1314.
77 BFH, Urteil vom 6. September 2000, IV R 18/99, BStBl. II 2001, 229.
78 BFH, Urteil vom 2. August 2012, IV R 41/11, DB 2012, 2375; BFH, Urteil vom 9. November 2011, X R 60/09, BStBl. II 2012, 638.

Die Insolvenz als Sanierungsinstrument
von Paul Abel

14

14.1 Die Insolvenz als Sanierungsinstrument

14.1.1 Ziele und Sanierungselemente der Insolvenzordnung

Das Insolvenzrecht ist systematisch Teil des Vollstreckungsrechts. Ein Insolvenzverfahren dient dazu, die Gläubiger eines Schuldners gemeinschaftlich zu befriedigen, indem das Vermögen des Schuldners verwertet und der Erlös verteilt oder in einem Insolvenzplan eine abweichende Regelung insbesondere zum Erhalt des Unternehmens getroffen wird (§1 S.1 InsO). Über den Gesetzeswortlaut hinaus ist anerkannt, dass ein Insolvenzverfahren auf die bestmögliche Befriedigung der Gläubigergesamtheit gerichtet ist.

Die Insolvenzordnung enthält aber zugleich auch Regelungen, die eine Sanierung eines Krisenunternehmens in der Insolvenz im Interesse des Schuldners ermöglichen sollen. Daher kann die Insolvenz in geeigneten Fällen vom Schuldner auch als Sanierungsinstrument eingesetzt werden. Es liegt nahe, dass eine Sanierung in erster Linie im Interesse des Schuldners und seiner Gesellschafter steht. Da die Sanierung in einem Insolvenzverfahren keinen Selbstzweck darstellt, ist stets darauf zu achten, dass durch eine Sanierung die Rechtsstellung der Gläubiger nicht in unzulässiger Weise beeinträchtigt wird.[1] Das zentrale Interesse der Gläubiger besteht zwar in einer möglichst hohen Befriedigungsquote, allerdings spielen neben der reinen Höhe der zu erwartenden Quote auch andere Faktoren eine Rolle, maßgeblich etwa auch der Zeitpunkt ihrer Auszahlung. Für das wirtschaftliche Ergebnis eines Insolvenzverfahrens ausschlaggebende Faktoren sind daher die bis zur Quotenauszahlung noch auflaufenden Masseschulden, die Transaktionssicherheit eines Unternehmensverkaufs bei der sogenannten übertragenden Sanierung und die Prognose der künftigen Unternehmensentwicklung im Rahmen eines Insolvenzplans, der Zahlungen aus künftigen Jahresüberschüssen vorsieht. Die Verfahrensdauer eines Insolvenzplanverfahrens ist fast immer wesentlich kürzer als diejenige eines Regelinsolvenzverfahrens, das die vollständige Verwertung des Schuldnervermögens vorsieht. Risiken für die Quotenerwartung können sich bei Unternehmensverkäufen in der Insolvenz auch aus Rücktrittsrechten, eingeräumten Gewährleistungen und aus der Solvenz und Vertragstreue des Käufers ergeben.

Insolvenz als Sanierungsinstrument

In der Literatur wird teilweise bezweifelt, dass der Grundsatz, wonach die Sanierung des Schuldners keine nachteilige Auswirkung auf die Gläubigerbefriedigungsaussichten der Gläubiger haben darf, heute, nach Inkrafttreten des ESUG,[2] noch uneingeschränkt gelte.[3] In einem bestimmten Umfang waren Ausnahmen von diesem Grundsatz bereits vor Inkrafttreten des ESUG anerkannt.

Gläubigerbefriedigungsaussichten

Die Entscheidung über die richtige Verwertungsalternative war zu keiner Zeit durch den Insolvenzverwalter oder das Insolvenzgericht unter Zugrundelegung prognostizierter Quotenerwartungen vorzunehmen. Vielmehr obliegt sie seit jeher der autonomen Beschlussfassung durch die Gläubigerversammlung (§ 157 InsO). Diese entscheidet sowohl über die Genehmigung einer vom Insolvenzverwalter beabsichtigten übertragenden Sanierung oder Liquidation als auch über die Annahme eines Insolvenzplans. Die Beobachtung des Abstimmungsverhaltens der Gläubiger in der Praxis zeigt dabei, dass zahlreiche Gläubigergruppen neben der reinen Quotenerwartung für ihre Insolvenzforderungen auch andere Interessen verfolgen. So sind Arbeitnehmer und die Bundesagentur für Arbeit in aller Regel auch am Erhalt von Arbeitsplätzen interessiert. Lieferanten und Kunden haben bei Sanierungslösungen zudem das Interesse, eine nachhaltige Geschäftsbeziehung mit dem sanierten Schuldnerunternehmen sicherzustellen. Absonderungsberechtigte Gläubiger sind in erster Linie an einer bestmöglichen Verwertung der Absonderungsgegenstände interessiert, da sie an der Quotenverteilung lediglich mit dem verbleibenden ungesicherten Teil ihrer Forderung, der sogenannten Ausfallforderung, teilnehmen.

Absichten des ESUG-Gesetzgebers

Hinzu kommt, dass der ESUG[4]-Gesetzgeber ausdrücklich beabsichtigte, die wirtschaftlichen Rahmenbedingungen für die Sanierung von Krisenunternehmen zu verbessern. Daher stellte er neben der Quotenerwartung auch den Erhalt und die nachhaltige Sanierung eines insolventen Rechtsträgers durch Stärkung des Planverfahrens und einen vereinfachten Zugang zur Eigenverwaltung in den Vordergrund. Weiter verfolgte er die Absicht, Unternehmenssanierungen im Insolvenzverfahren planbarer und effektiver zu gestalten und dadurch den Rahmen für eine Fortführung sanierungsfähiger Unternehmen und den Erhalt von Arbeitsplätzen zu schaffen.[5]

14.1.2 Einflussnahmemöglichkeiten der Gläubiger auf den Sanierungsprozess

Einflussnahmemöglichkeiten der Gläubiger

Die von einer Insolvenz betroffenen Gläubiger können auf eine Sanierung im Insolvenzverfahren Einfluss nehmen, indem sie über eine Mitgliedschaft im vorläufigen Gläubigerausschuss Einfluss auf die Person des zu bestellenden Insolvenzverwalters nehmen. Ein einstimmiger Vorschlag des vorläufigen Gläubigerausschusses für einen geeigneten Insolvenzverwalter ist für das Insolvenzgericht bindend, es sei denn, der Ausschuss war nicht richtig besetzt oder der vorgeschlagene Verwalter ist nicht unabhängig oder aus anderen Gründen nicht geeignet (§ 56a InsO). Darüber hinaus kann der vorläufige Gläubigerausschuss wie auch jeder Gläubiger für den Fall, dass eine beantragte (vorläufige) Eigenverwaltung, aufgrund konkreter Umstände, Nachteile für die Gläubiger erwarten lässt, beim Insolvenzgericht die Überleitung in ein Regelinsolvenzverfahren anregen. In der ersten Gläubigerversammlung, dem sogenannten Berichtstermin, beschließt die Mehrheit der anwesenden Gläubiger über die Fortführung oder Stilllegung sowie über eine vom Insolvenzverwalter vorgeschlagene übertragende Sanierung (§§ 157, 160 InsO). Zudem entscheidet eine weitere Gläubigerversammlung nach dessen Erörterung im Abstimmungstermin über die Annahme eines Insolvenzplans (§§ 235 ff. InsO). Wenngleich den Gläubigern damit weitreichende Entscheidungsbefugnisse zukommen, besteht für sie – anders als für den Schuldner – letztlich nicht die Möglichkeit, initiativ zu werden und die Sanierung des schuldnerischen Unternehmens in der Insolvenz einzuleiten. Die Möglichkeiten der Einflussnahme der Gläubiger im Rahmen ihrer Gläubigerautonomie tragen dem Gedanken Rechnung, dass die Gläubiger das wirtschaftliche Risiko des Scheiterns der Bemühungen des Schuldners und/oder des Insolvenzverwalters um eine erfolgreiche Sanierung und die beabsichtigte höchstmögliche Befriedigungsquote tragen.

14.1.3 Gestaltungsspielraum des Schuldners

In einem Regelinsolvenzverfahren mit einem Insolvenzverwalter, auf den die Verwaltungs- und Verfügungsbefugnis übergegangen ist, sind die Möglichkeiten der Einflussnahme auf eine Sanierung für den Schuldner begrenzt. Der Schuldner kann grundsätzlich auch in einem Regelinsolvenzverfahren einen Insolvenzplan einreichen. Dies erscheint jedoch nur dann erfolgversprechend, wenn es ihm gelingt, den Insolvenzverwalter, das Insolvenzgericht und die Gläubiger in einem möglichst frühen Verfahrensstadium davon zu überzeugen, dass es sich hierbei um die anzustrebende Verfahrensalternative handelt. Dies erfordert eine frühzeitige Kommunikation mit dem vorläufigen Insolvenzverwalter. Soweit der Schuldner mit geeigneten Beratern nicht frühzeitig selbst einen Insolvenzplan entwirft, steuert regelmäßig der vorläufige Insolvenzverwalter den weiteren Verfahrenslauf und den künftigen Sanierungsprozess. Dies gilt auch für den sogenannten schwachen vorläufigen Insolvenzverwalter, dem nach der gesetzgeberischen Konzeption lediglich die Aufgabe eines Genehmigungsorgans zukommt. In der Mehrzahl der Fälle bereitet der vorläufige Insolvenzverwalter in Fortführungsfällen einen Unternehmensverkauf in Form einer sogenannten übertragenden Sanierung vor. Diese ist gerade nicht auf eine leistungswirtschaftliche Sanierung des Rechtsträgers gerichtet. Sie unterscheidet sich von der Liquidation letztlich nur dadurch, dass die betriebszugehörigen Gegenstände nicht einzeln, sondern als rechtliche und betriebsorganisatorische Einheit an einen neuen Rechtsträger veräußert werden, sodass lediglich der Geschäftsbetrieb als organisatorische Einheit erhalten bleibt.[6]

Begrenzter Gestaltungsspielraum des Schuldners im Regelinsolvenzverfahren

Dagegen besteht für den Schuldner die Möglichkeit, die Insolvenz als Sanierungsinstrument zu nutzen, wenn eine objektive Sanierungsfähigkeit vorliegt und er einen Insolvenzplan in Eigenverwaltung anstrebt, der einen angemessenen Ausgleich der Gläubiger- und Schuldnerinteressen vorsieht. Zwar führen die Wirkungen des gestaltenden Teils der Mehrzahl der Insolvenzpläne auch nur zu einer bilanziellen Entlastung, allerdings können flankierend Sanierungsmaßnahmen etwa im Bereich des Insolvenzarbeitsrechts oder der Nutzung insolvenzrechtlicher Wahl- und Sonderkündigungsrechte umgesetzt werden. Dabei wird der Schuldner vom Gesetzgeber in besonderer Weise privilegiert, wenn das zu sanierende Unternehmen noch nicht zahlungsunfähig ist und die Voraussetzungen für ein sogenanntes Schutzschirmverfahren gegeben sind. Da der Insolvenzplan nur zustande kommt, wenn im Abstimmungster-

Gestaltungsspielraum des Schuldners in der Eigenverwaltung

min die Mehrheit der abstimmenden Gläubiger dem Plan zustimmt, sollte im Rahmen einer Vergleichsrechnung im darstellenden Teil des Insolvenzplans die Planquote der in der alternativen realistischen Verwertungsalternative zu erwartenden Quote gegenübergestellt werden. Vielfach sind nur dann höhere Befriedigungsquoten aus einem Insolvenzplan zu erwarten, wenn die Überschüsse aus künftigen Jahresgewinnen im Rahmen eines Besserungsscheins ebenfalls an die Gläubiger ausgezahlt werden und/oder wenn neue Gesellschafter bereit sind, Sanierungsbeiträge zu Gunsten der Gläubigergesamtheit aus ihrem Vermögen zu leisten.

Faktisch ausgeschlossen dürfte es sein, die Insolvenz als Sanierungsinstrument zu nutzen, wenn die handelnden geschäftsführenden Organe bereits strafrechtliche Grenzen aufgrund einer verspäteten Insolvenzantragstellung überschritten haben oder wenn wesentliche Vermögenswerte des Krisenunternehmens aufgrund von eingeleiteten Vollstreckungshandlungen bereits nicht mehr zur Verfügung stehen.

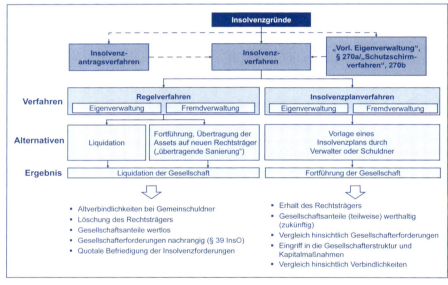

Abb. 50: Verfahrensalternativen

14.2 Das Regelinsolvenzverfahren

14.2.1 Überblick über den Ablauf

Der Ablauf des Regelinsolvenzverfahrens

Als Regelinsolvenzverfahren wird das auf Verwertung der Insolvenzmasse (im Wege einer sog. übertragenden Sanierung oder Liquidation) gerichtete Insolvenzverfahren mit einem (fremden) Insolvenzverwalter bezeichnet. Sowohl die sogenannte übertragende Sanierung als auch die Liquidation enden bei juristischen

14.2 Das Regelinsolvenzverfahren

Personen mit Auflösung und Löschung des insolventen Rechtsträgers. Dem steht das Verfahren in Eigenverwaltung gegenüber, bei dem der Schuldner fast immer das Ziel verfolgt, den Gläubigern und dem Insolvenzgericht einen Insolvenzplan vorzuschlagen, der auf Sanierung unter Erhalt des Rechtsträgers gerichtet ist und eine Quotenzahlung an die Gläubiger in dem gestaltenden Teil des Insolvenzplans vorsieht. Ungeachtet dessen können Insolvenzpläne aber auch in einem Regelinsolvenzverfahren vom Insolvenzverwalter ausgearbeitet werden. Ebenso ist auch in einer Eigenverwaltung eine übertragende Sanierung möglich.

Ein Insolvenzverfahren kann über das Vermögen natürlicher und juristischer Personen eröffnet werden (§ 11 Abs. 1 S. 1 InsO). Weiterhin kann ein Insolvenzverfahren auch über das Vermögen einer Gesellschaft ohne Rechtspersönlichkeit eröffnet werden (§ 11 Abs. 2 Nr. 1 InsO). *Insolvenz-(verfahrens)-fähigkeit*

Das Insolvenzverfahren wird als sogenanntes Antragsverfahren nur auf Antrag eines Gläubigers oder des Schuldners durch das Insolvenzgericht eröffnet. *Antragserfordernis*

Nach dem Eingang eines Antrags auf Insolvenzeröffnung prüft das Insolvenzgericht zunächst, ob der Antrag den zwingenden Zulässigkeitsvoraussetzungen entspricht (§§ 11–15 InsO). Wenn dies der Fall ist, wird geprüft, ob ein Insolvenzeröffnungsgrund (§§ 16 ff. InsO) vorliegt. Schließlich ist zu prüfen, ob das Vermögen des Schuldners ausreicht, um die Kosten des Insolvenzverfahrens zu decken, da ansonsten die Verfahrenseröffnung mangels Masse abgelehnt werden muss (§ 26 Abs. 1 InsO). Die Kosten des Insolvenzverfahrens setzen sich zusammen aus den Gerichtskosten, der Vergütung des vorläufigen Insolvenzverwalters und des Insolvenzverwalters sowie für den Fall, dass ein (vorläufiger) Gläubigerausschuss bestellt wird, auch aus der Vergütung der Mitglieder desselben (§ 54 InsO). *Prüfung der Zulässigkeit und Begründetheit des Insolvenzantrags*

Das Vorliegen eines Insolvenzeröffnungsgrunds muss wegen der gravierenden Eingriffe einer Verfahrenseröffnung in die Rechte des Schuldners zur Überzeugung des Gerichts feststehen und ist durch das Insolvenzgericht von Amts wegen zu ermitteln. Bei nicht zweifelsfreier Sachlage bestellt das Gericht einen Gutachter und erteilt diesem den Auftrag, ein Gutachten zum Vorliegen der Eröffnungsgründe (§ 22 Abs. 1 S. 2 Nr. 3, 2. Hs. InsO) und der Verfahrenskostendeckung zu erstellen (sog. Masse- oder Eröffnungsgutachten). Die vom Gericht gesetzte Frist zur Vorlage des Gutachtens kann auf Antrag durch das Gericht verlängert werden, soweit dem Gutachter die zur Gutachtenerstellung benötigten Informationen und Unterlagen nicht oder nur zu erschwerten Bedingungen zugänglich sind.

Zugleich hat das Insolvenzgericht bereits im Eröffnungsverfahren darüber zu befinden, ob zur Verhütung nachteiliger Veränderungen in der Vermögenslage des Schuldners Sicherungsmaßnahmen anzuordnen sind (§ 21 InsO). In erster Linie kommt dabei die Bestellung eines vorläufigen Insolvenzverwalters zur Sicherung und Erhaltung des schuldnerischen Vermögens in Betracht. Sofern das Gericht anordnet, dass Verfügungen des Schuldners nur mit Zustimmung des vorläufigen Insolvenzverwalters wirksam sind (§ 21 Abs. 2 Nr. 2 Alt. 2 InsO), spricht die Praxis ausgehend von dessen begrenzter Rechtstellung von einem sogenannten schwachen vorläufigen Insolvenzverwalter. Weiterhin kann das Insolvenzgericht dem Schuldner ein allgemeines Verfügungsverbot auferle- *Anordnung von vorläufigen Sicherungsmaßnahmen* gen. In diesem Fall geht die Verwaltungs- und Verfügungsbefugnis über das schuldnerische Vermögen auf den vorläufigen Insolvenzverwalter über, der dadurch ein sogenannter starker vorläufiger Insolvenzverwalter wird. Das Insolvenzgericht kann ergänzend weitere Sicherungsmaßnahmen anordnen (§ 21 Abs. 2 InsO).

Eröffnungsvor-aussetzungen Ist der Insolvenzantrag zulässig, liegt ein Eröffnungsgrund vor und sind die Kosten des Insolvenzverfahrens gedeckt, wird das Insolvenzverfahren durch Eröffnungsbeschluss eingeleitet (§ 27 InsO). Mit der Eröffnung bestellt das Gericht einen Insolvenzverwalter und bestimmt im Eröffnungsbeschluss zugleich einen Berichtstermin, in dem der Insolvenzverwalter den Gläubigern über die wirtschaftliche Lage des Schuldners und deren Ursachen zu berichten hat. Zugleich wird ein Prüfungstermin für die von den Gläubigern anzumeldenden Forderungen anberaumt (§ 29 InsO). Liegt kein Eröffnungsgrund vor, was in der Praxis selten der Fall ist, wird der Insolvenzantrag als unbegründet abgewiesen. Liegen dagegen die Voraussetzungen für die Eröffnung des Insolvenzverfahrens mangels hinreichender Kostendeckung nicht vor, wird der Insolvenzantrag mangels Masse abgewiesen. In diesem Fall obliegt es dann den geschäftsführenden Organen, die Liquidation nach den einschlägigen gesellschaftsrechtlichen Vorschriften einzuleiten.

Übergang der Verwaltungs- und Verfügungs-befugnis Der Insolvenzverwalter nimmt zentrale Funktionen für die Verfahrensabwicklung wahr. So geht mit der Verfahrenseröffnung die Verwaltungs- und Verfügungsbefugnis über das zur Insolvenzmasse gehörende Vermögen auf ihn über (§ 80 Abs. 1 InsO). Er hat das gesamte zur Insolvenzmasse gehörende Vermögen in Besitz zu nehmen, zu verwalten (§ 148 InsO) und ein Verzeichnis der einzelnen Massegegenstände und aller ihm bekannten Gläubiger zu erstellen (§§ 151 ff. InsO). Der Insolvenzverwalter entscheidet über die Fortsetzung oder Beendigung der bei Insolvenzeröffnung kraft Gesetzes unterbrochenen (vgl. § 240 ZPO) schwebenden Aktivprozesse (§§ 85 ff. InsO) sowie die Fortsetzung noch nicht vollständig erfüllter gegenseitiger Verträge (§ 103 InsO). Zudem bestehen Sonderkündigungsrechte für Dauerschuldverhältnisse (§§ 103–119 InsO). Außerdem hat er Haftungsansprüche gegen Geschäftsführer (insbesondere wegen verbotener Auszahlungen nach Insolvenzreife gemäß § 64 GmbHG, § 92 AktG) und Gesellschafter sowie Insolvenzanfechtungsansprüche (§§ 129 ff. InsO) zu prüfen und im Falle ihres Bestehens durchzusetzen.

Entscheidung über Betriebs-fortführung Als Ausfluss der Gläubigerautonomie entscheidet die Gläubigerversammlung im Berichtstermin über die Stilllegung oder die weitere Fortführung des schuldnerischen Unternehmens. Eine solche Beschlussfassung kann faktisch nur dann erfolgen, wenn es dem Insolvenzverwalter zuvor gelungen ist, den Betrieb bis zur ersten Gläubigerversammlung fortzuführen, was bei stark defizitären Betrieben aufgrund der begrenzten liquiden Mittel oftmals nicht möglich ist. Nach dem Berichtstermin hat der Insolvenzverwalter das zur Insolvenzmasse gehörende Vermögen zu verwerten (§ 159 InsO). Dies kann im Wege einer Liquidation, einer sogenannten übertragenden Sanierung, also der Übertragung des Unternehmens in Form der Gesamtheit seiner Wirtschaftsgüter auf einen anderen Rechtsträger (Asset Deal) oder alternativ in Form einer Reorganisation des Rechtsträgers mittels Insolvenzplan erfolgen. Wenngleich der auf Erhalt des

Rechtsträgers gerichtete Insolvenzplan keine Verwertung darstellt, wird im Folgenden bei der Gegenüberstellung von Liquidation, übertragender Sanierung und Insolvenzplan der Begriff der Verwertungsalternativen verwendet.

Damit die Forderungen der Insolvenzgläubiger bei der Verteilung quotal berücksichtigt werden können, müssen die Gläubiger ihre (Insolvenz-)Forderungen beim Insolvenzverwalter zur Insolvenztabelle anmelden. Die Forderungen müssen vom Verwalter in die Insolvenztabelle eingetragen und ihrem Betrag und Rang nach festgestellt worden sein, um an der Verteilung teilzunehmen (§§ 174 ff. InsO). Eine angemeldete Forderung gilt als festgestellt, wenn sie im Prüfungstermin weder vom Insolvenzverwalter noch von einem anderen Gläubiger bestritten worden ist. Die Eintragung in die Tabelle wirkt für die festgestellte Forderung wie ein rechtskräftiges Urteil (§ 178 Abs. 3 InsO). Ist eine nicht titulierte Forderung bestritten worden, bleibt es dem Gläubiger überlassen, die Aufnahme zur Insolvenztabelle in einem Feststellungsprozess außerhalb des Insolvenzverfahrens geltend zu machen (§ 179 InsO).

Insolvenztabelle

Nach der Erlösverteilung wird der Schlusstermin anberaumt und vom Insolvenzgericht die Aufhebung des Insolvenzverfahrens beschlossen (§§ 196 ff. InsO). Mit der Aufhebung des Verfahrens erlöschen die Forderungen der Gläu-

Erlösverteilung und Schlusstermin

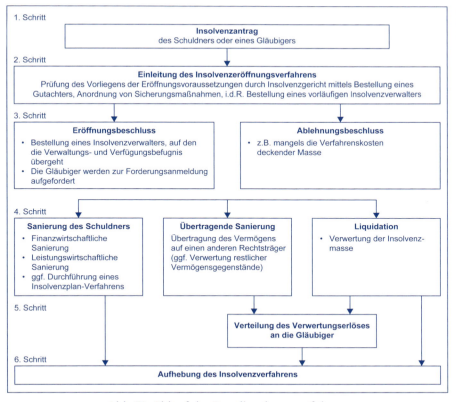

Ablauf des Regelinsolvenzverfahrens

Abb. 51: Ablauf des Regelinsolvenzverfahrens

biger in Höhe der ausgezahlten Quoten. Dagegen können die restlichen Forderungen gegen den Schuldner unbeschränkt weiter geltend gemacht werden (§ 201 InsO). Aufgrund der Löschung juristischer Personen spielt dies in der Praxis jedoch nur eine Rolle für natürliche Personen. Diese haben jedoch auf Antrag die Möglichkeit, nach Ablauf der grundsätzlich sechsjährigen Wohlverhaltensperiode Restschuldbefreiung zu erlangen.

14.2.2 Das Insolvenzeröffnungsverfahren

Insolvenzeröffnungsverfahren

Dem Insolvenzverfahren ist ein sogenanntes Insolvenzeröffnungsverfahren vorgeschaltet. Während des Insolvenzeröffnungsverfahrens wird regelmäßig durch den vom Insolvenzgericht bestellten Gutachter geprüft, ob einer der Insolvenzeröffnungsgründe vorliegt und genügend Insolvenzmasse vorhanden ist, um die Kosten des Insolvenzverfahrens zu decken. In der Praxis wird der Gutachter gleichzeitig zum schwachen vorläufigen Insolvenzverwalter und bei Verfahrenseröffnung zum Insolvenzverwalter bestellt.

Der Gutachter hat dem Insolvenzgericht unverzüglich mitzuteilen, wenn die Anordnung vorläufiger Sicherungsmaßnahmen, insbesondere die Anordnung der vorläufigen Insolvenzverwaltung zur Vermeidung von Vermögensnachteilen der späteren Insolvenzmasse geboten erscheint. Um die zur Gutachtenerstellung benötigten Unterlagen und Informationen zu erhalten, ist der Gutachter auf die Kooperation des Schuldners bzw. dessen Geschäftsführung angewiesen, die ihrerseits gesetzlich zur Auskunft und Mitwirkung verpflichtet sind (§ 97 InsO). Soweit die geschäftsführenden Organe ihren Auskunfts- und Mitwirkungspflichten nicht nachkommen, können diese auf Anregung des Gutachters zwangsweise durchgesetzt werden (§ 98 InsO).

14.2.2.1 Sicherungsmaßnahmen zur Sicherung der künftigen Insolvenzmasse

Im Eröffnungsverfahren hat das Insolvenzgericht alle Maßnahmen zu treffen, die erforderlich scheinen, um bis zur Entscheidung über den Antrag eine den Gläubigern nachteilige Veränderung in der Vermögenslage des Schuldners zu verhüten (§ 21 Abs. 1 S. 1 InsO). Diese Notwendigkeit besteht immer, wenn schnell und leicht zu veräußernde Vermögensgegenstände bekannt werden, deren Wert es zum Stichtag der Insolvenzeröffnung noch für die Gläubiger zu erhalten gilt. Für den Fall, dass der Insolvenzschuldner einen laufenden Geschäftsbetrieb unterhält, ordnen die Gerichte in aller Regel ohne weitere Anregung die vorläufige Insolvenzverwaltung an und bestellen den Gutachter zugleich zum vorläufigen Insolvenzverwalter. Sind die Schwellenwerte des § 22a InsO überschritten, hat das Insolvenzgericht einen vorläufigen Gläubigerausschuss zu bestellen und diesen bei der Auswahl des vorläufigen Insolvenzverwalters zu beteiligen.[7]

Sicherungsmaßnahmen

Bei der Auswahl der Sicherungsmaßnahmen hat das Insolvenzgericht im Interesse des Schuldners stets den Verhältnismäßigkeitsgrundsatz zu wahren. In aller Regel genügt die Bestellung eines vorläufigen Insolvenzverwalters mit

Zustimmungsvorbehalt (§ 21 Abs. 2 Nr. 2 Alt. 2 InsO), sogenannter schwacher vorläufiger Insolvenzverwalter. Soweit dies zur Sicherung der künftigen Insolvenzmasse nicht ausreichend erscheint, kann das Insolvenzgericht mittels sogenannter Einzelermächtigungen dem vorläufigen Insolvenzverwalter die Rechtsmacht einräumen, für bestimmte Rechtsgeschäfte in begrenztem Umfang Masseverbindlichkeiten zu begründen. Teilweise werden solche Einzelermächtigungen im jeweiligen Beschluss auch betragsmäßig begrenzt. Dies wird etwa für den Abschluss eines Darlehensvertrags zur Insolvenzgeldvorfinanzierung, echte und unechte Massedarlehen oder bestimmte, konkret bezeichnete Dauerschuldverhältnisse praktiziert. Soweit diese Maßnahmen nicht ausreichend erscheinen, kann das Insolvenzgericht auch einen starken vorläufigen Insolvenzverwalter bestellen und dem Schuldner ein allgemeines Veräußerungsverbot auferlegen (§ 21 Abs. 2 Nr. 2 Alt. 1 InsO). In diesem Fall geht die Verwaltungs- und Verfügungsbefugnis auf den starken vorläufigen Insolvenzverwalter über. Die von diesem begründeten Verbindlichkeiten haben nach Insolvenzeröffnung den Rang von Masseverbindlichkeiten (§ 55 Abs. 2 InsO).

Das Gesetz (§ 21 InsO) nennt noch weitere Sicherungsmaßnahmen. Regelmäßig ordnet das Insolvenzgericht auch an, dass Maßnahmen der Einzelzwangsvollstreckung gegen den Schuldner untersagt oder einstweilen eingestellt werden, soweit nicht unbewegliche Gegenstände betroffen sind (§ 21 Abs. 2 Nr. 3 InsO). Sofern aus- und absonderungsberechtigte Gläubiger damit drohen, bewegliche Gegenstände oder Forderungen bereits im Eröffnungsverfahren heraus zu verlangen oder zu verwerten, die zur Betriebsfortführung benötigt werden, kann das Gericht anordnen, dass diese Gegenstände zur Fortführung des schuldnerischen Unternehmens eingesetzt werden können, soweit sie hierfür von erheblicher Bedeutung sind (§ 21 Abs. 2 Nr. 5 InsO).

14.2.2.2 Insolvenzgeldvorfinanzierung

Einen wesentlichen Beitrag zur Betriebsfortführung im Eröffnungsverfahren bildet die Möglichkeit der sogenannten Insolvenzgeldvorfinanzierung. Nach den Vorschriften des SGB III sind Lohn- und Gehaltsansprüche der Arbeitnehmer eines insolventen Unternehmens für einen Zeitraum von maximal drei Monaten über das sogenannte Insolvenzgeld abgesichert. Das Insolvenzgeld wird erst nach Eröffnung des Insolvenzverfahrens oder Abweisung mangels Masse (= sog. Insolvenzereignis) durch die für die Arbeitnehmer zuständige Agentur für Arbeit ausgezahlt. Damit die Beschäftigten bereits im Insolvenzeröffnungsverfahren pünktlich ihre Löhne und Gehälter erhalten und nicht die Insolvenzeröffnung oder Abweisung mangels Masse abwarten müssen (§ 183 Abs. 1 SGB III), kann das Insolvenzgeld vorfinanziert werden.[8]

Insolvenzgeldvorfinanzierung

Bei der Vorfinanzierung des Insolvenzgelds nimmt das schuldnerische Unternehmen mit Zustimmung des vorläufigen Insolvenzverwalters bei einer Bank ein Darlehen i. H. d. Gesamtsumme der zum Antragsstichtag bereits aufgelaufenen und der im Eröffnungsverfahren voraussichtlich noch zu zahlenden Arbeitsentgelte auf. Hierfür ist die Zustimmung der Agentur für Arbeit (§ 188 Abs. 4 SGB III) erforderlich. Letztere erteilt diese, wenn der vorläufige Insolvenzverwalter begründete Aussichten darlegt, die für den voraussichtlichen Erhalt eines wesentlichen Teils der Arbeitsplätze und eine dauerhafte Fortführung des Unternehmens sprechen. Als Sicherheit für die finanzierende Bank treten die Arbeitnehmer dieser ihre Lohn- und Gehaltsansprüche und damit auch ihren hieran anknüpfenden Anspruch auf Insolvenzgeld als Lohnersatzleistung ab. Nach Eröffnung des Insolvenzverfahrens kann aufgrund der Abtretungen der Insolvenzgeldansprüche die Darlehenssumme mit den Mitteln der Bundesagentur für Arbeit zurückgezahlt werden. Lediglich die Zinsen und Kosten für die Vorfinanzierung belasten die Insolvenzmasse.

Voraussetzung der Insolvenzgeldvorfinanzierung

Eine Insolvenzgeldvorfinanzierung kommt dann in Betracht, wenn zum Zeitpunkt der Bestellung des vorläufigen Insolvenzverwalters nicht bereits drei oder mehr Monatsgehälter rückständig sind. Die Lohn- und Gehaltsansprüche gehen dann mit der Auszahlung des Insolvenzgelds kraft eines gesetzlichen Forderungsübergangs auf die Bundesagentur für Arbeit über. Deren Forderungen stellen aber im eröffneten Insolvenzverfahren nur Insolvenzforderungen dar (§ 55 Abs. 3 InsO). Dies führt zu einem positiven Liquiditätseffekt für die Insolvenzmasse.

Lohnersatzleistung

Das Insolvenzgeld ist als sogenannte Lohnersatzleistung nicht lohnsteuerpflichtig. Die Höhe des Insolvenzgelds berechnet sich nach dem Nettoarbeitsentgelt, das sich ergibt, wenn das auf die monatliche Beitragsbemessungsgrenze der Arbeitslosenversicherung begrenzte Bruttoarbeitsentgelt um die gesetzlichen Abzüge vermindert wird. Hierzu können unter bestimmten Voraussetzungen auch Sonderzahlungen, wie z. B. Weihnachtsgeld, zusätzliche Urlaubsgelder, Jubiläumszuwendungen und Provisionen, gehören (vgl. hierzu § 185 Abs. 1 SGB III). Die Beitragsbemessungsgrenze beträgt für das Jahr 2016 € 6.200,00 in den alten Bundesländern und € 5.400,00 in den neuen Bundesländern. Im Einzelfall kann es zur Vermeidung des Abwanderns von leitenden Mitarbeitern, die Gehälter oberhalb dieser Grenze beziehen, geboten sein, den über die Beitragsbemessungsgrenze hinausgehenden Anteil ihres Gehalts aus der (künftigen) Insolvenzmasse zu bezahlen.

14.2.2.3 Betriebsfortführung durch den vorläufigen Insolvenzverwalter

Zielsetzung der Betriebsfortführung im Eröffnungsverfahren

Sowohl eine übertragende Sanierung im eröffneten Insolvenzverfahren als auch ein Insolvenzplan unter Erhalt des Rechtsträgers setzen faktisch eine Betriebsfortführung im Eröffnungsverfahren voraus. In aller Regel können, aufgrund des positiven Liquiditätseffekts einer Insolvenzgeldvorfinanzierung, aus einer solchen Fortführung Liquiditätsüberschüsse erzielt werden, die der (späteren) Insolvenzmasse zufließen. Eine Betriebsfortführung im Eröffnungsverfahren sollte dagegen dann überdacht werden, wenn sie hohe Liquiditätsverluste erwarten lässt und zugleich keine greifbaren Sanierungsaussichten für das Unternehmen in einem eröffneten Verfahren bestehen.

Sicherstellung der zur Betriebsfortführung benötigten Liquidität

Bei Anordnung der vorläufigen Insolvenzverwaltung ist die zur Betriebsfortführung benötigte Liquidität vielfach nicht vorhanden. Dann ist der vorläufige Insolvenzverwalter auf die Unterstützung Dritter angewiesen, etwa in Form von Lieferantenkrediten oder Massedarlehen. Als „echte" Massedarlehen wird die in der Praxis seltene Ausreichung neuer liquider Darlehensmittel bezeichnet. Verbreiteter sind „unechte" Massedarlehen, die es dem vorläufigen Insolvenzverwalter erlauben, die zur Fortführung benötigte Liquidität aus der Verwertung von Sicherheiten, etwa dem Einzug global zedierter Forderungen oder dem Verkauf sicherungsübereigneter Waren gegen gleichzeitige Bestellung neuer Sicherheiten an neu entstehenden Gegenständen des Umlaufvermögens zu generieren. Solche Vereinbarungen werden teilweise auch als „Verwertungsvereinbarungen" bezeichnet. Vielfach enthalten sie auch Regelungen zur Abgrenzung der Rechte der Absonderungsberechtigten bzw. anteiligen Erlösverteilung an gesicherte Banken und Lieferanten, letztere teilweise vertreten durch einen Lieferantenpool. Der Zusammenschluss der Lieferanten zu einem Lieferantenpool erscheint immer dann sinnvoll, wenn die Lieferanten einzeln nicht in der Lage sind, die Reichweite ihrer verlängerten Eigentumsvorbehaltsrechte an den im Unternehmen befindlichen Waren in einer dem Bestimmtheitsgrundsatz Rechnung tragenden Art und Weise darzulegen und nachzuweisen. Lieferanten und Dienstleister machen ihre Weiterbelieferung nach Anordnung der vorläufigen Insolvenzverwaltung zudem meist von persönlichen Zahlungszusagen des vorläufigen Insolvenzverwalters abhängig. Diesen kommt nach der Rechtsprechung der Charakter selbstständiger Garantieerklärungen zu. Der vorläufige Insolvenzverwalter ist daher gehalten, anhand einer Liquiditätsplanung und durch geeignete Verhandlungen mit den jeweiligen Beteiligten, eine Ausgangslage zu schaffen, in der die durch die Betriebsfortführung entstehenden Betriebsausgaben gedeckt werden können und er die von ihm geforderten Zahlungszusagen abgeben kann.

Um die zur Fortführung benötigte Liquidität sicherzustellen, ist es für den vorläufigen Insolvenzverwalter daher erforderlich, sich einen schnellen Überblick über die rechtliche Ausgestaltung der Sicherheitenlage und die wirtschaftlichen Interessen der verschiedenen Geschäftspartner zu verschaffen und deren Bereitschaft, Finanzierungshilfen zur Verfügung zu stellen, richtig einzuschätzen.

14.2.3 Das eröffnete Insolvenzverfahren

14.2.3.1 Die Wirkungen der Insolvenzeröffnung

Sind die Voraussetzungen für die Verfahrenseröffnung gegeben, erlässt das Gericht einen Eröffnungsbeschluss (§27 InsO), bestellt den Insolvenzverwalter und bestimmt den allgemeinen Prüfungstermin. Im Eröffnungsbeschluss werden die Schuldner des Schuldners aufgefordert, nicht mehr an diesen, sondern an den Insolvenzverwalter zu leisten (§28 Abs. 3 InsO). Weiterhin werden die Gläubiger aufgefordert, ihre Forderungen innerhalb einer im Beschluss genannten Frist beim Insolvenzverwalter anzumelden (§28 InsO). Zudem werden die Gläubiger aufgefordert, unverzüglich mitzuteilen, welche Sicherungsrechte sie an den Vermögensgegenständen des Schuldners beanspruchen (§28 Abs. 2 InsO). Schließlich wird vom Gericht der Berichtstermin bestimmt, der mit dem Prüfungstermin verbunden werden kann (§29 Nr. 1 InsO).

Gerichtliche Entscheidung über die Verfahrenseröffnung

Mit der Verfahrenseröffnung geht die Befugnis, das zur Insolvenzmasse gehörende Vermögen zu verwalten und darüber zu verfügen, vom Schuldner auf

Übergang der Verwaltungs- und Verfügungsbefugnis

14 Die Insolvenz als Sanierungsinstrument

den Insolvenzverwalter über (§ 80 Abs. 1 InsO). Verfügungen des Schuldners nach der Verfahrenseröffnung sind grundsätzlich unwirksam (§ 81 Abs. 1 InsO).

Gleichmäßige Befriedigung und Verbot der Einzelzwangsvollstreckung

Die gleichmäßige Befriedigung aller Insolvenzgläubiger wird durch das Verbot der Einzelzwangsvollstreckung sichergestellt (§ 89 InsO). Arreste und Zwangsvollstreckungen zugunsten einzelner Gläubiger finden nunmehr weder in das zur Insolvenzmasse gehörende noch in das sonstige Vermögen des Schuldners statt. Die Insolvenzgläubiger können ihre Forderungen nach Verfahrenseröffnung nur noch nach den Vorschriften über das Insolvenzverfahren verfolgen (§ 87 InsO). Das bedeutet, dass anstelle von Leistungsklagen gegen den Schuldner nur noch Forderungsanmeldungen zur Insolvenztabelle möglich sind. Im Falle des Bestreitens durch den Insolvenzverwalter besteht die Möglichkeit, eine auf Feststellung zur Insolvenztabelle gerichtete Feststellungsklage zu erheben.

Ausschluss sonstigen Rechtserwerbs

Außerdem können nach Insolvenzeröffnung Rechte an den Gegenständen der Insolvenzmasse nicht mehr wirksam erworben werden, soweit sie zum Zeitpunkt der Verfahrenseröffnung noch nicht aus dem Vermögen des Schuldners ausgeschieden waren (§ 91 InsO). Dies gilt etwa für die Abtretung künftiger Forderungen, die erst mit dem Entstehen der Forderung wirksam wird.

Verwaltung und Verwertung der Insolvenzmasse

Nach Verfahrenseröffnung hat der Insolvenzverwalter die gesamte Insolvenzmasse in Besitz und Verwaltung zu nehmen (§ 148 Abs. 1 InsO). Er hat die Massegegenstände in ein Vermögensverzeichnis aufzunehmen. Gegenstände, die sich im Besitz des Schuldners befinden, kann der Insolvenzverwalter mittels einer vollstreckbaren Ausfertigung des Eröffnungsbeschlusses im Wege der Zwangsvollstreckung zwangsweise herausverlangen (§ 148 Abs. 2 InsO). Zur Insolvenzmasse zählt das gesamte Vermögen, das dem Schuldner zur Zeit der Verfahrenseröffnung gehörte und welches er während des Insolvenzverfahrens erlangt (sog. Neuvermögen).

Die Verwertung der zur Insolvenzmasse gehörenden Vermögensgegenstände schafft die Voraussetzung dafür, die zur Befriedigung der Insolvenzgläubiger benötigte Liquidität zu schaffen. Entscheidet sich die Gläubigerversammlung für die Verwertung des schuldnerischen Vermögens, ist der Insolvenzverwalter verpflichtet, die einzelnen Massegegenstände im bestmöglichen Gläubigerinteresse meistbietend zu verwerten und bei besonders bedeutsamen Verwertungsentscheidungen, insbesondere einer beabsichtigten Unternehmensveräußerung als Ganzes, die Zustimmung des Gläubigerausschusses bzw. der Gläubigerversammlung einzuholen (§ 160 Abs. 2 Nr. 1 InsO). Die Verwertung von beweglichen Sachen und Rechten kann durch den Insolvenzverwalter auch im Wege des freihändigen Verkaufs erfolgen.

14.2.3.2 Die unterschiedlichen Gläubigerkategorien

Einfache und nachrangige Insolvenzgläubiger

Insolvenzgläubiger sind diejenigen persönlichen Gläubiger, die einen zur Zeit der Verfahrenseröffnung begründeten Vermögensanspruch gegen den Schuldner haben (§ 38 InsO). Sogenannte nachrangige Insolvenzgläubiger sind dagegen Gläubiger, deren Befriedigung erst vorgesehen ist, nachdem sämtliche nicht nachrangigen Insolvenzgläubiger voll befriedigt worden sind.

Als nachrangige Insolvenzforderungen nennt das Gesetz zunächst folgende Forderungen:

- Die seit der Eröffnung des Insolvenzverfahrens laufenden Zinsen der Forderungen der Insolvenzgläubiger (§ 39 Abs. 1 Nr. 1 InsO);
- Die Kosten, die den einzelnen Insolvenzgläubigern durch ihre Teilnahme am Verfahren erwachsen (§ 39 Abs. 1 Nr. 2 InsO);
- Geldstrafen, Geldbußen, Ordnungsgelder und Zwangsgelder sowie solche Nebenfolgen einer Straftat oder Ordnungswidrigkeit, die zu einer Geldzahlung verpflichten (§ 39 Abs. 1 Nr. 3 InsO);
- Forderungen auf eine unentgeltliche Leistung des Schuldners (§ 39 Abs. 1 Nr. 4 InsO);
- Nach Maßgabe des § 39 Abs. 4 und 5 InsO Forderungen auf Rückgewähr eines Gesellschafterdarlehens oder Forderungen aus Rechtshandlungen, die einem solchen Darlehen wirtschaftlich entsprechen (§ 39 Abs. 1 Nr. 5 InsO).

Ferner gelten nach der Regelung auch solche Forderungen als nachrangig, für welche etwa durch einen qualifizierten Rangrücktritt ein entsprechender Nachrang vertraglich zwischen dem Gläubiger und dem schuldnerischen Rechtsträger vereinbart wurde (§ 39 Abs. 2 InsO).

Massegläubiger sind die Gläubiger der Kosten des Insolvenzverfahrens und der sonstigen Masseverbindlichkeiten. Masseschulden sind stets vorweg zu bedienen (§ 53 InsO). Reicht die Insolvenzmasse nicht zur Befriedigung der Massegläubiger aus, so werden deren Ansprüche nach einer speziellen Rangfolge berichtigt (§ 209 InsO). Das Gesetz unterscheidet zwischen Kosten des Insolvenzverfahrens (§ 54 InsO) und sonstigen Masseverbindlichkeiten (§ 55 InsO). Zu den sonstigen Masseverbindlichkeiten zählen:

Massegläubiger

- Verbindlichkeiten, die durch Handlungen des Insolvenzverwalters oder in anderer Weise durch die Verwaltung, Verwertung und Verteilung der Insolvenzmasse begründet wurden, ohne zu den Kosten des Insolvenzverfahrens zu gehören (§ 55 Abs. 1 Nr. 1 InsO);
- Verbindlichkeiten aus gegenseitigen Verträgen, soweit deren Erfüllung zur Insolvenzmasse verlangt wird oder für die Zeit nach Eröffnung des Insolvenzverfahrens erfolgen muss (§ 55 Abs. 1 Nr. 2 InsO);
- Verbindlichkeiten aus einer ungerechtfertigten Bereicherung der Masse (§ 55 Abs. 1 Nr. 3 InsO);
- Verbindlichkeiten, die von einem vorläufigen Insolvenzverwalter begründet worden sind, auf den die Verfügungsbefugnis über das Vermögen des Schuldners übergegangen ist (§ 55 Abs. 2 S. 1 InsO);
- Verbindlichkeiten aus einem Dauerschuldverhältnis, soweit der vorläufige Insolvenzverwalter, auf den die Verfügungsbefugnis über das Vermögen des Schuldners übergegangen ist, für das von ihm verwaltete Vermögen die Gegenleistung in Anspruch genommen hat (§ 55 Abs. 2 S. 2 InsO);
- Verbindlichkeiten des Insolvenzschuldners aus einem Steuerschuldverhältnis, die von einem vorläufigen Insolvenzverwalter oder vom Schuldner mit Zustimmung eines vorläufigen Insolvenzverwalters begründet worden sind (§ 55 Abs. 4 InsO);

14 Die Insolvenz als Sanierungsinstrument

- Verbindlichkeiten, die während des Insolvenzeröffnungsverfahrens begründet wurden, denen aufgrund gerichtlicher Anordnung nach Insolvenzeröffnung der Charakter von Masseschulden zukommt (§§ 270b Abs. 3, 55 Abs. 2 InsO).

Aussonderungsberechtigte Gläubiger Gläubiger, die aufgrund eines dinglichen oder persönlichen Rechts geltend machen können, dass ein Gegenstand nicht zur Insolvenzmasse gehört, sind keine Insolvenzgläubiger (§ 47 InsO). Gegenstände, an denen Aussonderungsrechte bestehen, können auch nach Verfahrenseröffnung nach den außerhalb des Insolvenzverfahrens geltenden Gesetzen heraus verlangt werden (§ 47 InsO). Gegenstände gehören insbesondere dann nicht zur Insolvenzmasse, wenn sie im Eigentum Dritter stehen. Im Falle des einfachen Eigentumsvorbehalts kann der Verkäufer in der Insolvenz des Käufers die Kaufgegenstände herausverlangen, wenn der Insolvenzverwalter den Kaufvertrag nicht erfüllen will und sich dahingehend erklärt hat (§§ 103, 107 Abs. 2 InsO). Unter die zur Aussonderung berechtigten persönlichen Ansprüche fallen aber auch die schuldrechtlichen Rückgabeansprüche des Leasinggebers, des Vermieters (§ 546 BGB), des Verpächters (§§ 581 Abs. 2, 546 BGB) oder des Verleihers (§ 604 Abs. 1 BGB).

Absonderungsberechtigte Gläubiger Ein Absonderungsrecht gibt dem Gläubiger das Recht, aus einem massezugehörigen Gegenstand vorzugsweise befriedigt zu werden. Dies bedeutet, dass der Absonderungsberechtigte aus dem Verwertungserlös dieses Gegenstands befriedigt wird. Ein bei der Verwertung erzielter Übererlös gebührt der Insolvenzmasse. Wird kein Übererlös erzielt, partizipiert die Insolvenzmasse bei der Verwertung beweglicher Gegenstände und dem Einzug von Forderungen ferner mit den gesetzlichen Feststellungs- und Verwertungskostenpauschalen (§ 171 InsO). Die vom Gesetzgeber anerkannten Absonderungsrechte sind in der Insolvenzordnung abschließend geregelt (§§ 49 bis 51 InsO) und können vertraglich nicht erweitert werden. In der überwiegenden Zahl der Insolvenzverfahren hat der Insolvenzverwalter die Absonderungsrechte der Banken auf der Grundlage ihrer Kreditsicherheiten, der Lieferanten aufgrund verlängerter Eigentumsvorbehalte und von Vermietern aufgrund des Vermieterpfandrechts zu beachten.

Absonderungsrechte an unbeweglichen Gegenständen Gläubiger, denen ein Recht auf Befriedigung aus Gegenständen zusteht, die der Zwangsvollstreckung in das unbewegliche Vermögen unterliegen, sind auch nach der Eröffnung des Insolvenzverfahrens zur abgesonderten Befriedigung nach Maßgabe der Gesetze über die Zwangsversteigerung und die Zwangsverwaltung berechtigt (§ 49 InsO).

Erfasste Gegenstände Gegenstand der abgesonderten Befriedigung können Grundstücke, grundstücksgleiche Rechte (Erbbaurecht, Gebäudeeigentum, Wohnungs- und Teileigentum, Bergwerkseigentum) bzw. Miteigentumsanteile daran sein. Ferner sind auch Luftfahrzeuge,[9] Schiffe und Schiffsbauwerke[10] erfasst. Zudem umfasst das Absonderungsrecht alle zum Haftungsverbund einer Hypothek oder Grundschuld gehörenden Gegenstände (vgl. §§ 1120 ff. BGB). Die Rangordnung der zur abgesonderten Befriedigung berechtigenden Rechte und Ansprüche ergeben sich aus den Regelungen des ZVG (vgl. § 10 ZVG).

14.2 Das Regelinsolvenzverfahren

Die Realisierung des Absonderungsrechts erfolgt durch Zwangsversteigerung und/oder Zwangsverwaltung, die – je nach Rangklasse – sowohl vor als auch nach der Eröffnung des Insolvenzverfahrens betrieben werden können.

Das Pfandrecht ist der „Prototyp" des Absonderungsrechts. Für das gesetzliche Pfandrecht des Vermieters oder Verpächters ordnet das Gesetz jedoch eine Beschränkung dahingehend an, dass es im Insolvenzverfahren wegen der Miete oder Pacht für eine frühere Zeit als die letzten zwölf Monate vor Verfahrenseröffnung sowie wegen einer Entschädigung, die infolge einer Kündigung des Insolvenzverwalters zu zahlen ist, nicht geltend gemacht werden kann. Zur Absonderung sind auch Sicherungseigentümer und Inhaber von zur Sicherheit abgetretenen Forderungen berechtigt. *(Absonderungsrechte von Pfandgläubigern und anderen Sicherungsgläubigern)*

Bei beweglichen Gegenständen, an denen Absonderungsrechte bestehen und die der Insolvenzverwalter in Besitz hat sowie bei zur Sicherung abgetretenen Forderungen liegt die Verwertungsbefugnis beim Insolvenzverwalter (§ 166 Abs. 1 und Abs. 2 InsO). Zur Verteilung des Erlöses sieht das Gesetz grundsätzlich vor, dass ein Kostenbeitrag in der Masse verbleibt. Der darüber hinausgehende Verwertungserlös ist dem absonderungsberechtigten Gläubiger unverzüglich nach der Verwertung vom Insolvenzverwalter auszuzahlen (§ 170 Abs. 1 InsO). In den anderen Fällen ist der absonderungsberechtigte Gläubiger selbst zur Verwertung berechtigt. Etwaige Übererlöse sind dann zur Insolvenzmasse abzuführen. *(Verwertungsbefugnis)*

Hinsichtlich der Höhe des Kostenbeitrags gilt, dass dem absonderungsberechtigten Gläubigern nur die tatsächlich entstandenen Kosten auferlegt werden sollen. Aus Gründen der Praktikabilität sind im Regelfall die gesetzlich vorgesehenen Kostenbeiträge anzusetzen (§ 171 Abs. 1 und 2 InsO). Die gesetzlichen Massekostenbeiträge betragen gemäß § 171 InsO 4,0 % des Bruttoverwertungserlöses für die Feststellung der Absonderungsrechte und 5,0 % des Bruttoverwertungserlöses für die Verwertung. Dieser Regelung liegt die gesetzgeberische Wertung zu Grunde, dass die Gesamtheit der ungesicherten Insolvenzgläubiger in einem gewissen Umfang auch an der Feststellung und Verwertung von Absonderungsgegenständen partizipieren soll. Nachdem Unternehmen in der Krise vielfach nahezu ihr gesamtes Vermögen als Kreditsicherheit einsetzen, ist dieses vielfach wertausschöpfend mit Absonderungsrechten belastet. Ohne die gesetzlichen Massekostenbeiträge gingen die ungesicherten Insolvenzgläubiger daher meist leer aus. *(Höhe der gesetzlichen Massekostenbeiträge)*

Die Feststellung der Absonderungsrechte durch den Insolvenzverwalter bereitet in der Praxis oft dann Schwierigkeiten, wenn an verschiedenen Vermögensgegenständen mehrere Absonderungsberechtigte in Betracht kommen und gleichzeitig Rechte geltend machen. Dies gilt z. B. für Waren, die unter Eigentumsvorbehalt geliefert und in die vom Schuldner gemieteten Räume verbracht wurden bei gleichzeitig bestehendem Raumsicherungsübereignungsvertrag. In solchen Fällen kollidieren mögliche Absonderungsrechte des Vermieters aus dem gesetzlichen Vermieterpfandrecht mit denen der Eigentumsvorbehaltslieferanten oder der gesicherten Bank. Im Falle kollidierender Sicherheitenrechte gilt zunächst das Prioritätsprinzip. Dieses wird jedoch überlagert von möglicherweise anfechtbaren Sicherheitenbestellungen (vgl. §§ 129 ff. InsO). *(Feststellungskonflikte in der Praxis)*

Hinsichtlich der Kosten der Verwertung sind allerdings die tatsächlich entstandenen Kosten maßgeblich, die im Einzelfall variieren können. Wenn der Insolvenzverwalter etwa die Verwertung dem Gläubiger überlässt, fallen bei der Insolvenzmasse keine Verwertungskosten an. In diesem Fall sind aus dem erzielten Verwertungserlös lediglich die Kosten der Feststellung vorweg an die Masse abzuführen (§ 170 Abs. 2 InsO). Die Berücksichtigung der tatsächlich entstandenen Kosten für die Verwertung setzt voraus, dass diese erheblich niedriger oder erheblich höher sind als die gesetzliche Verwertungskostenpauschale von 5,0 % (§ 171 Abs. 2 S. 2 InsO).

Vereinbarung höherer Massekostenbeiträge im Einzelfall

Es obliegt dem Verhandlungsgeschick des (vorläufigen) Insolvenzverwalters, mit den absonderungsberechtigten Gläubigern im Einzelfall höhere als die gesetzlichen Massekostenbeiträge zu vereinbaren. Dies kann auch den Interessen der absonderungsberechtigten Gläubiger entsprechen. Soweit der (vorläufige) Insolvenzverwalter für die Betriebsfortführung aus Liquiditätsgründen auf höhere Massekostenbeiträge angewiesen ist, haben die Absonderungsberechtigten jedenfalls dann ein Interesse daran, ihm diese in einer Verwertungsvereinbarung oder einem unechten Massedarlehen zur Verfügung zu stellen, wenn nur dadurch der Erhalt des Werts des Absonderungsguts möglich erscheint. Sicherungsübereignete Warenlager können in aller Regel nur in einem laufenden Geschäftsbetrieb zum Fortführungswert veräußert werden. Auch der Einzug global zedierter Forderungen setzt vielfach voraus, dass die mit den Abrechnungsbesonderheiten vertrauten Mitarbeiter des Schuldners weiter „an Bord" sind. Die Erfahrung zeigt, dass absonderungsberechtigte Gläubiger dann zu Zugeständnissen bereit sind, wenn der (vorläufige) Insolvenzverwalter anhand einer entsprechenden Planung Transparenz zu den vorhandenen Vermögenswerten und die für die Betriebsfortführung benötigten Massekostenbeiträge schafft.

Belastung des absonderungsberechtigten Gläubigers mit Umsatzsteuerverbindlichkeiten der Masse

Führt die Verwertung zu einer Belastung der Masse mit Umsatzsteuer, was bei der Veräußerung zur Sicherheit übertragener Sachen nach geltendem Umsatzsteuerrecht regelmäßig der Fall ist, wird der Umsatzsteuerbetrag den Gläubigern ebenfalls in Rechnung gestellt und vom Insolvenzverwalter direkt an das Finanzamt abgeführt.[11]

Verwertungsbefugnis für sonstige Rechte, an denen Absonderungsrechte bestehen

Die Insolvenzordnung enthält keine Regelung darüber, wem die Verwertungsbefugnis für alle sonstigen Rechte zusteht, die der Schuldner zur Sicherheit an einen Gläubiger übertragen oder verpfändet hat. Unter den Begriff der sonstigen Rechte fallen etwa Immaterialgüterrechte, Mitgliedschaftsrechte, Gesellschaftsanteile, Markenrechte, Patente, Urheberrechte usw. Die überwiegende Ansicht geht von einem Verwertungsrecht des Insolvenzverwalters jedenfalls dann aus, wenn diese Rechte der organisatorischen Einheit des schuldnerischen Unternehmens zuzuordnen sind, da andernfalls eine Fortführung und übertragende Sanierung durch den Insolvenzverwalter nicht denkbar sei.[12]

14.2.3.3 Forderungsprüfung und Feststellung

Forderungsanmeldung

Eine Befriedigung der Insolvenzgläubiger kann nur erfolgen, wenn deren Forderungen angemeldet und vom Insolvenzverwalter zur Insolvenztabelle festgestellt wurden (vgl. §§ 174–186 InsO).

Zur Forderungsanmeldung berechtigt sind Insolvenzgläubiger und absonderungsberechtigte Gläubiger, soweit ihnen der Schuldner auch persönlich haftet. Demgegenüber nehmen Massegläubiger und Aussonderungsberechtigte am Feststellungsverfahren nicht teil. Nachrangige Insolvenzgläubiger sind nur dann anmeldeberechtigt, wenn das Insolvenzgericht diese gesondert zur Anmeldung aufgefordert hat (§ 174 Abs. 3 InsO). Insolvenzgläubiger, die zur Aufrechnung mit vor Verfahrenseröffnung entstandenen Gegenforderungen berechtigt sind, nehmen gleichfalls nicht am Feststellungsverfahren teil.

Die Forderungsanmeldung hat beim Insolvenzverwalter zu erfolgen, dem die Führung der Insolvenztabelle obliegt (§ 174 Abs. 1, § 175 InsO). Die Forderungsanmeldung hat schriftlich zu erfolgen, eine Übermittlung per Telefax oder E-Mail ist möglich. Für die Übermittlung eines elektronischen Dokuments erfordert dies, dass der Insolvenzverwalter der Übermittlung elektronischer Dokumente zugestimmt hat (§ 174 Abs. 4 S. 1 InsO). In diesem Fall sollen die Urkunden, aus denen sich die Forderung ergibt, unverzüglich nachgereicht werden. Der Anmeldung sollen die Urkunden, aus denen sich die Forderung ergibt, in Abdruck beigefügt werden (§ 174 Abs. 1 S. 2 InsO). Urkunden in diesem Sinne sind alle Schriftstücke, die geeignet sind, den Beweis für das Bestehen der Forderung nach den zivilprozessualen Vorschriften zu erbringen, also z. B. Verträge, Abtretungserklärungen, Rechnungen, Schuldanerkenntnisse, Urteile, Vollstreckungsbescheide u. ä. *Form der Forderungsanmeldung*

Die Frist zur Anmeldung ergibt sich dabei aus dem öffentlich bekannt gemachten Insolvenzeröffnungsbeschluss. Sie wird unmittelbar vor Erlass des Eröffnungsbeschlusses durch das Insolvenzgericht festgelegt. Das Gesetz ordnet an, dass die Frist höchstens drei Monate betragen soll (§ 28 Abs. 1 S. 1 InsO). Bei dieser Frist handelt es sich nicht um eine Ausschlussfrist. Wird sie nicht eingehalten, kann die Anmeldung auch nach dem Prüfungstermin noch bis zum Schlusstermin erfolgen.[13] In diesem Fall hat das Insolvenzgericht einen nachträglichen Prüfungstermin anzuberaumen. Der verspätet anmeldende Gläubiger hat dann allerdings die für den nachträglichen Prüfungstermin anfallenden Gerichtskosten zu tragen.[14] *Frist für die Forderungsanmeldung*

Bei der Anmeldung sind der Grund und der Betrag der Forderung anzugeben sowie die Tatsachen, aus denen sich nach der Einschätzung des Gläubigers ergibt, dass ihr eine vorsätzlich begangene unerlaubte Handlung des Schuldners zu Grunde liegt (§ 174 Abs. 2 InsO). Letzterer spielt in Insolvenzverfahren juristischer Personen keine Rolle. In Insolvenzverfahren über das Vermögen natürlicher Personen sind Forderungen aus unerlaubten Handlungen nicht von der Restschuldbefreiung umfasst. Mit dem Grund der Forderung ist der Sachverhalt gemeint, aus dem die Forderung hergeleitet wird und sie ihre materielle Berechtigung erfährt.[15] *Inhalt der Forderungsanmeldung*

Durch die Anmeldung seiner Forderung nimmt der Insolvenzgläubiger am Verfahren teil. Zudem erwirbt er das Recht, andere Forderungen zu bestreiten. Darüber hinaus gewähren ihm festgestellte Forderungen ein Stimmrecht in der ersten Gläubigerversammlung (§ 77 Abs. 1 InsO). Zudem hemmt eine ordnungsgemäße, rechtzeitige und vollständige Forderungsanmeldung die Verjährung der Forderung (§ 204 Abs. 1 Nr. 10 BGB). Diese Hemmung dauert nach Beendigung des Insolvenzverfahrens sechs Monate fort (§ 204 Abs. 2 S. 1 BGB). *Wirkungen der Forderungsanmeldung*

14 Die Insolvenz als Sanierungsinstrument

Führung und Niederlegung der Insolvenztabelle

Die Insolvenztabelle ist die Grundlage des Prüfungstermins. Der Insolvenzverwalter hat die Tabelle zu führen und jede wirksam angemeldete Forderung in die Tabelle einzutragen (§ 175 Abs. 1 InsO). Zudem hat der Insolvenzverwalter die Tabelle mit den Anmeldungen und den dazu gehörigen Urkunden innerhalb des ersten Drittels des Zeitraums, der zwischen dem Ablauf der Anmeldefrist und dem Prüfungstermin liegt, in der Geschäftsstelle des Insolvenzgerichts zur Einsicht der Beteiligten niederzulegen (§ 175 Abs. 1 S. 2 InsO). Alle Verfahrensbeteiligten sind berechtigt, Einsicht in die Insolvenztabelle zu nehmen.

Forderungsprüfung im Prüfungstermin

Im Prüfungstermin im Rahmen einer Gläubigerversammlung werden die angemeldeten Forderungen ihrem Betrag und ihrem Rang nach geprüft (§ 176 S. 1 InsO). Die Forderungen, die vom Insolvenzverwalter, vom Schuldner oder von einem Insolvenzgläubiger bestritten werden, sind einzeln zu erörtern (§ 176 S. 2 InsO). Vielfach wird der Prüfungstermin mit dem Berichtstermin verbunden, in welchem auf der Grundlage eines Berichts des Insolvenzverwalters über den Fortgang des Insolvenzverfahrens entschieden wird (§ 29 Abs. 1 Nr. 1, Abs. 3 InsO). Der Prüfungstermin, den das Insolvenzgericht im Eröffnungsbeschluss festlegt, soll frühestens eine Woche und spätestens zwei Monate nach Ablauf der Frist zur Forderungsanmeldung stattfinden. Der Prüfungstermin ist ebenso wie der Berichtstermin nicht öffentlich.[16] Zur Teilnahme berechtigt sind der Insolvenzverwalter, die Mitglieder des Gläubigerausschusses, der Schuldner, die absonderungsberechtigten Gläubiger, denen der Schuldner persönlich haftet, und jeder Insolvenzgläubiger, der seine Forderung ordnungsgemäß angemeldet hatte. Teilnahmeberechtigt sind damit auch Insolvenzgläubiger, deren Forderungen vom Insolvenzverwalter bestritten wurden. Der Insolvenzverwalter hat grundsätzlich persönlich am Prüfungstermin teilzunehmen, da die Forderungsprüfung zu den Kernbereichen seiner Aufgaben gehört.[17]

Das Bestreiten des Insolvenzverwalters oder eines Gläubigers hat zur Folge, dass die Forderung nicht zur Tabelle festgestellt (§ 178 Abs. 1 InsO) und bei der späteren Verteilung nicht berücksichtigt wird (§ 189 Abs. 3 InsO). Für den Gläubiger, dessen Forderung bestritten wurde, besteht – will er an der Verteilung teilnehmen – die Möglichkeit eine Feststellungsklage zu erheben, die auf Feststellung seiner Forderung zur Insolvenztabelle gerichtet ist.

Demgegenüber hat das Bestreiten einer angemeldeten Forderung durch den Schuldner im Prüfungstermin nicht zur Folge, dass die Forderung nicht festgestellt wird (§ 178 Abs. 1 S. 2 InsO).

Wirkungen der Feststellung

Eine ordnungsgemäß angemeldete und vorgeprüfte Forderung gilt als festgestellt, wenn weder der Insolvenzverwalter noch ein Insolvenzgläubiger ihr im Prüfungstermin widerspricht oder ein erhobener Widerspruch beseitigt wird. Das Nichtbestreiten wirkt daher wie ein stillschweigendes Anerkenntnis. Der Tabelleneintrag für die festgestellten Forderungen wirkt gegenüber dem Insolvenzverwalter und allen Insolvenzgläubigern ihrem Betrag und ihrem Rang nach wie ein rechtskräftiges Urteil (§ 178 Abs. 3 InsO). Zwischen dem Insolvenzverwalter und allen Verfahrensbeteiligten steht dann fest, dass die angemeldete Forderung besteht. Die Forderung ist im Verteilungsverfahren vom Insolvenzverwalter daher entsprechend zu berücksichtigen.

14.2.3.4 Forderungseinzug und prozessuale Durchsetzung

Im Rahmen der Verwertung der Insolvenzmasse gehört auch der Einzug von Forderungen zu den zentralen Aufgaben des Insolvenzverwalters. Erlöse aus sicherungsabgetretenen Forderungen, die vor der Anordnung vorläufiger Sicherungsmaßnahmen entstanden sind, hat der Insolvenzverwalter mit den absonderungsberechtigten Sicherungsgläubigern abzurechnen. Erlöse aus Forderungen, die erst im Insolvenzeröffnungsverfahren und im eröffneten Insolvenzverfahren entstehen, stehen dagegen der freien Masse zu. Soweit die Drittschuldner unberechtigte Einwendungen gegen die Forderungen erheben, hat der Insolvenzverwalter die Forderungen gerichtlich durchzusetzen.

Forderungseinzug und prozessuale Durchsetzung

14.2.3.5 Durchsetzung von Organhaftungsansprüchen

Zu den Aufgaben des Insolvenzverwalters gehört auch die Durchsetzung von Haftungsansprüchen gegen geschäftsführende Organe. Das Gesellschaftsrecht (§ 64 GmbHG, § 92 Abs. 2 AktG) enthält nach Eintritt der Insolvenzreife Zahlungsverbote für die geschäftsführenden Organe. Dies gilt nicht für Zahlungen, die auch nach diesem Zeitpunkt mit der Sorgfalt eines ordentlichen und gewissenhaften Geschäftsleiters vereinbar sind. Für Zahlungen, die entgegen dieser Vorschriften nach Eintritt der Insolvenzreife aus dem Vermögen der Schuldnergesellschaft ausgeführt werden, haften die geschäftsführenden Organe persönlich. Der Bundesgerichtshof hat auch mehrfach entschieden, dass der Einzug von Forderungen einer insolvenzreifen GmbH auf ein debitorisches Konto grundsätzlich eine masseschmälernde Zahlung im Sinne des § 64 GmbHG darstellt, weil dadurch das Aktivvermögen der Gesellschaft zu Gunsten der Bank vermindert wird.[18] In seiner neueren Rechtsprechung hat der Bundesgerichtshof anerkannt, dass in zahlreichen Fällen unmittelbar mit einer Auszahlung verknüpfte Gegenleistungen an die Schuldnergesellschaft in der Form zu berücksichtigen sind, dass sie die Zahlungsverpflichtung des Geschäftsführers mindern.[19]

Durchsetzung von Organhaftungsansprüchen

14.2.3.6 Durchsetzung von Insolvenzanfechtungsansprüchen

Zudem gehört die Durchsetzung von Anfechtungsansprüchen zu den zentralen Aufgaben des Insolvenzverwalters. So hat er Rechtshandlungen anzufechten, die vor Verfahrenseröffnung vorgenommen wurden, die Insolvenzgläubiger benachteiligen und einen der Anfechtungstatbestände der §§ 130 ff. InsO erfüllen. Durch die Anfechtung erfolgt eine Vorverlegung der insolvenzrechtlichen Gläubigergleichbehandlung. Diese erfolgt durch Wiederherstellung des allen Gläubigern haftenden Schuldnervermögens durch Rückholung weggegebener Vermögenswerte sowie durch Befreiung der Masse von in missbilligenswerter Weise eingegangenen Verbindlichkeiten.[20] Zweck der Anfechtung ist dabei nur die Rückgängigmachung gläubigerbenachteiligender Rechtshandlungen, nicht dagegen, der Masse Vermögensvorteile zu verschaffen, die sie ohne die anfechtbare Rechtshandlung nicht erlangt hätte.[21]

Funktion und Zielsetzung der Insolvenzanfechtung

Eine vom Bundestag beschlossene Reform des Insolvenzanfechtungsrechts (BT-Drs. 18/11199) ist am 05.04.2017 in Kraft getreten, durch welche die Reichweite der Anfechtungsrechte des Insolvenzverwalters gegenüber der bisherigen

Reform des Insolvenzanfechtungsrechts

Rechtslage beschränkt wurde. Die zentrale Zielsetzung der Reform bestand darin, übermäßige Belastungen des Geschäftsverkehrs und von Arbeitnehmerinnen und Arbeitnehmern durch das Insolvenzanfechtungsrecht zu beseitigen. Der Reform war eine jahrelang intensiv geführte Diskussion vorangegangen. Mit Ausnahme der Vorschriften über den Eintritt des Zahlungsverzugs des Anfechtungsgegners gelten die Neuregelungen für alle Insolvenzverfahren, die nach dem Zeitpunkt des Inkrafttretens am 05.04.2017 eröffnet werden. Die Reform des Insolvenzanfechtungsrechts führt dazu, dass das Anfechtungsrisiko für Gläubiger, die ihre Forderung vom (späteren) Insolvenzschuldner als Vertragspartner vor Insolvenzantragstellung nach in der vereinbarten Art und Weise bezahlt bekommen haben, sich erheblich verringert. Vor allem Fallkonstellationen, in denen Vertragspartner Liquiditätshilfen und Zahlungserleichterungen (Ratenzahlungsvereinbarungen) gewähren, laufen nur noch in Ausnahmefällen Gefahr, die erhaltenen Zahlungen aufgrund einer Vorsatzanfechtung nach Insolvenzeröffnung zur Insolvenzmasse erstatten zu müssen. Eine Anfechtbarkeit ist in solchen Konstellationen jedoch nach wie vor gegeben, wenn ein Gläubigerbenachteiligungsvorsatz des Schuldners bei Abschluss oder Umsetzung der Vereinbarung besteht und für den Vertragspartner nachweislich erkennbar war.

Gläubigerbenachteiligung als grundlegende Voraussetzung

Die für alle Anfechtungstatbestände erforderliche Gläubigerbenachteiligung liegt nach der Rechtsprechung vor, wenn die (angefochtene) Rechtshandlung entweder die Schuldenmasse vermehrt oder die Aktivmasse verkürzt und dadurch den Zugriff auf das Schuldnervermögen vereitelt, erschwert oder verzögert, sich also die Befriedigungsmöglichkeiten der Insolvenzgläubiger ohne die Handlung bei wirtschaftlicher Betrachtungsweise günstiger gestaltet hätte.[22] Die weiteren Anfechtungsvoraussetzungen ergeben sich aus den jeweiligen Einzeltatbeständen (§§ 130 ff. InsO). Betroffen sind dabei Vermögenswerte, die aus dem Schuldnervermögen in zeitlicher Nähe zur Verfahrenseröffnung oder unter Umständen ausgeschieden sind, die es gerechtfertigt erscheinen lassen, diese Gegenstände haftungsrechtlich der Gesamtheit der Insolvenzgläubiger zur Befriedigung zuzuweisen.

Bargeschäfte

Eine Benachteiligung in diesem Sinne ist jedoch bei sog. Bargeschäften ausgeschlossen, bei denen der Schuldner für seine Leistung unmittelbar eine gleichwertige Gegenleistung erhält, soweit kein Fall vorsätzlicher Gläubigerbenachteiligung gegeben ist (§§ 142, 133 InsO).[23] Als Bargeschäfte gelten Geschäfte, bei denen in der Regel innerhalb von 30 Tagen die gegenseitigen Leistungen ausgetauscht worden sind.

Seit der Anfechtungsreform gelten hinsichtlich des Bargeschäfts folgende Änderungen: Bargeschäfte können nur noch angefochten werden, wenn der spätere Insolvenzschuldner unlauter handelte und dies dem Vertragspartner bekannt war. Nachdem es nach altem Recht auf eine solche „Unlauterbarkeit" nicht ankam, bleibt die Auslegung dieses Begriffs in der Praxis durch die Gerichte abzuwarten.

Arbeitnehmer werden durch eine weitere Neuregelung dadurch begünstigt, dass die für das Bargeschäft ansonsten anerkannte 30-Tages-Frist des Bargeschäfts für die Zeit zwischen Leistung und Gegenleistung auf drei Monate ausgedehnt wird. Darüber hinaus liegt für Arbeitnehmer ein Bargeschäft auch dann vor, wenn diese ihren Lohn bzw. ihr Gehalt nicht direkt von dem schuldnerischen Rechtsträger, sondern einem Dritten, etwa der Muttergesellschaft ihres Arbeitgebers erhalten haben.

In der sanierungsrechtlichen Praxis stellt sich vielfach die Frage nach der Anfechtung von Beraterhonoraren. Insbesondere Schuldner, die eine Eigenverwaltung oder ein Schutzschirmverfahren mit dem Ziel einer Eigensanierung durch einen Insolvenzplan einleiten, sind darauf angewiesen, qualifizierte Berater zu beauftragen. Beratungsbedarf besteht vielfach bei

Anfechtung von Beraterhonoraren

- der Insolvenzantragstellung,
- der Kommunikation mit wesentlichen Stakeholdern, dem vorläufigen Gläubigerausschuss und dem Insolvenzgericht,
- der Vorbereitung der Insolvenzgeldvorfinanzierung,
- der Beantragung von Einzelermächtigungen, Masseschulden zu begründen,
- der Prüfung von Aufrechnungslagen mit Blick auf insolvenzrechtliche Aufrechnungsverbote (§§ 94 ff. InsO) sowie
- bei Fragen der Abführung von Steuern und Sozialversicherungsbeiträgen.

Vielfach besteht bei Erbringung der Beratungsleistung bereits Zahlungsunfähigkeit, die dem Berater bekannt ist, sodass der Tatbestand des § 130 Abs. 1 Nr. 1 InsO erfüllt ist. Erfolgt die Zahlung erst nach dem Insolvenzantrag, ist der Tatbestand des § 130 Abs. 1 Nr. 2 InsO erfüllt. Allerdings kann der Berater einer solchen Anfechtung den Bargeschäftseinwand des § 142 InsO entgegenhalten. Danach ist die Anfechtung ausgeschlossen, wenn für die Leistung des Schuldners eine gleichwertige Gegenleistung in sein Vermögen gelangt ist. Die Rechtsprechung fordert hierfür eine Unmittelbarkeit, die grundsätzlich gegeben ist, wenn der Zeitraum zwischen Leistungserbringung und Zahlung 30 Tage nicht überschreitet.[24] Da ein Bargeschäft stets eine gleichwertige Gegenleistung erfordert, darf die Leistung des Beraters nicht unbrauchbar bzw. die Vergütung nicht unangemessen hoch sein.

Letzteres gilt auch für eine Anfechtbarkeit gemessen an § 133 InsO. Zwar kann der Bargeschäftseinwand einer vorsätzlichen Gläubigerbenachteiligung im Sinne des § 133 InsO nicht entgegengehalten werden. Es ist jedoch anerkannt, dass ein Gläubigerbenachteiligungsvorsatz des Schuldners nicht angenommen werden kann, wenn der Schuldner als kongruente Gegenleistung eine Beratung in Anspruch nimmt, die er zur Nutzung seiner Sanierungschancen innerhalb des gesetzlich vorgesehenen Rahmens benötigt, die auch den Gläubigern im Allgemeinen nutzt.[25] Beratungsdienstleistungen, die nach Insolvenzeröffnung gegenüber dem eigenverwaltenden Schuldner erbracht werden, sind Masseverbindlichkeiten und damit als solche von vorneherein dem Anwendungsbereich der Insolvenzanfechtung entzogen.

Sofern der Anfechtungsgegner die angefochtene Leistung zurückgewährt, lebt seine Forderung kraft Gesetzes rückwirkend wieder auf (§ 144 Abs. 1 InsO). Eine Gegenleistung ist, wenn sie noch unterscheidbar in der Insolvenzmasse vorhanden oder die Masse um ihren Wert bereichert ist, aus der Insolvenzmasse zu erstatten (§ 144 Abs. 2 InsO). Andernfalls kann der Anspruch des Anfechtungsgegners auf Wertersatz nur als einfache Insolvenzforderung geltend gemacht werden (§ 144 Abs. 2 S. 2 InsO).

Rückgewähranspruch des Anfechtungsgegners

Zu unterscheiden ist zwischen Anfechtungstatbeständen, die objektive und subjektive Voraussetzungen enthalten und solchen, die lediglich objektive Vo-

Objektive und subjektive Tatbestandsvoraussetzungen der einzelnen Anfechtungstatbestände

raussetzungen enthalten. Subjektive Voraussetzungen knüpfen an die Kenntnis der Zahlungsunfähigkeit bzw. des Eröffnungsantrags oder an die Kenntnis der Gläubigerbenachteiligung an.

Zu den Anfechtungstatbeständen, die objektive und subjektive Voraussetzungen enthalten, gehören die Tatbestände der sog. kongruenten Deckung bzw. inkongruenten Deckung (§§ 130, 131 InsO), welche die Anfechtbarkeit einer dem Gläubiger gebührenden bzw. nicht gebührenden Sicherung oder Befriedigung zum Gegenstand haben, die Anfechtbarkeit wegen unmittelbar nachteiliger Rechtshandlungen (§ 132 InsO) sowie die Anfechtbarkeit vorsätzlich benachteiligender Rechtshandlungen (§ 133 InsO). Demgegenüber zählen zu den rein objektiven Anfechtungstatbeständen die Anfechtbarkeit unentgeltlicher Leistungen (§ 134 InsO) und die Anfechtbarkeit der Rückzahlung von Gesellschafterdarlehen (§ 135 InsO).

Anfechtbarkeit kongruenter Deckungen

- **Anfechtbarkeit kongruenter Deckungen**

Als kongruente Deckung ist eine Rechtshandlung anfechtbar, die einem Insolvenzgläubiger eine Sicherung oder Befriedigung gewährt oder ermöglicht hat,

1. wenn sie in den letzten drei Monaten vor dem Insolvenzantrag vorgenommen worden ist, wenn zur Zeit der Handlung der Schuldner zahlungsunfähig war und wenn der Gläubiger zu dieser Zeit die Zahlungsunfähigkeit kannte oder
2. wenn sie nach dem Insolvenzantrag vorgenommen worden ist und wenn der Gläubiger zur Zeit der Handlung die Zahlungsunfähigkeit oder den Eröffnungsantrag kannte (vgl. § 130 InsO).

Der Gläubiger, der eine vertraglich geschuldete Leistung zur rechten Zeit in der rechten Weise erhält, darf nach der gesetzgeberischen Intention nur ausnahmsweise dann nicht darauf vertrauen, dass er die ihm zustehende Leistung behalten darf, wenn er bei ihrer Entgegennahme Kenntnis von der Zahlungsunfähigkeit hatte.

Anfechtbarkeit inkongruenter Deckungen

- **Anfechtbarkeit inkongruenter Deckungen**

Als inkongruente Deckung ist eine Rechtshandlung anfechtbar, die einem Insolvenzgläubiger eine Sicherung oder Befriedigung gewährt oder ermöglicht hat, die er nicht oder nicht in der Art oder nicht zu der Zeit zu beanspruchen hatte,

1. wenn die Handlung im letzten Monat vor einem Insolvenzantrag oder nach dem Insolvenzantrag vorgenommen worden ist,
2. wenn die Handlung innerhalb des zweiten oder dritten Monats vor dem Insolvenzantrag vorgenommen worden ist und der Schuldner zur Zeit der Handlung zahlungsunfähig war oder
3. wenn die Handlung innerhalb des zweiten oder dritten Monats vor dem Insolvenzantrag vorgenommen worden ist und dem Gläubiger zur Zeit der Handlung bekannt war, dass sie die Insolvenzgläubiger benachteiligte (§ 131 InsO).

Im Rahmen der Anfechtbarkeit von Rechtshandlungen wegen inkongruenter Deckung nach § 131 Abs. 1 Nr. 1 und 2 InsO wird auf das Vorliegen subjektiver

Voraussetzungen in der Person des Anfechtungsgegners verzichtet. Dies findet seine Ursache in der besonderen Verdächtigkeit inkongruenten Erwerbs, der dann gegeben ist, wenn ihn der Gläubiger nicht in dieser Art oder nicht zu diesem Zeitpunkt beanspruchen konnte.[26] Eine inkongruente Deckung ist insbesondere gegeben, wenn sich ein Gläubiger in der Krise von dem Schuldner einen Vorschuss auf eine nicht fällige Forderung geben lässt[27] oder wenn der Schuldner seinem Gläubiger kurz vor Zahlungseinstellung anstelle der geschuldeten Zahlung eine Forderung gegen einen Dritten abtritt. Außerdem sind Zwangsvollstreckungshandlungen innerhalb der Drei-Monatsfrist vor dem Insolvenzantrag nach der Rechtsprechung als inkongruente Deckungen anfechtbar.[28]

Ein vor Inkrafttreten der Anfechtungsreform während des Gesetzgebungsverfahrens von der Bundesregierung vorgeschlagenes sogenanntes Fiskusprivileg wurde vom Bundestag letztlich nicht übernommen, nachdem zahlreiche Experten sich aus Gründen der Gläubigergleichbehandlung gegen diesen Vorschlag ausgesprochen hatten. Er sah vor, dass Zahlungen, die ein späterer Insolvenzschuldner aufgrund eines Zwangsvollstreckungstitels geleistet hatte, nicht mehr ohne weiteres als inkongruente Deckung anfechtbar sein sollte. In der Praxis hätte eine solche Neuregelung zu einer Privilegierung des Fiskus geführt, da dieser durch Zahlungsbescheide im Gegensatz zu anderen Gläubigern eigenständig Vollstreckungstitel schaffen und aus ihnen vollstrecken kann. Im Ergebnis werden auch seit dem Inkrafttreten der Anfechtungsreform Gläubiger, die Zahlungen aufgrund von Vollstreckungstiteln erhalten haben nicht besser gestellt als nach altem Recht.

- **Anfechtbarkeit unmittelbar benachteiligender Rechtshandlungen**

Die Anfechtung unmittelbar benachteiligender Rechtshandlungen bildet einen Auffangtatbestand für Rechtsgeschäfte des Schuldners, die nicht unter die Deckungsanfechtung fallen. Er richtet sich vor allem gegen das Begründen von Verbindlichkeiten zugunsten Einzelner in der Krise, denen keine angemessene Gegenleistung gegenüber steht. Danach ist ein Rechtsgeschäft des Schuldners anfechtbar, das die Insolvenzgläubiger unmittelbar benachteiligt,

1. wenn es in den letzten drei Monaten vor dem Insolvenzantrag vorgenommen worden ist, wenn zur Zeit des Rechtsgeschäfts der Schuldner zahlungsunfähig war und der andere Teil zu dieser Zeit die Zahlungsunfähigkeit kannte oder
2. wenn es nach dem Eröffnungsantrag vorgenommen worden ist und wenn der andere Teil zur Zeit des Rechtsgeschäfts die Zahlungsunfähigkeit oder den Eröffnungsantrag kannte (§ 132 InsO).

- **Die Anfechtung wegen vorsätzlicher Gläubigerbenachteiligung**

Die Rechtsmacht des Insolvenzverwalters, Rechtshandlungen wegen vorsätzlicher Gläubigerbenachteiligung anzufechten anzufechten, wurden durch die folgende Neufassung des § 133 InsO mit Inkrafttreten der Reform am 05.04.2017 erheblich beschränkt:

„Anfechtbar ist eine Rechtshandlung, die der Schuldner in den letzten zehn Jahren vor dem Insolvenzantrag oder nach diesem Antrag mit dem Vorsatz, seine Gläubiger zu benachteiligen, vorgenommen hat, wenn der andere Teil zur Zeit der Handlung den

> *Vorsatz des Gläubigers kannte (§ 133 Abs. 1 S. 1 InsO). Diese Kenntnis wird vermutet, wenn der andere Teil wusste, dass die Zahlungsunfähigkeit des Schuldners drohte und dass die Handlung die Gläubiger benachteiligte (§ 133 Abs. 1 S. 2 InsO). Hat die Rechtshandlung dem anderen Teil eine Sicherung oder Befriedigung gewährt oder ermöglicht, beträgt der Zeitraum nach Absatz 1 Satz 1 vier Jahre. Hat die Rechtshandlung dem anderen Teil eine Sicherung oder Befriedigung gewährt oder ermöglicht, welche dieser in der Art und zu der Zeit beanspruchen konnte, tritt an die Stelle der drohenden Zahlungsunfähigkeit des Schuldners nach Absatz 1 Satz 1 die eingetretene. Hatte der andere Teil mit dem Schuldner eine Zahlungsvereinbarung getroffen oder diesem in sonstiger Weise eine Zahlungserleichterung gewährt, wird vermutet, dass er zur Zeit der Handlung die Zahlungsunfähigkeit des Schuldners nicht kannte."*

Die maximale Anfechtungsfrist von ehemals zehn Jahren wurde für die meisten Fälle auf vier Jahre reduziert. Die Reduzierung auf vier Jahre greift immer dann ein, wenn die Rechtshandlung des (späteren) Insolvenzschuldners eine Forderung des anderen Vertragsteils auf Sicherung oder Befriedigung erfüllte. Hiervon sind alle Fälle des Austauschs von Leistungen umfasst, bei denen der Gläubiger einen Anspruch gegen den späteren Schuldner hatte. Zugleich wurden die Beweisanforderungen für den Insolvenzverwalter bei der Vorsatzanfechtung erheblich verschärft. Bei kongruenten Rechtsgeschäften obliegt dem Insolvenzverwalter die Beweislast dafür, dass der Anfechtungsgegner eine tatsächlich eingetretene Zahlungsunfähigkeit zum Zeitpunkt der Vornahme der angefochtenen Rechtshandlung kannte. Für Ratenzahlungsvereinbarung gilt entgegen der ehemaligen Rechtsprechung eine widerlegbare gesetzliche Vermutung, wonach der Vertragspartner die Zahlungsunfähigkeit nicht kannte.

Anfechtung von Zahlungen aufgrund von Vergleichsvereinbarungen nach Vorlage eines schlüssigen Sanierungskonzepts nach § 133 InsO

In seiner jüngeren Rechtsprechung hat der Bundesgerichtshof[29] klargestellt, unter welchen Voraussetzungen der Empfänger von Zahlungen aus einem Vergleich in Kenntnis der Krisensituation, eine gegen ihn gerichtete Anfechtung gemäß § 133 InsO erfolgreich abwehren kann. Eine Anfechtung nach dieser Vorschrift setzt die Kenntnis des Anfechtungsgegners vom Benachteiligungsvorsatz des Schuldners voraus. Gemäß § 133 Abs. 1 S. 2 InsO wird eine solche Kenntnis (widerlegbar) vermutet, wenn der Anfechtungsgegner wusste, dass die Zahlungsunfähigkeit drohte und dass die Handlung die Gläubiger benachteiligte. Der BGH hat bereits in seiner bisherigen Praxis anerkannt, dass die Kenntnis von der (drohenden) Zahlungsunfähigkeit ihre Bedeutung als Beweisanzeichen für den Benachteiligungsvorsatz des Schuldners und die Kenntnis des Gläubigers hiervon verlieren kann, wenn die angefochtene Rechtshandlung Bestandteil eines ernsthaften, letztlich aber fehlgeschlagenen Sanierungsversuchs ist. Denn in diesem Fall ist die Rechtshandlung von einem anfechtungsrechtlich unbedenklichen Willen geleitet und das Bewusstsein der Benachteiligung anderer Gläubiger tritt in den Hintergrund. Der BGH hat die Anforderungen an den Sanierungsversuch und das hierzu vorgelegte Sanierungskonzept konkretisiert und hierzu folgende Grundsätze aufgestellt:

Vom Schuldner zu erfüllende Voraussetzungen

Voraussetzung ist auf Schuldnerseite, dass zu der Zeit der angefochtenen Handlung ein schlüssiges, von den tatsächlichen Gegebenheiten ausgehendes Sanierungskonzept vorlag, das mindestens in den Anfängen schon in die Tat umgesetzt war und die ernsthafte und begründete Aussicht auf Erfolg rechtfertigte.[30]

14.2 Das Regelinsolvenzverfahren

Sowohl für die Frage der Erkennbarkeit der Ausgangslage als auch für die Prognose der Durchführbarkeit ist auf die Beurteilung eines unvoreingenommenen branchenkundigen Fachmanns abzustellen, dem die üblichen Buchhaltungsunterlagen zeitnah vorliegen. Bei einem Sanierungsvergleich muss zumindest die Art und Höhe der Verbindlichkeiten, die Art und Zahl der Gläubiger und die zur Sanierung erforderlichen Quote des Erlasses der Forderungen festgestellt werden. Da eine Zustimmung aller Gläubiger regelmäßig nicht zu erreichen ist, muss eine Zustimmungsquote nach Schuldenstand festgelegt werden, ggf. für unterschiedliche Arten von Gläubigergruppen, sowie die Behandlung nicht verzichtender Gläubiger. Ggf. sind Art und Höhe einzuwerbenden frischen Kapitals darzustellen sowie die Chance, dieses tatsächlich zu gewinnen.

Ein Sanierungsplan, der zu einer Verneinung des Gläubigerbenachteiligungsvorsatzes des Insolvenzschuldners führt, muss dagegen nicht bestimmten formalen Erfordernissen entsprechen, wie sie etwa das Institut für Wirtschaftsprüfer e.V. in dem IDW S 6 oder das Institut für die Standardisierung von Unternehmenssanierungen (ISU) als Mindestanforderungen an Sanierungskonzepte (MaS) aufgestellt haben. Die Einhaltung der dort für erforderlich gehaltenen Voraussetzungen mag für eine erfolgreiche Sanierung i.d.R. eine positive Prognose ermöglichen. Sie ist aber nicht zwingend erforderlich und vor allem bei kleinen Unternehmen nicht immer in vollem Umfang geboten. Auch dort muss jedoch der wirtschaftliche Lage des Schuldners im Rahmen seiner Wirtschaftsbranche analysiert und die Krisenursachen sowie die Vermögens-, Ertrags- und Finanzlage erfasst werden.

Hinsichtlich der Kenntnis vom Vorliegen der Voraussetzungen eines ernsthaften Sanierungsversuchs sind allerdings nicht dieselben Anforderungen zu stellen, wie sie für den Schuldner oder dessen Geschäftsführer gelten. Der Anfechtungsgegner muss aber konkrete Umstände darlegen und beweisen, die es naheliegend erscheinen lassen, dass ihm im Hinblick auf den Sanierungsversuch der (hier unterstellte) Gläubigerbenachteiligungsvorsatz des Schuldners unbekannt geblieben war.

Vom Anfechtungsgegner zu erfüllende Voraussetzungen

Der Gläubiger ist hinsichtlich eines ernsthaften Sanierungsversuchs i.d.R. auf die Informationen angewiesen, die ihm der Schuldner zur Verfügung stellt. Auf die Erteilung der erforderlichen Informationen muss der Gläubiger im Vorfeld einer Sanierungsvereinbarung im eigenen Interesse bestehen. Verzichtet er hierauf, handelt er mit Anfechtungsrisiko.

Für die Vorsatzanfechtung nach §133 Abs.1 InsO genügt eine mittelbare Gläubigerbenachteiligung. Der Benachteiligungsvorsatz muss sich zwar gerade auf Gläubiger beziehen, unerheblich ist aber, ob diese Gläubiger bereits vorhanden sind. Deshalb ist die Anfechtung gem. §133 Abs.1 InsO auch in Bezug auf im Zeitpunkt der angefochtenen Rechtshandlung noch künftige Gläubiger möglich. Wird durch einen Sanierungsplan lediglich der gegenwärtige Schuldenstand durch quotalen Verzicht aller oder einiger Gläubiger reduziert, ist aber absehbar, dass künftige neue Gläubiger mangels kostendeckender Arbeit des Schuldnerunternehmens wiederum nicht befriedigt werden können, bleibt es bei der Kenntnis vom Gläubigerbenachteiligungsvorsatz. Das bedeutet nicht, dass ein Sanierungskonzept ohne jegliches Risiko sein muss. Eine positive

Mittelbare Gläubigerbenachteiligung

14 Die Insolvenz als Sanierungsinstrument

Prognose genügt, muss aber nachvollziehbar und vertretbar erscheinen. Es muss damit gerechnet werden können, dass mit dem Sanierungsplan die Wiederherstellung der uneingeschränkten Zahlungsfähigkeit erfolgt. Ist dies nicht gewährleistet und müssen deshalb der Schuldner und die Gläubiger davon ausgehen, dass die Finanzierung des Unternehmens auch künftig nicht stabil ist, sondern dass die bei Unternehmensfortführung zu verdienenden Gelder weiterhin nicht ausreichen werden, um die anfallenden Kosten zu decken, ist der (erneute) Zusammenbruch des Unternehmens bereits absehbar.

Dass der Sanierungserfolg mit einem reinen Quotenvergleich der Gläubiger herbeigeführt werden kann, ist jedoch ungewöhnlich. Hiervon kann der Gläubiger eines zahlungsunfähigen Schuldners nur ausgehen, wenn ihm derartige besondere Umstände vom Schuldner oder dessen Beratern schlüssig dargelegt worden sind. Beruht die Insolvenz des Schuldners nicht lediglich auf dem Ausfall berechtigter Forderungen, sondern - wie im Regelfall - vor allem auf dem dauerhaft unwirtschaftlichen Betrieb des Unternehmens, kann ein Gläubiger von einem erfolgversprechenden Sanierungskonzept nur ausgehen, wenn vom Schuldner oder dessen Beratern zumindest die Grundlagen einer weitergehenden Sanierung schlüssig dargelegt wurden.

Grundlagen einer weitergehenden Sanierung

Erforderlich ist die Darlegung der Ursache der drohenden Insolvenz, insbesondere ob diese lediglich aus Problemen auf der Finanzierungsseite resultiert, oder ob der Betrieb unwirtschaftlich, insbesondere nicht kostendeckend oder sonst mit Verlusten arbeitet. Details müssen den Gläubigern nicht mitgeteilt werden. Diese müssen aber zumindest erkennen können, ob zur Sanierung ein Forderungsverzicht der Gläubiger ausreichend ist, oder ob Umstrukturierungsmaßnahmen erforderlich sind. Von einem erfolgversprechenden Sanierungsplan kann der Gläubiger nicht ausgehen, wenn er keine Kenntnis von den Ursachen der drohenden Insolvenz sowie den Gründen für eine positive Fortführungsprognose hat. Die Reduzierung allein der Schulden durch (Teil-)Verzicht der Gläubiger ist für eine Sanierung i.d.R. nicht erfolgversprechend, wenn dadurch die Ursachen der Krise nicht beseitigt werden und in der Zukunft unverändert fortwirken würden. Ihre Beseitigung ist die Grundlage jeder erfolgversprechenden Sanierung, sofern die Krise, wie ausgeführt, nicht ausnahmsweise lediglich auf einem Zahlungsausfall beruht.

> **Praxistipp:**
>
> Gläubiger, die von Krisenunternehmen unter Darlegung der Krisensituation gebeten werden, gegen Vergleichszahlungen Teilverzichte auszusprechen, sollten sich die Grundzüge eines beabsichtigten Sanierungskonzepts darlegen lassen und die Ihnen überlassenen Informationen kritisch hinterfragen. Zu Gunsten der Gläubiger hat der BGH klargestellt, dass das Sanierungskonzept nicht den Voraussetzungen entsprechen muss, die für die geschäftsführenden Organe des Schuldnerunternehmens gelten. Es muss nicht den Vorgaben des IDW S 6 entsprechen. Der Gläubiger darf auch auf die inhaltliche Richtigkeit der ihm vom Schuldnerunternehmen erteilten Angaben vertrauen, wenn diese keine Widersprüche enthalten. Der Gläubiger kann sich aber nur dann entlasten, wenn er geprüft hat, ob die beabsichtigten Sanierungsmaßnahmen geeignet sind, die Krise nachhaltig zu beseitigen. Stets erforderlich sind Angaben zur Höhe der Gesamtverbindlich

> keiten, der Zahl der Gläubiger und zur Krisenursache. Sollte die Krisenursache nicht alleine in einem Problem auf Finanzierungsseite, etwa verursacht durch einen einmaligen Forderungsausfall, resultieren, sondern auf einer defizitären Geschäftsentwicklung beruhen, sollte der Gläubiger sich auch darlegen lassen, welche Maßnahmen beabsichtigt sind, um das Auflaufen weiterer Verluste künftig zu beenden.

- **Die Anfechtbarkeit unentgeltlicher Leistungen**

Ein weiterer Anfechtungstatbestand knüpft an unentgeltliche Leistungen des Schuldners an. Danach ist eine unentgeltliche Leistung des Schuldners anfechtbar, es sei denn, sie ist früher als vier Jahre vor dem Insolvenzantrag vorgenommen worden (§ 134 InsO).

Anfechtbarkeit unentgeltlicher Leistungen

- **Die Anfechtbarkeit der Rückzahlung von Gesellschafterdarlehen und der Bestellung von Sicherheiten an Gesellschafter**

Für Gesellschafterdarlehen und Gesellschaftersicherheiten hat der Gesetzgeber einen weiteren Anfechtungstatbestand geschaffen und diese damit dem Anwendungsbereich der ehemals von der Rechtsprechung entwickelten Grundsätze des sog. Eigenkapitalersatzrechts entzogen.

Anfechtung von Gesellschafterdarlehen und Gesellschaftersicherheiten

Anfechtbar ist danach eine Rechtshandlung, die für die Forderung eines Gesellschafters auf Rückgewähr eines Gesellschafterdarlehens oder für eine gleichgestellte Forderung

1. Sicherung gewährt hat, wenn die Handlung in den letzten zehn Jahren vor dem Insolvenzantrag oder nach diesem Antrag vorgenommen worden ist, oder
2. Befriedigung gewährt hat, wenn die Handlung im letzten Jahr vor dem Insolvenzantrag vorgenommen worden ist (§ 135 Abs. 1 InsO).

Ein weiterer in der Praxis häufig anzutreffender Anfechtungstatbestand betrifft gesellschafterbesicherte Drittdarlehen. Anfechtbar ist danach eine Rechtshandlung, mit der eine Gesellschaft einem Dritten für eine Forderung auf Rückgewähr eines Darlehens oder einer gleichgestellten Leistung innerhalb eines Jahres vor dem Insolvenzantrag Befriedigung gewährt hat, wenn ein Gesellschafter für die Forderung eine Sicherheit bestellt hatte oder als Bürge haftete (§ 135 Abs. 2 InsO). Rechtsfolge der Anfechtung ist, dass der Gesellschafter einen Betrag in der Höhe zu erstatten hat, in welcher er aufgrund der Zahlungen aus Gesellschaftsmitteln von seiner eigenen Bürgschaftsverpflichtung frei wurde (§ 143 Abs. 2 InsO).

Sonderfall: Gesellschafterbesicherte Drittdarlehen

Dieser Anfechtungstatbestand ist besonders praxisrelevant, da die Darlehen eines Krisenunternehmens vielfach neben Sicherheiten aus dem eigenen Vermögen auch durch Sicherheiten aus dem Gesellschaftervermögen besichert werden.

- **Verzugszinsen**

Seit Inkrafttreten der Reform am 05.04.2017 können Insolvenzverwalter auf Anfechtungsansprüche nur noch Zinsen ab dem Zeitpunkt verlangen, ab dem der Anfechtungsgegner sich tatsächlich nach den Vorschriften des Bürgerlichen

Verzugszinsen seit Inkrafttreten der Reform des Anfechtungsrechts

Gesetzbuchs in Zahlungsverzug befindet. Hierdurch sollen Anreize für Insolvenzverwalter verhindert werden, Insolvenzanfechtungsansprüche erst spät geltend zu machen, um hierdurch höhere Verzugszinsen für die Masse zu vereinnahmen. Aufgrund einer Überleitungsvorschrift (Art. 103j EGInsO) gilt die neue Verzinsungsregelung seit dem Inkrafttreten des Gesetzes am 05.04.2017 auch für Altfälle, also auch für Insolvenzverfahren, die vor Inkrafttreten der Reform eröffnet wurden. Demgegenüber sah das ehemalige Anfechtungsrecht vor Inkrafttreten der Reform vor, dass Verzugszinsen ab der Eröffnung des Insolvenzverfahrens auflaufen.

14.2.3.7 Vermögensverwertung durch übertragende Sanierung

Die sog. übertragende Sanierung als Verkauf der zum (Teil-)Geschäftsbetrieb gehörenden Vermögensgegenstände

Die Veräußerung des Geschäftsbetriebs und der dazu gehörigen Aktiva des insolventen Unternehmens als rechtliche und betriebsorganisatorische Einheit im Wege eines Asset Deals stellt eine Alternative zu der ansonsten drohenden Liquidation dar. Sie wird als sogenannte übertragende Sanierung bezeichnet.[31] Die übertragende Sanierung erfolgt durch Veräußerung der Aktiva auf eine bereits bestehende oder eigens zu diesem Zweck gegründete Gesellschaft. Der Kaufpreis fließt in die Insolvenzmasse, soweit er nicht zur Ablösung von Absonderungsrechten benötigt wird. Der wesentliche Vorteil der übertragenden Sanierung besteht darin, dass eine Trennung der Aktiva von den Passiva erfolgt, sodass der Erwerber einen bilanziell (auf der Passivseite) sanierten Geschäftsbetrieb übernimmt.[32] Teilweise werden in einem ersten Schritt auch Auffanggesellschaften gegründet, welche die Vermögensgegenstände des insolventen Rechtsträgers vorübergehend übernehmen.[33] Nach dem Abschluss der Verhandlungen mit dem Erwerber übernimmt dieser die Vermögensgegenstände oder die Geschäftsanteile an der Auffanggesellschaft.

Chancen und Risiken einer übertragenden Sanierung

Die Transaktionsstruktur der übertragenden Sanierung führt zwangsläufig lediglich zu einer Entschuldung des übernommenen Geschäftsbetriebs. Demgegenüber liegt eine sich hieran zeitlich abschließende leistungswirtschaftliche Sanierung alleine im wirtschaftlichen Interesse des Erwerbers. Dies hat zur Folge, dass die Gläubiger des insolventen Rechtsträgers an den Erfolgen der Sanierung auch nicht partizipieren. Der Erwerber trägt zugleich auch das Risiko des Scheiterns einer solchen Sanierung und hat in einem ersten Schritt die benötigte Working-Capital-Finanzierung sicherzustellen sowie die gebotenen operativen Sanierungsmaßnahmen durchzuführen. Die Chancen und Risiken einer anschließenden leistungswirtschaftlichen Sanierung wird der Erwerber daher bei den Verhandlungen über den Kaufpreis entsprechend berücksichtigen.

In der neueren Literatur wird von Befürwortern des Insolvenzplanverfahrens kritisiert, dass es nach übertragenden Sanierungen häufig zu Folgeinsolvenzen komme, weil Erwerber die Krisenursachen nicht erkennen oder die Höhe der Sanierungskosten falsch einschätzen.[34] Kritisiert wird ferner, dass die Rechenmodelle der Investoren vielfach dazu führen, dass der Kaufpreis für die zu übernehmenden *Assets* unterhalb des Liquidationswertes liegen, diese vom Verwalter aber gleichwohl akzeptiert werden, weil durch die Übertragung Masseverbindlichkeiten aus der Beendigung von Arbeitsverhältnissen und anderen Dauerschuldverhältnissen erspart werden können.[35]

Die übertragende Sanierung stellt in der Praxis auch vier Jahre nach dem Inkrafttreten des ESUG noch immer die am weitesten verbreitete Form des Erhalts insolventer Geschäftsbetriebe dar, zumal nicht alle Krisenunternehmen eine Sanierung aus eigener Kraft umzusetzen und zu finanzieren vermögen. Eine übertragende Sanierung stellt daher in vielen Fällen die einzige realistische Chance dar, einen Geschäftsbetrieb und zumindest einen Teil der ihm zuzuordnenden Arbeitsplätze zu erhalten. Der Insolvenzverwalter kann seine Verhandlungsposition gegenüber den Kaufinteressenten dabei dadurch verbessern, dass er durch einen strukturierten M&A-Prozess einen Wettbewerb der Bieter fördert. Soweit der insolvente Rechtsträger über erhaltungswürdige Geschäftsbereiche verfügt, wird sich durch einen Wettbewerb unter den Bietern ein angemessener Preis erzielen lassen. Dass es in der Praxis teilweise zu Folgeinsolvenzen beim Erwerber kommt, ist dagegen keine Besonderheit der übertragenden Sanierung. In ähnlicher Weise lassen sich Folgeinsolvenzen nach gescheiterten Insolvenzplanverfahren beobachten.

Die handelsrechtliche Regelung, welche die Haftung des Erwerbers bei Firmenfortführung vorsieht (§ 25 HGB), findet auf die übertragende Sanierung im eröffneten Insolvenzverfahren keine Anwendung. Ebenso ist die Haftung des Betriebserwerbers für Betriebssteuern ausgeschlossen, wenn der Betrieb aus einer Insolvenzmasse erworben wurde (§ 75 Abs. 2 AO).

Rechtliche Vorteile der übertragenden Sanierung für den Erwerber im eröffneten Insolvenzverfahren

Allerdings finden die gesetzlichen Regelungen des Bürgerlichen Rechts über den Betriebsübergang beim Unternehmenskauf aus der Insolvenz Anwendung (§ 613a BGB).[36] Die Kündigung des Arbeitsverhältnisses eines Arbeitnehmers durch den bisherigen Arbeitgeber wegen des Übergangs eines Betriebs oder eines Betriebsteils ist danach unwirksam. Zu beachten ist ferner, dass nach der Rechtsprechung des BAG zwar die Arbeitsverhältnisse auf den Erwerber übergehen, jedoch der Erwerber auf der Grundlage einer teleologischen Reduktion nicht für solche Verbindlichkeiten gegenüber den Arbeitnehmern haftet, die vor Verfahrenseröffnung bereits entstanden waren.[37]

Anwendbarkeit der Regelungen des BGB zum Betriebsübergang (§ 613a BGB)

In der Praxis hat sich daher beim Unternehmenskauf aus der Insolvenz die Überleitung von Arbeitsverhältnissen auf sogenannte Transfergesellschaften als geeignetes Mittel gebotener Personalanpassungsmaßnahmen erwiesen. Die Transfergesellschaft übernimmt die Aufgabe, die Arbeitnehmer für eine Anstellung bei dem neuen Arbeitgeber zu qualifizieren, Arbeitslosigkeit zu vermeiden und zugleich die Arbeitnehmer auf der Suche nach einem neuen Arbeitsplatz zu unterstützen. Zur Überleitung in die Transfergesellschaft schließt der Arbeitnehmer einen Aufhebungsvertrag mit dem Insolvenzverwalter und begründet zugleich ein neues, befristetes Arbeitsverhältnis mit der Transfergesellschaft. Gegenüber der Transfergesellschaft erklärt der Arbeitnehmer seine Bereitschaft, Kurzarbeit zu leisten und sich aktiv an Qualifizierungs- und Vermittlungsmaßnahmen zu beteiligen.[38] Das Bundesarbeitsgericht (BAG) hat in den sogenannten *Dörries-Scharmann*-Urteilen bestätigt, dass der dreiseitige Aufhebungs- und Weiterbeschäftigungsvertrag nicht wegen Umgehung der einschlägigen Vorschriften (§ 613a BGB) nichtig ist.[39] Die von der Transfergesellschaft zu erbringenden Leistungen finden ihre finanzielle Grundlage im Wesentlichen in den Regelungen über Transferkurzarbeitergeld (§ 216b SGB III).

Gestaltungsvariante 1: Überleitung der Arbeitsverhältnisse auf eine Transfergesellschaft

14 Die Insolvenz als Sanierungsinstrument

Das Kurzarbeitergeld beträgt ca. 60,0 bis 67,0 % des letzten Nettogehalts. In der Praxis werden aus der Masse oft Beiträge zur Aufstockung auf 80,0 % des letzten Nettoentgelts zur Verfügung gestellt. Zudem hat die Masse die sogenannten Remanenzkosten zu tragen, die zur Deckung von Urlaubs- und Feiertagsvergütungen sowie von Sozialversicherungsbeiträgen anfallen. Die damit zusammenhängenden finanziellen Belastungen der Insolvenzmasse sind den Kosten gegenüberzustellen, die nach dem Ausspruch von Kündigungen zur Abwehr von Kündigungsschutzklagen für Abfindungen und Prozesskosten aufzuwenden wären.

Gestaltungsvariante 2: Kündigung nach Erwerberkonzept

Als Alternative zur Überleitung der Arbeitnehmer in eine Transfergesellschaft kommen auch Kündigungen auf der Grundlage eines sogenannten Erwerberkonzepts in Betracht. So hat das BAG die Veräußerungskündigung wegen Rationalisierung aufgrund eines Sanierungskonzepts des Erwerbers für zulässig erachtet.[40] Der Schutzzweck des § 613a BGB hindere den Erwerber lediglich daran, bei der Übernahme der Belegschaft eine Auslese zu treffen, der vor allem schutzwürdige Arbeitnehmer zum Opfer fallen würden. Hingegen bestehe die Zielsetzung der Vorschrift nicht darin, den Erwerber bei aus wirtschaftlichen Gründen fehlender Beschäftigungsmöglichkeit zu verpflichten, ein Arbeitsverhältnis so lange zu verlängern, bis er selbst kündigen könne. Eine in solchen Fällen zulässige Kündigung erfordert aber, dass die Kündigung auf der Grundlage eines verbindlichen Sanierungskonzepts des Erwerbers erfolgt, dessen Durchführung im Zeitpunkt der Kündigung bereits greifbare Formen angenommen hat.[41]

Erfolgsfaktoren

Erfolgsfaktoren für eine übertragende Sanierung sind:

- Erzielung der Mindestkaufpreise für belastete Grundstücke, soweit diese zur Lastenfreistellung durch die Grundpfandgläubiger (Löschungsbewilligung mit Treuhandauflage) benötigt werden;
- Einigkeit über die Zuordnung der Kaufpreise für die zu übernehmenden Vermögensgegenstände (sog. Kaufpreisallokation). Häufig bestehen seitens der Kaufinteressenten andere Vorstellungen und Interessen (z. B. Abschreibungsliste) als bei den absonderungsberechtigten Gläubigern;
- Übertragung der wesentlichen Geschäftsbeziehungen mit den für die Betriebsfortführung durch den Übernehmer erforderlichen Vertragspartnern. Da dies die Zustimmung der Vertragspartner erfordert und diese nicht selten Bedingungen für eine Vertragsüberleitung stellen, sind hierzu vielfach weitere Verhandlungen erforderlich;
- Erstellung und Umsetzung eines geeigneten Personalkonzepts unter Beachtung der sich aus § 613a BGB ergebenden Rechte der Arbeitnehmer.

Zustimmung des Gläubigerausschusses oder der Gläubigerversammlung

Vor einer Unternehmensveräußerung, der Veräußerung von Unternehmensteilen oder der Veräußerung einer Unternehmensbeteiligung, die der dauernden Verbindung zu diesem Unternehmen dienen soll, hat der Insolvenzverwalter die Zustimmung des Gläubigerausschusses oder für den Fall, dass kein solcher bestellt ist, die Zustimmung der Gläubigerversammlung einzuholen (§ 160 InsO).

14.2.3.8 Vermögensverwertung durch Liquidation

Sofern weder eine übertragende Sanierung gelingt, noch Aussichten für einen Insolvenzplan bestehen, verbleibt für den Insolvenzverwalter nur die Möglichkeit der Betriebsstilllegung mit anschließender Einzelverwertung zum Liquidationswert.[42] Nachdem in der Liquidation Auslaufverbindlichkeiten aus der Beendigung von Dauerschuldverhältnissen als Masseverbindlichkeiten entstehen, denen keine Einnahmen mehr gegenüberstehen, wird es in diesen Fällen vielfach zur Masseunzulänglichkeit kommen.

14.2.3.9 Alternative: Gläubigerbefriedigung durch Insolvenzplan

Als Alternative zu einer übertragenden Sanierung oder einer Liquidation kommt auch eine Gläubigerbefriedigung und Sanierung durch einen Insolvenzplan in Betracht. Da Insolvenzpläne regelmäßig das Ziel von Schutzschirmverfahren in Eigenverwaltung sind, wird das Insolvenzplanverfahren nachstehend im Anschluss an die Eigenverwaltung dargestellt.

Das Insolvenzplanverfahren

14.2.3.10 Abschlagsverteilung, Schlussverteilung, Schlusstermin und Aufhebung

Das Gesetz unterscheidet zwischen der Abschlags-, Schluss- und Nachtragsverteilung. Nach dem allgemeinen Prüfungstermin können Abschlagsverteilungen auf der Grundlage des Verteilungsverzeichnisses stattfinden, sofern hinreichende Barmittel in der Insolvenzmasse vorhanden sind (§ 187 Abs. 1, Abs. 2 S. 1 InsO). Vor jeder Abschlagsverteilung hat der Insolvenzverwalter die Zustimmung des Gläubigerausschusses einzuholen, wenn ein solcher bestellt ist. Die Schlussverteilung erfolgt, sobald die Verwertung der Insolvenzmasse mit Ausnahme eines laufenden Einkommens beendet ist (§ 196 Abs. 1 InsO). Die Schlussverteilung darf nur mit Zustimmung des Insolvenzgerichts vorgenommen werden (§ 196 Abs. 2 InsO). Unter der Schlussverteilung ist die Ausschüttung der gesamten verfügbaren Teilungsmasse zu verstehen. Die Nachtragsverteilung wird vom Gericht angeordnet für nach Verfahrensaufhebung noch erfolgende Massenzuflüsse, z. B. Steuererstattungen.

Abschlagsverteilung, Schlussverteilung, Schlusstermin und Aufhebung

Bei der Zustimmung zur Schlussverteilung beschließt das Insolvenzgericht den Termin für die abschließende Gläubigerversammlung (Schlusstermin, § 197 Abs. 1 S. 1 InsO). Sobald die Schlussverteilung vollzogen ist, beschließt das Insolvenzgericht die Aufhebung des Verfahrens (§ 200 Abs. 1 InsO). Mit der Aufhebung endet das Amt des Insolvenzverwalters. Der Schuldner erlangt die Verwaltungs- und Verfügungsbefugnis über noch vorhandene Massebestandteile zurück. Jedoch behält der Insolvenzverwalter die Verfügungsbefugnis über die zur Insolvenzmasse gehörigen Gegenstände, deren Verwertungserlös für eine Nachtragsverteilung bestimmt ist. Insoweit bleibt der Insolvenzbeschlag erhalten.

Schlussverteilung

Gemäß § 394 Abs. 1 S. 2 FamFG ist eine juristische Person von Amts wegen zu löschen, wenn das Insolvenzverfahren über das Vermögen der Gesellschaft durchgeführt worden ist und keine Anhaltspunkte dafür vorliegen, dass die Gesellschaft noch Vermögen besitzt. Juristische Personen gelten bereits mit

Auflösung der juristischen Person

rechtskräftiger Verfahrenseröffnung als aufgelöst. Von der Auflösung zu trennen ist die Löschung aus dem Handelsregister.

Ist der Schuldner dagegen eine natürliche Person, können die Gläubiger nach Aufhebung des Insolvenzverfahrens aus dem ihnen erteilten Tabellenauszug die Zwangsvollstreckung gegen den Schuldner betreiben, es sei denn, der Schuldner durchläuft ein Restschuldbefreiungsverfahren (vgl. § 201 InsO).

14.3 Die Eigenverwaltung

14.3.1 Allgemeines

14.3.1.1 Definition und Entwicklung

Definition und Entwicklung

Bei der Eigenverwaltung handelt es sich nicht um eine eigene Verfahrensart, die selbstständig beantragt oder deren Ablehnung mit Rechtsmitteln nach § 34 InsO angegriffen werden könnte.[43] Die Anordnung der Eigenverwaltung stellt nach der höchstrichterlichen Rechtsprechung vielmehr eine vom Regelfall abweichende Zuordnung der Verwaltungs- und Verfügungsbefugnis dar.[44]

Die Eigenverwaltung zielt regelmäßig darauf ab, in Kombination mit einem Insolvenzplanverfahren den insolventen Rechtsträger und damit die bestehende Geschäftsstruktur dauerhaft zu erhalten und zu sanieren. In der Eigenverwaltung werden die im Regelinsolvenzverfahren durch den Insolvenzverwalter wahrgenommenen Aufgaben im Wesentlichen durch den Schuldner bzw. bei juristischen Personen durch dessen geschäftsführendes Organ als sogenannter Eigenverwalter wahrgenommen, der unter der Aufsicht eines Sachwalters steht. Der Begriff des Eigenverwalters wurde dabei in der Praxis entwickelt. Er ist in der Insolvenzordnung nicht definiert und wird dementsprechend – anders als der Insolvenzverwalter – nicht vom Insolvenzgericht bestellt. Vielmehr übt das Insolvenzgericht in der Weise mittelbar Einfluss auf dessen Bestellung aus, als es sich bereit erklärt, die Eigenverwaltung anzuordnen, soweit es die handelnden geschäftsführenden Organe für geeignet hält, einen Sanierungsprozess im Insolvenzverfahren zu steuern. Auf diese Weise können bestehende Kenntnisse und Erfahrungen der Geschäftsführung genutzt werden, die bei einem Insolvenzverwalter, der bislang nicht mit dem Unternehmen vertraut war, nicht vorhanden sind. Damit kann auch ein geringerer Einarbeitungsaufwand einhergehen. Für das Schuldnerunternehmen und seine Gesellschafter stellt sie zudem eine Chance dar, die Insolvenz als Sanierungsinstrument zu nutzen, da diese damit rechnen können, dass ein geeignetes geschäftsführendes Organ nicht durch einen (vorläufigen) Insolvenzverwalter faktisch aus der Geschäftsführung ausgeschlossen wird.

Geringere Verfahrenskosten

Die Regelvergütung des Sachwalters beträgt 60,0 % der Regelvergütung eines Insolvenzverwalters, sodass vielfach von geringeren Verfahrenskosten gegenüber dem Regelinsolvenzverfahren mit einem (fremden) Insolvenzverwalter ausgegangen wird. Hinsichtlich der Kosten ist jedoch eine Gesamtbetrachtung veranlasst, welche die Kosten für einen eventuell neu bestellten eigenverwaltenden Geschäftsführer und weitere Kosten, etwa für insolvenzrechtliche Berater und den Abschluss gesonderter Vermögensschadenshaftpflichtversicherungen für Eigenverwalter und Sachwalter berücksichtigen sollte.

Mit dem ESUG schuf der Gesetzgeber Regelungen, die darauf abzielten, die Eigenverwaltung zu stärken und ihr zu größerer praktischer Bedeutung zu verhelfen. Das gesetzgeberische Ziel bestand gerade auch darin, die Hemmung von Schuldnern abzubauen, aus Angst vor Kontrollverlust und dem faktischen Verlust der Verfügungsmacht über ihr Unternehmen frühzeitig einen Insolvenzantrag zu stellen. Zugleich wurde damit auch die Rolle eines professionell agierenden Sanierungsgeschäftsführers attraktiver ausgestaltet.

Zielsetzung des Gesetzgebers

14.3.1.2 Anwendungsbereiche

Hinsichtlich ihres Anwendungsbereichs ist zunächst anerkannt, dass bei größeren Unternehmen mit laufendem Geschäftsbetrieb die Anordnung der Eigenverwaltung in Betracht kommt, wenn in gewissem Umfang Chancen auf eine Sanierung bestehen.[45] Seit Einführung des ESUG besteht zudem weitgehend Einigkeit zu der Frage, dass die Hinzuziehung eines insolvenzrechtlichen Experten in der Regel Voraussetzung für das Gelingen der Eigenverwaltung ist. Dies ergibt sich aus der Komplexität der insolvenzrechtlichen Aufgabenstellungen in einer Betriebsfortführung. Der Anwendungsbereich der Eigenverwaltung wird auch durch die gesetzlichen Anordnungsvoraussetzungen bestimmt. Neben einem Antrag des Schuldners erfordert die Anordnung der (vorläufigen) Eigenverwaltung, dass keine Umstände bekannt sind, die erwarten lassen, dass ihre Anordnung zu Nachteilen für die Gläubiger führen wird (§ 270 Abs. 2 Nr. 2 InsO).

Anwendungsbereich für größere Unternehmen mit laufendem Geschäftsbetrieb

Darüber hinaus kann bei freiberuflicher Tätigkeit natürlicher Personen die Anordnung der Eigenverwaltung sinnvoll sein, um berufs- und standesrechtliche Probleme in Zusammenhang mit der weiteren Fortführung der Tätigkeit nach Insolvenzeröffnung zu vermeiden.[46] Denn die Fortführung einer Arztpraxis, Apotheke oder Steuerkanzlei ohne Anordnung der Eigenverwaltung durch einen Insolvenzverwalter kann nach der anzuwendenden Berufsordnung daran scheitern, dass dieser nicht über die erforderliche berufsrechtliche Qualifikation (z. B. Approbation) verfügt.

Anwendungsbereich für natürliche Personen mit freiberuflicher Praxis

14.3.1.3 Vorteile aus Sicht des Schuldnerunternehmens

Die Vorteile der Eigenverwaltung aus Sicht des Schuldners lassen sich wie folgt zusammenfassen:

Vorteile der Eigenverwaltung

- Die Kontinuität in der Geschäftsführung und das Fehlen eines fremden Insolvenzverwalters haben positive Signalwirkung im Markt. Die Eigenverwaltung dokumentiert nach außen, dass der Sanierungsprozess auch in der Insolvenz noch autonom von der Geschäftsführung initiiert und gesteuert wird.
- Das Zusammenwirken von bewährter Geschäftsleitung und Insolvenzexpertise erhöht die Effizienz der eingeleiteten Sanierungsmaßnahmen.
- Bei entsprechender Vorbereitung kann ein Insolvenzplanverfahren zu einer schnellen Umsetzung der Sanierung und einer wesentlich kürzeren Verfahrensdauer führen.

14 Die Insolvenz als Sanierungsinstrument

- Bei richtiger Vorbereitung und Steuerung entstehen geringere Verfahrenskosten.
- Die Organe des Schuldnerunternehmens dokumentieren nach außen den Willen, sich der Krisensituation zu stellen und Teil der Lösung sein zu wollen.

14.3.1.4 Prüfung der Eignung eines Verfahrens für die Eigenverwaltung im Einzelfall

Mindestanforderungen an eine erfolgversprechende Eigenverwaltung

Erfolgversprechend erscheint eine Eigenverwaltung nur, wenn das Unternehmen und dessen Organe bestimmte Mindestanforderungen erfüllen. Ein Schuldnerunternehmen, das den Weg des Insolvenzverfahrens in Eigenverwaltung wählt, sollte daher ebenso wie seine Berater sehr genau prüfen, ob die folgenden Anforderungen erfüllt sind:

- Das Schuldnerunternehmen sollte eine bestimmte Mindestgröße aufweisen. Eine Orientierungsgröße können die in §22a InsO genannten Schwellenwerte darstellen. Angesichts der Komplexität und des hohen Kommunikationsaufwands eignet sich die Eigenverwaltung dagegen eher selten für die Sanierung kleiner Unternehmen;
- Eine geordnete Organisation der wesentlichen Arbeitsabläufe und Strukturen, Transparenz zu den Vermögenswerten und der Geschäftsentwicklung sowie eine geordnete Buchhaltung bilden weitere Erfolgsfaktoren;
- Nur eine rechtzeitige Insolvenzantragstellung schafft das erforderliche Vertrauen in die Integrität der Geschäftsführung. Nach bereits eingetretener Zahlungsunfähigkeit dürfte nur in begründeten Ausnahmefällen dieses Vertrauen noch bestehen;
- Es sollte eine objektive Sanierungsfähigkeit oder zumindest eine begründete Aussicht bestehen, dass ein sanierungsfähiges Kerngeschäft existiert;
- Der Konsens der wesentlichen *Stakeholder* mit der Eigenverwaltung und den handelnden Personen sollte bestehen. Diese sollten ein (wirtschaftliches) Interesse am Fortbestehen des Unternehmens und seiner Sanierung haben.

14.3.1.5 Vorbereitung der Eigenverwaltung

Die Erfolgsaussichten der Eigenverwaltung sollten durch eine professionelle Vorbereitung durch Berater und Geschäftsführung erhöht werden.

Anforderungen an die Geschäftsführung

Hinsichtlich der Anforderungen an die Geschäftsführung ist deren Fähigkeit und Bereitschaft gefragt, dem Insolvenzgericht und dem vorläufigen Gläubigerausschuss, vollständige Informationen als Entscheidungsgrundlage zukommen zu lassen. Zudem sollte größtmöglicher Konsens unter Gesellschaftern und Geschäftsführer über die Eigenverwaltung und die beabsichtigten Sanierungsmaßnahmen herrschen bzw. herbeigeführt werden. In der gerichtlichen Praxis wird eine Uneinigkeit über die Durchführung einer Eigenverwaltung als Indiz für deren Nachteiligkeit angesehen.[47] Zu beachten ist, dass die Insolvenzgerichte eine freie Prognoseentscheidung darüber treffen, ob die Eigenverwaltung geeignet ist oder sich für die Gläubiger nachteilig auswirkt.[48] Bei der Einbeziehung von Beratern sollte die Geschäftsführung darauf achten, dass diese einen ganzheitlichen Ansatz verfolgen und die Akzeptanz der wesentlichen Stakeholder genießen.

Zu einer professionellen Vorbereitung gehören auch eine frühzeitig erstellte Liquiditätsplanung und ein stimmiges Konzept unter Berücksichtigung der Rechtsstellung der Absonderungsberechtigten. Sollten Forderungen global zediert sein und/oder den verlängerten Eigentumsvorbehaltsrechten der Lieferanten unterliegen, dürfen die Erlöse aus dem Einzug der vor Insolvenzantragstellung begründeten Forderungen für die Betriebsfortführung nur mit Zustimmung der Absonderungsberechtigten verwendet werden.

Professionelle Vorbereitungsmaßnahmen

Zudem sollten Geschäftsführung und Berater stets im Auge haben, dass die Eigenverwaltung und die angestrebten Sanierungsmaßnahmen nach der Zielsetzung der Insolvenzordnung in § 1 InsO die Rechte der Gläubigergesamtheit angemessen zu berücksichtigen haben.[49] Der Mehrwert für die Gläubiger sollte daher in dem beabsichtigten Sanierungskonzept hinreichend dokumentiert werden.

14.3.2 Die vorläufige Eigenverwaltung (§ 270a InsO)

Mit Inkrafttreten des ESUG hat der Gesetzgeber erstmals in § 270a InsO und in § 270b InsO (sog. Schutzschirmverfahren) zwei unterschiedliche Ausgestaltungen der vorläufigen Eigenverwaltung geschaffen. Als vorläufige Eigenverwaltung bezeichnet die Praxis das der Verfahrenseröffnung in Eigenverwaltung vorgeschaltete Eröffnungsverfahren. Das Gericht bestellt bei Vorliegen der gesetzlichen Voraussetzungen anstelle eines vorläufigen Insolvenzverwalters einen vorläufigen Sachwalter.

Die vorläufige Eigenverwaltung

14.3.2.1 Gesetzliche Voraussetzungen

Das Gesetz fordert als Voraussetzungen für die Anordnung der vorläufigen Eigenverwaltung, dass der Schuldner einen Antrag auf Eigenverwaltung gestellt haben muss und dass dieser Antrag nicht offensichtlich aussichtslos ist (§ 270a Abs. 1 InsO). Ein Antrag auf Anordnung der Eigenverwaltung im eröffneten Insolvenzverfahren ist immer dann offensichtlich aussichtslos, wenn Umstände erwarten lassen, dass die Anordnung der Eigenverwaltung zu Nachteilen für die Gläubiger führen wird (§ 270 Abs. 2 Nr. 2 InsO).

Voraussetzungen der vorläufigen Eigenverwaltung

Das Insolvenzgericht ist nicht gehalten, etwaige nachteilige Umstände von Amts wegen zu ermitteln.[50] Das Insolvenzgericht wird jedoch Nachfragen stellen, wenn das Vorgehen des Schuldners und seiner Berater oberflächlich oder unprofessionell erscheint. Die in Betracht zu ziehenden Nachteile müssen auf konkreten Tatsachen beruhen. Allgemeine Überlegungen zur Natur der Eigenverwaltung können dagegen nicht als Nachteil herangezogen werden, da dies der Leitentscheidung des Gesetzgebers widersprechen würde.[51]

Prüfungsmaßstab des Insolvenzgerichts

Bei der vom Insolvenzgericht vorzunehmenden Prüfung, ob durch die Anordnung der Eigenverwaltung Nachteile für die Gläubiger drohen, handelt es sich um eine Prognoseentscheidung.[52] Nachteilig sind in erster Linie Umstände, die zur Folge haben, dass die Quotenerwartung für die Gläubiger gegenüber

Konkrete Umstände, die Nachteile für die Gläubiger erwarten lassen

derjenigen in einem Regelinsolvenzverfahren voraussichtlich geringer ausfallen wird. Aber auch wenn bekannt wird, dass wesentliche Gläubiger, etwa Banken, Lieferanten oder auch Kunden nicht bereit sind, die Eigenverwaltung zu tragen, stellt dies regelmäßig einen Umstand dar, der Nachteile erwarten lässt.[53]

Folgende Indizien, in denen von drohenden Nachteilen für die Gläubiger auszugehen ist, haben sich in den von der Rechtsprechung bislang entschiedenen Fällen herausgebildet:[54]

- Die im Rahmen der Insolvenzantragstellung vom Schuldner erteilten Angaben sind unvollständig oder unrichtig;[55]
- Zwischen den Gesellschafter-Geschäftsführern besteht Uneinigkeit über die Frage der Durchführung eines Eigenverwaltungsverfahrens;[56]
- Gesellschafter und/oder Geschäftsführer versuchen, sich Haftungsansprüchen zu entziehen, etwa durch Verschweigen von Ansprüchen im Anhörungsfragebogen;
- Geschäftsvorfälle werden nicht transparent dokumentiert, seit Jahren wurden keine Jahresabschlüsse erstellt;
- Der Schuldner legt kein Gläubiger- und Schuldnerverzeichnis vor;
- Seit geraumer Zeit werden erfolglose außergerichtliche Sanierungsversuche unternommen;
- Es liegt eine offensichtliche Insolvenzverschleppung und/oder die Verwirklichung von Bankrottdelikten vor;
- Der Schuldner oder seine geschäftsführenden Organe sind offensichtlich mit den Regelungen des Insolvenzrechts nicht vertraut und zeigen sich gegenüber den eingeschalteten Beratern als „beratungsresistent";
- Es besteht kein Vertrauen der Gläubiger in die aktuelle Geschäftsführung, insbesondere bestehen Zweifel an deren Zuverlässigkeit, Kompetenz und Vertrauenswürdigkeit;[57]
- Die Kosten der (vorläufigen) Eigenverwaltung liegen unter Einrechnung der Beraterhonorare und der Kosten für einen CRO voraussichtlich erheblich über denen einer (vorläufigen) Insolvenzverwaltung.[58]

14.3.2.2 Sanierungsexperte als (weiteres) geschäftsführendes Organ

Bestellung eines Insolvenz- und Sanierungsexperten als geschäftsführendes Organ

In der Praxis ist es üblich, die bisherige Geschäftsführung durch einen Insolvenzrechtsexperten mit Verwaltererfahrung zu ergänzen oder zu ersetzen. Diese Vorgehensweise wurde in der Eigenverwaltung teilweise bereits nach altem Recht praktiziert.[59] Es entspricht der überwiegenden Auffassung in der Praxis,[60] dass zumindest eine personelle Ergänzung der Geschäftsführung im Regelfall einen wesentlichen Erfolgsfaktor der Eigenverwaltung darstellt. Die Fortführung eines Geschäftsbetriebs unter Insolvenzbedingungen ist mit erheblichen praktischen und rechtlichen Schwierigkeiten verbunden. Vielfach ist die Sicherstellung der zur Betriebsfortführung benötigten Liquidität unter gleichzeitiger Beachtung der Rechtsstellung der unterschiedlichen absonderungsberechtigten Gläubiger nur möglich, wenn es gelingt, Verwertungsvereinbarungen oder (unechte) Massekredite zu verhandeln. Insbesondere in diesem Bereich verfügen Personen, die regelmäßig zu (vorläufigen) Insolvenzverwaltern bestellt werden, über die erforderliche Erfahrung und die Fähigkeit der rechtlich zutreffenden

14.3 Die Eigenverwaltung

Einordnung der Rechtsstellung der betroffenen Absonderungsberechtigten. Der schuldhafte unberechtigte Zugriff auf Absonderungsgüter und deren Einsatz für die Betriebsfortführung, etwa der Einzug zedierter Altforderungen nach Widerruf der Einzugsermächtigung und die Verwendung von beweglichem Sicherungsgut bzw. Eigentumsvorbehaltsguts nach Ausspruch eines Weiterverarbeitungs- und Veräußerungsverbots können in erheblichem Umfang persönliche Haftungstatbestände auslösen. Für den erfahrenen Insolvenzverwalter gehören sowohl die Erfassung der Rechte der betreffenden Gläubiger als auch die für den Einsatz dieser Güter gebotenen Verhandlungen mit Absonderungsberechtigten zum klassischen Aufgabenfeld.

14.3.2.3 Begründung von Masseverbindlichkeiten

In der Rechtsprechung bestehen zudem unterschiedliche Auffassungen zu der Frage, ob in der vorläufigen Eigenverwaltung gemäß § 270a InsO die Begründung von Masseverbindlichkeiten möglich ist und wer gegebenenfalls zur Begründung von Masseverbindlichkeiten berechtigt ist.[61] Diese Frage wird von unterschiedlichen Insolvenzgerichten unterschiedlich beantwortet.[62] Eine ausdrückliche gesetzliche Regelung zu dieser Frage fehlt für das Verfahren nach § 270a InsO.

Begründung von Masseverbindlichkeiten in der vorläufigen Eigenverwaltung nach § 270a InsO

Die Geschäftspartner eines insolventen Unternehmens sind daran interessiert, dass ihren im Eröffnungsstadium neu gegen das Unternehmen begründeten Forderungen im späteren eröffneten Insolvenzverfahren der Charakter von Masseverbindlichkeiten zukommt. Denn nur dann steht ihnen eine im eröffneten Insolvenzverfahren noch zu realisierende valide Forderung zu. Andererseits darf nicht außer Acht bleiben, dass in der überwiegenden Zahl der Regelinsolvenzverfahren im Eröffnungsverfahren sogenannte schwache vorläufige Insolvenzverwalter bestellt werden, die regelmäßig nicht über die Rechtsmacht verfügen, Masseverbindlichkeiten zu begründen. Dies wird jedoch durch deren Zahlungszusagen kompensiert, denen der Charakter selbstständiger Garantieversprechen zukommt.

Praktische Bedeutung

Die Mehrzahl der Gerichte, etwa die Amtsgerichte Hamburg,[63] Duisburg, Köln[64] und München[65] sehen das Bedürfnis der Praxis und erkennen daher auch im Anwendungsbereich des § 270a InsO die Möglichkeit an, Masseschulden zu begründen. Sie begründen dies mit der Zielsetzung des ESUG, durch die Eigenverwaltung die Sanierung von Unternehmen zu erleichtern. Die Auffassungen der Gerichte unterscheiden sich teilweise noch hinsichtlich der Frage, ob der Schuldner[66] oder der vorläufige Sachwalter[67] der richtige Adressat entsprechender Einzelermächtigungen ist.

Divergierende Rechtsprechung zu Einzelermächtigungen

14.3.2.4 Aufgaben des vorläufigen Sachwalters

Hinsichtlich der Aufgaben des vorläufigen Sachwalters gelten aufgrund einer Verweisung die Regelungen über die Aufgaben des Sachwalters im eröffneten Insolvenzverfahren entsprechend (§ 270a Abs. 1 S. 2 InsO verweist auf § 274 InsO).

Aufgaben des vorläufigen Sachwalters

Die Hauptaufgabe des vorläufigen Sachwalters besteht in der Aufsicht über den Schuldner. Er hat die wirtschaftliche Lage des Schuldners zu prüfen und

Aufsicht des Schuldners als Hauptaufgabe

die Geschäftsführung sowie die Ausgaben für die Lebensführung zu überwachen (§§ 270a Abs. 1 S. 2, 274 Abs. 2 InsO). Diese Überwachungspflicht erfordert mehr als eine nachträgliche Durchsicht der Buchhaltung, vielmehr hat er sich beim Schuldner über den Geschäftsgang zu informieren und die Liquiditätsplanung des Schuldners laufend zu prüfen. Für außergewöhnliche Geschäfte, insbesondere solche, die nicht zum gewöhnlichen Geschäftsbetrieb gehören, hat der Schuldner die vorherige Zustimmung des vorläufigen Sachwalters einzuholen. Zu beachten ist, dass die fehlende Zustimmung und der Widerspruch des Sachwalters zu einem Rechtsgeschäft im Außenverhältnis keine Wirkung entfaltet. Ein Verstoß des Schuldners kann jedoch eine Anzeigepflicht des Sachwalters auslösen und damit Anlass für eine gerichtliche Aufhebung der Sachwaltung sein. Als außergewöhnliche Geschäfte in diesem Sinne sind etwa die Veräußerung und Belastung von Vermögensgegenständen des beweglichen oder unbeweglichen Anlagevermögens anzusehen, ferner die Aufnahme von Darlehen und Stellung von Sicherheiten sowie der Verzicht auf Forderungen.[68] Für die Begründung von Verpflichtungen, die sich im Rahmen des gewöhnlichen Geschäftsbetriebs bewegen, steht dem vorläufigen Sachwalter ein Widerspruchsrecht zu (§ 275 Abs. 1 S. 2 InsO). Bei der Prüfung, ob die Zustimmung zu einem außergewöhnlichen Geschäft geboten oder der Widerspruch zu einem gewöhnlichen Geschäft erklärt wird, hat der vorläufige Sachwalter sich am Interesse der Gläubigergesamtheit und den grundlegenden Zielsetzungen der Insolvenzordnung zu orientieren. Insbesondere erstrecken sich die Überwachungshandlungen des vorläufigen Sachwalters darauf, dass keine (ungesicherten) Altverbindlichkeiten aus der Zeit vor Antragstellung bezahlt werden. Ferner hat er die Ablösung von Eigentumsvorbehaltsware und die Bedienung vergleichbarer Absonderungsrechte im Eröffnungsverfahren zu überwachen.

Im Überblick lassen sich die Aufgaben des vorläufigen Sachwalters wie folgt zusammenfassen:

- Einsichts- und Informationsrechte;
- Kassenführungsbefugnis, soweit er diese an sich zieht (§ 275 InsO);
- Prüfung der wirtschaftlichen Lage;
- Überwachung der Geschäftsführung;
- Kontrolle der Ausgaben für die Lebensführung;
- Anzeigepflicht in Bezug auf zu erwartende Nachteile.

Damit der vorläufige Sachwalter in die Lage versetzt wird, seinen Aufgaben nachzukommen, hat der Schuldner ihn umfassend über die Geschäftslage und die weitere Geschäftsentwicklung zu informieren und ihn bei der Wahrnehmung seiner Aufgaben zu unterstützen.

Ferner kann der vorläufige Sachwalter vom Schuldner verlangen, dass alle eingehenden Gelder von ihm entgegengenommen und Zahlungen durch ihn ausgeführt werden (sog. Kassenführung, §§ 270a Abs. 1 S. 2, 275 Abs. 2 InsO).

14.3.2.5 Steuerverbindlichkeiten in der vorläufigen Eigenverwaltung

In der Praxis stellt sich die Frage, wie mit den während der vorläufigen Eigenverwaltung entstehenden Steuern umzugehen ist. Diese Frage hängt maßgeblich davon ab, ob den Steuerverbindlichkeiten im anschließenden eröffneten Insolvenzverfahren der Charakter von Masseverbindlichkeiten oder Insolvenzforderungen zukommt.

Der Gesetzgeber hat bewusst davon abgesehen, § 55 Abs. 4 InsO dahingehend zu erweitern, dass Steuerverbindlichkeiten, die von einem vorläufigen Sachwalter oder vom Schuldner selbst mit Zustimmung eines vorläufigen Sachwalters oder vom Schuldner allein nach § 270a Abs. 1 InsO begründet worden sind, im eröffneten Verfahren den Charakter von Masseschulden erlangen.[69] In der Folge stellen im Falle einer Geschäftsfortführung im vorläufigen Eigenverwaltungsverfahren etwa die dort entstehenden Umsatzsteuerverbindlichkeiten in einem nachfolgenden eröffneten Insolvenzverfahren Insolvenzforderungen dar. Diese Rechtsauffassung wird durch das BMF-Schreiben vom 12.04.2013 bestätigt.[70]

Daher dürfte nach richtiger Auffassung im Ergebnis auch eine persönliche Haftung des Eigenverwalters für nicht abgeführte Steuern ausscheiden, die während des vorläufigen Eigenverwaltungsverfahrens entstanden sind.[71] In der Praxis bestehen gleichwohl Haftungsrisiken für den Eigenverwalter, da mangels anders lautender Rechtsprechung oder Verwaltungsanweisungen durchaus die Gefahr besteht, dass die Finanzverwaltung § 55 Abs. 4 InsO für Fälle des § 270a InsO analog anwendet. Die insolvenzrechtliche Massesicherungspflicht kollidiert in diesem Fall mit der steuerlichen Pflicht.

Haftungsrisiken

Sofern das Finanzamt von der Antragstellung oder Zahlungsunfähigkeit in Kenntnis gesetzt wird, können die im Eröffnungsverfahren nach § 270a InsO geleisteten Steuerzahlungen nach Verfahrenseröffnung angefochten werden.

> **Praxistipp:**
> Soweit ausreichende Liquidität zur Verfügung steht, könnte eine Handlungsempfehlung für den eigenverwaltenden Geschäftsführer zur Vermeidung persönlicher Haftungsrisiken darin bestehen, das Finanzamt über den Insolvenzantrag in Kenntnis zu setzen und anschließend die Steuern abzuführen, um so die Voraussetzungen für eine spätere Anfechtung durch den Sachwalter im eröffneten Insolvenzverfahren zu schaffen.

14.3.2.6 Sozialversicherungsbeiträge in der vorläufigen Eigenverwaltung

Nachdem in der vorläufigen Eigenverwaltung keine Verfügungsbeschränkung für den eigenverwaltenden Geschäftsführer besteht,[72] stellt sich die Frage, ob dieser in der vorläufigen Eigenverwaltung die Arbeitnehmeranteile zur Sozialversicherung abzuführen hat. Im Regelinsolvenzverfahren entspricht es gängiger Praxis, dass der vorläufige Insolvenzverwalter im Rahmen seiner Massesicherungspflicht seine Zustimmung zur Abführung von Sozialversicherungsbeiträgen verweigert.

Sozialversicherungsbeiträge

Im Ergebnis befindet sich der eigenverwaltende Geschäftsführer in einer Pflichtenkollision. Dass dem eigenverwaltenden Geschäftsführer auch eine insolvenzrechtliche Vermögenssicherungspflicht zukommt, ist anerkannt. Wenn er gleichwohl die Arbeitnehmeranteile zur Sozialversicherung abführt, riskiert er, dass der vorläufige Sachwalter dies als pflichtwidrig ansieht, die Zahlung

Pflichtenkollision

dem Insolvenzgericht anzeigt, das Insolvenzgericht die angeordnete vorläufige Eigenverwaltung als nachteilig für die Gläubiger ansieht und in ein Regelinsolvenzverfahren überleitet.

Führt er die Arbeitnehmeranteile zur Sozialversicherung dagegen nicht ab, riskiert er eine persönliche Haftung aus §823 Abs.2 BGB i.V.m. §266a StGB und zudem eine strafrechtliche Haftung aus §266a StGB. Höchstrichterliche Rechtsprechung zum Umgang mit dieser Pflichtenkollision für Verfahren nach §270a InsO existiert bislang nicht.

Handlungsempfehlungen der Praxis

Die Praxis wählt verschiedene Handlungsempfehlungen. Teilweise ordnen die Gerichte auf entsprechenden Antrag an, dass der eigenverwaltende Geschäftsführer Sozialversicherungsbeiträge nur mit Zustimmung des vorläufigen Sachwalters abführen darf.[73] Allerdings ist auch diese Lösung nur teilweise geeignet, persönliche Haftungsrisiken zu vermeiden. Teilweise sehen die Insolvenzgerichte sich nicht befugt zu einer solchen Beschlussfassung oder sind nicht bereit, dahingehende Beschlüsse zu fassen, zumal ein Zustimmungsvorbehalt für den vorläufigen Sachwalter im Gesetz keine Grundlage findet. Zudem erscheint es nicht ausgeschlossen, dass Sozialversicherungsträger trotz Erlass solcher Beschlüsse gleichwohl persönliche Haftungsansprüche geltend machen.

> **Praxistipp:**
> Als Handlungsempfehlung bietet sich bei hinreichender Liquidität daher auch in dieser Konstellation an, die Sozialversicherungsträger über den Insolvenzantrag zu informieren, um die Voraussetzungen für eine spätere Anfechtbarkeit zu schaffen und die Beiträge sodann abzuführen.[74]

Angesichts der bislang fehlenden höchstrichterlichen Rechtsprechung zum Umgang mit dieser Pflichtenkollision und der Reichweite der Vermögenssicherungspflicht in Verfahren nach §270a InsO kann jedoch nicht mit Sicherheit vorausgesagt werden, ob es in jedem Fall gelingen wird, die Anfechtungsansprüche gerichtlich durchzusetzen.

14.3.2.7 Kein *Dual Track* der Verwertungsalternativen Insolvenzplan und übertragende Sanierung

Dual Track der Verwertungsalternativen

Nach der Zielsetzung der Insolvenzordnung (§1 InsO) unterliegt die Frage, ob ein Insolvenzplan, eine übertragende Sanierung oder Liquidation gewählt und umgesetzt werden soll, einer autonomen Gläubigerentscheidung in der jeweiligen Gläubigerversammlung. Die Entscheidung der Gläubiger wird sich zwar in aller Regel daran orientieren, in welcher Variante eine höhere Gläubigerbefriedigung erreicht werden kann, allerdings verfolgen, wie bereits (unter 13.1.1) dargestellt, Gläubigergruppen im Einzelfall daneben auch andere Interessen. Der Gläubigerautonomie liegt die Vorstellung des Gesetzgebers zugrunde, dass die in ihren Vermögensinteressen betroffenen Gläubiger eigenverantwortlich über den Gang des Verfahrens zu entscheiden haben, während das Insolvenzgericht darauf beschränkt ist, das Verfahren auf seine Rechtmäßigkeit hin zu überprüfen.[75]

Teilweise wird die Auffassung vertreten, dass der vorläufige Sachwalter auch darauf zu achten habe, dass der Schuldner nicht ausschließlich eine Insolvenzplanlösung vorbereitet, ohne alternative Verwertungsformen, insbesondere eine übertragende Sanierung in Betracht zu ziehen. Zum Teil wird auch vertreten, dass der eigenverwaltende Schuldner parallel zur Vorbereitung eines Insolvenzplans gesetzlich verpflichtet sei, einen strukturierten Verkaufsprozess einzuleiten.[76] Nur durch ein *Dual Track* der Verwertungsalternativen könne sichergestellt werden, dass auch Vorbereitungen für eine übertragende Sanierung rechtzeitig eingeleitet werden. Sprächen bestimmte Gründe für die klare Vorzugswürdigkeit für einen Insolvenzplan oder eine übertragende Sanierung, obliege es dem vorläufigen Sachwalter diese mit den Mitgliedern des vorläufigen Gläubigerausschusses auszutauschen und erforderlichenfalls eine entsprechende Beschlussfassung für die weiteren Vorbereitungshandlungen anzuregen.[77]

Die Auffassung, wonach der eigenverwaltende Schuldner verpflichtet sei, parallel zu seinen Bemühungen um einen Insolvenzplan, einen M&A-Prozess einzuleiten, mag zwar dazu beitragen, stets alle Verwertungsvarianten gleichermaßen zu fördern, widerspricht allerdings der gesetzgeberischen Intention des ESUG-Gesetzgebers. Dieser wollte den Schuldner motivieren, zugleich mit einer von ihm beantragten vorläufigen Eigenverwaltung frühzeitig Insolvenzantrag zu stellen. Durch die vorläufige Eigenverwaltung sollte dem Schuldner zudem die Angst vor einem Kontrollverlust genommen werden. Der eigenverwaltende Schuldner hat vielfach auch kein Interesse an einem M&A-Prozess, da er beabsichtigt, das Schuldnerunternehmen zu restrukturieren und zu erhalten und nicht, sein Vermögen zu verwerten. Sein Interesse ist auf eine nachhaltige Sanierung des Rechtsträgers und das Zustandekommen eines Insolvenzplans gerichtet. Ein neben den Bemühungen um eine nachhaltige Sanierung und den Insolvenzplan eingeleiteten Verkaufsprozess würde der Zielsetzung dieser Bemühungen widersprechen.

Widerspruch zur gesetzgeberischen Intention

Eine offene und inhaltlich transparente Auseinandersetzung mit den jeweils bestehenden Alternativen unter Gegenüberstellung der Quotenerwartungen in den realistischen Verwertungsalternativen der Vergleichsrechnung ist gleichwohl erforderlich, aber auch ausreichend. Wenn der Plan im Abstimmungstermin scheitert und ein Verkaufsprozess dementsprechend erst mit zeitlicher Verzögerung eingeleitet wird, können die Befriedigungschancen der Gläubiger sich verschlechtern. Dies ist vor dem Hintergrund der grundlegenden Zielsetzungen des ESUG Gesetzgebers jedoch hinzunehmen, zumal für die Gläubiger die Möglichkeit besteht, durch entsprechende Kommunikation mit dem vorläufigen Sachwalter, dem Gläubigerausschuss oder dem Insolvenzgericht in einem früheren Verfahrensstadium auf alternative Verwertungsbemühungen oder gar eine Überleitung in ein Regelinsolvenzverfahren hinzuwirken.

14.3.2.8 Veröffentlichung

Die Frage, ob die Anordnung der vorläufigen Sachwaltung zu veröffentlichen ist, wird kontrovers diskutiert.[78] Die Regelungen über den vorläufigen Sachwalter verweisen nicht auf die Vorschrift, die die Veröffentlichung von

Veröffentlichung

Verfügungsbeschränkungen anordnet (§ 23 Abs. 1 InsO). Dies spricht dafür, dass eine Veröffentlichung erst mit Eröffnung stattfinden würde (§ 27 Abs. 1 S. 2 InsO i. V. m. § 30 InsO), allerdings erscheint dies für Massegläubiger und insbesondere Vertragspartner von Dauerschuldverhältnissen unzumutbar. Sofern der Schuldner mit diesen die Geschäftsbeziehung fortsetzt, ohne das laufende Insolvenzeröffnungsverfahren offenzulegen, blieben diese Gläubiger über wesentliche Vertragsrisiken uninformiert und wären unter Umständen faktisch daran gehindert, ihre an die Vermögenssituation des Schuldners anknüpfenden vertraglichen Rechte auszuüben. Nach der gesetzlichen Begründung soll zudem der vorläufige Sachwalter die Gläubiger informieren.[79]

14.3.3 Das Schutzschirmverfahren (§ 270b InsO)

14.3.3.1 Privilegierungen für den Schuldner

Schutzschirmverfahren — Das Schutzschirmverfahren, stellt eine aus Sicht des Schuldners privilegierte Form der vorläufigen Eigenverwaltung dar. Die Organe des Schuldners behalten auch nach dem Insolvenzantrag die Kontrolle über des Unternehmen und haben zugleich die Möglichkeit, innerhalb einer Höchstfrist von drei Monaten einen Insolvenzplan zu entwerfen, während der das schuldnerische Vermögen dem unmittelbaren Zugriff der Gläubiger entzogen wird.[80] Gesetzgeberische Zielsetzung war es auch, den Schuldner zur frühzeitigen Insolvenzantragstellung zu motivieren und ihm die Sanierungsinstrumente der Insolvenzordnung zur Verfügung zu stellen. Mit der Einführung des Schutzschirmverfahrens war zugleich die Hoffnung des Gesetzgebers verbunden, einen Teil der Sanierungsfälle abzudecken, die in anderen Staaten mittels vorinsolvenzlicher Sanierungsverfahren bewältigt werden.[81] Teilweise wird im Schutzschirmverfahren ein Beitrag des Gesetzgebers zur Schaffung einer besseren „Insolvenzkultur" in Deutschland gesehen.[82]

Vorschlagsrecht des Schuldners zur Person des vorläufigen Sachwalters — Eine wesentliche Privilegierung für den Schuldner im Schutzschirmverfahren besteht im Gegensatz zur vorläufigen Eigenverwaltung gemäß § 270a InsO darin, dass er einen Vorschlag für die Person des vorläufigen Sachwalters unterbreiten kann, der für das Insolvenzgericht dann bindend ist, sofern die vorgeschlagene Person unabhängig und für die Übernahme des Amts geeignet ist. Lehnt das Insolvenzgericht den vom Schuldner vorgeschlagenen Sachwalter ab, hat es dies zu begründen (§ 270b Abs. 2 S. 2).

Begründung von Masseschulden — Eine weitere Privilegierung für den Schuldner besteht darin, dass das Insolvenzgericht auf Antrag des Schuldners anzuordnen hat, dass er während des Eröffnungsverfahrens Masseverbindlichkeiten begründet (§ 270b Abs. 3 S. 1 InsO). Nach dem Willen des Gesetzgebers kann sich der Antrag auf eine oder mehrere Einzelermächtigungen beschränken oder auf die Anordnung einer globalen Ermächtigung gerichtet sein.[83] Damit erlangt der Schuldner im Außenverhältnis eine stärkere Rechtsmacht als der im Regelinsolvenzverfahren üblicherweise bestellte schwache vorläufige Insolvenzverwalter.

Das Schutzschirmverfahren stellt somit für den Schuldner diejenige Verfahrensart dar, in welcher ihm seine Handlungsfähigkeit im Geschäftsverkehr zur

Steuerung und Kontrolle über den Sanierungsprozess weitestgehend erhalten bleibt.

14.3.3.2 Gesetzliche Voraussetzungen

Gesetzliche Voraussetzungen für die Einleitung des Schutzschirmverfahrens sind (§ 270b Abs. 1 InsO):

- Antrag des Schuldners auf Eröffnung eines Insolvenzverfahrens wegen drohender Zahlungsunfähigkeit und/oder Überschuldung (§ 18 InsO, § 19 InsO);
- Antrag auf Eigenverwaltung;
- Antrag auf Bestimmung einer Frist durch das Insolvenzgericht zur Vorlage eines Insolvenzplans;
- Vorlage einer mit Gründen versehenen Bescheinigung eines in Insolvenzsachen erfahrenen Fachkundigen, dass keine eingetretene Zahlungsunfähigkeit i.S.d. § 17 InsO, aber andere Insolvenzgründe im Zeitpunkt der Antragstellung vorliegen und die angestrebte Sanierung des Unternehmens nicht offensichtlich aussichtslos ist.

Somit kommt der Bescheinigung nach § 270b InsO eine wesentliche Bedeutung als notwendige Eintrittsvoraussetzung in das Schutzschirmverfahren zu.

§ 270b Bescheinigung

Aus der Bescheinigung muss sich ergeben, dass drohende Zahlungsunfähigkeit oder Überschuldung vorliegen, aber keine Zahlungsunfähigkeit eingetreten ist und die Sanierung nicht offensichtlich aussichtslos ist.[84]

Inhalt der Bescheinigung

Hinsichtlich der Prüfung der Erfolgsaussicht fordert das Gesetz im Rahmen einer Negativformulierung den Nachweis, dass die Sanierung nicht offensichtlich aussichtslos ist.

Nicht offensichtliche Aussichtslosigkeit der Sanierung

Die Bescheinigung sollte Aussagen enthalten zur

- Sanierungsfähigkeit des Unternehmens unter Berücksichtigung insolvenzrechtlicher Instrumentarien,
- Sanierungswürdigkeit sowie
- nachhaltigen operativen Lebensfähigkeit des Unternehmens nach Umsetzung der Sanierungsmaßnahmen.

Weitere Angaben können den IDW S 9-Leitlinien entnommen werden (IDW S 9).[85] Allerdings bleibt abzuwarten, inwieweit die Insolvenzgerichte die IDW S 9 Standards bei der Beurteilung von Bescheinigungen nach § 270b InsO anerkennen.[86] Auch der Bundesverband Deutscher Unternehmensberater (BDU) e.V. hat einen Leitfaden zur Struktur des Grobkonzepts im Rahmen der Bescheinigung nach § 270b InsO herausgegeben.[87] Zutreffend erscheint die Auffassung, wonach die Anforderungen an die Prüfungstätigkeiten im Rahmen der Erstellung der Bescheinigung nach § 270b InsO unter den Anforderungen liegen, die an die Erstellung und Beurteilung von Sanierungskonzepten nach IDW S 6 zu stellen sind.[88]

Im Rahmen seiner Prüfung hat sich der Bescheiniger

- ein Bild von der Geschäftstätigkeit der Gesellschaft in Bezug auf ihre Leistungsprozesse, Produkte und Absatzwege sowie vom Verlauf der zurückliegenden Geschäftsentwicklung zu verschaffen,

- die Gründe, die zur Insolvenzbedrohung geführt haben, vom Management darlegen zu lassen sowie
- die Gründe, warum bereits in der Vergangenheit ergriffene umsteuernde Maßnahmen nicht erfolgreich waren, erläutern zu lassen.[89]

Grobkonzept und Sanierungshemmnisse

Im Rahmen der Überprüfung der Sanierungschancen des Unternehmens hat sich der Bescheiniger durch das Management die wesentlichen Ziele der Sanierung, die Eckpunkte des Grobkonzepts, die Treiber der Sanierung (Maßnahmen) sowie mögliche Sanierungshemmnisse erläutern zu lassen.[90] Die getroffenen Planannahmen sollten inhaltlich begründet werden, d. h. die Prämissen dürfen nicht nur einen allgemeinen, unverbindlichen Charakter haben.[91] In der Gesamtschau muss sich dem Bescheiniger die Schlüssigkeit des Konzepts und der Planannahmen erschließen.

Dies bedeutet auch, dass keine offensichtlichen Hinderungsgründe (z. B. sachliche und personelle Ressourcen, Finanzierungsmöglichkeiten) ersichtlich sein dürfen, die der Umsetzung des Konzepts entgegenstehen.[92]

Insolvenzplan

Eine Befragung der Gläubiger (z. B. der Finanzierer) hinsichtlich deren Mitwirkungsbereitschaft, die Sanierung zu tragen, ist im Rahmen der Überprüfung des Grobkonzepts nicht notwendig,[93] da es dem Ziel des Schutzschirmverfahrens entspricht, einen Insolvenzplan zu entwickeln, der den Gläubigern zu einem späteren Zeitpunkt zur Abstimmung vorgelegt wird.

Je ausführlicher und genauer der Bescheiniger seine Gesamteinschätzung begründet, umso höher dürfte die gerichtliche Akzeptanz der Bescheinigung sein. Hierbei sind jedoch Kosten-/Nutzenaspekte zu berücksichtigen.

Ein über die Bescheinigung hinausgehender schriftlicher Bericht ist empfehlenswert, um die Ableitung der getroffenen Einschätzung darzulegen. Dabei können folgende sanierungskritischen Bereiche thematisiert werden:

- Offenlegung der zu schließenden Profitabilitäts-, Finanzierungs- und Eigenkapitallücken;
- Darstellung der wesentlichen, angedachten Sanierungsmaßnahmen, z. B.:
  - finanzielle Maßnahmen: z. B. Zwischenfinanzierungen, Debt Equity Swap, Forderungsverzichte, Beiträge der Anteilseigner;
  - operative Maßnahmen: Erhöhung des verfügbaren Cashflows, ggf. verbunden mit ersten Potenzialanalysen;
- Identifizierung und Beschreibung von offensichtlichen Sanierungshemmnissen.

Prüfungsmaßstab des Insolvenzgerichts

Weiterhin bestehen in der Praxis unterschiedliche Auffassungen über die Reichweite des Prüfungsmaßstabs des Insolvenzgerichts. Durch die Negativformulierung und die weitere Reduzierung des Prüfungsmaßstabs auf die bloße Offensichtlichkeit der Aussichtslosigkeit bringt der Gesetzgeber zum Ausdruck, dass er bei einem Schutzschirmantrag die Sanierung des Schuldnerunternehmens im Regelfall als aussichtsreich erachtet. Hieraus leiten einige Autoren ab, dass der Schuldner weder positiv darlegen muss, warum eine Sanierungsaussicht besteht, noch eine Amtsermittlungspflicht des Gerichts besteht, dies zu prüfen.[94] Der Schuldner müsse lediglich eine Bescheinigung vorlegen, aus der sich keine Gründe gegen eine Sanierungsfähigkeit ergeben.[95] Andere Autoren gehen demgegenüber davon aus, dass dem Gericht die Möglichkeit zur Amtsermittlung zusteht, sodass es einen Sachverständigen mit der Überprüfung der in der Bescheinigung enthaltenen Angaben beauftragen könne.[96] Dies sei etwa dann geboten, wenn Anzeichen für eine Täuschung, Fehler oder Widersprüche in der Bescheinigung bestehen.[97] Effizienter dürfte es jedoch sein, wenn das Gericht in diesen Fällen eine Frist zur Vorlage einer berichtigten Bescheinigung setzt und sie bei nicht erfolgender Berichtigung zurückweist.[98] Dabei ist der Prüfungsrahmen des Gerichts nicht auf die Prüfung reduziert, ob eine formell korrekte Bescheinigung vorliegt, vielmehr dürfen sich aus der Bescheinigung keine Tatsachen ergeben, die eine Aussichtslosigkeit der Sanierung erwarten lassen.

Nach dem Gesetzeswortlaut in § 270b InsO kann die Bescheinigung nur von einem in Insolvenzsachen erfahrenem Steuerberater, Wirtschaftsprüfer oder Rechtsanwalt oder einer Person mit vergleichbarer Qualifikation, lt. Gesetzesbegründung z. B. Steuerbevollmächtigte, vereidigte Buchprüfer oder Personen mit vergleichbarer Qualifikation im EU-Ausland, erstellt werden.

Bescheiniger

Das Gesetz und die Gesetzesbegründung sprechen nur von Berufsträgern und Kammerangehörigen. Demnach wären Unternehmensberater als Bescheiniger zunächst grundsätzlich ausgeschlossen.[99] Gleichwohl zeigt die Praxis, dass auch Unternehmensberater entsprechende Bescheinigungen ausstellen und diese von Gerichten anerkannt werden. Dies zeigt, dass letztendlich nicht die „Berufsträgerschaft", sondern die persönliche und fachliche Eignung des Bescheinigers entscheidend ist.

> **Praxistipp:**
> Um zu vermeiden, dass ein Antrag auf Einleitung eines Schutzschirmverfahrens allein aufgrund fehlendem Erfahrungs- und Sachkundenachweis des Bescheinigers abgelehnt wird und somit der gesamte Sanierungsprozess in Gefahr gerät, empfiehlt es sich, Kontakt zum Gericht aufzunehmen, um die persönliche und fachliche Eignung des vom Unternehmen ausgewählten Bescheinigers im Vorfeld der Auftragsannahme mit dem Gericht zu erörtern.

Der Bescheiniger muss nach § 270b InsO „in Insolvenzsachen erfahren" sein. Nachfolgende Auflistung gibt mögliche Anhaltspunkte für den Nachweis der geforderten, relevanten Erfahrung:

„In Insolvenzsachen erfahren"

- Berufsträgerschaft (Rechtsanwalt, Wirtschaftsprüfer, Steuerberater) allein reicht nicht aus, sondern in zeitlicher Hinsicht ist eine mehrjährige Befassung mit deutschen Insolvenz- und Sanierungsfällen erforderlich, z. B. durch Tätigkeit als Insolvenzverwalter oder als Fachanwalt für Insolvenzrecht;[100]
- Berufliche Erfahrung in der Sanierungsberatung oder in der Erstellung bzw. Begutachtung von Sanierungskonzepten;[101]
- Nachweis einschlägiger Veröffentlichungen;[102]
- Listung bei Insolvenzgerichten;[103]
- Mitgliedschaften in entsprechenden Fachgremien/ Fachausschüssen.[104]

Ausgehend von den Anforderungen an den Inhalt der Bescheinigung ist festzuhalten, dass der Bescheiniger neben fundierten insolvenzrechtlichen Erfahrun-

14 Die Insolvenz als Sanierungsinstrument

gen und Kenntnissen (Feststellung der drohenden Zahlungsunfähigkeit und/oder Überschuldung, Ausschluss der eingetretenen Zahlungsunfähigkeit) auch über entsprechende betriebswirtschaftliche Kompetenzen verfügen muss, da er in der Regel in einem sehr kurzen Zeitraum die tatsächlichen Sanierungschancen (keine offensichtliche Aussichtslosigkeit der angestrebten Sanierung) des existenzgefährdeten Unternehmens beurteilen muss. Erfolgsfaktoren sind demnach:

Erfolgsfaktoren

- Erfahrung in der Erstellung und Beurteilung von Sanierungskonzepten (IDW S 6);
- Erfahrung mit integrierter Unternehmensplanungen;
- Erfahrung in der Beurteilung von finanziellen und operativen Sanierungsmaßnahmen unter Berücksichtigung der insolvenzrechtlichen Besonderheiten;
- Hinreichende Kenntnisse zur Identifikation steuerlicher Sanierungsrisiken;
- Erforderlichenfalls Erfahrung mit Sanierungen im Konzernumfeld (konsolidierte Betrachtung, internationale Vernetzung).

14.3.3.3 Sanierungsexperte als (weiteres) geschäftsführendes Organ

Bestellung eines Insolvenz- und Sanierungsexperten als (weiteres) geschäftsführendes Organ

Zu der Praxis, das bisherige Management durch einen Insolvenzrechtsexperten, der auch über Insolvenzverwaltererfahrung verfügt, zu ergänzen oder auszuwechseln, gilt dasselbe wie für die vorläufige Eigenverwaltung nach §270a InsO. Diese Praxis trägt dazu bei, das Vertrauen der Beteiligten dahingehend zu schaffen, dass missbräuchliches Handeln zu Lasten der Gläubigergesamtheit von vorneherein verhindert wird.

14.3.3.4 Aufgaben des vorläufigen Sachwalters

Aufgaben des vorläufigen Sachwalters

Die Aufgaben des vorläufigen Sachwalters im Schutzschirmverfahren entsprechen weitgehend denjenigen des vorläufigen Sachwalters im Verfahren nach §270a InsO. Ergänzt werden sie um die Anzeigepflicht des vorläufigen Sachwalters für den Fall des nachträglichen Eintritts der Zahlungsunfähigkeit (§270b Abs. 4 S. 2 InsO). Der Gesetzgeber hat zwar nach einer Änderung seiner ursprünglichen Reformkonzeption anerkannt, dass das Schutzschirmverfahren grundsätzlich zulässig bleibt, auch wenn nach der Antragstellung Zahlungsunfähigkeit eintritt.[105] Allerdings können dann der vorläufige Gläubigerausschuss, die absonderungsberechtigten Gläubiger und die Insolvenzgläubiger die Aufhebung des Schutzschirms beantragen (§270b Abs. 4 Nr. 2, Nr. 3 InsO). Die sich aus dieser Vorschrift ergebenden Rechte können sie nur ausüben, wenn eine Verfahrenskontrolle durch das Insolvenzgericht gewährleistet ist und die Gläubiger über wesentliche Veränderungen der wirtschaftlichen Lage des Schuldnerunternehmens, insbesondere den Eintritt der Zahlungsunfähigkeit informiert werden.[106]

14.3.3.5 Steuerverbindlichkeiten im Schutzschirmverfahren

Steuerverbindlichkeiten

Die insolvenzrechtliche Qualifizierung der während des Schutzschirmverfahrens entstehenden Steuerverbindlichkeiten unterscheidet sich grundlegend von derjenigen im Verfahren nach §270a InsO. In aller Regel wird mit Einreichung des Insolvenz- und Schutzschirmantrags beim Insolvenzgericht beantragt, dass der Schuldner ermächtigt wird, Masseverbindlichkeiten zu begründen, vgl. §270b Abs. 3 S. 2 InsO. Soweit das Insolvenzgericht dem nachkommt und der Schuldner aufgrund dieser Anordnung gemäß §270b Abs. 3 InsO Masseverbindlichkeiten begründet, kommt diesen Verbindlichkeiten und damit auch den Steuerverbindlichkeiten nach Verfahrenseröffnung der Rang von Masseverbindlichkeiten gemäß §§270b Abs. 3 S. 2, 55 Abs. 2 InsO zu.[107] Hierfür spricht insbesondere die Gesetzesbegründung, die vorsieht, dass der Schuldner durch die pauschale gerichtliche Ermächtigung die Befugnis erlangt, durch alle seine Rechtshandlungen Masseverbindlichkeiten zu begründen. Daher ist der eigenverwaltende Geschäftsführer verpflichtet, die Umsatzsteuern aus dem Eröffnungszeitraum abzuführen.

Für Lohnsteuern stellt sich diese Frage praktisch nicht, da diese im Insolvenzgeldvorfinanzierungszeitraum aufgrund des Charakters des Insolvenzgelds als Lohnersatzleistung nicht anfallen.

14.3.3.6 Sozialversicherungsbeiträge im Schutzschirmverfahren

Nach der Rechtsprechung des BGH stellt die Pflicht zur Abführung der Arbeitnehmeranteile zur Sozialversicherung im Schutzschirmverfahren dann eine Masseverbindlichkeit dar, wenn das Insolvenzgericht gemäß §270b Abs. 3 InsO in einer Pauschalermächtigung allgemein angeordnet hatte, dass der Schuldner Masseverbindlichkeiten begründet.[108] Die Begründung von Masseverbindlichkeiten richtet sich dann nach den gesetzlichen Vorschriften, die für den starken vorläufigen Insolvenzverwalter gelten. Dementsprechend sind solche Zahlungen nach Insolvenzeröffnung auch nicht anfechtbar. Etwas anderes gilt allerdings dann, wenn das Insolvenzgericht nur im Rahmen einer Einzelermächtigung hinsichtlich einzelner Rechtsgeschäfte angeordnet hatte, dass der Schuldner Masseverbindlichkeiten begründet, hiervon jedoch die Arbeitsverhältnisse und die daran anknüpfenden Sozialversicherungsverbindlichkeiten ausgenommen wurden.

Sozialversicherungsbeiträge im Schutzschirmverfahren

14.3.3.7 Kein *Dual Track* der Verwertungsalternativen Insolvenzplan und übertragende Sanierung

Wenn schon in der vorläufigen Eigenverwaltung nach §270a InsO der Schuldner nicht verpflichtet ist, einen *Dual Track* der Verwertungsalternativen in die Wege zu leiten, muss dies erst recht im Schutzschirmverfahren gelten. Die teilweise vertretene Auffassung, wonach der eigenverwaltende Schuldner verpflichtet sei, parallel zur Vorbereitung des Insolvenzplans stets auch Vorbereitungsmaßnahmen für eine übertragende Sanierung zu treffen,[109] überzeugt nicht. Dagegen spricht, dass der Gesetzgeber den nicht zahlungsunfähigen Schuldner durch die Einführung des Schutzschirmverfahrens dahingehend privilegieren wollte, ihm eine echte Chance zur Sanierung seines Unternehmens in Eigenverwaltung im Wege des Insolvenzplans einzuräumen. Dieser Zielsetzung würde es diametral widersprechen, wenn der bei Antragstellung nicht zahlungsunfähige Schuldner gezwungen wäre, parallel zu seinen In-

Kein Dual Track der Verwertungsalternativen im Schutzschirmverfahren

solvenzplanbemühungen einen geordneten Verkaufsprozess einzuleiten. Das für den im Insolvenzplan anerkannte Erfordernis einer Vergleichsrechnung bietet den Gläubigern im Rahmen ihrer Gläubigerautonomie eine hinreichende Entscheidungsgrundlage für die Entscheidung über die Annahme oder Ablehnung des Insolvenzplans. Gleichwohl kann es in der Praxis empfehlenswert sein, parallel Investorenlösungen zu suchen, wenn sich etwa abzeichnet, dass die maßgeblichen Gläubigergruppen nicht bereit sind, die im Insolvenzplan benötigten Sanierungsbeiträge zu leisten. Dies kann etwa der Fall sein, wenn zur Realisierung des Insolvenzplans erforderliche weitgehende Zugeständnisse und Gehaltsverzichte der Belegschaft nicht konsensfähig erscheinen.

14.3.3.8 Veröffentlichung

Veröffentlichung

Im Fall der Anordnung eines Schutzschirmverfahrens besteht keine Veröffentlichungspflicht, da keine Verfügungsbeschränkungen angeordnet werden (§ 23 InsO). Während eine Veröffentlichung daher von der überwiegenden Literatur für unzulässig gehalten wird,[110] wird sie von anderen Autoren hingegen empfohlen.[111]

14.3.4 Die Eigenverwaltung im eröffneten Insolvenzverfahren

Mit der Eröffnung des Insolvenzverfahrens hat das Gericht über den Antrag des Schuldners auf Anordnung der Eigenverwaltung zu entscheiden. Bei der Auswahl und Bestellung des Sachwalters hat das Insolvenzgericht die Beteiligungsrechte des vorläufigen Gläubigerausschusses zu beachten. Hat der vorläufige Gläubigerausschuss im Eröffnungsverfahren einen einstimmigen Beschluss zur Person des vorläufigen Sachwalters gefasst, bleibt das Insolvenzgericht an diesen Beschluss auch für die Auswahl und Bestellung des Sachwalters grundsätzlich gebunden.[112]

14.3.4.1 Voraussetzungen für die Anordnung der Eigenverwaltung

Voraussetzungen für die Anordnung der Eigenverwaltung

Die Anordnung der Eigenverwaltung bei Verfahrenseröffnung erfordert einen Antrag des Schuldners auf Anordnung der Eigenverwaltung sowie, dass durch die Eigenverwaltung keine Nachteile für die Schuldner zu erwarten sind. Für den Fall, dass der vorläufige Gläubigerausschuss einstimmig die Anordnung der Eigenverwaltung befürwortet, ist das Insolvenzgericht an diese Entscheidung gebunden (§ 270 Abs. 3 S. 3 InsO). Hinsichtlich der in Betracht zu ziehenden konkreten Umstände, die Nachteile für die Gläubiger erwarten lassen können, wird auf die Darstellung unter 13.3.2.1 verwiesen.

Kein Rechtsmittel der sofortigen Beschwerde

Gegen die Abweisung des Antrags auf Anordnung der Eigenverwaltung ist eine sofortige Beschwerde nicht statthaft. In gleicher Weise ist auch die Beschwerde eines Gläubigers gegen die Anordnung der Eigenverwaltung nicht zulässig.[113] Es verbleibt bei der grundsätzlichen Regelung (vgl. § 6 Abs. 1 InsO), wonach Entscheidungen nur in den Fällen einem Rechtsmittel unterliegen, in denen die Insolvenzordnung die sofortige Beschwerde vorsieht. Diese ist weder für die Anordnung noch die Ablehnung der Eigenverwaltung vorgesehen.

14.3.4.2 Aufgaben und Rechtstellung des eigenverwaltenden Schuldners

Die Aufgaben des eigenverwaltenden Schuldners sind durch Auslegung der gesetzlichen Bestimmungen zu ermitteln. Es bestehen keine wesentlichen Unterschiede zur vorläufigen Eigenverwaltung. Verbindlichkeiten, die nicht zum gewöhnlichen Geschäftsbetrieb des Schuldners gehören, sollen danach nur mit Zustimmung des Sachwalters eingegangen werden (§ 275 Abs. 1 S. 1 InsO). Verbindlichkeiten, die zum gewöhnlichen Geschäftsbetrieb gehören, soll der Schuldner nicht eingehen, wenn der Sachwalter widerspricht (§ 275 Abs. 1 S. 2 InsO). Zudem kann der Sachwalter die sogenannte Kassenführungsbefugnis an sich ziehen und verlangen, dass alle eingehenden Gelder nur von ihm entgegengenommen und alle Zahlungen nur durch ihn geleistet werden. Darüber hinaus hat der Schuldner die Zustimmung des Gläubigerausschusses einzuholen, wenn er Rechtshandlungen vornehmen will, die für das Verfahren von besonderer Bedeutung sind (§ 276 S. 1 InsO).

Aufgaben des eigenverwaltenden Schuldners

Die Aufgaben des Schuldners lassen sich wie folgt unterscheiden:

- Aufgaben der Betriebsfortführung;
- Arbeitgeberaufgaben;
- öffentlich-rechtliche Pflichten;
- Prozessführungsbefugnis, Aufnahme von Rechtsstreitigkeiten, Klagen auf Forderungsfeststellung zur Tabelle;
- Verfahrensbezogene Aufgaben gegenüber Gläubigern;
- Ausübung von Wahlrechten und Sonderkündigungsrechten des materiellen Insolvenzrechts;
- Widerspruchsrecht im Prüfungstermin;
- Verwertung von Sicherungsgut;
- Geltendmachung bestimmter Ansprüche;
- Verteilung;
- sonstige Aufgaben.

Aufgaben des Schuldners

Aus dem Verbleib der Verwaltungs- und Verfügungsbefugnis beim Schuldner ergibt sich zunächst, dass ihm die Betriebsfortführung obliegt. Dabei hat er den Betrieb wie ein ordentlicher Kaufmann zu führen. Ebenso entscheidet er über Art und Ausmaß der Durchführung geeigneter Sanierungsmaßnahmen. Der Schuldner begründet ferner Masseverbindlichkeiten im Sinne von § 55 Abs. 1 Nr. 1 InsO, da unter diese Regelung alle Verbindlichkeiten fallen, die durch die Verwaltung, Verwertung und Verteilung der Insolvenzmasse entstehen.

Betriebsfortführung

Die Arbeitgeberfunktion verbleibt in der Eigenverwaltung in vollem Umfang beim Schuldner. Dieser spricht gegebenenfalls Kündigungen aus, ist Partner für den Interessenausgleich und den Sozialplan und bestimmt Art und Umfang personalbezogener Sanierungsmaßnahmen. Allerdings sollen die arbeitsrechtlichen Sondervorschriften der Insolvenzordnung (§§ 113, 120–128 InsO) vom Schuldner nur im Einvernehmen mit dem Sachwalter ausgeübt werden (§ 279 S. 2 InsO). Einzelne der arbeitsrechtlichen Sonderrechte können vom Schuldner nur nach vorheriger Zustimmung des Sachwalters ausgeübt werden. Dies betrifft etwa die Kündigung von Betriebsvereinbarungen (§ 120 InsO), die Durchführung des gerichtlichen Verfahrens zum Erhalt der Zustimmung zur

Durchführung einer Betriebsänderung (§ 122 InsO) und das Beschlussverfahren zum Kündigungsschutz (§§ 126, 279 S. 2 InsO).

Öffentlich-rechtliche Pflichten

Ebenso bleibt der Schuldner Adressat öffentlich-rechtlicher Pflichten. Dies betrifft neben den steuerlichen Aufgaben und Buchhaltungspflichten (§ 281 Abs. 3 i. V. m. § 155 InsO) auch Eintragungspflichten nach dem HGB und die Pflichten nach Gewerbeaufsichtsrecht, Immissionsschutzrecht und weiteren öffentlich-rechtlichen Vorschriften.

Prozessführungsbefugnis, Aufnahme unterbrochener Prozesse, Feststellungsprozesse

Auch die allgemeine Prozessführungsbefugnis verbleibt beim Schuldner. So führt er Prozesse mit Wirkung für und gegen die Insolvenzmasse im eigenen Namen. Er entscheidet über die Aufnahme der durch die Insolvenzeröffnung unterbrochenen Aktivprozesse (§ 2140 ZPO, § 85 InsO). Für die Aufnahme der in § 86 InsO genannten Passivprozesse hinsichtlich Aussonderungsrechten, Absonderungsrechten und Masseverbindlichkeiten tritt er an die Stelle des Insolvenzverwalters mit der Folge, dass solche Prozesse sowohl vom Schuldner als auch vom Gläubiger aufgenommen werden können.

Verfahrensbezogene Aufgaben gegenüber den Gläubigern

Zudem treffen den Schuldner eine Reihe verfahrensbezogener Aufgaben gegenüber den Gläubigern und dem Insolvenzgericht. So treffen ihn die insolvenzrechtlichen Rechnungslegungspflichten und die Verpflichtung zur Einreichung und Erstattung des Berichts zur ersten Gläubigerversammlung. Auch die Erstellung der Verzeichnisse nach den §§ 151 ff. InsO (Verzeichnis der Massegegenstände, Gläubigerverzeichnis, Vermögensübersicht) gehört zum Aufgabenkreis des Schuldners. Darüber hinaus gilt es für den Schuldner auch die allgemeine Auskunftspflicht gegenüber den Gläubigern zu erfüllen, mithin die Verpflichtung zur Erstellung von Zwischenberichten, zur Zwischenrechnungslegung und zur Rechnungslegung.

Ausübung von Wahlrechten und Sonderkündigungsrechten

Der Schuldner hat ferner die Rechte aus den §§ 103 ff. InsO auszuüben, insbesondere das Erfüllungswahlrecht für beiderseits noch nicht vollständig erfüllte gegenseitige Verträge. Der Schuldner soll diese Wahl- und Gestaltungsrechte im Einvernehmen mit dem Sachwalter ausüben (§ 279 S. 2 InsO). Die Missachtung dieser Vorschrift hat auf die Wirksamkeit der Ausübung im Außenverhältnis aber keine Auswirkung.

Im Einzelnen handelt es sich im Wesentlichen um folgende Wahl- und Gestaltungsrechte:

- Allgemeines Erfüllungswahlrecht, § 103 InsO;
- Sonderkündigungsrechte von Miet- und Pachtverhältnissen über Räume, die der Schuldner als Mieter oder Pächter eingegangen war, § 109 InsO;
- Kündigung von Dienst- und Arbeitsverhältnissen, § 113 InsO;
- Kündigung von Betriebsvereinbarungen, § 120 InsO;
- Widerruf eines Sozialplans, § 124 InsO;
- Modifikationen bei Interessenausgleich und Sozialplan, § 125 InsO;
- Beschlussverfahren zum Kündigungsschutz, § 126 InsO.

Widerspruchsrecht im Prüfungstermin

Neben den Insolvenzgläubigern und dem Sachwalter kann auch der Schuldner angemeldeten Forderungen widersprechen. Für den Fall, dass im Eigenverwaltungsverfahren der Schuldner eine Forderung bestreitet, wird sie nicht zur Tabelle festgestellt und nicht in das Schlussverzeichnis aufgenommen (§ 283 Abs. 1

14.3 Die Eigenverwaltung

S. 2 InsO). Dies stellt eine deutliche Besserstellung des Schuldners gegenüber dem Regelinsolvenzverfahren dar. Hat der Schuldner im Prüfungstermin die Forderung bestritten (§ 283 S. 2 InsO), so ist die Feststellungsklage des Gläubigers gegen den Schuldner zu richten.[114]

Dem Schuldner steht das Recht zu, mit Absonderungsrechten belastete Gegenstände im selben Umfang zu verwerten, wie dies einem Insolvenzverwalter im Regelinsolvenzverfahren zusteht (§ 282 Abs. 1 S. 1 InsO). Damit ist er befugt, bewegliche Gegenstände, die sich in seinem Besitz befinden, zu verwerten und sicherungszedierte Forderungen einzuziehen sowie die Erlöse mit den Absonderungsberechtigten abzurechnen. Kosten der Feststellung der Gegenstände und der Rechte an diesen werden jedoch nicht erhoben (§ 282 Abs. 1 S. 2 InsO). Das bedeutet, dass in der Eigenverwaltung anders als im Regelinsolvenzverfahren von dem an die absonderungsberechtigten Gläubiger auszukehrenden Erlös nicht die Feststellungskostenpauschale (in Höhe von 4,0 % des Bruttoverwertungserlöses) in Abzug zu bringen ist.

Verwertung von Sicherungsgut und reduzierte Kostenbeiträge in der Eigenverwaltung

Darüber hinaus hat der Schuldner alle Ansprüche geltend zu machen und durchzusetzen, deren Geltendmachung nicht kraft Gesetzes dem Sachwalter zugewiesen ist. Der eigenverwaltende Geschäftsführer hat insbesondere gesellschaftsrechtliche Ansprüche, etwa auf Kapitalaufbringung oder Organhaftungsansprüche wegen Masseschmälerung gemäß § 64 GmbHG durchzusetzen. Insbesondere wenn es vor Anordnung der Eigenverwaltung nicht zu einem Wechsel in der Geschäftsführung kam, dürften allerdings regelmäßig Interessenkonflikte bestehen. In der Praxis wird daher die Auffassung vertreten, dass bereits im Fall des Vorliegens solcher Ansprüche die Eigenverwaltung wegen drohender Nachteile für die Gläubiger nicht anzuordnen sei.[115]

Geltendmachung bestimmter Ansprüche

Interessenkonflikte

Der eigenverwaltende Schuldner hat auch die Verteilung an die Gläubiger vorzunehmen (§§ 187–199 InsO) und das Verteilungsverzeichnis zu führen.

Verteilung

Zudem obliegt ihm das feststellungshindernde Bestreiten angemeldeter Forderungen (§ 283 Abs. 1 InsO), die Verteilung der Insolvenzmasse zur Befriedigung der Insolvenzgläubiger (§ 283 Abs. 2 InsO) und die Aufstellung eines Insolvenzplans nach entsprechendem Auftrag der Gläubigerversammlung (§ 284 Abs. 1 InsO).

Sonstige Aufgaben

14.3.4.3 Aufgaben und Rechtsstellung des Sachwalters

Der Sachwalter hat eine umfassende Aufsichtspflicht, die eine ordnungsgemäße Verfahrensabwicklung durch den Schuldner sicherstellen soll. Wenngleich die gesetzlichen Regelungen zu den Aufgaben des Sachwalters auch für den vorläufigen Sachwalter herangezogen werden, können sich Unterschiede daraus ergeben, dass die Verwertung oder der Insolvenzplan erst im eröffneten Verfahren umgesetzt werden. Dementsprechend unterscheiden sich die vom Sachwalter zu überwachenden Handlungen des Schuldners.

Als wesentliche Aufgabe obliegt dem Sachwalter die Prüfung der wirtschaftlichen Lage des Schuldners, die Überwachung der Geschäftsführung sowie der Ausgaben für die Lebensführung (§ 274 Abs. 2 InsO). Damit hat der Sachwalter überwachende Funktionen. Diese Aufgabenverteilung kann in Konflikt-

Überwachung der Geschäftsführung sowie der Ausgaben für die Lebensführung

fällen dazu führen, dass gerichtliche Maßnahmen, etwa die Anordnung der Zustimmungsbedürftigkeit für bestimmte Rechtsgeschäfte (§ 277 InsO) oder im Extremfall die Aufhebung der Eigenverwaltung erforderlich werden, um Nachteile für die Gläubiger zu vermeiden.

Zustimmungserfordernis und Widerspruchsrecht
Der Schuldner soll Verbindlichkeiten, die nicht zum gewöhnlichen Geschäftsbetrieb gehören, nur mit Zustimmung des Sachwalters eingehen (§ 275 InsO). Zudem hat der Sachwalter auch ein Widerspruchsrecht bei der Begründung von Verbindlichkeiten durch den Schuldner, die zum gewöhnlichen Geschäftsbetrieb gehören. Allerdings führen weder die fehlende Zustimmung noch ein Widerspruch des Sachwalters dazu, dass die betreffenden Rechtsgeschäfte unwirksam werden. Bei Verbindlichkeiten, die vom Schuldner im Rahmen des gewöhnlichen Geschäftsbetriebs begründet werden, hat der Sachwalter ein Widerspruchsrecht (§ 275 Abs. 1 S. 2 InsO).

Kassenführung
Der Sachwalter kann verlangen, dass Gelder von ihm entgegenzunehmen und Zahlungen an ihn zu richten sind (§ 275 Abs. 2 InsO). Die Kassenführung erleichtert dem Sachwalter die Ausübung seiner Überwachungspflicht. So behält er den Überblick über die Vermögenslage und die eingegangenen Verpflichtungen. Allerdings vermag allein die Kassenführung des Sachwalters nichts daran ändern, dass der Schuldner durch seine Rechtshandlungen die Masse wirksam verpflichten kann, sodass Zahlungen auf die vom Schuldner wirksam begründeten Masseschulden durch den Sachwalter geleistet werden müssen.[116]

Insolvenzanfechtung
§ 280 InsO weist dem Sachwalter die Geltendmachung von Anfechtungsansprüchen (§§ 129 ff. InsO) sowie die Geltendmachung eines Gesamtschadens im Sinne des § 92 InsO und der persönlichen Haftung gegenüber den Gesellschaftern gemäß § 93 InsO zu.

Prüfungs- und Stellungnahmepflichten des Sachwalters
Der Sachwalter hat im Rahmen seiner Aufsichtsfunktion die vom Schuldner erstellten Berichte und Verzeichnisse (§§ 151 bis 153 InsO) zu prüfen und schriftlich zu erklären, ob hiergegen nach dem Ergebnis seiner Prüfung Einwendungen zu erheben sind (§ 281 Abs. 1 S. 2 InsO). Dies gilt entsprechend für die Schlussrechnung des Schuldners gem. § 66 InsO (§ 281 Abs. 3 S. 2 InsO) und die Verteilungsverzeichnisse (§ 283 Abs. 2 S. 2 InsO). In der ersten Gläubigerversammlung hat der Sachwalter im Berichtstermin ferner Stellung zu dem Bericht des Schuldners zu nehmen (§ 281 Abs. 2 S. 2 InsO).

Tabellenführung
Forderungen sind beim Sachwalter anzumelden (§ 270c S. 2 InsO). Diesem obliegt auch die Führung der Insolvenztabelle gem. §§ 174 ff. InsO.

Anzeige der Masseunzulänglichkeit
Den Sachwalter trifft ferner die Aufgabe, im Fall des Vorliegens der Voraussetzungen Masseunzulänglichkeit gem. § 208 InsO anzuzeigen (§ 285 InsO).

14.4 Das Insolvenzplanverfahren

14.4.1 Grundlagen

Das Insolvenzplanverfahren ermöglicht eine vom Regelverfahren abweichende Art der Verwertung, Verteilung, Haftung und Verfahrensabwicklung. Der eigenverwaltende Schuldner beabsichtigt in aller Regel, einen Insolvenzplan einzureichen, der auf Erhalt des Rechtsträgers gerichtet ist. Ein Insolvenzplan ist aber auch im Regelinsolvenzverfahren möglich. Der Insolvenzplan dient nach der Vorstellung des Gesetzgebers dazu, die für die Beteiligten beste Lösung unabhängig von den starren Vorschriften des Regelverfahrens zu finden und verbindlich festzulegen.[117] Der gesetzliche Gestaltungsspielraum wird definiert durch die Anordnung, dass die Befriedigung der absonderungsberechtigten Gläubiger und der Insolvenzgläubiger, die Verwertung der Insolvenzmasse und deren Verteilung an die Beteiligten sowie die Verfahrensabwicklung und die Haftung des Schuldners nach der Beendigung des Insolvenzverfahrens in einem Insolvenzplan abweichend von den Vorschriften dieses Gesetzes erfolgen können (§ 217 Abs. 1 S. 1 InsO).

Grundlagen

Ein Insolvenzplan kann grundsätzlich für jede wirtschaftliche Gestaltung genutzt werden. Je nach der Zielsetzung eines Insolvenzplans ist zu unterscheiden zwischen dem Sanierungsplan, dem Übertragungsplan, dem Liquidationsplan und sonstigen Plänen, wobei Mischformen denkbar sind.[118] In der Praxis verbreitet sind Sanierungspläne, die auf die Sanierung und den dauerhaften Erhalt des insolventen Rechtsträgers gerichtet sind.[119] Ein Sanierungsplan sieht vielfach vor, dass die Quoten an die Gläubiger aus den laufenden und künftigen Überschüssen des zu sanierenden Unternehmens sowie aus Einlagen von (neuen) Gesellschaftern gezahlt werden.

Unterschiedliche Arten von Insolvenzplänen

Der Insolvenzplan kann nur vom Schuldner oder vom Insolvenzverwalter vorgelegt werden. Die Gläubiger haben aber die Möglichkeit, den Insolvenzverwalter mit der Ausarbeitung eines Insolvenzplans nach ihren Vorgaben zu beauftragen (§ 157 InsO).

14.4.2 Der Ablauf des Planverfahrens

Das Verfahren beginnt mit der Vorlage des Plans. Zur Vorlage sind der Insolvenzschuldner und der Insolvenzverwalter berechtigt (§ 218 Abs. 1 InsO). Der Plan besteht aus einem darstellenden Teil und einem gestaltenden Teil sowie den Plananlagen. Der gestaltende Teil enthält die Regelungen, welche die Änderung der Rechtsstellung der Beteiligten durch den Plan zum Gegenstand haben. Der darstellende Teil erläutert diese Änderungen und liefert zugleich die notwendigen Informationen für die Entscheidungen der Gläubiger und des Gerichts. Die beteiligten Gläubiger und Anteilsinhaber sind nach sachgerechten Kriterien in Gruppen aufzuteilen, die später über die Annahme des Plans entscheiden. Nach Vorlage des Plans wird dieser zunächst durch das Insolvenzgericht summarisch geprüft (§ 231 InsO). Sofern das Gericht den Plan nicht

Ablauf des Planverfahrens

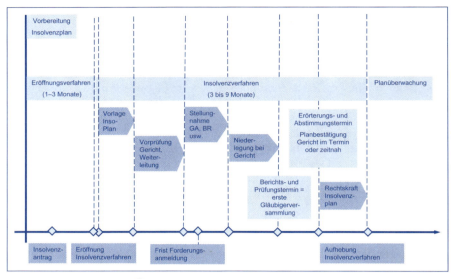

Abb. 52: Übersicht Ablauf Insolvenzplanverfahren[120]

zurückweist, leitet es den Plan den im Gesetz bestimmten Personen zu (§ 232 InsO) und legt ihn zur Einsicht der Beteiligten nieder (§ 234 InsO).

Abstimmung über Plan

Sodann werden Termine anberaumt, in welchen der Plan erörtert und über diesen abgestimmt wird. Vielfach finden beide Termine gemeinsam statt (§ 241 InsO). Die Abstimmung erfolgt innerhalb der festgesetzten Gläubigergruppen. Die Annahme des Plans setzt voraus, dass in jeder Gruppe die Kopf- und Summenmehrheit und in der Gruppe der Anteilsinhaber die Beteiligungsmehrheit für die Annahme des Plans votiert hat. Fehlt die Zustimmung einer oder mehrerer Gruppen, kann diese innerhalb enger Grenzen ersetzt werden (§ 245 InsO). Wurde der Plan angenommen, prüft das Insolvenzgericht den Eintritt etwaiger im Plan vorgesehener Bedingungen (§ 249 InsO) und das ordnungsgemäße Zustandekommen des Plans (§ 250 InsO). Steht auf Antrag der Minderheitenschutz nicht entgegen (§ 251 InsO), bestätigt das Gericht sodann die Annahme des Plans. Sofern keine sofortige Beschwerde eingelegt wird, entfaltet der Plan seine Wirkungen. Die Wirkungen betreffen alle Insolvenzgläubiger, selbst wenn diese am Plan- oder Insolvenzverfahren nicht mitgewirkt haben. Zudem sieht das Gesetz die Möglichkeit der Planüberwachung vor (§§ 260–269 InsO).

14.4.3 Erfolgsaussichten des Insolvenzplans

Erfolgsaussichten des Insolvenzplans

Die Erfolgsaussichten für die Annahme des Insolvenzplans im Erörterungs- und Abstimmungstermin hängen davon ab, ob und in welchem Umfang es dem Planersteller gelingt, ausgewogene und angemessene Regelungen für die Befriedigung der unterschiedlichen Gläubigergruppen zu konzipieren und diese nachvollziehbar den Befriedigungsquoten im Falle der anderen realistischen Verwertungsalternativen gegenüberzustellen.

Durch den Insolvenzplan kann unmittelbar in die Rechtsstellung der Gesellschafter eingegriffen werden (§ 225a InsO). Der Insolvenzplan kann daher anordnen, dass die bisherigen Gesellschafter nur noch eine Minderheitsbeteiligung behalten oder als Gesellschafter sogar ganz ausscheiden. Vielfach hängen die Erfolgsaussichten eines Insolvenzplans davon ab, ob die Gesellschafter bereit sind, Sanierungsbeiträge zu leisten. Denn meistens werden die abstimmenden Gläubigergruppen nur dann bereit sein, auf Teile ihrer Forderungen zu verzichten, wenn die Gesellschafter ihrerseits einen finanziellen Beitrag leisten (Gedanke der sog. Opfersymmetrie).

Die Rechtsstellung der Gesellschafter

Die Erfolgschancen für die Annahme des Insolvenzplans können durch einen sogenannten pre packaged plan erhöht werden. Hierbei handelt es sich um einen Insolvenzplanentwurf, der frühzeitig, idealerweise bereits mit dem Insolvenzantrag, eingereicht wird. Die richtige Einschätzung der Chancen- und Risiken des Sanierungsplans erfordert eine zutreffende Analyse der Ausgangssituation. Die Sanierungsfähigkeit des schuldnerischen Unternehmens aus eigener Kraft ist dabei in einem ersten Schritt betriebswirtschaftlich zu untersuchen.[121] Die leistungswirtschaftliche Sanierungsfähigkeit ist zwar keine gesetzliche Voraussetzung für die erfolgreiche Abstimmung über einen Insolvenzplan, gleichwohl sollte sie vom Planersteller gründlich geprüft werden. Dies liegt auf der Hand, wenn Quotenzahlungen aus künftigen Erträgen im Plan vorgesehen sind. Ungeachtet dessen setzt der dauerhafte Erhalt des Rechtsträgers voraus, dass das durch einen Insolvenzplan bilanziell entlastete Unternehmen eine reale Chance auf eine nachhaltige leistungswirtschaftliche Sanierung hat. Denn im Falle einer Nachfolgeinsolvenz dürfte das Vertrauen der Beteiligten in das schuldnerische Unternehmen und die handelnden Personen nachhaltig erschüttert sein.

pre packaged plan, leistungswirtschaftliche Sanierungsfähigkeit

Den Gläubigern steht es grundsätzlich frei, über die aus ihrer Sicht vorzugswürdige Verwertungsart zu entscheiden. Damit haben sie grundsätzlich die Wahl zwischen der Annahme eines Insolvenzplans, einer übertragenden Sanierung – soweit Übernahmeinteressenten vorhanden sind – sowie einer Liquidation des schuldnerischen Unternehmens. Daher ist der Insolvenzplan immer im direkten Vergleich mit den anderen realistischen Verwertungsarten zu sehen. Der darstellende Teil des Insolvenzplans sollte deshalb eine Vergleichsrechnung beinhalten, aus welcher die Gläubigerbefriedigung im Falle der Verwertung der Masse derjenigen gegenübergestellt wird, die der Insolvenzplan vorsieht. Im Rahmen der Vergleichsrechnung sind nur überwiegend wahrscheinliche Tatsachen zu berücksichtigen,[122] sodass der Ansatz von geschätzten Erlösen aus einer möglichen übertragenden Sanierung nur dann heranzuziehen ist, wenn es realistisch erscheint, dass eine solche auch umgesetzt werden kann.[123] Solange noch kein bindendes Kaufangebot eines Interessenten vorliegt, dürfte dies nicht der Fall sein.

Vergleichsrechnung

Einen weiteren Erfolgsfaktor für einen Sanierungsplan bildet die Transparenz der Darlegung der Entwicklungen des Geschäftsbetriebs schon im Eröffnungsverfahren und die laufende Vorabstimmung und Kommunikation der beabsichtigten Planregelungen mit den wesentlichen Gläubigergruppen. Diese kann und sollte auch in den Sitzungen des vorläufigen Gläubigerausschusses erfolgen, zumal die später stimmberechtigten Gläubigergruppen dort weitgehend vertreten sein werden.

14.4.4 Stärkung des Planverfahrens durch das ESUG

Stärkung des Planverfahrens durch das ESUG

Nach der Zielsetzung des ESUG sollte die Fortführung sanierungsfähiger Unternehmen insbesondere durch den Ausbau und eine Straffung des Insolvenzplanverfahrens vereinfacht werden. Der Gesetzgeber wollte dabei die wirtschaftlichen Rahmenbedingungen zur Fortführung notleidender, aber sanierungsfähiger Unternehmen verbessern, aber gleichzeitig an der Zielsetzung des Insolvenzverfahrens, der bestmöglichen Befriedigung der Gläubiger, festhalten.[124]

Eingriff in Anteils- und Mitgliedschaftsrechte

Neben den Rechten der absonderungsberechtigten Gläubiger und der Insolvenzgläubiger können auch die Anteils- und Mitgliedschaftsrechte der an dem Schuldnerunternehmen beteiligten Personen in den Insolvenzplan einbezogen werden (§ 217 S. 2 InsO). Im Hinblick auf die Rechte der Anteilseigner kann im gestaltenden Teil des Plans nunmehr jede Regelung getroffen werden, die gesellschaftsrechtlich zulässig ist (§ 225a Abs. 3 InsO). Beispielhaft nennt das Gesetz die Fortsetzung einer aufgelösten Gesellschaft und die Übertragung von Anteils- oder Mitgliedschaftsrechten. Die gesellschaftsrechtlichen Regelungen im gestaltenden Teil des Insolvenzplans treten mit der Rechtskraft der gerichtlichen Bestätigung in Kraft. Eine Kapitalherabsetzung und -erhöhung im Insolvenzplanverfahren bedarf ferner keines Beschlusses der Hauptversammlung. Die für die gesellschaftsrechtlichen Maßnahmen im gestaltenden Teil des Insolvenzplans geltenden Formvorschriften, etwa die notarielle Form bei der Veräußerung eines GmbH-Anteils nach § 55 Abs. 1 GmbHG, gelten als gewahrt (§ 254a Abs. 2 InsO).

Außerhalb des Insolvenzverfahrens können Verfügungen über das Mitgliedschaftsrecht nur durch eine Gesellschafterversammlung erfolgen. Im Insolvenzplanverfahren geht diese Verfügungsbefugnis auf die Gläubigerversammlung über. Die zuvor gebildeten Gläubigergruppen entscheiden über die Annahme des Insolvenzplans. Die Anteilsinhaber sind zwar noch entsprechend bei der Bildung von Abstimmungsgruppen zu berücksichtigen (§ 222 Abs. 1 S. 2 Nr. 4 InsO). Ihre Zustimmung kann jedoch fingiert werden, wenn sie gegen das sogenannte Obstruktionsverbot (§ 245 InsO) verstoßen.

Debt Equity Swap

Eine weitere zentrale Neuregelung des ESUG sieht vor, dass Gläubiger ihre Forderungen in Anteils- und Mitwirkungsrechte am schuldnerischen Unternehmen umwandeln können (Debt Equity Swap). Dieser Neuregelung liegt die Erkenntnis des Gesetzgebers zu Grunde, dass die Zufuhr neuen Eigenkapitals oftmals eine entscheidende Weichenstellung für die Sanierung eines Unternehmens darstellt. Die Umwandlung von Forderungen in Eigenkapital wird als geeignetes Instrument angesehen, um über eine Forderung, die in der Krise möglicherweise nur schwer durchsetzbar ist, gesellschaftsrechtlichen Einfluss auf das schuldnerische Unternehmen zu erlangen. Im Plan ist dann im Einzelnen zu regeln, wie die Umwandlung einer Forderung in Eigenkapital technisch umgesetzt werden soll. Regelmäßig geschieht dies durch eine Kapitalherabsetzung mit anschließender Kapitalerhöhung, wobei die Forderung als Sacheinlage eingebracht wird.

Kapitalmaßnahmen bergen gesellschaftsrechtliche Haftungsrisiken aufgrund der strengen Vorschriften über die Kapitalaufbringung. Beim Debt Equity Swap wird eine mit ihrem tatsächlichen Wert zu bewertende Forderung gegen die Gesellschaft gegen Gewährung von Gesellschaftsrechten eingelegt. Diese Wertermittlung bereitet in der Praxis Schwierigkeiten, die zusätzlich noch erhöht werden, wenn sich der Schuldner dieser Forderung in einer wirtschaftlichen Schieflage befindet. Der Wert einer Sacheinlage bemisst sich gerade nach der Solvenz des Schuldners aus objektiver Sicht eines Dritten im Zeitpunkt der Einbringung.[125] Vor dem Hintergrund des Grundsatzes der realen Kapitalaufbringung ist zu prüfen, mit welchem Wert die einzubringenden Gläubigerforderungen anzusetzen sind. Der Gesetzgeber hat in der Regierungsbegründung darauf hingewiesen, dass zur Frage der Werthaltigkeit des Anspruchs ggf. ein Bewertungsgutachten einzuholen sei.[126]

Begrenzung der Risiken aus Differenzhaftung

Da im Zeitpunkt der Einbringung der Forderung regelmäßig noch keine klare Einschätzung hinsichtlich der zu erwartenden Quote möglich ist, sind Wertangaben vielfach mit erheblichen Unsicherheiten behaftet. Liegt der Wert der eingebrachten Forderung unter dem Ausgabebetrag der zu übernehmenden Anteile, droht nach den einschlägigen Regelungen des GmbH-Rechts dem Gläubiger für den Fall einer Überbewertung eine Nachschusspflicht in bar (sog. Differenzhaftung, §9 GmbHG). Zur Reduzierung der hieran anknüpfenden Haftungsrisiken für den einlegenden Gläubiger wird der Debt Equity Swap im Insolvenzplanverfahren in der Weise privilegiert, dass die Bewertung der Forderung als Sacheinlage nur innerhalb des Verfahrens angreifbar ist.[127] Eine sich später abzeichnende Überbewertung der Forderung führt dagegen nicht zu einer Differenzhaftung des einlegenden Gläubigers (§254 Abs. 4 S. 2 InsO).

Zur Stärkung des Debt Equity Swaps hat der Gesetzgeber zudem angeordnet, dass wichtige Liefer-, Lizenz- oder Vertriebsverträge nicht vom Vertragspartner des Schuldners alleine aufgrund eines Wechsels der Beteiligungsverhältnisse gekündigt werden können. Entgegenstehende vertragliche Klauseln in den zugrunde liegenden Verträgen sind unwirksam (§225a Abs. 4 InsO).

Keine Kündigung aufgrund von Change of Control Klauseln

Darüber hinaus werden die wegen eines Kontrollwechsels gegebenenfalls aus wichtigem Grund ausscheidenden Gesellschafter nur in Höhe des Abwicklungswerts ihres jeweiligen Anteils abgefunden (§225a Abs. 5). Dem liegt zu Grunde, dass die Sanierungsaussichten durch die Belastung der Masse mit hohen Abfindungsansprüchen nicht geschmälert werden sollen.

Abfindungsansprüche ausscheidender Altgesellschafter und Anteilsinhaber

14.4.5 Gliederung des Insolvenzplans

Der Insolvenzplan gliedert sich in einen darstellenden und einen gestaltenden Teil.

Gliederung des Insolvenzplans

In dem darstellenden Teil wird beschrieben, welche Maßnahmen nach der Eröffnung des Insolvenzverfahrens getroffen worden sind oder noch getroffen

Darstellender Teil

werden sollen, um die Grundlagen für die geplante Gestaltung der Rechte der Beteiligten zu schaffen (§ 220 Abs. 1 InsO). Der darstellende Teil soll alle Angaben zu den Grundlagen und den Auswirkungen des Plans enthalten, die für die Entscheidung der Beteiligten über die Zustimmung zum Plan und für dessen gerichtliche Bestätigung erheblich sind (§ 220 Abs. 2 InsO). Damit soll der darstellende Teil die Beteiligten und das Gericht in die Lage versetzen, eine Entscheidung zwischen dem vorgelegten Plan, einem ggf. konkurrierenden Plan und einer Verwertung nach den gesetzlichen Regelvorschriften zu treffen. Das Insolvenzgericht hat zu prüfen, ob die Darstellung diesen Zweck erfüllen kann (§ 231 Abs. 1 Nr. 1 InsO). Von den während des Verfahrens getroffenen oder noch zu treffenden Maßnahmen sind insbesondere anzugeben:

- Betriebsänderungen und andere organisatorische und personelle Maßnahmen innerhalb des Unternehmens;
- Sozialplanforderungen und eine ggf. für künftige Sozialpläne getroffene Vereinbarung;
- Höhe und Konditionen etwaiger Darlehen, die während des Verfahrens aufgenommen wurden oder noch aufgenommen werden sollen.

Zudem bildet die Vergleichsrechnung der Quotenerwartung im Insolvenzplan gegenüber derjenigen in der anderen überwiegend wahrscheinlichen Verwertungsalternative einen wesentlichen Schwerpunkt des darstellenden Teils.

Sofern die Schuldnerin keine natürliche Person ist, ist anzugeben, ob Gläubiger an der Schuldnerin beteiligt sind. Zudem ist über behördliche Genehmigungen und Erklärungen dritter Personen zu informieren, die für die Realisierung des vorgelegten Plans erforderlich sind.

Weitergehende Anforderungen Für Sanierungspläne, bei denen die Gläubiger Quotenzahlungen aus künftigen Gewinnen erhalten sollen, bestehen weitergehende Anforderungen an den darstellenden Teil. In diesem Fall ist die Sanierungsfähigkeit des Unternehmens sowie das finanz- und leistungswirtschaftliche Sanierungskonzept darzulegen und zu begründen. Hierfür wird vielfach die Ausarbeitung eines Sanierungskonzepts durch einen Steuerberater oder Wirtschaftsprüfer erforderlich sein.

Ferner sind dem darstellenden Teil auch die allgemeinen Informationen und Erklärungen beizufügen, die für die Entscheidung der Gläubiger und die gerichtliche Bestätigung des Plans erheblich sind, soweit sie in jedem Insolvenzverfahren angegeben werden müssen. Dies betrifft insbesondere das Verzeichnis der Massegegenstände (§ 151 InsO), das Gläubigerverzeichnis (§ 152 InsO), eine Vermögensübersicht (§ 153 InsO) und den Bericht des Insolvenzverwalters (§ 156 InsO).

Gestaltender Teil In dem gestaltenden Teil des Insolvenzplans wird festgelegt, wie die Rechtsstellung der Beteiligten durch den Plan geändert werden soll (§ 221 InsO). Der gestaltende Teil umfasst diejenigen Regelungen des Insolvenzplans, über den im Planverfahren von den Gläubigern abgestimmt und vom Insolvenzgericht beschlossen wird. Den hierin enthaltenen Regelungen kommt nach Rechtskraft des bestätigten Insolvenzplans unmittelbare rechtsgestaltende Wirkung zu (§ 254 InsO).

Beteiligte sind diejenigen, deren Rechtsstellung durch den Plan geändert wird.[128] Dies sind in erster Linie die einfachen Insolvenzgläubiger, die nachrangigen Insolvenzgläubiger, die Absonderungsberechtigten, in deren Rechte eingegriffen wird sowie die Anteilseigner des Schuldners, in deren Anteils- und Mitgliedschaftsrechte eingegriffen wird, zudem ausnahmsweise lediglich für den Fall der Masseunzulänglichkeit auch Massegläubiger (§ 210a InsO).

Der gestaltende Teil hat alle Änderungen aufzunehmen, die der Insolvenzplan auf diese Beteiligten bewirken soll. Demgegenüber gehören Berichte, Einschätzungen, Prognosen sowie wirtschaftliche Zielvorstellungen ausschließlich in den darstellenden Teil. Änderung der Rechtsstellung ist jede Regelung der Rechte und Pflichten eines Beteiligten, die von den ansonsten geltenden Regelungen des materiellen Rechts und der Insolvenzordnung im Regelinsolvenzverfahren abweicht. Das Gesetz selbst enthält keine Vorschriften zu der Art der Änderungen, da diese als Bestandteil der Gläubigerautonomie von den Beteiligten selbst festzulegen sind. Für die Insolvenzgläubiger kommen insbesondere (Teil-)Verzichte, Stundungen, der Ausgleich von Stundungen durch zusätzliche Verzinsung oder Besicherung oder vergleichbare Regelungen in Betracht.

Änderung der Rechtsstellung der Beteiligten

Bezogen auf die unterschiedlichen Beteiligten gilt es für die in Betracht kommenden Änderungen wie folgt zu differenzieren:

- Für die einfachen Insolvenzgläubiger ist der Anspruch auf die Quote plandispositiv (§§ 187 ff. InsO). Im gestaltenden Teil ist anzugeben, um welchen Bruchteil die Forderung gekürzt, für welchen Zeitraum sie gestundet, wie sie gesichert oder welchen sonstigen Regeln sie unterworfen ist (§ 224 InsO).

Insolvenzgläubiger

- Ist im Insolvenzplan nichts anderes bestimmt, bleiben die Rechte der absonderungsberechtigten Gläubiger unberührt (§ 223 Abs. 1 InsO). Ist eine Änderung deren Rechtsstellung gewollt, so ist sie im gestaltenden Teil anzugeben.

Absonderungsberechtigte Gläubiger

- Forderungen nachrangiger Insolvenzgläubiger gelten als erlassen, soweit nicht im Insolvenzplan eine andere Regelung getroffen wird (§ 225 Abs. 1 InsO).

Nachrangige Insolvenzgläubiger

- Die Rechtsstellung der Massegläubiger kann in einem Insolvenzplan grundsätzlich nicht beschränkt werden. Regelungen für Forderungen der Massegläubiger sind im gestaltenden Teil nur dann zulässig, wenn im Fall der Masseunzulänglichkeit ein Planverfahren durchgeführt wird. In diesem Fall treten die Massegläubiger an die Stelle der nicht nachrangigen Insolvenzgläubiger (§ 210a Nr. 1 InsO).

Massegläubiger

- Die Rechte der am schuldnerischen Rechtsträger beteiligten Personen bleiben dann unberührt, wenn der gestaltende Teil keine abweichende Regelung enthält (§ 225a Abs. 1 InsO). Wenn es zu Eingriffen und Änderungen deren Rechtsstellung kommt, sind diese dagegen im gestaltenden Teil zu regeln.

Gesellschafter/Anteilseigner

- Der Schuldner wird grundsätzlich durch die Regelungen im gestaltenden Teil von seinen restlichen Verbindlichkeiten befreit (§ 227 Abs. 1 InsO). Dies gilt auch für persönlich haftende Gesellschafter, sofern der Schuldner eine Gesellschaft ohne Rechtspersönlichkeit oder eine KGaA ist (§ 227 Abs. 2 InsO). Für den Schuldner können jedoch auch Regelungen zu dessen persönlicher Haftung getroffen werden, die von den gesetzlichen Regelungen abweichen, insbesondere zur Forthaftung und zur Restschuldbefreiung.

Schuldner

Die im gestaltenden Teil festgelegten Wirkungen treten mit der Rechtskraft der Bestätigung des Plans durch das Insolvenzgericht ein (§ 254 InsO).

14 Die Insolvenz als Sanierungsinstrument

Gruppenbildung

Bei der Festlegung der Rechte der Beteiligten im gestaltenden Teil des Insolvenzplans sind Gruppen zu bilden, soweit Beteiligte mit unterschiedlicher Rechtsstellung betroffen sind (§ 222 Abs. 1 S. 1 InsO). Es ist zu unterscheiden zwischen:

- absonderungsberechtigten Gläubigern, wenn durch den Plan in deren Rechte eingegriffen wird;
- nicht nachrangigen Insolvenzgläubigern;
- einzelnen Rangklassen der nachrangigen Insolvenzgläubiger, sofern deren Forderungen nicht nach § 225 InsO als erlassen gelten sollen;
- am Schuldner beteiligte Personen, wenn deren Anteils- oder Mitgliedschaftsrechte in den Plan einbezogen werden (§ 222 Abs. 1 S. 2 InsO).

Die Arbeitnehmer sollen eine besondere Gruppe bilden, wenn sie als Insolvenzgläubiger mit nicht unerheblichen Forderungen beteiligt sind (§ 222 Abs. 3 S. 1 InsO).

Es können vom Planverfasser weitere Untergruppen gebildet werden, solange die Abgrenzungskriterien gemessen an deren unterschiedlichen Interessen sachgerecht erscheinen. Die Einteilung der Gläubiger in verschiedene Gruppen stellt dabei eine Veränderung gegenüber der regulären Gläubigerbeteiligung im Insolvenzverfahren dar. Denn durch die Gruppenbildung werden die Mehrheitsverhältnisse für die Abstimmung über den Insolvenzplan abweichend von der regulären Mehrheitsregelung für die Gläubigerversammlung bestimmt, der Gleichbehandlungsgrundsatz gilt nur noch innerhalb der Gruppen.

Weitere Regelungen im gestaltenden Teil

Zudem können im gestaltenden Teil Regelungen über die Überwachung der Planerfüllung (§§ 260 ff. InsO) und einen vorrangigen Kreditrahmen (§ 264 InsO) vorgesehen werden. Soweit hierdurch ein Nachrang von Insolvenzforderungen begründet wird oder Rechtsgeschäfte des Schuldners an die Zustimmung des Insolvenzverwalters gebunden werden, ist hierin eine Änderung der Rechtsstellung der Beteiligten zu sehen.

Website: Musterinsolvenzplan

Auf der Website zum Buch finden Sie einen Musterinsolvenzplan.

14.4.6 Das Abstimmungsverfahren

Erörterungs- und Abstimmungstermin

Nach einer Vorprüfung durch das Insolvenzgericht wird der Insolvenzplan den Beteiligten bekannt gemacht und ein Erörterungs- und Abstimmungstermin anberaumt.

Erörterung

Im Erörterungstermin wird den Beteiligten die Gelegenheit eingeräumt, zu den wesentlichen Inhalten und Regelungen des Plans Stellung zu nehmen. Demnach beginnt der Erörterungstermin mit einer Vorstellung des Insolvenzplans und der wesentlichen Planinhalte durch den Planverfasser.[129] Dabei sollen auch die Hintergründe und Überlegungen, die zu den Planregelungen geführt haben, erläutert werden. Anschließend ist den Beteiligten die Möglichkeit einzuräumen, Fragen zu stellen, die vom Planverfasser umfassend beantwortet werden sollen.[130]

Abstimmung

Anschließend wird der Plan zur Abstimmung gestellt. Die Abstimmung im Termin erfolgt in Gruppen. Jede Gruppe, die durch den Plan gebildet wurde, hat über diesen gesondert abzustimmen (§ 243 InsO). Das Insolvenzgericht entscheidet im Rahmen seiner Leitungsfunktion auch über die Reihenfolge, in der die Gruppen abstimmen.[131] Es empfiehlt sich für Beteiligte, die nicht beabsichtigen, zu dem Termin zu erscheinen, Vollmachten zu erteilen und ihr Stimmrecht durch Bevollmächtigte auszuüben.

Zur Annahme des Plans ist grundsätzlich erforderlich, dass alle Gruppen dem Plan zugestimmt haben (§ 244 Abs. 1 Nr. 1 InsO) wobei in jeder Gruppe die sogenannte doppelte Mehrheit zugestimmt haben muss (§ 244 Abs. 1 Nr. 2 InsO). Diese setzt sich zusammen aus der Mehrheit der anwesenden Beteiligten (Kopfmehrheit) und der Mehrheit der Forderungen der abstimmenden Gläubiger (Summenmehrheit). Hat lediglich die Mehrheit der Gruppen zugestimmt, kann der Plan dennoch unter bestimmten Voraussetzungen zustande kommen (§§ 245–247 InsO).

Das sogenannte Obstruktionsverbot soll missbräuchliches Abstimmungsverhalten verhindern. Eine für die Mehrheit der Gläubiger wirtschaftlich optimale Verwertung kann danach auch gegen den Willen einer Abstimmungsgruppe erreicht werden.[132] Auch wenn die erforderlichen Mehrheiten innerhalb der Abstimmungsgruppe nicht erreicht worden sind, gilt daher die Zustimmung einer Abstimmungsgruppe als erteilt, wenn

Obstruktionsverbot

1. die Angehörigen dieser Gruppe durch den Insolvenzplan voraussichtlich nicht schlechter gestellt werden, als sie ohne einen Plan stünden,
2. die Angehörigen dieser Gruppe angemessen an dem wirtschaftlichen Wert beteiligt werden, der auf der Grundlage des Plans den Beteiligten zufließen soll, und
3. die Mehrheit der abstimmenden Gruppen dem Plan mit den erforderlichen Mehrheiten zugestimmt hat (§ 254 Abs. 1 InsO).

Eine angemessene Beteiligung für eine Gläubigergruppe in diesem Sinne liegt vor, wenn nach dem Plan

Angemessene Beteiligung der Gläubigergruppen

1. kein anderer Gläubiger wirtschaftliche Werte erhält, die den vollen Betrag seines Anspruchs übersteigen,
2. weder ein Gläubiger, der ohne einen Plan mit Nachrang gegenüber den Gläubigern der Gruppe zu befriedigen wäre, noch der Schuldner oder eine an ihm beteiligte Person einen wirtschaftlichen Wert erhält,
3. kein Gläubiger, der ohne den Plan gleichrangig mit den Gläubigern der Gruppe zu befriedigen wäre, besser gestellt wird als diese Gläubiger (§ 254 Abs. 2 InsO).

Für die Gruppe der Anteilsinhaber liegt eine angemessene Beteiligung vor, wenn nach dem Plan

Angemessene Beteiligung der Anteilsinhaber

1. kein Gläubiger wirtschaftliche Werte erhält, die den vollen Betrag seines Anspruchs übersteigen, und
2. kein Anteilsinhaber, der ohne einen Plan den Anteilsinhabern der Gruppe gleichgestellt wäre, bessergestellt wird als diese.

Die Anwendung des Obstruktionsverbots erfordert einen Vergleich der im Insolvenzplan vorgesehenen mit der ohne Plan zu erwartenden Befriedigung. Erforderlich ist damit eine eigene Bewertung der Befriedigungsergebnisse durch das Insolvenzgericht. Insofern geht die dem Gericht zugewiesene Aufgabe über die bloße Verfahrensleitung und Rechtsaufsicht hinaus. Um in der Praxis hierbei zu angemessenen Ergebnissen zu kommen und Streitigkeiten der Beteiligten über wirtschaftliche Prognosen, Einschätzungen und Bewertungen zu vermeiden, lassen sich aus dem Gesetz selbst Anhaltspunkte für die Vorgehensweise ableiten:

Gesetzliche Anhaltspunkte zur Vorgehensweise

- Zu vergleichen ist der Wert der Planbefriedigung für die Gläubiger derjenigen Gruppe, um deren Zustimmung es geht, mit dem Wert, der diesen Gläubigern im Falle der alternativen Regelverwertung zufließen würde.
- Die Planbefriedigung und die Regelbefriedigung sind in Zahlen zu vergleichen. Die anerkannten betriebswirtschaftlichen Verwertungsmethoden erlauben die Rückführung jedes künftigen wirtschaftlichen Ergebnisses auf einen gegenwärtigen Geldwert.[133] Das Insolvenzgericht kann verlangen, dass jede Äußerung der Beteiligten hierzu auf Vergleichszahlen gerichtet ist, die zu begründen und auf den Zeitpunkt des voraussichtlichen Eintritts der Rechtskraft des Insolvenzplans zurückzurechnen sind.
- Die meisten Elemente der Vergleichsrechnung liegen dem Gericht bereits vor. Zur Prüfung der Vergleichsrechnung im darstellenden Teil des Insolvenzplans kann es insbesondere auf das Verzeichnis der Massegegenstände und die Vermögensübersicht zurückgreifen.
- Das Gericht kann von Amts wegen eigene Ermittlungen anstellen, insbesondere Sachverständige bestellen, ist jedoch nicht gehalten, zusätzliche Tatsachen zu ermitteln. Das Gesetz fordert als Voraussetzung zur Zustimmungsersetzung, dass die Gläubiger der betroffenen Gruppe mindestens so gut wie ohne den Plan gestellt werden. Kann es sich hiervon nicht überzeugen, darf das Insolvenzgericht die Zustimmung der widersprechenden Gruppe nicht als erteilt ansehen.

Minderheitenschutz

Das Obstruktionsverbot wird flankiert durch den Minderheitenschutz (§ 251 InsO), der von einzelnen Gläubigern geltend gemacht werden kann. Auf Antrag eines Gläubigers, der innerhalb einer Gruppe überstimmt wurde, oder, wenn der Schuldner keine natürliche Person ist, einer am Schuldner beteiligten Person, ist die Bestätigung des Insolvenzplans zu versagen, wenn

1. der Antragsteller dem Plan spätestens im Abstimmungstermin schriftlich oder zu Protokoll widersprochen hat und
2. der Antragsteller durch den Plan voraussichtlich schlechter gestellt wird, als er ohne einen Plan stünde (§ 251 Abs. 1 InsO).

Der Antrag ist nur zulässig, wenn der Antragsteller spätestens im Abstimmungstermin glaubhaft macht, dass er durch den Plan voraussichtlich schlechter gestellt wird als ohne Plan (§ 251 Abs. 2 InsO). Der Antrag ist abzuweisen, wenn im gestaltenden Teil des Plans Mittel für den Fall bereitgestellt werden, dass ein Beteiligter eine solche Schlechterstellung nachweist. Ob der Beteiligte einen Ausgleich aus diesen Mitteln erhält, ist außerhalb des Insolvenzverfahrens zu klären (§ 251 Abs. 3 InsO).

Zustimmung des Schuldners

Die Annahme des Insolvenzplans erfordert des Weiteren die Zustimmung des Schuldners (§ 247 InsO). Die Zustimmung des Schuldners gilt jedoch als erteilt, wenn er dem Insolvenzplan nicht spätestens im Abstimmungstermin schriftlich widerspricht. Ein Widerspruch des Schuldners ist unbeachtlich, wenn der Schuldner durch den Plan voraussichtlich nicht schlechter gestellt wird, als er ohne einen Plan stünde, und kein Gläubiger einen wirtschaftlichen Wert erhält, der den vollen Betrag seines Anspruchs übersteigt: sogenanntes Obstruktionsverbot des Schuldners.

14.4.7 Die Planbestätigung durch Beschluss des Insolvenzgerichts

Der mit den erforderlichen Mehrheiten angenommene Insolvenzplan wird vom Gericht durch einen entsprechenden Beschluss bestätigt. Nach Rechtskraft des Beschlusses treten die im gestaltenden Teil festgelegten Wirkungen für und gegen alle Verfahrensbeteiligten ein (§ 254 Abs. 1 S. 1 InsO).

Planbestätigung durch das Insolvenzgericht

Es bestehen eingeschränkte Rechtsschutzmöglichkeiten gegen einen gerichtlich bestätigten Insolvenzplan. Der gerichtliche Bestätigungsbeschluss ist einem Freigabeverfahren nach aktienrechtlichem Vorbild angenähert (vgl. § 246a AktG). Auf Antrag des Insolvenzgerichts weist das zuständige Landgericht die Beschwerde eines Gläubigers unverzüglich zurück, wenn das alsbaldige Wirksamwerden des Plans vorrangig erscheint, weil die Nachteile einer Verzögerung des Planvollzugs nach freier Überzeugung des Gerichts die Nachteile für den Beschwerdeführer überwiegen (§ 253 Abs. 4 InsO).

Einschränkung des Beschwerderechts

Eine sofortige Beschwerde durch einen Gläubiger gegen die Bestätigung ist zudem nur zulässig, wenn der Beschwerdeführer

Unzulässigkeit der Beschwerde

1. dem Plan spätestens im Abstimmungstermin schriftlich oder zu Protokoll widersprochen hat,
2. gegen den Plan gestimmt hat und
3. glaubhaft macht, dass er durch den Plan wesentlich schlechter gestellt wird, als er ohne einen Plan stünde, und dass dieser Nachteil nicht durch eine Zahlung aus den in § 251 Abs. 3 InsO genannten Mitteln ausgeglichen werden kann (§ 253 Abs. 2 InsO).

14.4.8 Die Aufhebung des Insolvenzverfahrens

Sobald die Bestätigung des Insolvenzplans rechtskräftig ist und der Insolvenzplan nicht etwas anderes vorsieht, beschließt das Insolvenzgericht die Aufhebung des Insolvenzverfahrens (§ 258 Abs. 1 InsO). Die Auszahlung der im Plan vorgesehenen Quotenzahlung ist dagegen keine Voraussetzung für die Aufhebung des Insolvenzverfahrens.[134] Bei entsprechender Anordnung im gestaltenden Teil des Plans wird der Vollzug des Insolvenzplans durch den Insolvenzverwalter überwacht (§ 260 Abs. 1 InsO). Die Plangläubiger können aus dem bestätigten Insolvenzplan in Verbindung mit dem Tabellenauszug die Zwangsvollstreckung gegen den Schuldner betreiben (§ 257 Abs. 1 InsO). Zudem leben gestundete Forderungen oder teilweise erlassene Forderungen wieder auf, wenn der Schuldner mit der Bezahlung der Planleistungen gegenüber dem betreffenden Gläubiger erheblich in Rückstand gerät (§ 255 Abs. 1 S. 1 InsO), sogenannte Wiederauflebensklausel.

Planerfüllung, Planüberwachung, Verfahrensaufhebung

Behandlung nicht bekannter Insolvenzforderungen

Der Umfang der Einbeziehung von Insolvenzgläubigern, die ihre Forderungen nicht im Insolvenzverfahren angemeldet hatten, ist im Gesetz (vgl. § 254b InsO) nicht eindeutig geregelt.[135] Gemäß § 227 InsO wird der Schuldner, soweit im Plan nichts anderes bestimmt ist, mit der im gestaltenden Teil vorgesehenen Befriedigung der Insolvenzschuldner von seinen restlichen Verbindlichkeiten frei. Nach überwiegender Auffassung[136] hat ein Gläubiger, der nachträglich eine berechtigte Forderung geltend macht, jedoch Anspruch auf Zahlung der Quote, die den Planläubigern der Gruppe zusteht, der er zuzuordnen gewesen wäre, wenn er seine Forderung vor der Abstimmung über den Plan angemeldet hätte. Die Forderung eines Insolvenzgläubigers, die nicht bis zum Abstimmungstermin geltend gemacht worden ist, verjährt innerhalb eines Jahres (§ 259b Abs. 1 InsO). Die Verjährungsfrist beginnt, wenn die Forderung fällig und der Beschluss rechtskräftig ist, durch den der Insolvenzplan bestätigt wurde (§ 259b Abs. 2 InsO).

Anmerkungen

[1] BT-Drucks. 17/5712, S. 17. Silcher in: Arens/Gehrlein/Ringstmeier, Fachanwalts-Kommentar Insolvenzrecht, 2. Auflage 2014, § 1 Rn. 38.
[2] Gesetz zur weiteren Erleichterung der Sanierung von Unternehmen, dessen zentrale Neuregelungen am 01.03.2012 in Kraft getreten sind.
[3] Hierzu und zum Meinungsstand: Buchalik/Schröder, ZInsO 2016, 189, 189.
[4] BGBl. 2011, S. 2582.
[5] Schmidt in Schmidt, Andreas, (Hrsg.): Hamburger Kommentar zum Insolvenzrecht, 5. Auflage 2015, § 1 Rn. 14 unter Verweis auf die Pressemitteilung des BMJ vom 27.10.2011.
[6] Buchalik/Schröder, ZInsO 2016, 189, 191.
[7] Vgl. hierzu Kapitel 14.4.1.1.4.
[8] Zu den Auswirkungen der EuGH-Rechtsprechung auf die Vorfinanzierung von Insolvenzgeld Wimmer, Klaus: Die Auswirkungen der EuGH-Rechtsprechung auf die Vorfinanzierung von Konkursausfallgeld, ZIP 1997, S. 1635–1637, 1635 ff.
[9] §§ 171a, 171c ZVG.
[10] §§ 864 Abs. 1, 870a ZPO.
[11] Regelmäßig liegt bei der Verwertung beweglichen Vermögens ein sog. Dreifachumsatz vor.
[12] Brinkmann in Uhlenbruck, Wilhelm (Hrsg.): Insolvenzordnung, Kommentar, 14. Auflage 2015, § 166 Rz. 14 m. w. N.
[13] Preß/Henningsmeier in Schmidt, Andreas, (Hrsg.): Hamburger Kommentar zum Insolvenzrecht, 5. Auflage 2015, § 177 Rz. 3.
[14] Diese belaufen sich derzeit auf 20 €.
[15] Preß/Henningsmeier in Schmidt, Andreas, (Hrsg.): Hamburger Kommentar zum Insolvenzrecht, 5. Auflage 2015, § 174 Rz. 15.
[16] Preß/Henningsmeier in Schmidt, Andreas, (Hrsg.): Hamburger Kommentar zum Insolvenzrecht, 5. Auflage 2015, § 176 Rz. 3 unter Verweis auf a. A. Nowak in Münchner Kommentar zum Insolvenzrecht § 176 Rz. 3.
[17] Ob der Verwalter sich vertreten lassen kann, wird kontrovers diskutiert, vgl. zum Meinungsstand: Preß/Henningsmeier in Schmidt, Andreas (Hrsg.): Hamburger Kommentar zum Insolvenzrecht, 5. Auflage 2015, § 176 Rz. 5 m. w. N.
[18] BGH, Urteil vom 03.06.2014, II ZR 100/13; Urteil vom 26.03.2007 II ZR 310/05; Urteil vom 29.11.1999 II ZR 273/98.
[19] BGH Urteil vom 23.06.2015 II ZR 366/13.
[20] BGHZ 128, 184, 191.
[21] BGHZ 86, 349.
[22] BGH ZInsO 2014, 195 m. w. N.
[23] Bork, Reinhard: Einführung in das Insolvenzrecht, 5. Auflage 2009, Rz. 204.

[24] BGH, Urt. v. 6. 12. 2007 – IX ZR 113/06, ZInsO 2008, 101 ff. Rn. 20.
[25] Buchalik/Hiebert, ZInsO 2014, 1423, 1482 m. w. N.
[26] BGH, ZInsO 2010, 1090.
[27] BGH WM 1961, 28.
[28] St. Rspr. seit BGHZ 136, 39, 311.
[29] BGH, Urt. v. 12. 5. 2016 – IX ZR 65/14, ZInsO 2016, 1251.
[30] BGH, Urt. v. 12. 5. 2016 – IX ZR 65/14, ZInsO 2016, 1251.
[31] Vgl. zum Begriff Schmidt, Karsten: Organverantwortlichkeit und Sanierung im Insolvenzrecht der Unternehmen, ZIP 1980, S. 328 – 337, 328, 336.
[32] Wellensiek in Schmidt, Karsten/Uhlenbruck, Wilhelm (Hrsg.): Die GmbH in Krise, Sanierung und Insolvenz, 4. Auflage 2009, Rz. 787.
[33] Vgl. Heckschen, in: Reul/Heckschen/Wienberg, Insolvenzrecht in der Gestaltungspraxis, 1. Aufl. Rn. 666.
[34] Buchalik/Schröder, ZInsO 2016, 189, 191.
[35] Buchalik/Schröder, ZInsO 2016, 189, 193.
[36] BAG ZIP 1982, 608.
[37] BAGE 81, 132; BAG NJW 1993, 2259; BAG NZA 1993, 20.
[38] Danko, Franz-Ludwig/Cramer, Jens: Arbeitsrechtliche Aspekte einer Betriebsveräußerung in der Insolvenz, BB-Special 2004, Nr. 5, S. 9–16, 9, 11.
[39] BAG NZA 1999, 422; BAG ZIP 1999, 1572.
[40] BAG ZIP 2003, 1671.
[41] BAG NJW 1984, 627; BAG ZIP 2003, 1671.
[42] Von einer Liquidation sind keineswegs nur kleine Unternehmen betroffen, wie etwa der Fall Schlecker deutlich macht.
[43] Fiebig in Schmidt, Andreas, (Hrsg.): Hamburger Kommentar zum Insolvenzrecht, 5. Auflage 2015, § 270 Rz. 1.
[44] BGH, NZI 2007, 238, 239.
[45] Fiebig in Schmidt, Andreas, (Hrsg.): Hamburger Kommentar zum Insolvenzrecht, 5. Auflage 2015, § 270 Rz. 4.
[46] Fiebig in Schmidt, Andreas (Hrsg.): Hamburger Kommentar zum Insolvenzrecht, 5. Auflage 2015, § 270 Rz. 9.
[47] AG Mannheim, NZI 2014, 412.
[48] AG Hamburg, NZ 2014, 269.
[49] AG Mannheim, NZI 2014, 412.
[50] Möhlenkamp; Andres, Eigenverwaltung in der Insolvenz: Wann ja, wann nein, S. 110.
[51] Möhlenkamp; Andres, Eigenverwaltung in der Insolvenz: Wann ja, wann nein, S. 110.
[52] Fiebig in Schmidt, Andreas (Hrsg.): Hamburger Kommentar zum Insolvenzrecht, 5. Auflage 2015, § 270 Rz. 19a.
[53] Möhlenkamp; Andres, Eigenverwaltung in der Insolvenz: Wann ja, wann nein, S. 111.
[54] Fiebig in Schmidt, Andreas, (Hrsg.): Hamburger Kommentar zum Insolvenzrecht, 5. Auflage 2015, § 270 Rz. 21.
[55] AG Darmstadt, ZInsO 1999, 176, 177; AG Hamburg, FD-InsR 2014, 356310.
[56] AG Mannheim, BeckRS 2014, 05003.
[57] AG Köln, BeckRS 08856.
[58] AG Hamburg, ZIP 2014, 237, 239.
[59] AG Duisburg, ZInsO 2002, 1046 – Babcock Borsig AG.
[60] Uhlenbruck, GmbHR 2005, 817, 825.
[61] Nöll, ZInsO 2013, 746 ff., zum Meinungsstand und den unterschiedlichen Auffassungen der Insolvenzgerichte.
[62] Nöll, ZInsO 2013, 746 ff., zum Meinungsstand und den unterschiedlichen Auffassungen der Insolvenzgerichte.
[63] AG Hamburg, ZIP 2012, 787 f.
[64] AG Köln, ZInsO 2012, 719.
[65] AG München, ZIP 2012, 1470 f.
[66] AG Köln, ZInsO 2012, 719; AG München, ZIP 2012, 1470 f.
[67] AG Hamburg (ZIP 2012, 787 f.), AG Duisburg, Beschl. v. 6.11.2012 – 62 IN 178/12.

68 Hofmann in: Kübler (Hrsg.), Handbuch der Restrukturierung in der Insolvenz, 2. Auflage 2015, §7 S. 243, Rz. 51.
69 BR-Drs. 127/11 zu Nr. 4. BT-Drs. 17/5712, S. 111.
70 DStR 2013, 861.
71 So auch *Hobelsberger*, DStR 2013, 2545.
72 Durch den sich aus § 274 Abs. 2 InsO geregelten Aufgabenbereich werden die dem eigenverwaltenden Schuldner zustehenden Rechte nur im Innenverhältnis eingeschränkt. Auch wenn der Sachwalter gemäß § 175 InsO von seinen Widerspruchsrechten Gebrauch macht, geht die Verwaltungs- und verfügungsmacht nicht auf ihn über.
73 So etwa AG Düsseldorf, Bschl. V. 10.07.2014, ZInsO 2014, 2389.
74 So auch Buchalik, Kraus, ZInsO 2014, 2354, 2358.
75 Schmidt, in: Schmidt, Andreas, (Hrsg.), Hamburger Kommentar zum Insolvenzrecht, 5. Auflage 2015, §1 Rz. 50.
76 Fröhlich/Eckardt, ZInsO 2015, 925, 925.
77 Hofmann in: Kübler, Bruno (Hrsg.): Handbuch der Restrukturierung in der Insolvenz, 2. Auflage 2015, §7 S. 275, Rz. 177.
78 Frind, ZInsO 2012, 1099, 1106 m. w. N. zum Meinungsstand.
79 BT-Drucks. 17/5712, S. 61.
80 Becker, Kraemer, Bieckmann, (2012), Das Schutzschirmverfahren nach §270b InsO, Krisen-, Sanierungs- und Insolvenzberatung Nr. 6/12, S. 245.
81 Buchalik ZInsO 2012, 349, 349.
82 Buchalik ZInsO 2012, 349, 349.
83 Beschlussempfehlung und Bericht des BT-Rechtsausschusses BT-Drucks. 17/7511, S. 50.
84 IDW Fachausschuss Sanierung und Insolvenz (FAS), IDW S 9, FN-IDW 11/2014, S. 617., Rz. 9.
85 IDW Fachausschuss Sanierung und Insolvenz (FAS), IDW ES 9, FN-IDW 4/2012, S. 615 f.
86 Positiv hierzu: Richter am AG Hamburg Frind, ZInsO 2014, 2264.
87 Vgl. hierzu: Hermanns, ZInsO 2014, 992.
88 IDW Fachausschuss Sanierung und Insolvenz (FAS), IDW S 9, FN-IDW 11/2014, S. 618 f., Rz. 23.
89 IDW Fachausschuss Sanierung und Insolvenz (FAS), IDW S 9, FN-IDW 11/2014, S. 619, Rz. 25.
90 IDW Fachausschuss Sanierung und Insolvenz (FAS), IDW S 9, FN-IDW 11/2014, S. 619, Rz. 26.
91 IDW Fachausschuss Sanierung und Insolvenz (FAS), IDW S 9, FN-IDW 11/2014, S. 619, Rz. 26.
92 IDW Fachausschuss Sanierung und Insolvenz (FAS), IDW S 9, FN-IDW 11/2014, S. 619, Rz. 27.
93 IDW Fachausschuss Sanierung und Insolvenz (FAS), IDW S 9, FN-IDW 11/2014, S. 619, Rz. 28.
94 Frind, ZInsO 2012, 1546, 1548. A. A. Siemon (ZInsO 2012, 1045, 1051), der statt eines Sanierungskonzeptes eine gesicherte Fortführung des Geschäftsbetriebs als ausreichend ansieht.
95 So Ri. am AG Ludwigshafen Dr. Stephan Beth, ZInsO 2015, 369, 370.
96 Buchalik (Fn. 6), Vallender, GmbHR 2012, 450, 452; Zipperer/Vallender, NZI 2012, 729, 732; Brinkmann/Zipperer, ZIP 2011, 1337, 1344.
97 MünchKomm-InsO/Kern. 3. Aufl. (Fn. 5), §270b Rn. 41.
98 Beth, ZInsO 2015, 369, 370.
99 Buchalik, Kraus, (2012) Bescheinigung nach §270b InsO, Krisen-, Sanierungs- und Insolvenzberatung Nr. 2/12, S. 61.
100 IDW Fachausschuss Sanierung und Insolvenz (FAS), IDW S 9, FN-IDW 11/2014, S. 616 f., Rz. 9.
101 IDW Fachausschuss Sanierung und Insolvenz (FAS), IDW S 9, FN-IDW 11/2014, S. 616 f., Rz. 9.
102 Kraus, Lenger, Radner (2012), „Viel zu kurz gesprungen...", ZInso 13/2012, S. 588.
103 Kraus, Lenger, Radner (2012), „Viel zu kurz gesprungen...", ZInso 13/2012, S. 588.
104 Kraus, Lenger, Radner (2012), „Viel zu kurz gesprungen...", ZInso 13/2012, S. 588.

[105] Bericht des BT-Rechtsausschusses BT-Drucks. 17/7511, S. 50.
[106] Fiebig in Schmidt, Andreas (Hrsg.): Hamburger Kommentar zum Insolvenzrecht, 5. Auflage 2015, § 270 b Rz. 32.
[107] Klusmeier, ZInsO 2014, 488, 490. Kahlert, in Kübler, Bruno (Hrsg.): Handbuch der Restrukturierung in der Insolvenz, 2. Auflage 2015, § 57 Rz. 51 mwN.
[108] BGH: Urteil vom 16.06.2016 – IX ZR 114/15, IWW-Abrufnummer 186992.
[109] Hofmann in: Kübler (Hrsg.) Handbuch der Restrukturierung in der Insolvenz, § 6 S. 184, Rz. 158.
[110] Schröder, in Schmidt, Andreas (Hrsg.): Hamburger Kommentar zum Insolvenzrecht, 5. Auflage 2015, § 23 Rz. 4.
[111] Buchalik ZInsO 2012, 349, 354, Desch DB 2011, 841, 842.
[112] Neußer in: Kübler, Bruno, (Hrsg.):Handbuch der Restrukturierung in der Insolvenz 2. Auflage 2015, § 10 S. 380, Rz. 11.
[113] Neußer in: Kübler, Bruno (Hrsg.): Handbuch der Restrukturierung in der Insolvenz 2. Auflage 2015, § 10 S. 396, Rz. 82.
[114] Fiebig in Schmidt, Andreas (Hrsg.): Hamburger Kommentar zum Insolvenzrecht, 5. Auflage 2015, § 283 Rz. 3.
[115] Bierbach in: Kübler (Hrsg.) Handbuch der Restrukturierung in der Insolvenz, § 10 S. 314, Rz. 137.
[116] Fiebig in Schmidt, Andreas (Hrsg.): Hamburger Kommentar zum Insolvenzrecht, 5. Auflage 2015, § 276 Rz. 5.
[117] Weitzmann/Thies in Schmidt (Hrsg.): Hamburger Kommentar zum Insolvenzrecht, 5. Auflage 2015 vor § 217 Rz. 1.
[118] Burger, Anton/Schellberg, Bernhard: Der Insolvenzplan im neuen Insolvenzrecht, DB 1994, S. 1833 – 1837, 1833; Hermanns, Michael/Buth, Andrea K.: Der Insolvenzplan als Sanierungsplan, DStR 1997, S. 1178 – 1184, S. 1178.
[119] Thies in Schmidt, Andreas, Hamburger Kommentar zum Insolvenzrecht, 5. Auflage 2015 vor § 217 Rz. 4.
[120] Die Abkürzung „GA" steht für Gläubigerausschuß, die Abkürzung „BR" für Betriebsrat.
[121] Fröhlich/Bächstädt: Erfolgsaussichten eines Insolvenzplans in Eigenverwaltung – ZInsO 2011, S. 986.
[122] LG Traunstein, ZInsO 19999, 577, 580.
[123] Demgegenüber hält Thies, in Schmidt, Andreas (Hrsg.), Hamburger Kommentar zum Insolvenzrecht, 5. Auflage, § 220, Rz. 7 es nur dann als erforderlich an, die Erlöswerte aus einem Asset Deal anzusetzen, wenn ein konkretes, ernst zu nehmendes Angebot eines Kaufinteressenten vorliegt.
[124] Günther, ZInsO 2013, 2037, Braun/Heinrich, NZI 2011, 505 ff.; Rechel/Willemsen, BB 2011, 834 ff.; Hölzle, NZI 2011, 124; Mock/Knof/Hirte, DB 2011, 632; zum weitgehend gleichlautenden vorangegangenen DiskE-ESUG Kresser, ZInsO 2010, 1409 ff. und 693 ff.; Smid, DZWiR 2010, 39.
[125] BGHZ 113, 335, 341 f.; 110, 47, 61 f.; 90, 370.
[126] Simon/Merkelbach, NZG 2012, 121, 123.
[127] Gehrlein, NZI 2012, 257.
[128] Thies in Schmidt, Andreas (Hrsg.): Hamburger Kommentar zum Insolvenzrecht, 5. Auflage 2015, § 221 Rz. 3.
[129] C. Schmidt/Stahlschmidt, in Kübler, Bruno, (Hrsg.): Handbuch der Restrukturierung in der Insolvenz 2. Auflage 2015, S. 977, § 38 Rz. 18.
[130] C. Schmidt/Stahlschmidt, in Kübler, Bruno, (Hrsg.) Handbuch der Restrukturierung in der Insolvenz 2. Auflage 2015, S. 978, § 38 Rz. 20.
[131] C. Schmidt/Stahlschmidt, in Kübler, Bruno, (Hrsg.) Handbuch der Restrukturierung in der Insolvenz 2. Auflage 2015, S. 978, § 38 Rz. 24.
[132] F. Becker, in Kübler, Bruno, (Hrsg.): Handbuch der Restrukturierung in der Insolvenz 2. Auflage 2015, S. 798, § 41 Rz. 1.
[133] Braun in Nerlich, Jörg/Römermann, Volker (Hrsg.): Insolvenzordnung, Kommentar, § 245 Rz. 3 ff., Drukarczyk in MüKo InsO, § 245 Rz. 52–69.

[134] J. Schmidt, in Kübler, Bruno, (Hrsg.): Handbuch der Restrukturierung in der Insolvenz 2. Auflage 2015, S. 893, § 44 Rz. 13.
[135] Thies in Schmidt, Andreas (Hrsg.): Hamburger Kommentar zum Insolvenzrecht, 5. Auflage 2015, § 254 b Rz. 2 m. w. N. zum Meinungsstand.
[136] Thies in Schmidt, Andreas (Hrsg.): Hamburger Kommentar zum Insolvenzrecht, 5. Auflage 2015, § 254 b Rz. 2, 3.

Strafbarkeit und zivilrechtliche Haftung in der Unternehmenskrise

von Martin Lambrecht[1]

Regelmäßig sind die Beteiligten in der Unternehmenskrise, sei es die Geschäftsführung, die Sanierungsberater, der Steuerberater oder die beteiligten Banker darum bemüht, das Unternehmen zu erhalten und eine Sanierung ohne Insolvenz zu schaffen. Da die Insolvenz – bei allen Vorteilen, die sie in Krisensituationen eines Unternehmens mit sich bringen kann – auch erhebliche Nachteile zeigt, kann sie immer nur eine 1b-Lösung sein, sodass das Bemühen um die Vermeidung der Insolvenz oftmals vom guten Willen getragen und menschlich verständlich ist.

Während dieser Bemühungen fallen regelmäßig Sätze wie *„Wenn dieser eine Auftrag abgerechnet ist, dann haben wir die Liquiditätsprobleme gelöst."* oder *„Bisher waren alle meine Sanierungen erfolgreich, ich habe noch nie gehaftet."*

Nach Lektüre dieses Kapitels wird deutlich werden, dass bereits wenige Tage Insolvenzverschleppung Konsequenzen nach sich ziehen können, die die Zuversicht aus der Vergangenheit zu einem existenzvernichtenden Irrtum für die Zukunft werden lassen.

Gegenstand dieses Kapitels ist zunächst die strafrechtliche Verantwortlichkeit der Vertretungsorgane, an die die zivilrechtliche Haftung zum Teil anknüpft, die konsequenterweise im weiteren Teil dieses Kapitels gegenständlich wird. Dem sollen wenigen Worte zum Ausgangspunkt „Unternehmenskrise" vorangestellt werden, wovon dieses Buch zwar insgesamt handelt, jedoch hier unter dem speziellen Aspekt der Anknüpfungspunkte für eine Haftung.

15.1 Ausgangspunkt Krise

Ausgangspunkt für die Betrachtungen in diesem Kapitel ist die Unternehmenskrise, die sich in der Liquiditätskrise und der sodann oftmals folgenden Insolvenzreife manifestiert. Einige der nachfolgend darzustellenden Straftatbestände und zivilrechtlichen Haftungen schließen an die Eröffnung des Insolvenzverfahrens oder die Abweisung des Verfahrens mangels Masse an. Kommt es zu keiner Insolvenz, greifen die Tatbestände nicht. Insofern ist es durchaus verständlich, wenn immer wieder die Hoffnung auf Vermeidung überwiegt, insbesondere dann, wenn realisiert wird, dass bereits eine Vielzahl von Straftat- und Haftungstatbeständen verwirklicht wurde. In diesem Falle gibt es einen vermeintlichen „Point of no return", wobei übersehen wird, dass die fortgesetzte Verschleppung zu einer Vertiefung der Schäden und in der Konsequenz ggf. Ausdehnung des Strafmaßes („besonders schwerer Fall") und unvermeidbaren zivilrechtlichen Haftung führt.

15 Strafbarkeit und zivilrechtliche Haftung in der Unternehmenskrise

Effiziente Haftungsvermeidung

Die früh- und damit rechtzeitige Wahrnehmung der Krise ist Grundlage für eine effiziente Haftungsvermeidung oder zumindest -reduzierung. Unternehmenskrisen treten in den seltensten Fällen plötzlich auf, sondern meistens entwickeln sich die Krisen absehbar – beispielhaft im Standard für Sanierungsgutachten des Instituts der Wirtschaftsprüfer (IDW S 6) dargestellt:

Abb. 53: Krisenstadien nach IDW S 6[2]

Unabhängig davon führt die subjektive Wahrnehmung der Verantwortlichen regelmäßig dazu, dass die Krisenanzeichen zunächst ignoriert und sodann im schlimmsten Falle verschleiert werden, um möglichst lange nach Auswegen zu suchen.

Die außergerichtliche Sanierung unter Vermeidung der Insolvenz ist immer der beste Weg der Sanierung, da die Insolvenz stets zunächst krisenverschärfend wirkt und hinsichtlich der Verfahrenskosten und Goodwill-Einbußen teuer ist. Die von vielen Beratern mittlerweile propagierte „Sanierung unter Insolvenzschutz" kann daher immer nur „second best" (besser noch: second choice) sein, niemals die anzustrebende Sanierungslösung. Anders ist dies, wenn nur noch die insolvenzrechtlichen Möglichkeiten die Sanierung des Unternehmens ermöglichen, insbesondere, wenn Widerstände einzelner wesentlicher Gläubiger im Verhandlungswege nicht ausgeräumt werden können oder die Kosten der außergerichtlichen Sanierung zu hoch sind.

Prüfungen mit Fokus auf Straf- und Haftungstatbestände

Soll die Sanierung in der Insolvenz in Erwägung gezogen werden, müssen sich die Beteiligten sicher sein, nicht zugleich zivilrechtlich oder strafrechtlich haftbar gemacht zu werden. Der Weg eines sanierenden Insolvenzverfahrens kann demnach nur dann aktiv beschritten werden, wenn nicht vorab bereits Straftaten oder Haftungstatbeständen ausgelöst wurden. Das erklärt, warum bereits weit im Vorfeld und während der Bemühungen um eine außergerichtliche Sanierung stets die insolvenzrechtlichen Prüfungen mit Fokus auf Straf- und Haftungstatbestände parallel laufen müssen. Spätestens bei Eintritt der Insolvenzreife, mithin eines Eröffnungsgrundes gemäß §§ 16 ff. InsO in Form der Zahlungsunfähigkeit und/oder Überschuldung, und dem Ablauf der Drei-Wochen-Frist hinsichtlich der Antragspflicht nach § 15a InsO müssen die außergerichtlichen Bemühungen enden. Die Verletzung der Antragspflicht gemäß § 15a InsO löst unmittelbar Haftungstatbestände und eine Strafbarkeit aus, überdies knüpft § 64 GmbHG mit seiner rigiden Haftung an die gleichen Auslösetatbestände an; im Einzelnen dazu später.

Dokumentation einer drohenden Zahlungsunfähigkeit ist kritisch

Geschäftsführer, Unternehmensberater und auch Finanzierer führen in der Krise oftmals aus, dass bislang keine Zahlungsunfähigkeit oder Überschuldung vorläge, sondern „nur" drohende Zahlungsunfähigkeit, es bestünde mithin noch keine Antrags*pflicht*, sondern nur ein Antrags*recht*. Dieser Irrtum ist weit verbreitet. Mit Eintritt der drohenden Zahlungsunfähigkeit entfällt regelmäßig die positive Fortbestehensprognose im Sinne des § 19 Abs. 2 S. 1 InsO („…, es sei denn, die Fortführung des Unternehmens ist … überwiegend wahrscheinlich"). In der Folge ist der Überschuldungsstatus aufzustellen, der – in aller Regel – mit dem Ergebnis der eingetretenen Überschuldung endet und zur Antragspflicht wegen Überschuldung führt. Wird also das Bestehen der drohenden Zahlungsunfähigkeit dokumentiert, löst dies möglicherweise Haftungsfolgen aus. Aus dem vermeintlichen Antragsrecht ist längst eine Antragspflicht geworden.

Von der Strafbarkeit oder der zivilrechtlichen Haftung können grundsätzlich alle Beteiligten in der Unternehmenskrise betroffen sein, die Geschäftsführer ohnehin, aber auch die Gesellschafter, die Unternehmensberater, Sanierungsgeschäftsführer oder Interim-Manager und die Finanzierer und Lieferanten.

> **Merke:**
> Nur die rechtzeitig erkannte Krise und die Beachtung der rechtlichen Konsequenzen daraus führen zu einer Haftungsvermeidung.

15.2 Strafbarkeit in der Unternehmenskrise

In der Unternehmenskrise können zum einen originäre Insolvenzstraftaten wie Insolvenzverschleppung (§ 15a InsO) oder die Bankrottdelikte (§§ 283 ff. StGB) greifen, ebenso allgemeine Straftatbestände wie Betrug (§ 263 StGB), Kreditbetrug (§ 265b StGB), Untreue (§ 266 StGB), Vorenthalten und Veruntreuen von Arbeitsentgelt (§ 266a StGB) oder Steuerhinterziehung (§ 370 AO). Diese Straftatbestände sollen im Folgenden dargestellt werden; bereits an dieser Stelle ist darauf hinzuweisen, dass es sich bei den genannten Straftatbeständen jeweils um sogenannte Schutzgesetze im Sinne des § 823 Abs. 2 BGB handelt. Damit folgt unmittelbar eine persönliche Haftung des Täters auf Schadensersatz aus der Verletzung dieser Straftatbestände.

15.2.1 Insolvenzverschleppung (§ 15a InsO)

Gemäß § 15a Abs. 1 S. 1 InsO haben die Mitglieder des Vertretungsorgans einer juristischen Person ohne schuldhaftes Zögern, spätestens aber drei Wochen nach Eintritt der Zahlungsunfähigkeit oder Überschuldung, einen Eröffnungsantrag zu stellen. *Drei-Wochen-Frist*

Die in der Insolvenzordnung geregelte Antragspflicht bei Eintritt der Insolvenzreife (Zahlungsunfähigkeit und/oder Überschuldung) gilt für sämtliche juristische Personen, d. h. Gesellschaften mit beschränkter Haftung (GmbH), Aktiengesellschaften, Genossenschaften, aber auch solcher nach ausländischer Rechtsform wie der Limited (Ltd.) mit Verwaltungssitz in Deutschland. Darüber hinaus gilt die Insolvenzantragspflicht gemäß § 15a Abs. 1 S. 2 InsO für die organschaftlichen Vertreter von Personengesellschaften ohne Rechtspersönlichkeit, bei denen kein persönlich haftender Gesellschafter eine natürliche Person ist. Typischerweise ist die GmbH & Co. KG zu nennen. Der Gesetzeswortlaut dehnt die Antragspflicht auf sämtliche Gesellschaften aus, bei denen keine natürliche Person persönlich haftet, mithin jede Form von „verschachtelten" Gesellschaften.

Hier wird deutlich, dass keine Insolvenzantragspflicht für natürliche Personen gilt. Dies ist unabhängig von der Unternehmensgröße. Beispielhaft kann hier das Insolvenzverfahren von Anton Schlecker, Inhaber der Firma Anton Schlecker e.K.,[3] genannt werden. Anton Schlecker führte die ca. 8.000 Filialen und 36.000 Mitarbeiter als Einzelkaufmann, war mithin nicht nach §15a InsO zur Stellung eines Insolvenzantrags verpflichtet.

Antragspflichte Vertretungsorgane
Bei den juristischen Personen sind jeweils die Vertretungsorgane antragsverpflichtet:

- bei der GmbH der oder die Geschäftsführer,
- bei der AG der Vorstand,
- bei der Genossenschaft der Vorstand,
- bei der GmbH & Co. KG der Geschäftsführer der Komplementär-GmbH.

Bei verschachtelten Gesellschaften ist die zur Geschäftsführung berufene natürliche Person zum Antrag verpflichtet.

Antragspflicht für jedes einzelne Organmitglied
Hierbei besteht die Antragspflicht für jedes einzelne Organmitglied. Dies gilt unabhängig von der internen Aufgabenverteilung und unabhängig von der etwaigen Regelung im Handelsregister, dass die Vertretungsorgane die Gesellschaft „nur gemeinschaftlich vertreten" dürfen. Die Regelung steht der Antragstellung durch nur ein Organmitglied nicht entgegen. Schon nach dem Wortlaut des §15 Abs. 1 S. 1 InsO ist jedes Mitglied des Vertretungsorgans antragsberechtigt und somit auch antragsverpflichtet.

Sanierungsgeschäftsführern stehen (nur) 2 Tage zu
Die Antragspflicht gilt auch für Sanierungsgeschäftsführer (auch „Chief Restructuring Officer", kurz CRO genannt), die in das Vertretungsorgan bestellt wurden. Hierbei ist dem Sanierungsgeschäftsführer einerseits eine Einarbeitungszeit zuzugestehen, andererseits darf dieser aber die vorgeschriebenen Fristen nicht überschreiten. Mithin muss auch dieser unmittelbar nach seiner Bestellung den Fristenlauf beachten. Problematisch ist dies, wenn die Frist bereits bei seiner Bestellung abgelaufen ist, sodass er ab dem ersten Tag antragsverpflichtet wäre. Hierbei wurde zuletzt durch das OLG Brandenburg im Zusammenhang mit einer Entscheidung zu §64 GmbHG über die Haftung eines Geschäftsführers entschieden, dass dem Sanierungsgeschäftsführer (nur) 2 Tage zuzugestehen sind.[4]

Prüfung vor Amtsantritt
In der Regel wird jedoch die Feststellung der Insolvenzreife regelmäßig einfach sein, überdies ist dem Sanierungsgeschäftsführer dringend anzuraten, sich vor Antritt seines Amtes und Eintritt in das Organ einen entsprechenden Überblick über die wirtschaftliche Lage der Gesellschaft zu verschaffen. Ist er erst einmal im Amt, gelten für ihn eben dieselben Pflichten.

Fremdantrag entbindet nicht
Ist durch einen Gläubiger ein Antrag gestellt, entbindet dies nicht von der Pflicht zur eigenen Antragstellung. Nur der ordnungsgemäße eigene Insolvenzantrag führt zum Erlöschen der Antragspflicht, vgl. §15a Abs. 4 InsO.

15.2 Strafbarkeit in der Unternehmenskrise

Liegt Zahlungsunfähigkeit und/oder Überschuldung vor, ist gemäß § 15a Abs. 1 S. 1 der Antrag „ohne schuldhaftes Zögern, spätestens aber drei Wochen nach Eintritt der Zahlungsunfähigkeit oder Überschuldung" zu stellen. Das Gesetz geht mithin zunächst von Unverzüglichkeit aus (vgl. Legaldefinition in § 121 BGB: ohne schuldhaftes Zögern) aus. Die genannte Drei-Wochen-Frist ist eine Höchstfrist, die nur bei sinnvollen, aussichtsreichen Sanierungsbemühungen beansprucht werden kann.[5] Wenn der Geschäftsführer nicht mehr mit dem Erfolg seiner Bemühungen rechnen kann, muss er eben unverzüglich einen Antrag stellen.

Höchstfrist

> **Merke:**
> Die Drei-Wochen-Frist des § 15a InsO ist eine Höchstfrist und darf nur bei sinnvollen und aussichtsreichen Sanierungsbemühungen ausgeschöpft werden. Ansonsten gilt, dass der Insolvenzantrag ohne schuldhaftes Zögern zu stellen ist.

Umstritten ist der Beginn der Drei-Wochen-Frist. Hierbei werden im Wesentlichen drei Auffassungen vertreten: Eine Auffassung[6] führt aus, dass bereits der objektive Eintritt des Eröffnungsgrundes den Fristenlauf beginnen lässt. Eine andere Auffassung[7] möchte den Fristenlauf erst bei subjektiver Kenntnisnahme des Eröffnungsgrundes durch den Geschäftsführer beginnen lassen. Der BGH sieht den Zeitpunkt der Kenntnisnahme des Geschäftsführers vom Eröffnungsgrund als maßgeblich an.[8] Damit scheint der BGH der zweiten Auffassung zu folgen, unterscheidet sich jedoch darin, dass der BGH auch ein Kennenmüssen zugrunde legt, d. h. dem ordnungsgemäß bzw. sorgfältig handelnden Geschäftsführer muss der Eröffnungsgrund im Zweifel bekannt sein. Damit ist das wesentliche Argument gegen die zweite Auffassung, die auf die subjektive Kenntnisnahme abstellt, dargelegt: Es kann nämlich dem besonders schlampigen Geschäftsführer nicht zugutekommen, dass er vom Eröffnungsgrund keine Kenntnis hat. Dem vorsichtig handelnden Vertretungsorgan ist damit zwingend anzuraten, den Fristenlauf vom objektiven Eintritt des Eröffnungsgrundes an zu berechnen.

Beginn der Drei-Wochen-Frist

Der Fristenlauf beginnt nicht etwa erst mit der Bestellung in das Amt des Geschäftsführers, worauf bereits im Zusammenhang mit dem Sanierungsgeschäftsführer hingewiesen wurde. Ansonsten würde die Möglichkeit eröffnet, alle drei Wochen ein neues Vertretungsorgan zu bestellen und somit die Antragsfrist unendlich hinauszuzögern. Für einen neu bestellten Geschäftsführer, der erst nach Fristablauf bestellt wird, gilt somit, dass er den Insolvenzantrag sofort zu stellen hat, wobei ihm – wenn man dem OLG Brandenburg folgt – hierfür 2 Tage Einarbeitung bleiben, bevor seine Haftung beginnt.

Folge der Verletzung der Insolvenzantragspflicht ist eine Freiheitsstrafe bis zu drei Jahren oder eine Geldstrafe, § 15a Abs. 4 InsO. Dabei gilt nicht nur der überhaupt nicht gestellte Eröffnungstrag als Verletzung der Antragspflicht, sondern auch der nicht richtig und der nicht rechtzeitig gestellte Antrag.

Verletzung der Insolvenzantragspflicht

Überdies ist auch die fahrlässige Verletzung der Insolvenzantragspflicht gemäß § 15a Abs. 5 InsO strafbar. Dabei handelt fahrlässig, wer die im Verkehr erforderliche Sorgfalt außer Acht lässt (§ 276 Abs. 2 BGB). Fahrlässigkeit wäre zum

Fahrlässigkeit

Beispiel dann anzunehmen, wenn das Vertretungsorgane irrtümlich annimmt, der bereits festgestellte Eröffnungsgrund sei zwischenzeitlich beseitigt.

Es stellt sich im Zusammenhang mit der Insolvenzverschleppung – auch hinsichtlich einer Fahrlässigkeit oder Vorsatzes des Geschäftsführers – die Frage, ob der Geschäftsführer sich mittels Verweis auf die Fehlinformationen aus der Buchhaltung exkulpieren kann. Aus den allgemeinen Ausführungen des BGH[9] zu den Anforderungen an den Geschäftsführer lässt sich ableiten, dass dieser selbst verpflichtet ist, die Überschuldung und die Zahlungsunfähigkeit zu prüfen. Die bloße (falsche) Mitteilung der Buchhaltung, es läge keine Zahlungsunfähigkeit vor, genügt nicht. Die Prüfungspflichten sind damit nicht erfüllt.

Etwas Anderes könnte nur dann gelten, wenn die Buchhaltung falsche Zahlen vorlegt, auf deren Basis der Geschäftsführer keine Insolvenzreife feststellen konnte.

Es soll nicht ausgeschlossen sein, dass sich der Antragspflichtige in einer das Verschulden ausschließenden Weise auf die Informationen bzw. das Verhalten anderer verlassen darf, gleich ob es andere Antragspflichtige, nachgeordnete Mitarbeiter oder externe Dritte wie Wirtschaftsprüfer oder Rechtsanwälte sind. Ob in diesen Fällen ein Verschulden vorliegt, richtet sich vor allem nach den Kontroll- und Überwachungspflichten des Antragspflichtigen im Hinblick auf diese Personen. Eine Exkulpation scheidet aus, wenn dem Antragspflichtigen bei der Auswahl derjenigen, auf die er sich verlässt, ein Auswahlverschulden zur Last fällt. Dies gilt im Rahmen der allgemeinen gesellschaftsrechtlichen Geschäftsleiterhaftung bei delegierbaren Aufgaben (§§ 93 AktG, 43 GmbHG, 34 GenG) und muss erst recht im Bereich nicht delegierbarer Aufgaben – wie hier – gelten.[10]

Darüber hinaus obliegt dem Geschäftsführer die ordnungsgemäße Buchführung, § 41 GmbHG. Diese Aufgabe kann er zwar delegieren, es verbleibt bei ihm jedoch eine Restverantwortung. Diese beinhaltet neben der sorgsamen Auswahl des Mitarbeiters auch dessen ständige Überwachung, damit sichergestellt ist, dass dieser objektiv und subjektiv in der Lage ist, die Buchführung ordnungsgemäß zu besorgen. Es genügt für die Erfüllung dieser (Rest-)Pflichten nicht, wenn ein Geschäftsführer lediglich auf die jährliche Prüfung durch den Abschlussprüfer verweist.[11]

Letztlich ist eine Exkulpation aber auch deshalb immer misslich, weil den Geschäftsführer dafür die Darlegungs- und Beweislast trifft.

15.2.2 Insolvenzstraftaten (§§ 283 ff. StGB)

Schutz der Insolvenzmasse Im Strafgesetzbuch finden sich im 24. Abschnitt die sogenannten Insolvenzstraftaten. Rechtsgut dieser Insolvenzdelikte ist der Schutz der etwaigen Insolvenzmasse vor unwirtschaftlicher Verringerung, Verheimlichung und ungerechter Verteilung.[12] Voraussetzung für die Insolvenzstraftaten ist das Handeln des Täters während einer Krise. Das Gesetz knüpft in sämtlichen nachfolgend relevanten Vorschriften der §§ 283 ff. StGB an die Insolvenzeröffnung, die Zahlungseinstellung oder die Abweisung des Eröffnungsantrags mangels

Masse an, sodass sich die mit Strafe bedrohte Handlung erst im Falle eines Insolvenzverfahrens bzw. dessen Abweisung mangels Masse manifestiert; die Zahlungseinstellung führt wegen §17 Abs. 2 S. 2 InsO meistens kurzfristig zu einem Insolvenzverfahren. Die Handlung selbst kann jedoch bereits bei Überschuldung oder eingetretener oder drohender Zahlungsunfähigkeit geschehen sein, mithin vor einer Antragstellung als solche.

Die Zahlungseinstellung als objektive Bedingung der Strafbarkeit ist allerdings auch dann möglich, wenn keine Zahlungsunfähigkeit vorliegt, der Täter zwar zahlungsfähig, aber zahlungsunwillig ist. Bei fälligen Verbindlichkeiten erscheint dies gleichwohl selten bzw. abwegig, wenn dadurch ein Insolvenzantrag provoziert wird.

15.2.2.1 Bankrott (§ 283 StGB)

Der Straftatbestand des Bankrotts in § 283 StGB enthält einen Katalog sogenannter Bankrotthandlungen, die unter Strafe gestellt werden. Hiernach wird *mit Freiheitsstrafe bis zu fünf Jahren oder mit Geldstrafe bestraft,*

Bankrotthandlungen

wer bei Überschuldung oder bei drohender oder eingetretener Zahlungsunfähigkeit

1. *Bestandteile seines Vermögens, die im Falle der Eröffnung des Verfahrens zur Insolvenzmasse gehören, beiseite schafft oder verheimlicht oder in einer den Anforderungen einer ordnungsgemäßen Wirtschaft widersprechenden Weise zerstört, beschädigt oder unbrauchbar macht,*
2. *...*
3. *Waren oder Wertpapiere auf Kredit beschafft und sie oder die aus diesem Waren hergestellten Sachen erheblich unter ihrem Wert in einer den Anforderungen einer ordnungsgemäßen Wirtschaft widersprechenden Weise veräußert oder sonst abgibt,*
4. *Rechte anderer vortäuscht oder erdichtete Rechte anerkennt,*
5. *Handelsbücher, zu deren Führung er gesetzlich verpflichtet ist, zu führen unterlässt oder so führt oder ändert, dass die Übersicht über seinen Vermögensstand erschwert wird,*
6. *Handelsbücher oder sonstige Unterlagen, zu deren Aufbewahrung ein Kaufmann nach Handelsrecht verpflichtet ist, vor Ablauf der für Buchführungspflichtige bestehenden Aufbewahrungsfristen beiseite schafft, verheimlicht, zerstört oder beschädigt oder dadurch die Übersicht über sein Vermögenstand erschwert,*
7. *entgegen dem Handelsrecht*
   a) *Bilanzen so aufstellt, dass die Übersicht über sein Vermögen stark erschwert wird, oder*
   b) *es unterlässt, die Bilanz seines Vermögens oder das Inventar in der vorgeschriebenen Zeit aufzustellen, oder*
8. *in einer anderen, den Anforderungen einer ordnungsgemäßen Wirtschaft grob widersprechenden Weise sein Vermögen schon verringert oder seine wirklichen geschäftlichen Zeugnisse verheimlicht oder verschleiert.*

Zweck der Vorschrift ist erkennbar, die künftige Insolvenzmasse vor unwirtschaftlichen Verringerungen zu schützen, die den Anforderungen einer ordnungsgemäßen Wirtschaft widersprechen. Voraussetzung dafür ist die Überschuldung oder die eingetretene oder drohende Zahlungsunfähigkeit.

Voraussetzung

Hinsichtlich der Ziffern, die sich auf die Buchführungspflicht beziehen, wird auf das Handelsrecht abgestellt. Bei einer GmbH ist der Geschäftsführer strafrechtlich verantwortlich, unabhängig von der geschäftsinternen Ressortverteilung. Jeder Geschäftsführer muss sich grundsätzlich der ordnungsgemäßen Buchführung versichern.[13] Bei Personenhandelsgesellschaften sind alle persönlich haftenden Gesellschafter verpflichtet, selbst wenn vertragsmäßig die Verantwortung für die Buchführung nur einem einzelnen von ihnen übertragen ist.[14] Dies gilt nicht für die von der Geschäftsführung ausgeschlossen Gesellschafter, ebenso nicht für Kommanditisten.

> **Merke:**
> Unabhängig von der internen Ressortverteilung ist jeder Geschäftsführer verantwortlich für die Einhaltung der strafbewehrten Pflichten wie der Buchführungspflichten.

Strafbarkeit des Buchhalters

Relevant ist, dass diese Vorschrift der Verletzung der bestehenden Buchführungspflicht auch eine Strafbarkeit des Buchhalters oder beauftragten Steuerberaters auslösen kann. Nach § 14 Abs. 2 Nr. 2 StGB sind die besonderen persönlichen Merkmale, die eine Strafbarkeit begründen, auch auf den Beauftragten anzuwenden, wenn jemand von dem Inhaber eines Betriebs oder einem sonst dazu Befugten beauftragt ist, den Betrieb ganz oder zum Teil zu leiten, oder ausdrücklich beauftragt ist, in eigener Verantwortung Aufgaben wahrzunehmen, die dem Inhaber des Betriebs obliegen. Dies kann damit ggf. auch für Interim-Manager oder Berater gelten, die gerade die Aufgabe übernommen haben, die „Zahlenwelt" des Unternehmens zu ordnen und eine ordnungsgemäße Berichterstattung beispielsweise an Banken sicherzustellen.

Zur Verwirklichung des Straftatbestandes des Bankrotts muss Vorsatz vorliegen, wenngleich bedingter Vorsatz[15] ausreichend ist. Der Vorsatz muss sich darauf beziehen, dass die Krise besteht.

Durch § 283 Abs. 2 StGB wird auch unter Strafe gestellt, wer durch die bezeichneten Handlungen erst eine Überschuldung oder Zahlungsunfähigkeit herbeiführt. In diesem Falle muss sich der Vorsatz darüber hinaus darauf erstrecken, dass der Taterfolg, namentlich die Zahlungsunfähigkeit oder Überschuldung, eintritt. Gläubigerbenachteiligungsabsicht hingegen braucht der Täter nicht zu haben.[16]

Strafbar macht sich auch derjenige, der die Überschuldung oder die drohende oder eingetretene Zahlungsunfähigkeit fahrlässig nicht kennt bzw. leichtfertig verursacht.

Die Tat nach § 283 StGB wird jedoch nur dann bestraft, wenn der Täter seine Zahlungen eingestellt hat oder über sein Vermögen ein Insolvenzverfahren eröffnet oder der Eröffnungsantrag mangels Masse abgewiesen worden ist. Dies ist eine sogenannte objektive Bedingung der Strafbarkeit, ohne die eine Strafbarkeit nicht eintritt.

15.2.2.2 Besonders schwerer Fall des Bankrotts (§ 283a StGB)

Ein besonders schwerer Fall des Bankrotts liegt *in der Regel* vor, wenn der Täter

1. *aus Gewinnsucht handelt oder*
2. *wissentlich viele Personen in die Gefahr des Verlustes ihrer ihm anvertrauten Vermögenswerte oder in wirtschaftliche Not bringt.*

In diesen besonders schweren Fällen wird der Bankrott mit Freiheitsstrafe von sechs Monaten bis zu zehn Jahren bestraft.

Gewinnsucht meint dabei ein überzogenes, rücksichtsloses und sittlich anstößiges Erwerbsinteresse.[17] Bei dem Regelbeispiel Ziff. 2 genügt es, wenn die Gefahr des Verlustes hinreichend konkret geworden ist, ohne dass bereits ein Verlust eingetreten ist. Es genügt auch bereits ein Teilverlust.[18]

Gewinnsucht

Außerhalb der sogenannten Regelbeispiele kommt der besonders schwere Fall des Bankrotts insbesondere auch bei Insolvenzen mit erheblichen Schäden für eine Vielzahl von Personen in Betracht.

15.2.2.3 Verletzung der Buchführungspflicht (§ 283b StGB)

Der Straftatbestand des § 283b StGB (Verletzung der Buchführungspflicht) erfasst Verstöße gegen die Buchführungs- und Bilanzierungspflichten. Hiernach wird

Verletzung der Buchführungspflicht

mit Freiheitsstrafe bis zu zwei Jahren oder mit Geldstrafe bestraft, wer
1. *Handelsbücher, zu deren Führung er gesetzlich verpflichtet ist, zu führen unterlässt oder so führt oder verändert, dass die Übersicht über seinen Vermögensstand erschwert wird,*
2. *Handelsbücher oder sonstige Unterlagen, zu deren Aufbewahrung er nach Handelsrecht verpflichtet ist, vor Ablauf der gesetzlichen Aufbewahrungsfrist beiseite schafft, verheimlicht, zerstört oder beschädigt und dadurch die Übersicht über seinen Vermögensstand erschwert,*
3. *entgegen dem Handelsrecht*
    a) *Bilanzen so aufstellt, dass die Übersicht über seinen Vermögensstand erschwert wird, oder*
    b) *es unterlässt, die Bilanz seines Vermögens oder das Inventar in der vorgeschriebenen Zeit aufzustellen.*

Es gilt auch bei dieser Vorschrift die objektive Bedingung der Strafbarkeit gemäß § 283 Abs. 6 StGB, wonach die Tat nur dann strafbar ist, wenn der Täter seine Zahlungen eingestellt hat oder über sein Vermögen das Insolvenzverfahren eröffnet oder der Antrag mangels Masse abgewiesen worden ist (§ 283b Abs. 3 StGB).

Objektive Bedingung der Strafbarkeit

Relevant ist in der Krise insbesondere § 283b Abs. 1 Nr. 3b), denn regelmäßig unterbleibt in der Krise die Aufstellung der Bilanz in der vorgeschriebenen Zeit. Hinsichtlich „der vorgeschriebenen Zeit" gelten die handelsrechtlichen Fristen.

Handelsrechtliche Fristen

Nach § 264 Abs. 1 S. 3 HGB sind der Jahresabschluss und der Lagebericht von den gesetzlichen Vertretern in den ersten drei Monaten des Geschäftsjahres für das vergangene Geschäftsjahr aufzustellen. Kleine Kapitalgesellschaften (§ 267 Abs. 1 HGB) brauchen den Lagebericht nicht aufzustellen; sie dürfen den Jahresabschluss auch später aufstellen, wenn dies einem ordnungsgemäßen Geschäftsgang entspricht, jedoch spätestens innerhalb der ersten sechs Monate des Geschäftsjahres. Die Größenklassen sind seit Änderungen der Insolvenzordnung durch das Gesetz zur weiteren Erleichterung der Sanierung von Unternehmen (ESUG) aus der Regelung zu Pflichtgläubigerausschüssen in §22a Abs.1 InsO bekannt. Kleine Kapitalgesellschaften sind gemäß §267 Abs.1 HGB solche, die mindestens zwei der drei nachstehenden Merkmale nicht überschreiten:

1. 6.000.000 Euro Bilanzsumme,
2. 12.000.000 Euro Umsatzerlöse in den zwölf Monaten vor dem Abschlussstichtag,
3. im Jahresdurchschnitt 50 Arbeitnehmer.

Anders als in der Regelung §283 Abs.1 Nr.6 StGB kann §283b StGB auch von Tätern verwirklicht werden, die selbst keine Aufbewahrungspflicht nach HGB trifft. Überdies wird anders als in §283 StGB keine Krise vorausgesetzt; §283b StGB ist ein abstraktes Gefährdungsdelikt, bei dem es nicht auf die Verletzung eines Rechtsgutes ankommt, sondern allein bereits die Schaffung einer Gefahr für die Verwirklichung ausreicht. Der Gesetzgeber stuft insoweit bereits die Verletzung der kaufmännischen Pflichten als hinreichend gefährliche Handlung ein.

Erweiterung des Täterkreises

Es ist wiederum die bereits erwähnte Erweiterung des Täterkreises durch §14 Abs.2 StGB zu beachten. Ist demnach jemand von dem Inhaber eines Betriebs beauftragt, die handelsrechtliche Buchführung und Bilanzierungspflichten wahrzunehmen, wie der Steuerberater, ein sonstiger Berater oder Interim-Manager, und handelt dieser aufgrund dieses Auftrags, so kann diesen bei Verletzung der Pflicht die Strafbarkeit nach §283b StGB treffen.

> **Merke:**
> Über die Regelung in §14 Abs.2 StGB kann die strafrechtliche Verantwortung für die Verletzung von Pflichten, die originär bei der Geschäftsführung liegen, den beauftragten Berater treffen.

Probleme bei negativer Fortführungsprognose

In der Krise oftmals problematisch ist die Tatsache, dass sich die Steuerberater bzw. Wirtschaftsprüfer mit der Aufstellung des Jahresabschlusses schwertun, weil der Ansatz der Aktiva zu Fortführungswerten (Going concern) eine positive Fortführungsprognose voraussetzt, hierfür aber wiederum die Krise i.S. einer Existenzbedrohung beseitigt sein muss. Droht absehbar Zahlungsunfähigkeit, kann eine positive Fortführungsprognose nicht zugrunde gelegt werden. Überdies ist bei drohender Zahlungsunfähigkeit regelmäßig auch die Fortbestehensprognose des §19 Abs.1 InsO negativ, sodass von insolvenzrechtlicher Überschuldung und damit einer Antragspflicht auszugehen ist. In diesem Falle kann der Steuerberater den Jahresabschluss nicht zu Fortführungswerten aufstellen, bis die Krise beseitigt ist.

Mandatsniederlegung

Regelmäßig wird in der Krise überdies zunächst bei vermeintlich nicht zwingend erforderlichen Dienstleistungen, so u.a. der Aufstellung des Jahresabschlusses, „gespart". In der Konsequenz stellen die Dienstleister ihre Leistungen ein, eben auch der Steuerberater die entsprechenden Jahresabschlussarbeiten, was zu einer Strafbarkeit der Verantwortlichen führen kann. Für den beauftragten Steuerberater oder sonstigen Beauftragten i.S. des § 14 Abs. 2 StGB ist übrigens in der Folge geboten, dass er die Niederlegung seines Mandats rechtzeitig anzeigt, um sich nicht über § 14 Abs. 2 StGB strafbar zu machen.

15.2.2.4 Gläubigerbegünstigung (§ 283c StGB)

Eine weitere Straftat im Rahmen der Insolvenzstraftaten ist die Gläubigerbegünstigung nach § 283c StGB. Diese soll verhindern, dass die künftige Insolvenzmasse nicht durch Vermögensverschiebungen zugunsten Dritter beeinträchtigt wird und stellt mithin denjenigen unter Strafe,

Gläubigerbegünstigung

wer in Kenntnis seiner Zahlungsunfähigkeit einem Gläubiger eine Sicherheit oder Befriedigung gewährt, die dieser nicht oder nicht in der Art oder nicht zu der Zeit zu beanspruchen hat, und ihn dadurch absichtlich oder wissentlich vor den übrigen Gläubigern begünstigt.

Die Formulierung „nicht oder nicht in der Art oder nicht zu der Zeit zu beanspruchen hat" ist bekannt aus der Insolvenzanfechtung bei inkongruenten Deckungen, die die Rückforderung solcher Leistungen durch den Insolvenzverwalter nach Anfechtungsrecht (§§ 129, 131 InsO) ermöglicht. Die Anfechtung ist dabei lediglich das zivilrechtliche Spiegelbild der Rückgängigmachung solcher vom Gesetzgeber unterbundenen Vermögensverschiebungen, während § 283c StGB diese Handlungen mit Freiheitsstrafe von bis zu zwei Jahren oder mit Geldstrafe bedroht. Dabei ist bereits der Versuch strafbar.

Es gilt wiederum die objektive Bedingung der Strafbarkeit, dass der Täter die Zahlungen eingestellt hat, dass ein Insolvenzverfahren eröffnet oder mangels Masse abgewiesen sein muss, § 283c Abs. 3 StGB i. V. m. § 283 Abs. 6 StGB.

Objektive Bedingung

Voraussetzung einer Strafbarkeit nach § 283c StGB wegen eines vollendeten Delikts ist der Erfolg der Gläubigerbegünstigung (sog. Erfolgsdelikt). Bereits der Versuch ist aber strafbar. Der Versuch beginnt mit dem Beginn der Begünstigungshandlung. So reicht zum Beispiel ein Überweisungsauftrag an die eigene Bank; mit der Gutschrift bei dem Gläubiger ist die Tat vollendet.[19]

Versuch ist strafbar

Gläubiger nach dieser Vorschrift ist jeder Inhaber eines vermögensrechtlichen Anspruchs gegen den Schuldner, was jedoch nicht nur Insolvenzgläubiger, sondern auch Absonderungsberechtigte und Massegläubiger sein können.[20] Eine kongruente Deckung eines Anspruchs hingegen, d. h. eine zulässige Deckung, die der Gläubiger zivilrechtlich gerade zu dieser Zeit oder in dieser Art einredefrei fordern konnte, fällt nicht unter den Tatbestand.

15.2.2.5 Schuldnerbegünstigung (§ 283d StGB)

Während die Gläubigerbegünstigung den Schuldner erfasst, der Bestandteile seines Vermögens, das später zur Insolvenzmasse gehört, einem Gläubiger verschafft, stellt die Schuldnerbegünstigung nach § 283d StGB denjenigen unter Strafe, der

Schuldnerbegünstigung

1. in Kenntnis der einem anderen drohenden Zahlungsunfähigkeit oder

2. nach Zahlungseinstellung, in einem Insolvenzverfahren oder in einem Verfahren zur Herbeiführung der Entscheidung über die Eröffnung des Insolvenzverfahrens eines anderen

Bestandteile des Vermögens eines anderen, die im Falle der Eröffnung des Insolvenzverfahrens zur Insolvenzmasse gehören, mit dessen Einwilligung oder zu dessen Gunsten beiseite schafft oder verheimlicht oder in einer den Anforderungen einer ordnungsgemäßen Wirtschaft widersprechenden Weise zerstört, beschädigt oder unbrauchbar macht.

Objektive Bedingung Für die Schuldnerbegünstigung ist demnach erforderlich, dass der Dritte, regelmäßig ein Gläubiger, zugunsten des Schuldners oder zumindest mit dessen Einwilligung handelt. Auch hier gilt, dass die objektive Bedingung der Strafbarkeit eingetreten sein muss, dass die Zahlungen eingestellt sind, ein Insolvenzverfahren eröffnet oder mangels Masse abgewiesen wurde (§ 283d Abs. 4 StGB).

Durch die Formulierung „*in einem Verfahren zur Herbeiführung der Entscheidung über die Eröffnung des Insolvenzverfahrens eines anderen*" wird das vorläufige Insolvenzverfahren, in dem das Gericht zunächst einen Sachverständigen zur Ermittlung der Eröffnungsgründe und einen vorläufigen Insolvenzverwalter bestellt hat, erfasst. Mit Anordnung der sogenannten vorläufigen Insolvenzverwaltung kann der Schuldner gemäß § 21 InsO nicht mehr ohne die Zustimmung des vorläufigen Insolvenzverwalters über sein Vermögen verfügen. Dies wird strafrechtlich durch § 283d Abs. 1 Nr. 2 StGB flankiert.

Die Tat wird mit Freiheitsstrafe bis zu fünf Jahren oder mit Geldstrafe geahndet, in einem besonders schweren Fall

mit Freiheitsstrafe von sechs Monaten bis zu zehn Jahren dann, wenn der Täter
1. *aus Gewinnsucht handelt oder*
2. *wissentlich viele Personen in die Gefahr des Verlustes ihrer ihm anvertrauten Vermögenswerte oder in wirtschaftliche Not bringt.*

Hierbei handelt es sich um Regelbeispiele, die nicht abschließend sind („in der Regel").

Bereits der Versuch der Schuldnerbegünstigung ist gemäß § 283d Abs. 2 StGB strafbar. Überdies ist auch die Teilnahme an einer Schuldnerbegünstigung, mithin die Anstiftung oder Beihilfe zu dieser, strafbar, sodass ein Zusammenwirken mit dem Täter eine Strafbarkeit der Teilnehmer auslöst.

Die Schuldnerbegünstigung kann auch den Mitarbeiter einer Bank treffen, jedenfalls durch Teilnahme in Form von Anstiftung oder Beihilfe, der in der Krise seines Kunden noch neue Sicherheiten hereinnimmt bzw. hereinnehmen möchte; auch der Versuch ist strafbar.

Für den notwendigen Vorsatz muss der Kläger Kenntnis von der drohenden oder eingetretenen Zahlungsunfähigkeit des anderen haben, wobei auch hier wiederum bedingter Vorsatz genügt.

15.2.3 Betrug (§ 263 StGB)

Neben den dargestellten Insolvenzstraftaten, vorneweg der Insolvenzverschleppung nach § 15a InsO sowie den Insolvenzstraftaten nach §§ 283 ff. StGB, kommen in der Krise typischerweise weitere Straftaten zum Tragen, die im Folgenden dargestellt werden sollen. Die §§ 263–266b StGB enthalten die Vermögensstraftaten, die auch einen wesentlichen Teil des Wirtschaftsstrafrechts darstellen.[21]

Typisch ist in der Krise die Begehung von Betrugsstraftaten nach § 263 StGB in Form des sogenannten Eingehungsbetrugs.

Eingehungsbetrug

Mit Freiheitsstrafe bis zu fünf Jahren oder mit Geldstrafe wird bestraft, wer in der Absicht, sich oder einem Dritten einen rechtswidrigen Vermögensvorteil zu verschaffen, das Vermögen eines anderen dadurch beschädigt, dass er durch Vorspiegelung falscher oder durch Entstellung oder Unterdrückung wahrer Tatsachen einen Irrtum erregt oder unterhält.

Der nur schwer fassbare Tatbestand enthält geschriebene und ungeschriebene Voraussetzungen, die sich wie folgt konkreter fassen lassen:

Voraussetzungen

Wer

1. durch Täuschung
2. einen Irrtum erregt,
3. der zur Vornahme einer Vermögensverfügung führt,
4. die einen Vermögensschaden hervorruft,
5. dies vorsätzlich und
6. mit der Absicht der rechtswidrigen Bereicherung tut,

verwirklicht den Tatbestand des Betrugs nach § 263 StGB.

Vermögensverfügung ist dabei jede Handlung des Getäuschten, die unmittelbar eine Vermögensminderung zur Folge hat. Dazu zählen u.a. der Abfluss von Mitteln, die Hingabe von Sachen oder die Belastung des Vermögens mit Verbindlichkeiten. Dabei ist es grundsätzlich ausreichend, wenn der Getäuschte über das Vermögen eines Dritten verfügt („Dreiecksbetrug").

Der Betrug ist dabei der Straftatbestand, der das Vermögen gegen rechtswidrige Verschiebungen schützen soll, wobei unter Vermögen alle wirtschaftlichen Güter zu fassen sind.[22] Geschützt wird dabei das Individualvermögen in seiner Gesamtheit, was auch das Vermögen von juristischen Personen erfasst.

In der Krise kommt es dadurch zum Eingehungsbetrug, dass der Täter beispielsweise Warenbestellungen auslöst und dabei ernstliche Zweifel hat, dass er später zur Zahlung in der Lage ist.

> **Beispiel:**
>
> Der Lieferant L erhält von dem Geschäftsführer G einen Anruf. Dieser sagt ihm, dass er für die Fensterherstellung in den nächsten 4 Wochen Holz von L brauche, dass er bitte in der nächsten Woche liefern möge. L freut sich über den Auftrag und legt für den Zuschnitt einen entsprechenden Auftragsbogen an und bestätigt den Auftrag gegenüber G. Dieser befindet sich mit seiner GmbH seit vielen Monaten in der Krise, zuletzt hat er die Löhne und Gehälter bereits verspätet gezahlt. Bei seinem Anruf bei L hatte er erhebliche Zweifel, ob er die Lieferung noch bezahlten kann, braucht diese aber für die weitere Produktion.

> Da L die Verpflichtung zur Lieferung des Holzes hat, zugleich keine (voll) werthaltige Forderung erhält, verwirklicht G bereits mit der Bestellung den Tatbestand des (Eingehungs-)Betrugs gemäß § 263 StGB.

Diese (innere) Zahlungsbereitschaft ist ausreichende Tatsache, über die getäuscht wird. Dabei ist der (Eingehungs-)Betrug bereits mit Vertragsschluss verwirklicht. Das Vermögen des Geschädigten wird durch die Belastung mit einer Verbindlichkeit gemindert, ohne dass dieser Minderung ein vollwertiger Gegenanspruch gegenüberstünde, da dem Besteller gerade die Zahlungsfähigkeit oder -bereitschaft fehlt.

Merke:
Bereits ernstliche Zweifel bei einer Bestellung von Waren, später bei Lieferung nicht zur Zahlung fähig zu sein, führen zu einem vollendeten Eingehungsbetrug.

Täuschung — Die Vorspiegelung der Zahlungsbereitschaft als schlüssige Erklärung bei einer Bestellung ist dabei wohl der häufigste Fall konkludenter Täuschung.[23] Wer einen Vertrag schließt, erklärt in der Regel Erfüllungsfähigkeit und -willigkeit. Er ruft dabei die begründete Erwartung des Gegenübers hervor, dass bei ihm bei Fälligkeit die entsprechende Zahlungsfähigkeit bestehen werde. Bei zeitlich gestreckten Fälligkeitsterminen ist die Feststellung allerdings schwieriger als bei unmittelbaren Handlungen, wie dies beispielsweise beim Zechbetrug (Bestellen von Speisen und Getränken ohne Zahlungsfähigkeit) der Fall ist. Insbesondere die Verbindung von eigentlicher Täuschungshandlung und Vorsatz fällt schwer; letzterer kann fehlen, wenn zum Zeitpunkt der Bestellung der Besteller noch von seiner Zahlungsfähigkeit ausgeht.[24]

Konkludente Erklärung — Entscheidend ist, dass die Zahlungsfähigkeit nicht ausdrücklich erwähnt werden oder hinterfragt werden muss, sondern bereits in der Bestellung die konkludente Erklärung der eigenen Zahlungsfähigkeit liegt. Mithin kann auch über konkludente Erklärungen getäuscht werden. So enthält eine Rechnungsstellung für bestimmte Werk- oder Dienstleistungen regelmäßig die konkludente Erklärung, dass diese Leistungen auch erbracht worden sind.[25]

Irrtum — Fraglich kann der Irrtum bei einem Eingehungsbetrug dann sein, wenn der Geschädigte den naheliegenden Anlass hat, an der Wahrheit einer (konkludenten) Erklärung zu zweifeln, weil sich die Unrichtigkeit bereits in der Vergangenheit erwiesen hat. So könnten bei fortgesetzten Warenlieferungen offene Rechnungen Anlass dafür sein, an der Zahlungsfähigkeit des anderen zu zweifeln oder jedenfalls an dessen Willen, Rechnungen zu begleichen. Wird nun weiterhin geliefert, kann damit allerdings die Annahme eines Irrtums über die Zahlungsfähigkeit dennoch nicht ausgeschlossen werden, nicht einmal naheliegen,[26] andernfalls wäre der bekannt-notorische betrügerische Geschäftsführer besser vor Strafe geschützt als der ehrliche. Wer aber in Kenntnis der Unrichtigkeit der behaupteten Zahlungsfähigkeit vorleistet, um beispielsweise die Insolvenz des Schuldners abzuwenden und sich so die Chance eines zukünftigen Ausgleichs bereits erfolgter Leistungen zu erhalten, der irrt jedenfalls nicht.[27]

15.2 Strafbarkeit in der Unternehmenskrise

Subjekt des Betrugs können stets nur natürliche Personen sein, nicht juristische Personen, Personenmehrheiten oder Behörden. Es kommt immer darauf an, welche natürliche Person die Vermögensverfügung infolge des Irrtums getroffen hat. Irren kann immer nur ein Mensch.

Subjekt des Betrugs

Infolge des Irrtums muss die Person eine Verfügung vornehmen, die sich unmittelbar vermögensmindernd auswirkt.[28] Die möglichen vermögensmindernden Handlungen sind grundsätzlich unbeschränkt, darunter fallen insbesondere die Vornahme einer Überweisung, Herausgabe von Sachen, auch fremder Sachen („Dreiecksbetrug"). Auch Verfügungen durch Unterlassen sind denkbar, zum Beispiel durch die Nichtgeltendmachung eines Zahlungsanspruchs oder durch das Absehen von der Ausübung eines Rechts.[29]

Der Betrugstatbestand schützt grundsätzlich die Gesamtheit der geldwerten Güter einer natürlichen oder juristischen Person abzüglich deren Verbindlichkeiten. Dazu gehören natürlich das Eigentum, aber auch Forderungen und sonstige Ansprüche und die Möglichkeiten der Nutzung von Gegenständen.[30] Dieser umfassende Vermögensschutz ist relevant mit Blick auf den zivilrechtlichen Anspruch gegen den Täter aus §823 Abs. 2 auf Schadensersatz.

Umfassender Vermögensschutz

Der Eingehungsbetrug ist durch den Eintritt eines Gefährdungsschadens durch die betrügerische Begründung einer Verbindlichkeit gekennzeichnet. Bei der Schadensfeststellung kommt es dabei auf den Gesamtvermögensstand des Opfers vor und nach dem Vertragsschluss an.[31] Die spätere Anfechtbarkeit oder schwebende Unwirksamkeit des Vertrags bleiben dabei außer Betracht.[32] Dass die Lieferfirma beispielsweise bereit ist, den Auftrag zu stornieren, weil diese beispielsweise mit einer betrügerischen Vertragserschleichung ihrer Vertreter rechnet, steht der Deliktsvollendung nicht entgegen, wenn dem Besteller das Risiko aufgebürdet ist, die Täuschung zu erkennen.

Die neuere Rechtsprechung sowie einige Stimmen in der Literatur verlangen die konkretisierte Gefahr des Vermögensverlustes, was sie beispielsweise bei vertraglichen Rücktrittsrechten verneinen. Dies ist bei finanzieller Betrachtung konsequent, da die Verpflichtung bis zum Ablauf des Rücktrittsrechts nicht endgültig besteht. Unabhängig der Täuschung kann der andere bis zu diesem Zeitpunkt nicht mit der Leistung rechnen und diese insofern nicht berücksichtigen.

Der versuchte Betrug ist strafbar, §263 Abs. 2 StGB. Soweit insofern eine Täuschung und eine auf die Verwirklichung aller Tatbestandsmerkmale abzielende Handlung vorgenommen wird, die jedoch nicht zum Erfolg führt, liegt ein strafbarer Versuch vor. Die bloße Sondierung der Vertragsbereitschaft ist regelmäßig lediglich Vorbereitungshandlung, noch nicht versuchter Betrug.[33] Ein ernst gemeintes Vertragsangebot in der Annahme, der andere Teil werde es möglicherweise annehmen, kann jedoch bereits Betrugsversuch sein.[34]

Versuchter Betrug

Der Betrug kann in besonders schweren Fällen begangen werden und dann mit einer erhöhten Freiheitsstrafe von sechs Monaten bis zu zehn Jahren bestraft werden.

Ein besonders schwerer Fall liegt in der Regel vor, wenn der Täter

…

2. einen Vermögensverlust großen Ausmaßes herbeiführt oder in der Absicht handelt, durch die fortgesetzte Begehung von Betrug eine große Zahl von Menschen in die Gefahr des Verlustes von Vermögenswerten zu bringen,

Bei fortgesetzter Insolvenzverschleppung, mithin bereits eingetretener Zahlungsunfähigkeit oder zumindest drohender Zahlungsunfähigkeit, die Zweifel an der Zahlungsfähigkeit begründet, kann ein Betrug schnell in einem besonders schweren Fall begangen werden, da dies die fortgesetzte Begehung von Eingehungsbetrug gegenüber einer Vielzahl von Lieferanten ist.

15.2.4 Kreditbetrug (§ 265b StGB)

Kreditbetrug

Eine besondere Form des Betrugs mit eigenem Tatbestand ist der Kreditbetrug gemäß § 265b StGB. Hiernach wird

mit Freiheitsstrafe bis zu drei Jahren oder mit Geldstrafe bestraft,

wer einem Betrieb oder Unternehmen im Zusammenhang mit einem Antrag auf Gewährung, Belassung oder Veränderung der Bedingungen eines Kredits für einen Betrieb oder ein Unternehmen …

1. *über wirtschaftliche Verhältnisse*
    a) *unrichtige oder unvollständige Unterlagen, namentlich Bilanzen, Gewinn- und Verlustrechnung, Vermögensübersichten oder Gutachten vorlegt oder*
    b) *schriftlich unrichtige oder unvollständige Angaben macht,*
    die für den Kreditnehmer vorteilhaft und für die Entscheidung über einen solchen Antrag erheblich sind, oder
2. *solche Verschlechterung der in den Unterlagen oder Angaben dargestellten wirtschaftlichen Verhältnisse bei der Vorlage nicht mitteilt, die für die Erteilung über einen solchen Antrag erheblich sind.*

Schon dem Wortlaut nach ist § 265b StGB nicht auf die Kreditgewährung von und an Private anwendbar. Nach Absatz 3 der Vorschrift sind Betriebe und Unternehmen unabhängig von ihrem Gegenstand solche, die nach Art und Umfang einen in kaufmännischer Weise eingerichteten Geschäftsbetrieb erfordern; unter die Vorschrift fallende Kredite sind Gelddarlehen aller Art einschließlich der Übernahme von Bürgschaften, Garantien und sonstigen Gewährleistungen.

Wie der Wortlaut klarstellt, sind nicht nur der Antrag auf Gewährung, sondern auch die Belassung eines Kredits oder die Veränderung der Bedingungen eines Kredits erfasst. Der Kreditantrag umfasst jede Erklärung, die auf die Erlangung einer Kreditzusage gerichtet ist; ein bindendes Angebot im Sinne von § 145 BGB muss nicht vorliegen.[35]

Unrichtigkeit von Unterlagen

Unrichtigkeit von Unterlagen oder Angaben liegt vor, wenn tatsächliche Angaben den wahren Sachverhalt nicht entsprechen, im Fall der Vorlage von Gutachten auch dann, wenn die Bewertungen oder Prognosen den tatsächlichen Grundlagen widersprechen.[36] Unterlagen sind dabei umfassend zu verstehen wie Kalkulationen über den Absatz, Abnehmerlisten, Kostenvoranschläge, Erklärungen Dritter und auch eine elektronisch gespeicherte Darstellung sowie Augenscheinobjekte wie Fotos.[37] Gutachten sind dabei selbst Unterlagen, nicht nur hinsichtlich der zugrunde liegenden Dokumente, was insbesondere für Sanierungsgutachten relevant ist.

Merke:
Die Vorlage eines falschen Sanierungsgutachtens kann den Tatbestand des Kreditbetrugs erfüllen.

Das von Absatz 1 Nr. 2 erfasste Unterlassen nachträglicher Mitteilungen ist ein echtes Unterlassungsdelikt. Nach einer anderen, mit dem Wortlaut jedoch nur schwer zu vereinbarenden Ansicht sind hiernach auch solche Fälle erfasst, in dem die Verschlechterung vor der Vorlage eintritt, dem Täter aber erst nach diesem Zeitpunkt bekannt wird.[38]

Unterlassungsdelikt

Die Tat ist bereits mit dem Zugang der unrichtigen Unterlagen beim Kreditgeber vollendet. Es ist weder die Erregung eines Irrtums noch der Eintritt eines Schadens beim Kreditgeber erforderlich. Mithin genügt für die Vollendung des Delikts allein die Täuschungshandlung.

Täuschungshandlung reicht aus

Geschütztes Rechtsgut der Vorschrift ist das Vermögen von (potenziellen) Kreditgebern und die Funktionsfähigkeit des Kreditwesens. Hinsichtlich des Schutzes des Vermögens der Kreditgeber ist der Straftatbestand zugleich Schutznorm i.S. des §823 Abs. 2 BGB und begründet bei Verletzung einen zivilrechtlichen Anspruch gegen den Täter auf Schadensersatz. Dies kann ohne Weiteres auch den Berater treffen, der die Unterlagen aufbereitet hat und somit entweder selbst Täter ist oder zumindest Beihilfe geleistet hat.

15.2.5 Untreue (§ 266 StGB)

Für den Geschäftsführer einer GmbH oder den Vorstand einer Aktiengesellschaft kann sich durch Fehlverhalten in der Krise eine Strafbarkeit wegen Untreue gemäß §266 StGB ergeben. Hiernach wird mit Freiheitsstrafe bis zu fünf Jahren oder mit Geldstrafe derjenige bestraft,

Untreue

wer ihm durch Gesetz, behördlichen Auftrag oder Rechtsgeschäft eingeräumte Befugnis, über fremdes Vermögen zu verfügen oder einen anderen zu verpflichten, missbraucht oder die kraft Gesetzes, behördlichen Auftrags, Geschäfts oder eines Treueverhältnisses obliegende Pflicht, fremde Vermögensinteressen wahrzunehmen, verletzt und dadurch dem, dessen Vermögensinteressen er zu betreuen hat, Nachteil zufügt.

Der Tatbestand besteht aus zwei Teilen, zum einen dem Missbrauchstatbestand, zum anderen den Treubruchtatbestand, wobei ersterer einen weit überschneidenden Anwendungsbereich zu zweitem hat.

Gegenständlich werden kann die Untreuestrafbarkeit u. a. durch die Verletzung der Stammkapitalerhaltungsvorschriften (§30 GmbHG) auch infolge sogenannter Cash Pool-Systeme. Dies wurde im Zusammenhang mit der „Bremer Vulkan"-Entscheidung vielfach erörtert.[39]

Verletzung der Stammkapitalerhaltungsvorschriften

Der Vermögensbetreuungstatbestand setzt voraus, dass der Täter eine Vermögensbetreuungspflicht hat, die Hauptpflicht ist[40] und dem Täter Spielraum für eigenverantwortliche Entscheidungen lässt. Ein schlichtes schuldrechtliches

Vermögensbetreuungspflicht

Austauschverhältnis allein begründet keine Vermögensbetreuungspflicht. Der GmbH-Geschäftsführer hat hinsichtlich des Vermögens der Gesellschaft aus seiner Organfunktion heraus eine solche Vermögensbetreuungspflicht. Dies gilt insbesondere für die Einhaltung der Stammkapitalerhaltungsvorschriften gemäß § 30 GmbHG, deren Verletzung er verhindern muss. Das zum Erhalt des Stammkapitals erforderliche Mindestkapital, das gemäß § 5 Abs. 1 GmbHG mindestens 25.000 EUR betragen muss, darf nicht ausgezahlt werden. Die Sperre ist eine bilanzielle Ausschüttungssperre, d.h. die Aktiva werden mit den Verbindlichkeiten saldiert, die Differenz bildet das bilanzielle Eigenkapital. Unterschreitet die Differenz den Mindestbetrag des Stammkapitals, liegt eine bilanzielle Unterdeckung vor.

Cash Pooling-Systeme

Regelmäßig relevant ist die Vermögensbetreuungspflicht und der Erhalt des Stammkapitals im Zusammenhang mit Cash Pooling-Systemen von verbundenen Unternehmen. Diese sind dadurch gekennzeichnet, dass die Tochtergesellschaften überschüssige Liquidität an die Muttergesellschaft abführen; sie begründen damit Forderungen gegen die Mutter. Die Mutter stellt wiederum entsprechende Liquidität, gegebenenfalls als Darlehen, zur Verfügung, wenn bei den Tochtergesellschaften Liquiditätsbedarf besteht. Die Forderungen aus der Liquiditätsabführung und Verbindlichkeiten aus der Darlehenshereinnahme können verrechnet werden; soweit ist dies unproblematisch. Cash Pooling kann jedoch in der Krise zu strafrechtlichen Konsequenzen führen, wenn hierdurch die Vermögensbetreuungspflicht gegenüber der abhängigen Gesellschaft verletzt wird, indem der abgeführten Liquidität kein werthaltiger Anspruch mehr entgegensteht. Strafrechtlich verantwortlich sind die Organe der Muttergesellschaft, denen das Handeln über § 14 Abs. 1 Nr. 1 StGB zugewiesen wird.

Die Tathandlung der Untreue besteht in jeder vermögensrelevanten Handlung, durch die der Täter die ihm obliegende Vermögensbetreuungspflicht verletzt.[41] Die in Betracht kommenden Verfügungen über Vermögen unterfallen regelmäßig bereits dem Missbrauchstatbestand, überdies sind aber auch alle sonstigen rechtsgeschäftlichen Handlungen und solche tatsächlicher Art vom Treuebruchtatbestand erfasst. Die Verwirklichung kann auch durch Unterlassen geschehen. Beispielhaft ist das Verjährenlassen einer Forderung durch einen Rechtsanwalt.[42]

Abgrenzung zum zulässigen Risikogeschäft

Die Verletzung der Vermögensbetreuungspflicht muss pflichtwidrig sein. Die pflichtwidrige Handlung ist vom zulässigen Risikogeschäft abzugrenzen. Es kommt für den jeweiligen Einzelfall darauf an, ob und in welchem Umfang der Täter eine Dispositionsmacht hatte, was sich regelmäßig aus dem zugrunde liegenden Rechtsverhältnis ergibt.[43] So hat der Geschäftsführer einen Dienstvertrag und ggf. eine Satzung, an der er sich hinsichtlich seiner Dispositionsmacht orientieren muss. In Bereichen des Wirtschaftslebens muss für einen Geschäftsführer auch das Eingehen von unternehmerischen Risiken möglich sein, da sich ansonsten ein kaufmännisches Handeln nicht darstellen lässt. Allgemein gültige Regeln sind nicht geeignet, unterschiedliche Geschäftsmodelle, unterschiedliche Branchen und daraus folgende unterschiedliche Risiken abzubilden. Was hier als hoch riskant eingeschätzt wird, kann an anderer Stelle solider kaufmännischer Vernunft folgen – beispielhaft seien Warentermingeschäfte

15.2 Strafbarkeit in der Unternehmenskrise

genannt, die pure Spekulation oder vernünftige Absicherung von Lieferpreisen sein können. Insofern vermögen einfache Formeln, wie die, wonach für den Fall, dass das Verlustrisiko die Gewinnchancen überwiegt, der Tatbestand der Untreue erfüllt sein soll,[44] nicht zu überzeugen. Der Abschluss riskanter Geschäfte kann vom Treugeber geradezu gewollt bzw. Teil der vorgegebenen oder notwendigen Geschäftsstrategie sein. Überdies ist gerade in Restrukturierungsfällen oftmals ein weitreichender Strategiewechsel, der mit erhöhten Risiken einhergeht, gefordert. Im Ergebnis soll Untreue für Geschäftsführer nur in gravierenden Fälle greifen, bei denen bei ex-ante-Sicht objektiv evident ist, dass das Handeln nicht mit den Vermögensbetreuungspflichten in Einklang zu bringen ist. Der Untreuetatbestand darf nicht eine nachlaufende „Misserfolgs-Haftung" für wirtschaftliche Wagnisse sein.[45]

Unabhängig davon ist Geschäftsführern dringend anzuraten, stets im Rahmen der eingeräumten Befugnisse zu agieren und im Zweifelsfall einen Beschluss der Gesellschafter über Entscheidungen einzuholen. Deren Vermögen ist letztlich durch Fehlentscheidungen betroffen. Das Einverständnis des Inhabers des zu betreuenden Vermögens – im Fall einer Gesellschaft: der Gesellschafter – schließt grundsätzlich den Tatbestand der Untreue aus.[46]

Keine Untreue bei Einverständnis der Gesellschafter

Besondere Bedeutung erlangt die Zustimmung durch vertretungsberechtigte Organe oder Gesellschafter von Kapital- oder Personengesellschaften. Das Einverständnis aller Gesellschafter schließt eine Treuepflichtverletzung des Geschäftsführers der Personengesellschaft aus.[47] Eine früher vom Reichsgericht (RG) vertretene Auffassung, wonach die Zustimmung der Gesellschafter zur Schädigung des Gesellschaftsvermögens regelmäßig unwirksam sei,[48] ist vom BGH dahingehend eingeschränkt worden, dass die Zustimmung aller Gesellschafter bzw. des Alleingesellschafters grundsätzlich beachtlich ist, mithin strafausschließend, soweit die Handlung der Geschäftsführung nicht gegen zwingendes Recht oder die Grundsätze des ordentlichen Kaufmanns verstoßen. Vermögensnachteilige Dispositionen des Geschäftsführers sind insofern grundsätzlich dann nicht pflichtwidrig, wenn sie im Einverständnis der Gesellschafter erfolgen.[49] Gegenüber den Gesellschaftern hat die Gesellschaft wiederum keinen durch §266 StGB geschützten Anspruch auf Gewährleistung ihres Bestands. Die Gesellschafter sind frei darin, die Existenz der Gesellschaft ordnungsgemäß durch Liquidation oder im Rahmen eines Insolvenzverfahrens zu beenden.[50] Die Grenze ist dort erreicht, wo das Stammkapital der Gesellschaft beeinträchtigt oder die wirtschaftliche Existenz der Gesellschaft gefährdet wird.[51]

Grund für die benannte Grenze ist die Tatsache, dass die Gesellschaft ein von den Gesellschaftern selbstständiges Vermögen hat, soweit dieses durch die gesetzlichen Vorschriften geschützt ist. Das Gesellschaftsrecht ist insoweit zwingendes Recht, ein etwaiges Einverständnis der Gesellschafter hinsichtlich Verfügungen über dieses Vermögen ist insoweit unwirksam.[52] In der Bremer Vulkan-Entscheidung hat der BGH die Vermögensbetreuungspflicht auch auf den Alleingesellschafter der GmbH ausgedehnt.[53] Die Zustimmung der Gesellschafter ist insbesondere dann auch unwirksam, wenn eine Überschuldung herbeigeführt oder vertieft wird.[54]

Unwirksamkeit der Gesellschafterzustimmung

Die vorstehenden Ausführungen zur GmbH gelten entsprechend für die Anteilseigner einer Aktiengesellschaft, soweit die Hauptversammlung hierüber ein Entscheidungsrecht hat und entscheidet, zum Beispiel über die Verwendung des Bilanzgewinns gemäß § 174 Abs. 1 AktG. Im Übrigen ist die Entscheidungsbefugnis des Vorstandes weitergehend als die des GmbH-Geschäftsführers und gemäß § 82 Abs. 1 AktG grundsätzlich unbeschränkt. Verstöße gegen die zwingenden Vorschriften bzw. Verbote der §§ 57 ff. AktG (keine Rückgewähr des Grundkapitals, Verwendung des Bilanzgewinn etc.) sind auch bei Zustimmung aller Aktionäre pflichtwidrig.

Aufsichtsrat Anders als die Aktionäre haben die Mitglieder des Aufsichtsrats eine eigene Vermögensbetreuungspflicht.[55] Dieser Vermögensbetreuungspflicht unterfällt auch die Beachtung des § 87 AktG bei der Festsetzung der Vorstandsvergütung.[56]

Eine Verletzung kann zu einer Ersatzpflicht des Schadens führen, da § 266 StGB Schutzgesetz hinsichtlich des Vermögens ist, was über § 823 Abs. 2 BGB eine Ersatzpflicht derjenigen auslöst, die die Straftat begangen und damit den Vermögensschaden ausgelöst haben.

Zur Bejahung eines Vermögensschadens i.S. einer Untreue ist die Gesamtsaldierung des Vermögens vor und nach der pflichtwidrigen Handlung entscheidend. Ist nach der Gesamtsaldierung eine Vermögenseinbuße festzustellen, liegt ein Schaden vor. Dem gleich steht das Ausbleiben eines Vermögenszuwachses, wenn der Vermögenszuwachs durch den Täter vereitelt wurde oder Folge eines Unterlassens einer pflichtgemäß gebotenen Handlung war. Ein Schaden ist aber in den Fällen des Unterlassens bzw. Vereitelns nur dann zu bejahen, wenn eine gesicherte Aussicht des Treugebers auf den Vorteil bestand, nicht etwa nur eine bloße Hoffnung oder vage Chance.[57]

Wie auch beim Betrug reicht für die Vollendung der Untreue-Strafbarkeit der Eintritt eines Gefährdungsschadens aus. Die Annahme einer hierfür ausreichenden „schadensgleichen" Gefährdung geht teilweise sehr weit und wurde beispielsweise in einem Fall bejaht, in dem ein wesentlich erhöhtes Prozessrisiko mit der Gefahr des Anspruchsverlustes verursacht wurde.[58] Ebenso wurde ein Gefährdungsschaden schon bei einer bewusst lückenhaften Buchführung bejaht, die das Risiko eines Verlusts von Ansprüchen mit sich brachte.[59]

> **Beispiel:**
>
> Schreinermeister H führt als Fremdgeschäftsführer die Geschäfte der X GmbH, die dem Gesellschafter S gehört. Da er zwar gerne Möbel baut, aber „von der ganzen Zettelwirtschaft" nichts hält, wirft er regelmäßig Einkaufsquittungen und Leistungsnachweise bei Kunden in den Müll.
>
> Die Ansprüche gegen die Kunden lassen sich bei etwaigen Einreden gegen die Leistungserbringung nicht beweisen, die weggeworfenen Einkaufsquittungen führen dazu, dass der Aufwand nicht geltend gemacht werden kann.
>
> Dies führt zu Vermögensschäden bei der X. Durch sein Verhalten macht sich H der Untreue gemäß § 266 StGB schuldig.

Das Eingehen von Risiken ist, wie ausgeführt, allerdings kennzeichnend für eine marktwirtschaftliche Wirtschaftsordnung. Kaufmännisches Handeln muss Risiken zulassen bzw. erfordert zum Teil sogar das Eingehen von Risiken. Eine allgemeine Grenze für Risikogeschäfte lässt sich mithin nicht bestimmen. Die Grenze ist da überschritten, „wo der Täter nach Art eines Spielers sich aufdrängende Verlustgefahren eingeht, um dafür außerhalb jeder kaufmännischen Sorgfalt vage Chancen eines überdurchschnittlichen Gewinns zu erlangen".[60]

Grenze für Risikogeschäfte

An einem Vermögensschaden fehlt es, wenn der Nachteil gleichzeitig durch eintretende wirtschaftliche Vorteile für das betreute Vermögen ausgeglichen wird, mithin eine adäquate Kompensation vorliegt, die typisch für Austauschgeschäfte ist. Der ausgleichende Vorteil muss dabei jedoch unmittelbar mit der (zugleich) schädigenden Handlung zusammenhängen. Ein Ausgleich durch eine andere, rechtlich selbstständige Handlung oder die Bereitschaft eines Dritten, den Schaden auszugleichen, lassen den Schaden nicht entfallen.[61] Insbesondere ist der vertragliche oder deliktische Schadensersatzanspruch des Treugebers kein adäquater Vermögensausgleich.[62]

Ein Schaden bzw. schon eine Pflichtverletzung können zu verneinen sein, wenn der Täter ständig eigene flüssige Mittel zum Ersatz eben dieses Schadens bereithält. Dabei ist unklar, ob bereits die Pflichtverletzung oder nur der Schaden entfallen.[63] Im Fall von verbundenen Gesellschaften kann dies – z. B. auch in Cash Pool-Modellen – entscheidend sein, wenn die herrschende Gesellschaft jederzeit Mittel für die beherrschte Gesellschaft bereithält. Die Mittel müssen dazu nicht nur objektiv uneingeschränkt für den Schaden bereitstehen, sondern die Geschäftsleitung muss überdies subjektiv bereit sein, diese Mittel ständig zum Ausgleich zu nutzen und auch nutzen zu können.[64] In Unternehmen in der Krise ist dies natürlich aus vielen Gründen zweifelhaft, da die Krise – schon allein durch verbundene Kreditbeziehungen – auf alle Gesellschaften, mithin insbesondere auch auf die Mutter, durchschlägt und frei verfügbare Mittel in der Regel nicht mehr bestehen.

Als sogenannter Sonderdelikt kann sich der Untreue nur derjenige strafbar machen, der in dem besonderen Pflichtenverhältnis steht. Andere können nur Teilnehmer der Untreue sein, mithin Gehilfen oder Anstifter.

Vollendet wird die Untreue mit dem Eintritt des Schadens. Eine versuchte Untreue ist nicht mit Strafe bedroht. Hiervon hat der Gesetzgeber wohl wegen der offenkundigen Beweisschwierigkeiten abgesehen. So kann die Ankündigung gegenüber Dritten, sich pflichtwidrig verhalten zu wollen, nur eine Vorbereitungshandlung sein, allenfalls bereits der Beginn der tatbestandlichen Handlung nach § 266 Abs. 1 StGB, nicht aber der – nicht strafbare – Versuch einer Untreue.

15.2.6 Vorenthalten und Veruntreuen von Arbeitsentgelt (§ 266a StGB)

Eine Sonderform der Untreue enthält die Regelung in § 266a StGB, die das Vorenthalten und Veruntreuen von Arbeitsentgelt – gemeint sind die Beiträge des

Vorenthalten und Veruntreuen von Arbeitsentgelt

Arbeitnehmers zur Sozialversicherung, die der Arbeitgeber für diesen abführen muss – unter Strafe stellt. Hiernach wird

mit Freiheitsstrafe bis zu fünf Jahren oder mit Geldstrafe bestraft, wer als Arbeitgeber der Einzugsstelle Beiträge des Arbeitnehmers zur Sozialversicherung einschließlich der Arbeitsförderung, unabhängig davon, ob Arbeitsentgelt gezahlt wird, vorenthält.

Ebenso wird bestraft, wer als Arbeitgeber

1. *der für den Einzug der Beiträge zuständigen Stelle über sozialversicherungsrechtlich erhebliche Tatsachen unrichtige oder unvollständige Angaben macht oder*
2. *die für den Einzug der Beiträge zuständigen Stellen pflichtwidrig über sozialversicherungsrechtlich erhebliche Tatsachen in Unkenntnis lässt*

und dadurch dieser Stelle vom Arbeitgeber zu tragende Beiträge zur Sozialversicherung einschließlich der Arbeitsförderung, unabhängig davon, ob Arbeitsentgelt gezahlt wird, vorenthält.

Fälligkeit spätestens am drittletzten Bankarbeitstag — Die Strafbarkeit nach § 266a StGB setzt die Fälligkeit der Arbeitnehmerbeiträge voraus. Gemäß § 23 Abs. 1 S. 2 SGB IV tritt Fälligkeit spätestens am drittletzten Bankarbeitstag des jeweiligen Monats ein. Die Satzungen der Krankenkassen und Spitzenverbände können einen früheren Termin festlegen.

Keine Kürzung bei Nichtzahlung der Löhne — Nach dem eindeutigen Wortlaut der Norm („unabhängig davon, ob Arbeitsentgelt gezahlt wird") kann der Tatbestand auch dann verwirklicht werden, wenn der Arbeitgeber keine Löhne mehr zahlt. Nach der Rechtsprechung des BGH sind Sozialversicherungsbeiträge ohnehin vorrangig, d.h. der Arbeitgeber darf auch dann die Beiträge nicht anteilig kürzen, wenn die Liquidität nicht mehr zur Befriedigung aller Gläubiger ausreicht. Ob eine Stundung des Lohnanspruchs, die die Fälligkeit hinausschieben würde, angenommen werden kann, hängt davon ab, ob diese als eine ernstlich gewollte Verschiebung des Fälligkeitszeitpunktes aufzufassen ist; regelmäßig wird nur von einem Arbeitnehmerdarlehen auszugehen sein, da der Arbeitnehmer regelmäßig nicht die Nichtabführung seiner Beiträge in Kauf nehmen will.[65]

Ausnahme in Drei-Wochen-Frist — Eine Ausnahme von der Pflicht soll nur dann gelten, wenn die Drei-Wochen-Frist des § 15a InsO läuft. Die Erfüllung der Handlungspflicht muss dem Täter möglich und zumutbar sein, da es sich bei § 266a StGB um ein echtes Unterlassungsdelikt handelt. Zahlungsunfähigkeit macht nach einer älteren Auffassung[66] die fristgemäße Handlung zwar grundsätzlich unmöglich, für den Fall der Insolvenz hat der BGH jedoch nunmehr entschieden, dass nur während der Frist des § 64 S. 1 GmbHG der „absolute Vorrang" nicht besteht, jedoch nach Ablauf der Frist wieder auflebt.[67] Die mögliche spätere Anfechtbarkeit durch den Insolvenzverwalter steht der vorrangigen Zahlungspflicht nicht entgegen. Da vom strafrechtlichen Begriff der Unmöglichkeit, pflichtgemäß zu handeln, auszugehen ist, ist die Abführung danach nicht unmöglich, solange dem Arbeitgeber noch irgendwelche Mittel zur Verfügung stehen, mag er auch im Übrigen zahlungsunfähig sein.[68]

Das „Vorenthalten" ist auch ohne Täuschungs- oder Verschleierungsaktivitäten bereits bei schlichter Nichtzahlung erfüllt, d.h. die reine Nichtzahlung genügt für die Verwirklichung des Tatbestands.

> **Merke:**
> Der Straftatbestand des § 266a StGB wird auch erfüllt, wenn der Arbeitgeber keine Löhne und Gehälter mehr zahlt. Die schlichte Nichtzahlung der Sozialversicherungsbeträge der Arbeitnehmer erfüllt den Straftatbestand. Nur während der Drei-Wochen-Frist des § 64 GmbH gilt dieser absolute Vorrang nicht.

Es bedarf allerdings zur Verwirklichung Vorsatz, wobei bereits bedingter Vorsatz genügt.[69] Liegt beispielsweise der Irrtum vor, die Einzugsstelle habe die Zahlung gestundet, würde dies den Vorsatz ausschließen. Eine rechtfertigende Einwilligung des Arbeitnehmers zur Nichtabführung kommt hingegen nicht in Betracht.

Das Gericht kann gemäß § 266a Abs. 6 StGB von einer Strafe absehen, *wenn der Arbeitgeber spätestens im Zeitpunkt der Fälligkeit oder unverzüglich danach der Einzugsstelle schriftlich*

Von einer Strafe absehen

1. *die Höhe der Beiträge mitteilt und*
2. *darlegt, warum die fristgerechte Zahlung nicht möglich ist, obwohl er sich darum ernsthaft bemüht hat.*

Die Beiträge sind dann innerhalb der von der Einzugsstelle bestimmten angemessenen Frist nachzuentrichten. Diese Regelung soll der Gefahr von Arbeitsplatzverlusten durch Betriebsschließungen entgegenwirken, ohne die strafrechtliche Sicherung des Beitragsaufkommens zu gefährden.[70]

15.2.7 Steuerhinterziehung (§ 370 AO)

Dass der Staat Steuerhinterziehung unter Strafe stellt, überrascht nicht sonderlich, geht es ihm doch dabei „an das eigene Portemonnaie". Nach § 370 AO wird *mit Freiheitsstrafe bis zu fünf Jahren oder mit Geldstrafe bestraft, wer*

Steuerhinterziehung

1. *den Finanzbehörden oder anderen Behörden über steuerlich erhebliche Tatsachen unrichtige oder unvollständige Angaben macht,*
2. *die Finanzbehörden pflichtwidrig über steuerlich erhebliche Tatsachen in Unkenntnis lässt oder*
3. *pflichtwidrig die Verwendung von Steuerzeichen oder Steuerstemplern unterlässt*

und dadurch Steuern verkürzt oder für sich oder einen anderen nicht gerechtfertigte Steuervorteile erlangt.

Der Tatbestand der Steuerhinterziehung kann nicht nur vom Steuerpflichtigen selbst, sondern auch durch Personen, die für den Steuerpflichtigen handeln, d. h. derer er sich bedient, verwirklicht werden. Erheblich für die Steuerverkürzung sind dabei die Tatsachen, die den Steueranspruch dem Grunde oder der Höhe nach bestimmen.

Als Erfolgsdelikt tritt die Strafbarkeit wegen eines vollendeten Delikts nur dann ein, wenn die Steuern „erfolgreich" verkürzt wurden, wobei bereits der Versuch strafbar ist (§ 370 Abs. 2 AO). Nach § 370 Abs. 4 S. 1 AO ist das dann der

Fall, wenn diese nicht, nicht rechtzeitig oder nicht in der vollen Höhe festgesetzt werden.

Die Strafbarkeit wegen Steuerhinterziehung setzt Vorsatz voraus. Der Täter muss erkennen, dass mindestens eine konkrete Gefahr der Steuerhinterziehung besteht; die bloß leichtfertige Steuerverkürzung ist lediglich eine Ordnungswidrigkeit, § 378 AO.

Straffreiheit bei Steuerhinterziehung

Straffreiheit ist bei Steuerhinterziehung gemäß § 371 Abs. 1 AO dann möglich, wenn der Steuerpflichtige die unrichtigen oder unvollständigen Angaben bei der Finanzbehörde berichtigt oder ergänzt oder unterlassene Angaben nachholt. Dabei muss der Täter alle unverjährten Steuerstraftaten in vollem Umfang berichtigen. Wenn die Steuerverkürzung begangen und der Steuervorteil erlangt ist, ist für die Straffreiheit darüber hinaus notwendig, die Steuer innerhalb kurzer Frist zu entrichten, regelmäßig innerhalb von sechs Monaten. Ist dies nicht möglich, steht der Sinn einer Selbstanzeige mangels Straffreiheit infrage.

Verjährungsfrist

Die Verjährungsfrist für Steuerhinterziehung gemäß § 370 AO beträgt gemäß § 78 Abs. 3 Nr. 4 StGB fünf Jahre, in besonders schweren Fällen zehn Jahre (§ 376 Abs. 1 AO).

15.2.8 Vorsatz und Fahrlässigkeit

Eine Verurteilung wegen einer Straftat setzt die tatbestandsmäßige, rechtswidrige und schuldhafte Begehung durch Handlung oder Unterlassen voraus. Rechtswidrigkeit wird dabei durch tatbestandliche Verwirklichung indiziert und ist gegeben, wenn Rechtfertigungsgründe für die Begehung fehlen. Schuld ist die Vorwerfbarkeit.[71]

Vorsatz

Strafbar ist grundsätzlich nur vorsätzliches Handeln, wenn nicht das Gesetz fahrlässiges Handeln ausdrücklich mit Strafe bedroht (§ 15 StGB). Vorsatz setzt das Wissen um die Tatbestandsmerkmale und Tathandlung sowie des Taterfolgs voraus; darüber hinaus erfordert Vorsatz den Willen zur Tatbestandsverwirklichung. Insofern hat Vorsatz ein Wissens- und ein Wollenselement („Wissen und Wollen"). Arten des Vorsatzes sind

- direkter Vorsatz und
- bedingter Vorsatz.

Der direkte Vorsatz (Absicht, direkter Vorsatz 1. Grades) ist dadurch gekennzeichnet, dass der Täter die Tatbestandsverwirklichung geradezu anstrebt; sein Wille ist auf diesen Erfolg gerichtet.[72] Der sogenannte direkte Vorsatz 2. Grades hat einen herausgehobenen Wissensfaktor, d. h. der Täter weiß oder sieht als sicher voraus, dass er den Tatbestand verwirklicht. Es ist gleichgültig, ob er die Verwirklichung des Tatbestandes anstrebt oder die als sicher vorausgesehene Folge lieber vermieden hätte.

Der bedingte Vorsatz ist dadurch gekennzeichnet, dass der Täter die Tatbestandsverwirklichung weder anstrebt noch sicher voraussieht, sondern nur für möglich hält,[73] allerdings deren Eintritt billigend in Kauf nimmt. Bei der bewussten Fahrlässigkeit hingegen, die vom bedingten Vorsatz abzugrenzen ist, ist der Täter mit der als möglich erkannten Folge gerade nicht einverstanden und vertraut auf ihren Nichteintritt.[74] Zwar ist zwischen bewusster Fahrlässigkeit und bedingtem Vorsatz erkennbar ein fließender Übergang, die Abgrenzung ist gleichwohl besonders wichtig, da die fahrlässige Tat nur in den gesetzlich bestimmten Fällen strafbar ist.

> **Merke:**
> Schon das „billigende Inkaufnehmen" genügt, um bedingten Vorsatz zu bejahen und damit Vorsatz-Strafbarkeit anzunehmen.

Fahrlässig handelt, wer die im Verkehr erforderliche Sorgfalt außer Acht lässt (vgl. § 276 Abs. 2 BGB). Einen erhöhten Grad der Fahrlässigkeit bezeichnet die Leichtfertigkeit. Hierbei handelt der Täter grob achtlos und beachtet nicht, was sich unter den Voraussetzungen seiner Erkenntnisse und Fähigkeiten aufdrängen muss.[75] Zwischen der bewussten Fahrlässigkeit und Leichtfertigkeit (grobe Fahrlässigkeit) steht die unbewusste Fahrlässigkeit, bei der der Täter schon die abstrakte Gefährlichkeit seines Verhaltens nicht wahrnimmt, diese aber hätte erkennen können. *Fahrlässigkeit*

15.2.9 Täterschaft und Teilnahme (Anstiftung und Beihilfe)

Die Beteiligung an einer Straftat umfasst neben der Täterschaft, die in § 25 StGB geregelt ist, auch die Teilnahme an einer fremden Tat in den Normen der Anstiftung (§ 26 StGB) und Beihilfe (§ 27 StGB).

15.2.9.1 Täterschaft

Die Täterschaft wird gemäß § 25 Abs. 1 StGB bei demjenigen bejaht, der die Straftat selbst oder durch einen anderen (mittelbare Täterschaft) begeht. Die Vornahme kann auch in gemeinschaftlicher Tatbegehung erfolgen, mithin in Mittäterschaft gemäß § 25 Abs. 2 StGB. *Täterschaft*

Bei juristischen Personen ist der Geschäftsführer, der in dieser Eigenschaft eine Insolvenzstraftat begeht, strafrechtlich als Täter verantwortlich, wenn er für die Gesellschaft handelt. Dies folgt aus § 14 Abs. 1 Nr. 1 StGB, wonach jemand, der als Vertretungsorgan einer juristischen Person oder als Mitglied eines solchen Organs handelt, strafrechtlich verantwortlich ist. Dies gilt nach § 14 Abs. 1 Nr. 2 StGB ebenso für vertretungsberechtigte Gesellschafter einer rechtsfähigen Personengesellschaft, zum Beispiel für Komplementäre einer Kommanditgesellschaft.

Die Täterschaft wird von der Teilnahme durch die Tatherrschaft abgegrenzt. Nach dem Reichsgericht (RG) war derjenige Täter, der die Tat „als eigene wollte" (sog. animus-Formel).[76] Der BGH, der dem Reichsgericht zunächst gefolgt ist,[77] hat später die Tatherrschaftslehre übernommen und gefordert, dass der Täter das Ob der Tat und deren Durchführung beherrsche.[78] Nach neuerer Rechtsprechung des BGH ist die Frage der Täterschaft in wertender Betrachtung zu beurteilen, wobei wesentliche Anhaltspunkte für diese Wertung das Eigeninteresse an der Tat, der Umfang der Tatbeteiligung und die Tatherrschaft oder wenigstens der Wille zur Tatherrschaft sein können.[79] Für Mittäterschaft muss der Mittäter in der Rolle eines gleichberechtigten Partners mitgewirkt haben.[80] Die schlichte Kenntnis der verwirklichten Tatumstände, deren Billigung und die Tatsache, dass man diese durch eigenes Einschreiten hätte verhindern können, reicht nicht aus.[81]

Teilnahme Bei der Teilnahme sind die Anstiftung (§ 46 StGB) und die Beihilfe (§ 27 StGB) zu unterscheiden. Die Teilnahme in Form der Anstiftung oder Beihilfe setzt stets eine vorsätzliche Hauptart voraus. Eine Anstiftung oder Beihilfe zu einer fahrlässigen Tat ist nicht möglich und als solche nicht strafbar. Anstiftung und Beihilfe sind für die Beteiligten in der Unternehmenskrise, die neben der Geschäftsführung um die Sanierung des Unternehmens ringen, von besonderer Bedeutung, da damit regelmäßig deren Strafbarkeit und – daraus folgend – auch persönliche Haftung einhergehen kann.

15.2.9.2 Anstiftung (§ 26 StGB)

Anstifter Anstifter ist, wer, ohne Täter zu sein, den Tatentschluss einer anderen Person vorsätzlich herbeigeführt, im Wortlaut des Gesetzes in § 26 StGB

wer vorsätzlich einen anderen zu dessen vorsätzlich begangener rechtswidriger Tat bestimmt hat.

Bestimmen des Täters heißt, in dem Täter den Entschluss zur Tat durch irgendeine dafür ursächliche Anstiftungshandlung hervorzurufen.[82] Dies ist auch dann möglich, wenn der Täter nur ganz allgemein zu derartigen Taten bereit ist oder wenn er sich schon mit dem Gedanken an die Tat trägt, aber noch schwankt oder Hemmungen hat, eine begonnene fortgesetzte Tat weiterzuführen.[83]

> **Beispiel:**
> Geschäftsführer G der X GmbH sitzt mit seinem Steuerberater Z zusammen, der ihn darauf hinweist, dass eine Vielzahl seit Monaten fälliger, unbezahlter Rechnungen vorliegt, für die keine ausreichende Liquidität mehr vorhanden ist. Als G zu Z sagt, dass er bereits einen Insolvenzantrag vorbereitet habe und er dann wohl „über die Wupper" gehen müsse, sagt Z, der um seine eigenen offenen Honorare fürchtet: „Kein Grund, die Nerven zu verlieren. Den Insolvenzantrag kannst Du noch später stellen, erstmal solltest Du noch meine Rechnungen bezahlen." Daraufhin entschließt sich G, zunächst keinen Insolvenzantrag zu stellen. Z hat sich der Anstiftung zur Insolvenzverschleppung strafbar gemacht.

Die bloße Verursachung des fremden Tatbeschlusses durch Schaffung objektiver Tatanreize reicht jedoch nicht aus; der Anstifter muss den Täter vorsätzlich zu dessen vorsätzlicher Tat bestimmen. Eine fahrlässige Anstiftung ist nicht möglich.

15.2.9.3 Beihilfe (§ 27 StGB)

Beihilfe Beihilfe leistet, wer den fremden, vorsätzlichen Tatentschluss (bedingt) vorsätzlich unterstützt, im Wortlaut des Gesetzes in § 27 StGB

Wer vorsätzlich einem anderen zu dessen vorsätzlich begangener rechtswidriger Tat Hilfe geleistet hat.

Die Hilfeleistung kann physischer oder psychischer Art sein, letztere auch in dem schlichten Bewusstsein, dadurch eine strafbare Handlung zu fördern oder einen arglosen Geschäftspartner bei dubiosen Geschäften in Sicherheit zu wiegen.[84]

> **Beispiel:**
> Der Geschäftsführer G der Y-GmbH verhandelt mit dem Lieferanten L über eine weitere Belieferung. Unterstützt wird er dabei von dem Berater B, der dem Lieferanten – trotz Kenntnis der fortbestehenden Zahlungsunfähigkeit der Y-GmbH und massiven Zweifeln an der Sanierung – sagt: „Wenn Herr G Ihnen sagt, dass alles in Ordnung ist, können Sie das schon zugrunde legen. Wir als Berater glauben, dass G den Turnaround schafft." Daraufhin beliefert L den G weiter – und fällt später mit seinen Ansprüchen gegen die Y-GmbH aus. B hat sich der Beihilfe zum Betrug gemäß §§ 263, 27 StGB strafbar gemacht.

15.2.9.4 Verantwortlichkeit bei Gremienentscheidungen

Oft werden Unternehmen von Kollegialorganen geführt, d. h. der Vorstand oder die Geschäftsführung bestehen nicht aus einer einzelnen, sondern aus mehreren Personen. Bei Kollegialorganen stellt sich die Frage, wie die Verantwortung bei einer rechtsgutverletzten Handlung zugewiesen wird.

Entscheidend für die strafrechtliche Verantwortlichkeit jedes Mitgliedes ist stets das Abstimmungsverhalten dieses einzelnen Mitglieds. Jedes Mitglied ist für sich verpflichtet, das Mögliche und Zumutbare zu tun, um einen Beschluss des Kollegialorgans zu verhindern, der zu einer Straftat führt.[85] Eine Gremienentscheidung kann selbst dann dem einzelnen Mitglied zugerechnet werden, wenn dieses an der konkreten Abstimmung nicht teilgenommen hat, aber später die Umsetzung der Entscheidung mitträgt und in seinem Verantwortungsbereich durchsetzt.

Verantwortlichkeit jedes Mitgliedes

Ein Mitglied eines Kollegialorgans kann sich nicht darauf berufen, dass die Entscheidung auch ohne seine Stimme zustande gekommen wäre, mithin die Kausalität für seine Mitwirkung zur Begehung der Handlung entfällt.

15.2.10 Regionale Unterschiede in der Strafverfolgung

Wenngleich das Strafgesetzbuch ein Bundesgesetz ist und somit in allen Bundesländern gleiche Anwendung finden sollte, ist dies in der Praxis im Wesentlichen aus zwei Gründen nicht der Fall: Zum einen ist die Besetzung der Staatsanwaltschaften in den einzelnen Bundesländern unterschiedlich stark. Während in einigen Bundesländern die Staatsanwaltschaften personell und materiell gut ausgestattet werden (u. a. Bayern), ist dies in anderen Bundesländern nicht der Fall. Überdies sind einige Staatsanwaltschaften stark durch andere Deliktsformen wie Jugend- und Bandenkriminalität gebunden, sodass entsprechende Kapazitäten für Wirtschaftsstraftaten nicht zur Verfügung stehen. Entsprechende Schwerpunktstaatsanwaltschaften bestehen entweder nicht oder sind nicht ausreichend besetzt. In der Konsequenz verlegen sogenannte Firmenbestatter oftmals den Sitz insolventer Gesellschaften, deren „reibungslose Abwicklung" sie versprechen, beispielsweise zunächst nach Berlin, um sodann den Insolvenzantrag zu stellen. Unabhängig von der Tatsache, dass heute der Schwerpunkt der wirtschaftlichen Tätigkeit nach § 3 Abs. 1 S. 2 InsO maßgeblich ist für die Zuständigkeit des örtlichen Amtsgerichts als Insolvenzgericht, bleibt jedoch der Regelanknüpfungspunkt der Sitz der Gesellschaft. Auf diese Weise versuchen die Firmenbestatter sich die zurückhaltende Strafverfolgung in einigen Bundesländern zu Nutze zu machen.

Für Geschäftsführer, Interim-Manager und Berater heißt dies, dass die Gefahr der Strafverfolgung je nach Bundesland unterschiedlich hoch sein kann. Während in einigen Bundesländern wie Bayern und Baden-Württemberg scheinbar kein Insolvenzverfahren ohne Strafverfahren endet, ist dies in anderen Bundesländern anders. Dies beeinflusst sicherlich auch die Frage, inwieweit die Möglichkeiten des ESUG genutzt werden können, ohne sich später einer etwaigen Strafverfolgung auszusetzen – sei dies berechtigt oder nicht.

15.2.11 Konsequenzen einer strafrechtlichen Verurteilung für die Bestellung zum Geschäftsführer

Neben der durch das Strafgericht festzusetzenden Geldstrafe oder Freiheitsstrafe droht aus der Begehung einer insolvenzbezogenen Straftat aus einer Regelung im GmbH-Gesetz eine weitere Konsequenz für den Geschäftsführer, der seinen Lebensunterhalt aus der Tätigkeit als Geschäftsführer bestreitet:

Nach der Regelung in § 6 Abs. 2 S. 2 GmbHG kann Geschäftsführer nicht (mehr) sein, wer

> 3. wegen einer oder mehrerer vorsätzlich begangener Straftaten
>   a) des Unterlassens der Stellung des Antrags auf Eröffnung des Insolvenzverfahrens (Insolvenzverschleppung),
>   b) nach den §§ 283 bis 283d des Strafgesetzbuchs (Insolvenzstraftaten),
>   ...
>   e) nach den §§ 263 bis 264a oder den §§ 265b bis 266a des Strafgesetzbuchs
>
> zu einer Freiheitsstrafe von mindestens einem Jahr verurteilt worden ist; dieser Ausschluss gilt für die Dauer von fünf Jahren seit der Rechtskraft des Urteils, wobei die Zeit nicht eingerechnet wird, in welcher der Täter auf behördliche Anordnung in einer Anstalt verwahrt worden ist.

Da das GmbHG eine Bestellung zum Geschäftsführer bei einer Verurteilung aus den genannten Straftatbeständen von mindestens einem Jahr untersagt, kann dies einem „Berufsverbot" gleichkommen, wenn beispielsweise ein Interim-Manager seinen Lebensunterhalt aus fortgesetzten Geschäftsführerpositionen bezieht, die er nun nicht mehr ausüben darf.

15.3 Zivilrechtliche Haftung in der Unternehmenskrise

Die strafrechtliche Verantwortlichkeit bedroht den handelnden Geschäftsführer mit Freiheitsstrafe oder Geldstrafe. Letztere wird nicht in existenzbedrohender Höhe festgesetzt, was sich hingegen aus den nachfolgenden zivilrechtlichen Haftungstatbeständen schnell ergibt. Insofern – obgleich es zunächst verwundern mag – ist die zivilrechtliche Haftung meist persönlich bedrohlicher als das vorab dargestellte Strafrecht. Zwar kann, wie soeben ausgeführt, eine strafrechtliche Verurteilung wegen eines Insolvenzdelikts oder wegen eines dort aufgezählten Vermögensdelikts gemäß § 6 Abs. 2 S. 2 GmbHG dazu führen, dass man das Amt als Geschäftsführer nicht weiter ausüben darf, die zivilrechtlichen Haftungstatbeständen hingegen können einen Geschäftsführer unmittelbar existenziell ruinieren. Die Haftungstatbestände, vorneweg die Haftung aus § 823 Abs. 2 BGB in Verbindung mit einem Schutzgesetz sowie die aus § 64 S. 1 GmbHG, abschließend dann aus § 69 AO wegen Steuerhinterziehung, sollen nachfolgend dargestellt werden.

Haftung aus § 823 Abs. 2 BGB

15.3.1 Haftung aus § 823 Absatz 2 BGB i. V. m. Schutzgesetz

Nach zivilrechtlichen Vorschriften gibt es grundsätzlich keinen allgemeinen Vermögensschutz, aber bei der Verletzung eines Schutzgesetzes ergibt sich ein Vermögensschutz aus der Vorschrift der deliktischen Haftung gemäß der Schadensersatzpflicht (§ 823 Abs. 2 BGB) in Verbindung mit dem Schutzgesetz. Hiernach ist

Schadensersatzpflicht

der Schädiger dem anderen zum Ersatz des entstehenden Schadens verpflichtet, welcher gegen ein den Schutz eines anderen bezweckenden Gesetzes verstößt.

Schutzgesetze im Sinne dieser Norm sind alle vorausgehend dargestellten Straftatbestände, da sie jeweils einen anderen in dessen Rechtssphäre schützen. So schützt beispielsweise die Vorschrift § 263 StGB (Betrug) offenkundig den anderen vor einem entsprechenden Schaden, den dieser durch eine rechtswidrige Täuschung erleidet.

Neben den Straftatbeständen aus dem Strafgesetzbuch ist auch § 15a InsO (Insolvenzantragspflicht) ein Schutzgesetz und schützt denjenigen, der durch die Verletzung dieser Antragspflicht Schaden erleidet, beispielsweise ein Lieferant, der weiterhin geliefert hat, vor dem daraus folgenden Schaden.

> **Beispiel:**
> Lieferant L, der an die X GmbH das Holz ausgeliefert hat, erhält keine Zahlung mehr. Der Geschäftsführer G stellt Insolvenzantrag, das unter Eigentumsvorbehalt gelieferte Holz war zu diesem Zeitpunkt schon verbaut.
> L kann G auf Schadensersatz aus deliktischem Handeln gemäß § 823 Abs. 2 BGB i. V. m. § 263 StGB (Eingehungsbetrug) in Anspruch nehmen.

Voraussetzung ist, dass die Rechtsverletzung rechtswidrig geschehen ist, was bei der Erfüllung eines Strafgesetzes indiziert ist. Die Rechtswidrigkeit wäre nur dann ausgeschlossen, wenn das Verhalten des Täters durch einen Rechtfertigungsgrund gedeckt wäre, was bereits die Straftat ausschließen würde.

Hinzukommen muss ein Verschulden, was sich allein auf die Verletzung des Schutzgesetzes, nicht auf die schädigende Wirkung für das geschützte Rechtsgut und deren Voraussetzungen beziehen muss.[86]

Ersatzberechtigt ist immer der Geschädigte, d.h. derjenige, dem das verletzte Rechtsgut zusteht bzw. der einen Schaden erlitten hat. Ersatzpflichtig ist der Täter, d.h. derjenige, der die Handlung, die das Rechtsgut beeinträchtigt hat, selbst oder als mittelbarer Täter begangen hat.[87]

Geschäftsführer sind persönlich zum Schadenersatz verpflichtet

Der Geschäftsführer ist somit bei einer Verletzung seiner Antragspflicht nach § 15a InsO oder bei einem Eingehungsbetrug demjenigen, der dadurch einen Schaden erleidet, persönlich zum Schadenersatz verpflichtet. Hieraus wird leicht das potenzielle Schadensvolumen erkennbar, dass der Geschäftsführer durch verspätete Antragstellung für sich auslösen kann; jeder Lieferant, der später ausfällt und die Verschleppung beweisen kann, kann sich mit seinem Schaden an den Geschäftsführer wenden. So wäre bei einem Geschäftsbetrieb mit mehreren Millionen Umsatz im Monat schnell ein persönlicher Schaden für den Geschäftsführer in gleicher Höhe erreicht, wenn dieser fortgesetzt Bestellungen tätigt. Dass das Privatvermögen auch eines gut verdienenden Geschäftsführers diese Haftung nicht lange aushält, liegt auf der Hand.

Anstifter oder Gehilfen können auch haften

Es ist aber nicht nur so, dass etwa der Täter allein einem Geschädigten haftet, sondern die Haftung aus deliktischer Schädigung gemäß § 823 Abs. 2 BGB kann sich auch gegen Anstifter oder Gehilfen richten. Wird Beihilfe gemäß § 27 StGB zu einer Straftat geleistet, kann sich der Geschädigte über § 823 Abs. 2 BGB auch an den Gehilfen wenden und dort seinen Schaden geltend machen. Insofern sind beispielsweise auch Berater eines Unternehmens betroffen, wenn sie Beihilfe zu einer Insolvenzverschleppung leisten. Hierbei ist zu betonen, dass sich der deliktische Anspruch immer gegen die jeweilige natürliche Person richtet, nicht etwa gegen die Beratung als Vertragspartner des Unternehmens. Es liegt in der Natur des Delikts, dass dieses nur von einer natürlichen Person begangen werden kann, die sodann auch persönlich haftet.

> **Merke:**
> Die Begehung einer Straftat, die das Vermögen eines anderen schützt, löst zugleich eine zivilrechtliche Haftung des Täters für die Schäden aus. Die zivilrechtliche Haftung kann auch den Anstifter oder den Gehilfen treffen.

15.3.2 Haftung aus § 64 GmbHG

Zahlungen nach Eintritt der Insolvenzreife

Noch schärfer als die Haftung aus § 823 Abs. 2 BGB i. V. mit einem Schutzgesetz ist die Haftung aus § 64 Satz 1 GmbHG, wonach

die Geschäftsführer der Gesellschaft zum Ersatz von Zahlungen verpflichtet (sind), die nach Eintritt der Zahlungsunfähigkeit der Gesellschaft oder nach Feststellung ihrer Überschuldung geleistet werden.

15.3 Zivilrechtliche Haftung in der Unternehmenskrise

Der Geschäftsführer kann sich nur insoweit exkulpieren als gemäß Satz 2 die Haftung

nicht von Zahlungen (gilt), die auch nach diesem Zeitpunkt mit der Sorgfalt eines ordentlichen Geschäftsmanns vereinbar sind.

Die Verpflichtung zum Ersatz von Zahlungen trifft gemäß §64 S. 3 GmbHG auch den Geschäftsführer

für Zahlungen an Gesellschafter, soweit diese zur Zahlungsunfähigkeit der Gesellschaft führen mussten, es sei denn, dies war auch bei Beachtung der in Satz 2 bezeichneten Sorgfalt nicht erkennbar.

Die Regelung in §64 GmbHG hat das Ziel der Masseerhaltung und -sicherung, dient mithin unmittelbar dem Gläubigerschutz.[88] Die Haftung nach Satz 1 steht in engem zeitlichen und sachlichen Zusammenhang mit der Insolvenzverschleppungshaftung nach §15a InsO. Die Norm ist zugleich Schutzgesetz im Sinne des §823 Abs. 2 BGB.

Die Sätze 1 und 3 stellen nach herrschender Ansicht materielles Insolvenzrecht dar und gelten auch für nach ausländischem Recht gegründete Gesellschaften mit Verwaltungssitz im Inland;[89] typisches Beispiel ist die vom deutschen Kleinunternehmer genutzte Limited (Ltd.).

Haftungsadressaten und damit Schuldner des Erstattungsanspruchs sind die Geschäftsführer. Dies gilt auch für faktische Geschäftsführer.[90] Die Haftung gilt unabhängig von einer etwaigen internen Ressortverteilung, jeder Geschäftsführer ist jeweils nach §64 GmbHG verantwortlich.

Haftung unabhängig von Ressortverteilung

Gesellschafter, Mitglieder eines Aufsichts- oder Beirats oder Prokuristen sind hingegen nicht Haftungsadressaten, was auch für Gesellschafter im Fall der Führungslosigkeit der Gesellschaft gilt; die Antragspflicht der Gesellschafter nach §15a Abs. 1 S. 2 InsO wegen Führungslosigkeit wird nicht zur Haftung nach §64 S. 1 GmbHG.

Der Begriff Zahlungen i.S. des §64 S. 1 GmbHG wird weit ausgelegt, da – wie ausgeführt – Ziel der Regelung der Masseerhalt und die Massesicherung sind. Konsequenterweise wird jede massemindernde Vermögensleistung aus dem Gesellschaftsvermögen als Zahlung im Sinne des §64 GmbHG verstanden.[91] Ebenso folgt aus dem Ziel des Masseerhalts, dass durch die Zahlung das geschützte Gesellschaftsvermögen berührt sein muss, Zahlungen aus echten Drittmitteln sind ebenso unerheblich wie die Herausgabe von Vermögensgegenständen, die in der Insolvenz der Aussonderung unterlägen.[92] Als Zahlungen kommen jegliche Rechtshandlungen in Betracht, auch Leistungen an Zahlungs Statt oder zahlungshalber, z.B. Forderungsabtretungen.[93]

Weite Auslegung

Überweisungen oder Einzahlungen Dritter auf ein debitorisches Bankkonto der Gesellschaft sind nach Auffassung des BGH ebenfalls als Zahlungen der Gesellschaft an die Bank vom Zahlungsverbot erfasst.[94] Die Geschäftsführer müssten demnach solche Zahlungen durch Mitteilung an die Schuldner verhindern oder ein neues, kreditorisches[95] Konto einrichten.

Zahlungen auf ein debitorisches Bankkonto

Die Zahlung muss dem Geschäftsführer zugerechnet werden können, was auch dann der Fall ist, wenn dieser die Zahlung zwar nicht veranlasst hat, aber diese pflichtwidrig nicht verhindert hat. Der Geschäftsführer hat umfassende Kontrollpflichten gegenüber seinen Mitgeschäftsführern und Mitarbeitern sowie deren Arbeitsabläufen.[96]

Berücksichtigung von Gegenleistungen

Grundsätzlich führt jeder Vermögensabfluss zur Haftungsbegründung. Fraglich ist dabei die Berücksichtigung von Gegenleistungen. Sie sind nach Ansicht des BGH dann zu berücksichtigen, auch wenn sie eine Masseverkürzung erst gar nicht entstehen lassen.[97] Diese Ansicht hat der BGH in einer aktuellen Entscheidung aus 2014[98] dahingehend korrigiert, dass er nunmehr im Leitsatz ausführt:

1. *Die Ersatzpflicht des Organs für Zahlungen nach Insolvenzreife entfällt, wenn die durch Zahlung verursachte Schmälerung der Masse in einem unmittelbaren Zusammenhang mit ihr ausgeglichen wird.*
2. *Der als Ausgleich erhaltene Gegenstand muss nicht noch bei Eröffnung des Verfahrens vorhanden sein. Maßgeblich für die Bewertung ist der Zeitpunkt, in dem die Masseverkürzung durch einen Massezufluss ausgeglichen wird.*

Diese Entscheidung könnte eine Neuorientierung des BGH und spürbar mildere Linie der bislang sehr scharfen Haltung zu §64 GmbHG aufzeigen. Die Ausführung begründet der BGH damit, dass es ansonsten zu einer Vervielfachung der Haftung kommen könne, was von einigen Stimmen in der Literatur seit langer Zeit gegen die bisherige Linie des BGH angeführt wird.[99]

Mit dieser Entscheidung könnten zukünftig Zahlungen alter Verbindlichkeiten, die bislang eine Haftung nach §64 GmbHG ausgelöst haben, möglicherweise dann haftungsfrei sein, wenn daraufhin neue Lieferungen auf Ziel erfolgen[100] – sicher ist das jedoch nicht.

Keine Haftung bei Ausgleich

Nach dem Wortlaut des BGH entfällt die Haftung generell dann, wenn die Masseverkürzung anderweitig ausgeglichen und der Zweck der Ersatzpflicht erreicht ist. Ein Ersatzanspruch gegen das Organ besteht mithin auch dann nicht mehr, soweit es dem Insolvenzverwalter gelingt, durch die Insolvenzanfechtung eine Rückerstattung der Zahlung zu erreichen und so die Masseschmälerung wettzumachen oder wenn die Massekürzung dadurch ausgeglichen wird, dass bei Zahlung ein Gegenwert in das Vermögen gelangt ist, und der Sache nach lediglich Aktiv-Tausch vorliegt.[101] Dabei ist jedoch zu beachten, dass nicht jeder beliebige Massezufluss als Ausgleich zu berücksichtigen ist, sondern es eines unmittelbaren Zusammenhangs mit der Zahlung bedarf. Der Massezufluss muss der Masseschmälerung 1 zu 1 zugeordnet werden können, da der Ersatzanspruch gerade nicht auf Erstattung eines generellen Minderungsschadens gerichtet ist.[102] Maßgeblich für die Bewertung ist dabei der Zeitpunkt, in dem die Masseverkürzung durch einen Massezufluss ausgeglichen wird, nicht der Zeitpunkt der Insolvenzeröffnung. Die Gegenleistung muss bei Insolvenzeröffnung – anders als in früheren Entscheidungen – nicht noch in der Masse vorhanden sein.

Bei größeren Unternehmen wird die Schwierigkeit schon darin bestehen, bei der Vielzahl von Transaktionen, Kontoein- und -auszahlungen etc., überhaupt zu bestimmen, welcher konkrete Ausgang welchem konkreten Eingang zuzu-

15.3 Zivilrechtliche Haftung in der Unternehmenskrise

ordnen ist, um die notwendige Bestimmung für die Kompensation vorzunehmen.[103]

Die vom BGH nunmehr aufgezeigte, wirtschaftliche Betrachtungsweise ändert nichts an dem Grundsatz, dass § 64 Satz 1 GmbHG Zahlungen nach Eintritt der Insolvenzreife grundsätzlich verbietet und entgegen diesem Grundsatz geleistete Zahlungen vom Geschäftsführer zu erstatten sind, wenn dieser sich nicht hierfür nach Satz 2 exkulpieren kann. Die Beweislast liegt damit weiterhin beim Geschäftsführer.

Beweislast liegt beim Geschäftsführer

> **Merke:**
> Die Ersatzpflicht des Geschäftsführers gemäß § 64 S. 1 GmbHG für Masseschmälerungen nach Eintritt der Insolvenzreife ist – trotz der jüngeren Rechtsprechung des BGH zur möglichen Kompensation von Leistung und Gegenleistung – ein existenzbedrohendes „Haftungsschwert" des Insolvenzverwalters gegen den Geschäftsführer.

Zur Frage, wie viel Zeit einem Geschäftsführer zur Erkenntnis bleibt, dass Insolvenzreife besteht und er antragsverpflichtet ist, wenn er nicht haften möchte, hat das OLG Brandenburg[104] im Fall eines Sanierungsgeschäftsführers zuletzt entschieden, dass zwei Tage ausreichend als Prüfungszeit seien; am dritten Arbeitstag müsse ein Sanierungsgeschäftsführer bereits konkrete Anweisungen geben, um die eigene Haftung zu vermeiden. Im vorliegenden Fall hat er nach diesem Tag Zahlungen auf ein debitorisch geführtes Konto zugelassen, was eine Masseverminderung im Sinne von § 64 GmbHG darstellt, weil dadurch das Vermögen der Gesellschaft zugunsten der Bank gemindert wird.[105] Das Zahlungsverbot des § 64 Satz 1 GmbHG beginne stets mit dem Eintritt der Insolvenzreife, daran ändere auch die Bestellung eines neuen Geschäftsführers nichts. Vorliegend hat die Insolvenzreife objektiv bereits im Zeitpunkt der Bestellung des Sanierungsgeschäftsführers bestanden. Zwar ist diesem zuzubilligen, dass er sich erst über die Lage informieren müsse, allerdings sei diesem bekannt gewesen, dass er kein gesundes Unternehmen, sondern eines in der Krise übernommen habe.[106]

2 Tage Zeit zur Erkenntnis

> **Beispiel:**
> Der Interim-Manager I erhält einen Anruf von dem Gesellschafter Y, der ihn bittet, „ab morgen" die Geschäftsführung in der G-GmbH zu übernehmen. Er sagt dem I, dass es erhebliche Zahlungsschwierigkeiten gäbe, eine Vielzahl von Rechnungen sei wohl schon unbezahlt. I nimmt den Auftrag an und wird am Montagmorgen zum Geschäftsführer bestellt. Er nutzt die Woche, um sich einzuarbeiten. Währenddessen gehen auf dem debitorischen Konto jeden Tag zwischen 30.000 und 70.000 Euro an, allein am Donnerstag und Freitag der ersten Woche insgesamt 125.000 Euro. I stellt fest, dass die Zuflüsse bei Weitem nicht ausreichen und stellt am Montag in der Folgewoche Insolvenzantrag.
>
> I wird vom Insolvenzverwalter Dr. M aus § 64 GmbHG auf Zahlung von 142.000 Euro in Anspruch genommen. Für die Geldeingänge auf dem debitorischen Konto haftet er für die Geldeingänge ab Mittwoch persönlich, weil das Gericht später entscheidet, 2 Tage hätten für die Feststellung der Insolvenzreife und die Reaktion darauf genügen müssen.

Normgerechtes Verhalten setzt voraus, dass die Geschäftsleiter und ihre Berater über zentrale Begriffe des Insolvenzrechts sowie über Einleitung und Ablauf des Insolvenzverfahrens einschließlich der intrikaten Haftungsrisiken umfassend Bescheid wissen.[107]

15.3.3 Steuerliche Haftung nach § 34 AO

Verletzung von steuerlichen Pflichten

In § 69 AO ist eine Haftung wegen der vorsätzlichen oder grob fahrlässigen Verletzung von steuerlichen Pflichten kodifiziert, wenn also Steuern nicht oder nicht rechtzeitig festgesetzt oder erfüllt oder soweit infolgedessen Steuervergütungen oder Steuererstattungen ohne rechtlichen Grund gezahlt werden. Da juristische Personen ihre steuerlichen Pflichten nicht selbst erfüllen können, sondern sich dafür ihrer organschaftlichen Vertreter bedienen, legt § 34 AO fest, wer die Adressaten dieser Haftung sind. Hiernach haben die gesetzlichen Vertreter deren steuerliche Pflichten zu erfüllen, insbesondere haben sie Sorge dafür zu tragen, dass die Steuern aus den Mitteln entrichtet werden, die sie verwalten. Soweit es nicht rechtsfähige Personenvereinigungen ohne Geschäftsführer sind, haben die Mitglieder oder Gesellschafter die Pflichten zu erfüllen. Die Finanzbehörde kann sich an jedes Mitglied oder jeden Gesellschafter halten.

Zu unterscheiden ist die Schuld als primäre Leistungspflicht des Steuerschuldners, für deren Erfüllung er mit seinem Vermögen einstehen muss, von der Haftung im steuerlichen Sinne, die das Einstehenmüssen für die Schuld eines anderen bezeichnet („Fremdhaftung").

Die Haftung von Verantwortlichen wegen der Verletzung von Erklärungspflichten stützt sich auf unzutreffende oder unvollständige Angaben bzw. darauf, dass die Finanzbehörden pflichtwidrig in Unkenntnis gelassen werden, und sodann eine Differenz zwischen dem tatsächlich festgesetzten und richtigerweise festzusetzenden Betrag ergibt. Darüber hinaus gibt es auch eine Haftung für zwar zutreffend festgesetzte, aber nicht rechtzeitig abgeführte Steuern. In diesem Falle haftet der Verantwortliche mit seinem eigenen Vermögen für die Steuerschuld gleich einem Bürgen.

Da die Haftung Vorsatz oder grobe Fahrlässigkeit voraussetzt, ist eine Haftung ausgeschlossen, wenn dem Verantwortlichen keine Mittel zur Tilgung der Steuerschuld zur Verfügung stehen. Soweit die Mittel jedenfalls nicht zur Tilgung sämtlicher Schulden ausreichen, hat der Verantwortliche jedenfalls dafür Sorge zu tragen, dass die Finanzbehörden nicht mit einer geringeren Quote als die übrigen Gläubiger befriedigt werden. Bei der Lohnsteuer sind die steuerlichen Pflichten nur dann nicht verletzt, soweit eine vollständige Zahlung nicht (mehr) gelingt, wenn der Verantwortliche die Nettolöhne ebenfalls gekürzt an die Arbeitnehmer auszahlt.

15.4 Faktische Geschäftsführung

Die Straftatbestände in Kapitel 15.1 als auch die daran zum Teil anknüpfenden zivilrechtlichen Haftungstatbestände und die Haftungsnorm des §64 GmbHG, die im Kapitel 15.3. dargestellt wurden, finden auch auf den faktischen Geschäftsführer Anwendung.[108] Der faktische Geschäftsführer (FG) haftet demnach wie ein eingetragenes Organ.

Anwendung der Straftatbestände auf den faktischen Geschäftsführer

Faktischer Geschäftsführer ist nach Definition des BayObLG[109], wer sechs der nachfolgenden acht Kriterien erfüllt:

Kriterien

- Bestimmung der Unternehmenspolitik,
- Bestimmung der Unternehmensorganisation,
- Einstellung und Entlassung von Mitarbeitern, Ausstellung von Zeugnissen,
- Gestaltung der Geschäftsbeziehungen zu Vertragspartnern der Gesellschaft einschließlich der Vereinbarung von Vertrags-Zahlungsmodalitäten,
- Entscheidung der Steuerangelegenheiten,
- Verhandlungen mit Kreditgebern,
- Steuerung von Buchhaltung und Bilanzierung,
- Entscheidung über Vergütungen.

Nach Ausführung des BGH, der nicht auf Einzelkriterien abstellt, sondern eine Gesamtbetrachtung vornimmt, ist entscheidend, ob ein Handeln vorliegt, das nach außen maßgebend für die Geschicke der Gesellschaft ist. Erforderlich ist, dass die Geschäftsführerfunktionen „in maßgeblichem Umfang" ausgeübt wurden.[110] Eine bloß „interne Einwirkung" auf den bestellten Geschäftsführer ohne Wahrnehmung im Außenverhältnis reicht nicht aus.[111]

Gesamtbetrachtung entscheidend

Soweit die Straftatbestände als besonderes persönliches Merkmal auf den Geschäftsführer abstellen, greift dieses auch für den faktischen Geschäftsführer.[112]

Nach einer Auffassung soll das allerdings durch §14 Abs. 3 StGB auf solche Fälle begrenzt sein, in denen ein Mangel der Bestellung oder des Anstellungsakts vorliegt. Dem unwirksamen Bestellungsakt soll ein ausdrückliches oder konkludent erklärtes Einverständnis aller Gesellschafter zugrunde liegen.[113] Sind diese Voraussetzungen nicht gegeben, kommt nach dieser Auffassung noch eine Strafbarkeit wegen Anstiftung oder Beihilfe in Betracht.

Der faktische Geschäftsführer muss die Tätigkeit tatsächlich aufgenommen und ausgeübt haben; die betrieblichen Dispositionen müssen sowohl nach außen als auch betriebsintern wesentlich von ihm ausgehen.[114] Etwas anderes gilt natürlich dort, wo das Amt des Vertretungsorgans nicht besonderes persönliches Merkmal ist. Einen Betrug, eine Untreuehandlung oder sonstige Straftaten kann jede Person begehen, unabhängig vom entsprechenden Amt.

Die Insolvenzantragspflicht nach §15a InsO richtet sich auch an den faktischen Geschäftsführer, bei dem diese Einordnung allein auf die dargelegten Merkmale des BayObLG zurückgeht, nicht auf einen unwirksamen Bestellungsakt. Der Anspruch aus §64 S.1 GmbHG kann vom Insolvenzverwalter auch gegen den faktischen Geschäftsführer geltend gemacht werden, was aus der Nähe der Norm zur Insolvenzverschleppung herrührt. Da die Haftung aus §823

Insolvenzantragspflicht trifft FG

Abs. 2 BGB i. V. m. einem Schutzgesetz deliktische Haftung ist, die allein an die Verletzung eines Schutzgesetzes anknüpft und §15a InsO ebenso ein solches ist wie §263 StGB (Betrug), §266 StGB (Untreue) und beispielsweise Kreditbetrug gemäß §265b StGB, kann ein faktischer Geschäftsführer bei Verletzung eines Schutzgesetzes und in der Folge Verursachung eines Schadens auch aus §823 Abs. 2 BGB in Anspruch genommen werden.

Überragende Stellung — Übt ein vermeintlich faktischer Geschäftsführer sein Amt neben einem formell bestellten und tatsächlich tätigen Geschäftsführer aus, müsste der faktische Geschäftsführer eine überragende Stellung einnehmen und den tatsächlich tätigen, bestellten Geschäftsführer praktisch aus dieser Rolle verdrängen.

FG kann kaum wirksam Insolvenzantrag stellen — Problematisch für faktische Geschäftsführer ist, dass sie zwar einerseits die ebenso strafbewehrte Insolvenzantragspflicht haben, zugleich aber bei Insolvenzgerichten mangels dokumentierter und belegbarer Vertretungsbefugnis kaum wirksam einen Insolvenzantrag stellen können.

Auf die Pflichten des wirksam bestellten Organs hat die Annahme einer faktischen Geschäftsführung keine Auswirkungen, da das bestellte Organ seine Pflichten unabhängig von der möglichen faktischen Geschäftsführung eines anderen erfüllen muss.

15.5 Beendigung der Pflichtenstellung

Abberufung oder Amtsniederlegung — Die Organstellung endet durch Abberufung oder Amtsniederlegung. Hierbei kann die Amtsniederlegung jederzeit fristlos oder befristet erklärt werden, wobei es nach dem BGH nicht entscheidend ist, ob hierfür ein wichtiger Grund vorliegt oder eine im Anstellungsvertrag vorgesehene Frist eingehalten wird.[115] Es genügt allein die ausdrückliche Erklärung des Geschäftsführers, dass er seine Verantwortung als Organ niederlegen will. Die Erklärung ist eine einseitige empfangsbedürftige Willenserklärung, die gemäß §130 Abs. 1 BGB wirksam wird, soweit sie dem zuständigen Gesellschaftsorgan zugeht. Dass der Geschäftsführer möglicherweise auch einen Dienstvertrag (Arbeitsvertrag) hat, ist dafür zunächst unerheblich, wenngleich sich hieraus Pflichten für die Person des Geschäftsführers ergeben können.

Mit der Aufhebung der Organstellung endet grundsätzlich auch die strafrechtliche Verantwortlichkeit für die Zukunft. Die Löschung aus dem Handelsregister ist für die Pflichtenstellung hingegen irrelevant.[116]

Soweit zum Zeitpunkt der Beendigung der Organstellung eine Insolvenzantragspflicht nach §15a Abs. 1 S. 1 InsO besteht, muss der niederlegende Geschäftsführer darauf hinwirken, dass sein Nachfolger den Antrag unverzüglich stellt und auch stellen kann.[117]

15.6 Haftung des Beraters aus Vertrag

Haftung aus dem Beratungsvertrag

Ergänzend zu den vorstehenden Haftungsnormen kommt für Unternehmensberater, Steuerberater etc. immer auch noch eine Haftung aus dem Beratungsvertrag in Betracht, wenn der Berater seine Pflicht aus dem Vertrag verletzt, mithin schlecht oder nicht erfüllt. Dafür ist es zunächst notwendig, überhaupt entsprechende vertragliche Pflichten zu definieren, was wiederum schon aus Gründen der Haftungsbeschränkung geschehen sollte; nur wenn die Pflichten klar sind, kann später nicht der Vorwurf erhoben werden, bestimmte Pflichten gehabt, aber nicht erfüllt zu haben. Zugleich ist es dann möglich, die ordnungsgemäße Erbringung der vereinbarten Leistungen zu dokumentieren.

Es stellt sich bei einem Sanierungsberater grundsätzlich die Frage, auf welche Themen er einzugehen und ob und wie er beispielsweise auf Insolvenzantragspflichten hinzuweisen hat. Für Steuerberater gilt, dass diese grundsätzlich keine Hinweispflicht auf Insolvenzantragspflichten haben, soweit sie sich nur in einem steuerlichen Mandat befinden. „Den Steuerberater treffen jedoch weitergehende vertragliche Hinweispflichten, wenn er bei einem rein steuerrechtlichen Mandat mit dem Vertretungsorgan in konkrete Erörterungen über eine Insolvenzreife der von ihm beratenen Gesellschaft eintritt."[118]

Der Berater ist nach § 634 Nr. 4 BGB zum Ersatz des Verschleppungsschadens verpflichtet, wenn er seine Pflichten aus dem Vertrag verletzt hat. Allerdings trifft die Gesellschaft ein Mitverschulden, da diese eine Selbstprüfungspflicht hat.

Die vertragliche Haftung lässt sich durch entsprechende Vertragsklauseln einschränken oder ausschließen, überdies sollte jeder in der Krise tätige Berater auch hinsichtlich seiner vertraglichen Handlungspflichten adäquat versichert sein.

> **Merke:**
> Kein Beratungsmandat ohne schriftlichen Vertrag mit genauer Leistungsbestimmung.

Anmerkungen

[1] Mein Dank gilt meiner Mitarbeiterin Gülsah Tan, die mit großem Einsatz zur Fertigstellung dieses Beitrags beigetragen hat.
[2] WP-Handbuch, Band II S. 778 ff.
[3] Amtsgericht Ulm, Az. 1 IN 24/12.
[4] OLG Brandenburg ZIP 2016, 924 ff.; OLG Brandenburg ZInsO 2016, 853 ff.
[5] BGHZ 75, 96 (108); BGH NJW 1979, 1823 f.
[6] Tiedemann in Scholz, GmbHG § 84 Rdn. 82 ff.
[7] Schaal in Rowedder/Schmidt-Leithoff, GmbHG § 84 Rdn. 45.
[8] BGHZ 126, 181 (199).
[9] NJW 2007, 2118, Rn. 16.
[10] Klöhn, in: MüKo-InsO, § 15a, 3. Aufl. 2013, Rdn. 177.
[11] Haas, in: Baumbach/Hueck, GmbHG, 20. Aufl. 2013, § 41, Rdn. 4
[12] Radtke/Petermann in MüKo, StGB Vorbem. § 283 Rdn. 13.
[13] Kindhäuser in Kindhäuser/Neumann/Paeffgen, StGB Vorbem. §§ 283 bis 283d Rdn. 7.

[14] Fischer, § 283 Rdn. 20.
[15] Dazu unter 15.2.8.
[16] Kindhäuser in Kindhäuser/Neumann/Paeffgen, StGB Vorbem. §§ 283 bis 283d Rdn. 73 ff.
[17] BGH JurionRS 1951, 10814, 10816.
[18] Radtke/Petermann in MüKo, StGB § 283a Rdn. 8.
[19] Heine/Schuster in Schönke/Schröder, StGB § 283c Rdn. 6.
[20] Heine/Schuster in Schönke/Schröder, StGB § 283c Rdn. 12.
[21] Radtke/Petermann in MüKo, StGB § 263 Rdn. 1; zur Wirtschaftskriminalität: Achenbach, Schwerpunkte der BGH-Rechtsprechung zum Wirtschaftsstrafrecht, BGH-FG (2000), 593; Achenbach/Ransiek (Hrsg.), Handbuch Wirtschaftsstrafrecht, 2004.
[22] Perron in Schönke/Schröder, StGB § 263 Rdn. 3.
[23] Perron in Schönke/Schröder, StGB § 263 Rdn. 13.
[24] Zum Ganzen: Perron in Schönke/Schröder, StGB § 263 Rdn. 16 ff.
[25] Während solche Strafverfahren aus dem Zusammenhang mit ärztlichen Leistungen bekannt sind, kommt dies auch in der Beratung in der Krise vor, wenn beispielsweise Berater eine überhöhte Stundenzahl ansetzen, die tatsächlich nicht erbracht wurden.
[26] Kindhäuser in Kindhäuser/Neumann/Paeffgen, StGB § 263 Rdn. 137 f.
[27] Kindhäuser in Kindhäuser/Neumann/Paeffgen, StGB § 263 Rdn. 137 f.
[28] OLG Celle NJW 1974, 2326 ff.
[29] Kindhäuser in Kindhäuser/Neumann/Paeffgen, StGB § 263 Rdn. 146 ff.
[30] Kindhäuser in Kindhäuser/Neumann/Paeffgen, StGB § 263 Rdn. 18 ff.
[31] Perron in Schönke/Schröder, StGB § 263 Rdn. 126.
[32] BGH NJW 1968, 261 ff.
[33] BGH JurionRS 1996, 12183 ff.
[34] BGH JurionRS 1996, 12183 ff.
[35] Wohlers/Mühlbauer in MüKo, StGB § 265b Rdn. 13 ff.
[36] Hellmann, StGB § 265b Rdn. 36 ff.
[37] Wohlers/Mühlbauer in MüKo, StGB § 265b Rdn. 29 ff.
[38] Wohlers/Mühlbauer in MüKo, StGB § 265b Rdn. 28 f.
[39] BGH NJW 2001, 3622 ff.
[40] BGH NZI 2015, 609 ff.
[41] Fischer, StGB § 266 Rdn. 38.
[42] Dierlamm in MüKo, StGB § 266 Rdn. 111.
[43] BGH NStZ 2001, 259, 260.
[44] so zum Beispiel Perron in Schönke/Schröder, StGB § 266 Rdn. 20.
[45] Fischer, § 266 Rn. 44.
[46] Heger in Lackner/Kühl, StGB § 266 Rdn. 20a.
[47] Heger in Lackner/Kühl, StGB § 266 Rdn. 20a.
[48] RG 71, 353 f.
[49] BGH NJW 2000, 154 f.
[50] Fischer § 266 Rn. 52–52c.
[51] BGHZ 149, 10, 12 (Bremer Vulkan).
[52] BGH NJW 1981, 1793 ff.
[53] BGH NJW 2004, 2248 ff. (2253).
[54] BGH NJW 1993, 1278.
[55] BGH ZIP 2006, 72 ff. (Mannesmann/Vodafone)
[56] LG Düsseldorf NJW 2003, 2536, 2537.
[57] BGH NJW 1962, 973 f.
[58] BGH wistra 1986, 108 ff.
[59] BGH NJW 1966, 261 (262).
[60] Fischer, StGB § 266 Rdn. 62.
[61] Fischer, StGB § 266 Rdn. 73.
[62] Fischer, StGB § 266 Rdn. 74.
[63] Fischer, StGB § 266 Rdn. 74.
[64] Vgl. BGH 15, 2334, 2344.
[65] Fischer, StGB § 266a Rn. 12.

[66] BGHZ 134, 304, 307.
[67] BGH ZIP 2003, 2213 ff.
[68] Fischer, StGB § 266a Rdn. 15b.
[69] Fischer, StGB § 266a Rdn. 23.
[70] Fischer, StGB § 266a Rdn. 30.
[71] GrSenBGH 2, 200.
[72] Fischer, StGB § 15 Rdn. 6.
[73] Fischer, StGB § 15 Rdn. 9.
[74] Fischer, StGB § 15 Rdn. 9.
[75] Fischer, StGB § 16 Rdn. 20 mit Verweis auf BGHZ 10,14, 16.
[76] Vgl. dazu RG 37, 58.
[77] BGH NStZ 1993, 584 f.
[78] BGH 8, 306; JR 55,305
[79] Fischer, StGB § 25 Rn. 4 mit Verweis auf BGH NStZ 84, 413 ff.
[80] BGH NStZ 1993, 584 f.
[81] BGHSt 36, 367 ff.
[82] Fischer, StGB § 26 Rdn. 3.
[83] Fischer, StGB § 26 Rdn. 3.
[84] Fischer, StGB § 27 Rdn. 6.
[85] BGHSt 37, 106, 132.
[86] Sprau in Palandt, 74. Auflage, BGB § 823 Rdn. 61 mit Verweis auf BGHSt 34, 375.
[87] Sprau in Palandt, 74. Auflage, BGB § 823 Rdn. 76.
[88] Sandhaus in Gehrlein/Ekkenga/Simon, GmbHG § 64 Rdn. 3 mit Verweis auf BGH GmbHR 2009, 654, 655.
[89] Sandhaus in Gehrlein/Ekkenga/Simon, GmbHG § 64 Rdn. 7 mit weiteren Nachweisen.
[90] BGH, GmbHR 2008, 702, 703.
[91] BGH NJW 2009,1598,1599.
[92] Sandhaus in Gehrlein/Ekkenga/Simon, GmbHG § 64 Rdn. 12.
[93] K. Schmidt in Scholz, GmbHG § 64 Rdn. 20.
[94] BGH, GmbHR 2007, 596, 598.
[95] BGH NJW 2000, 668, 669.
[96] OLG Oldenburg ZIP 2004, 1315, 1316.
[97] OLG Hamburg GmbHR 2005,1497, 1501.
[98] BGH ZIP 2015, 71 ff.
[99] So u.a. Karsten Schmidt, GmbH in der Krise, Sanierung und Insolvenz, 5. Aufl., Seite 1116.
[100] Spliedt, EWiR, 2015, 69.
[101] BGH, Urteil vom 18.11.2014, Az. II U 31/13.
[102] BGH, Urteil vom 18.11.2014, Az. II ZR 231/13 mit Verweis auf BGH ZIP 2007, 106, 107.
[103] Bitter, ZIP 2016, S006.
[104] BGH ZIP 2016, 923, 924.
[105] BGH ZIP 2015, 1480 ff.
[106] Eichner/Haßler, EWiR 2016, 493.
[107] Müller, in: MüKo-GmbHG § 64 Rdn. 5
[108] BGHSt 3, 32, 37 ff.
[109] BayObLG, NJW 1997, 1936 ff.
[110] BGH NJW 1988, 1789, 1790; BGH v. 21.03.1988 – II ZR 194/87.
[111] BGH ZIP 2005, 1414 f.
[112] Fischer, StGB Vor § 283 Rdn. 21.
[113] BGH NJW 1952, 983 ff.
[114] Fischer, StGB Vor § 283 Rdn. 21 mit Verweis auf BGHSt 46, 62 (64).
[115] BGHZ 78, 82,85; BGHZ 121, 257 ff.
[116] BGHZ 133, 370, 375 f.
[117] Baumbach/Hueck – Schulze-Osterloh GmbHG § 64 Rdn. 18
[118] BGH, Urt. vom 6.6.2013, Az. IX. ZR 204/12 u. 6.2.2014, ZR 53/13, NJW 2013, 2345 ff. 2346 f.

16 Öffentlich-rechtliche Aspekte in der Krise
von Hartmut Fischer

16.1 Öffentlich-rechtliche Verpflichtungen

Personen, die mit Unternehmen in der Krise befasst sind, müssen aufgrund gesetzlicher Vorschriften verschiedene Verpflichtungen erfüllen. In der Praxis ist es nicht selten, dass derartige Verpflichtungen den Betroffenen nicht bekannt sind. Hierdurch können Tatbestände erfüllt sein, auf die Behörden mit Bußgeldern und Ordnungsverfügungen reagieren können.

Verantwortlich für die Erfüllung der öffentlich-rechtlichen Verpflichtungen sind in der Regel der Betreiber des Unternehmens, der Grundstückseigentümer oder die jeweiligen Bevollmächtigten.

Verantwortlich

Die Verpflichtungen lassen sich in anlagenbezogene Pflichten und Meldepflichten unterteilen:

16.1.1 Anlagenbezogene Pflichten

Gewerbliche und industrielle Anlagen dürfen nur betrieben werden, wenn die notwendige Genehmigung vorliegt. Im Normalfall ist eine Baugenehmigung nach der jeweiligen Landesbauordnung ausreichend, die einerseits die Errichtung des/der Gebäude und Produktionsstätten und die tatsächliche Nutzung andererseits legitimiert. Können von der Anlage besondere Gefahren ausgehen, ist eine Genehmigung nach dem Bundesimmissionsschutzgesetz (BImSchG) erforderlich, die die Baugenehmigung und alle sonstigen Genehmigungen zum Beispiel für das Fördern von Wasser für den Betrieb, das Abfallwirtschaftkonzept usw. einschließt. Welche Anlagen und Betriebe eine derartige Genehmigung benötigen, ist in der 4. Verordnung zum BImSchG aufgeführt.

Gewerbliche und industrielle Anlagen dürfen nur betrieben werden, wenn die notwendige Genehmigung vorliegt

Regelmäßig wird es für die Errichtung der betrieblichen Anlagen eine Bau- oder BImSchG-Genehmigung geben. Aufgrund der Weiterentwicklung von Unternehmen werden die baulichen Anlagen durch An- und Umbauten geändert. Auch werden Nutzungen geändert, weil Produktionsbereiche in frühere Lagerräume erweitert werden o. ä. Weicht der aktuelle bauliche Bestand und seine Nutzung von der früher erteilten Bau- oder BImSchG-Genehmigung ab, fehlt die rechtliche Legitimation für die bauliche Anlage und ihre Nutzung. Die Folgen können gravierend sein. Die Behörden können die Nutzung der nicht genehmigten Betriebe und Anlagen untersagen. Ferner fehlt die Grundlage für den Versicherungsschutz, da Versicherungen regelmäßig in ihren allgemeinen Geschäftsbedingungen den Versicherungsschutz für Brandschäden

An- und Umbauten

Die Behörden können die Nutzung der nicht genehmigten Betriebe und Anlagen untersagen

und Betriebsunterbrechungen ausgeschlossen haben, sofern gegen öffentlich-rechtliche Verpflichtungen verstoßen wird.

Behörden sind berechtigt, Bußgelder gegen den Betreiber und/oder Grundstückseigentümer festzusetzen, wenn die erforderliche Genehmigung nicht rechtzeitig beantragt wurde.

> **Beispiel:**
>
> Unternehmer A muss wegen erhöhter Nachfrage zusätzliche Maschinen anschaffen. Da sie in der vorhandenen Halle nicht mehr aufgestellt werden können, lässt er sie in eine benachbarte Halle bringen, die bisher als Lager genutzt wurde. Nach Aufstellung der neuen Maschinen erhält die zuständige Genehmigungsbehörde Kenntnis von der geänderten Nutzung der Lagerhalle. Sie hört den Unternehmer A an und untersagt ihm durch Ordnungsverfügung die Nutzung der bisher als Lagerhalle genutzten Fläche für die erweiterte Produktion. Daher muss Unternehmer A zunächst einen neuen Bauantrag stellen und die Erteilung der Baugenehmigung abwarten.

> **Beispiel:**
>
> Wie in dem vorgenannten Beispiel erweitert Unternehmer A seine Produktion in die bisher als Lager genutzte Nachbarhalle. Er ist stolz, weil die Behörde keine Kenntnis davon hat. Allerdings läuft eine der neuen Maschinen (zu) heiß und gerät in Brand. Das Feuer greift auf die benachbarten Maschinen, die angrenzenden Lagerflächen und den gesamten Betrieb über. Es entsteht ein Schaden von € 50 Mio. Die Versicherung ist zur Zahlung aufgefordert, sucht neben der Schadenhöhe aber nach Möglichkeiten, die Versicherungssumme nicht zahlen zu müssen. Sie lässt sich von Unternehmer A die Genehmigungen zeigen und verweigert den Versicherungsschutz, weil die Anlage verwaltungsrechtlich nicht genehmigt war.

Nicht nur die Errichtung und der Betrieb von baulichen Anlagen kann genehmigungspflichtig sein. Auch die Einstellung von Betrieben oder Betriebsteilen kann der vorherigen Genehmigung durch die zuständige Behörde bedürfen.

> **Beispiel:**
>
> Ein Galvanikbetrieb, der Teil eines Mischkonzerns ist, soll aufgrund struktureller Entscheidungen eingestellt werden. Hierfür reicht es nicht aus, die Maschinen abzustellen und die Mitarbeiter zu entlassen. Da für den Betrieb eine BImSchG-Genehmigung erteilt wurde, muss bei der Behörde ein Verfahren zur Einstellung des Galvanikbetriebs eingeleitet werden.

16.1.2 Meldepflichten

Mitteilungen an die zuständige Behörde

Sobald bei Unternehmen in der Krise die Betriebsführer oder Geschäftsführer wechseln, können Mitteilungen an die zuständige Behörde erforderlich sein. Anhaltspunkte ergeben sich aus den erteilten Genehmigungen, zum Beispiel aus der BImSchG-Genehmigung. Erfolgt die Mitteilung nicht oder nicht rechtzeitig, kann die Behörde gegen den neuen Betriebsführer oder Geschäftsführer ein Bußgeld festsetzen.

Wird bei gewerblichen oder industriellen Betrieben festgestellt, dass in der Vergangenheit bewusst oder unbewusst Substanzen aus der Produktion in den Boden gelangt sind, können schädliche Bodenverunreinigungen oder Altlasten vorliegen. In vielen Bundesländern sind derartige Verunreinigungen des Bodens nach den jeweiligen Landes-Bodenschutzgesetzen den Behörden zu melden, selbst wenn nur ein Verdacht besteht.

16.2 Genehmigungsmanagement

Für den Betrieb gewerblicher und industrieller Anlagen ist eine Baugenehmigung erforderlich. Sobald die Anlage in der 4. BImSchV gelistet ist, bedarf es stattdessen einer BImSchG-Genehmigung.

16.2.1 Bestandschutz

Da bei Unternehmen in der Krise häufig neue Personen als Geschäftsführer, Gesellschafter, Berater usw. beteiligt sind, müssen sie sich davon überzeugen, ob die erforderlichen Genehmigungen vorliegen. Anderenfalls sind Ordnungsverfügungen denkbar, die zur Einstellung des Betriebs führen können.

Häufig gehen Personen, die mit Unternehmen in der Krise befasst sind, von vollständigen und aktuellen Genehmigungen für den Betrieb aus. In der Praxis erweist sich dies nicht selten als Irrtum. Gewerbliche und industrielle Anlagen wurden in der Regel über Jahrzehnte betrieben. Bauliche Änderungen und Nutzungsänderungen wurden vorgenommen. Aus Unkenntnis, dass die Genehmigungsbehörde zu beteiligen war, oder um kurzfristig auf betriebliche Anforderungen ohne größeres Genehmigungsverfahren reagieren zu können, wurden für die Änderungen nicht die notwendigen Bau- oder BImSchG-Genehmigungen eingeholt oder die notwendigen Anzeigen abgegeben.

Allein die vorhandenen betrieblichen Anlagen nehmen Beteiligte insbesondere in der Krise zum Anlass, von dem sogenannten Bestandschutz auszugehen. Was steht, soll auch rechtlichen Stand haben. Dies trifft jedoch nicht zu. Nur was aufgrund der erforderlichen Genehmigungen errichtet und betrieben wurde, kann rechtlichen Bestand haben. Das Ergebnis drängt sich aus dem Umkehrschluss auf: Würde ein Betrieb bereits durch die errichteten Hallen und deren Nutzungen einen rechtlichen Bestandsschutz erreichen, wären Genehmigungsverfahren nicht mehr erforderlich.

Nur was aufgrund der erforderlichen Genehmigungen errichtet und betrieben wurde, kann rechtlichen Bestand haben

Beispiel:

Über Jahrzehnte wurde in einem Betrieb Wellpappe produziert. Ein ausländischer Wettbewerber hat das Geschäft übernommen, konnte jedoch in Deutschland nicht Schritt halten. Der Betrieb wurde geschlossen. Die Hallen wurden an verschiedene Gewerbebetriebe vermietet. Es siedelten sich insbesondere Unternehmen an, die Waren gelagert und umgeschlagen haben. Als auch diese Geschäfte schleppend liefen, sollte ein Sanierungskonzept entwickelt werden. Um die Grundlage für eine Weitervermietung zu schaffen, muss ein Berater klären, ob die notwendigen Genehmigungen für die Nutzung der Hallen vorliegen. Fehlt es daran, besteht das Risiko, dass vielversprechende Mietverträge mit neuen Gewerbetreibenden abgeschlossen werden, obwohl die zuständige Behörde berechtigt ist, die Nutzung mangels der erforderlichen Genehmigung einzustellen und mit dem Mietvertrag letztlich eine unmögliche Leistung versprochen würde, sodass Schadenersatzansprüche gegenüber dem Vermieter entstehen.

16.2.2 Bestandsanalyse

Analyse der dem Betrieb erteilten Genehmigungen erforderlich

Neben der kaufmännischen und wirtschaftlichen Analyse eines Betriebs ist zwingend auch eine Analyse der dem Betrieb erteilten Genehmigungen erforderlich. In der Praxis sind die hierzu entstandenen Papiere, Akten und Kisten über den Betrieb verteilt. Teilweise wurden sie in Kellergeschossen gelagert. Daher sollten zunächst die Standorte der aktuellen und der älteren Genehmigungen sowie der hierzu entstandenen Behördenkorrespondenz identifiziert werden. Daran anschließend sollte das Material chronologisch sortiert und zusammengestellt werden, sodass es griffbereit ist.

Das Ergebnis muss mit den bestehenden Gebäuden, Nutzungen und Produktionen verglichen werden

Die Genehmigungen müssen gesichtet und aufgearbeitet werden. Dabei ist herauszuarbeiten, welche Gebäude, Nutzungen und Produktionen behördlich genehmigt sind. Das Ergebnis muss mit den bestehenden Gebäuden, Nutzungen und Produktionen verglichen werden. Sollte die Analyse zu dem Ergebnis kommen, dass bestimmte Änderungen der baulichen Anlagen oder der Nutzungen nicht genehmigt sind, sollte zwingend geprüft werden, ob die inzwischen geltenden Gesetze eine Genehmigung erfordern. Falls ja, sollten die Genehmigungen eingeholt werden, sofern die Nutzungen aufrechterhalten werden sollen.

In Sanierungs- und Restrukturierungsmaßnahmen sollten Architekten, Juristen, Beamte und Sachverständige die Bestandsanalyse vornehmen und begleiten, sodass notwendige Maßnahmen nicht nur fachlich zutreffen, sondern auch zeitnah umgesetzt werden.

16.2.3 Umschreibung und Neugründung in Folge Restrukturierung

Hat eine Restrukturierung die Änderung oder Einstellung von Produktionsbereichen sowie die Gründung neuer Produktionsbereiche zur Folge, sollten rechtzeitig die Gespräche mit den zuständigen Behörden geführt und die notwendigen Genehmigungen beantragt werden. Erst wenn sie erteilt sind, kann von ihnen Gebrauch gemacht und die neue/geänderte Produktion aufgenommen werden.

16.2.4 Folgen fehlender Genehmigung

Existieren für bauliche Anlagen und ihre Nutzungen einschließlich der vorhandenen Maschinen die notwendigen Bau- und BImSchG-Genehmigungen nicht, ist die zuständige Behörde berechtigt, die Nutzung unverzüglich einzustellen. Sind der Brandschutz und der Explosionsschutz im Betrieb nicht gewährleistet, erfolgt die Einstellung in der Regel sofort. Ist der Eintritt von Gefahren kurzfristig nicht wahrscheinlich, kann die Nutzungsuntersagung trotzdem ergehen, weil die erforderliche Genehmigung fehlt. Nur der Zeitraum bis zur Nutzungseinstellung wird etwas größer sein.

Erlässt die zuständige Behörde eine Nutzungsuntersagung oder ordnet sie sonstige Maßnahmen an, besteht akuter Handlungsbedarf. Erstens ist das Datum des Posteingangs zu notieren, damit mögliche Rechtsbehelfsfristen ermittelt werden können. Sie betragen in der Regel einen Monat und sind am Ende der jeweiligen Verfügung aufgeführt. Verstreicht die Frist, weil insbesondere in der Krise nicht das notwendige Augenmerk darauf gelegt wird, werden derartige Verfügungen bestandskräftig und unanfechtbar. Selbst wenn sie rechtswidrig sind, müssen sie zunächst vom Betrieb befolgt werden. Sollten Anhaltspunkte für eine unverhältnismäßige oder unberechtigte Verfügung der Behörde sprechen, können Rechtsnachteile abgewehrt werden, wenn zumindest fristwahrend das in der Rechtsbehelfsbelehrung der Verfügung benannte Mittel erhoben wird. Je nach Bundesland kann es sich um einen Widerspruch handeln, der schriftlich oder zur Niederschrift bei der zuständigen Behörde zu erheben ist. Soweit in dem jeweiligen Bundesland kein Widerspruchsverfahren mehr durchgeführt werden muss, kann Klage beim Verwaltungsgericht zu erheben sein. Wichtig, aber auch ausreichend sind die Erhebung des Widerspruchs oder der Klage innerhalb der Rechtsmittelfrist. Eine ausführliche Begründung kann nachgereicht werden. Unternehmer und ihre Berater in der Krise sollten daher behördliche Korrespondenz nicht nur ernst nehmen, sondern sehr genau lesen, damit die notwendigen Fristen notiert und bei Bedarf das erforderliche Rechtsmittel erhoben werden kann. Zwar ist hierfür regelmäßig noch keine Beauftragung eines Rechtsanwalts erforderlich. Da in der Praxis häufig komplexe Fragen zu klären sind, kann die Auswahl eines professionellen Beraters und Rechtsanwalts aber helfen, Weiterungen zu vermeiden.

Rechtsbehelfsfristen ermittelt

Klage beim Verwaltungsgericht

Eine ausführliche Begründung kann nachgereicht werden

16.3 Die Last mit der Altlast

Bei gewerblichen und industriellen Anlagen wurden im Laufe der Zeit fast immer chemische Substanzen verwendet. Die Bandbreite ist groß. Sie reicht von Schmierstoffen über Reinigungsmittel bis zu chemischen Produktionsmitteln.

16.3.1 Die Verantwortlichen

Unternehmen können in die Krise kommen, weil sie über Jahrzehnte die Kosten für die Beseitigung von Verunreinigungen des Grund und Bodens bezahlen müssen. Ursache kann auch die Sanierung des Grundwassers sein, die häufig durch den Eintrag von früheren Produktionsmitteln notwendig geworden ist. Häufig erlangen Boden- und Grundwasserverunreinigungen auch dann an Bedeutung, wenn eine Restrukturierung versucht wird und neue Beteiligte nach den Risiken der Verunreinigungen fragen. Sie sind inzwischen für kreditgebende Banken ebenso entscheidend wie für den neuen Bauherrn, der den Bodenaushub für viel Geld entsorgen muss.

Verantwortlich können verschiedene Personen sein

Verantwortlich und damit potenzieller Adressat von Ordnungsverfügungen zur Sanierung können verschiedene Personen sein. Hierzu gehören der Verursacher, der Grundstückseigentümer, der Besitzer, der frühere Grundstückseigentümer und der Handels- oder Gesellschaftsrechtverantwortliche (§ 4 Abs. 3 und § 4 Abs. 6 Bundes-Bodenschutzgesetz, BBodSchG). Wer im konkreten Fall sanieren muss, ist eine Frage des Einzelfalls.

Auswahl zwischen mehreren Sanierungsverantwortlichen

Muss die Behörde die Auswahl zwischen mehreren Sanierungsverantwortlichen treffen, ist vorrangig entscheidend, wer die von den Verunreinigungen ausgehenden Gefahren am effektivsten beseitigen kann. Bodenschutzrecht ist spezielles Gefahrenabwehrrecht. Ist der Verursacher noch existent, kann er am ehesten die technischen Möglichkeiten haben, die Verunreinigungen zu beseitigen. Existiert der Verursacher nicht mehr oder stehen ihm keine besonderen technischen Mittel zur Verfügung, kann die Behörde auch den Grundstückseigentümer heranziehen. Denkbar sind auch Mieter und Pächter, die wegen ihrer räumlichen Nähe zur Gefahrenbeseitigung gut geeignet sein können.

16.3.2 Notwendige Maßnahmen

Gehen von schädlichen Bodenverunreinigungen und Altlasten Gefahren aus, kann die Behörde die notwendigen Maßnahmen festlegen und den Sanierungsverantwortlichen heranziehen, der auf seine Kosten sanieren muss. Allerdings kann auch der Sanierungsverantwortliche einen Vorschlag machen und einen Sanierungsplan erstellen, den die Behörde für verbindlich erklären kann (§ 13 Abs. 6 BBodSchG).

Welche Maßnahmen im Einzelnen notwendig sind, ist von der Verunreinigung abhängig. Da die Fachleute nicht einfach in den Boden und in das Grundwasser „hineinsehen" können, müssen die Verunreinigungen – vereinfacht gesagt – erbohrt werden. Vorab wird recherchiert, aufgrund welcher früheren betrieblichen Tätigkeiten die Verunreinigung entstanden ist. In den potenziellen Schadensbereichen werden Bohrungen niedergebracht. Manchmal wird der Boden wie ein Schweizer Käse durchlöchert. Daran anschließend werden bei Grundwasserverunreinigungen Filteranlagen eingesetzt, die über Jahre, manchmal über Jahrzehnte betrieben werden müssen. Bei Verunreinigungen in Boden ist es effektiv, aber selten, die Schadstoffe einfach ausgraben zu können. In den meisten Fällen sind sie in unterschiedlichen Konzentrationen und Mengen über weitläufige Betriebsgrundstücke verteilt und müssen – je nach Substanz – entfernt werden. Die Art und Weise ist von der jeweiligen Substanz abhängig. Können derartige Substanzen aber nicht in das Grundwasser gelangen, kann eine Altlastensanierung auch dadurch gelingen, dass die bauliche Nutzung geändert wird. Können Menschen bei der Nutzung des Grundstücks nicht mit den Substanzen im Boden in Kontakt kommen, kann keine Gefahrensituation entstehen. Daher gelingt – vereinfacht gesagt – eine Altlastensanierung hin und wieder auch durch die Errichtung eines befestigten Parkplatzes auf verunreinigtem Boden.

16.3.3 Die Sanierungsvereinbarung

Um die Risiken über Art und Umfang der Sanierungsmaßnahmen sowie der Auswahl der Sanierungsverantwortlichen zu reduzieren, können einer oder mehrere Sanierungsverantwortliche mit der Behörde eine sogenannte Sanierungsvereinbarung abschließen. Die Inhalte können kurz und knapp sein. In den meisten Fällen handelt es sich aber um komplexe Regelwerke.

Zu den typischen Inhalten gehört eine Präambel, über die Historie der Altlastenentstehung und das Ziel der Sanierung, verbunden mit dem Hinweis über die Restrukturierung des Unternehmens und die neuen Investoren sowie der Kostentragung.

Nach einer Beschreibung der vereinbarten Sanierungsmaßnahmen schließen sich Regelungen zu den technischen und finanziellen Beiträgen des bzw. der Sanierungsverantwortlichen an. Sie haben ein Interesse, diejenigen Kriterien detailliert festzulegen, bei deren Erfüllung die Maßnahmen zur Sanierung des Bodens und des Grundwassers eingestellt werden können. Daher müssen die Details gerade bei komplexen Altlasten genau überlegt und zielführend vereinbart werden.

Bei den Verhandlungen und dem Abschluss der Sanierungsvereinbarung sollten neben den Behördenvertretern die Mitarbeiter des Altlasteningenieurbüros ebenso beteiligt werden wie spezialisierte Juristen, um spätere Streitverfahren zu vermeiden.

Um Risiken über Art und Umfang der Sanierungsmaßnahmen zu reduzieren können

Typische Inhalte

16.3.4 Altlastenklausel und Freistellung in Beratung- und Restrukturierungsverträgen

Sind schädliche Bodenveränderungen und Altlasten bekannt oder ihr Vorhandensein wahrscheinlich, sollte bereits aus Gründen der Vorsorge darauf geachtet werden, in den abzuschließenden Verträgen entsprechende Altlastenklauseln aufzunehmen.

Die Bandbreite möglicher Formulierungen ist groß. Nicht nur der Grundstückseigentümer und der Investor haben ein Interesse an der Konkretisierung und Reduzierung des Altlastenrisikos, sondern auch die Unternehmensberater, Wirtschaftsprüfer, Steuerberater und Insolvenzverwalter. Sie wollen, dass die Restrukturierung des Unternehmens gelingt. Daher müssen die möglichen (Kosten) Risiken definiert und begrenzt werden. Häufig sind auch frühere Verursacher zu beteiligen, damit sie einen Kostenbeitrag leisten und ihr Risiko einer behördlichen Heranziehung verringert wird.

16.4 Exportkontrollrecht

Der Güter-, Dienstleistungs-, Kapital-, Zahlungs- und sonstige Wirtschaftsverkehr mit dem Ausland ist grundsätzlich frei. Allerdings hat der Gesetzgeber in dem Außenwirtschaftsgesetz Beschränkungen und Handlungspflichten zum Schutz der öffentlichen Sicherheit und der auswärtigen Interessen normiert. Daher kann die Ausfuhr von Waren einer behördlichen Genehmigung bedürfen. Wird sie nicht oder nicht rechtzeitig eingeholt, kann eine strafbare Handlung vorliegen (§ 18 Außenwirtschaftsgesetz). Verantwortlich ist grundsätzlich der Exportkontrollbeauftragte und damit ein Mitglied der Geschäftsleitung.

Verantwortlich ist grundsätzlich der Exportkontrollbeauftragte

Bei der Restrukturierung von Unternehmen kann es zu Änderungen der Firma und zu gesellschaftsrechtlichen Neuerungen führen. Daher muss rechtzeitig darauf geachtet werden, notwendige Ausfuhrgenehmigungen einzuholen oder erteilte Genehmigungen umzuschreiben.

> **Beispiel:**
> Unternehmen A exportiert Felgen für die Autoproduktion. Da Felgen auch für den Bau von Tretminen verwendet werden können, bedarf die Ausfuhr derartiger Dual-Use-Produkte in ein Embargo-Land einer Ausfuhrgenehmigung. Wird das Unternehmen A bei der Restrukturierung auf das Unternehmen B verschmolzen, bedarf das Unternehmen B der notwendigen Ausfuhrgenehmigung, bevor die Radkappen exportiert werden. Berater sollten daher gerade in der Krise darauf achten, dass die Ausfuhrgenehmigung für das Unternehmen B in dem Zeitpunkt vorliegt, als die Ware im Hamburger Freihafen verschifft wird.

16.5 Haftung des Unternehmensberater

Erfreulicherweise ist eine Haftung des Unternehmensberaters bei öffentlich-rechtlichen Verpflichtungen selten. Allerdings ist sie nicht ausgeschlossen. Wird ein Berater als verantwortlicher Unternehmensvertreter tätig, kann er von einer Behörde ohne Weiteres in Anspruch genommen werden und Adressat einer Verfügung sein. Insolvenzverwalter sind in der Rechtsprechung als taugliche Adressaten von Verfügungen bei Altlasten anerkannt. Darüber hinaus können zivilrechtliche Schadenersatzansprüche bestehen, wenn öffentlich-rechtliche Aspekte unberücksichtigt bleiben und die Ursache auf die Entscheidung/Empfehlung des Beraters zurückgeht, obwohl er in seinem Vertrag gegenüber dem Unternehmen die Beachtung des geltenden Rechts zugesichert hat. Es kommt – wie so oft – auf den Einzelfall an.

Mergers & Acquisitions in Krisen- und Insolvenzsituationen
von Arnd Allert

17.1 Einleitung

In den letzten Jahrzehnten konnte man immer wieder feststellen, dass neue, meist angelsächsische, Terminologien mehr sind als nur neue Worte für alte Vorgänge. Sie schufen neue Denkweisen und Geisteshaltungen im Wirtschaftsgeschehen, veränderten unternehmerische Zielsysteme und beeinflussten unsere Welt nachhaltig. Das Begriffspaar Mergers & Acquisitions (M&A) ist in diesem Sinne nicht nur ein neues Wort für Unternehmenszusammenschlüsse (Mergers) und Unternehmensübernahmen (Acquisitions), sondern impliziert rückblickend vor allem eine Kombination aus veränderten Zielsystemen, Denk- und Handlungsweisen.

Letztendlich ist der Verkauf von Unternehmen oder Geschäftsbetrieben so alt wie das wirtschaftliche Handeln selbst. Jedoch ist die Beratung bei solchen Unternehmenstransaktionen erst Mitte des letzten Jahrhunderts in den USA systematisch ausgebaut worden. Ihren ersten Höhepunkt erlebte sie in den 80er Jahren, als das Emittieren von Junk-Bond-Anleihen eine LBO-Welle ermöglichte, die das US-amerikanische Wirtschaftsgeschehen beherrschte. Der Begriff M&A ist also schon von seinem Ursprung her deutlich von finanzmathematischen und kapitalmarktorientierten Denkweisen geprägt. Über diese Denkweisen gibt es ausreichend Literatur. Hier soll es deshalb darum gehen, die Substanz der klassischen M&A-Vorgehensweisen herauszufiltern, sie im Anschluss auf den Spezialfall von Unternehmen in Krisensituationen anzuwenden und insbesondere auch die besonderen Anforderungen an die Wertorientierung, die sich aus diesem Sonderfall ergeben, ansatzweise herauszuarbeiten.

M&A-Begriff

17.1.1 Marktteilnehmer

In der Regel sind bei M&A-Transaktionen lediglich die Interessen von zwei Parteien zu vermitteln. Käufer und Verkäufer müssen sich – unterstützt durch Berater – auf einen Kaufpreis, Gewährleistungen und eine Vorgehensweise einigen. Bei Transaktionen in der Krise sind deutlich mehr Stakeholder (Interessensgruppen) involviert. Die nachfolgende Abbildung zeigt das in Krisensituationen im Vergleich zu „normalen M&A-Transaktionen" komplizierte Geflecht der unterschiedlichen Interessensgruppen:

Hohe Komplexität des M&A-Prozesses in Krisensituationen

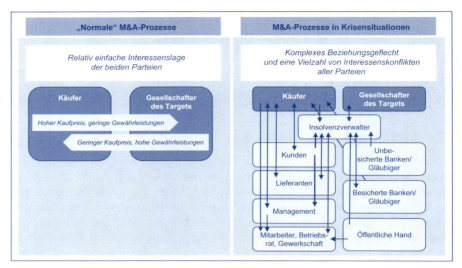

Abb. 54: Interessenslage für „normale" und M&A-Prozesse in Krisensituationen

Im Folgenden werden diese Stakeholder und ihre grundsätzlichen Merkmale und Zielsysteme kurz charakterisiert.

- **Gesellschafter und andere Verkäufertypen**

Grundsätzlich ist bei einer Unternehmenstransaktion der Gesellschafter als ursprünglicher Kapitalgeber Ausgangspunkt der Verkaufsentscheidung. Im durch eine mittelständische Unternehmenslandschaft geprägten Deutschland werden Unternehmen oftmals aus Altersgründen und Problemen bei der Regelung der Nachfolge im Unternehmen verkauft. In den seltensten Fällen ist ein echtes Nachfolgeproblem gegeben. Bei mittelständisch geprägten Unternehmen ist häufig ein geschäftsführender Gesellschafter anzutreffen, der das Unternehmen paternalistisch führt. In der Praxis sieht man darüber hinaus meist Unternehmen, die zwar gute Ergebnisse erwirtschaften, in denen jedoch über Jahre hinweg keine zweite Management-Ebene „herangezogen" wurde. Das „Middle-Management" ist dann häufig eher „Erfüllungsgehilfe" oder z. B. der verlängerte Arm des oben beschriebenen Inhaber-Typs. Oftmals werden im Vorfeld bzw. in der Frühphase einer sich abzeichnenden Unternehmenskrise vorgenommene Transaktionen oder Unternehmensverkäufe mit „Nachfolgeproblemen" begründet. Verschärft wird diese Problematik meist noch mit dem durch die Globalisierung der Märkte häufig verbundenen Investitionsdruck (z. B. Verlagerung von Produktionsstätten in Billiglohnländer), den die Altgesellschafter nicht tragen können oder möchten.

In solchen Situationen beobachtet man sehr häufig, dass der ursprüngliche Gesellschafter zwar noch der rechtliche Eigentümer der Gesellschaftsanteile ist, jedoch nur noch mit Zustimmung der Hauptgläubiger – also in der Regel der finanzierenden Banken – handeln kann. Leider kommt es hierbei oftmals zu nicht eindeutigen Regelungen im Hinblick auf die tatsächliche Verfügungsmöglichkeit. Deswegen sind bei Verkaufsverhandlungen im Rahmen von Krisentransaktionen neben dem Gesellschafter nicht selten auch die involvierten Banken bzw. weitere, zunehmend professionellere, Gläubiger anzutreffen.

Auf Verkäuferseite sind beim Verkauf des Unternehmens im Wege des „Share Deals", also dem Verkauf der Gesellschaftsanteile, im rechtlichen Sinne der oder die Gesellschafter Transaktionspartner. Bei einem „Asset Deal", also dem Verkauf der Vermögensgegenstände, ist Transaktionspartner der Rechtsträger des Unternehmens, der die Vermögensgegenstände verkauft. Vertreten wird der Rechtsträger durch den Geschäftsführer, welcher letztlich den Vertrag kraft seines Amtes unterzeichnet. Der Geschäftsführer handelt in der Regel jedoch nur auf Anweisung des oder der Gesellschafter. Die Zustimmung der Gesellschafter beim Verkauf wesentlicher Bestandteile des Geschäftsbetriebes ist häufig auch Gegenstand der Satzung des Unternehmens. Mittelbar hat man als Käufer somit wie beim „Asset Deal" mit den Gesellschaftern als zumeist letzte tatsächliche Entscheidungsträger zu tun.

Transaktionspartner beim Share Deal und Asset Deal

Bei einem Verkauf im Insolvenzverfahren tritt an die Stelle der Altgesellschafter der Insolvenzverwalter. In allen Fällen von Asset Deals sind auf die Assets bezogene Sicherungsrechte (wie Eigentumsvorbehalt, Sicherungsübereignung, Pfandrechte, etc.) zu berücksichtigen.

- **Strategische Interessenten**

Unter einem strategischen Interessenten versteht man einen Investor, der bereits Aktivitäten in der speziellen Branche bzw. in einer der relevanten Branche vor- oder nachgelagerten Wertschöpfungsstufe entfaltet hat. Dies kann z. B. ein Lieferant (vorgelagerte Wertschöpfungsstufe) sein, der seine Wertschöpfungskette um Produktionskapazitäten erweitert.[1]

Synergiebeiträge kaufpreisrelevant

Ein Wettbewerber (gleiche Wertschöpfungsstufe) könnte durch den Erwerb seinen Marktanteil erhöhen und die Wettbewerbsintensität verringern oder aber ein Kunde (nachgelagerte Wertschöpfungsstufe) kann einen für ihn wichtigen Vorproduktionsschritt in die eigene Wertschöpfungskette integrieren und damit seine eigene Kernkompetenz ausbauen und somit eine eventuell vorhandene Abhängigkeit von Lieferanten reduzieren.

Die genannten strategischen Motive können ihre Ausprägung z. B. in den nachfolgenden Kaufmotiven finden:

- Zugang zu Forschungs- und Entwicklungs-Know-how,
- Gewinn an Wertschöpfungs- und Prozesskompetenz,
- Erweiterung der Produktpalette,
- Gewinnung von Anteilen in bestehenden Märkten, Gewinnung neuer Märkte und Vertriebswege,
- Synergien im Einkaufs- und Verwaltungsbereich,
- Abrundung des Kundenportefeuilles,
- Reduktion der Wettbewerbsintensität.

Bei der Verhandlung mit strategischen Kaufinteressenten wird in der Regel sehr schnell das Augenmerk auf dem Produkt-, Markt- und Wertschöpfungsbereich liegen. Hier ist erfahrungsgemäß ein hohes Maß an Vorkenntnis vorhanden, sodass sich der Kaufinteressent gezielt auf Themenbereiche konzentriert, die

Augenmerk auf dem Produkt-, Markt- und Wertschöpfungsbereich

ihm die Evaluierung der oben genannten Fragestellungen im Rahmen einer Akquisition ermöglichen.

Wesentliches preisbestimmendes Element ist hier, neben dem rein wirtschaftlich bestimmten Unternehmenswert des Zielunternehmens, dessen Ermittlung nachfolgend detailliert dargestellt wird, der Synergiebeitrag aus dem Zusammengehen der beiden Einheiten.

- **Finanzinvestoren**

Finanzinvestoren im Sinne dieses Beitrages sind Transaktionspartner, die zumeist noch keine Aktivitäten in der relevanten Branche haben und deren Motivation zum Erwerb eines Unternehmens ausschließlich finanziell geprägt ist. Ein Finanzinvestor hat per Definition primär kein strategisches Interesse, sondern versucht durch verschiedene Techniken einen finanziellen Vorteil zu erlangen. Hierbei sind private Finanzinvestoren[2] und die seit ca. 35 Jahren in Deutschland aktiven Private-Equity- bzw. Beteiligungsgesellschaften zu unterscheiden. Im kleineren Mittelstand hat sich in den letzten Jahren darüber hinaus die Einschaltung öffentlicher Förderbanken als zielführend erwiesen.

Finanzinvestoren investieren in unterschiedliche Lebensphasen eines Unternehmens sowie in verschiedene Größenklassen. Mittlerweile hat sich in Deutschland eine beachtenswerte, in den letzten Jahren stetig steigende Zahl seriöser Finanzinvestoren, die sich mit „Turnaround-Situationen" beschäftigen, etabliert (sogenannte „Restrukturierungsfonds", „Distressed Situation-Funds", „Vulture-Funds" oder „Special-Situation-Funds"). Die Mehrzahl dieser Fonds unterscheiden sich hinsichtlich der Größenklasse ihrer Investments und der Größe des Eigenkapitalbetrages („Equity-Ticket"), den sie bereit sind in eine „Special-Situation-Transaktion" einzubringen. Darüber hinaus gibt es in zunehmendem Maße Investoren, die zunächst Fremdkapitaltranchen erwerben und dieses – in sich verschlechternden Zeiten, bedingt durch in vielen Fällen vereinbarte Covenants und den Folgeklauseln in Kreditverträgen im Falle des Defaults – Fremdkapital in Eigenkapital tauschen (siehe hierzu auch Debt Equity Swap). Diese Loan-to-own-Strategie ist zweifelsohne eher im gehobenen Mittelstand und bei Großunternehmen anzutreffen als bei kleineren und mittleren Unternehmen.

- **Wertsteigerungsmöglichkeiten von Finanzinvestoren**

Wertsteigerungsmöglichkeiten von Finanzinvestoren

Ein solcher Finanzinvestor erwirbt ein Unternehmen und verkauft es in der Regel nach drei bis fünf, maximal sieben Jahren weiter. In dieser Zeit versucht der Finanzinvestor durch diverse Wertsteigerungsstrategien den Unternehmenswert zu erhöhen und durch den Veräußerungserlös beim Verkauf (sog. „Exit") sein Investment lukrativ zu verzinsen. Diese Wertsteigerungsstrategien lassen sich systematisch wie folgt einteilen:

- „Buy-and Build-Konzeptionen",
- Erwerb zum Zeitpunkt einer Bewertungslücke,
- „Multiple Expansion" durch Repositionierung des Unternehmens und geschicktes Timing beim Weiterverkauf und
- operative Wertsteigerung durch Verbesserung der Profitabilität mittels Restrukturierungsmaßnahmen.

Bei Unternehmen in Krisensituationen sind insbesondere die operativen Wertsteigerungsstrategien von Bedeutung. Diese sind:

- Optimierung des Umlaufvermögens,
- Freisetzung nicht betriebsnotwendiger Vermögensgegenstände,
- Freisetzung von liquiden Mitteln durch „Sale-and-Lease-back-Transaktionen" sowie
- Hebung von Rationalisierungspotenzialen im Produktionsbereich z. B. durch „Outsourcing" nicht zum Kerngeschäft gehörender Geschäftsprozesse.

Operative Wertsteigerungsmöglichkeiten

> **Merke:**
> Sämtliche vorstehend genannten operativen Maßnahmen zielen auf die Erhöhung der Liquidität (Free-Cashflow-To-Entity) ab, um damit das bei bzw. für die Akquisition aufgenommene Fremdkapital zu reduzieren (sog. „Deleverage").

Die nachstehende Tabelle zeigt vereinfacht eine solche Musterrechnung eines Finanzinvestors.

	Investitionszeitpunkt Jahr 1	Jahr 2	Jahr 3	Jahr 4	Exit durch Verkauf Jahr 5
Umsatz	100,0 €	105,0 €	110,0 €	114,0 €	118,0 €
Steigerung gg. Vj		5,0%	4,8%	3,6%	3,5%
EBITDA	1,5 €	-1,9 €	-1,4 €	1,9 €	3,0 €
in % des Umsatzes	1,5%	-1,8%	-1,3%	1,7%	2,5%
Multiplikator	4,5 x				5,0 x
Enterprise Value	6,75 €				15,0 €
Leverage					
Fremdkapital in %	60%				45%
Eigenkapital in %	40%				55%
Fremdkapital (Debt)	4,05				6,75
Eigenkapitalanteil (Equity Ticket)	2,70				8,25
IRR					32,2%
Money-Multiple					3,1 x

Abb. 55: Beispielhafte Schema-Rechnung eines Finanzinvestors

Die hier dargestellte IRR (Internal Rate of Return) zeigt die interne Verzinsung des Investments pro Jahr, das zunächst durch eine Restrukturierungsphase gebracht werden musste und dann im Zeitpunkt des Verkaufs repositioniert – beispielsweise an einen strategischen Interessenten veräußert – werden konnte. Aufgrund der bei einem strategischen Investor zu realisierenden Synergien konnte im Beispiel durch sog. Multiple Expansion ein höherer Unternehmenswert erzielt werden. Trotz Steigerung der absoluten Verschuldung wurde somit ein positiver Rückfluss für den Finanzinvestor erzielt.

Internal Rate of Return

Unter „Buy-and-Build-Konzeptionen" versteht man den Erwerb zunächst nur eines Unternehmens als Ausgangspunkt, um durch geschicktes Arrondieren durch weitere Unternehmenskäufe eine größere Einheit zu schaffen. Diese größere Einheit hat in der Regel eine bessere Marktpositionierung und kann

Buy-and-Build-Konzeptionen

durch Synergien auf der Kostenseite eine bessere Rentabilität aufweisen als die einzelnen Gesellschaften vor dem Zusammenschluss.

Darüber hinaus können Bewertungslücken bei börsennotierten Unternehmen entstehen, z. B. wenn diese sich einem allgemein schlechten Börsenumfeld nicht entziehen können und hierdurch deren Kurs fällt. Dies geschieht oftmals, obwohl die wirtschaftliche Situation des Unternehmens den Kursrückgang nicht rechtfertigt. Somit kann der aktuelle Marktpreis unter dem finanzmathematischen Wert der zukünftigen „Cashflows" liegen. Auch hier lohnen unter Umständen Investments.

- **Sonstige Interessensgruppen**

In Krisensituationen können jedoch auf Verkäuferseite auch andere Interessensgruppen als die eigentlichen Gesellschafter hervortreten. Infrage kommen die nachfolgend beschriebenen sogenannten Treuhänder, Insolvenzverwalter und auch andere Beteiligte.

17.1.2 Mergers and Acquisitions in Krisen- und Insolvenzsituationen

Betrachtet man den Weltmarkt für Private Equity, so hat sich das Segment der Distressed Investment Funds (Distressed PE) deutlich erhöht. Die nachfolgende Statistik zeigt die Marktentwicklung seit 2003.

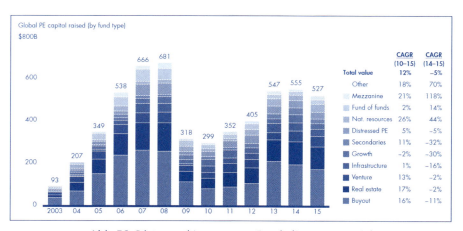

Abb. 56: Distressed Investment Funds (Source: Preqin)

Auch die Anzahl der abgeschlossenen Transaktionen aus dem Insolvenzverfahren ist seit 2004 deutlich angestiegen. Alle diese Indikatoren zeigen einen im Zeitverlauf deutlich gereiften Markt.

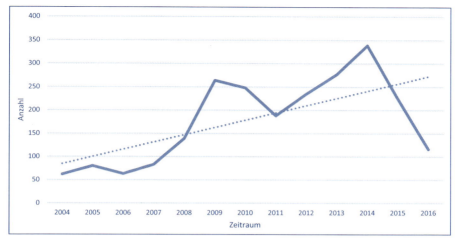

Abb. 57: Distressed Insolvenztransaktionen in Deutschland
(Quelle: CIQ, Mergermarket, BvD)

17.2 Besonderheiten des Verkaufs von Krisenunternehmen

M&A-Transaktionen in Krisensituationen unterscheiden sich deutlich von „normalen" Unternehmensverkäufen. Insbesondere werden hier in Punkto Schnelligkeit und Verständnis der rechtlichen Rahmenbedingungen hohe Erwartungen an die Berater geknüpft, die diese Prozesse begleiten. Dabei darf nicht außer Acht gelassen werden, dass der Grad der notwendigen Diskretion beim Verkauf eines krisenbehafteten Unternehmens vor und nach Insolvenzantragstellung enorm differiert und daraus resultierend auch andere Anforderungen an die die Art des eigentlichen „Verkaufsvorgangs" gestellt werden.

Ähnliches gilt – gerade bei mittelständischen Unternehmen – für die Berücksichtigung der Stakeholder-Interessen, die oftmals durch sehr unterschiedliche Wertvorstellungen und -begriffe geprägt sind. Für die meist von großem Zeitdruck geprägten Transaktionen in der Krise ist deshalb eine über die Betrachtung von Cashflows hinausgehende Wertorientierung der wichtigste Erfolgsfaktor. Es ist hier Teil der Beratungsaufgabe, die unterschiedlichen Denkweisen und Wertbegriffe der Finanz- und Betriebswirtschaft und aller beteiligten Stakeholder zu verstehen, zu respektieren und zu synchronisieren.

Grundsätzlich gilt: Wenn es gelingt, die beim Kauf von Krisenunternehmen zu beachtenden spezifischen Risiken im Zusammenspiel der verschiedenen Interessengruppen und unter sorgfältiger Bewertung in den Griff zu bekommen, bieten solche Transaktionen für strategische Investoren und nicht zuletzt auch für Investoren, die sich auf Special-Situations konzentrieren oder eine ausbaufähige Position in der Branche bereits einnehmen, eine erhebliche Chance.

17.2.1 Verkauf außerhalb eines gerichtlichen Rahmens

Absolute Diskretion geht über alles!

Beim Verkauf eines Unternehmens in einer Krisensituation außerhalb eines gerichtlichen Verfahrens gibt es einen Leitsatz, der über allen Anderen steht: Absolute Diskretion geht über alles!

Auch in Zeiten zunehmender Publizität und einem über alle Gesellschaftsbereiche hinweg zu beobachtenden Wandel in der Verbreitung von Informationen ist in dieser Phase der Unternehmensentwicklung auf ein Höchstmaß an Vertraulichkeit zu achten. Sollten Kunden, Lieferanten oder gar Wettbewerber durch eine publik gewordene, am Markt bekannte Investorensuche belastbare Anzeichen der Unternehmenskrise erkennen, kann dies zu erheblichen Nachteilen für das Unternehmen führen. In einer ohnehin bereits schwierigen Phase, die oftmals mit Lieferverzögerungen, Ausnutzen längerer Zahlungsziele etc. verbunden ist, kann eine solche Nachricht zu noch größerer Verunsicherung bis hin zum Abbruch von Geschäftsverbindungen führen. In letzterem Fall würde sich die Spirale aus operativen Schwierigkeiten und finanzwirtschaftlichen Engpässen weiter drehen und schlussendlich zur Zahlungsunfähigkeit führen, was eigentlich durch die Investorensuche vermieden werden sollte.

17.2.2 Gesellschafter als Verkäufer

Der M&A-Berater bewegt sich hier in einem Spannungsfeld zwischen der oben erwähnten notwendigen Schnelligkeit, einen vom Gesellschafter erhofften und dem Berater „ins Stammbuch geschriebenen" möglichst hohen Wert zu erzielen und dem eigenen Wunsch, im Rahmen der Transaktion für möglichst wenige Sachverhalte zu haften. Gerade Unternehmer, die in einer Notsituation einen Investor aufnehmen oder gar das Unternehmen verkaufen müssen, sind oftmals nicht bereit, in dieser wirtschaftlich suboptimalen Situation noch Garantien und Gewährleistungen zu übernehmen, die im Schadensfall zu einem weiteren Liquiditätsabfluss führen. Da dieser Liquiditätsabfluss dann aus dem erhaltenen Kaufpreis zu erbringen ist und nicht mehr der Zugriff „auf die Quelle (das Unternehmen)" vorhanden ist, tun sich Unternehmer hier oft sehr schwer.

Ebenso ist es für viele Unternehmer/Gesellschafter eine in ihrer bisherigen unternehmerischen Laufbahn ungewohnte Situation, nicht die Zügel des eigenen Handels in der Hand zu halten. Andere Anspruchsgruppen bestimmen nun das Geschehen bzw. nehmen maßgeblichen Einfluss – und dies auch mit Vehemenz. Vor diesem Hintergrund ist verständlich, dass die emotionale Verfassung des Unternehmers und der Eigentümer ein Höchstmaß an Belastung erfährt. In dieser Phase ist es als Berater eminent wichtig, die Erwartungshaltungen des Unternehmers an die geplante Transaktion zu steuern und auf ein realistisches und erreichbares Maß sowohl im Hinblick auf Machbarkeit als auch auf Bewertungs- und Preisrelationen zu beschränken. In dieser Situation empfiehlt es sich umso mehr, eine Vielzahl der notwendigen (Vor-) Gespräche vor Vertragsabschluss ohne die emotional involvierten Personen vorzunehmen, um hier – zum Schutz des Unternehmers – überflüssigen „Energieabfluss" zu vermeiden.

17.2 Besonderheiten des Verkaufs von Krisenunternehmen

Ein guter Berater kann dennoch in dem oben beschriebenen Spanungsfeld die verschiedenen Dimensionen so berücksichtigen und zusammenführen, dass das Gesamtbild einer Transaktion für den Unternehmer adäquat ist.

Da jeder Mensch unterschiedlich auf Stresssituationen reagiert und je nach Ausprägung der Stresssymptome nicht mehr der Situation entsprechend angemessen reagieren kann, empfiehlt es sich in bestimmten Situationen einen Treuhänder einzuschalten.

17.2.3 Treuhänder als Verkäufer

Die Treuhand ist ein gesetzlich nicht geregeltes Rechtsverhältnis zwischen Treugeber und Treuhänder.[3] Dabei vertraut der Treugeber, z. B. der Unternehmer, dem Treuhänder, z. B. einem Rechtsanwalt oder Wirtschaftsprüfer, einen rechtlich zu seinem Vermögen gehörenden Gegenstand (Sachen und Rechte/Treugut, beispielsweise Gesellschaftsanteile) an. In Krisensituationen ist oftmals das Vertrauensverhältnis zwischen den Gesellschaftern als Eigenkapitalgeber und den Fremdkapitalgebern gestört. Hier empfiehlt es sich, einen Treuhänder für das Halten der Gesellschaftsanteile einzuschalten, damit dieser, indem er zwischen den Beteiligten vermittelt, die vorhandenen Spannungen entschärfen und für eine für alle Seiten optimale Struktur sorgen kann. Treuhänder können natürliche oder juristische Person sein. Als Veräußerer von Gesellschaftsanteilen tritt der Treuhänder dann auf, wenn die Anteile des Unternehmens beispielsweise zur Besicherung neuer (Sanierungs-)Kredite von den Gesellschaftern auf den Treuhänder übertragen worden sind. In diesem Fall agiert der Treuhänder doppelnützig, nämlich auf der einen Seite für den Schuldner, welcher gleichzeitig Treugeber ist und auf der anderen Seite für den Kreditgeber. Tritt im genannten Beispiel der Sicherungsfall ein, werden die beim Treuhänder befindlichen Anteile am Unternehmen von diesem verkauft und der Erlös fließt dem Darlehensgeber zu. Der Verkaufsvorgang erfordert eine Abstimmung dann nicht nur zwischen dem Treuhänder als Verkäufer und dem Käufer, sondern auch abhängig von der vorherigen Gestaltung des Treuhandverhältnisses zusätzlich die Einbeziehung des besicherten Kreditgebers und der (ehemaligen) Gesellschafter des Unternehmens. Den Zweck einer solchen Treuhand definiert Ziegenhagen wie folgt:

Funktion der Treuhand

1. Begleitung und Kontrolle des Sanierungsprozesses durch einen unabhängigen Dritten
2. Mediation zwischen den Stakeholdern (insbesondere Gesellschafter, Management und Gläubigern)
3. Suche nach einem neuen Anteilsinhaber in einem strukturierten M&A-Prozess[4]

Der Verkauf durch einen Treuhänder hat für den M&A-Berater eine Vielzahl von Vorteilen. Gegenüber dem Investor kann der unbedingte Verkaufswille klar kommuniziert werden, ebenso die Rechte und Pflichten des Treuhänders. Grundsätzlich regelt ein Treuhandvertrag eine Erlösverteilung durch den

Treuhänder, evtl. haircut-Regelungen, Wasserfall-Regelungen[5] zwischen den Gläubigern usw.

17.2.4 Verkauf im Rahmen eines gerichtlichen Verfahrens

Kann ein Unternehmen nicht vor Eintritt der Zahlungsunfähigkeit gerettet werden und/oder erscheint die Situation so schwierig, kann in bestimmten Situationen die Antragstellung auf Eröffnung eines Insolvenzverfahrens ein geeigneter Weg sein, letztendlich doch noch einen Investor für das Unternehmen zu finden und die Existenz zu sichern. Hierbei ist nach den verschiedenen Verfahren zu unterscheiden:

17.2.4.1 Verkauf im Rahmen eines Verfahrens nach § 270a/b InsO

In beiden Fällen, d. h. Eigenverwaltung und Schutzschirmverfahren, ist nicht der (vorläufige) Insolvenzverwalter der Auftraggeber des M&A-Beraters, sondern das Management der Insolvenzschuldnerin. Dieser Hinweis ist deshalb wichtig, da hier der (vorläufige) Sachwalter nur Aufsichtsfunktion hat; sowohl die Steuerung des Insolvenzverfahrens als auch die Ausarbeitung eines Insolvenzplans obliegt dem Management. Dabei ist dringend zu empfehlen, dass sich das vorhandene Management im Vorfed der Antragstellung bereits mit einem erfahrenen CRO/Berater zusammenschließt, der solche Insolvenzverfahren bereits mehrfach begleitet hat. Dies hat sowohl Vorteile auf rechtlicher und administrativer Seite, aber eben auch auf der prozessualen Ebene. In den wenigsten Fällen wird ein Geschäftsführer einen solchen gerichtlichen Restrukturierungsprozess bereits durchlaufen haben und sich in allen Usancen und vor allem Kommunikationsanforderungen auskennen. Diese sind jedoch für das Ziel der Existenzsicherung des Unternehmens über einen Insolvenzplan in Verbindung mit der Einbringung eines Investors unabdingbar.

Dual Track-Verfahren

Mit Einführung des ESUG wurde zunächst über die grundsätzliche Notwendigkeit eines M&A-Prozesses bei einer Eigenverwaltung bzw. einem Schutzschirmverfahren diskutiert. Eine Vielzahl von Meinungen schloss einen M&A-Prozess per se aus und begründete dies mit der Intension des Gesetzgebers, mit dem Schutzschirmverfahren, den Altgesellschafter in die Situation zu versetzen, aus eigener Kraft im Rahmen des gerichtlichen Verfahrens eine Sanierung zu erreichen. Mittlerweile ist die herrschende Meinung, dass neben der möglichen Sanierung über einen Insolvenzplan mit einem bestehenden Gesellschafter, zur Wahrung der Gläubigerinteressen immer auch der Weg eines Investoren-/M&A-Prozesses beschritten werden muss. Dieses so bezeichnete Dual Track-Verfahren lässt am Ende des Prozesses den Gläubigern die Wahl, welche Alternative für sie die bessere Lösung darstellt.

Grundsätzlich gibt es prozessual betrachtet keinen Unterschied zwischen der Investorensuche im Regelinsolvenzverfahren oder in § 270-a/b-Verfahren. Gleichwohl gibt es zwei wesentliche Unterschiede, die es für den M&A-Berater zu beachten gilt:

1. Keine allgemeine Publizität des § 270 b-Verfahrens

2. Möglicherweise unterschiedliche Interessen der Alteigentümer, des Managements der Insolvenzschulderin und der Gläubiger

Zu 1.

Wie unten ausführlich dargestellt (vgl. 17.3.2 Longlist), kommt dem M&A-Berater auch die Aufgabe zu, in kurzer Zeit eine umfassende Liste potenzieller Interessenten zu erstellen. Diese Interessenten werden dann – im Regelinsolvenzverfahren nach Abstimmung mit der Geschäftsführung und dem (vorläufigen) Insolvenzverwalter – angesprochen. Darüber hinaus gibt es häufig eine Reihe von Unternehmen, die von der öffentlich bekanntgemachten (Regel-)Insolvenz erfahren haben und die ein großes Interesse an der Übernahme haben. In manchen Fällen sind unter diesen, den Insolvenzverwaltern aktiv ansprechenden Unternehmen auch Investoren dabei, auf die ein M&A-Berater bei seiner Recherche mangels Kenntnis ihrer strategischen Überlegungen und aufgrund des knappen Zeithorizonts nicht gekommen wäre. Hier schafft die Publizität des (Regel-)Insolvenzverfahrens ein breiteres Spektrum an Investoren.

Zu 2.

Der Grund des Alteigentümers bzw. des Managements einen Antrag nach §270a/b zu stellen, ist damit begründet, dass man im Rahmen der eigenen Handlungsmöglichkeiten davon ausgeht, das Unternehmen bestmöglich restrukturieren zu können. Häufig ist dies mit dem Zielverbunden; die Unternehmensanteile durch die gerichtliche Sanierung wieder werthaltig zu machen und im Eigentum behalten zu können. In dieser Situation und diesem „Mind-Set" ist es natürlich äußerst schwer, als M&A-Berater mit dem Management eine Übereinstimmung darüber herzustellen, potenzielle Käufer, ggf. sogar direkte Wettbewerber, anzusprechen. Das Management versucht eben aus eigener Kraft das Unternehmen – und oftmals auch gerade vor dem Wettbewerber – zu retten. Im Sinne der Gläubiger sollte aber ein Dual Track-Verfahren durchgeführt werden, um die bestmögliche Verwertungsalternative zu bestimmen. In dieser Situation ist nach Meinung des Autors die Aufgabe des (vorläufigen) Sachwalters, hier eine Lösung im Interesse der Gläubiger herbeizuführen. Dieses mögliche Konfliktpotenzial muss so früh wie möglich seitens des M&A-Beraters thematisiert werden.

Im Idealfall gelingt es dem M&A-Berater, eine Vielzahl potenzieller Käufer zu finden, die im Rahmen des Insolvenzplanverfahrens ins Unternehmen investieren wollen. In den meisten Fällen werden die gesamten Gesellschaftsanteile (oder Großteile hiervon) vom Investor für € 1,– übernommen und das (eigentliche) Kaufpreisäquivalent ins Unternehmen einbezahlt. Dies kann entweder als klassische Kapitalerhöhung erfolgen, aber auch als Fremdkapital oder als Mischform. Mit diesen, dem Unternehmen neu zufließenden Mitteln, können dann die im gestaltenden Teil des Insolvenzplans gebildeten Gruppen und Quoten bedient und das Unternehmen saniert werden.

Der große Vorteil bei einem gelungenen Insolvenzplanverfahren ist der Erhalt des Rechtsträgers und der damit verbundenen Möglichkeit, bestehende Vertragsverhältnisse fortsetzen zu können. Insbesondere bei Unternehmen mit z.B. langfristigen, vorteilhaften Mitverträgen, Einkaufs- und Absatzverträgen, die im Rahmen eines Asset Deals aus dem Regelinsolvenzverfahren nur mit Zustimmung des Vertragspartners hätten übertragen werden können, ist dies ein häufig entscheidender Vorteil zum Gelingen einer Transaktion.

17.2.4.2 Verkauf im Regelinsolvenzverfahren

Beim Verkauf eines Geschäftsbetriebes aus dem Regelinsolvenzverfahren erfolgt dies in der Regel im Wege eines Asset Deals unter Beachtung des §613a BGB. Dabei kann der Käufer auf seine Belange maßgeschneidert die notwendigen Assets übernehmen und schafft sich darüber hinaus auch die Möglichkeit des Abschreibungspotenzials des Kaufpreises (durch Aktivierung der Einzelwirtschaftsgüter).

Ein weiterer Vorteil ist die Möglichkeit der breiten Ansprache möglicher Interessenten und dadurch die Schaffung eines „Marktfensters". Durch die mit dem Antrag auf Eröffnung des Insolvenzverfahrens verbundene Publizität kann darüber hinaus auch erheblich Zeit eingespart werden, denn die Ansprache der möglichen Interessenten muss nicht unbedingt auf anonymer Basis erfolgen. Diese Zeitersparnis hilft den Interessenten bei einem – ohnehin durch den insolvenzrechtlichen Rahmen vorgegebenen – hohen Zeitdruck, tiefergehend prüfen zu können und damit mehr Sicherheit über den Wert des zu übernehmenden Unternehmens zu erlangen. Im Idealfall führt diese Risikoreduktion auch zu einem höheren Kaufpreis im Sinne der Gläubiger.

17.3 Der Prozessablauf beim Verkauf bzw. der Investorensuche

17.3.1 Informationsmemorandum

Website: Mustergliederung eines Informationsmemorandums

Verkaufsprozesse fanden in den letzten Jahren häufig im Wege eines Bieterverfahrens statt. Unter einem Bieterverfahren versteht man die zeitgleiche Ansprache mehrerer bzw. einer größeren Anzahl von potenziellen Kaufinteressenten, die im Rahmen eines zeitlich und inhaltlich klar strukturierten Prozesses die Möglichkeit haben, für das zum Verkauf stehende Unternehmen ihre Angebote abzugeben.[6] Für die Durchführung des Bieterverfahrens ist ein „Informationsmemorandum" unerlässlich. Dieses hat den Zweck, dem Investor einen ersten Überblick über

- die Märkte (Marktnischen) des Unternehmens
- die strategische Positionierung und Reichweite des Unternehmens in seinen Märkten (IST und Potenziale)
- die Wertschöpfungsprozesse
- die finanziellen Verhältnisse sowie
- die zur Krise führenden Faktoren kurz und präzise darzustellen

Aufgrund des knappen Zeithorizonts ist das Memorandum in der Regel unter hohem Zeitdruck fertig zu stellen. In Krisensituationen ist das Informationsmemorandum grundsätzlich weniger Verkaufsinstrument als Informationsmedium. Die Bildung verkaufsrelevanter bzw. kaufentscheidender Faktoren bleibt in der Regel dem Investor überlassen. Nichtsdestotrotz müssen im „Informationsmemorandum" die wesentlichen Punkte der Existenzberechtigung des Unternehmens bzw. – sofern vorhanden – eine etwaige Einzigartigkeit, häufig auch „Unique Selling Proposition" genannt, herausgearbeitet werden. In der Regel besteht das Memorandum aus ca. 20 bis 40 Seiten. Eine Grobgliederung finden Sie auf der Webseite zum Buch unter www.vahlen.de/17686489. Vor Aushändigung des Memorandums ist stets eine Vertraulichkeitsvereinbarung einzuholen, um sowohl das Unternehmen, als auch den Veräußerer vor unsachgemäßem Umgang mit den darin enthaltenen Informationen zu schützen. In vielen Fällen wird vor Versand einer Vertraulichkeitsvereinbarung und des Memorandums zuvor ein sog. Teaser versendet, der einem potenziellen Kaufinteressenten, anonymisiert auf 1–2 Seiten, einen Überblick über das in Rede stehende Unternehmen gibt. Erfolgt ein Verkauf nach erfolgter Antragstellung auf Eröffnung des Insolvenzverfahrens kann, aufgrund der bereits vorhandenen Öffentlichkeit, selbstverständlich auch schon im Teaser der Name des Unternehmens offengelegt werden.

> **Praxistipp:**
>
> Das Verkaufsmemorandum ist – neben der Management-Präsentation – ein bedeutendes Element im Verkaufsprozess und muss sorgfältig erarbeitet werden.

17.3.2 Longlist

In der Regel wird parallel oder nach Erstellung des „Information Memorandums" eine Liste der potenziellen Kaufinteressenten erstellt, die sogenannte „Longlist", die gemeinsam mit dem Management und/oder ggf. mit dem (vorläufigen) Insolvenzverwalter besprochen wird. Die Auswahl der Investoren erfolgt einerseits durch exakte Analyse der Wertschöpfungskette des Krisenunternehmens und andererseits durch Gegenüberstellung der – sofern eruierbar – Wertschöpfungsketten der potenziellen Interessenten. Die am meisten geeignet erscheinenden Unternehmen werden ausgewählt. Zur Erstellung der „Longlist" werden umfangreiche Recherchen in Datenbanken, Branchen- oder Fachzeitschriften der Lieferanten und Abnehmer, Ausstellerverzeichnisse der für die Branche relevanten Messen gesichtet sowie Gespräche mit dem Management des Unternehmens sowie anderen Branchenkennern (z. B. Verbandspräsidenten, auf die Branche spezialisierte Strategieberater) geführt. Ein weiteres Selektionskriterium ist die Umsatzgrößenklasse und Profitabilität. In den seltensten Fällen wird ein kleineres Unternehmen ein vom Umsatz her betrachtet größeres, in der Krise befindliches Unternehmen erwerben. Regelmäßig ist davon auszugehen, dass die mit der Krise einhergehenden Probleme nur von Unternehmen bewältigt werden können, die selbst ein wesentlich größeres Geschäftsvolumen aufweisen. Es kann bei größeren Unternehmen zumeist unterstellt werden, dass Geschäftsprozesse sicherer bewerkstelligt werden, die notwendigen Management-Ressourcen vorhanden sind, um die erforderlichen Restrukturierungen beim Krisenunternehmen kurzfristig voranzutreiben und auch die finanzielle Stabilität vorhanden ist, den über den Kaufpreis notwendigen Finanzierungsbedarf für Integration und Restrukturierung darstellen zu können.

Vertraulichkeitsvereinbarung Bei der Ansprache der selektierten Investoren ist darauf zu achten, dass bei Vorliegen grundsätzlichen Interesses so schnell wie möglich eine Vertraulichkeitsvereinbarung geschlossen wird, da hierdurch nicht nur die Ernsthaftigkeit des bekundeten Interesses erneut überprüft, sondern auch die anderweitige Nutzung von erhaltenen Informationen als zum Zwecke der Beteiligungsprüfung untersagt wird.

Dies dient nicht nur dem Schutz des zur Veräußerung stehenden Unternehmens, sondern in besonderem Maße auch dem Schutz des Investors, der in das Unternehmen investiert.

Die Interessenten sollten nach Prüfung der Unterlagen ihre zunächst unverbindlichen (sogenannte „Non-binding offer"), dann verbindlichen Kaufpreisangebote (sogenannte „Binding offer") abgeben. Im Idealfall sind diese Angebote so abzugeben, dass diese für einen Verkäufer, ggf. den (vorläufigen) Insolvenzverwalter und die Gläubigergremien, vergleichbar sind und zeitlich einen geordneten Prozessablauf mit allen Interessenten ermöglichen.

17.3.3 Management Presentation

Management Presentation Die „Management Presentation" ist der nächste große und vielleicht wichtigste Meilenstein in der Realisierung der Unternehmenstransaktion. Hier werden aktualisierte wirtschaftliche Verhältnisse dargestellt. Darüber hinaus wird die strategische Ausrichtung sowie detailliert die Positionierung im relevanten Wettbewerbssegment Gegenstand einer solchen Präsentation sein. Aus Sicht des Verkäufers ist es wichtig, dass diese „Management-Presentation" auf den Informationen des Memorandums aufbaut und diese an den Stellen weiter ausführt, die für den Verkauf entscheidend bzw. wertbeeinflussend sind. Hier trifft der Kaufinteressent im Rahmen des M&A-Prozesses erstmals auf die handelnden Personen im Unternehmen und kann sich ein detailliertes Bild über das Management und die operativen Prozesse machen. Je nach Vorgehensweise kann die „Management-Presentation" vor oder nach Abgabe einer „Non-binding offer" erfolgen. Bei größeren M&A-Transaktionen erlebt man immer häufiger, dass unverbindliche Angebote auf Basis des „Informationsmemorandums" abgegeben werden sollen. Kaufinteressenten verhalten sich hier unter Umständen nach spiel-theoretischen Regeln und geben ausschließlich deshalb ein hohes Angebot ab, um im Verkaufsprozess weiterhin berücksichtigt zu werden. Bei einem weiter voranschreitenden Bieterverfahren hofft ein solcher Interessent, dass weitere Investoren aussteigen und dann der Preis schlussendlich nach unten verhandelt werden kann. Aufgabe des Beraters ist es, die taktischen Eigenarten der Bieter einschätzen zu können und dementsprechend das Verfahren zu führen.

Es handelt sich bei der „Management Presentation" nicht ausschließlich um eine reine Vortragsveranstaltung seitens der Verkäuferseite, sondern zumeist auch um eine Frage- und Antwortrunde (sogenannte „Question-Answer-Sessions"), bei der die Wissensdefizite des Interessenten weitestgehend beseitigt werden sollen.

Dies stellt zumeist auch den Beginn der sogenannten Due Diligence dar.[7]

> **Praxistipp:**
> Eine Management Präsentation muss exakt geplant und selbst bei erfahrenen handelnden Personen vorab trainiert werden.

17.3.4 Due Diligence

Eine Due Diligence – also eine „mit der gebotenen Sorgfalt durchgeführte Prüfung der wirtschaftlichen, finanzwirtschaftlichen und organisatorischen Situation des Unternehmens" – sollte aus Sicht des Kaufinteressenten drei grundlegende Fragen beantworten:

- Ist es im Interesse unserer Gesellschafter, dass wir diesen Geschäftsbetrieb erwerben und führen?
- Wie viel ist der Geschäftsbetrieb wert?
- Können wir uns den Erwerb des Geschäftsbetriebes leisten bzw. finanzieren?

Due Diligence

Um eine Due Diligence-Prüfung sowohl für den Kaufinteressenten als auch den Verkäufer reibungslos zu gestalten, empfiehlt es sich, einen sogenannten Datenraum einzurichten.[8] Diese Datenräume können physisch sein. Unter einem physischen Datenraum versteht man eine papierhafte Zusammenstellung der Dokumente, die für eine solche Sorgfaltsprüfung notwendig sind. Alternativ zu einem physischen Datenraum kann auch ein Datenraum elektronisch zur Verfügung gestellt werden. In der Regel befinden sich die Daten auf einem geschützten Hochsicherheitsserver. Kaufinteressenten wird über ein Zugangspasswort der Zugriff auf diese Daten erlaubt. Erwartet man Kaufinteressenten überwiegend aus Übersee bei einem zu verkaufenden Geschäftsbetrieb aus Deutschland, so bieten sich elektronische Datenräume an, um einerseits Entfernungen zu überbrücken und andererseits die häufig im Nachgang zu einer Due-Diligence noch auftretenden Fragen effizient beantworten zu können. Darüber hinaus ist gerade in Krisensituationen, in denen erheblicher Zeitdruck herrscht, der parallele Zugriff auf elektronische Datenräume ein wesentlicher Vorteil. Alternativ hierzu können selbstverständlich auch mehrere physische Datenräume eingerichtet werden, die jedoch naturgemäß kapazitätsmäßig begrenzt sein werden. Elektronische Datenräume sind in der Regel für den parallelen Zugriff offen. Das heißt, Verkäufer können Auswertungen über Zugriffe auf bestimmte Dokumente verfolgen, um die Interessen des potenziellen Käufers verstehen und unterstützen zu können. So kann theoretisch genau nachvollzogen werden, welcher Kaufinteressent sich für welches Prüfungsthema intensiv interessiert.

Datenraum

In der Praxis ist es jedoch mit Vorsicht zu genießen, denn allein die Öffnungszeit bestimmter Dateien sagt noch nichts über die Prüfungsintensität aus.

Website: Gliederung Datenraumindex

Auf der Webseite zum Buch finden Sie einen Datenraum-Index, der einen Überblick über die wesentlichen Dokumente enthält, die bei Due-Diligence-Prüfungen bereitgestellt werden sollten.[9] Bei der Due Diligence sollte nicht all zu viel Zeit aufgebracht werden, das veraltete (und oft nicht stimmige) Zahlenmaterial der Vergangenheit zu analysieren. Neben der Analyse von Altinformationen sollte bei einer Due-Diligence-Prüfung insbesondere der Blick nach vorne gerichtet sein. Die oben genannten Grundsatzfragen enthalten in hohem Maße zukunftsorientierte Fragestellungen. Viele Investoren nutzen die Due Diligence bereits, um sich einen sogenannten Hunderttageplan zu erstellen, der die Restrukturierungsmaßnahmen der ersten Monate im Detail enthält.

> **Merke:**
> Ein oftmals entscheidender Faktor ist die Qualität und Konsistenz aller im M&A-Prozess dem Investor vorgelegten Dokumente.

17.3.5 Bewertung und Kaufpreisverhandlung

Subjektivität einer Unternehmensbewertung

Grundsätzlich versteht man unter „Wert" den „Ausdruck der Wichtigkeit eines Gutes, den es für die Befriedigung subjektiver Bedürfnisse hat". Mit dieser Definition wird klar, dass eine Unternehmensbewertung immer durch Subjektivität geprägt ist. Zwar versucht das Institut der Wirtschaftsprüfer e.V. (IDW) durch den „Grundsatz 1 zur Durchführung ordnungsgemäßer Unternehmensbewertungen S1" u. a. einen sogenannten „objektivierten Unternehmenswert" zu erheben, jedoch stellt dieser Begriff immer nur eine Rechnung nach anerkannten Musterverfahren dar. Sowohl in der Theorie als auch in der Praxis haben sich zukunftsbezogene Methoden, wie beispielsweise die Ertragswert- bzw. die „Discounted-Cashflow-Methoden" sowie Marktbewertungsmethoden (Multiplikatoren bzw. Verhältniszahlen von Unternehmenswert und Umsatz- bzw. Ertragskennzahlen bezogen auf vergleichbare börsennotierte Unternehmen sowie zeitnah durchgeführten Unternehmenstransaktionen von vergleichbaren Unternehmen) zur Validierung der Ergebnisse der erstgenannten Verfahren durchgesetzt.

Aus Sicht des Bewertenden ergeben sich folgende Schwierigkeiten bei der Unternehmensbewertung in Krisensituationen:

- keine Going-Concern-Prämisse,
- häufig fehlende finanz- und betriebswirtschaftliche Informationen,
- Schwierigkeit der Prognose der zukünftigen, freien „Cashflows" und Unsicherheit der Eintrittswahrscheinlichkeit der abgegebenen Prognose,
- Zukunftsorientierung vs. Substanzorientierung,
- Untauglichkeit des im Rahmen des CAPM (Capital-Asset-Pricing-Modells) ermittelten risikoadäquaten Kapitalisierungszinssatzes.

Unternehmensbewertungen und /-planungen gehen in der Regel von der sogenannten „Going-Concern-Prämisse" aus, d.h. eine positive Fortführungsprognose. Gerade jedoch bei Unternehmenskrisen ist das Zugrundelegen dieser „Going-Concern-Prämisse" nicht möglich, da die Existenz des Unternehmens gefährdet ist.

Häufig fehlen in der Krise aussagefähige Informationen über betriebs- und finanzwirtschaftliche Verhältnisse des Unternehmens. Existierende Daten sind fehlerhaft (was nicht selten auch mit Auslöser der Krisensituation ist) oder aber nicht hinreichend detailliert. Beim Verkauf von Unternehmen spielt jedoch zum einen die Qualität des Controllings für die zukünftige operative Steuerung durch einen neuen Gesellschafter eine wesentliche Rolle. Zum anderen sind finanzwirtschaftliche Kennzahlen für die Bewertung von Unternehmen von elementarer Bedeutung. Hierfür ist ein entsprechender Informationsfluss unabdingbar.

> **Praxistipp:**
>
> Vor Beginn des Verkaufsprozesses gilt es für die eingeschalteten Berater zwischen der bereits erwähnten Schnelligkeit des Transaktionsprozesses und einem oftmals erwünschten hohen Detaillierungsgrad der finanzwirtschaftlichen Informationen abzuwägen.

Sicherlich müssen die wesentlichen Kennzahlen, wie Umsatz, das Betriebsergebnis vor Zinsen und Steuern (EBIT) sowie vor Abschreibungen auf Sachanlagen und Abschreibungen auf immaterielle Vermögenswerte (EBITDA) im Zeitablauf dargestellt werden. Jedoch wird demgegenüber eine darüber hinausgehende detaillierte Analyse beispielsweise der sonstigen betrieblichen Aufwandspositionen in den meisten Fällen in einem ersten Schritt zugunsten der Schnelligkeit der Informationsbereitstellung unterbleiben. Nichtsdestotrotz werden im Laufe des Veräußerungsprozesses sämtliche Beteiligte versuchen, den Detaillierungsgrad der vorhandenen Informationen zu erhöhen und damit den Wahrheitsgehalt bzw. die Aussagefähigkeit der vorliegenden Zahlen zu festigen.

Spätestens seit der Einführung von „Basel II" werden von Fremdkapitalgebern immer häufiger verschiedene Szenariorechnungen zur zukünftigen wirtschaftlichen Entwicklung des Unternehmens gefordert. Diese Szenariorechnungen basieren im Wesentlichen auf einer Grundannahme („Base-Case") und nach oben und nach unten angepassten Alternativrechnungen („Best-Case"/„Worst-Case"). Auch bei Unternehmensverkäufen in der Krise sind solche Rechnungen für einen Investor interessant. Da jedoch in der Regel die zu früheren Zeitpunkten abgegebenen Planungen nicht eingehalten wurden, liegt es im Ermessen des Verkäufers/Insolvenzverwalters, ob Szenariorechnungen seitens des Managements erstellt werden und an den Kaufinteressenten weitergegeben werden sollen. Dies ist eine der wesentlichen Aufgaben einer „Financial-Due-Diligence" durch den Kaufinteressenten. Wünschenswert sind solche Szenariorechnungen für alle Beteiligten allemal. Vor allem auch vor dem Hintergrund einer tragfähigen Kaufpreisfindung sind belastbare und von beiden Seiten akzeptierte Zahlen – seien sie vom Management, dem Kaufinteressenten oder vom Berater erstellt – unabdingbar.

Szenariorechnungen

> **Praxistipp:**
>
> Bei größeren Unternehmenstransaktionen wird in der Regel schon bei Abgabe der „Non-Binding offer" bzw. „Binding offer" vom Kaufinteressenten verlangt, die Grundannahmen seines zukünftigen Geschäftsmodells respektive der Unternehmensbewertung offen zu legen.

Um den Kaufpreisspielraum zu erkennen und damit die eigene Verhandlungsposition zu stärken, sind auf Basis dieser Annahmen weitere Szenariorechnungen bzw. Sensitivitätsanalysen durchzuführen. Solche Analysen machen die Auswirkungen der Veränderungen der unterschiedlichen wertbeeinflussenden Faktoren deutlich, in dem in Durchführung einer Vielzahl von Beispielrechnungen unter Variation von beispielsweise Gewinn, Verlust und Fixkosten eine stufenweise Anpassung verschiedener, den Wert erhöhender, Parameter erfolgt. Ziel von Sensitivitätsrechnungen ist es somit, diejenigen Parameter festzulegen, von denen die größten Auswirkungen auf den zukünftigen unternehmerischen Erfolg ausgehen.

Verständnis des Begriffs „Cashflow"

In den letzten zehn Jahren hat sich in Deutschland das Verständnis der Definition des Begriffes „Cashflow" deutlich weiterentwickelt. Während in den achtziger Jahren die Definition des „Cashflows" in Deutschland meist noch einstufig vorgenommen wurde, d.h. durch Eliminierung der nicht zahlungswirksamen Bestandteile des Jahresüberschusses, hat sich mittlerweile in der Praxis eine mehrstufige „Cashflow"-Rechnung etabliert. Ausgehend vom „Cashflow" aus dem operativen Geschäft wird heute in der modernen Finanzwirtschaft der „Cashflow" weiterentwickelt. Nachfolgend sind die einzelnen „Cashflow"-Stufen dargestellt:

	Posten	Anmerkungen
	Operative Einzahlungen	
./.	Operative Auszahlungen	
=	Cashflow vor Zinsen und Steuern (CF)	gleich EBITDA
./.	Steuern bei reiner Eigenfinanzierung	
=	Operating Cashflow (OCF)	gleich NOPLAT
./.	Saldo aus Investitions- und Deinvestitionszahlungen	
=	Free Cashflow (FCF)	wird im WACC (FCF) und APV verwendet
+	Unternehmenssteuerersparnis wg. Abzugsfähigkeit der Zinsen (Tax Shield)	
=	Total Cashflow (TCF)	wird im WACC (TCF) verwendet
+/-	Zinsen	
+	Kreditaufnahme	gleich FTD (Flow to Debt)
./.	Kredittilgung	
=	Flow to Equity (FTE)	gleich ausschüttbares Ergebnis bzw. Ertrag bei der Ertragswertmethode

Abb. 58: Berechnungsschema der Cashflow-Arten

17.3 Der Prozessablauf beim Verkauf bzw. der Investorensuche

Entscheidend für die Unternehmensbewertung ist der sogenannte „freie" (free) Cashflow", der den Kapitalgebern zur Verfügung steht. Aufgrund der beiden unterschiedlichen Kapitalarten, unterscheidet man den „Cashflow", der allen Kapitalgebern zur Verfügung steht („Free Cashflow to the firm" oder „Free Cashflow to the entity") und den freien „Cashflow" für die Eigenkapitalgeber („Free Cashflow to Equity"). Da bei einem Unternehmensverkauf aus der Krise in den meisten Fällen die Kapitalstruktur nach dem Erwerb („post-transaction") im Vergleich zur Kapitalstruktur zum Zeitpunkt vor dem Verkauf entweder aufgrund der Transaktionsform (Asset Deal) oder aufgrund finanzieller oder organisatorischer Restrukturierungsmaßnahmen wesentlich differiert, wird der „Free Cashflow to the firm" von Bedeutung sein. Diese Kennzahl stellt die Größe dar, die dem Investor zur Bedienung des eingesetzten Eigen- und Fremdkapitals zur Verfügung steht. Er selbst entscheidet auf Basis dieser Kennzahl über die optimale Kapitalstruktur und somit über den optimalen Verschuldungsgrad, d. h. das Verhältnis von Eigen- zu Fremdkapital. Die Prognose dieser „freien Cashflows" erfolgt auf Basis der Planung der Gewinn- und Verlustrechnung sowie der daraus abgeleiteten Finanzstruktur. Oftmals wird in einem Verkaufsmemorandum „nur" eine Fortschreibung der Gewinn- und Verlustrechnung dargestellt. Für die Beurteilung des Unternehmenswertes sind jedoch auch Veränderungen in der Bilanzstruktur notwendig. Bei größeren Unternehmenstransaktionen bzw. bei einer längeren Transaktionsdauer sollten diese Informationen entweder von Beginn an zur Verfügung gestellt oder jedoch im Laufe des Verkaufsprozesses nachgereicht werden.

Free Cashflow

Wie bereits oben erwähnt, ist eines der Hauptprobleme bei M&A-Transaktionen in der Krise, dass die für eine exakte Unternehmensbewertung notwendigen finanzwirtschaftlichen Informationen oftmals nicht zur Verfügung stehen bzw. deren Aussagegehalt deutlich eingeschränkt ist. Diese Einschränkungen sind systematisch zu unterscheiden in

- Validität der Daten,
- notwendiger Detaillierungsgrad der Daten,
- Aktualität der Daten,
- Eintrittssicherheit vor dem Hintergrund eines evtl. sich verändernden Marktes in Krisensituationen.

Betrachtet man die Planzahlen der Vergangenheit und deren realen Eintritt, so wird bei Unternehmenskrisen in vielen Fällen eine deutliche Abweichung transparent. Dementsprechend sind zukünftige Planungen aus Sicht eines Investors mit Vorsicht zu betrachten. Auch für den Berater bzw. den Insolvenzverwalter ergeben sich hieraus nicht selten Konflikte. Einerseits ist es für einen schnellen Transaktionsprozess unerlässlich, die Kaufinteressenten mit finanzwirtschaftlichen Informationen und Planungen auszustatten, die eine belastbare Unternehmensbewertung ermöglichen. Andererseits ist durch die Krisen- bzw. Insolvenzsituation offensichtlich, dass Planungen und Prognosen in der Vergangenheit nicht eingetroffen sind – die Planzahlen des Unternehmens hatten sich also als nicht belastbar erwiesen. Es liegt nun in der Regel im Ermessen und in der Verantwortung der Verkäuferseite, ob Planungs- und Prognoserechnungen den Kaufinteressenten zugänglich gemacht werden oder

Herausforderungen bei Unternehmensbewertungen in Krisenzeiten

ob der Kaufinteressent an dieser Stelle darauf hingewiesen wird, diese Planungen selbst zu erstellen.

Die aktuelle wissenschaftliche Diskussion und auch die Unternehmenspraxis zeigt eine klare Hinwendung zu zukunftsorientierten Bewertungsmethoden. Vergangenheitsorientierte Bewertungen oder an der Substanz orientierte Methoden spielen im „normalen M&A-Alltag" eine deutlich untergeordnete Rolle und werden allenfalls zur Validierung herangezogen. Die große Herausforderung, der sich zurzeit Bewertungs-Professionals stellen müssen ist, dass die Vernachlässigung der Insolvenzwahrscheinlichkeit zu Fehlbewertungen führt, wenn diese nicht im Erwartungswert des Cashflows berücksichtigt wird. Zwar spricht der IDW S1 davon, dass „alle realistischen Zukunftserwartungen in der Bewertung zu berücksichtigen sind", jedoch ist das leider in den letzten Jahren in zunehmendem Maße realistischer gewordene Insolvenzszenario hier nicht explizit erwähnt. Es gibt zurzeit eine Reihe von Ansätzen, das Insolvenzrisiko in Bewertungen einfließen zu lassen.[10] Ein von der überwiegenden Mehrheit akzeptiertes Verfahren gibt es jedoch noch nicht.

Nach Stellung des Insolvenzantrags wird das vorläufige Insolvenzverfahren durch gerichtlichen Beschluss eingeleitet und ein vorläufiger Insolvenzverwalter bestellt. Im vorläufigen Verfahren werden durch Analyse der „Ist-Situation" im schuldnerischen Unternehmen dessen historische Entwicklung, wirtschaftliche Lage sowie mögliche Fortführungsaussichten beurteilt und anschließend in einem Gutachten an das Insolvenzgericht berichtet. Basierend auf diesem Gutachten des vorläufigen Verwalters entscheidet das Insolvenzgericht über die Frage der Eröffnung des Insolvenzverfahrens. Schon zu diesem Zeitpunkt, also bereits vor der eigentlichen Verfahrenseröffnung, bekommt der vorläufige Insolvenzverwalter, der in der Regel auch im eröffneten Verfahren Verwalter wird, einen Überblick über mögliche Handlungsalternativen und vorhandene Vermögenswerte. Im eröffneten Verfahren werden schließlich Sachverständige mit der Bewertung sämtlicher Vermögensgegenstände, mithin zur Erstellung von Gutachten, beauftragt. Problematisch ist hierbei vor allem beim Kauf von Unternehmen in der Insolvenz, dass der Insolvenzverwalter, der ja der einzig Verfügungsberechtigte über das Unternehmensvermögen ist, genau diese Substanzwertbetrachtung (unter Fortführungs- und Liquidationsgesichtspunkten) anstellt. Die Bewertung des Schuldnervermögens erfolgt hierbei unter Zugrundelegung eines Liquidations- sowie eines Fortführungsszenarios, sodass dem Verwalter für bevorstehende Kaufpreisverhandlungen ein Rahmen vorgegeben ist. Verstärkt wird dieser Umstand durch die Tatsache, dass der Insolvenzverwalter als Sachwalter bzw. im Interesse der Gläubiger handelt.

Das Insolvenzrecht stellt hierbei die Alternativen Sanierung, Liquidation und übertragende Sanierung als gleichberechtigt nebeneinander. Die unterschiedliche Betrachtungsweise der beiden Bewertungsverfahren „aktuell positiver Substanz- bzw. Liquidationswert vs. aktuell negativer Ertragswert" birgt bei jeder Transaktion im Insolvenzverfahren Konfliktpotenzial zwischen Verwalter und Kaufinteressenten bei der Kaufpreisverhandlung. Aus Sicht des Insolvenzverwalters sieht eine Mindest-Kaufpreisermittlung wie folgt aus:

17.3 Der Prozessablauf beim Verkauf bzw. der Investorensuche

Abb. 59: Gegenüberstellung Kaufpreis und Unternehmenswert

Häufig erschließt sich dem Kaufinteressenten nicht, warum immer der höhere Wert anzusetzen ist. Grundsätzlich verkauft auch der Verwalter immer zum Ertragswert. Da jedoch unter Umständen der Ertragswert niedriger ist als der Liquidationswert und das Insolvenzrecht die oben genannten Alternativen der Verwertung als gleichwertig ansieht, ist der Verwalter in einer solchen Situation zur Wahrung der Interessen der Insolvenzgläubiger regelmäßig dazu gehalten, das Schuldnerunternehmen zu liquidieren. Möchte ein Käufer dennoch das operative Geschäft erwerben – was sich nur durch die erwartete Nutzung von Synergien oder nicht genutzter Potenziale erklärt – muss der Teil der Wertsteigerung in die Insolvenzmasse gezahlt werden. Hierdurch kann dem Insolvenzverwalter der grundsätzliche gesetzliche Zwang der Liquidation genommen werden.

> **Praxistipp:**
> Um Friktionen im späteren Stadium eines Verkaufsprozesses zu vermeiden, sollten frühzeitig die Erwartungshaltungen aller Beteiligten an kaufpreisbildende Rahmenbedingungen besprochen werden.

Wohlgemerkt bietet ein Insolvenzplan die Möglichkeit, durch Mehrheitsentscheidung der Gläubiger anderweitige und flexiblere Regelungen zu finden.

Problematisch bei Verkäufen in Krisensituationen ist grundsätzlich das Fordern und Gewähren von Garantien. Aus Sicht des Käufers ist es verständlich, dass er unter Zeitdruck und bei einem kaufmännisch zumeist schlecht strukturierten Unternehmen für gewisse Bereiche Garantien fordert. Umgekehrt ist insbesondere bei einem Verkäufer, der keinen Kaufpreis oder nur ein geringes Entgelt erhält, klar, dass dieser keine Garantien gewähren kann, die später zu einem weiteren Liquiditätsabfluss führen könnten.

Gewährleistungen und Garantien

Bei einem Erwerb vom Insolvenzverwalter ist diese Situation – wie oben bereits beschrieben – noch schwerer, denn der Verwalter behält den Kaufpreis nicht, sondern leitet ihn an die Gläubiger weiter.

> **Praxistipp:**
> Es ist deshalb ratsam, den Kaufpreis gedanklich in Komponenten aufzuteilen, die bestimmte Risikokomponenten darstellen. Vom Gesamtkaufpreis müssen Risikoabschläge gemacht werden. Verhandlungsprofis zeigen diese Risikoabschläge und sichern Kaufpreiserhöhungen bei entsprechender Risikoübernahme zu.

Beim Verhandeln eines Unternehmensverkaufs in einer Krisensituation sind – wie oben bereits beschrieben – eine Reihe von Interessensgruppen entscheidend für das Zustandekommen einer Transaktion. Z. B. müssen oftmals

- Fremdkapitalgeber einen zumindest teilweisen Forderungsverzicht aussprechen,
- Arbeitnehmer Zugeständnisse machen,
- Gesellschafter das Unternehmen zu einem Preis verkaufen, der weit unter den eigenen Wertvorstellungen liegt.

Anzahl der Verhandlungspartner limitieren

Grundsätzlich gilt, dass zu viele Parteien am Verhandlungstisch die Transaktionsdurchführung und auch die Verhandlungen erschweren, insbesondere dann, wenn sie unterschiedliche Interessen verfolgen. In der Insolvenz kann die frühzeitige Bildung eines Gläubigerausschusses, die das ESUG nun zulässt, für deutliche Erleichterung sorgen. Die Verhandlungssituation der Interessensgruppen unterscheidet sich in Krisenfällen deutlich von normalen Transaktionen: Die Akzeptanz finanzieller Verluste ist nicht beim ersten Zusammenkommen nach Eintreffen der Krise gegeben, sondern wird sich erst im Laufe der Verhandlungen ergeben. Da die Angebote bis zur endgültigen Verhandlung meist noch keinen bindenden Charakter haben, erhoffen die Beteiligten berechtigterweise für sich eine Verbesserung der Konditionen. Diese legitimen Bestrebungen können jedoch in Anbetracht der knappen Zeit und nicht selten aufgrund starker Emotionsentladungen die Verhandlungen verzögern oder sogar ganz scheitern lassen.

Innerhalb eines oben beschriebenen Bieterverfahrens ist aus Sicht des Verkäufers die Herbeiführung einer Situation wünschenswert, in der die verschiedenen Kaufinteressenten dazu animiert werden können, ihre Kaufpreise sukzessive nach oben anzupassen. Maßgebend hierfür sind die Wettbewerbsintensität innerhalb der Branche sowie vor allem die vom eingeschalteten „M&A"-Berater innerhalb des Bieterverfahrens bzw. Veräußerungsprozesses geschaffene Wettbewerbssituation auf Seiten der Kaufinteressenten. Doch ist an diesem Punkt größte Vorsicht geboten. Verhandlungspositionen werden immer dadurch geschwächt, dass sich ein Transaktionspartner nicht an vorher festgehaltene Absprachen hält oder Informationen an den Gegenüber übermittelt (z. B. Kaufpreishöhe eines anderen Bieters, Kaufpreiserwartung der Gläubiger), die später nicht eingehalten werden können.

> **Praxistipp:**
> Gerade in diesen Situationen ist es wichtig, ähnlich den Banken, Gewerkschaften und anderen Vertretern von Interessensgruppen niemals alleine zu verhandeln. Wer alleine verhandelt, ist rational und vor allem emotional sehr stark in die Verhandlungen eingebunden.

Nicht alleine verhandeln

Der Verhandlungsführer ist auf sein Verhandlungsziel fixiert und hat deshalb seine Strategie und seine Argumente ständig präsent. Diese Präsenz ist sehr gut für ein zielgerichtetes Verhandeln – und sehr schlecht für ein analytisches Zuhören, was insbesondere bei der Lösungsfindung bei komplexen Restruktu-

17.3 Der Prozessablauf beim Verkauf bzw. der Investorensuche

rierungsstrukturen unabdingbar ist. Analytisches Zuhören – also nicht nur das Hinhören, sondern auch das Hineinhören – ist nur möglich, wenn man einen Teil der Konzentration auf das Gegenüber verwenden kann. Bei sehr stressigen und emotional geführten Verhandlungen kann es sein, dass der Verhandlungsführer durch sein zielgerichtetes Verhandeln das Zuhören und damit wichtige Chancen vernachlässigt.

Aus der Polizeipraxis ist ein Modell erprobt, das sich bei schwierigen Verhandlungen (z. B. bei Geiselnahmen) bewährt hat und auch bei komplexen Verhandlungssituationen im Wirtschaftsleben Einzug hält.[11] Die nachfolgende Abbildung zeigt strukturell die Vorgehensweise:

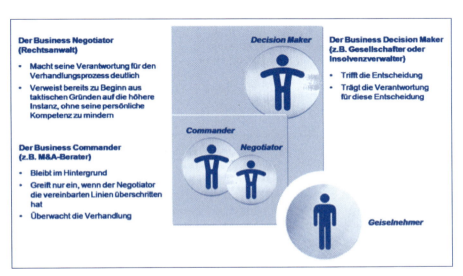

Abb. 60: Idealtypisches Verhandlungsteam

Der Business-Negotiator (Rechtsanwalt)
- macht seine Verantwortung für den Verhandlungsprozess deutlich
- verweist bereits zu Beginn aus taktischen Gründen auf die höhere Instanz, ohne seine persönliche Kompetenz zu mindern

Der Business-Commander (z. B. M&A-Berater)
- bleibt im Hintergrund
- greift nur ein, wenn der Negotiator die vereinbarten Linien überschritten hat
- überwacht die Verhandlung

Der Business-Decision-Maker (z. B. Gesellschafter oder Insolvenzverwalter)
- trifft die Entscheidung
- trägt die Verantwortung für diese Entscheidung

17.4 Anforderungen an einen Transaktionsberater

Die vorstehend genannten Rahmenbedingungen beim Verkauf eines Unternehmens aus dem Insolvenzverfahren bzw. der Suche nach einem Investor für ein krisenbehaftetes Unternehmen zeigen, dass eine Reihe von Fähigkeiten notwendig sind, um hier als M&A-/Transaktionsberater erfolgreich tätig sein zu können. Während es bei „normalen" M&A-Prozessen in hohem Maße darauf ankommt, die Industriephase eines Unternehmens zu verstehen und daraus abgeleitet, ein Käuferprofil zu erstellen, kommen bei Distressed M&A-Transkationen eine Reihe weiterer notwendiger Erfolgsfaktoren hinzu. Diese sind vor allem:

- **Spezifische Distressed M&A-Kompetenz:**
  Um im insolvenzrechtlichen Umfeld und der daraus resultierenden notwendigen Schnelligkeit erfolgreich agieren zu können, gehört spezifisches Know-how bei Distressed M&A-Transaktionen genauso zum Skill/Set eines erfolgreichen Beraters, wie auch das Wissen um Ziele und Handlungsnotwendigkeiten/Handlungszwänge der im Insolvenzverfahren/Krisensituationen involvierten Anspruchsgruppen.
- **Ressourcen:**
  Um in kurzer Zeit die prozessrelevanten Arbeitsschritte bewerkstelligen zu können, sind umfangreiche personelle Ressourcen auf Seiten des M&A-Beraters notwendig.
- **Internationalität:**
  Erfahrungen bei Cross-Border-Transaktionen sind auch bei Distressed Situationen notwendig. Insbesondere ist es notwendig, etwaige Dissonanzen auf Käuferseite hinsichtlich der rechtlichen Rahmenbedingungen rechtzeitig zu erkennen und entsprechend auszuräumen. Selbst bei kleineren und mittleren Transaktionen ist in zunehmendem Maße ein internationales Bieterumfeld notwendig, um den größtmöglichen Erfolg im Mandat zu erzielen.
- **Verhandlungskompetenz:**
  Die große Herausforderung bei M&A-Transaktionen in Krisensituationen ist das Spannungsfeld zwischen dem Schaffen einer kooperativen Verhandlungsatmosphäre einerseits und der sich aus dem Zeitdruck ergebenden Notwendigkeit einer stringenten Prozessführung und einer klaren Kommunikation der Erwartungshaltungen (Wert-Preisrelation der Anspruchsgruppen).

Neben diesen oben genannten Punkten, die keinen Anspruch auf Vollständigkeit erheben, ist das notwendige Gespür, welcher der potenziellen Kaufinteressenten tatsächlich in der Lage ist, die Preis- und Zeiterfordernisse in einen Transaktionserfolg umsetzen zu können, elementar. All diese Faktoren zeigen, dass speziell in Distressed M&A-Transaktionen nur hierauf spezialisierte Berater den Transaktionserfolg maximieren können.

17.5 Ausblick

Mit der Einführung der ESUG wurde der Handlungsrahmen zur Restrukturierung von Unternehmen deutlich erweitert. Dieser Handlungsrahmen lässt insbesondere in Transaktionsprozessen ein auf den jeweiligen Kaufinteressenten maßgeschneidertes Konzept zu. Vor diesem Hintergrund werden in Zukunft frühzeitige Restrukturierungsprozesse im gerichtlichen Wege angestoßen werden und darüber hinaus werden auch schwierigere Fälle unter dem Einsatz des unter dem ESUG gegebenen Instrumentariums zum Abschluss gebracht werden können. Damit wird sich der Markt für M&A-Beratungsdienstleistungen in diesem Segment weiter ausweiten.

Anmerkungen

[1] Porter, M. (1999) : Wettbewerbsvorteile, 5. Auflage, Campus-Verlag, Frankfurt am Main. S. 63.
[2] Immer mehr vermögende Personen gehen dazu über, ihre Vermögenswerte breit zu streuen. Neben den klassischen Anlageformen (wie z.B. festverzinsliche Wertpapiere, Immobilien, Anteile an Investmentfonds oder liquide Mittel) zählen zunehmend auch direkte Investments in börsennotierte bzw. nicht börsennotierte Unternehmen dazu. Da große Vermögen mittlerweile in vielen Fällen durch sogenannte „Family Offices" gemanagt werden und sich damit die Professionalität bei der Vermögensverwaltung in der Regel erhöht, kommt es auch zu einer zunehmenden Anzahl von Direktinvestitionen in nicht börsennotierte Unternehmen durch private Finanzinvestoren.
[3] Seagon, C./Allert, A. (2007): Unternehmensverkauf in der Krise, Springer-Verlag Berlin, S. 6.
[4] Andreas Ziegenhagen, Key-Success-Factors bei M&A-Prozessen aus Treuhandschaften, Vortrag anlässlich des Handelsblatt Forums Treuhand 13.03.2013.
[5] Bezeichnung dafür, dass „die unterschiedlichen Kredittranchen in einem Nachrangverhältnis (Subordinationsverhältnis) zueinander stehen. Hierbei kommen anfallende Zins- und Tilgungszahlungen zuerst der niedrigverzinsten höchsten Tranche (Senior-Tranche) zugute. Nach Deckung aller Ansprüche der obersten Tranche werden die Ansprüche der nächstrangigen Tranche (in der Regel ist dies die Mezzanine-Tranche) bedient. Dieses Prinzip setzt sich bis zu der untersten Tranche (der Junior-Tranche) fort und wird deshalb als „Wasserfall" bezeichnet. Hingegen werden auftretende Zahlungsausfälle zuerst einmal von der untersten Tranche (also der hochverzinslichen Junior-Tranche, die deshalb auch Erstverlust-Tranche genannt wird) getragen. Die höheren Tranchen werden von den Kreditausfällen erst dann betroffen, wenn die untergeordneten Tranchen vollständig aufgezehrt sind. Die genaue Ausgestaltung der Wasserfall-Struktur ist bei den einzelnen Fällen oft unterschiedlich ausgebildet; und oft bedarf es guter finanzmathematischer Kenntnisse, um die jeweilige Gestaltung genau zu durchschauen und das Risiko entsprechend einzuschätzen." (Quelle: Universitätsprofessor Dr. Gerhard Merk, Universität Siegen in: http://www.direktbroker.de/unser-service/boersenlexikon/wasserfall-prinzip-waterfall-principle--/16333384/W)
[6] Picot, G (2004): Begriff, Ablauf und Arten des Unternehmenskaufs, S. 29, in Picot, G. (Hrsg.): Unternehmenskauf und Restrukturierung, Verlag C.H. Beck, München.
[7] Berens, W./Schmittling, W./Strauch, J. (1999): Funktionen, Terminierung und rechtliche Einordnung der Due Diligence. S. 69, in Berens, W./Brauner, H. (Hrsg.): Due Diligence bei Unternehmensakquisitionen, Verlag Schaeffer Poeschel, Stuttgart.
[8] Reed, S./Reed Lajoux, A. (1989): The Art of M&A, McGraw-Hill, New York. S. 348.
[9] Krallinger, J. (1997): Mergers and Acquisitions – Managing the transaction; McGraw-Hill, New York. S. 248.
[10] Exemplarisch sei hier auf die Ausführungen „Bewertung nicht börsennotierter Unternehmen – Die Berücksichtigung von Insolvenzwahrscheinlichkeiten" des Arbeits-

kreises Bewertung nicht börsennotierter Unternehmen des IACVA Deutschland e.V., erschienen in Bewertungspraktiker 1/2011 verwiesen.

[11] Schranner, M. (2007): Der Verhandlungsführer, 3. Auflage, Deutscher Taschenbuch Verlag GmbH & Co. KG, München, S. 30.

18 Verhandeln in Krisen- und Sanierungssituationen
von Arnd Allert

18.1 Grundsätzliches zum Thema „Verhandlungen in Sanierungs- und Krisensituationen"

Verhandlungen im Geschäftsleben gehören zum Alltag von Unternehmern und Managern. Je nach Komplexität des Vorganges oder des Geschäftes, das gerade zur Verhandlung steht, bedarf es hierbei neben der notwendigen Fachkompetenz auch eines gehörigen Maßes an Methodenkompetenz im Bereich der Verhandlungsprozesse. Während Verhandlungen in Zeiten wirtschaftlicher Prosperität über die Höhe von Gewinnen entscheiden, steht in Krisensituationen nicht selten das unternehmerische Lebenswerk oder sogar das gesamte Vermögen eines Unternehmers „auf dem Spiel". Möglicherweise wurden darüber hinaus auch private Bürgschaften des Unternehmers für Finanzierungen gegeben. Dieses im Mittelstand übliche „Instrument" birgt in der Krise das Risiko eines Eingriffes in weiteres Vermögen des Schuldners – und damit der Sicherung seines Lebensabends bzw. seiner Fähigkeit, zukünftiges Vermögen zu erwirtschaften. Spätestens dann werden Verhandlungen in Sanierungs- und Krisensituationen zu einer eigenen Klasse, in der das Umgehen mit Emotionen eine tragende Rolle spielen sollte. Hier kommt nicht selten die gesamte wirtschaftliche Existenz eines Unternehmens und sogar eines Unternehmers auf den Verhandlungstisch. Dies ist Grund genug, sich – neben den in diesem Buch ausführlich beschriebenen rechtlichen, steuerrechtlichen und betriebswirtschaftlichen Themen rund um das Thema Krise und Sanierung – mit dem Thema des eigentlichen Verhandlungsprozesses in Krisensituationen auseinanderzusetzen.

Verhandlungsergebnis soll alle Beteiligten besser stellen

> **Merke:**
> Eine Verhandlung soll helfen, durch eine entsprechende Vereinbarung einen Wert zwischen den Parteien zu schaffen, der beide Parteien besser stellt als ohne dieses Verhandlungsergebnis.

18.1.1 Definition des Begriffs Verhandlung

Saner[1] definiert in seinem Buch „Verhandlungstechnik": „Eine Verhandlung ist ein Vorgang, bei dem zwei oder mehr Parteien eine Einigung darüber suchen, wer von ihnen in einer angestrebten Transaktion was leisten, empfangen, dulden oder unterlassen soll."

18 Verhandeln in Krisen- und Sanierungssituationen

Definition Verhandlung

Wichtige Punkte dieser Definition sind:

- zwei oder mehr Parteien (z. B. Unternehmer, Fremdkapitalgeber, Belegschaft, Lieferanten, (Haupt-)-Kunden, Öffentlichkeit, ggfls. Politik u.v.m.);
- gemeinsame und unterschiedliche Interessen (z. B. das Zustandekommen der Aufnahme eines neuen Gesellschafters zur Stärkung der Eigenkapitalbasis als gemeinsames Interesse und z. B. die Höhe der Anteilsquote als unterschiedliches Interesse von Altgesellschaftern und Fremdkapitalgebern bzw. neuen Kapitalgebern);
- in der Regel eine freiwillige Entscheidung zur Verhandlung (z. B. könnte der Unternehmer auch in einer schweren Krise für sich entscheiden, nicht mehr zu verhandeln);
- Einigung (über Gegenstand und Handlungsweise);
- schrittweiser Prozess mit Zeitbedarf (z. B. definiert über stand-still-Abkommen oder Poolvereinbarungen mit Financial Covenants);
- zunächst meist unvollständige Informationen (z. B. Informationsasymmetrie zwischen Unternehmer und Fremdkapitalgebern);
- Positionsveränderung aufgrund neuer Umstände (z. B. Nichteinhaltung von Financial Covenants nach Vorlage neuer Zwischenzahlen);
- Wer soll was machen? Einigung über die Verteilung von Aufgaben, Austausch beispielsweise von Risiken, Chancen und Gewährleistungen im Rahmen eines Unternehmensverkaufs.

18.1.2 Physiologische und psychologische Aspekte

Wie in der Definition bereits ersichtlich ist, werden Verhandlungen im rechtlichen Sinne zumeist von Institutionen geführt, jedoch sind die Verhandlungspartner am Tisch Menschen, mit unterschiedlichen Motiven, Zielen (ggf. auch Hoffnungen und Ängsten) und unterschiedlicher Leistungsfähigkeit. Dementsprechend ist als Grundlage des Verständnisses der Prozesse am Verhandlungstisch ein Verständnis über physiologische und psychologische Aspekte bei Verhandlungen notwendig.

18.1.2.1 Verhalten bei Stress-Situationen

Stressfaktoren in Verhandlungen

Auf einen Verhandlungsteilnehmer in Krisensituationen wirkt eine Vielzahl von Einflussfaktoren ein. Dies gilt einerseits für die in Verhandlungssituationen involvierten Berater, vor allem jedoch für den angestellten Entscheidungsträger oder den Unternehmer. Es ist allgemein bekannt, dass Stress die Leistungsfähigkeit mindert. Die grundsätzliche Frage, die sich bei der Analyse dieses Themenbereiches stellt, ist, ob und wenn ja, in welchem Maße Stressfaktoren bei Verhandlungen in Krisensituationen sich von normalen Verhandlungssituationen unterscheiden. Elementar ist hier das Beobachten von Stressreaktionen als von der Natur vorgesehene körperliche Funktionserweiterung. Bei Tieren und unseren in der Wildnis lebenden Vorfahren sorgten sie für hohe Wachsamkeit und die Aktivierung von Kraftreserven in existenzbedrohenden Situationen. Beim heutigen Menschen entsteht Stress unter anderem auch dann, wenn Ereignisse eintreten, die für uns einerseits eine besondere Wichtigkeit haben und wir andererseits nicht auf bekannte, in der Vergangenheit bewährte Handlungsmuster zurückgreifen können. Sprich: Wenn wir im Moment keinen einfachen Ausweg aus der „Gefahr" sehen. All dies ist in Krisensituationen meist gegeben.

Aufgrund dieses angeborenen körperlichen Schemas ist das klassische, in der Medizin verwendete Beispiel zur Erklärung von Stressmechanismen das „Auftauchen eines wilden Tieres" – also einer Bedrohung. Für diese Fälle haben der Körper bzw. das Stammhirn folgende „Handlungsalternativen" vorgesehen:

Handlungsalternativen

- Angriff (englisch: fight)
- Flucht (englisch: flight)
- Tot stellen (englisch: freeze)

Die beiden ersten Handlungsalternativen benötigen in hohem Maße eine erhöhte körperliche Leistungsfähigkeit. Natürlich wird ein erfahrener Trapper auf die Bedrohungssituation anders reagieren als ein Mensch, der sich noch nie einem wilden Tier gegenüber sah. Beim Letztgenannten werden eben genau die Effekte eintreten, die von der Natur vorgesehen sind: Der menschliche Körper ist seit Jahrtausenden so programmiert, dass die physischen Kräfte auf ein Höchstmaß „hochgefahren" und alle Körperfunktionen, die eventuell Reaktionen verlangsamen könnten, „zurückgefahren" werden. Dazu kann im Extremfall auch das Zurückfahren der kühlen Rationalität zählen, die in einer wichtigen Situation zu einem langem Nachdenken verführt, das bei Auftauchen eines wilden Tieres unweigerlich eine Gefahr darstellt. Der Körper suggeriert gewissermaßen dem Intellekt, dass schnell gehandelt werden muss.

Dennoch gilt: Solche Stressreaktionen werden im Gehirn in Gang gesetzt. Wir selbst entscheiden darüber, ob wir eine Situation als Gefahr identifizieren oder nicht. Dies hängt natürlich stark davon ab, ob wir diese Situationen, wie oben bereits erwähnt, schon einmal erlebt haben. Wenn aber nun die Bewertung der Situation so erfolgt, dass das Erlebte in eine Alarm- oder Gefahrenkategorie eingestuft wird, dann werden durch das Gehirn massive Stressreaktionen ausgelöst.

Nun ist Stress nicht a priori der Feind des Erfolges. Stress wirkt zunächst positiv. Spitzenleistungen sind ohne Stress nicht möglich. Allerdings lernen z. B. Leistungssportler den Stress positiv zu kontrollieren. Ein Übermaß an unkontrolliertem Stress dagegen schädigt und kann – bei chronischem Stress – zu Erkrankungen führen. Die Nebennierenrinde erhält über das vegetative Nervensystem den Befehl, die beiden Hormone Adrenalin und Noradrenalin immer weiter zu produzieren. Die Hypophyse produziert ebenfalls ständig das Hormon ACTH, das ebenfalls zur Nebennierenrinde gelangt und die Produktion weiterer Hormone veranlasst. Die ausgeschütteten Hormone blockieren nun im Gehirn die Synapsen, sodass das Gehirn nicht mehr fehlerfrei arbeitet. Wenn nun Adrenalin dauerhaft zusammen mit zu viel des Stresshormons Cortisol, das ebenfalls in der Nebennierenrinde produziert wird, das Gehirn überschwemmt, kommt es in der Folge zu einem Aussetzen des Hippocampus, eine zentrale Schaltstation des limbischen Systems. Damit stehen Gelerntes und Erfahrungsmuster nicht mehr zur Verfügung – es kommt zum sog. Black-Out.

Wirkung von Stress

Verhandlungs-risiko Für Verhandlungen birgt dieses Verhaltensmuster ein Risiko: Gerät der Kontrahent in einer Verhandlungssituation in eine Situation der Bedrängnis, können diese Mechanismen ebenfalls greifen. Hier droht dann in der Tat Gefahr – für das Verhandlungsergebnis: Bestimmte für Verhandlungen wichtige Eigenschaften wie z. B. das kühle, nüchterne Abwägen verschiedener Handlungsalternativen könnten in Stresssituationen vom Adrenalin ausstoßenden Körper abgeschaltet werden.

Wer nun sagt, dass man die Gefahr, die von einem lebensbedrohlichen Angriff ausgeht, nicht mit den Rahmenbedingungen einer Sanierungssituation vergleichen kann, hat nur teilweise Recht. Nach einer Untersuchung von Holmes und Rage aus dem Jahre 1967[2] gibt es im Leben eines Menschen jedoch Ereignisse, die zum einen selten im Leben eines Menschen vorkommen und andererseits eine so große Bedeutung einnehmen, dass die Stresspegel, die bei diesen Situationen gemessen wurden, extrem hoch waren. An den ersten beiden Stellen dieser Liste stehen das Abschiednehmen von geliebten Menschen durch Tod und bemerkenswerterweise auch die Trennung im Rahmen von Ehescheidungen. Nun sind auch diese Situationen nicht mit z. B. der Abgabe von Gesellschaftsanteilen an einen Treuhänder im Rahmen einer doppelnützigen Treuhand vergleichbar. Wenn man allerdings darüber nachdenkt, wie stark die jahrzehntelange Verbundenheit mit dem selbstgeschaffenen Unternehmen das Leben eines Unternehmers prägt, kann man es sich vorstellen: Die Vorstellung der Trennung vom eigenen Lebenswerk erfüllt die oben genannten Stressfaktoren durchaus.

18.1.2.2 Wahrnehmung und Kommunikation

In den letzten Jahren sind im wirtschaftswissenschaftlichen Bereich und im soziologischen Bereich – nicht zuletzt aufgrund der Publikationen des Nobelpreisträgers Kahneman[3] und Caldini[4] – eine Reihe von psychologischen Phänomenen und Erklärungen in Zusammenhang mit dem Wirtschaftsleben gebracht worden, die erklären, warum es so schwierig ist, in Krisensituationen erfolgreich verhandeln zu können.

Kahneman greift auf ein Denkmodell zurück, um Entscheidungsvorgänge beim Menschen besser erklären zu können. Hierbei teilt er Entscheidungsprozesse beim Menschen in zwei verschiedene Systeme ein: System 1 reagiert intuitiv aufgrund vergangener Erfahrungen in Bruchteilen von Sekunden, während das System 2 das bewusste Denken darstellt. Bei seinen Ausführungen wird deutlich: Zunächst bestimmt der Eindruck des Systems 1, ob und wenn ja, in welche Richtung System 2 denkt. Da System 1 allerdings alles andere als vollkommen ist, kommt es häufig zu sog. kognitiven Verzerrungen, die dazu führen, dass wir – trotz intensivem Nachdenken – Fehler begehen, die bei Verhandlungen schwerwiegend sein können.

Hindsight Bias Eine dieser Verzerrungen der Wahrnehmung ist der sogenannte Hindsight Bias. Dieser wörtlich übersetzte „Rückschaufehler", hindert Menschen daran, sich nachdem sie den Ausgang von Ereignissen erfahren, an ihre früheren Vorhersagen korrekt zu erinnern. Sie verzerren zurückschauend ihre ursprünglichen Schätzungen in Richtung der tatsächlichen Ausgänge („outcomes"). Der

Effekt führt dazu, dass Menschen nach einem (wichtigen) Ereignis nicht mehr in der Lage sind, die Umstände und Gründe, die zum Ereignis führten, so zu beurteilen, wie sie es vor dem Bekanntwerden des Ereignisses getan haben. In der Sanierungspraxis helfen ausführliche Gesprächsprotokolle, die Grundlage gewisser Entscheidungen (wie z. B. Prolongation, Gewährung kurzfristiger Überziehungen, Verbesserungsüberlegungen im Produktionsmanagement) zu dokumentieren und im Nachhinein eben nicht einem Rückschaufehler zu unterliegen.

Anchoring (Ankerheuristik) nennt sich eine weitere Art der Wahrnehmungsverzerrung, welche die Tatsache beschreibt, dass Menschen bei bewusst gewählten Zahlenwerten von vorhandenen Umgebungsinformationen beeinflusst werden, ohne dass ihnen dieser Einfluss bewusst wird. Die Umgebungsinformationen haben selbst dann Einfluss, wenn sie für die Entscheidung eigentlich irrelevant sind. In einer Studie von Tversky und Kahneman wurde dieser Effekt mithilfe eines manipulierten Glücksrads, welches entweder auf 10 oder 65 stehen blieb, bestätigt. Dieser numerische Anker beeinflusste die folgende Schätzungsfrage erheblich. Auf die Frage nach der korrekten Prozentzahl der afrikanischen UN Mitgliedsstaaten antworteten die Probanden, abhängig von der zuvor gelosten Zahl, unterschiedlich. Die ersten Probandengruppe, denen eine 10 zugewiesen wurde, schätze einem Mittelwert von 25 %, während die zweite Probandengruppe, denen eine 65 zugewiesen wurde, mit einem Mittelwert von 45 % antwortete. Um diesen Anchoring-Effekt im Sanierungsmanagement zu nutzen, kann es ratsam sein, frühzeitig den Unternehmenswert bspw. in Form von EV/EBITDA-Multiple-Bandbreiten Anker zu setzen. Dies erleichtert das Argumentieren von Werten z. B. bei Kapitalerhöhungen oder Unternehmensverkäufen.

Anchoring

Die Kontrollillusion beschreibt die menschliche Tendenz zu glauben, dass gewisse Vorgänge kontrolliert werden können, die aber nachweißlich nicht beinflussbar sind. Ellen Langers Studie „The illusion of control" zeigt, dass Menschen oft so handeln, als ob Zufallsereignisse kontrollierbar wären. Eine solche Art dieses Denkfehlers ist z. B. das Würfeln. Spieler neigen dazu, Würfel stärker zu werfen, wenn sie hohe Zahlen erhalten wollen, und umgekehrt. In der Sanierungsrealität, sind Risikosimulationen von Nutzen. Anhand von Wahrscheinlichkeitsverteilungen und komplexer Softwareprogramme werden mögliche Ereignisverläufe simuliert. Allerdings haben nicht zuletzt die Ereignisse von 2008/2009 gezeigt, dass es immer wieder Ereignisse gibt, die nicht vorhersehbar sind.

Kontrollillusion

Des Weiteren wird an dieser Stelle auf die Ausführungen der beiden oben genannten Autoren verwiesen. Wie stark die Überforderung des menschlichen Geistes in Verhandlungssituationen sein kann, wenn man nicht die entsprechenden Techniken besitzt und Instrumente einsetzt, wird deutlich, wenn man sich vor Augen führt, dass das menschliche Gehirn im „Arbeitsspeicher" (angesiedelt im Großhirn) nach Ausführungen von Fritjof Haft eigentlich nur sieben Dinge gleichzeitig verarbeiten kann (diese Zahl variiert je nach Talent und Übung eines Menschen plus/minus zwei) und wir in Verhandlungssituationen in Krisenzeiten stets mit einer Vielzahl von Faktoren zu tun haben, dann wird deutlich, dass bei solchen Verhandlungssituationen auch erfahrene Berater

Das menschliche Gehirn kann im „Arbeitsspeicher" nur sieben Dinge gleichzeitig verarbeiten

und Verhandler an ihre physischen Grenzen stoßen. Hierfür ist ein umfangreiches Instrumentarium notwendig, um optimale Verhandlungsergebnisse erzielen zu können.

18.1.2.3 Risikodefinition und Auswirkung auf Verhaltensweisen

Das Treffen von Entscheidungen ist in der Regel immer mit Unsicherheit verbunden. Jede Entscheidung, sei sie für oder gegen etwas, verfolgt ein Ziel. Und jedes Ziel ist zunächst einmal nur eine abstrakte und mehr oder weniger ideale Vorstellung von einem Zustand, der durch die Entscheidung herbeigeführt werden soll. Wie nah das tatsächliche und nachhaltige Ergebnis der Zielvorstellung kommen wird, ist von der Anzahl und Wirksamkeit von Unwägbarkeiten über den tatsächlichen Verlauf abhängig.

- Wird mir meine Entscheidung tatsächlich den erwarteten Nutzen bringen?
- Werden sich meine Annahmen – z. B. zu den für die Zielerreichung nötigen Aufwänden – tatsächlich als richtig erweisen?

Mit diesen beiden grundlegenden Fragen ist auch ein Unternehmer oder Manager im Rahmen von Sanierungs- oder M&A-Verhandlungen konfrontiert. Denn hier werden Entscheidungen getroffen, die in der Regel so weitreichend sein werden, dass sie existentielle Auswirkungen haben können.

Umgang mit Risiken

Es liegt im Wesen des Risikobegriffs, dass er mit einer Vielzahl von negativen Dingen, wie dem Verlust, einem Wagnis oder dem Scheitern, in Zusammenhang gebracht wird. Dementsprechend beschäftigt sich der Mensch nicht gerne mit Risiken. Der Unternehmer allerdings tut gut daran, sich hier auf die Position des Homo Oeconomicus zurückziehen und die Risiken mit einem entsprechenden Risikomanagement zu bewerten und zu senken. Allerdings droht dieses Modell, wird es mit der oft vorzufindenden puren Rationalität angewendet, an Grenzen zu stoßen. Der Grund: Ein Unternehmen ist keine Maschine, sondern ein Konstrukt, in dem Menschen, gesellschaftliche Entwicklungen, das Verhalten von Märkten und eben auch ein gerütteltes Maß an Irrationalität und Emotion eine wesentliche Rolle spielen. Um diese aus der Irrationalität geborenen Risiken einigermaßen zu planen und beherrschen zu können, braucht man im Risikomanagement tatsächlich viel Fantasie. Wie irrational solche Risiken sein können, zeigt ein einfaches Beispiel aus dem Straßenverkehr: Wir sind auf dem Weg zum Flughafen in Verzug geraten. Nun gilt das Flugzeug ja als eines der sichersten Verkehrsmittel überhaupt. Das Risiko, bei einem Flug ums Leben zu kommen, ist statistisch als sehr gering einzuschätzen. Dieser ideale Wert wird sich allerdings relativieren, wenn wir, um den Verzug auszugleichen und das Flugzeug noch zu erreichen, mit 190 km/h über die Autobahn rasen und genau wissen: Jährlich sterben auf deutschen Autobahnen rund 4.000 Menschen. Dieses Risiko lässt uns allerdings in diesem Moment kalt – wir blenden es aus. Wenn wir dagegen später im Flugzeug sitzen, bekommen wir womöglich Flugangst. Dies ist nur ein Beispiel für (situative) Verzerrungen in der menschlichen Wahrnehmung, die schnell zu hohen Risiken werden können. Wir meinen, das Risiko beherrschen zu können (z. B. weil wir das Lenkrad des Autos in der Hand halten). Dabei geht eine seltsame – aber menschlich normale – Schere auf: Wir unterschätzen das Risiko im Straßenverkehr und überschätzen das Risiko eines Flugzeugabsturzes. Dieses hier kurz beschriebene und sicherlich jedem Leser und jeder Leserin bekannte Phänomen sollte ausreichen, um den Einfluss von Irrationalität in Krisensituationen abzubilden. Die erste zu treffende Entscheidung in einem Verhandlungsprozess wird sich auf folgende Alternativen beziehen:

- Höre ich gerade auf mein Bauchgefühl oder ist die Rationalität „noch mit an Bord"?
- Nutze ich die – unten ausführlich beschriebenen – Instrumente des Risikomanagements, um Chancen und Risiken besser einschätzen zu können?

Entscheidungen im Verhandlungsprozess

Hier stellt sich auch die Frage, was denn exakt das Bauchgefühl ist bzw. ausmacht. Der Mensch tendiert dazu, aus den Erfahrungen der Vergangenheit auf die Zukunft zu schließen. Dieser Vorgang findet oft unbewusst, wie oben erwähnt im Kahneman'schen „System 1" statt. Bei alltäglichen Handlungen hat das natürlich seine Berechtigung. Es macht keinen Sinn, an der Ampel in unserem Heimatdorf vor dem Überqueren eine Statistik zu bemühen, die die Unfälle an exakt diesem Ort aufweist. Durch das unbewusste Zurückgreifen auf Erfolgserfahrungen der Vergangenheit entscheiden wir uns, die Straße innerhalb der 25 Sekunden Ampel-Grün-Phase zu überqueren. Wir denken nicht wirklich bzw. nicht bewusst und rational darüber nach. Und doch funktioniert dieses Verfahren in der Mehrzahl der Fälle. In diesem Sinne ist der Mensch mit seiner grundsätzlichen Fähigkeit zur situativen Koordination von Erfahrung, Intellekt und Emotion wohl tatsächlich so etwas wie die „Krone der Schöpfung". Gigerenzer[5] veranschaulicht diese einzigartige Leistungsfähigkeit des menschlichen Hirns sowie die schnelle Abrufbarkeit von Erfahrungen am Beispiel des Ballwurfs: Es gibt keine Maschine und keinen Roboter auf unserem Planeten, der in der Lage ist, einen willkürlich geworfenen Ball aus einer Entfernung von 5 Metern zu fangen. Kein Computer, keine opto-elektronische Vorrichtung, keine ausgefeilte Mechanik ist bisher in der Lage, die Erkenntnisse aus Flugbahn, Geschwindigkeit, Lichtverhältnisse so schnell umzusetzen, wie das menschliche Gehirn und der menschliche Körper das vermögen.

Bauchgefühl

Nehmen wir also einmal an, dass das Bauchgefühl (oder System 1) tatsächlich ein ultra-schnelles, unbewusstes Verarbeiten und Analysieren von Informationen ist, dann stellt sich die Frage:

- Ergeben sich aus den persönlichen Erfahrungen des Bauchgefühls wirklich die richtigen Entscheidungen?
- Oder drohen wir, durch die schnelle, aber falsche Extrapolation und Abbildungen von Erfahrungen aus der Vergangenheit oder sonstige kognitive Verzerrungen die falsche Entscheidung zu treffen?

Diese Restunsicherheit beim Treffen von Entscheidungen sollten Entscheidungsträger und auch erfahrene Verhandler immer vor Augen haben, auch – oder gerade weil – es keine Gewissheit über die jeweils richtige Antwort gibt.

Wenn wir uns nun die oben dargestellten Auswirkungen von Stress auf den menschlichen Körper und Geist vor Augen führen und die Überforderung des menschlichen Gehirns mit der Komplexität einer Sanierungsverhandlung aufgrund der Vielzahl der zu berücksichtigenden Parameter beachten, so wird umso deutlicher, dass es systematischer Elemente bedarf, um hier erfolgreich arbeiten und Wagnisse beurteilen zu können.

Dies sind zum Beispiel:

- Abbilden von Unsicherheit mithilfe der Mathematik,
- Analyse der Chancen und Risiken und der Spieltheorie,
- Hinterfragen der Entscheidungswege,
- Einsetzen von Instrumenten des Risikomanagements,
- Aufstellen eines Verhandlungsteams, das bestimmte Problemfelder systembedingt ausschließt.

Spieltheorie Nicht ohne Grund wurde die Spieltheorie vor allem in der Finanzmathematik und der Wirtschaftswissenschaft stark eingesetzt. Die oberste Prämisse ist hier: Der Mensch ist von Natur aus risikoscheu. Inwieweit diese Prämisse tatsächlich ihren Weg in die Handlungen der Finanzwelt gemacht hat, mag jeder selbst beurteilen.

Dennoch ist der finanzmathematische und methodische Ansatz bedenkenswert. Gewissermaßen in Würdigung der Tatsache, dass das Bauchgefühl sich ohnehin im Laufe einer Verhandlung Raum greifen wird.

Klar ist hierbei vor allem eines: Unternehmerische Entscheidungen wie die Aufnahme eines neuen Kapitalgebers sind immer zukunftsorientiert. Da es um große Geldbeträge geht, müssen für die Finanzmittelgeber wichtige Zukunftsgrößen abgeschätzt werden. Oftmals geschieht dies in verschiedenen Szenarien. Je mehr die pessimistischen und optimistischen Erwartungen vom wahrscheinlichsten Wert abweichen, desto größer ist die Unsicherheit, sprich: das Risiko. Einen wesentlichen Unterschied zwischen den beiden Ansätzen definiert Volkart[6]: „Im Rahmen der neoklassischen Finanztheorie interpretiert man Risiko als Unsicherheit bezüglich der Höhe zukünftiger Größen, zum Beispiel zukünftiger Aktienrenditen. Die in Zukunft eintretende Rendite ist nicht als feste Größe gegeben, sondern sie ist eine um einen bestimmten Erwartungswert herum streuende Wahrscheinlichkeitsverteilung, oft als Normalverteilung oder Lognormalverteilung angenommen. Dieser Risikobegriff ist ein „symmetrischer" und beinhaltet Gefahren (negative Abweichungen) wie auch Chancen (positive Abweichungen). Demgegenüber ist der oben angesprochene Alltagsbegriff von Risiko ein asymmetrischer, indem nur die negative Seite (Downside-Risiko) betrachtet wird." Für Verhandlungen in Krisensituationen ist zu beachten, dass in vielen Fällen die neoklassische Sichtweise zu positiveren Verhandlungsergebnissen führen kann, wie man den weiteren Ausführungen entnehmen kann.

18.2 Art der Verhandlungen

Friedfertiger Rahmen vs. Prinzipien des Streits Verhandlungen können auf mehrere Arten geführt werden. Grundsätzlich kann eine Verhandlung in einem friedfertigen Rahmen geführt werden oder aber nach den Prinzipien des Streits. In seinem Buch „Verhandlung und Mediation" beschreibt Fritjof Haft[7] eine mögliche Ursache am Beispiel junger Juristen:

Diese lernen bereits frühzeitig während des Studiums, dass man die „Lösung eines Falles nach Anspruchsgrundlagen aufbauen muss. Ansprüche sind Positionen; Anspruchsdenken ist Positionsdenken. Positionsdenken verhindert (oftmals) einvernehmliche Konfliktlösungen und führt zum Streit."

18.2.1 Verhandlungen als „Kampf"

Warum streiten wir denn überhaupt? Der Streit ist in der Regel einfacher, da er weniger komplexitätsbeherrschender Mittel bedarf. Insbesondere die menschliche Sprache, die eine geschichtenerzählende Sprache ist, steht oft einer friedlichen Einigung im Wege. Oftmals erzählen wir „unsere Sichtweise der Sache" und lassen unsere Geschichte letztendlich in den Standpunkt münden, den wir vertreten wollen. Wenn das jeweilige Gegenüber dies auch tut, steht am Ende Position gegen Position und erschwert eine einvernehmliche, konstruktive Lösung. Während früher viele strittige Verhandlungen im Wege des Kampfes (oder gar des Krieges) ausgetragen wurden, ist dies heute im wirtschaftlichen Kontext eher seltener der Fall. Der Ausgangspunkt einer Verhandlung ist dabei immer das Streben nach Zielerreichung. Bemerkenswerterweise definierte Carl von Clausewitz in seinem Buch „Vom Kriege"[8] den Krieg „als bloße Fortsetzung der Politik mit anderen Mitteln". In diesem Sinne sei er, so schrieb von Clausewitz, „ein Akt der Gewalt, um den Gegner zur Erfüllung unseres Willens zu zwingen". In diesem Sinne werden auch heute noch viele Verhandlungen im Wege des „Krieges" ausgetragen. Machtanspruch trifft auf Machtanspruch. Man geht davon aus, dass am Ende der Stärkere gewinnen wird. Es wird gekämpft. Die Kräfte werden gemessen. Das bedrohliche und Stärke suggerierende „Waffengeklirre" im Vorfeld des Krieges hat meist nur andere Formen angenommen.

Streit ist i. d. R. einfacher

18.2.2 Kooperative Verhandlungen in Form des Harvard-Konzeptes

Es lohnt sich, einen Moment bei diesem einfachen Gedanken zu verweilen, denn grundsätzlich kann jeder Konflikt durch zwei Wege gelöst werden:
- durch Streit (positionsbezogen)
- durch Zusammenarbeit (sachbezogen).

Diese beiden Typen unterscheidet Haft folgendermaßen: „Beim Streit stellen sich die Beteiligten gegeneinander. Sie kämpfen. Ihr Ziel ist es, ihre jeweiligen Positionen durchzusetzen und Sieger der Auseinandersetzung zu werden. Bei der Zusammenarbeit bemühen sich die Partner dagegen um ein Miteinander. Sie kooperieren. Ihr Ziel ist es, den Konflikt auf eine Weise zu lösen, die allen Beteiligten möglichst große Vorteile und möglichst geringe Nachteile bringt. Es geht ihnen nicht um Sieg oder Niederlage, sondern um die kreative Lösung eines Problems."

Nun könnte man bei Verhandlungen im Rahmen von Unternehmenssanierungen davon ausgehen, dass vom ersten Gespräch bis zur endgültigen Ver-

Häufig werden Verhandlungen als Null-Summen-Spiele betrachtet

einbarung eigentlich nach dem oben genannten sachbezogenen, kooperativen Verhandlungsprinzip geführt werden könnte. Die Überschneidung der Interessen ist schließlich vom Grundsatz her groß: Der Unternehmer will sein Unternehmen erhalten; die Fremdkapitalgeber wollen eine Geldquelle, die ihnen ihr Kapital „verdient". Die „große Linie" stimmt also. Problematisch ist jedoch, dass in vielen Fällen die Verhandlungen als sogenannte Null-Summen-Spiele betrachtet werden. So wird ein Sanierungserfolg oftmals ausschließlich definiert als Gewinn des Unternehmens, der beispielsweise aus einem Haircut der Banken herrührt. Der Verlust des Einen (Haircut der Banken) ist der Gewinn des Anderen; die Summe der Ergebnisse beider Parteien ist Null. Wenn man in diesem Gedanken verharrt, stellt sich oftmals auch ein anderes Phänomen ein, nämlich das sogenannte Negotiators Dilemma, das aus dem berühmten Gefangenendilemma abgeleitet ist.

Gefangenendilemma

Exkurs „Gefangenendilemma":

„Dazu folgendes Szenario: Zwei Verbrecher werden von der Polizei festgesetzt. Vor der Gerichtsverhandlung wird beiden ein Geschäft vorgeschlagen: Wenn einer gesteht und seinen Komplizen belastet, droht im nur ein Jahr Gefängnis, seinem Komplizen jedoch fünf. Singen beide, kann das Gericht bei beiden zuschlagen und beide erhalten je vier Jahre. Halten beide dicht, kann nur ein Indizienprozess geführt werden und sie werden mit je zwei Jahren davonkommen. Jeder der beiden Verhafteten hat also zwei Möglichkeiten (oder Strategien): Er kooperiert mit der Polizei und singt, oder er kooperiert nicht und hält dicht. In einer Tabelle dargestellt sieht das so aus:

		B	B
		„Dicht halten"	„Singen"
A	„Dicht halten"	2 Jahre / 2 Jahre	1 Jahr / 5 Jahre
A	„Singen"	5 Jahre / 1 Jahr	4 Jahre / 4 Jahre

Abb. 61: Gefangenendilemma

Betrachtet man das Ganze aus der Perspektive von A (rot) hat er eine dominante Strategie (vorausgesetzt er will seine Zeit im Knast so kurz wie möglich halten): Wenn B (blau) dicht hält, lohnt es sich zu singen (ein Jahr statt zwei). Sollte blau singen, muss rot auch singen (vier Jahre statt fünf). Da die Situation gespiegelt ist, gilt für blau dasselbe. Es wählen also beide dieselbe Strategie: Sie verraten ihren Komplizen und kriegen also zusammen acht Jahre aufgebrummt (2×4), obwohl sie mit Schweigen zusammengerechnet die Hälfte hätten absitzen müssen (2×2). Diese Situation beschreibt einen Zustand, in dem eine optimale individuelle Strategie zu einem Resultat führt, welches insgesamt gesehen, nicht optimal ist."[9]

18.2 Art der Verhandlungen

Wenn eine Seite kooperativ und mit offenem Visier in die Verhandlungen geht, um beispielsweise im Wege einer konstruktiven, sachbezogenen Verhandlung Wege zu finden, die für beide Seiten zu einer tragfähigen Lösung führen, jedoch die andere Seite im Null-Summen-Denken verhaftet ist, dann kann es zu einem Scheitern der Verhandlung führen. Rein logisch betrachtet zeigt das nachfolgende Payoff-Diagramm die Problematik, wenn Verhandlungspartner ihren Verhandlungsstil zwischen kooperativ, wertfördernd (creative) oder positionsbezogen, wertfordernd (claim) definieren:

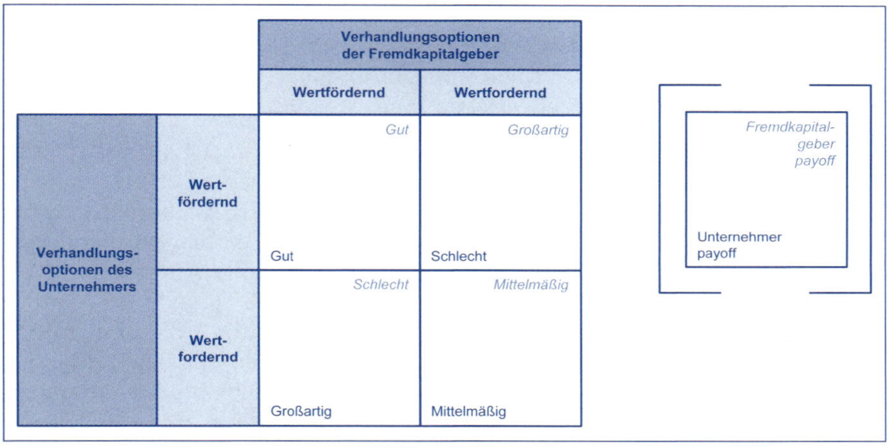

Verhandlungsoptionen

		Verhandlungsoptionen der Fremdkapitalgeber	
		Wertfördernd	Wertfordernd
Verhandlungsoptionen des Unternehmers	Wertfördernd	Gut / Gut	Großartig / Schlecht
	Wertfordernd	Schlecht / Großartig	Mittelmäßig / Mittelmäßig

Fremdkapitalgeber payoff

Unternehmer payoff

Abb. 62: Verhandlungsoptionen

Wie man hier erkennt, kann es in einem solchem Schema nur dann „zwei Gewinner" geben, wenn sich beide auf das Schaffen von Mehrwerten konzentrieren.

In vielen Seminaren zum Thema „Verhandeln" wird ein Beispiel für die Begrenztheit dieses Positionsdenken zitiert: Zwei Mädchen streiten sich um eine Orange; die Mutter bekommt den Zwist mit und teilt die Orange gerecht in der Mitte, sodass beide Mädchen eine Hälfte erhalten. Beide Mädchen sind anschließend immer noch unglücklich. Auf Nachfragen findet die Mutter heraus, dass das eine Mädchen die Schale zum Kuchen backen wollte und das andere Mädchen den Saft zum Trinken. Der Lerneffekt dieser kleinen Geschichte: Hätte die Mutter nach den Motiven der beiden gefragt, hätten sie den Streit so lösen können, dass beide Seiten „gewonnen" hätten.

Dieses Beispiel wird oft in der Einleitung zum kooperativen Verhandeln nach dem Harvard-Konzept, das den Autoren Fisher/Ury/Patton[10] zu Weltruf verhalf, verwendet. Hier eine möglichst kurze Erklärung dieses komplexen, aber zielführenden Konzeptes:

Verhandlungssituationen analysieren

Das Harvard-Prinzip definiert folgende gedankliche Instrumente zum besseren Verständnis von Verhandlungen. Um im Rahmen der weiteren Ausführungen dieses Buches auf die gleiche Sprache und Begrifflichkeiten zurückgreifen zu können, sind nachfolgend die wichtigsten Begriffe definiert, mit denen wir Verhandlungssituationen analysieren können.

BATNA Der Begriff des BATNA steht als Akronym für die „best alternative to the negotiated agreement". Es beschreibt – neben den vielen Alternativen, die es im Verlauf von Verhandlungen und der Einigung mit dem Verhandlungspartner gibt – die beste Alternative für den Fall, in dem man sich tatsächlich nicht einigen kann. So könnte beispielsweise die BATNA eines Unternehmers im Hinblick auf die Nicht-Einigung im Rahmen einer Sanierungsverhandlung in

- der Insolvenzantragstellung auf Eigenverwaltung,
- der Liquidation des Unternehmens oder,
- dem schnellen Verkauf des Unternehmens an einen Wettbewerber im Rahmen eines sogenannten fire-sales bestehen.

Alternativen zur Einigung Die Erfahrung zeigt: Vor wichtigen Verhandlungen ist es deshalb notwendig, darüber nachzudenken, was aller Wahrscheinlichkeit nach geschieht, wenn es nicht zu einer Einigung kommt – und welche Optionen man alternativ wahrnehmen kann. Hier kommt es vor allem darauf an, die Wahrscheinlichkeiten richtig einzuschätzen und – sofern möglich – den Wert der Alternativen – zu beziffern. Neben dem Einschätzen der eigenen BATNA ist auch das Antizipieren der BATNA der Verhandlungspartner ein wichtiger Baustein in der Vorbereitung einer Verhandlung. Beispielhaft könnte hier eine Bewertung der Sicherheitenposition von Banken unter Liquidationsgesichtspunkten erfolgen. Dabei sei kurz erwähnt, dass es bei diesem Vorgang von immenser Bedeutung ist, die Situation des Verhandlungspartners anhand von Fakten einzuschätzen und in der Analyse zu akzeptieren, dass man gewisse Sachverhalte nicht sicher einordnen kann. Vermutungen und Unterstellungen nach dem Motto „Bank A kann gar nicht anders, als unserem Konzept zustimmen; ansonsten verlieren sie doch viel zu viel Geld" sind hoch gefährlich, denn sie führen zu Fehlannahmen, die sich auch irreführend und kontraproduktiv auf die eigene Einstellung zum Verhandlungsziel und die eingenommene Verhandlungsposition fehlleiten können. Das Motto lautet hier: „Stop guessing!". Machen Sie kein Ratespiel aus der Auseinandersetzung mit den Möglichkeiten Ihres Gegenübers und der anderen Beteiligten.

Zusammenfassung des BATNA-Konzepts:

- BATNA soll für den Fall eines möglichen Scheiterns von Verhandlungen vorab Transparenz darüber schaffen, welche anderen Möglichkeiten grundsätzlich vorhanden sind und welche Vorgehensweisen gewählt werden können.
- BATNA steht für die Suche nach möglichen Optionen und das Ermitteln der besten Alternative als wichtiger Punkt für die Vorbereitung der Verhandlung.
- BATNA ist erfolgversprechender als das Setzen eines starren Limits („So viel will ich maximal erreichen oder mindestens erhalten, sonst ist die Verhandlung gescheitert"), weil die wichtige Frage der bestehenden Optionen im Fall des Scheiterns der Verhandlung geklärt wird.
- BATNA stellt einen wesentlichen Faktor für erfolgreiche Verhandlungen dar: Die konkrete Kenntnis von Alternativen stärkt in hohem Maße die eigene Verhandlungsposition.

Wir kommen nun zum zweiten gedanklichen Instrument des Harvard-Prinzips: Der sogenannte Reservation Price bezeichnet nun den Grenzpreis der jeweiligen Verhandlungspartner. Der Reservation Price ist z. B. in M&A-Verhandlungen der höchste Preis, den ein Käufer bereit ist zu bezahlen bzw. der geringste Preis, den ein Verkäufer noch bereit ist zu akzeptieren. In Verhandlungen bezeichnet der Reservation Price den Punkt, an dem ein Verhandler bereit ist, den Verhandlungstisch zu verlassen („Walk-away-point"), weil er aufgrund des Erreichens seiner „Schmerzgrenze" keinen Sinn mehr in der Verhandlung sieht oder sehen will.

Reservation Price

Hier ist wichtig, zu wissen: Bei der Betrachtung des Reservation Prices ist nicht nur die eigene Preisvorstellung zu berücksichtigen, sondern auch die Kosten, die z. B. beim Kauf eines Unternehmens dadurch entstehen könnten, dass beim „Walk-away" vielleicht ein anderer Käufer – beispielsweise ein Wettbewerber – die Transaktion abschließt und damit in Zukunft Auswirkungen auf das eigene Unternehmen zu erwarten sind (z. B. Erlangung von Skalenvorteilen durch den anderen Käufer, der damit den Marktpreis für bestimmte Produkte nach unten bewegt und dadurch ein Margenverfall beginnt, der sich über kurz oder lang auf die Ertragslage des eigenen Unternehmens auswirkt). Subramanian schreibt in seinem Buch „Dealmaking"[11] über den Reservation Price: „Die Höhe des Reservationspunktes hängt in der Regel davon ab, wie gut oder schlecht die BATNA ist. Der Reservationspunkt hat nichts damit zu tun, welchen Preis man sich als günstig, akzeptabel oder fair vorstellt. Er markiert einfach nur den Punkt, der darüber entscheidet, ob die Wertschöpfung innerhalb eines zur Verhandlung stehenden Deals oder abseits des Verhandlungstisches über die BATNA stattfindet. Der Reservationspunkt ist eine wichtige Größe, die bei den Verhandlungen stets vor Augen sein sollte."

> **Merke:**
> Es liegt im Wesen nahezu aller Verhandlungen, dass man den Grenzpreis des Verhandlungspartners nicht exakt kennt. Ebenso sind andere Parameter einer Verhandlung nicht bekannt, die für den Abschluss einer Vereinbarung wichtig sind. Je nach Vorbereitung kann es hier zwar zu einer Informations-Asymmetrie kommen. Die Existenz von Unwägbarkeiten ist allerdings grundsätzlich ein Problem, mit dem jeweils beide Verhandlungspartner umgehen müssen.

Hier erweist sich, als drittes gedankliches Instrument, das Konzept der ZOPA („Zone of possible Agreement") als hilfreich: Die ZOPA ist der Bereich, in dem sich die Vorstellungen von Verkäufer und Käufer überlappen. Nur in diesem Bereich wird in der Regel eine Einigung möglich sein. Auf dem Weg dorthin gibt es verschiedene Phasen. Oftmals wird die ZOPA erst in mehreren Verhandlungsrunden erreicht. Die nachfolgende Grafik zeigt die Möglichkeit der Näherung der beiden Parteien an den Einigungsbereich.

ZOPA

Wie man in Block 1 sieht, liegen die Vorstellung der Verhandlungspartner am Anfang noch weit auseinander: Die grüne Klammer symbolisiert den Kaufpreis, den der Käufer zu bezahlen bereit ist; die rote Klammer zeigt die Verkaufspreisvorstellung des Verkäufers. Im Block 2 wurde bereits durch rationales Verhandeln einerseits ein Mehrwert für den Käufer aufgezeigt und andererseits

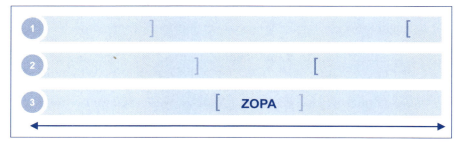

Abb. 63: ZOPA

hat sich der Reservation Price des Verkäufers durch neu identifizierte Risiken nach unten verschoben. Im untersten, dritten Block ist eine ZOPA vor allem dadurch entstanden, dass sich die nun vorherrschenden Preisvorstellungen im Verhältnis zu den Anfangspositionen deutlich verschoben haben. Die Analyse der möglichen ZOPA gibt – bei Vorliegen der BATNAs der Verhandlungspartner und der Reservationspreise – Aufschluss darüber, ob eine Verhandlung überhaupt erfolgreich sein kann. Natürlich ist dies keine exakte mathematische Rechnung, sondern ein Vorgang, der stets mit einer Vielzahl von Variablen verbunden ist. Nichtsdestotrotz ist die Analyse der Situation ein sehr wichtiger Punkt, um „aus dem sicheren Stand heraus" verhandeln zu können.

Das nachfolgende Schaubild fasst die bisher vorgestellten gedanklichen Instrumente, die für die weiteren Ausführungen wichtig sind und den Analysevorgang im Rahmen einer Sanierungsverhandlung um Fresh-Money seitens der Banken zusammen. Der Unternehmer (hellgrüne Sterne) benötigt Fresh-Money in Höhe von € 4 Mio., beginnt aber seine Verhandlung mit einem Betrag von € 7 Mio. Die Banken wären bereit, maximal € 6 Mio. bereit zu stellen, eröffnen aber den „Verhandlungsbasar" bei einem Höchstbetrag von € 3 Mio. (dunkel-

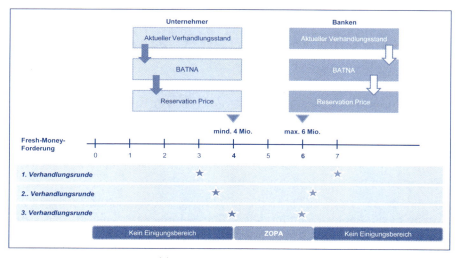

Abb. 64: Verhandlungsrunden

grüne Sterne). Erst in der dritten Verhandlungsrunde entsteht eine ZOPA und eine Einigung ist möglich.

Das Harvard-Konzept selbst fußt seinerseits auf vier vergleichsweise einfachen, aber tatsächlich zielführenden Grundprinzipien:

Die vier Grundprinzipien des Harvard-Konzeptes

1. **Menschen und Probleme getrennt voneinander behandeln**
   Im Rahmen einer Verhandlung mit – egal welchen – Transaktionspartnern ist es – und zwar nicht nur aus Gründen eines ethisch korrekten und anständigen Verhaltens, sondern auch um den reinen Erfolges willen, wichtig, die Sachzwänge von den menschlichen Schicksalen zu trennen. Einerseits gibt es jedem Verhandlungspartner die Möglichkeit objektiver zu verhandeln, und zum anderen ermöglicht dieser Verhandlungsstil allen Parteien die Option, „gesichtswahrend" aus einer Verhandlung – auch mit einem für den jeweiligen Partner eventuell sogar nur suboptimalen Ergebnis – zu gehen.

2. **Auf Interessen konzentrieren, nicht auf Positionen**
   Im Rahmen von aktivem Zuhören, Hinterfragen und Diskussion der eingenommenen wirtschaftlichen Positionen und rechtlichen Konstellationen ist es oftmals von eminenter Wichtigkeit, Klarheit über die Motive hinter den eingenommenen Positionen zu erlangen. So kann ein gesichtswahrendes Ausscheiden des Unternehmers und z. B. dessen Verbleib im Beirat eines Unternehmens dazu führen, dass der Unternehmer im gesellschaftlichen Umfeld seine Position gewahrt sieht und den beispielsweise harten Einschnitten der Banken resp. dem Verzicht auf die weitere Geschäftsführung durch seine Person zustimmt.

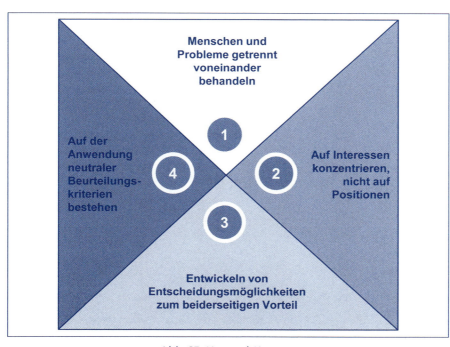

Abb. 65: Harvard-Konzept

18 Verhandeln in Krisen- und Sanierungssituationen

3. **Entwickeln von Entscheidungsmöglichkeiten zum beiderseitigen Vorteil**

   Das Harvard-Konzept stellt darauf ab, möglichst viele Optionen z. B. im Rahmen eines Brainstormings zu entwickeln. So könnte das Heraustrennen eines Geschäftsbereiches (carve-out) und dessen Verkauf bereits zu einer deutlichen Reduzierung des Kapitaldienstes führen und der erste Schritt zu einem endgültigen Sanierungskonzept sein. Erst in einem späteren, vierten und nachfolgend beschriebenen Schritt sollen dann die verschiedenen Optionen bewertet und darüber entschieden werden.

4. **Auf der Anwendung neutraler Beurteilungskriterien bestehen**

   Die gefundenen Optionen sind nun mit der BATNA zu vergleichen. Dies wird einerseits mit dem Verhandlungspartner gemeinsam geschehen, aber auch jede Verhandlungspartei wird es sich nicht nehmen lassen, intern die eigenen Situationen zu diskutieren und zu bewerten. Die zuvor festgelegten, neutralen Beurteilungskriterien können z. B. Marktwerte, Werte im Rahmen von gutachterlichen Stellungnahmen oder auch nur im Einvernehmen (!) festgelegte Maßstäbe sein.

Das Harvard-Modell empfiehlt zusammengefasst folgende Ansatzpunkte, unterteilt in die Dimensionen „Vorstellung", „Emotion" und „Kommunikation":

Vorstellung	Emotion	Kommunikation
• In die Lage der anderen versetzen • Niemals die Absichten anderer aus den eigenen Befürchtungen ableiten (siehe hierzu auch Ausführungen zu „Confirmation Bias") • Die Schuld an den eigenen Problemen nicht der Gegenseite zuschieben • Über die Vorstellungen und Motive beider Seiten sprechen • Die Gegenseite am Ergebnis beteiligen • Immer das Gesicht der Gegenseite wahren	• Sprechen über Gefühle auf beiden Seiten • Verhandlungen werden weniger reaktiv, sondern vielmehr aktiv sein • Auch „Dampf ablassen" ermöglichen • Nicht auf die Angriffe eingehen • Auch symbolische Gesten benutzen	• Aufmerksam zuhören und Rückmeldung geben • So sprechen, dass man einen auch versteht • Über sich reden, nicht über die Gegenseite • Mit einer bestimmten Absicht sprechen **Bei der Kommunikation gibt es drei große Probleme** 1 Verhandlungspartner sprechen miteinander nicht so, dass sie einander verstehen 2 Kein aufmerksames Zuhören 3 Missverständnisse → besonders bei unterschiedlichen Sprachen

Abb. 66: Dimensionen Harvard-Konzept

18.2.3 Mediation

Neutraler Mediator In Krisenverhandlungen werden immer häufiger auch Mediatoren eingesetzt, etwa am „Runden Tisch" der Industrie- und Handelskammern. Ein Mediator übt dabei eine neutrale Funktion aus und überlässt es den Beteiligten, Lösungsvorschläge zu erarbeiten. In Krisensituationen ist hierbei jedoch auf einen in

Sanierungsfällen erfahrenen Berater zurückzugreifen, denn er muss im Rahmen seiner Arbeiten erkennen, welche entwickelten Lösungsansätze rechtlich und wirtschaftlich überhaupt umsetzbar und damit erfolgversprechend sind. Die Schwierigkeit ist häufig, dass dem Mediator in bestimmten Situationen informell eine über die neutrale Funktion hinausgehende Rolle zugeschrieben wird und es in schwierigen Situationen zum Brechen eines Mediationsvertrages, der grundsätzlich freiwillig ist, kommen kann. Danach ist es oft schwierig, wieder eine positive Basis für weitere Verhandlungen zu finden. Somit kommt der Definition des Mediationsvertrages, der am Anfang einer solchen Phase steht, große Bedeutung zu.

18.3 Verlauf einer Verhandlung

Bei der Vorbereitung einer Verhandlung sind nicht nur die formalen Themen, wie den Zeitpunkt und den Ort der Verhandlungen, die Teilnehmer, die Agenda festzulegen, sondern eine gute Verhandlungsvorbereitung umfasst noch eine Reihe weiterer Aspekte.

Verhandlungsablauf

18.3.1 Vorbereitung

Zunächst sind auf der Sachebene die Punkte zu erfassen, die im Rahmen der Verhandlung erörtert werden sollen. Hierbei empfiehlt es sich zu untergliedern in

Vorbereitung einer Verhandlung

a) Interessen
b) Positionen
   a. Strittig
   b. Unstrittig
c) Verhandlungsthemen, eventuell untergliedert in
   a. Punkte, bei denen Einigkeit besteht
   b. Punkte, die man dem Gegenüber im Rahmen der Verhandlung zugeben kann
   c. Punkte, bei denen man – aus heutiger Sicht – unbedingt die eigenen Interessen durchsetzen muss

Auf der persönlichen Ebene sind so viele Informationen wie möglich über die Personen auf der anderen Seite des Verhandlungstisches einzuholen. Oftmals lassen sich aus im Internet frei verfügbaren Informationen Rückschlüsse auf die Art der Verhandlungsführung ziehen. Immer mehr Menschen sind in sozialen Netzwerken registriert und zeigen darin Einblicke in deren Einstellungen bzw. wie sie gerne wahrgenommen werden würden. Darüber hinaus sind z. B. in M&A-spezifischen Datenbanken Verhandlungsteilnehmer von Transaktionen verzeichnet. Solche Aufzeichnungen geben ebenfalls Aufschluss über erfolgreich abgeschlossene Transaktionen und u. U. ob in der Vergangenheit der involvierte Verhandlungspartner beispielsweise mit Earn-Out-Regelungen zum Abschluss gekommen ist oder nicht. Je besser vorbereitet man in Verhandlungen geht, desto sicherer und vor allem stressfreier kann man agieren.

18 Verhandeln in Krisen- und Sanierungssituationen

Mentale Vorbereitung

Zu einer effektiven Verhandlungsvorbereitung gehört auch eine mentale Vorbereitung auf die Situation. Wenn man nun davon ausgeht, dass Stressreaktionen nicht per se auszuschalten sind, bleibt die Frage, welchen Teil man davon eventuell kontrollieren bzw. inwieweit man die Auswirkungen so stark reduzieren kann, dass der wache Verstand weiterhin uneingeschränkt zur Verfügung steht.

Drei Arten des Stressmanagements

Zusammenfassend gibt es drei Arten des Stressmanagements:

1. Das instrumentelle Stressmanagement
2. Das mentale Stressmanagement
3. Das regenerative Stressmanagement

Die nachfolgende Grafik stellt Stressbewältigungsmöglichkeiten und eine Auswahl von Instrumenten dar, die beispielsweise auf M&A-Transaktionen in Krisensituationen und Sanierungsverhandlungen transferiert wurden.

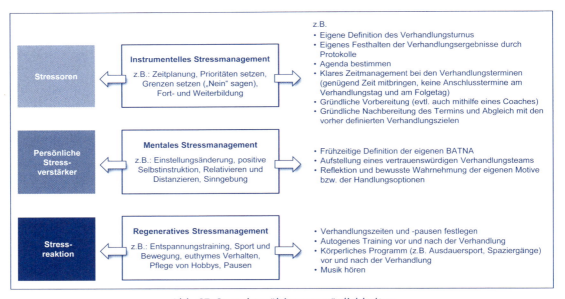

Abb. 67: Stressbewältigungsmöglichkeiten

> **Merke: Tipps zur mentalen Vorbereitung**
>
> Die nachfolgenden Punkte sind einerseits aus der theoretischen Aufarbeitung des Themas und andererseits durch jahrelange Verhandlungspraxis entstanden. Je nach eigener physischer und psychischer Konstitution muss ein erfahrener Verhandler im Laufe der Jahre sein Instrumentarium zur optimalen mentalen Vorbereitung auf eine wichtige Verhandlung finden:
>
> 1. Gehen Sie ausgeruht in Verhandlungen.
> 2. Sorgen Sie für eine körperliche Verfassung, in der Sie mit innerer Ruhe in die Verhandlung gehen (z. B. durch einen ausgedehnten Spaziergang vor der Verhandlung oder Ausdauersport am Abend oder Morgen der Verhandlung).

3. Sorgen Sie für innere mentale Ruhe durch Entspannungstechniken (wie z. B. Autogenes Training) oder Visualisierung des Verhandlungserfolges im Vorfeld einer Verhandlung.
4. Bereiten Sie sich intensiv auf die oben aufgeführten formalen, sach- und persönlichen Aspekte einer Verhandlung vor.
5. Vermeiden Sie Termine, die im Anschluss an die Verhandlung stattfinden sollen. Bei wichtigen transaktionsentscheidenden Terminen verschieben Sie alle privaten Termine an diesem Tag sowie am nächsten Morgen (idealerweise auch am gesamten nächsten Tag), um jederzeit die Möglichkeit zu haben, die Verhandlungen auszudehnen.
6. Vereinbaren Sie im Vorfeld festgelegte Pausen und nutzen Sie – in adäquater Intensität – auch während der Verhandlung die Möglichkeit nicht eingeplanter Verhandlungspausen, um sich einerseits abzustimmen und andererseits für einen Entspannungsmoment zu sorgen.
7. Bauen Sie in Verhandlungspausen Vertrauen auf, wenn Sie nicht verhandeln.
8. Vermeiden Sie Alkohol während Verhandlungsphasen.
9. Setzen Sie sich eventuell einen Anker z. B. in Form eines Gedankens, Gegenstandes, schriftlich formulierten Leitbildes, das Ihnen persönlich und individuell die Bedeutung der Verhandlungen im Kontext Ihrer eigenen persönlichen Zieldefinition und Lebensumstände relativiert.

18.3.2 Eröffnungs- und Rahmenphase

In der Eröffnungs- und Rahmenphase ist es einerseits wichtig, ein für den Verhandlungserfolg relevantes Setting zu schaffen (dies muss nicht zwangsläufig ein von Small Talk geprägtes, positives Verhandlungsklima sein) und andererseits die eigene Anspannung herunterzufahren. Hierzu gehört auf alle Fälle die Festlegung des zeitlichen Rahmens, die persönliche Begrüßung der Teilnehmer mit Namen, die Regeln zum Verlauf der Verhandlung festzulegen und insbesondere zu klären, ob Entscheidungsträger am Verhandlungstisch sitzen.

Eröffnungs- und Rahmenphase

18.3.3 Informationsphase

In der sich anschließenden Informationsphase ist der Stand der bisherigen Gespräche und Verhandlungen möglichst neutral wiederzugeben und die für den Verhandlungstag vorbehaltenen Themen zu präzisieren. Danach ist erneut Einverständnis über Agenda und Themen bei den Verhandlungsteilnehmern einzuholen. Dies kann durch geschlossene Fragestellungen (z. B. „Habe ich das alles so zutreffend wiedergegeben?") erreicht werden. In dieser Phase sollte man bei allen Teilnehmern den aktuellen Gesprächsstand abfragen und damit eine – zumindest für die Ausgangssituation – einheitliche Informationsgrundlage für alle Teilnehmer schaffen. Hier haben die Verhandlungsteilnehmer die Möglichkeit, neue Fakten zu präsentieren und eventuell aus der aktuellen wirtschaftlichen Entwicklung notwendig gewordene neue Verhandlungspunkte zu präsentieren. Unstrittige Sachverhalte sind hier bereits als Gemeinsamkeiten herauszuheben.

Informationsphase

Geht man vom Harvard-Modell aus, sind hier die verschiedenen Optionen zu sammeln und zunächst urteilsfrei zu diskutieren.

18.3.4 Argumentations- und Entscheidungsphase

Argumentations- und Entscheidungsphase

In dieser Phase geht es nun um das Pro und Contra der einzelnen strittigen Themen. Es gibt eine Reihe von Argumentationstechniken, deren ausführliche Beschreibung den Umfang dieser Abhandlung sprengen würde. Wichtig zu wissen ist sicherlich, dass man seine Argumentation grundsätzlich mit dem wichtigsten Argument aufbaut, dann das schwächste Argument folgen lässt und schließlich die Argumente in der umgekehrten Reihenfolge der Wichtigkeit folgen lässt (z. B. 1, 5, 4, 3, 2).

Einwandbehandlung

Auch über die Technik der Einwandbehandlung gibt es eine Reihe von Publikationen. Entscheidend ist hierbei aus Sicht des Autors, dass man durch Nachfragen, den eigentlichen Einwand wirklich versteht. Danach sollten die eigenen Gegenargumente in der oben beschriebenen Reihenfolge folgen. Danach ist es von größter Wichtigkeit, die Sicherung der Argumentation vorzunehmen, indem man den Verhandlungspartner mit geschlossenen oder offenen Fragen zur Zustimmung bewegt. Gelingt dies nicht, muss man in der Spirale wieder von vorne anfangen oder es handelt sich tatsächlich um ein so bedeutendes Thema, das es auch zum Deal Breaker werden kann.

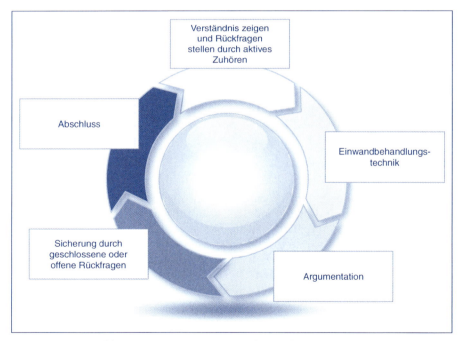

Abb. 68: Argumentations- und Entscheidungsphase

Bei Vertragsverhandlungen erlebt man in der Praxis zumeist zwei Vorgehensweisen:

- Durchgehen des Vertragstextes und Ausklammern der Punkte, an denen man länger als z. B. 15 Minuten verhandelt. Im Anschluss an das Durcharbeiten des Textes werden – mit der Betonung der bisher erzielten Gemeinsamkeiten im Gesamttext – die Punkte endverhandelt, die weiter als strittig gelten.
- Ausklammern der wichtigsten Punkte und zunächst Klärung der sog. „Big Issues", um danach den Text insgesamt durchzugehen. Diese Vorgehensweise hat den Vorteil, dass man die Bedeutung der Zugeständnisse besser einordnen kann und vor allem weiß, ob es sich an der einen oder anderen Stelle tatsächlich lohnt, Konzessionen im Sinne eines gemeinsamen Abschlusses einzugehen.

Vorgehensweisen bei Vertragsverhandlungen

In der finalen Entscheidungsphase ist zu beachten, dass viele Verhandlungserfolge erst dadurch möglich werden, dass Verhandlungen zunächst scheitern. Erfahrene Verhandler führen Verhandlungen bewusst an und über die Grenze des Reservation Prices des Verhandlungspartners, um sicher sein zu können, das optimale Verhandlungsergebnis erzielt zu haben. Wichtig dabei ist natürlich, dass Verhandlungen richtig abgebrochen werden und man die „Tür nicht unwiderruflich zuschlägt". Durch das gesichtswahrende Bauen von „Goldenen Brücken" gelingt es, im Anschluss Einigkeit zu erzielen und schließlich den Vertrag doch noch abzuschließen. Für die hierfür notwendige Sensibilität bzw. das Erkennen einer echten „Sackgasse" gibt es allerdings weder ein Patentrezept noch einen Instrumentenkasten, sondern es bedarf eines hohen Maßes an Erfahrung und Einfühlungsvermögen in die Situation des Verhandlungspartners.

Erfahrene Verhandler führen bewusst an und über die Grenze des Reservation Prices

18.4 Sondersituationen in Verhandlungen

Die oben beschriebenen Ausführungen zeigen zwar einerseits, dass bei Verhandlungen in Krisen- und Sanierungssituationen eine enorme Anspannung durch die Wichtigkeit des Verhandlungsausgangs vorhanden ist, aber andererseits scheinen die oben genannten Techniken dazu führen zu können, auch die aussichtslosesten Situationen zu meistern. Da jedoch nicht alle Menschen, die an Verhandlungen teilnehmen, kühl und nüchtern analysieren und rational agieren können (der Harvard-Professor Robert Mnookin[12] spricht in diesem Zusammenhang oftmals von „Mr. Spock"[13]-Eigenschaften), kommt es immer wieder zu schwierigen Sondersituationen, die nachstehend kurz skizziert werden sollen.

18.4.1 Emotionen in Verhandlungen

Zunächst beschäftigen wir uns mit den fehlenden „Mr. Spock-Eigenschaften". Emotionen sind nicht wegzudenken und es macht auch keinen Sinn, am Verhandlungstisch mit Einwänden, wie „Nun bringen Sie doch keine Emotionen

Emotionen

hier an den Tisch" oder „Emotionen haben hier nichts verloren", den Verhandlungspartner davon zu überzeugen, nun „endlich vernünftig zu werden". Noch nie hat der Autor erlebt, dass jemand am Verhandlungstisch auf diesen Einwand geantwortet hat: „Sie haben Recht. Jetzt wo Sie es sagen, werde ich wieder vernünftig". Vielmehr ist die Emotion ernst zu nehmen, zu thematisieren und im Gesamtkontext richtig einzuordnen – ohne ihr zu viel Raum zu geben. Dies kann dadurch gelingen, dass man zunächst die Emotion unbewertet auslaufen lässt. Frege[14] führt hierzu aus, dass „es psychologisch ein hoher Aufwand ist, die Emotion aufrecht zu erhalten, Zorn, Furcht und Missgunst relativieren sich bald". Das Abschwächen gelingt rhetorisch durch abschwächendes paraphrasieren. Beispielsweise kann der Gefühlsausbruch „Ihr Banken dreht mir den Hals ab" mit der Antwort abgeschwächt werden: „Wenn ich Sie richtig verstehe, fühlen Sie sich in dieser schwierigen Zeit ungerecht behandelt". Allerdings ist hier darauf zu achten, diese Abschwächung erst anzubringen, wenn sich die Emotion – wie oben erwähnt – bereits abgeschwächt hat; ansonsten läuft man Gefahr, durch „verniedlichende" Antworten den Verhandlungspartner zu provozieren.

18.4.2 Unfaires Verhalten

Unfaires Verhalten

Ebenso kommt es in Verhandlungen oftmals zu unfairem Verhalten, wie z. B. Diffamierungen, Lügen und persönlichen Angriffen. Ziel hierbei ist es immer, den Verhandlungspartner zu verunsichern, die Verhandlung zu verzögern oder zu stören bzw. oftmals den Abbruch zu provozieren. Auch hier empfiehlt es sich zunächst, der Aussage die richtige Bedeutung beizumessen. Beispiel: „Man hört immer wieder, dass die XY-Bank Kunden zum ungünstigsten Zeitpunkt den Boden unter den Füßen durch Kündigung der Kreditlinie wegzieht". Eine mögliche Antwort wäre: „Vielen Dank für Ihren Hinweis. Sie sprechen hier über Gerüchte. Wir sollten hier und heute Gerüchten keinen Platz am Verhandlungstisch geben, sondern uns an Tatsachen und Fakten halten." Sollte diese Art des Verhaltens nicht enden, kann man die weiteren Teilnehmer der Verhandlungsrunde fragen, ob Sie diesem Thema Raum geben möchten und an welcher (späteren!) Stelle der Verhandlungen man dieses Thema wieder aufgreifen sollte. Erst nach einer solchen Vorgehensweise sollte man das unfaire Verhalten thematisieren, denn hier kann es leicht zu einem „Gesichtsverlust" des die Diffamierung aussprechenden Teilnehmers führen, und ein Abbruch der Verhandlungen steht im Raum.

18.5 Spezielle Verhandlungssituationen

Der Anspruch dieses Handbuches ist es, konkrete Hilfestellung in Sanierungs- und Krisensituationen zu geben. Dementsprechend sind nachstehend einige spezielle Verhandlungssituationen beschrieben.

18.5.1 Gläubigerverhandlungen und Bankgespräche

Gespräche zwischen Bankvertretern und Unternehmern in Krisensituationen sind in den meisten Fällen äußerst schwierig. Dementsprechend ist dem Unternehmer immer anzuraten, einen Berater und Vertreter evtl. Verhandlungsführer zu engagieren, der in solchen Fällen erfahren ist. Bei der Analyse der Ausgangssituation ist zu beachten, dass der Unternehmer sich immer einem angestellten Manager bzw. Sachbearbeiter gegenüber sieht, für den dieser spezielle Fall – im Gegensatz zur Sichtweise des Unternehmers – keine einmalige und existenzbedrohende Situation darstellt. Dementsprechend handelt der Bankmitarbeiter einerseits weniger emotional, was sich bei Beachtung bestimmter Regeln durchaus positiv auswirken kann. Allerdings kann er auch nicht den in vielen Fällen vielleicht tatsächlich notwendigen unternehmerischen Mut mitbringen, um ein Unternehmen unter Inkaufnahme von Risiken zu retten. Abseits aller Werbeversprechungen sind Bankmitarbeiter keine Unternehmer und erhalten auch keine Vergütung für die Übernahme solcher Risiken. Vielmehr ist insbesondere in Krisensituationen darauf zu achten, dass der Bankmitarbeiter nicht in eine Situation gerät, in der er hausintern keine Unterstützung mehr erfährt und damit keine Grundlage mehr hat, sich für ein Unternehmen und dessen Sanierung einzusetzen.

Bankgespräche

Folgende Grundregeln sind zur Schaffung einer die Sanierung begünstigenden Aktenlage bei den handelnden Personen zu beachten:
1. Rechtzeitige, eindeutige Information über betriebs- und finanzwirtschaftliche Verhältnisse des Unternehmens
2. Aufzeigen verschiedener Handlungsmöglichkeiten im Rahmen von Szenario-Rechnungen (Normal, Worst und (!) Best-Case)
3. Ernstnehmen bei Rückfragen – auch vor dem Hintergrund einer erneuten Basisfrage durch einen neuen Betreuer, z. B. aus der Spezialkredit-Abteilung, die nun das Engagement betreut
4. Einhalten von Absprachen
5. Einholung eines Gutachten/Sanierungskonzeptes, das die Sanierungsfähigkeit durch sachverständige Dritte bestätigt und dokumentiert

Grundregeln zur Schaffung einer begünstigenden Aktenlage

18.5.2 Insolvenzsituationen

Konnte das Unternehmen nicht mehr außerhalb des Insolvenzverfahrens gerettet werden, kommt es für den Unternehmer bzw. angestellten Manager nun nicht nur zu Verhandlungen mit Banken, sondern nunmehr zu Verhandlungen mit dem Insolvenzverwalter. Hierbei ist zu beachten, dass die Ziele des Verhandlungspartners „Insolvenzverwalter" durch das Gesetz in §1 der InsO klar definiert sind:

Verhandlungen mit dem Insolvenzverwalter

> **§ 1 Ziele des Insolvenzverfahrens**
>
> Das Insolvenzverfahren dient dazu, die Gläubiger eines Schuldners gemeinschaftlich zu befriedigen, indem das Vermögen des Schuldners verwertet und der Erlös verteilt oder in einem Insolvenzplan eine abweichende Regelung insbesondere zum Erhalt des Unternehmens getroffen wird. Dem redlichen Schuldner wird Gelegenheit gegeben, sich von seinen restlichen Verbindlichkeiten zu befreien.

Bestmögliche Gläubigerbefriedigung

Ein Insolvenzverwalter ist kein Unternehmer (jedenfalls nicht, was das laufende Insolvenzverfahren angeht), sondern ein Verwalter kraft Gesetzes. Dementsprechend sind die Punkte, die man mit dem Verwalter verhandeln möchte und bei denen man z. B. die Zustimmung des Verwalters zur Umsetzung benötigt, vorab auf die grundsätzliche Verbesserung des Zielerreichungsgrades der in § 1 InsO genannten Ziele zu überprüfen. Für den Insolvenzverwalter ist die Liquidation des Unternehmens zwar meist letzte, aber dennoch immer eine mögliche Option. Alle Maßnahmen, die dazu führen ein besseres Ergebnis zu erzielen, wird der Verwalter dementsprechend diskutieren und im Rahmen der gesetzlichen Rahmenbedingungen mit unterstützen. Hierzu zählt allerdings nicht die unkontrollierte Übernahme unternehmerischer Risiken, zumal der Insolvenzverwalter die hieraus eventuell erzielbaren Gewinne an die Insolvenzmasse auskehren würde, jedoch für die einzugehenden Risiken persönlich (!) haften müsste. Es ist immer wieder erstaunlich, wie konstruktiv und werterhaltend ein (redlicher) Schuldner mit einem Verwalter zusammenarbeiten kann, wenn diese Rahmenbedingungen erfüllt werden. Das im Abschnitt über Verhandlungen mit Bankvertretern Gesagte gilt entsprechend. Für einen Insolvenzverwalter ist dies ein Fall von vielen Insolvenzmandaten. Kein seriöser Insolvenzverwalter wird Maßnahmen treffen oder Risiken eingehen, die diesen gesetzlichen Anforderungen nicht zu 100 % gerecht werden. Dementsprechend sind Verhandlungen über hinausgehende Sachverhalte schlicht zu unterlassen.

18.5.3 Investorengespräche

Investorengespräche

Bei Gesprächen mit Investoren bzw. Käufern gibt es eine Reihe von Verhandlungspunkten (siehe hierzu auch Ausführungen des Kapitels M&A). Wird ein strukturierter M&A-/Investorenprozess durchgeführt, sind neben verkäuferischen Aspekten, die zumeist zu Beginn der Gespräche im Vordergrund stehen, um Interesse der Investoren zu wecken, auch verhandlungs- und auktionstheoretische Aspekte zu berücksichtigen. Die nachfolgende Grafik zeigt exemplarisch den Zusammenhang zwischen verkäuferischen Fähigkeiten und deren Notwendigkeit im Prozessablauf sowie Verhandlungs-Know-how bis hin zum Abschluss einer Transaktion.

> **Praxistipp:**
>
> Auch hier gilt, dass gute Vorbereitung und Unterstützung durch erfahrene (!) Berater in solchen Situationen unerlässlich ist.

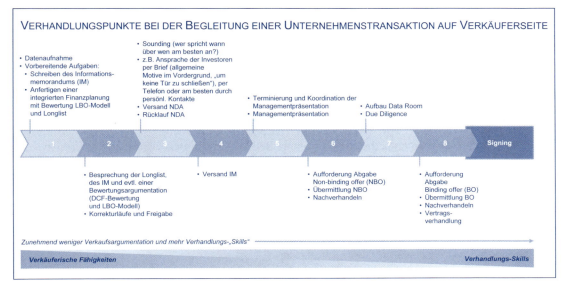

Abb. 69: Investorengespräche

18.5.4 Verhandlungskampagnen

Bei komplexen Restrukturierungssituationen gibt es eine Vielzahl von Anspruchsgruppen. Bei diesen Anspruchsgruppen, seien es Banken, Kreditversicherer und sonstige Gläubiger, werden Entscheidungen in den seltensten Fällen von Einzelpersonen getroffen, sondern in Gremien diskutiert und gemeinsam verabschiedet. Darüber hinaus machen bestimmte Gläubiger auch ihre eigenen Entscheidungen von den Entscheidungen anderer – positiv wie negativ – abhängig. Dementsprechend ist es – insbesondere bei komplexen Restrukturierungssituationen – wichtig, sich nicht nur die Motive und Ziele der Verhandlungspartner anzusehen, sondern auch Interdependenzen zwischen den Anspruchsgruppen. Hier empfiehlt es sich Verhandlungskampagnen (Blöcke/Etappen) zu planen. Dabei ist besonderes Augenmerk nicht nur auf die Verhandlungstaktik, sondern auch auf das Setup und vor allem auf das Deal Design. Unter Setup versteht man das Verstehen und Modellieren der o.g. Interdependenzen des Verhandlungsprozesses (z.B wer bildet mit wem eine Koalition, wer braucht welche Information zur Entscheidung). Das Deal Design beschreibt die Antizipation des optimalen Verhandlungspfades, der einerseits das Setup berücksichtigt und der andererseits den Spielplan für taktische Maßnahmen darstellt. Zum Beispiel sollte ein Investor bei der Übernahme eines krisenbehafteten Unternehmens – z.B. bei einem geforderten Forderungsverzicht – vom Ende her planen, d.h. das gelungene Investment als Ziel annehmen und jeden Schritt retrograd zum heutigen Zeitpunkt planen. Dabei sind so wichtige Fragestellungen zu analysieren, wie z.B. die Sichtweisen auf Fakten bei Entscheidungsträgern, wer entscheidet nach, mit wem oder sogar grundsätzlich

Verhandlungskampagnen

gegen wen? Ein ideales Instrument für einen solchen Planungsvorgang ist ein Entscheidungsbaum, der um die einzelnen Anspruchsgruppen erweitert wird.

18.6 Ausblick

Verhandlungs-grundregeln

Diese Ausführungen dienen einem Überblick über die Herausforderungen im Rahmen von Verhandlungen in Krisensituationen sowie der Vorstellung der Instrumente, die einen erfolgreichen Verhandlungsausgang erleichtern bzw. erst möglich machen. Langfristig positive und erfolgreiche Verhandlungsergebnisse setzen stets faires und verlässliches Verhalten voraus. Dies erreicht, wer sich an einige Verhandlungsgrundregeln hält:

1. Nie lügen
2. Vertrauen aufbauen – Zusagen einhalten
3. Immer höflich bleiben, bei professioneller Distanz
4. Menschliches von Sachzwängen trennen
5. Bereitschaft zeigen, kooperativ zu verhandeln und die Ansichten und Erfahrungen des Verhandlungspartners tolerieren
6. Faire, für alle Seiten akzeptable Lösungen anstreben
7. Bei persönlicher Involvierung: Berater einschalten und diese komplementär entlohnen
8. Verstehen der Interessen anstreben und Hinterfragen der Positionen.
9. BATNA und Reservation Price bestimmen
10. Planen Sie Verhandlungskampagnen

Anmerkungen

[1] Saner, R. (2008): Verhandlungstechnik: Strategie, Taktik, Motivation, Verhalten, Delegationsführung, 2. Auflage, Bern/ Schweiz, S. 15.
[2] Kaluza, G. (2011): Stressbewältigung, 2. Auflage, Berlin Heidelberg, S. 23.
[3] Kahneman, D. (2012): Schnelles Denken, Langsames Denken, 19. Auflage, München, S. 30.
[4] Caldini R. (2007): Die Psychologie des Überzeugens, 2. Auflage, Bern/Schweiz, S. 62.
[5] Gigerenzer, G. (2007): Bauchentscheidungen; Die Intelligenz des Unbewussten und die Macht der Intuition, 1. Auflage, München, S. 17.
[6] Volkart, R. (2011): Corporate Finance, 5. Auflage, Zürich/Schweiz, S. 208.
[7] Haft, F. (2000): Verhandlung und Mediation: Die Alternative zum Rechtsstreit, 2. Auflage, München, S. 18.
[8] Von Clausewitz, C. (vollständige letzte Fassung von 1832): Vom Kriege, Kilian, K. (Hrsg.), 19. Auflage Köln, S. 39.
[9] http://scienceblogs.de/zoonpolitikon/2008/04/22/spieltheorie-einfach-erklart-i-einleitung-und-gefangenendilemma/
[10] Fisher, R., Ury, W., Patton, B. (1981): Das Harvard-Konzept: Der Klassiker der Verhandlungstechnik, Limitierte Jubiläumsausgabe, Frankfurt, S. 39.
[11] Subramanian, G. (2010): Dealmaking: The new strategy of Negotiauctions, 1. Auflage, New York/USA, S. 28.
[12] Mnookin, R., (2010): Bargaining with the devil: When to negotiate, When to fight, 1. Auflage, New York/USA, S. 85.
[13] Mr. Spock ist eine Figur aus der Science-Fiction-Serie „Raumschiff Enterprise". Er ist Halb-Mensch bzw. Halb-Vulkanier, deren Gesellschaft rein auf Logik beruht und

ihre Gefühle unterdrückt. Er reagiert – trotz seines gelegentlich durchschimmernden menschlichen Erbes – stets logisch und besonnen.

[14] Frege, M. (2008): Verhandlungserfolg in Unternehmenskrise und Sanierung, 1. Auflage, Köln, S. 242.

Literaturverzeichnis

Achsnick, J./Pape, U./Opp, J. (2014): Finanzierungsalternative Factoring, Zentrum für Insolvenz und Sanierung an der Universität Mannheim e.V.
Bach, N./Pauli, A./Giardini A./Fassbender, P. (2009): Unterscheiden sich Interim Manager von Linienmanagern?
Baetge, J./Kirsch, H.-J./Thiele (2004): Bilanzanalyse, Düsseldorf
Beck, M. (2009): Sanierung und Krisenstadium, in: Die Wirtschaftsprüfung (WPg), Nr. 5/09
Beck, M./Stannek, R.(2011): Unternehmenssanierung, Leipzig
Becker, Kraemer, Bieckmann, (2012), Das Schutzschirmverfahren nach § 270b InsO, Krisen-, Sanierungs- und Insolvenzberatung
Becker, R. A./Dreyer, L.: AGB-rechtliche Zulässigkeit von Gebührenklauseln in Konsortialverträgen
Berens, W./Schmittling, W./Strauch, J. (1999): Funktionen, Terminierung und rechtliche Einordnung der Due Diligence in Berens, W./Brauner, H. (Hrsg.): Due Diligence bei Unternehmensakquisitionen, Verlag Schaeffer Poeschel, Stuttgart
Bergauer, A. (2001): Erfolgreiches Krisenmanagement in der Unternehmung. Eine empirische Analyse, Berlin
Beth (2015): Zeitschrift für das gesamte Insolvenzrecht
Bierbach in: Kübler (Hrsg.) Handbuch der Restrukturierung in der Insolvenz
Bloemer, V. (2003): Interim Management: Top-Kräfte auf Zeit, Regensburg
Bloemer, V. (2008): Interim Manager, in: Zeitschrift der Unternehmensberatung
Böckenförde, B. (1995): Sanierung und Turnaround, Führungsaufgaben bei, in: Kieser (1995): Handwörterbuch der Führung, Stuttgart
Böckenförde, B. (1996): Unternehmenssanierung, 2. Auflage, Stuttgart
Bork, R. (2009): Einführung in das Insolvenzrecht, 5. Auflage
Bornheimer in: Nerlich/Kreblin (2012): Münchener Anwaltshandbuch Sanierung und Insolvenz, 2. Auflage
Berner, S. (2006): Sicherheitenpools der Lieferanten und Banken im Insolvenzverfahren
Brinkmann, M. in Uhlenbruck, W. (Hrsg., 2015): Insolvenzordnung, Kommentar, 14. Auflage
Brinkmann, M./Zipperer, H. (2011): ZIP – Zeitschrift für Wirtschaftsrecht
Brühl, V./Göpfert, B. (2004): Unternehmensrestrukturierung – Strategien und Konzepte, Stuttgart
Buchalik, R./Vallender (2012): GmbH-Rundschau
Buchalik, R. (2012): Zeitschrift für das gesamte Insolvenzrecht
Buchalik, R./Kraus, A. (2012): Bescheinigung nach § 270b InsO, Krisen-, Sanierungs- und Insolvenzberatung

Buchalik, R./Kraus, A. (2014): Zeitschrift für das gesamte Insolvenzrecht
Buchalik, R./Hiebert, O. (2014): Zeitschrift für das gesamte Insolvenzrecht
Buchalik, R./Schröder, K. (2016): Zeitschrift für das gesamte Insolvenzrecht
Burger, A./Schellberg, B. (1994): Der Insolvenzplan im neuen Insolvenzrecht
Buth, A./Hermanns, M. (2014): Restrukturierung, Sanierung, Insolvenz, 4. Auflage
Caldini R. (2007): Die Psychologie des Überzeugens, 2. Auflage, Bern/Schweiz
Caroll, Paul B./Mui, Chunka (2008): „Teure Lektionen", Finanzbuchverlag
Creditreform/Roland Berger: Cash for Growth 2013, München/Neuss.
Crezelius in Schmidt, K./Uhlenbruck, W. (2009): Die GmbH in Krise, Sanierung und Insolvenz, 4. Auflage, Köln
Crezelius in: K. Schmidt/Uhlenbruck (2016): Die GmbH in Krise, Sanierung und Insolvenz, 5. Auflage, Köln
Dachgesellschaft Deutsches Interim Management e.V. (2015,Hrsg.): Entwicklung des Honorarvolumens der Dienstleistung Interim
Danko, F.-L./Cramer, J. (2004): Arbeitsrechtliche Aspekte einer Betriebsveräußerung in der Insolvenz, Betriebswirtschaftlicher Berater-Special
Diem (2013): Akquisitionsfinanzierung, 3. Auflage
Dörner, D.: Sanierungsprüfung, in: Wolfgang Dieter Budde (Hg.), WP-Handbuch. Handbuch für Rechnungslegung, Prüfung und Beratung, Band 2, 10. Auflage, Düsseldorf
Dohrau, N: Finanzwirtschaftliche Restrukturierung, in Exler, M. W. (Hrsg., 2013) Restrukturierungs- und Turnaround-Management
Dreesen, A. (2004): Entlohnung von Interimsmanagern, in: Tiberius V. A. (2004); Interimsmanagement, Berlin, Stuttgart, Wien
Drukarczyk/Schöntag in Gottwald, P. (2010): Insolvenzrechtshandbuch, 4. Auflage, München
Evertz, D./Krystek, U. (Hrsg, 2014): Unternehmen erfolgreich restrukturieren und sanieren
Executives Online Deutschland GmbH (Hrsg., 2014): Report zur Umfrage in Europa, Der europäische Interim-Management-Report
Exler (Hrsg., 2013): Restrukturierungs- und Turnaround-Management, 1. Auflage, Berlin
Exler, M./Levermann, Th. (2016): Erfolgsfaktoren von Distressed M&A-Transaktionen; Krisen-, Sanierungs- und Insolvenzberatung
Exner, J. (2014): Unternehmenssanierung in der Zeit nach ESUG, 4. Clifford Chance Restrukturierungsforum
Fachverband Sanierungs- und Insolvenzberatung im Bundesverband Deutscher Unternehmensberater BDU e.V., (2015), Grundlagen ordnungsmäßiger Restrukturierung und Sanierung (GoRS)
Faulhaber, P./Grabow, H.J. (2009): Turnaround-Management in der Praxis, 4. Auflage
Feltham R./Hughes D. (1999): Interim Managers: Distinguishing Personality Characteristics of Managers on Short-term Contracts, in: Interim Managers (1999): Volume 7, Number 4
Fiebig in Schmidt, Andreas (Hrsg., 2015): Hamburger Kommentar zum Insolvenzrecht, 5. Auflage

Fisher, R., Ury, W., Patton, B. (1981): Das Harvard-Konzept: Der Klassiker der Verhandlungstechnik, Limitierte Jubiläumsausgabe, Frankfurt
Förschle, G./Hofmann, E.: Überschuldung und Sanierung, in Budde, W.D./ Förschle, G./Winkeljohann, N. (2007): Sonderbilanzen, 4. Auflage, München
Fragen und Antworten zur Erstellung und Beurteilung von Sanierungskonzepten nach IDW S 6 (FAQ IDW S 6), in IDWLife, 2016
Frege, M. (2008): Verhandlungserfolg in Unternehmenskrise und Sanierung, 1. Auflage, Köln
Frind (2012): Zeitschrift für das gesamte Insolvenzrecht
Fröhlich/Bächstädt (2011): Erfolgsaussichten eines Insolvenzplans in Eigenverwaltung, Zeitschrift für das gesamte Insolvenzrecht
Fröhlich/Eckardt (2015): Zeitschrift für das gesamte Insolvenzrecht
Frotscher, G. (2008): Krisen-, Sanierungs- und Insolvenzberatung
Frotscher, G. (2008): Verschlechterung der steuerlichen Rahmenbedingungen für Insolvenz und Sanierung, Krisen-, Sanierungs- und Insolvenzberatung
Gehrlein, M. (2012): Neue Zeitschrift für Insolvenz- und Sanierungsrecht
Gigerenzer, G. (2007): Bauchentscheidungen; Die Intelligenz des Unbewussten und die Macht der Intuition, 1. Auflage, München
Gless, S.-E.: Unternehmenssanierung (1996): Grundlagen – Strategien – Maßnahmen, Wiesbaden
Grammel, R.: Steuerrechtliche Aspekte der Unternehmenssanierung, in Blöse, J./Kihm, A. (2006): Unternehmenskrisen – Ursachen – Sanierungskonzepte: – Krisenvorsorge – Steuern, Berlin
Groh, M. (1997): Betriebswirtschaftlicher Berater
Groß, P. J. (2013): Zur Abgrenzung der handelsrechtlichen Fortführungsprognose von der insolvenzrechtlichen Fortbestehensprognose
Groß, P. J. (2003): Erkennen und Bewältigen von Unternehmensschieflagen, in: WPg-Sonderheft
Groß, P. J. (2009): Anforderungen an die Erstellung von Sanierungskonzepten, in: Die Wirtschaftsprüfung (WPg)
Groß, P. J./Amen, M. (2002): Die Fortbestehensprognose, in: Die Wirtschaftsprüfung (WPg)
Haft, F. (2000): Verhandlung und Mediation: Die Alternative zum Rechtsstreit, 2. Auflage, München
Harenberg, G./Wlecke, U. (2004): Businessplan und Maßnahmenmanagement, in: Buth, A./Hermanns, M. (Hrsg.): Restrukturierung, Sanierung, Insolvenz, 2. Auflage, München
Harz, M./Hub, H.-G./Schlarb, E. (2006): Sanierungsmanagement, 3. Auflage, Stuttgart
Hauschildt, J./Krehl, H./Leker, J. (1996): Erfolgs-, Finanz- und Bilanzanalyse, 3. Auflage, Köln
Hermanns, M./Buth, A. K.: Der Insolvenzplan als Sanierungsplan
Hermanns, M. (2014): Neue Zeitschrift für Insolvenz- und Sanierungsrecht
Hess, H./Fechne, D. (1991): Sanierungshandbuch, 2. Auflage, Neuwied
Hillmer, H.-J. (2008): Krisen-, Sanierungs- und Insolvenzberatung
IDW Fachausschuss Sanierung und Insolvenz (FAS), IDW S 6
IDW Fachausschuss Sanierung und Insolvenz (FAS), IDW S 9

IDW Fachausschuss Sanierung und Insolvenz (FAS), IDW S 11
Jawansky, M./Böhm, T. (2014): Der Massekredit im Insolvenzverfahren, 4. Clifford Chance Restrukturierungsforum
Kahneman, D. (2012): Schnelles Denken, Langsames Denken, 19. Auflage, München
Kall, F. (1999): Controlling im Turnaround-Prozeß. Theoretischer Bezugsrahmen, empirische Fundierung und handlungsorientierte Ausgestaltung einer Controlling-Konzeption für den Turnaround-Prozeß, Frankfurt am Main
Kaluza, G. (2011): Stressbewältigung, 2. Auflage, Berlin, Heidelberg
Kamm, Th./Kropf, Ch. (2014): Insolvenzanfechtung im Cash-Pool, Zeitschrift für das gesamte Insolvenzrecht
Keller, R. (1999): Unternehmenssanierung – Außergerichtliche Sanierung und gerichtliche Sanierung, Berlin
Kihm, A. in Blöse, J./Kihm, A. (2006): Unternehmenskrisen – Ursachen – Sanierungskonzepte – Krisenvorsorge – Steuern, Berlin
Klein in Blöse, J./Kihm, A. (2006): Unternehmenskrisen, Ursachen, Sanierungskonzepte, Krisenvorsorge, Steuern, Berlin
Koch in: Thierhoff/Müller (2016): Unternehmenssanierung, 2. Auflage
KPMG (2007): KPMG Deutsche Treuhand-Gesellschaft Aktiengesellschaft Wirtschaftsprüfungsgesellschaft (Hrsg.) /Andersch, T./Fassbender, P./Krüger, W.: CRO – Quo vadis? Der „Chief Restructuring Officer" (CRO) im deutschen Restrukturierungsmarkt. Eine empirische Untersuchung
Krallinger, J. (1997): Mergers and Acquisitions – Managing the transaction; McGraw-Hill, New York
Krieger (2006): Kann ein Unternehmen sich selbst kaufen? Magazin Mitbestimmung
Kraus, K.-J./Gless, S.-E. (2004): Unternehmensrestrukturierung/-sanierung und strategische Neuausrichtung, in: Buth, A./Hermanns, M. (Hrsg.): Restrukturierung, Sanierung, Insolvenz, 2. Auflage, München
Kraus/Lenger/Radner (2012): Viel zu kurz gesprungen, in Zeitschrift für das gesamte Insolvenzrecht
Krumbholz in: Thierhoff/Müller (2016): Unternehmenssanierung, 2. Auflage
Krystek, U. (1987): Unternehmenskrisen. Beschreibung, Vermeidung und Bewältigung überlebenskritischer Prozesse in Unternehmungen, Wiesbaden
Littkemann/Krehl in Hauschildt, J./Leker, J. (2000): Krisendiagnose durch Bilanzanalyse, 2. Auflage, Köln
Loeber, R./Weniger, S. (2008): Der Sanierungs-Geschäftsführer in der Unternehmenskrise, Aufgabenstellungen und Erfolgsfaktoren effektiven Handelns; Krisen-, Sanierungs- und Insolvenzberatung
Maatz, B./Neuhaus, R./Portisch, W. (2016): Ganzheitlicher Turnaround-Prozess für Firmenkunden; Krisen-, Sanierungs- und Insolvenzberatung
Maus, K. H. in Schmidt, K./Uhlenbruck, W. (2009): Die GmbH in Krise, Sanierung und Insolvenz, 4. Auflage, Köln
Mayr, S. (2010): Stakeholdermanagement in der Unternehmenskrise
Mnookin, R., (2010): Bargaining with the devil: When to negotiate, When to fight, 1. Auflage, New York/USA

Mock, K.: Zahlungsunfähigkeit, in Uhlenbruck (2015): Insolvenzordnung, 14. Auflage

Moldenhauer, R. (2004): Krisenbewältigung in der New Economy. Sanierungsansätze und Handlungsempfehlungen für Gründungs- und Wachstumsunternehmen, Wiesbaden

Nickert, C./Kühne, M. (2015): Unternehmensplanung in Krise und Insolvenz, RWS-Verlag

Nickert, C./Lamberti, U. (2016): Überschuldungs- und Zahlungsunfähigkeitsprüfung im Insolvenzrecht, 3. Auflage

Niering/Hillebrand (2012): Wege durch die Unternehmenskrise, 3. Auflage

Nöll, M. (2013): Meinungsstand und den unterschiedlichen Auffassungen der Insolvenzgerichte; Zeitschrift für das gesamte Insolvenzrecht

Perschel, M. (2002): Krisenmanagement in kleinen und mittleren Unternehmen, Renningen

Picot, G (2004): Unternehmenskauf und Restrukturierung, München.

Porter, M. (1999): Wettbewerbsvorteile, 5. Auflage, Campus-Verlag, Frankfurt am Main

Portisch/Neumann/Lüerßen (2013): Prozesshandbuch Sanierung, Abwicklung und Insolvenz

Portisch, W./Wuschek, Th. (2016): Problemcontrolling in Banken und Sparkassen, Krisen-, Sanierungs- und Insolvenzberatung

Preß/Henningsmeier in Schmidt, A. (Hrsg., 2015): Hamburger Kommentar zum Insolvenzrecht, 5. Auflage

Reed, S./Reed Lajoux, A. (1989): The Art of M&A, McGraw-Hill, New York

Reul/Heckschen/Wienberg (2012): Insolvenzrecht in der Gestaltungspraxis, München

Rieger, M. (1985): „Konflikt und Konfliktvermeidung", Westdeutscher Verlag

Riggert, R. in Baur/Kantowsky/Schulte (Hrsg., 2015): Stakeholder Management in der Restrukturierung, 2. Auflage

Saner, R. (2008): Verhandlungstechnik: Strategie, Taktik, Motivation, Verhalten, Delegationsführung, 2. Auflage, Bern/Schweiz

Schmidt, K. (2016): GmbH in der Krise, Sanierung und Insolvenz, 5. Auflage

Schmidt, K. (1980): Organverantwortlichkeit und Sanierung im Insolvenzrecht der Unternehmen, ZIP – Zeitschrift für Wirtschaftsrecht

Schmidt, K. in: Schmidt, K./Uhlenbruck, W. (2016): Die GmbH in Krise, Sanierung und Insolvenz, 5. Auflage

Schmidt/Stahlschmidt in Kübler, B. (Hrsg., 2015): Handbuch der Restrukturierung in der Insolvenz, 2. Auflage

Schmidt, J. in Kübler, B. (Hrsg., 2015): Handbuch der Restrukturierung in der Insolvenz, 2. Auflage

Schranner, M. (2001): Verhandeln im Grenzbereich: Strategien und Taktiken für schwierige Fälle, 9. Auflage, München

Schranner, M. (2007): Der Verhandlungsführer, 3. Auflage, Deutscher Taschenbuch Verlag GmbH & Co. KG, München

Schröder, F.: Eröffnungsvoraussetzungen und Eröffnungsverfahren, in Schmidt, Andreas (Hrsg., 2015): Hamburger Kommentar zum Insolvenzrecht, 5. Auflage

Seagon, C./Allert, A. (2007): Unternehmensverkauf in der Krise, Springer-Verlag Berlin

Seefelder, G. (2003): Unternehmenssanierung – Zerschlagung vermeiden, Ursachen analysieren, Konzepte finden, Chancen erkennen, Stuttgart

Slatter, S./Lovett D./Barlow L. (2006): Leading Corporate Turnaround, Chichester

Specovius/Uffmann (2016): Specovius, D./Uffmann, K.: Interim Management in der Unternehmenskrise

Steffan, B. (2016): Sanierungskonzepte quo vadis, ZIP – Zeitschrift für Wirtschaftsrecht

Subramanian, G. (2010): Dealmaking: The new strategy of Negotiauctions, New York/USA

The Boston Consulting Group: BusinessWeek, Innovation to Cash Survey, 2008

Thies in Schmidt, A. (Hrsg., 2015): Hamburger Kommentar zum Insolvenzrecht, 5. Auflage

Tiberius, V. A. (2004): Interimsmanagement, Berlin

Tobias, R./Meißner, F./Müller, S. (2016): Vier Jahre ESUG: Eigenverwaltungsverfahren mit Insolvenzplänen und Dual Tracking, Krisen-, Sanierungs- und Insolvenzberatung

Tomczak, T. (1989): Situative Marketingstrategien: Grundsatzstrategien für „Dogs", Berlin

Uhlenbruck, W.: Die Insolvenzgründe als Verfahrensauslöser, in Gottwald, P. (2010): Insolvenzrechtshandbuch, 4. Auflage, München

Uhlenbruck, W.: Außergerichtliche Unternehmenssanierung, in Schmidt, K./Uhlenbruck, W. (2009): Die GmbH in Krise, Sanierung und Insolvenz, 4. Auflage, Köln

Ulatowski, M. in Baur/Kantowsky/Schulte (Hrsg., 2015): Stakeholder Management in der Restrukturierung, 2. Auflage

Volkart, R. (2011): Corporate Finance, 5. Auflage, Zürich/Schweiz

Völpel M./Bach, N./Fassbender P./Andersch T./Krüger W. (2006): Der Chief Restructuring Officer (CRO) im deutschen Restrukturierungsmarkt, Gießen

Völpel M./Bach, N. (2008): Der Chief Restructuring Officer: Master Krisenmanager oder alter Wein in neuen Schläuchen, Krisen-, Sanierungs- und Insolvenzberatung

Warmers (2011): Bearbeitungs- und Prüfungsleitfaden Sanierung von Firmenkunden. 1. Auflage, Heidelberg

Weitzmann/Thies in Schmidt (Hrsg., 2015): Hamburger Kommentar zum Insolvenzrecht, 5. Auflage

Welch, J. (2005): Winning – Das ist Management

Wellensiek, J.: Krisenvermeidung, Krisenfrüherkennung und Krisenbewältigung, in: Schmidt, K./Uhlenbruck, W. (Hrsg., 2009): Die GmbH in Krise, Sanierung und Insolvenz, 4. Auflage

Witt, S.-Ch./Tiede, K.: Steuerliche Aspekte der Unternehmenssanierung, in Brühl, V./Göpfert, B. (2004): Unternehmensrestrukturierung – Strategien und Konzepte, Stuttgart

Zipperer/Vallender (2012): Neue Zeitschrift für Insolvenz- und Sanierungsrecht

Zöller in Blöse, J./Kihm, A. (2006): Unternehmenskrisen – Ursachen – Sanierungskonzepte – Krisenvorsorge – Steuern, Berlin

Stichwortverzeichnis

A
ABC-Analyse 143
Abgrenzungsvereinbarung 319
Absatzfinanzierung 175
Abschlagsverteilungen 485
Abschreibungsquote (AFAQ) 20
Absonderungsrecht 468
Abspaltung 416
AGB-Pfandrecht 335
Agentur für Arbeit 375
Akkordstörer 308
Altlast 565
– Verantwortlichkeiten 567
Anchoring 601
Anerkennungstarifvertrag 355
Anfechtung 473
Anlagendeckung I (AD I) 26
Anlagendeckung II (AD II) 26
Anleihen 185
Anschaffungskosten
– nachträgliche 438
Anstiftung 548
Antragsverfahren 459
Anwendungserlass 433
Arbeitsentgelt
– Vorenthalten von 543
Arbeitsplatzgarantie 355
Arbeitszeitkonten 179
Arrangement Fee 298
Arrangierungsprovison 298
Asset Deal 368, 374, 447
Aufhebung 461
Aufhebungsvertrag 356
Aufsichtsrat 542
Aufspaltung 416
Auftrag 76
Auftragslage (AL) 28
Aufwandsquote (SbAQ) 20
Ausfallbürgschaften
– öffentliche 198
Ausfallrisiko 398
Ausgabeaufschläge 435
Ausgangslage des Unternehmens
– Basisinformationen 81
Ausgliederung 416
Auskehrung von Eingängen 333
Auskunftsrecht 78
Außenfinanzierung 157

Außenwirtschaftsgesetz 570
Aussonderungsrecht 468
Avale 171
Avalkredit 200
Avalprovision 200

B
Bank
– unzulässige Maßnahmen seitens der 307
Bankbürgschaft 198
Bankgeheimnis
– Befreiung vom 305
Bankrott 529
Bareinlagen 402
– Erbringung der 390
Bargeschäft 474
Basel II 212
BATNA 608
Baugenehmigung 563
Bedingte Kapitalerhöhung 405
Behaltensfristen 433
Beihilfen 188, 548
Beihilfeverbot 199
Beraterkostenzuschuss 188
Berechtigte betriebliche Interessen 358
Bereitstellungsprovision 298
Berichtstermin 460, 465
Beschäftigungsgarantie 352
Beschäftigungsgesellschaft (BQG) 364
Bescheiniger 499
Bescheinigung 497
Besserungsschein 190, 356, 424 f.
– Forderungsverzicht mit 441
Bestandsanalyse 566
Bestandschutz 565
Beteiligungserwerb
– schädlicher 428
Beteiligungsprovisionen 298
Betriebliche Altersversorgung 354
Betriebsänderung 353
Betriebsaufspaltung
– Beendigung einer 450
Betriebsrat
– rechtzeitige Beteiligung 361
Betriebsteil 369
Betriebsteilstilllegung 366
Betriebsteilübergang 369, 371

Betriebsübergang 358, 360, 367 f., 483
Betriebs- und Betriebsteilverlegung 359
Betriebsunterbrechungen 564
Betriebsvereinbarung 351 ff.
Betrug 534
Beweislastregel 34
Bezugsrechte 403
Bezugsrechtsausschluss
– gekreuzter 404
Bilanzplan 225
Binding offer 584
Bremer Vulkan 392
Buchführungspflicht 531
Buchwertfortführung 448
Bugwellentheorie 38
Bullet-Palm-Loan 185
Bundesanstalt für Arbeit (BfA) 363
Bündnis für Arbeit 352
Bürgschaft 198
– „auf erstes Anfordern" 198
Buy-and-Build-Konzeptionen 575

C
Cashflow 225, 588
Cashflow I (CF I) 24
Cashflow II (CF II) 24
Cashflow III (CF III) 24
Cashflow-Marge (CFM) 24
Cash-GmbH 434
Cash Management 172
Cash-Pooling 172, 293, 390
Chief Restructuring Officer 247, 310
Clearing-Funktion 173
Commitment Fee 298
Compound Annual Growth Rate (CAGR) 29
Covenant Holiday 298
Covenant Reset 298
Covenants 160 f., 295
– sonstige 296
Current Ratio (CR) 23

D
Darlehen
– partiarisches 445
Darlehensbelassungserklärung 303
Darlehensgewährung 436
– berufsbedingte 438
Darlehensverlust 437
Datenraum 585
Dauerschuldzinsen 445
Deal Breaker 616
Debitorenmanagement 166
Debt Asset Swap 444
Debt Equity Swap 191, 321, 397, 410, 432, 510
Debt Mezzanine Swap 192, 411, 444

Debt-pull-up 440
Debt-push-down 194, 414
Deckung
– inkongruente – 476
– kongruente – 476
Deckungsbeitragsrechnung 152
Desinvestitionsentscheidung 165
Deutsche Rentenversicherung 363
Differenzhaftung 410
Digitalisierung 123
Down-Stream-Merger 414
Dreiseitiger Vertrag 365
Drei-Wochen-Finanzplan 38
Drei-Wochen-Frist 527
Dritthaftung 77
Dual Track 494 f., 501
Dual Tracking 324
Dual Track-Verfahren 580
Due Diligence 585
Duldung der Nichtleistung 160
Dynamischer Verschuldungsgrad (DVG) 25

E
EBIT 221
EBITDA 27, 220
EBITDA-Marge 28
Effektive Kapitalherabsetzung 407
Eigenkapitalausstattung
– angemessene 70
Eigenkapitalquote (EKQ) 24
Eigenkapitalrendite (EKR) 18
Eigenkapitalzuführung 186
Eigenmittel-Intakthalteerklärung 302
Eigentumsvorbehalt 176
– einfacher 468
– einfacher, verlängerter und erweiterter 196
Eigenverwalter 486
– Qualifikation des –s 490
Eigenverwaltung 486
– drohende Nachteile für Gläubiger 490
– für größere Unternehmen 487
– für natürliche Personen 487
– Mindestanforderungen der – 488
– vorläufige 489
– Vorteile aus Sicht des Schuldners 487
Einbeziehung von Anteils- und Mitgliedschaftsrechten 510
Einigungsstelle 361 f.
Einlage
– verdeckte 439
Einlagenkonto 186
– steuerliches 435, 440 f.
Einlagenrückgewähr 399, 441
Einrede der Vorausklage 198
Einschränkung 359

Stichwortverzeichnis

Einvernehmliche Beendigung 356
Einzelermächtigungen 463
Einzelzwangsvollstreckung
– Verbot der 466
Eiserner Bestand 169
Endogene Krisenursachen 11
Equity Cure Right 298
Erfolgsfaktoren
– strategische Restrukturierung 126
Erfolgskrise 8, 91
Erfolgsplan 218
Erfüllungswahlrecht 504
Ergebnisbeteiligungen 352
Erlösverteilung 461
Eröffnungsbeschluss 465
Eröffnungsverfahren 459
Erörterungs- und Abstimmungstermin 514
Erwerberkonzept 374, 484
Escape-Klausel 437
ESUG 455
Existenzvernichtungshaftung 392
Exitstrategien 326
Exogene Krisenursachen 11
Exportkontrollrecht 570

F
Factoring 175, 319
– echtes 176
– echtes, unechtes, Reverse- 320
– unechtes 175
Fahrlässigkeit 546
Fakturierung 167
Fälligstellung 327
Familienunternehmen
– Sanierung von 187
Family-Offices 398
Fehldispositionen 169
F&E-Strategie 131
Feststellungsprozess 461
Financial Covenants 295
– in Sanierungskrediten 302
Finanzierungsbausteine 157
Finanzierungsinstrumente
– alternative 321
Finanzierungsmaßnahmen
– kapitalstrukturorientierte 189
Finanzplanung 209
– Standardsoftware zur Erstellung einer integrierten 235
Finanzstatus
– stichtagsbezogener 36
FMEA 139
Förderinstrumente
– öffentliche 188
Forderung
– nicht ernsthaft eingeforderte 160

– Rückkauf von 190
Forderungsabtretung 196
Forderungsanmeldung 471
– Frist 471
Forderungsausfälle 167
Forderungsausfallrisiko 167
Forderungsmanagement 166
Forderungsverzicht 189, 312, 422, 431, 433, 439
– mit Besserungsschein 441
– mit Besserungsvereinbarung 312
Formwechsel 417
Fortbestehensprognose 45, 47, 210
Fortführungsprognose
– Probleme bei negativer 532
Freigabeklausel 294
Freigabe von Sicherheiten 164
Freigrenze 437
Fremdkapitalquote (FKQ) 25
Frühverrentung 180
Frühwarnkriterien 291
Funktionsnachfolge 369, 371

G
Gamma-Entscheidung 392
Garantie 200
Gefangenendilemma 606
Gegenleistung
– gleichwertige – 474
Gehaltsumwandlung 181
Gehaltsverzicht 179, 439
Genehmigtes Kapital 406
Genehmigung
– Folgen fehlender 567
Genussrechte 184, 445
Genussrechtskapital
– Wandlung in 323
Genussschein 184
Gesamtanlageneffektivität 141
Gesamtkapitalrendite (GKR) 19
Gesamtplanrechtsprechung 451
Geschäftsführung
– faktische 557
Geschäftsmodell 87
– Revitalisierung 121
Gesellschafterdarlehen 178, 379
Gesetz zur Modernisierung des GmbH-Rechts 379
Gewerbesteuer 424
Gewerkschaft 352
Gewinnausschüttungen
– verdeckte 434
Gewinnbezugsrechte 399
Gewinn- und Verlustplanung
– beispielhafte Gliederung 220
Giroabrede 334
Gläubigerausschuss 336, 484

Gläubigerautonomie 460, 513
Gläubigerbegünstigung 533
Gläubigerbenachteiligung 474
– vorsätzliche – 477
Gläubigerschutz 398
Gläubigerversammlung 460, 484
Globalbürgschaft 198
Globalzession 176, 196
Gratifikationen 352
Grunderwerbsteuer 432
Grundkapital 399
Grundpfandrechte
– Einräumung 197
Grundsatz der Finanzierungsfreiheit 379
Grundsätze ordnungsgemäßer Sanierungskonzepte 80
Grundschuld 197

H
Haftung 447
– aus dem Beratervertrag 559
– des Beraters 570
– steuerliche 556
Haircut 189
Haustarifvertrag 355
Herstellkostenorientierung 131
Hindsight Bias 600
Hypothek 197

I
IDW S 6 71, 303
IDW S 9 497
Informationsmemorandum 582
Informationsvereinbarung 78
Inhaberschuldverschreibungen 185
Innenfinanzierung 157
Innenhaftung 393
Innerbetriebliche Gründe 357
Insolvenz 331, 373
– Assett Deal in der 374
– Kündigungsrecht des Factors 320
– Kündigung von Arbeitsverhältnissen in der 373
– Vermeidung der 90
Insolvenzanfechtungsansprüche 460
Insolvenzantragsfrist 32
Insolvenzantragspflicht 210, 526
Insolvenzausfallgeld 375
Insolvenzereignis 463
Insolvenzeröffnung 375
Insolvenzeröffnungsgründe 31, 459
Insolvenzeröffnungsverfahren 462
Insolvenzforderungen
– nachrangige 467
Insolvenzgeldanspruch 375
Insolvenzgeldvorfinanzierung 339, 463 f.

Insolvenzgericht
– Prüfungsmaßstab 498
Insolvenzgläubiger 466
– nachrangige 466
Insolvenzmasse 460
Insolvenzplan 460, 507
– Anteils- und Mitgliedschaftsrechte 510
– darstellender Teil 511
– Erfolgsaussichten 508
– gestaltender Teil 511 f.
Insolvenzplanverfahren 485, 507
– Ablauf 507
– Stärkung durch das ESUG 510
Insolvenzreife 9, 157
– Zahlungen nach Eintritt der 552
Insolvenzstraftaten 528
Insolvenztabelle 461
Insolvenzverfahren 376, 459
– Eigenverwaltung im eröffneten 502
– Kosten des -s 459
Insolvenzverschleppung 182, 525
Insolvenzverwalter 460, 465
– Schadensersatzpflicht 342
– schwacher vorläufiger – 459, 463
– starker vorläufiger 460
– vorläufiger 459
Interessenausgleich 353, 359, 372
– mit Namensliste 372, 374
Interest Coverage (IC) 27
Internal Rate of Return 575
Ishikawa-Diagramm 138

J
Jahresarbeitszeitkonten 363

K
Kanban-Karte 145
Kapital
– gezeichnetes 399
Kapitalbedarf 400
Kapitalbindungsdauer (KBD) 22, 167, 169
Kapitalerhöhung 186, 402, 435
– nominelle 186
Kapitalkonten 399
Kapitalrückflussquote (KRQ) 26
Kapitalrücklage 399, 401, 407
– Dotierung 186
Kapitalschnitt 408, 436
Kautionsversicherung 319
KBV 392
Kennzahlen 17, 98
– für Kriseninvestoren 27
– zur Finanz- und Bilanzanalyse 24
– zur Liquiditätsanalyse 23
– zur Net Working Capital-Analyse 20
– zur Rentabilitätsanalyse 18

Stichwortverzeichnis

Kleinbeteiligtenprivileg 387
Kleingesellschafterprivileg 438
Kleinstbeteiligungsprivileg 410
Kommunikation 264
– digitale Medienwelt 278
– Fachmedien als Meinungsführer 282
Kommunikationskonzepte 268
– entwickeln 271
Konkludente Erklärung 536
Konsortialkredit 183
Kontrollillusion 601
Konzeptersteller 75
Konzern-/Gruppenbetrachtung 104
Kreditbetrug 538
Kreditlinien
– erhöhen 182
Krise 4
– gesellschaftsrechtliche Maßnahmen 395
– Kommunikation 264
– M&A in der 571
– Mitarbeiterbeteiligung in der 411
– Prolongation in der 293
– Wahrnehmungsfolge 10
Krisenbewältigungsstrategien 118
Krisendarlehen 438
Krisenfrüherkennung 15
Kriseninvestoren
– Kennzahlen für 27
Krisenstadien 4, 524
Krisensymptome 12
Krisenunternehmen
– Verkauf von 577
Krisenverhandlungen 612
Krisenverlauf 109
Kundenorientierung 131
Kundenziel (KZT) 21
Kündigung 327, 330, 354
– betriebsbedingte 357
Kündigungsfrist
– in der Insolvenz 373
Kündigungsgründe in Kreditverträgen 161
Kündigungsrechte 162
Kündigungsschutzgesetz 357
Kündigungsverzicht 355
Kurzarbeit 180, 353
– Einführung von 354
Kurzarbeitergeld 180

L
Lagerdauer (LDT) 22
Lagerreichweite (LR) 22
Lagerumschlagshäufigkeit (LU) 22
Lean-Production-Philosopie 147
Leasing 174, 320
Leistungsträger 358

Leitbild 87
– strategisches 115
Lenkungsausschuss 161, 239
Leveraged Buy-out 194
Leverage-Effekt 25
Lieferantendarlehen 184
Lieferantenkredit 167
Lieferantenpool 465
Lieferantenziel (LZT) 21
Liquidationsplan 507
Liquiditätshilfekredite 300
Liquiditätshilfen 151
Liquiditätskrise 8, 91
Liquiditätslücke 34
– alternative Ermittlung der 42
Liquiditätsplan 222
Liquiditätsplanung
– rollierende 235
Liquiditätspotenziale erschließen 149
Liquiditätsreserven 163
Liquiditätssicherung 158
Loan-to-own-Strategie 192, 326
Lock up agreement 161
Lohnersatzleistung 464
Longlist 583

M
Machtstrukturen 396
Mahnwesen 168
Managementkompetenz 84
MaRisk 290
Massedarlehen 464
– echtes 464
– unechtes 465
Massegläubiger 467
Massekredit 340
– unechter 342
Massenentlassung 359, 362
Massesicherungspflicht 493
Masseunzulänglichkeit 485
Masseverbindlichkeiten 467
– Begründung von 341, 491
– sonstige 467
Materialquote (MQ) 19
M&A-Verhandlungen 602
Mediation 612
Mediatoren 612
Mergers & Acquisitions 571
Metallindustrie 352
Mezzanine 324
Mietkauf 174
Milderes Mittel 358
Minderheitenschutz 516
Mindestbesteuerung 427
Mitarbeiterbeteiligung 411
Mitarbeiterdarlehen 181

Mitbestimmungspflichtige Betriebsänderung 361
Mitgeschäftsführer
– faktischer 306
Mitunternehmerschaft 444
Mitwirkungspflicht 78
MoMiG 438
Moratorium 160
Motivation durch Quick Wins 166
Multiplikator 221
Multiplikatormethode 221

N
Nachbesicherungsklausel 297
Nachhaftung 417
Nachteilsausgleichsansprüche 361
Namensliste 361
Negativer Zinssaldo 436
Negotiators Dilemma 606
(Net) Working Capital 166
Netting-Funktion 173
Net Total Leverage (NTL) 27
Net Working Capital (NWC) 20
Neubewertung aller laufenden F&E-Projekte 131
Neugründung
– wirtschaftliche 399
Neuvermögen 466
Nominelle bzw. vereinfachte Kapitalherabsetzung 407
Non-binding offer 584
Normenvertrag 351
Novation 160
Null-Summen-Spiele 606
Nutzungsüberlassung 386
NWC-Effizienzkennzahl (NWCE) 21

O
Objektivität 75
Obstruktionsverbot 510, 515, 517
Öffentlichkeitsarbeit 276
Operating Model 122
Opfersymmetrie 509
Ordnungswidrigkeit 361
Organverantwortung 248
Outsourcing 366

P
Participation Fee 298
Patronatserklärung
– harte und weiche 201
Pensionszusagen 440
– Verzicht auf 193, 450
Personalabbau 356
– Namnesliste 361
Personalquote (PQ) 20
Personalstrukturanalyse 135

Pfandrechte 197, 469
– gesetzliche 469
Pflichten des Arbeitnehmers in der Beschäftigungsgesellschaft 365
Planinsolvenzverfahren 399
Planungsrechnung
– Plausibilisierung 231
Poolbildung 307
Poolführer
– Aufgaben 309
Pre packaged plan 509
Private Equity 398, 574
Probezeitkündigung 181
Produkt-Portfolio-Analyse 148
Produkt- und Absatzkrise 7, 92
Produktvariantenzahl 169
Projektfinanzierungen 105
Prozess-FMEA 139
Prüfungstermin 460, 465

Q
Qualifizierungsmaßnahmen 364 f.
Quick Ratio (QR) 23
Quick Wins 165

R
Rangrücktritt 162, 311, 426
– qualifizierter 162
Rangrücktrittsbedingungen 442
Rangrücktrittsvereinbarung 442
Rating 291
Ratingfaktor
– geregelte Nachfolge 187
Ratingsysteme 213
Rechnungslegungspflichten
– insolvenzrechtliche 504
Reduktion
– teleologische 483
Regelinsolvenzverfahren 458
– Ablauf 461
Regelungsbefugnis der Betriebsparteien 352 ff.
Rekapitalisierung 195
Remanenzkosten 484
Rendite 158
Reorganisation 460
Reservation Price 609
Reservegrundstücke 164
Restrukturierung
– arbeitsrechtliche Maßnahmen 366
– Bewertung strategischer 126
– Finanzen und Controlling 152
– IT 154
– „klassische" 110
– Personalwesen 153
– Phasen 112
– Vertrieb und Marketing 148

Restrukturierungsinhalte
- strategische 115
Restrukturierungskonzept
- strategisches 109
Restrukturierungsmehrwert 124
Restrukturierungsstrategien 117
- Ebenen 119
RETT-Blocker 432
Return on Capital Employed (ROCE) 19
Reverse factoring 177
Risikomanagement 602
Risikoposition 70
§ 6b-Rücklage 435
Ruhestand
- vorzeitiger 180

S
Sacheinlage 402
- verdeckte 391, 402
Sachwalter 486
- Aufgaben des vorläufigen 491
- Aufgaben und Rechtsstellung 505
- vorläufiger 489
Sale-and-lease-back 175
Sanierung
- Einkauf und Beschaffung 132
- Forschung und Entwicklung 130
- Produktion und Logistik 134
- steuerliche Aspekte 421
- übertragende 460, 482
- Umsatzsteuer in der 431
- von Familienunternehmen 187
Sanierungsbausteine 202
Sanierungsbeiträge 311
- von Kunden einfordern 149
Sanierungscontrolling 102, 304
Sanierungsfähigkeit 68, 99
- leistungswirtschaftliche 509
Sanierungsgeschäftsführer 246, 526
- als Eigenverwalter im Insolvenzverfahren 254
- Anforderungsprofil 256
- Aufgaben 250
- vs. Generalbevollmächtigter 249
- vs. Interimsmanager 249
Sanierungsgewinn 159, 421
Sanierungsgutachten 303
Sanierungsinstrument 455
Sanierungsklausel 429
Sanierungskonzept 183, 202, 376, 400
- Erstellung 65
- Erstellungsanlässe 66
- finanz- und leistungswirtschaftliches 512
- in Abhängigkeit vom Krisenstadium 74
- inhaltliche Anforderungen 67

- Sonderaspekte 103
- Umsetzung 102
Sanierungskonzept nach IDW S 6 71
- Kernanforderungen im Detail 76
Sanierungskredit 183, 301
- eigennütziger 304
- kündigen 331
Sanierungsmaßnahmen 90
- sicherungsorientierte 195
Sanierungsplan 97, 507, 512, 568
Sanierungsprivileg 179, 306, 388, 411
Sanierungsprozess
- Einfluss der Gläubiger 456
Sanierungsprüfung
- externe 303
Sanierungstarifvertrag 353, 355
Sanierungstreuhand 432
Sanierungs- und Insolvenzsteuerrecht 421
Sanierungsvereinbarung 569
Sanierungswürdigkeit 303
Schadensersatzpflicht 551
Schlusstermin 461
Schlussverteilung 485
Schuldbeitritt 199
Schuldnerbegünstigung 533
Schuldübernahme 199
- befreiende 440
Schuldumwandlung 160
Schutzschirmverfahren 344, 496
- Sozialversicherungsbeiträge im 501
- Steuerverbindlichkeiten im 500
- Voraussetzungen 497
Schutzschrift 338
Seed Phase 398
Selbstschuldnerische Bürgschaft 198
Share Deal 313, 367, 448
Shop Floor Management 141
Sicherheiten
- dingliche 195
- Freigabe von 201
- persönliche 195
Sicherheitenpoolvertrag 308
Sicherheitenverstärkung 294
Sicherungsübereignung 195
Sicherungszweck
- enger und weiter 195
Single-Asset-Strukturen 105
Sittenwidrige vorsätzliche Schädigung 393
Sittenwidrigkeit 199
Skonto 159, 167
Sonderbetriebsvermögen 449
Sonderkündigungsschutz 358
Sondervorschriften
- arbeitsrechtliche 503
Sorgfaltspflicht 209

Sozialauswahl 367, 372
Soziale Auswahl 358
Sozialplan 353, 359
Sozialversicherungsbeiträge
– im Schutzschirmverfahren 501
– in der vorläufigen Eigenverwaltung 493
Spaltung von Betrieben 360
Spieltheorie 604
Stakeholderkrise 5, 94
Stammkapital 399
Stammkapitalerhaltungsvorschriften 540
Stand-Alone-Test 437
Standardplanungssoftware
– Auswahlkriterien 236
Steuererlass 422
Steuerermittlung
– fiktive 423
Steuerhinterziehung 545
Steuern im Schutzschirmverfahren 501
Steuern in der vorläufigen Eigenverwaltung 492
Steuerstundung 422
Stille Gesellschaft 187, 445
– typische und atypische 187
Stille Lasten 159
Stille-Reserve-Klausel 428
Stille Reserven 159, 435, 450
Stillhalten 160, 292
Stilllegung 359
Stimmbezugsrechte 399
Stimmrecht 399
Strategie 397
Strategiekrise 6, 92
Strategischer Investor 397
Strategischer Partner 397
Streubesitzdividenden 449
Strukturkurzarbeitgeld 364
Stundung 159, 439
Stundungsvereinbarung 443
Szenariorechnungen 587

T
Tariföffnungsklauseln 352
Tarifvertrag 351
– Sperrwirkung 351
Tarifvertragsparteien 351
Täterschaft 547
Teilwertabschreibung 436, 438
Thesaurierungsverpflichtung 303
Tilgungsstundung 311
TPM-Konzept 138
Transaktionsberater
– Anforderungen 594
Transfergesellschaft (TQG) 364, 483

Transfer in die Beschäftigungsgesellschaft 365
Transferkurzarbeitergeld 364
Transfermaßnahmen 364
Treuepflichten 403
Treuhand 432
– doppelnützige 313 f.
– Vorteile 314
Treuhänder
– als Verkäufer 579
Treuhandlösung 313
Trihotel-Entscheidung 392
Turnaround Executive 248

U
Überbrückungskredit 182, 300
Überschuldung 45
Übersicherung 294
– anfängliche und nachträgliche 196
Überstunden 180
Übertarifliche Entgeltbestandteile 354
Übertarifliche Leistungen 352
Übertragende Sanierung 373, 377
Übertragung der Insolvenzgeldansprüche 376
Übertragungsplan 507
Übertritt in die Rente 363
Überweisungsrückruf 333
UiS-Leitlinien 188
Umsatzrendite (UR) 19
Umsatzsteuer
– in der Sanierung 431
– Korrektur der 169
Umsatzwachstum (UW) 28
Umstrukturierung 366
– im Konzern 194
– nach dem UmwG 371
– Spaltung 416
– Verschmelzung 413
Umstrukturierungsmaßnahmen
– Steuerfallen 448
Umwandlungssteuergesetz 448
Umwandlungsvertrag 372
Unterbilanzhaftung 389
Unternehmensanleihen 185
Unternehmensbewertung 221, 586
Unternehmensfinanzierung 157
Unternehmensfortführung 69
– Aussagen zur 86
Unternehmensidentität 448
Unternehmenskrise
– effiziente Haftungsvermeidung 524
– stadiengerechte Bewältigung 90
– Strafbarkeit in der 523
– zivilrechtliche Haftung in der 551
Unternehmensplan
– integrierter 95

Unternehmenswert 400
Unternehmeridentität 448
Unternehmerische Entscheidung 357, 367
Untreue 539

V
Value Proposition 122
Venture Capital 398
Veränderungssperre 368
Veräußerung des Betriebs 447
Veräußerung von Betriebsteilen 447
Verbindliche Auskunft
– Rechtsfolgen 425
Verbindlichkeiten 171
Verbotene Beihilfe 426, 429
Verfügungsbefugnis 460
Verfügungsverbot
– allgemeines 459
Vergleichsrechnung 509, 512, 516
Verhandlung
– best alternative to the negotiated agreement 608
– Definition 597
– Einwandbehandlung 616
– Harvard-Konzept 605
– in Insolvenzsituationen 619
– in Krisen 612
– Investorengespräche 620
– Stressfaktoren 598
– Verlauf 613
– verschiedene Arten 604
Verhandlungsgrundregeln 622
Verlustanzeigepflicht 210
Verlustdeckung 407
Verlustdeckungshaftung 389
Verlust des hälftigen Stammkapitals 210
Verlustsubventionierung 173
Verlusttransfer 442
Verlustvortrag
– fortführungsgebundener 430
Vermögen
– Verkauf von betriebsnotwendigen 164
Vermögensstatus
– stichtagsbezogener 52
Vermögensumschlag (VU) 26
Veröffentlichung 502
Verpfändung 197
– der Insolvenzgeldansprüche 376
Verschmelzung 413, 433
Verschuldungsgrad (VG) 25
Verteilungsverzeichnis 485
Verwaltung 466
Verwaltungsbefugnis 460
Verwaltungs- und Verfügungsbefugnis 503

Verwertung 466
Verwertungskostenpauschale 470
Verzicht 351
– auf Ausspruch betriebsbedingter Kündigungen 355
– auf betriebsbedingte Kündigungen 352
Vollständigkeitserklärung 78
Vorbelastungshaftung 389
Voreinzahlungen 405
Vorfinanzierung 167
– des Insolvenzgeldes 376
Vorräte 169
Vorratsbestand 169
– Wertberichtigungen auf den 170
Vorruhestandsmodell 363
Vorsatz 546
Vorsteuerberichtigung 431

W
Waiver 297
Wertanalyse 137
Werthaltigkeitsbescheinigung 402
Wertschöpfungskette 129
Wertstromanalyse 144
Wettbewerbsfähigkeit 87
Wiederauflebensklausel 517
Wirtschaftsausschuss 359
Working Capital Management 165

X
XYZ-Analyse 143

Z
Zahlungsschwierigkeiten 376
Zahlungsstockung 35
Zahlungsunfähigkeit 33
– drohende 44
Zahlungsunfähigkeitsprüfung 35
Zahlungsunwilligkeit 34
Zahlungsziele 168 f.
Zahlungszusagen 465
Zeit- oder Betriebsvergleich 17
Zinsdeckung 27
Zinsschranke 436
Zinsstundung 311
ZOPA („Zone of possible Agreement") 609
Zukunftsprognose 73
Zusammenschluss 360
Zustimmung des Betriebsrats 351
Zwangsversteigerung 469
Zwangsverwaltung 469
Zwangsvollstreckung
– in das unbewegliche Vermögen 468
Zwischenverfügung 404